政府工作报告

汇编

2016

ZHENGFU GONGZUO
BAOGAO HUIBIAN

国务院研究室 编

中国言实出版社
CHINA YANSHI PRESS

图书在版编目（CIP）数据

政府工作报告汇编 . 2016 / 国务院研究室编 .
–– 北京：中国言实出版社，2016.7
  ISBN 978-7-5171-1939-5

  Ⅰ . ①政 … Ⅱ . ①国 … Ⅲ . ①政府工作报告－汇编
－中国－ 2016 Ⅳ . ① D623

中国版本图书馆 CIP 数据核字（2016）第 159147 号

出 版 人：王昕朋
责任编辑：严　实
封面设计：徐　晴

出版发行　**中国言实出版社**
　　　　地　址：北京市朝阳区北苑路 180 号加利大厦 5 号楼 105 室
　　　　邮　编：100101
　　　　编辑部：北京市海淀区北太平庄路甲 1 号
　　　　邮　编：100088
　　　　电　话：64924853（总编室）64924716（发行部）
　　　　网　址：www.zgyscbs.cn
　　　　E-mail：zgyscbs@263.net
经　　销　新华书店
印　　刷　北京温林源印刷有限公司
版　　次　2016 年 7 月第 1 版　　2016 年 7 月第 1 次印刷
规　　格　710 毫米 ×1000 毫米　1/16　67.75 印张
字　　数　680 千字
定　　价　268 .00 元　ISBN 978-7-5171-1939-5

《政府工作报告汇编 2016》

编　委　会

主　任：黄守宏

副主任：韩文秀　石　刚　杨书兵

编　委：**国务院研究室**（按姓氏笔画排序）

王昕朋　乔尚奎　刘应杰　肖炎舜　张军立

陈祖新　陈爱清　侯万军　郭　玮

各地政府研究室（排名不分先后）

刘占兴　北京市人民政府研究室主任

张宗旺　天津市人民政府研究室主任

刘　智　河北省人民政府研究室主任

高建军　山西省人民政府办公厅副主任

那炜清　内蒙古自治区人民政府研究室主任

乔　军　辽宁省人民政府研究室主任

于　亮　吉林省人民政府办公厅副主任

徐　峰　黑龙江省人民政府研究室主任

王德忠　上海市人民政府研究室主任

郑　焱　江苏省人民政府研究室主任

应　雄　浙江省人民政府研究室副主任

叶晓明　安徽省人民政府研究室主任

方寿中　福建省人民政府办公厅副主任

陈石俊　江西省人民政府研究室主任

刘险峰　山东省人民政府研究室主任

黄东升　河南省人民政府研究室副主任

刘良谋　湖北省人民政府副秘书长

叶仁雄　湖南省人民政府研究室副主任

谈　静　广东省人民政府研究室副主任

莫恭明　广西壮族自治区人民政府秘书长

穆克瑞　海南省人民政府研究室副主任

赵　强　重庆市人民政府研究室主任

罗　强　四川省人民政府秘书长

张　锦　贵州省人民政府研究室副主任

张懋功　云南省人民政府研究室主任

张宏发　西藏自治区人民政府研究室副主任

杨三省　陕西省人民政府研究室主任

出版说明

每年，全国和各地的"两会"都要审议通过《政府工作报告》。各级人民政府的《政府工作报告》，系统总结上一年度政府工作，全面部署新一年的政府工作，是做好政府工作的行动纲领。为学习贯彻李克强总理在十二届全国人大四次会议上所作的《政府工作报告》精神，同时便于各省、区、市和计划单列市相互交流政府工作经验和做法，并为各级领导干部和专家学者、研究人员提供全国性政策研究素材，我们编辑出版了《政府工作报告汇编 2016》。

本书开篇为李克强总理今年的《政府工作报告》，以下分上、下两篇，分别收录各省、区、市和计划单列市 2016 年的《政府工作报告》全文。

随书附送包括本书全部内容的光盘一张，以方便读者检索和查阅。

本书的编辑出版，得到各省、区、市和计划单列市政府办公厅或研究室的大力支持，在此表示衷心感谢！

编　者

2016 年 7 月

目　录

下篇　计划单列市

政府工作报告

——2016 年 3 月 5 日在第十二届全国
人民代表大会第四次会议上

国务院总理 李克强

各位代表：

现在，我代表国务院，向大会报告政府工作，请予审议，并请全国政协各位委员提出意见。

一、2015 年工作回顾

过去一年，我国发展面临多重困难和严峻挑战。在以习近平同志为总书记的党中央坚强领导下，全国各族人民以坚定的信心和非凡的勇气，攻坚克难，开拓进取，经济社会发展稳中有进、稳中有好，完成了全年主要目标任务，改革开放和社会主义现代化建设取得新的重大成就。

——经济运行保持在合理区间。国内生产总值达到

67.7 万亿元，增长 6.9%，在世界主要经济体中位居前列。粮食产量实现"十二连增"，居民消费价格涨幅保持较低水平。特别是就业形势总体稳定，城镇新增就业 1312 万人，超过全年预期目标，成为经济运行的一大亮点。

——结构调整取得积极进展。服务业在国内生产总值中的比重上升到 50.5%，首次占据"半壁江山"。消费对经济增长的贡献率达到 66.4%。高技术产业和装备制造业增速快于一般工业。单位国内生产总值能耗下降 5.6%。

——发展新动能加快成长。创新驱动发展战略持续推进，互联网与各行业加速融合，新兴产业快速增长。大众创业、万众创新蓬勃发展，全年新登记注册企业增长 21.6%，平均每天新增 1.2 万户。新动能对稳就业、促升级发挥了突出作用，正在推动经济社会发生深刻变革。

——人民生活进一步改善。全国居民人均可支配收入实际增长 7.4%，快于经济增速。去年末居民储蓄存款余额增长 8.5%，新增 4 万多亿元。又解决 6434 万农村人口饮水安全问题。扶贫攻坚力度加大，农村贫困人口减少 1442 万人。

科技领域一批创新成果达到国际先进水平，第三代核电技术取得重大进展，国产 C919 大型客机总装下线，屠呦呦获得诺贝尔生理学或医学奖。对我国发展取得的成就，全国各族人民倍感振奋和自豪！

回顾过去一年，成绩来之不易。这些成绩，是在极为复杂严峻的国际环境中取得的。去年世界经济增速为6年来最低，国际贸易增速更低，大宗商品价格深度下跌，国际金融市场震荡加剧，对我国经济造成直接冲击和影响。这些成绩，是在国内深层次矛盾凸显、经济下行压力加大的情况下取得的。面对"三期叠加"的局面，经济工作遇到不少两难甚至多难问题，需要远近结合，趋利避害，有效应对。这些成绩，是在我国经济总量超过60万亿元的高基数上取得的。现在国内生产总值每增长1个百分点的增量，相当于5年前1.5个百分点、10年前2.5个百分点的增量。经济规模越大，增长难度随之增加。在困难和压力面前，全国各族人民付出了极大辛劳，一步一步走了过来。这再次表明，任何艰难险阻都挡不住中国发展前行的步伐！

一年来，我们主要做了以下工作：

一是着力稳增长调结构防风险，创新宏观调控方式。为应对持续加大的经济下行压力，我们在区间调控基础上，实施定向调控和相机调控。积极的财政政策注重加力增效，扩大结构性减税范围，实行普遍性降费，盘活财政存量资金。发行地方政府债券置换存量债务3.2万亿元，降低利息负担约2000亿元，减轻了地方政府偿债压力。稳健的货币政策注重松紧适度，多次降息降准，改革存贷比管理，创新货币政策工具，加大对实体经济支持力度。扩大有效投资，设立专项基金，加强水利、城镇棚户区和农村危房改造、中西部铁路和公路等薄弱环节建设。实施重点领域消费促进工程，城乡居民旅游、网购、信息消费等快速增长。去年还积极应对股市、汇市异常波动等金融领域的多种风险挑战，守住了不发生系统性区域性风险的底线，维护了国家经济金融安全。

二是围绕激发市场活力，加大改革开放力度。我们不搞"大水漫灌"式的强刺激，而是持续推动结构性改革。深入推进简政放权、放管结合、优化服务改革。取消和下放 311 项行政审批事项，取消 123 项职业资格许可和认定事项，彻底终结了非行政许可审批。工商登记前置审批精简 85%，全面实施三证合一、一照一码。加强事中事后监管，优化公共服务流程。群众和企业办事更加方便，全社会创业创新热情日益高涨。

财税金融等重点改革深入推进。中央对地方专项转移支付项目减少三分之一，一般性转移支付规模增加。营改增稳步实施，资源税从价计征范围扩大。取消存款利率浮动上限，推出存款保险制度，建立人民币跨境支付系统。价格改革力度加大，中央政府定价项目减少 80%，地方政府定价项目减少一半以上。国有企业、农村、投融资、生态文明等领域改革有序推进，全面深化改革的成效正在显现。

坚持以开放促改革促发展。努力稳定对外贸易，调整出口退税负担机制，清理规范进出口环节收费，提高贸易便利化水平，出口结构发生积极变化。外商投资限制性条目减少一半，95%以上实行备案管理，实际使用外资1263亿美元，增长5.6%。非金融类对外直接投资1180亿美元，增长14.7%。推广上海自贸试验区经验，新设广东、天津、福建自贸试验区。人民币加入国际货币基金组织特别提款权货币篮子。亚洲基础设施投资银行正式成立，丝路基金投入运营。签署中韩、中澳自贸协定和中国—东盟自贸区升级议定书。"一带一路"建设成效显现，国际产能合作步伐加快，高铁、核电等中国装备走出去取得突破性进展。

三是聚焦提质增效，推动产业创新升级。制定实施创新驱动发展战略纲要和意见，出台推动大众创业、万众创新政策举措，落实"互联网+"行动计划，增强经济发展新动力。一大批创客走上创业创新之路。完善农业支持政策，促进农业发展方式加快转变。针对工业增速下降、企业效益下滑，我们一手抓新兴产业培育，一手抓传统产业改造提升。启动实施《中国制造2025》，设立国家新兴产业创业投资引导基金、中小企业发展基金，扩大国家自主创新示范区。积极化解过剩产能，推进企业兼并重组。近三年淘汰落后炼钢炼铁产能9000多万吨、水泥2.3亿吨、平板玻璃7600多万重量箱、电解铝100多万吨。促进生产性、生活性服务业加快发展。狠抓节能减排和环境保护，各项约束性指标超额完成。公布自主减排行动目标，推动国际气候变化谈判取得积极成果。

四是着眼开拓发展空间，促进区域协调发展和新型城

镇化。继续推动东、中、西、东北地区"四大板块"协调发展，重点推进"一带一路"建设、京津冀协同发展、长江经济带发展"三大战略"，在基础设施、产业布局、生态环保等方面实施一批重大工程。制定实施促进西藏和四省藏区、新疆发展的政策措施。推进户籍制度改革，出台居住证制度，加强城镇基础设施建设，新型城镇化取得新成效。

五是紧扣增进民生福祉，推动社会事业改革发展。在财力紧张情况下，保障民生力度继续加大。推出新的政策，重点解决高校毕业生和就业困难群体的就业创业问题。城镇保障性安居工程住房基本建成 772 万套，棚户区住房改造开工 601 万套，农村危房改造 432 万户，一大批住房困难家庭圆了安居梦。加快改善贫困地区义务教育薄弱学校办学条件，深化中小学教师职称制度改革，重点高校招收贫困地区农村学生人数又增长 10.5%。全面推开县级公立医院综合改革，拓展居民大病保险，建立重特大疾病医疗救助制度、困难残疾人生活补贴和重度残疾人护理补贴制度。提高低保、优抚、企业退休人员基本养老金等标准，推行机关事业单位养老保险制度改革并完善工资制度。加强基本公共文化服务建设。广大人民群众有了更多获得感。

六是促进社会和谐稳定，推动依法行政和治理方式创新。国务院提请全国人大常委会审议法律议案 11 件，制定修订行政法规 8 部。政务公开加快推进，推广电子政务和网上办事。建立重大政策落实督查问责机制，开展第三方评估。有效应对自然灾害和突发事件。加强安全生产监管，事故总量和重特大事故、重点行业事故数量继续下降。推进食品安全创建示范行动。强化社会治安综合治理，依法打击各类违法犯罪活动，有力维护了公共安全。

我们深入开展"三严三实"专题教育，锲而不舍落实党中央八项规定精神，坚决纠正"四风"，严格执行国务院"约法三章"。加强行政监察和审计监督。大力推进党风廉政建设和反腐败斗争，一批腐败分子受到惩处。

我们隆重纪念中国人民抗日战争暨世界反法西斯战争胜利70周年，集中宣示了我国作为世界反法西斯战争东方主战场的历史地位和重大贡献，彰显了中国人民同各国人民共护和平、共守正义的坚定信念！

一年来，全方位外交成果丰硕。习近平主席等国家领导人出访多国，出席联合国系列峰会、二十国集团领导人峰会、亚太经合组织领导人非正式会议、气候变化大会、东亚合作领导人系列会议、世界经济论坛等重大活动。成功举行中非合作论坛峰会、中欧领导人会晤，启动中拉论坛。同主要大国关系取得新进展，同周边国家务实合作深入推进，同发展中国家友好合作不断拓展，同联合国等国际组织和国际机制的关系全面加强，经济外交、人文交流卓有成效。中国作为负责任大国，在国际和地区事务中发挥了重要的建设性作用。

各位代表！

过去一年取得的成绩，是以习近平同志为总书记的党中央统揽全局、科学决策的结果，是全党全军全国各族人民齐心协力、顽强拼搏的结果。我代表国务院，向全国各族人民，向各民主党派、各人民团体和各界人士，表示诚挚感谢！向香港特别行政区同胞、澳门特别行政区同胞、台湾同胞和海外侨胞，表示诚挚感谢！向关心和支持中国现代化建设事业的各国政府、国际组织和各国朋友，表示诚挚感谢！

在充分肯定去年成绩的同时，我们也清醒看到，我国发展中还存在不少困难和问题。受全球贸易萎缩等因素影响，去年我国进出口总额出现下降，预期增长目标未能实现。投资增长乏力，一些行业产能过剩严重，部分企业生产经营困难，地区和行业走势分化，财政收支矛盾突出，资本市场基础性制度还不完善，金融等领域存在风险隐患。人民群众关心的医疗、教育、养老、食品药品安全、收入分配、城市管理等方面问题较多，环境污染形势仍很严峻，严重雾霾天气在一些地区时有发生。特别令人痛心的是，去年发生了"东方之星"号客轮翻沉事件和天津港特别重大火灾爆炸等事故，人员伤亡和财产损失惨重，教训极其深刻，必须认真汲取。政府工作还存在不足，有些改革和政策措施落实不到位，少数干部不作为、不会为、乱作为，一些领域的不正之风和腐败问题不容忽视。我们要进一步增强忧患意识和担当意识，下更大力气解决这些问题，始终以民之所望为施政所向，尽心竭力做好政府工作，决不辜负人民重托。

各位代表！

2015年是"十二五"收官之年。过去五年，我国发展成就举世瞩目。党的十八大以来，在以习近平同志为总书记的党中央坚强领导下，面对错综复杂的国际环境和艰巨繁重的国内改革发展稳定任务，我们继续坚持稳中求进工作总基调，深化改革开放，实施一系列利当前、惠长远的重大举措，"十二五"规划确定的主要目标任务全面完成。一是经济持续较快发展。国内生产总值年均增长7.8%，经济总量稳居世界第二位，成为全球第一货物贸易大国和主要对外投资大国。二是结构调整取得标志性进展。服务业成为第一大产业，工业化与信息化融合加深，农业综合生产能力明显增强。消费成为支撑经济增长的主要力量。超过一半人口居住在城镇。单位国内生产总值能耗下降18.2%，主要污染物排放量减少12%以上。三是基础设施水平全面跃升。铁路营业里程达到12.1万公里，其中高速铁路超过1.9万公里，占世界60%以上。高速公路通车里程超过12万公里。南水北调东、中线工程通水。建成全球最大的第四代移动通信网络。四是科技创新实现重大突破。量子通信、中微子振荡、高温铁基超导等基础研究取得一批原创性成果，载人航天、探月工程、深海探测等项目达到世界先进水平。五是人民生活水平显著提高。居民收入增长快于经济增长，城乡收入差距持续缩小。城镇新增就业人数超过 6400 万人。城镇保障性安居工程住房建设 4013 万套，上亿群众喜迁新居。农村贫困人口减少 1 亿多，解决 3 亿多农村人口饮水安全问题。六是社会发展成就斐然。教育公平和质量明显提升。基本医疗保险实现全覆盖，基本养老保险参保率超过 80%。文化软实力持续提升。依法治国全面推进。中国特色军事变革成就显著。经过五年努力，我国经济实力、科技实力、国防实力、国际影响力又上了一个大台阶。

"十二五"时期的辉煌成就，充分显示了中国特色社会主义的巨大优越性，集中展现了中国人民的无穷创造力，极大增强了中华民族的自信心和凝聚力，必将激励全国各族人民在实现"两个一百年"奋斗目标的新征程上奋力前行！

二、"十三五"时期主要目标任务和重大举措

根据《中共中央关于制定国民经济和社会发展第十三个五年规划的建议》，国务院编制了《国民经济和社会发展第十三个五年规划纲要（草案）》，提交大会审查。

《纲要草案》紧紧围绕全面建成小康社会奋斗目标，针对发展不平衡、不协调、不可持续等突出问题，强调要

牢固树立和贯彻落实创新、协调、绿色、开放、共享的发展理念，明确了今后五年经济社会发展的主要目标任务，提出了一系列支撑发展的重大政策、重大工程和重大项目，突出了以下六个方面。

——保持经济中高速增长，推动产业迈向中高端水平。实现全面建成小康社会目标，到2020年国内生产总值和城乡居民人均收入比2010年翻一番，"十三五"时期经济年均增长保持在6.5%以上。加快推进产业结构优化升级，实施一批技术水平高、带动能力强的重大工程。到2020年，先进制造业、现代服务业、战略性新兴产业比重大幅提升，全员劳动生产率从人均8.7万元提高到12万元以上。届时，我国经济总量超过90万亿元，发展的质量和效益明显提高。在我们这样一个人口众多的发展中国家，这将是非常了不起的成就。

——强化创新引领作用，为发展注入强大动力。创新是引领发展的第一动力，必须摆在国家发展全局的核心位置，深入实施创新驱动发展战略。启动一批新的国家重大科技项目，建设一批高水平的国家科学中心和技术创新中心，培育壮大一批有国际竞争力的创新型领军企业，建设一批全面创新改革试验区。持续推动大众创业、万众创新。促进大数据、云计算、物联网广泛应用。加快建设质量强国、制造强国、知识产权强国。到2020年，力争在基础研究、应用研究和战略前沿领域取得重大突破，全社会研发经费投入强度达到 2.5%，科技进步对经济增长的贡献率达到 60%，迈进创新型国家和人才强国行列。

——推进新型城镇化和农业现代化，促进城乡区域协调发展。缩小城乡区域差距，既是调整经济结构的重点，也是释放发展潜力的关键。要深入推进以人为核心的新型城镇化，实现 1 亿左右农业转移人口和其他常住人口在城镇落户，完成约 1 亿人居住的棚户区和城中村改造，引导约 1 亿人在中西部地区就近城镇化。到 2020 年，常住人口城镇化率达到 60%、户籍人口城镇化率达到 45%。实施一批水利、农机、现代种业等工程，推动农业适度规模经营和区域化布局、标准化生产、社会化服务。到 2020 年，粮食等主要农产品供给和质量安全得到更好保障，农业现代化水平明显提高，新农村建设取得新成效。以区域发展总体战略为基础，以"三大战略"为引领，形成沿海沿江沿线经济带为主的纵向横向经济轴带，培育一批辐射带动力强的城市群和增长极。加强重大基础设施建设，高铁营业里程达到 3 万公里、覆盖 80% 以上的大城市，新建改建高速公路通车里程约 3 万公里，实现城乡宽带网络全覆盖。

——推动形成绿色生产生活方式，加快改善生态环境。坚持在发展中保护、在保护中发展，持续推进生态文明建设。深入实施大气、水、土壤污染防治行动计划，划定生态空间保护红线，推进山水林田湖生态工程，加强生态保护和修复。今后五年，单位国内生产总值用水量、能耗、二氧化碳排放量分别下降 23%、15%、18%，森林覆盖率达到 23.04%，能源资源开发利用效率大幅提高，生态环境质量总体改善。特别是治理大气雾霾取得明显进展，地级及以上城市空气质量优良天数比率超过 80%。我们要持之以恒，建设天蓝、地绿、水清的美丽中国。

——深化改革开放，构建发展新体制。发展根本上要靠改革开放。必须全面深化改革，坚持和完善基本经济制度，建立现代产权制度，基本建成法治政府，使市场在资源配置中起决定性作用和更好发挥政府作用，加快形成引领经济发展新常态的体制机制和发展方式。"一带一路"建设取得重大进展，国际产能合作实现新的突破。对外贸易向优进优出转变，服务贸易比重显著提升，从贸易大国迈向贸易强国。全面实行准入前国民待遇加负面清单管理制度，逐步构建高标准自由贸易区网络，基本形成开放型经济新体制新格局。

——持续增进民生福祉，使全体人民共享发展成果。坚持以人民为中心的发展思想，努力补齐基本民生保障的短板，朝着共同富裕方向稳步前进。坚决打赢脱贫攻坚战，我国现行标准下的农村贫困人口实现脱贫，贫困县全部摘帽，解决区域性整体贫困。建立国家基本公共服务项目清单。建立健全更加公平更可持续的社会保障制度。实施义务教育学校标准化、普及高中阶段教育、建设世界一流大学和一流学科等工程，劳动年龄人口平均受教育年限从 10.23 年提高到 10.8 年。实现城镇新增就业 5000 万人以上。完善收入分配制度，缩小收入差距，提高中等收入人口比重。完善住房保障体系，城镇棚户区住房改造 2000 万套。推进健康中国建设，人均预期寿命提高 1 岁。积极应对人口老龄化。构建现代公共文化服务体系，实施公民道德建设、中华文化传承等工程。我们既要让人民的物质生活更殷实，又要让人民的精神生活更丰富。

　　做好"十三五"时期经济社会发展工作，实现全面建成小康社会目标，必须着力把握好三点。一是牢牢抓住发展第一要务不放松。发展是硬道理，是解决我国所有问题的关键。今后五年是跨越"中等收入陷阱"的重要阶段，各种矛盾和风险明显增多。发展如逆水行舟，不进则退。必须毫不动摇坚持以经济建设为中心，推动科学发展，妥善应对风险挑战，使中国经济这艘巨轮破浪远航。二是大力推进结构性改革。当前发展中总量问题与结构性问题并存，结构性问题更加突出，要用改革的办法推进结构调整。在适度扩大总需求的同时，突出抓好供给侧结构性改革，既做减法，又做加法，减少无效和低端供给，扩大有效和中高端供给，增加公共产品和公共服务供给，使供给和需求协同促进经济发展，提高全要素生产率，不断解放和发展社会生产力。三是加快新旧发展动能接续转换。经济发展必然会有新旧动能迭代更替的过程，当传统动能由强变弱时，需要新动能异军突起和传统动能转型，形成新的"双引擎"，才能推动经济持续增长、跃上新台阶。当前我国发展正处于这样一个关键时期，必须培育壮大新动能，加快发展新经济。要推动新技术、新产业、新业态加快成长，以体制机制创新促进分享经济发展，建设共享平台，做大高技术产业、现代服务业等新兴产业集群，打造动力强劲的新引擎。运用信息网络等现代技术，推动生产、管理和营销模式变革，重塑产业链、供应链、价值链，改造提升传统动能，使之焕发新的生机与活力。

从根本上说，发展的不竭力量蕴藏在人民群众之中。9亿多劳动力、1亿多受过高等教育和有专业技能的人才，是我们最大的资源和优势。实现新旧动能转换，推动发展转向更多依靠人力人才资源和创新，既是一个伴随阵痛的调整过程，也是一个充满希望的升级过程。只要闯过这个关口，中国经济就一定能够浴火重生、再创辉煌。

展望今后五年，我们充满必胜信心。如期实现全面建成小康社会目标，人民生活将会更加美好，中国特色社会主义事业前景一定会更加光明！

三、2016 年重点工作

今年是全面建成小康社会决胜阶段的开局之年，也是推进结构性改革的攻坚之年。做好政府工作，必须高举中国特色社会主义伟大旗帜，全面贯彻党的十八大和十八届三中、四中、五中全会精神，以邓小平理论、"三个代表"重要思想、科学发展观为指导，深入贯彻习近平总书记系列重要讲话精神，按照"五位一体"总体布局和"四个全面"战略布局，坚持改革开放，坚持以新发展理念引领发展，坚持稳中求进工作总基调，适应经济发展新常态，实行宏观政策要稳、产业政策要准、微观政策要活、改革政策要实、社会政策要托底的总体思路，把握好稳增长与调结构的平衡，保持经济运行在合理区间，着力加强供给侧结构性改革，加快培育新的发展动能，改造提升传统比较优势，抓好去产能、去库存、去杠杆、降成本、补短板，加强民生保障，切实防控风险，努力实现"十三五"时期经济社会发展良好开局。

今年发展的主要预期目标是：国内生产总值增长6.5%—7%，居民消费价格涨幅3%左右，城镇新增就业1000万人以上，城镇登记失业率4.5%以内，进出口回稳向好，国际收支基本平衡，居民收入增长和经济增长基本同步。单位国内生产总值能耗下降3.4%以上，主要污染物排放继续减少。

经济增长预期目标6.5%—7%，考虑了与全面建成小康社会目标相衔接，考虑了推进结构性改革的需要，也有利于稳定和引导市场预期。稳增长主要是为了保就业、惠民生，有6.5%—7%的增速就能够实现比较充分的就业。

综合分析各方面情况，今年我国发展面临的困难更多更大、挑战更为严峻，我们要做打硬仗的充分准备。从国际看，世界经济深度调整、复苏乏力，国际贸易增长低迷，金融和大宗商品市场波动不定，地缘政治风险上升，外部环境的不稳定不确定因素增加，对我国发展的影响不可低估。从国内看，长期积累的矛盾和风险进一步显现，经济增速换挡、结构调整阵痛、新旧动能转换相互交织，经济下行压力加大。但困难和挑战并不可怕。中国的发展从来都是在应对挑战中前进的，没有过不去的坎。经过多年的快速发展，我国物质基础雄厚，经济韧性强、潜力足、回旋余地大，改革开放不断注入新动力，创新宏观调控积累了丰富经验。特别是我们有中国共产党的坚强领导和中国特色社会主义制度，中国人民勤劳智慧。只要我们万众一心，共克时艰，就一定能够实现全年经济社会发展目标。

今年要重点做好八个方面工作。

（一）**稳定和完善宏观经济政策，保持经济运行在合理区间。**我们宏观调控还有创新手段和政策储备，既要立足当前、有针对性地出招，顶住经济下行压力，又要着眼长远、留有后手、谋势蓄势。继续实施积极的财政政策和稳健的货币政策，创新宏观调控方式，加强区间调控、定向调控、相机调控，统筹运用财政、货币政策和产业、投资、价格等政策工具，采取结构性改革尤其是供给侧结构性改革举措，为经济发展营造良好环境。

积极的财政政策要加大力度。今年拟安排财政赤字 2.18

万亿元，比去年增加 5600 亿元，赤字率提高到 3%。其中，中央财政赤字 1.4 万亿元，地方财政赤字 7800 亿元。安排地方专项债券 4000 亿元，继续发行地方政府置换债券。我国财政赤字率和政府负债率在世界主要经济体中相对较低，这样的安排是必要的、可行的，也是安全的。

适度扩大财政赤字，主要用于减税降费，进一步减轻企业负担。今年将采取三项举措。一是全面实施营改增，从 5 月 1 日起，将试点范围扩大到建筑业、房地产业、金融业、生活服务业，并将所有企业新增不动产所含增值税纳入抵扣范围，确保所有行业税负只减不增。二是取消违规设立的政府性基金，停征和归并一批政府性基金，扩大水利建设基金等免征范围。三是将 18 项行政事业性收费的免征范围，从小微企业扩大到所有企业和个人。实施上述政策，今年将比改革前减轻企业和个人负担 5000 多亿元。同时，适当增加必要的财政支出和政府投资，加大对民生等薄弱环节的支持。创新财政支出方式，优化财政支出结构，该保的一定要保住，该减的一定要减下来。

加快财税体制改革。推进中央与地方事权和支出责任划分改革，合理确定增值税中央和地方分享比例。把适合作为地方收入的税种下划给地方，在税政管理权限方面给地方适当放权。进一步压缩中央专项转移支付规模，今年一般性转移支付规模增长 12.2%。全面推开资源税从价计征改革。依法实施税收征管。建立规范的地方政府举债融资机制，对财政实力强、债务风险较低的，按法定程序适当增加债务限额。各级政府要坚持过紧日子，把每一笔钱都花在明处、用在实处。

稳健的货币政策要灵活适度。今年广义货币 M_2 预期增长 13% 左右，社会融资规模余额增长 13% 左右。要统筹运用公开市场操作、利率、准备金率、再贷款等各类货币政策工具，保持流动性合理充裕，疏通传导机制，降低融资成本，加强对实体经济特别是小微企业、"三农"等支持。

深化金融体制改革。加快改革完善现代金融监管体制，提高金融服务实体经济效率，实现金融风险监管全覆盖。深化利率市场化改革。继续完善人民币汇率市场化形成机制，保持人民币汇率在合理均衡水平上基本稳定。深化国有商业银行和开发性、政策性金融机构改革，发展民营银行，启动投贷联动试点。推进股票、债券市场改革和法治化建设，促进多层次资本市场健康发展，提高直接融资比重。适时启动"深港通"。建立巨灾保险制度。规范发展互联网金融。大力发展普惠金融和绿色金融。加强全口径外债宏观审慎管理。扎紧制度笼子，整顿规范金融秩序，严厉打击金融诈骗、非法集资和证券期货领域的违法犯罪活动，坚决守住不发生系统性区域性风险的底线。

（二）加强供给侧结构性改革，增强持续增长动力。围绕解决重点领域的突出矛盾和问题，加快破除体制机制障碍，以供给侧结构性改革提高供给体系的质量和效率，进一步激发市场活力和社会创造力。

推动简政放权、放管结合、优化服务改革向纵深发展。以敬民之心，行简政之道，切实转变政府职能、提高效能。继续大力削减行政审批事项，注重解决放权不同步、不协调、不到位问题，对下放的审批事项，要让地方能接得住、管得好。深化商事制度改革，开展证照分离试点。全面公布地方政府权力和责任清单，在部分地区试行市场准入负面清单制度。对行政事业性收费、政府定价或指导价经营服务性收费、政府性基金、国家职业资格，实行目录清单管理。加快建设统一开放、竞争有序的市场体系，打破地方保护。深化价格改革，加强价格监管。修改和废止有碍发展的行政法规和规范性文件。创新事中事后监管方式，全面推行"双随机、一公开"监管，随机抽取检查对象，随机选派执法检查人员，及时公布查处结果。推进综合行政执法改革，实施企业信用信息统一归集、依法公示、联合惩戒、社会监督。大力推行"互联网＋政务服务"，实现部门间数据共享，让居民和企业少跑腿、好办事、不添堵。简除烦苛，禁察非法，使人民群众有更平等的机会和更大的创造空间。

充分释放全社会创业创新潜能。着力实施创新驱动发展战略，促进科技与经济深度融合，提高实体经济的整体素质和竞争力。一是强化企业创新主体地位。落实企业研发费用加计扣除和加速折旧政策，完善高新技术企业、科技企业孵化器等税收优惠政策。支持行业领军企业建设高水平研发机构。加快将国家自主创新示范区试点政策推广到全国，再建设一批国家自主创新示范区、高新区。二是发挥大众创业、万众创新和"互联网＋"集众智汇众力的乘数效应。打造众创、众包、众扶、众筹平台，构建大中小企业、高校、科研机构、创客多方协同的新型创业创新机制。建设一批"双创"示范基地，培育创业创新服务业，规范发展天使、创业、产业等投资。支持分享经济发展，提高资源利用效率，让更多人参与进来、富裕起来。实施更积极、更开放、更有效的人才引进政策。加强知识产权保护和运用，依法严厉打击侵犯知识产权和制假售假行为。三是深化科技管理体制改革。扩大高校和科研院所自主权，砍掉科研管理中的繁文缛节。实施支持科技成果转移转化的政策措施，完善股权期权税收优惠政策和分红奖励办法，鼓励科研人员创业创新。大力弘扬创新文化，厚植创新沃土，营造敢为人先、宽容失败的良好氛围，充分激发企业家精神，调动全社会创业创新积极性，汇聚成推动发展的磅礴力量。

着力化解过剩产能和降本增效。重点抓好钢铁、煤炭等困难行业去产能，坚持市场倒逼、企业主体、地方组织、中央支持，运用经济、法律、技术、环保、质量、安全等手段，严格控制新增产能，坚决淘汰落后产能，有序退出过剩产能。采取兼并重组、债务重组或破产清算等措施，积极稳妥处置"僵尸企业"。完善财政、金融等支持政策，中央财政安排1000亿元专项奖补资金，重点用于职工分流安置。

采取综合措施，降低企业交易、物流、财务、用能等成本，坚决遏制涉企乱收费，对违规行为要严肃查处。

努力改善产品和服务供给。突出抓好三个方面。一是提升消费品品质。加快质量安全标准与国际标准接轨，建立商品质量惩罚性赔偿制度。鼓励企业开展个性化定制、柔性化生产，培育精益求精的工匠精神，增品种、提品质、创品牌。二是促进制造业升级。深入推进"中国制造＋互联网"，建设若干国家级制造业创新平台，实施一批智能制造示范项目，启动工业强基、绿色制造、高端装备等重大工程，组织实施重大技术改造升级工程。三是加快现代服务业发展。启动新一轮国家服务业综合改革试点，实施高技术服务业创新工程，大力发展数字创意产业。放宽市场准入，提高生产性服务业专业化、生活性服务业精细化水平。建设一批光网城市，推进 5 万个行政村通光纤，让更多城乡居民享受数字化生活。

大力推进国有企业改革。今明两年，要以改革促发展，坚决打好国有企业提质增效攻坚战。推动国有企业特别是中央企业结构调整，创新发展一批，重组整合一批，清理退出一批。推进股权多元化改革，开展落实企业董事会职权、市场化选聘经营者、职业经理人制度、混合所有制、员工持股等试点。深化企业用人制度改革，探索建立与市场化选任方式相适应的高层次人才和企业经营管理者薪酬制度。加快改组组建国有资本投资、运营公司。以管资本为主推进国有资产监管机构职能转变，防止国有资产流失，实现国有资产保值增值。赋予地方更多国有企业改革自主权。加快剥离国有企业办社会职能，解决历史遗留问题，让国有企业瘦身健体，增强核心竞争力。

更好激发非公有制经济活力。大幅放宽电力、电信、交通、石油、天然气、市政公用等领域市场准入，消除各种隐性壁垒，鼓励民营企业扩大投资、参与国有企业改革。在项目核准、融资服务、财税政策、土地使用等方面一视同仁。依法平等保护各种所有制经济产权，严肃查处侵犯非公有制企业及非公有制经济人士合法权益的行为，营造公平、公正、透明、稳定的法治环境，构建新型政商关系，促进各类企业各展其长、共同发展。

（三）深挖国内需求潜力，开拓发展更大空间。适度扩大需求总量，积极调整改革需求结构，促进供给需求有效对接、投资消费有机结合、城乡区域协调发展，形成对经济发展稳定而持久的内需支撑。

增强消费拉动经济增长的基础作用。适应消费升级趋势，破除政策障碍，优化消费环境，维护消费者权益。支持发展养老、健康、家政、教育培训、文化体育等服务消费。壮大网络信息、智能家居、个性时尚等新兴消费。促进线上线下协调互动、平等竞争，推动实体商业创新转型。完善物流配送网络，促进快递业健康发展。活跃二手车市场，大力发展和推广以电动汽车为主的新能源汽车，加快建设城市停车场和充电设施。在全国开展消费金融公司试点，鼓励金融机构创新消费信贷产品。降低部分消费品进口关税，增设免税店。落实带薪休假制度，加强旅游交通、景区景点、自驾车营地等设施建设，规范旅游市场秩序，迎接正在兴起的大众旅游时代。

发挥有效投资对稳增长调结构的关键作用。我国基础设施和民生领域有许多短板，产业亟需改造升级，有效投资仍有很大空间。今年要启动一批"十三五"规划重大项目。完成铁路投资 8000 亿元以上、公路投资 1.65 万亿元，再开工 20 项重大水利工程，建设水电核电、特高压输电、智能电网、油气管网、城市轨道交通等重大项目。中央预算内投资安排 5000 亿元。深化投融资体制改革，继续以市场化方式筹集专项建设基金，推动地方融资平台转型改制进行市场化融资，探索基础设施等资产证券化，扩大债券融资规模。完善政府和社会资本合作模式，用好 1800 亿元引导基金，依法严格履行合同，充分激发社会资本参与热情。

深入推进新型城镇化。城镇化是现代化的必由之路，是我国最大的内需潜力和发展动能所在。今年重点抓好三项工作。一是加快农业转移人口市民化。深化户籍制度改革，放宽城镇落户条件，建立健全"人地钱"挂钩政策。扩大新型城镇化综合试点范围。居住证具有很高的含金量，要加快覆盖未落户的城镇常住人口，使他们依法享有居住地义务教育、就业、医疗等基本公共服务。发展中西部地区中小城市和小城镇，容纳更多的农民工就近就业创业，让他们挣钱顾家两不误。二是推进城镇保障性安居工程建设和房地产市场健康发展。今年棚户区住房改造600万套，提高棚改货币化安置比例。完善支持居民住房合理消费的税收、信贷政策，适应住房刚性需求和改善性需求，因城施策化解房地产库存，促进房地产市场平稳运行。建立租购并举的住房制度，把符合条件的外来人口逐步纳入公租房供应范围。三是加强城市规划建设管理。增强城市规划的科学性、前瞻性、权威性、公开性，促进"多规合一"。开工建设城市地下综合管廊2000公里以上。积极推广绿色建筑和建材，大力发展钢结构和装配式建筑，加快标准化建设，提高建筑技术水平和工程质量。推进城市管理体制创新，打造智慧城市，完善公共交通网络，治理交通拥堵等突出问题，改善人居环境，使人民群众生活得更安心、更省心、更舒心。

优化区域发展格局。深入推进"一带一路"建设，落实京津冀协同发展规划纲要，加快长江经济带发展。制定实施西部大开发"十三五"规划，实施新一轮东北地区等老工业基地振兴战略，出台促进中部地区崛起新十年规划，支持东部地区在体制创新、陆海统筹等方面率先突破。促进资源型地区经济转型升级。支持革命老区、民族地区、边疆地区、贫困地区发展。制定和实施国家海洋战略，维护国家海洋权益，保护海洋生态环境，拓展蓝色经济空间，建设海洋强国。

（四）加快发展现代农业，促进农民持续增收。继续毫不放松抓好"三农"工作，完善强农惠农富农政策，深化农村改革，拓展农民就业增收渠道，着力提高农业质量、效益和竞争力。

加快农业结构调整。粮食连续增产，为稳定物价、改善民生提供了有力保障，但也面临库存大幅增加、市场价格下跌等问题。要完善农产品价格形成机制，引导农民适应市场需求调整种养结构，适当调减玉米种植面积。按照"市场定价、价补分离"原则，积极稳妥推进玉米收储制度改革，保障农民合理收益。要多措并举消化粮食库存，大力支持农产品精深加工，发展畜牧业，延伸农业产业链条；制定新一轮退耕还林还草方案，今年退耕还林还草1500万亩以上，这件事一举多得，务必抓好。积极发展多种形式农业适度规模经营，完善对家庭农场、专业大户、农民合作社等新型经营主体的扶持政策，培养新型职业农民，鼓励农户依法自愿有偿流转承包地，开展土地股份合作、联合或土地托管。深化农村集体产权、农垦、集体林权、国有林场、农田水利、供销社等改革。

强化农业基础支撑。全面完成永久基本农田划定并实行特殊保护，加强高标准农田建设，增加深松土地1.5亿亩，新增高效节水灌溉面积2000万亩。探索耕地轮作休耕制度试点。加强农业科技创新与推广，深入开展粮食绿色高产高效创建，实施化肥农药零增长行动。保障财政对农业投入，建立全国农业信贷担保体系，完善农业保险制度和农村金融服务，引导带动更多资金投向现代农业建设。

改善农村公共设施和服务。加大农村基础设施建设力度，新建改建农村公路20万公里，具备条件的乡镇和建制村要加快通硬化路、通客车。抓紧新一轮农村电网改造升级，两年内实现农村稳定可靠供电服务和平原地区机井通电全覆盖。实施饮水安全巩固提升工程。推动电子商务进农村。开展农村人居环境整治，建设美丽宜居乡村。

实施脱贫攻坚工程。今年要完成1000万以上农村贫困人口脱贫任务，其中易地搬迁脱贫200万人以上，继续推进贫困农户危房改造。中央财政扶贫资金增长43.4%。在贫困县推进涉农资金整合。坚持精准扶贫脱贫，因人因地施策。大力培育特色产业，支持就业创业。解决好通路、通水、通电、通网络等问题，增强集中连片特困地区和贫困人口发展能力。国家各项惠民政策和民生项目，要向贫困地区倾斜。深入开展定点扶贫、东西协作扶贫，支持社会力量参与脱贫攻坚。扶贫脱贫是硬任务，各级政府已经立下军令状，必须按时保质保量完成。

（五）推进新一轮高水平对外开放，着力实现合作共赢。面对国际经济合作和竞争格局的深刻变化，顺应国内经济提质增效升级的迫切需要，要坚定不移扩大对外开放，在开放中增强发展新动能、增添改革新动力、增创竞争新优势。

　　扎实推进"一带一路"建设。统筹国内区域开发开放与国际经济合作，共同打造陆上经济走廊和海上合作支点，推动互联互通、经贸合作、人文交流。构建沿线大通关合作机制，建设国际物流大通道。推进边境经济合作区、跨境经济合作区、境外经贸合作区建设。坚持共商共建共享，使"一带一路"成为和平友谊纽带、共同繁荣之路。

　　扩大国际产能合作。坚持企业为主、政府推动、市场化运作，实施一批重大示范项目。落实和完善财税金融支持政策，设立人民币海外合作基金，用好双边产能合作基金。推动装备、技术、标准、服务走出去，打造中国制造金字品牌。

　　促进外贸创新发展。面对外需持续低迷的严峻形势，要多措并举，遏制进出口下滑势头。一要加快落实和完善政策。优化出口退税率结构，确保及时足额退税，严厉打击骗取退税。增加短期出口信用保险规模，实现成套设备出口融资保险应保尽保。二要鼓励商业模式创新。扩大跨境电子商务试点，支持企业建设一批出口产品"海外仓"，促进外贸综合服务企业发展。三要优化贸易结构。开展服务贸易创新发展试点，增加服务外包示范城市，加快发展文化对外贸易。进一步整合优化海关特殊监管区域，促进加工贸易向中西部地区转移、向产业链中高端延伸。四要推进贸易便利化。全面推广国际贸易"单一窗口"。降低出口商品查验率。五要实施更加积极的进口政策。扩大先进技术设备、关键零部件及紧缺能源原材料进口。

提高利用外资水平。继续放宽投资准入，扩大服务业和一般制造业开放，简化外商投资企业设立程序，加大招商引资力度。创新内陆和沿边开放模式，打造新的外向型产业集群，引导外资更多投向中西部地区。扩大自贸试验区试点。创新开发区体制机制。我们将营造更加公平、更为透明、更可预期的投资环境，中国要始终成为富有吸引力的外商投资热土。

加快实施自由贸易区战略。积极商签区域全面经济伙伴关系协定，加快中日韩自贸区等谈判，推进中美、中欧投资协定谈判，加强亚太自贸区联合战略研究。我们愿与各方一道，推进贸易投资自由化，共同构建均衡、共赢、包容的国际经贸体系。

（六）加大环境治理力度，推动绿色发展取得新突破。治理污染、保护环境，事关人民群众健康和可持续发展，必须强力推进，下决心走出一条经济发展与环境改善双赢之路。

重拳治理大气雾霾和水污染。今年化学需氧量、氨氮排放量要分别下降2%，二氧化硫、氮氧化物排放量分别下降3%，重点地区细颗粒物（$PM_{2.5}$）浓度继续下降。着力抓好减少燃煤排放和机动车排放。加强煤炭清洁高效利用，减少散煤使用，推进以电代煤、以气代煤。全面实施燃煤电厂超低排放和节能改造。加快淘汰不符合强制性标准的燃煤锅炉。增加天然气供应，完善风能、太阳能、生物质能等发展扶持政策，提高清洁能源比重。鼓励秸秆资源化综合利用，限制直接焚烧。全面推广车用燃油国五标准，淘汰黄标车和老旧车380万辆。在重点区域实行大气污染联防联控。全面推进城镇污水处理设施建设与改造，加强农业面源污染和流域水环境综合治理。加大工业污染源治理力度，对排污企业全面实行在线监测。强化环境保护督察，做到奖惩分明。新修订的环境保护法必须严格执行，对超排偷排者必须依法严厉打击，对姑息纵容者必须依法严肃追究。

大力发展节能环保产业。扩大绿色环保标准覆盖面。完善扶持政策，支持推广节能环保先进技术装备，广泛开展合同能源管理和环境污染第三方治理，加大建筑节能改造力度，加快传统制造业绿色改造。开展全民节能、节水行动，推进垃圾分类处理，健全再生资源回收利用网络，把节能环保产业培育成我国发展的一大支柱产业。

加强生态安全屏障建设。健全生态保护补偿机制。停止天然林商业性采伐，实行新一轮草原生态保护补助奖励政策。推进地下水超采区综合治理试点，实施湿地等生态保护与恢复工程，继续治理荒漠化、石漠化和水土流失。保护环境，人人有责。每一个社会成员都要自觉行动起来，为建设美丽中国贡献力量。

（七）切实保障改善民生，加强社会建设。为政之道，民生为本。我们要念之再三、铭之肺腑，多谋民生之利，多解民生之忧。财政收入增长虽放缓，但该给群众办的实事一件也不能少。

着力扩大就业创业。实施更加积极的就业政策，鼓励以创业带动就业。今年高校毕业生将高达765万人，要落实好就业促进计划和创业引领计划，促进多渠道就业创业。用好失业保险基金结余，增加稳就业资金规模，做好企业下岗职工技能培训和再就业工作，对城镇就业困难人员提供托底帮扶。完成2100万人次以上农民工职业技能提升培训任务。加强对灵活就业、新就业形态的扶持。切实做好退役军人安置和就业创业服务工作。

发展更高质量更加公平的教育。教育承载着国家的未来、人民的期盼。公共教育投入要加大向中西部和边远、贫困地区倾斜力度。统一城乡义务教育经费保障机制，改善薄弱学校和寄宿制学校办学条件。支持普惠性幼儿园发展。办好特殊教育。加快健全现代职业教育体系，分类推进中等职业教育免除学杂费。对贫困家庭学生率先免除普通高中学杂费。落实提高乡村教师待遇政策。加快推进远程教育，扩大优质教育资源覆盖面。提升高校教学水平和创新能力，推动具备条件的普通本科高校向应用型转变。继续扩大重点高校面向贫困地区农村招生规模，落实和完善农民工随迁子女在当地就学和升学考试政策。支持和规范民办教育发展。教育要促进学生德智体美全面发展，注重培养各类高素质创新型人才。从家庭到学校、从政府到社会，都要为孩子们的安全健康、成长成才担起责任，共同托起明天的希望。

协调推进医疗、医保、医药联动改革。健康是幸福之基。今年要实现大病保险全覆盖，政府加大投入，让更多大病患者减轻负担。中央财政安排城乡医疗救助补助资金160亿元，增长 9.6%。整合城乡居民基本医保制度，财政补助由每人每年 380 元提高到 420 元。改革医保支付方式，加快推进基本医保全国联网和异地就医结算。扩大公立医院综合改革试点城市范围，协同推进医疗服务价格、药品流通等改革。深化药品医疗器械审评审批制度改革。加快培养全科医生、儿科医生。在 70% 左右的地市开展分级诊疗试点。基本公共卫生服务经费财政补助从人均 40 元提高到 45 元，促进医疗资源向基层和农村流动。鼓励社会办医。发展中医药、民族医药事业。建立健全符合医疗行业特点的人事薪酬制度，保护和调动医务人员积极性。构建和谐医患关系。完善一对夫妇可生育两个孩子的配套政策。为了人民健康，要加快健全统一权威的食品药品安全监管体制，严守从农田到餐桌、从企业到医院的每一道防线，让人民群众饮食用药安全放心。

织密织牢社会保障安全网。继续提高退休人员基本养老金标准。各地要切实负起责任，确保养老金按时足额发放。制定划转部分国有资本充实社保基金办法。开展养老服务业综合改革试点，推进多种形式的医养结合。落实临时救助、特困人员救助供养等制度，合理确定救助供养标准，完善工作机制。城乡低保人均补助标准分别提高 5% 和 8%。加快健全城乡社会救助体系，使困难群众遇急有助、遇困有帮，让社会充满关爱和温暖。

推进文化改革发展。用中国梦和中国特色社会主义凝聚共识、汇聚力量，培育和践行社会主义核心价值观，加强爱国主义教育。实施哲学社会科学创新工程，发展文学艺术、新闻出版、广播影视、档案等事业。建设中国特色新型智库。加强文物和非物质文化遗产保护利用。深化群众性精神文明创建活动，倡导全民阅读，普及科学知识，弘扬科学精神，提高国民素质和社会文明程度。促进传统媒体与新兴媒体融合发展。培育健康网络文化。深化中外人文交流，加强国际传播能力建设。深化文化体制改革，引导公共文化资源向城乡基层倾斜，推动文化产业创新发展，繁荣文化市场，加强文化市场管理。推进数字广播电视户户通。做好北京冬奥会和冬残奥会筹办工作，倡导全民健身新时尚。

加强和创新社会治理。做好基层基础工作，推进城乡社区建设，促进基层民主协商。支持工会、共青团、妇联等群团组织参与社会治理。加快行业协会商会与行政机关脱钩改革，依法规范发展社会组织，支持专业社会工作、志愿服务和慈善事业发展。加强社会信用体系建设。切实保障妇女、儿童、残疾人权益，加强对农村留守儿童和妇女、老人的关爱服务。深化司法体制改革，开展法治宣传教育，启动实施"七五"普法规划，做好法律援助和社区矫正工作。完善国家网络安全保障体系。创新社会治安综合治理机制，以信息化为支撑推进社会治安防控体系建设，依法惩治违法犯罪行为，严厉打击暴力恐怖活动，增强人民群众的安全感。改进信访工作，完善多元调解机制，有效化解矛盾纠纷，促进社会平安祥和。

生命高于一切，安全重于泰山。必须坚持不懈抓好安全生产和公共安全，加强安全基础设施和防灾减灾能力建设，健全监测预警应急机制，提高气象服务水平，做好地震、测绘、地质等工作。完善和落实安全生产责任、管理制度和考核机制，实行党政同责、一岗双责，加大失职追责力度，严格监管执法，坚决遏制重特大安全事故发生，切实保障人民生命财产安全。

（八）加强政府自身建设，提高施政能力和服务水平。重任千钧惟担当。面对异常艰巨复杂的改革发展任务，各级政府要深入贯彻落实新发展理念，把全面建成小康社会使命扛在肩上，把万家忧乐放在心头，建设人民满意的法治政府、创新政府、廉洁政府和服务型政府。

坚持依法履职，把政府活动全面纳入法治轨道。各级政府及其工作人员要带头严格遵守宪法和法律，自觉运用法治思维和法治方式推动工作，法定职责必须为，法无授权不可为。积极推行政府法律顾问制度。深入推进政务公开，充分发挥传统媒体、新兴媒体作用，利用好网络平台，及时回应社会关切，使群众了解政府做什么、怎么做。各级政府要依法接受同级人大及其常委会的监督，自觉接受人民政协的民主监督，接受社会和舆论监督，让权力在阳光下运行。

坚持廉洁履职，深入推进反腐倡廉。认真落实党风廉政建设主体责任，严厉整治各种顶风违纪行为。加强行政监察，推进审计全覆盖。以减权限权、创新监管等举措减少寻租空间，铲除滋生腐败土壤。推动党风廉政建设向基层延伸，坚决纠正侵害群众利益的不正之风，坚定不移惩治腐败。

坚持勤勉履职，提高执行力和公信力。政府工作人员要恪尽职守、夙夜在公，主动作为、善谋勇为。深入践行"三严三实"，增强政治意识、大局意识、核心意识、看齐意识，加强作风和能力建设，打造高素质专业化的公务员队伍。健全并严格执行工作责任制，确保各项政策和任务不折不扣落到实处。健全督查问责机制，坚决整肃庸政懒政怠政行为，决不允许占着位子不干事。健全激励机制和容错纠错机制，给改革创新者撑腰鼓劲，让广大干部愿干事、敢干事、能干成事。中国改革开放30多年的辉煌成就，就是广大干部群众干出来的。

上下同欲者胜。我们要充分发挥中央和地方两个积极性。对真抓实干成效明显的地方，在建设资金安排、新增建设用地、财政沉淀资金统筹使用等方面，加大奖励支持力度。鼓励各地从实际出发干事创业，形成竞相发展的生动局面。

各位代表！

中华民族是一个大家庭，促进各民族和睦相处、和衷共济、和谐发展，是各族人民的根本利益和共同责任。要坚持中国特色解决民族问题的正确道路，坚持和完善民族区域自治制度，严格执行党的民族政策，深入开展民族团结进步创建活动，推动建立各民族相互嵌入式的社会结构和社区环境，促进各民族交往交流交融。落实促进民族地区发展的差别化支持政策，加强对口帮扶，保护和发展少数民族优秀传统文化及特色村镇，加大扶持人口较少民族发展力度，大力实施兴边富民行动，让全国各族人民共同迈向全面小康社会。

我们要全面贯彻党的宗教工作基本方针，坚持依法管理宗教事务，促进宗教关系和谐，发挥宗教界人士和信教群众在促进经济社会发展中的积极作用。

我们要认真落实侨务政策，依法维护海外侨胞和归侨侨眷的合法权益，充分发挥他们的独特优势和重要作用，不断增强海内外中华儿女的向心力。

各位代表！

过去一年，国防和军队建设取得显著成效。新的一年，要紧紧围绕实现党在新形势下的强军目标，深入推进政治建军、改革强军、依法治军，全面加强军队革命化现代化正规化建设，坚决维护国家安全。坚持党对军队绝对领导的根本原则和制度，落实古田全军政治工作会议精神。统筹推进各方向各领域军事斗争准备，严密组织日常战备和边海空防管控。加强后勤保障和装备发展。稳步推进领导指挥体制改革，部署展开军队规模结构和政策制度等改革。提高军队建设法治化水平。建设现代化武装警察部队。加强全民国防教育和国防动员建设。推动重要领域军民融合深度发展，在重要基础设施建设中充分考虑国防需求。发展国防科技工业。各级政府要大力支持国防和军队建设，走出一条新时期鱼水情深的军政军民团结之路。

各位代表！

我们将全面准确贯彻"一国两制""港人治港""澳人治澳"、高度自治的方针，严格依照宪法和基本法办事。全力支持香港、澳门特别行政区行政长官和政府依法施政。发挥港澳独特优势，提升港澳在国家经济发展和对外开放中的地位和功能。深化内地与港澳合作，促进港澳提升自身竞争力。我们相信，香港、澳门一定会保持长期繁荣稳定。

我们要继续坚持对台工作大政方针，坚持"九二共识"政治基础，坚决反对"台独"分裂活动，维护国家主权和领土完整，维护两岸关系和平发展和台海和平稳定。推进两岸经济融合发展。促进两岸文教、科技等领域交流，加强两岸基层和青年交流。我们将秉持"两岸一家亲"理念，同台湾同胞共担民族大义，共享发展机遇，携手构建两岸命运共同体。

各位代表！

我们将继续高举和平、发展、合作、共赢的旗帜，践行中国特色大国外交理念，维护国家主权、安全、发展利益。办好在我国举行的二十国集团领导人峰会，推动世界经济创新增长，完善全球经济金融治理。加强与各主要大国协调合作，建设良性互动、合作共赢的大国关系。秉持亲诚惠容的周边外交理念，与地区国家持久和平相处、联动融合发展。深化南南合作、促进共同发展，维护发展中国家正当合法权益。建设性参与解决全球性和热点问题。加快海外利益保护能力建设，切实保护我国公民和法人安全。中国愿与国际社会一道，为人类和平与发展事业不懈努力！

各位代表！

奋斗才能赢得未来。让我们更加紧密地团结在以习近平同志为总书记的党中央周围，凝心聚力，奋发进取，努力完成今年经济社会发展目标任务，确保全面建成小康社会决胜阶段良好开局，为建成富强民主文明和谐的社会主义现代化国家、实现中华民族伟大复兴的中国梦作出新的贡献！

上　篇

省、自治区、直辖市

北 京 市

政府工作报告

——2016 年 1 月 22 日在北京市第十四届
人民代表大会第四次会议上

市长 王安顺

各位代表：

现在，我代表北京市人民政府，向大会报告政府工作，请予审议，并请市政协各位委员提出意见。

一、"十二五"时期经济社会发展回顾

"十二五"时期是北京发展具有重大历史意义的五年。在北京改革发展的关键时刻，习近平总书记亲临视察并发表重要讲话，明确了全国政治中心、文化中心、国际交往中心、科技创新中心的城市战略定位，提出了建设国际一流的和谐宜居之都的目标，对做好北京发展和管理工作、推动京津冀协同发展作出了重要指示，指明了新时期首都工作方向。中央把京津冀协同发展确立为重大国家战略，制定了《京津冀协同发展规划纲要》，为首都未来发展描绘了

宏伟蓝图和光明前景。首都科学发展开启了新征程。

五年来，在党中央、国务院坚强领导下，在中共北京市委直接领导下，在市人大及其常委会监督支持下，我们坚决贯彻落实中央决策部署，坚持稳中求进工作总基调，牢牢把握首都城市战略定位，积极推动京津冀协同发展，扎实做好稳增长、促改革、调结构、惠民生各项工作，保持经济社会持续健康发展，较好地完成了"十二五"规划目标任务，北京综合经济实力、科技创新能力、国际影响力显著增强，向着国际一流的和谐宜居之都迈出了坚实步伐。

（一）积极适应经济发展新常态，有效应对经济下行压力，首都经济实力显著增强。更加注重经济发展的质量和效益，在平稳增长中实现了结构更优、质量更高、效益更好的发展。五年来，全市地区生产总值年均增长 7.5%，一般公共预算收入年均增长 14.9%。人均地区生产总值由 2010 年的 1.1 万美元增加到 1.7 万美元；社会消费品零售额由 6300 多亿元增加到 1 万亿元以上，服务性消费占市场消费总额的比重达到 44.6%；全社会固定资产投资由 5200 多亿元增加到近 8000 亿元。城镇居民人均收入年均实际增长 7.2%；农村居民人均收入年均实际增长 7.8%，增速持续高于城镇居民。居民消费价格涨幅控制在预期目标以内。万元地区生产总值能耗、水耗和二氧化碳排放分别累计下降 25%、24% 和 27% 左右。顺利完成北京市第三次全国经济普查。

京津冀协同发展实现良好开局。坚决贯彻落实《京津冀协同发展规划纲要》，制定实施我市贯彻意见。有序疏解非首都功能，发布修订新增产业的禁止和限制目录，不予办理的工商登记业务累计 1.3 万件；关停退出一般制造和污染企业 1006 家，退出低端市场 228 家。大力实施交通、生态、产业三个重点领域率先突破工作方案，京津冀城际铁路网规划正式上报,京昆高速北京段建成通车,北京新机场主体工程开工建设,一批重大区域生态工程顺利推进,曹妃甸协同发展示范区等合作园区建设步伐加快。京津冀通关一体化成效显著,教育、医疗、旅游等领域合作有序开展。

(二)实施创新驱动,着力转型发展,经济结构高端化更趋明显。市级一般公共预算科技文化支出比"十一五"期间增长 1.1 倍,北京地区综合科技进步水平居全国首位,创新驱动发展格局初步形成。积极推动中关村国家自主创新示范区建设,落实"1+6""新四条"等一系列先行先试政策,出台加快全国科技创新中心建设的意见,发布实施"京校十条""京科九条",开展科技成果使用、处置、收益管理改革和股权激励试点。不断优化创新创业生态系统,加快建设人才管理改革试验区和科技金融创新中心,支持众创空间等孵化机构集聚发展,大众创业、万众创新日趋活跃。五年来,自主创新能力不断增强,涌现出一批国际领先的重大科技成果,催生了一批新技术、新产品、新模式、新业态。"十二五"期间,全市专利授权量、技术合同成交额、中关村示范区总收入都实现了翻番。

文化创新增添发展新活力。大力培育和践行社会主义核心价值观,持续推进中国特色社会主义和中国梦宣传教育,深入开展精神文明创建活动,积极树立"北京榜样"。出台加强全国文化中心建设实施意见,推动国有文化资产管理体制改革,组建歌华传媒和北京新媒体集团,健全文化要素市场,完善投融资服务体系。文艺创作繁荣发展,18部作品获得全国"五个一工程"奖。制定出台加强基层公共文化建设"1+3"政策文件,实施文化惠民工程,公共文化设施体系进一步健全。加强历史文化名城保护,完成明城墙遗迹等修缮工程。制定实施文化创意产业功能区建设发展规划,文化创意与相关产业融合发展势头良好。

高端产业构筑发展新优势。开展石景山国家服务业综合改革试点和中关村现代服务业试点，出台加快首都科技服务业发展意见，实施促进健康、养老、体育产业发展的政策措施，金融、信息、科技服务三大优势产业对经济增长的贡献率超过 70%，第三产业比重由 75.5% 提高到 79.8%。制定实施加快发展战略性新兴产业的意见，出台《中国制造 2025》北京行动纲要，产业结构加快向高端化迈进。积极推动园区特色化、差异化发展，六大高端产业功能区集聚发展水平进一步提升。

（三）统筹城乡发展，优化空间布局，城乡一体化格局基本形成。市级一般公共预算农林水支出比"十一五"期间增长 1.2 倍，市政府固定资产投资投向郊区的比例超过 50%，城乡发展一体化体制机制初步建立。深入开展城市总体规划编制工作，积极谋划未来首都可持续发展蓝图。全力推动市行政副中心建设，研究提出了规划方案，完成一期 6 平方公里拆迁任务，行政办公区起步区开工建设。积极推进郊区新城建设，重点功能和产业项目加快布局，轨道交通向 5 个新城延伸。推动 42 个重点小城镇建设，建成一批新型农村社区，农民享受到了更好的公共服务。城乡结合部 50 个重点村建设任务基本完成，拆迁还绿 14.2 平方公里，"一绿"地区 6 个乡城市化建设试点顺利推进。连续实施两个阶段城南行动计划，城南、西部地区基础设施和生态环境明显改善。

农村改革发展扎实推进。深入实施"新三起来"工程，全面完成集体林权制度改革主体任务和集体土地所有权确权颁证，确权承包土地流转比例达到 61.7%，集体经营性建设用地入市等改革试点顺利开展。制定实施农业"调转节"意见，高耗水农作物逐步退出，都市型现代农业加快发展。建设美丽乡村 1000 个，50 多万户农宅实施抗震节能改造，村级公益事业专项补助标准提高了 50%。实施农村经济薄弱地区发展规划、共同致富行动计划，加大低收入村帮扶力度，低收入农户人均收入年均实际增长 10.2%。生态涵养区建成一批特色品牌沟域，搬迁山区农民 4.4 万人。顺利完成 2019 年世界园艺博览会园区综合规划、综合交通规划编制和拆迁任务，启动配套基础设施建设。

（四）加快破解难题，实施精细管理，"大城市病"治理全面展开。严格落实大气污染防治条例，制定实施清洁空气行动计划，建立区域大气污染联防联控机制，压减燃煤近 1400 万吨，淘汰全部黄标车，淘汰老旧机动车 183.2 万辆，细颗粒物浓度比 2012 年下降 15.8%，四项主要污染物减排超额完成目标任务。实施"建管限"综合治堵措施，加大轨道交通建设力度，新增运营里程 218 公里、总里程达到 554 公里，城市路网进一步完善。制定实施垃圾、污水处理设施建设两个三年行动计划，新增生活垃圾日处理能力 1.2 万吨、污水日处理能力 120 万吨，生活垃圾资源化率提高到 55%，再生水年利用量达到 9.5 亿立方米。完成平原地区造林 105 万亩，新增城市绿地 4850 公顷，森林覆盖率、林木绿化率达到 41.6% 和 59%，比 2010 年分别提高了 4.6 和 6 个百分点。

制定实施更加严格的人口规模调控工作方案，常住人口比"十一五"期间年均少增 43.1 万人，年均增速由 5% 回落到 2%。组织开展环境建设精细管理行动，拆除违法建设 4611 万平方米，架空线入地改造 605 公里。加强资源能源保障，南水北调中线一期工程建成通水，陕京三线等重要基础设施建成投用，气象监测预测、预报预警水平稳步提升，城市运行保障和防灾减灾能力显著增强。

开展石景山区城市管理体制改革试点，夯实基层管理力量，强化部门联动综合执法，网格化社会服务管理体系覆盖 90% 以上的街道和社区。

（五）创新社会治理，增进民生福祉，和谐稳定良好局面更加巩固。增投入、建机制、兜底线，市级一般公共预算民生支出比"十一五"期间增长 1.2 倍，累计办理 153 项重要民生实事，解决了一批关系群众切身利益的现实问题。实施就业优先战略和更加积极的就业政策，城乡统一的就业体系更加健全，城镇新增就业 216.7 万人，城镇登记失业率控制在 1.6% 以内。覆盖城乡全体居民的养老和医疗保障体系进一步完善，"人人享有社会保障"的目标基本实现，六项待遇标准与 2010 年相比平均增长 68%。城乡低保标准实现并轨，适度普惠型社会福利体系基本形成。全面落实居家养老服务条例，统筹推进居家、社区和机构养老服务发展，全市养老床位达 12 万张。完善残疾人社会保障和服务体系，残疾人事业加快发展。大力实施保障性安居工程，建立"以租为主"的基本住房保障体系，累计建设筹集各类保障房 100 万套，完成 8.3 万户棚户区改造和 6562 万平方米老旧小区综合整治，群众居住条件进一步改善。

基本公共服务均等化水平明显提升。全面深化教育综合改革，大力推进素质教育，实施学前教育、中小学建设、市属高校建设三个"三年行动计划"，新建改扩建幼儿园 843 所、中小学校 200 所，分别增加学位 10 万个和 19 万个。坚持义务教育免试就近入学，推行学区制、九年一贯制、教育集团等模式，优质教育资源覆盖面进一步扩大。深化医药卫生体制改革，积极开展公立医院管办分开、医药分开综合改革试点，建立城乡居民大病保险制度，医保付费制度改革持续推进，公费医疗制度改革基本完成。开展社区卫生服务机构标准化建设，推进社区卫生服务模式改革，建成 10 个区域医疗中心、43 个区域医联体，城乡全覆盖的医疗卫生服务体系不断完善。"单独两孩"政策顺利实施，人口计生服务进一步加强。群众体育事业蓬勃发展，竞技体育水平稳步提升。

社会保持和谐稳定。出台深化街道社区管理体制改革意见，"一刻钟社区服务圈"覆盖 80% 的城市社区。推进四类社会组织直接登记，三级枢纽型社会组织工作体系基本形成，社会工作者和志愿者队伍不断壮大。妇女、儿童事业取得新进展，民族、宗教工作进一步加强。坚持走中国特色军民融合发展道路，军政军民团结更加巩固。实施安全发展战略，严格排查治理安全隐患，亿元地区生产总值生产安全事故死亡率比 2010 年下降 47%。推进食品药品安全监管体制改革，重点食品抽检、药品抽验合格率分别达到 98.4% 和 99.7%。深入开展矛盾纠纷排查化解，创新立体化社会治安防控体系，建立健全反恐防恐工作机制，维护了首都安全稳定。

（六）全面深化改革，扩大对外开放，发展活力进一步释放。落实全面深化改革的决定，推出了一系列放权、松绑、减负、惠民的改革措施。深入推进政府职能转变，下大力气简政放权，完成新一轮市政府机构改革，取消和下放 439 项行政审批事项。优化投资项目审批流程，审批时限由 300 多个工作日缩短到 109 个工作日。建成市政务服务中心，40 个部门、740 项审批事项全面进驻。商事制度改革成效明显，"先照后证""三证合一、一照一码"全面推行。出台鼓励社会投资的实施意见，130 个市场化试点项目落实社会投资来源。制定实施全面深化市属国资国企改革的意见，开展分类监管等一批改革试点，国有企业重组改制加快推进，国有经济布局不断优化，市属企业利润比 2010 年增长 94.7%。财政预算管理制度改革稳步推进，"营改增"取得积极成效。"新三板"落户北京，挂牌公司超过 5000 家。削减了 56% 的政府定价项目，顺利实施水电气热、公交票制票价等价格改革，提高排污收费标准，建立了水环境区域补偿制度，要素配置效率进一步提高。

开放型经济发展呈现新局面。成功举办三届京交会，服务贸易总额由 798 亿美元增加到 1200 多亿美元。投资促进创新高效，实际利用外资达到 130 亿美元、境外投资达到 95.6 亿美元，分别是 2010 年的 2 倍和 12.5 倍。实施 72 小时过境免签、购物离境退税等政策，口岸经济加快发展。环球主题公园项目引进落地。旅游业总收入比"十一五"期间增长 73.7%。开展全国首个服务业扩大开放综合试点，首批 33 项政策措施全面推进。对外交流交往务实活跃，亚洲基础设施投资银行、丝路基金总部落户北京，成立世界旅游城市联合会，友好城市达到 52 个。港澳台侨工作成果丰硕。认真做好对口支援和帮扶协作，累计投入资金 136.4 亿元，完成 1771 个援助项目。

（七）履行首都职责，做好"四个服务"，重大活动服务保障任务圆满完成。按照中央要求和统一部署，高标准做好亚太经合组织第 22 次领导人非正式会议服务保障工作；圆满完成中国人民抗日战争暨世界反法西斯战争胜利 70 周年纪念活动服务保障任务；与国家体育总局、河北省密切合作，成功获得 2022 年冬奥会举办权，北京成为世界上首个既举办过夏奥会，又将举办冬奥会的城市。高水平完成 2015 年北京田径世锦赛筹办工作，为世界奉献了"一场精彩绝伦的世锦赛"。一系列重大活动服务保障任务圆满完成，得益于中央的坚强领导，得益于各兄弟省区市、驻京部队和社会各界的大力支持，得益于广大市民的热情参与和无私奉献，为我们留下了宝贵的物质财富和精神财富。

五年来，我们坚持依法行政、从严治政、廉洁勤政，政府自身建设取得了重要进展。认真执行市人大及其常委会的决议和决定，自觉接受人大工作监督、法律监督和人民政协民主监督，共办理市人大代表议案 17 件、建议 6214 件，办理市政协提案 5467 件。加强政府立法工作，提请市人大常委会审议地方性法规草案 38 项，制定、修改、废止政府规章 68 项，行政执法行为进一步规范。大力推进大气污染治理、财政预算决算等 17 个重点领域信息公开，让群众更加有效地监督政府行为。依法全面履行政府职能，完善绩效管理体系，加强督查和行政问责，政府执行力和公信力进一步提升。严守党的政治纪律和政治规矩，认真开展党的群众路线教育实践活动和"三严三实"专题教育，坚决落实中央八项规定精神和国务院"约法三章"，全面落实各项整改任务，扎实整治"四风"问题。坚定不移推进党风廉政建设和反腐败斗争，加大行政监察和审计监督力度，深入开展"小金库"等专项治理，坚决惩治"为官不为""小官贪腐"等问题，严肃查处各类违纪违法案件。

回顾过去五年，我们深切感受到，这是北京发展方式加快转变、经济结构优化升级的五年；是改革开放深入推进、市场活力不断释放的五年；是基础设施更加完善、城乡统筹一体发展的五年；是生态建设大力推进、城市治理扎实攻坚的五年；是社会事业全面进步、人民得到更多实惠的五年。五年的成就来之不易，这是党中央、国务院坚强领导，中共北京市委直接领导，全市人民团结奋斗的结果，是全国各族人民大力帮助，社会各界关心支持的结果。在这里，我代表北京市人民政府，向全市各族人民，向人大代表、政协委员，向各民主党派、各人民团体和各界人士，向中央各部门、各兄弟省区市，向驻京解放军和武警部队官兵，向所有关心支持首都建设的港澳台同胞、海外侨胞和国际友人，表示衷心的感谢！

各位代表，五年的团结奋斗，使我们进一步深化了对做好首都工作的认识，主要体会有：

第一，必须始终坚持首都城市战略定位。把落实"四个中心"战略定位作为衡量发展的根本标尺，牢固树立首善标准，认真履行首都职责，提高"四个服务"水平，科学谋划和推动首都建设发展，使城市发展与战略定位相适应、相一致、相协调，在服务国家大局中提升首都发展水平。

第二，必须始终坚持改革创新。以改革创新为根本动力，坚持问题导向，不失时机地推出各项改革举措，切实破除制约发展的体制机制障碍；把创新摆在发展全局的核心位置，深入实施创新驱动发展战略，着力激发创新创业活力，发挥创新激励经济增长的乘数效应，率先形成以创新为主要引领和支撑的经济体系和发展模式。

第三，必须始终坚持城乡区域协调发展。把协同发展、协调发展作为治理"大城市病"、实现城市可持续发展的必由之路，有序疏解非首都功能，优化提升首都核心功能，加快形成区域协同发展新格局；着眼于城乡经济社会一体化发展，优化城市发展布局和要素配置，逐步缩小城乡发展差距，促进均衡协调发展。

第四，必须始终坚持走生态文明之路。坚持节约资源和保护环境的基本国策，坚守生态保护红线、环境质量底线、资源消耗上限，加大污染治理和生态建设力度，着力补齐短板，不断提升城市治理能力，缓解人口资源环境矛盾，提高绿色发展水平。

第五，必须始终坚持人民主体地位。以人民为中心，坚定不移走群众路线，把增进市民福祉、促进人的全面发展作为工作的出发点和落脚点，充分调动人民的积极性、主动性和创造性，让全体市民更好地发挥主体作用，共同把首都建设好、发展好、管理好。

我们也清醒认识到，发展中不平衡、不协调、不可持续的问题依然存在，前进道路上还有不少困难和挑战。主要是：人口资源环境矛盾突出，治理大气污染、交通拥堵等"大城市病"还需要下更大力气；科技、文化资源优势发挥不够，新旧动力转换接续需要加快推进，转方式、调结构、稳增长还需要下更大功夫；城市服务管理水平和文明程度还不够高，法治化、精细化管理亟待加强；教育、医疗、养老等公共服务供给不足和配置不均衡问题仍然存在，民生保障需要继续提高水平；政府工作还存在不足，一些领域的事中事后监管不到位，少数政府工作人员不作为、乱作为现象依然存在，面对新形势不适应、不会为、不善为的问题比较突出，政府系统勤政廉政建设需要常抓不懈。我们将以高度的责任感和使命感，迎难而上、毫不懈怠，加倍努力工作，扎实解决问题，绝不辜负人民的期望和重托。

二、"十三五"时期的主要目标和任务

"十三五"时期是我国全面建成小康社会的决胜阶段，也是落实首都城市战略定位、加快建设国际一流的和谐宜居之都的关键阶段。市委十一届八次全会确定了"十三五"时期北京发展的指导思想：高举中国特色社会主义伟大旗帜，全面贯彻党的十八大和十八届三中、四中、五中全会精神，以马克思列宁主义、毛泽东思想、

邓小平理论、"三个代表"重要思想、科学发展观为指导，深入贯彻习近平总书记系列重要讲话精神，坚持"四个全面"战略布局，坚持发展是第一要务，牢固树立创新、协调、绿色、开放、共享的发展理念，牢牢把握首都城市战略定位，深入实施京津冀协同发展战略，以有序疏解非首都功能、治理"大城市病"为重点任务，以提升发展的质量和效益为中心，加快形成引领经济发展新常态、实现城市可持续发展的体制机制和发展方式，统筹推进经济建设、政治建设、文化建设、社会建设、生态文明建设和党的建设，率先全面建成小康社会，在建设国际一流的和谐宜居之都上取得重大进展，奋力谱写中华民族伟大复兴中国梦的北京篇章。

遵循这一指导思想，紧密衔接《京津冀协同发展规划纲要》确定的目标任务，今后五年全市经济社会发展的主要目标是：

——疏解非首都功能取得明显成效。四环路以内区域性的物流基地和专业市场调整退出，部分教育医疗等公共服务机构、行政企事业单位有序疏解迁出。全市常住人口总量控制在 2300 万人以内，城六区常住人口比 2014 年下降 15% 左右，"大城市病"等突出问题得到有效缓解，首都核心功能显著增强。

——经济保持中高速增长。在发展质量和效益不断提高的基础上，地区生产总值年均增长 6.5%，2020 年地区生产总值和城乡居民人均收入比 2010 年翻一番。主要经济指标平衡协调，劳动生产率和地均产出率大幅提高。三次产业内部结构进一步优化，服务业增加值占地区生产总值比重高于 80%，全社会研究与试验发展经费支出占地区生产总值的比重保持 6% 左右，形成"高精尖"经济结构，成为具有全球影响力的科技创新中心。

——人民生活水平和质量普遍提高。公共服务体系更加完善，基本公共服务均等化程度进一步提高。城镇登记失业率低于4%，收入差距缩小，中等收入人口比重上升，"住有所居"水平进一步提高。教育实现现代化，群众健康水平普遍提升，人均期望寿命高于82.4岁。养老助残服务体系更加完善。困难群众基本生活得到有效保障。社会更加安定有序。

——市民素质和城市文明程度显著提高。中国梦和社会主义核心价值观更加深入人心，爱国主义、集体主义、社会主义思想广泛弘扬。市民思想道德素质、科学文化素质、健康素质明显提高，热情开朗、大气开放、积极向上、乐于助人的社会风尚更加深厚。文化事业和文化产业蓬勃发展，率先建成公共文化服务体系，全国文化中心地位进一步彰显。

——生态环境质量显著提升。生产方式和生活方式绿色、低碳水平进一步提升。单位地区生产总值能耗、水耗持续下降，城乡建设用地控制在2800平方公里以内，碳排放总量得到有效控制。主要污染物排放总量持续削减，生活垃圾无害化处理率达到99.8%以上，污水处理率高于95%，重要河湖水生态系统逐步恢复，森林覆盖率达到44%，环境容量生态空间进一步扩大。

——各方面体制机制更加完善。城市治理各领域基础性制度体系基本形成。人民民主更加健全，法治政府基本建成，成为法治中国的首善之区。城乡发展一体化体制机制进一步健全，区域协同发展、统筹利用各级各类资源的体制机制基本建立。开放型经济新体制基本形成。

围绕上述指导思想和目标，我市《国民经济和社会发展第十三个五年规划纲要》部署了八个方面的重大任务：一是优化提升首都核心功能；二是建设绿色低碳生态家园；三是提高城市治理水平；四是加快建设全国科技创新中心；五是着力建设全国文化中心；六是持续增进民生福祉；七是全面深化改革开放和加强法治建设；八是全面做好冬奥会筹备工作。

三、2016 年重点任务

2016 年是"十三五"开局之年，也是推进结构性改革攻坚之年，做好经济社会发展工作，意义十分重大。过去一年，全市人民齐心协力，锐意进取，迎难而上，经济社会发展取得了新成绩。全市地区生产总值增长 6.9%，一般公共预算收入同口径增长 12.3%，城乡居民人均收入分别实际增长 7% 和 7.1%，细颗粒物浓度下降 6.2%，较好地完成了市十四届人大三次会议确定的主要目标任务，为做好今年的工作打下了良好基础。

今年政府工作的总体要求是：全面贯彻落实党的十八大和十八届三中、四中、五中全会精神，深入学习贯彻习近平总书记系列重要讲话和对北京工作的重要指示精神，认真贯彻落实中央经济工作会议、中央城市工作会议精神，按照"五位一体"总体布局和"四个全面"战略布局，牢固树立和贯彻落实创新、协调、绿色、开放、共享的发展理念，适应经济发展新常态，坚持改革开放，坚持稳中求进工作总基调，坚持稳增长、调结构、惠民生、防风险，加快疏功能、转方式、治环境、补短板、促协同，着力加强结构性改革，构建"高精尖"经济结构，保持经济运行在合理区间，维护首都社会和谐稳定，努力实现"十三五"良好开局。

做好今年经济社会发展工作，要重点把握好以下几个方面：

第一，必须牢固树立创新、协调、绿色、开放、共享的发展理念。把五大发展理念贯穿于经济社会发展全过程和各领域，以发展理念转变引领发展方式转变，以发展方式转变推动发展质量和效益提升，破解发展难题，厚植发展优势，增强发展动力，努力走出一条更高质量、更有效率、更加公平、更可持续的发展新路。

第二，必须积极适应、把握、引领新常态。坚持把发展的基点放在创新上，充分发挥首都科技智力资源优势，加快构建"高精尖"经济结构，大力培育新的发展动能，在保持经济中高速增长的同时，切实提高发展的质量和效益。

第三，必须着力推进结构性改革。充分发挥市场在资源配置中的决定性作用，更好发挥政府作用，在适度扩大总需求的同时，切实加强供给侧结构性改革，提高供给体系质量和效率，加快形成消费和供给良性互动、需求升级和产业升级共进的格局。

第四，必须大力提高城市工作水平。贯彻落实"五个统筹"的要求，准确把握超大型城市发展规律，转变城市发展方式，完善城市治理体系，提高城市治理能力，集中力量解决"大城市病"等突出问题，不断提升城市环境质量、人民生活质量和城市竞争力。

综合各方面因素，全市经济社会发展的主要预期目标是：地区生产总值增长 6.5%；一般公共预算收入增长 6.5% 以上；居民消费价格涨幅控制在 3.5% 左右；城镇登记失业率控制在 3% 以内；城乡居民可支配收入增长与经济增长同步；万元地区生产总值能耗、水耗和二氧化碳排放分别下降 3.5%、3% 左右和 4%，细颗粒物浓度下降 5% 左右。

为实现上述目标，重点抓好以下几方面工作：

（一）积极推动京津冀协同发展

坚持把推动京津冀协同发展作为全市工作的头等大事，认真落实《京津冀协同发展规划纲要》和《"十三五"时期京津冀国民经济和社会发展规划》，确保完成年度目标任务。

有序疏解非首都功能。严格落实 2015 版新增产业禁限目录，制定实施产业、市场、公共服务、行政事业单位四类非首都功能疏解方案，完成 300 家一般制造和污染企业退出任务，继续推进区域性专业市场的转移疏解和业态升级，推动部分市属高校和医院疏解。落实好非首都功能疏解示范项目，建立区域差别化公共服务及资源性产品价格形成机制，健全财政转移支付与落实功能定位、承接功能疏解、实施人口调控挂钩的机制，加快疏解步伐。

以三个率先突破带动协同发展。认真落实京津冀交通一体化规划，加快推进京张铁路、京唐城际、京台高速、延崇路等项目建设。继续实施京津风沙源治理、太行山绿化工程，新增 10 万亩京冀生态水源林，持续治理永定河、潮白河、拒马河等跨界河流。积极搭建"4+N"功能承接平台，加快推进曹妃甸首钢京唐二期等重大项目，抓好天津滨海－中关村科技园区建设，引导绿色产业项目向张承生态功能区布局。开工建设新机场外围交通和市政配套设施，支持机场周边村庄加快发展，推动临空经济区规划落地。

打造京津冀协同创新共同体。落实京津冀区域推进全面创新改革试验方案，开展知识产权、人才流动、激励机制、市场准入等方面协同性改革试验，争创具有示范带动作用的区域性改革创新平台。组建一批区域产业技术创新战略联盟，推动创新资源开放共享。围绕科技冬奥、生态安全、服务民生等领域实施协同创新工程，开展关键技术联合攻关和集成应用。用好中关村协同创新投资基金，加快张北云计算产业基地等园区建设，推动形成科技创新园区链。

扎实做好脱贫帮扶和对口支援工作。认真贯彻中央扶贫开发工作会议精神，加快制定对口帮扶河北贫困地区发展的落实方案，安排相关区开展对口帮扶，帮助贫困县改善生产生活条件。继续做好援疆、援藏、援青等工作，实施好产业、教育等领域援助项目，完成京蒙对口帮扶年度任务，做好南水北调水源区对口协作。研究探索环渤海地区合作发展协调机制，落实跨区域重大基础设施建设等六大方面重点任务。坚决贯彻中央全面振兴东北地区等老工业基地的若干意见，积极推动区域合作发展。

全力做好2022年冬奥会筹备工作。坚持绿色办奥、共享办奥、开放办奥、廉洁办奥，制定筹备工作总体规划，确定路线图和时间表。编制场馆和基础设施总体规划，确定新建场馆招标和设计方案，推动基础设施建设，启动冬奥会市场开发。同步做好冬残奥会筹备工作。制定加快冰雪运动发展的意见，科学规划北京冬季竞技体育项目布局，推动冰雪运动普及发展，营造全社会关心、支持和参与冬奥的良好氛围。

（二）全面深化改革开放

坚持问题导向，扭住关键、精准发力、狠抓落实，以深化改革破解制约发展的瓶颈问题，以扩大开放拓展发展空间。

深化行政审批制度改革。深入推进简政放权、放管结合、优化服务，做好中央精简行政审批事项的衔接落实，完善权力清单、责任清单制度。加强事中事后监管，加快社会信用体系建设，建立登记注册、行政审批、行业管理相互衔接的协同监管机制。深化商事制度改革，推行工商登记全程电子化服务，探索开展市场主体简易注销登记试点。

深入推进经济领域重点改革。持续推进投融资体制改革，创新投资运营模式，建立和完善合理投资回报机制，引导社会资本扩大投资。深化预算管理制度改革，完善均衡性转移支付政策，建立大额专项资金统筹管理机制，加强政府债务限额管理。进一步理顺供热价格，分区域调整非居民水价、电价。完善国有企业改革制度体系，做好国有资本投资、运营公司改组等试点工作，推动一级企业调整重组和整体上市，积极稳妥发展混合所有制经济。全面落实促进中小企业发展条例，完善中小企业公共服务平台网络，支持非公有制经济发展。

更加积极主动扩大开放。强化国际交往功能，完善重大活动服务保障常态化机制。主动融入"一带一路"建设，积极推进国际产能和装备制造合作，完善与亚洲基础设施投资银行、丝路基金等平台的对接机制。深化服务业扩大开放综合试点，滚动推出新的试点措施，完善服务业促进体系，带动科技、信息、旅游等服务业加快发展，提升"北京服务"品牌，努力形成可复制、可推广的经验。办好第四届京交会，扩大通信、金融、文化等新兴服务贸易。加快建设外贸转型升级示范基地和出口产品质量安全示范区，支持"双自主"企业扩大出口。鼓励企业扩大对外投资，带动装备、技术、标准和服务走出去。深入推进大通关建设，支持天竺综合保税区、平谷国际陆港建设，打造全方位口岸经济体系。扩大与港澳地区的经贸往来与合作，做好对台和侨务工作。

（三）大力推进创新发展

坚持把创新作为引领发展的第一动力，深入实施创新驱动发展战略，加快建设全国科技创新中心，构建"高精尖"经济结构，实现更高质量、更高效益的发展。

强化中关村示范区创新引领作用。围绕打造国家自主创新重要源头和原始创新主要策源地，深化科技体制机制改革，着力激发企业创新、科研机构和高校创新、市场转化科技成果"三方面潜力"。一是深入推进先行先试改革。推动出台新一批支持中关村全面创新改革的试点政策，加快落实科技成果使用、处置和收益管理改革。二是优化创新空间布局。完善"一区多园"统筹发展机制，探索园区新型管理运营模式，推进中关村科学城、未来科技城、怀柔科学城建设发展。聚焦中关村核心区，高水平建设中关村大街。三是强化企业创新主体地位和主导作用。制定鼓励企业研发投入政策，开展龙头企业创新改革试点，促进大企业与小企业创新对接。支持产业技术研究院、中关村开放实验室等平台建设，推动央地、军民、高校院所协同创新。四是提升原始创新能力。深入实施技术创新行动计划，加快实施12个市级重大科技专项，支持各类创新主体承接国家重大创新任务，突破一批核心、关键和共性技术。健全科技成果转化应用激励机制，推动创新成果资本化、产业化。

打造大众创业、万众创新新引擎。落实大众创业、万众创新行动计划，支持众创、众包、众扶、众筹发展。鼓励发展投资促进、培训辅导、媒体延伸等创新型孵化器，打造特色鲜明的众创空间。落实加快建设国家科技金融创新中心的意见，构建科技金融一条龙服务体系。推动出台中关村互联网金融综合试点方案，开展股权众筹融资试点，加强互联网金融监管。深化中关村人才管理改革，完善人才评价机制，建立以能力、业绩和贡献为导向的人才评价体系，加快建设国际人才港。鼓励高等学校新设科技成果转化岗位，支持科技人员创业。加强知识产权保护，推进标准化建设，营造公平竞争的创新创业环境。

培育内需增长新动力。准确把握去产能、去库存、去杠杆、降成本、补短板五大任务，着力加强供给侧结构性改革，扩大有效供给，以新供给创造新需求。完善绿色消费政策，扩大节能减排产品、新能源汽车、有机农产品等绿色消费。鼓励信息消费终端升级换代，加快发展移动互联网、数字电视等信息服务。持续提升生活性服务业品质，推进便利店、早餐、蔬菜零售等 8 项基本便民服务在城六区社区全覆盖。增加多元化养老健康供给，壮大养老健康消费。实施旅游消费提升计划，做优古都文化、京郊休闲等旅游板块，扩大外来消费。保持有效投资力度，着力补齐基础设施短板，重点投向水环境、大气、交通、棚户区改造、养老等领域，抓好市重点工程，提高投资的精准性。进一步拓展资金筹集渠道，大力推广政府和社会资本合作模式，推动试点项目加快落地。

推动高端产业加快发展。支持金融业创新发展，加快发展现代保险服务业，促进"新三板""四板"健康发展，规范完善要素市场。扩大信息服务业优势，加快云计算平台建设，积极发展大数据产业。聚焦研发服务、知识产权服务、检验检测认证服务等领域，拓展科技服务业市场空间。实施《中国制造 2025》北京行动纲要，用好高精尖产业发展基金，组织实施八个新兴产业专项，力争在新能源汽车、集成电路、机器人、3D 打印等重点领域取得突破。开展绿色制造技术改造行动，推动传统产业加快升级。深入实施"互联网+"行动，围绕城市交通、公共安全、生态环境等 15 项重点领域，推进一批示范项目。贯彻落实军民深度融合发展战略，推动军民融合产业园建设发展。优化"高精尖"产业空间布局，研究制定工业用地二次开发利用一揽子政策，促进北京经济技术开发区等高端功能区内涵式发展。

（四）加快城乡区域协调发展步伐

认真贯彻中央城市工作会议精神，扎实做好城市总体规划编制工作，落实"两线三区"全域空间管控机制，优化调整区域功能定位，构建平衡协调发展新格局。

推动老城功能重组。强化核心区政治活动、文化交流和国际交往等高端服务功能。制定更加严格的机动车使用、人口增长、企事业单位规模等管控措施，加快退出低端业态。落实核心区基础设施建设和环境改造提升方案，强化资金支持，推进老城区平房院落修缮改造和环境整治。优化老城用地结构，统筹利用疏解腾退土地，实现减人增绿，切实降低建设规模和开发强度，防止功能和人口过度聚集。

加快市行政副中心建设。突出绿色、宜居、人文、智慧发展，注重创业就业与居住功能均衡，加快形成内涵集约的发展模式，努力走出一条符合国情、有时代特色的副中心建设路子。完善市行政副中心规划方案，加快行政办公区起步区建设，确保到2017年市属行政事业单位部分迁入，带动其他行政事业单位及公共服务功能转移。扎实推进重点配套工程，完善交通联络路网，建成通州水厂，加快南水北调通州支线、配套电网、能源中心等设施建设。细化落实环球主题公园规划方案，全面推进园区主体工程开工建设。新建改扩建一批中小学、医疗机构和文化体育设施，增加优质公共服务资源供给。推进水环境治理，建设城市公园、湿地及公共绿地，改善生态环境，全面提升副中心城市品质。

切实增强新城承接能力。着力抓好顺义、大兴、昌平、房山等新城建设，推进城市更新改造和功能完善，积极承接中心城功能和人口疏解。其他新城要适度承接中心城功能疏解，重点吸引科研、教育、医疗机构入驻，带动所在区域城市化和城乡一体化发展。抓好国家新型城镇化综合试点，推动重点小城镇特色化发展。实施城乡结合部建设三年行动计划，深化"一绿"地区城市化建设试点，推动"二绿"地区城乡一体化建设试点，积极探索改造建设新模式。

深化农村改革发展。认真落实深化农村改革综合性实施方案，抓好集体资产股份权能改革试点，推进集体经营性建设用地入市试点工作，启动国有林场改革，全面开展土地承包经营权确权登记颁证。构建新型农业经营体系，发展多种形式的适度规模经营。加快农业调结构转方式，创建国家现代农业示范区。加强新型农村社区建设，完善乡村治理机制，完成第十届村委会选举工作。推进 300 个美丽乡村建设，启动农村基础设施"六网"改造提升工程，完成 5.6 万户农宅抗震节能改造等任务。继续加大对生态涵养区的扶持力度，打造生态服务型沟域经济带，搬迁山区险村险户 7687 人。认真做好第三次全国农业普查。积极筹办 2020 年世界休闲大会。

（五）着力构建绿色发展新格局

坚持生态优先，完善生态文明制度体系，着力解决生态环境突出问题，推动绿色低碳循环发展。

持续提升空气质量。完善大气污染防治责任落实机制，修订空气重污染应急预案，重点治理农村散煤、高排放机动车和城乡结合部污染，做好联防联控，巩固深化治理成效。实施 400 个村煤改清洁能源，完成 3000 蒸吨左右燃煤锅炉清洁能源改造。淘汰 20 万辆高排放机动车，提高公交、环卫、邮政等行业新能源车使用比例。深化治理城乡结合部，两年全部清退南部四区"小散乱污"企业。组织开展"大气污染执法年"行动，建立健全大气环境质量监测网络，严厉打击环境违法行为。

突出抓好水资源管理。实行最严格的水资源管理制度，全面推进节水型城市建设。做好南水北调江水调度保障和运行管理，加快黄村水厂等设施建设，启动农村饮水安全巩固提升工程，增强供水安全保障能力。实施水污染防治工作方案，落实新一轮污水处理设施建设三年行动计划，加大污水直排治理力度，提高污泥处理能力，防治农业面源污染。加强水源地保护，综合治理凉水河、清河等流域水系，着力解决支流沟渠"脏乱臭"问题，建设27条生态清洁小流域。大力实施雨洪利用工程，加快建设"海绵城市"。

着力扩展生态环境容量。新建城市绿地400公顷，提高公园绿地500米服务半径覆盖率。新增造林16万亩，加强平原造林后期管护，完成山区森林健康经营60万亩。完善资源有偿使用和生态补偿制度，推进全国生态文明先行示范区建设。加强土壤污染防治与修复。统筹山水林田湖生态养护，开展湿地保护与恢复工程。加快2019年世界园艺博览会重点项目和配套设施建设，启动招展招商和宣传推介工作，带动花卉绿色产业发展。

促进资源节约循环高效使用。强化约束性指标管理，实施能源资源总量和强度双控。加快发展节能环保绿色产业，建设资源循环利用体系。抓好公共建筑能耗限额管理，支持发展超低能耗建筑。完善生活垃圾分类与再生资源回收体系，严格餐厨垃圾和建筑垃圾收运管理，统筹推进垃圾处理设施建设，生活垃圾资源化率达到56%。大力倡导勤俭节约、绿色低碳，推动形成绿色发展方式和生活方式。

（六）坚决推进城市治理取得新进展

坚持依法治理、共同治理，创新城市管理方式，提高城市治理能力，不断提升服务保障水平。

严格控制人口规模。坚持疏管结合、综合施策，落实人口调控措施，以功能疏解带动人口疏解，坚决遏制人口过快增长。大力整治地下空间和群租房，加强直管公房管理。持续开展"拆违打非"，拆除违法建设 1500 万平方米。出台实施居住证制度，落实积分落户政策。完善人口综合监测体系，提高人口调控预警能力。

加快治理交通拥堵。落实缓解交通拥堵行动计划，全力抓好建设、管理、服务，中心城绿色出行比例提高到 71%。持续加大交通设施建设力度，开工建设 2 条新线，推进 15 条在建线路建设。加快兴延高速等项目建设，建成广渠路二期，完善中心城次干路、支路网络，完成 100 项疏堵工程。切实加强交通管理，降低机动车使用强度。完善差别化停车收费，开展停车治理专项行动，集中整治交通堵点、乱点，严厉查处交通违法行为。创新交通服务，增设 50 公里公交专用道，优化步行和自行车出行环境，新增公共自行车 1 万辆，提升交通智能化服务水平。

提高城市管理精细化、法治化水平。落实中央深入推进城市执法体制改革、改进城市管理工作的指导意见，提高管理、执法和服务水平。坚持重心下移、职能下沉、资源下放，强化街道统筹职能，加快构建"大城管"城市综合管理格局。推动网格化体系规范化建设，实现城市管理、社会服务管理、社会治安三网融合，广泛应用信息技术改善服务管理，建设智慧城市。加强城市服务管理标准化建设，做好试点示范。强化市政设施运行管护，推进地下综合管廊建设，完善气象灾害防御体系，提高防灾减灾和应急能力。下大力气治理城市痼疾顽症，综合整治 100 条街巷胡同，提升重点区域、重点大街景观水平，保持市容市貌整洁有序。

推进城市共建共享。创新双拥共建和优抚安置机制，支持国防和军队现代化建设，密切军政军民团结。认真贯彻全国城市民族工作会议精神，推进民族团结进步事业。贯彻落实党的宗教政策，切实维护宗教界合法权益。健全社区议事协商制度，推广参与式协商自治模式，完善"三社"联动机制，建设 100 个"一刻钟社区服务圈"。出台社会组织管理制度改革意见，建立混合登记体制，完善社会组织培育和监管体系，基本实现市级枢纽型社会组织服务管理全覆盖。壮大社会工作者队伍，推动志愿服务制度化。

（七）繁荣发展社会主义先进文化

坚持社会主义先进文化前进方向，充分发挥全国文化中心的引领带动作用，当好文化繁荣发展的排头兵。

建设先进文化引领高地。深入开展中国特色社会主义和中国梦宣传教育，推动社会主义核心价值观融入到各个领域。深化群众性精神文明创建活动，广泛开展学雷锋志愿服务活动和公共文明引导行动，推进全民阅读，提高市民素质和城市文明程度。实施基层公共文化设施和服务提升工程，启动公共文化服务示范区创建工作，开展"深入生活、扎根人民"主题实践活动，推出更多文学艺术精品力作，更好满足群众文化需求。

传承弘扬优秀传统文化。实施文物保护工程，推进文保区腾退疏解和有机更新，加强长城文化带、"三山五园"等重点区域整体保护。推动中轴线申遗，着力打造"一轴一线"文化魅力走廊，加快建设前门历史文化展示区，逐步整体恢复天坛风貌。挖掘古都文化，传承京味文化，支持民族戏曲艺术、传统工艺美术发展，抓好经典出版、优秀典籍整理等工程，在城市建设中融入地域文化元素，发挥地方志资源在公共文化服务中的重要作用。加强非物质文化遗产保护，开展非遗代表性传承人抢救性记录工作，鼓励老字号品牌创新发展。

推动文化创意产业蓬勃发展。出台深化市属国有文化企业改革、加强国有文化资产监管两个意见，巩固扩大国有文艺院团改革成果，推动传统媒体和新媒体融合发展。制定实施文化创意产业发展指导目录，加大文化创意产业示范园区扶持力度，抓好国家文化产业创新实验区等示范基地建设。大力发展新兴文化业态，创建国家文化金融合作试验区，促进文化创意和设计服务与相关产业融合发展。

（八）不断提升民生保障水平

坚守底线、突出重点、完善制度，提供更公平更优质的公共服务，使全体市民在共建共享发展中有更多获得感。

努力促进城乡居民就业增收。做好新形势下就业创业工作，强化高校毕业生创业服务，带动青年就业创业。健全城乡劳动者终身职业培训制度，推行精细化就业服务和援助，加大就业困难群体、农村转移劳动力就业帮扶。实施失业保险支持企业稳定岗位政策，解决好结构调整中失业人员的再就业。全面落实中央关于打赢脱贫攻坚战的决定，调整低收入村、低收入农户认定标准，完善精准帮扶机制，努力促进低收入农户增收致富。

稳步提高社会保障水平。完善城乡居民养老保险制度，强化养老保险制度衔接，深化医保付费制度改革，稳步推进医保个人账户封闭管理，科学调整社会保障待遇标准。完善"救急难"工作机制，扩大医疗救助范围，实施困境儿童分类保障，健全扶残助残服务体系，提升无障碍设施建设管理水平。优先发展社区居家养老服务，落实新建小区和老旧小区配建养老服务设施政策，增加养老设施的有效供给，建设40个街乡镇养老照料中心，支持做好失能老人、重残老人护理，促进医养结合。抓好安置房源对接，完成3.5万户棚户区改造任务。建设筹集保障房5万套，加强保障房建设和使用管理，加大货币补贴政策实施力度，充分发挥市场配置资源作用，多种方式解决群众住房困难。

大力推动教育公平优质发展。全面推进素质教育，统筹配置义务教育资源，促进校长和教师在城乡、校际间合理流动，加强教师培训，加快数字学校建设，推动义务教育优质均衡发展。实施第二期学前教育三年行动计划，支持新建、改扩建幼儿园，多种方式增加学位供给。深化考试招生制度和教育教学改革，推动优质高中招生计划向普通初中倾斜。加快职业教育改革，开展高端技术技能人才贯通培养试验。提高少数民族教育发展水平。实施高水平人才交叉培养计划，推动高精尖创新中心建设，促进高等教育内涵式发展。

加快建设健康北京。落实食品药品安全三年行动计划，完善地方法规和标准体系，加大监管执法力度，强化食品药品安全供应保障，积极创建食品安全城市。深化公立医院综合改革，积极推进医药分开，实施药品阳光采购，合理调整医疗服务价格，完善分类补偿机制。深化全科医生执业方式改革，推广家庭医生式服务，发挥中医药在基层健康服务中的作用，加强农村医疗卫生服务机构建设，增强基层医疗机构服务能力。强化医联体内部分工协作，完善社区首诊、双向转诊的分级诊疗服务体系。健全传染病预防控制网络，优化急救网点布局，加强慢性病防控，提高公共卫生服务水平。落实"全面两孩"政策，优化妇幼保健和计划生育服务。实施"健康北京人"行动规划，积极开展全民健身活动。

确保首都和谐稳定。坚持把安全放在第一位，完善城市运行安全保障体系，确保城市运行安全有序。严格落实安全生产责任制，建立隐患排查治理体系，加强危化品和易燃、易爆物品安全管理，开展地铁、电梯、地下管线等重点领域专项整治，遏制重特大事故发生。落实重大决策社会稳定风险评估机制，强化诉访分离，促进信访与调解对接联动，抓好社会矛盾纠纷排查化解。加强网络空间管理，严厉打击非法集资。深化"平安北京"建设，完善立体化社会治安防控体系，加强反恐防恐能力建设，依法严厉打击各类违法犯罪活动，坚决维护和谐稳定的良好局面。

（九）进一步加强政府自身建设

巩固拓展群众路线教育实践活动和"三严三实"专题教育成果，认真抓好"两学一做"学习教育，坚持依法行政、为民务实、廉洁高效，努力建设人民满意的服务型政府。

坚持坚定正确的政治方向。按照中央统一部署和要求，深入开展"学党章党规、学系列讲话，做合格党员"学习教育，切实增强政治意识、大局意识、核心意识、看齐意识、首善意识，坚持用中国特色社会主义理论的最新成果武装头脑、指导实践。严明党的政治纪律和政治规矩，坚决与以习近平同志为总书记的党中央保持高度一致，确保政令畅通。坚决贯彻中共北京市委的决策部署，以严的精神、实的作风，攻坚克难、干事创业，不断开创首都经济社会发展新局面。

全面推进依法行政。坚决执行市人大及其常委会的决议和决定，坚持重大事项报告制度，密切与政协委员、民主党派、工商联、无党派人士和人民团体的民主协商，认真办理议案建议和提案。落实国家法治政府建设实施纲要，出台我市实施方案，推动法治政府建设与创新政府、廉洁政府、服务型政府建设相结合。积极推进气象灾害防治等领域立法，制定排污许可证管理等政府规章，探索公众参与立法新途径。推动行政部门职责法定化，深化行政执法和监督体系建设，加强行政执法信息服务平台建设，抓好全国综合行政执法体制改革试点，严格规范公正文明执法，全面推行政府法律顾问制度。落实宪法宣誓制度，认真开展"七五"普法，健全媒体公益普法制度，增强全社会特别是公职人员尊法学法守法用法观念。

着力提高政府效能。健全重大行政决策程序，加强调查研究，支持新型智库建设，推进科学民主决策。创新公共服务提供方式，加大重点领域政府购买服务力度，引导社会力量参与。完善市政务服务中心功能，建设在线审批监管平台，探索实行"互联网＋监管"模式。优化"督考合一"工作机制，严格绩效管理，严肃行政问责，提高政府服务质量与效率。推动行政行为公开，畅通社会投诉举报渠道，自觉接受社会监督。完善基层公务员考录政策，稳步推进公务员职务与职级并行，深入开展平时考核试点，提高公务员政治素质和业务能力。

坚持不懈改进作风。坚决贯彻落实十八届中央纪委六次全会精神，深入推进党风廉政建设和反腐败斗争。以基层和直接服务群众部门为重点，开展"不作为、乱作为"专项整治，坚决治理为官不为、懒政怠政。健全公共资金、国有资产、领导干部经济责任审计全覆盖制度机制，开展领导干部自然资源资产离任审计试点。继续保持惩治腐败高压态势，落实党风廉政建设主体责任，健全廉政风险防控机制，严肃查处以权谋私、失职渎职案件和腐败问题，切实做到干部清正、政府清廉。

各位代表！蓝图已绘就，扬帆正当时。让我们更加紧密地团结在以习近平同志为总书记的党中央周围，高举中国特色社会主义伟大旗帜，在中共北京市委坚强领导下，解放思想、开拓创新，攻坚克难，真抓实干，加快建设国际一流的和谐宜居之都，为实现中华民族伟大复兴中国梦而努力奋斗！

天 津 市
政府工作报告

——2016 年 1 月 24 日在天津市第十六届
人民代表大会第四次会议上

市长 黄兴国

各位代表：

现在，我代表市人民政府，向大会报告政府工作，请予审议，并请市政协委员和其他列席人员提出意见。

一、"十二五"经济社会发展取得重大成就

"十二五"时期，是我市发展进程中很不平凡的五年。五年来特别是党的十八大以来，在党中央、国务院和市委的领导下，我们深入学习贯彻习近平总书记系列重要讲话精神，加快推进美丽天津建设，在抢抓机遇中干事创业，在迎接挑战中砥砺前行，圆满完成"十二五"规划确定的主要目标任务，各方面都发生了新的历史性变化。

（一）综合实力显著提升

　　坚定不移地加快经济发展方式转变，主动适应新常态，积极应对下行压力，经济社会实现持续健康发展。2015年全市生产总值16538亿元，是2010年的1.8倍，年均增长12.4%，人均生产总值超过1.7万美元。一般公共预算收入2667亿元，年均增长20.1%。全社会固定资产投资13066亿元，五年累计超过5万亿元，年均增长15.5%。社会消费品零售总额年均增长12.9%。万元生产总值能耗累计下降24%，超额完成国家下达的节能减排目标任务。

　　（二）经济结构显著优化

　　始终不渝地推进科技创新，不断提高产业核心竞争力，经济结构发生实质性变化。天津国家自主创新示范区获批建设，"一区二十一园"格局基本形成。推出智能机器人、新能源汽车等一批重大科技专项，开发出天河一号、曙光星云等一批国际领先的技术产品，建成中科院工业生物技术研究所等一批创新平台。科技型中小企业蓬勃发展，总量达到7.2万家，培育小巨人企业3400家，总产值占规上工业比重超过48%。万人发明专利拥有量12.2件，全社会研发经费支出占生产总值比重提高到3%。工业总产值3万亿元。超大型航天器、大众变速箱等一批大项目好项目竣工投产，装备制造成为首个万亿级产业，建成电子信息、石油化工等8个国家新型工业化产业示范基地。万企转型升级行动成效明显，1.2万家企业成功转型。农业结构调整步伐加快，建成高标准设施农业60万亩，一批现代农业园区投入运营，粮食生产连年丰收。现代金融、商贸物流、科技研发、文化创意、旅游会展、电子商务等现代服务业迅速壮大，五大院、民园广场等一批商业综合设施建成运营，服务业占全市经济比重超过50%，"三二一"的产业格局基本形成。

　　（三）改革活力显著增强

毫不动摇地推进综合配套改革，全面扩大对外开放，重要领域和关键环节实现新的突破，市场活力进一步释放。中国（天津）自由贸易试验区设立运行，175 项制度创新全面展开，努力探索对外开放新路径新模式，为国家试制度，为地方谋发展。简政放权步伐明显加快，实施了一份清单管边界、一颗印章管审批、一个部门管市场等"十个一"改革，市级行政许可事项由 495 项减少到 282 项。金融改革创新不断深化，融资租赁、商业保理、股权基金等形成特色优势，建立了中小微企业贷款风险补偿机制，村镇银行实现涉农区县全覆盖。国企改革取得重大进展，调整重组十大企业集团，放开搞活一批优势企业，清理退出一批低效企业，国有经济活力、竞争力进一步增强。民营经济快速发展，占全市经济比重达到46.7%。全面实施不动产统一登记制度。财税、土地、科技、环保、社会等领域改革扎实推进。对外开放水平全面提高，实际利用外资850 亿美元、吸引内资 1.55 万亿元，在津投资世界 500 强企业达到162 家，国内 500 强企业 216 家。主动参与"一带一路"建设，积极开展与沿线国家投资贸易合作。深入落实京津冀协同发展重大国家战略，交通、环保、产业等重点领域合作取得重要进展。成功举办夏季达沃斯论坛等一系列大型活动。对口支援工作富有成效。

（四）区县经济显著壮大

全力推进滨海新区开发开放，促进中心城区、郊区县整体提升，优势互补、多极支撑、良性互动的发展格局正在形成。滨海新区生产总值年均增长 17.9%，一批重大项目竣工投产。建立了"行政区统领，功能区、街镇整合提升"的管理架构，行政效率明显提高。中新天津生态城成为国家绿色发展示范区，东疆保税港区航运服务功能加快提升，中心商务区"双创特区"建设进展顺利，开发区、保税区、高新区、临港经济区进一步壮大。郊区县 31 个示范工业园区加快建设，一批投资大、带动能力强的龙头项目建成投产，培育了一批强区强街强镇，西青、武清经济总量跨越千亿，静海、宁河撤县设区。持续推进"三区"联动发展，规划建设 54 个示范小城镇，不断深化"三改一化"改革，大力发展农村金融，70 万农民喜迁新居，更多农民成为"四金"农民，实现了安居乐业有保障。中心城区服务功能和文化品位进一步提升，海河沿线综合开发改造成效明显，绿荫里、天拖、棉三等重点区块开发进展顺利，建成了一批总部经济聚集区、特色经济街区和创意产业园区，全市亿元楼宇达到 170 座。

（五）城乡面貌显著变化

坚持不懈地推进生态环境治理，充分发挥科学规划的引领作用，全面提升载体功能，生态宜居城市建设取得重大进展。大力推进"美丽天津·一号工程"，深入开展清新空气、清水河道、清洁村庄、清洁社区、绿化美化行动，强化"五控"治理，关停第一热电厂、陈塘庄热电厂，改燃并网供热锅炉 147 座，淘汰黄标车 29 万辆，全市空气质量综合指数比 2013 年下降 24.4%、$PM_{2.5}$ 浓度下降 27.1%。综合治理河道 1100 公里，新建扩建污水处理厂 65 座，中心城区基本消除劣五类水体。开展农村、社区环境整治，创建美丽村庄 461 个、美丽社区 480 个。完成造林 155 万亩，建成了一批郊野公园，林木绿化率提高到 23.7%。率先以地方立法形式划定生态保护红线，全市四分之一国土面积纳入永久性保护范围。"两港四路"大交通体系建设加快推进。天津港航道达到 30 万吨级，内陆无水港达到 25 个，港口货物吞吐量 5.4 亿吨，集装箱吞吐量超过 1400 万标准箱。滨海国际机场第二航站楼投入使用，异地候机厅达到 20 座，旅客吞吐量 1430 万人次，货邮吞吐量 22 万吨。京沪、津秦、津保等 5 条高速铁路和津宁、滨保等 7 条高速公路建成通车，地铁 2、3、9 号线开通运营。南水北调工程实现通水。市容环境综合整治成效明显，改造道路 150 条，整修建筑 4100 栋，新建提升绿化 1 亿平方米，集中开展桥下空间、机动三轮车、违法建设等专项治理，城市管理更加规范有序。

（六）群众生活显著改善

持之以恒地保障改善民生，连续实施 20 项民心工程，财政支出的 75% 以上用于民生领域，群众生活质量明显提高。多渠道扩大就业，促进以创业带动就业，实施百万技能人才培训福利计划，新增就业 240 万人。千方百计促进群众增收，企业退休人员养老金由月人均 1520 元提高到 2525 元，企业最低工资标准由每月 920 元提高到 1850 元，城乡居民人均可支配收入年均增长 10.2%。建立起覆盖城乡居民的大病和意外伤害保险制度，基本医疗、养老、工伤、失业、生育等保险体系进一步完善。建设保障性住房 50.5 万套，新增租房补贴家庭 5 万户。全面完成中心城区旧楼区综合提升和农村危房改造工程，340 万居民受益。更新环保公交车辆 7200 部，增加老年日间照料服务中心 500 个。社会救助体系不断完善，食品药品安全管理进一步加强。新建提升幼儿园 1300 所，完成两轮义务教育学校现代化标准建设，培育特色高中学校 50 所，完成国家职业教育改革创新示范区建设任务，南开大学、天津大学新校区投入使用。完成胸科医院、天津医院、第二儿童医院等新建改扩建工程，建成了一批基层医疗机构和社会办医项目，建立健全基本药物制度，全市人均预期寿命超过 81 岁。建成文化中心等一批标志性文化设施，创作出《辛亥革命》《寻路》《五大道》等文艺精品。

成功举办第九届全国大学生运动会、第六届东亚运动会等重要赛事，全民健身运动蓬勃开展。

五年来，我们始终按照为民务实清廉的要求，着力加强政府自身建设。扎实开展党的群众路线教育实践活动和"三严三实"专题教育，严格落实中央"八项规定"和廉洁自律各项要求，坚决纠正"四风"问题，厉行勤俭节约，"三公"经费支出下降50%。运用"制度加科技"办法管权管人管钱，建设行政执法监督平台，实施联网实时审计，建立行政效能明查暗访机制、廉政勤政谈话提醒机制。制定和修改政府规章99件，提请市人大常委会审议地方性法规草案44件。连续开展"上水平"活动，精心组织结对帮扶困难村、联系社区工作。平安天津、法治天津建设深入推进，社会治安综合治理得到进一步加强。

各位代表，过去的五年，我们经历了国内外经济形势复杂而深刻的变化，经受住了前所未有的重大考验，一步一个脚印，一年一个台阶，推动美丽天津建设取得重大进展，在全面建成小康社会征途上迈出了坚实步伐。成绩来之不易，这是党中央、国务院和市委正确领导的结果，是全市人民团结一心、奋力拼搏的结果。在这里，我代表市人民政府，向全市各族人民，向人大代表、政协委员和各民主党派、工商联、人民团体、社会各界人士，向中央各部门、兄弟省市区，向人民解放军和武警驻津部队，向所有关心和支持天津发展的港澳同胞、台湾同胞、海外侨胞和国际友人，表示衷心的感谢！

各位代表，回顾五年的历程，我们深刻体会到，做好新时期政府工作，必须把推动科学发展作为强市之路，坚持发展第一要务，将中央精神与天津实际紧密结合，遵循客观规律，创造性开展工作，着力做好实体经济的"加法"，节能减排的"减法"，转型升级的"乘法"和整治各种隐患的"除法"，努力实现有质量、有效益、可持续的发展。必须把增强创新能力作为动力之基，坚持创新驱动发展，横下一条心，着力在集聚创新资源、完善创新体系、加快动能转换上下真功见实效，坚决向创新要发展、要动力、要效益。必须把深化改革开放作为活力之源，坚持问题导向，保持战略定力，先行先试，敢破善立，加快破除体制机制障碍，把天津的发展放在世界经济的大格局中来谋划，敞开津门、海纳百川，面向全球组织资源要素为我所用。必须把保障改善民生作为工作之本，坚持人民利益至上，尊重群众首创精神，倾注真情实感，投入真金白银，为民办实事，惠民重实效，努力促进公平正义，增进人民福祉。必须把提升服务效能作为行政之要，坚持依法行政、廉洁从政，做到有为政府和有效市场相统一，以严和实的作风推进工作，以系统的思维和统筹的办法解决问题，努力使各项工作经得起实践、人民和历史检验。

在总结成绩的同时，我们也清醒地看到存在的矛盾和问题。主要是：思想还不够解放，敢闯敢试的劲头还不足，对新常态的适应、对新形势的认识、对发展规律的研究还不够深入；经济总量不够大，产业结构不够优化，现代服务业比重偏低；创新能力亟待提升，高层次人才特别是领军人才短缺，民营经济发展不充分，全社会创新活力不足；资源环境约束趋紧，污染防治任务依然艰巨；社会保障和公共服务水平不够高，部分群众生活还比较困难；政府职能转变还不到位，服务质量、行政效率不高，不严不实的问题仍然存在，腐败问题时有发生。对于这些问题，必须高度重视，切实加以解决。

各位代表，天津港"8·12"瑞海公司危险品仓库火灾爆炸事故，造成重大人员伤亡和财产损失，我们深感痛心和内疚。事故发生后，党中央、国务院高度重视，习近平总书记、李克强总理等中央领导同志作出重要指示批示，各方面给予鼎力相助，救援处置工作有力有序有效，没有发生次生事故，没有发生新的人员伤亡，没有发生环境污染事件，没有发生社会不稳定问题。这起事故反映出我市安全生产存在的突出问题，我们一定深刻汲取教训，痛定思痛，举一反三，以坚决的态度严守安全红线，以铁的纪律落实安全责任，以啃硬骨头的精神解决问题，全力推进安全天津建设，确保人民群众生命财产和城市运行安全。

二、努力实现"十三五"发展目标

"十三五"时期，是加快实现中央对天津定位、全面建成高质量小康社会的关键时期。我们面临的外部发展环境仍然严峻复杂，世界经济还在深度调整，实现复苏的整体动力仍然不足，我国经济进入中高速增长、结构优化、动力转换的新常态，发展的内涵和条件已经发生深刻变化。党的十八届五中全会勾画了未来五年发展的宏伟蓝图，为我们指明了前进方向。天津正处在新的历史起点上，五大战略机遇叠加，发展潜力巨大。我们一定要主动适应经济新常态的内在要求，准确把握天津发展的阶段性特征，坚定发展信心，强化使命担当，以更加奋发有为的精神状态、更加科学务实的工作举措，苦干实干，开拓进取，打好决胜之战，谱写天津发展更加辉煌的新篇章。

"十三五"时期全市经济社会发展的指导思想是：高举中国特色社会主义伟大旗帜，全面贯彻党的十八大和十八届三中、四中、五中全会精神，以马克思列宁主义、毛泽东思想、邓小平理论、"三个代表"重要思想、科学发展观为指导，深入贯彻习近平总书记系列重要讲话精神，按照"四个全面"战略布局，认真落实市委决策部署，坚持发展是第一要务，牢固树立创新、协调、绿色、开放、共享的新发展理念，适应经济发展新常态，以提高发展质量和效益为中心，以改革创新为动力，增后劲、补短板，促均衡、上水平，统筹推进经济建设、政治建设、文化建设、社会建设、生态文明建设，加快实现中央对天津的定位，全面建成高质量小康社会，不断开创美丽天津建设新局面。

"十三五"时期全市经济社会发展目标是：基本实现"一基地三区"定位，全面建成高质量小康社会。

——建设高质高效、持续发展的经济发达之都。经济保持平稳较快增长，实体经济不断壮大，产业结构优化升级，质量效益明显提高，开放型经济和国际化程度达到新水平，综合实力和城市影响力大幅提升，全市生产总值年均增长 8.5%，服务业增加值占全市生产总值比重超过 55%。

——建设充满活力、竞争力强的创新创业之都。创新体系更加完善，创新人才大量集聚，自主创新能力显著增强，创新创造活力竞相迸发，全社会研发经费支出占全市生产总值比重达到 3.5%，综合科技进步水平保持全国前列。

——建设生态良好、环境优美的绿色宜居之都。生态文明建设加快推进，资源节约型、环境友好型的空间格局、产业结构、生产生活方式基本形成，空气质量、水质达标率显著提高，林木绿化率大幅提升。

——建设文化繁荣、社会文明的魅力人文之都。社会主义核心价值观深入人心，爱国诚信、务实创新、开放包容、崇德尊法的社会风尚更加浓厚，市民思想道德素质、科学文化素质、健康素质明显提高，文化软实力显著增强。

——建设共有共享、安全安定的和谐幸福之都。公共服务体系更加完善、均等化水平稳步提高，民主法制更加健全，生产生活安全有序，居民收入增长和经济增长、劳动报酬提高和劳动生产率提高保持同步，居民主要健康指标达到世界先进水平。

以上奋斗目标，体现了中央对天津发展的战略要求，承载着人民群众向往美好生活的共同期盼，展现了天津科学发展的光明前景。我们坚信，经过五年不懈奋斗，天津的综合实力、创新能力、服务能力、竞争能力、对外影响力将再上一个大台阶，我们的城市一定会更加美丽、更加安定、更加繁荣！

三、全面推进"十三五"战略任务

完成"十三五"奋斗目标，必须努力做好以下工作。

（一）推进创新发展，着力培育经济发展新动力

天津发展靠创新，创新关键靠人才。深入实施创新驱动发展战略，积极培育新产业、新业态、新技术，形成创新引领的经济体系和发展模式。

加快提升科技创新能力。高水平建设国家自主创新示范区，不断完善"一区多园"发展格局，构建富有活力的创新生态系统，推动各分园特色产业集群发展，初步建成全国产业创新中心。推进创新平台建设，建成清华高端装备研究院、北大信息技术研究院等行业领先的研发转化平台，建设一批重点实验室、工程中心、企业技

术中心、孵化器等创新机构。打造科技小巨人升级版，着力推进能力、规模、服务升级，科技型中小企业总量达到 10 万家，小巨人企业 5000 家，国家高新技术企业 5000 家。加快推动大众创业、万众创新，鼓励发展众创、众包、众扶、众筹，建成众创空间 200 个，深入推进"双创特区"建设。

加快构筑现代产业新体系。基本建成全国先进制造研发基地。对接《中国制造 2025》，进一步壮大高端装备、新一代信息技术、航空航天、节能与新能源汽车、新材料、生物医药等十大先进制造产业集群，培育 5 个超 5 千亿元产业。实施品牌建设工程，推进质量强市。加快工业化与信息化融合，积极运用"互联网+"推动传统产业提升和制造方式转型，建设一批智能制造试点。深入实施万企转型升级行动，坚决淘汰落后产能。推动现代服务业发展再上新台阶。大力发展新型金融，建设一批运营平台、一批行业领先的创新型机构、一批具有国际影响力的金融品牌。着力构建现代大物流体系，打造一批大宗商品交易所、交割库和海外仓等物流平台，加快建设跨境电子商务综合试验区。深入挖掘特色文化内涵，做大天津旅游品牌，积极发展会展经济。加快发展现代都市型农业。提升设施农业规模化、标准化、信息化水平，壮大现代种业和生物农业，着力打造农业高新技术产业示范区和农产品物流中心区。

加快打造引才聚才新高地。创新驱动实质上是人才驱动。深入实施"千企万人"等人才支持计划，先行先试重大人才政策，引进集聚高层次人才。深入推进新型企业家培养工程、"131"创新型人才培养工程，继续实施百万技能人才培训福利计划。完善人才评价、激励和服务保障体系，全面实施"人才绿卡"制度，深化科技成果处置权、收益权改革，加大科技人员股权激励，加强知识产权运用和保护，建设国家级人力资源服务产业园，营造唯才是举、聚天下英才而用之的浓厚氛围。

（二）推进协调发展，着力开拓发展新空间

提高发展的整体性、平衡性、可持续性，是天津向更高水平迈进的内在要求。坚持京津冀协同、城乡一体、区域联动，厚植发展优势，补齐发展短板，不断提升整体效能，增强发展后劲。

推动京津冀协同发展。深入落实国家重大战略，拓宽合作领域，增强服务功能。强化京津双城联动，积极承接北京非首都功能疏解，加强与河北合作，打造高端产业发展带。加快推进交通一体化发展，深化港口、机场合作，构建以海空两港为核心、轨道交通为骨干、多种运输方式有效衔接的海陆空立体交通网络，打造京津冀1小时通勤圈，推进交通智能管理、运输服务、安全保障一体化。加强区域生态环境保护，推进生态环保执法一体化。推动产业升级转移，积极吸纳北京创新资源和优势产业，主动向河北延伸产业链条，推进未来科技城京津合作示范区建设，实现产业互补、功能错位、合作共赢。

推动城乡统筹发展。健全城乡一体化发展机制，促进城乡要素平等交换、合理配置和基本公共服务均等化。加快盘活城乡闲置资源，综合施策提高使用效益，让老资源焕发新活力。推进以人为核心的新型城镇化，加快示范小城镇建设，培育一批特色小城镇，建设一批别致多样、留住乡愁的美丽乡村，继续推进"三区联动"，深化"三改一化"改革。完成土地承包经营权确权工作，推进蓟县农村宅基地制度改革试点。继续加大困难村帮扶力度，实施"一村一策"精准帮扶，壮大集体经济、促进农民增收。完善农村基础设施投入长效机制，新建和提升一批农村公路、给排水设施、垃圾污水处理设施、村文化站、卫生院、中小学校和幼儿园。到 2020 年，全市城镇化率达到 84%。

推动区域协调发展。进一步增强滨海新区综合实力和竞争力，加快大项目好项目建设，做优做强先进制造、国际航运、国际贸易、金融创新等功能，加快重点区域综合开发，建设国际化创新型宜居新城区，更好发挥龙头带动作用。进一步提升郊区县经济发展水平，推动区县开发区二次开发，做优做强示范工业园区，加大企业、土地、厂房等资源整合力度，培育特色优势产业。进一步提升中心城区功能，全面推进海河沿线、解放南路、西站、天拖、梅江及津滨快速路沿线等重点区域开发建设，促进楼宇经济提质增效、内涵发展，全市亿元楼宇超过 400 座。

（三）推进绿色发展，着力建设生态宜居城市

良好的生态环境是长远发展的最大本钱，也是全面建成高质量小康社会的应有之义。牢固树立绿水青山就是金山银山理念，着力构建绿色格局，发展绿色产业，筑牢绿色屏障，践行绿色生活，共同建设美丽、舒适、宜人的绿色家园。

加大生态建设力度。深入实施"美丽天津·一号工程"。全面加强大气污染防治，深化"五控"治理，进一步削减煤炭消费总量，中心城区、滨海新区核心区实现无燃煤化，大力推广新能源汽车，加快建设公共充电设施，综合防治工业污染，完善网格化监管体系，到 2020 年，$PM_{2.5}$ 浓度比 2015 年下降 25%。全力推进水污染防治，实施工业、农业、生活及近岸海域水污染源治理，综合整治河道，新建扩建一批污水、污泥处理设施，加快推进水系连通工程，加强引滦、南水北调等饮用水源保护。开展农村环境连片综合治理，加强社区物业管理，持续建设清洁村庄、清洁社区。大规模植树绿化，打造"两环三沿"生态绿廊，继续推进郊野公园建设，完成造林170万亩。建成动物园、植物园和侯台、梅江等一批城市公园。严守生态红线，完善生态补偿机制，落实主体功能区规划，加强七里海等湿地修复保护，开展海域海岸带、北部矿山环境修复治理。经过努力，使我市生态质量有明显提升，形成水绕津城、城在林中、天蓝水清、郁郁葱葱的宜居环境。

提升城市功能品质。科学配置城市空间资源，依法加强规划管控，构建规模适度、布局合理、城乡互动的现代化城市空间格局。基本建成北方国际航运核心区。加快提升港口能级，推进大港港区深水航道、东疆二岛、南疆港区原油码头等工程，完善集疏运体系，形成"北集南散"港口功能布局，集装箱吞吐量1700万标准箱。增强空港服务功能，加快建设航空物流区，旅客吞吐量达到2500万人次，货邮吞吐量60万吨。推动高铁、市郊铁路、城市轨道融合互通，建成京滨、京唐城际、京津城际机场引入线等高速铁路，完成地铁4、5、6、10号线和滨石等高速公路工程，加快推进市郊铁路与地铁7、8、11号线建设。加强水电气热等基础设施运营维护，加快智慧城市建设。持续开展市容环境综合整治，进一步提升城市精细化管理水平，使每一个社区、每一条道路都干干净净、整洁美观。

强化资源节约和循环利用。全面推动高能耗行业和园区节能改造，加强区域能源合作，提高天然气和外购电使用比例，积极发展太阳能、地热能，完成入津特高压输电工程，建成全球能源互联网天津示范基地。实行最严格的水资源管理制度，开展地下水综合治理，实施雨水、再生水、淡化水有效利用，着力建设"海绵城市"。积极构建循环经济产业体系，打造子牙国家"城市矿产"示范基地，建设APEC绿色供应链合作网络天津示范中心，推进城市垃圾减量化、资源化、无害化。大力发展海洋经济，加快建设全国海洋经济科学发展示范区。倡导勤俭节约、绿色低碳、文明健康的生活方式。

（四）推进开放发展，着力构建改革开放新优势

坚持以开放促改革、促发展，积极推进重点领域和关键环节改革，不断深化供给侧结构性改革，着力构建开放型经济新体制，努力建设改革开放先行区。

高水平建设自由贸易试验区。以制度创新为核心任务，以可复制、可推广为基本要求，努力建设国际一流自由贸易园区。大力推进行政高效化，进一步深化行政管理体制改革，打造高效透明低成本的服务体系。积极推进投资自由化，进一步放宽现代服务业、先进制造业市场准入，实行准入前国民待遇加负面清单管理模式，放宽境外投资限制，完善外商投资监管体系。加快推进贸易便利化，完善国际贸易服务功能，创新口岸监管服务模式，深化国际贸易"单一窗口"建设。深入推进金融国际化，建立与自贸区相适应的账户管理体系，实施人民币资本项目可兑换、利率市场化和人民币跨境使用等试点，率先形成与国际接轨的租赁业发展政策环境，为全国提供示范。

发展更高层次开放型经济。积极参与"一带一路"建设，深度融入全球经济，全面提升对外开放水平。坚持引资引技引智相结合，进一步提高招商引资质量，推进高端集群链条招商，新引进一批跨国公司地区总部、研发中心等功能性机构。积极推动对外贸易转型，壮大一般贸易出口规模，拓展新型贸易方式，大力发展跨境电商，努力开拓新兴市场，培育新的增长点。深化与"一带一路"沿线国家合作，积极推动设计装备输出、资源能源利用、现有产能转移、物流通道建设、金融创新突破和人文交流合作。进一步加强区域交流，全力做好对口支援帮扶工作。

全面推进重点领域改革。协同推进简政放权、放管结合、优化服务，全面深化"十个一"改革，继续减少、下放行政审批事项，完善权责清单制度，深入推进商事登记便利化，实施信用风险等级分类管理，建立联合惩戒机制，切实做好事中事后监管。加快金融改革创新，巩固扩大融资租赁、商业保理、互联网金融等新型业态优势，大力发展直接融资，集聚更多金融要素资源，切实防范金融风险，基本建成金融创新运营示范区。继续推进国有企业改革，优化国有资本布局结构，深化公司制改革，积极发展混合所有制经济，加快推进国有资产资本化、证券化，竞争类企业资产证券化率达到50%。优化民营经济发展环境，降低准入门槛，鼓励民营企业参与市政基础设施和政府投资项目建设。深化财税体制改革，完善政府全口径预算体系，明确市与区县两级政府事权和支出责任，加强政府性债务管理，进一步完善"借用管还"机制，降低资金使用成本。推进重要公用事业和公益性服务价格改革，放开竞争性领域和环节价格。

（五）推进共享发展，着力创造富裕安定文明的幸福生活

建成高质量的小康社会，首先要实现高质量的民生。按照人人参与、人人尽力、人人享有的要求，持续办好民生工程，让城市更有温度，让幸福更有质感，让人民群众对美好生活的向往不断变成现实。

提升群众生活质量和水平。实施更加积极的就业政策，建立城乡一体、面向人人的就业创业服务体系，五年新增就业240万人。深化收入分配制度改革，进一步调整最低工资标准，完善机关事业单位工资和津贴补贴制度，多渠道增加居民财产性收入和经营性收入，大力推进工资集体协商，构建和谐劳动关系。建立更加公平更可持续的社会保障制度，实施全民参保计划，完善职工养老保险多缴多得激励机制，提高医疗、生育和居民大病保险水平，加快发展企业年金、职业年金、商业养老保险。创新住房保障方式，提高保障和管理水平。深入推进食品药品安全建设，让群众吃得放心、用得安心。建设以居家为基础、社区为依托、机构为补充的多层次养老服务体系，推行"医养结合"养老服务模式。更加关心困难群众生活，进一步健全城乡居民最低生活保障等社会救助体系，做好扶老、助残、救孤、济困工作，不让一户受穷，不让一人掉队。

完善公共服务体系。办好人民满意的教育，实施学前教育五年行动计划，促进城乡义务教育一体化高水平均衡发展，深化高中课程和教学改革，提升特殊教育质量，建设国家现代职业教育改革创新示范区，支持南开大学、天津大学建设世界一流大学，推进特色高水平大学和一流学科建设。加快建设健康城市，完善基本医疗卫生制度，优化医疗卫生机构布局，深化公立医院改革，建立分级诊疗制度，鼓励社会力量办医，实施全运惠民工程，大力开展全民健身运动，高水平办好第十三届全运会等重大赛事，全市人口平均预期寿命达到 81.9 岁。繁荣发展文化事业，实施文化惠民工程，新建一批公共文化设施，创作生产更多优秀文艺作品，推动文化产业成为国民经济支柱性产业。做好哲学社会科学、新闻出版、广播影视、文物保护、图书档案、科普教育等工作。践行社会主义核心价值观，深入开展精神文明创建活动，不断提高市民文明素质。

推进安全天津建设。安全是发展的基础，是最大的民生。深入实施《安全天津建设纲要》，全面落实主体责任、制度规范、设施建设、全员教育、信息管理和专家检查"5+1"安全监管措施，严守安全发展红线，构建安全建设长效机制，让安全理念深入人心、安全管理贯穿全局、安全责任层层落实，努力建设经济健康发展、群众安居乐业、社会安定有序的安全型城市。

四、确保实现"十三五"良好开局

2016年是全面实施"十三五"规划的开局之年。全市经济社会发展的主要预期目标是：生产总值增长9%左右，一般公共预算收入增长10%，全社会固定资产投资增长12%，社会消费品零售总额增长10%，城乡居民收入增长9%左右，节能减排完成年度任务。

重点抓好以下工作：

一是经济质量实现新提升。进一步加快重大项目建设，实施"两化"搬迁，推进中沙新材料园、一汽大众整车、京东电子商务总部基地等项目开工，加快中石化液化天然气、百利高端装备基地、忠旺二期等项目建设。新发展科技型中小企业1万家、小巨人企业300家，国家高新技术企业达到2800家。深入推进大众创业、万众创新，建成众创空间100个。推动楼宇经济提质增效，积极开展"腾楼换企"，全市亿元楼宇达到200座以上。加快示范工业园区转型升级，全面完成拓展区基础设施建设，盘活现有闲置土地，完成万企转型升级任务，开展降低企业成本行动，支持企业通过融资租赁加快装备升级，积极稳妥处置"僵尸企业"。继续开展"促发展、惠民生、上水平"活动，搞好第三次全国农业普查。

二是改革开放实现新突破。全面落实自贸试验区制度创新举措，实施自贸区条例。落实金融支持自贸区建设政策，扩大人民币跨境使用，推动设立全国融资租赁资产流转平台，完善中小微企业贷款风险补偿机制，推进企业上市和直接融资，争取设立京津冀协同发展基金和产业结构调整基金。继续减少、下放行政审批事项，实施2016 版行政许可事项目录。深入开展土地整理管理体制改革试点，实现扩权、提效、发展目标。实施新一轮招商引智计划，全年实际利用外资增长 12%，利用内资到位额增长 12%。全力推进京津冀协同发展重点领域对接合作。大力开拓国际市场，努力稳定外贸增长，积极参与跨境交通走廊、境外生产基地等"一带一路"项目。高水平办好夏季达沃斯论坛、国际矿业大会等大型国际会议。

三是城市建设实现新进展。深入实施"四清一绿"行动，推进燃煤锅炉改燃并网，启动天津港散货物流中心整体搬迁，综合治理河道 14 条，新建扩建污水处理厂 16 座，植树造林 54 万亩，新建改造绿地 2000 万平方米，继续加大市容环境综合整治力度。建成大北环、西南环线、南港等货运铁路，新建京滨、京唐城际铁路和津石高速公路，建成唐廊、蓟汕高速公路，启动地铁 7 号线、11号线建设，6 号线实现区间试运营。

四是群众生活实现新改善。继续实施 20 项民心工程，全年新增就业 48 万人，继续提高最低工资、企业退休人员养老金、居民基础养老金和社会救助补助标准。建成保障性住房 5 万套，新增发放租房补贴 5 千户，加快棚户区改造。积极发展公共交通，开展智能泊车试点应用。建成全市视频监控网络，提高安全管理信息化、精细化水平。引导社会力量投资建设一批养老设施，提高困难老人居家养老补贴标准。新建改扩建幼儿园 40 所，启动第三轮义务教育学校现代化标准建设，推进医科大学、中医药大学、体育学院等工程，建设中德应用技术大学。完成中医二附院、代谢病医院、黄河道医院等改扩建项目。提高公共文化设施标准化水平，启动天津歌舞剧院建设工程。全面做好第十三届全运会筹备工作。

各位代表，全面完成"十三五"时期的各项目标任务，政府肩负着重大责任。我们一定以高度的责任感和使命感，进一步加强自身建设，努力实现职能、作风双转变，服务、效能双提升，决不辜负全市人民的期望和重托。深入推进依法行政，积极配合市人大及其常委会做好地方立法工作，严格依照法定权限和法定程序行使权力，规范行政执法行为。自觉接受市人大及其常委会的法律监督、工作监督和市政协的民主监督，切实做好建议提案办理工作，虚心听取各民主党派、工商联、无党派人士和人民团体的意见。坚持科学民主决策，推进政务公开，加大招标投标、环境质量、城市安全等信息公开力度，加强高水平新型智库建设。狠抓作风转变，严格遵守中央"八项规定"，坚决防止"四风"问题反弹回潮，加强干部教育，强化监督管理，坚决整治懒政庸政不作为问题，打造忠诚忠实、干净干事、担当担责的干部队伍。坚持依法治权，保持惩治腐败的高压态势，有案必查、有腐必惩、有贪必肃。加强和创新社会治理，强化基层基础建设，做好信访、仲裁、人民调解、行政复议和法律援助等工作，完善立体化社会治安防控体系，深入开展"七五"普法，推进平安天津、法治天津建设。大力推进绩效管理，加大政府督查力度，严格执行行政问责制。支持工会、共青团、妇联等群团组织更好开展工作，充分发挥社会组织作用，认真落实党的民族、宗教和侨务政策，切实做好新时期港澳和对台工作。深入开展双拥共建活动，积极支持国防和军队建设，促进军民融合深度发展。

各位代表，宏伟蓝图催人奋进，未来征程任重道远。让我们更加紧密团结在以习近平同志为总书记的党中央周围，在市委领导下，团结一心、锐意进取，攻坚克难、扎实苦干，为圆满完成"十三五"规划各项任务、全面建成高质量小康社会、加快建设美丽天津而努力奋斗！

河北省
政府工作报告

——2016年1月8日在河北省第十二届
人民代表大会第四次会议上

省长 张庆伟

各位代表：

从今年开始，我们已进入第十三个五年规划时期。根据党的十八届五中全会和省委八届十二次全会精神，省政府编制了《河北省国民经济和社会发展第十三个五年规划纲要（草案）》。现在，我代表省人民政府向大会作工作报告，请各位代表连同《纲要（草案）》一并审议，并请省政协委员和列席会议的同志提出意见。

一、"十二五"时期经济社会发展回顾

"十二五"时期是我省积极应对严峻复杂形势、经济持续健康发展的五年，是产业结构深度调整、发展方式加快转变的五年，是社会事业全面进步、人民生活不断改善的五年。特别是党的十八大以来，在党中央、国务院和中共河北省委坚强领导下，全省上下深

入学习贯彻习近平总书记系列重要讲话精神和对河北的重要指示，围绕"四个全面"战略布局，坚持稳中求进工作总基调，主动适应经济发展新常态，顽强拼搏、砥砺奋进，胜利完成"十二五"规划主要目标任务，在全面建成小康社会进程中迈出坚实步伐。

综合经济实力明显增强。我们保持定力、对冲压力，积极有为落实中央重大决策部署，把握平衡点，狠抓增长点，着力提高经济发展质量效益，综合实力再上新台阶。初步核算，全省生产总值由 2010 年的 2 万亿元增加到 2015 年的 3 万亿元、年均增长 8.5%，人均生产总值由 2.9 万元增加到 4 万元、年均增长 7.6%，全部财政收入由 2409 亿元增加到 4047.7 亿元、年均增长 10.9%，一般公共预算收入由 1332 亿元增加到 2648.5 亿元、年均增长 14.7%，一般公共预算支出由 2820 亿元增加到 5675.3 亿元、年均增长 15%。规模以上工业增加值达到 1.1 万亿元、年均增长 9.7%，固定资产投资 2.88 万亿元、年均增长 19.6%，社会消费品零售总额 1.29 万亿元、年均增长 13.6%。经济发展调速不减势、量增质更优的局面正在形成。

结构调整取得重大进展。我们牵"牛鼻子"、打攻坚战，加大化解过剩产能和结构调整力度，传统产业改造提升步伐加快，战略性新兴产业和现代服务业规模壮大。大力实施"6643"工程，化解过剩产能实现重大突破，累计压减炼铁产能 3391 万吨、炼钢 4106 万吨、水泥 6231 万吨、煤炭 2700 万吨、平板玻璃 3717 万重量箱。钢铁、水泥等六大高耗能行业增加值占规模以上工业比重较 2010 年下降 10 个百分点，全省单位 GDP 能耗累计下降 23% 以上。三次产业结构由 2010 年的 12.6 ：52.5 ：34.9 调整优化为 12.0 ：48.1 ：39.9。服务业对经济增长的贡献率高于工业，高新技术产业增幅高于传统产业，装备制造业增幅高于钢铁行业。三年新增规模以上工业企业 5000 家，科技型中小企业达到 2.5 万家。旅游业总收入年均增长 30% 以上。现代农业发展加快，2015 年粮食总产达到 672.8 亿斤、比 2010 年增加 77.6 亿斤，畜牧、蔬菜、果品三大优势产业占农业总产值比重达到 70%，农业产业化经营率提高 6.9 个百分点。农业发展的好形势，既有力地促进了农民增收，又为全省稳增长调结构提供了重要保障。

协同发展实现良好开局。我们抢抓机遇、奋发作为，大力实施京津冀协同发展重大国家战略，办成了一批多年想办而没有办成的大事要事，河北正成为国内外关注、投资者青睐的热土。加快实施《京津冀协同发展规划纲要》，协同发展规划体系初步形成。交通、生态环保、产业三个重点领域率先突破，打通京昆高速、111 国道等 10 条连接京津的"断头路""瓶颈路"，津保城际铁路建成通车，北京新机场、京张高铁开工建设，京津冀城际铁路投资公司组建运营，交通"一卡通"启动实施，356 条公交线路与京津实现互联互通。区域生态环境信息共享、大气污染联防联控取得成效。曹妃甸协同发展示范区、北京新机场临空经济区等共建园区扎实推进，北京现代第四工厂等一批重大项目落户河北。积极打造协同创新共同体，北京中关村科技园与我省多地共建的一批创新平台加快建设。教育、医疗、旅游、养老等公共服务领域合作不断深化，全省 250 多家二级以上医疗机构与京津开展合作，京津冀手机漫游费全面取消，海关实现通关一体化。认真落实与北京、天津签署的合作协议，北京携手张家口成功获得 2022 年冬奥会举办权。协同发展为河北带来的全方位、历史性变化正日益显现。

改革开放加速破冰前行。我们革故鼎新、啃硬骨头，着力破除体制机制障碍，不断增创发展新优势。政府职能加快转变，坚持简政放权、放管结合、优化服务，推进依法行政，建立学法制度，法治政府建设迈出重要步伐。全部取消非行政许可审批事项，省级审批事项由 2012 年的 1495 项精简到 485 项，"四个清单""三级平台"制度全面建立，省市县乡政府机构改革基本完成，定州、辛集市纳入省直管，衡水市、威县省级综合配套改革试点启动，政府机关标准化建设有序推进。商事制度改革实现突破，实施"三证合一""一照一码"，政策支持体系不断完善，大众创业百花齐放、万流奔涌，全省市场主体达到 327.7 万户、比 2010 年增加 153.7 万户，万人拥有市场主体由改革前的 310 户增加到 443 户。财税金融改革不断深化，绩效预算管理改革全面推开，"营改增"深入实施，河北银行、石家庄股权交易所投入运营，燕赵财险获批开业，新增挂牌上市企业 440 家、直接融资 4435.6 亿元，财税金融改革政策有力支持了经济社会发展。国有企业改革扎实推进，战略性重组和改制上市加快，省属国有企业公司化率达到 90% 以上。农村改革取得积极进展，土地确权登记颁证全面展开，集体林权主体改革基本完成。科技体制改革力度加大，技术创新市场导向、成果处置收益分配和资源共享等机制不断完善。供销社综合改革等 40 多项国家级试点任务成效明显。全省机关事业单位工资改革全面落实，省级机关公车制度改革顺利完成。教育、文化、卫生等社会领域改革迈出新步伐。对外开放的广度深度不断拓展，主动融入"一带一路"战略，深化与欧美日韩、东南亚、港澳台的务实合作，外贸出口总值达到 1577.7 亿美元、年均增长 7.8%，实际利用外资 320 亿美元、年均增长 10%。百家央企、百家院所校、百家民企进河北活动成果丰硕，引进战略合作项目 1035 个。企业"走出去"和国际产能合作跨越发展，累计完成对外直接投资 70.5 亿美元，是"十一五"的 4.7 倍，河钢塞尔维亚 220 万吨钢铁、冀东 120 万吨水泥等一批境外优势产能合作项目顺利实施。省级以上经济技术开发区、高新技术产业开发区达到 242 家，成为我省转型升级、提质增效的重要平台。

生态环境质量持续改善。我们壮士断腕、重拳出击，以前所未有的决心和力度推进生态环境治理，努力让人民群众享有更多蓝天白云、绿水青山。坚决向大气污染宣战，各级财政投入大气污染防治专项资金 240 亿元，大力实施压能、减煤、控车、降尘、治企、增绿等重点工程，深入推进钢铁、水泥、电力、玻璃四大行业污染治理，开展燃煤发电机组超低排放升级改造，淘汰黄标车和老旧车 147 万辆，拆除燃煤锅炉 2.1 万台，取缔实心粘土砖瓦窑 2800 多座，关停整治露天矿山 505 个，提前一年完成"十二五"减排目标，2015 年 $PM_{2.5}$ 平均浓度比 2013 年下降 28.7%，为京津冀区域空气质量改善、营造"APEC 蓝"和"阅兵蓝"作出了重要贡献。加强山水林田湖生态修复，治理水土流失面积 1.1 万平方公里，加大 14 条重污染河流综合整治力度，北戴河及相邻地区近岸海域环境综合治理三年任务基本完成，地下水超采治理国家试点扩至 5 市 63 个县，通过"节、引、蓄、调、管"综合治理，形成农业地下水压采能力 15.2 亿立方米。扎实推进绿色河北攻坚工程，累计植树造林 2300 万亩，森林覆盖率达到 31%。严格落实新《环境保护法》，组织开展我省历史上规模最大、查处最严的"利剑斩污"专项执法行动，依法严厉打击环境违法犯罪，查处环境污染刑事案件 2111 起、抓获犯罪嫌疑人 3340 人，有效震慑了环境违法行为。

基础设施水平全面跃升。我们着眼长远、强基固本，着力突破基础设施瓶颈制约，发展的支撑保障能力不断增强。现代综合立体交通网络初步形成，全省铁路营运里程、高速公路通车里程和港口通过能力均跃居全国第二位。铁路总里程达到 7166 公里、比 2010 年增加 1905 公里，京广客专、张唐等铁路建成投运，8 个设区市实现通高铁。太行山高速公路开工建设，京港澳高速改扩建、京昆石太北线、张承高速等竣工通车，高速公路总里程达到 6333 公里、比 2010 年增加 2026 公里。港口、民航吞吐量大幅增长，黄骅港综合港区二期工程 20 万吨级航道、邯黄铁路建成投用，全省港口吞吐能力突破 10 亿吨、比 2010 年翻一番。张家口、秦皇岛机场通航运营，石家庄机场改扩建和邯郸机场二期扩建工程竣工，2015 年机场旅客吞吐量比 2010 年翻一番。能源支撑能力稳步提升，风电、光电等清洁能源快速发展，丰宁抽水蓄能电站开工建设，电力装机容量达到 5778 万千瓦、比 2010 年增加 1563 万千瓦。全省互联网普及率达到 51%，固定互联网、移动互联网用户达到 1229 万户和 4487 万户，比"十一五"末分别增长 84.3% 和 82.1%。重大水利设施不断完善，南水北调中线干线工程建成通水，引黄入冀补淀工程、双峰寺水库开工建设，593 座病险水库完成加固改造，功能配套、多源互补、丰枯调剂的现代水网体系加快构建。

统筹城乡发展步伐加快。我们以城带乡、协调并进，大力推动基础设施、公共服务向农村延伸，城乡发展一体化体制机制不断完善。新型城镇化进程加快，顺利完成唐山、石家庄、保定、秦皇岛四市行政区划调整，减少 2 个县级单位，城市发展空间实现了跨越式拓展。五年累计投入城建资金 8088 亿元，开工建设石家庄地铁工程，新建改造一批道路交通、供热供气、垃圾污水处理及文化馆、图书馆、体育馆等市政基础设施和公共服务设施，城市综合承载能力和管理水平进一步提高。县域特色产业加快发展，综合经济实力不断壮大。以提质扩容为重点，加强县城建设，完善配套设施，狠抓园林绿化，县城容貌和服务功能加快提升。建设美丽乡村近 1 万个，农村人居环境不断改善。全省常住人口城镇化率突破 50%，城市带动农村、城乡一体发展格局初步形成。

人民生活水平较快提高。我们牢记宗旨、以民为本，始终把群众冷暖放在心上，公共资源向基层延伸、向农村覆盖、向弱势群体倾斜，努力让人民群众过上幸福美好的日子。五年来全省财政民生投入达到 1.77 万亿元，比"十一五"提高 147.4%。城镇、农村居民人均可支配收入分别达到 2.6 万元和 1.1 万元，比 2010 年增长 63.6% 和 83.8%，城镇累计新增就业 361.2 万人。社会保障体系不断完善，城镇、农村低保标准分别比 2010 年提高 65% 和 96%，新农合和城镇居民医保财政补助标准分别增长 1.7 倍和 2.2 倍，城乡居民大病保险实现全覆盖，城镇企业退休人员基本养老金连续 11 年上调，机关事业单位养老保险制度改革启动实施，城乡居民基本养老保险制度全面建立，农村互助幸福院、城市社区居家养老服务中心覆盖率分别达到 65% 和 75%。开工建设保障性住房 129.6 万套，城镇低收入住房困难家庭实现了应保尽保。脱贫攻坚成效明显，500 万农村贫困人口稳定脱贫，解决了 2660 万农村人口饮水安全问题。社会事业全面进步。各级各类教育长足发展，促进教育公平取得新进展，全民受教育程度稳步提高。公共文化服务体系不断完善，推出了一批群众喜闻乐见的精品力作，文化产业发展势头良好。医药卫生体制改革成效明显，覆盖城乡的公共卫生和医疗服务体系基本建立。全民健身运动广泛开展，石家庄永昌、华夏幸福两支足球队跻身中超。法治河北、平安河北建设扎实推进，社会治理格局不断完善，食品药品安全监管力度加大，安全生产形势总体平稳，社会大局和谐稳定。国防动员和双拥共建深入开展，军政军民团结更加巩固。民族宗教、新闻出版广电、外事侨务、人民防空、史志档案、气象地震、防灾减灾、地理信息、援藏援疆、妇女儿童、老龄、残疾人等工作都取得了新成绩。

刚刚过去的 2015 年，我们坚持解放思想、抢抓机遇、奋发作为、协同发展，扎实开展"三严三实"专题教育和解放思想大讨论，树正气、讲团结、聚合力、促转型，转变思想观念、创新发展举措、狠抓工作落实，以良好的精神状态统筹做好改革发展稳定各项工作，持续优化产业结构，强力治理大气污染，精准推进协同发展，全面深化改革开放，坚持不懈改善民生，全省经济社会发展呈现稳中有进、稳中有新、稳中有好的态势。尽管压产能治污染影响生产总值增速约 0.9 个百分点，全省经济运行仍保持在合理区间，预计比上年增长 6.8%，一般公共预算收入增长 8.3%，固定资产投资增长 10% 以上，规模以上工业增加值增长 4.5%，社会消费品零售总额增长 9%，实际利用外资增长 5%，城乡居民人均可支配收入均增长 8.5%，住户存款余额达 2.9 万亿元，城镇新增就业 73.5 万人、登记失业率控制在 4.5% 以内，居民消费价格指数上涨 1% 以内。2015 年主要目标任务的完成，标志着"十二五"规划圆满收官。我们自觉接受人大、政协监督，及时对人大代表建议、政协提案进行分解，明确责任部门和完成时限，办结率均达到 100%。

各位代表！当前，河北正处在爬坡过坎、转型升级的关键时期，一些长期积累的深层次矛盾和问题尚未根本解决，一些新的困难和挑战又在不断出现。一是发展的质量效益不高，新旧动能转换不快，产能过剩等结构性矛盾突出，科技创新能力不强，全社会研发投入不足，财政收支矛盾加剧，部分市县地方债务存在风险，经济下行压力仍然较大，转型升级尤为迫切。二是资源环境约束日益凸显，大气、水污染问题突出，污染治理和生态修复还需付出极大努力。三是改革开放相对滞后，市场在资源配置中的决定性作用尚未充分发挥，对外开放水平总体不高，城市经济、沿海经济、县域经济仍是明显短板，制约发展的体制机制障碍亟待破解。四是保障和改善民生任务艰巨，城乡居民收入水平不高，310万农村人口尚未脱贫，基本公共服务供给不充分，就业社保、教育医疗等还有待进一步提升。五是政府职能还存在越位、错位、缺位问题，法治政府建设仍需加强，一些地方和部门服务意识不强、行政效能不高、工作落实不到位，部分工作人员素质能力与经济发展新常态的要求不相适应，消极腐败现象依然存在。对这些问题，我们一定用新的发展理念、改革创新的办法、务实管用的举措有效加以解决。

各位代表！回顾五年来的改革发展历程，在速度变化、结构优化、动力转换的新常态下，我们经受住了国际金融危机的严重冲击，努力克服国内经济"三期叠加"的影响，有效应对压产能、治污染等多重挑战，遇到的困难前所未有，取得的成就来之不易，积累的经验弥足珍贵。我们深切体会到，推进经济社会又好又快发展，必须坚决落实中央大政方针，不折不扣贯彻习近平总书记系列重要讲话精神和对河北的重要指示，确保党中央、国务院重大决策部署落地生根；必须转变发展理念，认识、适应、引领经济发展新常态，树立正确的政绩观，强化质量效益意识，坚定不移走绿色发展之路；必须抓住用好机遇，牢牢把握发展大势，切实把京津冀协同发展融入经济社会发展各领域各环节，在对接京津、服务京津中加快补齐河北发展短板，真正使机遇优势转化为发展优势；必须坚持创新引领，大力实施创新驱动发展战略，以创新引领结构调整，以创新促进转型升级，以创新抢占发展制高点，努力实现由要素驱动向创新驱动转变；必须激发内生动力，坚持问题导向，全面深化改革开放，坚决破除制约发展的体制机制障碍，以改革破解难题，靠开放增创优势，不断为发展注入新的生机活力；必须增进人民福祉，优先增加民生投入，提高公共服务能力，着力解决人民群众最关心最现实的利益问题，使发展成果更多更公平惠及全省人民；必须改进工作作风，始终牢记"两个务必"，巩固拓展党的群众路线教育实践活动成果，认真践行"三严三实"，坚定不移反腐败，驰而不息纠"四风"，持之以恒抓落实，全面推进依法行政，为改革发展稳定提供坚强保障。

各位代表！"十二五"时期我省经济社会发展取得的成就，是党中央、国务院总揽全局、正确领导的结果，是全省广大干部群众团结奋斗、共同努力的结果。在此，我代表省人民政府，向全省人民，向人大代表、政协委员，向各民主党派、工商联、无党派人士和人民团体，向驻冀人民解放军、武警官兵和政法干警，向中直机关驻冀各单位，向关心河北发展的香港特别行政区和澳门特别行政区同胞、台湾同胞、海外侨胞、国内外朋友，致以崇高的敬意和衷心的感谢！

二、"十三五"时期的主要目标和任务

河北在全国发展大局中作用十分重要。"十三五"是我省发展历史上重大机遇最为集中的时期，是各种优势潜力最能有效释放的时期，是破解难题补齐短板最为紧要的时期，是推进结构调整又好又快发展最为宝贵的时期。机遇承载使命，挑战考验担当。

习近平总书记对河北发展极为关心、寄予厚望，为我们推进各项事业指明了前进方向，注入了强大动力。全省人民对幸福生活的美好向往，坚定了我们加快发展的信心，增强了战胜困难的勇气。面对复杂多变的严峻形势，面对不进则退的竞争挑战，我们能否承担好国家赋予河北的重大历史任务，能否在新一轮竞争中实现跨越赶超，内因至为关键，理念尤其重要。只有锐意开拓进取、激发内生动力，才能战胜挑战、克难前行；只有不断解放思想、更新发展理念，才能开辟发展新路径、提升发展新境界。压力前所未有，责任无比重大。我们必须时不我待、争分夺秒，殚思极虑、激情工作，以无愧于时代的使命感、无悔于机遇的紧迫感、无畏于挑战的责任感，奋力开创经济强省、美丽河北建设的新局面。

"十三五"时期我省经济社会发展的指导思想是：全面贯彻党的十八大和十八届三中、四中、五中全会精神，以邓小平理论、"三个代表"重要思想、科学发展观为指导，深入贯彻习近平总书记系列重要讲话精神，按照"五位一体"总体布局和"四个全面"战略布局，牢固树立和贯彻落实创新、协调、绿色、开放、共享的发展理念，加快形成引领经济发展新常态的体制机制和发展方式，按照省委八届十二次全会的部署，高举发展、团结、奋斗的旗帜，坚守发展、生态和民生三条底线，把握协同发展、转型升级、又好又快的工作主基调，坚持稳中求进，坚持全面深化改革开放，坚持以提高发展质量和效益为中心，着力在结构性改革上取得突破，重点推进新型工业化、信息化、城镇化和农业现代化，坚决打赢脱贫攻坚战，确保如期全面建成小康社会，加快建设经济强省、美丽河北，为谱写中华民族伟大复兴中国梦的河北篇章奠定更加坚实的基础。

统筹考虑贯彻五大发展理念和我省经济社会发展需要，"十三五"时期主要目标设定为28项，其中约束性指标14.5项、预期性指标 13.5 项。总体目标就是"三个高于、两个翻番、一个全面建成"，即：经济保持中高速、增长速度高于全国平均水平，生产总值突破 4 万亿元、年均增长 7% 左右；发展迈入中高端、质量效益提升幅度高于周边地区，一般公共预算收入达到 4000 亿元、年均增长 8% 以上；环境治理大见效、空气质量改善程度明显高于以往，$PM_{2.5}$ 浓度较 2013 年下降 40%，污染严重的城市力争退出全国空气质量后 10 位；生产总值比 2010 年翻一番以上，城乡居民人均可支配收入比 2010 年翻一番以上；到 2020 年如期全面建成小康社会。经过五年的努力，一个经济更加繁荣、社会更加和谐、生态更加优美、人民更加幸福的河北必将呈现在燕赵大地！

实现我省"十三五"发展目标，必须认识适应引领经济发展新常态，以习近平总书记提出的"十个更加注重"为基本遵循，统一思想、深化认识，克服困难、闯过关口，锐意改革、大胆创新。瞄准全面建成小康社会目标，牢牢抓住发展第一要务不放松；大力推进结构性改革，着力解决制约发展的深层次问题；深入实施创新驱动发展战略，加快新动能成长和传统动能提升。特别是把推进供给侧结构性改革作为适应和引领经济发展新常态的重大创新，提高供给体系质量和效率，提高全要素生产率，努力实现更高质量、更有效率、更加公平、更可持续的发展。未来五年，重点抓好以下六大任务：

（一）**坚定不移推进创新发展，在转换经济发展动能上取得新进展。**创新是实现我省又好又快发展的第一动力。必须发挥科技创新在全面创新中的引领作用，更加注重提高发展质量和效益。要以创新塑造发展优势。大力实施创新驱动发展战略，加大全社会研发投入，尽快补上研发投入占 GDP 比重偏低的短板。围绕我省传统产业改造和新兴产业发展，实施一批重大科技项目，突破一批共性关键技术。完善科技创新研发服务平台，加快产业技术创新联盟和技术交易市场建设，争取一批国家重点实验室、工程技术研究中心和重大科技基础设施布局我省。实施知识产权"三优"培育工程，健全知识产权评估体系。强化企业创新主体地位，培育壮大高新技术企业，推动科技型中小企业裂变式增长。加强政策激励、金融支持和人才保障，健全以增加科技人员收入为核心的科技成果转化激励机制，建立从实验研究、中试到生产的全过程科技创新融资模式，引进培养一批领军人才、企业家人才、高技能人才和创新团队。把大众创业、万众创新融入各领域各环节，营造统一透明、规范有序的创新创业环境，完善服务和政策支持体系，鼓励发展众创、众包、众扶、众筹新模式，使燕赵大地创新创业竞相迸发、充满活力。要以创新扩大有效需求。高度重视消费在稳增长转方式中的重要作用，通过深化改革破除阻碍消费的体制机制障碍，实施重大消费工程，完善消费政策，优化消费环境，扩大新产品和服务供给，以供给创新释放消费潜力，以消费结构升级带动产业转型升级。着力优化投资结构，增加有效投资，提高投资效率，创新融资方式，吸引更多社会资本参与项目、产业、基础设施建设。实施优进优出战略，培育以技术、标准、品牌、质量、服务为核心的对外经济新优势。要以创新拓展发展领域。构建新一代信息基础设施，完善交通、水利、电力等基础设施网络，充分发挥海陆空枢纽辐射带动作用。推动军民深度融合发展，促进军民创新要素双向流动。进一步开辟区域发展、产业发展、网络经济、海洋经济新空间，加速培育新的经济增长点。

　　（二）坚定不移推进转型发展，在加快产业结构调整上迈出新

步伐。转型是实现我省又好又快发展的关键所在。必须着眼建设全国产业转型升级试验区，全面实施《中国制造 2025》和"互联网＋"行动计划，坚持供给侧和需求侧两端发力，更加注重供给侧结构性改革，推动产业向中高端迈进。提升传统产业发展水平。加快淘汰落后技术工艺、生产设备，坚决化解过剩产能，到"十三五"末，钢铁、水泥、平板玻璃产能分别控制在 2 亿吨、2 亿吨、2 亿重量箱左右。实施增品种、提品质、创品牌工程，推进新一轮技术改造和"两化"深度融合，推动钢铁产业高端化、装备制造产业智能化、化工产业精细化、建材产业绿色化，加快河北制造向河北创造转变。培育壮大战略性新兴产业。积极实施大数据战略，重点发展先进装备制造、新一代信息技术、生物医药、新能源和新材料、节能环保、新能源汽车等新兴产业，培育一批新兴产业集群，打造行业发展局部强势。到 2020 年，战略性新兴产业占规模以上工业增加值比重达到 20% 以上。加快发展现代服务业。拓展新领域，催生新业态，推动生产性服务业向专业化和价值链高端延伸、生活性服务业向精细和高品质转变，推动制造业由生产型向生产服务型转变。加快商贸流通业提档升级，促进流通信息化、标准化、集约化，力争"十三五"末基本建成服务京津、辐射全国的现代商贸物流重要基地。改革旅游业领导体制，建立大旅游产业发展格局，把文化旅游产业打造成新的经济增长点和支柱产业。大力推进农业现代化。坚持把解决好"三农"问题作为重中之重，转变农业发展方式，发展高效、优质、生态、品牌、安全农业。加强现代农业园区建设，实施山区综合开发工程。积极拓展农业功能，推动粮经饲统筹、农林牧渔结合、种养加一体、一二三产业融合发展，延伸产业链、提升价值链。推广农业标准化生产，健全农业社会化服务、农业科技创新推广和农产品质量安全监管体系，提高农业质量效益和竞争力。

（三）坚定不移推进协调发展，在形成区域发展特色上开创新局面。协调是实现我省又好又快发展的内在要求。必须在协调推进中增创发展优势，在加强薄弱领域中增强发展后劲。推进京津冀协同发展。精准确定功能分区，精准承接北京非首都功能疏解，精准打造发展平台和载体，着力建设好"三区一基地"。加强产业园区等重点承接平台建设，高起点、高标准规划建设集中承载地和一批特色微中心。推动交通一体化、生态环境保护、产业升级转移三个领域率先突破，强化创新驱动、体制改革、试点示范三个关键支撑，初步形成协同发展互利共赢新格局。坚决落实习近平总书记"绿色办奥、共享办奥、开放办奥、廉洁办奥"的重要指示，全力以赴做好 2022 年冬奥会筹办工作，促进冬奥工作与协同发展深度融合，高水平、高质量完成好河北承担的任务，为举办一届精彩、非凡、卓越的奥运盛会贡献力量。推进区域协调发展。更加注重人口经济和资源环境空间均衡，按照主体功能区定位，支持保定和廊坊打造环京津核心功能区，支持唐山、沧州、秦皇岛建设沿海率先发展区，支持石家庄、邯郸、邢台、衡水壮大冀中南功能拓展区，支持张家口、承德做优冀西北生态涵养区，支持定州、辛集打造京津冀城市群特色功能节点城市，支持环首都县（市）建设特色卫星城，努力形成要素有序自由流动、主体功能约束有效、基本公共服务均等、资源环境可承载的区域协调发展新格局。做强城市经济，提升承载能力和聚集能力；发展沿海经济，构筑沿海经济隆起带；推动县域经济增比进位突破，争取更多的县进入全国百强县行列。加快省内三大港口优化布局、调整结构、完善功能，提升辐射带动作用。推进城乡一体发展。围绕打造京津冀世界级城市群、建设全国新型城镇化与城乡统筹示范区，更加注重以人为核心的新型城镇化，尊重城市发展规律，统筹空间、规模、产业三大结构，提高城市工作全局性；统筹规划、建设、管理三大环节，提高城市工作系统性；统筹改革、科技、文化三大动力，提高城市发展持续性；统筹生产、生活、生态三大布局，提高城市发展宜居性；统筹政府、社会、市民三大主体，提高各方推动城市发展的积极性。转变城市发展方式，完善城市治理体系，提高城市治理能力，加强地下和地上基础设施建设，优化发展城市交通，保护历史文化遗产，着力解决"城市病"，建设和谐宜居、富有活力、各具特色的现代化城市。把促进有能力在城镇稳定就业和生活的常住人口有序实现市民化作为首要任务，加快户籍制度改革和居住证制度双落地，到 2020 年全省常住人口城镇化率达到 60%、户籍人口城镇化率达到 45%。坚持产城教融合，加快县城建设扩容提质，推动县域发展"多规合一"，培育一批中小城市和特色小城镇。按照环境美、产业美、精神美、生态美的要求，建设富有河北特色的美丽乡村。健全城乡发展一体化体制机制，逐步实现城乡基本公共服务均等化、资源配置合理化、产业发展融合化。推进物质文明和精神文明协调发展。培育践行社会主义核心价值观，大力弘扬爱国主义精神，发扬传承中华优秀传统文化，完善公共文化服务体系、文化产业体系、文化市场体系，深入开展群众性精神文明创建活动，提高公民思想道德和科技文化素质，努力形成向上向善、诚信互助的社会新风尚。

（四）坚定不移推进绿色发展，在促进生态文明建设上达到新水平。绿色是实现我省又好又快发展的重要保障。必须牢固树立绿水青山就是金山银山的基本理念，更加注重促进形成绿色生产方式和消费方式，着力打造京津冀生态环境支撑区。实行最严格的环境保护制度，实施污染防控重点工程，全面开展多污染物综合防治，深入推进大气、水、土壤污染防治行动，加强联防联控和流域共治，确保劣五类水质河流基本恢复使用功能，消除城市建成区黑臭水体。强化山水林田湖生态保护与修复，推进全域生态系统修复建设，抓好重大生态工程，加快地下水超采综合治理，大规模开展国土绿化行动，"十三五"末森林覆盖率提高到35%。开展蓝色海湾行动，加强近岸海域环境保护。全面节约和高效循环利用资源，坚持最严格耕地保护和集约节约用地制度，实行能源和水资源消耗、建设用地等总量和强度双控制，大力发展循环经济，打造低碳排放示范区，推进产业生态化、生态产业化。加强生态文明制度建设，建立资源环境生态红线制度，科学设定并严格遵守资源消耗上限、环境质量底线和生态保护红线，完善生态保护补偿机制和环境信息公开制度，强化环保行政执法和刑事司法联动，建立健全自然资源资产审计和环保督察制度，实行生态环境损害责任终身追究。坚持绿色富省、绿色惠民，走生产发展、生活富裕、生态良好的文明发展道路，既是中央的要求，也是全省人民的期盼。我们一定坚定信心、奋力攻坚，努力让河北青山常在、绿水长流、蓝天永驻。

（五）坚定不移推进开放发展，在增强发展动力活力上实现新突破。改革开放是实现我省又好又快发展的必由之路。必须更加注重使市场在资源配置中起决定性作用，更加注重推进高水平双向开放。加快释放深化改革新红利。支持各地大胆改革，先行先试。推进行政管理体制改革，大力简政放权，强化事中事后监管，降低行政成本，提高政府效能。推进国有企业分类改革和监管，加快完善现代企业制度，支持央企、外企和民企参与国有企业改革和资产重组，以管资本为主改革国有资产监管，提高国有经济活力、竞争力和影响力。毫不动摇地鼓励支持和引导非公有制经济发展，到2020年民营经济增加值占生产总值的比重达到75%左右。推进财税金融体制改革，按照事权与支出责任相适应的原则，完善转移支付制度，建立健全有利于转变经济发展方式的现代财政制度。创新地方金融机构管理体制机制，发展金融服务新产品新模式，增多做优金融主体，激活做大金融市场。推进农村土地制度改革，深化农村集体产权制度改革，构建新型农业经营体系，完善农业支持保护制度。统筹推进社会领域、资源价格等各项改革。加快构建开放型经济新体制。更加主动融入"一带一路"、环渤海地区合作发展大格局，不断拓展对外开放空间。推动自贸区政策惠及我省，推进经济技术开发区、高新技术产业开发区、海关特殊监管区改革发展，打造开放合作新平台。促进对外贸易优化升级，创新跨境电商等外贸方式，提高利用外资规模质量。加快我省优势产能和装备制造"走出去"，打造国际产能合作新样板，形成参与国际分工合作的河北方阵。

（六）坚定不移推进共享发展，在改善民生促进公平上得到新提升。共享是实现我省又好又快发展的根本目的。必须更加注重机会公平，更加注重对特定人群特殊困难的精准帮扶，保障基本民生，让人民群众在共建共享中有更多获得感。实施精准扶贫精准脱贫工程。坚持扶贫开发和经济社会互相促进、精准帮扶和集中连片特殊困难地区开发紧密结合、扶贫开发和生态保护并重、扶贫开发和社会保障有效衔接，扎实推进"六个精准"，实施"五个一批"行动计划，发展生产脱贫一批、易地搬迁脱贫一批、生态补偿脱贫一批、发展教育脱贫一批、社会保障兜底一批，签订责任书、立下军令状，坚定愚公移山志，咬定青山不放松，坚决打赢脱贫攻坚战。确保到

2020年现行标准下农村贫困人口实现脱贫，贫困县全部摘帽，彻底解决区域性整体贫困，决不落下一个贫困地区、一个贫困群众。实施城乡居民收入提升工程。坚持居民收入增长和经济增长同步、劳动报酬提高和劳动生产率提高同步，多渠道增加城乡居民收入，着力提高中低收入群体收入水平。实施创业就业扶持工程。采取更加积极的就业政策，拓展更多就业岗位，建成覆盖城乡的公共就业服务体系和城乡平等的就业制度。实施社保扩面提标工程。建立统一的城乡居民基本医疗保险制度，完善城镇职工和城乡居民基本养老保险制度，推行全民参保计划，划转部分国有资本充实社保基金。健全住房保障和供应体系，发展社会救助、社会福利和慈善事业，提高城乡低保补助标准，确保困难群众基本生活。实施教育提质惠民工程。提高教育教学质量，推动具备条件的普通本科高校向应用型转变，均衡配置城乡教师资源，完善家庭经济困难学生资助体系，促进教育公平。实施健康河北工程。深化医药卫生体制改革，建立覆盖城乡的基本医疗卫生制度，加强重大疾病防控，全面落实城乡居民大病保险制度。大力支持中医药事业。促进人口均衡发展。推动医养结合，积极应对人口老龄化。发展体育事业和体育产业，提升人民健康素质。实施食品药品安全放心工程。建立全程可追溯制度，加快形成严密高效、社会共治的城乡食品药品安全治理体系，确保人民群众饮食用药安全。实施公共安全工程。严格落实安全生产责任和管理制度，强化企业主体责任，加大监管执法力度。加强和创新社会治理，健全公共安全体系，完善社会治安综合治理体制机制，有效预防和化解矛盾纠纷，切实维护社会和谐稳定大局。

　　各位代表！"十三五"宏伟蓝图已经绘就，决胜全面建成小康社会的号角已经吹响。只要我们树立必胜信念、继续埋头苦干，尊重人民群众、依靠人民群众，万众一心、励精图治，就一定能够实现全面建成小康社会的奋斗目标，就一定能够铸就河北发展新的辉煌！

三、2016 年主要工作

今年是全面建成小康社会决胜阶段的开局之年，是京津冀协同发展的关键之年，也是推进结构性改革的攻坚之年，做好今年的政府工作十分重要。我们要认真落实党的十八届五中全会、中央扶贫开发工作会议、中央城市工作会议、中央经济工作会议和省委八届十二次全会精神，全面贯彻创新、协调、绿色、开放、共享的发展理念，适应引领经济发展新常态，按照宏观政策要稳、产业政策要准、微观政策要活、改革政策要实、社会政策要托底的要求，在战略上坚持稳中求进、把握平衡点、打好持久战，在战术上坚持重点突破、抓住关键点、打好歼灭战，大力推进供给侧结构性改革，去产能、去库存、去杠杆、降成本、补短板，加快发展动能转换和质量效益提升，促进经济持续健康发展和社会和谐稳定。主要目标是：生产总值增长 7% 左右，一般公共预算收入增长 7%，固定资产投资增长 10% 以上，社会消费品零售总额增长 10% 左右，出口总值增长 5%，规模以上工业增加值增长 5% 以上。单位生产总值能耗下降 3.5%，化学需氧量、二氧化硫、氨氮、氮氧化物排放量分别削减 1.5%、2%、1% 和 2%，$PM_{2.5}$ 浓度下降 6% 以上。城镇、农村居民人均可支配收入分别增长 8% 和 8% 以上。居民消费价格涨幅控制在 3% 左右。城镇新增就业 75 万人，登记失业率控制在 4.5% 以内。常住人口城镇化率提高 1.9 个百分点。在实际工作中，我们将向着更高的目标努力，使经济社会发展得更好更快一些。

为实现今年目标任务，我们要统筹推进稳增长、促协同、调结构、治污染、抓改革、攻脱贫、惠民生、防风险等各项工作，确保"十三五"开好局、起好步。

（一）着力稳增长，促进经济运行稳中向好。加强供给与需求有效对接，扩大有效需求，构建多点发力、多元支撑的增长动力格局。发挥创新的核心作用。实施高新技术产业倍增和科技型中小企业成长计划，年内新增高新技术企业400家、科技型中小企业5000家。实施大数据应用、新能源与节能环保等6个重大科技专项，研发推出50个重大新产品，支持100项重大科技成果产业化，培育100家创新型领军企业。实施科技创新平台提升工程，新增47个省级以上重点实验室、工程技术研究中心和产业技术研究院，加快中国（河北）博士后成果转化基地建设。支持规模以上工业企业设立研发机构，增加研发投入，年内全省研发经费支出占GDP比重达到1.3%。高度重视保护知识产权。推动大众创业、万众创新，出台实施新兴产业"双创"三年行动计划，培育100家众创空间，每个市都建成一个创新创业园，扩大省创业投资引导基金和科技成果转化基金规模，全年新增创投基金20家以上。加强制度、管理、商业模式等方面的创新，促进企业管理标准化智能化，引导创新要素和传统要素形成新组合。加大投资于人的力度，推动发展从过度依赖自然资源向更多依靠人力资源转变。实施人力资源提升行动计划，加强公务员、企业家、专业技术人员、大学生和农民工创新创业能力培训，为创新发展提供人力资源保障和智力支撑。发挥消费的基础作用。开展改善消费品供给专项行动，增加高质量高水平有效供给。化解房地产库存，推进以满足新市民需求为出发点的住房制度改革,稳定房地产市场。启动新一轮汽车下乡政策,支持城市出租车、公交车等淘汰更新为新能源汽车,推广应用不少于 3.5 万个标准车。落实带薪休假制度,鼓励错峰休假,改善旅游设施,实施"畅游河北"行动,有效促进旅游消费。开展"大健康、新医疗"行动,壮大健康、医疗、养老消费。加快互联网宽带示范城市和高速宽带网络建设,实现农村电子商务全覆盖。完善农村消费基础设施,拓展农村消费市场。积极扩大消费信贷,开展消费金融公司试点。落实工商用电同价、税收减免等政策,增强商贸企业活力和竞争力。发挥投资的关键作用。抓好"三个一百"省级和 2000 项市级重点项目,力争全年完成投资 6000 亿元以上。加快首钢二期、太行山高速等重大项目建设进度,力促曹妃甸千万吨级炼油、海兴核电、北控海水淡化等项目开工建设,确保 61 项与央企合作项目启动实施。精准对接国家"7+4"重大工程包,用足用好国家专项建设基金,编制实施有效投资三年滚动计划,抓紧谋划建设一批新的基础设施和重大产业项目。推广政府和社会资本合作(PPP)模式,引进保险资金支持重大项目建设。发挥出口的促进作用。深入落实外贸稳增长 10 条措施,对 100 家出口龙头企业和 2000 家重点企业精准帮扶,清理规范进出口环节收费,增加出口直放企业数量,提高机电、高新技术、优质农产品等出口规模。发挥实体经济的支撑作用。实施"百千万"助力工程,培育主营业务收入超百亿元企业、超千亿元基地(园区)和超万亿元产业。开展降本增效专项行动,制定实施降低企业成本总体方案,降低制度性交易成本、人工成本、企业税费负担、社会保险费、企业财务成本、电力价格、物流成本。分业施策、精准帮扶,出台实施支持轻工、纺织、食品加工等行业发展的政策措施。加快医药行业发展,发挥骨干企业龙头作用,培育千亿元级生物医药产业集群。设立中小微企业发展基金，鼓励企业发行债券、短期融资券等形式拓展融资渠道，加大直接融资支持力度，引导金融更好地为实体经济"输氧造血"。帮助规模以下企业提档升级，年内新增规模以上工业企业1000家以上。大力优化营商环境，高度重视调动企业家、创新人才的积极性、主动性和创造性，激发企业家精神，依法保护企业家财产权和创新收益。落实我省社会信用体系建设规划，加强市场主体信用信息公开监督。鼓励民间资本进入更多领域，推动民营企业科技创新、调整结构，激发民营经济的活力和创造力。筹备承办好全国工商联十一届五次执委会和全国知名民企助推河北协同发展大会等系列活动，吸引更多民营企业来我省投资兴业。

（二）着力促协同，确保政策措施落地见效。全面贯彻《京津冀协同发展规划纲要》，编制实施省级、设区市协同发展总体规划和"三区一基地"等各类专项规划，确保完成国家下达的39项年度重点任务。推进重点领域率先突破。加快京沈客专、唐曹铁路、首都地区环线等项目建设，开工建设京唐、京霸、廊涿城际和白沟支线，加快推进京衡客专前期工作，打通扩容一批"断头路""瓶颈路"，抓好北京新机场及配套综合交通体系建设。推动建立京津冀生态补偿机制，实施京津保生态过渡带、北戴河地区环境整治等工程。积极承接京津产业转移，力促对接签约项目尽快落地，确保北京现代第四工厂、比亚迪新能源客车承德基地、张北云联数据中心等项目建成投产。精准承接非首都功能疏解。谋划建设集中承载地和微中心，加快推进北京新机场临空经济区、曹妃甸协同发展示范区、渤海新区、正定新区等省级重点平台建设，支持各地因地制宜打造不同层次、各具特色的协同发展基地和产业园区。积极承接京津医疗、教育、养老等社会公共服务功能疏解，大力推进京津冀异地住院费用直接结算。加快打造协同创新共同体。抓好石保廊全面创新改革试验区和京南科技成果转化试验区建设，与京津共建50家科技园区和一批产业技术创新联盟、科技成果孵化转化基地，开展京津冀社会保障、公共服务、要素市场一体化等改革试点示范。全力做好冬奥会筹办工作。科学编制各项规划，扎实推进场馆建设前期工作，力促京张高铁崇礼支线等尽早开工，加快赛区低碳电力供应、医疗卫生等配套服务设施建设。按照奥运标准全面推动张家口城乡面貌改善，建设国家级可再生能源示范区。推广冰雪运动、发展冰雪产业，打造京张体育文化旅游产业带。积极推进城乡统筹发展。把新型城镇化作为扩大内需的综合大平台，召开全省城市工作会议，加大推进力度，确保新型城镇化持续健康发展。提升规划水平，启动新一轮城市总体规划修编，推动"多规合一"。提升建设水平，加快城市棚户区改造和地下综合管廊建设。提升管理水平，抓好智慧城市、海绵城市、绿色城市试点建设，为人民群众提供精细的城市管理和良好的公共服务。出台支持省会建设发展的实施意见。加快发展县域经济，重点建设100个省级新型工业化示范基地，抓好年营业收入20亿元以上的273个产业集群，培育一批龙头企业和区域品牌。实施县城建设三年攻坚行动，加大绿化、美化、亮化、净化力度，年内所有县城实现集中供水、集中供热或清洁能源供热、污水垃圾达标处理。扩大农村基础设施、公共设施和现代农业投资，提升完善乡村公路，搞好农村电网改造，健全信息基础设施。扎实推进美丽乡村建设，开展道路硬化、改水改厕等12个专项行动，抓好100个片区、200个中心村、300个旅游村、4000个重点村建设。

（三）着力调结构，全面提升产业层次水平。更加注重"加减乘除"并举,积极培育新的增长点,推动产业提质增效升级。加大传统产业改造力度。围绕推动工业转型升级,开展制造业升级专项行动,启动新一轮重大技术改造升级工程,抓好千项新产品开发、千项名牌产品培育"双千"工程。大力推进钢结构在市政、交通、水利、通信和民用建筑等领域广泛应用,拓展钢铁行业发展空间。培育100家"两化"融合重点企业,加快唐山国丰、冀南钢铁重组搬迁等项目进度。把处置"僵尸企业"作为化解过剩产能的牛鼻子,通过兼并重组、债务重组乃至破产清算,实现市场出清。年内压减炼铁产能1000万吨、炼钢800万吨、水泥150万吨、平板玻璃600万重量箱。大力发展战略性新兴产业。实施七大新兴产业增比进位工程,滚动实施百项重点项目建设。抓好重点领域智能工厂、数字化车间建设试点。壮大保定汽车、石家庄通用航空、唐山动车城、秦皇岛汽车零部件等先进装备制造基地,推进沧州激光、邢台新能源汽车等产业园区建设,做强光伏、风电、智能电网三大新能源产业链,建设"京津冀大数据走廊",培育壮大节能环保监测、治理装备产业。年内全省规模以上高新技术产业增加值增长10%以上。推动服务业优质高效发展。实施8个现代服务业重点行业发展三年行动计划,积极培育新兴服务业态。抓好张家口、廊坊、承德等云服务基地建设,实施工业、交通、环保、物流等领域物联网应用示范工程。支持钢铁、煤炭、农产品等大宗商品电子商务平台扩大交易规模,发展动漫游戏等新兴文化业态。加快白沟现代商贸物流示范区、邯郸华耀城等一批重大物流项目建设,鼓励省级物流产业聚集区探索运营新模式。提速旅游产业发展,组建省旅游发展委员会,开好首届全省旅游产业发展大会,打造重点精品旅游线路,加大5A级景区创建力度,建设10个全域旅游目的地县,培育一批乡村旅游重点片区，力争年内游客接待量达到 4.25 亿人次。促进农业增产增效。抓好 4000 万亩核心区和 86 个粮食生产大县建设，深入实施渤海粮仓科技示范工程，加强中低产田改造提升，全省粮食总产稳定在 665 亿斤左右。做强畜牧、蔬菜、果品三大优势主导产业，推进生态型畜禽养殖场建设，打造一批供京津蔬菜示范园和高标准果园，发展药材、食用菌等特色产业和沟域经济，加快山区综合开发。大力发展农产品精深加工业，抓好环首都现代农业科技示范带和 89 个省级现代农业园区建设，支持衡水养元饮品等 700 家产业化龙头企业壮大规模，实施亿元以上农业产业化项目 100 个，农业产业化经营率达到 66.5%。

（四）**着力治污染，推动生态环境持续好转**。坚持科学防控、精准治污，找准发展与保护的平衡点和结合点，坚决打好环境治理攻坚战。深入推进大气污染防治。加快燃煤治理和清洁能源替代，继续实施煤电节能减排计划，开展千家企业能效提升行动，年内削减煤炭消费 500 万吨，天然气供应量达到 100 亿立方米。加强污染物协同控制，开展散煤、焦化行业、露天矿山、道路车辆污染整治四大专项行动，实施水泥窑协同处置垃圾废弃物示范工程，加快主城区重污染企业搬迁，抓好制药、石化、有机化工等行业挥发性有机物治理，深入推进扬尘专项整治，狠抓秸秆禁烧和综合利用。建立健全环境监测预警体系，完善重污染天气应急响应机制。加大水、土壤污染防治力度。全面落实水污染防治"国十条"和"省五十条"，组织开展白洋淀和衡水湖综合整治、重污染河流环境治理攻坚、集中式饮用水源地安全防护三个专项行动，深化近岸海域污染治理，保护自然岸线，推进 28 座城镇污水处理厂升级改造，全部取缔严重污染水环境项目。制定实施我省土壤污染防治行动计划，实行土壤分类管控，开展工业污染场地修复试点，推进农业规模化畜禽养殖场污染治理。坚持循环低碳发展，抓好生活垃圾资源化利用、城市矿产基地建设等示范工程，力争50%的国家级工业园区和30%的省级工业园区完成循环化改造。加强生态修复保护。深入落实《山水林田湖生态修复规划》，地下水超采综合治理试点扩大到9市84个县，新增农业压采地下水能力6.4亿立方米以上。完成南水北调配套工程建设，确保引黄入冀补淀工程全线开工。抓好水土保持重点工程，治理水土流失面积2000平方公里。继续实施绿色河北攻坚工程，打好太行山绿化和"矿山披绿"三年攻坚战，推进天然林保护、京津风沙源治理二期、"三北"防护林、乡村和廊道绿化及公益林等重点工程，年内造林绿化420万亩。严格环保监管执法。强化战略环评和规划环评，启动省以下环保机构执法垂直管理改革试点。严格落实生态环境督办问责制度，开展生态环境、自然资源责任审计。对排污企业实行在线监测，依法严厉打击环境违法行为，决不姑息、决不手软。

（五）着力抓改革，切实破除体制机制障碍。聚焦构建发展新体制，全面深化改革开放，扭住关键、精准发力，推动各项改革举措落地生根、见到实效。更大力度推进重点改革。深化"放管服"改革，进一步增强放权的协同性、提高监管的有效性、强化服务的便利性，再取消下放一批省级审批事项，推动市县行政审批制度改革落到实处，编制省市县行政许可通用目录和公共服务事项目录清单，扩大行政审批局改革试点，推行固定资产投资项目省级网上并联审批，加快行业协会商会与行政机关脱钩。完成市县公务用车制度改革。实行国有企业分类改革、分类监管，基本完成混合所有制企业员工持股、改建国有资本投资运营公司等5项改革试点任务，省属国有独资公司全部引入外部董事，开展新闻出版传媒企业特殊管理股制度改革试点。深化财税金融体制改革，出台实施省以下事权与支出责任指导意见，全面落实"营改增"，推进结构性减税和普遍性降费，开展水资源费改税试点，完善国税、地税征管体制。加快农村信用社综合改革，支持设立民营银行、小额贷款公司等新型金融机构，鼓励商业银行设立科技支行，发展股权基金、金融租赁、普惠金融等新业态和新服务，开展互联网股权众筹融资试点。加快河北银行、冀中国际物流等企业上市步伐，新增挂牌上市企业 100家以上。推进不动产统一登记制度改革。有序开展电力、天然气等领域价格改革。深化农村综合改革，发展多种形式适度规模经营，培育壮大新型农业经营主体，抓好农村土地承包经营权确权登记颁证，健全县乡村土地流转服务平台，建立财政支持的农业信贷担保体系。深化供销社综合改革。推动环保、司法、公安、审计、文化、广电等领域改革。更大力度推进对外开放。加快跨境电子商务示范企业和外贸公共服务企业建设，提高贸易便利化水平。支持企业扩大先进技术设备、关键零部件及重要原材料进口。完善常态化招商机制，实施海内外精准化招商，引进一批先进制造业和现代服务业外资项目。出台实施加快开发区改革发展的意见，召开全省开发区工作会议，建立完善省级开发区动态管理机制，着力把开发区打造成我省转型升级、开放发展的主战场。培育壮大中捷中欧产业园、高碑店国际门窗城等国别产业园区。支持企业"走出去"，开展国际优势产能和先进装备合作，鼓励企业抱团出海，加大省部合作协议中 13 个重大国际产能合作项目推进力度，力促河钢南非钢铁、冀东非洲和东盟 300 万吨水泥等项目落地开工。办好唐山世界园艺博览会、中国 – 中东欧国家地方领导人会议、河北省第 33 届投资贸易洽谈会、中国－拉美企业家高峰会等重要国际性活动。

（六）着力攻脱贫，加快补齐全面小康建设短板。认真落实我省《关于坚决打赢脱贫攻坚战的决定》，实施精准扶贫精准脱贫八大专项行动，确保年内100万贫困人口稳定脱贫、一批贫困县摘帽出列。发展特色产业促脱贫。实施"一村一品"扶贫计划，培育设施蔬菜、优质林果、特色养殖和手工业等脱贫产业，开展电商、旅游、光伏、生态等新业态扶贫，支持每个贫困县打造一个现代农业园区，扶持发展500家扶贫龙头企业和农民合作社示范社。完善基础设施促脱贫。加强贫困地区交通、水利、电力、信息等基础设施建设，提高贫困地区公路建设补助标准，今年将1000个贫困村纳入美丽乡村建设实施范围。加快创业就业促脱贫。支持贫困地区农民工返乡创业，每个贫困县至少建立一个返乡创业园。引导用人企业开展订单定向培训，促进劳动力外出转移就业，确保贫困家庭劳动力至少掌握一门致富技能。实施教育医疗促脱贫。下大力改善贫困地区办学条件和教育质量，免除在省内公办普通高中、中职学校、普通高校就读的建档立卡贫困家庭学生的学费、住宿费和教科书费。实施基本医疗保险、大病保险、医疗救助三重医疗保障，将贫困人口全部纳入重特大疾病救助范围。强化扶持政策促脱贫。把完全或部分丧失劳动能力的贫困人口全部纳入农村低保，实行农村低保线与扶贫线"两线合一"，实施省级财政为主、市级财政配套、县级财政免担的办法，确保"一人一卡"发放到人。引导资金、土地、人才、技术等要素向贫困地区聚集，省级财政扶贫资金投入翻一番，专门安排1万亩建设用地指标支持贫困县重点项目建设。抓紧建立完善省、市及重点县扶贫开发投融资体系和平台，加大扶贫小额信贷力度，支持贫困地区设立村镇银行等机构，开展资金互助和信用合作。

对革命老区和民族地区脱贫攻坚工作实施特殊扶持政策。完善搬迁后续扶持政策，改善搬迁群众生产生活条件，年内完成 4.5 万贫困人口搬迁任务。推进责任落实促脱贫。广泛动员全社会力量参与扶贫事业，积极争取中直和国家机关加大对口帮扶力度，启动京津对口帮扶我省贫困县工作，完善省内较发达地区对口帮扶贫困地区机制，提高定点扶贫的精准度和有效性。建立年度脱贫攻坚报告和督查问责机制，层层压实责任，级级传导压力，倒排时间、强力推进、务求实效。

（七）着力惠民生，尽心办好为民利民实事。按照保基本、兜底线的要求，统筹安排好民生保障，重点抓好"五保一增一创"。保就业稳定。抓好高校毕业生、农村转移劳动力、退伍军人就业，落实好援企稳岗、社保补贴、税费减免等扶持政策，加大再就业力度。保义务教育。深化考试招生制度改革，实施第二期学前教育三年行动计划，统一城乡义务教育经费保障机制，推进城乡义务教育公办学校标准化建设，改善薄弱学校和寄宿制学校办学条件，加快普及高中阶段教育，支持专业型职业教育集团，抓好 10 所本科高校向应用技术大学转型试点，加强大学生创新创业教育培训。保基本医疗。整合城乡居民基本医保制度，加快基本医保异地就医结算，深化县级和城市公立医院综合改革，实施基层卫生服务提升工程，提高农村医疗队伍水平，推进分级诊疗，完善基本药物制度，加强重大疾病防控和卫生应急救治工作。大力发展中医药产业，加快安国中药都建设。保基本养老。完善基本养老金合理调整机制，推进机关事业单位养老保险制度改革，继续提高城乡居民基础养老金、城乡低保、农村五保对象补助水平。加快城乡养老服务机构建设。实施全面两孩政策。保民生底线。统筹推进城乡社会救助体系建设，完善最低生活保障、特困人员供养等制度，提高困难残疾人生活补贴和重度残疾人护理补贴标准。年内保障性住房和棚户区改造住房开工 18 万套，改造农村危房 12.5 万户。启动农村饮水安全巩固提升工程。实施临时救助制度，使困难群众求助有门、受助及时、急难有救。增加城乡居民收入。推动企业职工工资合理增长，落实机关事业单位工资和津补贴改革政策，多渠道增加农民收入，大力治理拖欠农民工工资问题。创新公共服务提供方式。增加公共服务有效供给，广泛吸引社会资本参与，提高公共服务效率和质量。健全公共文体设施，推进河北奥体中心、河北大剧院等设施建设，启动基层综合性文化中心建设。培养基层文艺人才，推出具有河北特色的优秀艺术作品和品牌文化活动，加强长城、中山国遗址、名镇名村等历史文化遗产保护，广泛开展全民健身运动。

（八）着力防风险，保持社会大局和谐稳定。加强对各种风险源研判分析，提高动态监测和实时预警能力，有效化解各类风险隐患。强化财政金融风险防控。加强政府债务管控，完善地方金融监管体制，及时发现处置重大金融风险及突发事件，依法打击非法集资等金融违法行为，坚决守住不发生系统性和区域性金融风险的底线。强化安全生产风险防控。严格实行"党政同责、一岗双责、失职追责"，深入开展油气管网、尾矿库、危险化学品等重点高危行业和领域专项整治，加大煤矿关停力度，健全火灾防范和灭火救援体系，提升安全监管规范化和专业救援队伍水平，坚决遏制重特大安全事故发生。强化食药安全风险防控。加强食品药品生产销售全过程监管，推进"智能食药安全"信息化和检验检测能力建设，抓好食品安全城市和农产品质量安全县创建试点，依法打击制售假冒伪劣商品行为。强化公共安全风险防控。完善重大决策社会稳定风险评估机制，增强突发公共事件应急预警能力。积极应对新业态发展、社会流动性加剧、网络社会等带来的新风险。重点防范和化解环境污染、土地征收等相伴生的各种风险，妥善做好化解过剩产能涉及职工转岗安置和再就业工作，完善被征地农民养老保险政策。加强和创新社会治理，鼓励支持社会组织参与社会治理公共服务，推动政府治理和社会自我调节、居民自治良性互动。畅通民意诉求表达渠道，建立健全社会矛盾多元化解机制，扎实做好各类纠纷排查调处工作。依法严厉打击各类违法犯罪活动，营造安定和谐的社会环境。

加强国防教育和国防后备力量建设，积极支持国防现代化建设和军队深化改革，解决军人和随军家属安置等问题，巩固军政军民团结。充分发挥工会、共青团、妇联等人民团体桥梁纽带作用。继续做好新闻出版广电、民族宗教、外事侨务、气象地震、防灾减灾、邮政通信、史志档案、援藏援疆、妇女儿童、老龄、残疾人等工作。

（九）着力树理念，全面加强政府自身建设。新形势新任务对政府工作提出了新要求。我们将以新理念引领政府改革建设、总揽政府职能转变、贯穿政府各项工作。大力解放思想，做到敢创新、求突破。深入贯彻习近平总书记系列重要讲话精神和对河北的重要指示，全面向党中央看齐。把解放思想作为破解一切难题的"金钥匙"，牢固树立和贯彻落实五大发展理念，坚决破除制约发展的思想障碍，积极探索新常态下做好经济工作的方法和经验，加大供给侧结构性改革力度，创新发展路径，完善政策举措，着力在优化结构、增强动力、化解矛盾、补齐短板上取得突破性进展。加快转变职能，做到强管理、优服务。坚持把转变政府职能作为深化行政体制改革的核心，坚决取消一切束缚经济社会发展的行政权力，坚决砍掉各类无谓证明和繁琐手续，精简办事程序，缩短办理时限，变"群众奔波"为"信息跑腿"，变"群众来回跑"为"部门协同办"，坚决向不作为乱作为、"吃拿卡要"等行为"亮剑"，努力创造法治化、便利化的营商环境，最大限度方便群众、方便企业、方便基层。推进依法行政，做到重法治、严规范。自觉接受人大法律监督、政协民主监督和社会监督。坚持把遵守宪法和法律作为施政的根本原则，落实《法治政府建设实施纲要》，推进行政权责依法公开，强化行政权力监督制约，加快形成边界清晰、分工合理、权责一致、运转高效、依法保障的政府职能体系。持续改进作风，做到勇担当、有作为。严格执行中央"八项规定"，坚决纠正"四风"，认真践行"三严三实"，把夙兴夜寐、激情工作作为常态，健全工作责任制度、激励机制和督查问责机制，铆足劲头抓落实，消除"中梗阻"，打通"最后一公里"。加强廉政建设，做到自身净、守规矩。坚持把纪律和规矩挺在前面，严守《准则》和《条例》。大力反腐倡廉，落实"两个责任"，强化"一岗双责"。加大违纪违法案件查办力度，严肃查处发生在群众身边的腐败问题，做到有腐必惩、有贪必肃，努力实现干部清正、政府清廉、政治清明。

各位代表！宏伟蓝图令人鼓舞，美好愿景催人奋进。让我们更加紧密地团结在以习近平同志为总书记的党中央周围，在中共河北省委的坚强领导下，协调推进"四个全面"战略布局，高举发展、团结、奋斗的旗帜，解放思想、抢抓机遇、奋发作为、协同发展，为全面建成小康社会、实现"两个百年"奋斗目标、谱写中华民族伟大复兴中国梦的河北篇章而努力奋斗！

山西省
政府工作报告

——2016 年 1 月 27 日在山西省第十二届
人民代表大会第五次会议上

省长 李小鹏

各位代表:

现在,我代表省人民政府向大会报告工作,请予审议,并请省政协委员和其他列席人员提出意见。

一、"十二五"时期国民经济和社会发展回顾

"十二五"时期是我省发展很不平凡的五年。面对严峻复杂的经济形势和艰巨繁重的改革发展稳定任务,我们在党中央、国务院的坚强领导下,认真贯彻落实党的十八大、十八届三中、四中、五中全会精神和习近平总书记系列重要讲话精神,积极应对挑战,奋力攻坚克难,特别是 2014 年 9 月党中央对山西省委班子改组式调整以来,新的省委常委班子团结带领全省干部群众,按照"四个全面"战略布局和中央对山西工作的重要指示要求,坚持"深入学习

贯彻习近平总书记系列重要讲话精神，净化政治生态，实现弊革风清，重塑山西形象，促进富民强省"的"五句话"总要求和总思路，全面从严治党，全面从严治吏，深入推进党风廉政建设和反腐败斗争，形成并始终保持惩治腐败、狠刹"四风"、打黑除恶"三个高压态势"，着力推进"六大发展"，全面实施"六权治本"，统筹做好煤与非煤"两篇大文章"，加快实施"革命兴煤"，大力推进煤炭"六型转变"，加快发展七大非煤产业，全力推动科技创新、金融振兴、民营经济发展"三个突破"，坚持两手抓、两手硬，为新形势下全省经济社会发展提供了科学思路、有力举措和坚强保证，各项工作稳中有为、稳中有进，经济社会发展取得新成就，全面建成小康社会迈出坚实的步伐。

五年来，我们千方百计稳增长，经济发展迈上新台阶。

有效扩大投资。紧紧围绕基础设施、产业转型、城镇化和生态环保、民生和社会事业等四个方面加强投资，特别是强力推动十大领域投资和十大标志性工程，"六位一体"推进重点工程建设。下放投资审批权限，鼓励社会资本参与基础设施类项目建设运营。5年政府投资2852亿元，带动民间投资28516亿元，全社会固定资产投资累计达到54241亿元，年均增长21.7%。

努力促进消费。积极开展"山西品牌中华行、丝路行、网上行""美丽山西休闲游"等促进消费活动，完善城乡流通网络和社区服务网点，实施"宽带山西"专项行动，积极发展电子商务，社会消费品零售总额年均增长12.7%。

大力帮扶企业。实施煤炭、煤层气、低热值煤发电3个"20条"和减轻企业负担"60条"，采取金融支持、财政扶持和鼓励民营经济发展等一系列政策措施，落实小微企业减免税等优惠政策，共为企业减负 900 多亿元，其中 2015 年达 501 亿元。"一企一策"精准帮扶企业，帮助企业克服困难，着力破解民营经济发展九大难题，努力促进企业平稳运行和健康发展。

全省地区生产总值由 2010 年的 9188.8 亿元增加到 12802.6 亿元，年均增长 7.9%；一般公共预算收入由 2010 年的 969.7 亿元增加到 1642.2 亿元，年均增长 11.1%，我省经济实力进一步增强。

五年来，我们持续加强基础设施和城乡建设，经济社会发展增添新优势。

大力改善交通条件。太中银铁路、山西中南部铁路通道、大西高铁太原至西安段等建成通车，太原地铁 2 号线、阳泉北至大寨铁路、晋中至太原轻轨、大同至张家口铁路等一批重大项目开工建设，铁路新增营业里程 1422 公里。灵丘至平鲁、忻州至保德等一批高速公路建成通车，高速公路新增通车里程 2025 公里。新建改建国省干线公路 2538 公里、农村公路 19065 公里。吕梁机场、五台山机场、临汾机场建成通航。通达、便捷的立体化现代交通运输体系日益完善。

积极推进水利建设。35 项应急水源工程全部建成投用，病险水库除险加固全面完成，"两纵十横、六河连通"的大水网工程完成总投资的 60%，辛安泉供水工程实现通水运行。古贤水利枢纽工程前期工作积极推进。全省供水量由 60 亿立方米提高到 75 亿立方米。

不断完善电力设施。新增电力装机 2795 万千瓦，总装机达到 6966 万千瓦，其中水力、光伏、风能、燃气、煤层气发电装机由 284 万千瓦增加到 1294 万千瓦。晋电外送"两交一直"等一批重大项目加快建设，新一轮农网改造升级工程完成，新增 110 千伏及以上线路超过 1 万公里，新增变电容量 4686 万千伏安。

着力改善城乡面貌。实施城市人居环境改善四大工程，城市道路交通、管网等设施明显改善，棚户区、城中村改造步伐明显加快，建成城镇保障性住房 102.5 万套，其中棚户区改造完成 61.2 万套。城镇人均住房面积由 2010 年的 28.02 平方米增加到 31.96 平方米。新增城市绿化面积 7800 万平方米，新创建国家卫生城市 6 个。全省城镇化率年均提高 1.39 个百分点，达到 55%。完成新一轮农村"五个全覆盖"工程，持续办好农村"五件实事"，实施农村人居环境改善四大工程，行政村街道全部硬化、亮化，建成各类农村饮水工程 9685 处，新建农村社区老年人日间照料中心 3070 个，实施采煤沉陷区治理搬迁 9.3 万户，易地搬迁特困群众 44.5 万人，改造农村困难家庭危房 45.5 万户。农村人均住房面积由 2010 年的 28.69 平方米增加到 33.51 平方米。

全省从城市到乡村，整体面貌正在发生显著变化，生产条件日益完善，人民生活更加便利，三晋大地充满生机、充满希望！

五年来，我们深入推进产业结构调整，发展方式转变迈出新步伐。

大力发展现代农业。每年出台 10 项惠农政策，省级补贴资金逐年增加，2015 年达到 83 亿元。完成中低产田改造、高标准农田建设 841 万亩，农田实灌面积新增 587 万亩、达到 2300 万亩，实现了农民人均一亩水浇地。粮食连续 5 年获得丰收，总产年均达到 127 亿公斤，比"十一五"增长 25.2%。"一村一品""一县一业"发展步伐加快，七大产业翻番工程深入实施，农产品加工业销售收入 2015 年达到 1422.6 亿元，年均增长 22.8%。完成新型职业农民培训 20 多万人。积极培育专业大户、家庭农场等新型农业经营主体，农业社会化服务体系不断完善。

推动传统产业升级改造。加快实施"革命兴煤",大力推进"六型转变",加快重组整合矿井改造,推进现代化矿井建设,形成 3 个亿吨级、4 个 5000 万吨级的大型煤炭集团。加大煤炭就地转化力度,潞安煤制油等一批现代煤化工项目积极推进。大力推进煤电一体化发展,主力火电企业 80% 以上实现煤电联营。焦化企业兼并重组加快,户均产能由 70 万吨提高到 200 万吨以上。

加快培育新兴产业和服务业。围绕发展七大非煤产业,设立战略新兴产业发展投资引导资金,布局实施一批装备制造、新能源、节能环保等新兴产业项目,太重高速列车轮轴国产化、太钢 T800 级碳纤维等一批重大项目建成投产。非煤产业投资占工业投资比重由 2010 年的 64.1% 提高到 2015 年的 80.2%,非煤产业增加值占工业增加值比重由 42.4% 提高到 53.2%。装备制造业增加值占工业增加值比重由 5.8% 提高到 10.4%。煤层气年抽采量由 42.8 亿立方米增加到 101 亿立方米,利用量由 21 亿立方米增加到 57 亿立方米,燃气使用人口由 1186 万人增加到 1800 万人。旅游总收入由 1083.5 亿元增加到 3447.5 亿元,年均增长 26%。服务业占地区生产总值比重由 37.3% 提高到 53%。

全省经济结构正在发生变化,转型效果正在逐步显现,只要我们坚持不懈调结构,就一定能够走出一条资源型地区转型发展的新路!

五年来,我们狠抓节能减排和环境保护,生态文明建设取得新成效。

全力推进节能降耗。淘汰落后钢铁产能 1498 万吨、焦炭 3507 万吨、水泥 4085 万吨、电力 182 万千瓦。实施 1500 项节能改造项目,推行合同能源管理，万元地区生产总值综合能耗超额完成下降 16% 的目标任务。万元工业增加值用水量下降 27%。工业固废综合利用率达到 65%。

全面改善环境质量。电力、钢铁、水泥等重点行业脱硫、脱硝、除尘改造任务全部完成。城镇集中供热率达到 86.6%。淘汰黄标车、老旧车 69.44 万辆。太化等一批重污染企业关闭搬迁、加快改造。全省主要污染物排放总量显著下降，2015 年环境空气质量综合指数比 2013 年下降 15.7%，细颗粒物浓度累计下降 27.3%。重点流域水污染防治成效明显，河流水质进一步改善。狠抓省城环境综合治理，关停污染企业 322 家，拔掉黑烟囱 3.9 万根，新增集中供热面积 1 亿平方米以上，省城环境质量明显改善。率先启动燃煤发电机组超低排放改造，完成改造容量 1566 万千瓦，改造后排放水平达到或优于燃气发电机组。累计核准开工低热值煤发电项目 24 个，总装机 2129 万千瓦，投产后每年可消耗煤矸石 8400 万吨，环境效益和经济效益十分显著。

持续加强生态建设。坚持不懈推进造林绿化，5 年营造林 2252 万亩，森林覆盖率、林木蓄积量显著增加，吕梁山生态脆弱区治理步伐加快。治理水土流失面积 1820 万亩，全省地下水位连续 8 年持续回升，晋祠泉水位累计回升 21 米。汾河流域生态修复治理工程全面启动。

各位代表，生态环境是我省的短板，长期以来大规模、超强度的煤炭开采，在创造财富和为国家作出重要贡献的同时，也严重破坏了生态、污染了环境。但只要我们坚持不懈、久久为功，修复生态、保护环境，就一定能够重现山清水秀的美丽风光！

五年来，我们切实保障和改善民生，人民生活水平和质量有了

新提高。

大力发展教育事业。实施义务教育标准化建设工程和农村薄弱学校改造计划，52 个县（市、区）通过国家义务教育均衡发展评估认定。新建改扩建标准化公办幼儿园 1049 所，改造农村幼儿园 2738 所。进城务工人员随迁子女实现在就读地参加中考、高考。城乡特殊教育生均公用经费补助标准由 310 元、750 元统一提高到 5000 元。全部免除中等职业学校学生学费，每年惠及 50 万学生。高职生均公用经费补助标准达到 9000 元。新增 7 所本科院校，11 个设区市都有了本科院校和高等职业院校，10 所高校、13 万师生入驻高校新校区。

扎实推进医药卫生事业改革发展。县级公立医院综合改革实现全覆盖，太原、运城城市公立医院改革试点稳步推进。政府办基层医疗卫生机构和村卫生室全部实行基本药物制度。人均基本公共卫生服务经费由 15 元提高到 40 元，12 类 45 项服务惠及城乡居民。新建和改扩建医疗卫生机构 7435 个，新增三级甲等医疗机构 13 所，山西大医院建成投用，省儿童医院新院区主体工程建设完工。

加快发展文化事业。大力弘扬我省优秀法治文化、廉政文化、红色文化，充分发挥思想引领、舆论推动、精神激励、文化支撑作用。省图书馆、科技馆、山西大剧院、山西体育中心建成投入使用，全省公共图书馆、文化馆、美术馆全部实现免费开放。政府购买公共演出服务全面推行。《山西文华》大型丛书编纂工程启动实施。舞剧《粉墨春秋》荣获"文华大奖"。首批 112 个乡镇开展乡村文化记忆工程试点。"强健体魄·阳光生活"等全民健身活动广泛开展，成功举办第 14 届省运会，我省体育健儿在伦敦奥运会等国际国内重大赛事上取得好成绩。

千方百计扩大就业。全面做好高校毕业生、农村转移劳动力、城镇困难人员、退役军人等群体的就业工作。实施大学生创业引领计划和离校未就业毕业生就业促进计划，政府连续两年购买基层公共服务岗位，吸纳13974名大学生就业。设立创业投资基金支持创业，实行劳动者创业"先贷后补"办法，开展创业型城市创建活动，建成省级大学生创业园和213个创业基地。实施缓缴困难企业社保费、降低社保费率、发放稳岗补贴等措施，鼓励企业吸纳更多劳动者就业。托底安置"零就业"家庭等困难人员22.9万人。5年城镇累计新增就业255.9万人，转移农村劳动力197.7万人。

着力增加居民收入。连续5年提高全省最低工资标准，年均增长13%以上。企业工资指导线基准线均在10%以上。为全省农户免费发放冬季取暖煤3347万吨、现金补贴24.3亿元，为领取保险金的失业人员发放取暖补贴。落实带薪年休假制度，提高机关、事业单位津补贴（绩效工资）和基本工资标准，并向基层倾斜。城乡居民人均可支配收入2015年分别达到25828元、9454元，"十二五"年均增长10.7%、12.4%。

大力推进扶贫开发。扎实推进百企千村产业扶贫、易地扶贫搬迁、金融扶贫、教育扶贫和劳动力就业培训等重点工程，启动实施光伏扶贫、乡村旅游扶贫和电商扶贫试点，统筹机关定点扶贫和领导干部包村增收，向全省贫困村选派第一书记，对建档立卡的7993个贫困村、119.2万贫困户做到驻村结对帮扶全覆盖。贫困地区生产生活条件不断改善，5年共有220万贫困人口实现脱贫。

切实加强社会保障。城乡居民基本养老保险制度统一实施。连续11年提高企业退休人员基本养老金水平，达到2630元，年均增幅10%以上。机关事业单位养老保险制度改革稳步推进。城镇职工医保、城镇居民医保和新农合三项基本医保实现应保尽保，城乡居民医保年人均财政补助标准由 120 元提高到 380 元，城乡居民大病保险和重特大疾病医疗救助制度实现全覆盖。城乡低保标准每人每月分别由 235 元、98 元提高到 415 元、234 元，农村集中供养、分散供养的五保对象省级补助标准分别由 1500 元、1200 元提高到 2400 元、1530 元。为集中供养孤儿、散居孤儿每人每月补助 1000 元、600 元。建立经济困难高龄与失能老年人补贴制度，惠及近 18 万老年人。对 32.9 万名贫困残疾人实施康复救助。五年来，我们逐年加大民生投入，切实办好惠民实事，人民群众得到了实实在在的好处！

坚持不懈抓好安全生产。始终牢记"三个决不能过高估计"，始终牢记"三个敬畏"。加强对安全生产的领导，坚决落实政府监管责任，落实企业安全生产主体责任。深入开展安全生产大检查。实施安全生产考核"一票否决制"，严肃查处事故，严格追究责任。"十二五"全省各类安全生产事故死亡人数比"十一五"下降29.99%。煤矿百万吨死亡率 5 年下降 57.98%。

大力实施"六六创安"工程，加强社会治安综合治理，社会保持和谐稳定。全面完成食品药品监管体制改革任务，基层监管力量显著加强。支持四川茂县恢复重建任务圆满完成，投入资金 21.6亿元，建成项目 226 个；对口援疆任务扎实推进，投入资金 11.6 亿元，支援项目 102 个，作出了山西人民应有的贡献。

五年来，我们加快改革开放和创新驱动，发展不断注入新动力。

以转型综改区建设为统领全面深化改革。国家部署的重大改革任务扎实推进，转型综改"十二五"后三年实施方案和年度行动计划顺利实施，一些重要领域改革取得突破性进展。煤炭管理体制改革迈出重大步伐。制定实施关于深化煤炭管理体制改革的意见，率先全面清理规范涉煤收费项目，实施煤炭资源税从价计征。煤焦公路销售体制改革扎实推进，所有行政授权、运销票据、检查站点全部取消。积极推进煤炭行政审批和证照管理体制改革，审批事项精简三分之一，审批时间缩短一半以上。出台煤炭资源矿业权出让转让管理办法，推进煤炭资源配置市场化。国有企业改革不断深化。率先推行省属国有企业财务等重大信息公开，交通企业及高速公路资产债务重组改革取得实质性进展，党政机关与所办企业脱钩改革、厂办大集体改革、省属企业负责人薪酬制度改革扎实推进。财税体制改革深入推进。健全预算管理体系，实施全口径预算管理，推进预决算公开，建立跨年度预算平衡机制，地方政府债务实现省级政府自发自还，营改增改革试点稳步实施。商事制度改革扎实推进。实现"先照后证"，推行"三证合一""一照一码"，改革实施两年来，全省新登记市场主体年均达到24.88万户，是改革前的1.29倍。金融改革创新步伐加快。加大力度推进金融振兴八方面工作，加强与各金融机构战略合作，累计实现各类融资1.98万亿元。上市企业达到37家，在"新三板"挂牌企业33家。成立山西金融投资控股集团，农信社改制稳步推进。集中清理解决了一批金融领域突出问题，积极稳妥依法处置金融风险。农村改革稳步推进。集体林权主体改革任务基本完成，农村土地承包经营权确权登记颁证全面展开，小型水利工程产权和农业水价改革试点取得成效。

深入实施创新驱动发展战略。着力推进科技创新六大任务。制定实施创新驱动和低碳创新行动计划。山西科技创新城全面开工建设，中科院、清华大学等35个研发机构入驻，首批21个项目进入全面建设阶段。实施80个煤基科技重大专项，28个项目取得关键技术突破。潞安集团国家煤基合成工程技术研究中心获批，新增国家重点实验室 3 个，与 2010 年相比，高新技术企业由 200 个增加到 721 个，专利申请量由 2.6 万件增加到 7.9 万件。新引进海外高层次人才 385 名。

进一步扩大对外开放。深化区域合作和对外交流，与 11 个兄弟省份签署战略合作协议，与美国西弗吉尼亚洲等正式建立友好省州关系。成功举办中博会、能博会、文博会、农博会、书博会、体博会、晋商大会，开展央企山西行等活动，招商引资成果丰硕。全省吸收省外投资实际到位 1.78 万亿元，是"十一五"时期的 3 倍；实际直接利用外资 132 亿美元，同比增长 43.6%。进出口结构明显优化，高新技术产品出口占比达到 47%。

五年来，我们扎实推进民主法治和政府自身建设，正在形成弊革风清、干事创业新局面。

严格执行人大及其常委会的决议、决定，积极支持人民政协履行职能。共办理人大代表建议 3906 件、政协提案 3624 件，向省人大常委会提请审议地方性法规草案 36 件，制定政府规章 14 件。完成第九届、第十届村委会换届选举。加强法治山西建设，完成"六五"普法任务。全面推行"六权治本"，制定实施政府建设三年规划和年度行动计划。新一轮政府机构改革全面完成，扩权强县、扩权强镇改革有序推进。十八大以来落实承接国务院取消、下放和调整的行政审批项目等事项 375 项，我省自行取消、下放和调整省级行政审批项目等事项 441 项，清理规范行政审批中介服务事项 54 项，取消职业资格许可和认定事项 207 项。省级政府部门权力清单、责任清单全部按期公布。省级政务服务平台、公共资源交易平台和全省政务服务网络基本建成。政府绩效第三方评估试点正式启动。省级党政机关公务用车制度改革基本完成。大幅压减"三公"经费，压缩部门一般性支出，节省的经费全部用于民生。深入开展党的群众路线教育实践活动、"三严三实"专题教育和学习讨论落实活动，狠刹"四风"，严惩腐败，推动反腐败斗争向基层延伸，一批领导干部违纪违法问题和交通、国土、煤炭等重点领域腐败案件受到严肃查处，一批不作为、慢作为的领导干部被问责，一批群众反映强烈的突出问题得到解决。从严治吏，全面加强干部管理监督，树立正确用人导向，积极稳妥推进"三个一批"，初步实现选人用人风清气正，弘扬了正气，凝聚了人心，为全省经济社会发展营造了良好的环境！

刚刚过去的2015年，是这5年中经济下行压力最大、改革发展稳定任务最重的一年。一年来，我们问题导向出实招，大刀阔斧减轻企业负担，深入推进煤炭管理体制改革，领导带头蹲点帮扶企业，工业降幅逐步收窄。我们目标导向抓倒逼，层层传导压力，采取周报告、月调度、进展公示、督查约谈等方法狠抓投资，固定资产投资增速超过全国平均水平4.8个百分点。我们突出重点攻难点，强力推动"三个突破"，加快发展七大非煤产业，全力稳定财政运行，牢牢兜住民生底线，稳妥化解风险隐患。经过全省上下顽强拼搏，经济运行中积极因素明显增多，"稳"的基础得到巩固；经济结构发生积极变化，民生得到进一步改善，改革创新开放亮点纷呈，"进"的态势趋向有力，经济社会发展在克服困难中奋力前行！

2015年，全省地区生产总值一季度、上半年、前三季度分别增长2.5%、2.7%、2.8%，全年增长3.1%；固定资产投资一季度、上半年、前三季度分别增长8.3%、12.8%、13.5%，全年增长14.8%；社会消费品零售总额增长5.5%；城镇、农村居民人均可支配收入均增长 7.3%；全省城镇新增就业 51.48 万人，城镇登记失业率 3.51%；居民消费价格上涨 0.6%；各项约束性指标全面完成。

回顾这五年，我们深切感受到，推动山西经济社会持续健康发展，必须认真贯彻落实党的十八大、十八届三中、四中、五中全会精神和习近平总书记系列重要讲话精神，按照"五位一体"总体布局和"四个全面"战略布局，紧密结合山西实际，贯彻落实省委决策部署，不断完善发展思路，着力推动科学发展；必须始终把人民对美好生活的向往作为奋斗目标，高度重视、切实保障、着力改善民生，让人民群众得到更多实惠；必须坚持向改革要活力、向创新要动力、向开放要空间，使改革创新开放成为发展的根本推动力；必须坚持抓根本、打基础、利长远，抓好重大基础设施和民生工程建设，加快转变经济发展方式，不断增强可持续发展能力；必须全面从严治党，加强党风廉政建设和反腐败斗争，履行政府党组主体责任，把纪律和规矩挺在前面，加强政府自身建设，优化发展环境，努力打造敢于担当、乐于奉献的公务员队伍；必须坚持问题导向，创新工作方法，逢山开路、遇水搭桥，克服困难、解决问题，不断开创经济社会发展新局面。

各位代表，"十二五"经济社会发展取得的成绩来之不易。这是党中央、国务院亲切关怀、坚强领导的结果，是省委统揽全局、科学决策的结果，是省人大、省政协大力支持、有效监督的结果，是全省广大干部群众同心同德、团结奋斗的结果。在此，我代表省人民政府，向全省人民，向驻晋解放军、武警官兵、公安民警和中央驻晋单位，向尽心履职的各位人大代表、政协委员，向所有关心、支持、参与山西改革发展的海内外各界朋友，表示崇高的敬意和衷心的感谢！

在肯定成绩的同时，我们也清醒地看到，我省经济社会发展还存在不少困难和问题。从短期看，经济增速低于全国平均水平；煤炭价格持续下跌，2015年12月吨煤综合售价与2011年5月最高点相比，每吨下跌431.8元，下降65.8%；企业效益深度下滑，2015年煤炭行业累计亏损94.25亿元，同比减利增亏108.29亿元；工业企稳回升基础不牢，仍在负增长区间运行；各级财政普遍困难，2015年全省一般公共预算收入下降9.8%；金融运行偏紧，我省经济发展仍处于最困难时期。从长期看，经济发展规模不大、结构不优、质量效益不高等矛盾和问题仍然突出，"一煤独大"没有实质性改变，传统产业产能过剩；生态环境脆弱，科技创新能力不强，发展方式依然粗放；对外开放水平较低，招商引资精准性、有效性不够；安全生产形势依然严峻，社会稳定潜在风险较多；城乡区域发展不平衡，民生社会事业欠账较多，脱贫攻坚任务艰巨，全面建成小康社会需要付出艰苦努力。政府建设和干部作风与人民群众期盼还有差距，职能转变仍显滞后，依法行政理念尚未牢固树立，"四风"问题尚未根绝，"为官不为"问题较为突出，党风廉政建设和反腐败斗争任务繁重。对这些问题，我们必须予以高度重视，积极采取措施，认真加以解决。

二、"十三五"时期经济社会发展 的指导思想和目标任务

"十三五"时期，是全面建成小康社会的决胜阶段。我国经济发展进入新常态。新常态下，经济增长速度要从高速转为中高速，发展方式要从规模速度型转向质量效益型，经济结构调整要从增量

扩张为主转向调整存量、做优增量并举，发展动力要从主要依靠资源和低成本劳动力等要素投入转向创新驱动。新常态下，尽管我国经济面临较大下行压力，但发展的基本面、基本特征、基础和条件及前进态势没有改变，发展仍处于可以大有作为的重要战略机遇期。新常态下，战略机遇期的内涵和条件发生深刻变化，正在由原来加快发展速度的机遇转变为加快经济发展方式转变的机遇，正在由原来规模快速扩张的机遇转变为提高发展质量和效益的机遇。对我省而言，重要战略机遇期内涵变化又有其特殊之处：外部需求增速明显降低，改善供给、扩大内需特别是创新供给、创造需求成为振兴经济的必然选择；传统能源面临环境约束趋紧，推动煤炭清洁高效利用成为必然选择；煤炭产能过剩问题突出，多措并举化解煤炭过剩产能和加大省内转化利用力度成为必然选择；传统动能支撑弱化，新的动能尚在成长，通过深化改革、创新驱动，促进产业多元化成为必然选择；地方财政面临严峻考验，民生改善和脱贫任务艰巨繁重，鼓励大众创业、万众创新，广开财源、广辟就业和增收渠道成为必然选择；对外招商竞争更趋激烈，创造良好发展环境，广交世界朋友、广聚天下资本、广揽四海人才成为必然选择。

根据省委十届七次全会精神及"十三五"规划《建议》，省政府编制了"十三五"规划《纲要（草案）》，明确提出了"十三五"时期我省发展的指导思想，即：高举中国特色社会主义伟大旗帜，全面贯彻党的十八大和十八届三中、四中、五中全会精神，坚持以马克思列宁主义、毛泽东思想、邓小平理论、"三个代表"重要思想、科学发展观为指导，深入贯彻落实习近平总书记系列重要讲话精神，按照"五位一体"总体布局和"四个全面"战略布局，坚持发展是第一要务，牢固树立并切实贯彻"五个发展"新理念，按照省委"五句话"总要求，推进创新发展、协调发展、绿色发展、开放发展、共享发展、廉洁和安全发展，以转型综改试验区建设为统领，以改革创新为动力，以转方式、调结构、增效益、提速度为基点，认识适应和引领经济发展新常态，着力做好煤与非煤两篇文章，化解过剩产能，扩大新兴产业规模，着力净化政治生态，着力建设文化强省，着力保障和改善民生，着力加强生态文明建设，确保如期全面建成小康社会。

今后五年我省经济社会发展的主要目标是：转型升级取得重大进展。到2020年地区生产总值和城乡居民人均收入比2010年翻一番，实现我省与全国同步、农村特别是贫困地区与全省同步全面建成小康社会的奋斗目标。京津冀清洁能源供应基地、国家新型综合能源基地和全球低碳创新基地建设取得积极进展。民生保障水平普遍提高。就业比较充分，公共服务体系更加健全，基本公共服务均等化水平显著提高，努力实现城乡居民收入增长与经济增长同步、农村居民收入增长快于城镇居民。现行标准下的贫困人口实现稳定脱贫，贫困县全部摘帽。安全生产形势向稳定好转坚实迈进。文化建设呈现新局面。文化发展主要指标、文化事业整体水平、文化产业综合实力明显提升，公民素质和社会文明程度显著提高。生态建设实现稳步提升。主体功能区布局和生态安全屏障基本形成，能源和水资源消耗、建设用地、碳排放总量得到有效控制，主要污染物减排完成国家下达任务。改革开放迈出坚实步伐。资源型经济转型综合配套改革取得重大进展，重点领域和关键环节改革取得决定性成果，开放型经济和对外合作体制基本形成。民主法治建设成效显著。人民民主不断扩大，法治政府基本建成，司法公信力明显提高，社会治理能力和水平不断提升。

"十三五"规划《纲要（草案）》已印发各位代表，这里对主要任务作简要报告。

（一）**推进创新发展，着力加快转型升级。**发挥优势创抓机遇，抓住机遇创造需求，根据需求创新供给，围绕供给创优机制，提升改造老动能，培育发展新动力。发挥投资对经济增长的关键作用，发挥消费对经济增长的基础作用，发挥出口对经济增长的促进作用。做好煤和非煤两篇文章，实施"革命兴煤""六型转变"，加快发展七大非煤产业，做优做强能源产业，优化提升现代载能产业，发展壮大装备制造业，培育发展新兴接替产业，大力发展现代服务业，加快发展现代农业，不断拓展产业、基础设施、区域等发展新空间。加快转型综改试验区建设，深化重点领域和关键环节改革，全力推进科技创新、金融振兴、民营经济发展"三个突破"。实施人才强省战略。

（二）**推进协调发展，着力形成均衡发展格局。**坚持发展经济和改善民生并重，促进经济社会协调发展。健全城乡发展一体化体制机制，推进新型城镇化，加快改变农村面貌，促进城乡、区域协调发展。培育和践行社会主义核心价值观，大力弘扬太行精神、吕梁精神、右玉精神和晋商精神，繁荣文化事业，发展文化产业，促进物质文明和精神文明协调发展。推动军民融合发展。

（三）**推进绿色发展，着力建设美丽山西。**加快建设主体功能区，构建科学合理的城市化格局、农业发展格局、生态安全格局。推动低碳循环发展，促进资源节约高效利用。实行最严格的环境保护制度，实施大气、水、土壤污染防治行动计划，推进城乡环境整治。构筑生态安全屏障，加大五大流域和重点矿区生态环境修复力度，推进林业"六大工程"建设。创新资源型地区生态文明制度建设，建立生态文明绩效评价体系和考核制度。

（四）推进开放发展，着力培育合作共赢新优势。创新对外开放体制环境，积极参与国家"一带一路"建设，加强与京津冀、环渤海经济圈协同发展，深化与中部省份和周边区域合作，推进"以煤会友"，加快开发区等各类开放平台建设，提高招商引资质量和水平，提升外贸核心竞争力，努力形成全面开放新格局。

（五）推进共享发展，着力保障和改善民生。扎实做好教育、医疗、就业、收入、住房、社会保障等民生工作，实施好城乡人居环境改善工程，促进人口均衡发展，提高城乡居民生活水平和健康水平，举全省之力坚决打赢脱贫攻坚战。

（六）推进廉洁和安全发展，着力营造良好发展环境。坚持发展必须廉洁、廉洁促进发展，始终保持惩治腐败、狠刹"四风"、打黑除恶高压态势，严格落实"两个责任"，深入推进"六权治本"，营造廉洁发展环境。强化安全生产红线意识，全面加强安全生产，夯实安全生产基础。加强和创新社会治理，健全公共安全保障体系，强化社会治安综合治理，依法打击严重刑事犯罪活动。推进科学立法、严格执法、公正司法、全民守法，加快建设法治山西。全面加强政府自身建设，加快转变政府职能，持续推进简政放权，提高政府效能。

各位代表，如期实现全面建成小康社会目标，承载着全省人民对美好生活的殷切向往。《纲要（草案）》经本次会议审议通过后，我们将全力抓好落实。我们坚信，通过全省人民的共同努力，我们一定能够夺取全面建成小康社会决胜阶段的伟大胜利！

各位代表，黑色煤炭绿色发展方兴未艾，新兴产业蓬勃发展多姿多彩，"六大发展"前景广阔，山西未来大有希望！

三、2016 年工作安排

2016 年是全面建成小康社会决胜阶段的开局之年，也是推进结构性改革的攻坚之年。我们要认真贯彻落实党的十八届五中全会、中央经济工作会议精神和习近平总书记在省部级主要领导干部学习贯彻十八届五中全会精神专题研讨班开班式上的重要讲话精神，按照省委十届七次全会和全省经济工作会议的部署，认识适应和引领经济发展新常态，坚持稳中求进总基调，坚持稳增长、调结构、惠民生、防风险，落实宏观政策要稳、产业政策要准、微观政策要活、改革政策要实、社会政策要托底的要求，着力加强供给侧结构性改革，去产能、去库存、去杠杆、降成本、补短板，努力实现"十三五"全省经济社会发展的良好开局。

综合考虑各方面因素，2016 年我省经济社会发展的主要预期指标是：地区生产总值增长 6% 左右，全社会固定资产投资增长 12%，社会消费品零售总额增长 5.5% 左右，城镇新增就业岗位 40 万个，城乡居民人均可支配收入增长 6% 左右和 6% 以上，一般公共预算收入下降 7%，居民消费价格涨幅控制在 3% 左右，城镇登记失业率控制在 4.2% 以内。约束性指标：包括万元地区生产总值能耗、二氧化碳排放量、用水量，主要污染物减排，设区市空气质量优良天数比例，劣 V 类水体比例，新增建设用地降幅，农村贫困人口脱贫人数，城市棚户区住房改造数量，按照国家要求设置，完成国家下达任务。

把地区生产总值增长目标定为 6% 左右，主要考虑有，到 2020

年实现全面建成小康社会目标，需要保持一定的经济增速；尽管我省经济下行压力较大，但经济增长有一定基础；这样安排，也能充分发挥主观能动性，激励我们"跳起来摘桃子"。全社会固定资产投资增长12%，主要考虑有，既要发挥投资对稳增长、调结构、惠民生的关键作用，又要为改善投资结构、提高质量和效益留下空间，投资增量应当保持在"十二五"平均水平，按此测算增速为12%。城镇居民人均可支配收入增长6%左右，农村居民人均可支配收入增长6%以上，体现人民群众收入增长要与经济增长同步的要求；农村居民收入增速快于城镇居民，有利于缩小城乡收入差距。一般公共预算收入下降7%，充分考虑了工业产品降价、为企业减负、结构性减税、非税收入减少等因素。这些主要指标，兼顾了需要与可能、当前与长远。实现这些目标，既有机遇，更有挑战，必须付出艰苦努力。

2016年，我们要重点抓好以下几个方面的工作：

（一）推进供给侧结构性改革，加快产业转型升级

推动煤炭行业脱困转型。多措并举化解煤炭过剩产能，按照国家政策依法淘汰关闭一批，推动行业重组整合一批，减量置换退出一批，依规核减一批，搁置延缓一批，严控增量，主动减量，优化存量。精心组织煤炭企业合理生产，严格治理和打击违法违规煤矿建设生产经营行为。加强组织，搭建平台，推动产运销用各方面密切协同，促进煤炭销售。帮助困难企业妥善解决职工就业、工资、社保等问题。推动煤电联营、煤电铝联营、煤化联营、煤焦钢联营，构建煤电用产业链条，促进煤炭清洁高效利用。积极争取国家政策支持，加快煤炭行业脱困转型步伐。

促进能源产业清洁低碳、安全高效发展。在抓好煤炭转型升级

的基础上，加快推进大容量、高参数、节能环保型发电机组及特高压交直流输电线路、智能化电网建设；加快推进煤矿瓦斯抽采全覆盖，加大煤层气开发利用力度，推动大容量联合循环瓦斯发电；加快推进风电、光伏发电和生物质能发电等新能源产业发展；加快发展煤基清洁能源。

推动现代载能产业绿色发展。坚持煤电铝材一体化发展，加大政策支持，优化资源配置，降低用电成本，发展精深加工，加快运城、吕梁两个百万吨级铝循环基地建设，构建南部、西部和中部三大铝工业产业集群。化解钢铁行业过剩产能，加强技术改造，促进优化升级，开发优质不锈钢、铝镁合金等新产品。发展煤基新材料和其他新型材料，促进材料工业由低端向高端发展。

做强做大战略性新兴产业。围绕"中国制造 2025"山西行动纲要和我省新兴制造业三年推进计划，重点发展轨道交通、煤机、煤层气、电力、煤化工等装备制造产业。以技术、产品、装备、服务为重点，加快发展节能环保产业。积极发展特色食品、现代医药产业。大力发展电动汽车产业，优化产业布局，加强技术研发，创新融资机制，完善用电政策，加快建设充换电等配套设施；年内实现太原、晋中、晋城三个试点市公共服务领域和重点区域充换电设施全覆盖；在我省销售和生产的电动汽车都可享受国家和省级财政补贴。

加快发展现代服务业。推进旅游业改革发展，办好旅游发展大会，提升文化旅游品牌，深度开发旅游产品，促进旅游业向观光、休闲、度假并重转变。实施物流建设重大工程，推进物流载体和通道建设，打造物流产业链和产业集群。加快发展研发设计、检验检测、知识产权服务等高技术服务业。大力发展健康养老产业，鼓励社会资本建设服务设施，推广医养结合等模式，满足多样化需求。

积极发展新兴业态。实施"互联网＋"行动计划，加快云计算、大数据、物联网、移动互联网等与现代制造业、现代农业、现代服务业深度融合，促进电子商务、工业互联网和互联网金融健康发展，发展分享经济。

精准帮扶企业。认真落实国家和我省一系列扶持政策，降低企业综合成本，减轻企业负担。加大帮扶企业力度，大力扶持中小微企业。积极稳妥处置"僵尸企业"，推进其重组整合或退出市场。推动企业加强管理、挖潜增效。

（二）充分发挥"三驾马车"作用，促进经济平稳健康发展

加快重点领域投资和项目建设。提高投资的有效性和精准性，继续推进四个方面、十大领域投资和标志性工程建设，加快大张客专、太原地铁 2 号线、长临高速、低热值煤发电、电力外送通道、汾河流域生态修复等重大项目建设。加快推进太焦客专、大西客专原平至大同段、忻州－五台山－保定客运专线、古贤水利枢纽、太原电动汽车、晋中太阳能光伏组件、大同 40 亿立方米煤制天然气等项目前期工作，力争早日开工建设。创新投融资机制，完善政府和社会资本合作模式，鼓励社会资本参与基础设施、公共服务设施等建设。

进一步扩大消费。加强城乡流通基础设施建设，发展物流配送，推进连锁经营。加快推进电子商务进农村、进社区。继续开展"山西品牌中华行、丝路行、网上行"活动。扩大住房、信息消费，发展教育培训消费，培育健康养老消费，鼓励绿色低碳消费，推动旅游消费升级。

推进外贸转型升级。推动外贸向优质优价、优进优出转变，壮大不锈钢、机械制造、通信设备、特色农产品等出口主导产业，扩大先进技术设备、关键零部件进口。发展跨境贸易电子商务等新型业态，扩大服务贸易。加快航空口岸、铁路口岸、保税区等平台建设，提高贸易和投资便利化水平。

（三）切实做好"三农"和脱贫工作

发展特色现代农业。落实好已出台的各项强农惠农富农政策，再出台 10 项新政策，新增补贴资金 63.9 亿元。推进农田水利、土地整治、中低产田改造和高标准农田建设，新增实灌面积 50 万亩，建设高标准农田 200 万亩。全面完成大水网工程输水隧洞建设，同步推进县域小水网配套工程，实现东山供水工程年内通水。优化农业区域布局，大力发展杂粮、干鲜果、设施蔬菜、草牧业、中药材等特色产业，推进农业产业化经营。启动财政金融支持特色农业发展工程。抓好农业科技创新行动计划，发展现代种业，健全社会化服务体系。培训新型职业农民 10 万人，启动精准培育试点。加快推进主要农作物全程机械化，加大电动农机具研发使用力度。加强农产品质量安全监管。

深化农村改革。扎实推进农村土地承包经营权确权登记颁证和农村产权流转交易市场建设。积极培育新型农业经营主体，发展多种形式的农业适度规模经营。加快推进集体产权制度、国有林场、水权制度、小型水利工程产权和农业水价改革，健全农业保险制度。推进农村承包土地经营权和农民住房财产权抵押贷款试点。做好第三次全国农业普查工作。

坚决打赢脱贫攻坚战。抓紧出台我省脱贫攻坚实施意见，制定实施全省"十三五"脱贫攻坚规划。坚持精准扶贫、精准脱贫，扎实开展建档立卡"回头看"，按照扶持对象、项目安排、资金使用、措施到户、因村派人、脱贫成效"六个精准"要求，创新脱贫攻坚机制，以集中连片特困地区为主战场，因地制宜实施发展生产、易地搬迁、生态补偿、发展教育和社会保障"五个一批"工程，加快改善贫困地区生产生活条件。严格落实"一把手"负总责的脱贫攻坚领导责任制，省委、省政府对扶贫开发工作负总责，抓好目标确定、项目下达、资金投放、组织动员、监督考核等工作；市级党委、政府做好上下衔接、域内协调、督促检查工作；县级党委、政府承担主体责任，县委书记和县长是第一责任人，做好进度安排、项目落地、资金使用、人力调配、推进实施等工作。落实行业部门扶贫责任，扎实抓好干部驻村帮扶工作，加大财政扶贫资金投入，引导社会资本投向贫困地区，形成专项扶贫、行业扶贫、社会扶贫"三位一体"的大扶贫格局。建立健全脱贫攻坚考核机制、贫困退出机制和第三方评估机制，对提前脱贫摘帽的贫困县"摘帽不摘政策"。今年确保完成50万贫困人口脱贫任务。

各位代表，摆脱贫困、全面小康，是人民群众的热切期盼，是党交给我们的历史使命。我们要立下军令状、打赢攻坚战，在全面建成小康社会的征程中，决不落下一个贫困村、决不落下一个贫困户！

（四）积极稳妥推进新型城镇化

提高城镇化质量和水平。支持太原率先发展，加快太原晋中同城化步伐，推进晋中108廊带区域一体化发展。发挥"一核一圈"的引领和辐射作用，促进城镇组群协同发展。深入实施大县城战略，发展特色县域经济。提高城市规划、建设、管理水平，做好新型城镇化顶层设计与相关城市规划的衔接，加强城市地下和地上基础设施建设，加快棚户区和城中村改造，着力打造智慧城市，推进城市执法体制改革，加快"数字城管"建设，完善城市应急体系。

健全城镇化推进机制。加快户籍制度改革，推行居住证制度，促进有能力在城镇稳定就业和生活的农业转移人口举家进城落户。完善城镇基本公共服务，努力实现常住人口全覆盖。健全财政转移支付同农业转移人口市民化挂钩机制，建立城镇建设用地增加规模同吸纳农业转移人口落户数量挂钩机制。维护进城落户农民土地承包权、宅基地使用权、集体收益分配权，支持其依法自愿有偿转让。

统筹推进城乡人居环境改善。加快实施城市人居环境改善工程，推进城市道路、水气热管网、轨道交通、地下综合管廊、电力通信、防洪排涝等设施建设。新开工城镇保障性安居工程 21.2 万套，建成 15 万套，其中城中村改造开工 7.5 万户。提升生活污水和垃圾处理能力，强化大气污染防治，抓好园林绿化和环境卫生整治。加快推进农村人居环境改善，抓好农村水电路气和居民养老等基础设施建设，完成采煤沉陷区治理搬迁 7.6 万户、农村地质灾害治理4000 户、农村危房改造 10 万户、易地扶贫搬迁 10 万人，解决 68万农民群众的安居问题。开展爱国卫生运动，启动 11 个农村垃圾治理示范县和 7 个农村生活污水治理示范县建设，完成 36 万座无害化卫生厕所新建改建任务。抓好 100 个省级美丽宜居示范村创建和 70 个重点古村落保护工作。

积极化解房地产库存。加强房地产用地供应管控，稳定房地产市场，鼓励房地产企业顺应市场规律，适当降低商品住房价格。放宽住房公积金提取条件，提高住房公积金使用率，鼓励城镇居民改善住房条件。研究制定购房补贴政策，支持农业转移人口在城镇购房。加大棚户区改造货币化安置力度。打通商品房和公租房供需通道，将公租房保障范围由城镇户籍家庭扩大到城镇常住人口家庭。

积极发展住房租赁市场。

（五）大力推动文化强省建设

构建现代公共文化服务体系。按照群众需求，深入开展"文化惠民在三晋"系列活动，实施基层公共文化服务提升工程，开展好各类基层文化活动。继续推动县级"三馆一院"、市级"五馆一院"建设，完善文化场馆管理和使用机制，提升文化设施服务能力。完成山西晋剧艺术中心、少儿图书馆和古籍保护中心主体工程建设，新建改扩建10个县级文化设施。继续做好《山西文华》丛书编纂工作。加大红色文化传承保护与开发力度。推进乡村文化记忆工程。加强文物和非物质文化遗产保护。

加快文化产业发展。实施重大文化产业项目，推进文化保税区、文化产业园建设。促进文化与金融、旅游、科技等融合发展，推进文化创意产业发展。支持转企改制国有文艺院团改革发展。

繁荣发展文化事业。坚持以人民为中心的创作导向，不断推出具有山西特色的文艺精品力作。强化文化艺术人才队伍建设和文化市场管理，深化公益性文化事业单位内部改革，发展新闻出版、广播影视、文学艺术事业。加快有线电视网络整合步伐。促进传统媒体与新兴媒体融合发展。推进新型智库建设。倡导全民阅读。加强网上思想文化阵地建设，净化网络环境。加强对外宣传和文化交流。

（六）着力改善民生和发展社会事业

办好人民满意的教育。扩大学前教育资源，新改扩建农村幼儿园200所。推进义务教育学校标准化建设，力争再有28个县（市、区）通过国家义务教育均衡发展评估认定。继续改善普通高中办学条件，加快推进高中教育教学改革。认真落实特殊教育提升计划。加快构建现代职业教育体系，加强实训基地建设。实施高等教育振兴计划，优化专业布局和学科建设，加大高层次人才培养力度。深化教育领域改革，稳步推进考试招生制度改革。促进教育公平。

提高人民健康水平。继续深化医药卫生体制改革，巩固县级公立医院综合改革成果，加快推进城市公立医院综合改革，引深基层医疗卫生机构综合改革。完善基本药物制度和公立医院药品采购机制。大力推进优质医疗资源下沉，创新医疗联合体建设运营模式，全面实施分级诊疗。提升中医药服务能力，提高公共卫生计生服务质量，强化重大疾病防控。全面实施一对夫妇可生育两个孩子政策。倡导全民健身，提高竞技体育水平，启动第二届青运会筹备工作。

着力稳定和扩大就业。完善创业扶持政策，推动大众创业、万众创新，深化创业型城市创建活动，鼓励发展众创、众包、众扶、众筹空间。通过加快发展服务业等劳动密集型产业、扶持发展中小微企业，开发更多就业岗位。引导和支持企业在化解过剩产能、克服运行困难过程中，采取多种办法稳定就业岗位。继续实行政府购买基层公共服务岗位、招聘农村特岗教师、"三支一扶"等措施，吸纳高校毕业生就业。做好农村转移劳动力、城镇失业人员、退役军人等群体就业工作，托底帮扶就业困难人员。加强对灵活就业、新就业形态的扶持。加强就业培训，推行终身职业技能培训制度，实施职业培训全覆盖计划。

努力增加城乡居民收入。依法推进企业工资集体协商，发布企业工资指导线，适时适度调整全省最低工资标准。调整机关事业单位基本工资标准，落实县以下机关公务员职务职级并行制度和乡镇工作补贴。继续发放农民冬季取暖补贴并探索新办法。多种渠道增加农民经营性、工资性、转移性、财产性收入。健全农民工工资支付保障机制。

完善社会保障体系。稳步推进机关事业单位、企业基本养老保险制度并轨运行，完善相关配套政策，继续提高退休人员基本养老金待遇水平。建立统一的城乡居民基本医疗保险制度，进一步提高财政补助标准。适当提高大病保险人均筹资水平和报销比例，合并实施基本医疗保险和生育保险。完善重特大疾病医疗救助政策。落实经济困难的高龄与失能老年人补贴以及百岁以上老年人补贴新标准。全面实施困难残疾人生活补贴和重度残疾人护理补贴制度。继续提高城乡低保标准，推动农村低保标准与国家扶贫标准相衔接。越是经济下行压力大，我们越要高度重视、切实保障、着力改善民生，把民生改善时时刻刻装在心、事事处处抓在手，让人民群众得到更多实惠！

加强和创新社会治理。创新城乡基层群众自治和社区治理，推进城镇社区"网格化"管理，做好社区矫正工作。关爱农村留守儿童、妇女和老人，加强未成年人社会保护。创新信访工作机制，有效调处化解矛盾纠纷。健全社会信用体系，强化市场监管，狠抓食品药品综合治理，推进可追溯体系和检验检测体系建设。深化公安改革，扎实推进"平安山西"建设，创新立体化社会治安防控体系。依法打击境内外敌对势力渗透破坏活动，始终保持打黑除恶高压态势，严打暴恐犯罪，有效防范和处置突发性事件。强化网络安全管理，推进网络社会治理。加强应急管理和防灾减灾能力建设。支持国防和军队建设，做好双拥和人防工作。

发展妇女儿童、老龄、慈善和红十字会等事业。加强气象、地震、科普、档案、参事、史志等工作。做好民族宗教、外事、侨务、港澳、对台等工作。继续做好对口援疆工作。

（七）加大力度推进生态文明建设

推动低碳循环发展。实行能源和水资源消耗、建设用地等总量和强度双控行动，促进节能、节水、节地、节材、节矿。深入开展重点行业能效对标活动，推广清洁生产技术、工艺和装备。有效控制电力、钢铁、建材、化工等重点行业碳排放。开展循环经济重点领域示范创建，推动煤矸石、粉煤灰等大宗工业固废综合利用，加强废旧家电分类回收和再生资源回收利用。坚持公交优先，鼓励绿色出行，推动交通运输低碳发展。提高建筑节能标准，发展绿色建材，推广绿色建筑。

加大环境治理力度。推进多污染物综合防治和环境治理，实行联防联控和流域共治。加快燃煤发电机组超低排放和节能改造，持续推进燃煤小锅炉淘汰、煤炭清洁利用、重点行业污染治理、黄标车及老旧车淘汰和扬尘综合整治，有效预防重污染天气。开展重点流域生态环境综合整治和城市黑臭水体治理，加强地下水超采区综合治理，保障集中饮用水水源安全。加大土壤环境监测投入，开展污染场地环境风险评估制度建设和污染土地修复治理试点。加强农业面源污染防治。抓好中心城市环境综合整治，全省城市确保空气质量持续改善，太原市在全国空气质量重点监控城市中排名稳定前移。

筑牢生态安全屏障。加大力度推进造林绿化，强化森林资源保护，建立永久性公益林保护机制，推进退耕还林还草，深入实施林业"六大工程"，重点抓好吕梁山生态脆弱区林业建设，完成营造林 400 万亩。加快汾河流域生态修复步伐，编制实施桑干河等主要河流生态修复治理规划，实施京津冀生态屏障建设项目，推进矿山生态环境治理和地质灾害防治。

健全生态文明制度体系。落实我省推进生态文明建设实施方案，加快建立完善生态环境监管、环境保护督察、生态保护补偿、工作考核问责等制度体系。

各位代表，绿水青山就是财富，蓝天白云也是幸福。我们要咬定目标、锲而不舍，共创绿色财富、共享幸福生活！

（八）毫不放松抓好安全生产

牢固树立安全发展理念。始终坚持人民利益至上，不断强化安全生产红线意识，牢记"三个决不能过高估计"的基本判断，真正把安全生产作为生命线、高压线、责任线。越是经济困难的时候，越要紧绷安全生产这根弦，做到安全意识不松、投入标准不降、监管力度不减。

加强安全生产法治建设。严格实施安全生产法，坚持和完善近年来我省实施的一系列行之有效的安全生产制度措施，加快修订山西省安全生产条例，强化安全生产的法律和制度保障。

严格落实安全生产责任。按照"党政同责、一岗双责、失职追责"的要求，落实各级政府安全生产监管责任，切实做到管行业必须管安全、管业务必须管安全、管生产经营必须管安全。强化企业安全生产主体责任，切实加强现场管理。严格执行安全生产费用提取使用规定，保证必要的安全生产投入，不断改善安全生产基础设施和条件。年内完成煤矿瓦斯抽采管路改造任务。

抓好隐患排查治理。采用"四不两直"等方式，深入开展煤矿、道路交通、化工和危险化学品、油气输送管道、非煤矿山和尾矿库、水库、建筑施工和市政运营、特种设备、冶金工贸、消防等行业领域的安全生产大检查，坚决打击非法违法生产经营建设行为。

加强考核问责。严格落实目标责任考核"一票否决制"，继续实施企业重大隐患和事故挂牌督办及"黑名单"制度。严肃查处事故、严格责任追究，促进安全生产形势持续明显好转，并向稳定好转坚实迈进。

（九）进一步深化改革、创新驱动、扩大开放

着力全面深化改革。落实国家部署的各项改革任务。抓好转型综改区建设，制定实施转型综改"十三五"方案和2016年行动计划。深化煤炭管理体制改革。落实煤炭行政审批制度改革意见，实施煤炭资源矿业权出让转让管理办法，建成煤炭信息监管平台，研究推进煤炭价格形成机制、销售体制、交易方式和储备机制改革，推动煤炭管理体制和管理能力现代化。分类推进国企国资改革。制定出台深化国有企业改革的实施意见，完善省属国有企业法人治理结构，深化国有企业财务等重大信息公开工作，组建国有资产管理公司和国有资本运营公司，积极稳妥发展混合所有制经济。做好同煤集团、晋能集团改革试点工作。着力解决国有企业办社会负担和历史遗留问题。深化集体企业改革。释放民营经济活力。落实我省加快民营经济发展的33条措施，从项目、财税、金融、用地、人才等方面加大支持力度，进一步放宽市场准入，鼓励民营企业依法进入更多领域。深化财税体制改革。加大预算统筹力度，实施省级中期财政规划管理，清理、整合、规范专项转移支付，增加一般性转移支付规模和比例。扩大预算公开范围。有效化解政府债务风险，做好政府存量债务置换工作，进一步完善政府债务风险评估和预警机制。推进国税、地税征管体制改革。加快金融改革发展。支持金融机构创新金融产品和融资模式，发展普惠金融和绿色金融。深化地方金融机构改革，积极推动金控集团改革发展，稳步推进农信社改革。加大直接融资比重，实施企业上市培育工程，鼓励中小企业登陆"新三板"。支持企业调整负债结构。防范化解金融风险。推进电力体

制综合改革。推进输配电价改革，成立电力交易机构，建立完善电力交易机制，扩大大用户直供电范围，积极参与跨省、跨区电力市场建设和交易，向社会资本放开售电业务和增量配电投资业务，推动现代载能企业配套建设自备电厂。加大环保电价政策支持力度。同时，深入推进供销合作社、万家寨引黄工程体制、土地管理制度、价格机制等改革。

着力推进创新驱动。强化企业创新主体地位和主导作用，支持创新型企业发展，新建一批产业技术创新战略联盟。全力抓好科技创新城核心区建设，继续引进高端研发机构、优秀企业和标志性项目。支持高校建设大学科技园。推进煤基科技重大专项和重点研发计划。实施非煤科技重点研发计划，围绕产业技术重大需求，开展国际技术合作。深化科技管理体制改革，推动政府职能从研发管理向创新服务转变。完善科技资源开放共享机制，提高科研人员成果转化收益分享比例，鼓励引导社会资本参与科技创新项目。创新人才体制机制，瞄准"高精尖缺"培育引进各类人才。

着力扩大对外开放。积极参与"一带一路"建设，主动融入京津冀、环渤海，加强与周边及中部兄弟省份的交流合作，推动黄河金三角、长城金三角建设。面向全球推动"以煤会友"，发展国际友城关系。以"黑色煤炭绿色发展、高碳资源低碳发展"为主题，打造太原论坛。支持央企在晋发展壮大，吸引跨国公司进入山西，鼓励晋商回乡、民企入晋。发挥好园区的招商引资作用，积极引进战略性新兴产业项目。支持企业"走出去"，开展国际产能合作。

各位代表，我们要坚持深化改革不动摇、创新驱动不松劲、扩大开放不停步，让发展的活力不断迸发、发展的动力更加强劲、发展的空间更为广阔！

（十）加强政府自身建设

加强党风廉政建设和反腐败斗争。认真贯彻落实习近平总书记在十八届中央纪委六次全会上的重要讲话精神和全会的各项部署，切实履行全面从严治党主体责任，严格执行廉洁自律准则和纪律处分条例，深入开展政府系统党风廉政建设和反腐败斗争。践行党的群众路线，落实"三严三实"要求，严格执行中央八项规定和国务院"约法三章"精神，持续狠刹"四风"，厉行勤俭节约，反对铺张浪费，严控"三公"经费，切实做到为民、务实、清廉。

加快职能转变。深化行政审批制度改革，全面清理规范行政审批中介服务，加强事中事后监管。如期公布市、县政府权力清单、责任清单。优化公共服务流程，省级政务服务中心和公共资源交易平台建成运行，构建全省政务服务一张网。大力推进注册登记便利化，深化"先照后证"改革。

严格依法行政。自觉接受人大及其常委会的监督和政协的民主监督，落实省政府加强与民主党派、工商联、无党派人士联系的意见，积极支持工会、共青团、妇联等群众团体开展工作。落实国家法治政府建设实施纲要，完善政府立法工作机制，健全重大行政决策机制，深化行政执法体制改革，推行综合执法，严格规范公正文明执法，推进政务公开，推行政府法律顾问制度。加强行政监察，完善审计制度。做好行政复议工作，启动"七五"普法，强化法律援助。

狠抓工作落实。切实转变工作作风，以服务理念、责任担当、创新精神全面抓好经济社会发展各项工作。建立"马上就办、真抓实干"工作机制，加强常态化督查，紧盯不落实的事，问责不落实的人，严查不作为的官。稳步推进政府绩效第三方评估工作，加强绩效考核，确保各项工作落到实处、取得实效。

　　各位代表，新的一年，我们面临的任务艰巨繁重，肩负的使命重大光荣。让我们更加紧密地团结在以习近平同志为总书记的党中央周围，在省委的坚强领导下，同心同德，真抓实干，实现"十三五"良好开局，为全面建成小康社会而努力奋斗！

内蒙古自治区

政府工作报告

——2016 年 1 月 23 日在内蒙古自治区第十二
届人民代表大会第四次会议上

主席 巴特尔

各位代表：

现在，我代表内蒙古自治区人民政府向大会报告工作，请连同
《内蒙古自治区国民经济和社会发展第十三个五年规划纲要（草案）》
一并审议，并请自治区政协委员和列席会议的同志们提出意见。

一、"十二五"时期和 2015 年经济社会发展回顾

"十二五"时期是我区发展进程中具有里程碑意义的时期。五
年来，特别是党的十八大以来，面对复杂严峻的经济形势和艰巨繁
重的改革发展稳定任务，在党中央、国务院和自治区党委坚强领导
下，自治区政府紧紧依靠全区各族干部群众，深入贯彻落实党的
十八大和十八届三中、四中、五中全会精神，深入贯彻落实习近平
总书记系列重要讲话和考察内蒙古重要讲话精神，深入贯彻落实自

治区党委"8337"发展思路和各项决策部署，围绕落实"五位一体"总体布局和"四个全面"战略布局，围绕打造祖国北疆亮丽风景线，守望相助，团结奋斗，推动全区综合经济实力、产业发展层次、城乡发展面貌、区域协调发展水平、发展保障能力和人民生活水平上了一个大台阶，改革开放、社会事业、和谐内蒙古及政府自身建设得到全面加强，开创了我区经济社会发展的崭新局面。

——综合经济实力显著增强。地区生产总值由 2010 年的 1.17 万亿元增加到 2015 年的 1.8 万亿元，年均增长 10%；人均生产总值由 7070 美元增加到 1.15 万美元，居全国前列。一般公共预算收入由 1070 亿元增加到 1963.5 亿元，年均增长 12.9%；一般公共预算支出由 2273.5 亿元增加到 4352 亿元，年均增长 13.9%。累计完成固定资产投资 5.2 万亿元，是"十一五"时期的 2.6 倍，年均增长 18%。在下行压力持续加大的情况下创新调控举措，稳住了经济增长，实现了新常态下的新发展。

——转型升级步伐明显加快。"五大基地"建设取得重要进展，三次产业结构由 9.4∶54.5∶36.1 演进为 9∶51∶40，初步形成了多元发展、多极支撑的产业格局。农牧业提质增效，粮食产量由 431.6 亿斤增加到 565.4 亿斤，牲畜存栏由 1.08 亿头只增加到 1.36 亿头只，牛奶、羊肉产量居全国首位，农畜产品加工转化率由 51% 提高到 58%。工矿业转型升级，由"一煤独大"向产业多元转变，煤炭对工业增长贡献率由 33.5% 下降到 11.3%，装备制造、高新技术、有色金属和农畜产品加工业贡献率由 31.7% 上升到 49%。电力装机由 6458 万千瓦增加到 1 亿千瓦，风电装机由 968 万千瓦增加到 2316 万千瓦，均居全国首位。现代煤化工、稀土新材料、云计算等产业规模居全国前列。服务业比重明显提高，现代物流、文化旅游、金融保险、电子商务等蓬勃发展。非公有制经济快速健康发展，占地区生产总值的比重由 43% 提高到 64%。大力实施创新驱动发展战略，优势产业装备技术达到国内先进水平。

——发展保障能力不断提高。公路总里程从 15.8 万公里增加到 17.5 万公里，高速公路突破 5000 公里，一级公路突破 6000 公里，高速和一级公路总里程居全国前列，建成 30 条高速和一级出区通道，94 个旗县市区通了高速或一级公路。铁路运营总里程由 9500 公里增加到 1.35 万公里，居全国首位。开工建设呼和浩特至张家口等 3 条高速铁路和锡林浩特至乌兰浩特铁路等一批重大项目，呼包集动车组开行，结束了我区没有动车组的历史。民航机场由 12 个增加到 24 个，居全国前列。开工建设锡盟至山东等 4 条特高压外送电通道，蒙西电网变电容量突破 1 亿千伏安。建成黄河防洪一期、海勃湾枢纽等重大水利工程。国土资源保障能力进一步增强，资源节约集约利用水平不断提高。

——城乡区域统筹迈出重大步伐。累计投资 886 亿元实施农村牧区"十个全覆盖"工程，全区 84.4% 的行政嘎查村实现全覆盖，农村牧区基本公共服务水平大幅提升，有力促进了城乡一体化、地区经济发展和农牧民增收，密切了党群干群关系，赢得了各族群众的赞誉。积极推进新型城镇化，常住人口城镇化率由 55% 提高到 60.3%。"一核多中心、一带多轴线"的城镇体系初步形成，城市面貌、功能和宜居性持续改善。呼包鄂地区辐射带动作用增强，东部盟市发展步伐加快，老少边穷地区内生发展动力提升，县域经济发展水平明显提高。

——改革开放向纵深推进。全面深化各领域改革，推出一批有力度、有特色、有影响的改革举措，党的十八届三中全会以来形成改革成果 572 项，行政审批、财税金融、国资国企、农村牧区、生态文明等重要领域和关键环节改革取得明显成效。全面落实国家"一带一路"战略，创新与俄蒙合作机制，加快建设向北开放的重要桥头堡和充满活力的沿边开发开放经济带。累计完成进出口总额 623.8 亿美元，是"十一五"时期的 1.64 倍。深化与京津冀、东北地区和发达省市及港澳台的务实合作，全方位开放格局加快形成。

——生态环境持续改善。加快建设我国北方重要生态安全屏障，生态环境状况实现总体遏制、局部好转，美丽内蒙古建设取得明显成效。累计投入 546 亿元，实施五大生态工程和六大区域性绿化工程。争取国家出台草原生态补奖政策，将 10.1 亿亩可利用草原全部纳入保护范围，投入草原生态补奖资金 300 亿元，惠及 146 万户、534 万农牧民。森林面积由 3.6 亿亩增加到 3.8 亿亩，草原植被盖度由 37% 提高到 44%。环境保护工作力度明显加大，全面完成了国家下达的节能减排目标任务。

——民生水平显著提高。各级财政累计投入民生资金 1.18 万亿元，是"十一五"时期的 2.6 倍。城乡居民人均可支配收入由 17698 元、5781 元增加到 30594 元和 10776 元，年均增长 11.1% 和 13.3%，高于经济增速，城乡居民收入差距由 3.1：1 缩小到 2.8：1。社会保障制度实现城乡全覆盖，保障标准达到或超过全国平均水平。大力实施扶贫开发、百姓安居和创业就业工程，192 万农牧民摆脱了贫困，为 220 万户城乡困难家庭改善了居住条件，累计新增城镇就业 134 万人。"三个一"民生实事惠及 336.7 万农牧户、4.15 万名贫困家庭大学生和 4800 个零就业家庭。

——社会事业全面进步。教育投入年均增长 10.9%，各级各类教育协调发展，办学条件显著改善，建立了从学前教育到高等教育的助学体系，在全国率先实现高中阶段免费教育，新增两所本科高等院校。医疗卫生体系建设迈出重要步伐，医药卫生体制改革扎实推进，看病难、看病贵的问题得到有效缓解，优生优育水平不断提高。民族文化强区建设成效显著，文化事业繁荣发展，文化产业增加值年均增长 18%，新闻出版、广播影视、哲学社会科学事业持续进步，草原文化影响力、传播力显著增强，我区鲁迅文学奖实现零的突破。全面贯彻落实党的民族政策，精心做好民族工作，持续加大对少数民族和民族聚居地区倾斜支持力度，各民族大团结的良好局面进一步巩固发展。竞技体育和群众性体育协调发展，体育产业发展加快，成功举办第十届全国少数民族传统体育运动会。地震气象、档案史志、参事文史、外事侨务和妇女儿童、老龄、残疾人工作都取得了新进展。

——和谐内蒙古建设扎实推进。全面推进依法治区，强化科学立法、严格执法、公正司法、全民守法。大力实施平安创建工程，社会矛盾化解机制不断健全，社会治理水平稳步提升。构建起立体化社会治安防控体系，严厉打击各类违法犯罪和敌对势力渗透颠覆破坏活动，人民群众安全感和满意度显著提升。安全生产形势总体平稳，食品药品安全、质量技术监督工作得到加强。认真做好人防和拥军优抚工作，大力支持国防和军队现代化建设，推动军民融合发展，祖国北疆安全稳定屏障进一步巩固。

——政府自身建设不断加强。认真落实全面从严治党要求，严守党的政治纪律和政治规矩，严格执行中央八项规定和自治区 28 项配套规定，深入开展党的群众路线教育实践活动和"三严三实"专题教育，正风肃纪、建章立制、狠抓落实，推动政风明显好转。严格落实党风廉政建设责任制，加大监察、审计力度，加强廉政风险防控机制建设。大力简政放权，自治区本级行政审批事项和行政权力分别压减47%和45%。严格落实"约法三章"，全面停止新建和审批政府性楼堂馆所项目，自治区本级"三公"经费支出较2010年下降53.3%。全面推进依法行政、政务公开和科学民主决策，自觉接受人大依法监督和政协民主监督，认真听取各民主党派、工商联和无党派人士的意见，政府协商民主建设加快推进。

各位代表，刚刚过去的2015年，我们胜利完成了自治区十二届人大三次会议确定的各项任务。初步统计，地区生产总值增长7.7%，一般公共预算收入增长6.5%，固定资产投资增长14.5%，全体居民人均可支配收入增长8.5%，按常住地分，城镇居民人均可支配收入增长7.9%，农村牧区居民人均可支配收入增长8%。居民消费价格指数上涨1.1%，单位生产总值能耗和二氧化碳排放量分别下降4%和5%。主要指标处于合理区间，经济运行稳中有进、稳中有好。一年来，我们主要做了以下工作：

（一）**全力稳定经济增长**。加强对经济运行的调控，研究制定稳增长促改革调结构惠民生、扶持小微企业、促进房地产市场平稳健康发展等一系列务实管用的政策措施。发挥投资对稳增长的关键作用。落实重点项目专项推进和省级干部包联重点项目责任制，实施重大项目三年推进计划。自治区重大项目开复工率达到95%，完成投资4995亿元。争取国家核准及开展前期工作重大项目22个，总投资2024亿元。开工建设蒙西至天津、锡盟至江苏、上海庙至山东和锡盟至山东电力外送通道及配套电源项目。建成额济纳至哈密、锡林浩特至二连浩特铁路，开工建设赤峰、通辽至京沈客专连接线、呼和浩特地铁等重大项目，新增铁路运营里程1320公里。公路建设完成投资760亿元，新增通车里程3000公里，新增通沥青水泥路嘎查村 1537 个。建成乌兰察布、扎兰屯、霍林郭勒 3 个运输机场和乌拉特中旗、新巴尔虎右旗、阿荣旗 3 个通用机场。开工建设黄河二期防洪、绰勒下游灌区、尼尔基下游灌区工程。完成造林绿化 1100 万亩、重点区域绿化 210 万亩。全面完成主要污染物减排目标，加快治理乌海及周边地区大气污染，呼伦湖和乌梁素海治理取得明显成效。多措并举稳定企业生产。"营改增"减负面达到 99%，小微企业免税面达到 97% 以上，累计为企业减税降费 280 亿元。电力综合扶持政策降低企业用电成本 60 亿元，带动新增工业用电 97 亿度、新增工业增加值 335 亿元、税收 42 亿元。"一企一策"措施帮助 372 户规模以上工业企业恢复生产。规模以上工业增加值增长 8.6%，工业用电量增长 4.9%，高于全国和周边省份。发挥财政资金的引导放大效应。以存促贷引导金融机构新增贷款 568 亿元，搭建了金融、水务融资平台，设立了总规模 240 亿元的铁路交通、产业发展、服务业和科技创新基金，向社会推出 91 个 PPP 项目、总投资 1016 亿元。盘活各级财政存量资金 940.8 亿元，成功发行地方政府债券 1477 亿元，有效缓解了地方偿债压力。

（二）大力调整优化产业结构。加快发展现代农牧业。新增粮食产量 14.8 亿斤、牲畜存栏 670 万头只，粮食总产、牲畜存栏均创历史新高。主要农作物优势区域集中度达到 85%，绿色、无公害农产品及有机食品认证产地面积 2350 万亩，新增节水灌溉面积 519 万亩。各类家庭农牧场发展到 4.3 万户，农牧民专业合作社突破 7 万家。积极推进工业转型升级。完成企业技改投资 1035 亿元，增长 41.2%。煤矿平均单矿规模 188 万吨，机械化率和安全生产水平保持全国领先。新增火电装机 300 万千瓦，形成 142 万吨煤制油、106 万吨煤制烯烃、17.3 亿立方米煤制天然气的生产能力，电解铝加工转化率达到 70%。建设移动、电信、联通三大云计算数据中心，形成 70 万台服务器的装机能力，百度、腾讯、京东等知名企业入驻。大力发展现代服务业。服务业增加值增长 8.1%，对税收的贡献达到 54.3%，分别提高 1.3 和 3.7 个百分点。旅游业实现总收入 2232 亿元，接待游客 8419 万人次，分别增长 23.7% 和 11%。电子商务、"互联网＋"快速发展，信息服务收入增长 33.5%，快递业收入增长 18%。

（三）**加大改革攻坚力度**。进一步简政放权。公布了三级权力清单和自治区本级责任清单，取消 18 项企业投资项目核准前置条件，公布了行政事业性收费目录清单，取消、停征、降低 150 个收费项目。全面实施"三证合一、一照一码"改革，核发新版营业执照 5.3 万张，企业注册时间从平均 26 天缩短到 3 天。新登记市场主体 37 万户，增长 34.5%。完善现代市场体系。启动蒙西电网输配电价改革，大工业电价每度降低 2.65 分，电力多边交易和大用户直供电量分别增长 55% 和 157%。取消政府定价项目 83 个，缩减 58.3%，实施居民阶梯水价、气价。完成不动产登记机构整合。推进财税金融改革。落实"营改增"试点和煤炭资源税费改革，完善对下转移支付，启动编制中期财政规划，在 22 个旗县开展了"省直管县"财政改革试点。金融机构新增信贷投放 2000 亿元以上，贷款余额突破 1.7 万亿元，增长 14.7%。新增上市公司 2 家、"新三板"挂牌公司 23 家。全年直接融资 1176 亿元，增长 54%。金融资产管理公司组建运营，"助农金融服务点"实现全覆盖。启动公务用车制度改革，预计缩减 45% 的公务用车，每年节省经费 4 亿元以上。深化国资国企改革。制定全面深化国企改革实施意见，加快推进企业负责人薪酬制度、履职待遇和业务支出、经营业绩考核等改革，森工、矿业集团综合改革全面启动，蒙能集团股权结构调整和管理体制改革后扭亏为盈。加快农村牧区改革。全区 81% 的规模以上龙头企业与农牧民建立了利益联结机制，农牧民人均从产业化中收入 4829 元。完成土地确权登记颁证试点和草原确权承包工作，耕地流转面积 3187 万亩，草牧场流转面积 7200 万亩，居草原牧区省份前列。构建开放型经济新体制。积极融入丝绸之路经济带和中蒙俄经济走廊建设，呼伦贝尔中俄蒙合作先导区建设规划、满洲里综合保税区获得国家批复，二连浩特－扎门乌德跨境经济合作区建设加快推进。在重点口岸开展大通关改革试点。成功举办首届中蒙博览会。加强生态文明制度建设。启动国有林场林区改革，全面停止商业性采伐。开展自然资源资产负债表编制和领导干部自然资源资产离任审计试点，水权、排污权、碳排放权交易制度改革扎实推进。深化社会事业领域改革。扩大城市公立医院改革试点，旗县公立医院改革实现全覆盖，参与改革的医院全部取消了药品加成。出台考试招生制度、民族教育条例等改革举措，促进各级各类教育均衡发展。文化体制改革深入推进。足球改革试点取得重要进展。制定出台户籍制度改革意见。

（四）着力保障和改善民生。各级财政民生支出 2873 亿元，增长 17.8%，占总支出的 66%。扎实推进农村牧区"十个全覆盖"工程。加强组织领导、资金投入和政策支持，采取巡回检查、典型示范、严格考核和干部下乡驻村等措施，有力推动了各项任务落实。全年完成工程投资 418.6 亿元，扩面工程完成投资 263 亿元，包括行政嘎查村和部分自然村在内的 1.93 万个嘎查村开展了工程建设。积极推动大众创业、万众创新。设立创业发展基金，发放创业担保贷款 26.9 亿元，创业带动就业 15.9 万人。高校毕业生初次就业率达到 86.5%，12.7 万名大学生实现就业或落实就业去向，257.4 万农牧民实现转移就业，新增城镇就业 26.9 万人，城镇登记失业率控制在 3.65% 的较低水平。完善社会保障体系。企业退休人员养老金人均每月提高 206 元，城乡低保、五保集中供养标准年人均分别提高 300 元、225 元和 843 元，大病保险实现城乡全覆盖。新开工城镇保障性住房 28.5 万套，其中棚户区改造 24.2 万套，居历年之最。全面完成了北梁棚改任务，铁南、阿尔山等棚改项目进展顺利。实施农村牧区危房改造 21.8 万户，竣工 21.4 万户。加大扶贫帮困力度。投入财政扶贫资金 48 亿元，发放金融扶贫贷款 176 亿元，贫困发生率下降到 6%，国家标准下的贫困人口下降到 80 万人左右。完善"8+1"兜底体系，投入社会救助资金 82.7 亿元，保障了困难群众的基本生活。加快发展各项社会事业。切实改善学前教育、义务教育办学条件，学前教育毛入园率提高到 87%，25 个旗县通过国家义务教育均衡发展评估。实施职业教育能力提升工程，提高特殊教育学校公用经费标准。基本公共卫生服务经费补助标准提高到人均 40 元，自治区重点卫生项目进展顺利，内蒙古医院门诊大楼、内蒙古医科大学附属医院门诊大楼建成，内蒙古医科大学第二附属医院迁建项目、内蒙古中医医院住院及医技综合楼等 5 个项目主体工程竣工。首次获得南丁格尔奖。实施文化惠民工程，加强文艺创作组织工作。加大长城等文化遗产保护力度，文化产业园区和示范基地建设加快推进。

（五）提高政府自身建设及社会治理水平。加快建设法治政府，推进协商民主建设，提请自治区人大常委会审议地方性法规 6 件，制定、修改和废止政府规章 10 件，办理人大代表议案、建议和政协委员提案 1038 件，办结率 100%。加快公共资金、国有资产、国有资源审计全覆盖，加大对失职渎职、"四风"等问题的查处力度，廉政建设明显加强。创新社会治理，劳动关系总体和谐稳定，信访批次和人数下降 18.4% 和 27.9%，刑事和治安案件下降 7.2% 和 7.7%。全面开展安全生产大检查和专项整治，事故起数和伤亡人数下降 16.6% 和 9%。强化食品药品安全监管，守住了不发生区域性、系统性问题的底线，保障了群众"舌尖上的安全"。

各位代表，过去一年的努力，实现了"十二五"圆满收官，内蒙古的发展站在了一个新的历史起点上。回首"十二五"时期的发展，我们深深感到：这五年是我区经济建设、政治建设、文化建设、社会建设和生态文明建设全面推进的五年，是发展方式加快转变、发展基础更加坚实、发展更加全面协调可持续的五年，是改革攻坚力度最大、城乡面貌变化最显著、人民群众得到实惠最多的五年。特别是党的十八大以来，我们始终在思想上政治上行动上同以习近平同志为总书记的党中央保持高度一致，不断完善发展思路，积极创新发展举措，积累了许多宝贵经验。概括起来主要是：必须始终坚持正确的政治方向，全面贯彻落实党中央、国务院和自治区党委各项决策部署，紧紧依靠全区各族人民，守望相助、团结奋斗，从实际出发创造性、奋发有为地开展工作；必须始终坚持发展第一要务，主动适应、积极引领经济发展新常态，牢牢把握发展的主动权；必须始终坚持以提高发展质量和效益为中心，加大经济结构战略性调整力度，加快转变经济发展方式，推动城乡区域发展相平衡、经济社会发展相协调、人与自然和谐发展；必须始终坚持全面深化改革，用改革的办法解决发展中的矛盾和问题，拓展发展新空间，为发展注入新动力；必须始终坚持把增进人民福祉、促进人的全面发展作为出发点和落脚点，切实提高人民生活水平，大力推进基本公共服务均等化，使发展成果更多更好惠及广大群众；必须始终坚持全面落实党的民族政策和民族区域自治制度，精心做好民族工作，不断巩固发展各民族大团结的良好局面；必须始终坚持调动各方面的积极性，统筹处理好各种利益关系，全力维护社会和谐稳定，凝聚起打造祖国北疆亮丽风景线的合力。

各位代表，"十二五"时期取得的成绩来之不易。这是党中央、国务院坚强领导、关怀支持的结果，是自治区党委科学决策、正确领导的结果，是全区各族干部群众共同努力、团结奋斗的结果。在此，我代表自治区人民政府，向全区各族人民，向为自治区改革开放和现代化建设作出贡献的同志们，向关心支持内蒙古发展的朋友们，表示衷心的感谢！

在看到成绩的同时，我们也清醒地认识到：内蒙古是欠发达边疆民族地区，综合经济实力还不够强，城乡、区域、经济社会发展不够协调，基础设施和基本公共服务比较滞后，城乡居民收入水平还不高；产业结构重型化特征较为明显，非资源型产业、战略性新兴产业、现代服务业发展不足；经济增长动力不够协调，有效需求和有效供给不足并存，科技支撑能力不强；生态环境还比较脆弱，正处在"进则全胜、不进则退"的历史关头；经济运行积累的潜在风险较多，部分行业产能过剩，一些企业经营困难，财政收支矛盾比较突出，有些地方政府债务负担较重；法治、创新、廉洁和服务型政府建设还需进一步加强，经济调控、公共服务、市场监管的方式方法还需进一步创新完善。我们一定要以高度负责的精神，通过扎实有效的工作和坚持不懈的努力，加快解决这些问题，努力在新的起点上夺取全面建成小康社会的新胜利！

二、"十三五"时期经济社会发展的主要任务和 2016 年重点工作

"十三五"时期，是我区全面建成小康社会的决胜时期、是全面深化改革的攻坚时期、是全面推进依法治区的关键时期。根据党的十八届五中全会精神，自治区党委确定了"十三五"时期我区经济社会发展的总体要求、主要预期目标和重点任务，已经全面体现在《内蒙古自治区国民经济和社会发展第十三个五年规划纲要（草案）》中，提交本次大会审议。今后五年，要坚持发展第一要务，不断壮大地区综合经济实力。努力保持经济中高速增长，地区生产总值增速高于全国平均水平，主要经济指标平衡协调。推动产业发展向中高端迈进，基本形成多元发展、多极支撑的现代产业体系。构建适应发展需要的现代基础设施网络。坚持创新发展，着力提高发展质量和效益。形成以创新为主要引领和支撑的经济体系和发展模式，推进重点领域和关键环节改革取得决定性成果。坚持协调发展，着力增强发展的整体性。健全城乡发展一体化体制机制，促进公共资源均衡配置，形成全要素、多领域、高效益的军民深度融合发展格局。坚持绿色发展，着力建设我国北方重要生态安全屏障。促进草原植被盖度和森林覆盖率持续提高，生态环境质量持续改善，主要生态系统步入良性循环，大幅减少主要污染物排放总量，基本形成主体功能区布局。坚持开放发展，着力提高开放型经济水平。全方位融入国家发展大局，基本形成开放型经济新体制，加快建设我国向北开放的重要桥头堡。坚持共享发展，着力增进人民福祉。

实现城乡居民收入增速高于全国平均水平，收入总量达到全国平均水平。持续提高基本公共服务均等化水平和人民群众思想道德、科学文化和健康素质。坚决打赢脱贫攻坚战，实现各族人民共同迈入全面小康社会。推进和谐内蒙古建设，筑牢祖国北疆安全稳定屏障。巩固发展平等团结互助和谐的社会主义民族关系，全面推进依法治区，基本建成法治政府，加快构建全民共建共享的社会治理格局。

我们要主动适应、准确把握、积极引领经济发展新常态，深刻认识重要战略机遇期的内涵变化，按照"十个更加注重"的要求，有效应对风险挑战，奋发有为做好工作，确保实现这些目标任务，不断开创现代化内蒙古建设的新局面！

今年是实施"十三五"规划的开局之年，做好各项工作意义重大。综合分析，我们面临的挑战和机遇并存，但机遇大于挑战。我区拥有资源禀赋、区位条件、要素成本等多重比较优势，五大基地建设积蓄了巨大发展动能；我国经济长期向好的基本面没有改变，宏观环境稳定，国家持续加大对西部和民族地区的支持力度；供给侧结构性改革的实施，"一带一路"、京津冀协同发展战略的深入推进，国内消费结构升级和发达地区产业转移加快，为我区调整结构、补齐短板、扩大对内对外开放带来了宝贵机遇。我们要抓住机遇，扎实工作，确保"十三五"良好开局。

今年政府工作的总体要求是：全面贯彻党的十八大、十八届三中、四中、五中全会和中央经济工作会议精神，以邓小平理论、"三个代表"重要思想、科学发展观为指导，深入贯彻习近平总书记系列重要讲话和考察内蒙古重要讲话精神，认真落实自治区党委九届十四次全委会议和全区经济工作会议的工作部署，按照"五位一体"总体布局和"四个全面"战略布局，牢固树立和贯彻落实创新、协调、绿色、开放、共享的发展理念，适应经济发展新常态，坚持改革开放，坚持稳中求进工作总基调，坚持稳增长、调结构、惠民生、防风险，落实宏观政策要稳、产业政策要准、微观政策要活、改革政策要实、社会政策要托底的总体思路，保持经济运行在合理区间，战略上坚持持久战，战术上打好歼灭战，着力加强结构性改革，在适度扩大总需求的同时，去产能、去库存、去杠杆、降成本、补短板，提高供给体系质量和效率，提高投资有效性，加快培育新的发展动能，改造提升传统比较优势，增强持续增长动力，推动我区社会生产力水平整体改善，努力实现"十三五"时期经济社会发展的良好开局，以优异成绩迎接自治区成立 70 周年，把祖国北部边疆这道风景线打造得更加亮丽。主要预期目标是：地区生产总值增长7.5%，固定资产投资增长 12%，社会消费品零售总额增长 9%，一般公共预算收入增长 6% 以上，城乡居民人均可支配收入分别增长8% 和 9%，单位生产总值能耗下降 2.8%，城镇新增就业 26 万人，居民消费价格涨幅控制在 3% 左右，结构性改革取得实质性进展。为此，要重点做好以下工作。

（一）加强结构性改革，促进经济持续健康发展

全面落实供给侧结构性改革五大任务。抓住用好新常态下动力转换、结构升级等机遇，研究出台供给侧结构性改革综合性政策。坚决有力化解过剩产能。正确处理巩固发展优势特色产业与化解过剩产能的关系，把控制新增产能和承接产业转移结合起来，下决心淘汰落后产能。研究制定总体实施方案和分类推进办法，通过技术改造升级一批、兼并重组整合一批、对外投资转移一批、严格标准淘汰一批、完善政策扶持一批，稳扎稳打、有力有序地做好工作，务求取得实质性进展。对资不抵债、连年亏损、扭亏无望的"僵尸

企业"，加快兼并重组或依法破产清算，退出市场。多措并举降低企业成本。深入开展降低实体经济企业成本行动，在简政放权、减税降费、金融扶持、流通体制和电价市场化改革等方面打政策"组合拳"，进一步降低企业的交易、人工、财务、物流成本和税费负担，增强企业竞争力、盈利能力和发展后劲。扎实有序消化房地产库存。加大棚改货币化安置力度，实施不低于22万户的城镇棚户区改造，货币化安置比例达到50%以上。加快户籍制度改革和居住证制度落地，完善财政转移支付同转移人口市民化、城镇建设用地同转移人口落户数量挂钩机制。研究住房公积金支持农牧民进城购房政策，开展土地、草场、林地承包经营权及宅基地抵押担保，鼓励金融机构向转移进城农牧民发放购房贷款。探索共有产权等措施，逐步消化大平米住宅库存。推动建立租购并举的住房制度，引导房地产企业转型发展。取消过时的限制性政策，释放刚性和改善性住房需求。聚焦短板扩大有效供给。围绕农村牧区基本公共服务体系建设，以脱贫攻坚、"十个全覆盖"等工程为主要抓手，加快城乡基本公共服务均等化。围绕现代产业体系建设，加强政策引导和金融支持，促进资金资源向传统产业改造集中，向新兴产业发展集聚，加快产业转型升级。围绕基础设施建设，提高投资的有效性和精准性，加快构建适应发展、适度超前的基础设施保障体系。切实防范化解金融风险。加强对各种风险源的调查研判和监测预警，做好政府存量债务置换、民间借贷监管、风险案件处置等工作，坚决守住不发生系统性、区域性风险的底线。

以扩大有效投资为重点创新投融资方式。进一步激发社会投资潜能。加大简政放权力度，继续取消和下放一批审批事项，提高事中事后监管和服务水平。大幅放宽电力、交通、市政公用等领域市场准入，推广特许经营、投资补助等方式，带动社会资本参与建设。全面取消银行贷款承诺、可研报告审查意见等企业投资项目审批前置事项，企业能够自主决定的事项一律不得作为项目核准的前置条件。提高金融支持实体经济发展的质量和水平。加大金融创新力度，鼓励金融机构运用信托、资产证券化等方式，扩大有效信贷投放、支持股权债权融资，实现新增贷款 2000 亿元、直接融资 1200 亿元。加快推进民营银行组建，加强多层次资本市场建设。实施企业上市三年计划，推动 80 家企业在"新三板"挂牌，支持符合条件的企业通过发行票据和债券筹集资金。加快发展现代保险业，推动保险资金参与经济建设。放大财政资金的引导撬动效应。发挥现有融资平台和发展基金的作用，创新政府投资、与金融机构合作等方式，利用财政间歇资金开展以存促贷，加大政府性担保资金投入，引导商业银行扩大信贷投放。支持金融机构和盟市政府合作，通过共同设立城镇建设和"美丽乡村"基金等方式，解决建设资金不足的问题。完善政府和社会资本合作模式，进一步扩大 PPP 实施规模。

加快重大项目建设。认真落实三年推进计划，启动一批"十三五"重大工程项目，力争固定资产投资达到 1.5 万亿元以上。产业方面，加快煤炭深加工、精细化工、有色深加工等重点项目建设，开工建设与外送电通道配套的煤电项目，新开工火电 2700 万千瓦、风电和太阳能装机 300 万千瓦，完成工业投资 7000 亿元。交通方面，加快推进呼和浩特新机场、呼张客专、通辽和赤峰至京沈客专、京新高速临河至蒙甘界、经棚至锡林浩特高速、海拉尔至额尔古纳一级公路等重点项目建设，力争呼和浩特至银川、包头至西安、满洲里至海拉尔至齐齐哈尔、通辽至乌兰浩特至海拉尔、集宁至大同、锡林浩特至张家口、巴彦浩特至银川等高铁项目进入国家"十三五"

规划盘子或中长期规划。全年铁路建设规模 5400 公里，公路建设规模 2 万公里，完成交通建设投资 1250 亿元以上。发挥好通用机场的独特优势，充分调动企业参与的积极性，各级地方政府都要加大通用机场建设力度，培育发展区域性航空市场。能源通道方面，加快推进已开工的特高压通道建设，力争新开工锡盟至张北、通辽至青州特高压和鄂尔多斯至沧州输气管道等项目，规划建设呼伦贝尔等外送电通道，完成投资 300 亿元以上。水利方面，开工建设"引绰济辽"工程，力争东台子水库可研报告获得批复，加快推进节水灌溉工程建设，完成水利投资 200 亿元以上。城市建设方面，加快呼和浩特地铁、包头地铁及新都市区地下综合管廊等重点项目建设，加大地下管网改造力度，完成投资 800 亿元。此外，社会事业、民生领域及生态建设等方面，要力争完成投资 1750 亿元以上。

（二）推进产业转型升级，促进产业城乡区域协调发展

加快建设"五大基地"。改造提升传统产业。鼓励煤炭、电力、化工、冶金、建材企业横向联合，支持煤炭转化企业与生产企业纵向重组，构建煤电用、选冶加一体化产业链，加快形成产业链竞争新优势。加大传统产业技术改造力度，促进现代煤化工向下游延伸、有色金属生产加工和装备制造向高端发展、农畜产品向终端拓展，提升传统产业竞争力。培育壮大战略性新兴产业。组织实施战略性新兴产业三年行动计划和特色产业链、"双创"示范基地等四大工程，加快构建国家级稀土、石墨、核燃料、复合材料基地。落实《中国制造 2025》，大力推进协同制造、智能制造，做大装备制造业。拓展锂电池、永磁材料产业链，努力做大电动汽车产业。实施差别化、精准化产业扶持政策。坚持和完善电力综合扶持政策，扩大多边交易和大用户直供规模，深入推进输配电价改革，在有条件的地区开展配售电改革，研究制定蒙西电网峰谷电价和蒙东电网同网同价政策。对产能过剩、技术落后、环保不达标的企业，取消各类保护性措施，倒逼其转型升级或退出市场。

实施创新驱动发展战略。发挥科技创新在全面创新中的引领作用。围绕重点领域创新需求，加快实施关键技术攻关、实用成果转化、创新平台载体三大工程。深入实施人才强区战略和"草原英才"工程。强化企业创新主体地位，更多运用财政后补助等方式，鼓励企业加大技术投入。推动高校、科研院所与企业组建技术联盟，力争国家级工程研究中心、企业技术中心达到35家。深化科技体制改革，整合各类科技计划，加大知识产权保护、品牌建设和社会信用体系建设力度，完善科技成果转化、技术交易等相关政策。深入落实质量强区决定，加快实施标准化建设三年行动计划。推动大众创业、万众创新。巩固扩大"三证合一、一照一码"改革成果，实施电子营业执照和工商注册全程电子化。充分发挥"双创"集众智、汇众力的乘数效应，打造众创、众包、众扶、众筹支撑平台，形成线上线下协同创新格局。加快推进市场化改革。大力发展非公有制经济，依法保护各种所有制经济权益。激发企业家精神，依法保护企业家财产权和创新收益。以降低企业生产要素成本为重点，加快形成市场决定价格机制，推动水、电力、石油天然气、交通运输等领域价格改革，全面实行居民用水、用气阶梯价格制度，推进农业水价改革。以市场为导向，推进国资运营公司组建和国企混合所有制试点，支持社会资本参与国企产权制度改革。加快推进管办分离、经营性国有资产集中统一监管。

大力发展现代服务业。提升服务业发展质量和水平。推动服务业与一、二产业融合，生产性服务业向专业化和价值链高端延伸，生活性服务业向精细化和高品质提升，制造业由生产型向生产服务型转变。完善服务业发展支持政策，用足用好服务业发展基金，做大服务业股权投资基金，抓好呼和浩特市国家级服务业综合改革试点，打造一批服务业集聚区和龙头企业。鼓励社会资本进入教育文化、健康养老、金融保险等服务业领域。培育新型消费热点。把握消费需求个性化、多样化特征，大力发展文化体育、娱乐休闲、家政服务等新型服务业，增加优质新型产品供给，推动消费结构升级。加快实施六大消费工程，大力发展电子商务，培育线上线下、跨区跨境等多种消费业态。积极争取"宽带乡村"试点，扩大互联网、电子商务在农村牧区的覆盖面，激活农村牧区消费潜力。加快发展现代服务业。建设一批大型物流园区、配送中心和内陆港，建立完善煤炭、钢铁、聚氯乙烯、稀土、农畜产品等大宗商品电子交易平台。实施"互联网+"和大数据发展计划，加快发展互联网经济。抓住旅游消费快速增长契机，实施"旅游+"计划，力争旅游业总收入增长20%以上。大力发展养老服务业，构建政府公共服务和社会化服务相结合、市场化运作的养老服务新模式。促进城乡区域协调发展。尊重和顺应城市发展规律。加强和改进城市工作，处理好城市发展与经济发展、城市规模与承载能力、人口集聚和功能集聚等关系，加大对城市空间规模产业、规划建设管理、改革科技文化、生产生活生态和政府社会市民的统筹力度，着力解决"城市病"等问题，加快建设和谐宜居、富有活力、各具特色的现代化城市。调整优化城镇空间布局和功能定位。大力推进"多规合一"，完善"一核多中心、一带多轴线"城镇体系，提高土地节约集约利用水平。做好包头、扎兰屯等国家新型城镇化试点。推进城乡规划、基础设施、基本公共服务一体化发展，增强城镇对农村牧区的反哺和带动能力。加大统筹区域发展力度。依据主体功能区定位和各地比较优势，从发展规划、扶持政策、协调机制等方面入手，促进以呼包鄂为核心的西部地区协同发展、东部盟市合作发展、基础薄弱地区加快发展。

（三）加快推进农牧业现代化，扎实做好农村牧区工作

积极转变农牧业发展方式。优化农牧业结构。全面实行粮食安全盟市长责任制，在稳定粮食产量的基础上，加快转变玉米"一粮独大"的种植结构，积极推进"粮改饲"，引导农牧民种植整株青贮玉米和优质苜蓿，扩大绿色有机高端产品种植。坚持"稳羊增牛"发展方向，制定实施千万头肉牛发展规划，稳定奶牛养殖头数，提高单产、淘汰散养，力争规模化养殖水平达到 85% 以上。加强防灾减灾体系建设，做好动物疫病和人畜共患病防治工作。落实"藏粮于地、藏粮于技"战略。实施耕地质量保护与提升工程，加快西北节水增效项目建设，探索实行耕地轮作休耕制度。建设高标准农田 400 万亩，新增节水灌溉 350 万亩，设施蔬菜达到 250 万亩以上。加快推进农牧业产业化经营。促进农牧业与工业、服务业融合发展，加大对领军龙头企业的扶持力度，加快行业整合重组。实施农畜产品品牌建设和输出工程，完善质量追溯体系，加快建设电商销售平台。加强农牧业标准化体系建设，健全社会化服务体系，提升服务农牧业综合能力。

深化农村牧区改革。完善农企利益联结机制，提升紧密型利益联结率，提高农牧民在产业化经营中的话语权和收益分配率。总结试点经验，全面推进农村土地承包经营权确权登记颁证工作，开展 5000 万亩以上土地确权。推进土地草牧场经营权有序流转，积极培育家庭农牧场、专业大户、农牧民合作社等新型经营主体，发展多种形式的适度规模经营。加强农牧民职业技能培训，培养新型职业农牧民。以垦区集团化、农场企业化为主线，推进农垦改革。按照政事分开、社企分开方向，深化供销社改革。实施县域金融工程，大力发展村镇银行和县域融资担保机构。

扎实推进农村牧区"十个全覆盖"工程。加大资金投入力度，进一步增加各级财政资金和地方政府债券投入，积极争取国家资金支持，动员企业、社会投入和农牧民投工投劳。加大政策支持力度，加强部门与盟市的协调配合，允许地方整合资金和项目。加大工程管护力度，探索各方安排管护资金或政府给予奖补等方式，发动群众参与工程管护。加大组织领导力度，进一步做好万名干部下乡驻村工作，加强督促指导，坚持典型示范，严格考核奖惩，确保全面完成所有行政嘎查村全覆盖任务。

打好脱贫攻坚战。坚持精准扶贫、精准脱贫，确保21万人稳定脱贫、10个左右自治区级贫困旗县脱贫摘帽。通过实施易地扶贫搬迁工程脱贫一批，年内完成5万人搬迁任务；通过产业扶持脱贫一批，帮助4万贫困户发展特色产业，使每户都有增收项目。加大金融扶贫力度，让有发展意愿和劳动能力的贫困户，每户都能得到3万元以上的扶贫贷款，全年新增扶贫贷款150亿元以上；通过教育、医疗扶助一批，对不在低保范围的贫困户子女接受职业教育给予资助，提高贫困人口大病保险报销比例；通过社会保障兜底一批，将4.1万贫困人口纳入低保范围。

（四）加大改革攻坚力度，进一步提高开放水平

推进改革举措落地生根。发挥好改革在稳增长、调结构、惠民生、防风险等方面的重要作用，继续推出一批具有重大牵引作用的改革举措，在简政放权、价格市场化、国资国企、财税金融、农村

牧区、林区垦区、城市管理体制以及教育医疗、养老保险等领域进一步加大改革力度。按照试点能多不少、范围能大不小、时间能短不长的要求，加大先行先试力度，发挥试点的示范、突破和带动作用。加强对改革任务的研究部署、调度分析、责任落实和督促检查，建立起横向协调、纵向贯通、层层负责的工作机制，全程跟进、全程负责、一抓到底。

全面扩大对内对外开放。深入落实国家"一带一路"战略，积极推进中蒙俄经济走廊建设，创新与俄蒙合作机制。大力推进基础设施互联互通。在国家的统筹推动下，加快建设连接俄蒙的重点铁路、公路项目，积极推进海拉尔至满洲里高速公路、满都拉至白云鄂博、乌里雅斯太至珠恩嘎达布其等口岸公路项目，力争年内开放鄂尔多斯国际航空口岸。加强开放平台载体建设。加快满洲里和二连浩特开发开放试验区、呼伦贝尔中俄蒙合作先导区建设，争取二连浩特——扎门乌德跨境经济合作区获得批复，实现满洲里综合保税区封关运营。加快推行"三个一"联合监管模式，深化大通关改革。全方位加强交流往来。积极开展与俄蒙在教育、文化、医疗、体育、科技、旅游等方面的人文交流，加强与俄蒙地方政府及部门间的定期协商会晤。推动外贸向"优进优出"转变。优化对俄蒙贸易结构，支持先进技术设备、关键零部件进口，扩大国内短缺资源性商品进口，为企业在境外开展承包工程和劳务合作创造条件。支持产能过剩企业走出去，开展国际产能合作。大力发展新兴贸易方式，支持企业开展跨境电子商务。全面提升区域经济协作水平。借助清洁能源基地平台，推动与京津冀、环渤海、长江经济带的合作。加快建设呼包银榆等经济合作区，深化京蒙区域合作，加强与港澳台地区的交流合作。发挥我区土地、电力优势，通过园区共建等方式，加快承接高水平产业转移。

（五）推进绿色发展，筑牢生态安全屏障

加强生态保护和建设。加快京津风沙源治理、退耕还林还草等重点工程建设，大规模推进国土绿化行动，完成林业生态建设1000万亩、重点区域绿化200万亩、种草3000万亩。实施新一轮草原生态补奖政策，提高补奖标准，坚持和完善阶段性禁牧和草畜平衡制度，推动草原生态持续好转。加快发展沙产业、草产业和林下经济，带动农牧民增收致富。继续实施呼伦湖、乌梁素海综合整治工程，争取治理规划获得批复。

加大环境保护力度。全面加强污染治理，开展大气污染区域联防联控，实施燃煤电厂超低排放改造，加快淘汰不达标机组锅炉和小电石、小硅铁等落后产能。加强乌海及周边地区环境综合整治，确保取得阶段性成效。大力整治工业园区环境问题，提高准入门槛，推动园区补欠账、上水平。全面完成环保违规项目清理整顿。加强城乡接合部、农业面源和重金属污染治理，推进农药、化肥、地膜减量使用。建设绿色矿山、和谐矿区。开展水体综合整治，强化重点流域水污染联防共治。大力推动低碳循环发展，推广绿色清洁生产，努力将节能环保产业打造成新的增长点。严格落实环境保护"党政同责、一岗双责、失职追责"责任制，加大执法力度，严肃查处环境违法问题。

加快生态文明制度建设。全面推进国有林场林区改革，确保按期完成改革任务。继续深化集体林权制度改革。科学编制自然资源资产负债表，开展领导干部自然资源资产离任审计试点。依据主体功能区规划，加快划定生态红线。实施排污许可和排污权有偿使用制度，提高排放成本，倒逼企业减排。建立环境保护督查机制，推进生态环境损害评估试点，实施生态环境损害责任终身追究制度。加快推进环保机构监测监察执法垂直管理。落实能源和水资源消耗、建设用地等总量和强度双控行动，实行最严格的水资源管理制度，加快推进盟市水权转让试点。积极培育生态文化，倡导勤俭节约、绿色低碳的生活方式和消费模式。

（六）加强精神文明建设，促进文化繁荣发展

深入推进社会主义核心价值观宣传教育。坚持用习近平总书记系列重要讲话精神、用中国梦和社会主义核心价值观凝聚共识、汇聚力量，巩固各族人民团结奋斗的共同思想基础。加强精神文明建设，推进文明城市、文明村镇、文明单位和文明家庭创建活动，弘扬中华传统美德，强化思想道德和社会诚信建设。做好舆论引导和网络宣传管理工作，规范传播秩序，弘扬主旋律、传播正能量。

加快建设民族文化强区。坚持社会主义先进文化前进方向，推进草原文化创新发展。加大文物和非物质文化遗产保护力度，加强文化人才队伍建设，繁荣发展文艺创作，打造一批富有民族特色、时代特征、地域特点，思想性、艺术性俱佳的精品力作。创新对外传播、文化交流方式，推动民族文化走出去。加大文化惠民工程力度，实施新闻出版广播影视固边工程，引导文化资源向基层倾斜。倡导全民阅读，繁荣发展哲学社会科学事业。促进传统媒体和新兴媒体融合发展，加快推进"三网融合"。加大文化市场监管和文化领域知识产权保护力度。

大力发展文化产业。坚持把社会效益放在首位、社会效益与经济效益相统一，深化文化体制改革，完善文化产业和市场体系。按照"抓大扶小"思路，支持骨干文化企业和中小微文化企业加快发展，推动文化产业结构升级。优化发展环境，理顺管理体制，扩大投资规模，用好文化产业发展基金，抓好重点项目和集聚区建设。促进文化与旅游、科技、创意的融合，培育新型文化业态，扩大和引导文化消费，提高文化产业对经济发展的贡献度。

（七）保障和改善民生，维护社会和谐稳定

做好就业创业和社会保障工作。积极应对化解过剩产能、处置"僵尸企业"可能带来的就业压力，实施更加积极的就业政策，确保完成就业目标。扎实推进就业创业工程，加大创业扶持力度，实施大学生就业促进和创业引领计划。组织引导劳务输出，促进农村牧区劳动力转移就业。做好困难群体就业工作。实施全民参保计划，进一步扩大社会保险覆盖面。有序推进养老保险制度改革，构建公平、可持续的养老保险制度。适当提高大病保险人均筹资水平和支付比例。落实好国家精简归并"五险一金"政策，减轻企业负担。加强社会救助体系建设，保障困难群众的基本生活。继续办好"三个一"民生实事。

努力提高城乡居民收入。进一步加大工作力度，逐步缩小城乡、地区和行业间的收入差距。多渠道增加农牧民收入，提高农牧民在产权流转等方面的财产性收入，完善"一卡通"发放机制，确保惠农惠牧补贴政策不折不扣落实到位。强化企业收入分配调控，扩大工资集体协商范围，适度调整职工工资增长幅度。完善机关事业单位工资制度，落实旗县以下机关公务员职务与职级并行制度和乡镇工作补贴制度。

加快社会事业发展。实施第二期学前教育三年行动计划，扩大公办和普惠性民办幼儿园覆盖面。加快义务教育学校标准化建设，实施乡村教师支持计划，推进义务教育均衡发展。加快构建校企合作、产教融合的现代职业教育体系，更加注重学生创新创业精神和

实践能力培养。统筹推进国内一流大学、一流学科建设，鼓励部分普通本科高校向应用型转变。以义务教育和职业教育为重点，加快发展民族教育。进一步提高民办教育、特殊教育办学水平。着力推进健康内蒙古建设，继续深化城市和旗县公立医院改革。推进分级诊疗试点、医师多点执业，优化医疗卫生资源配置。加强重大疾病防控，健全突发公共卫生事件应急机制，加快建设自治区本级重点医疗卫生项目和三级医疗卫生服务体系。推进蒙中医药事业加快发展。全面实施一对夫妇可生育两个孩子政策。积极开展全民健身运动，加快体育健身场地设施建设，深入推进足球改革发展试点工作。开展应对人口老龄化行动，保障妇女和未成年人权益，健全扶残助残服务体系。

维护社会和谐稳定。深入推进平安内蒙古建设，加强矛盾排查调处，创新治安防控体系，有效防范化解和管控各类风险。按照总体国家安全观要求，严厉打击危害国家安全行为和违法犯罪活动。支持国防和军队建设，加强国防动员和后备力量建设，加大人防和边防工作力度，提升军民融合发展水平。加大对各类安全生产事故和食品药品安全事件的查办追责力度。全面落实安全生产责任制，抓好重点领域隐患排查和专项整治，坚决防止重特大事故发生。加强食品药品安全内蒙古建设，落实最严格的、覆盖全过程的食品药品安全制度，保障人民群众生命健康安全。

（八）加强民主法治和政府自身建设，加快建设法治、创新、廉洁和服务型政府

严格遵守党的政治纪律和政治规矩，增强看齐意识，经常、主动向党中央看齐，向党的理论和路线方针政策看齐，在思想上政治上行动上坚定自觉同以习近平同志为总书记的党中央保持高度一

致，全面贯彻落实党中央、国务院和自治区党委各项决策部署。坚持党的领导、人民当家作主、依法治区有机统一，坚决维护宪法法律权威，依法维护人民权益、维护社会公平正义。自觉接受人大及其常委会的法律监督、工作监督和政协的民主监督，积极组织实施政府协商计划，充分听取各民主党派、工商联、无党派人士和人民团体的意见建议。

坚定不移走中国特色解决民族问题的正确道路，全面贯彻落实党的民族政策和民族区域自治制度，深入开展民族团结进步创建活动，进一步深化各民族交往交流交融，切实增进"四个认同"，巩固发展平等团结互助和谐的社会主义民族关系。完善差别化支持政策，在基础设施、扶贫开发、生态建设、基本公共服务等方面对少数民族聚居地区给予倾斜。深入推进兴边富民行动，着力改善边境地区农牧民生产生活条件。扎实做好城市民族工作。深入贯彻落实党的宗教工作基本方针，发挥好宗教团体、宗教界人士和信教群众在促进经济社会发展中的积极作用。

坚持依法行政，严格按照法定权限、法定程序和权力清单、责任清单履职尽责，把政府全部工作纳入法治轨道。加快转变政府职能，拓宽公共服务供给渠道。加大政务公开力度，推广电子政务和网上办事。加强新型智库建设，建立健全决策咨询制度，运用大数据等手段提升决策水平。加强廉政建设，严格遵守《中国共产党廉洁自律准则》和《中国共产党纪律处分条例》，严格落实党风廉政建设责任制，严肃查处各类违纪违法案件。加强审计监督，推进审计制度改革。强化行政监察，提升行政效能。持之以恒加强作风建设，自觉践行"三严三实"要求，坚决整治行政不作为、乱作为和损害群众利益的行为。各位代表，明年我们将迎来自治区成立70周年大庆，这是全区各族人民政治生活中的一件大事。我们将坚持为民务实节俭原则，把迎庆工作与促进自治区经济社会发展紧密结合起来，扎实抓好项目建设、环境整治、舆论宣传、组织动员等各项工作，集中力量解决一批事关民生的重大问题和制约经济社会发展的难点问题，以优异成绩向自治区成立 70 周年献礼。各位代表，"十三五"帷幕已经拉开，我们正在向全面建成小康社会目标发起最后冲刺。让我们高举中国特色社会主义伟大旗帜，更加紧密地团结在以习近平同志为总书记的党中央周围，全面贯彻落实党中央、国务院和自治区党委的各项决策部署，守望相助、团结奋斗、扎实工作，奋力夺取全面建成小康社会决胜阶段的新胜利，努力把祖国北疆这道风景线打造得更加亮丽。

辽宁省
政府工作报告

——2016年1月26日在辽宁省第十二届
人民代表大会第六次会议上

省长 陈求发

各位代表：

现在，我代表省政府向大会报告工作，请予审议，并请省政协各位委员提出意见。

一、"十二五"时期和2015年工作回顾

"十二五"时期，是辽宁发展不平凡的五年。习近平总书记视察辽宁并发表重要讲话，李克强总理4次莅临辽宁，党中央、国务院提出全面振兴东北地区等老工业基地的若干意见和重大政策举措，为振兴发展指明了前进方向，注入了强大动力。在党中央、国务院和中共辽宁省委的正确领导下，我们全面贯彻党的十八大和十八届三中、四中、五中全会精神，认真落实以习近平同志为总书记的党中央治国理政新理念、新思想、新战略，抓住振兴发展的重

大机遇，积极应对经济下行带来的挑战，主动适应经济发展新常态，顺应人民过上更好生活的新期待，坚持稳中求进，改革创新，攻坚克难，全省经济社会发展取得了明显成效。

综合经济实力不断提高。地区生产总值达到 2.87 万亿元，人均地区生产总值超过 1 万美元。科技创新力度加大，突破一批关键技术，重大装备自主化取得新进展。省重点输供水工程、红沿河核电、百万吨乙烯、华晨宝马、恒力石化 PTA 等一批重大项目形成的优势产能开始释放。

结构调整取得新进展。农业综合生产能力持续提升，战略性新兴产业加快发展，服务业增加值比重达到 45.1%，比 2010 年提高 8 个百分点。消费对经济增长的贡献率逐步提升。民间投资比重提高到 73.4%。民营经济增加值比重达到 68%。

改革开放深入推进。简政放权和职能转变步伐加快，取消和下放省级行政审批职权 1631 项。重点领域改革取得新成效，新一轮国资国企改革全面启动。对外开放的广度和深度不断拓展，三大区域开发开放新格局逐步形成。

城乡发展呈现新面貌。新型城镇化和宜居乡村建设步伐加快，常住人口城镇化率达到 67.4%，比 2010 年提高 5.2 个百分点。基础设施更趋完善。生态文明建设取得新成效，节能减排收效明显，辽河流域、大伙房水源保护区成为国家首批生态文明先行示范区。

民生保障进一步加强。教育普及化程度持续提升，基层医疗卫生服务体系基本建成，公共文化服务体系逐步健全。社会就业稳定增加，城乡居民人均可支配收入年均实际增长分别为 8.1% 和 9.7%，城乡社保体系日趋完善。保障性安居工程扎实推进。社会和谐稳定局面不断巩固。

"十二五"时期，全省经济社会发展取得的成就，为全面建成小康社会奠定了坚实基础。实践证明，党中央、国务院实施老工业基地振兴战略的重大决策是英明正确的，辽宁实现新一轮全面振兴的前景是十分广阔的！

各位代表：刚刚过去的 2015 年，是新世纪以来我省经济形势最为严峻复杂的一年。全省上下积极努力，迎难而上，扎实推动各项工作取得新进展。地区生产总值比上年增长 3%，经济下滑势头得到遏制，经济运行呈现逐步趋稳态势。城镇常住居民人均可支配收入达到 31126 元，实际增长 5.6%；农村常住居民人均可支配收入达到 12057 元，实际增长 6.3%。新增就业超过 40 万人，城镇登记失业率 3.4%，低于控制目标 0.9 个百分点。居民消费价格涨幅 1.4%。省委、省政府确定的 44 件民生实事全面完成。财政用于民生的支出，占总支出的 75% 以上，同比提高 2.9 个百分点。

全面完成了国务院《政府工作报告》提出的指标和任务，能耗强度下降等 7 项指标超额完成；农村人口饮水安全等 13 项指标和节约集约用地等 93 项重点任务全部完成；"三网融合"等 5 项工作取得阶段性成果。

一年来，我们按照党中央、国务院和省委的要求，突出重点和难点，着力抓了以下四方面工作：

一是认真贯彻落实"四个着力"要求，科学谋划全面建成小康社会的宏伟蓝图

按照省委《关于贯彻落实习近平总书记"四个着力"要求，加快推进辽宁新一轮振兴发展的实施意见》，我们提出了责任分工和目标分解方案，全面实施"四个驱动"战略，积极培育"六个新的增长点"，精准发力，扎实工作。根据党的十八届五中全会精神和省委《关于制定国民经济和社会发展第十三个五年规划的建议》，在深入开展"6+4"重大课题调研、对"十二五"全面评估的基础上，编制了"十三五"规划和46个专项规划，经过广泛征求意见，认真讨论修改，形成了《辽宁省国民经济和社会发展第十三个五年规划纲要（草案）》，提请大会审议。

二是盘活财政存量资金，建立产业（创业）投资引导基金，吸引社会资本投向重点领域

贯彻落实国务院关于财政资金统筹使用方案，盘活省本级存量资金90多亿元，建立了首期规模达100亿元的产业（创业）投资引导基金。制定了基金管理办法，吸引并带动社会资金，参与发展新兴产业和创新领域重点项目。

三是加强政府性债务管理，建立养老保险风险基金，主动防范和化解潜在风险

针对财政收支矛盾突出，一些地方偿债压力较大等问题，主动采取措施，化解政府债务。通过发行政府债券置换存量债务，实现当年政府到期债务全覆盖。推广政府和社会资本合作（PPP）模式，签约项目68个，多渠道筹集资金消化存量债务。

为兜住民生底线，在保障民生上主动作为，建立了养老保险风险基金并制定了管理办法。从2016年起，省财政每年预算安排60亿元，通过多种渠道，扩大融资规模，稳步推进投资运营，以前瞻性安排防范养老金支付风险。

四是推进政府机构调整，着力提升行政效能

组建省商务厅，不再保留省服务业委和外经贸厅。将省煤炭工业管理局与省国资委等部门进行整合。调整了省政府机关事务管理局职责。调整了省辽河凌河保护区管理局隶属关系。将省大伙房水源地保护区管委会办公室并入环保厅。建立了省政务服务中心，40个政府部门、499项审批服务事项全部进入办事大厅，实行首问负责，方便了基层、企业和群众。

过去一年，我们按照《政府工作报告》提出的任务要求，围绕稳增长、促改革、调结构、惠民生，主要做了以下六项工作：

一是全面落实振兴发展政策举措

认真贯彻国务院28号文件精神，通过省部会商、央企衔接，我省40个重大项目取得积极进展。辽阳石化结构调整、盘锦中国兵器华锦石化改扩建、大连长兴岛中国船舶重工集团搬迁等重大项目加快推进。沈丹客专、丹大快速铁路建成通车，绥中电厂改接华北电网工程顺利投产。抚顺新抚区等城区老工业区搬迁改造取得进展。沈阳被列为国家全面创新改革试验区，中德（沈阳）高端装备制造产业园建设方案获得国务院批复。大连金普新区改革步伐加快，先行先试取得初步成效。

二是努力推动经济平稳发展

面对经济下行压力，我们主动作为、综合施策，开展"千名领导联系千家企业"活动，帮扶466户停产半停产企业。落实煤电价格联动机制，为企业减负30多亿元。扩大结构性减税范围，落实普遍性降费政策，为企业减轻税费负担161.9亿元。全省一般公共预算收入实现2125.6亿元。举办了绿公司年会、辽沪经贸合作等7次重点招商活动，对接签约项目116个。建立了省领导联系重点项目制度，四大班子齐心协力抓项目，一批重大项目建设取得突破。全年完成固定资产投资1.76万亿元。

大力培育信息、旅游休闲、教育文体和养老健康家政等消费热点，电子商务交易额增长26%。先后出台21条政策措施，促进房地产市场平稳健康发展。社会消费品零售总额实现 1.28 万亿元。

积极扩大外贸出口。加强与中央外贸企业合作,培育大连跨境电商综合试验区等 30 个跨境电子商务平台。通关一体化、便利化水平不断提升。全省进出口总额达到 960.9 亿美元,其中出口 508.4 亿美元。

三是深化改革扩大开放

取消和调整了 411 项省级行政职权,取消了非行政许可审批类别,取消了非国有资金投资项目招标限制。公布了部门权责清单,行政职权事项减少 60% 以上。实行"一照一码"登记制度,新登记市场主体 43 万户。锦州率先推出建设项目并联审批改革措施,朝阳在深化园区管理体制改革上取得新进展。

制定了省属企业深化改革实施方案。围绕盘活国有资产,组建了省交通建设投资集团、省环保产业集团。完成省直所属企业与主管部门脱钩移交,纳入统一的国资监管体系。对 41 家驻辽央企实施"三供一业"分离移交。推进了国企负责人薪酬制度改革。省直机关公务用车制度改革基本完成。

出台了支持民营经济发展工作方案,实施全民创业援助三年行动计划,推进中小微企业创业基地建设,民营经济发展活力不断增强。

发挥沿海港口优势,参与"一带一路"建设,海铁联运集装箱运量增长 23%。优化利用外资结构,吸引外商直接投资 51.9 亿美元。大连港中韩俄国际大通道建设取得新进展。营口中韩自贸示范区建设全面启动。丹东加快构建东北东部经济带出海新通道。葫芦岛承接京津冀产业转移取得新成果。铁岭与四平、通辽构建经济协作区起步顺利。

四是推进结构调整和科技创新

制定了《中国制造 2025 辽宁行动纲要》，加快推进传统产业改造升级，积极培育战略性新兴产业，一批高新技术产业园区呈现新局面。鞍山激光产业园注册企业达 240 多家，已经投产 160 多家。本溪药都销售收入和税收分别增长 35% 和 22%。

推动大众创业、万众创新，出台了促进科技成果转化、发展众创空间的意见。攻克制约产业发展的关键性技术 50 项，开发智能机器人、10 万等级空分装置用压缩机组等国际一流、国内领先的重大产品 30 个。产业技术创新平台达到 90 个，技术合同成交额增长 16.4%。有效发明专利 2.3 万件。新增 4 名院士，院士总人数达到 57 人。

推进服务业发展四年行动计划。金融业稳定增长，新增本外币贷款 3244 亿元，非信贷融资 6537 亿元。促进工业企业分立出生产性服务业企业 613 户。建成电子商务产业园区 20 个，会展交易额达到 4300 亿元。旅游总收入实现 3722 亿元。服务业在稳增长、调结构中发挥了支撑作用。

加快发展现代农业，设施农业面积达到 1120 万亩，新增节水灌溉面积 249 万亩。粮食产量突破 400 亿斤，再获丰收。农林牧渔各业实现了全面发展。

五是切实保障和改善民生

企业退休人员基本养老金标准月人均提高到 2230 元，城乡低保标准平均提高 10%。上调了最低工资标准。城镇居民医疗保险和新型农村合作医疗政府补助标准均提高到 380 元。

完成国家下达的棚户区改造任务，新增保障性安居工程 23.9 万套。

加大脱贫攻坚力度，省财政专项扶贫资金增长 17.4%，25 万国标线下贫困人口实现脱贫。

扩大学前教育公益普惠性范围，提高对残疾学生和家庭经济困难学生资助水平，增加普通高中、中职学校国家助学金标准。出台了高校创新创业教育改革和地方高校向应用型转变的意见，提升高校人才培养质量和服务经济发展能力。

城市公立医院综合改革试点取得成效，89 家县级公立医院全部取消药品加成。新改建了 52 所乡镇卫生院和 1007 个标准化村卫生室，实现了每个乡镇有 1 所政府办卫生院目标。城乡居民大病保险实现全覆盖。疾病应急救助制度基本建立。

积极推动文化惠民项目。"书香辽宁"建设取得新成果。新修缮的阜新"万人坑"死难矿工纪念馆，成为爱国主义教育示范基地。全民健身和群众体育活动蓬勃开展。

通过实施碧水、青山、沃土和蓝天工程，辽河流域主要河流水质稳定达标；完成造林绿化 258 万亩，矿山环境治理 1.5 万亩，草原沙化治理 90 万亩；建设高标准基本农田 153 万亩；针对群众反映强烈的雾霾天气，集中开展大气污染治理专项行动，实施八项整治措施，新增主要污染物减排能力 25.6 万吨。

六是加强法治政府建设

自觉接受省人大及其常委会的法律监督、工作监督和省政协的民主监督。认真听取各民主党派、工商联、无党派人士和各人民团体的意见。611 件人大代表建议、606 件政协提案全部办复。制定省政府规章和提请省人大常委会审议地方性法规草案 11 件，审理行政复议案件 431 件。

扎实开展"三严三实"专题教育，制定了全面落实党建工作和党风廉政建设责任制的规定，加大行政监察和审计监督力度，深入开展不作为、不担当问题专项整治。修订了政府工作规则，完善了绩效考核制度。广大公务员勤勉敬业，负重前行，工作作风明显转变，涌现出一批孙德忠式的好干部，成为推动振兴发展的中坚力量。

加强安全生产责任体系和执法能力建设，健全完善食品药品安全监管体系。国家安全、信访工作、应急管理、司法行政和社会治安立体化防控体系建设得到加强。民族团结进步事业取得新成果，宗教事务管理水平逐步提升。

积极支持国防和军队现代化建设。国防动员、边海防建设、人防和民兵预备役工作不断加强。双拥共建取得新成效，军地融合发展呈现新局面。

各位代表：全省经济社会发展取得的成绩，是党中央、国务院亲切关怀、大力支持的结果，是中共辽宁省委总揽全局、正确领导的结果，是省人大、省政协认真履职、有效监督的结果，是全省广大人民群众共同努力、不懈奋斗的结果。在此，我代表省政府，向全省各族人民，向人大代表、政协委员，向各民主党派、工商联、无党派人士和各人民团体，表示诚挚感谢！向参与辽宁发展建设的中直单位、中央企业，向解放军驻辽部队、武警官兵，向所有关心、支持辽宁的港澳台同胞、海外侨胞和国际友人，表示诚挚感谢！

在总结工作的时候，我们也清醒认识到面临的困难和问题。一是有效投资增长乏力，基础设施建设投资增速回落，房地产开发投资明显下降，亿元以上新开工建设项目明显减少；二是工业下行压力持续加大，工业生产者出厂价格指数（PPI）连续43个月下降，生产要素成本上升，部分行业和企业生产经营困难；三是科技成果转化机制不活，新兴产业尚未形成规模，服务业发展仍然滞后，县域经济实力不强，区域发展不平衡；四是由于财政收入增幅下降，财政支出刚性增长，平衡收支面临一定压力；五是思想观念不够解放，国有企业内生动力不足，民营经济发展不够充分，发展的软环境建设存在不足，有待于进一步优化。六是有效发挥政府职能作用、深化行政体制改革等方面，与市场经济和新常态的要求还有不相适应的地方。个别工作人员存在不担当、不作为、工作落实不力等问题。

去年，我省固定资产投资、一般公共预算收入、出口总额等经济指标未能完成预期目标，下降幅度较大。其中既有全球经济持续低迷、国内"三期叠加"相互交织带来的影响，也有我省自身存在的供给侧、结构性、体制性矛盾相互作用形成的深层次原因，以及贯彻执行国家减税降费政策和主动做实经济数据的因素。

各位代表：虽然我们遇到了前所未有的困难，发展中的不确定因素依然存在，但困难中也孕育着机遇和希望。面对压力和挑战，信心至关重要，我们的信心来自党中央、国务院作出的全面振兴东北老工业基地重大战略决策，来自全省上下团结拼搏、攻坚克难的定力和决心。只要我们抢抓机遇，发挥政策的引领带动效应，不断释放改革红利，就一定能够取得振兴发展的新突破！

新常态下，辽宁发展长期向好的基本面没有变，经济韧性好、潜力足、回旋余地大的基本特征没有变，经济增长的支撑基础和条件没有变，结构优化的前进态势没有变。只要我们把适应、把握、引领新常态，作为贯穿发展全局和全过程的大逻辑，以创新的思维、创新的举措、创新的勇气，不断增强内生发展活力和动力，就一定能够实现经济中高速增长。

辽宁拥有较好的产业基础和装备制造业基础，新兴产业发展较快，服务业全面提速，特别是科技教育人才荟萃，只要我们以结构性改革撬动发展全局，让创新成为发展第一驱动，做好结构调整这篇大文章，把发展的巨大潜力转变为现实，就一定能够引领产业迈向中高端水平。

近年来，我省培育了一批重大项目和产业园区，只要我们充分发挥振兴政策的叠加效应，不断改善投资营商环境，大力发展实体经济，积极吸引国内外资本进入辽宁，就一定会形成新的增长点。

辽宁人民勤劳智慧，坚韧不拔，无论前进的道路上有任何艰难险阻，只要我们紧紧依靠党中央、国务院和省委的坚强领导，依靠全省人民的奋发努力，就一定能够凝聚起振兴发展的强大力量，夺取全面建成小康社会决胜阶段的伟大胜利！

二、"十三五"时期的目标任务和要求

各位代表："十三五"时期，我国经济发展的显著特征就是进入新常态，全省经济发展面临速度换挡节点、结构调整节点、动力转换节点带来的一系列新情况、新问题和新挑战，老工业基地振兴到了滚石上山、爬坡过坎的关键阶段。在新时期、新任务和新的考验面前，我们要认真贯彻党中央、国务院的战略部署，按照"五位一体"总体布局和"四个全面"战略布局，全面落实省委提出的"十三五"发展指导思想和"五个必须"时代要求，始终坚持以经济建设为中心，坚持发展是硬道理的战略思想不动摇，牢固树立创新、协调、绿色、开放、共享五大发展理念，扎实推进老工业基地新一轮全面振兴取得重大进展，努力把辽宁建成体制机制重点突破、经济结构优化提升、创新创业成效显著、民生社会全面进步的国家老工业基地振兴发展先行区。

"十三五"时期经济社会发展的总体目标是：

——经济保持中高速增长。在提高发展平衡性、包容性、可持续性的基础上，地区生产总值年均增速达到 6.6%，到 2020 年地区生产总值和城乡居民人均收入比 2010 年翻一番。居民收入增长与经济增长同步。

——创新能力明显增强。以企业为主体的技术创新体系初步形成，创新型省份加快建设。科技研发经费投入占地区生产总值比重达到 2.5%。全民受教育程度和创新人才培养水平不断提高。

——经济结构优化升级。新型工业化水平基本达到《中国制造 2025》第一阶段目标，产业迈向中高端水平，先进制造业加快发展，新产业新业态不断成长，服务业比重进一步提升，农业现代化取得明显进展，户籍人口城镇化率加快提高。

——改革开放扎实推进。体制机制创新取得重大突破，各领域改革取得明显成效，发展活力不断增强。"引进来"与"走出去"协调推进，开放型经济新体制基本形成。

——文化和社会建设全面进步。中国梦和社会主义核心价值观深入人心，向上向善、诚信互助的社会风尚更加浓厚，公民思想道德素质、科学文化素质、健康素质和社会文明程度明显提高。公共文化服务体系基本建成，文化事业和文化产业繁荣发展。全社会法治意识不断增强，社会治理体系逐步健全，法治政府基本建成。

——生态环境质量总体改善。主体功能区布局和生态安全屏障基本形成。万元 GDP 用水量下降 20%，完成国家下达的单位 GDP 能耗、二氧化碳排放降低任务。森林覆盖率达到 42%，森林蓄积量达到 3.41 亿立方米。——人民生活水平和质量普遍提高。就业比较充分。就业、教育、文化、社保、医疗、住房等公共服务体系更加健全，基本公共服务均等化水平稳步提高。教育现代化取得重要进展，劳动年龄人口受教育年限明显增加。收入差距缩小，中等收入人口比重上升。城乡基础设施不断完善，服务功能更加健全。以村庄环境整治为重点，建设"环境整洁、设施完善、生态优良、传承历史、富庶文明"的宜居乡村，使全省人民的安全感、幸福感、获得感不断提升。

实现"十三五"规划目标，我们要全面贯彻"四个着力"要求，下好先手棋，打好主动仗，奋力开创振兴发展的新局面。

着力完善体制机制，聚焦深化改革。以知难而进的勇气，全面推进供给侧结构性改革，重点是解放和发展社会生产力，释放老工业基地振兴发展的新动能、新活力。用改革的办法推进结构调整，减少无效和低端供给，扩大有效和中高端供给，增强供给结构对需求变化的适应性和灵活性，提高全要素生产率。既突出发展社会生产力，又注重完善生产关系；既发挥市场在资源配置中的决定性作用，又更好发挥政府作用；既培育发展新动能，又改造提升传统动能；既着眼当前，又立足长远；既强调供给，又关注需求，力求实现更高质量、更有效率、更加公平、更可持续的发展。

着力推进结构调整，聚焦转型升级。坚持多措并举，加减乘除一起做。做好加法，加快改造提升传统产业，把装备制造业做大做强，积极培育战略性新兴产业，大力发展现代服务业和现代农业。做好减法，利用市场机制，积极主动化解过剩产能，淘汰落后产能。做好乘法，深入实施创新驱动发展战略，把推动发展的着力点放在创新上，发挥创新对拉动发展的乘数效应。做好除法，清除政府对市场的不合理干预和对市场主体的不合理管制。加快形成战略性新兴产业和传统制造业并驾齐驱、现代服务业和传统服务业相互促进、信息化和工业化深度融合的产业发展新格局。

着力鼓励创新创业，聚焦创新驱动。把创新作为引领发展的第一动力，把人才作为支撑发展的第一资源，让创新贯穿振兴发展的全过程。大力推进科技创新、产业创新、企业创新、市场创新、产品创新、业态创新、管理创新。建立市场导向的创新创业体制机制，积极营造鼓励创新创业的发展环境。不断改善金融服务，更好地发挥金融对创新创业的支持作用。破除限制民营经济发展的各种障碍，深度激发大众创业、万众创新的潜力和活力。

着力保障和改善民生，聚焦惠民富民。使全省 81 万国标线下贫困人口全部脱贫，15 个省级扶贫开发重点县全部摘帽；使城乡低保人口基本生活得到保障；使老年人得到更加周到的健康养老服务；使在城镇常住的农民工逐步平等享受到基本公共服务；使就业困难的群众实现充分就业；使每个困难家庭的孩子、每个农民工的子女都能上学读书、健康成长；努力使广大人民群众喝上洁净的饮水，呼吸清新的空气，吃上放心的食品，生活在美丽的家园，感受社会的平安幸福、文明和谐。

三、2016 年重点工作

今年是"十三五"开局之年，是推进供给侧结构性改革的攻坚之年，是增加有效投资、扩大有效供给、补齐发展短板的关键之年。

做好今年工作，我们要认真贯彻党的十八大和十八届三中、四中、五中全会精神，全面落实习近平总书记系列重要讲话精神和五大发展理念、"四个着力"要求，按照中央和省委经济工作会议部署，抢抓新一轮振兴发展重大机遇，坚持稳中求进总基调，狠抓供给侧结构性改革，注重去产能、去库存、去杠杆、降成本、补短板，大力实施"四个驱动"战略，培育壮大"六个新增长点"，加大有效投资力度，提高供给体系质量和效益，不断完善民生保障，扎实推进依法行政，努力实现"十三五"良好开局。

今年经济社会发展的主要预期目标是：地区生产总值增长 6% 左右；固定资产投资增长 6% 左右；一般公共预算收入增长 3% 左右；居民消费价格涨幅 3% 左右；城镇新增就业 40 万人，城镇登记失业率控制在 4.5% 以内；居民收入增长与经济增长同步。

实现今年的发展目标，需要全省上下同心协力，付出更加艰苦的努力。我们要重点做好以下工作：

（一）更加注重提高发展质量和效益，努力保持经济运行在合理区间

加大有效投资力度，发挥投资对稳增长、调结构的关键作用。在全省组织开展项目年活动，把扩大产业投资，提高投资有效性和精准性，作为增量调结构的重大举措，作为稳增长的重要途径。

发挥重大项目的牵动作用，抓紧推进徐大堡核电、大连英特尔存储器、忠旺生产基地等一批重大项目开工建设。继续抓好央企、民企、沪企辽宁行等系列招商活动签约项目尽早开工。积极争取国家对基础设施建设项目的支持，加快实施交通、能源、水利、电力、通信等重点工程。

按照优化产业布局和结构调整的指导意见，大力推进招商引资。做到省、市、县（区）、乡一齐抓，一、二、三产业一齐抓，国资、民资、外资一齐抓，用项目培育企业、发展产业、引领创业、带动就业、增加税源。

全面落实优化投资环境的规定。从构建良好的政商关系和营商环境入手，切实转变政府职能，进一步强化法治理念、契约精神和诚信意识，不断强化各级政府及其工作人员的责任意识和服务意识，牢固树立亲商安商的思想观念，积极营造公开公平公正的市场环境，为吸引投资清障除弊。建立重大项目责任制和绿色通道，加强对市、县（区）和乡镇的指导、服务与督查，实行月调度、季考核，促进项目开工达产，取得实效。

采取有效措施，促进工业稳增长、降成本、增效益。广泛开展降低企业成本专项行动，降低企业税费负担、社会保险费、财务成本以及物流成本；实施企业优质管理工程，引导企业加强营销管理、质量管理，推进节能降耗，提高全员劳动生产率；做好协调服务，引导企业开拓市场，扩大优质产品协作配套；启动新一轮技术改造工程，编制企业技改投资指导目录，实施技改项目计划；开展改善消费品供给专项行动，促进企业开发适销对路新产品；继续开展帮扶企业活动，着力解决企业发展环境以及投资、信贷等实际问题。规模以上工业增加值增长 3% 左右。

扩大市场需求，加快培育消费增长点。加强现代流通体系建设，着力推进供给创新，满足多层次、多样化消费需求。积极扩大养老健康消费、信息消费、文化娱乐消费、中高端消费和信贷消费，活跃旅游休闲消费，推动绿色消费，稳定汽车和住房消费。保护消费者合法权益，提升消费对经济增长的拉动力。社会消费品零售总额增长 8% 左右。

千方百计扩大出口，提升外贸竞争力。认真落实扩大外贸政策措施，稳定外贸增长；积极推进与中央外贸企业合作，建立国际营销网络；大力推进贸易模式创新，发展外贸综合服务企业、跨境电商、采购贸易、外贸海外仓；加快建设出口基地，培育出口新优势。

主动融入"一带一路"国家战略，积极参与中蒙俄经济走廊建设，扩大装备制造和国际产能合作，推动优势产能、重大装备和重点企业走出去。加快国际贸易"单一窗口"和通关一体化建设。出口总额增长 6% 左右。

扎实推进新型城镇化，不断释放内需潜力。认真贯彻中央城市工作会议精神，抓好棚户区、"城中村""城边村"和各类危房改造，积极化解房地产库存，打通棚改安置和消化存量商品房的通道。深化户籍制度改革，吸引农业转移人口、外来人口在城镇落户。鼓励有需求、有能力的城乡居民和单位投资房产，发展住房租赁市场，活跃房地产市场。稳妥推进城市地下综合管廊和海绵城市建设。强化产业支撑和基础设施配套，完善新城、新区、新市镇服务功能，加快特色小镇建设。抓好大连市、海城市、新民市、东港市前阳镇实施国家新型城镇化综合试点。

（二）深入推进各项改革，不断增强发展活力

深化行政管理体制改革。持续推进简政放权、放管结合、优化服务。健全政府部门权责清单制度和动态管理机制，增强放权的协同性，提高监管的有效性，强化服务的便利性。继续深化商事制度改革，提升工商注册制度便利化水平。加快推进社会信用体系建设。推广"双随机"抽查，强化事中事后监管。

加大国企改革力度。积极稳妥发展混合所有制经济，推进国有企业（集团）整体上市，大力吸引社会资本投入，推进员工持股计划。抓紧组建省水资源管理集团、省城乡建设集团等一批企业集团，盘活国有资产，提高运营效率。着力深化企业人事、劳动和收入分配制度改革。着力推进经营性事业单位成为市场主体，继续推进国有资产集中统一监管。分类别多渠道解决企业办社会负担和历史遗留问题。基本完成事业单位分类改革。

大力发展民营经济。全面落实扶持民营经济发展的政策措施，进一步放宽民间资本进入的行业和领域，尊重并保护民营企业的合法权益，在全社会努力营造支持民营经济大发展、快发展的良好氛围。鼓励民间资本、外资以及各类新型社会资本，按照有关规定和管理办法，以出资入股等方式参与国有企业改制重组。着力解决中小微企业融资难、融资贵问题，培育壮大一批民营企业集团。

推进财税体制改革。继续完善政府预算体系和转移支付制度。贯彻中央营改增、资源税改革政策。落实中央深化国税、地税征管体制改革各项任务。加强政府性债务管理，严格控制新增债务，建立风险防控和应急处置机制。落实养老保险风险基金设立方案，加强基金的管理和运营。完善审计制度，实行审计全覆盖。

深化投融资体制改革。充分发挥产业（创业）投资引导基金的带动作用。积极推进政府和社会资本合作（PPP）模式。抓好电力、水资源、环保、医疗等重点领域价格改革。

从生产端入手推进供给侧改革，重点是有效化解产能过剩。对安全隐患多、经济效益差、环境污染重的小矿山、小煤矿要依法关停。对"僵尸企业"，要采取差别化措施依法处置，对产品有市场、有效益但暂时困难的企业予以帮扶；对资不抵债、扭亏无望、员工较多的企业，利用市场机制，依法促进兼并重组。

（三）实施《中国制造 2025 辽宁行动纲要》，促进工业结构优化调整

以加快推进新一代信息技术与制造业深度融合为主线，以推进智能制造、智能服务为主攻方向，重点抓好首批智能制造和智能服务试点示范项目。

实施新兴产业培育和发展行动计划。促进机器人、航空航天、生物医药、节能环保、新型海工装备等战略性新兴产业加快发展。推进中德（沈阳）高端装备制造产业园建设。

大力推进传统优势产业改造升级，提升原材料产业精深加工水平，提高产品附加值。大力发展精细化工产业，拉长产业链条。推进建筑产业现代化。

积极推进供给侧结构调整，发挥产业和科技优势，大力发展满足市场需求的电子信息、纺织服装、食品加工等轻工业，培育多点支撑的产业格局。

实施军民深度融合发展战略。鼓励"军转民"，支持军工科研院所与地方企事业单位组建军民产业技术创新联盟。支持"民参军"，促进军民两用技术成果在军民品研发和制造中互相转化、互相促进，形成全要素、多领域、高效益的军民深度融合发展新格局。

（四）实施创新驱动战略，推动大众创业、万众创新

着力抓好"三个重点"，即加快创建沈大国家自主创新示范区，打造"双创"示范基地；继续推进产业技术创新平台建设；以企业为主体实施重大科技项目，攻克一批关键技术，提高核心竞争力。

不断激发"三个潜力"，一是鼓励企业增加研发创新投入，激发企业创新潜力；二是形成鼓励创新创业的绩效评价机制，激发科研机构和高校创新潜力；三是形成加快科技成果转化和产业化机制，启动建设辽宁科技大市场，激发市场转化科技成果潜力。

破除体制机制障碍，降低创新创业门槛，拓展"双创"的领域和载体，大力发展众创空间。支持天使基金、风投基金对科技企业投资，争取国家股权众筹融资试点。健全知识产权保护机制，万人有效发明专利达到5.6件。

大力实施"互联网+"行动计划，推动移动互联网、云计算、大数据、物联网等与现代制造业结合，促进电子商务、工业互联网和互联网金融健康发展。

推进辽宁人才高地建设。重视人才战略，用政策和环境吸引人才、留住人才，打造高质量的就业和创业服务平台。落实百千万人才培养计划，培养引进领军型企业人才、创新型科技人才和高素质专家型人才，吸引国际高层次人才和高素质海外留学人员来辽宁创新创业。重视企业家队伍建设。推进现代职业教育体系建设，加快省属高校向应用型大学转变。支持省属院校开展校企合作，加强科技成果转化，加强继续教育、职业技能培训，培养更多的创新型人才和能工巧匠。

（五）加快发展现代服务业，促进传统服务业转型升级提质增效

推动生产性服务业向专业化和价值链高端延伸，积极发展工业设计及研发服务，推广现代供应链管理模式，促进科技服务、法律服务、检验检测认证服务和会展业发展。

按照信息化、标准化、集约化要求，加快推进商贸流通业转型升级，发展电子商务、现代物流、连锁经营、共同配送、绿色流通等新兴业态。支持快递物流产业园区建设。健全农产品现代流通体系。发挥供销社和邮政企业的优势与作用，形成服务三农的综合平台。

做好顶层设计，开发利用好旅游资源，发展壮大市场主体，打造旅游品牌，旅游总收入增长 12.5%。

推进产业金融服务体系建设，加快发展多元化、专业化、综合性金融服务。积极新建、引进各类金融机构。鼓励各类金融新产品、新工具的推广和应用。大力发展直接融资，支持大商所加快建设多元、开放的综合性衍生品交易所。促进科技金融、小微金融、农村金融发展。抓好农村信用社改革。加强沈阳、大连区域性金融中心建设。

充分发挥港口、机场优势，健全完善服务功能，提升便捷化、信息化水平，努力增加与产业发展相关的国内外航班、航线，加快发展临港、临空产业，形成新的经济增长点。

把城区作为发展现代服务业的重要载体，突破制约瓶颈和薄弱环节，激活服务业发展潜能。

（六）大力发展现代农业和农产品加工业，做大做强县域经济

夯实农业基础地位。稳定粮食产能，落实藏粮于地、藏粮于技战略。加强耕地保护，建成高标准农田180万亩。巩固千万亩设施农业规模。抓好40万亩节水灌溉工程。发展政策性农业保险。保障粮食生产和储备安全。

促进农业供给侧结构调整，适应需求侧的需要。调减玉米种植面积200万亩。推进国家和省级现代农业示范区建设，大力发展绿色农业、循环农业、特色农业和品牌农业。发展标准化、规模化、环境友好型畜禽养殖。促进水产健康养殖，建设一批现代渔业标准化健康养殖示范场。

加强农业科技创新。加快发展现代种业。推进农业机械化，主要粮食作物生产综合机械化水平达到78%以上。加强重大动植物疫病防控，保障农产品质量安全。

加快发展农产品加工业。积极培育一批市场需求大、经济效益好、带动能力强的农产品加工企业和出口生产基地，推动农业生产与农产品加工、流通、服务有机结合。

大力发展县域经济。认真解决县域改革发展稳定中的问题，依靠产业和项目提升县域经济实力。鼓励省市企业入驻县域工业园区，促进一、二、三产业融合发展，提升县域工业园区投入产出水平。完善县域发展考核评价体系。

深化农村改革。推进土地承包经营权确权登记工作，规范土地经营权依法有序流转，发展适度规模经营，发展新型经营主体。支持建立市县两级农村综合产权交易平台。抓好"两权"抵押贷款试点。继续巩固发展农村专业合作组织。推进供销社综合改革、国有林场改革和农垦改革发展。做好第三次农业普查。

加快建设宜居乡村。继续开展一事一议村内道路和美丽乡村示范村建设，借鉴和推广盘锦市宜居乡村建设的做法，加强农村环境治理，逐步实现村路硬化、村庄亮化、村屯绿化、村容美化。

（七）继续实施三大区域发展战略，构建全方位对外开放新格局

更加注重区域协调发展。要脚踏实地，坚持一张好的蓝图绘到底。进一步加大统筹协调力度，制定切实可行的具体措施，一年扎扎实实地做好几件实事，逐步提高区域发展的整体性。

大力支持沈阳突出新型工业化主攻方向，系统推进全面创新改革试验。大力支持大连自由贸易试验区建设，进一步提高对外开放水平。

加快推进沿海经济带开发建设。制定促进沿海经济带创新发展的指导意见。科学开发海洋资源，加快发展海洋优势产业。

积极推动沈阳经济区同城化、一体化发展。制定促进沈阳经济区协同发展的指导意见。推进沈抚同城化进程，抓好城际连接带建设。抓好产业园区协作联盟建设，支持沈阳大数据中心、本溪信息惠民平台建设，加强统筹规划，抓好示范引领，实施共建共享，推进数字辽宁和智慧城市建设。大力支持抚顺创建转型创新试验区。

大力实施突破辽西北战略。制定指导意见，落实各项扶持政策，重点推进生态环境、基础设施、产业园区建设，积极培育一批省级工业园区。加快发展特色农业。推进文化旅游产业发展。大力支持阜新等资源型城市转型发展。

积极扩大利用外资，不断改善利用外资环境，保障外资企业合法权益。加强与世界500强和行业龙头企业战略合作，促进资源高效配置、市场深度融合。

主动参与京津冀协同发展战略。大力支持葫芦岛、朝阳等市与京津冀地区开展经济技术交流合作。积极承接中关村、中科院产业转移和科技成果转化，加快把东戴河建设成为承接京津冀产业、科技、人才转移的先导区和示范区。

抓好开发区、产业园区清理整合与转型升级，鼓励开发区创新体制机制和运营模式。盘活闲置土地、厂房等资源，以存量资产吸引增量投资。支持大连市建设中日韩循环经济示范基地。推进丹东市国家重点开发开放试验区建设。

（八）加强生态环境保护，促进绿色发展取得新突破

推进蓝天工程，依法加强雾霾治理。重点抓好高效一体化供热、推进煤改电和气化辽宁、清洁能源推广、燃煤和污染物排放总量控制、城市全覆盖、绿色交通、秸秆焚烧管控和综合利用、工业提标改造、实施监测预警等9大重点工程。以10吨及以下燃煤锅炉为重点，淘汰建成区内全部老旧低效锅炉，严控新建燃煤锅炉。全部淘汰黄标车。全省车用汽柴油提标使用国五标准，不断改善空气质量。

依法加强环境监察执法，清理整顿环保违法违规建设项目，整治城市黑臭水体，强化污染治理。

推进碧水工程。严格实施水污染防治行动计划，协同推进水污染防治、水生态保护和水资源管理。抓好生态文明先行示范区建设，巩固辽河、大小凌河治理成果，推进大伙房水源保护区综合治理。强化海洋生态环境监测与保护，加强湿地生态保护与管理。

推进青山工程。加强绿色屏障建设，完成荒山造林、封山育林、森林抚育年度计划。探索推进碳汇交易。

推进沃土工程。加强土壤污染治理与修复，实行严格的耕地土壤环境保护。

落实主体功能区战略，加强重点生态功能区保护和管理，健全生态保护补偿机制。推进重点领域节能减排。综合利用卫星数据，提高气象预报准确率。

（九）持续抓好民生保障和社会建设，让老百姓有更多获得感

当前，经济下行压力和财政收支矛盾更加凸显，越是在困难情况下，我们越要高度重视民生、全力保障民生，多做雪中送炭的实事，努力让老百姓的日子越过越好！

坚决打赢脱贫攻坚战，按照"六个精准"要求，建立精准脱贫长效机制，加强对辽西北地区对口帮扶，抓好精准脱贫绩效考核。实现 25 万国标线下贫困人口脱贫。

实施更加积极的就业政策，推进高校全程抓就业创业，确保毕业生初次就业率基本稳定。制定并落实援企稳岗政策，构建和谐劳动关系。

不断完善社会保障体系。继续提高退休人员基本养老金标准，提高城乡居民基本医疗保险财政补助标准，提高城乡最低生活保障和农村五保供养标准。大力推进机关事业单位基本养老保险制度改革。依法加强社保基金征缴，确保社保待遇按时足额发放。实现城乡低保家庭取暖救助全覆盖。建立困难残疾人生活补贴、重度残疾人护理补贴制度。促进慈善事业健康发展。

进一步提高教育质量。推进义务教育均衡发展，改善农村义务教育薄弱学校办学条件，实施乡村教师支持计划，推进中小学教师职称制度改革。抓好学前教育、特殊教育和民族教育，强化素质教育，鼓励、支持社会资本进入教育领域。整合高等教育资源，优化专业结构，加强一流学科建设，提升高等教育服务辽宁经济社会发展的能力。深化考试招生制度改革、研究生教育改革，创新高等教育人才培养模式，努力建设教育强省。

加快推进健康辽宁建设。深化医药卫生体制改革，扩大县级公立医院综合改革成果，做好城市公立医院改革试点。构建分级诊疗就医新秩序，实施"改善医疗服务行动计划"，解决群众看病就医问题。加强以全科医生为重点的基层卫生人才队伍建设。实施县、乡、村一体化管理运行新机制，推进基层全面实施基本药物制度。加快形成多元办医新格局。完善计划生育综合服务体系，全面实施一对夫妻生育两个孩子政策，加强儿科专业人才培养。大力发展医养结合养老服务，实施关爱老年人健康工程。加快发展中医药健康服务和大健康产业。

全面推进文化强省建设。大力弘扬传统文化，唱响时代精神和辽宁精神，积极培育和践行社会主义核心价值观。完善覆盖城乡的现代公共文化服务体系，实施文化惠民工程。抓好县级文化场馆及基层文化服务中心建设。办好第五届全民读书节，建设"书香辽宁"。繁荣文化创作和演出，培育辽宁特色艺术精品，加大辽宁历史文化保护开发力度。吸引社会资本，发展壮大文化产业，抓好文化创意、影视出版、动漫游戏和印刷包装业，促进传统媒体与新兴媒体融合发展。加强文化市场管理，切实维护良好文化生态。开展全民健身活动，促进体育产业发展。

加强和创新社会治理，建设平安辽宁。广泛开展法治宣传教育，扩大法律援助覆盖面，依法分类处理信访问题。抓好城乡社区建设。加强应急管理，强化安全生产、食品药品安全执法和保障能力建设，落实企业主体责任和行政监管责任，推动安全生产形势持续稳定好转。开展食品安全城市创建工作。增强风险防范意识，落实重大决策社会稳定风险评估机制，有效预防和化解社会矛盾。加快推进立体化社会治安防控体系建设，依法惩治各种违法犯罪行为，确保社会安全和谐稳定。

努力维护民族团结、宗教和谐。继续推进兴边富民行动，支持民族地区、边境地区加快发展。

巩固和加强军政军民团结，努力形成军爱民、民拥军的生动局面。积极支持军队改革，做好军队转业干部和退役士兵安置工作，解决随军家属就业、子女就学等问题。搞好国防教育和后备力量建设，依法加强军事设施保护。强化边海防安全管控，做好民兵预备役和人防工作。

（十）坚持五大发展理念，更好地发挥政府作用

坚持创新发展理念。省市县（区）各级政府，都要把发展的基点放在创新上，不断深化科技体制改革，推进人才发展体制和政策创新，突出"高精尖缺"人才政策导向，实施更加开放的创新人才引进政策。

坚持协调发展理念。各级政府要正确处理好局部和全局、当前和长远、重点和非重点的关系，着力推动区域协调发展、城乡协调发展、物质文明和精神文明协调发展，推动经济建设和国防建设融合发展。

坚持绿色发展理念。在政府工作中，各级干部都要坚决摒弃损害甚至破坏生态环境的发展模式和做法，决不能再以牺牲生态环境为代价谋取一时一地的经济增长，要切实解决好人与自然和谐共生问题。

坚持开放发展理念。辽宁要加快发展，必须主动顺应经济全球化潮流，加大对外开放的力度，加大"引进来"和"走出去"的均衡力度，加大优进优出的力度，不断提高对外开放的质量和水平。

坚持共享发展理念。"十三五"时期，要举全省4390万人民之力，不断把经济"蛋糕"做大，还要把不断做大的"蛋糕"分配好，既要扩大中等收入阶层，又要加大对困难群众的帮扶力度，要坚决打赢农村贫困人口脱贫攻坚战。

完成各项目标任务，必须切实加强政府自身建设。要加强法治政府建设，把政府工作全面纳入法治轨道，依法全面履行职责，规范行政权力运行。自觉接受人大的法律监督和工作监督，认真落实省人大及其常委会的各项决议决定，坚持向人大及其常委会报告工作。主动加强同人民政协的联系，自觉接受人民政协的民主监督，积极支持省政协履行政治协商、民主监督和参政议政职能。认真办理人大代表议案、建议和政协提案，不断提高政府工作法治化、规范化水平。要加强服务型政府建设，牢记全心全意为人民服务宗旨，不断改进工作作风，提高工作效率。要加强诚信政府建设，办实事、说实话、求实效。要加强廉洁政府建设，自觉遵守并严格执行《中国共产党廉洁自律准则》和《中国共产党纪律处分条例》，做忠诚、干净、担当的公务员。要加强务实高效政府建设，主动作为、苦干实干，加强行政督查和分类考核，以严和实的作风，勇于担当抓落实，实事求是抓落实，聚焦重点抓落实，雷厉风行抓落实，努力做到忠诚敬业、勤政为民。

各位代表：全面建成小康社会的历史大幕已经拉开，这是时代赋予我们的光荣使命，是人民赋予我们的重大责任，我们要更加紧密地团结在以习近平同志为总书记的党中央周围，在中共辽宁省委的领导下，凝心聚力，奋发图强，忠实履职，振兴辽宁，为实现全面建成小康社会目标而努力奋斗！

吉 林 省

政府工作报告

——2016 年 1 月 26 日在吉林省第十二届
人民代表大会第五次会议上

省长 蒋超良

各位代表：

现在，我代表省政府，向大会作政府工作报告，请予审议，并
请省政协各位委员提出意见。

一、2015 年工作回顾

2015 年是吉林振兴发展中极不平凡的一年。面对经济下行压
力不断加大的困难局面，在习近平总书记、李克强总理视察吉林重
要讲话精神的指引和鼓舞下，在省委的坚强领导下，全省各级政府
和广大干部群众一道，攻坚克难，奋力拼搏，经历了一系列具有历
史性、标志性、关键性的大事、要事、喜事，经济社会发展取得可
喜成绩。

——经济增长缓中趋稳。全省地区生产总值增速呈现"前低

后高"态势，一季度、上半年、前三季度和全年分别增长 5.8%、6.1%、6.3%、6.5%，总量达到 14274.1 亿元。规模以上工业增加值达到 6054.6 亿元，增长 5.3%。克服产品价格持续下行、企业效益下降等困难，地方级财政收入仍达到 1229.3 亿元，增长 2.2%。固定资产投资完成 12704.3 亿元，增长 12%。社会消费品零售总额完成 6646.5 亿元，增长 9.3%。节能减排完成年度目标任务。

——动能转换初见成效。战略性新兴产业产值达到 3510 亿元，增长 10.1%。服务业增加值实现 5340.8 亿元，增长 8.3%，占 GDP 比重提高 1.2 个百分点。工业结构中轻工业比重提高 1.6 个百分点。民营经济占全省经济总量的比重超过 50%，个体工商户和私营企业户数分别达到 136.2 万户、25.8 万户，分别增长 7.6%、19.8%。

——粮食生产再获丰收。克服干旱等灾害影响，粮食产量达到 729.4 亿斤，稳居全国第 4 位。粮食单产继续位居全国首位。

——开放水平不断提升。主动融入国家"一带一路"战略，提出并实施长吉图向东开放和面向环渤海向南开放双翼共进，"长满欧"国际货运班列正式启动，扎鲁比诺万能海港项目进展顺利。

——人民生活持续改善。城镇居民人均可支配收入达到 24901 元，增长 7.2%；农民人均可支配收入在国家玉米临储价格下调的情况下，仍然达到 11326 元，增长 5.1%。城镇新增就业 52.5 万人，比计划目标多 2.5 万人。同口径实现 27.2 万人脱贫。城镇、农村低保标准分别达到月人均 403 元、年人均 2719 元，分别增长 8.3%、9.2%。企业退休人员养老金标准人均达到 1935 元/月，增长 12.5%。城乡居民基本医疗保险补助标准达到 380 元，增长 18.8%。

一年来，我们围绕稳增长、调结构、促改革、惠民生、保稳定、防风险，扎实做好以下主要工作。

（一）坚持定向精准调控稳定经济增长。我们把稳增长放在突出位置，出台了一系列政策举措，落实省委推动新一轮振兴发展落实年"八千人大会"精神，开展项目"大巡检"活动，定期对重点企业、重大项目进行调度，实现了经济运行稳中有进、稳中有好。千方百计稳工业，工业经济增长逐季回升。充分发挥有效投资关键作用，抓好工业技改、棚户区改造等"五大工程"和交通、水利、能源基础设施等"四大工程包"建设，重大项目无论是数量还是质量都有大幅提高。长春至珲春城际铁路开通运营，长春至四平改扩建等4条高速公路建成。我省获批成为全国唯一城市地下综合管廊建设试点省，15个城市建成廊体24.8公里。白城市成为全国首批16个海绵城市建设试点市之一，各项工程全面启动。积极培育信息消费、信用消费等热点，四平电子商务产业园等获批成为国家示范基地，全省电子商务交易额突破2600亿元。加强国际产能合作，长客公司美国马萨诸塞州地铁制造基地开工，支持一汽建设7个海外生产基地。深入实施创新驱动战略，新认定摆渡创新工场等23个新型孵化器，一大批创新主体生成涌现。

（二）坚持多点发力促进结构性改革。围绕孕育新的动能，加快推进结构调整。突出产业转型升级，医药健康、装备制造业产值分别达到2029.2亿元、2423.4亿元，分别增长13.5%、11.4%。成功发射"吉林一号"商业卫星组星，拥有自主知识产权的时速350公里中国标准动车组正式下线。旅游业总收入达到2315.2亿元，增长25.4%，"十一"黄金周期间旅游收入增幅居全国首位。全省民航进出港航班达到8.6万架次，旅客吞吐量达到1059.6万人次，分别增长13%、16.3%，增幅居东北地区首位。开展小微企业专项扶助活动，民营经济主营业务收入增长 8.8%。统筹推进区域协调发展，加快建设西部生态经济区，启动向海湿地移民试点，抓好河湖连通等重点工程，湿地面积增加 600 平方公里；中部创新转型核心区总体规划正式出台，创新模式、转型路径更加清晰；全面启动东部绿色转型发展区，开工建设 59 个投资 10 亿元以上项目，东部地区发展进一步提速。深入实施新型城镇化，在启动 4 个国家首批试点的基础上，又有抚松县、梨树县、林海镇纳入国家第二批试点。开展 18 个扩权强镇试点，向带动县域加快发展具有引领作用的一批县（市）进一步放权，县域经济预计完成 8430 亿元，占全省经济总量的比重达到 59.1%。

（三）坚持推进农业现代化。落实习近平总书记重要指示，全面启动农业现代化建设规划实施。完善农业基础设施，大力改造中低产田，高标准农田面积达到 2000 万亩，新增和改善节水灌溉面积 320 万亩。加快农业科技创新，建成 625 个粮油高产万亩示范片。农作物耕种收综合机械化水平突破 80%。打造"吉林大米"品牌，大米平均销价提高 7%，带动农民增收 14 亿元。启动 4 个国家级"粮改饲"和"种养结合"模式试点。改善粮食仓储设施，新增有效仓容 100 亿斤。"粮食银行"试点取得初步成效。抓好新农村建设，建成 108 个美丽乡村。全面启动农村土地承包经营权确权登记颁证工作。土地经营权抵押贷款试点扩大到 37 个县（市）。土地流转面积比重提高 3 个百分点。农村集体经营性建设用地入市试点稳步开展。启动供销合作社综合改革试点。延边州获批成为全国农村综合改革试验区。

（四）坚持全面深化改革开放。落实省委部署，突出抓好政府承担的标志性、关联性重大改革。推进简政放权、放管结合、优化服务改革，省市县三级政府权力清单全部建立并公布，政府权力运行更加规范。全省公安派出所出具的证明由 51 种下调到 9 种，出台了 30 项激发社会创造创新活力、助推振兴发展的政策措施。行政效率和服务质量进一步提升，审批时限整体压缩 50%。事中事后监管体系不断健全，监管工作标准和流程更加规范。深化商事制度改革，实施"五证合一、一照一码"模式以来，大众创业、万众创新的制度环境进一步完善，新登记企业达到 2.48 万户，增长36.2%，平均每天生成 275 户企业。国资国企改革稳步推进，制定了改革总体意见和配套措施。推动大成集团完成重组。全面启动厂办大集体改革，森工、吉煤集团分离办社会职能试点进展顺利。国有林场改革总体方案获得国家发改委、林业局联合批复。金融体制改革深入推进，国务院正式批准在吉林省开展农村金融综合改革试验，并作为国家金融改革创新战略推进。探索金融资本投资运营新模式，成立东北亚国际金融投资集团，村镇银行基本实现全覆盖。全年社会融资 2709.8 亿元，金融机构新增贷款 2609.4 亿元，增长20.6%。新三板挂牌企业增加 34 户，资本市场直接融资 1226.3 亿元，比上年翻了一番。财税改革不断深化，政府购买服务、存量资金盘活、政府债务置换等取得新成效。长春产学研协同创新机制试点深入开展。县级公立医院综合改革实现全覆盖。突出长吉图开发开放先导区战略，铁路、口岸等基础设施建设加快，积极推进长吉产业创新发展示范区建设，珲春—扎鲁比诺—釜山航线正式开通。成功举办第十届中国—东北亚博览会、"民企吉林行""央企走进吉林"等活动，引进域外资金、实际利用外资分别达到 6829.8 亿元、85.7亿美元，分别增长 16.1%、12%。吉林对外影响力和知名度不断提升。

（五）坚持民生工作优先。着眼托底民生，解决关系群众切身利益的突出问题，承诺的 47 项民生实事全部完成。在财政收支矛盾突出的情况下，用于民生的支出 2583 亿元，占比达到 80.3%，提高 1.2 个百分点。突出对高校毕业生等重点群体的就业帮扶，城镇登记失业率为 3.5%。率先在全国建立医疗保险重特大疾病保障机制。启动了保障性安居工程"三年行动计划"，开工 17.5 万套，开工率达到 100.3%，基本建成 15.2 万套，40 多万居民受益。解决了 98.1 万农村人口饮水安全问题。社会事业协调发展。34 个县（市、区）通过国家义务教育基本均衡发展验收。中小学校长教师交流全面启动，"大学区"管理覆盖 91% 的城市义务教育学校。各级博物馆、公共图书馆、文化馆等免费开放工作顺利开展。省科技馆新馆建成并投入使用。医疗救治体系逐步完善，传染病防治水平进一步提升，中医药事业持续健康发展。全力维护社会稳定。国家安全生产综合改革试点任务基本完成，安全生产形势总体稳定。食品药品安全形势持续平稳向好。连续 35 年无重大森林火灾。及时就地化解社会矛盾，信访受理总量、进京非正常上访数量分别下降 40.4% 和 71.8%。推进平安吉林建设，严防暴恐现实危害，命案破案率达到 99.8%。完善党政军警民合力治边机制，边境安全基础不断夯实。双拥共建取得新成果，军政军民关系更加密切。援藏、援疆工作深入推进。广播电视、新闻出版、外事侨务、民族宗教、人防、体育、老龄、妇女儿童、残疾人、地方志等各项事业全面发展。

　　（六）坚持加强民主法治和政风建设。扎实推进依法行政，提请省人大常委会审议地方性法规草案 4 部，制定政府规章 5 件。办理人大代表建议和政协委员提案 567 件。长春市、白山市行政复议权改革试点稳步推进。政务公开不断深化，政务服务网加快建设。深入开展"三严三实"专题教育，作风建设取得实效。保持了机构编制"零增长"、楼堂馆所"零开工"。整治乱收费、乱摊派等问题，发展环境进一步优化。严格督导追责问效，层层传导抓落实压力。推进政务督查与效能监察、执法监督、行政问责、专业审计有机结合，敲钟问响，推动了各项政策部署落地生根。反腐倡廉工作取得积极成效，以新风正气赢得人民群众广泛赞誉。

2015年工作取得的成效，标志着"十二五"规划胜利收官，确定的主要指标全面完成。主要是"跃上三个台阶，完成两个翻番，实现一个超越"。"跃上三个台阶"，就是地区生产总值年均增长9.4%，跨上万亿元台阶；地方级财政收入迈上千亿元台阶；粮食产量由568.6亿斤增加到729.4亿斤，登上了700亿斤台阶。"完成两个翻番"，就是"十二五"累计实现经济总量比"十一五"翻了一番；民营经济主营业务收入比2010年翻了一番。"实现一个超越"，就是城乡居民收入分别增长11%和12%，跑赢了GDP增速。这些成就标志着我省站在新的发展起点上，为"十三五"开局起步打下了坚实基础。

这些成绩的取得来之不易，是党中央、国务院坚强领导的结果，是全省广大干部群众主动作为、团结拼搏的结果，各个方面付出了极为艰辛的努力。我代表省政府，向全省各族人民，向人大代表、政协委员，向各民主党派、工商联、人民团体和社会各界人士，表示最崇高的敬意！向解放军驻吉部队、武警官兵和公安干警，中直各单位，向港澳同胞、台湾同胞、广大侨胞以及所有关心和支持吉林发展的海内外朋友，表示最诚挚的感谢！

在总结成绩的同时，我们清醒地看到，我省对新常态的趋势性变化认识不足、适应不够、主动引领不强，依然面临严峻困难和挑战。从经济发展看，经济增速不稳定、结构调整步伐不快、动能转换较慢相互交织。工业持续回升艰难,一些传统产业转型升级缓慢,新兴产业仍未成长为发展支柱,部分行业产能过剩问题突出。企业成本上升、亏损增加。投资缺乏后劲。受国际市场和经济结构调整影响,进出口下降态势仍在延续。财政收支矛盾突出,平衡收支难度很大。从社会领域看,不稳定因素依然较多,安全生产隐患不少,大气污染和雾霾治理等生态环境保护任务繁重,农民持续增收乏力,一些涉及群众切身利益的民生问题还需要下大力量解决。从全面深化改革看,一些关联性改革推进不快,落实不力,改革红利没有充分释放。从政府自身建设看,政府服务亟待加强,发展环境需要进一步改善。对上述问题,必须持续发力,切实加以解决。

二、2016 年工作总体安排

今年,政府工作的总体要求是:以党的十八大和十八届三中、四中、五中全会以及中央经济工作会议精神为指导,深入贯彻习近平总书记系列重要讲话特别是视察吉林重要讲话精神,认真贯彻省委十届五次、六次全会和省经济工作会议部署,坚持以"四个全面"战略布局为引领,牢牢抓住国家新一轮振兴东北老工业基地的重要机遇,牢固树立和贯彻落实创新、协调、绿色、开放、共享的发展理念,主动适应经济发展新常态,坚持改革开放,坚持稳中求进工作总基调,坚持稳增长、调结构、惠民生、防风险,突出发挥"五个优势"、推进"五项举措"、加快"五大发展",紧紧围绕去产能、去库存、去杠杆、降成本、补短板五大任务,着力推动转型升级,着力培育新的发展动能,着力增强持续增长动力,着力保障改善民生,着力实施依法治省,努力促进经济社会平稳健康发展,确保实现"十三五"时期经济社会发展的良好开局。

2016 年经济社会发展主要预期目标是：地区生产总值增长 6.5%－7%，地方级财政收入增长 2% 以上，单位 GDP 能耗下降 3.2%，化学需氧量等排放量完成国家下达任务。居民消费价格涨幅 3% 左右，城乡居民人均可支配收入与经济增长同步，城镇新增就业 50 万人，城镇登记失业率控制在 4.5% 以内。

这些目标，是立足实际和可能，衔接全面建成小康社会和"十三五"规划的各项指标，经过反复比较、综合权衡后确定的，既保证经济运行在合理区间，提高调控的弹性和科学性，又保障供给侧结构性改革、民生改善、财政增长，为调结构、防风险、增强社会和市场信心创造条件。我们一定全力以赴，克难攻坚，力争完成得更好一些。

做好今年政府工作，必须遵循科学规律，坚持发展理念，破解发展难题，厚植发展优势，推动吉林新一轮振兴发展。按照中央要求，根据省委部署，牢牢把握以下几点。第一，贯彻发展理念。适应和引领经济新常态，关键是落实五大发展理念。只要我们坚持把发展作为第一要务，进一步解放思想，坚定发展理念，保持发展定力，提振发展信心，集中力量解决长期积累的体制机制和结构性问题，就一定会走出一条质量更高、效益更好、结构更优、优势充分释放的发展新路。第二，拓展发展路径。在经济新常态下，发展面临速度换挡节点、结构调整节点、动力转换节点，传统路径已经难以为继。必须打破旧思维，认识新常态，坚持变中求新、新中求进、进中突破，发挥优势与释放潜能同步推进，投资驱动与创新驱动"双轮发力"，引领好经济新常态。第三，增强发展动力。作为老工业基地，我省新旧动能转换艰难，新动能培育不足。我们必须坚定不移推进供给侧结构性改革，有效配置生产要素，提高供给体系质量和效率，增强供给结构对需求变化的适应性和灵活性。突出国资国企体制机制改革，发挥好国有资本的控制力、竞争力和影响力。深化科技体制改革，充分发挥我省科技优势，提高科技成果就地转化率，真正把发展基点放在创新上。第四，优化发展结构。我省传统产业供给能力较强，尽管增速放缓，但仍占绝对比重。必须强化科技创新，运用"互联网 +"等新模式，推进结构转型和产业升级。要遵循产业树规律，升级老产业，加快培育战略性新兴产业，厚植新优势，从过去增量扩能为主转向调整存量、做优增量并举，做好结构调整的加减乘除法，增强发展的整体性协调性，推动经济平稳健康发展。第五，坚持发展宗旨。保障和改善民生是政府的最大责任，也是发展的归宿。要坚持把民生作为"指南针"，着力解决关系群众利益的根本问题，确保民生托底，促进社会公平正义。第六，改善发展环境。发展环境取决于政府服务能力和工作效率。必须转变政府职能，提高服务质量，加快建设法治政府，为培育各类市场主体、推动新一轮振兴发展创造良好条件。

着力抓好以下重点工作。

（一）下大力量稳定经济增长。着眼适应经济新常态，坚持底线思维，增强调控精准性，推动工业经济发展，强化投资、消费重要作用，确保经济稳定增长。

着力稳定工业经济增长。开展工业稳增长调结构增效益行动，抓好监测分析，加强要素供应保障，坚决遏制工业经济下行。突出重点企业，强化精准服务，逐户研究解决开拓市场、融资等困难。全面启动实施改善消费品供给、降本增效、制造业升级 3 个专项行动。针对钢铁、水泥、煤炭等行业产能过剩实际，切实做好去产能各项工作。对资不抵债、长期亏损、扭亏无望的"僵尸企业",做好市场出清工作。

充分发挥投资关键作用。在推进供给侧结构性改革的同时,强化投资补短板作用。全省固定资产投资增长10%左右。一是突出基础设施项目。继续推进"五大工程""四大工程包"等项目,确保取得实质性进展。全面启动我省境内松花江流域综合治理工程。推进城市地下综合管廊工程,确保开工160公里。加快伊通河百里生态长廊工程建设。全面开工河湖连通工程,力争增加3亿立方米蓄排水能力。加快白城海绵城市建设。突出铁路网、高速公路网、油气管网、信息通信网、城乡配电网等设施建设。抓好长春至白城铁路等项目,开工长春轨道交通北湖线一期等工程,确保长春地铁1号线等建成运行。新开工东丰至双辽等3个高速公路项目,续建靖宇至通化等9个项目,新增通车里程481公里。实施边防公路重点路段升级改造,推动军民融合发展。搞好松原机场、长春龙嘉国际机场二期扩建工程,推进白城机场通航前的筹备工作,加快延吉机场迁建前期工作。开工建设特高压扎鲁特变电站吉林配套工程。搞好中部城市引松供水等22项重点水利工程,力争完成投资100亿元。二是突出技改项目。优化产品结构,提高市场竞争力。抓好长客高速动车检修基地等项目,争取启动小卫星、无人机等智能制造项目,扩大战略性新兴产业投资比重。技改投资占工业投资比重达到60%以上。三是突出公共产品和公共服务相关项目。抓好市政道路、供排水等工程,全面提升服务水平。推进棚户区改造,全年改造完成13万套。

促进消费转型升级。发挥新消费引领作用,培育形成新供给、新动力。全省社会消费品零售总额增长9%左右。加快培育消费热点。

深入推进市场化发展养老服务产业国家试点，放宽养老健康、医疗保健等市场准入。探索设立进口商品直销中心，增强中高端消费供给能力，吸引域外消费回流。深化与阿里巴巴、京东等知名电商合作，加强启明信息、欧亚易购等电商平台建设，打造智慧商圈和智慧特色街区，完成吉林市国家级电商快递协同发展试点城市和 8 个国家级电商进农村综合示范县（市）建设，电商综合服务平台覆盖 300 个城市社区，快递乡镇网点覆盖率达到 100%。进一步推出消费政策。落实支持住房消费、体育消费等政策，围绕绿色、信息消费等新兴领域研究出台支持意见。制定扩大农村消费的措施，鼓励欧亚等大型零售企业到县乡设立商贸中心，释放农村消费潜力。切实增强消费能力。根据国家政策，调整收入分配，完善最低工资标准调整机制、职工工资正常增长机制。持续改善消费环境。健全商贸流通体系，建设长春市国家级流通节点城市和吉林市、延吉市区域流通节点城市。完善社会诚信体系，打击侵犯知识产权和制售假冒伪劣商品等违法行为，营造良好消费环境。

提高经济运行调控的精准性。创新调控方式，完善精准调控机制，增加精准调控资金，充分发挥财政资金"四两拨千斤"作用。房地产去库存要综合施策：一是扩大需求，深化户籍制度改革，解决好农民进城落户难问题；二是结合棚户区改造，加大货币化安置和政府回购商品房等政策性安置力度；三是降低购房成本和购房门槛，取消限购政策，协调银行合理降低购房贷款利率和住房按揭贷款的首付比例，研究松绑住房公积金政策，降低税费；四是鼓励和支持房地产开发企业适当降低商品住房价格，帮助解决融资难问题，同时根据去库存的进度调节土地供应。粮食去库存要落实国家消化和转化库存政策，从供给端发力，支持玉米加工企业脱困，降低企业财务成本、流通成本，继续对粮食加工企业给予适当补贴，完善粮食去库存政策措施；加快畜牧业发展，增加玉米过腹转化。汽车去库存要重点帮助一汽等企业，抓住国家 1.6 升及以下小排量乘用车购置税减半征收等机遇，加快销售现有存量汽车，重建销售体系。完善政府补贴和政府采购措施意见，支持自主品牌和新能源、节能型汽车的生产销售。

（二）下大力量深化重点领域改革。按照省委部署，实施一批具有标志性、引领性的重点改革，确保改革措施真正落地。一是打好国资国企改革攻坚战。既积极推进，又稳妥操作，切实维护社会稳定。实行国有企业功能界定分类、布局和结构调整，完善配套政策。推进经营性国有资产集中统一监管，加快省属企业与管理部门脱钩。先在农业、林业、旅游等领域组建国有资本投资运营公司。转变国资监管机构职能，制定监管清单和责任清单。妥善解决国企改革历史遗留问题。配合和协助驻吉央企做好"三供一业"分离移交。全面启动国有林区和地方国有林场改革。二是推进金融改革创新。启动农村金融综合改革试验，在长春、白城、松原、梨树、龙井等地开展相关试点，探索可复制可推广模式。加快吉林信托、省农信联社等金融机构改革。抓住股票发行注册制改革契机，推进有条件企业上市，用好公司债、企业债等融资工具，力争直接融资达到 900 亿元，新增上市挂牌企业 3 户。加快建设长春东北亚区域性金融服务中心。推进设立省扶贫开发建设投资有限公司。发起设立吉林人参交易中心。三是加快财税体制改革。完善预算激励约束机制，盘活财政存量资金，提高财政资金使用效率。积极防范和化解政府债务风险，继续做好债务置换和利用市场化工具，改善政府债务管理。扩大政府购买公共服务范围，制定第二批目录。按照国家统一部署，做好"营改增"和"营改增"后收入调整测算工作，推进省与市（州）、县（市）事权和支出责任制度改革。四是协调推进商事制度、社会保障、医药卫生、国有农垦农场、事业单位、价格机制、供销合作社、企业信息公示等重点改革。

（三）下大力量推进结构调整优化。搞好结构性改革，强化创新支撑，突出产业结构、区域结构、所有制结构等，进一步激发活力。

深入实施创新驱动战略。一是抓好重大标志性科技支撑项目。引导企业加大研发投入，加快推进"吉林一号"卫星商业化和产业化，全力打造民用航天数据信息和高端装备制造两个产业集群。抓好吉林通用机械有限公司 20 台套机器人的生产。结合军民融合发展，支持长春光机所和长光集团推进专用无人机产业化，无人机产业产值增长 50% 以上。二是支持吉林大学建设世界一流大学，支持东北师大和长春光机所、应化所抓好国家相关重点实验室的申请和创办工作，力争在高分子复合材料、新药创制、动力电池、激光通信、稀土资源利用等科研领域取得突破。扶持重点省属高校发展，提高科研攻关能力。三是完善创新平台和机制。搞好国家技术转移东北中心建设，强化辐射带动作用。新建 3 — 5 个院士工作站、10 个中试中心。继续推进"两所五校"科技成果转化试点，加快科技成果省内转化。建设 50 个重大科技项目研发人才团队，培育一批科技小巨人企业。四是落实"互联网＋"行动计划。实施"宽带吉林"工程，确保网络"提速降费"政策落地。充分利用我省地理环境、气候条件和电力供应的优势，加快推进云计算、大数据、空间地理信息集成、灾备中心等项目，形成新的产业集群。搞好辽源等"智慧城市"、白山"宽带中国"示范城市等创建。

加快产业结构优化升级。坚持有中生新、无中生有，推动产业融合发展、集群发展和高端发展。汽车产业重点优化车型结构，推进奔腾系列纯电等新能源汽车产业化。投放新迈腾等10款新车型，实现省属产销230万辆。石化产业坚持大化工发展方向，支持吉林化纤年产5千吨竹长丝等项目建设，完成吉化汽柴油质量升级，吉化新增原油加工量110万吨。推进油气勘探重点转向吉林东部地区，吉林油田油气产量当量超过500万吨。农产品加工业重点加快长春大成老厂区搬迁改造，推动建设中粮3万吨聚乳酸等生物化工项目，搞好酒精集团兼并重组，提高产能集中度。医药健康产业重点盘活全省丰富的药号资源，突出抓好40户创新主导型企业，培育5个产值超10亿元的大企业，支持通化国家级医药高新区等建设。装备制造业重点建设国家轨道客车系统集成工程技术研究中心、吉林市航空产业园等项目，支持长客公司抓好俄罗斯高铁等订单落地，推动换热装备、农业机械等传统装备制造业高端化发展。旅游业重点实施"旅游+"行动，培育休闲农业等业态，启动组建吉林航空公司，推进图们江三角洲国际旅游合作区开发。全年接待游客增长17%，旅游总收入增长25%。战略性新兴产业深入实施9大行动计划，培育发展新材料、新一代信息技术、生物医药、高性能医疗器械等新兴产业。高技术制造业增加值实现快速增长。

集中力量打好服务业发展攻坚战。抓紧出台加快服务业发展的实施意见。围绕汽车、轨道客车等产前、产中、产后环节，加快发展研发设计、信息技术等生产性服务业，生产性服务业比重提高2个百分点。着力发展文化、健康等行业，推动生活性服务业向发展型、现代型转变。利用中韩自贸协定生效实施的机遇，扩大信息咨询、动漫游戏、创意设计等服务贸易规模，建好长春、吉林等服务贸易园区。推进长吉图综合物流园等项目建设，提升物流快递业发展水平。放宽准入条件，全面开放市场，积极引进国内外资本进入金融保险业，加快现代金融服务业发展。落实用电、用水、用气与工业同价政策，降低服务业生产要素成本。增加财政投入，推动服务业持续健康发展。

推进区域协调发展。落实省委要求，统筹推进东中西"三个板块"，进一步拓展发展空间。深入实施东部绿色转型发展区战略，搞好内联外通、生态恢复等五大先导工程，滚动实施 100 个投资 10 亿元以上重大项目。推进资源精深加工，提交和发现矿产地 24 处。深化与恒大等战略投资者合作，提高矿泉水、人参等品牌影响力。全面启动中部创新转型核心区建设，编制具体实施方案，推进产业转型、城市转型，加快建设长吉产业创新发展示范区，以国家级长春新区获批为契机，搞好哈长城市群、中部城市群建设。继续推进西部生态经济区发展，抓好向海湿地生态移民试点，启动实施一批循环经济试点项目，打造新型能源基地。

加快发展民营经济。坚持把民营经济作为推进供给侧结构性改革、增强发展活力的重要力量，进一步做优做强。完善民营经济发展机制，优化发展环境，争取把长春市等纳入东北振兴国家民营经济改革试点范围。启动"中小企业入规升级"行动，提升民营企业层次和规模，培育规模以上企业 400 户。新设省级创业孵化基地 20 户以上。实施"万名创业者、万名小老板"和技能人才培训计划，确保培训 3 万人。全面提升"吉商"企业家整体素质，推动民营经济发展壮大。

（四）下大力量统筹城乡发展。立足农业大省实际，坚持"四化同步"，加快城乡发展一体化。

加速推进农业现代化。深入落实率先实现农业现代化总体规划，全面提升现代农业发展水平。围绕树立大农业、大食物观念，尽快捕捉大商机。加快现代农业产业体系建设，突出抓好粮食生产，严守耕地保护红线，稳定粮食播种面积，正常年景下粮食产量达到680亿斤。搞好种植业结构调整试点，籽粒玉米种植面积调减300万亩。继续推进"粮安工程"建设，提升"吉林大米"品牌形象。打造120个国家级农业标准化示范区。扎实推进无规定动物疫病区和畜牧业全产业链建设，抓好600个标准化养殖示范场，支持雏鹰集团400万头生猪、皓月集团200万头优质肉牛"养加销"一体化等项目建设，确保生猪、肉牛生产平稳运行。加快现代农业生产体系建设，启动粮食生产全程机械化整体推进示范省建设，机械化作业水平提高2个百分点以上。实施大中型灌区配套改造等，建成高标准农田200万亩。加快现代农业经营体系建设，培育专业大户、农民合作社等新型经营主体，完善农业社会化服务体系，搞好农村土地确权整省推进试点，规模经营面积占比力争提高3个百分点。做好第三次全国农业普查。启动创业富农行动，支持农民盘活承包经营土地、林地等资源，进一步提高财产性收入比重。继续实施新农村"千村示范、万村提升"工程，启动新一轮410个重点村建设，改造农村危房4万户、农村厕所10万户，继续推动农村环境污染整治。实施县域经济转型升级示范工程，抓好资源深度开发，增强产业支撑能力。推进扩权强县改革，全面提升县域核心竞争力。

扎实做好城市工作。认真落实中央和全省城市工作会议部署，加强城市规划建设管理，探索走出吉林特色城市发展道路。着力打造长春、吉林大都市圈，加快长吉一体化进程。与哈长城市群搞好战略对接、规划衔接，将吉林、四平、辽源、松原等扩展为重要节点。实施好7个国家新型城镇化试点、省级示范城镇和扩权强镇试点等，适时总结推广经验。积极推进城市设计工作，争取长春市纳入国家城市设计试点。全面实施城乡户口一体化管理和居住证制度，保障进城农民工享受劳动就业、公共服务等权益。进一步细化具体落户政策，解决流动人口自愿进城问题。引导社会资本参与，完善道路、给排水等城镇设施，增强承载能力。实施吉林市哈达湾等城区老工业区、独立工矿区搬迁改造，改善城市环境。城镇的美化、绿化和亮化水平、管理水平要有大幅度提升。

（五）下大力量提升双向开放水平。发挥沿边近海优势，深度利用"两个市场""两种资源"，坚持高水平双向开放，不仅对外、也要对内，不仅"请进来"、也要"走出去"，推动形成对外开放新体制。一是扩大向东向南开放。主动融入国家"一带一路"战略，推进长吉图战略向东开放，积极参与中蒙俄经济走廊建设。争取中朝圈河至元汀界河公路大桥建成通车，继续实施扎鲁比诺万能海港等项目。抓好珲春国际合作示范区等平台。对接辽宁沿海经济带和京津冀经济圈，加快南部开放大通道建设，推进四平、辽源、铁岭、通辽经济协作区，打造"长平经济带""白通丹经济带"。二是推动国际产能合作。支持汽车、轨道客车等优势产能"走出去"，加快建设海外生产基地，开拓第三方市场。推进俄罗斯农牧业产业园区、中赞现代农业产业合作园区等 5 大境外园区建设，实施境外矿产资源开发等 21 个重点项目。三是稳步发展对外贸易。启动出口基地提升工程，完善 12 个境外营销展示中心区域化市场功能，进出口实现恢复性增长。建立外贸综合服务平台，提高边检口岸通关效率，完善进出口便利化服务。发展对俄、对朝边境贸易。扩大能源、资源类商品以及新技术、关键设备等进口。四是全力搞好招商引资。继续抓好重大活动签约项目落地，提高资金到位率。突出重点产业、重点园区等，实施精准招商，组织好"台资企业吉林行""世界 500 强企业走进吉林"等经贸活动。实际利用外资、引进域外资金分别增长 10% 和 12%。

（六）下大力量搞好生态环境建设。树立绿色发展理念，落实节约资源和保护环境的基本国策，加大生态环境保护和建设力度，推进人与自然和谐共生，打造美丽吉林。一是集中治理大气污染。启动清洁空气行动计划，淘汰地级以上城市建成区内 80% 以上的 10 蒸吨以下燃煤小锅炉。加大黄标车和老旧机动车淘汰力度。搞好秸秆综合利用。加快重污染天气监测预警系统建设，进一步细化工业企业限产停产等措施，PM_{10} 年均浓度同比下降 3% 以上。二是深入推进节能降耗。突出高耗能行业，严格执行节能评估和水资源论证等审查制度，实施地热、光伏、风电等清洁能源替代工程，合理控制能源、资源消费总量。三是加快水污染防治。实施清洁水体行动计划，持续改善松花江、辽河流域水质。推动城镇污水处理设施和配套管网建设，全力消除城市建成区黑臭水体。地级以上城市全部实现饮用水水质达标。加快伊通河、条子河等主要支流水污染防治。推进新立城水库等重点湖泊生态环境保护试点工作。四是搞好生态工程建设。启动实施生态建设行动计划，推进东部长白山森林生态系统修复、中部黑土地保护治理、西部草原"三化"治理、林地清收还林等工程，持续恢复生态功能。

（七）下大力量保障和改善民生。省委确定，今年实施十六个方面 48 项民生实事，确保民生链正常运转。

扎实搞好基本民生。实现城镇零就业家庭援助率 100%。新建省级农民工返乡创业基地 20 个。大学生就业能力提升培训项目覆盖"双困学生"1 万人。为农村义务教育学校装备 3000 个多媒体教室。

在 6 个县级中医院建设中医药特色老年健康中心。为全省行政村每月放映公益电影 1 场。硬化行政村文化小广场 200 个。送演出下基层 4000 场。

突出保障底线民生。稳步提高企业退休人员基本养老金待遇水平。推进医疗保险跨省异地就医即时结算。城乡低保标准不低于上年度城镇居民人均可支配收入的 20% 和农民人均可支配收入的 30%，15 个贫困县农村低保标准适度提高比例。为 30 万人（次）残疾人提供康复救助、康复训练和服务。将劳动保障、婚姻家庭、教育医疗等与民生紧密相关的事项纳入法律援助范围，实现应援尽援。继续推进"暖房子"工程建设，实施既有居住建筑供热计量及节能改造 500 万平方米，同步综合整治老旧小区 200 万平方米。坚决打好脱贫攻坚战，坚持精准扶贫、精准脱贫，确保完成 30 万人脱贫任务。

着力解决热点民生。加快大型燃煤锅炉除尘改造和脱硫脱硝设施建设，加强工业企业烟粉尘排放治理，烟粉尘排放达标率达到 95% 以上。培树 15 个食品药品安全示范县（市、区）和示范园区。启动农村饮水巩固提升工程。光纤到户覆盖家庭 950 万户，新增 100 个行政村通固定宽带。长春、吉林、通化实现城市公交"一卡通"互联互通。新增更新常规城市公交车 500 辆。建设村级"一站式"服务群众平台 3000 个。

（八）下大力量加强社会建设。

协调发展社会事业。坚持教育优先发展，加快发展普惠性学前教育，全面推行中小学校长教师交流和"大学区"管理，做好新一轮义务教育均衡发展县（市、区）申报验收工作，积极推进普通高中课程改革。优化职业教育布局结构，建设一批职业教育实习实训基地。推进高教强省建设，下放高校办学自主权，加快高校分类管理和省属本科高校转型发展。做好吉林市国家公共文化服务体系示范区创建工作，搞好文艺精品创作和优秀传统文化传播。广泛开展全民阅读活动。继续推进省文化活动中心、省美术馆、省档案馆、东北抗日联军纪念馆建设。中国长春光学科学技术馆开馆运营。推动健康吉林建设，加强传染病、慢性病和地方病防治，完善中医药健康服务体系。启动实施普遍两孩政策。普及群众体育运动，提升竞技体育水平，建设冰雪体育运动强省。深入实施兴边富民行动和"百村万户"致富工程，搞好少数民族特色村镇建设，支持延边等民族地区和民族事业发展。依法加强宗教事务管理。加快军民融合深度发展，提升国防动员建设水平。加强拥军社会化体系建设，搞好双拥模范城（县）创建。推进老龄、妇女儿童、慈善、残疾人等事业，抓好人防、测绘、侨务、档案、地方志等工作。

维护社会和谐稳定。落实安全发展长效机制，推进法规警示教育、责任落实等"五大体系"建设，突出煤矿、危险化学品、道路交通、消防安全等重点领域，加大隐患排查和打非治违专项整治力度，坚决遏制重特大事故发生。搞好防汛抗旱、森林草原防火、地震防灾减灾等工作。强化食品药品安全监管，打造吉林饮食用药安全放心品牌。开展信访积案化解活动，着力解决信访突出问题。加快建设立体化治安防控体系，严厉打击暴恐犯罪、严重刑事犯罪、电信网络新型犯罪等活动。强化科技管边控边，提升边境联合防控效能。落实属地责任，积极防范非法集资等风险蔓延。加强应急管理，提高突发事件防范应对能力，确保公共安全和社会稳定。推进覆盖城乡的公共法律服务体系建设。开展全民法治宣传教育，营造良好法治环境。

三、关于《吉林省国民经济和社会发展第十三个五年规划纲要（草案）》的说明

2016 — 2020 年是我省经济社会发展第十三个五年规划时期。根据中央精神和省委建议，省政府组织有关部门，通过开展重大问题研究、征询社会各界意见以及专家咨询论证等，编制完成了《纲要（草案）》，已提请大会审查。下面，我就主要问题作简要说明。

（一）"十三五"时期经济社会发展的指导原则和主要目标。坚持新的发展理念，就是坚持创新、协调、绿色、开放、共享的发展理念，坚定不移地贯彻省委作出的突出发挥"五个优势"、推进"五项举措"、加快"五大发展"战略。把握四个原则，即坚持问题导向和目标导向相结合、坚持发挥优势和补齐短板相结合、坚持立足当前与谋划长远相结合、坚持市场主导与政府引导相结合。这些原则必须全面把握，贯穿于吉林振兴发展全过程。"十三五"时期经济社会发展主要目标：到 2020 年实现 GDP 和城乡居民收入比 2010 年翻一番，物价水平保持在合理区间。区域发展更加协调。结构调整取得实质进展。民生改善持续加强。改革开放全面深化。生态文明建设取得新进展。

（二）"十三五"时期的重点任务。《纲要（草案）》对我省"十三五"时期振兴发展的各项工作做了全面部署，明确了重点任务。

1. 关于经济发展的重点任务。我省作为欠发达省份，必须坚持把发展作为第一要务，推动经济中高速增长，产业迈向中高端水平。《纲要（草案）》强调，深入实施创新驱动战略，增强发展内生动力。

突出科技创新核心地位，推进形成以创新为主要引领和支撑的发展模式。以供给创新促进需求扩大，形成供给和需求两端发力的增长动力新机制。推进"互联网＋"行动，拓展信息经济空间。完善基础设施，提高交通运输、能源供应、水利设施保障能力。加强生态文明建设，让吉林的天更蓝、山更绿、水更清，人居环境更优美。

2. 关于结构调整和转型升级的重点任务。"十三五"期间，我省调结构、促转型任务十分艰巨。《纲要（草案）》提出，推进工业转型发展，形成具有持续竞争力和支撑力的产业体系。打好服务业发展攻坚战，打造服务业集聚区。争当现代农业排头兵，率先实现农业现代化。推进大众创业、万众创新，优化民营经济发展环境，到 2020 年民营经济比重达到 55% 左右。促进东中西区域协调发展，积极稳妥推进新型城镇化，有序推动农业转移人口市民化，加快城乡一体化进程。

3. 关于改革开放的重点任务。改革开放是实现吉林振兴发展的必由之路。"十三五"期间，要破除制约振兴发展的体制机制障碍，处理好政府与市场的关系，努力形成充满活力的体制机制。《纲要（草案）》强调，打好国资国企改革攻坚战。推进农村综合改革。实施国有林区林场改革。切实转变政府职能，激发市场主体活力。加快文化体制等领域改革。我省作为内陆省份，开放不足始终制约着振兴发展。必须统筹沿边开放与内陆开放、对外开放与对内合作，扩大对外经济技术合作，畅通对外通道，打造开发开放平台，构建全方位开放合作新格局。

4. 关于社会建设和民生改善的重点任务。加强社会建设，着力改善民生，既是人民群众的期盼，也是全面建成小康社会的重要标志，同时还为拓宽发展空间、应对下行压力提供支撑。《纲要（草案）》提出，提升治理能力，构建和谐社会。加快法治吉林建设，推进军民融合发展。加强精神文明建设，打造文化强省。坚决打赢脱贫攻坚战，切实增强扶贫实效。保障和改善民生，促进发展成果共享。积极应对老龄化趋势，推动人口均衡发展。

四、进一步加强政府自身建设

在经济发展新常态下，全面完成今年和"十三五"时期目标任务，对各级政府提出了新的更高要求。我们要加快推进政府职能转变，着力建设学习型、实干型、团结型、廉洁型、法治型政府，为推动新一轮振兴发展提供坚强保障。

（一）**着力提升政府服务效率**。创新政府管理方式，继续深化简政放权、放管结合、优化服务改革，承接好国家下放的行政审批事项，确保接住用好。对简政放权进行"后评估"，推进权力真正下放到位，探索解决好职能交叉等问题，坚决防止出现"中梗阻"现象，真正以政府权力的"减法"换取市场活力的"乘法"。充分借助信息技术手段，探索运用大数据等，建立标准化、程序化的市场监管体系。完善权力清单、责任清单、负面清单和财政专项资金管理清单，行政审批保留项目全部进入政务大厅办理。推进"互联网＋政务服务"模式，加快建设政务服务网。推行行政审批和公共服务告知承诺制、限时办结制，简化办事程序，全面提高便民服务效率。

（二）**着力提升依法行政水平**。各级政府及其工作人员必须自觉遵守法律，依法履职尽责。贯彻落实国家《法治政府建设实施纲要（2015－2020年）》，加快制定"十三五"期间我省建设法治政府的实施意见，按年度分解建设任务，分阶段、分层次推进，在市县政府开展相关试点。制定重大行政决策程序规定，健全集体决策体制机制。探索政府立法起草主体多元化，提高公众参与度。严格规范行政执法行为，加强对依法行政的绩效考评，确保政府各项工作在法治框架内进行。

（三）着力提升从严治政标准。进一步精简会议和文件，厉行勤俭节约，"三公"经费只减不增，机构编制只调不加，楼堂馆所只修不建。自觉接受人大法律监督、工作监督和政协民主监督，认真办理人大代表建议和政协委员提案。加强审计监督和行政监察，发挥行业协会等社会监督作用，对公共资金、国有资产、国有资源等重点领域从严监管，实现审计监督全覆盖。巩固党的群众路线教育实践活动和"三严三实"专题教育成果，尊崇党章，认真执行《中国共产党廉洁自律准则》和《中国共产党纪律处分条例》，强化纪律和规矩约束，严格落实"两个责任"。按照中央和省委部署要求，全面做好党风廉政建设和反腐败工作，坚决查处各类腐败行为，以反腐败的新成果取信于民。

（四）着力提升推动落实能力。强化责任担当，始终保持良好精神状态，结合实际创造性开展工作。探索建立健全激励机制，树立干事创业的良好导向，坚决整治不作为、乱作为、不会为等问题，努力形成层层负责、人人担当的抓落实格局。深入基层调查研究，确保各项工作措施更加接地气、更加符合实际。加大督促检查力度，通过第三方评估等方式，打通政策落实"最先一公里"和"最后一公里"，提高政府公信力和执行力。

各位代表！

全面建成小康社会的号角已经吹响，新一轮振兴发展的伟大征程全面开启。让我们更加紧密地团结在以习近平同志为总书记的党中央周围，在省委的坚强领导下，在省人大及其常委会的有力监督下，团结和带领全省各族人民，牢记使命，胸怀担当，勠力同心，为加快吉林老工业基地全面振兴而努力奋斗！

黑龙江省
政府工作报告

——2016年1月27日在黑龙江省第十二届
人民代表大会第五次会议上

省长 陆 昊

各位代表：

现在，我代表省人民政府，向大会报告工作，请予审议，并请各位省政协委员提出意见。

一、"十二五"时期及2015年工作回顾

"十二五"时期，在党中央、国务院和省委的正确领导下，我们认真贯彻落实习近平总书记系列重要讲话精神，大力实施"五大规划"发展战略，着力构建"龙江丝路带"，扎实推进十大重点产业，经济社会发展取得重大成就。

——经济发展实力显著增强，结构调整取得积极进展。地区生产总值年均增长8.3%。全省重点推进建设的1462个产业项目，完成投资6239亿元，其中投资20亿元以上的项目52个。推动科技

成果产业化。第一、第三产业加快发展，比重明显提升，第二产业结构发生新的变化。

——现代农业迈上新台阶。实施千亿斤粮食产能工程。开展"两大平原"现代农业综合配套改革试验，推进新型农业经营主体、农村土地管理制度、农村金融服务、农产品价格形成机制和农业支持政策改革创新。抓住水利、科技、农机、生态四条主线，推动粮食综合生产能力不断提高，累计建成高标准生态农田 3987 万亩。连续五年粮食总产量和商品量全国第一，为保障国家粮食安全做出了重大贡献。

——基础设施建设取得重大突破。完成铁路投资 764 亿元，是"十一五"时期的 2.8 倍，竣工和在建里程 2209.2 公里。哈大（大连）高铁建成运营。新建高速公路 2990 公里、一级和二级公路 4420 公里、农村公路 17604 公里。省内机场达到 11 个。水利总投资 846 亿元，是"十一五"时期的 2.4 倍，黑龙江、松花江、嫩江干流治理，胖头泡蓄滞洪区、阁山水库、奋斗水库、尼尔基引嫩扩建等重大工程开工建设。完成电网投资 195 亿元，投产变电站 263 座、线路 1 万公里。一批大型热电项目建成投产。信息通信基础设施建设加快。

——改革开放进一步深化。大力推进行政审批制度改革。经过 3 年清理，578 项省级行政审批取消或下放，精简幅度为 54%。138 项非行政许可审批全部取消。加快商事制度改革，55 项企业登记前置审批许可改为后置，年检年审事项减少 84.3%，实施"四证合一、一照一码"登记模式，市场主体快速增长，2014 年新登记内资企业 4.8 万户，增长 61.9%；2015 年又增长 16.4%，总数达到 30.6 万户。公共资源配置市场化改革取得突破。对集中供热热源、矿产资源及其精深加工、风能、光伏资源等采取公开招投标方式进行市场化配置。推进国企改革。完成驻省央企"三供一业"分离移交工作，启动全省厂办大集体改革。构建以对俄合作为重点的全方位对外开放格局。借助国家"一带一路"战略，着力构建"中蒙俄经济走廊"黑龙江陆海丝绸之路经济带。推动对俄合作由毗邻地区向俄中部及欧洲部分延伸、由经贸合作向全方位交流合作转变进而提升经贸合作层级。加强基础设施互联互通。哈洽会升级为中俄博览会。全省外贸进出口累计1748.7亿美元，实际利用外资累计223亿美元，分别是"十一五"时期的1.9倍、2倍。

——推进新型城镇化建设，加大生态环境保护力度。常住人口城镇化率达到58.8%，比"十一五"末提高3.1个百分点。开复工"三供三治"项目787项，完成投资778亿元，是"十一五"时期的2.5倍。城市供水、燃气、集中供热普及率分别达到96%、89%和74%；城市污水、垃圾处理率分别达到85%、90%，投入24.9亿元用于提高城市机械化清冰雪能力。新增城市绿地8350公顷。建设城市道路2431公里、桥梁115座。加强大小兴安岭生态保护，全面停止国有重点林区天然林商业性采伐，新增森林蓄积量3.1亿立方米。主要污染物减排超额完成"十二五"目标，松花江流域水质持续改善，单位地区生产总值能耗比"十一五"末降低18.1%。

——民生持续改善。承诺的166件民生实事全部完成。城乡居民人均可支配收入分别达到24203元、11095元，比"十一五"末增长64%、84%。累计新增城镇就业380.8万人，城镇登记失业率始终控制在4.5%以内。400多万企业退休人员基本养老金整体增长近1倍，排名由全国第32位上升至第24位。各项低保标准大幅提升。高等学校生均经费标准提高1倍以上。改扩建、新建公办幼儿园1424所。开展"健康龙江"行动，全省人均预期寿命由"十一五"

末的 73 岁增长到 76.6 岁。累计投资 3559 亿元，是"十一五"时期的 1.9 倍，建设保障性住房 205 万套、改造农村泥草（危）房 109.1 万户，近千万城乡居民居住环境得到改善。两年建成 2604 个中心村文化广场。800.6 万农村及乡镇人口饮水安全得到解决。119 万人口脱贫。"平安黑龙江"建设成效显著，八类主要刑事案件比"十一五"末下降 49%。

各位代表，去年我省经济发展遇到多年未有的下行挑战，油、煤、粮、木四大传统产业领域集中出现负向拉动。我们认真贯彻党中央、国务院关于东北发展的工作部署，既借助国家支持，又奋发有为，发挥优势，注重工业，多点培育，在既有国内总需求增长空间、又有龙江鲜明供给优势的产业领域发力，推动创新创业，优化发展环境，挖掘释放发展潜力，经济在预期中运行，新的增长因素和力量正进一步汇集。

初步核算，全省地区生产总值实现 15083.7 亿元，增长 5.7%。其中，第一产业增长 5.2%，高于全国平均 1.3 个百分点；第二产业由于占规上工业半数的能源工业负增长 3.7%，导致增速回落，增长 1.4%，低于全国平均 4.6 个百分点；第三产业增长 10.4%，高于全国平均 2.1 个百分点。三次产业比重为 17.5∶31.8∶50.7。因油价大幅下降，公共财政收入实现 1165.2 亿元，下降 10.4%。居民消费价格指数上涨 1.1%。全省城镇新增就业 71.7 万人。城镇居民人均可支配收入增长 7%，农村居民人均可支配收入增长 6.1%。

（一）现代农业发展步伐加快。粮食总产达到 1369.58 亿斤。新建高标准生态农田 788 万亩。新建水稻标准化育秧大棚 4.4 万栋、智能化催芽车间 93 个。新增家庭农场（大户）1000 多个、农机合作社 117 个。农村宅基地使用权、集体建设用地使用权、集体林权确权发证分别完成 82.8%、72.8% 和 98.4%。农村土地流转和规模经营面积达 6897 万亩、6389 万亩，分别增长 6%、7%。农村集体经营性建设用地入市启动。全省涉农贷款余额 7314.3 亿元，增长 27.8%。创新土地林地经营权、大型农机具抵押贷款等多种农村金融产品。财政注入资本金 25.5 亿元成立农业信贷担保有限公司。种植业政策性保险承保面积 9934.1 万亩，增长 6.3%。稳步推进大豆目标价格改革。推动畜牧业加快发展，两年新建 182 个单体存栏 1200 头奶牛牧场。成功举办中国国际奶业展览会暨乳业合作大会。推动农业"种得好"更要注重"卖得好"，进而靠"卖得好"带动倒逼"种得更好"。全省绿色食品认证面积超过 7000 万亩，52 种农副产品获得国家地理标志认证。建设"互联网＋农业"绿色有机种植示范基地 228.8 万亩，推广全生产过程展示营销、点对点营销、集团或个人定制营销。开展打击假冒五常大米专项整治行动，立案 141 件，查封扣押假冒五常大米 311 吨。

（二）**实施创新驱动，持续推进产业项目建设。**重点工业项目建设取得新进展。全省开复工投资 500 万元以上工业项目 6089 个，增长 16.8%，新增规上企业 298 户。大庆沃尔沃新建 SPA 可扩展整车平台。长安福特哈尔滨汽车生产线开工建设。哈飞空客复合材料制造中心项目签订 5 亿美元合同。大飞机拆解基地项目完成土地平整。哈石化炼油能力由 300 万吨提高到 420 万吨。大庆石化千万吨炼油扩能改造项目启动前期工作。大庆炼化公司与地方合作新上 15 万吨丙烯项目运营。鸡西贝特瑞石墨深加工项目投资 7.8 亿元形成主打产品。鸡西北汽集团锂电池负极材料项目开工。七台河宝泰隆 30 万吨稳定轻烃项目完成投资 17.2 亿元。鹤岗中海油化肥项目建成投产。象屿富锦 120 万吨、北安 60 万吨玉米深加工项目分别完成投资 39.1 亿元、5.1 亿元。依安鹏程 30 万吨玉米深加工项目投产。针对粮价大幅倒挂，为保住市场份额，对符合条件的玉米、水稻加工企业实行政策性补贴。启动实施"千户科技型企业三年行动计划"。新注册科技型企业 2116 家，新增主营业务收入超过 500 万元的 439 家，吸纳大学本科以上人才 7736 人。省政府引导分别成立哈工大机器人集团、焊接集团、激光通信公司、雷达信息公司，哈工程哈船动力公司、导航公司、智能装备公司，通过股权投入持续支持中船重工第 703 所燃气轮机公司发展，重组哈医大药业公司。推动大众创业万众创新。重点组织大学生、科技人员和农民三支队伍创新创业。通过 8 个方面 30 条措施支持大学生创业。在校大学生创业人数 4019 人，是 2014 年的 4.2 倍；毕业生创业人数 3659 人，是 2014 年的 5.2 倍。推动农民创业工作，培训新型职业农民 13760 人、现代青年农场主 368 人、农技人员 5550 人。促进互联网与经济社会深度融合。省政府 36 个部门制定本行业的"互联网+"行动计划。建设完善 18 个"互联网+"应用平台。在建数据中心投资 11.4 亿元。省政府与阿里巴巴、腾讯、京东等达成"互联网+"合作协议。5 个县 213 个村开建农村淘宝项目。支持非公经济发展。引导民营企业从树立市场经济重要理念、把握市场机会、改变家族式管理等角度增强竞争力。全省非公经济增加值增长 7.2%。

（三）多角度多领域推动服务业发展。借助整体生态化优势，强化市场营销，引入外部需求，大力推进旅游、健康、养老产业发展。举办百强旅行社和全国重点旅行社推介会、湿地论坛暨夏季生态旅游产品推介会、夏季和冬季旅游 12 省 16 站巡回推介活动、中国旅游产业发展年会暨冰雪旅游峰会。与知名网站、旅游类 APP 运营商、媒体等深度合作。投资 104.6 亿元建设 76 个亿元以上重点旅游产业项目。冰雪大世界、亚布力、雪乡等重点景区收入大幅增长。新增外省手机漫游用户7193.3万,增长31.2%;省外银行卡在我省交易额1651.3亿元,增长50.1%;哈尔滨机场旅客吞吐量在上年增长18%的基础上再增长14.8%。新建民办养老机构180个,其中引进亿元以上项目30个。"黑龙江天鹅颐养联盟"已与14个省市签订加盟协议,78家外省养老机构加盟。推动经贸、文化、信息产业发展。万达集团在省内5个商业综合体完成投资36.8亿元。借助哈尔滨独特历史文化传统,推动旅游、文化、时尚产业融合发展。哈尔滨永泰城大型室内主题乐园、杉杉和枫叶小镇奥特莱斯、国际油画交易中心建成开业。哈尔滨大剧院建成开放。建成侵华日军第七三一部队罪证遗址新馆和本体保护工程。省出版集团与中国教育出版集团实现股权合作。全省广播电视网络系统转制重组,实现全省一网。组建黑龙江广播影视传媒集团和新媒体集团。实施"宽带龙江"战略,信息通信基础设施投入131.2亿元,新建基站3.1万座,近两年新建数量超过过去总和;新建光纤端口407万个,增长188%。信息通信业务量达459.6亿元,增长19%。邮政行业业务收入63.3亿元,增长20.4%。挖掘潜力,金融业快速发展。全省金融机构本外币各项贷款余额16644.9亿元,增长20.6%,增幅居全国第四位。成立哈尔滨股权交易中心和黑龙江省绿地股权金融资产交易中心。全省5家公司首发或借壳上市,37家公司在新三板挂牌。哈轴股权重组引入私募基金7亿元。以高速公路收费权、城市供热收益权等实现资产证券化融资58.3亿元。发行各类债券融资1209.7亿元,其中非金融企业债务融资工具239.5亿元。政府与社会资本发起设立16支天使、风险投资基金,规模达23.5亿元。总规模20亿元的龙财盘实和龙财中植高新技术创业投资基金运营。出资10亿元用于吸引省外大型担保公司设立法人机构、对业绩突出的担保公司补充资本金。新改制组建 11 家农商银行。全国性非银行支付机构入驻我省 29 家，累计达 39 家。

（四）深化改革，大力优化发展环境。继续规范政府行为，减轻企业负担。全面清理 10068 项省级行政权力，保留 3074 项，精简 69.5%。省级 284 项中介服务清理规范 186 项。完成省级权力清单、责任清单、中介服务清单和市县权力清单并向社会公开。取消、停征 25 项涉企收费基金项目，减轻企业负担 15.4 亿元。53.2 万户小微企业免征增值税 14.8 亿元，23.7 万户小微企业免征营业税和企业所得税 9.5 亿元。降低失业、工伤和生育保险费率，减轻企业负担 11.5 亿元。持续推进公共资源配置市场化改革。公开招拍挂矿权，收入价款大幅高出底价。四煤城采煤沉陷区棚改大宗建材省级招标采购，建安本体和小区配套两项节省资金近 10 亿元。对光伏电站和风电项目公开招标。采用 PPP 模式。建立全省统一 PPP 项目库，储备项目 353 个。实施哈尔滨地铁和地下综合管廊、抚远东极小镇等项目。坚决打好龙煤集团改革生存攻坚战。推动龙煤破釜沉舟、背水一战，大力精简管理机构、盘活非经营性资产、清缴应收账款、强化正风肃纪、扩大省内优质煤市场份额、发展新兴产业，2—3 年内组织化分流安置 5 万职工，尽快改变万吨采煤用工高达 48 人是全国平均 3 倍的落后局面，及时化解资金链中断风险。目前，借助龙煤 30 万亩农地、150 万亩林地和煤城公益岗位，与农垦、林业、森工和煤城协议对接分流职工 1.9 万人。严控政府性支出。省本级"三公"经费下降 2.3%。将省本级清理出的 136.1 万平方米政府系统非办公类房产，用于发展相关产业。严查破坏发展环境的人和事。省政府企业投诉中心成立以来公开通报和处理 16 批典型投诉案件，查处 122 名不守承诺、不理旧账、违规干预、吃拿卡要的责任人，17 人被依法追究刑事责任。省监察厅通报查处 30 起破坏发展环境的典型案件。公安机关破获经济犯罪案件 3552 起，挽回经济损失 27 亿元，其中金融领域案件 1695 起，挽回损失 14.9 亿元。

（五）**推进以对俄合作为重点的全方位对外开放**。推动基础设施互联互通。同江铁路大桥中方段主体工程基本完工。推动黑河公路大桥前期工作。中俄东线天然气管道（黑河 – 长岭段）开工。哈尔滨机场实行 72 小时过境免签，开通东北首条第五航权航线，对俄通航城市增加到 10 个。哈欧班列实现常态运营。完成中俄信息枢纽工程项目建设前期工作。省电子口岸试运行。应对卢布汇率大幅变化。对俄备案投资 41.7 亿美元，增加 1.8 倍，资源性产品进口实现新突破。跨境电商发送对俄国际邮包 1385.3 万件。对俄贸易占全国总额的 15.9%。深化对俄全方位交流合作。成功举办第二届中俄博览会暨第 26 届哈洽会。与哈巴罗夫斯克边区互办省、州日活动。圣彼得堡音乐学院、莫斯科苏里科夫美院与我省联合办学项目启动。哈工大与圣彼得堡大学建立 3 个中俄联合研究中心。中俄工科大学联盟、中俄医科大学联盟开展多项交流活动。举办第六届中俄文化大集和首届哈尔滨中俄文化艺术交流周。设立俄罗斯人民画家油画常设展。围绕重点领域有针对性开展对外经贸交流活动。在中国发展高层论坛期间，面向百家全球 500 强企业举办黑龙江投资推介洽谈活动。举办黑龙江 – 日本（北京）经贸合作交流会。在德国、韩国举办经贸合作推介会，在荷兰、澳大利亚和新西兰举办农牧业合作交流会。继续扩大与港澳台间经贸合作。全省实际利用外资 54.5 亿美元，增长 7.1%。

（六）**大力加强基础设施建设**。水利工程建设完成投资 348 亿元，其中国家投资 225 亿元，居全国第一。14 个铁路在建项目完成投资 222.7 亿元。哈齐客专、牡绥扩能改造建成运营，哈尔滨铁路集装箱中心站投入使用，哈佳快速铁路、哈牡客专开工建设。公路、水路建设完成投资 159.4 亿元，开工建设北安至富裕高速公路、兰西至宝泉一级公路，建设农村公路 3000 公里。哈尔滨机场扩建、五大连池和建三江国际湿地机场建设加快推进。完成电网投资 42 亿元。全省保障性安居工程开工 22.4 万套，基本建成 17.8 万套。四煤城采煤沉陷区棚改开工 5.4 万套。

（七）全力保障和改善民生。尽管财政出现较大减收，但我们始终把民生支出放在突出位置，特别是向困难群众倾斜。32 件民生实事全部完成。提高社保标准。失业保险金平均水平由月人均 625 元提高到 882 元，城乡居民养老保险基础养老金由每人每月 55 元提高到 70 元，城市低保标准由每人每月 447 元提高到 500 元，农村低保标准由每人每年 2764 元提高到 3500 元，农村五保对象集中供养标准由每人每年 5296 元提高到 6200 元，分散供养标准由每人每年 3764 元提高到 4300 元。救助突发性、临时性生活困难城乡居民近 10 万人次。调整全省最低工资标准。实现 40 万人脱贫，完成 321 个贫困村整村扶贫任务。促进教育公平，健全基本医疗卫生制度。投入 19.4 亿元改善农村贫困地区薄弱学校办学条件，扩建校舍 95 万平方米。全面实施城乡居民大病保险，新型农村合作医疗人均筹资标准由 390 元提高到 500 元。推行县级公立医院改革和城市公立医院改革试点，取消药品加成。两年已向乡镇卫生院选派 2209 名医学专业毕业生。推进大气污染治理。淘汰燃煤小锅炉 1973 台、黄标车 18.9 万辆。制定全省两年内取代 1700 万吨运距超过 600 公里的低质燃煤实施方案。强化安全生产。深入开展安全生产大检查，停产整顿企业 740 家，关闭取缔企业 65 家。公告关闭 233 处小煤矿。建立煤热价格联动机制。依据煤炭支出占供热企业成本平均 55% 的情况，省政府出台规定，当煤价变化幅度达 10% 时，热价应做 5.5% 左右调整，各市地普遍下调热费标准。

法制建设、行政监察、市场监管、防灾减灾、外事侨务、民族宗教、国防动员、统计监测、文史档案等各项工作及妇女儿童、老龄和残疾人事业都取得了新的进展。

各位代表！过去五年是我省经济社会发展取得重大成就的五年，是城乡面貌变化最大的五年，是人民群众得到实惠最多的五年。这是党中央、国务院和省委正确领导的结果，是全省人民团结奋斗的结果，是历届政府打下坚实基础的结果。在此，我代表省人民政府，向全省各族人民，向各民主党派、工商联、各人民团体和各界人士，向国家各部委及中央直属单位、驻军部队、武警官兵和公安干警，致以崇高敬意！向关心、支持龙江发展的港澳台同胞、海外侨胞和国际友人，表示衷心感谢！

各位代表，在看到取得成绩的同时，也要清醒认识到我省经济发展结构性、资源性、体制性矛盾十分突出；市场经济意识不强、市场化程度不高、市场主体活力不足等问题明显存在；发展环境还要大力优化；各级政府部门还存在专业化不够，以及不作为、乱作为、不会作为的现象。这些问题必须从根本上把握，下大气力加以解决。

二、"十三五"时期经济和社会发展主要目标

"十三五"时期，我们要坚决贯彻中央《关于全面振兴东北地区等老工业基地的若干意见》，着力完善体制机制、着力推进结构

调整、着力鼓励创新创业、着力保障和改善民生，坚持变中求新、变中求进、变中突破。要深刻领会中央对经济发展新常态下速度变化、结构优化和动能转换的重大判断、要求和供给侧结构性改革的重大部署。既注重传统动能提升，又努力形成新的发展动能；既注重引入产业投资增量，又激活壮大现有经济存量，增强供给侧市场主体竞争力；既注重引入外部需求，又从供给角度着力提高产品和服务水平；既注重投资对经济增长和促进区域繁荣的带动作用，又高度关注消费在国内经济增长中越来越大的拉动作用，特别是龙江的优势资源在全国消费增长中的独特供给能力。

根据《中共黑龙江省委关于制定黑龙江省国民经济和社会发展第十三个五年规划的建议》，我们编制了《黑龙江省国民经济和社会发展第十三个五年规划纲要（草案）》，提交大会审议。主要目标：

——经济综合实力实现新跨越。保持国民经济中高速增长，到 2020 年地区生产总值和城乡居民人均收入比 2010 年翻一番，地区生产总值年均增长 6% 以上，城乡居民收入增长与经济增长基本同步。

——发展动能转换和经济结构调整取得重大成效。发挥优势，注重工业，多点培育，实现新旧动能转换，产业结构、所有制结构优化升级。实施创新驱动和科技成果产业化取得重大成效。做好顶层设计和整体规划，用全新体制机制高标准建设哈尔滨新区，充分发挥哈尔滨在全省发展中的带动作用。

——深化改革取得实质性成果。行政体制改革不断深化，政府效率和效能明显提高。法治政府基本建成。供给侧结构性改革取得实质性进展。国企改革取得重要进展。支持非公经济发展的政策机制和促进机制更加健全，发展活力显著增强。"两大平原"现代农业综合配套改革试验目标完成。

——生态文明建设取得显著成效。绿色发展理念牢固确立，绿色发展方式和生活方式逐步形成，绿色生态产业快速发展。主要污染物排放总量明显减少，城市空气质量明显改善，各流域水质持续改善，天然林资源得到全面保护，国家重要生态屏障功能进一步提升。

——以对俄合作为重点的全方位对外开放格局基本形成。"龙江丝路带"建设扎实推进，"三桥一岛"建设取得重大进展，跨境运输通道功能明显提升。全面形成面向全国的对俄开放通道和服务平台，跨境产业链和产业聚集带取得积极进展，对俄全方位合作不断深化，对日韩、欧美、澳大利亚、新西兰、以色列和港澳台合作实现新突破。

——基础设施建设取得重大进展。"一轴两环一边"铁路网主骨架、"一圈一边多线"公路网和布局合理的机场体系基本形成。水利设施现代化进程加快，安全保障能力明显提高。城、镇公共服务设施不断完善。能源结构优化和电网建设取得重要进展。新一代信息基础设施水平全面提升。

——人民生活水平和质量明显提高。新型城镇化有序推进，质量不断提升。教育、文化、医疗、社保、住房等公共服务体系更加健全。就业更加充分，煤城和林区部分职工向新产业领域转移。现行标准下贫困人口全部脱贫，贫困县全部摘帽。持续提高中低人群收入水平。社会文明程度进一步提高。

三、全面做好2016年工作

今年是实施"十三五"规划的开局之年,按照省委部署,政府工作的总体要求是:全面贯彻党的十八大和十八届三中、四中、五中全会以及中央经济工作会议精神,深入贯彻习近平总书记系列重要讲话精神,按照"五位一体"总体布局和"四个全面"战略布局,牢固树立和贯彻落实创新、协调、绿色、开放、共享的发展理念,适应经济发展新常态,落实省委十一届六次全会和省委经济工作会议部署,坚持改革开放,坚持稳中求进工作总基调,创新实施"五大规划"发展战略,深入推进"龙江丝路带"建设,加快发展十大重点产业,着力加强结构性改革,去产能、去库存、去杠杆、降成本、补短板,提高供给体系质量和效率,提高投资有效性,加快培育新的发展动能,改造提升传统比较优势,增强持续增长动力,着力稳增长、调结构、惠民生、防风险,精准发力、扎实起步,努力实现"十三五"时期全省经济社会发展的良好开局。

综合考虑,今年经济增长预期目标为6%—6.5%。居民消费价格指数涨幅控制在3%以内。城镇登记失业率控制在4.5%以内。城乡居民收入增长与经济增长基本同步。单位地区生产总值能耗下降3.5%。

(一)**推动现代农业加快发展,注重一二三产业融合。**一是深入推进"两大平原"现代农业综合配套改革。把申请国家支持与推动实质性改革相结合,以提高粮食综合生产能力、保障国家粮食安全为核心,切实促进农业产业化发展和农民增收。推动各类新型经营主体规范发展，推动合作社由生产主体向全方位经营主体转变。完成永久基本农田划定工作，持续推进亿亩高标准生态农田建设。二是以近年粮食大幅度增产为基础，大力发展优质高效农业、畜牧业、食品工业、涉农金融等服务业。科学编制我省绿色食品产业发展规划。推动农业在"卖得好""种得更好"方面实现突破，减少化肥、农药、除草剂用量，使更多农产品达到绿色、有机标准。扩大经济作物种植面积。以多种谷物、畜牧产品、乳制品、经济作物和山特产品为基础，大力发展食品加工业。通过重组和品牌合作，大力推动粮食深加工和营销，靠大品牌和"互联网＋营销"获得更大增值收益。加快农村电商发展。完善涉农金融产品和服务。推进承包土地经营权、农民住房财产权抵押以及活畜、牧场建筑物等抵押贷款试点。引进战略投资者，加快农村信用社股份制改革，加快组建农村商业银行。三是大力推动农民创业。清醒看到国家粮食收购价格的"天花板"，通过思想发动、典型示范、"帮、学、干"结合，推动农民从事把生产出来的农产品以高于政府收购价卖给市场的种植、养殖、营销、加工等多种产业化创业活动，努力形成农民增收新途径。四是大力开展林下养殖、种植及市场营销，发展森林食品、森林畜禽、北药、食用菌，使22万平方公里森林为龙江人民创造更多财富。五是持续推进美丽乡村建设。

（二）**通过扩大增量，激活现有存量和要素，带动工业结构调整。**一是向基础工业产品和上游工业产品延伸要增量。推动落实与中石油各项扩能合作项目。推动大庆忠旺铝业项目、中粮集团燃料乙醇项目、泉林秸秆综合利用项目建设。推动资源型城市依托现有产业链延伸、培育接续产业。二是向引入要增量。突出优势产业领域，继续跟踪近两年央企合作对接、民企龙江行和去年一系列对外经贸招商推介活动生成的项目线索。办好中国企业家协会年会，做好产业项目前期对接。三是向存量优化升级扩张要增量。确保长安福特哈尔滨汽车生产线四季度实现新车下线。大庆沃尔沃 SPA 平台运行投产。中小型燃气轮机、蟒式全地形车形成生产能力。哈飞空客复合材料制造中心加快履行合同。哈石化实现扩能增产目标。加快大飞机拆解基地项目建设。四是向高新技术成果产业化要增量。继续大力推动"千户科技型企业三年行动计划"，努力实现新注册科技型企业超 2000 家。加快大学、科研机构科技成果转化。推动航天科工三院哈尔滨钛合金与 3D 打印技术产业基地建设，大力促进机器人、复合材料、石墨产业快速发展，培育形成一批本土的战略性新兴产业、循环经济产业和高新技术企业。五是向资源开发和精深加工要增量。继续推进地质勘探三年专项行动，加快生成新矿权。梳理并盘活现有探矿权和采矿权，解决圈而不探、占而不采问题，通过公开招标把资源优先配置给具有技术能力和资本实力的大型企业，重大资源实现勘探、开采和深加工一体化。依托鸡西、鹤岗等地石墨资源，打造石墨新材料产业基地，促进我省石墨产业规模化、高端化发展。依托煤矿资源，改造提升煤化工产业。依托黑河、齐齐哈尔等地铜矿、金矿、高岭土资源，建设 10 万吨铜冶炼项目和铜、高岭土等产业园。依托伊春和大兴安岭钼矿资源，推动钼矿精深加工。依托北药材资源，加快发展生物医药产业。

深化国企改革。大力发展混合所有制经济，与国务院国资委紧密联系，落实与央企合作协议，推动驻省央企下属机构与地方合资合作、深度融合，实现股权多元化。高举技术创新与体制机制创新两面旗帜，推动省内大型国有企业和科研院所对接《中国制造 2025》细分的 23 个行业，确定在我省有优势的 17 个领域靠混合所有制改革、与资本市场对接等措施，加快发展。注重用新机制形成新的项目投资增量、注重与地方企业形成产业配套。推进省属经营性国有资产集中统一监管。结合省情化解有关领域产能过剩，淘汰"僵尸企业"。加快厂办大集体改革。坚决持续打好龙煤改革生存攻坚战。农垦、森工、国有林场改革要与大力发展农业产业化、林下经济紧密结合，大力引入战略投资者、借助资本市场，加快相关产业集团发展。探索林业资源资产证券化和碳汇交易有效路径。

（三）更加积极有效推进服务业快速发展。一是大力发展旅游业。打好夏季生态避暑、冬季冰雪旅游王牌，不断提高产品供给水平。在继续巩固哈尔滨冰雪大世界－亚布力－雪乡第一梯队冬季旅游线路基础上，推出哈尔滨分别至大庆－齐齐哈尔、漠河北极村、牡丹江镜泊湖、铁力－伊春4条第二梯队冬季旅游线路。加快与恒大集团合作，在亚布力气候温度条件更适宜的东南坡新建100公里雪道，努力打造专业和非专业结合的世界级滑雪旅游度假目的地。抓住北京成功申办冬奥会的机遇，培育冰雪体育产业。利用我省极具竞争力的森林、湿地等生态资源以及界江、过境旅游、温泉资源，深度开发，培育高水准生态避暑、休闲度假、养生旅游目的地。办好"哈尔滨之夏"，营造浓厚的旅游文化时尚氛围。二是加快养老、健康产业发展。借助生态优势和我省医疗资源，推进候鸟式养老、养生度假、健康养老等养老服务业发展，开发一系列集慢性病防治、观光度假、绿色食品配餐为一体的养老产品。鼓励和引导社会力量投资养老健康产业，重点推进18个投资额过亿元的民营养老项目建设。加强养老产业人才培养。三是推动金融业创新发展。继续吸引国内外大型金融机构在我省设立分支机构。推动龙江银行引入战略投资者。发展天使投资、风险投资、产业投资基金，探索投贷联动机制。强化企业金融意识，借助国家股票发行注册制改革，推动企业在境内外上市，在新三板、战略新兴板和区域股权交易市场挂牌，鼓励企业通过选择发行债券、私募基金、资产证券化等多种融资工具加快发展。政府出资 25 亿元带动社会资本组建 100 亿元的黑龙江工业投资基金，一季度投入运营。加大对中小微企业、大学生创业的担保支持力度。四是积极发展文化产业。继续推进哈尔滨万达文旅城建设。推动省广电网络公司全网双向化改造及视频云中心建设，加快上市步伐。在哈尔滨市及重点旅游景区举办贯穿旅游季、特色鲜明的驻场演出，丰富各类历史文化艺术展览，打造高水平特色餐饮和旅游纪念品。五是推动信息服务产业发展。继续实施"宽带龙江"战略，打造全光纤网络城市。新建基站 2.5 万座。加快中国移动、中国联通、中国电信、大庆华为、哈尔滨国裕、云谷名气通等大数据中心建设。六是促进商贸物流业发展。加快大型批发市场、农资配送中心、邮政快递集散分拨中心、冷链物流和哈尔滨航空物流中心等流通体系建设。打造华南城对俄经贸物流园区，推动哈尔滨城市共同配送体系建设，推进全省 49 个大型农产品批发市场和县级农贸市场项目建设。

（四）**深化行政审批制度改革和资源配置市场化改革，强化管理，努力降低企业成本**。一是继续深化政府改革，降低企业成本。做好已取消和下放管理层级行政审批事项的落实和衔接。动态完善权力清单、责任清单和中介服务清单，推动建立负面清单。继续清理和规范中介、协会、事业单位等具有的实质性审批权。推进中介机构、行业协会商会与行政机关脱钩。推进不动产统一登记工作。着力构建以信用监管为核心的事中事后监管机制。行政执法检查全面推广"两随机、一公开"。以上述多项措施降低企业制度性交易成本。落实国家结构性减税等措施，落实好我省已出台的降低企业负担政策，协调有关部门争取国家支持，努力降低企业用电、物流、财务成本。二是深化公共资源配置市场化改革。将医疗、教育、公共网络、公共交通、城市基础设施等经营性公共资源，采取市场化招标等方式进行公开配置。推动已纳入国家有关部门PPP项目库的项目尽快实施。三是加快公共资源所有权、管理权、经营权"三权合一"的事业单位改革。对梳理出的945个事业单位分类施策，衔接好有关社保政策，其中已经从事实质性生产经营活动的单位直接转成企业，具备经营条件的要通过合资合作向企业转型。进一步做好政府系统非办公类资产清理，将其配置到创造财富的生产部门。四是强化管理。各级政府部门、国有企业履行好自己应尽的管理责任，对严重失职、渎职导致国家、企业和人民群众利益重大损失的，坚决追究责任。严控政府支出，严格财政、审计监管，依法加强税收征管。严厉打击各类经济犯罪。

（五）积极推进以对俄合作为重点的全方位对外开放。构建"中蒙俄经济走廊"黑龙江陆海丝绸之路经济带，注重与俄远东地区开发战略对接。推动与日本、韩国经贸合作，推动与澳大利亚、新西兰农牧业合作，扩大与欧美合作领域，巩固与港澳台合资合作。一是进一步加强对俄全方位交流。与俄有关州区全面开展科技、教育、文化等领域交流合作，发挥哈尔滨对俄合作中心城市的带动作用。与俄滨海边区互办"黑龙江日"和"滨海边区日"活动。二是进一步推动基础设施建设互联互通。继续推动同江铁路大桥、黑河跨境公路桥建设。注重与俄滨海1号国际大通道联通。提升哈尔滨机场面向东北亚门户机场功能。塑造口岸国门新形象。合作开发黑瞎子岛，促进开通陆路口岸。推动哈欧班列扩大运行规模。推进中俄原油管道二期工程和中俄东线天然气管道建设。推进哈尔滨对俄电商航空货运通道和各陆路货运通道建设。三是进一步加强经贸合作。依据卢布汇率变化，加大对俄投资合作带动贸易发展，扩大对俄能源、资源进口，培育优质农产品出口基地。推动跨境经济合作区建设，打造能源、矿业、化工、农业、林业等跨境产业链。从供给侧角度与俄远东地区共同推动区域内资源、资本、技术、人才、加工制造能力等要素重组，形成更具性价比优势的产品竞争力。积极组织省内外企业参与俄远东超前发展区和符拉迪沃斯托克自由港项目建设。共同办好在叶卡捷琳堡举办的第三届中俄博览会。办好第 27 届哈洽会。集中持续开展对重点国家（地区）产业领域的经贸交流活动。

（六）推动创新驱动，开展大众创业、万众创新。一是大力推动科技人员创新创业。引导推动高等院校和科研院所靠市场化组织方式而不是事业单位科研项目体制推动科技成果产业化，靠职务发明的技术股权权益确定、技术骨干获得股权形成有效激励，靠注重与资本市场合作而不只靠财政获得资金支持，使更多的科技人员靠科研积累走上致富之路。推动高校、科研院所与产业界协同创新。二是大力推动大学生创新创业。要尊重创业规律、分析市场机会、提供政策扶持。大力发展大学各类孵化器和创客空间，给大学生提供创新创业平台。留住更多我省培养的优秀人才，为黑龙江新一轮经济发展积蓄关键力量。三是大力推动与国企合作创新创业。高度重视中央直属科研机构、大型央企在实现终极科研目标前可生成的技术溢出和形成的成果产业化。推动国企利用闲置的厂房、车间、设备、技术、人力资源等生产要素与社会资本合作。大力推进军工企业军品民用、民品开发，实现军民融合深度发展。四是大力推动"互联网+"行动计划。看到"互联网+"是改变社会基础组成要素物质和技术结构的重大变革。完善"互联网+"应用平台，加快公共数据资源开放共享。推动"互联网+"与制造业、金融业、传统商业、物流业加快融合。发展物联网技术和应用。建设好1000个"互联网+农业"高标准绿色、有机种植示范基地。在"互联网+"医疗、教育、城市管理和公共服务领域取得新突破。

（七）继续加大基础设施建设力度，加快推动新型城镇化。加快实施三江干流治理、灌区、水库等重点水利工程，加快推进三江连通工程规划和前期工作。加快已开工的哈佳快速、哈牡客专等重点铁路、公路、机场和哈尔滨地铁，以及鸡西、七台河城市供水等重大工程建设，力争牡佳客专、沿边铁路开工。力争建成五大连池、建三江国际湿地机场，启动绥芬河、亚布力机场建设。开工建设冯屯－齐南、宝清电厂送出等6项重点电网工程。加强城市规划、建设和管理工作，实施"多规合一"。继续推进"三供三治"。启动城市地下综合管廊建设与管理。推动城市执法体制改革和试点工作。努力实现基本公共服务常住人口全覆盖。落实好居住证制度，促进有条件的农业转移人口进城落户。哈尔滨等地要落实国家化解房地产库存的相关举措。大力推动县域经济发展，坚持产业强县、特色兴县，采取措施重点支持一批特色突出、具有潜力的县级产业园区。

（八）着力保障和改善民生。一是全面推进精准扶贫、精准脱贫。重点解决贫困县中真正贫困人口和非贫困县中贫困人口的脱贫问题。通过产业、创业、教育、医疗等措施推动精准扶贫。扩大贫困地区水、电、路、网络等基础设施覆盖面。二是持续推动保障性安居工程建设。多路径推进，有效实施货币化安置。确保完成棚改17.7万套，力争完成20.4万套；改造农村泥草（危）房12万户。

继续加大四煤城采煤沉陷区棚改力度。三是稳定扩大就业。注重困难群体就业问题，推动煤城、林区等职工主动向我省有竞争优势的产业领域拓展就业空间。全省实现新增就业 55 万人。四是织好社会保障网。衔接好企业职工基础养老金全国统筹改革工作，全面实施全体职工参保计划。按国家政策调整企业退休人员基本养老金、城乡低保水平，推动机关事业单位养老保险制度改革。要更加关心城乡低保、下岗职工等低收入群体和残障弱势群体的生活，加大社会救济力度。五是促进教育公平发展，健全基本医疗卫生制度。对接好国家新政策，加快推进义务教育均衡发展，更大范围普及高中阶段教育。提高边远地区教育水平。启动实施高教强省二期规划，为黑龙江培养、留住更多优秀人才。扩大市级公立医院改革试点范围，完善县级公立医院改革，完善基本药物制度，加强集中招标采购。鼓励社会资本兴办各类医疗、检验机构，推动大医院与社区医疗机构形成医疗集团，以有效推进分级诊疗试点工作。加快统一医保平台建设。继续为乡镇卫生院公开招聘 800 名医学专业毕业生。新农合人均筹资标准由 500 元提高到 560 元。新型农村合作医疗和大病保险制度对贫困人口实行政策倾斜。实施全面两孩政策。继续深入开展"健康龙江"行动。六是加大环境保护力度。严守生态保护红线，退耕还湿 15 万亩，加强森林、草原、湿地和物种保护。深入推进大气污染防治，启动三年专项行动。确保完成低质燃煤锅炉改造、淘汰小锅炉和黄标车及老旧机动车等任务，鼓励和支持新能源汽车推广应用，推进秸秆综合利用，减少雾霾。加快推进水、土壤污染防治。加强气象灾害监测预警。严格环保执法，寸步不让。七是大力推进文体事业发展。推动基本公共文化服务体系建设。加快实施广播电视无线数字工程，推动三网融合。向农村提供更多适合需要的文化产品和服务。提高文化遗产依法保护利用水平。广泛开展全民健身活动，巩固冰雪体育强省地位，提高竞技体育水平。八是强化安全生产。深刻汲取去年两起煤矿重大安全生产事故和哈尔滨"1·2"火灾事故教训，强化过程监管，坚决整改隐患，严格落实企业主体责任和各级政府监管责任。进一步加大小煤矿关闭力度。九是加强和创新社会治理。健全城市应急体系，建立专业化救灾救援队伍，提升应对突发事件能力。实施以促进绿色食品产业发展为核心的食品安全战略。深入推进"平安黑龙江"建设，构建立体化社会治安防控体系，做好信访和社会矛盾调解、疏导工作。推进双拥工作，做好转业复员官兵安置和征兵工作。关心解决边防部队子女教育问题。

各位代表！在经济发展新常态下完成"十三五"目标任务，要求我们必须大力加强政府自身建设。一要牢固树立创新、协调、绿色、开放、共享的发展理念。切实增强提高市场化程度所必需的市场经济意识，切实增强以法治、制度、规则为核心的发展环境意识。二要提高政府工作专业化水平。加强干部培训，强化专业思维、专业素养、专业方法。高度关注和适应新一轮科技革命和产业变革，推动新技术、新产业、新业态、新商业模式带动经济发展。三要加强法治政府建设。依法设定权力、行使权力。提高科学决策、民主决策、依法决策水平。自觉接受党内监督、人大监督、民主监督、行政监督、司法监督、审计监督、社会监督和舆论监督。规范行政执法，紧盯政府权力部门和窗口单位，提升工作效率和服务质量。高度重视、积极配合各级人大的执法监督检查，对提出的问题坚决整改。四要尽职尽责，敢于担当。把"三严三实"要求落实到政府建设全过程，加强反腐倡廉，落实"一岗双责"。在推动市场化改革、促进龙江发展、维护龙江人民整体利益的原则和具体问题上都要是非鲜明，随时准备坚持真理、随时准备纠正错误。勇于触碰实质性矛盾推动发展，清醒认识不得罪错误，就得罪真理；不得罪损害整体利益、做法错误的少数人，就得罪全体龙江人民。既对不作为、乱作为严肃问责，又探索新的激励机制，努力营造抑恶扬善、想干事、干成事的工作氛围。

各位代表！尽管我们遇到新的严峻挑战，但我们有龙江人民多年奋斗形成的宝贵精神品格，有"十二五"发展奠定的坚实基础，只要我们坚决转变不适应市场经济发展要求的思想观念，坚决革除不适应市场经济发展要求的体制机制弊端，在改造提升传统动能的同时，大力向市场化改革、创新驱动、人才战略、增强供给侧市场主体竞争力要新的发展动能，使我省在现代农业、整体生态化、老工业基地技术和产业基础、科技成果产业化、矿产资源、对俄合作等领域的优势潜力得到充分释放，在既有国内总需求增长空间、又有龙江鲜明供给优势的产业领域持续发力、久久为功，我们就一定能在全国这一轮经济发展变化中形成新的竞争优势格局！

各位代表！完成"十三五"目标任务，我们责任重大，使命光荣。我们要更加紧密地团结在以习近平同志为总书记的党中央周围，全面落实中央和省委决策部署，迎接挑战，坚定信心，攻坚克难，苦干实干，为完成全面建成小康社会决胜阶段的各项任务而努力奋斗！

上 海 市
政府工作报告

——2016年1月24日在上海市第十四届
人民代表大会第四次会议上

市长 杨 雄

各位代表：

现在，我代表上海市人民政府，向大会报告政府工作，请予审议。请政协委员和其他列席人员提出意见。

一、2015年工作回顾

过去一年，我们在党中央、国务院和中共上海市委的坚强领导下，深入学习贯彻习近平总书记系列重要讲话精神，按照"四个全面"战略布局，主动适应经济发展新常态，坚持稳中求进工作总基调，坚决贯彻落实国家稳增长、促改革、调结构、惠民生、防风险一系列重大政策措施，奋力推进创新驱动发展、经济转型升级，完成了市十四届人大三次会议和"十二五"规划确定的目标任务。

一年来，全市经济社会平稳发展，创新驱动发展积极效应进一步显现。一是经济保持平稳运行。全市生产总值达到 2.5 万亿元，比上年增长 6.9%，过去五年年均增长 7.5%。新增就业岗位 59.7 万个，城镇登记失业率控制在 4.1%。居民消费价格上涨 2.4%。二是经济结构、质量和效益进一步改善。第三产业增加值占全市生产总值的比重达到 67.8%，比五年前提高 10.5 个百分点，服务经济为主的产业结构基本形成。一般公共预算收入比上年增长 13.3%，达到 5519.5 亿元，是五年前的 1.9 倍。在提前一年完成"十二五"目标的基础上，预计单位生产总值能耗再降低 4%，主要污染物排放量进一步下降。三是改革创新取得重大突破。顺利完成中国（上海）自由贸易试验区扩区工作，制定实施科技创新中心建设意见及配套政策，一大批制度创新和科技创新的政策举措落地见效。四是人民生活水平进一步提高。城镇和农村常住居民人均可支配收入分别比上年增长 8.4% 和 9.5%，农村居民收入增速连续七年快于城镇居民，改革发展成果更多更公平惠及广大市民。

过去一年，外部环境不稳定、不确定因素增多，本市经济下行压力加大。我们迎难而上，主要做了五方面工作。

（一）坚持发展第一要务，把稳增长放在更加突出位置，全力以赴调结构

加快产业结构优化升级。解决"四新"经济发展瓶颈问题 29 项，制定"互联网+"推进方案。实施旅游、体育等服务业促进政策，支持生产性服务业、生活性服务业加快发展。制定实施智能制造、高端装备制造发展政策，C919 大型客机总装下线，国家机器人检测评定中心落户。推动产业园区开展区区合作、品牌联动。淘汰高能耗、高污染、高危险和低效益的落后产能 1236 项。

着力扩大消费、促进出口。优化消费环境，培育消费热点，推

进旅游、教育、文化、健康等服务类消费联动发展，实施境外旅客购物离境退税，社会消费品零售总额比上年增长8.1%。新增一批国家级电子商务示范基地，促进跨境电商发展，电子商务交易额保持20%以上的高速增长。落实国家外贸稳增长政策，支持企业拓展境外市场，清理和规范进出口环节收费，口岸进出口总额超过1万亿美元。推动文化贸易、技术贸易发展，服务贸易保持两位数增长，占对外贸易总额比重提高到30.3%。

加快推进城市基础设施建设。优化重大工程前期工作机制，开工建设8号线三期、15号线、18号线等88公里轨道交通线，建成11号线迪士尼段、12号线西段、13号线部分区段共40公里轨道交通线，轨道交通运营线路总长达到588公里，比五年前增加165公里。中环线全线贯通。第四代移动通信网络基本覆盖全市域。放宽社会资本投资领域，推广政府和社会资本合作模式，全社会固定资产投资比上年增长5.6%。

（二）注重推进重点领域改革先行先试，充分发挥自贸试验区示范引领作用，全面深化改革开放

深化自贸试验区制度创新。在新扩展区域全面推行外商投资负面清单管理模式，企业准入"单一窗口"从注册环节向变更环节延伸，自贸试验区新登记注册企业1.8万家。推出"一站式"申报查验作业、"空检海放"等50项贸易监管新措施，拓展国际贸易"单一窗口"功能，扩大货物状态分类监管试点，贸易便利化程度进一步提高。推动制定自贸试验区新一轮金融开放创新试点方案，启动自由贸易账户外币服务功能，累计开立自由贸易账户4.4万个。深入开展以政府职能转变为核心的事中事后监管创新，启动建设市场主体信用信息公示系统。制定实施自贸试验区改革经验全市推广方案，一大批改革成果呈现溢出放大效应。

加快推进经济体制改革。深化国资国企改革,制定实施混合所有制改制、境外国资监管、国有企业领导人薪酬制度等一批配套细则,实质性启动国有资本流动平台运作,完成一批国有企业集团整体上市或核心资产上市,国有企业集团法定代表人任期制、契约化管理基本实现全覆盖。落实小微企业税收减免政策,着力缓解中小微企业融资压力。全面实行"三证合一、一照一码"商事登记制度,试行集中登记和一址多照登记方式,全市新登记注册企业25.4万家,新增注册资本比上年增长67.6%。

扩大对内对外开放。制定参与"一带一路"建设推进方案,推动成立"一带一路"企业联盟。实行"告知承诺+格式审批"的外商投资审批管理模式,实施一批外商投资促进新措施,跨国公司地区总部累计达到535家,比五年前增加230家。支持企业"走出去",对外直接投资比上年增长2.8倍。制定参与长江经济带建设的实施意见,积极推动长三角一体化发展,加强对口支援工作。

(三)着眼于提升城市核心竞争力,全面推进科技创新中心建设,加快建设"四个中心"

加快实施创新驱动发展战略。全社会研发经费支出相当于全市生产总值的比例达到3.7%。在脑科学和人工智能等领域布局一批重大科技项目,建成国家蛋白质中心等一批科技基础设施。加快集聚国内外研发机构,新增外资研发中心15家。国家技术转移东部中心落户。大力推进大众创业、万众创新,创新创业服务机构达到454家。设立股权托管交易中心科技创新板,成立创新创业投资母基金。开展知识产权运营服务试点,每万人口发明专利拥有量达到29件。

着力提升"四个中心"功能。金砖国家新开发银行开业,中国互联网金融行业协会落户。推动人民币跨境支付系统一期建成运行,推出上证 50ETF 期权、中证 500 股指期货等一批金融创新产品,中国保险投资基金在沪设立,金融市场交易额达到 1463 万亿元,是五年前的 3.5 倍。实行航运保险注册制,扩大外贸集装箱沿海捎带、启运港退税政策覆盖面,集装箱水水中转比例达到 45%,比五年前提高 7 个百分点。引进亚太示范电子口岸网络运营中心,开展内贸流通体制改革发展综合试点,建成国家会展中心,商品销售总额达到 9.3 万亿元。

(四)突出保障基本民生,推动公共服务资源配置向基层、郊区农村和困难群体倾斜,持续增进民生福祉

加大群众基本生活保障力度。落实鼓励创业带动就业扶持政策,帮助 1.1 万人创业。统一城乡最低生活保障制度,提高低保标准,惠及 20 多万城乡居民,实现新农合市级统筹,企业退休人员基本养老金水平继续提高 10% 以上。增加养老服务供给,养老床位达到 12.6 万张,养老机构设置的医疗机构增加到 189 家。启动 17 个城市更新试点项目。拆除中心城区二级旧里以下房屋 65.9 万平方米,过去五年累计拆除 320 万平方米。新建筹措各类保障性住房和实施旧住房综合改造 19.7 万套,过去五年累计完成 87.8 万套。

加大文化和社会事业惠民力度。推动公共文化配送与需求有效对接,服务城乡居民 1234 万人次。统一义务教育公办学校资源配置标准,在郊区新开办中小学和幼儿园 67 所。实施新的高中学业水平考试、高中学生综合素质评价制度,制定高等教育布局结构规划、现代职业教育体系规划,启动高校"高峰""高原"学科建设,教育综合改革试点稳步推进。在公立医院实施医药分开,启动新一轮社区卫生服务综合改革，探索分级诊疗制度，医药卫生体制改革向纵深推进。开展改善医疗服务行动，在公立医院公益性评价、医疗服务价格调整、质量保障、信息公开等方面探索建立一系列新机制、新制度，医疗卫生服务水平进一步提高。市民体育大联赛参赛人次达到 238 万，成功举办国际滑联世界花样滑冰锦标赛、劳伦斯世界体育颁奖典礼，上海体育健儿在第三届全国智力运动会、首届全国青年运动会上取得优异成绩。进一步落实军民融合深度发展意见，国防动员和双拥共建全面加强。

（五）紧紧扭住突出问题和短板不放松，狠抓城市安全和基层建设，加强社会治理、城乡统筹发展和环境综合治理

全力保障城市安全。坚持最严标准、最严要求、最严措施，全面开展安全隐患大排查大整治。制定实施公共场所人群聚集安全管理办法，完善轨道交通大客流应急预案。基本完成工业园区外危险化学品生产企业、港区危险化学品仓库的布局调整，建成危险化学品运输企业和车辆监管系统。建立食品安全信息追溯管理制度。完成 1633 台住宅小区老旧电梯的安全评估。加强火灾防控体系建设，完成 100 个住宅小区老旧消防设施改造，为 500 幢高层售后公房增配消防设施。

加强社会治理和城市管理。完成街道机构调整，取消街道招商引资职能，初步建立社区工作者职业化体系，基层服务管理职能得到增强。顺利完成居委会、村委会换届选举。探索社会力量参与信访实地督查。开展社会治安复杂地区专项整治行动。实施城市管理综合执法改革，推动执法力量下沉，在所有街镇设立网格化综合管理中心，实现区县网格化管理平台与"12345"市民服务热线机构整合。狠抓城市管理顽症整治不放松，违法建筑、"群租"、非法客运、无序设摊的整治取得明显成效。启动实施住宅小区综合治理三年行动计划，完成2666万平方米居民住宅二次供水设施、122.6万户老旧住宅小区供电设施改造。

推进郊区农村改革发展。实施城乡发展一体化意见及配套政策。建立镇村河道整治补贴机制，完成156公里中小河道整治、2445公里中小河道疏浚。全面实现郊区县集中供水。完成100个村庄改造、1032户农村危旧房改造。整建制创建国家现代农业示范区，新增768个家庭农场。推进镇村两级集体经济组织产权制度改革。基本完成农村土地承包经营权确权登记颁证，启动集体经营性建设用地入市试点。一批农村综合帮扶"造血"项目落地见效。

加强资源节约和环境保护。完成生态保护红线划示。实施经营性用地全生命周期管理，低效建设用地减量7平方公里。启动实施第六轮环保三年行动计划，环保投入相当于全市生产总值的比例保持在3%左右。全面完成中小锅炉、窑炉的清洁能源替代和黄标车淘汰，新增新能源汽车4.4万辆。出台水污染防治行动计划，完成建成区直排污染源截污纳管，城镇污水处理率达到91%。全面启动金山地区环境综合整治。积极探索重点区域环境综合治理新机制，第一批11个地块治理取得阶段性成果。新建绿地1190公顷，森林覆盖率达到15%，比五年前提高2.1个百分点。

各位代表，过去一年，我们主动应对各种风险挑战，加快推进经济结构优化、发展动力转换、发展方式转变，取得的成绩来之不易。这是党中央、国务院和中共上海市委坚强领导的结果，是全市人民共同奋斗的结果。在这里，我代表上海市人民政府，向在各个岗位上付出智慧、心血和汗水的全市人民，向给予政府工作大力支持的人大代表和政协委员，向各民主党派、工商联、各人民团体和社会各界人士，表示最崇高的敬意！向中央各部门、兄弟省区市和驻沪部队、武警官兵，向关心支持上海发展的香港、澳门特别行政区同胞、台湾同胞、海外侨胞和国际友人，表示最诚挚的感谢！

我们清醒地看到，上海正处在创新驱动发展、经济转型升级的攻坚阶段，经济下行压力仍然较大，制造业发展面临不少困难，创新引领发展的动力还不强，创新创业的体制机制、政策环境有待进一步完善。城乡发展不平衡、不协调仍很突出，农村生产生活方式亟待转变。人口资源环境约束更加凸显，严重制约经济可持续发展，也增加了城市管理、社会治理的难度。外部环境深刻变化，开放型经济水平有待进一步提升。养老、医疗、教育、交通、环境保护、城市安全等方面仍有许多群众不满意的地方，还存在不少短板。我们要直面问题，切实增强忧患意识、责任意识，努力在破除瓶颈、补齐短板上取得明显进展。

二、关于《上海市国民经济和社会发展 第十三个五年规划纲要（草案）》的说明

根据《中共上海市委关于制定上海市国民经济和社会发展第十三个五年规划的建议》，市政府制定了《上海市国民经济和社会发展第十三个五年规划纲要（草案）》，提请本次大会审议。

（一）"十三五"时期经济社会发展总体考虑

"十三五"时期是我国全面建成小康社会决胜阶段，是上海基本建成"四个中心"和社会主义现代化国际大都市决定性时期。我们要准确把握战略机遇期内涵的深刻变化，主动适应经济发展新常

态，有效应对各种风险挑战，不断开拓发展新境界。

"十三五"时期上海经济社会发展指导思想是：高举中国特色社会主义伟大旗帜，全面贯彻党的十八大和十八届三中、四中、五中全会精神，以马克思列宁主义、毛泽东思想、邓小平理论、"三个代表"重要思想、科学发展观为指导，深入贯彻习近平总书记系列重要讲话精神，坚持"四个全面"战略布局，树立创新、协调、绿色、开放、共享的发展理念，按照当好全国改革开放排头兵、创新发展先行者的要求，抓牢发展第一要务，更加注重提高发展质量和效益，着力加强供给侧结构性改革，持续推进创新驱动发展、经济转型升级，加快向具有全球影响力的科技创新中心进军，统筹推进经济建设、政治建设、文化建设、社会建设、生态文明建设和党的建设，确保如期基本建成"四个中心"和社会主义现代化国际大都市，为我国全面建成小康社会、实现第二个百年奋斗目标和中华民族伟大复兴的中国梦作出更大的贡献。

"十三五"时期上海经济社会发展目标是：到 2020 年，形成具有全球影响力的科技创新中心基本框架，走出创新驱动发展新路，为推进科技创新、实施创新驱动发展战略走在全国前头、走到世界前列奠定基础。适应社会主义市场经济发展，建立健全更加成熟、更加定型的国际化、市场化、法治化制度规范，基本建成国际经济、金融、贸易、航运中心和社会主义现代化国际大都市，在更高水平上全面建成小康社会，让全市人民生活更美好。一是创新驱动整体提速，发展的质量和效益持续提高，全市生产总值预期年均增长 6.5% 以上，全社会研发经费支出相当于全市生产总值的比例保持在 3.5% 以上。二是人民生活水平和质量普遍提高，力争居民人均可支配收入比 2010 年翻一番。三是文化软实力显著增强，基本建成更加开放包容的国际文化大都市。四是生态环境持续改善，PM$_{2.5}$ 年平均浓度下降到 42 微克 / 立方米左右，力争基本消除劣 V 类水体。五是依法治理能力全面提升，基本建成法治政府，法治政府建设走在全国前列。

（二）"十三五"时期经济社会发展主要任务

《纲要（草案）》围绕实现"十三五"发展目标，贯彻落实五大发展理念，尊重城市发展规律，提出了一系列发展思路和举措。

第一，推进创新发展，激发发展新动力。把创新摆在全市发展大局的核心位置，推动以科技创新为核心的全面创新，使创新成为引领发展的第一动力。建设综合性、开放型科技创新中心是推进创新驱动发展、经济转型升级的根本举措，要牢牢把握科技进步大方向、产业革命大趋势、人才集聚大举措，深入实施创新驱动发展战略，提高自主创新能力，创新科技体制机制，大力发展创新经济，加快向国际重大科学发展、原创技术和高新技术产业的重要策源地迈进。致力于增强城市综合服务功能，完善市场体系，集聚功能性机构，不断提升"四个中心"的国际影响力和全球资源配置能力。坚持高端化、智能化、绿色化、服务化，推动产业融合发展的方针，建立完善以现代服务业为主、战略性新兴产业引领、先进制造业支撑的新型产业体系，不断提高服务经济特别是实体经济发展的质量和水平，战略性新兴产业增加值占全市生产总值比重达到20%左右，制造业增加值占全市生产总值比重力争保持在 25% 左右。适应产业跨界融合趋势，以更大的力度推动新技术、新模式、新业态、新产业"四新"经济发展，加快培育经济发展新动能。以政府自身改革为核心，强力推进重点领域和关键环节改革攻坚，加快形成有利于创新发展的制度环境。

第二，推进协调发展，增强整体协同性。强化底线约束，注重补齐短板，形成更加均衡的发展结构。坚持综合施策，严格控制人口规模，常住人口总量控制在 2500 万以内。更加重视控制总量、盘活存量，强化土地节约集约利用，推进低效建设用地减量化，建设用地总量控制在 3185 平方公里以内。坚持以人为本、集约发展、产城融合、传承文脉，统筹推进主城区、新城、新市镇建设，加快形成多中心、高质量、强功能、重协同、有特色的城镇发展格局。着眼于全面缩小城乡发展差距，持续推动"三倾斜、一深化"，加快转变农村生产生活方式，实现城乡基本公共服务均等化，实现高水平城乡发展一体化。按照管为本、重体系、补短板的思路，全面构建安全、畅达、高效、绿色、文明的一体化综合交通体系，轨道交通运营线路总长达到 800 公里。按照核心是人、重心在城乡社区、关键是体制创新的要求，始终把安全作为一切工作的底线，加强系统治理、依法治理、综合治理、源头治理，努力走出一条符合超大城市特点的社会治理和城市管理新路。坚持把社会效益放在首位、社会效益与经济效益相统一，深化文化体制改革，发展文化事业和文化产业，公共文化服务体系基本形成，文化产业成为重要支柱产业。

第三，推进绿色发展，共建生态宜居家园。深入贯彻节约资源和保护环境的基本国策，推动形成绿色空间布局、绿色生产方式、绿色生活方式，建设美丽上海。注重源头控制、末端治理、提高标准、依法严管相结合，强化重点领域大气污染和水污染防治，滚动推进重点区域环境综合治理，加快建设多层次、网络化、功能复合的绿色生态空间，不断提高环境质量。突出控制总量、优化结构、提高效率，加快转变能源生产消费方式，年能源消费总量控制在 1.25

亿吨标准煤以内。坚持减量化、再利用、资源化，大力发展循环经济，努力实现各类资源的合理高效利用。

第四，推进开放发展，形成开放型经济新优势。坚持以开放促改革、促发展，推动对内对外开放相促进、"引进来"和"走出去"相结合，发展更高层次的开放型经济。着眼于建设开放度最高的自贸试验区，以制度创新为核心，以可复制、可推广为基本要求，与国际高标准投资贸易规则相衔接，建立健全投资贸易便利化、金融开放创新、事中事后监管等方面的制度规范，加快构筑国际化、市场化、法治化营商环境，进一步发挥自贸试验区扩大开放破冰船、深化改革掘进机的示范引领作用。适应经济全球化新趋势，积极参与和主动服务"一带一路"、长江经济带建设，全方位拓展双向开放的广度和深度，更好地利用国际国内两个市场、两种资源。

第五，推进共享发展，增进市民福祉。坚持民生优先，注重机会公平，保障基本民生，完善就业服务体系、社会保障体系、养老服务体系、住房保障体系和社会事业体系，使全体市民在共建共享发展中有更多获得感。注重解决就业结构性问题，实施更加积极的就业政策，推动实现更高质量的就业。坚持居民收入增长与经济增长同步、劳动报酬提高与劳动生产率提高同步，多渠道增加城乡居民收入。建立更加公平、更可持续的社会保障制度，有序提高社会保障水平。积极应对人口深度老龄化，以居家为基础、社区为依托、机构为支撑、医养相结合，加快建设服务供给、需求评估、服务保障、政策支撑、行业监管"五位一体"的社会养老服务体系，实现基本养老服务应保尽保。完善廉租住房、共有产权保障房、公共租赁住房、征收安置房"四位一体"的住房保障体系，完成中心城区 240 万平方米成片二级旧里以下房屋改造。更加重视保障公平、提升质量，促进基础教育优质均衡发展，推动高等教育特色优质发展，加强职业教育融合发展，率先实现教育现代化。坚持为人民健康服务的方向，深化医药卫生体制改革，实现人人享有基本医疗卫生服务。

"十三五"规划凝聚着社会各方的智慧，承载着全市人民的期盼。我们要俯身耕耘、顽强拼搏，不断提升城市核心竞争力，不断提高人民生活水平，携手开创更加美好的未来。

三、全力以赴做好"十三五"开局工作

2016年是实施"十三五"规划的第一年。我们要按照中央经济工作会议、中央城市工作会议精神和十届市委十次全会部署，围绕树立和贯彻创新、协调、绿色、开放、共享的发展理念，适应经济发展新常态，坚持改革开放，坚持稳中求进工作总基调，坚持稳增长、调结构、惠民生、防风险，推进供给侧结构性改革，推进创新驱动发展、经济转型升级，促进经济社会持续健康发展，为完成"十三五"发展目标任务打下扎实基础。

综合各方面因素，建议今年全市经济社会发展主要预期目标是：经济发展质量效益进一步提高，全市生产总值增长6.5%—7%，一般公共预算收入增长7%。全社会研发经费支出相当于全市生产总值的比例保持在3.5%以上。城镇登记失业率控制在4.4%以内，居民人均可支配收入增幅与经济增长保持同步，居民消费价格指数与国家价格调控目标保持衔接。环保投入相当于全市生产总值的比例保持在3%左右，单位生产总值能耗、主要污染物排放量进一步降低。

今年要着力做好以下八方面工作：

（一）深入推进以自贸试验区建设为重点的改革开放。聚焦重点领域和关键环节，建立健全制度构架和体制机制，力争改革开放新突破。

加快自贸试验区建设。深化投资管理制度创新，完善准入前国民待遇加负面清单管理模式，扩大企业准入"单一窗口"受理事项范围。深化贸易监管制度创新，将更多管理部门纳入国际贸易"单一窗口"管理平台，进一步扩大货物状态分类监管试点，探索内外贸税收征管一体化。推进自贸试验区金融开放创新与国际金融中心建设联动，推动人民币资本项目可兑换先行先试，拓展自由贸易账户功能，适时启动合格境内个人投资者境外投资试点。完善事中事后监管，加快形成以综合监管为基础、专业监管为支撑的事中事后监管制度构架。对标国际通行规则，在投资者权益保护、知识产权保护等领域加大制度创新力度。

促进各类所有制经济共同发展。推动一批国有企业开放性、市场化重组，推进一批国有企业集团整体上市或核心资产上市，基本完成符合条件的国有企业集团公司制改革，探索建立市场化选聘和管理经理人的制度，推动国有资本向战略性新兴产业、现代服务业、先进制造业、基础设施、民生保障等领域集中。完善非公有制经济发展环境，鼓励民营企业依法进入更多领域，引入非国有资本参与国有企业改革，支持民营企业发展核心技术和自主品牌，更好地激发非公有制经济的活力和创造力。深化商事登记制度改革，取消行业分类、经营范围等方面的不合理限制。

推进开放型经济发展。加强与"一带一路"沿线地区的经贸合作，推动实施一批国际产能和装备制造合作项目，鼓励跨国公司地区总部拓展功能，进一步落实外贸稳增长、服务贸易发展、跨境电商发展政策措施。启动洋山保税港区扩区，推动一批出口加工区向综合保税区转型。积极参与长江经济带绿色生态廊道、综合立体交通走廊和现代产业走廊建设，推动长三角地区在生态环境、基础设施、科技创新、旅游发展等领域深化合作，积极帮助对口支援地区实施精准扶贫、精准脱贫。

（二）加快建设具有全球影响力的科技创新中心。注重发挥"三区联动"优势，狠抓政策措施落实落地，进一步激发全社会创新活力。

着力提高科技创新能力。建设张江综合性国家科学中心，力争海底长期观测网、超强超短激光、活细胞成像平台等大科学设施和光子科技国家实验室落户，在民用航空发动机与燃气轮机等领域承担更多国家重大专项任务。构筑功能性、开放式创新平台，在信息技术、生命科学、高端装备等领域建设一批共性技术研发转化平台。推动科技创新集聚区特色发展，布局一批科技成果产业化项目。进一步推动大众创业、万众创新，引导更多社会力量参与众创空间建设。

建设全面创新改革试验区。创新政府科技管理，建立财政科技投入新机制，开展药品审评审批制度改革试点。支持企业创新，建立以创新为导向的国有企业考评机制，鼓励跨国公司研发中心升级为全球研发中心和开放式创新平台。加大金融支持创新力度，推动上海证券交易所设立战略新兴板，探索银行、保险等领域新型投融资模式。完善科技成果转移转化机制，继续向市属高校和科研院所下放科技成果使用权、处置权、收益权，探索建立国有技术类无形资产交易制度。加强知识产权保护和运用，建立知识产权侵权查处快速反应机制，组建知识产权交易中心，建设统一的专利、商标、版权信息和服务平台。

推动智慧城市建设。建成宽带城市和无线城市，光纤宽带网络基本覆盖全市域，公共场所无线接入点达到 20 万处。推动信息技术在各领域的深度应用，落实"互联网＋"推进方案，支持物联网、新硬件、大数据、云计算等新技术开发利用，加快建设智慧学习、智慧停车、智慧旅游等一批便民惠民的信息化应用平台。强化关键信息基础设施保护，切实保障网络安全。

加强各类人才队伍建设。落实国家和本市各类人才计划，建立更加透明高效的人才资助机制，集聚更多的领军人才、高技能人才和高水平创新创业团队。完善人才分类评价体系，开展行业组织参与职称评价试点，探索委托社会机构遴选杰出人才。推动形成更加灵活的用人机制，促进人才资源市场化配置，为各类人才发展事业、成就梦想创造更多的机会和更好的环境。

（三）全力推动"四个中心"建设、经济稳定增长和产业结构调整。准确把握结构性改革方向，抓好去产能、去库存、去杠杆、降成本、补短板，在适度扩大总需求的同时，提高供给体系质量和效率。

深入推进"四个中心"建设。积极配合国家金融管理部门，支持人民币跨境支付系统二期建设，推动保险交易所开业运营，集聚全国性信托登记、票据交易和全球清算对手方协会等一批总部型、功能性金融机构，探索建立金融功能监管协调机制，切实防范金融风险。加快完善现代航运服务体系，优化集装箱国际中转集拼监管模式，继续引进功能性航运机构，发展航运金融等高端航运服务业。建设一批进出口商品展示交易平台，支持大宗商品市场线上线下融合发展，全面推进内贸流通体制改革发展综合试点，逐步将离境退税政策覆盖到符合条件的所有离境口岸。积极发挥新消费引领作用，继续培育服务消费、信息消费、绿色消费、时尚消费、品质消费等新兴消费热点。发展社区商业，新建改建 100 家标准化菜市场。

推动新兴产业加快发展和传统产业改造升级。继续梳理解决一批"四新"经济发展瓶颈问题，制定实施软件首版次、新材料首批次应用支持政策。落实"中国制造 2025"，支持新型显示、工业机器人等领域智能制造发展，推进战略性新兴产业区域集聚发展试点，设立集成电路产业基金。支持企业加快技术改造和设备更新，进一步推动传统产业广泛运用新技术、新模式。启动国家临空经济示范区建设，依托浦东国际机场、航空产业基地规划建设高水平航空城。继续推动桃浦、南大、吴淞、高桥等区域转型发展。淘汰落后产能 1000 项左右。

开展降低实体经济企业成本行动。落实"营改增"试点扩围等税收政策，减免涉及小微企业的行政事业性收费，继续清理进出口环节不合理收费，减轻企业税费负担。按照国家统一部署，调整职工社会保险缴费率。扩大政府天使投资引导基金规模，鼓励更多社会资本发起设立投资基金，成立中小微企业政策性融资担保基金，帮助企业降低融资成本。

推进重大工程和重点区域建设。加快建设 5 号线南延伸段、14 号线、17 号线等 216 公里轨道交通线，推进洋山深水港区四期、浦东国际机场三期、沪通铁路上海段、北横通道等交通设施建设，建成长江西路隧道。开工建设 15 公里地下综合管廊，建立统一的地下管线管理信息平台。迪士尼乐园开园营运，世博央企总部集聚区全面建成，虹桥商务区核心区基本建成，临港国际智能制造中心启动建设，黄浦江滨江公共空间贯通 10 公里。

（四）织密织牢民生保障网。坚持尽力而为、量力而行，继续坚守底线、突出重点、完善制度、引导预期，集中力量办成一批群众关切的民生实事。

促进创业带动就业。帮助 1 万人成功创业，新增 50 万个就业岗位。实施大学生创业能力培养计划，推动高校新建一批创新创业教育实践平台，加大贷款担保贴息、社会保险费补贴等政策支持力度，鼓励更多青年投身创业。深入开展职工职业培训，支持企业探索实施新型学徒制。

增强社会保障和养老服务能力。提高养老金水平，统一城乡居民基本医保制度，完善来沪从业人员参加职工社会保险办法。建立困难残疾人生活补贴和重度残疾人护理补贴制度。促进慈善事业健康发展。全面开展老年照护统一需求评估。建设老年宜居社区，新建 50 家长者照护之家、80 家老年人日间服务中心。新增 7000 张公办养老床位。推进医养结合，强化社区居家养老的医疗服务，新增 50 家养老机构设置的医疗机构，扩大高龄老人医疗护理计划试点范围，探索建立长期护理保险制度。

健全住房保障体系。新增供应 5 万套各类保障性住房，启动建设一批大型居住社区外围配套项目，出台共有产权保障住房管理办法。拆除中心城区二级旧里以下房屋 55 万平方米，完成郊区城镇旧区改造 4 万平方米，实施旧住房改造 300 万平方米。促进房地产市场平稳健康发展。

深化教育综合改革。建设大中小学一体化德育体系，普及中华优秀传统文化教育。扩大义务教育学区化、集团化办学规模，努力办好家门口的每一所学校。构建高校分类管理体系，制定实施一流大学和一流学科建设计划，开展高等职业教育创新发展行动。深化高考综合改革，合并一本、二本招生批次，扩大综合评价录取试点范围。

建设健康上海。坚持公益性导向，完善公立医院考核评价机制，进一步降低药品加成率，降低药品收入占医疗收入的比重。推进分级诊疗试点，完善家庭医生签约服务机制，建立健全社区卫生服务中心与二、三级医院双向转诊的绿色通道。加强院前急救体系建设，新建 11 个医疗急救分站。构建覆盖全生命周期的健康管理服务体系，实施人群健康干预计划，开展市民健康促进行动。制定中医药健康服务发展规划。落实全面两孩政策，完善计划生育服务管理。加强妇女儿童权益保障。

深化国防动员和双拥共建，推进军民融合深度发展。继续做好民族、宗教、外事、港澳、对台和侨务工作。

（五）提高社会治理和城市管理精细化水平。坚持重心下沉、政社互动、共建共享，创新社会治理和城市管理体制机制，切实保障城市安全有序和社会和谐稳定。

强化城市安全。突出重点场所、重点行业、重点领域，从严从细落实安全责任，深入开展安全隐患排查整改，严防重特大安全事故发生。健全轨道交通公共安全防范体系，启动建设危险化学品电子标签自动识别系统，完善食品安全社会共治机制。开展锅炉等重点设备专项监督检查，完成住宅小区老旧电梯安全评估、燃气管道占压整治，完成 226 万平方米危险房屋和严重损坏房屋处置，为100 个老旧住宅小区增配或改造消防设施。加强应急预案管理和演练，强化街镇应急管理能力建设。

创新社会治理。完善居住证制度，多措并举严控人口规模。开展居民评议监督街镇机关试点，持续推进居委会、村委会减负增能，引导社会组织参与社区服务和治理。支持工会、共青团、妇联更好地团结群众、服务群众。完善社会矛盾纠纷的多元化解机制，推行信访事项网上公开办理。加快建设社会治安立体防控体系，筑牢治安巡逻防控网、武装应急处突网、群防群治守护网，集中整治社会治安突出问题，严密防范、严厉打击暴力恐怖活动，建设平安上海。

加强城市综合管理。系统开展城市管理标准体系建设，推动街镇网格化综合管理中心有效运转，城市管理综合执法力量下沉街镇全部到位。巩固和扩大城市管理顽症整治成效，实施建筑垃圾和工程渣土全过程管理。加快落实住宅小区综合治理三年行动计划，改造 2000 万平方米居民住宅二次供水设施、90 万户老旧住宅小区供电设施。继续创建国家公交都市，开工建设延安路中运量公交工程，新开通 20 条"最后一公里"公交线路。提升路网服务效率，新增76 条单行道，建成 17 条区区对接道路。

（六）加快推进城乡发展一体化。坚持城市建设重心向郊区转移，协同推进新型城镇化和新农村建设，进一步提高郊区发展水平。

推进高质量新型城镇化。完成新一轮城市总体规划编制。分类推进镇域发展，做实基本管理单元，实施一批非建制镇改造，完成历史文化名镇名村规划编制，在严格保护的前提下开展一批名镇名村改造利用。积极推进国家新型城镇化综合试点，启动建设国家产城融合示范区。

建设美丽宜居乡村。突出生态环境治理，完成 150 公里中小河道整治、2000 公里中小河道疏浚，全面关闭不规范的畜禽养殖场，推进化肥、农药减量使用。将村卫生室与乡村医生全面纳入社区卫生服务体系。完成 800 户农村危旧房改造。完善农民集中居住政策，鼓励农民进镇进城居住。

继续整建制创建国家现代农业示范区。鼓励发展种养结合、机农结合等多种类型家庭农场，新增 245 个家庭农场。加大对农业科技应用推广的支持力度。鼓励纯农地区发展休闲农业、乡村旅游。培养更多的新型职业农民。

积极稳妥推进农村改革。基本完成村级集体经济组织产权制度改革，扩大镇级集体产权制度改革试点。开展集体建设用地使用权确权登记，建立集体建设用地跨村流转机制。推进农村综合帮扶，进一步完善"造血"机制。新增非农就业岗位 10 万个，多渠道促进农民增收。

（七）全面推进文化软实力建设。以社会主义核心价值观为引领，提高文化供给能力和服务质量，加快建设国际文化大都市。

提高城市文明程度和市民文明素质。深化中国梦、城市精神宣传教育，构建优秀传统文化传承体系，开展最美人物、最美家庭等评选活动。完善精神文明测评体系，开展讲文明、除陋习主题活动，实施市民修身行动计划，在全社会营造崇德向善的浓厚氛围。

增强公共文化服务能力。规划建设上海博物馆东馆、上海图书馆东馆、大歌剧院，建成世博会博物馆、国际舞蹈中心等一批文化设施，建立健全文化设施运行管理机制。公共文化服务云整体上线运行。完善公益性演出补贴机制，推动社区文化活动中心全部实现社会化、专业化管理。

加快文化产业发展。推动文化与科技、教育、金融等深度融合，提升网络视听、动漫游戏、创意设计等新兴产业能级，建设高端文化装备基地。支持影视、文学等版权交易平台建设，建成国际艺术品交易中心二期。

推动文化创新和文艺创作。建设新型媒体集团，深化文艺院团改革。实施文艺、新闻、出版等文化人才培养计划，设立名家大师工作室。支持文艺工作者深入生活、扎根人民，实施文艺创作新品、优品、精品扶持计划，发展网络文艺，推出更多人民喜闻乐见的优秀作品。

促进体育事业产业协调发展。推广全民健身，举办第二届市民运动会，实施青少年体育活动促进计划。办好国际滑联上海超级杯等重大赛事，支持上海体育健儿在第三十一届奥运会上取得好成绩。

（八）以更大力度保护和改善生态环境。实行最严格的资源节约和环境保护制度，强化联防联控和区域共治，坚决以硬措施完成硬任务。

实行能源和水资源消耗、建设用地等总量和强度双控行动。完成城市开发边界划示。全面推开城市有机更新，加快工业用地二次开发，低效建设用地减量 7 平方公里。完善碳排放交易机制。扩大装配式建筑应用规模。启动海绵城市建设试点，规划建设苏州河深层雨水调蓄隧道工程，建成中心城区 4 个区域排水系统。

力争提前完成第六轮环保三年行动计划重点任务。深入实施清洁空气行动计划，全面完成 60 万千瓦及以上燃煤发电机组超低排放改造、挥发性有机物重点企业治理，出台新一轮新能源汽车推广政策，落实港口船舶减排措施，实施空气质量保障应急办法。全面实施水污染防治行动计划，启动 28 座污水处理厂提标改造。编制实施土壤污染防治行动计划。新增 100 万户生活垃圾分类减量"绿色账户"。深入推进金山地区环境综合整治。完成第一批重点区域环境综合治理，启动第二批 17 个地块综合治理。

为市民提供更多绿色空间。加快建设崇明生态岛。建成外环生态专项 50 公顷。建设生态廊道，新建林地 3.5 万亩。新建绿地 1200 公顷、城市绿道 200 公里、立体绿化 40 万平方米。

四、全面提高政府治理现代化水平

过去一年，我们坚持依法行政、转变职能、改进作风，政府自身建设明显加强。进一步推进简政放权，制定发布市级行政权力清单和责任清单，取消行政审批事项 160 项，行政审批标准化管理覆盖到区县、街镇，完成行政审批相关的评估评审清理，取消评估评审 152 项。进一步完善管理体制，稳步推进闸北区、静安区"撤二建一"，调整城市建设管理机构职能，全面推行区县市场监管新体制，组建市和区县不动产登记机构。进一步提高行政效能，制定实施政府效能建设意见和目标管理办法，构建政府服务"单一窗口"制度框架，出台政府购买服务实施意见及配套政策。进一步推进依法行政，建立政府法律顾问制度，完善审计整改长效机制，全面公开市、区县、乡镇三级政府预决算报告报表、部门预决算和三公经费。进一步改进政府作风，认真开展"三严三实"专题教育，着力解决基层和群众反映集中的突出问题，强化厉行节约长效机制，勤政廉政建设继续加强。

但是，政府自身建设中还存在一些不足。政府职能越位、缺位、错位的问题依然存在，还不能很好适应创新驱动发展、经济转型升级的新形势、新要求。运用法治思维和法治方式深化改革、推动发展、维护稳定的能力有待进一步提高。行政效率还不够高，工作推进落实不力、服务管理不到位等问题一定程度存在。政府作风建设有待加强，不担当、不作为、等靠要现象仍有发生，少数政府工作人员群众观点淡薄，极少数人甚至以权谋私、贪污腐败，严重损害政府形象和公信力。我们要始终保持清醒头脑，以有力举措整改问题，以扎实成效取信于民。

加强政府自身建设，是做好今年工作的重要保障。我们要贯彻落实国家法治政府建设实施纲要，按照"两高、两少、两尊重"要求，持续推进简政放权、放管结合、优化服务，使市场在资源配置中起决定性作用和更好发挥政府作用。

（一）**加快转变政府职能**。坚持法定职责必须为、法无授权不可为，着力减审批、强监管，切实履行好公共服务、市场监管、社会管理、环境保护等职责。

推进行政审批制度改革。在浦东新区开展"证照分离"改革试点，聚焦与企业经营密切相关的许可事项，取消一批，改为备案一批，实行告知承诺制一批，对保留的许可事项推行标准化管理，提高透明度。在全市面上再取消一批审批事项，取消一批与审批相关的评估评审。基本完成审批相关的中介服务机构与政府部门脱钩，积极稳妥推进行业协会、商会与政府部门脱钩。

强化事中事后监管。探索建立登记注册、行政审批、行业主管相衔接的综合监管机制。强化行业监管，逐步建立全覆盖、分领域、强协同、高效率的行业监管体系。开展分类监管，对不同信用等级的企业采取差异化监管措施。实行检查对象和执法检查人员"双随机"制度。启动建设综合监管平台，构建大数据监管模型。

深化财政体制改革。建立健全财政资金统筹使用长效机制，加快建设财政支出标准体系和项目库，实施规范化的跨年度预算平衡机制和中期财政规划管理，将权责发生制政府综合财务报告的试编范围扩大到所有乡镇。加大财政专项资金跨部门整合力度，支持设立投资引导基金，变财政直接投入为间接引导。分类分项推进市与区县事权和支出责任划分，进一步理顺市与区县财政分配关系。

（二）**全面加强依法行政。**强化法治思维，推进政府运行机制法治化，切实做到依照法定权限和法定程序行权履职。

健全政府决策机制。完善专家参与论证重大行政决策制度，进一步落实规范性文件备案审查、网上公开、即时清理制度。深入推进政府协商，认真听取人大代表、政协委员以及民主党派、无党派人士、工商联等的意见建议，进一步提高人大代表议案建议和政协提案的办理质量，促进科学民主依法决策。

推进行政执法体制改革。深入开展交通等领域综合执法。试点环保机构监测监察执法垂直管理。推动行政执法部门与司法机关之间的信息共享，建立更加紧密的行政执法和刑事司法衔接机制。试点行政执法类公务员分类管理，形成更加有效的激励约束机制。

完善监督机制。强化政府内部监督，加强对重大政策措施落实、公共资金管理使用、经济责任履行情况的审计，制定实施行政问责办法。依法接受市人大及其常委会的监督，主动接受市政协的民主监督，重视司法、舆论、社会监督。开展行政权力标准化管理试点，制定发布区县、乡镇行政权力清单和责任清单，落实行政许可和行政处罚"双公示"制度，切实做到以公开促监督。

（三）**推进政府服务管理方式创新。**坚持问题导向，更多运用市场化、社会化、信息化方式加强服务管理，进一步提高行政效能。

扩大政府购买服务范围和规模，分级实施购买项目目录管理，推广凭单式购买。完善社会信用体系，启动建设信用信息平台二期，全面建成区县信用信息子平台，建立健全守信激励、失信惩戒机制。

加快建设政府服务"单一窗口"。实现部门审批事项全部接入市级网上政务大厅，新增一批网上办事、网上服务、网上监管事项，基本建成区县网上政务大厅。制定发布政府服务事项目录。实施政务数据资源共享管理办法,基本实现工商登记、行政审批、行政执法等重点信息的共享使用。

加强政府运行基础制度建设。全面推行政府目标管理,改进部门年度工作目标的制定报告制度,建立更加有力的重点工作督查机制,开展目标任务完成情况综合考评。发布部门间行政协助事项清单,建立部门协同配合机制,构建闭合联动、有力有效的跨部门运行系统。

(四)持之以恒推进政府作风建设。坚持严字当头、实处用力,自觉践行"三严三实",把作风建设成效转化为推动工作的强大动力。

以更高标准、更严举措正风肃纪。深入贯彻中央八项规定精神和本市 30 条实施办法,坚决贯彻落实廉洁自律准则和纪律处分条例,严守政治纪律、组织纪律、廉洁纪律、群众纪律、工作纪律和生活纪律。严格执行会务费、差旅费、培训费等财经管理规定,狠抓变相公款吃喝、公款旅游、公款送礼等作风领域新问题,进一步堵塞制度漏洞。

坚定不移反对腐败。更加注重源头反腐,严格落实"一岗双责",建立健全廉政建设与业务工作融合机制,完善行政权力内部流程控制制度。始终保持反腐高压态势,紧紧抓住公共权力运行、公共资源配置、公共资金分配等重点领域,切实做到严肃教育、严明纪律、严格管理、严惩腐败。

加强公务员队伍建设。推广公务员岗位履职责任制,全面建立公务员平时考核制度。推行分级分类培训,提高公务员履职能力。每一位政府工作人员特别是各级领导干部,都要始终牢记群众观点,勇于担当,甘于奉献,扎扎实实做好一件件为民实事、惠民好事,不辜负人民的期望。

各位代表，蓝图已绘就，扬帆正当时。让我们更加紧密地团结在以习近平同志为总书记的党中央周围，在中共上海市委的领导下，齐心协力，攻坚克难，为基本建成"四个中心"和社会主义现代化国际大都市、实现中华民族伟大复兴的中国梦而奋斗！

江 苏 省
政府工作报告

——2016 年 1 月 24 日在江苏省第十二届
人民代表大会第四次会议上

代省长 石泰峰

各位代表：

现在，我代表江苏省人民政府向大会作工作报告，请予审议，并请各位政协委员提出意见。

一、"十二五"时期工作回顾

"十二五"时期是我省发展很不平凡的五年。面对错综复杂的宏观经济环境和艰巨繁重的改革发展稳定任务，我们在党中央、国务院和中共江苏省委的坚强领导下，全面贯彻党的十八大和十八届三中、四中、五中全会精神，深入落实习近平总书记系列重要讲话特别是视察江苏重要讲话精神，主动适应经济发展新常态，紧扣主题主线，坚持稳中求进，大力实施六大战略，扎实推进八项工程，统筹做好改革发展稳定各项工作，胜利完成"十二五"规划确定的主要目标任务，"迈上新台阶、建设新江苏"实现良好开局。

"十二五"时期，是积极应对各种风险挑战、经济保持平稳健康发展的五年。认真落实国家宏观调控政策，及时采取一系列利当前惠长远的政策措施，在深化改革中增强发展的动力活力，在转型升级中保持经济平稳较快增长。全省地区生产总值连跨三个万亿元台阶，超过7万亿元，年均增长9.6%。人均地区生产总值突破1.4万美元。一般公共预算收入连跨四个千亿元台阶，突破8000亿元，年均增长14.5%。社会消费品零售总额2.58万亿元，年均增长13.7%，消费对经济增长贡献率达到51.5%，成为经济增长的最大拉动力。有效投入持续扩大，固定资产投资4.59万亿元，年均增长16.2%，民间投资比重达69.7%。现代基础设施体系日趋完善，交通、能源、水利、信息等一批重大项目相继建成运营。外贸进出口总体稳定，总额达到5456.1亿美元，其中出口3386.7亿美元。金融服务实体经济力度加大，人民币贷款余额增加到7.9万亿元、年均增长13.4%，直接融资发行额超过1万亿元、年均增长47.5%。

"十二五"时期，是大力推进创新驱动发展、经济转型升级取得重大进展的五年。把转方式调结构放在更加重要的位置，突出创新引领，重抓六个优化，促进经济提质增效升级。创新型省份建设迈出重要步伐，区域创新能力连续7年位居全国首位。全社会研发投入1788亿元，科技进步对经济增长贡献率达到60%。高新技术产业产值比重达40.1%，大中型企业研发机构建有率达88%，高校协同创新成效明显，省产业技术研究院建设加快推进。万人发明专利拥有量突破14件。引进国家千人计划创业类人才占全国1/3，高技能人才总量293.2万人。苏南国家自主创新示范区建设扎实推进。大众创业、万众创新取得明显成效。产业结构调整不断深化，第三产业比重超过 48%，年均提升 1.4 个百分点，三次产业结构实现"三二一"的标志性转变。旅游业总收入 9050 亿元，年均增长 14.1%。新兴产业销售收入突破 4.5 万亿元。先进制造业加快发展，智能制造、技术改造、品牌建设力度加大。智慧江苏建设深入推进，区域两化融合发展水平总指数达 94 左右。提前两年完成"十二五"国家下达的淘汰落后产能任务，化解过剩产能取得积极进展。

"十二五"时期，是全面深化改革开放、发展动力活力不断增强的五年。以经济体制改革为主轴，重点领域和关键环节改革有序推进。简政放权力度加大，省级层面取消、下放行政审批事项 587 项，相对集中行政许可权和综合行政执法改革试点稳步推进，省市县三级政务服务体系逐步健全。国有企业改革重组取得新进展，民营经济比重提高到 54.9%。开展新一轮省以下财税体制改革，县级以上政府及部门预决算全面公开，营改增试点企业 47 万户，累计减税 570 亿元。发行地方政府债券 3194 亿元，政府债务风险得到有效防控。全面实行"三证合一""一照一码"登记模式，加快"先照后证"改革试点，商事制度改革成效明显。价格、审计、统计工作得到加强。民营金融机构有序发展，地方金融改革进一步深化。国家科技创新、综合医改、高等教育综合改革、新型城镇化、农村土地制度改革等试点扎实推进，不动产统一登记全面推开。认真实施"一带一路"和长江经济带建设等重大战略，加强与上海自由贸易试验区全方位对接互动，中哈（连云港）物流合作基地建设稳步推进，各类开放载体平台建设不断加强，企业、城市、人才国际化水平显著提升。对外贸易结构不断优化，一般贸易出口占出口总额比重达到 43.8%，服务贸易进出口总额增长一倍。对外交流合作日益深化，

"走出去"步伐不断加快，2015年对外投资突破100亿美元。

"十二五"时期，是加大统筹力度、城乡区域协调发展水平显著提高的五年。现代农业加快推进，粮食总产实现"十二连增"，高标准农田比重超过50%，农业科技进步贡献率提高到65%，家庭农场、农民合作社分别达到2.8万家和7.2万个，农村产权交易市场建设进展顺利。新型城镇化和城乡发展一体化成效明显，城镇化率提升到66.5%。中心城市辐射功能明显增强，县域经济实力大幅提升，新农村建设扎实推进，所有行政村实现"七通"目标，新解决1667万农村人口饮水安全问题，新改建农村公路2.37万公里、桥梁39424座。区域协调发展新布局全面展开。苏南现代化建设示范区引领带动作用逐步显现，南京江北新区成功获批。加大对苏中苏北结合部经济相对薄弱地区支持力度，苏中融合发展特色发展加快推进。南北共建园区、苏北六项关键工程等成效明显，全面小康建设迈出坚实步伐。沿海开发五年推进计划和六大行动顺利实施，沿海发展取得重大进展。长三角区域经济发展一体化和省际合作取得新进展，对口支援西藏、新疆、青海等工作取得新成效。

"十二五"时期，是扎实推进生态文明建设、生态质量和城乡人居环境稳步改善的五年。生态文明制度体系逐步完善，在全国率先划定生态保护红线区域，健全生态补偿机制和绿色发展评估机制，绿色发展综合指数达76.4。强化节能减排和资源节约集约利用，实施1万多个重点节能减排工程，单位土地GDP产出率提高50%，单位GDP能耗下降和主要污染物减排超额完成国家任务。深入实施碧水蓝天工程，出台大气污染防治条例，加强空气质量预报预警和区域联防联控，2015年全省$PM_{2.5}$平均浓度比2013年基准数下降 20.5%，空气质量优良天数 241 天。加强水污染防治，太湖水质进一步好转，长江、淮河流域治污进展顺利，南水北调江苏段水质达到通水要求。建制镇污水处理设施覆盖率达 90.4%。城乡环境综合整治成效显著。绿色江苏建设加快推进，林木覆盖率达到 22.5%。

"十二五"时期，是大力加强社会建设、人民生活水平持续提升的五年。 深入实施民生幸福工程，扎实推进"六大体系"建设，持续办好各项民生实事，直接用于民生及与民生密切相关的财政支出达 3 万亿元，占全省公共财政支出 75% 以上。实施居民收入倍增计划，城乡居民人均可支配收入分别达到 37173 元和 16257 元，比"十一五"末增长 66.9% 和 79.4%。积极扩大就业，五年城镇新增就业 681.6 万人，高校毕业生年末总体就业率稳定在 96% 左右，失业人员再就业 369.8 万人，农村劳动力转移总量达 1875 万人。社会保障体系不断完善，主要险种参保率保持在 95% 以上，城乡居民基本养老保险制度全面建立，大病保险制度实现全覆盖，机关事业单位养老保险制度改革顺利启动。居民低保、医疗、养老保障水平进一步提高。46% 的涉农县（市、区）实现城乡低保标准并轨。社会救助标准动态调整机制不断健全。社会养老服务体系初步建立。五年建成保障性住房 110 万套（户），完成棚户区改造 76 万套，发放廉租住房租赁补贴 14 万户。扶贫开发扎实推进，农村 411 万低收入人口整体实现 4000 元脱贫目标。教育现代化建设成效显著，学前教育全面普及，在全国率先实现县域义务教育基本均衡全覆盖，高中阶段毛入学率达到 99.1%，高等教育主要发展指标位居全国前列，职业教育创新发展持续推进，终身教育体系进一步完善。医药卫生体制改革不断深化，卫生计生事业快速发展，新型农村合作医

疗人均财政补助提高到 380 元，基本公共卫生服务免费项目增加到
12 类 45 项，医疗卫生服务能力明显增强。生育政策稳妥有序调整。
居民出行更加便捷，行政村客运班车全覆盖，实现省辖市公交一卡
通。文化事业和文化产业加快发展，公共文化服务设施覆盖率达到
95%，文化产业增加值比重超过 5%。南京大屠杀死难者国家公祭
活动成功举办。体育事业和体育产业协调发展，全民健身活动广泛
开展，成功举办第二届青奥会、第二届亚青会、第 53 届世乒赛
和第十八届省运会。法治江苏、平安江苏建设取得明显成效，社
会治安综合治理绩效考核保持全国领先，群众安全感和法治建设
满意率进一步提升。社会信用体系不断完善。安全生产形势总体
平稳。防汛抗旱工作扎实有效。食品药品安全工作得到加强。信
访工作取得明显成效。国防动员、人民防空和后备力量建设稳步
推进，军民融合发展步伐加快，军转安置、拥军优抚工作和军民
共建等活动成绩显著。民族、宗教、档案、史志、参事工作取得
新进展，妇女、儿童、青少年、老龄、残疾人、红十字、慈善事
业取得新进步，外事工作、对台事务、港澳工作、侨务工作取得
新成效。

过去的五年，我们坚持以为民务实清廉为目标，认真落实中央
八项规定、国务院"约法三章"和省委十项规定精神，巩固深化党
的群众路线教育实践活动成果，认真践行"三严三实"要求，不断
改进工作作风，加快转变政府职能，努力提高行政效能，政府自身
建设进一步加强。

特别需要指出的是，刚刚过去的 2015 年，我们以习近平总书
记视察江苏重要讲话精神为根本遵循，统筹做好稳增长、促改革、
调结构、惠民生、防风险各项工作，经济稳中有进，稳中有好，省

十二届人大三次会议确定的年度主要目标任务全面完成。全省地区生产总值增长 8.5%，一般公共预算收入增长 11%，居民消费价格总水平涨幅 1.7%，城镇新增就业 139.8 万人，城镇登记失业率 3%，全社会研发投入占地区生产总值的比重达到 2.55%，城乡居民人均可支配收入分别增长 8.2% 和 8.7%，节能减排完成国家下达的目标任务，保障改善民生十件实事全面完成。

　　各位代表！"十二五"时期我省经济社会发展的巨大成就来之不易。这是党中央、国务院坚强领导、科学决策的结果，是全省人民攻坚克难、团结奋斗的结果。我代表江苏省人民政府，向全省人民表示崇高敬意和衷心感谢！向各位人大代表、政协委员，向各民主党派、工商联、无党派人士，向各人民团体、各界人士和老同志，向驻苏人民解放军、武警官兵和人民警察，表示衷心感谢！向关心和支持江苏建设的香港特别行政区同胞、澳门特别行政区同胞、台湾同胞、海外侨胞和国际友人，表示衷心感谢！

　　我们也清醒地看到，我省经济社会发展面临着深刻的结构性和体制性矛盾。经济下行压力加大，创新能力还不够强，新增长点支撑作用不足，部分行业产能过剩严重，部分企业生产经营困难，经济风险隐患有所凸显；城乡区域发展不够平衡，基本公共服务供给不足，收入差距仍然较大，人口老龄化加快，消除贫困任务繁重；资源约束趋紧，生态环境质量尚未根本好转；政府职能转变还不到位，依法行政能力有待提高，作风建设长效机制还需进一步完善，反腐倡廉任务依然艰巨。我们一定高度重视这些问题，采取有力措施，切实加以解决。

二、"十三五"时期的目标任务

各位代表，根据《中共江苏省委关于制定江苏省国民经济和社会发展第十三个五年规划的建议》，省政府编制了"十三五"规划纲要（草案），一并提请本次大会审议。

"十三五"时期，我省经济社会发展的总体要求是：高举中国特色社会主义伟大旗帜，全面贯彻党的十八大和十八届三中、四中、五中全会精神，以马克思列宁主义、毛泽东思想、邓小平理论、"三个代表"重要思想、科学发展观为指导，深入贯彻习近平总书记系列重要讲话精神，以总书记视察江苏重要讲话精神为引领，紧紧围绕全面建成小康社会、全面深化改革、全面依法治国、全面从严治党的战略布局，牢固树立并自觉践行创新、协调、绿色、开放、共享的发展理念，牢记"两个率先"光荣使命，坚持发展是第一要务，以提高发展质量和效益为中心，着力加强结构性改革，加快形成引领经济发展新常态的体制机制和发展方式，保持战略定力，坚持稳中求进，以"五个迈上新台阶"为重点任务，以"八项工程"为主抓手，全面实施"七大战略"，统筹推进经济建设、政治建设、文化建设、社会建设、生态文明建设和党的建设，着力建设经济强、百姓富、环境美、社会文明程度高的新江苏，率先全面建成小康社会，积极探索开启基本实现现代化建设新征程，谱写好中华民族伟大复兴中国梦的江苏篇章。

"十三五"时期，我省经济社会发展的主要目标是：

——经济综合实力显著增强，地区生产总值年均增长7.5%左右，提前实现地区生产总值和城乡居民人均收入比 2010 年翻一番。

——创新型省份建设取得重要突破，主要创新指标达到创新型国家和地区中等以上水平，研发经费支出占地区生产总值比重提高到 2.8% 左右，科技进步贡献率提高到 65% 以上。

——产业国际竞争力大幅提升，战略性新兴产业加快发展，服务业增加值占比达到 53% 左右，高新技术产业产值比重达到 45% 左右，现代农业建设取得明显进展。

——城乡区域发展更加协调，户籍人口城镇化率达到 67%，城市规划、建设和管理水平全面提升，城乡区域发展差距进一步缩小，苏中和苏北地区生产总值占全省比重提高 2.5 个百分点。

——改革开放进一步深化，重要领域和关键环节改革取得实质性进展，体制机制更加完善，对内对外开放新优势加快形成，企业、城市、人才国际化水平进一步提高。

——人民生活水平和质量普遍提高，城乡居民收入持续增长，价格保持基本稳定，社会就业更加充分，基本公共服务均等化水平明显提升，形成更加公平更可持续的社会保障制度。

——生态环境质量明显改善，主要污染物排放总量大幅减少，主体功能区布局和生态安全屏障基本形成，生态文明制度体系更加健全。

——公民文明素质和社会文明程度显著提高，公共文化服务体系更加完善，文化事业和文化产业加快发展，文化国际影响力持续扩大。全社会法治意识不断增强，法治政府基本建成。

实现"十三五"发展目标任务，必须主动适应经济发展新常态，全面贯彻五大发展理念，突出供给侧结构性改革，大力实施创新驱动发展、科教与人才强省、新型城镇化和城乡发展一体化、区域协调发展、经济国际化、可持续发展、民生共享七大发展战略，着力在四个方面取得重大进展。

一是围绕"经济强"，在加快建设"一中心、一基地"、完善现代产业新体系拓展产业新空间上取得重大进展。着力建设具有全球影响力的产业科技创新中心。深入开展创新型省份试点，加快苏南国家自主创新示范区建设，突出人才优先发展，推进开放创新和协同创新，实施引领产业发展的重点科技专项和创新型领军企业培育行动计划，建设一流产业科技创新载体，构建开放式产业科技创新网络，打造与国际接轨的产业科技创新生态，充分释放各类创新主体活力，加速构建产业创新发展新动源、新空间、新体制，基本形成产业科技创新中心框架体系。着力建设具有国际竞争力的先进制造业基地。深入实施《中国制造2025江苏行动纲要》，加快建设全国智能制造先行示范区，制造业质量竞争力指数达到88。实施企业制造装备升级、互联网化提升两大计划，实施战略性新兴产业培育发展规划，大力发展新产业、新技术、新业态、新模式，战略性新兴产业增加值占GDP比重达到15%。着力提升城乡区域协调发展水平。大力发展现代农业，加快农业现代化步伐。深化国家新型城镇化综合试点，坚持大中小城市和小城镇协调发展，统筹推进城乡规划、产业发展、基础设施、公共服务、就业社保和社会治理一体化，促进城乡要素平等交换、合理配置。完善综合交通运输网络，构建现代基础设施支撑体系。优化区域发展格局，培育经济新增长极。着力增创开放型经济新优势。积极参与"一带一路"和长江经济带建设，复制推广上海自由贸易试验区经验，推进各类开发园区整合优化、功能提升、制度创新，加快开放型经济转型升级，增强江苏经济国际竞争力。

二是围绕"百姓富"，在深入实施民生幸福工程、增强人民群众获得感和满意度上取得重大进展。更加注重增加居民收入。扎实推进居民收入倍增计划，健全工资水平决定、正常增长和支付保障机制。鼓励农民创业，拓展富民增收渠道，优化收入分配结构，逐步缩小收入差距。更加注重发展各项社会事业。推进全民创业工程，健全公共就业创业服务体系，五年城镇新增就业 500 万人。积极构建和谐劳动关系。实施全民参保计划，强化养老、医疗、失业、工伤、生育保险为重点的基本保障，城乡基本社会保险覆盖率超过 98%。深化教育领域综合改革，提升公共卫生计生服务水平，健全住房保障制度。更加注重推进基本公共服务均等化。强化民生事业各领域的协调发展和制度对接，明确基本公共服务范围和标准，建立基本公共服务清单，全面提升优质公共服务产品供给能力、覆盖水平和使用效率。更加注重提高扶贫开发水平。实施新一轮脱贫致富奔小康工程，推进精准扶贫、精准脱贫，强化整体帮扶和连片开发，低收入人口人均年收入达到 6000 元以上，重点片区和黄茅老区面貌显著改善。

三是围绕"环境美"，在提升环境质量、建设生态宜居美丽家园上取得重大进展。突出抓好生态空间源头管控。严守生态红线，优化生态空间布局，实施生态保护和修复工程，生态红线区域占国土面积的比重不低于 22%，五年新增造林 120 万亩。突出抓好资源节约高效利用。落实最严格的耕地保护、节约集约用地和水资源管理制度，实施循环发展引领计划，积极发展低碳经济，单位工业增加值能耗比 2015 年降低 18%。突出抓好大气、水和土壤污染治理。实施各类污染防治行动计划，深入推进城市环境综合整治，加快建设美丽乡村，加强农业废弃物的资源化利用和无害化处理，强化主要污染物减排。突出抓好生态文明制度体系完善。开展生态环境管理制度综合改革试点，制定和实施评价体系、考核机制和激励办法，强化监管体系，健全保护机制，构建系统完整、实施有效的生态文明制度体系，积极创建国家生态文明试验区。

四是围绕"社会文明程度高"，在建设文化强省、提升社会治理水平上取得重大进展。大力培育和践行社会主义核心价值观。深化中国特色社会主义和中国梦宣传教育，加强公民思想道德建设，进一步弘扬民族精神、时代精神和"三创三先"新时期江苏精神，广泛开展文明创建提升、全民阅读、志愿服务普及、社会诚信建设、未成年人思想道德建设提升等行动。大力提升文化产业竞争力。实施重大文化产业项目带动战略，培育壮大骨干文化企业和文化品牌，鼓励数字文化、网络文化等新型文化业态发展，文化产业增加值占GDP比重达到8%左右。大力发展文化事业。完善公共文化服务体系，加强文化人才培养，加快新型智库和专业化高端智库建设，深化文化体制改革，统筹推进文化事业全面繁荣，不断增强江苏文化国际影响力。大力加强和创新社会治理。深入推进法治江苏建设，合理界定政府和社会多元治理的权限范围，推动社会治理重心下移，充分发挥社区和社会组织作用，创新社会矛盾预防和化解机制，健全公共安全体系，提升社会治理水平，为"迈上新台阶、建设新江苏"提供强大支撑，打下坚实基础。

三、2016 年主要工作

2016 年是全面建成小康社会决胜阶段的开局之年，也是推进结构性改革的攻坚之年。今年经济社会发展的主要预期目标是：地区生产总值增长 7.5%—8%，全社会研发投入占地区生产总值比重达到 2.6%，一般公共预算收入增长 8% 左右，固定资产投资增长 10.5% 左右，社会消费品零售总额增长 10% 左右，外贸进出口力争实现正增长，城乡居民收入增长与经济增长基本同步，居民消费价格涨幅 3% 左右，城镇新增就业 100 万人，城镇登记失业率控制在 4% 以内，节能减排确保完成国家下达的目标任务。

实现今年发展目标，要全面贯彻中央大政方针，认真落实省委总体部署，深入实施七大战略，扎实推进八项工程，紧紧围绕结构性改革这一重点，突出去产能、去库存、去杠杆、降成本、补短板五大任务，着力稳定经济增长，着力推进转型升级，着力深化改革开放，着力保障改善民生，重点做好十个方面的工作。

（一）突出供给侧结构性改革，大力调整优化产业结构。把产业结构调整作为供给侧结构性改革的重要方向，优化存量、引导增量、主动减量，努力增加有效供给，提高全要素生产率。以智能制造为主攻方向大力发展先进制造业。实施智能制造工程，建设一批智能工厂和智能车间。实施工业强基工程，大力开展技术改造和设备更新，在关键基础材料、核心基础零部件生产等方面落实一批重点项目。支持常州智能制造和石墨烯产业发展，支持徐州老工业基地产业振兴取得新成效。大力推进建筑产业现代化。以产业科技创新为支撑培育壮大战略性新兴产业。制定落实重大技术产业化和重大产品首购首用政策，推动战略性新兴产业规模化发展，加快培育大数据、工业机器人等新增长点，建设一批战略性新兴产业集群。以生产性服务业为重点加快发展现代服务业。实施生产性服务业"双百工程"，促进现代金融、科技服务、信息技术、现代物流等重点产业加快发展，培育一批服务型制造示范企业，发展壮大平台经济、文化创意、工业设计等新兴业态，积极打造生产性服务业集聚区。以跨界融合为着力点全面提高互联网经济发展水平。大力实施"互联网＋"行动计划，推进"智慧江苏"建设，打造一批互联网产业园和众创园、云计算和大数据中心，做强做大骨干企业。支持无锡国家传感网创新示范区建设。扎实开展质量品牌提升行动。引导技术、劳动力、资金、土地等要素流向实体经济。落实国家减税清费政策，降低企业成本。积极做好房地产去库存工作，有效释放合理需求。切实做好去杠杆工作，努力化解地方政府债务风险，加强金融特别是互联网金融、企业联保、非法集资等重点领域风险防控，坚决守住不发生系统性和区域性风险的底线。运用市场机制、经济手段、法治办法继续化解过剩产能，坚决淘汰落后产能。对资不抵债、扭亏无望的"僵尸企业"加快兼并重组或依法破产。

（二）持续扩大有效需求，保持经济运行在合理区间。进一步释放新需求，创造新供给，促进经济持续健康发展。充分挖掘消费潜力。优化消费环境，扩大消费信贷，积极培育消费新热点新模式。加强信息基础设施建设，扩大智能终端、智能服务等信息消费，推动线上线下互动消费。鼓励民间资本、外商投资进入养老健康领域。推进"旅游＋"融合发展，把旅游业培育成万亿元级支柱产业。落实带薪休假制度，鼓励错峰休假、弹性作息。大力发展个性化、智能化、定制式文化消费。发挥有效投资对稳增长调结构的关键作用。认真抓好200个省级重大项目，加大产业投资和技术改造投资，推动铁路、公路、民航、地铁、港口、航道、物流、水利、能源、信息等项目建设。充分发挥财政投入的杠杆作用，重点投向基础设施、民生改善、生态环境、区域协调等补短板领域。积极推进政府和社会资本合作模式，更好发挥民间投资的主力军作用。促进外贸"优进优出"。抓住"一带一路"建设和中韩、中澳自贸协定正式生效等机遇，落实和完善稳定外贸增长措施。推进出口基地和出口品牌建设，发展服务贸易和服务外包，促进加工贸易创新升级。大力发展一般贸易，鼓励发展跨境贸易电子商务、外贸综合服务平台等贸易新业态，深化市场采购贸易方式、海关特殊监管区域贸易多元化试点。建设一批进口商品交易中心。

（三）深入实施创新驱动发展战略，进一步增加创新资源供给。围绕建设具有全球影响力的产业科技创新中心，大力实施科技创新工程，加强知识产权强省建设，充分激发各方面创新潜力。强化企业创新主体地位。落实激励科技创新优惠政策，实施创新型企业培育行动计划，重点培育一批创新型领军企业，支持民营企业和中小微企业创新活动，加快形成以高新技术企业为骨干的创新型企业集群。加强产业关键核心技术攻关。强化原始创新、集成创新和引进消化吸收再创新，集中支持事关产业发展的前瞻与共性关键技术研发和重大成果转化，加强科技基础设施和科技服务平台建设，提升省产业技术研究院建设水平，推动重点领域实现新突破，加快形成创新制高点。积极推进大众创业、万众创新。实施"创业江苏"行动计划，着力打造众创、众包、众扶、众筹支撑平台。大力发展科技金融，完善科技创业孵化链。深入实施重点人才工程，加大人才培养开发力度。改革科技成果产权制度，鼓励高校和科研院所设立技术转化机构。培育技术和股权期权市场，拓展技术和知识产权交易平台，集成各类要素推进创业创新。

（四）落实重大改革举措，激发经济社会发展活力。围绕供给侧结构性改革，突出问题导向，落实一批具有重大牵引作用的改革举措，注重改革的系统性、配套性，加快形成引领经济发展新常态的体制机制。深化行政管理体制改革，深入推进简政放权，进一步减少行政审批事项。稳妥开展相对集中行政许可权改革和综合行政执法改革试点，推进政务服务平台一体化建设，优化审批流程、提高审批效率，推动建立统一的公共资源交易平台。深化财税金融改革，推进事权和支出责任相适应，建立全面规范、公开透明预算制度，完善地方政府举债融资体制，深化国税地税征管体制改革。创新投融资机制，落实和强化企业投资自主权。鼓励发展直接融资，优化社会融资结构。加快设立民营银行和企业应急转贷基金，扩大小微企业转贷方式创新试点和农民住房、农村土地承包经营权抵质押融资试点。深化国有企业改革，优化国有企业布局，加快国有资本向重要行业和关键领域集中，推进国有企业、国有资本采取混合所有制方式开展增量改革重组。完善国有资产管理体制，建立国有资产出资人监管权力清单和责任清单。改建组建国有资本投资、运营公司。全面启动新一轮电力体制改革试点，积极推进石油、天然气、盐业等重点行业改革。深化商事制度改革，巩固和扩大"三证合一""一照一码"改革成果，放宽市场主体住所登记条件，加快全程电子化登记改革，建立统一的市场监管平台，切实加强事中事后监管。深化价格市场化改革，推行排污费差别化征收政策，深入推进医药价格改革，加强市场价格监管和反垄断执法。深化农村各项改革，推进农村集体产权制度、农村土地使用制度和农村金融改革，深入开展农垦、集体林权、国有林场和供销合作社综合改革，基本完成农村土地承包经营权确权登记颁证任务。加强分类指导，完善"一市一策""一市一试点"政策体系，继续支持宿迁开展区域协调发展综合改革试点。

（五）全面提升对内对外开放水平，培育国际竞争新优势。认真落实和主动服务国家重大战略，推进高水平双向开放。在落实"一带一路"战略中拓展开放空间。围绕重点产业、重点国别建立产能合作项目库，建立完善与沿线重点国家和地区的合作机制，推进国际产能合作、工程建造和装备制造走出去。强化连云港、徐州新亚欧大陆桥经济走廊重要战略节点支撑作用，加快东中西区域合作示范区、中哈（连云港）物流合作基地、上合组织国际物流园、境外经贸合作载体和沿线国家国际友城建设。在参与长江经济带建设中加强区域合作。坚持生态优先、绿色发展的战略定位，积极融入长江经济带建设。依托长江黄金水道，加快建设综合立体交通走廊，着力抓好长江南京以下深水航道、沿江城际铁路、南京区域性航运物流中心、长江下游江海联运港区和长江经济带转型升级示范开发区建设，积极构建长江大通关体制，促进与中上游地区的互动发展。在推动载体创新发展中加快开放型经济转型升级。创新开发区体制机制和运营模式，集聚高端人才、高端技术、高端产业，促进外贸结构与产业结构调整优化相协调。强化全产业链招商，有序扩大服务领域开放。推进苏州工业园区开展开放创新综合试验，推进中韩盐城产业园区、淮安台资企业产业转移集聚服务示范区等建设。深化苏港澳合作。建立省级"走出去"综合服务平台，加强境外产业合作区和产业集聚区建设，培育具有较强竞争力的本土跨国企业。在与自贸试验区对接互动中加快形成开放新体制。积极推广上海自由贸易试验区经验，复制推广投资、贸易、金融和综合监管制度等多项改革举措。争取设立国家自由贸易园（港）区。提升昆山深化两岸产业合作试验区建设水平，支持南京海峡两岸产业协同发展和创新驱动合作试验区建设。全面推广"清单化审核、备案化管理"的外资企业设立审批方式，加快国际贸易"单一窗口"和通关一体化建设，提高投资贸易便利化水平。

（六）转变农业发展方式，加快建设现代农业。以保障农产品有效供给和促进农民增收为核心，深入实施农业现代化工程，加快农业转方式、调结构、强基础。大力培育新型农业经营主体。加快发展家庭农场，推进农民合作社规范发展。实施新型职业农民培育推进工程，积极发展多种形式适度规模经营。促进农业龙头企业做大做强，增强对农业产业发展、基地建设和农户家庭的带动作用。调整优化农业结构。稳定发展优质粮油棉业，推动农牧渔结合，鼓励主产区粮食就地转化加工。积极发展设施园艺业、规模畜牧业和特色水产业。推广农业标准化生产。促进农村产业融合发展。推动农业生产与农产品加工、流通有机结合，提高农业产业化经营水平，延伸农业产业链和价值链。创新农产品流通方式和业态，加强粮食收储设施和冷链物流体系建设。大力发展农村电子商务，积极推广"一村一品一店"模式。积极发展开放型农业、休闲观光农业和远洋渔业。提高农业物质装备和技术水平。实施藏粮于地、藏粮于技战略，坚守耕地红线，全面划定永久基本农田，探索建立粮食生产功能区和重要农产品生产保护区。着力提高耕地质量，加大土地综合整治力度，探索耕地轮作休耕试点。大规模推进农田水利建设和高标准农田建设，发展节水农业，积极推进农机农艺配套。加快农业科技创新和重大技术推广，开展绿色增产模式攻关。大力发展现代种业。完善现代农业支持保护体系。健全农业投入稳定增长机制。稳定农村土地承包关系，依法推进土地经营权有序流转，完善农业社会化服务体系。积极推进农业水价综合改革，创新金融支农服务机制，建立农业担保机构，让更多资金进入农业农村。

（七）扎实推进新型城镇化和城乡发展一体化，更大力度统筹

城乡区域发展。切实做好城市工作。研究制定加强城市工作实施意见，进一步提升城市规划建设管理水平。按照国家总体规划，合作共建长三角世界级城市群。实施新一轮省域城镇体系规划，发挥南京、徐州、苏锡常都市圈辐射带动作用，加快建设沿江、沿海、沿东陇海线、沿运河城镇轴。推进智慧城市、海绵城市和城市地下空间开发、综合管廊建设，加强历史名城保护，持续提升城市功能品质，增强城市宜居性。建设一批具有江苏特点的特色小镇。加快构建新型城镇化推进机制。深化户籍制度改革，有序推进农民工市民化，促进有能力在城镇稳定就业和生活的农业转移人口进城落户。完善居住证制度，推动基本公共服务常住人口全覆盖。创新新型城镇化投融资、产城融合等体制机制，扎实推进以人为核心的新型城镇化。加大城乡统筹发展力度。深入推进城乡发展"六个一体化"，在补齐农村基础设施、公共服务等短板上取得新成效。进一步优化区域发展格局。以创新引领、转型升级为重点推进苏南提升。深入实施苏南现代化建设示范区规划，加快提升国家自主创新示范区建设水平。支持南京江北新区开发建设。以融合发展、特色发展为重点推进苏中崛起。支持南通陆海统筹发展综合配套改革试验区建设，支持扬州跨江融合发展综合改革试点和泰州转型升级综合改革试点，加快苏中苏北结合部经济相对薄弱地区发展。以四化联动、开放带动为重点加快苏北振兴。加大政策支持力度，组织实施一批关键性工程，优化创新南北共建园区体制机制，加快新型工业化进程，推进全面小康社会建设。在更高起点推动沿海地区一体化发展，实施一批海工装备、新能源、交通运输与港口物流、旅游等重大项目，加快打造我国东部地区重要的经济增长极。继续做好对口支援工作。

　　（八）加强生态文明建设，提高绿色发展水平。深入实施生态文明建设工程，推动生态环境持续改善。严格落实主体功能区规划，抓好生态空间管控与保护，按照农业空间和生态空间红线保护要求，规范空间开发活动，完善生态补偿机制。加强环境污染综合治理，加大雾霾治理力度，持续压减非电用煤，加快燃煤机组超低排放改造，严格控制和减少机动车废气污染，着力控制挥发性有机物和扬尘污染，强化秸秆综合利用和禁烧工作，严格执行重污染天气应急预案。落实水污染防治工作方案，深入开展太湖、长江、淮河以及近岸海域污染防治，限期治理水质不达标国家考核断面，强化主要入海河流、排污口和沿海化工园区整治。实施城市黑臭水体整治及滨水环境改善行动。落实土壤污染防治行动计划，扩大典型污染土壤修复试点。完成禁养区畜禽养殖场、专业养殖户关闭搬迁任务，减少农业面源污染。推进生产方式绿色化转型，实施能源和水资源消耗、建设用地等总量和强度双控行动，着力推进节地水平和产出效益双提升。突出抓好重点领域节能，推广绿色建筑，严格控制高耗能、高污染、资源性行业发展。推广清洁能源，加快发展节能环保绿色产业，推动省级以上开发区建设生态园区。推进美丽宜居家园建设，实施城市环境整治接续提升行动和村庄环境改善提升行动。深入推进无锡资源节约型环境友好型社会建设综合改革试点，支持镇江生态文明综合改革试点和低碳城市建设。加快发展公共交通。加强历史文化名城名镇和传统村落保护，彰显城乡空间特色。深入推进绿色江苏建设，新增成片造林25万亩，抚育森林100万亩。推进生态文明制度创新，积极开展生态环境保护制度综合改革试点，完善绿色发展评估、生态环境损害赔偿和责任追究制度，推动省以下环保机构监测监察执法垂直管理，推进领导干部自然资源资产离任审计。严格执行新环保法，严厉打击各类环境违法行为。

（九）**加快建设文化强省，促进文化繁荣发展**。深入推进社会主义核心价值观建设，加强思想道德教育和法治教育，普及科学知识，促进全民阅读，不断提升公民素质和社会文明程度。繁荣发展文化事业。弘扬践行民族优秀传统文化，实施文艺精品创作工程，办好第三届江苏文化艺术节，引导网络文艺创作健康发展，加强文化人才培养，繁荣发展哲学社会科学、文学艺术、新闻出版、广播影视事业。加强优秀传统文化宣传普及，实施文脉整理和研究工程。推进志愿服务制度化，深入开展群众性精神文明创建活动。推进二轮修志工作。加快发展文化产业。强化文化创意的引领功能，促进文化与科技、金融、信息、旅游等融合，鼓励新型文化业态发展，扩大和引导文化消费，培育一批骨干文化企业和重点文化产业园区。完善公共文化服务体系。增加公共文化投入，优化公共文化服务，健全公共文化设施网络，推进基层综合性文化服务中心建设，注重运用互联网和现代科技提升服务水平，加强农村文化建设。深化国有文艺院团改革，扩大对外文化交流。

（十）**大力发展各项社会事业，切实保障改善民生**。深入实施民生幸福工程，围绕补短板、保基本、兜底线，加大民生投入，增加基本公共服务供给。深入实施居民收入倍增计划，落实城乡居民增收政策措施。依法推进企业普遍建立工资集体协商制度，落实最低工资标准。完善适应机关事业单位特点的工资制度。实施更加积极的就业政策。落实高校毕业生就业促进计划和创业引领计划，支持农民工返乡创业，加强对灵活就业、新就业形态的扶持。全面实施全民参保登记计划，深入推进养老保险制度改革。整合城乡居民基本医疗保险制度，完善大病保险运行机制，深化医保支付方式改革，强化基本医疗、大病保险与医疗救助的衔接，开展长期护理保险制度试点。完善实施临时救助制度，促进慈善事业发展。全面实施困难残疾人生活补贴和重度残疾人护理补贴制度。深入推进教育现代化试验区建设。全面提高教育质量，大力发展普惠性学前教育，促进义务教育优质均衡发展，促进普通高中优质特色发展，支持发展民办教育和社会教育，积极构建现代职业教育体系，深化高等教育综合改革，推进一流大学与高水平大学、一流学科建设。深入开展"健康江苏"建设，扎实做好省级综合医改试点工作，深化公立医院综合改革，完善基层医疗卫生运行新机制，加快构建分级诊疗体系，强化重大疾病防控，推进中医药事业发展。全面实施一对夫妇可生育两个孩子政策。加快公共体育服务体系示范区建设。完善全民健身基础设施及服务网络，促进群众体育、竞技体育、体育产业协调发展。大力发展多层次社会化养老服务，全面落实经济困难的高龄失能老人养老服务补贴制度。推进住房保障和供应体系建设，优化保障性住房供给结构，扩大公租房租售转换试点，健全完善住房保障制度，加快将城镇常住人口纳入住房保障体系。全面实施不动产统一登记。实施新一轮脱贫致富奔小康工程，聚焦低收入人口、经济薄弱村、重点片区和黄桥、茅山革命老区，加大投入力度，实施精准扶贫、精准脱贫。加强和创新社会治理。深入推进法治江苏、平安江苏建设，完善社会治理制度。加快基层综合服务管理平台规范化建设，强化网格化服务管理。扎实推进政社互动和社区减负，增强基层自治活力。完善社会信用体系。坚持重大决策社会稳定风险评估制度。加强信访工作。进一步做好民族宗教工作。创新升级立体化现代化社会治安防控体系，加强特殊人群管理服务，防范和打击恐怖活动，依法惩治各类违法犯罪。严肃查处损害群众利益的行为，切实维护群众合法权益。强化基层法律服务，推动法律援助惠及全部低保人群并逐步向低收入人群延伸。严格落实安全生产责任，深入开展风险隐患排查整治，确保安全生产形势持续稳定好转。实施最严格的食品药品安全监管制度，推进专项整治和综合治理，构建覆盖从源头到消费全过程的监管格局。健全应急管理体制机制，提高公共安全和防灾减灾能力。

更大力度推进军民融合深度发展。强化国防动员、人民防空和后备力量建设。深入开展国防教育，切实增强国防意识，推进军民融合产业发展形成新格局，继续做好征兵工作，大力支持服务国防和军队改革，加强双拥共建，提高军转干部安置和优抚工作质量水平，巩固发展军政军民团结奋斗良好局面。

各位代表，今年我们将继续办好保障改善民生十项实事。一是就业创业方面，新增城镇失业人员再就业 36 万人、就业困难人员就业 5 万人，扶持大学生创业 1.6 万人，开发 2 万个高校毕业生就业见习岗位。扶持农民创业 3 万人，组织新生代农民工职业技能培训 10 万人。二是教育惠民方面，完成义务教育薄弱学校改造项目500 个，新建改扩建幼儿园 300 所。省级免费培训农村教师 6 万人。从秋季学期起，实现全省中等职业教育免除学杂费全覆盖，率先对建档立卡的家庭经济困难学生实施普通高中免除学杂费。三是民生托底保障方面，城乡居民基本养老保险基础养老金最低标准提高到每人每月 115 元，农村低保最低标准提高到每人每月 365 元。四是人居环境改善方面，新增供水能力 50 万立方米 / 日、自来水厂深度处理能力 100 万立方米 / 日。解决 211 万农村居民饮水安全问题。新增城镇污水处理能力 40 万立方米 / 日。有序推进 16 个试点县（区）村庄生活污水治理。新增农村无害化卫生户厕 30 万座。推广新能源汽车（标准车）6 万辆。改造提升 300 个社区综合服务中心。五是关爱妇女儿童方面，建设巾帼电商服务站省级示范点 100 个，为 10 万名留守流动妇女儿童、单亲贫困母亲、空巢老人提供专业化项目服务。为 100 万农村妇女实施专项疾病免费筛查，对符合政策的农村孕产妇给予每人不低于 500 元的住院分娩补助。全面落实困境儿童救助保护制度。六是健康与养老服务方面，城乡居民医保财政补助最低标准提高到每人每年 425 元。基本公共卫生服务补助标准提高到人均不低于 50 元。新建 100 个街道老年人日间照料中心、2000 个社区老年人助餐点。对医疗救助对象个人自负费用按 70% 以上的比例给予救助。向 5 万名贫困残疾人发放辅助器具补贴，建立 500 个残疾人之家。七是住房保障方面，新开工城镇棚户区、城中村改造 25 万套，基本建成 20 万套。改造农村危房 1.5 万户。八是便民出行方面，新改建农村公路 4000 公里、桥梁 7000 座，开通镇村公交的乡镇达 650 个，13 个省辖市开通互联网掌上公交，与 10 个省（市、区）100 个城市联网售票。九是公共文化和体育方面，建成 4000 个基层综合性文化服务中心，综合提升 4000 家农家书屋服务功能。为经济薄弱地区农村免费放映电影 12.5 万场。完善城市社区"10 分钟体育健身圈"，新建健身步道 500 公里，567 个乡镇建成多功能运动场。十是脱贫奔小康方面，对农村低收入农户全面建档立卡，60 万以上低收入人口人均收入提高到 6000 元。

四、以改革创新精神加强政府自身建设

按照推进国家治理体系和治理能力现代化的要求，坚持改革创新，加快服务政府、法治政府和廉洁政府建设，在更高起点上开创政府工作新局面。

坚持为民施政，加强服务政府建设。坚持简政放权、放管结合、优化服务三管齐下，把转变政府职能持续推向深入，进一步激发市场主体活力，更好发挥市场在资源配置中的决定性作用，切实履行好公共服务、市场监管、社会管理、环境保护等职责。推动政府部门数据共享，推进公共数据资源开放。创新公共服务提供方式，完善政府购买服务清单，提升公共服务质量和效率。整合建立省级政务服务热线，完善政务服务体系，优化政务服务流程，全面实行"一个窗口"对外受理，健全服务事项网上协同办理机制。完善激励机制，加强绩效管理，充分调动各方面干事创业积极性。强化为民意识和服务意识，持续改进工作作风，恪尽职守、勇于担当，切实解决基层和群众反映强烈的突出问题。狠抓工作落实，健全督查问责机制，打通政策落实的梗阻与障碍，整肃懒政怠政等不作为行为，不断提高政府执行力和公信力。

推进依法行政，加强法治政府建设。全面推进法治政府、法治市场、法治社会一体化建设，使法治成为江苏核心竞争力的重要标志。以制度安排把政务公开贯穿政务运行全过程，完善政府新闻发布工作，大力推行权力清单、责任清单和负面清单制度，实施动态管理。完善依法行政制度体系，推行政府法律顾问制度，加强重点领域立法，提高政府立法质量。推进规范性文件和重大行政决策合法性审查。开展重大政策举措第三方评估。全面落实行政执法责任制，推进相对集中行政处罚权和综合执法。加强行政复议工作。启动实施"七五"普法活动，营造崇尚法治的良好社会氛围。加强行政权力制约和监督，自觉接受党内监督、人大法律监督、政协民主监督、司法监督，加强行政监督和审计监督，完善社会监督和舆论监督机制，确保权力在法治轨道上正确运行。

全面从严治政，加强廉洁政府建设。严守政治纪律和政治规矩，切实遵守中央八项规定、国务院"约法三章"和省委十项规定精神，严格执行廉洁自律准则和纪律处分条例。自觉践行"三严三实"要求，坚持不懈纠正"四风"，坚决惩治和查处损害群众利益的不正之风和腐败问题。厉行勤俭节约，反对铺张浪费，严格控制"三公"经费支出，继续加强机关办公用房管理。坚持用制度管权、管事、管人，加快形成不敢腐、不能腐、不想腐的体制机制。坚持有腐必惩、有贪必肃，严肃查处各类违纪违法案件。加强党风廉政教育，推进廉政文化建设，筑牢拒腐防变的思想道德防线，努力实现干部清正、政府清廉、政治清明。

各位代表！实施"十三五"规划，完成今年目标，任务艰巨，责任重大，使命光荣。让我们紧密团结在以习近平同志为总书记的党中央周围，高举中国特色社会主义伟大旗帜，在中共江苏省委领导下，坚定信心、攻坚克难，开拓创新、扎实工作，为建设经济强、百姓富、环境美、社会文明程度高的新江苏而不懈奋斗！

浙 江 省
政府工作报告

——2016 年 1 月 24 日在浙江省第十二届
人民代表大会第四次会议上

省长 李 强

各位代表：

现在，我代表省人民政府向大会作政府工作报告，请予审议，并请省政协委员和其他列席人员提出意见。

一、2015 年主要工作和"十二五"发展成就

2015 年是不平凡的一年。面对错综复杂的宏观环境和繁重艰巨的改革发展稳定任务，省政府全面落实党的十八大和十八届三中、四中、五中全会精神，深入贯彻习近平总书记系列重要讲话精神和考察浙江时的重要指示，认真执行省委各项决策部署，主动适应经济发展新常态，坚定不移打好转型升级系列组合拳，统筹推进经济社会发展，全面完成了省十二届人大三次会议确定的各项目标任务。

（一）深化改革开放，增强发展活力

深入推进具有国家战略意义的改革开放举措。积极参与"一带一路"和长江经济带建设。实施宁波舟山港一体化改革,组建省海港集团,规划建设舟山江海联运服务中心和舟山绿色石化基地,设立中国(浙江)大宗商品交易中心,推动海洋经济发展示范区和舟山群岛新区加快建设。深化义乌国际贸易综合改革,实现义新欧班列常态化运行,先后设立义乌、宁波国际邮件互换局、交换站,开展海宁市场采购贸易改革试点,加快杭州跨境电子商务综合试验区建设。规划建设杭州国家自主创新示范区。深化温州金融综合改革,推进台州小微企业金融服务改革创新试验区建设。深化嘉善县域科学发展示范点建设。按照国家外交战略布局,积极开展对外交流与合作。成功举办第二届世界互联网大会,世界互联网大会成为国家战略平台。

深入推进"四张清单一张网"改革。完善权力清单制度,积极探索政事分开改革、行政复议体制改革和行政执法体制改革,制定省重大行政决策程序规定。完善责任清单制度,探索建立省级部门年度重点工作清单制度。完善企业投资负面清单管理方式,开展企业独立选址投资项目50天高效审批改革试点,推进企业"零地"技改项目不再审批改革。完善财政专项资金管理清单制度,设立总额200亿元的省产业基金。完善政务服务网,实现省市县联网并向乡镇延伸,率先建设全省统一的政务公开平台、公共服务平台和公共数据平台。

深入推进经济体制改革。总结推广海宁、德清、平湖等县(市)改革试点经验,制定实施县域经济体制综合改革方案。改革完善省以下财政体制,深化重点领域投融资体制改革。推行"五证合一、一照一码"登记制度改革,加快农村"三权"改革,实施农村供销、生产、信用合作"三位一体"改革，推进国资国企改革重组。加快国家新型城镇化综合改革试点、全国生态文明先行示范区建设和宁波保险创新综合示范区建设。完善价格决定机制，政府定价项目减少48%。

深入推进社会体制改革。开展海盐县基本公共服务均等化改革试点、桐庐县基层社会治理机制创新试点。加快义务教育均衡发展，推进职业教育和普通教育互通、中高职教育贯通，实施高考招生制度改革，开展大中小学课程改革。统筹推进医疗、医药和医保改革，完善药品集中采购机制。全面开展户籍制度改革。深化文化体制改革，积极推进基本公共文化服务全覆盖。

（二）加快转型升级，提升发展质量

把稳增长与调结构结合起来，大力推进特色小镇规划建设，加快发展七大产业，传承发展历史经典产业，实现经济发展高开稳走向好。加强农业基础，统筹推进粮食生产功能区和现代农业园区建设，加快畜牧业转型升级，加强浙江渔场修复振兴和海上"一打三整治"，农业生产稳定增长。加快工业结构调整和服务业发展，深入推进"四换三名"，研究制定"浙江制造"标准，信息经济、高新技术产业和现代服务业的引领支撑作用进一步显现，文化产业加快发展。统筹推进有效投资、外贸出口和居民消费稳定增长，大力推进浙商回归，全面落实扶持小微企业发展各项政策，积极化解企业资金链、担保链风险，经济保持平稳健康发展。全省生产总值达到42886亿元，增长8%；一般公共预算收入4810亿元，增长7.8%；固定资产投资26665亿元，增长13.2%，其中重大基础设施、重大产业项目、生态环保、技术改造投资均增长20%以上；外贸出口17174亿元，增长2.3%，其中市场采购贸易增长42.6%，跨境

电子商务出口增长 34.7%；社会消费品零售总额 19785 亿元，增长 10.9%，网络零售额增长 49.9%。

把创新驱动与环境倒逼结合起来，大力推进创新创业，坚决淘汰落后产能、整治低小散，推动经济提质增效升级。深化科技体制改革，加大科技投入，加快科技城、梦想小镇等创新空间建设，总结推广新昌科技体制改革试点经验。全年新增授权发明专利 2.3 万件、高新技术企业 1688 家，研发经费支出占生产总值比重提高到 2.33%。深入推进"五水共治""三改一拆"，加大节能减排、大气治理、交通治堵等工作力度，完成黑臭河整治 446 公里、建设城镇污水管网 3406 公里，完成 10010 个村生活污水治理设施建设、54 个城镇污水处理厂一级 A 提标改造，省控断面劣 V 类水比例从 10.4% 下降到 6.8%；新建改造超低排放燃煤机组 26 台，淘汰改造燃煤锅炉 17814 台，淘汰黄标车 32 万辆，设区城市 $PM_{2.5}$ 平均浓度下降 11.3%；改造旧住宅区、旧厂区、城中村 2.16 亿平方米、拆除违法建筑面积 1.58 亿平方米；启动实施城镇低效用地再开发 7.6 万亩，盘活存量建设用地 11.3 万亩；淘汰 2000 多家企业落后产能、2.2 万家小作坊；万元生产总值能耗下降至 0.48 吨标煤，化学需氧量、二氧化硫、氨氮和氮氧化物等四种主要污染物减排目标全面完成。

把统筹城乡发展与统筹区域发展结合起来，加快城市发展和美丽乡村建设，支持原 26 个欠发达县加快发展，推动城乡发展一体化、全省发展一盘棋。制定实施杭州、宁波、温州和金华－义乌都市区规划纲要，积极推进中心城市功能建设和都市区综合交通体系建设，都市区龙头带动作用进一步增强。加快区域中心城市和县城建设，深化中心镇改革和小城市培育试点，城市经济快速发展。加快农村基础设施和公共服务体系建设，打造"浙派民居"，加强历史文化村落保护，新农村建设水平不断提高。深入实施主体功能区战略，实行重点生态功能区生态环境财政奖惩制度。

（三）加强民生保障，强化发展惠民

切实加强居民增收工作，家庭人均年收入低于 4600 元的贫困现象全面消除。健全职工工资稳定增长机制，最低工资标准平均提高 13%，企业退休人员基本养老金标准提高 10%，城乡居民基础养老金最低标准提高 20%，城乡最低生活保障标准分别提高 11% 和 17%，城乡居民人均可支配收入达到 43714 元和 21125 元，分别增长 8.2% 和 9%。

加快社会事业发展，基本公共服务均等化水平不断提高。统筹推进各类教育改革发展，加强重点高校建设和应用型本科院校建设，建成浙江音乐学院。全面实施"双下沉、两提升"工程，促进医疗卫生资源城乡均衡分布。实施全民参保登记，建立覆盖各类人群的大病保险制度，新增基本养老、基本医疗保险参保人数 167 万和 44 万。加强城乡住房保障，建成保障性安居工程住房 27 万套，完成农村危房改造 1.7 万户，解决 21.2 万户农村无房户、危房户建房用地。加强养老服务体系建设，新增机构养老床位 3.59 万张。加快建设基本公共文化服务体系，新增农村文化礼堂 1481 个。广泛开展全民健身活动，成功申办 2022 年亚运会。

切实加强社会治理创新，社会保持和谐稳定。深化平安浙江建设，加快社会管理信息系统平台建设，完善矛盾纠纷调处化解综合机制。健全食品药品安全监管制度，加强农产品质量安全保障和餐桌安全治理。加大安全生产监管和重大隐患排查力度，安全生产事故起数、死亡人数分别下降 5.5% 和 4%。加强社会治安防控体系建设，严密防范和严厉打击各类违法犯罪活动。

　　各位代表，2015 年是"十二五"发展的收官之年，我们全面完成年初确定的各项目标任务和民生实事，为"十二五"发展划上了圆满句号。

　　五年来，我们坚持以"八八战略"为总纲，抓改革、强创新，稳增长、调结构，治环境、惠民生，防风险、促和谐，胜利实现了"十二五"规划目标，经济社会发展上了一个新台阶。

　　我们坚定不移推进改革开放，省级实际执行的行政审批事项从 1000 多项减少到 283 项，非行政许可审批事项全面取消；市场主体达到 471 万家，净增 177.6 万家，新增境内上市公司 107 家，上市公司数量居全国第二；累计引进外资 716.5 亿美元、出口 12396 亿美元、境外投资 326.6 亿美元，市场活力进一步增强，国际化水平进一步提升。

　　我们坚定不移推进科技创新，年度研发经费支出从 494 亿元增加到 1000 亿元，累计获得专利授权 94.5 万项、其中发明专利授权 6.9 万项；新增 5 个国家级高新区，高新技术企业从 3558 家增加到 7712 家，高新技术产业增加值从 2396 亿元增加到 4910 亿元，科技创新能力大幅提高。

　　我们坚定不移推进经济平稳健康发展和转型升级，地区生产总值从 27748 亿元增加到 42886 亿元，年均增长 8.2%，人均生产总值从 51758 元增加到 77644 元，三次产业结构从 4.9：51.1：44 调整为 4.3：45.9：49.8，经济综合实力持续增强。

　　我们坚定不移推进有效投资，累计完成固定资产投资超过 10 万亿元，其中重大基础设施投资 9330 亿元，重大产业投资 8930 亿元，重大统筹城乡投资 4478 亿元，重大公共服务投资 6055 亿元；浙商回归到位资金 8352 亿元，发展后劲不断增强。

我们坚定不移推进城乡一体化发展，加强城市基础设施和公共服务建设并不断向农村延伸，常住人口城市化率从 61.6% 提高到 65.8%；累计转移 85.5 万农村劳动力就业，建成"美丽乡村"特色村 2500 个，建成粮食生产功能区 676 万亩、现代农业园区 516.5 万亩、高标准基本农田 1049 万亩，新农村建设、城乡一体化发展取得新进展。

我们坚定不移推进环境整治，消灭垃圾河 6496 公里、整治黑臭河 5106 公里，新增污水收集管网 11500 公里，完成"三改"面积 5.8 亿平方米，拆除违法建筑面积 4.7 亿平方米，新植树木 5 亿多株，新增平原绿化 207 万亩、省级生态公益林 625 万亩，化学需氧量、二氧化硫、氨氮和氮氧化物等四种主要污染物累计减排 49.5 万吨，节能 4500 万吨标煤，地表水 III 类以上水断面比例提高 11.8 个百分点，全省生态环境明显改善。

我们坚定不移推进民生保障和社会和谐，义务教育入学率和巩固率达到 100%，高中段教育毛入学率达到 95.9%，高等教育毛入学率达到 56%，建成农村文化礼堂 4928 个，基本养老、基本医疗保险参保人数分别达到 3684 万和 5195 万，城乡居民人均可支配收入年均增长 9.8% 和 11.4%，安全生产事故起数、死亡人数持续下降，社会治安防控体系进一步完善，社会安定有序。

我们坚定不移推进政府自身改革建设，认真开展党的群众路线教育实践活动和"三严三实"专题教育，作风建设和反腐败工作进一步加强。加快转变政府职能，全面推进依法行政，法治政府和服务型政府建设取得新进展。累计制定和修改省政府规章 69 件，提请省人大常委会审议地方性法规议案 54 件，处理行政复议案件 2.8 万件。

各位代表，"十二五"发展成绩来之不易。这是党中央、国务院和中共浙江省委正确领导的结果，是全省人民团结奋斗、顽强拼搏的结果。在此，我代表省人民政府向全省人民和外来建设者，表示衷心的感谢！向人大代表、政协委员，各民主党派、工商联、人民团体和社会各界人士，向驻浙人民解放军和武警部队官兵、中央在浙单位，表示衷心的感谢！向关心和支持浙江发展的香港和澳门特别行政区同胞、台湾同胞、广大侨胞和海内外朋友们，表示衷心的感谢！

我们也清醒地看到，我省经济社会发展还存在不少问题。主要是自主创新能力不强，传统产业转型提升不够快，新兴产业占比还不高；中心城市的辐射带动作用还不够强；资源约束趋紧，环境承载力下降，人口老龄化压力增大；加强基本公共服务供给、保障和改善民生的任务还比较重；金融、安全生产、社会治安、网络等领域潜在风险隐患较多，维护国家安全和保持社会大局稳定面临新的挑战。在政府自身建设方面，一些工作人员改革意识、责任意识、法治意识、服务意识不强，作风不正、懒政怠政依然存在，消极腐败现象还时有发生。我们一定高度重视这些问题，采取更加有力措施认真加以解决。

二、"十三五"发展主要目标任务

"十三五"是充满机遇、充满挑战的五年，是浙江现代化建设的关键时期。根据中共浙江省委《关于制定浙江省国民经济和社会发展第十三个五年规划的建议》，省政府制定了《浙江省国民经济和社会发展第十三个五年规划纲要（草案）》，提请大会审议。经本次大会批准后，省政府将认真组织实施。

"十三五"发展的指导思想是，高举中国特色社会主义伟大旗帜，以马克思列宁主义、毛泽东思想、邓小平理论、"三个代表"重要思想、科学发展观为指导，深入贯彻习近平总书记系列重要讲话精神，以"四个全面"战略布局为统领，以创新、协调、绿色、开放、共享五大发展理念为引领，以"八八战略"为总纲，以"干在实处永无止境，走在前列要谋新篇"为新使命，以"更进一步、更快一步，继续发挥先行和示范作用"为总要求，坚持发展第一要务，坚持转型升级不动摇，紧扣提高经济发展质量和效益这一中心，加快形成引领经济发展新常态的体制机制和发展方式，统筹推进经济建设、政治建设、文化建设、社会建设、生态文明建设和党的建设，高水平全面建成小康社会，为建设物质富裕精神富有现代化浙江、建设美丽浙江创造美好生活打下更加坚实的基础。

"十三五"发展的主要目标是，确保实现已经确定的"四翻番"目标，高水平全面建成小康社会。全省生产总值年均增长 7% 以上，城乡居民收入增长与经济增长同步。到 2020 年，人均生产总值超过 10 万元，居民人均可支配收入超过 5 万元，社会保障覆盖率达到 100%，研发经费支出占生产总值比重达到 2.8% 左右，高等教育毛入学率达到 60% 以上，使浙江综合实力更强、城乡区域更协调、生态环境更优美、人民生活更幸福、治理体系更完善。

推进"十三五"发展、实现"十三五"目标，必须追求高水平、推进均衡化、增创新优势，集中力量抓好既该干又能干成的大事。

（一）突出制度供给

加快政府改革创新。深化"四张清单一张网"改革，依法全面履行政府职能，完善依法行政制度体系，坚持科学决策、民主决策、依法决策，坚持严格规范公正文明执法，强化行政权力制约监督，理顺政府与市场、政府与社会关系。市场能有效调节的交给市场，企业能自主决策的交还企业，社会组织能承担的委托社会组织，购买服务能解决的向社会购买，事业单位能转为企业或社会组织的加快转制，基层管理更方便有效的下放基层，对保留的审批管理事项推行在线服务、网上办理，力争到 2020 年基本建成职能科学、权责法定、执法严明、公开公正、廉洁高效、守法诚信的法治政府。

加快要素配置机制创新。深化审批制度改革，建立"区域能评、环评＋区块能耗、环境标准"取代项目能评、环评的工作机制，逐步实行企业独立选址项目高效审批、非独立选址项目不再审批。完善土地、能源、环境容量、水资源等要素配置机制，全面建立阶梯价格制度，促进资源要素优化配置。强化节能节地节水、环境、技术、质量、安全等市场准入标准，力争到 2020 年覆盖到所有新建项目和存量企业。

加快重要领域改革发展。联动推进海洋经济发展示范区和舟山群岛新区建设，加快建设海洋经济强省。联动推进温州金融综合改革试验区和台州小微企业金融服务改革创新试验区建设，促进互联网金融、民营银行、基金小镇等健康发展。深化义乌国际贸易和国内贸易流通综合改革，加快杭州、宁波跨境电子商务综合试验区建设，支持各地大力发展跨境电子商务，探索建立国际贸易新体制。加快杭州国家自主创新示范区建设，支持宁波创建国家自主创新示范区，规划建设环杭州湾高新技术产业带。加强科技大市场建设，促进科技成果资本化、产业化。积极推进"多规合一"改革。创新城市基础设施建设机制，推进电力、电信、交通、石油、天然气、市政公用等自然垄断行业放开竞争性业务。深化国有企业改革，突出功能分类，引导国有企业更好服务于全省战略目标。支持民营企业创新发展，大幅度削减企业投资"负面清单"，鼓励民营企业依法进入更多领域和参与国企改革。

（二）强化创新驱动

大力发展高新技术企业和科技型中小微企业。制定实施"双倍增"计划，加大人才创业支持力度，大力支持众创空间建设，在省级以上开发区普遍建立孵化器，在本科高校普遍设立创业学院，鼓励和支持科技人才在职创业，力争到 2020 年全省高新技术企业和科技型中小微企业数量翻一番。

打造创新创业功能平台。规划建设杭州城西科创大走廊，整合创新资源，引入创新要素，使其成为引领全省创新发展的主引擎。支持中心城市加快建设科技城。规划建设钱塘江金融港湾，做大做强省股权交易中心，积极发展地方资本市场。

加快形成以现代农业为基础、信息经济为龙头、先进制造业和现代服务业为主体的产业结构。积极推进农业现代化，大力发展七大产业，重点抓好以互联网为核心的信息经济，加快建设信息经济强省和制造强省。加强特色小镇建设，实施浙江"互联网 +"行动计划和中国制造 2025 浙江行动纲要，制定实施"浙江制造"标准体系规划，联动推进标准强省、质量强省、品牌强省建设，打响"浙江制造"品牌，力争到 2020 年全省在役工业机器人超过 10 万台，"浙江制造"标准达到 500 个以上，高标准特色小镇 100 个以上，建成一批高质量的产业云服务和产业大数据平台。

积极扩大有效投资。聚焦重点领域，优化投资结构，提高投资效率，力争"十三五"期间在基础设施、产业转型、统筹城乡、生态环保、公共服务等五大领域完成重大项目投资 5 万亿元左右，推动全社会有效投资较快增长。

（三）提升开放层次

打造"一带一路"战略桥头堡。结合舟山群岛新区、江海联运服务中心、绿色石化基地建设，加快规划建设以油品储备、加工及投资贸易自由化为特色的舟山自由贸易港区。以舟山自由贸易港区、舟山综保区、宁波保税区、梅山保税港区、金义综保区等平台为基础，以宁波舟山港、义乌陆港、甬金铁路为支撑，规划建设义甬舟开放大通道，成为贯穿浙江沿海山区、连接丝绸之路经济带和海上丝绸之路的战略桥梁。

建设有全球影响力的先进制造基地和经济区。支持宁波规划建设梅山新区，支持温州、台州以产业集聚区为基础打造民外合作产业发展大平台，支持发展空港经济区，支持有条件的市县申报综保区，形成一批具有较强国际竞争力的开放型经济发展平台。

大力培育本土跨国企业。鼓励支持有条件的企业开展跨国并购重组，积极推动大企业到境外建立生产基地、研发设计机构、营销网络，加快产业链价值链全球布局，注重发挥浙商、浙侨的作用，逐步形成以跨国公司为主体、以民营企业"走出去"为基础的国际优势产能和装备制造合作新模式。

（四）提高均衡水平

加快推进新型城市化和城乡一体化。深入实施新型城市化发展纲要，加快省域中心城市发展，支持区域中心城市强化功能建设，加强县城、中心镇建设和小城市改革试点。深化农村"三权"改革，加快推进户籍制度改革，全面实施居住证制度，促进农业人口转移。深入推进社会主义新农村建设，完善农村基础设施和公共服务体系，打造美丽乡村升级版。

加快构建以四大都市区为主体、海洋经济区和生态功能区为两翼的区域发展新格局。大力推进四大都市区建设,力争到 2020 年都市区经济总量占全省比重提高到 70%。加快海洋经济区建设,整合全省港口资源,加强海湾、海岛保护开发,规划建设港口经济圈,大力发展海洋经济,力争到 2020 年全面建成海洋经济发展示范区。加强生态功能区建设,扩大重点生态功能区范围,支持衢州、丽水全域建设生态功能区,创新山海协作机制,大力发展生态经济、建设生态城市,全面参与浙皖闽赣国家东部生态文明旅游区建设,成为国家东部生态屏障重要组成部分。

加快基础设施现代化。深入推进大港口、大路网、大航空、大水运、大物流建设,实施"万亿综合交通工程",构建内畅外联的"四大交通走廊",打造省会到设区市 1 小时交通圈和全省 1 小时空中交通圈。加强防洪排涝骨干工程建设,加快完善水运、管道、邮政等基础设施网络。加快建设高速、移动、安全、泛在的新一代信息基础设施,超前布局下一代互联网。

推进军民融合深度发展。完善军民融合发展工作机制,建设一批军民融合产业基地,培育一批重点企业,打造共享平台。全力支持驻浙部队和武警部队改革与建设,做好国防建设、国防教育、国防动员、人民防空和双拥优抚安置等工作。

(五)建设美丽浙江

制定实施"811"美丽浙江建设行动。围绕 8 大绿色发展目标,深入开展"五水共治""三改一拆"等 11 项行动,到 2020 年形成比较完善的生态文明制度体系,基本建成生态省,成为全国生态文明示范区和美丽中国先行区。

大力发展绿色低碳经济。积极推进节能减排,加大高耗能、重污染企业整治力度，大力发展生态经济和节能环保产业，积极发展新能源汽车，加快建设清洁能源示范省，力争到 2020 年非化石能源占一次能源消费总量比重达到 20% 左右，全省公交车、出租车、营运专车、一般公务用车替换为新能源汽车或改造为清洁能源汽车。

大力整治生态环境。统筹推进治水治气、治城治乡、治土治山，切实加强环境保护、生态修复，扩大海洋保护区面积。到 2020 年，所有污水处理厂达到国家一级 A 排放标准，所有燃煤电厂、钢铁、水泥、玻璃、热电等行业完成超低排放或清洁排放技术改造，全省境内消灭劣 V 类地表水，河流 III 类以上水断面比例达到 80%；环境空气质量优良天数比例达到 80%；所有县（市、区）实现基本无违建；有效控制农业"两区"土壤污染问题，基本消除重大地质灾害隐患；森林覆盖率保持在 61% 以上，新植 1 亿株珍贵树。

加快建设美丽乡村、美丽城市。深入实施"千村示范、万村整治"工程，力争 5 年打造 1000 个美丽乡村精品村、100 个旅游风情小镇。加快建设美丽城市，促进城市有机更新、环境改善、景观再造，构建集约高效的生产空间、宜居适度的生活空间、山清水秀的生态空间。

健全"绿水青山就是金山银山"体制机制。整合生态环保财政政策，建立绿色发展财力奖补机制，完善主要污染物排放财政收费制度，实行污水排放、工业废气排放总量控制，建立健全以单位生产总值能耗为基础的用能权交易制度、以单位建设用地生产总值为基础的土地配置方式和以水定产、以水定城的水资源配置制度，划定森林、湿地、物种生态保护红线，完善公益林和湿地生态补偿制度，强化"美丽浙江"建设的制度保障。

（六）创造美好生活

促进城乡居民普遍持续增收。坚持就业优先战略，完善收入分配制度和劳动报酬增长机制，千方百计促进农民增收，加强低收入群体增收帮扶。逐步提高最低工资标准，确保到 2020 年城乡居民人均可支配收入比 2010 年翻一番。

以标准化推动公共服务均等化。高标准普及学前教育、义务教育和高中段教育，逐步放宽高中段教育普高、职高分流限制。加快高等教育改革发展，完善高等院校学生实习制度，推进高等职业院校产教融合、校企合作，支持有条件的高校建设一流大学、一流学科。大力实施全民参保计划，完善养老保险和医疗保险制度，积极推进城乡居民基本医疗保险整合，健全大病保险制度和医疗救助制度。建立健全全省统一的药品和医用材料采购平台，完善价格形成机制和监管机制。深化医疗卫生体制改革，完善"双下沉、两提升"制度。统筹做好妇女儿童、老龄、残疾人等工作，大力发展慈善事业。加快基本公共文化服务体系建设，加强文化遗产保护，大力推进全民健身，积极筹备 2022 年杭州亚运会。

加强和创新社会治理。深化法治浙江、平安浙江建设，完善基层社会治理网络体系。加强社会主义精神文明建设，用中国梦和社会主义核心价值观凝聚共识、汇聚力量，充分发挥家规家训传播正能量作用。坚持和发展"枫桥经验"，完善社会矛盾纠纷调处化解体制机制。健全社会信用体系。探索建立城乡社区、社会组织、社会工作联动机制。加强安全生产管控和食品药品安全监管，健全社会公共安全体系和社会治安立体防控体系，确保社会和谐稳定。

各位代表，高水平全面建成小康社会的目标任务十分繁重。我们坚信，经过全省人民的共同努力，"十三五"发展的宏伟蓝图一定能够实现！

三、2016 年主要工作

2016 年是实施"十三五"规划的开局之年，必须确保经济社会平稳健康发展。当前，国际形势错综复杂，不确定因素很多。国内经济形势总体向好，但下行压力依然较大。综合分析各方面因素，建议今年全省经济社会发展的主要预期目标是：生产总值增长 7%—7.5%，一般公共预算收入、城乡居民人均可支配收入增长与经济增长同步，"去产能、去库存、去杠杆、降成本、补短板"各项工作取得实质性进展，节能减排降碳指标完成或超额完成国家下达的目标任务。

做好 2016 年工作，必须认真贯彻落实党的十八大和十八届三中、四中、五中全会精神和中央经济工作会议决策部署，按照"五位一体"总体布局和"四个全面"战略布局的要求，坚持以"五大发展理念"为引领，以"八八战略"为总纲，适应经济发展新常态，坚定不移深化改革开放、强化创新驱动、打好转型升级组合拳、推动城乡区域协同发展、保障改善民生、提高发展质量效益，着力加强结构性改革，战略上打持久战，战术上打歼灭战，稳中求进优发展，统筹兼顾促协调，做强实体拓市场，守牢底线保平安，实现"十三五"发展良好开局，为干好"一三五"、实现"四翻番"，高水平全面建成小康社会奠定坚实基础。

在具体工作中，坚持把加强供给侧结构性改革放在突出位置，着力抓好以下重点：

（一）加快推进改革开放。统筹推进国家战略举措相关改革，深化要素配置市场化改革，加大国企、财税、金融、社保等重要领域和关键环节改革力度，积极创建军民融合发展创新示范区，扩大对内对外开放。全力以赴做好 G20 峰会相关工作。办好第三届世界互联网大会。

加快"去产能、去库存、去杠杆、降成本、补短板"相关改革。建立健全优胜劣汰机制，对"僵尸企业"通过兼并重组、债务重组乃至破产清算实现市场出清。继续关停落后产能、整治"低小散"。制定实施企业减负三年行动计划，切实降低实体经济企业成本。建立健全房地产业健康发展机制，取消过时的限制性措施，发挥市场机制在化解房地产库存中的基础性作用。创新体制机制，努力补齐基础设施、公共服务等领域的短板。

开展市域改革试点，增强可复制可推广性。支持湖州市规划建设内河水运转型发展示范区、嘉兴市加快县域经济向都市经济转型、绍兴市创新高新技术企业培育机制、衢州市深化循环经济试点、台州市规划建设湾区经济发展试验区、丽水市深化农村金融改革。继续推进各级各类改革试点。

扩大对内对外开放。加快规划建设舟山自由贸易港区、义甬舟开放大通道，积极推进开发区、特殊监管区整合提升。改善投资环境，积极利用外资，协同推进浙商回归和中外合作产业园建设。办好浙江投资贸易洽谈会、中国－中东欧国家投资贸易博览会、国际海岛旅游大会。发挥国际友城平台作用，拓展与"一带一路"沿线国家的务实交流合作。制定实施民营跨国公司三年行动计划，支持有条件的企业走出去开展国际并购，掌握核心技术和高端品牌，扩大国际市场份额。积极参与长江经济带建设，加大接轨上海力度，积极推进与周边省市的合作交流，继续做好援藏援疆援青等对口支援工作。

（二）**大力推进科技创新**。坚持以企业为主体、人才为根本，加快规划建设杭州城西科创大走廊、钱塘江金融港湾、乌镇互联网创新发展试验区，充分发挥科技创新在全面创新中的引领作用。

加快企业创新、人才创业。大力发展新技术、新产业、新业态，鼓励支持企业加大创新投入、研发力度，积极向高新技术领域拓展和转型，力争全年新认定高新技术企业 1500 家。制定更具竞争力的人才新政，加大引才工作力度，鼓励和支持省内外、海内外人才在浙江创办科技型企业。

加大研究开发力度。加强原始创新、集成创新和引进消化吸收再创新，推进重点高校、科研院所、企业研究院建设，实施一批重大基础研究专项、重大科技攻关专项、重大科技示范应用专项。加强知识产权保护。鼓励企业开展基础性前沿性创新研究，建立健全主导产品"生产一代、研制一代、研发一代、探索一代"的技术创新机制。

加大创新投入。统筹做好增加研发投入、加大人力资本投入、鼓励支持创业风险投资等各项工作，力争全年研发经费支出超过1100 亿元、教育培训等人力资本投资超过 2100 亿元、科技型中小微企业获得的创业风险等投资超过 1000 亿元。

（三）**加快产业优化升级**。把发展实体经济放在更加突出的位置，统筹新增长点培育和传统产业改造提升，统筹适度扩大总需求和积极扩大有效供给，努力保持经济平稳健康发展。

大力发展七大产业。聚焦七大产业建设特色小镇，围绕七大产业提升开发区和高新区、打造产业集聚区核心区块，紧扣七大产业培育骨干企业、强化要素保障，力争七大产业增加值平均增长 10%

以上。加快发展文化创意产业、传承发展历史经典产业。

加快现有产业、企业动力修复。深入推进"四换三名"，加快信息化与工业化深度融合，制定实施工业机器人行动计划、"浙江制造"行动计划、小微企业成长计划，大力推进"个转企""小升规""规改股""股上市"。新增 1 万台工业机器人，制定实施 100 个"浙江制造"标准。

推进供给端和需求端协同发力。保持有效投资力度，更加注重结构优化，启动一批大项目，确保交通基础设施、重大产业项目、高新技术产业、生态环保投资较快增长。稳步提高浙江出口的市场份额，确保跨境电子商务出口、市场采购贸易出口、服务外包出口、名优特产品出口较快增长。积极拓展国内市场，做好扩大进口工作。大力培育信息、健康、养老、文化、旅游等新的消费热点，促进电子商务持续健康发展，形成消费和供给良性互动、需求升级和产业升级协同共进的格局。

（四）加强城市工作。围绕提升城市环境质量、人民生活质量、城市竞争力，加快建设和谐宜居、富有活力、各具特色的现代化城市。

优化城市发展空间布局、功能定位。坚持全省一盘棋，完善规划，加快建设，逐步形成横向错位发展、纵向分工协作的发展格局。突出四大都市区的主体地位，重点提高集聚高端要素、发展高端产业的能力。完善区域中心城市和县城的节点功能，着力提高创造就业岗位、承载农民转移的能力。强化中心镇及小城镇的基础作用，积极承接城市基础设施、公共服务并向农村延伸，加快提高服务"三农"的能力。

统筹城市规划建设管理。加强城市规划，全面推行城市设计，提倡城市修补，注重历史传承和文化积淀，增强城市内部布局合理性。实行"适用、经济、绿色、美观"的建筑方针，提高建筑标准和质量，全面推广绿色建筑、节能建筑，积极推进建筑工业化。加强城市基础设施、公共服务建设，加强地下空间规划、开发和利用，加强地下管网建设，加快城镇低效用地再开发，推进海绵城市建设。打造智慧城市，加强城市管理和服务。

加强城市改革创新。围绕促进有能力在城镇稳定就业和生活的农业转移人口举家进城落户，统筹推进土地、财政、教育、就业、医疗、养老、住房保障等配套改革，健全财政转移支付同农业转移人口市民化挂钩机制，建立城镇建设用地增加规模同吸纳农业转移人口数量挂钩机制，维护好进城落户农民土地承包经营权、宅基地使用权、集体收益分配权。

（五）加强农业农村工作。切实加大强农惠农富农力度，深入推进农村各项改革，着力提升农业农村发展水平，促进农民收入持续较快增长。

积极推进农业现代化。开展国家农产品质量安全示范省建设，大力发展现代生态循环农业，积极推进农业机械化、信息化、标准化，加快种植业、畜牧业、渔业转型升级，大力发展旱粮作物，积极推进全产业链建设和品牌建设，发展多种形式适度规模经营，深化粮食生产功能区和现代农业园区建设，规划建设一批重要农产品保护区，划定和保护好永久基本农田，启动实施千万亩耕地质量提升工程，打造一批农业产业集聚区和特色农业强镇，加快建设绿色农业强省。

加强新农村建设。深化"千村示范、万村整治"工作。加强村庄规划设计和农房设计，凸显"浙派民居"特色。扎实推进农村文化建设。加大传统村落民居和历史文化名镇名村保护力度，加强古道古桥古井古树保护。

加快农村改革。深化"三权"改革,依法做好确权登记颁证工作,建立健全县乡村一体的农村产权流转市场体系。加快"三位一体"改革,健全农业服务体系,培育 500 个电商专业村。积极推进农村土地征收、集体经营性建设用地入市、宅基地制度改革试点。完善农民增收政策体系,优先保障财政对农业农村投入,确保力度不减弱、总量有增加。

(六)加强生态环境建设。以提高环境质量为核心,启动实施新一轮"811"美丽浙江建设行动,实现环境整治从重点突破向综合治理的根本转变。

综合治理水环境。加大"五水共治"力度,统筹推进源头控制、截污纳管、达标排放、河道清淤等各项工作,加强农村生活污水处理设施建设和运营管理,加快污水管网建设和污水处理厂提标改造,加强黑臭河综合整治,全面实施阶梯水价制度,确保省控断面劣 V 类水比例下降至 5.5%。

综合治理大气环境。继续推进燃煤电厂超低排放技术改造,研究制定重点行业废气排放地方标准,推进重点行业挥发性有机污染物治理,提高新机动车上牌标准,加强港口船舶大气污染防治,加强建筑扬尘防控,加强农作物秸秆资源化利用,确保超额完成国家下达的 $PM_{2.5}$ 浓度下降任务。

综合治理城乡环境。加大"三改一拆"、无违建县创建、"四边三化"等工作推进力度,完善拆改结合、依法治违、环境管护长效机制。加大城市交通拥堵治理力度,加快地铁等公共交通项目建设,大力发展"智慧交通"。积极推进城乡生活垃圾分类收集和资源化处理,加强农业"两区"土壤污染防治。加强城乡绿化、绿道建设。

（七）切实加强社会建设和民生改善。按照社会政策要托底的要求，守住民生底线，切实解决好人民群众最关心最直接最现实的利益问题。

提高就业服务的精准性。实施高校毕业生就业促进计划和大学生创业引领计划。加大农村劳动力就业技能培训力度，力争更多的农村劳动力转移到城镇稳定就业。加强再就业培训和就业援助，增加公益性就业岗位，促进困难人员就业。

提高增收工作的有效性。完善城乡最低生活保障和社会救助制度，加强低收入群体增收帮扶和精准扶贫，多渠道促进农民增收。完善社会平均工资指导线制度，促进劳动报酬提高与劳动生产率提高同步。

提高公共服务的普惠性。制定实施基本公共服务标准，促进教育、医疗卫生、社会保障、文化体育等基本公共服务均等化。加快教育、文化、卫生重点县建设。完善普惠性民办幼儿园生均经费补助机制，发展老年教育，推进全民阅读。强化"双下沉、两提升"长效机制建设，加快建立分级诊疗体系。加大社保扩面工作力度，做好渔民养老保险工作；统筹全省范围内各项社会保险待遇标准。落实一对夫妇可生育两个孩子政策，加强妇幼保健服务能力建设。全面实施困难残疾人生活补贴和重度残疾人护理补贴制度。加强体育场地设施建设和利用，实施全民健身工程。

提高平安建设的严密性。强化公共安全监管，完善药品监管体系，全面落实安全生产责任制，有效防范公共安全事件和安全生产事故，坚决遏制重特大事故。全面开展地质灾害隐患排查，进一步落实地质灾害防治责任和防范措施，有效防范地质灾害风险。扎实做好防灾减灾工作。强化社会治理，推进"网格化管理、组团式服务"，完善社会管理信息系统平台，健全矛盾纠纷调处化解综合机制。全面开展"七五"普法。加强国家安全工作。加强涉外安全管理服务。加强互联网综合治理和网络安全维护。健全社会治安立体防控体系，严密防范和严厉打击各类违法犯罪活动。

（八）加强政府自身改革与建设。深入推进"四张清单一张网"改革，加快建设法治政府、服务型政府。

依法全面履行政府职能。深化简政放权、放管结合、优化服务改革，构建科学合理的政府职责体系。健全依法决策机制，加强新型智库建设。深化行政执法体制改革，规范行政执法主体，全面推行综合行政执法。积极推进行政复议体制改革。完善行政程序制度，坚持严格规范公正文明执法。把为企业服务、为民办实事作为政府履职的重中之重，作为衡量各级政府是否敢于担当的重要标准。深化政务服务网建设，公开权力运行流程，扩大网上便民服务范围，推进公共数据开放共享。

健全行政权力监督和制约机制。自觉接受人大依法监督、政协民主监督、司法监督，加强政府内部层级监督和专门监督，主动接受社会监督、舆论监督。完善审计制度，推进省以下审计机关人财物管理改革试点。全面推进政务公开，完善公开透明规范的预算管理制度。全面推进公务用车制度改革。

深入推进党风廉政建设和反腐败工作。坚守政治纪律，严守法纪规矩，切实加强作风建设，健全廉政风险防控机制，坚决整肃庸政懒政怠政，坚决整治"四风"，坚决惩处各类腐败行为。

各位代表，去年我们全面完成了十方面民生实事，今年继续按照民生实事"群众提、大家定"的理念，确定了十方面实事。省政府将进一步健全工作机制，切实把民生实事办好。

1、加大雾霾治理力度。完成 17 台大型燃煤机组超低排放技术改造，淘汰改造 8000 台燃煤小锅炉，新建 100 座新能源汽车充换电站、10000 个充电桩，全面淘汰黄标车。

2、加大治污水力度。完成 2000 公里河道清淤等综合整治，新增 2000 公里污水管网，新增 4000 个农村生活污水治理村，钱塘江和太湖流域城镇污水处理厂全面完成提标改造，达到一级 A 排放标准。

3、加强食品安全管理。新改造 200 家城镇农贸市场，城区农贸市场质量追溯体系建成率达到 70% 以上，快速检测体系建成率达到 70% 以上。在大型、特大型餐饮企业和学校、养老机构食堂建设 2000 家"阳光厨房"。

4、加快养老服务体系建设。新建 3000 个城乡社区居家养老服务照料中心。

5、加强农村惠民服务。完成 2 万户农村困难家庭危房改造，改善 70 万农村人口饮水条件，新增 1000 个农村文化礼堂，提升 6000 公里美丽乡村公路、建成 3000 个港湾式停靠站。

6、加快电商服务网络建设。新建 3000 个农村电商服务站，新建 3000 个城市社区智能投递终端。

7、加大城市治堵力度。新增 1000 辆公交车辆，新（改）建 1000 个公交站点，新增 1000 公里公交运营里程。

8、加快标准化中小学校建设。新建成 250 所义务教育标准化学校，标准化学校覆盖率达到 93%；新建成 160 条中小学塑胶跑道，校园塑胶跑道覆盖率达到 90%。

9、方便群众看病购药。实行省市医保、市县医保定点医院、定点药店同城互认。

10、加快推进"互联网＋政务服务"。房屋权属证明、纳税证明、港澳通行证再次签注、行驶证补换、驾驶证补换、会计从业资格证书申办、结婚登记预约、交通违法罚没款收缴、个人社保信息查询、公积金账户信息查询等10项便民服务今年实现相关证照网上申请、在线服务、快递送达，今后逐年增加。

各位代表，干在实处永无止境，走在前列要谋新篇。让我们更加紧密地团结在以习近平同志为总书记的党中央周围，在中共浙江省委的坚强领导下，振奋精神、勇于担当、真抓实干，为高水平全面建成小康社会而努力奋斗！

名词解释

1. 农村"三权"改革：是指农村土地承包权、宅基地使用权、集体收益分配权等三项权益落实到人（户），并实现权跟人（户）走。

2. 五证合一、一照一码：由工商（市场监管）、质监、税务、人力社保、统计五个部门分别核发证照，改为由工商（市场监管）部门核发加载法人和其他组织统一社会信用代码的营业执照，组织机构代码证、税务登记证、社会保险登记证、统计登记证不再发放。

3. 双下沉、两提升：下沉医学人才和城市三甲医院，提升县域医疗卫生服务能力和群众满意度。

4. 多规合一：是指把城乡建设、土地利用、综合交通、水资源等多个专项规划集合成一张图。

5. 海绵城市：是指通过地下工程建设，实现雨水的自然积存、自然渗透、自然净化。

6. 建筑工业化：即构件预制化生产、装配式施工的建筑模式。

7. 万亿综合交通工程："十三五"期间全省安排综合交通投资约 12000 亿元。其中：铁路及轨道交通约 5000 亿元、公路约 5000 亿元。

8. 四大交通走廊：是指都市经济、海洋经济、开放经济、美丽经济发展的四大交通走廊。

9. G20 峰会：全球 20 国集团领导人峰会。

安 徽 省
政府工作报告

——2016 年 2 月 17 日在安徽省第十二届
人民代表大会第六次会议上

省长 李锦斌

各位代表：

现在，我代表省人民政府，向大会报告政府工作，请予审议，并请省政协委员和其他列席人员提出意见。

一、2015 年工作和"十二五"发展回顾

过去一年，全省人民在党中央、国务院和中共安徽省委的坚强领导下，全面贯彻党的十八大和十八届三中、四中、五中全会精神，深入学习贯彻习近平总书记系列重要讲话精神，坚持稳中求进工作总基调，主动适应经济发展新常态，大力推进"调转促"行动计划，统筹做好稳增长、促改革、调结构、惠民生、防风险各项工作，较好完成了省十二届人大四次会议确定的主要目标任务，全省经济稳中有进、稳中趋好，社会大局和谐稳定。

初步核算，全省生产总值 22005.6 亿元，增长 8.7%。财政收入 4012.1 亿元，增长 9.5%，其中地方财政收入 2454.2 亿元，增长 10.6%。粮食产量 707.6 亿斤，增长 3.6%。固定资产投资 23965.6 亿元，增长 12.7%。社会消费品零售总额 8908.0 亿元，增长 12.0%。进出口总额 488.1 亿美元，下降 0.8%，其中出口 331.1 亿美元，增长 5.2%。城镇、农村常住居民人均可支配收入分别达 26936 元和 10821 元，增长 8.4% 和 9.1%。居民消费价格涨幅 1.3%。城镇新增就业 65.2 万人、登记失业率 3.1%。节能减排实现年度目标。

一年来，主要做了以下工作：

一是精准发力支持实体经济，促进经济持续健康较快增长。出台促进经济持续健康发展、金融支持服务实体经济等政策，落实结构性减税和普遍性降费，畅通金融进入实体经济管道，全年新增贷款 3389.7 亿元、增长 14.9%，直接融资 2980.3 亿元、增长 71.5%，新增上市公司 10 家、新三板挂牌企业 117 家。实行省政府负责同志联系重点企业、重点项目等制度，加强对基层和企业的精准帮扶。持续扩大有效投入，实施项目建设"四督四保"制度，积极对接国家重大工程包和专项建设基金，商合杭高铁、合安高铁、京东方 10.5 代线等一批重大项目开工建设，合福高铁、宁安城际铁路及铜南宣、滁马等 10 条高速公路建成运营，全年新开工亿元以上重点项目 1670 个、建成 1069 个。

二是深入实施创新驱动发展战略，调结构转方式促升级迈出新步伐。推进大众创业、万众创新，建立健全科技创新"1+6+2"政策体系。实施 15 个科技重大专项，新建国家级研发机构 18 家，新增国家"千人计划"人才 45 人，扶持高层次人才团队 93 个，新增授权发明专利 11180 项、增长 115.7%。我省列入国家系统推进全面创新改革试验区域，搭建了创新型省份建设又一重大战略平台。

省委、省政府作出调结构转方式促升级行动计划重大决策。启动首批 14 个战略性新兴产业集聚发展基地建设，实施 140 个 10 亿元以上重大技改项目，战略性新兴产业产值 8921.5 亿元、增长 17.6%。推动生产性服务业和生活性服务业发展，电子商务、物流快递等新兴业态快速成长，服务业占生产总值比重 37.3%、提高 1.9 个百分点，旅游总收入 4120.2 亿元、增长 20.1%。加快转变农业发展方式，开展粮食绿色增产模式攻关，新增农民合作社 12599 个、家庭农场 14731 个。质量、品牌建设成效明显。加强大气、水、土壤和重金属污染防治，环境质量持续改善。

三是全面深化改革扩大开放，发展动力活力持续增强。实施"放管服"改革，在全国率先推行省市县乡四级政府权责清单制度，取消非行政许可审批，建成省级政府权力清单运行平台。深化商事制度改革，"三证合一""一照一码"全面实施，新登记注册企业 14.4 万户，增长 18.4%。稳步推进国企改革，省属企业整体上市、兼并重组取得新进展。农村土地承包经营权确权登记颁证、新型城镇化等国家级改革试点全面展开。完成省市机关公务用车制度改革。

坚持以开放促改革促发展。推进与"一带一路"沿线国家经贸合作，新签 1000 万美元以上工程项目 46 个，在中德两国总理来皖期间达成 8 项经贸、金融、教育合作重要成果，"合新欧"国际货运班列加密延伸。全面融入长江经济带建设和长三角一体化发展，扩大复制推广上海自贸区改革试点经验，合肥综保区封关运行，芜湖综保区通过国家验收，郑蒲港等一批港区口岸扩大开放获国家批准。成功举办百户央企、百户外企合作和资本要素对接等招商引资重大活动。全年实际利用外商直接投资 136.2 亿美元、增长 10.4%，亿元以上省外投资项目实际到位资金 8968.9 亿元、增长 12.9%，对外投资 9.7 亿美元、增长 1.1 倍。外事侨务、对台、港澳工作助推了开放发展。

四是高度重视改善民生，基本公共服务水平明显提升。坚持把更多财力投向民生领域，民生支出 4379 亿元，占财政支出的 83.7%，33 项民生工程全面完成。推进精准扶贫、精准脱贫，建立 "1+20" 政策体系，在 3000 个贫困村实施整村推进工程，减少贫困人口 75 万人。落实支持就业创业政策，帮助 10.3 万就业困难人员再就业，高校毕业生总体就业率达 95.9%。完成 829 所义务教育学校标准化建设任务，职业教育市级统筹和资源整合深入推进，高水平大学建设步伐加快。城镇基本医保省内异地就医实现双向结算，企业退休人员基本养老金人均月增 196 元，城乡居民基础养老金最低标准每人每月提高到 70 元。新增各类保障性安居工程 40.3 万套，基本建成 35.8 万套，完成农村危房改造 17.9 万户。实施重特大疾病医疗救助、困难残疾人生活补贴、重度残疾人护理补贴等制度。深化医药卫生体制综合改革，城市公立医院改革全面实施。人口自然增长率 6.98‰。新建 30 个乡镇综合性文化服务中心和 300 个农民文化乐园，广播电视由村村通向户户通延伸。全民健身运动广泛开展。合肥、铜陵、芜湖入选第四届全国文明城市，入选数居全国首位。哲学社会科学、参事文史、档案、地方志工作进一步加强，民族宗教、妇女儿童、老龄、红十字等事业取得新成绩，援疆援藏、气象、地震、防灾减灾工作取得新进展。

五是着力改进社会治理方式，和谐稳定局面进一步巩固。加快社会治理法治化，推行网格化新型社区管理模式，提升市级社区公共服务信息平台建设水平。开展安全生产"铸安"行动，事故总量和重点行业事故数量持续下降。完善省市县乡四级食品药品安全监管体系，持续治理"餐桌污染"。推进信访工作制度改革，全面实行信访网上受理。构建立体化数字化社会治安防控体系，开展"守护平安"系列行动，社会治安大局持续稳定。

积极支持国防和军队建设发展，全民国防教育、国防动员、人民防空工作深入推进，军民融合深度发展取得新进展，驻皖部队和民兵预备役人员在全省改革发展稳定中发挥了重要作用。

六是扎实推进法治政府建设，依法行政能力不断增强。加强政府立法，提请省人大常委会审议地方性法规 6 件，制定、修改政府规章 6 件。自觉接受人大监督，依法执行人大决议决定，办理人大代表建议 951 件。主动接受政协民主监督，办理政协委员提案 986 件。认真接受司法监督，健全行政机关依法出庭应诉制度。严格规范政府系统重大事项决策行为，完成重大事项合法性审查 605 件。加强政府权力运行标准化监管，拓展政务公开，优化政务服务，强化行政监察，推进审计监督、制度规范全覆盖。扎实开展"三严三实"专题教育，加强作风建设和廉政建设，推进巡查、督查、考察相结合，制定整改问题、措施、责任清单，形成抓落实的制度链条，政府执行力和公信力进一步提升。

各位代表！

2015 年各项目标任务的完成，标志着"十二五"胜利收官。回首过去五年，国际国内形势复杂多变，改革发展稳定任务艰巨繁重，我们紧紧围绕打造三个强省、建设美好安徽、全面建成小康社会目标，把握大势，保持定力，抢抓机遇，克难制胜，经历了应对金融危机、化解"三期叠加"的砥砺奋战，展开了适应新常态、推动新发展的实践探索，经济社会发展取得了一系列令人鼓舞的重大成就。

这五年，是经济持续稳定健康发展、综合实力大幅提升的五年。经济强省建设成效显著，生产总值突破 2 万亿元、年均增长 10.8%，财政收入突破 4000 亿元、年均增长 14.2%。城镇、农村常住居民人均可支配收入年均分别增长 11.6% 和 13.4%。全省实现国家区域发展战略全覆盖，整体进入长三角经济区，联动发展、协同共进的新格局加快形成。

这五年，是创新驱动发展战略加速实施、产业竞争力大幅提升的五年。创新型试点省和合芜蚌试验区建设深入推进，中科院合肥大科学中心等国家级创新平台相继建立，量子通信等前沿领域取得一批原创性成果，研发经费支出占生产总值比重由 1.3% 提高到 2%，每万人发明专利拥有量由 0.5 件增加到 4.3 件。战略性新兴产业产值增长 2.8 倍，高新技术企业数达 3157 家、增长 1.4 倍。粮食产量由 616.1 亿斤提高到 707.6 亿斤，规模以上农产品加工业产值增长 1.7 倍。三次产业结构由 14∶52.1∶33.9 调整为 11.2∶51.5∶37.3。

这五年，是改革开放持续深化、社会创造力大幅提升的五年。简政放权、医药卫生、公共资源交易等改革走在全国前列，农村综合改革、地方金融体系建设等取得重要突破，各类市场主体由 166 万户增加到 276 万户、增长 66.3%，私营企业由 22.9 万户增加到 57.4 万户，民营工业增加值占规模以上工业比重由 55% 提高到 70.4%，民间投资占全社会固定资产投资比重由 63.4% 提高到 72%。累计利用省外资金 33172.4 亿元、年均增长 17.2%，进出口总额 2143.8 亿美元、年均增长 15%，实际利用外商直接投资 519.2 亿美元、年均增长 22.1%，境外世界 500 强在皖设立企业 120 家。国家级开发区由 9 家增加到 19 家。

　　这五年，是基础设施建设不断加强、发展支撑力大幅提升的五年。新增高速公路 1317 公里、一级公路 2667 公里，总里程分别达 4246 公里和 3166 公里，新桥国际机场和九华山机场先后建成，高铁运营里程达 1330 公里，开启了安徽高铁时代。水资源保障和防洪保安体系不断完善，完成 2626 座病险水库加固，引江济淮的世纪梦想正在变为现实。移动互联网进入寻常百姓家，用户达 3671.8 万户、增长 1.8 倍。美丽乡村建设成果丰硕，"三线三边"治理成效显著，生产发展、生活富足、生态优美的幸福家园建设进一步加快。

　　这五年，是生态保护扎实推进、绿色发展行动力大幅提升的五年。生态强省建设取得重要进展。国家下达的节能减排任务超额完成，单位生产总值能耗累计下降 21.4%，化学需氧量、二氧化硫、氨氮、氮氧化物排放量分别累计下降 10.5%、10.8%、13.6%、20.7%。淮河、巢湖水质稳定向好，新安江保持为全国水质最好的河流之一。淘汰燃煤小锅炉 5803 台、黄标车和老旧车 52 万辆，火电机组和水泥生产线脱硫脱硝实现全覆盖。严守耕地保护红线，新增耕地 110.9 万亩，连续 17 年实现耕地占补平衡。实施千万亩森林增长工程，新增造林 949.2 万亩，池州、合肥、安庆、黄山、宣城进入国家森林城市行列。

　　这五年，是社会事业全面进步、民生保障力大幅提升的五年。公共文化服务不断加强，公民文明素质和社会文明程度日益提高，入列"中国好人榜"总数连续 8 年居全国第一，市县乡三级公共文化设施基本实现全覆盖，迈出了文化强省建设的重要步伐。深化教育领域综合改革，义务教育阶段学校标准化覆盖率由不足 10% 提高到 85%，学前、高中阶段和高等教育毛入学率高于全国平均水平，教育均衡发展及信息化位居全国前列。城镇新增就业 327.9 万人，新增农村劳动力转移就业474.7万人。民生工程拓展提升，在全国率先一揽子解决"老字号"、以船为家渔民等群体生活问题，完成2151万农村人口安全饮水工程，城乡基本养老、基本医疗保险和居民大病保险实现全覆盖，460万人脱贫，群众获得感进一步提升。

在肯定成绩的同时，我们也清醒看到前进中的困难和挑战。经济下行压力还在加大，投资和出口增速回落，企业生产经营困难增多，财政收支矛盾突出，金融风险隐患显现。结构调整和动能转换任务艰巨，有效供给不足与有效需求乏力并存，煤炭、钢铁等产能过剩问题凸显，战略性新兴产业规模不大，现代服务业发展相对滞后，农业基础依然薄弱，全要素生产率较低。民生保障能力和水平有待提高，就业、教育、卫生、社会保障等领域存在不少短板，部分贫困人口的贫困程度较深，环境保护、安全生产、食品药品安全、征地拆迁等方面还存在不少问题。政府工作存在差距和不足，一些干部对新常态不够适应，不愿作为、不会作为和作风不实等问题不同程度存在，一些地方和部门落实政策措施仍然不够到位，一些领域腐败现象还时有发生。我们要直面这些问题，认真加以解决，不负人民重托。

各位代表！

"十二五"发展筑就了安徽加速崛起、全面建成小康社会的坚实基础，也为今后更高水平发展提供了宝贵经验。最根本的一条，就是高举中国特色社会主义伟大旗帜，以习近平总书记系列重要讲话精神为引领，明大势、务大局、促发展、求突破，努力走出一条符合中央精神、彰显安徽特色的发展路子。实践证明，抓好安徽的发展，必须紧紧扭住发展第一要务，坚持不懈调结构、转方式、促升级，不遗余力打基础、补短板、增后劲，不断巩固扩大稳定较快发展势头；必须进一步强化改革引领、创新驱动，大力弘扬敢闯敢试、敢为人先的优良传统，打破旧的思维定式和路径依赖，不断厚植发展新优势和新动能；必须坚持生态优先，尊重、顺应、保护自然，促进绿色低碳循环发展，切实提高环境效益；必须扩大开放合作，全面融入国际国内两个大局，改善营商环境，拓展发展空间；必须坚持以人民为中心，重视群众关切，多办民生实事，促进公平正义，充分调动群众积极性、主动性、创造性；必须加快政府职能转变，正确处理政府和市场关系，践行"三严三实"，依法行政、廉洁从政，以忠诚、干净、担当的良好形象，凝聚起实干兴皖的强大合力。

各位代表！

五年成就来之不易，这是党中央、国务院和中共安徽省委正确领导的结果，是全省人民团结奋斗、顽强拼搏的结果，是历届班子持续努力、不断夯实基础的结果。在此，我代表省人民政府，向全省人民，向各民主党派、各人民团体和各界人士，向驻皖解放军指战员、武警官兵和政法公安干警，向关心、支持安徽改革发展的中央各部门、兄弟省市区和海内外友好人士，表示衷心的感谢！

二、"十三五"时期的奋斗目标和任务

"十三五"时期是全面建成小康社会的决胜阶段。根据省委《关于制定国民经济和社会发展第十三个五年规划的建议》，省政府编制了"十三五"规划《纲要》（草案），提交大会审议。

未来五年，国际国内经济深度调整，新一轮科技和产业革命蓄势待发，国家"一带一路"、京津冀协同发展和长江经济带战略深

入实施，创新驱动发展前景广阔，安徽发展面临诸多新的机遇和挑战。我们要高举中国特色社会主义伟大旗帜，全面贯彻党的十八大和十八届三中、四中、五中全会精神，以马克思列宁主义、毛泽东思想、邓小平理论、"三个代表"重要思想、科学发展观为指导，深入学习贯彻习近平总书记系列重要讲话精神，坚持"四个全面"战略布局，坚持发展是第一要务，坚持创新发展、协调发展、绿色发展、开放发展、共享发展，积极适应和引领经济发展新常态，以提高发展质量和效益为中心，以加快调结构转方式促升级为主抓手，以增进人民福祉、促进人的全面发展为出发点和落脚点，加快建设创新型经济强省、文化强省、生态强省，确保如期全面建成小康社会，奋力开创美好安徽建设新局面。

创新是我省未来五年发展最鲜明的特征。我们提出建设创新型三个强省，就是要把创新摆在发展全局的核心位置，贯穿于经济社会发展的全过程和各领域，落实到推进结构性改革的各个环节，着力塑造更多依靠创新驱动的引领型发展，着力打造更具优势、更有活力、更高水平的三个强省。

今后五年经济社会发展的主要目标是：

——产业结构优化。三次产业结构优化为 8.5∶50∶41.5，产业迈向中高端水平，农业现代化取得明显进展，战略性新兴产业和现代服务业比重明显提高，制造强省基本确立，科技进步对经济增长贡献率持续上升。

——质量效益提升。全要素生产率明显提高，财政收入跃上新台阶。消费对经济增长贡献率持续提升。发展空间格局进一步优化，城乡区域发展趋于协调，户籍人口城镇化率达 35%。开放型经济水平不断提升，与长三角一体化发展新格局加快形成。全面创新改革试验区基本建成，创新型省份和人才强省建设取得新突破。

——经济总量扩大。在提高发展平衡性、包容性、可持续性的基础上，经济增长速度全国争先、中部领先，经济总量向 4 万亿元冲刺，涌现一批在全国有重要影响力的经济强市、强县和开发园区，综合实力和竞争力进一步提高。

——人均指标前移。力争居民收入增长高于经济增长，人均收入力争达到全国平均水平，城乡居民收入差距逐步缩小。就业、社保、教育、医疗、住房等公共服务体系更加健全，基本公共服务均等化水平稳步提高。现行标准下农村贫困人口实现脱贫，贫困村全部出列，贫困县全部摘帽，大别山区和皖北地区整体脱贫。

——文明程度提高。中国梦和社会主义核心价值观更加深入人心，公民思想道德素质、科学文化素质、健康素质明显提高，全社会法治意识不断增强。公共文化服务体系基本建成，文化产业成为支柱产业，徽风皖韵的文化影响力进一步彰显。

——生态环境改善。生产生活方式绿色、低碳水平不断提升，大气、水、土壤等污染得到有效整治。能源资源开发利用效率大幅提高，能源和水资源消耗、建设用地、碳排放总量和强度得到有效控制，主要污染物排放总量持续下降。主体功能区布局和生态安全屏障基本形成。

——制度体系健全。重点领域和关键环节改革取得决定性进展，形成一批在全国有影响力的改革成果。人民民主更加健全，法治政府基本建成，司法公信力明显提高。

重点抓好以下五个方面：

（一）强化创新发展，开创转型升级新局面

打造驱动发展第一引擎，全面推进体制、科技、管理和文化等创新。

构筑区域创新新高地。实施《创新驱动发展工程》，系统推进全面创新改革试验，建设有重要影响力的综合性国家科学中心和产业创新中心，建设一批国家（重点）实验室和国家级工程（技术）研究中心。完善以企业为主体、产学研相结合、资本助推的技术创新体系，高新技术企业达5000家，规模以上工业企业研发机构覆盖率达40%。实施《人才高地建设工程》，培育引进一批高层次科技创新人才，造就一支优秀企业家队伍。

构建现代产业新体系。实施《战略性新兴产业集聚发展工程》，重点发展新一代信息技术、智能装备等先进制造业，形成20个左右在国内外有重要影响力的战略性新兴产业集聚发展基地，其中10个左右产值突破千亿元。实施《传统产业改造提升工程》，大力发展智能制造，推进传统产业绿色化改造，传统产业累计完成技术改造投资4万亿元，新产品销售收入占比达20%。实施《服务业加快发展工程》，促进生产性服务业专业化，推动生活性服务业个性化定制和融合发展，拓展互联网产业体系和网络经济空间，壮大文化旅游、现代物流、健康养老、电子商务等主导产业规模。实施《农业现代化推进工程》，构建现代农业产业、生产和经营体系，建成高标准农田4670万亩，主要农作物机械化水平达80%，规模以上农产品加工业产值达1.2万亿元以上。实施《质量品牌升级工程》，推动安徽品牌向中国品牌、世界品牌升级，中国驰名商标达400个以上，品牌经济占全省经济总量的比重超过60%。

健全转型发展新体制。充分发挥市场在资源配置中的决定性作用，更好发挥政府作用，持续推进简政放权、放管结合、优化服务，不断提高政府效能。深化国资国企改革，增强国有经济的活力、控制力、影响力和抗风险能力。实施《民营经济提升工程》，支持民营企业依法进入更多领域，切实保障民间资本的话语权和合理投资回报，依法保护企业家财产权和创新收益，民营经济对经济增长贡献率达 60% 以上。深化金融改革，健全地方金融体系，大力发展普惠金融，证券化率达 60%，力争在沪深港交易所上市公司 200 家、"新三板"挂牌企业 650 家。深化农村综合改革，加快农村土地、集体产权等重点改革，促进农业可持续发展、城乡一体化发展和农民持续增收。全面落实国家部署的各项改革任务。

强化基础设施新支撑。完善现代综合交通运输体系，推进快速客运铁路网、高等级公路网、民用航空网、内河航道网和现代港口群建设，新增铁路里程 1930 公里、高速公路 1000 公里、高等级航道 400 公里，新建 6 座民用机场。大力实施水利安徽战略，全面推进大江大河、重要支流和中小河流治理，引江济淮骨干工程基本建成。

（二）强化协调发展，形成统筹推进新格局

发挥比较优势，着力补齐短板，培育发展后劲，持续增强发展的整体性协调性。

促进区域协同发展。全面提升皖江示范区建设水平，建成具有国际竞争力的先进制造业和现代服务业基地，把皖江城市带打造成为生态文明建设的先行示范带、创新驱动带、协调发展带。推动合肥都市圈一体化发展，创建国家级合肥滨湖新区，加快建设合肥长三角世界级城市群副中心，形成全国有重要影响力的区域增长极。加快皖北崛起进程，建设淮河生态经济带，推动淮河流域综合治理与绿色发展，打造安徽发展新增长极。推进皖南国际文化旅游示范区建设，建成美丽中国建设先行区、世界一流旅游目的地和中国优秀传统文化传承创新区，创建大黄山国家公园。大力实施大别山革命老区振兴发展规划，发展特色优势产业，改善生产生活条件，切实增强内生发展动力。

推动城乡协调发展。扎实开展新型城镇化试点省建设，有序推进农业转移人口市民化，加快实现基本公共服务常住人口全覆盖。尊重城市发展规律，加强城市科学规划、特色设计和精细治理，构建"两圈两带一群"城镇空间格局，推动资源型城市转型发展，建设一批和谐宜居、富有活力、各具特色的现代化城市。实施《县域经济振兴工程》，培育一批工业强县、农业强县、旅游文化名县和生态名县。深入推进美丽乡村建设，推动城镇基础设施和公共服务向农村延伸，让群众喝上干净水、走上平坦路、住上安全房、过上现代生活。

推动物质文明与精神文明协调发展。用中国梦和社会主义核心价值观凝聚共识、汇聚力量，加强思想道德建设和社会诚信建设，推进哲学社会科学创新，打造"好人安徽"品牌，全面提高公民素质和社会文明程度。加强优秀传统文化传承发展和文化遗产保护，构建现代公共文化服务体系、现代文化产业体系和现代传媒体系，让全省人民精神生活更加丰富多彩。

推动经济建设和国防建设融合发展。积极支持深化国防和军队改革，推进国防动员和后备力量建设，实施一批军民融合产业重大项目，打造一批军民融合产业基地，推动形成全要素、多领域、高效益的军民融合深度发展格局。

（三）强化绿色发展，塑造生态文明新优势

坚持绿色富皖、绿色惠民，推动形成绿色发展方式和生活方式，促进人与自然和谐共生。

调整优化空间结构。落实主体功能区规划，构建科学合理的城镇化格局、农业发展格局、生态安全格局、自然岸线格局。推动重点开发区域提高产业和人口集聚度，重点生态功能区实行产业准入，加大对农产品主产区和重点生态功能区的转移支付力度。加快巢湖流域、黄山市、宣城市、蚌埠市国家生态文明先行示范区建设。

推动低碳循环发展。落实能源消耗、水资源消耗、建设用地总量和强度双控任务。积极发展非化石能源，加强储能和智能电网建设，构建清洁低碳、安全高效的现代能源体系。大力发展绿色环保产业和循环经济，工业固体废物和农作物秸秆综合利用率均达 90%。

加大环境治理和保护力度。深入实施大气、水、土壤污染防治行动计划，力争基本消除重污染天气，长江、淮河流域水质优良断面比例达 83.3% 和 57.5%，分别提高 6.6 和 15 个百分点，耕地土壤环境质量达标率达到国家要求。全面推进工业污染源和农业面源污染治理，城市生活污水处理率达 95% 以上，生活垃圾基本实现无害化处理。提升大别山区、皖南山区、江淮丘陵区森林生态安全屏障功能，推进长江、淮河流域生态系统修复，构建绿色生态廊道，加强山水林田湖生态保护和修复，森林覆盖率达 30% 以上。

（四）强化开放发展，打造内陆开放新高地

实行更加积极主动的开放战略，加快形成东西双向互动、对内对外联动的全面开放新格局。

全面融入国家"三大战略"。加强与"一带一路"沿线国家务实合作，努力打造"一带一路"重要腹地和枢纽。全面参与长江经济带建设，深化长三角一体化发展，优化沿江产业和城镇布局，努力打造长江经济带重要的战略支撑。对接京津冀协同发展，积极承接特大城市功能疏解转移。

加快大通道大平台大通关建设。加快建设沿江综合交通运输大通道，推动新亚欧大陆桥南干线建设，拓展加密国际航空货运通道，大力推进铁海联运、水水联运、区港联动，加快发展临港经济。完善拓展海关特殊监管区功能，全面实施通关一体化。实施《园区转型升级工程》，推动开发区由速度数量型向质量效益型转变，培育一批千亿级开发区。

提高开放型经济发展水平。壮大外贸经营主体，大力发展优势出口产品和服务贸易，打造一批跨境电子商务基地和集聚区。提升承接产业转移水平，重点引进国际先进技术和研发团队，推进战略性新兴产业加快发展。支持企业参与国际产能合作、装备制造合作和海外并购，培育一批具有跨国经营能力的大企业。

（五）强化共享发展，实现人民福祉新提升

坚持全民共享、全面共享、共建共享、渐进共享，不断做大"蛋糕"和分好"蛋糕"，巩固提升《民生工程》，使发展成果更多更公平惠及全省人民。

打赢脱贫攻坚战。以大别山片区和皖北地区为主战场，以增加贫困群众收入、改善贫困地区生产生活条件为重点，大力实施《脱贫攻坚工程》，全面落实"六个精准""五个一批"，加强贫困地区基础设施和公共服务体系建设，完善脱贫攻坚政策支撑体系，确保如期完成脱贫任务。

发展高质量现代教育。普及15年基础教育，改善薄弱学校基本办学条件，基本实现县域校际资源均衡配置。推进高水平大学建设，支持中国科技大学建成世界一流大学，支持合肥工业大学、安徽大学等高校建设一流学科，促进具备条件的普通本科院校向应用型深度转变。推进职业教育产教融合，加快建设技工大省。深化考试招生制度和教育教学改革。提升教育信息化水平。

推进健康安徽建设。深化医药卫生体制综合改革，建立覆盖城乡的基本医疗卫生制度和现代医院管理制度，着力解决人民群众看病难、看病贵问题。发挥中药资源和中医文化优势，建设具有较强影响力的中医药基地。加快构建严密高效、社会共治的食品药品安全治理体系。

健全就业创业和社会保障体系。把促进充分就业作为优先目标，建立面向人人的创业服务平台，着力解决结构性就业矛盾。坚持劳动报酬提高与劳动生产率提高相协调，持续增加城乡居民收入。实施全民参保计划，完善基本养老保险制度，推进医疗、工伤、失业保险省级统筹，建立全省统一的城乡居民基本医疗保险制度。积极应对人口老龄化，建设多层次养老服务体系。统筹城乡社会救助体系建设，更加注重对特定人群特殊困难的精准帮扶，在全面实现小康路上不让一个人掉队。

各位代表！

宏伟蓝图已经绘就。我们坚信，经过全省人民的顽强拼搏、团结奋斗，"十三五"发展目标一定能够实现！

三、2016 年的主要工作

今年是全面建成小康社会决胜阶段的开局之年，是全面实施"调转促"行动计划的攻坚之年。我们要适应经济发展新常态，坚持改革开放，坚持稳中求进工作总基调，坚持稳增长、调结构、惠民生、防风险，着力加强供给侧结构性改革，去产能、去库存、去杠杆、降成本、补短板，增强持续增长动力，保持经济社会持续健康较快发展，确保实现"十三五"发展良好开局。经济社会发展的主要预期目标是：全省生产总值增长 8.5% 左右，财政收入与经济增长同步，固定资产投资增长 11% 左右，社会消费品零售总额增长 10% 左右，外贸进出口增长高于全国平均水平，城镇常住居民人均可支配收入增长与经济增长同步，农村常住居民人均可支配收入增长高于经济增长，居民消费价格涨幅 3% 左右，城镇新增就业 60 万人、登记失业率控制在 4.5% 以内，节能减排完成年度目标任务。

重点做好十个方面工作：

（一）着力加强供给侧结构性改革，夯实经济稳定增长根基

积极稳妥化解过剩产能。推进煤炭、钢铁行业化解过剩产能，实现脱困发展。按照企业主体、政府推动、市场引导、依法处置原则，妥善处置资不抵债、扭亏无望的"僵尸企业"，倒逼过剩产能退出。落实不良资产处置、失业人员再就业和生活保障、财政专项奖补等支持政策，尽可能多兼并重组、少破产清算，保障市场出清、社会稳定。

开展降低实体经济企业成本行动。进一步清理规范中介服务，降低制度性交易成本。全面落实减税降费政策，清理各种不合理收费。优化金融服务，创新金融产品，降低企业融资成本。深化电力体制改革，完善煤电价格联动机制，降低企业用电成本。平衡各种运输方式，降低企业物流成本。继续实施精准联系帮扶重点企业制度，切实解决企业生产经营困难。

促进房地产市场平稳健康发展。以满足新市民住房需求为重点，深化住房制度改革，建立购租并举的住房制度，提高棚户区改造货币化安置比例。完善房地产财税、信贷政策，鼓励农民在城镇购房置业。严格调控房地产用地供应，促进房地产供求平衡。推动房地产业兼并重组，提高产业集中度。

保持有效投资力度。提高投资的有效性和精准性，着力实施项目建设"四督四保"制度，全年新开工亿元以上项目 1600 个以上、建成 600 个以上。开工建设引江济淮、安九高铁、芜宣机场等工程，启动合宁、合安、合巢芜高速公路改扩建，建成淮水北调工程、郑徐客专安徽段、望东长江公路大桥等项目，实施农村道路畅通工程 3.4 万公里。推出一批政府与社会资本合作项目，释放民间投资潜力。

持续扩大消费需求。开展改善消费品供给专项行动，扩大旅游、养老、健康和信息消费，增加中高端医疗、文化、体育等服务供给，促进智能家居、数字媒体、个性时尚等热点消费。健全农村商品流通服务体系和城市便民服务设施，推进国家级电子商务进农村综合示范县建设。

（二）全面实施"调转促"行动计划，创新驱动产业结构优化升级

系统推进全面创新改革试验。完善产学研用协同、线上线下互动的创新机制，推进科技成果"三权"管理、科研人员留职创业与职务发明、科技人才流动等改革，创建金融服务自主创新试验区。规划建设合肥综合性国家科学中心，推进中科大先研院、中科院合肥技术创新工程院等新型研发机构建设。加强前沿关键技术攻关，在集成电路、新能源汽车等领域形成一批突破性创新成果。开展 1000 家高新技术企业培育行动，扶持 30 个国内外一流创新创业团队。推进江淮双创汇行动，支持创业投资基金、天使投资基金发展，培育一批创业示范基地、众创空间和专业孵化器。

加快战略性新兴产业集聚发展。全力推进首批 14 个基地建设，落实政策支持和园区配套，实施813个重大项目，力争取得突破性进展。启动第二批基地建设，鼓励建设市级战略性新兴产业发展集聚区。加快发展量子通信、航空动力、高端医疗装备等新兴产业。

改造提升传统产业。实施新一轮技术改造升级工程，加快高耗能行业绿色节能改造，推进亿元以上技改项目1000项，完成投资6000亿元。实施"互联网＋制造"行动计划，构建两化融合技术和管理平台，建成一批"数字车间""智能工厂"和智能制造示范项目。开展增品种、提品质、创品牌行动，提升皖产名品、名企、名牌竞争力。

大力发展现代服务业。实施服务业主导产业培育计划，落实税费减免、价格并轨、融资租赁等支持政策，发展新兴旅游业态，促进现代物流、信息服务、健康服务等产业规模化、高端化发展，培育壮大科技服务、工业设计、检验检测等新兴服务业。提升服务业集聚区功能，加强综合性、专业性物流园区规划和建设，完善县乡村快递物流体系，推进电商产业园、国家电商示范基地建设。发展分享经济，促进互联网与经济社会融合发展。

（三）聚焦三大体系建设，提升现代生态农业产业化水平

加快建设现代农业产业体系。立足发展大农业、大食物，加强粮经饲统筹、农林牧渔结合、种养加一体，扩大市场紧缺、潜在需求大的农产品生产，壮大农产品加工业，实现规模以上农产品加工业产值9500亿元。创新农产品流通方式和业态，完善冷链物流体系。落实粮食收购政策，缓解收储压力。

加快建设现代农业生产体系。落实藏粮于地、藏粮于技战略，加强农田水利建设与管护、中低产田改造和高标准农田建设，继续开展粮食绿色增产模式攻关，开展现代生态农业产业化示范创建。

推进秸秆还田和综合利用，发展高效节水灌溉，实施化肥、农药零增长行动。加强农业科技创新，发展现代种业，推进"互联网＋现代农业"行动。

加快建设现代农业经营体系。培育现代农业产业化联合体和新型职业农民，新增省级示范家庭农场 300 个、农民合作社示范社100 个。基本完成农村土地承包经营权确权登记颁证，促进土地适度规模经营。稳妥推进承包土地经营权和农民住房财产权抵押贷款、农村集体资产股份制等改革试点，深化农业补贴"三合一"、国有农场企业化、垦区集团化、供销社等改革，基本完成国有林场改革任务。做好第三次全国农业普查工作。

（四）推进重点领域改革攻坚，着力构建有利于转型发展的体制机制

加快推进国资国企改革。组织开展落实企业董事会职权、市场化选聘经营管理者、混合所有制企业员工持股等试点工作，进一步健全企业治理结构。对充分竞争领域的商业类企业，以推进整体上市为主要路径，引入其他资本实现股权多元化，积极发展混合所有制经济，可以绝对控股、相对控股、参股，采取多种方式探索建立中长期激励机制。积极探索采取优先股的形式实现国有资产保值增值。以管资本为主推进国有资产管理和监管机构职能转变。

大力推进财税体制改革。完善全面规范、公开透明的预算制度。界定省市县事权和支出责任，提高一般性转移支付规模和比例，增强市县政府财政保障能力。深化税收征管体制改革。规范政府性债务管理。

深入推进金融改革。深化农村金融综合改革，鼓励农村商业银行增资扩股，加快省农村信用联社改革。推进民营银行、农村寿险公司、征信公司组建。着力提高产业发展基金投资效率。支持企业对接多层次资本市场，力争直接融资 3200 亿元。切实防范金融风险，严厉打击非法集资。

深化行政体制改革。协同推进"放管服"，进一步取消和下放行政审批事项，加强事中事后监管。探索建立企业投资负面清单制度。建成全省统一的电子政务平台，推进政务服务全程电子化，从"群众跑腿"向"数字跑路"转变。完善公共资源交易监管体制和运行机制。进一步减少政府定价项目。巩固扩大商事制度改革成果。

（五）全方位扩大开放合作，加快发展开放型经济

推动高水平合作共赢。以"一带一路"沿线国家为重点，建立重点产业产能合作项目库。举办中德（安徽）经贸交流合作系列活动，建设中德合作产业园。扩大与俄罗斯伏尔加河流域项目合作。深化长三角一体化合作共建，支持具备条件的市申建海关特殊监管区，扩大与港澳台、珠三角、京津冀及中西部地区交流合作。加大招商引资引技引智工作力度，推进与央企、知名民企、外企合作项目落地，办好新一届国际徽商大会。

促进外贸稳定增长。推进外贸优进优出，增加机电、高新技术产品出口，扩大先进技术设备、关键零部件、重要资源性产品进口。实施外贸主体倍增计划，做大做强重点外贸企业。争创国家级加工贸易梯度转移示范地，发展服务贸易和服务外包。推进跨境产业园、中国（合肥）跨境电商综合试验区建设。支持建立自营进口商品直销平台。

优化营商环境。加快外商投资和对外投资管理体制改革，依法采取准入前国民待遇和负面清单的外资管理方式，全面推行普遍备案、有限核准的管理制度，破除市场壁垒和地方保护。建立常态化

项目服务机制，协调解决外来投资企业要素供应、设施配套等问题，构建法治化、国际化、便利化的营商环境。

（六）坚持精准扶贫精准脱贫，加快脱贫攻坚步伐

提高贫困群众脱贫致富能力。启动实施脱贫攻坚十大工程，减少贫困人口 80 万以上。实行产业扶贫和金融扶贫，继续在 3000 个贫困村实施整村推进工程，完成 5 万个贫困户、862 个贫困村光伏扶贫任务，推进国家电商扶贫试点。实行就业扶贫，促进 10 万有劳动能力的贫困人口就业。实施 8.3 万贫困人口易地扶贫搬迁。加大兜底脱贫力度。

改善贫困地区生产生活条件。大力培育特色支柱产业，因地制宜解决好通路、通水、通电、通网络等问题。加大贫困地区天然林保护、退耕还林力度。全部免除建档立卡贫困家庭高中学生学杂费。加大因病致贫群众医疗救助力度。

（七）加快新型城镇化试点省建设，促进城乡一体化协调发展

推进农业转移人口市民化。深化城乡户籍一元化管理改革，拓宽居住证公共服务保障功能。实行"五有并轨"，保障进城落户农民"三权"权益，开发适合农业转移人口就业岗位，提高农民进城落户积极性。

提升城市规划建设管理水平。改革完善城市规划，开展全省空间规划编制，推进市县"多规合一"试点和城市设计试点，有序推进县改市、县改区。提升城市建设水平，加快海绵城市和地下综合管廊建设，推进城区老工业区搬迁改造和城中村、老旧小区改造，继续开展城镇"三治三增三提升"行动，建成城市绿道 1000 公里。改革城市管理和执法体制，加快数字化城市管理平台建设，优先发展公共交通，推进国家智慧城市试点和全国建制镇示范试点。

扎实推进美丽乡村建设。加强美丽乡镇建设、中心村建设和自然村环境整治，统筹产业发展、社会管理和精神文明建设。加快推进599个乡镇政府驻地建成区整治建设，分层推进569个中心村建设，开展14个县（市、区）整县试点。

（八）加强公共文化服务体系建设，保障群众基本文化权益

推进精神文明创建。加强社会公德、职业道德、家庭美德、个人品德建设，大力宣传道德模范、安徽好人事迹。加强网上思想文化阵地建设。广泛开展志愿服务。深化群众性精神文明创建活动，开展县城、村镇、集市、社区文明创建。

完善公共文化服务体系。推动文化惠民工程提质升级，建设30个乡镇综合文化服务中心示范点、239个中心村农民文化乐园。整合公共文化资源，完善"三馆一院"联盟运行机制，推动全民阅读。完成全省第一次全国可移动文物普查，加强传统村落保护、非遗项目抢救采录和数字化保护。繁荣发展哲学社会科学、文学艺术和新闻出版广播影视。发挥参事文史、地方志、档案存史育人资政作用。

提升地方文化影响力和竞争力。加强文艺精品创作生产，推进名团、名剧建设，振兴发展地方戏曲和传统工艺，加快安徽文化走出去步伐。办好安徽省艺术节。支持骨干文化企业集团跨地区跨行业跨所有制兼并重组，培育文化新业态，建设互联网文化产业和创意文化产业综合试验基地。

（九）加大环境治理力度，推动绿色低碳循环发展取得新突破

加强生态建设和环境综合治理。落实大气污染防治措施，加快燃煤电厂超低排放和节能改造，淘汰黄标车6万辆，完善空气质量预警体系，PM_{10}平均浓度下降6.3%。实施重点河流水污染防治项目，

开展饮用水源保护区环境综合整治和城市黑臭水体整治，建成污水处理配套管网 1500 公里，继续实施新安江流域和大别山区水环境生态补偿。开展耕地重金属污染修复试点。加强湿地保护和采煤塌陷区综合治理。完成千万亩森林增长工程，新造林 120.5 万亩。加强环境执法和督察，落实生态环境损害责任终身追究制度。

全面节约和高效利用资源。实施全民节能行动计划。新增风能、太阳能、生物质能等可再生清洁能源发电装机 180 万千瓦。实行用水定额管理制度。坚持节约集约用地，推进低效用地再开发和工矿废弃地复垦。开展反过度包装、反食品浪费、反过度消费行动。推进循环经济试点示范建设。

（十）着力保障改善民生，维护社会和谐稳定

优先发展教育事业。完成学前教育第二期三年行动计划，新建、改扩建公办幼儿园 405 所。完成 1007 所义务教育学校标准化建设，力争教学点在线课堂全覆盖。加快普及高中阶段教育。加强职业教育校企合作，推进中德教育合作示范基地建设。继续实施高等教育质量提升工程。实施乡村教师支持计划。办好民族教育、特殊教育。推进终身教育体系和老年教育事业发展。支持、规范民办教育发展。

大力做好就业和社会保障工作。落实高校毕业生就业促进计划和创业引领计划，鼓励农民工就近就地转移就业，帮扶失业和就业困难群体就业。全面实施机关事业单位养老保险制度，实现工伤保险省级统筹，推动生育保险和医疗保险合并实施。完善跨区域社会保险关系转移接续政策。加大社会临时救助、医疗救助和困难家庭保障力度。新增保障性安居工程 26.6 万套，基本建成 16.9 万套。

统筹发展社会事业。继续深化城市公立医院改革，提升县域医疗服务能力，加强重大疾病预防控制和基本公共卫生服务。实施全面两孩政策。办好省第四届全民健身运动会。健全农村留守儿童、妇女、老年人关爱服务体系，加强未成年人保护。发展社会福利和公益慈善事业，加强残疾人基本公共服务和权益保障。进一步做好民族宗教、援疆援藏工作。

巩固提升民生工程。投入825.5亿元，继续实施33项民生工程，其中新增农村道路畅通工程、农产品食品安全工程、城市老旧小区整治、重度残疾人护理补贴、提升农村基层党建与服务经费保障、城乡困难群体法律援助等6项，提高义务教育经费保障等6项补助标准。完善绩效评价，健全长效管养机制。

加强和创新社会治理。开展1500个村农村社区建设试点，力争实现城市社区公共服务信息平台省辖市全覆盖。加快行业协会商会与行政机关脱钩。完善社会矛盾排查预警和多元化解机制，扩大法律援助、司法救助覆盖面。启动"七五"普法。推进信访法治化，及时解决群众合理诉求。积极引导和妥善应对网络舆情。健全监测预警应急机制，加强气象、地质、地震、防灾减灾工作。完善立体化数字化社会治安防控体系，依法严厉打击、严密防范各类违法犯罪活动。

强化安全生产和食品药品安全监管。深化安全生产"铸安"行动，推进货物运输超限超载、煤矿和非煤矿山、危险化学品、消防等领域专项整治，实施安庆石化油气输送管线迁建项目，推进事故隐患排查治理全覆盖，坚决遏制重特大安全事故。落实食用农产品市场准出准入制度，强化药品全过程质量监管，深入开展打击侵权假冒行动，让群众生活更健康、更安全。

支持驻皖人民解放军和武警部队现代化建设，开展国防动员潜力调查，深化后备力量调整改革，加强全民国防教育和人民防空工作。推进军民融合深度发展，抓好双拥优抚安置，巩固和促进军政军民团结。

各位代表！

适应新常态，实现新发展，对政府工作提出了更高要求。我们要深入学习贯彻习近平总书记系列重要讲话精神，以新理念引领新实践，深入践行"三严三实"，全面提高施政能力和服务水平。要坚定政治方向，强化政治意识、大局意识、核心意识、看齐意识，始终在思想上政治上行动上同以习近平同志为总书记的党中央保持高度一致，坚决维护习近平总书记这个核心，坚决落实党中央、国务院和省委各项决策部署，奋力争当"四个自觉"模范。要坚持依法行政，严守宪法和法律，自觉运用法治思维和法治方式推动工作，把政府工作全面纳入法治轨道，自觉接受人大法律监督、政协民主监督、社会和舆论监督，认真做好人大代表建议和政协委员提案办理工作，广泛听取各民主党派、工商联、无党派人士意见，充分发挥工会、共青团、妇联等人民团体重要作用。要坚持廉洁从政，把纪律和规矩挺在前面，严格落实"一岗双责"，防范廉政风险，以减权限权、创新监管等举措，减少权力寻租空间，铲除滋生腐败土壤。坚决惩治侵害群众利益的不正之风和腐败行为。要坚持奋发有为，大力倡导敢于负责、勇于创新的担当精神，始终保持攻坚克难、奋力争先的进取精神，埋头苦干，狠抓落实，扎扎实实做好每一项工作，不辜负人民的期望。

各位代表！

美好明天属于 7000 万江淮儿女，幸福生活需要用勤劳智慧来创造。让我们紧密团结在以习近平同志为总书记的党中央周围，在中共安徽省委的坚强领导下，勠力同心，开拓进取，为打造创新型三个强省、建设美好安徽、全面建成小康社会、实现中华民族伟大复兴的中国梦而努力奋斗！

福建省
政府工作报告

——2016 年 1 月 11 日在福建省第十二届
人民代表大会第四次会议上

代省长 于伟国

各位代表：

现在，我代表福建省人民政府，向大会报告政府工作，请予审议，并请省政协委员提出意见。

一、2015 年和"十二五"时期工作回顾

2015 年，在党中央、国务院和省委的正确领导下，我省各级政府全面贯彻党的十八大和十八届三中、四中、五中全会精神，深入贯彻习近平总书记系列重要讲话精神和对福建工作的重要指示，认真落实中央支持福建加快发展的重大政策措施和省委九届十四次、十五次全会精神，经济社会发展取得新成效。初步预计，全省生产总值 2.59 万亿元，增长 9%；一般公共预算总收入 4143 亿元、增长 8.2%，地方一般公共预算收入 2544 亿元、增长 7.7%；全社会

固定资产投资 2.16 万亿元，增长 17.5%；外贸出口 6983 亿元、增长 0.2%，实际利用外商直接投资 76.8 亿美元、增长 8%；社会消费品零售总额增长 12.4%；居民消费价格总水平上涨 1.8%；城镇居民人均可支配收入 33360 元，增长 8.6%；农民人均可支配收入 13850元，增长 9.5%；城镇登记失业率 3.66%；人口自然增长率 7.8‰；年度节能减排任务全面完成。

一年来的主要工作和成效是：

（一）**千方百计稳增长，经济运行稳中有进。**坚持稳中求进工作总基调，出台促进工业创新转型稳定增长、金融支持产业转型升级、扶持小微企业加快发展等一系列政策措施，深入开展"三比一看"，落实"一月一协调、一季一督查"推进机制，巩固经济基本面。扩大有效投资，在建亿元以上重大项目完成投资 7587 亿元，在建省重点项目完成投资 3916 亿元，7 大重点领域完成投资比年度计划增加 700 亿元以上。增强消费拉动，信息消费增长 18%，旅游总收入增长 16%，电子商务交易额增长 40%，新的消费增长点加快培育。金融机构各项贷款余额增长 12.1%，企业直接融资 2920亿元，有力支持了实体经济发展。

（二）**加大力度调结构，转型升级步伐加快。**坚持抓龙头、铸链条、建集群，着力优化存量、创造增量，规模以上工业增加值增长 8.8%，三大主导产业增加值增长 10.2%，高技术产业增加值增长 12.2%，金融业增加值增长 15.5%，软件和信息技术服务业业务收入增长 20%，第三产业增加值增长 9.4%。注重技改提升，全省技改投资 4550 亿元、增长 18%，"数控一代"创新应用示范工程有力推进，泉州成为《中国制造 2025》唯一地方试点。注重优选龙头项目，京东方面板、联芯国际集成电路、高世代面板等重大产业龙头项目落地建设，有效带动了产业集聚。注重搭建平台，一批重大科技专项加快实施，专利授权量增长 62.8%，新增科技企业孵化器 48 家，第十三届"6·18"对接合同项目 5742 项、总投资 1488 亿元，国家技术转移海峡中心获批建设。

（三）**惠农富农强基础，现代农业提质增效。**农林牧渔业总产值增长 3.7%，粮食总产量 661 万吨。"一区两园"建成现代农业项目 300 个，新建各类温室大棚 11.5 万亩、千亩以上设施农业基地 30 个。省级以上重点龙头企业销售收入 2184 亿元，带动 357 万农户增收。构建"三位一体"扶贫工作格局，实施精准扶贫，深化山海协作，共建产业园区，扶贫开发宁德模式持续实施，23 个省级扶贫开发工作重点县加快发展，"造福工程"危房改造 4.8 万户，20 万人实现脱贫。

（四）**创新机制添活力，改革红利持续释放。**进一步转变政府职能，"三张清单"公布运行，省级行政审批事项精简到 314 项，省级核准的企业投资事项保留 30 项，全省 80% 以上的行政审批和公共服务事项实现网上预审或办理。省直部门数据、信息中心实现整合，行业协会、商会与行政机关脱钩工作扎实推进。在全国率先实施"一照一码"登记制度，全省新登记企业数增长 27.3%。放宽市场准入，民间投资增长 17.2%，民营经济占全省生产总值的 67.3%。开展股权多元化改革试点，深化国有企业改革重组。深化财税体制改革，改进财政资金分配方式，扩大政府购买服务试点范围，设立产业股权投资基金。实施政府和社会资本合作模式项目 23 个，引入社会资本 239 亿元。省级公共信用信息平台开通运行。农村土地承包经营权确权登记颁证试点任务基本完成。

（五）**扩大开放增优势，发展空间有效拓展。**自贸试验区建设扎实推进，186项重点试验任务已实施139项，126项创新举措中49项为全国首创，新业态加快培育。21世纪海上丝绸之路核心区建设步伐加快，对沿线国家和地区出口增长5%，新增对外投资增长2.7倍，中国－东盟海产品交易所在福州上线运营，中国－东盟海洋合作中心落户厦门。闽台交流合作持续深化，闽台贸易额695亿元，实际利用台资13.1亿美元、增长10.3%。第七届海峡论坛取得新成效。向金门供水工程开工建设。台胞往来大陆实现免签注，大陆首张电子台胞证在福州签发，龙岩成为我省第5个赴台个人游试点城市。平潭在基础设施建设、产业培育、环境营造等方面迈出新步伐。闽港闽澳交流合作不断深化，侨务和外事工作服务发展的能力继续提升。完善外贸企业贷款风险补偿资金池政策，加强出口信保服务，在全国率先实现关检合作"三个一"通关模式全覆盖，外贸进出口增幅高于全国平均水平。

（六）**城乡统筹促协调，新型城镇化扎实推进。**深化户籍制度改革，在福州、厦门、平潭建立积分落户制度，全面放开其他地区落户限制，农业转移人口市民化有序推进。开展县（市）域城乡总体规划编制，厦门等市开展"多规合一"试点。实施厦漳泉大都市区同城化发展总体规划，厦漳泉通信资费实现同城化。莆田城乡一体化综合配套改革取得突破。永安、邵武新增为国家新型城镇化综合试点，15个小城市培育试点取得新进展。新一轮"千村整治、百村示范"工程有效实施，城市景观整治、"五千"工程顺利推进，"两违"综合治理成效明显。

（七）**持之以恒抓环保，生态优势进一步凸显。**出台水污染防治行动计划工作方案，启动万里安全生态水系建设，12条主要河流水质保持为优，Ⅰ－Ⅲ类水质占比为94%。实施大气污染防治行动计划，加快工业污染源治理，强化城市道路、施工等扬尘综合整治，九市一区环境空气质量均达到国家二级标准，厦门、福州在全国 74 个城市空气质量排名中分别居第 2 位、第 6 位。漳州市区2008 家胶合板污染企业全面整治到位。南平国家节能减排财政政策综合示范城市创建工作通过年度考核。推进"四绿"工程，造林绿化 166.8 万亩，完成水土流失综合治理 260 万亩。

（八）发展成果惠民生，社会事业取得新进步。投资 244 亿元的 21 件省委省政府为民办实事项目全面完成。企业退休职工基本养老金月人均增加 217 元，城乡居民基础养老金省定最低标准提高到 85 元，提高城乡居民医保财政补助标准、每人每年不低于 380 元，新农合的重大疾病保障病种达 22 类。新增公办幼儿园 100 所、学位 3 万个，新增达标高中 13 所。发展现代职业教育，推行现代学徒制，实训基地加快建设。新增 4 所应用技术类本科高校，高等教育毛入学率达 42.8%。国家综合医改试点省工作全面启动，三明"三医"联动改革经验在全国推广，县级以上公立医院全部实施药品、耗材零差率改革，新增医疗卫生机构床位 8410 张。第一届全国青年运动会、首届海丝博览会、第二届丝绸之路国际电影节、第十四届亚洲艺术节成功举办。社会福利和慈善事业持续发展，老龄、老体协、老年教育、残疾人工作不断加强，妇女儿童合法权益得到保障，民族团结宗教和睦。安全生产标准化建设提升工程、道路交通安全综合整治、"清剿火患"战役持续推进，食品药品安全有效保障，社会和谐稳定。有效应对"苏迪罗"等强台风和暴雨袭击，最大限度减少灾害损失。村（居）委会换届选举工作顺利完成。驻闽部队在平安建设、生态建设、重点建设、抢险救灾等方面发挥了重要作用，军政军民关系更加密切，龙岩军民融合产业发展取得实效。

援藏援疆援宁工作扎实推进。

（九）"三严三实"重行动，政府自身建设得到加强。深入开展"三严三实"专题教育，认真贯彻中央八项规定精神，持续反对"四风"、改进作风。自觉接受人大监督、政协监督、社会监督，全年办理省人大代表建议 794 件、省政协提案 905 件，办结率均为100%，省政协常委会议专题协商建议案有效落实。提请省人大常委会审议地方性法规 8 件，制定省政府规章 20 件。全省政府系统"三公"经费财政拨款支出下降 11.1%。强化"马上就办"，整治"庸懒散拖"，机关效能建设进一步深化。政府与法院、检察院、工会联系机制不断完善。权力运行网上公开持续推进，行政监察和审计监督力度加大，反腐倡廉工作进一步加强。

2015 年工作任务的完成，标志着"十二五"规划主要目标胜利实现。"十二五"时期是福建发展迎来重大历史机遇并取得重要发展成就的五年，习近平总书记多次就福建工作作出重要指示，亲临福建考察指导，提出了"四个切实"的重要要求，殷切希望我们建设机制活、产业优、百姓富、生态美的新福建，中央作出支持福建加快发展的重大决策部署，支持建设海峡西岸经济区、21 世纪海上丝绸之路核心区、生态文明先行示范区、中国（福建）自由贸易试验区、平潭综合实验区、海峡蓝色经济试验区和福州新区，福建发展实现新的跨越。

过去的五年，综合实力显著增强。地区生产总值净增超万亿元、年均增长 10.7%，人均生产总值 10920 美元。一般公共预算总收入和地方一般公共预算收入均实现比 2010 年翻一番。全社会固定资产投资五年共达 7.85 万亿元，一批重大项目建成投用。

过去的五年，发展方式加快转变。规模以上工业增加值和服务业增加值均突破万亿元。产值超 500 亿元产业集群从 6 个增加到 15 个，其中产值超千亿元产业集群从 1 个增加到 9 个。高新技术产业增加值占 GDP 比重从 12.5% 提高到 15.2%，战略性新兴产业增加值占 GDP 比重从 7.4% 提高到 9.2%。节能减排任务全面完成，森林覆盖率从 63.1% 提高到 65.95%。

过去的五年，基础设施全面提升。铁路营运里程新增 1168 公里、总里程超过 3300 公里，其中快速铁路营运里程新增 1066 公里、总里程超过 1500 公里；公路通车里程新增 1.35 万公里、总里程突破 10 万公里，其中高速公路通车里程新增 2600 公里、总里程突破 5000 公里，实现市市通动车、县县通高速、镇镇通干线、村村通客车。港口货物年吞吐量突破 5 亿吨，集装箱吞吐量超过 1300 万标箱，机场旅客吞吐量从 2230 万人次增加到 3800 万人次。电力装机总容量净增 1450 万千瓦，电网改造提升取得新成效。

过去的五年，人民生活明显改善。民生支出占一般公共预算支出的比重每年都超过 70%。城乡居民人均可支配收入年均分别增长 10.9%、12.8%，累计新增城镇就业 326 万人、转移农村劳动力 215 万人。"双高普九"全面实现，城乡居民社会养老保险制度实现一体化，基本医疗保险制度实现全覆盖，公共文化服务体系更加健全，保障性安居工程全面完成国家下达的任务。

各位代表，成绩来之不易，这是党中央、国务院和省委正确领导、全省人民奋力拼搏及各方面大力支持的结果。我代表省人民政府，向全省人民，向人大代表、政协委员、各民主党派、工商联、各人民团体、无党派人士，向离退休老同志和社会各界人士，向中央各部门、各单位和央企驻闽机构、驻闽部队、武警官兵、公安民警，向关心支持福建发展的港澳同胞、台湾同胞、海外侨胞和国际友人，表示衷心的感谢！

我们清醒地认识到发展中面临的不少困难和工作中存在的问题，主要是：投资增长动力不足，实体经济企业特别是中小企业困难较大，稳增长任务艰巨；产业结构不够优、竞争力不强，龙头企业偏少，企业自主创新能力有待提高；区域发展不平衡，中心城市辐射带动力不够强，山海、城乡发展差距较大，脱贫攻坚任务繁重；生态环境保护压力加大，节能减排面临新挑战，畜禽养殖污染尚未根本遏制，Ⅰ、Ⅱ类水质比重下降；城乡基础设施和公共服务体系不够完善，防灾减灾、防洪排涝、停车场所、地下管网等设施比较薄弱，城市交通拥堵突出，教育、科技、卫生等发展还较滞后，群众的一些迫切需求尚未得到有效解决，公共安全还存在一些突出问题和隐患；政府职能转变不到位，"办事难"给基层和群众带来烦恼，一些公务人员不作为、乱作为，少数人甚至违纪违法，造成恶劣影响。对此，我们要坚持问题导向，坚决克服弊端，加快补齐短板，立项挂牌办理，采取有力措施加以解决。

二、实施"十三五"规划，
推动经济社会发展再上新台阶

根据《中共福建省委关于制定福建省国民经济和社会发展第十三个五年规划的建议》编制的《福建省国民经济和社会发展第十三个五年规划纲要（草案）》，提出了今后五年经济社会发展的指导思想、目标任务和政策措施，到 2020 年一般公共预算总收入超过 5800 亿元、地方一般公共预算收入超过 3300 亿元，地区生产总值和城乡居民人均收入提前实现比 2010 年翻一番。

"十三五"时期我省国民经济和社会发展的指导思想是：高举中国特色社会主义伟大旗帜，全面贯彻党的十八大和十八届三中、四中、五中全会精神，以马克思列宁主义、毛泽东思想、邓小平理论、"三个代表"重要思想、科学发展观为指导，深入贯彻习近平总书记系列重要讲话精神和对福建工作的重要指示，坚持全面建成小康社会、全面深化改革、全面依法治国、全面从严治党的战略布局，坚持发展是第一要务，着力创新发展、协调发展、绿色发展、开放发展、共享发展。认真落实中央支持海峡西岸经济区建设和福建加快发展的重大决策部署，以保持经济稳定较快增长为目标，以转型升级为主线，以提高发展质量和效益为中心，加快形成引领经济发展新常态的体制机制和发展方式，全面推进经济建设、政治建设、文化建设、社会建设、生态文明建设和党的建设，推动经济社会发展再上一个新台阶，努力建设机制活、产业优、百姓富、生态美的新福建。

（一）着力创新发展，加快转型升级。实施创新驱动战略、人才优先战略和质量强省战略，"十三五"时期省研发经费投入年均增长 15% 以上，推进以市场为导向的科技成果转化，全面提升自主创新能力，建设创新型省份。以先进技术装备为支撑，以信息技术深度应用为手段，以智能制造、绿色制造、服务型制造为重点，推动数控技术和智能装备的广泛应用，加快改造提升传统特色产业。培育壮大产业新体系，到 2020 年，电子、石化、机械三大主导产业和海洋经济产值均超万亿元，旅游、物流、金融成为新的主导产业，培育新一批千亿产业集群，互联网经济规模实现倍增，7 个农业特色优势产业全产业链年产值均超千亿元。全面深化体制机制改革，着力健全要素市场体系，激发市场主体活力，营造有利于大众创业万众创新的良好环境。

（二）**着力协调发展，促进整体均衡**。统筹城乡区域协调发展，加强城市规划建设管理，优化新型城镇化布局和形态，加快农业转移人口市民化，到 2020 年户籍人口、常住人口城镇化率分别达 48% 和 67% 左右。推进城乡基础设施一体化，实行全域规划，优化建设布局，不断提高交通、能源、水利、环保、商贸、信息、海洋、气象、防灾减灾等基础设施现代化水平，加快城乡基本公共服务均等化进程。统筹山海协调发展，继续念好"山海经"，推进沿海地区经济与山区生态、经济优势互补，联动发展，弘扬"滴水穿石""人一我十"精神，倾力支持原中央苏区、革命老区、少数民族聚居区、水库库区、海岛等欠发达地区加快发展，到 2018 年现行国定扶贫标准贫困人口全部脱贫，2020 年现行省定扶贫标准贫困人口全部脱贫、23 个省级扶贫开发工作重点县全部摘帽。统筹物质文明和精神文明协调发展，弘扬社会主义核心价值观，加强思想道德建设和社会诚信建设，传承中华优秀传统文化。完善公共文化服务体系、文化产业体系和市场体系，提升文化软实力。

（三）**着力绿色发展，实现循环低碳**。深入实施生态省战略，落实主体功能区布局，加强生态保护和修复，严守生态红线，加快生态文明先行示范区建设。实施循环发展引领计划，促进资源节约循环高效使用，单位 GDP 能耗保持低于全国平均水平。加大环境治理力度，深入实施大气、水、土壤污染防治行动计划，加强城乡环境综合治理。推进生态文化建设，倡导文明、绿色生活方式和消费模式。森林覆盖率继续保持全国首位。生态文明制度体系基本建成，建设天更蓝、山更绿、水更清、环境更好的美丽福建。

（四）着力开放发展，深化合作共赢。以制度创新为核心，建立与国际投资贸易规则相适应的体制机制，培育新型业态和功能，加快建设自由贸易试验区。着眼建设互联互通的重要枢纽、经贸合作的前沿平台、体制机制创新的先行区域、人文交流的重要纽带，大力推进 21 世纪海上丝绸之路核心区建设。坚持内外需协调、进出口平衡、引进来走出去并重、引资引技引智并举，推动对内对外开放相互促进，更好利用国内外两个市场、两种资源，"十三五"时期年均实际利用外资 75 亿美元，外贸竞争力进一步提升。推动闽台深度融合发展。发挥外事优势服务经济社会发展，汇聚侨心侨智侨力，提升闽港澳侨合作水平。

（五）着力共享发展，体现和谐公平。坚持人人参与、人人尽力、人人享有，使发展成果更多更公平惠及全省人民。建立基本公共服务财政支出增长长效机制，加快补齐民生短板，提升整体公共服务水平，健全覆盖城乡、延伸基层的基本公共服务体系。健全公共就业创业服务体系，推动更高质量就业。深化教育综合改革，推进教育公平，优质教育资源更加均衡。深化医药卫生体制改革，完善医疗卫生服务体系，保障食品药品安全，打造健康福建。全面建成覆盖城乡居民社会保障体系，发展社会救助和社会福利，大力发展居家养老、社区养老、机构养老等多样化养老服务，到 2020 年每千名老人拥有养老机构养老床位数超过 35 张。推进法治福建、平安福建、诚信福建建设，加强和创新社会治理，切实维护公共安全，确保人民安居乐业、社会和谐稳定。

三、2016 年主要工作

今年是全面建成小康社会决胜阶段的开局之年，也是推进结构性改革的攻坚之年。我们要进一步坚定发展信心，牢固树立和贯彻落实五大发展理念，积极适应经济发展新常态，坚持稳中求进工作总基调，坚持稳增长、调结构、强动力、惠民生、防风险，在适度扩大总需求的同时，加强供给侧结构性改革，着力去产能、去库存、去杠杆、降成本、补短板，为"十三五"发展再上新台阶开好局、起好步。

今年经济社会发展的主要预期目标是：全省生产总值增长 8.5%，力争更快更好些，保持比全国高 2 个百分点左右的增幅；一般公共预算总收入增长 8%，地方一般公共预算收入增长 6.5%；全社会固定资产投资增长 16%；外贸出口增长 2.5%，实际利用外商直接投资增长 6%；社会消费品零售总额增长 12%，居民消费价格总水平涨幅控制在 3% 左右；城镇登记失业率控制在 4.2% 以内；城镇居民人均可支配收入增长 8.5%，农民人均可支配收入增长 9%；落实节能减排降碳任务。

为实现以上目标，重点抓好八个方面工作：

（一）注重从供给侧发力，加快产业转型升级

围绕提高供给体系质量和效率，优化存量、提升增量，落实《福建省实施＜中国制造 2025＞行动计划》，推动主导产业强龙头促配套，重点产业提质量创优势，新兴产业加速度上规模，大力推进"互联网＋"，促进产业提质增效升级，增强供给结构对需求变化的适

应性和灵活性。

开展制造业升级行动。实施产业龙头促进计划，加快重大项目建设，完善产业链关键环节和上下游配套，推动电子信息产业突破技术含量高的上游环节，推动石油化工产业发展"高精特专"产品，推动机械装备产业扩大高端产能、提升低端产能。实施新一轮企业技术改造，完成技改投资 4800 亿元，抓好 500 项重点技改项目。推进智能制造试点和"数控一代"创新应用示范工程，推动纺织服装、鞋业、食品、建材等行业实施"机器换工"，促进传统优势产业与高科技嫁接、与设计联姻、与品牌联动。实施中小企业成长计划，改造提升工业园区，完善产业分工协作体系。

大力培育新产业、新业态、新模式。实施新兴产业倍增计划和创新示范工程，培育新的产业接续和支撑力量。推动互联网经济创新发展，完善网络基础设施，打造覆盖全产业链的行业垂直电商平台和第三方电商，培育工业互联网、智能电网、互联网教育、个性化诊疗等新业态。推进物联网应用，着力发展车联网和智能家居等。加强"数字福建"建设应用，培育发展大数据产业和云服务。实施新能源汽车推广计划，加快充电桩（站）建设。促进新一代信息技术、生物与新医药、新材料、新能源、节能环保、高端装备制造等新兴产业规模化发展。做大做强海洋经济，打造海洋产业示范园区。支持军民融合产业发展，推动实施民参军、军转民重点项目。

加快推动服务业优质高效发展。开展加快发展现代服务业行动，抓好新一轮服务业综合改革试点，提升服务业发展水平。推动生产性服务业向专业化转变、向价值链高端延伸。加强大型物流园区、集散地和分拣中心建设，支持第三方物流企业融入生产企业供应链管理，鼓励发展快递业。支持金融业发展，推进区域金融改革创新，总结推广泉州、沙县、屏南等各具特色的金融改革创新经验，构建中小企业金融服务体系，支持企业上市融资、再融资和债券融资，促进资产证券化。有效防范和化解金融风险，规范民间融资行为，坚决守住不发生系统性和区域性金融风险的底线。加快发展软件和信息服务、科技服务、创意设计、服务外包等产业。推动生活性服务业加快向精细化和高品质提升。完善旅游基础设施，实施旅游服务标准化工程，策划推介精品线路，强化旅游市场执法监管，提高旅游服务质量。设立总规模 60 亿元的养老产业投资基金，支持多元市场主体举办养老服务机构，注重医养结合，全省养老机构超过 1260 家、养老床位达到 16 万张。推进家政服务业标准化、连锁化、职业化发展，打造家政服务示范企业。大力发展健康、体育、文化、教育培训、批发零售、住宿餐饮等服务业。

强化创新对提高供给质量的支撑。实施创新驱动发展战略行动计划，重点抓好三个方面：一是激活创新主体。落实和完善鼓励创新优惠政策，加大财政投入，支持以企业为主承担重大科技专项等创新项目，促进科技型中小企业创新发展。二是拓展创新平台。建设好中科院海西研究院等国字号研究机构，加快发展工程（技术）研究中心、重点实验室、科技企业孵化器，打造一批创业创新示范基地和新型众创空间。发展技术转移服务，促进科技成果对接转化。支持申报国家科技示范市。三是完善创新机制。健全以市场为导向、以企业为主体的产学研用机制。改革科技项目和经费管理办法，引导科研院所、高等院校面向企业开展技术创新。发展天使投资、创业投资、风险投资，推动金融创新与科技创新有机结合。加强知识产权创造、运用、保护和管理，完善股权和分红激励等政策，大力引进和培养科技创新人才和研发团队。

降低企业成本、提高供给效率。落实好稳增长调结构的一系列政策措施，加大"一业一策""一企一策"帮扶力度。降低企业制度性交易成本、税费负担、社会保险费、财务成本、电力价格、物流成本，支持企业提高市场竞争力。积极稳妥推进优胜劣汰，多一些兼并重组，少一些破产清算，支持有市场、有前景的企业渡过难关、焕发生机。支持企业开拓市场，鼓励创新营销模式，促进线上线下融合，提高名特优新产品市场占有率。

（二）积极扩大有效需求，增强对稳增长的拉动力

发挥有效投资的关键作用。把投资重点放在调结构、补短板、惠民生上，加大项目策划、储备和对接力度，强化项目审批服务和要素保障。完成基础设施投资 7300 亿元，抓好铁路、高速公路、轨道交通、机场、港口、能源、水利、环保、信息通信等重大项目，加快公共停车设施、地下综合管廊、污水垃圾处理等城市公用设施建设。引导扩大产业投资，完成工业投资 8300 亿元。创新基础设施和公共服务投融资体制，积极运用政府和社会资本合作、产业股权投资基金模式，带动更多社会资本参与基础设施和医疗卫生、养老服务等领域投资，有效增加公共产品和公共服务。

发挥消费的基础作用。落实和完善鼓励消费的各项政策，促进旅游、信息、汽车、健康、养老、教育、文化等消费。着力稳定住房消费，把房地产去库存摆在突出位置，发展住房租赁市场，提高棚改货币化安置比例，加大城镇棚户区和城乡危房改造力度。合理布局建设消费网点设施，改造提升城乡流通网络，完善质量安全标准，提高消费服务水平。深入推进治理"餐桌污染"、建设"食品放心工程"，健全从"田间到餐桌"的全过程监管体系，用最严谨的标准、最严格的监管、最严厉的处罚、最严肃的问责，确保人民群众"舌尖上的安全"。

发挥出口的促进作用。坚持"优出优进",转变外贸发展方式,加快培育以技术、品牌、质量、服务为核心的竞争新优势。完善促进外贸发展政策,发挥境内外重点展会、出口信保等作用,培育外贸综合服务企业,支持发展跨境电商,鼓励自主品牌扩大出口。大力发展服务贸易,支持服务外包示范城市建设,培育服务外包重点企业和示范园区,促进加工贸易创新发展,提高出口产品附加值。实施更加积极的进口政策,支持先进技术设备、关键零部件进口,增加重要能源资源储备。推进区域通关一体化,加快"单一窗口"建设,创新口岸查验机制,实现通关提速降费。

(三)建设特色现代农业,夯实"三农"发展基础

保障粮食有效供给。严守耕地红线,加强粮食生产能力建设,落实和完善农业补贴政策,确保粮食播种面积稳定在1800万亩以上、粮食产量稳定在650万吨以上。拓展粮食产销合作,加强粮库建设,确保粮食储备规模达到360万吨以上。

做大特色优势农业。加快发展绿色农业、循环农业、特色农业和品牌农业,引导有机种植,集中力量打造7个特色优势产业。提升现代农业园区建设水平,支持发展设施农业项目。大力发展农产品深加工和流通服务业,拓展农村电商,推进农村一二三产业融合发展。

加强农业基础设施建设。建成高标准农田55万亩以上,发展节水灌溉面积70万亩。实施大水网规划,抓好长泰枋洋、罗源霍口等16座大中型水库和平潭及闽江口水资源配置等19个重大引调水工程建设。加强水库、海堤除险加固。继续实施渔业防灾减灾"百千万工程",推进20个二级渔港建设。

深化农村改革。坚持和完善农村基本经营制度，全面推进农村土地承包经营权确权登记颁证，引导土地经营权依法规范有序流转，发展多种形式适度规模经营。稳步推进农村宅基地制度改革试点。实施年万名新型职业农民素质提升工程。加快发展家庭农场，引导农民合作社规范化建设。完善农业科技创新推广机制，积极发挥农科院所作用，加快农业"五新"推广应用。深化集体林权制度改革，强化森林经营，发展林下经济。稳步推进国有林场、供销社等改革发展。扩大村镇银行和政策性保险覆盖面，创新支农金融产品，改善农村金融服务。

（四）切实加强城市工作，统筹城乡区域协调发展

以人为核心，科学规划建设管理城市。遵循城市发展规律，转变城市发展方式，突出问题导向，着力补齐短板，提高城市发展水平。一是强化规划。围绕"让居民望得见山、看得见水、记得住乡愁"，把以人为本、尊重自然、传承历史、绿色低碳等理念融入城市规划全过程，注重留白、留绿、留旧、留文、留魂。推广"多规合一"，优化专项规划和控制性详规，加强城市设计。依法管理、依法规划，加强规划实施监督，严格责任追究制度，实现一张蓝图绘到底。二是规范建设。把创造优良人居环境作为中心目标，优化城市布局，完善城市基础设施，彰显文化和生态特色，增强城市发展持续性、宜居性。实施宜居环境建设项目 5000 个，完成投资 1500 亿元以上。实施新一批市政提升"五千"工程，新建改造城区雨水管网、污水管网、燃气管网、城市道路、供水管网各 1000 公里以上。推进海绵城市建设试点，全省在建地下综合管廊超过 50 公里，加快解决城市内涝和"马路拉链"问题。大力发展综合交通，优化街区路网结构，抓好地铁、城市道路、公交场站、公共停车泊位、休闲慢道等建设，新建公共停车泊位2万个以上，实施精细化交通管理，有效缓解交通拥堵。落实工程建设质量终身责任，推动建筑产业现代化和绿色建筑发展。三是完善服务。坚持"为了人而管好城市"，创新城市治理方式，提高城市管理服务的人性化、精细化、规范化水平。抓好城市管理领域大部门制改革，推进综合执法，构建综合治理长效机制。加强城市数字化平台建设，推动城市管理手段向"科学精细"转变，推动管理方式向社会公众参与的"多元治理"转变，让人民群众在城市生活得更方便、更舒心、更美好。

优化大中小城市和小城镇布局。推进福州、厦漳泉大都市区建设，加强区内城乡规划、基础设施、公共服务设施和生态环境保护等方面的协调衔接，促进城市功能配套和资源共享。做大做强福州、厦门、泉州三大中心城市，推进漳州、三明、莆田、南平、龙岩和宁德等区域中心城市发展，优化城市风貌，提升城市品位，强化综合承载能力。有序推进县城扩容提升，抓好不同类型的新型城镇化试点，深化小城镇改革发展。

持续抓好美丽乡村建设。坚持尊重农民意愿、方便生产生活，保护好乡村的自然生态、田园风光，守住历史风貌、乡土气息，防止大拆大建、千村一面，防止把农村建成城市。加强历史文化名城名镇名村、历史文化街区、历史建筑、传统村落保护，留住民俗风情，守住美丽乡村的精神文化地标。实施新一轮"千村整治、百村示范"工程，开展农村生活污水垃圾治理行动，创新村庄建设与治理模式，建设具有优美田园风光的新农村。

促进农业转移人口融入城镇。加快户籍制度改革，全面实施居住证制度，实施差别化落户政策，引导人口优先向中小城市和建制镇转移，提高户籍人口城镇化率。探索建立农业转移人口市民化成本分担机制，推进基本公共服务均等化。拓宽住房保障渠道，把符合条件的转移人口纳入住房保障范围，鼓励开发区、产业园区统筹规划建设公共租赁住房，支持转移人口购房租房。

（五）深化改革扩大开放，增强发展活力和内生动力

推进重点领域和关键环节改革。进一步取消和下放行政审批事项，清理规范中介服务和前置审批，全面实施清单管理，推行网上并联审批。深化工商登记制度改革，扩大"三证合一""一照一码"改革成果。强化事中事后监管，推进随机抽取检查对象、随机抽取执法人员、检查结果公开的"两随机、一公开"。逐步建立公益类和商业类国有企业分类管理体系，完善国有资产监管制度，加强国有企业结构调整与重组，健全现代企业制度，完善公司法人治理结构。大力发展民营经济，实施闽商回归工程，支持民营资本以多种方式进入基础产业、社会事业以及特许经营领域。深化财政体制改革，调整优化财政支出结构，盘活存量、做优增量，厉行节约、规范管理。整合不同部门管理的同类资金，转变财政支持产业发展投入模式，开展资金使用绩效评估。创新投融资体制，规范拓展政府融资渠道，鼓励发展投资基金，支持重点领域建设项目开展股权和债权融资。进一步明确政府举债权限，加强政府性债务管理。进一步抓好金融、价格、社保、社会事业等领域改革。

建设 21 世纪海上丝绸之路核心区。发挥"海丝"发祥地影响力，与港澳台侨携手，构建多层次常态化交流平台与合作机制，推进与沿线国家和地区互联互通、经贸合作和人文交流。加快区域空中通道、海上通道、陆海联运通道和信息通道建设，完善集疏运体系，提升口岸通关功能，促进人员和货物往来便利化。支持有条件的企业"走出去"，推动与沿线国家和地区合作建设产业园区和商贸基地，拓展远洋渔业、现代农业、旅游业和矿产资源开发对接合作。深化各领域友好交流。

深入推进自由贸易试验区建设。全面落实总体方案，促进平潭、厦门、福州三个片区彰显特色、差异发展，确保在国家一年期评估时交出合格答卷。把体制机制创新放在首位，进一步对标先进，储备推进一批新的试验项目，加快创新成果的复制推广，推动试验区内外联动发展，促进投资贸易便利化，打造一流营商环境。突出项目引进，加强融资租赁、跨境电商、物流、整车进口、海产品交易、大宗生产资料交易、保税展示交易等功能性服务平台建设，加强金融领域开放创新。

培育开放型经济新优势。创新利用外资方式和工作机制，拓展委托招商、产业链招商、网上招商，提升"9·8"投洽会投资促进服务功能，加强与世界500强、全球行业性龙头企业对接，承接高端产业转移。鼓励外资企业增资扩股，积极引导国际产业资本和投资基金参与我省企业并购重组。构建境外投资综合服务体系，支持有条件的企业参与海外并购，推进产能和装备制造国际合作。深化闽港闽澳合作，完善公共招商平台，扩大金融、物流、旅游等领域合作。做好华侨华人工作，培养侨界新生力量，密切与侨团和商会联系交往。

高起点推进福州新区建设。围绕"三区一门户一基地"的战略定位，创新管理体制和管理方式，加快重点组团建设，做大做强产业，在更高起点上建设闽江口金三角经济圈，发挥省会城市的龙头引领作用。集成用好四区叠加优势，推进与平潭综合实验区一体化联动发展。

（六）发挥对台独特优势，拓展闽台合作成果

加快平潭开放开发。发挥综合实验区和自贸试验区政策优势，借鉴自由港运行模式，着力培育产业，完善配套设施，加快建设新兴产业区、高端服务区、宜居生活区和国际旅游岛，打造台湾同胞"第二生活圈"，在两岸交流合作和对外开放中发挥先行先试作用。

推进厦门深化两岸交流合作综合配套改革试验。围绕建设"一区三中心"，进一步创新体制机制，深化对台交流合作，打造现代产业支撑体系，营造国际一流营商环境，建设美丽厦门。全面推进跨岛发展战略，促进岛内外一体化和厦漳泉同城化，发挥经济特区龙头带动作用。

深化产业对接合作。落实海峡两岸经济合作框架协议，对符合条件的台资企业在市场准入、持股比例等方面，探索实行更加开放措施。加强与台湾工商团体联系，深入对接百大企业、行业龙头企业和科技型中小企业，促进先进制造业和现代服务业项目落地。提升台商投资区、台湾农民创业园等园区功能，促进在闽台资企业增资扩产和转型升级。支持台湾金融机构来闽发展，推动设立闽台合资全牌照证券公司。鼓励有条件的企业赴台投资。

扩大双向直接往来。拓展闽台航线和航路，继续推动闽台车辆双向互通，推进台车通过客滚航线入闽常态化行驶，提升"小三通"便捷性。加快向金门供水工程建设，进一步推动厦金合作。加快对台邮件处理中心建设，推进海运快件试点。加强闽台关检合作，促进人员货物往来便利化。

促进文化社会融合。办好第八届海峡论坛。加强涉台文物保护工程和文化生态保护区建设，开展福建文化宝岛行等系列交流活动，继续办好海峡青年节。发挥祖地文化优势和海峡两岸交流基地作用，扩大民间基层交流，深化闽台乡镇、同名同宗村、社区村里对接，强化亲情乡情纽带联系。加强台湾青年创业基地建设。推动闽台社区治理交流，拓展科技、教育、卫生、广播影视等各领域合作空间。

（七）坚持绿色低碳发展，建设生态文明先行示范区

加强生态文明制度建设。生态资源是福建最宝贵的资源，生态优势是福建最具竞争力的优势，生态文明建设应当是福建最花力气的建设。牢固树立"绿水青山就是金山银山"的理念，坚持源头严防、过程严管、后果严惩。构建环保绩效考核制度，开展领导干部自然资源资产离任审计试点，建立生态环境损害责任终身追究制。实施山水林田湖生态保护和修复工程，加强生态功能区建设，落实生态红线管控制度。实施重点流域生态补偿办法，完善生态保护绩效与资金分配挂钩机制。健全森林生态效益补偿机制，植树造林100万亩。建立水土流失治理长效机制，完成200万亩治理任务。抓好排污权、节能量交易试点，探索建立碳排放权和水权交易制度。实行生态环境损害赔偿，推行环境污染第三方治理。建立环保督察制度，严查环境违法行为，形成政府、企业、公众共治的环境治理体系，让子孙后代永享"清新福建"。

加强环境污染综合整治。打好水、大气、土壤污染防治三大攻坚战。加强重点流域水环境综合整治和水质监测，深化主要湖库环境治理，强化饮用水源地保护，加大城市内河治理力度，控制农业面源污染，推进城乡生活污染、工业污染和畜禽养殖污染专项整治。加强重点行业企业大气污染物综合治理，加快整治城市道路、建筑施工、堆场料场等扬尘，加大黄标车淘汰力度。加强涉重金属行业污染防治，增强危险废物处置能力，实现固体废物减量化、资源化处置，实施农用地、建设用地土壤环境分级分

类管理。

加强资源节约和减排降碳。严格落实环保监管"一岗双责"，实行能源和水资源消耗、建设用地等总量和强度双控。强化新上项目节能评估审查，严格环境准入，严控"两高"行业新增产能。实施 200 项重点节能工程，加大减排项目建设力度，全面完成脱硫、脱硝设施升级改造任务。大力发展循环经济和清洁生产，支持发展节能环保技术、装备、产品和服务。落实水资源"三条红线"，加强水质、水量、节水管理。合理开发利用低丘缓坡地和城镇地下空间，节约集约利用土地资源。

（八）保障和改善民生，让人民群众得到更多实惠

实施脱贫攻坚工程。把脱贫攻坚作为第一民生工程来抓，聚焦精准，健全"省负总责、市县抓落实、工作到村、帮扶到户"的长效机制，构建全社会协同推进的大扶贫格局，全年实现脱贫 20 万人，安排"造福工程"搬迁任务 25 万人。注重精准识别，坚持贫困标准，坚持公开公正，规范建档立卡，确保扶贫对象到户到人。注重精准施策，完善挂钩帮扶政策，分类制定帮扶措施，实行发展产业脱贫、转移就业脱贫、"造福工程"搬迁脱贫、发展教育脱贫、生态补偿脱贫、低保兜底脱贫、医疗保险和医疗救助脱贫，切实提高脱贫攻坚实效。注重精准管理，做到贫困人员应进则进、应退则退，强化扶贫资金监督管理。注重精准脱贫，建立贫困户脱贫退出认定机制，对已经脱贫的农户加强跟踪服务，在一定时间继续享受扶贫政策，确保扶真贫、真扶贫、真脱贫。

织牢就业和社会保障安全网。实施更加积极的就业政策，鼓励以创业带就业，统筹抓好高校毕业生、就业困难人员、农业转移劳动力、退役军人等重点群体就业，新增城镇就业 55 万人。实施全

民参保计划，深化机关事业单位养老保险制度改革，推进养老、医疗保险从制度全覆盖向人员全覆盖，完善社会保险关系转移接续办法。全面实现城乡居民基本医保一体化和设区市统筹，推行复合型医保付费方式，加强大病保险与医疗救助等制度衔接。提高城乡居民最低生活保障水平，全面实施临时救助制度。健全征地收海补偿制度，做好被征地被收海农民社会保障工作。促进社会福利、慈善和妇女儿童、残疾人事业健康发展。办好投资267亿元的22件省委省政府为民办实事项目。

以增加总量、均衡发展为重点，办好人民满意的教育。继续实施第二轮学前教育发展三年行动计划，新增幼儿学位3万个。加强城乡义务教育资源均衡配置，推进农村义务教育薄弱学校改造、城区中小学建设项目，全面实现义务教育学校标准化建设。深化招生考试制度改革，做好高考全国卷对接工作。加快发展职业教育，深化产教融合、校企合作，加大技能型人才培养力度。加强高水平院校、一流学科和服务产业发展的特色专业建设。支持发展民办教育。实施免费特殊教育，积极发展终身教育和老年教育。加强教师队伍建设。

以解决看病难、看病贵为重点，深化医药卫生体制改革。全力抓好深化医改试点省工作，深入推进医疗保障、药品流通体制和公立医院综合改革。提高基层医疗服务能力，完善基层医疗机构运行机制，加强全科医生和乡村医生队伍建设，积极组建医疗联合体，逐步建立分级诊疗制度。推进医保定点制度改革。加强儿科、产科、精神卫生等专科和医院建设。鼓励社会力量办医。全面实施两孩政策，提高出生人口素质，促进人口均衡发展。

繁荣发展八闽文化。加强社会主义精神文明建设，提高思想道德和社会诚信水平。大力发展文化事业，因地制宜建设城乡公共文化服务设施，适应群众需求创新公共文化服务运行机制和服务方式。创新文化体制机制，大力支持文艺创作，发展文化产业，打响文化品牌。实施优秀传统文化传承工程，保护发展闽南文化、闽都文化、客家文化、妈祖文化、红土地文化、畲族文化等特色文化，进一步弘扬朱子文化。加大文化遗产保护力度。大力发展哲学社会科学。办好新闻出版广播影视事业，促进传统媒体和新兴媒体融合发展。推动群众体育和竞技体育全面发展，壮大体育产业，积极发展老年体育，形成全民健身良好氛围。推进新型智库建设。做好第二轮志书和综合年鉴编纂工作。加强科普工作。加强网络文化等建设管理，进一步净化社会文化环境。

着力促进社会和谐稳定。坚持人民利益至上，全面提高公共安全水平。加强"平安福建"建设，完善立体化社会治安防控体系，依法处理信访事项，完善城乡社区网格化服务管理，强化社区自治和服务功能，进一步创新社会治理，推进治理体系和治理能力现代化。坚持不懈抓好安全生产，确保不发生重特大事故，确保人民群众生命财产安全。加强法治社会建设，深入实施"七五"普法，进一步规范社区矫正工作，完善法律援助制度和司法救助体系，引导全民自觉守法、遇事找法、解决问题靠法。推动社会组织多元健康发展，支持工会、共青团、妇联等人民团体发挥更大作用。积极促进民族团结进步事业，引导宗教与社会主义社会相适应。大力加强国防动员和后备力量建设，在更广范围、更高层次上推进军民融合深度发展，积极支持驻闽部队建设和改革，推进双拥工作持续发展，创建新一轮全国'双拥模范城'，不断巩固发展军政军民团结良好局面。

四、加快建设法治政府、廉洁政府和服务型政府

深入学习贯彻习近平总书记系列重要讲话精神，自觉强化政治意识、看齐意识、带头意识，自觉践行"三严三实"要求，严守党纪国法，在思想上政治上行动上与以习近平同志为总书记的党中央保持高度一致，坚决贯彻落实党中央、国务院和省委的决策部署，始终保持对事业的敬仰之心、对人民的敬重之心、对权力的敬畏之心，做到廉洁、勤政、务实、高效。

深入推进依法行政。坚持在党的领导下、在法治轨道上开展工作，依法全面履行政府职能，健全依法科学民主决策机制，深化行政执法体制改革，严格规范公正文明执法，全面推进政务公开和权力运行网上公开，加快建设职能科学、权责法定、执法严明、公开公正、廉洁高效、守法诚信的法治政府。

加快转变政府职能。以五大发展理念引领新发展，把坚持中国特色社会主义政治经济学必须把握的重大原则贯穿到实际工作中。协同推进简政放权、放管结合、优化服务，推行权力清单、责任清单、负面清单制度。深化机关效能建设，进一步提高执行力，推进"四下基层""马上就办"，创新服务、精准服务、并联服务，以"钉钉子"精神和踏石留印、抓铁有痕的劲头狠抓工作落实。

切实加强廉政建设。严格落实党风廉政建设责任制，认真执行《中国共产党廉洁自律准则》《中国共产党纪律处分条例》，把廉洁从政贯穿到政府工作的各个环节。完善土地出让、工程建设、产权交易、政府采购等制度，加强公共资金、公共资源、国有资产监

管，消除权力寻租空间。自觉接受人大及其常委会的法律监督和工作监督、政协的民主监督，高度重视社会公众监督和舆论监督，加强行政监察和审计监督，确保权力在阳光下廉洁运行。

各位代表，再上新台阶、建设新福建的目标催人奋进。让我们紧密团结在以习近平同志为总书记的党中央周围，在中共福建省委的领导下，凝心聚力，开拓进取，扎实工作，为全面建成小康社会、实现"两个一百年"的奋斗目标、实现中华民族伟大复兴的中国梦作出更大贡献！

江 西 省
政府工作报告

——2016 年 1 月 25 日在江西省第十二届
人民代表大会第五次会议上

省长 鹿心社

各位代表：

现在，我代表省人民政府向大会报告政府工作，请予审议，并请各位省政协委员和列席会议的同志提出意见。

一、2015 年及"十二五"时期发展回顾

2015 年是完成"十二五"规划的收官之年，是我们奋力夺取经济社会发展新胜利的重要一年。在党中央、国务院和省委的坚强领导下，全省上下认真贯彻落实党的十八大、十八届三中、四中、五中全会和习近平总书记系列重要讲话，特别是对江西工作"一个希望、三个着力"重要指示精神，深入实施省委"发展升级、小康提速、绿色崛起、实干兴赣"十六字方针，统筹做好稳增长、促改革、调结构、优生态、惠民生各项工作，经济发展总体平稳、稳中有进，

社会事业全面进步。全省实现生产总值 16723.8 亿元，增长 9.1%；财政总收入 3021.5 亿元，增长 12.7%；500 万元以上项目固定资产投资 16993.9 亿元，增长 16%；规模以上工业增加值 7268.9 亿元，增长 9.2%；外贸出口 332.7 亿美元，增长 3.9%；社会消费品零售总额 5896 亿元，增长 11.4%；城镇居民人均可支配收入 26500 元，增长 9%；农村居民人均可支配收入 11139 元，增长 10.1%；居民消费价格总水平上升 1.5%；城镇登记失业率 3.4%，低于控制目标 1.1 个百分点，较好完成了省十二届人大四次会议确定的主要目标任务。

一年来，我们牢牢把握稳中求进的工作总基调，凝心聚力促发展，聚精会神抓创新，主要做了以下工作：

（一）综合施策精准发力，经济保持平稳较快发展。针对经济下行压力加大的严峻形势，出台"促进经济平稳健康发展 22 条""推进大众创业万众创新 28 条"等政策措施应对困难，打出稳增长"组合拳"。加强领导分级挂点帮扶，帮助企业稳定发展。大力推进重大项目建设，向社会发布 102 个 PPP 项目，鼓励引导民间资本进入基础设施、公共服务等领域。昌樟高速改扩建、赣龙铁路扩能改造、合福客专、华能安源电厂、赣南红都变电站、大唐抚州电厂、峡江水利枢纽等一批交通、能源、水利重大项目建成投运；丰电三期、大唐新余电厂二期等一批重点工程开工建设。北汽昌河汽车景德镇一期、九江石化 800 万吨油品质量升级等一批重大产业项目竣工投产。提升传统消费，拓展新兴消费，健康养老、信息、旅游等消费发展迅速，服务业占 GDP 比重 38.6%，提高 1.8 个百分点。加强重点出口企业帮扶，发展跨境电子商务，推进贸易便利化。外贸出口企稳回升，出口结构进一步优化。

（二）深化改革扩大开放，发展动力不断增强。坚持放管结合，深化行政管理体制改革。省本级行政权力事项精简63.6%，行政审批事项精简51%，全部取消非行政许可审批类别。"三单一网"改革快速推进，省、市、县三级政府公布权力清单和责任清单，江西政务服务网在全国率先开通运行。大力推进商事制度改革，全面实施"三证合一""一照一码"。深入推进国资国企改革，凤凰光学、昌河汽车等五大集团重组顺利推进，省直单位所属企业脱钩移交工作按期完成，省盐业集团等混合所有制改革试点有序推进。稳步推进农村集体产权制度改革试点，农村土地承包经营权确权登记颁证到户率93.5%，农村土地流转率33.7%。扎实推进投融资体制、财税体制等改革，资本市场活力增强。坚持对内对外双向开放，加强与"一带一路"沿线国家交流合作，经贸文化交流活动取得积极成效。加强与长江经济带及泛珠、长三角、闽三角等区域开放合作，协同推进长江中游城市群建设。全国知名民营企业助推江西发展升级大会、赣港会、赣台会、华赣会、瓷博会等活动取得良好效果。开放平台和通道建设取得新进展，赣州综合保税区正式封关运行，九江城西港区正式对外开放，赣欧国际铁路货运班列正式开通。全年实际利用外资94.7亿美元，增长12.1%；引进省外2000万元以上项目资金5232.2亿元，增长15.2%。开放合作水平进一步提升。

（三）突出创新优化结构，转型升级步伐加快。密切科研与产业的对接，新增企业国家级重点实验室2个、博士后科研工作站28家，新组建产业创新战略联盟10个、协同创新体15个，新增抚州、赣州、吉安3个国家高新技术产业开发区。发明专利授权增长59%，"硅衬底蓝色发光二极管"技术获得国家技术发明一等奖，"热敏灸"技术获得国家科技进步二等奖。电子信息、生物医药等战略性新兴产业发展壮大，传统产业转型升级加快，过千亿产业达到 10 个。实施服务业发展提速三年行动计划，电子商务、现代物流等产业蓬勃发展。新增瑞金共和国摇篮旅游区、宜春明月山旅游区两个国家 5A 级景区，鹰潭获批首批国家级旅游业改革创新先行区。全省旅游接待总人数和总收入分别增长 23.2%、37.3%。重组江西金控集团，新组建江西银行、江西省再担保公司、江西航空公司，引进东亚、广发银行。江西省金融租赁公司、江西联合股权交易中心成立营运。全省新增本外币各项贷款 2863 亿元，4 家企业在境内外上市，新增 49 家企业在"新三板"挂牌，企业直接融资 1522 亿元。大力发展现代农业，农业产业化龙头企业实力明显增强，农产品加工率达到 53%。粮食生产能力进一步巩固，全年粮食总产 429.7 亿斤，实现"十二连丰"。

（四）统筹布局协同发展，区域经济展现新活力。昌九一体化取得新进展，社保、医疗、科教等公共服务同城化有序推进，现代装备、电子信息等重点产业进一步向昌九聚集，龙头昂起之势更显强劲。昌抚通信实现同城化，金融同城化取得实质性进展。苏区振兴取得阶段性重大成效，中央国家机关对口支援工作扎实推进，苏区振兴发展的产业支撑进一步夯实。吉泰走廊发展活跃。赣东北深化区域开放合作加快，赣西经济转型发展取得新成效。积极推进新型城镇化，农村人口有序向城镇转移，全省城镇化率 51.6%，提高 1.4 个百分点。扎实开展秀美乡村建设，完成农村危房改造 31.2 万户，建设改造农村公路 1.4 万公里，农村面貌进一步改善。

（五）保护生态强化治理，生态文明先行示范区建设稳步推进。全面启动生态文明先行示范区建设，完成生态红线、水资源红线划定，示范区建设各相关工作全面跟进。强化以工业废气、机动车尾气和城市扬尘污染治理为重点的"净空"行动，实现 $PM_{2.5}$ 监测设区市城区全覆盖，全省空气环境质量优良率90.1%；强化以"五河一湖"及东江源头保护、工业及生活污水排放治理为重点的"净水"行动，全省地表水监测断面水质达标率81%；强化以城乡生活垃圾、农村面源污染、重金属污染和矿区污染治理为重点的"净土"行动，土壤污染得到控制。完成植树造林214.7万亩、森林抚育560万亩。南昌、宜春成功创建国家森林城市，吉安获批全国生态保护与建设示范区。在全国率先实行全境流域生态补偿，首期筹集补偿资金20.91亿元。创新河湖管理与保护制度，建立了省、市、县三级"河长制"。加大生态文明考核指标的权重，绿色发展成为自觉行动。

（六）以人为本保障民生，社会事业全面进步。大力保障改善民生，50件民生实事全面完成。完成扶贫移民搬迁10.6万人，全年减贫72万人。全省城镇新增就业人数55.26万人，就业形势保持稳定。城乡低保、农村五保、残疾人福利、城乡居民基本养老保险基础养老金、企业退休人员基本养老金等保障水平稳步提高，调整机关事业单位工作人员工资标准和增加离退休人员离退休费全部兑现到位，机关事业单位养老保险制度改革正式实施。全年棚改开工16.54万套，基本建成12.45万套。教育事业全面发展。农村义务教育学校标准化工程基本完成，职业教育校企合作持续深化，高等教育内涵建设加快推进。文化事业繁荣发展。南昌成功创建全国文明城市，瑞金列为国家级历史文化名城。南昌汉代海昏侯国遗址考古发掘取得重大成果。在新余、鹰潭及全省所有县（市）开展公立医院综合改革，大病保险实现城乡全覆盖。成功举办环鄱阳湖国际自行车大赛、江西国际女子网球公开赛、中式台球世锦赛和中华龙舟大赛。信访工作进一步改进，法治江西、平安江西建设深入推进，安全生产和食品药品安全形势良好，社会保持和谐稳定。

持续开展国防教育和拥军优属工作，强化国防后备力量建设，推动军民融合深度发展。民族宗教、外事侨务、妇女儿童、参事文史、档案、地方志、老龄、援疆等工作取得新成效。以法治政府建设为重点，政府管理能力和服务水平得到提升。

随着 2015 年主要目标任务的完成，标志着"十二五"顺利收官，江西站在更高的发展起点上。这五年，是我省改革开放和全面建成小康社会取得重大进展的五年，是综合实力和区域竞争力明显提高的五年，是城乡面貌发生深刻变化的五年，是人民群众得到更多实惠的五年。部分经济指标实现"总量翻番、位次前移"。财政总收入、一般公共预算收入、规模以上工业增加值、500 万元以上项目固定资产投资、外贸出口实现总量翻番；生产总值在全国排位前移 1 位，一般公共预算收入由全国的第 21 位前移至第 15 位，城镇居民人均可支配收入由第 22 位前移至第 15 位，农村居民人均可支配收入由第 14 位前移至第 12 位。经过五年的发展，全省经济实力明显增强，产业结构进一步优化。全省生产总值由 9451 亿元提高到 1.67 万亿元，年均增长 10.5%。一般公共预算收入年均增长 22.7%。千亿产业由 4 个增加到 10 个。三次产业比重由 12.8：54.2：33.0 调整为 10.6：50.8：38.6。基础设施逐步完善，城乡发展协调推进。高速公路通车里程突破 5000 公里，净增 2000 公里，实现县县通高速；铁路运营里程突破 4000 公里，净增 1235 公里；高速铁路从无到有，达到 867 公里。城市轨道交通实现零突破。统调电力装机达 1800 万千瓦，净增 537 万千瓦。4G 移动电话和光纤宽带覆盖均突破 1000 万户。主电网输电线路长度突破 3 万公里，净增 9300 公里。城镇化率累计提高 7.5 个百分点，完成 4.2 万个新农村点建设，城乡生产生活条件显著改善。生产力布局更趋合理，区域经济发展活跃。龙头昂起、两翼齐飞、苏区振兴、绿色崛起展现勃勃生机。财政总收入过 10 亿元的县（市、区）由 22 个增加到 85 个，过 50 亿元的达到 5 个，南昌县率先突破 100 亿元，区域经济呈现多极支撑、多元发展新格局。环境建设扎实开展，生态优势稳步提升。全省空气环境质量保持优良，地表水监测断面水质达标率保持在 80.6% 以上，生态环境质量居全国前列。万元 GDP 能耗累计下降 17%。全境纳入国家首批生态文明先行示范区建设，生态优势进一步凸显。社会事业全面发展，人民生活水平提高。社会保障能力增强，城乡居民养老保险、低保、医保实现全覆盖。累计新增城镇就业 270.4 万人，贫困人口由 2011 年的 438 万人下降到 2015 年末的 204 万人。覆盖城乡的医疗卫生服务体系基本建成。各类教育普及程度快速提升。全省城镇居民和农村居民人均可支配收入各由 15660 元、5987 元提高到 26500 元、11139 元，年均分别增长 11.1% 和 13.2%。累计完成城镇保障性安居工程 142.88 万套，改造农村危房 86 万户，发展成果更多惠及广大群众。

五年的发展，倾注了全省上下不懈的努力，凝聚了全省人民共同的智慧。五年来，我们始终坚持把牢发展这个第一要务，无论形势如何变化，始终坚持发展不动摇，坚定信心，保持定力，把控运行，精准施策，坚定不移推进转型升级、加快发展。我们始终坚持突出创新这个第一动力，发挥创新驱动的引擎作用，营造激发创新的条件和环境，焕发全社会的创新热情，积极推进科技创新、制度创新、管理创新、业态创新，使创新成为发展的强大动力。我们始终坚持用好改革开放这个关键一招，深入推进重点领域和关键环节改革攻坚，让改革红利充分释放，让市场活力竞相迸发。以更宽广的视野布局对内对外开放，构筑全方位开放新格局，不断拓展发展新领域、新空间。我们始终坚持发挥生态这个突出优势，不断强化绿色发展新理念，不断提升生态环境新优势，不断积累可持续发展新动能，既为江西绿色崛起加力，也为全国绿色发展打造"江西样板"。我们始终坚持抓住为民谋利这个根本要求，把增进人民群众福祉作为最大责任，尽力而为，量力而行，大力提升民生保障水平，让人民群众在迈向全面小康的进程中，不断增强获得感、幸福感。我们始终坚持筑牢法治建设这个重要基石，把依法治国的要求贯穿到政府工作各方面、全过程，全力推进行政权力法治化，努力建设法治政府、服务政府。最为关键的是：深入学习领会习近平总书记治国理政新理念、新思想、新战略，把中央的决策部署和江西的实际紧密结合起来，努力走出一条具有江西特色的科学发展、绿色崛起之路。

过去五年的成绩来之不易，是党中央、国务院和省委坚强领导的结果，是全省干部群众团结一心、奋力拼搏的结果。我代表省人民政府，向全省广大工人、农民、知识分子、干部和历任老领导、老同志，向各民主党派、工商联、无党派、人民团体和社会各界人士，向驻赣人民解放军、武警官兵和公安干警，向中央驻赣单位，致以崇高的敬意！向所有关心、支持江西发展的同志们、朋友们、港澳同胞、台湾同胞、海外侨胞和国内外友好人士，表示衷心的感谢！

需向代表说明的是，随着我国经济发展进入新常态，"十二五"中后期全国经济发展增速普遍放缓，我省也有少数指标略低于"十二五"预期。这既有宏观经济形势严峻、传统增长动力弱化的影响，也有我省主动压缩过剩产能、调整优化产业结构的因素。面对前所未有的困难和挑战，全省上下按照省委"十六字"方针，齐心协力、求真务实、开拓创新，付出了艰辛努力，主要经济指标增幅继续位居全国前列，为"十三五"发展奠定了坚实基础。同时，我们也清醒地看到，我省加快发展、转型升级还面临一些突出矛盾和问题。经济下行压力较大，投资消费增长乏力，实体经济面临较多困难。创新能力较弱，增长动力还没有真正实现转换。制约发展的体制机制障碍依然存在，改革攻坚还需持续用力。涉及人民切身利益的住房、教育、医疗等方面还存在不足。政府效能还不够高，少数地方和部门存在安于现状、为官不为、落实不力的现象。对这些困难和问题，属于经济社会发展方面的，将在改革发展中解决；属于政府自身的问题，我们将坚决革弊鼎新。

二、编制"十三五"规划纲要（草案）的主要考虑

制定全省"十三五"规划，描绘好未来五年发展蓝图，对于凝聚力量，实现同步全面小康意义重大。省政府根据《中共江西省委关于制定全省国民经济和社会发展第十三个五年规划的建议》，编制了《江西省国民经济和社会发展第十三个五年规划纲要（草案）》，提交大会审议。

（一）关于"十三五"规划制定的背景考虑

总体判断，"十三五"时期，我省发展机遇与挑战并存，但总体上机遇大于挑战。从国际层面看，和平与发展的时代主题没有变，世界经济在深度调整中曲折复苏，新一轮科技革命和产业变革蓄势待发，孕育着新产业、新业态、新模式，发展的空间将更大，发展的领域将更宽。从国家层面看，我国经济发展进入速度变化、结构优化、动力转换的新常态，经济长期向好的基本面没有改变。我省经过"十二五"时期发展，基本进入中高收入发展时期和工业化中

后期阶段，综合实力显著增强，政策红利、改革红利、生态红利、开放红利等正在叠加释放，这些积极因素将为未来五年发展创造有利条件，提供持久动力。同时，未来发展也面临不少困难和挑战。全球市场总需求不振，投资贸易增长乏力，保护主义抬头，外部环境中不稳定不确定因素增多；国内"三期叠加"态势仍将持续，动力转换需要一个过程；我省面临加快发展与转型升级的双重任务，呈现"六期融合"的阶段性特征。在编制《纲要（草案）》时，充分考虑了这些背景因素。总的要求是，因应形势变化，把握发展大势，充分利用各种积极因素，奋力谱写江西发展的新篇章。

（二）关于"十三五"时期我省经济社会发展指导思想的考虑

指导思想是规划的灵魂，是未来五年发展的根本指引。省委的"规划建议"明确了我省"十三五"经济社会发展的指导思想。这个指导思想，一是坚持了基本遵循。创新、协调、绿色、开放、共享，是指导"十三五"发展的新思想、新理念。谋划推动"十三五"发展，必须牢固树立五大发展理念，增强发展动力、厚植发展优势。二是突出了目标引领。"提前翻番、同步小康"是时代的要求、人民的愿望。必须牢牢抓住发展第一要务，以同步全面小康统领未来五年全省经济社会发展。三是明确了发展路径。创新、改革、开放是发展的动力源泉，协同推进新型工业化、农业现代化、现代服务业，全面提升新型城镇化、信息化和绿色化水平，是江西发展的必由之路，必须作为重中之重任务推进落实。这些原则和要求，都体现在《纲要（草案）》当中。

（三）关于"十三五"时期我省经济社会发展主要目标的考虑

省委"规划建议"明确了"十三五"时期全省经济社会发展的总体目标，其核心内容是：与 2010 年相比，地区生产总值和城乡居民人均收入提前实现翻一番，全面建成小康社会，为实现第二个百年目标奠定基础。围绕总体目标，《纲要（草案）》从经济发展、转型升级、民生福祉、生态文明等方面，提出了35个具体目标，其中预期性指标15个，约束性指标20个。

确定这些目标，主要考虑三个方面：一是与国家"十三五"实现全面小康目标相衔接。目前我省全面小康进程相对滞后，为确保与全国同步全面建成小康社会，增速必须高于全国平均水平。因此，设定年均增长8.5%左右，高于全国平均水平两个百分点。二是充分体现江西省情特色和发展优势。《纲要（草案）》根据省委"规划建议"要求，提出建设信息江西、法治江西、信用江西、健康江西、美丽江西等目标，都是充分把握省情特色和优势提出来的。三是兼顾需要和可能。目标的设定既要鼓舞人心，更要切实可行。从经济增长的潜力、发展惯性、内外发展环境看，这些目标的设定体现了上述要求。

（四）关于"十三五"时期重大战略任务的考虑

着眼适应和引领经济发展新常态，推进全省经济持续健康发展，《纲要（草案）》提出了建立现代产业新体系、增强创新发展新动力、迈向信息化发展新时代、打造内陆双向开放新高地等十一项重大战略任务；同时，提出全面深化改革、全面依法治省、强化规划实施保障等三项措施。制定这些战略任务和保障措施时，主要把握和考虑了三个方面：一是全面贯彻中央精神。十八届五中全会提出的"十三五"发展要求和中央经济工作会议提出的推动供给侧结构性改革等战略部署都体现在工作任务中。二是完整体现省委"规划建议"，是省委"规划建议"七大战略、三项保障的具体落实。三是突出与"十二五"工作的连续性、紧贴新目标的针对性、实际工作的可操作性。

各位代表，《纲要（草案）》经大会讨论通过后，将成为我省"十三五"发展的宏伟蓝图，也标志着我们开启富民兴赣的新征程。时代赋予我们责任，人民寄予我们厚望。只要我们咬定目标，同心同德，脚踏实地，砥砺前行，我们和全国同步实现全面小康的目标一定能够实现！

三、2016 年工作安排

2016 年是"十三五"开局之年，是全面建成小康社会决胜阶段的第一年。总体看，今年经济下行的压力仍将持续，面临的发展形势更为严峻。我们要进一步增强发展信心，积极应对挑战。今年全省经济社会发展的总体要求是：全面贯彻党的十八大、十八届三中、四中、五中全会和中央经济工作会议精神，以邓小平理论、"三个代表"重要思想、科学发展观为指导，深入贯彻习近平总书记系列重要讲话特别是对江西"一个希望、三个着力"重要指示精神，按照"五位一体"总体布局和"四个全面"战略布局，牢固树立和贯彻落实"五大发展"理念，适应经济发展新常态，坚持稳中求进工作总基调，以创新驱动增动力，以深化改革添活力，以开放合作拓空间，着力稳定经济增长，着力加强结构性改革，着力推进转型升级，着力建设生态文明，着力保障改善民生，确保实现"十三五"良好开局，奋力开创"发展升级、小康提速、绿色崛起、实干兴赣"新境界。

今年全省经济社会发展的主要预期目标是：生产总值增长 8.5%以上，财政总收入增长 9% 左右，一般公共预算收入增长 9% 左右，规模以上工业增加值增长 9% 左右，500 万元以上项目固定资产投资增长 15% 左右，社会消费品零售总额增长 11%，外贸出口增长 2% 左右，实际利用外资增长 9%，城镇居民人均可支配收入增长 9%，农村居民人均可支配收入增长 10%，居民消费价格总水平涨幅控制在 3% 左右，城镇登记失业率控制在 4.5% 以内，节能减排完成国家下达的计划任务。重点抓好十个方面工作：

（一）激发"三驾马车"新动能，促进经济平稳较快增长

抓项目扩投资促增长。发挥投资对增长的关键作用，加快建设一批事关发展全局的重大基础设施项目、一批带动作用强的重大产业项目、一批惠及面广的民生工程项目。安排省大中型建设项目 725 个，总投资约 1.35 万亿元，当年完成投资 3500 亿元左右。交通方面，开工建设广昌至吉安等高速公路项目，建成兴国至赣县、修水至平江等 11 个高速公路项目，力争高速公路通车里程突破 6000 公里。开工建设赣深客专、合安九客专、吉永泉等铁路项目，建成武九客专江西段。建成上饶三清山机场。能源方面，推进神华九江电厂、丰城电厂三期等 5 个常规火电项目建设，积极开展西南水电入赣等特高压项目前期研究工作，建成抚州电厂第二台百万千瓦机组、洪屏抽水蓄能电站，加快推进国华信丰电厂前期工作。水利方面，开工建设廖坊灌区二期工程、四方井水利枢纽等项目，加快推进赣抚尾闾综合整治，基本建成浯溪口水利枢纽工程。产业升级方面，开工建设南昌航空城试飞区、赣州北斗产业园等项目，建成昌飞吕蒙总装园、北大科技软件产业园等项目。公共服务设施方面，开工南昌轨道交通 4 号线一期工程，重点实施 16 个城市地下综合管廊项目、10 个城市公共停车场项目、共青科教城等 18 个教育项目、省属医院新院等 24 个医疗卫生项目、省文化中心等 12 个文化项目以及 15 个重大体育健身项目。为保证项目建设资金，进一步创新项目建设投融资方式，务实推进 PPP 模式，积极争取国家专项建设基金发行支持。通过多渠道、多方式投融资，保持投资稳定增长。

兴业态拓消费促增长。发挥消费对增长的基础作用，积极发展现代服务业，引领、促进消费。实施城市商业基础设施建设与改造升级工程，打造城市新商圈、商贸综合体。多种形式鼓励消费。对首次购买城镇住房的符合条件的农民给予财政补贴，并按规定享受税收优惠政策，探索将农民工和个体工商户纳入住房公积金制度范围。积极做好商品房"去库存"工作。加大电动汽车充电基础设施建设，落实小排量汽车、新能源汽车税收优惠政策，推动皮卡等新型货车下乡。加快旅游强省建设，扩大"江西风景独好"品牌影响力。推动"旅游+"融合发展，加快发展智慧旅游，全面提升乡村旅游，培育康体养生、自驾营地等旅游新业态，打造各具特色的旅游产业集群，加快赣浙闽皖国际文化生态旅游示范区建设，支持上饶国际医疗旅游先行区、婺源国家乡村旅游度假实验区建设，试点发行省内"旅游一卡通"，力争在南昌、景德镇实施外籍人士 72 小时过境免签。加快"光网江西""无线江西"建设，推动宽带提速降费，促进信息消费。积极发展文化创意产业，发展文化消费。大力发展养老、家政、健康消费等生活性服务业。强化供给创新，推动服务业发展与消费需求高水平对接。

优化出口结构促增长。发挥出口对增长的促进作用，实施外贸出口提升工程，提高机电产品、高新技术产品出口比重，扩大服务出口，促进加工贸易创新发展。大力开拓海外市场，支持企业建立海外物流枢纽、"海外仓"。制定支持外贸综合服务企业发展政策，推动跨境电子商务发展。扩大先进技术设备、关键零部件和能源、原材料进口，以进口促进产业升级。

（二）深入实施创新驱动发展战略，积极培育经济发展新动力

完善科技创新体系。健全以企业为主体的技术创新体系。发挥高校、科研院所创新源头作用，加快推进企业研发中心、校企联盟、产业技术联盟建设，促进产学研用贯通，推进产业链、创新链融合。加快推进南昌（国家）大学科技城建设。实施创新驱动"5511"工程，持续深化省部院产学研合作，力争今年新增国家级创新平台和载体4—5家，实施10个左右重大科技研发专项，培养各类国家级创新创业人才和创新团队10个，在重点产业领域组建10个左右科技协同创新体。

推进重点领域创新。聚焦特色优势产业，开展重点研发攻关，力争全年开发省级新产品100项以上。推进实施硅衬底蓝色发光二极管等20个左右重点创新成果产业化项目。精选5个左右创新成果产业化项目作为重点产业骨干工程，实施"一项一策"，以股权投资、质押、贴息等多种方式大力支持，加快成果转化应用。

激发创业创新活力。加快推进大众创业、万众创新，打造众创、众包、众扶、众筹支撑平台；大力发展"创客空间""创业咖啡""创新工场"等新型众创空间，形成各类创新主体互促、民间草根与科技精英并肩、线上与线下互动的生动局面。加强业态创新，大力发展电子商务，加快建设电子商务交易示范城市、示范基地、示范企业；大力推进电子商务进农村，积极发展智慧物流。努力催生与创业创新密切相关的生产性服务业发展，助推创新升级。拓宽创业创新投融资渠道，研究设立省级创业投资引导基金，市县政府和园区设立配套引导基金，大力引进天使投资、创业投资、风险投资等创业投资基金，鼓励众筹融资，探索开展创业券、创新券等公共服务。大力发展科技企业孵化器。充分发挥企业家作用，弘扬创新创业精神，着力培育尊重知识、崇尚创造、追求卓越的创新文化，营造人人皆可创新、创新惠及人人的社会氛围。

健全创新发展机制。开展科技计划财政资金后补助试点和龙头企业创新转型试点，落实企业研究开发费用加计扣除政策。健全政府科技投入和绩效评价机制，提高科技人员科技成果转移转化收益比例。改革科研项目管理机制，砍掉繁文缛节，让科技人员把更多精力用到研究上。制定更加灵活的人才政策，大力培养、引进创新人才。办好中国青年 APP 大赛等创新创业赛事，让更多优秀人才脱颖而出、一展身手。扎实推进质量兴省战略。切实加强知识产权保护和应用，营造良好创新环境。

（三）深化重点领域改革，加快形成有利于发展的体制机制

以提高效能优化服务为重点深化行政体制改革。持续推进简政放权、放管结合、优化服务，不断激发市场活力和社会创造力。加强行政审批目录管理，完善行政权责清单动态调整机制。加快全省网上审批系统建设，实现省、市、县三级联通。进一步深化商事制度改革，探索以信用监管为核心的事中事后监管新模式。着力改进直接面向企业和群众的公共服务，加强部门间业务协同，提高服务的便利性。

以更有利发挥市场机制作用为重点深化市场改革。深化煤电、气电价格改革，提高对落后工艺、设备、产品生产的差别电价和水价，形成有利于节能减排的价格体系。推进公立医院医疗服务价格形成机制改革。深化信用体系建设，启动省公共信用信息平台二期建设，推动市级平台和网站建设，着力打造"信用江西"。加强不

动产统一登记工作。加快公共资源交易平台整合，提高公共资源配置效率。

以规范管理和增强活力为重点深化财税金融体制改革。加强预算管理制度改革，加大财政资金统筹使用力度，进一步盘活财政存量资金。健全县级基本财力保障资金稳定增长机制，提高县级财力保障水平。将政府债务纳入全口径预算管理，防范政府债务风险。积极推进国地税征管体制改革，提高征管效能和质量。围绕搞活地方金融体系，积极推进农村信用社产权制度改革，基本实现村镇银行县域全覆盖。推动省金融资产管理公司、互联网金融信息服务公司尽快挂牌开业。大力发展融资租赁，推进裕民银行筹建，争取平安银行在我省设立分支机构。积极稳妥发展互联网金融。整顿金融市场秩序，切实防范金融风险。大力发展普惠金融、绿色金融，提高金融服务实体经济能力。

以搞活增效为重点深化国资国企改革。推进市场化战略重组，着力抓好江铜集团、省旅游集团、江西国际公司和省招标咨询集团等企业混合所有制改革试点；全面剥离省属国企办社会职能，积极推进钨和稀有金属产业重组整合。深化江西报业集团改革，组建省文化演艺发展集团、省广电传媒集团。加快健全现代企业制度，推进企业经理层成员任期制和契约化管理。完善国有资产管理体制，严格落实国资监管权力清单和责任清单制度，推动由管企业向管资本转变。

（四）加快工业强省步伐，促进产业向中高端迈进

推动传统产业改造升级。实施新一轮传统产业技术改造升级工程，着力推进钢铁产品制造升级，铜精深加工、建材节能环保、石化产业综合利用转型和服装家纺品牌提升。引导企业创新品种、提升品质、打造品牌，加快发展高附加值、高技术含量终端产品，让"老产业"焕发新活力。大力发展工业设计、管理咨询等生产性服务业，不断提升对工业转型升级的服务支撑能力。更多运用市场机制推进"去产能"，妥善处置资不抵债、扭亏无望的"僵尸企业"，提高供给体系质量和效率。

加快战略性新兴产业发展。制定战略性新兴产业倍增计划，在电子信息、航空制造、生物医药、节能环保、新能源等领域实施一批重大产业项目。大力推进 LED 产业基地建设，加快打造南昌光谷。推动电子信息产业向终端和高端迈进，着力打造吉安国家电子信息产业示范基地。对接"中国制造 2025"，深入实施"互联网＋"行动计划，促进新一代信息技术与制造业融合。加快大数据、云计算的开发应用，积极推进省市数据中心、航天云网、中华工业云、中国电信中部云基地建设。实施"互联网＋智能制造"行动计划，在南昌、九江、景德镇等地启动建设智能制造示范基地。培育发展高档数控机床、工业机器人、3D 打印、北斗导航等产业，努力打造中部地区先进制造业基地。

推动产业集群集约发展。深入实施产业集群发展战略。每个设区市重点发展 2—3 个主导产业，每个县（市、区）重点发展 1 个首位产业，形成一批特色产业基地。建立产业协作联盟，以龙头企业为核心推动上下游配套企业对接，以产业链、供应链和创新链为纽带，推动产业集群外部对接，重点推动电子信息和铜箔铜板、硅钢和机电产品等 10 个专项对接。选择 20 个重点产业集群开展智能化改造试点，打造一批智能化工业园区。

加大企业帮扶力度。推动供给侧结构性改革，开展降低企业成本、优化发展环境专项行动，切实降低企业交易、人工、财务、物流、用电用气成本。落实小型微利企业减半征收企业所得税优惠政策，研究精简归并"五险一金"，适当降低社会保险费率。着力解决企业融资难问题。加强信贷支持，力争"财园信贷通""财政惠农信贷通"发放贷款 400 亿元以上。扩大直接融资，力争全年新增 2—3 家企业主板上市，30 家以上企业"新三板"挂牌，实现直接融资 1000 亿元。完善企业帮扶机制，切实帮助企业解决实际困难。推动省产品协议采购、省产品与省重点工程对接，积极帮助企业开拓市场。

（五）扎实做好"三农"工作，推进农业农村新发展

加快推进农业现代化。坚持"藏粮于地、藏粮于技"，推进"粮安工程"建设，新增建设高标准农田 290 万亩，稳定粮食生产能力。深入实施"百县百园"建设工程，大力发展畜禽养殖、特色水产、有机茶叶、油茶等特色种养业，打造现代化农业生产基地。实施农产品品牌创建工程和质量安全保障工程，提高江西农产品市场美誉度。深入推进农业"接二连三"融合发展，拓展农业农村经济发展新空间。完善农业气象灾害防御体系，提升农业安全保障水平。深入实施"互联网＋现代农业"行动，全面推动智慧农业建设。

深入推进新农村建设。坚持镇村联动发展，着力实施农村自来水建设改造、农村公路改造，推进农村信息网络建设，不断改善农村基础设施条件。全面完成第一批 654 个中心村建设任务。积极开展农村垃圾和污水治理工程，切实改善城乡人居环境。加大传统村落、传统民居、少数民族特色村寨保护力度，打造一批具有赣鄱特色的文化名村。推动城市公共服务向农村延伸，提高农村基本公共服务水平。

增强农村发展活力。深化农村集体产权制度改革，全面完成农村土地承包经营权确权登记颁证工作，积极推进余江"国家农村宅基地管理制度改革试点"。深入推进供销合作社、农垦、水权、集体林权、农村小型水利工程产权制度改革试点。加快农村综合产权交易市场建设，引导土地等生产要素规范有序流转。健全农业支持保护体系。拓宽农民增收渠道，健全促进农民收入稳步增长的长效机制。积极开展农村土地经营权和农民住房财产权抵押担保贷款试点，进一步做好农业保险的增品、提标、扩面工作，提高农业保险保障水平。

（六）全方位对内对外开放，构建内陆双向开放新高地

抓好与国家重大战略的开放对接。参与"一带一路"战略，深化与"一带一路"沿线国家交流合作，充分发挥赣欧国际铁路货运班列作用，力争开通南昌至福州、吉安至赣州至深圳铁海联运快速班列，加密国际直航航线，畅通对接通道。落实国家长江经济带三年行动计划。积极参与沿江经济协作区和赣鄂皖长江两岸合作发展试验区建设，支持九江与上海合作建设彭泽"飞地"产业园、南昌高新区与上海张江高科技园合作建设国家文化科技融合示范基地。

推动更高水平"引进来"和全方位"走出去"。实施招商引资重大项目攻坚行动，提高招商引资质量和效益。实施"央企入赣""赣商回归"提升工程，推动更多央企在赣布局重大项目；鼓励和引导赣商回乡创业。办好世界低碳会、赣港会、赣台会、瓷博会、药交会等重大经贸活动。设立"走出去"发展引导基金和综合信息服务平台，推动农业、制造业、矿业、建筑业和服务业等五大行业"走出去"发展。组建海外基础设施建设、能源资源开发等产业联盟，为企业"走出去"提供优质高效服务。

构建开放型经济新体制。主动对接上海、福建、广东自贸试验区发展，积极申报建设江西自贸试验区，努力争取南昌综合保税区获批建设。深化通关一体化改革，推进关检合作"三个一"、国际贸易"单一窗口"新型通关模式建设。主动参与长三角、珠三角、海西经济区数字信息平台共建共享，打造法治化、国际化、便利化的营商环境。

（七）统筹推进区域协同，促进区域经济协调发展

优化区域发展布局。以深入推进昌九地区对接融入国家战略为重点，加快昌九、昌抚深度融合，进一步推进昌九、昌抚社会保险、新农合互通互认等领域同城化。支持南昌临空经济区申报国家级临空经济示范区，支持共青先导区发展"小镇经济"。争取国家尽快批复设立昌九新区。加快苏区振兴发展，抓好农村电网改造、农村公路等基础设施建设；抓好赣南承接产业转移示范区、吉泰走廊"四化"协调发展示范区、抚州赣闽合作示范区等重点平台建设，大力发展特色产业。促进赣东赣西两翼齐飞，支持赣东北对接长三角，加入长三角城市经济协调联席会，推进赣浙省际生态产业合作示范区建设，加快信江河谷城市群建设，全面启动上饶高铁经济试验区建设；支持赣西对接长株潭，打造赣湘合作产业转移承接平台，加快新宜萍新型城镇示范带和昌铜高速生态经济带建设，规划建设赣西（新余）跨行政区转型合作试验区。支持抚州建设向莆经济带。研究编制沿沪昆高铁经济带发展规划，积极谋划沿京九高铁经济带，以积极姿态迎接高铁经济时代，努力构建充满活力、特色鲜明的经济增长带。

提升新型城镇化水平。切实加强城市工作，抓好全省城镇体系规划实施，加快城市群、都市区等重大区域规划编制。推行市县"多规合一"，实现"一张蓝图"管控城乡空间。更加注重提升城镇发展质量，积极推进地下综合管廊和海绵城市建设，推进城市网格化、信息化、精细化管理。推动鹰潭、樟树"国家新型城镇化综合改革试点"。建立城乡统一的户口登记制度，全面实施居住证制度，有序促进进城农民转移落户，成为参与城市发展、共享发展成果的新市民。

推动县域经济转型升级。深入推进扩权强县改革，增强县域经济发展活力。支持县域工业园区专业化、集约集群化、特色化发展，提升竞争力。促进产城融合发展，引导人口聚集和资源要素优化配置，促进人口向城镇集中、居住向社区集中、产业向园区集中。选择部分县市开展改革试点，打造一批产城融合示范区、扶贫攻坚示范区。

（八）加快推进生态文明建设，打造美丽中国"江西样板"

严格生态保护治理。实施山水林田湖生态修复、鄱阳湖流域清洁水系、鄱阳湖生态修复等生态工程建设，筑牢生态安全屏障。完成植树造林 120 万亩、封山育林 100 万亩、森林抚育 560 万亩。继续抓好燃煤电厂脱硫脱硝、除尘设施改造升级、机动车尾气污染防治等工程，加强城区施工工地扬尘监管，完善大气环境质量监测预警体系，保持空气环境质量优良。加强城镇生活污水、工业园区污水处理设施及配套管网建设和管理，保护水环境，维护水生态。加强重金属污染治理、农业面源污染治理、农村清洁生产等专项行动，推进农村和城镇垃圾无害化处理设施县级全覆盖，防止耕地、土壤污染。

推动绿色循环发展。实施工业绿色发展三年行动计划，推进工业园区循环化改造、清洁生产、资源集约利用等工程。大力发展绿色建筑。实施好赣州经开区、鹰潭高新区、南昌高新区、井冈山经开区"国家园区循环化改造试点",推进贵溪市、吉安市、丰城市、樟树市"国家循环经济示范市"建设,加快南昌、赣州"全国餐厨废弃物资源化利用和无害化处理试点"城市建设,支持萍乡建设海绵城市。支持上饶建设新能源示范城市和赣州建设新能源科技城。着力优化能源结构,力争风电、光伏发电装机容量分别达140万和160万千瓦。积极推进电能替代。

推进生态文明制度建设。完善生态红线管理制度,加强耕地保护,全面完成全省永久基本农田划定工作。探索建立自然资源资产产权管理制度,启动自然资源资产负债和生态审计试点。实行能源和水资源消耗、建设用地等总量和强度双控行动,提升资源节约集约高效利用水平。健全生态补偿制度,建立覆盖到乡镇的"河长制"。健全生态文明考核和责任追究制度,加快建立领导干部任期生态文明建设责任制、生态环境损害责任追究制。培育绿色生态文化,让文明绿色生态的生产生活方式成为大家的自觉行动。

(九)加大力度保障改善民生,不断增强人民群众的获得感

大力实施民生工程。坚持共享发展理念,按照人人参与、人人尽力、人人享有的要求,坚守底线、突出重点、完善制度、引导预期,持续加大民生投入,努力提高城乡居民收入水平。筹集财政性资金1200亿元,集中在就业创业、社会保障、抚恤和社会救助、医疗保障、教育文化体育、居住条件、扶贫开发、改善生产生活条件等八个方面,办好涉及群众切身利益的50件实事。强化民生工程绩效管理,完善考核评价办法和建后管养机制,扩大惠泽民生的效益。

着力推动精准脱贫。推进精准扶贫、精准脱贫,努力打造全国扶贫攻坚样板区,力争全年减贫70万人。继续打好产业扶贫攻坚战,推进"一村一品"特色扶贫产业稳步发展;打好安居扶贫攻坚战,

力争全年完成村庄整治 3000 个，移民搬迁 10 万人；打好保障扶贫攻坚战，加强农村低保与扶贫开发衔接，努力做到应保尽保。鼓励社会力量扶贫。启动贫困县扶贫脱贫考核，鼓励和支持有条件的贫困县提前摘帽。

扎实做好就业工作。落实鼓励创业各项政策措施，力争城镇新增就业 45 万人，新增转移农村劳动力 50 万人。新增安排创业贷款担保基金 1.5 亿元，发放创业担保贷款 100 亿元。加大就业和技能培训力度，全省工业园区就业培训 30 万人、创业培训 12 万人。完善职工权益保障机制，让劳动者更加体面地工作和生活。

完善社会保障体系。健全基本养老保险体系，建立机关事业单位职业年金制度和基本养老金正常调整机制，推动全民参保计划实施。建立健全基本医疗保险及大病保险、医疗救助、疾病应急救助等制度。完善多层次社会保障，全面落实优抚安置政策，继续提高抚恤补助标准。大力发展慈善事业，健全法律救助制度，努力让每一位身处困境者都能得到社会关爱的阳光。加强保障性住房建设，开工建设保障性安居工程 19.2 万套。推进棚改货币化安置，利用政府债券、财政贴息等多种方式购买棚户区改造服务。抓好农村危房改造，让更多群众受益。

（十）全面推进社会事业发展，切实维护社会和谐稳定

加快教育文化事业发展。实施学前教育第二期三年行动计划，加快乡镇公办中心幼儿园建设。推进城乡义务教育公办学校标准化建设，促进义务教育均衡优质发展。普及高中阶段教育。深化产教融合，加快构建现代职业教育体系。提高高校教育教学水平和创新能力，加快有特色高水平大学和一流学科、专业建设。推动文化繁荣发展，提高公共文化服务质量。加强历史文化保护传承和合理利用。加大景德镇御窑厂遗址保护力度，支持景德镇申报世界文化遗产。着力将南昌汉代海昏侯国遗址打造成全国有重大影响的文物保护单位和旅游景区。办好纪念汤显祖逝世400周年活动和第六届江西艺术节。倡导全民阅读，建设书香社会。加快新闻出版广播影视产业发展，推进江西国家数字出版基地建设。抓好我省第二次全国地名普查工作，重视地名文化建设。开展第二轮省志编纂工作。

推进健康江西建设。深化县级及试点城市公立医院综合改革。实施药品分类采购政策，加强基本药物使用管理，完善基层医疗卫生机构运行新机制，大力支持中医药发展。坚持计划生育基本国策，积极稳妥有序实施全面两孩政策。健全食品药品监管体系，提升县乡食品药品监管能力，切实保障人民群众身体健康和生命安全。大力发展健康服务业。全面实施全民健身计划，免费或低费开放体育场馆，提高健康水平。

加强和创新社会治理。深入推进法治江西、平安江西建设，严密防范和化解各类社会矛盾和风险，深化基层社会治理和服务创新，全面推进阳光信访，及时就地解决群众合理诉求，依法规范信访秩序，保障社会安定、人民安宁。完善和落实安全生产责任和管理制度，加强安全生产基础能力和防灾减灾救灾能力建设，严格安全生产监管监察执法，遏制重特大安全事故发生。积极稳妥做好新形势下民族宗教工作。

进一步完善民兵预备役、国防动员体制机制，加强国防动员和后备力量建设。贯彻军民融合深度发展战略，深入开展双拥共建，巩固和发展军民团结。

各位代表！

为人民服务，对人民负责，受人民监督，让人民满意，是政府工作坚守的信念。面对新任务、新要求，政府将更加重视自身建设，不断提升能力和水平。积极创新政府管理。健全政府职责体系，强化规划引导和市场监管，加强公共服务和社会管理，提高对"五大发展"的统筹能力。坚持用改革的办法、创新的思维，研究破解各种难题。综合运用大数据等手段加强政府信息化建设，强化政府网上服务，提升政府效能，降低行政成本，优化政务环境。全面推进依法行政。完善政府立法体制机制，加强重点领域政府立法，严格按照法定权限和程序履行政府职能。落实重大决策程序、听证、风险评估和责任追究机制，努力做到政府决策与群众"面对面"、为民办事"实打实"、有错必纠"硬碰硬"。深化司法体制改革，推进综合行政执法，严格执法程序，公正文明执法。健全政务公开机制，完善社会征信系统，加强政务诚信体系建设，提高政府公信力。不断改进工作作风。以"三严三实"严格要求政府工作人员，促进作风建设常态化长效化。强化宗旨意识，密切联系群众，着力解决群众反映强烈的突出问题。强化责任意识，弘扬担当精神，狠抓工作落实，确保设定的目标、出台的政策、部署的任务，落到实处、见到实效。切实加强廉政建设。认真落实党风廉政建设责任制，全面推进惩治和预防腐败体系建设，做到干部清正、政府清廉、政治清明。全面落实公务用车改革，严格控制和压缩"三公"经费，努力建设节约型机关。认真贯彻领导干部廉洁从政各项规定，对各类违法违纪行为严惩不贷、决不姑息。

各位代表！时代赋予重任，奋斗铸就辉煌。推进科学发展、实现同步全面小康，是全省人民共同的伟大事业。让我们紧密团结在以习近平同志为总书记的党中央周围，在省委的坚强领导下，勇于担当，不负重托，为江西的美好明天而努力奋斗！

附　件

《政府工作报告》有关内容名词注释

1. "三单一网"："三单"指政府权力清单、责任清单、市场准入负面清单；"一网"指江西政务服务网。

2. "三证合一""一照一码"：指将企业（含农民专业合作社）登记时依次申请，分别由工商行政管理部门核发工商营业执照、质量技术监督部门核发组织机构代码证、税务部门核发税务登记证，改为由工商行政管理部门核发加载法人和其他组织统一社会信用代码的营业执照。这一改革，简化了手续，极大地方便了群众。

3. 赣欧国际铁路货运班列：这是我省首趟中欧货运班列，起点为南昌，终点为荷兰鹿特丹。

4. "新三板"：指全国中小企业股份转让系统，主要为非上市公司的股份转让及相关活动提供服务。

5. "河长制"：即由各级党政主要负责人担任"河长"，负责辖区内河流的污染治理。

6. "六期融合"：这是省委对我省"十三五"时期阶段性特征作出的基本判断，指迈向全面小康的决胜期、经济转型升级的关键期、区域开放融合的深化期、生态文明建设的提升期、全面深化改革的攻坚期、法治江西建设的推进期。

7. "旅游+"：将旅游产业与其他产业有机结合，不仅为旅游业发展提供内容，同时也促进其他产业发展。

8. "海外仓"：指在本国以外的其他国家或地区建立的仓库，一般用于电子商务。

9. 创新驱动"5511"工程：是我省"十三五"时期科技创新的

重要行动计划，其内容包括建设 50 个国家级创新平台，培养 50 个国家级创新人才和团队，实施 100 项重大科技专项，培育 1000 家高新技术企业。

10.中国青年 APP 大赛：APP 泛指各类手机应用软件。这项赛事由共青团中央和江西省人民政府联合主办，自 2015 年起，每年在我省共青城市举办一次。

11."粮安工程"：是"粮食收储供应安全保障工程"的简称，由国家发展改革委、国家粮食局、财政部共同组织实施，主要包括建设粮油仓储设施、打通粮食物流通道、完善应急供应体系、保障粮油质量安全、强化粮情监测预警、促进粮食节约减损等。

12.关检合作"三个一"：指海关与出入境检验检疫部门合作实行"一次申报，一次查验，一次放行"的通关模式。

13.国际贸易"单一窗口"：指国际贸易和运输相关各方在单一登记点递交满足全部进口、出口和转口相关监管规定的标准资料和单证的一项措施。

山 东 省
政府工作报告

——2016 年 1 月 24 日在山东省第十二届
人民代表大会第五次会议上

省长 郭树清

各位代表：

现在，我代表省人民政府向大会报告工作，请予审议，并请省政协各位委员提出意见。

一、"十二五"经济社会发展规划完成情况

2011 年至 2015 年，全省人民辛勤劳动、开拓创新，奋力推进经济建设、政治建设、文化建设、社会建设、生态文明建设，实现"十二五"胜利收官。全省生产总值达到 6.3 万亿元，年均增长 9.4%。按当年平均汇率计算，人均生产总值从 6 千美元增加到 1 万美元。市场物价基本稳定，对外收支总体良好。城镇累计新增就业 594 万人，农村劳动力转移就业 665 万人。地方一般公共预算收入增长 1 倍以上，达到 5529 亿元。"十二五"规划 27 项主要指标中，12 项约束性指标全部完成，12 项预期性指标超额完成，3 项预期性指标接近目标值。经济文化强省建设站在了新的历史起点上。

（一）**人民生活水平大幅提高**。城镇居民人均可支配收入年均实际增长 8%，达到 31545 元，农村居民人均可支配收入年均增长 10.1%，达到 12930 元，城乡收入比由 2.70 缩小到 2.44。农村贫困人口每年减少 100 万人以上。人均预期寿命提高 1.5 岁，达到 78 岁左右。婴儿死亡率由千分之 7.69 下降到千分之 4.77。高中阶段毛入学率达到 97.4%，高等教育毛入学率达到 48.1%。人均受教育年限 8.87 年，提高 0.11 年。城乡人均住房建筑面积增加约 5 平方米，分别达到 36.4 平方米和 40.9 平方米。城镇每百户拥有汽车由 19.9 辆提高到 49.4 辆，农村由 5.4 辆提高到 23.6 辆。农村自来水普及率达到 95%，基本实现农村人口饮水安全。互联网普及率提高 13.9 个百分点，达到 48.6%。

（二）**经济综合实力迈上新台阶**。结构调整和产业升级步伐加快，新技术、新产业、新业态、新模式蓬勃发展。农业现代化水平稳步提升，粮食产量由 867.1 亿斤增加到 942.5 亿斤。规模以上工业增加值年均增长 10.8%，高新技术产业和装备制造业比重持续提高。服务业增加值占比提高 8.7 个百分点，成为吸引投资、吸纳就业、创造税收的主体。知识产权创造能力和保护水平显著提升，全社会研发投入占生产总值比重由 1.72% 提高到 2.23% 左右。"两区一圈一带"区域发展战略深入推进，东中西部差距不断缩小。农业转移人口市民化取得实质性进展，城镇化水平大幅提高。综合交通体系建设全面展开，17 市实现铁路网全覆盖，96% 的县（市、区）通了高速公路。全省发电装机达到 9716 万千瓦，比 2010 年增长 48%。南水北调东线一期工程、胶东调水主体工程投入使用。

（三）**市场经济新体制进一步完善**。全省 95.7% 的村（社区）完成了承包地确权登记颁证工作，多种土地流转方式和新型农业经营组织健康成长。供销社改革取得新成绩。国有企业改革深入推进，法人治理结构进一步规范。设立省社保基金理事会，划转部分国有资本充实社保基金。政府定价项目削减67%。商事制度改革、投融资体制改革和营商环境建设成效显著。各类商品和要素市场体系进一步健全，市场主体发展到618.2万户，比2010年翻了将近一番。规范透明的预算制度基本建立，转移支付调整和债务管理得到加强，省以下财政体制进一步理顺。小贷公司等民间金融机构蓬勃发展，农信社银行化改革基本完成，新型农村合作金融试点扎实推进，政府股权投资引导基金稳健起步，在全国率先建立起地方金融监管体系。济南区域性金融中心建设步伐加快，青岛财富管理综合改革试验区取得实质性进展。中小学去行政化试点顺利实施，基础教育综合改革和职业教育改革走在全国前列。医药卫生体制改革深入推进。城乡居民基本养老保险和基本医疗保险先后实现整合，居民大病保险全面实施，保障水平持续提高。公务人员工资、养老、住房、交通和休假制度日益规范。

（四）对外开放取得重要进展。主动对接"一带一路"战略，加强了与欧洲、北美、日本、韩国、东南亚和澳大利亚经济界的合作，与世界500强及行业领军企业的经贸联系进一步密切。新增友城38对、友好合作关系城市40对，来鲁工作的外国专家达13万人次。正式启动中韩自贸区地方经济合作示范区建设。鲁港、鲁台交流合作成果丰硕。2015年，全省外贸进出口2417.5亿美元，比2010年增长27.8%；实际利用外资163亿美元，增长77.8%；对外实际投资57.8亿美元，增长205.6%。五年累计实际利用外资691亿美元。成功举办国际历史科学大会、国际教育信息化大会等一批重大国际活动。国际海事司法研究基地和国家法官学院青岛海事分院落户山东。中小企业到境外对标交流，乡村旅游带头人赴海外学习培训，都取得了持续明显的成效。全国工商联知名民企洽谈会签约项目落地率超过 80%，到位资金 7842.5 亿元。

（五）社会主义民主政治全面加强。坚持党的领导、人民当家作主、依法治国有机统一，各方面制度和程序不断完善。政府系统严格执行人大制定的地方性法规和决定、决议，自觉接受人大及其常委会的监督。在重大问题决策前、决策中主动加强与政协的民主协商。省政府及部门与各民主党派、工商联和无党派人士的对口联系逐步常态化、机制化。提请省人大常委会审议通过地方性法规和决定 46 件，制定政府规章 64 件。办理人大代表建议 1815 件、政协提案 3362 件。行政审批事项大幅削减，非行政许可审批全部取消。公布实施行政权力清单、行政审批事项目录清单、政府部门责任清单，省级政务服务平台上线运行。政府机构改革逐步深入，公益性事业单位改革有序展开。持续推进司法体制改革，着力健全司法权力运行机制。省市县政府法律顾问制度普遍建立，一批历史遗留问题得到依法解决。基层民主进一步扩大，法治观念普遍加强。深入推进廉洁政府建设，督促落实省政府廉政会议部署，严治"四风"、严惩腐败取得显著成效。纪检监察机关立查案件累计 70080 件，党纪政纪处分 69688 人。

（六）文化软实力和影响力显著提升。坚持把文化建设放在与经济发展同等重要的位置。中国梦和社会主义核心价值观深入人心，齐鲁优秀传统文化得到大力弘扬，四德工程、群众性精神文明创建活动积极推进。乡镇（街道）综合性文化服务中心覆盖率由 61%提高到 99.2%。文化体制改革不断深化，公共文化服务体系进一步完善。文学艺术、新闻出版、广播影视和社会科学事业繁荣发展，各个领域的文艺创作硕果累累。在全国影视剧业内和广大观众中，赢得了"山影出品，必属精品"的美誉。文化产业增加值年均增长17%，达到2370亿元。成功举办尼山世界文明论坛、青岛世界园艺博览会、世界儒学大会、中国艺术节、孔子文化节和世界休闲体育大会等重大活动。全民健身活动深入开展，竞技体育取得新成绩。

（七）**社会治理体系逐步健全**。积极促进政府治理与社会自我调节和居民自治良性互动。建立健全城乡社区协商、社区居（村）委会联席会议、居（村）民代表会议、社区事务议事制度。广泛构筑起社区、社会组织、社会工作者、社区志愿者联动机制。社会组织达到4.56万个。社会信用体系建设持续推进。居民养老保险参保4534.2万人，居民医疗保险参保7331.4万人，基本实现应保尽保。社会救助体系不断健全。行政复议体制改革任务基本完成，人民调解、行政调解、司法调解联动工作体系初步形成。信访工作持续加强。省政府及各部门新闻发布机制进一步完善。普法、依法治理深入开展，平安山东建设取得新进展，安全生产、食品药品安全和道路交通安全工作得到加强。国防动员、维稳处突、抢险救灾能力进一步提升。顺利完成23.14万名兵员征集任务。

（八）**生态文明建设扎实推进**。实施大气污染防治规划和行动计划，建立空气质量第三方监测和财政补偿制度。可吸入颗粒物平均浓度改善13.8%，二氧化硫下降47.7%，二氧化氮减少12.8%。新能源发电装机增加837万千瓦，占比提高7.1个百分点。节能减排指标超额完成，淮河、海河流域治污国家考核连续多年保持第一。城市污水集中处理率由87.9%提高到95.5%。治理水土流失面积8085平方公里，湿地保护面积新增300多万亩，植树造林1561万亩。加强生态文明乡村建设，开展乡村文明行动，城乡环卫一体化实现镇村全覆盖。

五年的实践使我们深刻认识到，做好政府工作，必须坚决贯彻落实中央决策部署，紧密结合山东实际，创造性地开展工作。必须尊重人民的主体地位，发挥基层首创精神，充分调动社会各界的积极性和主动性。必须始终坚持问题导向，勇于改革，敢于担当，针对经济社会发展的短板和薄弱环节，有的放矢、精准施策。必须在法治框架内，有效统筹协调多方利益，大力推行政务公开和司法民主，运用法治思维和法治方式破解难题。必须充分发挥党总揽全局、协调各方的领导核心作用，坚决服从省委领导，自觉接受人大监督，加强多党合作和政协民主协商，积极争取方方面面的支持。

各位代表，党中央、国务院对山东一直给予高度重视、亲切关怀。特别是 2013 年习近平总书记视察山东发表重要讲话，明确要求我们努力在推动科学发展、全面建成小康社会历史进程中走在前列，为我省发展指明了方向。五年来我省取得的每项成绩，都是党中央、国务院和中共山东省委正确领导的结果，是省人大、省政协和社会各界大力支持的结果，是全省上下努力拼搏的结果。在此，谨代表省人民政府，向全省各族人民、各界人士、驻鲁人民解放军指战员、武警官兵和公安干警致以崇高敬意！向关心支持山东发展的港澳台同胞、海外侨胞和国际友人表示诚挚感谢！

各位代表，我们清醒地认识到，我省传统优势正在改变，实现新旧动力转换、引领经济发展新常态仍然需要付出艰苦努力。经济结构不合理不协调不可持续问题比较突出，企业整体创新能力不强，大多处于产业价值链中低端。居民收入的城乡差别、地区差别、城镇中的"二元结构"比较明显。部分群众生活非常困难，脱贫攻坚任务十分艰巨。农村社区基本公共服务的均等化还有较大差距。人口老龄化加快，居民文明素质和社会文明程度有待提高。生态环境特别是大气污染、土壤污染和超采地下水问题仍然十分严重。劣五类水体基本消除，但一、二类水体没有明显增加。安全生产事故时有发生，道路车辆伤亡人数居高不下。政府机关及工作人员作风不严不实问题仍然存在，法治素养有待提高。对这些问题，我们一定高度重视，在制定"十三五"规划和安排年度工作中，采取扎实有效措施，努力加以解决。

二、"十三五"经济社会发展的 主要目标和重点任务

从今年起到 2020 年，是全面建成小康社会的决胜阶段，是实现我省由大到强战略性转变的关键时期。党的十八届五中全会和省委十届十三次全体会议，擘画了"十三五"时期经济社会发展的主要目标和重点任务，我们要全面贯彻落实。今后五年，要努力实现以下目标要求。

——经济保持中高速增长。全省生产总值年均增长 7.5% 左右，提前实现经济总量和城乡居民人均收入比 2010 年翻一番。产业迈向中高端水平，服务业占比达到 55% 左右，发展的质量效益明显提高。创新型省份建设达到更高水平，全社会研发经费占比提高到 2.6%。

——人民生活水平和质量普遍提高。居民收入城乡差别和地区差别持续缩小，健康水平得到提升，基本公共服务均等化稳步提高。新农村建设成效显著。常住和户籍人口城镇化率分别提高到 65% 和 55% 以上。

——国民素质和社会文明程度全面提升。社会主义核心价值观更加深入人心，文明山东、诚信山东、美德山东建设加快推进。覆盖城乡的公共文化服务体系基本建成，文化产业成为国民经济支柱性产业。

——生态环境质量总体改善。生产方式和生活方式绿色、低碳水平上升，能源资源利用效率明显提高。主要污染物排放总量大幅减少。主体功能区布局和生态安全屏障基本形成。

——各方面体制机制更加健全。省域治理体系和治理能力现代化水平不断提高。重要领域和关键环节改革取得决定性成果，开放型经济新体制更加完善。平安山东建设不断深化，人民群众安全感进一步增强。法治山东建设成效显著，人权得到切实保障，产权得到有效保护。人民民主更加健全，法治政府基本建成。推动军民深度融合发展。党的建设制度化水平显著提高。

实现"十三五"规划目标，必须深入贯彻习近平总书记系列重要讲话精神，坚持"四个全面"战略布局，积极适应和引领经济发展新常态，坚持以人民为中心的发展思想，把创新、协调、绿色、开放、共享五大发展理念贯穿于发展全过程，按照"一个定位、三个提升"的要求，努力保持经济社会持续健康发展，确保我省在全面建成小康社会进程中走在前列。为此，要紧紧抓住以下任务。

（一）强化创新第一动力作用。始终坚持把创新摆在发展全局的核心位置，全面推进理论创新、制度创新、科技创新、文化创新，让创新在全社会蔚然成风。深入实施创新驱动发展战略，深化知识产权创造、使用和保护，完善各类人才创新激励机制，持续扩大人才政策开放度。推动驻鲁高校、科研院所的智力人才资源同当地经济社会发展深度融合。鼓励企业主导构建产业技术创新联盟，促进科研成果资本化、产业化。支持济南创建开放型经济新体制示范城市。加快创建山东半岛自主创新示范区，支持青岛海洋国家实验室建设。积极推进农业现代化，巩固提升农业发展优势，努力实现藏粮于地、藏粮于技。坚持工业强基，加快食品、轻工、纺织、原材料等传统优势产业转型升级，培育发展新一代信息技术、轨道交通设备、海洋工程装备、先进机械设备、生物医药、新材料、新能源等新兴产业，推动其他各类知识密集型产业快速成长。落实中国制造2025山东省行动纲要，加快建设先进制造业基地。推动服务业扩大规模、拓展空间，形成以服务经济为主导的现代产业新体系。鼓励基于互联网的各类创新，大力发展网络经济。加强国防动员和后备力量建设，鼓励军民产品、技术、人才、信息广泛交流。

（二）**实现改革与开放相互促进。**以改革助推开放，以开放倒逼改革。加快政府职能转变，创造全国领先的营商环境。毫不动摇地巩固和发展公有制经济，毫不动摇地鼓励、支持、引导非公有制经济发展。进一步加快国有企业改革，大力发展中小微企业，激发民营经济活力。健全市场导向的投融资体制，完善国民收入分配格局，统筹国际国内两个市场，促进经济资源全球优化配置。合理划分省和市、县政府间事权和支出责任，规范财政转移支付，完善财税激励约束机制，建立健全现代财税制度。发展壮大地方金融机构和新兴金融业态，加强多层次资本市场建设，强化地方金融监管和风险防范，提升金融普惠程度和服务实体经济能力。加快事业单位分类改革，推动学校、医院和科研院所去行政化。实施新一轮高水平对外开放，积极参与"一带一路"、京津冀协同发展、长江经济带和自贸区战略，全面融入环渤海地区合作发展，形成开放型经济新优势。

（三）**提升基础设施现代化水平**。基本实现市市通高铁、县县通高速，争取通车里程分别达到 2100 公里和 7600 公里。新建改建穿城公路、瓶颈路段 2840 公里，整治完成国省道 6100 公里和县乡路 2.95 万公里。建成运营青岛胶东国际机场、菏泽机场，争取建成济宁机场、聊城机场，开工建设济南国际机场新航站区工程和枣庄机场，建成东营国产大飞机试飞基地。推进港航一体化，发展现代化港口群。建设海阳、荣成核电基地和海陆多处风电基地。加快外电入鲁，接纳省外来电能力达到 2400 万千瓦。完善新一代互联网等信息基础设施，加快大数据、云计算、物联网系统建设。抓好雨洪资源利用，提高引黄能力，完成黄河下游防洪工程和南水北调配套工程。加强城市规划、建设、管理，加快城市基础设施改造提升。推动海绵城市建设，建成地下综合管廊 800 公里以上。抓住国家政策机遇，加快城镇和工矿区老旧小区改造步伐，完成 180 万户棚户区改造任务。完善城市微循环立体交通网络，积极推进青岛、济南等城市轨道交通建设。加快气象现代化步伐。落实农村抗震设防标准，平房要普及钢筋圈梁和构造柱，新建改建房屋最低按 7 度抗震设防。按照节能环保要求新建改建农村供暖设施。2018 年底完成 647 万农户无害化卫生厕所改造。

（四）**优化区域发展格局**。坚持东部提升、中部崛起、西部跨越，纵深推进"两区一圈一带"战略。加快建设山东半岛城市群，提高综合竞争力。发挥好青岛龙头带动作用，推动青岛西海岸新区创新发展，把山东半岛蓝色经济区建成具有国际竞争力的高端产业、海洋经济集聚区。海洋经济占生产总值比重达到 20% 以上。坚持资源高效利用和生态环境改善，发展现代生态产业体系，建设黄河三角洲农业高新技术产业示范区。强化省会辐射引领，支持济南建设区域性经济、金融、物流和科技创新中心，推动济莱协作区建设。支持德州打造京津冀协同发展示范区，鼓励聊城、滨州、东营等市承接北京非首都功能疏解和京津产业转移。加快沂蒙等革命老区发展，加强与中原经济区交流合作，把西部经济隆起带建设成邻边经济新高地。

（五）**推进城乡发展一体化**。加快以人为核心的新型城镇化步伐，有序推进外来务工人员市民化、城中村和城边村原有居民市民化、其他农村地区就地转移就业人口市民化。全面实现教育、医疗、社保、就业服务和住房保障等城镇基本公共服务常住人口全覆盖。实施新一轮县域经济提升行动，支持县城和重点镇发展为新生中小城市。积极稳妥推进撤县设区（市）、乡镇合并、镇改街、村改居。鼓励农村新型社区建设，支持符合条件的农村社区和工矿区纳入城镇体系管理。推动医疗、卫生、教育、文化等公共服务向农村延伸，加强乡村教师、乡村医生队伍建设。加快农村金融、邮政物流等公用事业发展。

（六）**繁荣发展先进文化**。努力建设文化强省，更好满足人民群众精神文化需求。实施齐鲁优秀传统文化传承创新工程，推进社科理论研究创新、历史文化展示和乡村记忆工程，建设曲阜优秀传统文化传承发展示范区和齐文化传承创新示范区。努力营造激励齐鲁文化精品创作的社会环境，支持富有山东特色的文学、戏曲、美术、影视、出版、传媒事业加速发展。建设积极向上的网络文化。创新公共文化服务方式，实现基层综合性文化服务中心全覆盖。加强各级档案馆建设，完成第二轮修志任务。深化文化体制改革，培育发展新型文化业态，鼓励文化企业走出去，建设一批具有较强竞争力的文化产业集聚区、文化企业和文化品牌。推动文化旅游融合发展，不断扩大好客山东品牌影响。

（七）持续加强民生保障。坚持科学扶贫、注重实效，做到精准扶贫、精准脱贫，提前实现省定标准贫困人口全部脱贫。实施更加积极的就业政策，促进以高校毕业生为重点的各类群体就业创业。鼓励大众创业、万众创新。城镇每年新增就业110万人。推动基础教育均衡提升，加快发展现代职业教育，探索建立现代大学制度，努力建设一流大学和一流学科。加强健康山东建设，基本建成覆盖城乡的基本医疗卫生制度，统筹推进大健康产业发展。鼓励社会力量兴办教育、卫生、体育等事业。实施全民参保计划，建立更加公平更可持续的社会保障制度。完善国有资本划转充实社保基金政策措施。不断发展基层群众自治和社区民主协商。加快推进公共法律服务体系建设。加强社会治安综合治理，严厉打击违法犯罪活动。强化安全发展理念，确保各领域安全形势总体稳定。抓好人民防空建设，完善防灾减灾体系。提升人口质量，继续降低出生人口性别比，促进人口均衡发展。加大对失独家庭关爱扶助力度。保障妇女儿童合法权益，健全扶残助残服务体系，大力发展老龄事业和养老服务业。进一步做好民族工作，依法管理宗教事务。

（八）建设美丽文明新山东。维护好我省的壮美山河、富饶湖海和广袤平原，多姿多彩地展现齐鲁风光的独特魅力。加大对自然人文遗迹、历史文化名城、特色老街区老村落老建筑，以及非物质文化遗产的保护力度。在尊重农村形态和农民生活习惯基础上，有序开展村容村貌整治，加快美丽乡村建设。把大气污染治理放在突出位置，有效遏制重污染天气频发态势。加强重点流域、近岸海域和湖泊生态环境保护，治理地下水超采。强化农业面源污染防治，发展生态循环农业，促进土壤质量明显提升。实施大规模国土绿化行动,林木绿化率达到27%。开展地质环境恢复和塌陷地综合治理,推进资源型城市转型和独立工矿区改造。增加对重点功能区生态转移支付,健全地区间横向生态补偿机制。落实省以下环保机构监测监察执法垂直管理制度。

三、2016年政府工作总体安排

刚刚过去的2015年,面对错综复杂的国内外形势,我们坚持稳中求进总基调,统筹做好各项工作,较好完成了省十二届人大四次会议确定的主要目标任务。全省生产总值比上年增长8%,地方一般公共预算收入增长10%。城镇新增就业116.8万人,农村劳动力转移就业127.5万人。城镇和农村居民人均可支配收入分别增长8%和8.8%。居民消费价格上涨1.2%。这为实现"十三五"良好开局打下坚实基础。

2016年主要预期目标是:地区生产总值增长7.5%—8%,地方一般公共预算收入增长8.5%。城镇新增就业110万人,城镇登记失业率控制在4%以内。进出口保持稳定。城镇和农村居民人均可支配收入分别增长8%和8.5%。居民消费价格上涨3%。常住和户籍人口城镇化率分别达到59%和49%。全面完成国家下达的年度节能减排约束性指标。

实现今年目标任务,我们要按照中央和省委的部署要求,全面落实宏观政策要稳、产业政策要准、微观政策要活、改革政策要实、社会政策要托底的总体思路,实施去产能、去库存、去杠杆、降成本、补短板五大任务,以体制机制创新促进转型升级,努力提高经济发展质量和效益。

（一）加强供给侧结构性改革。用改革的办法推进结构调整，减少无效和低端供给，扩大有效和中高端供给，增强供给结构对需求变化的适应性和灵活性，提高全要素生产率。深入实施质量强省和品牌战略，推进好品山东建设，支持企业主导或参与制定国家和国际标准。引导企业在满足一般消费需求的同时，积极开展品牌营销和个性定制，多生产绿色、健康、智能的高附加值产品。健全农产品、食品、药品等重要产品追溯体系，提升产品质量安全水平。大力发展教育、医疗、养老、健康、旅游、文化、休闲、娱乐、体育等产业，引导各类服务业改善供给结构。支持企业创新经营模式、服务模式和管理模式，鼓励建设创业大学、创业孵化基地、创业园区和创客空间。下决心推动钢铁、煤炭、水泥、有色、船舶、玻璃、轮胎、地炼等行业去产能，实施化工产业搬迁改造和结构调整攻坚战。对丧失自我修复能力的企业，通过兼并重组、债务重组、破产清算等方式，实现市场出清。妥善安置产能过剩行业失业人员。引导企业多措并举消化库存，总结推广近些年各行业压缩支出的有效办法，支持企业全面降低成本，特别是减少材料消耗，降低能源损失，减轻企业税费负担，压缩管理、销售和财务费用。鼓励企业多渠道筹资，增加资本金，减少银行贷款比重，降低债务率。积极化解企业间担保链、担保圈风险。

（二）贯彻好积极稳健的宏观经济政策。推动具备条件的高速铁路、高速公路、水利、电力等重大项目尽早开工，形成较大规模的实物工作量。实施一批重大技术升级改造工程。开工保障性住房 49.3 万套，基本建成 22.5 万套。改造农村危房 5 万户，建设无害化卫生厕所 200 万户，启动农村供暖改造工程。解决城镇普通中小学大班额问题，今年要完成一半任务，新建、改扩建 1500 所学校。

进一步优化消费环境，扩大传统消费，促进信息、网络消费。总结交流临沂、潍坊等地的经验，推动流通体制改革，大力发展电子商务与实体流通相结合的物流体系。推广菏泽、滨州、日照、泰安等地的好做法，重点培育一批特色电商镇、电商村，鼓励发展农村淘宝项目。深化住房制度改革，提高新市民购买和租赁住房的能力。落实好公积金使用、信贷、税收等优惠政策，积极消化房地产库存。大力发展住房租赁市场，培育专业化、规模化租赁企业。提高公租房租赁补贴比重，打通保障房和商品房的通道。支持各地各部门收购或长期租用符合条件的商业房、写字楼，改造为中小学、幼儿园、养老院用房。鼓励房地产企业将库存商品房改造为电商用房、教师公寓、养老地产、旅游场所等专业设施。

（三）进一步健全企业微观运行机制。支持各类企业规范改制，完善公司治理结构，健全财务制度，实现更多企业挂牌上市。深化国有资本投资运营公司试点。建立国有企业职业经理人制度，积极推行经理层契约化管理。将省属经营性国有资产纳入统一监管。开展首批58户国有企业混合所有制改革试点。国有企业管理人员要严格执行任职回避、公务回避、亲友回避，公开透明履行职责。加强关联交易监管，切断各种形式的利益输送。鼓励民营企业规范成本核算，引导民营企业家参照市场正常水平领取薪酬，依法缴纳企业和个人所得税。深化工商登记制度改革，完成企业信用信息公示系统建设。发挥企业家在推动经济发展中的重要作用，尊重、关心、保护企业家，搞好企业家培训培养，造就一大批优秀企业家和高素质企业经营管理人才。完善人才流动机制、评价机制和激励机制，以企业为主体，以重点人才工程为引领，集聚更多对产业转型升级具有带动作用的首席科学家、产业领军人才、科技创业人才和高技能人才。借鉴淄博、济宁、德州、聊城等地做法，健全引进人才制度，吸引包括外国专家在内的各类专业型、技能型人才来鲁工作。

（四）**加快农业结构调整和农村脱贫攻坚**。继续抓好高产创建、渤海粮仓、精准农业、高标准农田建设工程，全面实施耕地质量提升计划。加强基本农田保护，做好永久基本农田划定工作。大力发展节水农业和水肥一体化。顺应市场规律，尊重农民意愿，合理安排轮作，积极探索符合各地实际的休耕方式。适度调减玉米种植面积，因地制宜发展青贮玉米、优质牧草，以及大豆、花生、杂粮等经济作物。树立大食物理念，大力发展肉蛋奶、果蔬茶等高效生态农业，加快发展现代渔业，建设海上粮仓。加强产业技术体系创新团队建设，建立农业信息监测分析预警体系。创建农产品质量安全县。开展化肥农药使用量零增长行动。积极培育农村经济新业态，推进一二三产融合发展，培育农村"第六产业"，促进农民增收。坚决打好脱贫攻坚第一仗，确保今年脱贫人口不少于 120 万。抓好农村土地确权登记颁证成果验收和应用，推进农村产权交易服务平台建设，加快农村集体产权制度改革步伐。深化供销社综合改革。抓好防汛抗旱和森林防火工作。

（五）**落实 300 万农业转移人口市民待遇**。今年为 200 万进城农民工和 140 万城中村、城边村原有居民办理城镇户口，落实同等公共服务。对进城落户农民的土地承包经营权、宅基地使用权、集体收益分配权保持不变。普遍降低大中城市外来人员落户门槛，使其真正享受到市民待遇。制定城中村改造规划，拓展棚改范围，改造完成棚户区 48 万户。同时，将棚改纳入政府购买服务指导目录，提高货币化安置比重。完善连接镇村间的道路、公园等基础设施，把非农经济和就业超过 70% 的村庄和人口纳入城镇管理。推动住房建设、环境保护、安全生产、交通管理等政府监督和服务向乡镇下沉。试行农业转移人口市民化与财政转移支付、投资基金安排、建设用地指标挂钩政策。改进城乡规划，提升建筑质量，治理违法建设，提高精细化管理水平。建成城市地下综合管廊 100 公里。提高城乡供水水质，大力发展集雨型绿地。加大低效闲置土地处理力度。实施示范镇提升行动。

（六）改善投融资环境的同时防范金融风险。完成营改增任务。完善国地税联合办税机制，加强税务队伍建设，提高税收征管水平。县及县级以上所有使用财政资金的部门，全部依法依规公开预算决算。扩大涉农专项资金整合试点范围。继续清理财政专项资金，省级再压减 10%，用于增加扶贫投入和产业引导基金。继续压减三公经费等一般性支出，腾出更多资金用于基本公共服务。根据国家部署，调整机关事业单位基本工资标准。省级国有资本经营预算调入一般公共预算的比例提高到 15%。在保持政府债务率处于合理区间前提下，适当扩大地方债券发行规模。加强债务分类管理，重视债务结构调整和存量置换。大力推广政府与社会资本合作投资模式和政府购买服务。充分利用多层次资本市场，提高直接融资比重。大力发展私募市场和股权投资基金，审慎探索股权众筹、第三方支付等互联网金融，发挥好齐鲁和蓝海两个股交中心平台作用。进一步优化城商行股权结构，深入开展新型农村合作金融试点。稳妥推进介于现货与期货之间的大宗商品交易试点。积极发展现代保险业。着力去杠杆，规范信托、理财等表外融资业务，降低金融资产风险。加强地方金融监管体系建设，加大对非法集资、网络诈骗等违法行为清理打击力度，坚决守住不发生系统性区域性风险底线。

（七）推动对外经贸投资双向优化。实施优进优出战略，培育壮大以技术、品牌、质量、服务为核心的对外经济新优势。加大先进技术、能源资源、关键设备和重要零部件进口。大力发展服务贸易。加快推进跨境电商和外贸综合服务企业发展。坚持引资与引智、引技有机结合,深度推进产业、企业、项目、人才国际化。加强与世界 500 强及行业领军企业战略合作和产业对接。推动企业开展境外工程承包、能源资源开发、国际产能和装备制造合作,加强境外项目风险管控。抓住中韩、中澳自贸协定正式实施机遇,在贸易、投资、金融、旅游、交通和产业合作等领域争取先行先试。加快推动威海中韩自贸区地方经济合作示范区和烟台中韩产业园建设。探索实行准入前国民待遇加负面清单管理模式。积极申建中国(山东)自由贸易试验区。推进海关特殊监管区域整合优化,加快各类开发区转型升级。因地制宜建设国际学校、国际医院、国际社区。

(八)强力推行清洁燃烧等治霾措施。 加强区域协作、联防联控,推进污染防治一体化。严格执行大气污染物排放标准第二时段限值,对不达标企业依法实施限产停产治理。推动工业绿动力计划,抓好燃煤电厂、锅炉超低排放改造。推广煤炭高效利用技术,探索多种清洁燃煤实用办法,减少散烧煤总量。强化成品油全过程监管。抓好企业挥发性有机物治理。开展秸秆综合利用试点和扬尘综合整治。加强重点用能企业节能管理,创建绿色交通省份,城市新建建筑全部执行绿色标准,公共机构单位建筑面积能耗降低 2% 以上。积极推进地热能调查评价和开发利用。支持新能源汽车发展,规范电动汽车生产、销售、使用的管理。

(九)力争社会民生事业有新的较大进展。 加快基础教育综合改革,全面推开中小学校长职级制和去行政化。改善义务教育薄弱学校基本办学条件,新建、改扩建 2000 所幼儿园。落实中小教师编制"县管校聘"。抓好职业教育，健全校企合作长效机制。深化高等教育综合改革，扩大办学自主权，提升立德树人水平。加快文化体制改革，省直转制文化单位改制到位。持续建设十大旅游目的地品牌，按期完成旅游厕所、游客服务中心和集散中心年度建设计划，加快乡村旅游转型升级，强化旅游市场监管。启动所有城市公立医院综合改革，全面推动分级诊疗，有序放开医疗服务价格。抓好公共卫生服务项目实施，提高基层、中医药、妇幼、传染病、精神卫生等薄弱领域的服务能力。实施全面两孩政策。完善机关事业单位养老保险制度，开展非营利性民办学校教师社会保障与公办学校教师同等待遇试点。建立职工大病保险制度，开展职工长期护理保险。提高基本养老金、失业保险金、城乡低保等保障水平。推动医疗卫生事业和养老服务业融合发展，建设一批医养结合服务综合体，新增养老床位6万张。落实困难残疾人生活补贴和重度残疾人护理补贴，年内为1000名听障儿童实施人工耳蜗植入手术。加强社会救助体系建设，倡导社会慈善捐助。

四、汇聚全面建成小康社会强大力量

各位代表，习近平总书记指出，以人民为中心的发展思想，体现了我们党全心全意为人民服务的根本宗旨，体现了人民是推动发展根本力量的唯物史观。要坚持人民主体地位，顺应人民群众对美好生活的向往，不断实现好、维护好、发展好最广大人民根本利益，做到发展为了人民、发展依靠人民、发展成果由人民共享。要把增进人民福祉、促进人的全面发展作为发展的出发点和落脚点，发展人民民主，维护社会公平正义，保障人民平等参与、平等发展权利，充分调动人民积极性、主动性、创造性。

面对新形势、新任务，必须动员全社会各方面力量，为经济社会发展提供坚强的人才保证和智力支持。巩固和发展最广泛的爱国统一战线，全面落实党的知识分子、民族、宗教、侨务等政策。认真听取民主党派、工商联、无党派人士的意见建议。发挥好工会、共青团、妇联等群团组织的作用。高度重视和做好新经济组织、新社会组织工作。加强与港澳台同胞和海外侨胞的交流合作。拥护和支持军队改革，扎实开展双拥共建，巩固和发展军政军民团结。全面落实尊重劳动、尊重知识、尊重人才、尊重创造方针，鼓励社会各界群众辛勤劳动、诚实劳动、创造性劳动，以昂扬的精神状态在各自岗位上建功立业。

政府工作人员要增强政治意识、大局意识、看齐意识、责任意识和服务意识。领导干部必须具备专业思维、专业素养和专业方法。大力倡导敢于担当、勇于负责，不断创新工作方式。着力克服庸懒散现象，认真解决不愿为、不会为、不敢为问题。积极适应新常态、学习新知识，在实践中开阔视野、增长才干。坚持引进来和走出去相结合，进一步加大境内外培训力度，切实提高干部、人才的能力和素质。完善考核评价体系，对主动作为、做有成效的予以表彰，对不作为的部门和干部严肃问责。建立合理的容错机制、及时的纠错机制和正常的免责制度，营造宽容失败、鼓励创新的环境和氛围。

坚持依宪施政、依法行政、简政放权，把政府工作全部纳入法治轨道。全面提升尊法学法守法用法意识能力，自觉运用法治思维和法治方式深化改革、推动发展。强化决策法定程序的刚性约束，坚持重大行政决策集体讨论决定，健全公众参与、专家论证、风险评估、合法性审查制度。全面梳理公开公共服务事项目录，简化优化公共服务流程。推进综合行政执法体制改革，规范行政执法行为。注重发挥律师、法律顾问和司法机关作用，通过协商调解和必要的法律程序解决问题。扎实细致地做好群众思想政治工作，依靠广大群众推动任务落实。

深化平安山东建设，创新立体化社会治安防控体系，完善社会矛盾排查预警和调处化解机制。深刻汲取安全事故沉痛教训，强化安全生产和消防安全责任，深入开展隐患大排查快整治严执法集中行动，消除各类非法违法行为和事故隐患。加快食安山东建设。加强消费品安全风险防控和检验检测。继续搞好公路安全生命防护工程，深化"平安行·你我他"行动。

自觉接受人大及其常委会监督，定期报告政府工作。主动加强同人民政协的民主协商，大力推进多层次协商民主。切实做好人大代表建议和政协提案办理工作。开展省以下地方审计机关人财物管理改革试点，有序推进领导干部经济责任审计全覆盖。加强行政监察和行政执法监督。建立行政复议纠错、行政诉讼败诉报告制度。进一步健全政务公开制度，完善社会监督和舆论监督机制。

巩固党的群众路线教育实践活动成果，拓展"三严三实"专题教育实际成效。牢固树立群众观念，深入基层、深入群众，向群众学习请教，为群众办实事。坚决把纪律挺在前面，落实全面从严治党主体责任，持之以恒纠正"四风"。完善防止利益冲突和权力寻租的体制机制，着力解决群众身边的不正之风和腐败问题。

各位代表，美好明天属于勤劳智慧的山东人民，幸福生活需要我们用双手来创造。让我们紧密团结在以习近平同志为总书记的党中央周围，在中共山东省委领导下，改革创新，攻坚克难，扎实工作，为加快建设经济文化强省，夺取全面建成小康社会决胜阶段伟大胜利，实现中华民族伟大复兴的中国梦而努力奋斗！

河 南 省

政府工作报告

——2016 年 1 月 25 日在河南省第十二届
人民代表大会第五次会议上

省长 谢伏瞻

各位代表：

现在，我代表省人民政府，向大会报告工作，请予审议，并请
各位政协委员和其他列席人士提出意见。

一、"十二五"重大成就及"十三五"主要目标

回顾过去的五年，我们走过的历程很不平凡。面对国内外严峻
复杂形势和一系列重大风险挑战，在党中央、国务院和省委的正确
领导下，全省上下全面落实党的十八大和十八届三中、四中、五中
全会精神，深入贯彻习近平总书记系列重要讲话精神，扎实开展党
的群众路线教育实践活动，主动适应经济发展新常态，聚焦实施三
大国家战略规划，加快"一个载体、四个体系、六大基础"建设，
着力打造"四个河南"、推进"两项建设"，在抢抓机遇中乘势而

上，在爬坡过坎中克难前行，在攻坚转型中蓄势崛起，干成了一批打基础利长远的大事，办妥了一批多年想办办不了的要事，实现了一系列具有标志性意义的突破，"十二五"规划胜利完成，经济社会发展取得了令人鼓舞的重大成就！

——经济实力大幅提升。去年全省生产总值超过 3.7 万亿元，人均生产总值 3.9 万元，均为 2010 年的 1.6 倍。工业增加值 1.6 万亿元，是 2010 年的 1.4 倍。一般公共预算收入 3009.6 亿元、支出 6806.5 亿元，金融机构本外币存款余额 4.8 万亿元，均比 2010 年翻了一番多。粮食生产在高基点上实现新跨越，总产达到 1213 亿斤，比 2010 年增加 126 亿斤。经济大省、新兴工业大省、农业大省地位更加巩固，家底更加厚实！

——发展方式加快转变。产业转型升级取得重大进展，第三产业增加值占生产总值比重达到 39.5%，比 2010 年提高 8.9 个百分点，成为拉动增长、扩大就业的生力军；高成长性制造业和高技术产业占工业的 56.3%，提高 15.5 个百分点，装备、食品行业主营业务收入超万亿元；产业集聚区规模以上工业增加值占全省的 60.4%，提高 20 个百分点以上，成为工业增长的主阵地。城镇化率 46.85%，提高 8.03 个百分点，五年新增 790 万城镇人口，中原城市群成为国家重点培育发展的城市群。创新能力持续增强，国家级研发中心数量翻了一番，国家重点实验室新增 9 家、达到 14 家，河南粮食作物协同创新中心成为国家首批协同创新中心，可见光通信、客车智能驾驶等核心关键技术取得重大突破。林业生态省建设取得明显进展。主要污染物排放总量完成国家控制目标，"十二五"节能目标提前一年完成！

——战略支撑更加坚实。中原经济区、郑州航空港经济综合实验区继粮食生产核心区之后上升为国家战略，实验区建设"三年打基础"目标基本实现，郑州机场二期工程提前一年建成，现代综合交通枢纽、国际物流中心加快建设，全球智能终端制造基地初步形成。高速公路新增1289公里，米字形高速铁路网建设全面展开。电力装机净增1740万千瓦，疆电入豫工程建成投运。郑州成为国家级互联网骨干直联点，跻身全国十大通信网络交换枢纽，"全光网"河南建成。丹江口库区16.2万移民迁安四年任务两年完成，南水北调中线一期工程如期通水。黄河滩区居民迁建试点启动，第一批试点部分群众喜迁新居！

——改革开放成效显著。行政体制改革稳步推进，省级行政审批事项精简近半，取消非行政许可审批类别；商事制度改革全面展开，新登记企业数量爆发式增长；省级政府机构改革顺利完成，交通运输行政执法体制改革全面完成；省直管县改革走在全国前列。国企改革和战略重组有序推进。资源性产品价格改革持续深化，竞争性领域和环节的商品、服务价格基本放开，全面实现城乡各类用电同价。社会保障制度改革不断深化，城乡居民基本养老保险、职业人群工伤保险制度实现全覆盖，率先实现城乡居民大病保险全覆盖和省级统筹、即时结报，年度最高支付限额达到30万元。医药卫生体制改革加快推进，县级公立医院综合改革全面推开，政府办基层医疗卫生机构全部实施国家基本药物制度。民主法制更加健全，社会治理能力持续提高。对外开放跨越发展，进出口总值达到4600亿元，是2010年的3.8倍；在豫境外世界500强企业新增12家、达到84家，国内500强企业新增28家、达到156家；郑州、洛阳成为丝绸之路经济带主要节点城市；大通关机制基本形成，一批口岸和综合保税区建成投用，我省成为功能性口岸最多的内陆省份。

对外开放进入历史最好时期！

——人民生活明显改善。财政民生支出占财政支出的 74%。城乡居民人均可支配收入分别达到 25576 元和 10853 元，是 2010 年的 1.65 倍和 1.86 倍。城镇新增就业 716 万人，农村劳动力转移就业新增 451 万人。企业退休人员养老金连年提高，城乡低保标准分别提高 55% 和 83%，农村五保对象集中供养、分散供养标准分别提高 90% 和 133%。基本建成保障性住房 137 万套。义务教育均衡发展取得新成效，学前教育三年毛入园率达到 83.2%、提高 30.4 个百分点，普通高考录取率达到 83%、提高 18 个百分点。新增医疗卫生机构床位 15.2 万张。城乡公共文化服务体系初步建立，公益性文化服务场所全部免费开放。新建改建农村公路 4.2 万公里，解决 424 万农户"低电压"问题，改造农村危房 100 万户，3630 万农村居民和在校师生饮水安全问题全部解决，670 万农村贫困人口稳定脱贫。人民群众福祉显著提高！

经过五年努力，我省经济社会发展站在新的历史起点上，为全面建成小康社会打下了具有决定性意义的基础。这五年，我们遇到的困难比预料的大，取得的成绩比预想的好，这是全面落实党中央、国务院决策部署的结果，是省委坚强领导的结果，是省人大、省政协大力支持的结果，是全省人民团结拼搏的结果。在此，我代表省人民政府，向广大工人、农民、知识分子、干部，向解放军指战员、武警官兵、公安民警及社会各界人士致以崇高的敬意！向关心支持河南发展的香港特别行政区同胞、澳门特别行政区同胞、台湾同胞、海外侨胞和国际友人表示诚挚的感谢！

这五年，我们在现代化建设实践中积累了宝贵经验，主要是：坚持贯彻中央决策部署与立足河南实际相结合，坚定正确政治方向；

坚持服务全国大局与推动河南发展相结合，谋大事抓根本打基础；坚持顺应发展趋势与把握发展阶段相结合，求真务实、科学发展；坚持思想引领与制度建设相结合，推进德法双治；坚持发展伟大事业与推进伟大工程相结合，全面从严治党。这些经验是全省人民智慧的结晶，弥足珍贵，必须倍加珍惜、发扬光大！

五年的成就和经验，充分展现了全省干部群众的苦干实干精神和创新创造能力，极大增强了河南人民的自信心和自豪感，显著提高了中原儿女的凝聚力和向心力，必将激励我们百倍努力、奋勇前进！

各位代表！

"十三五"时期是全面建成小康社会的决胜阶段，也是河南基本形成现代化建设大格局、让中原更加出彩的关键时期。必须准确把握经济发展新常态带来的趋势性变化和我省所处的历史方位，以滚石上山的精神和勇气，奋力开拓发展新境界！

根据省委建议，省政府编制了《河南省国民经济和社会发展第十三个五年规划纲要（草案）》，已印发会议，提请审议。

"十三五"时期经济社会发展的指导思想是：高举中国特色社会主义伟大旗帜，全面贯彻党的十八大和十八届三中、四中、五中全会精神，以马克思列宁主义、毛泽东思想、邓小平理论、"三个代表"重要思想、科学发展观为指导，深入贯彻习近平总书记系列重要讲话精神，按照"五位一体"总体布局和"四个全面"战略布局，坚持发展是第一要务，牢固树立和贯彻落实创新、协调、绿色、开放、共享的发展理念，以提高发展质量和效益为中心，加快形成引领经济发展新常态的体制机制和发展方式，着力实施我省三大国家战略规划、推进四化同步科学发展，着力优化经济结构、转换发展动力，着力保障和改善民生，打造"四个河南"、推进"两项建设"，确保如期全面建成小康社会，为全面实现现代化奠定坚实基础。

主要预期目标是：经济保持较高速度增长，在提高发展平衡性、包容性、可持续性基础上，生产总值年均增速高于全国平均水平1个百分点以上，生产总值和城乡居民人均收入比2010年翻一番以上，力争主要人均指标达到全国平均水平，转型升级和创新驱动实现新突破，人民生活水平和质量普遍提高，全民素质和社会文明程度明显提高，生态环境质量总体改善，治理体系和治理能力现代化迈出重大步伐，到2020年全面建成小康社会，基本形成现代化建设框架格局，部分领域和区域实现现代化，综合竞争优势大幅提升，力争实现经济大省向经济强省跨越，综合实力进入全国第一方阵，成为促进中部崛起的核心支撑和带动全国发展的新空间，富强民主文明和谐美丽的现代化新河南展现出更加美好前景！

实现上述目标，必须坚持创新发展，培育发展新动力；坚持协调发展，构筑发展新格局；坚持绿色发展，建设美丽新家园；坚持开放发展，拓展战略新空间；坚持共享发展，创造幸福新生活。

各位代表！

宏伟目标召唤着我们，人民期待鞭策着我们。我们坚信，经过五年不懈奋斗，全面建成小康社会的锦绣蓝图一定能够实现！

二、2015 年工作回顾

2015年是"十二五"的收官之年。一年来，按照省委决策部署，我们坚持调中求进、改中激活、转中促好、变中取胜，狠抓"四个一""五个点"，统筹稳增长、促改革、调结构、强支撑、控风险、惠民生，深入开展"三严三实"专题教育和"三查三保"活动，较好完成了省十二届人大四次会议确定的目标任务，主要经济指标增速在全国的位次普遍前移。初步核算，全省生产总值增长 8.3%、高于全国 1.4 个百分点，固定资产投资增长 16.5%，社会消费品零售总额增长 12.4%，进出口总值增长 15.3%，一般公共预算收入增长 9.9%，居民人均可支配收入扣除价格因素实际增长 7.7%。

我们重点抓了以下工作：

（一）**稳增长调结构，保持经济发展良好态势**。把稳增长保态势作为全局工作的突出任务，把调结构转方式作为主攻方向，实施促进经济持续健康发展 30 条、稳增长保态势 25 个重大专项、财政支持稳增长 18 条等政策举措，经济运行稳中向好。

着力扩大有效需求。实施"双十"投资促进计划，启动养老健康家政、旅游休闲等六大消费工程，制定促进外贸稳定增长政策，出台促进房地产市场平稳健康发展措施，投资、消费、出口协调拉动效应持续显现，房地产投资逐步回升、商品房销售逐步回暖。

深入调整产业结构。启动技改提升工程和工业强基工程，智能终端、智能装备、现代家居等终端高端产品及传统产业中的高附加值产品较快增长，宇通客车拿到法国大订单，中铁盾构全球最大的矩形掘进机走出国门。出台服务业发展重点领域专项行动方案和"互联网＋"行动实施方案，金融、物流等现代服务业和新业态新模式快速发展。产业集聚区、商务中心区、特色商业区支撑带动作用继续增强。加快实施农业"三大工程"，颁布全国首部高标准粮田保护条例，新建高标准粮田 915 万亩，夏粮、秋粮和粮食总产均创历史新高，全年增产 58.96 亿斤；新培育农业产业化集群 72 个、总数达到 200 个以上，农业基础进一步夯实。

加快推进科技创新。深化科技计划和资金管理改革，设立科技创新风险投资基金，中原现代农业科技示范区获得批准，新增 25 个院士工作站，新当选 3 名院士，获得 28 项国家科技奖励、数量创历年新高。扎实推进开放式创新，中科院等一批高层次科研单位在我省设立新型研发机构。大力推进大众创业、万众创新，加快创业孵化载体建设，培育 6 家国家级众创空间。

积极保障要素供给。以解决融资难融资贵为重点，深入推进银企、产销、用工、产学研对接，出台加强金融服务意见，金融机构本外币贷款余额增长 15.3%、高于全国 1.9 个百分点，新增上市企业 7 家、新三板挂牌公司 140 家，全省新增融资 6794 亿元。清理规范涉企收费，落实减免税政策，企业减负 600 多亿元。

大力推进节能减排。深入实施蓝天、碧水、乡村清洁工程和城市河流清洁行动计划。全面推进大气污染防治，完成 48 台燃煤发电机组锅炉烟气综合治理、1147 万千瓦燃煤发电机组超低排放改造，拆改 849 台 10 蒸吨及以下燃煤锅炉，淘汰 38.4 万辆黄标车，全面完成国家下达的淘汰 60 万吨焦炭、72 万千瓦电力等落后产能任务；强力整治农作物秸秆焚烧。强化重点流域、区域和行业环境综合整治，南水北调中线水源地水质稳定达标。

（二）强支撑增后劲，增创区域竞争新优势。坚持长短结合，持续加强关键领域和薄弱环节建设，支撑能力明显增强。

加快郑州航空港经济综合实验区发展。强化航空枢纽建设，覆盖欧美亚的货运航线网络初步形成，郑州机场货邮吞吐量突破 40 万吨、增速居全国主要机场前列，郑州 – 卢森堡双枢纽建设初显成效。一批知名物流和电商企业入驻，郑欧班列运营综合指标居中欧班列首位，郑州跨境贸易电子商务服务试点领跑试点城市，中国（郑州）跨境电子商务综合试验区获批。高端产业集群培育初见成效，智能手机生产和维修量突破 2 亿部。推进城市功能区连片开发，加强基础设施和公共服务设施建设，综合承载能力继续增强。实验区的开放窗口平台和引领作用日益凸显！

强力推进重大基础设施建设。郑徐高铁主体工程完成，郑焦、郑机城际铁路投入运营，郑万、郑合、商合杭高铁开工建设，郑济、郑太高铁前期工作取得重大进展。信阳明港机场开工建设。一批高速公路、干线公路和电力项目建成投用。落实与三大电信运营商、铁塔公司的战略合作协议，我省成为全国七大互联网信源集聚地。河口村水库建成蓄水，出山店和前坪水库开工建设。

科学推进新型城镇化。强化"一基本两牵动三保障"，出台"三个一批人"城镇化实施方案，实行城乡统一的户口登记制度，促进农业转移人口市民化。大力实施城市基础设施扩能增效工程，完成 42 个污水处理厂提标改造，新增污水日处理能力 100 万吨、垃圾日处理能力 2000 吨、日供水能力 80 万吨。加快城乡一体化示范区发展，推进美丽乡村建设，实施农村公路三年行动计划乡村畅通工程，新建改建农村公路 1.3 万公里、改造危桥 8 万延米。

（三）促改革扩开放，增强发展动力活力。加快推动重大改革举措落地，着力提高开放招商实效，为发展注入新的生机。

全面深化改革。坚持问题导向，以解决影响经济持续健康发展的突出障碍、影响民生保障和社会公平的突出问题、影响社会稳定激化社会矛盾的突出隐患为重点，积极跟进落实中央举措，务实推进改革。着力转变政府职能，省市和直管县政府工作部门全部建立权责清单，清理规范行政审批中介服务事项全面展开，"三证合一、一照一码"商事登记制度全面推行。大力推进投融资体制改革，取消下放项目核准权限，推行资产证券化、股权债券融资等投融资方式，设立中原航空港产业投资基金等 10 多只基金，总规模 3000 亿元的城镇化发展基金已落地 42 个项目、总投资 1057 亿元，106 个政府与社会资本合作省级示范项目有序实施。加快金融改革发展，41 家农信社改制组建农商行，中原农业保险公司、中原股权交易中心、中原资产管理公司开业运营，"金融豫军"继续壮大；组织市县领导干部和金融机构负责人培训，提高金融运作水平。全面推进国企改革，混合所有制改革、市场化选聘职业经理人、国有资本投资和运营公司三项试点进展顺利，省管企业负责人薪酬改革实施意见出台。统筹抓好其他改革，户籍制度改革全面推进，不动产统一登记制度改革全面启动，4000 万亩农村土地承包经营权确权登记基本具备颁证条件，农村宅基地和集体建设用地确权登记发证工作进展顺利，财税体制改革持续深化，机关事业单位养老保险制度改革实质启动，县域医疗联合试点有序开展，省级公共资源交易平台建立，党政机关公务用车制度改革完成，供销社、国有林场、职业教育等改革取得新进展。

扩大开放招商。制定参与"一带一路"建设实施方案，与国内 9 个关区、11 个检区实现通关一体化，与沿线国家达成一系列合作成果。加快开放平台建设，肉类、活牛指定进口口岸投入运行，全国邮政国际邮件郑州经转口岸获批，郑州新郑综合保税区三期基本建成，南阳卧龙综合保税区通过预验收。减少外商投资项目备案范围，简化办理流程。举办第九届中国（河南）国际投资贸易洽谈会等活动，推动产业集群式引进，开展招商引资专项督查，狠抓签约项目落地，又承接一批基地型、龙头型、中心性项目。

（四）惠民生增民利，加强社会建设促进社会和谐。加大民生投入，十项重点民生工程圆满完成，社会大局保持稳定。

全力推进精准扶贫。在全国率先实施贫困县考核评价办法，开展扶贫对象建档立卡和干部驻村帮扶，1.2万名重点村第一书记全面到岗就职，实现对贫困村定点扶贫全覆盖。实施"三山一滩"群众脱贫工程，扶持贫困地区发展特色产业，加强贫困家庭劳动力培训，又完成1210个贫困村整村推进扶贫开发、6万深石山区群众扶贫搬迁，全省120万农村贫困人口实现稳定脱贫。

加强就业和社会保障工作。实施高校毕业生就业促进计划和大学生创业引领计划，支持失业人员再就业、就业困难群体就业和农村劳动力转移就业。超额完成养老、医疗、工伤、失业、生育保险扩面任务。企业退休人员养老金人均月增199元，城乡居民基础养老金月人均提高到78元。城乡低保月人均补助水平分别提高到不低于225元和115元，农村五保对象年集中供养、分散供养标准分别提高到不低于3800元和2800元。全面实施临时救助和重特大疾病医疗救助制度。建成县级社会福利中心17个。加快养老健康产业示范园区建设。每千名老人养老床位增加到32.2张。保障性住房开工48.5万套，基本建成34.8万套。

全面发展社会事业。加快推进第二期学前教育三年行动计划，新增幼儿园1660所；继续改善贫困地区义务教育薄弱学校基本办学条件，实施扩充城镇义务教育资源五年计划，实现义务教育学校生均公用经费基准定额城乡统一；加快普通高中改造项目建设和多样化发展试点，持续推进全民技能振兴工程、职教攻坚二期工程，中职学校全日制在校生学费全免；启动高等教育优势特色学科建设工程，15所地方本科院校转型发展试点有序推进；争取"985""211"高校追加招生计划3600多人。启动基层卫生人才工程，新农合和城镇居民医保人均财政补助标准提高到 380 元，人均基本公共卫生服务经费补助标准达到 40 元。实行城乡一体的计划生育奖励扶助制度。实施中原人文精神"五大工程"，推出豫剧《全家福》等精品力作；广泛开展"中原文化大舞台"活动，文艺惠民演出实现城乡全覆盖；加强标志性文化项目建设和文化遗产保护；加快媒体数字化建设，打造新型主流媒体。妇女儿童、残疾人、慈善、红十字等事业健康发展。体育、档案、史志、文史、哲学社会科学研究等工作取得新成绩。

积极防控风险维护稳定。着眼"双安"、强化"双基"、推进"双治"，加强和创新社会治理。出台防范打击和处置非法集资工作意见，深入开展重点地区、重点行业、重点案件非法集资集中整治，完善企业担保链风险化解机制，守住了不发生区域性系统性风险的底线。严格落实安全生产责任制，持续开展食品药品安全专项治理。深化社会治安综合治理，依法严厉打击违法犯罪活动，严防严打暴力恐怖活动，强化维护国家安全和反邪教工作，依法按程序解决信访群众利益诉求，群众安全感和满意度明显上升！

持续推进反腐倡廉建设。全面贯彻中央和省委廉政建设部署，深入落实中央八项规定精神和我省 20 条意见，健全权力运行制约和监督体系，强化行政监察和审计监督，专项治理懒政怠政为官不为，着力解决不严不实和不作为乱作为等损害群众利益问题，防止"四风"反弹，风清气正、干事创业的氛围更加浓厚！

一年来，我们自觉接受人大监督、政协民主监督和社会监督，认真办理人大代表建议和政协提案，支持民主党派、工商联和无党派人士参政议政。加强政府立法和法治宣传教育，深入推进服务型行政执法，全面推行行政执法责任制，深化政务公开，法治政府建设取得新进展。加强国防教育、国防后备力量及人民防空建设，驻豫解放军、武警部队和民兵预备役人员为地方发展做出新贡献，军民融合深入发展，双拥工作深入推进，军政军民团结更加巩固。外事、侨务、港澳、对台、民族宗教、统计、参事、地质、气象、测绘、地震、对口援疆等工作取得新成绩。特别是，配合国家成功举办上合组织成员国政府首脑（总理）理事会第十四次会议，把郑州推向了国际舞台，充分展示了我省深厚的历史文化底蕴、快速发展的巨大成就、欣欣向荣的繁荣景象，有效扩大了河南的国际知名度和影响力！

各位代表！

我们也清醒认识到，经济社会发展中还存在一些突出问题：从长期看，产业结构不合理，城镇化水平不高，创新能力弱，公共服务水平低，脱贫攻坚任务重，体制机制不活。从短期看，投资增长后劲不足，部分行业困难加剧，一些国有企业亏损严重，一些县城房地产库存过大，财政收入增长放缓，种粮比较效益下降，风险隐患增多，环境污染问题突出，严重雾霾天气频发，重特大安全事故仍有发生，教育、医疗、养老、住房等与人民期待还有较大差距。政府职能转变还不到位，一些干部不作为、不愿为、不会为问题依然存在，少数干部以权谋私、贪污腐败。对此，我们一定高度重视，勇于担当，认真解决，努力让人民满意！

三、2016年重点工作

今年是"十三五"规划的开局之年。世界经济虽有积极变化，但总体上延续疲弱复苏态势。我国经济长期向好的基本面没有改变，但结构性矛盾突出，经济下行压力较大。形势严峻，环境复杂，但我省重大战略叠加效应不断增强，改革开放红利加快释放，新产业新技术新业态新模式加速成长，综合竞争优势正在形成，推进四化同步和区域协调发展空间巨大，尤其是传统农区去产能包袱小、发展潜力大，有条件对全省经济增长发挥更大作用。我们既要正视问题、防范风险，长期应对、打好持久战；又要增强信心、奋发有为、久久为功，打赢供给侧结构性改革攻坚战。

今年经济社会发展的主要预期目标是：生产总值增长 8% 左右，一般公共预算收入增长 7%，全社会固定资产投资增长 15%，社会消费品零售总额增长 12%，进出口总值增长 7%，实际到位省外资金增长 7%，城镇新增就业 100 万人以上，常住人口城镇化率和户籍人口城镇化率分别提高 1.6 个和 1.4 个百分点，城乡居民收入增长与经济增长基本同步，居民消费价格涨幅 3% 左右，节能减排、环境质量改善等约束性指标完成国家下达任务，发展质量和效益明显提高，结构性改革取得实质性进展。

生产总值预期增长 8% 左右，充分考虑了我省发展的必要性，以确保与全国同步全面建成小康社会。也客观估计了发展的可能性，以释放潜力。近年来我省发展基础不断夯实，经济结构持续优化，要素保障能力显著提高，区位和市场优势更加凸显，发展动能加快转换，只要我们同心同德，真抓实干，实现这一目标完全可能。

一般公共预算收入预期增长 7%，低于经济增长 1 个百分点，这不同于以往。主要考虑了以下因素影响：一是趋势性因素。近几年全国财政收入增速一直回落，经济增长 1 个百分点，税收收入只增长 0.8 个百分点，我省的趋势与全国一致。二是价格因素。工业生产者出厂价格全国连续 46 个月、我省连续 43 个月下降，直接降低了税收增幅。三是政策性因素。国家推进税制改革，加大减税降费力度。四是结构性因素。我省财政收入结构不优，非税收入占比达30%，税收收入对房地产依赖大。总体上看，在财政收入下拉因素较多的情况下，我省的安排是积极稳妥的。

做好今年的政府工作，要全面落实省委各项决策部署，坚定信心、保持定力、应时合势、精准发力，遵循规律、注重实效，创新机制、改进方法，总揽全局、两手都硬，适应经济发展新常态，去产能、去库存、去杠杆、降成本、补短板，提高供给体系质量和效率，调中求进、改中激活、转中促好、变中取胜，更加注重稳增长、促改革、调结构、强基础、惠民生、防风险综合平衡，确保"十三五"良好开局。工作中要突出"一个引领"，做到"五个坚持、五个着力"，就是以习近平总书记"经济发展新常态怎么看、怎么干"的重要论述为引领，坚持把发展作为第一要务，着力保持经济较高速度增长；坚持五大发展理念，着力促进转型提质增效；坚持深化供给侧结构性改革，着力培育发展新动能；坚持四化同步发展，着力拓展发展新空间；坚持改革发展稳定统筹平衡，着力防范化解风险维护社会稳定，牢牢把握工作主动权。

（一）加强结构性改革，提高发展质量和效益。深入调整供给结构和需求结构，为稳定增长、提质发展提供强劲动力。

加快提升产业竞争力。以加快产业发展新旧动力转换为中心任务，以需求特别是消费升级趋势为导向，以新理念新技术新业态新模式和中国制造2025河南行动为引领，强化工业化信息化深度融合，增强"互联网＋"、电子商务的支撑带动作用，积极承接产业转移，大力推进技术改造和新产品开发，推动河南制造向河南创造、河南速度向河南质量、河南产品向河南品牌转变。一是以发挥特色优势、实现局部突破为重点推动高端装备制造业升级发展。重点支持重大技术攻关、骨干企业智能化改造和重大产业基地建设，推动电气装备、矿山装备、现代农机、数控机床、机器人等领域率先突破。二是以龙头带动、集群配套为抓手促进电子信息产业加快发展。重点提升智能终端、智能穿戴生产能力，加快发展软件开发、动漫游戏、移动多媒体等产业，带动上下游产业集聚发展。三是以绿色安全、知名品牌为引领推动食品工业增创新优势。支持已有知名品牌叫得更响，培育和引进更多拥有自主品牌、自主知识产权的知名企业，提升卷烟品牌竞争力，加快发展冷链、休闲、健康、饮品、配餐、主食等需求稳定增长的食品产业，促进食品工业壮大规模、提高效益。四是以新能源汽车商业化、汽车整车制造为重点推动汽车工业跨越发展。加快建设充电设施，鼓励企业重点突破电池、电机、电控等关键核心技术并大力发展相关零部件产业，加速电动汽车产业化，支持宇通新能源客车做大市场规模；完善低速电动汽车规范运营机制，加大农村市场推广力度；大力吸引骨干汽车制造企业布局河南，推动现有汽车企业开发新车型、引进新车系。五是以延链补链、降本增效、兼并重组为主攻方向推进能源原材料工业转型发展。支持钢铁、电解铝等产业扩大精深加工产品、高附加值产品和高新技术产品规模。推动煤炭、化工、建材等产业加强成本管控，加大兼并重组力度，减亏扭亏，提高效益。六是以提升研发能力、扩大市场规模为重点推动生物医药产业加速发展。重点提高疫苗、抗体药物、诊断试剂等产品的生产能力和市场份额，加快中药生产关键技术创新、中成药新药研发和产业化。七是以技术突破、应用推广为重点推动节能环保产业加快发展。突破高效节能变压器、高效一体化电机等关键技术，开展节能环保产品推广示范，加快节能环保装备产业化。八是以现代物流和现代金融为引领带动生产性服务业提速发展。强化物流中心枢纽功能,推进物流园区智能化、信息化和标准化改造,加强城乡物流配送体系建设,以物流带动人流、资金流、信息流。加快郑东新区金融集聚核心功能区、龙湖金融中心建设,积极稳妥发展互联网金融、绿色金融、金融租赁等新兴业态。推动生产性服务业向专业化、价值链高端延伸,带动研发设计、专业生产服务、信息技术服务、检验检测认证、服务外包等生产性服务业加快发展。九是以民生消费为导向促进消费品工业和生活性服务业加快发展。壮大提升纺织、服装、鞋帽、家电、家具、厨卫、首饰、生活快消品、时尚用品及家装建材等产业,大力发展健康服务、养老服务、居民和家庭服务等生活性服务业,促进批发零售、住宿餐饮等传统支柱服务业转型升级;整合旅游资源,加快打造郑汴洛焦国际文化旅游名城,积极培育伏牛山、太行山、桐柏–大别山、沿黄生态旅游发展区和都市休闲旅游发展区,建设精品线路,优化景区环境,严格质量标准,提高服务水平,推动旅游业加快发展。进一步放宽市场准入,推动教育、医疗、文化、体育等服务业加快发展。十是以去库存、促消费为重点促进房地产业健康发展。支持缴存职工用公积金贷款改善住房条件,将有稳定劳动关系的常住人口纳入公积金覆盖范围,促进新市民在城镇购房,鼓励农民进城购房。建立购租并举住房制度,提高棚改货币化安置率,培育发展住房租赁市场,公租房新增需求主要通过发放货币化补贴、政府购买或长期租赁商品房解决。防控商业地产风险。鼓励房地产企业跨界发展。推广装配式建筑,鼓励发展绿色建筑,提高建筑业整体水平。

推动供给侧结构调整要做好以下工作:一是分类施策,支持各类困难企业分兵突围。对长期亏损、资不抵债、停产半停产的企业，鼓励兼并重组或依法破产，妥善安置员工、处置债务，有序实现市场出清；对不符合能耗、环保、质量、安全等标准的企业，推动提标改造、优化升级；对产品有市场、有效益但暂时遇到困难的企业，继续予以支持。二是多措并举，促进企业降本增效。积极开展降低实体经济企业成本行动，全面落实国家降低企业税费负担、社会保险费、电力价格等政策，制定出台我省降低企业交易、人工、物流、财务等成本和税费负担的政策措施。实施涉企收费目录清单管理，坚决遏制乱收费行为。鼓励企业加强内部管理挖潜，实现降成本、增效益。三是强化服务，创新政府支持方式。继续开展银企、产销、用工、产学研对接，重点解决企业融资难融资贵问题。积极运用基金参与、购买服务、股权投资等方式，支持领军企业发展和优质项目建设。开展投贷联动试点，对创新创业和战略性新兴产业发展提供融资支持。

继续挖掘需求潜力。实施"1816"投资促进计划，在10大领域实施8000个重大项目，完成投资1.6万亿元；加快推进列入国家11项重大工程包的项目建设，启动一批"十三五"规划重大工程。实施新兴热点消费促进工程，努力提升教育培训、健康养老、家政服务、文化体育等服务消费能力，大力催生跨区跨境、线上线下、体验分享、电子商务、智能家居等信息消费，落实好皮卡等轻型货车下乡政策；争取消费金融公司试点，扩大消费信贷，改善消费环境。引进外向型项目，培育出口基地和外向型产业集群；支持先进技术设备、关键零部件和其他需求旺盛产品进口。

（二）加快新型城镇化，促进城乡区域协调发展。强化新型城镇化带动，促进城乡发展一体、区域发展协同。

有序推进农业转移人口市民化。加快户籍制度改革和居住证制度"双落地",出台县级以上城市落户措施,维护进城落户农民土地承包权、宅基地使用权、集体收益分配权。加快城乡一体化示范区建设。大力发展城区经济和县域经济,增强产业支撑能力。

促进中原城市群一体化发展。坚持中心带动、向心发展、错位发展和互动发展,以高速铁路、城际铁路、高速公路建设为突破口,加快推进交通一体、产业链接、服务共享、生态共建,着力构建"一极三圈八轴带"发展格局,不断提升中原城市群整体竞争优势。支持郑州建设现代化国际商都,打造全国区域性商贸、物流、金融、信息中心和先进制造业基地。巩固提升洛阳中原经济区副中心城市地位。推动开封建设新兴副中心城市。促进周边城市与郑州都市区融合对接,构建组合型大都市地区。建设开港经济带、郑汴产学研结合示范带、沿黄生态带,打造郑汴一体化升级版。支持洛阳、开封、新乡、许昌、漯河等产业基础和配套条件较好的市,发展壮大战略性新兴产业、先进制造业、现代服务业和新业态新模式,加快提质发展;支持平顶山、安阳、鹤壁、焦作、濮阳、三门峡、济源等资源型工业比重较高的市,改造提升传统产业,培育接续替代产业,重点推进转型发展;支持南阳、商丘、信阳、周口、驻马店等农业比重大的市,大力承接产业转移,加快工业化城镇化,努力实现跨越发展。鼓励省际城市提升综合承载功能、产业发展水平和交通通达能力,提高区域竞争力和吸引力。支持省直管县加快建设地区副中心城市。

提升城镇规划建设管理水平。遵循城市发展规律,完善城市治理体系,加快解决"城市病",增强城市宜居性。提高城市规划的科学性和权威性,全面推进"多规合一",启动省域城镇体系空间规划编制、新一轮城市总体规划修编和专项规划编制，加强城市设计、建筑设计约束和指导。推进智慧城市、地下综合管廊、海绵城市试点建设，实施垃圾处理和公厕建设、供暖工程、生活饮水提质、城市污水处理厂提标改造与扩容、排水排涝和雨污分流、管道燃气延伸等工程，加强道路交通和停车场建设。改进城市管理，启动城市执法体制改革，实施提升县级城市管理水平三年行动计划，提高城市精细化规范化数字化法治化管理水平。

（三）建设现代农业，推动农业发展方式转变。坚持集约高效绿色可持续发展，促进农业增效、农民增收、农村繁荣。

提高粮食产能。落实藏粮于地、藏粮于技战略，实行最严格耕地保护制度，划定永久基本农田并实行特殊保护，加快农业科技创新及成果转化。大力推进高标准粮田建设，实施耕地质量保护与提升行动，新建高标准粮田 700 万亩。深入开展粮食绿色高产高效创建，实施化肥农药零增长行动。抓好农田水利建设，完成 10 处大中型灌区续建配套与节水改造年度任务，基本建成 8 个抗旱应急水源小水库和一批抗旱应急水源引提调工程。

调整农业结构。加强农业供给侧结构性改革，启动实施种植业结构调整计划，大力发展特色农业、高效农业、绿色农业和品牌农业，增加市场紧缺农产品生产，提高农产品供给的质量、效益和安全水平。加快培育现代农业产业化集群，大力发展都市生态农业，推动农业规模化经营、标准化生产、品牌化营销，持续提升果蔬、花卉苗木、生猪、家禽、肉牛肉羊、奶业等集群发展水平，促进农产品加工业和畜牧业渔业转型升级。实施种养结合循环农业示范工程，启动建设一二三产业融合发展示范县。支持有条件的地方发展乡村特色产业集群和乡村特色经济园区。加强农产品流通设施和市场建设，积极发展"互联网＋现代农业"。

深化农村改革。基本完成农村土地承包经营权确权登记颁证、农村宅基地和集体建设用地使用权确权登记发证工作。落实农业"三项补贴"改革，发展农业产业化经营，培育新型农业经营主体和新型职业农民，开展农民以土地经营权入股农民合作社和农业产业化龙头企业试点，健全农业社会化服务体系，鼓励发展多种形式的适度规模经营。抓好农村产权制度改革试点，稳步推进农村集体经济组织股份合作制改革。整合高标准农田建设项目，探索不同层级整合涉农资金的有效方式。抓好农垦、国有林场、集体林权、供销社等改革。组建省级农业信贷担保机构。

改善农村生产生活条件。完成农村公路三年行动计划乡村畅通工程，新建改建 1.3 万公里。改造农村危房 15 万户。实施农村饮水安全巩固提升工程，推动村村通自来水。分类推进新农村建设。持续开展农村人居环境综合整治，加强农村生活垃圾收集转运和生活污水收集处理等环卫设施建设，在有条件的地方实施改房、改水、改厕、改能、改路工程，探索建立村庄保洁长效机制，建设美丽宜居乡村。做好黄河滩区居民迁建第二批试点工作。

（四）厚植发展优势，蓄积发展后劲。强化基础支撑能力建设，加快推动局部优势、单一优势向综合竞争优势转化。

提升科学发展载体建设水平。加快郑州航空港经济综合实验区建设，发挥郑州机场龙头作用，着力拓展航线、扩大市场、降低成本、安全运营，尽快形成四港联动、多式联运体系，以大物流支撑大产业；加大集群招商力度，抓好签约项目落地，加快形成主导产业；高水平推进城市功能区连片综合开发，尽快建成航空都市框架；深化体制机制创新，积极复制推广自贸区政策，推进投融资、贸易、物流、监管便利化。深入实施"百千万"亿级优势产业集群培育工程，推动产业集聚区持续上规模上水平上层次、提高吸引力竞争力带动力。推动商务中心区提升生产性服务功能、特色商业区提升生活性服务功能。鼓励高新区、经开区创新体制机制和运营模式，加快二次创业，争创"国字号"。

增强重大基础设施支撑能力。尽早开通运营郑徐高铁，加快建设郑万、郑合、商合杭高铁，开工建设郑济、郑太高铁及郑州南站至洛阳等城际铁路，力争开工建设焦作至济源至洛阳城际铁路，积极推进机场至郑州南站城际铁路、蒙西至华中铁路通道建设。完善高速公路网，改造升级干线公路，推进内河航运建设。统筹地区性机场建设，积极发展通用航空。加强信息基础设施建设，实施高速宽带网络和云计算基础设施建设工程，扩容省际出口带宽和直达外省方向，提升国际通信能力。推进出山店、前坪水库建设，力争开工小浪底北岸灌区工程，启动宿鸭湖水库清淤工程，建设引黄调蓄工程，完成病险水库水闸除险加固、重要支流及中小河流治理年度建设任务，力争建成南水北调配套工程。加大城乡电网建设改造投入，加快实施电网优化完善工程，发展绿色煤电和太阳能、风电、生物质能等新能源，推动洛阳石化炼油扩能改造及配套管道项目尽快开工建设。

强化人力资源保障。加快推进高层次人才集聚和培育工程，加强院士工作站、博士后流动站（工作站）和海外高层次人才创新园等平台建设，创新政策和机制，培养引进一批金融、现代物流、电子商务、航空经济等紧缺人才，吸引集聚一批科技领军人才、高水平创新创业人才、优秀企业家和职业经理人。持续推进全民技能振兴工程和职教攻坚工程，建立健全技能培训与产业发展对接机制，加强技师、高级技师培养,造就一批高技能领军人才和"大国工匠"。完善人才评价激励机制和多元化投入机制,健全人才服务保障体系,营造良好人才发展环境。

(五)强化开放带动,增强内外联动发展能力。适应开放新形势,拓展开放广度和深度,发展更高层次的开放型经济。

深度融入"一带一路"。深化与卢森堡货航公司战略合作,推动与波兰国铁公司、卢森堡国铁公司战略合作取得实质性进展,打造空铁国际国内双枢纽。支持郑欧班列开辟新线路,打造境外集货分拨多枢纽。支持有条件的企业"走出去",鼓励优势企业开展国际产能、装备制造合作和跨境并购,引进先进技术、知名品牌、专业人才和管理经验。深化与沿线国家资源开发、农业、旅游等合作。鼓励对外工程承包与劳务合作。支持有条件的企业建设"海外仓"。

突出抓好开放招商。依托科学发展载体开展链式招商、精准招商、以商招商、中介招商,鼓励与发达地区共建产业园区。办好第十届中国(河南)国际投资贸易洽谈会、第五届中国郑州产业转移系列对接、国际旅游城市市长论坛、第十一届豫商大会等经贸活动。

强化签约项目督查,提高合同履约率、资金到位率和项目开工率。坚持引进外地企业和支持已入驻企业、培育本土企业并重,加强签约项目跟踪服务,推动快落地、快建设、快投产。

持续优化开放环境。完善政府守信践诺机制,健全外商投诉权益保护机制,推动招商由主要靠优惠政策向主要靠优质综合服务转变。加强国际贸易"单一窗口"建设,完善"一站式"大通关服务体系。加快建设中国(郑州)跨境电子商务综合试验区,积极申建河南自贸区。支持有条件的市县申建海关特殊监管区域和集中查验场所。加快建设郑州航空、铁路国际枢纽口岸,创新发展郑州多式联运监管中心，积极申建药品进口口岸城市和进境植物种苗等指定口岸，建成进境粮食口岸，推动汽车整车、肉类、水果、冰鲜水产品、食用水生动物、活牛等指定口岸协调联动，发展口岸经济。支持郑州建设国家服务外包示范城市。

（六）深化改革创新，激发全社会创造力。围绕解决突出问题，充分调动各方面改革创新热情，增强发展内生动能。

深化重点改革。加快国有企业改革三项试点，实施国有企业功能分类，建立国有资产出资人监管权力和责任清单，继续剥离国有企业办社会职能和解决历史遗留问题。鼓励、支持、引导非公有制经济发展，保护各种所有制经济产权和合法权益。深化商事制度改革，进一步放宽市场准入，加强事中事后监管。加快投融资体制改革，探索建立企业投资项目负面清单制度，制定省级禁止类和限制类清单，创新政府与社会资本合作项目收益和分配机制，开展有稳定收益的特许经营项目示范，设立铁路发展基金。深化金融体制改革，加快金融业发展，争取再有 50 家县级农信社改制组建农商行或达到组建标准，大力引进省外境外金融机构在豫设立分支机构，争取设立民营银行、中原寿险公司；推动企业境内外上市、挂牌、发行债券，支持上市公司再融资；支持中原银行加快网点布局、郑商所扩大交易品种和规模，完善中原股权交易中心服务中小微企业的功能；加快推进资产证券化。按照国家统一部署，继续推进营改增试点，推进消费税和资源税费改革，做好税收征管体制综合改革试点工作。积极推进新型城镇化综合试点工作。抓好气象现代化试点省建设。完成政府机构改革，加快事业单位、省直管县体制、经济发达镇行政管理体制等改革。

强化创新驱动。推动政府职能从研发管理向创新服务转变，设立科技成果转化引导基金，建设众创孵化空间和创新创业投融资平台，培育一批创新龙头企业，实施一批重大科技专项，组建一批产业技术创新战略联盟。加快开放式创新，再引进一批创新型企业、创新型团队、创新型项目和知名研发机构。继续实施省级研发机构大中型企业全覆盖工程，推进中科院河南合作平台建设，争取中科院在豫设立分院级研发机构，建成国家专利审查协作河南中心，加快建设国家技术转移郑州中心，开工建设省科技馆新馆。加快创新载体建设，积极申建郑洛新国家自主创新示范区。推进业态模式创新，落实"互联网+"行动方案，实施电子商务示范工程，深化大数据和云计算应用。构建众创众包众扶众筹支撑平台，推进股权众筹试点，促进线上线下协同创新创业。

（七）保护生态环境，打造美丽河南。坚持治、防、管一体抓，继续实施蓝天、碧水、乡村清洁工程和城市河流清洁行动计划，保护"绿水青山"，创造"金山银山"。

以解决大气和水污染为重点实施有效治理。突出抓好燃煤污染防治、工业大气污染防治、机动车污染控制、扬尘综合治理、农作物秸秆禁烧及综合利用，重点实施煤炭清洁高效利用和散煤替代，完成燃煤机组超低排放改造，淘汰和改造不符合要求的发电机组和燃煤锅炉，加快淘汰黄标车和老旧车，实施第五阶段国家机动车污染物排放标准，省级安排10亿元雾霾治理资金，支持燃煤电厂超洁净排放技术改造等重点工作，做好重污染天气应急应对，遏制雾霾天气频发态势，力争郑州等重点城市空气质量明显改善。加强饮用水水源地保护，确保饮用水安全。抓好重点流域、重点行业、重点企业水污染防治。加快城市河道环境综合整治，逐步消除黑臭河。加强种植、畜禽养殖等农业面源和重金属污染防治，推进土壤污染治理及修复。

以促进资源节约和生态系统建设为重点狠抓源头预防。强化能源和水资源消耗、建设用地等总量和强度双控制。加快园区循环化改造和静脉产业园建设，开展低碳城市和园区试点，推进建筑能效提升和绿色建筑全产业链发展，实施工业余热暖民工程和节能节水行动计划。持续实施林业生态省建设提升工程和重大生态建设工程，推进南水北调中线干渠、黄河中下游及淮河沿线等生态廊道建设。加强湿地保护和矿山地质环境恢复治理。

以完善制度机制为重点加强生态环境管理。健全党政领导干部生态环境损害责任追究机制，落实排污单位主体责任和行业管理部门监管责任，实行一票否决并严肃追究怠政失职。加强污染物排放总量控制，探索建立排污权、碳排放权初始分配制度，培育和发展交易市场。在环境高风险领域建立污染强制责任保险制度，引入第三方治理。建立完善生态环境突发性灾害事件应急机制。开展环保综合督查和重点领域环境专项执法检查，严厉打击环境违法行为，清理整顿环保违法违规建设项目。加强环保在线自动监测监控系统建设，依法公开环境信息。推进省以下环保机构监测监察执法垂直管理体制改革。

（八）建设文明河南，提升发展软实力。积极践行社会主义核心价值观，深入开展精神文明建设，全面推进文化事业、文化产业发展和文化体制改革，不断提升文化活力实力竞争力。

加强公共文化服务。深入实施文化惠民工程，加强基层综合性文化服务中心建设。加快丝绸之路文化交流中心建设，开工建设二里头夏朝遗址博物馆、中原考古博物院等项目。继续实施中原人文精神"五大工程"。建设"书香中原"。加强文化遗产保护利用，推动太极拳等项目申遗。实施哲学社会科学创新工程，加快中原智库建设。加强网上思想文化阵地建设，依法建网管网用网，用正能量滋养网络文化，让网络空间更加繁荣清朗！

创新发展文化产业。积极推进文化与科技、金融、旅游、互联网融合发展，加快文化产业转型升级。持续实施文化产业"双十"工程，用好中原文化股权投资基金，推进郑州国际文化创意产业园、中原云大数据中心、河南文化艺术交易中心等项目建设。突出"老家河南"主题，打造根亲文化品牌。充分发挥航空港卫视等对外融媒体传播平台作用，扩大对外文化交流和经贸合作。

深化文化体制改革。推进传统媒体与新兴媒体融合发展，壮大大河网络传媒集团、大象融媒体集团，完成省广播电视台、广电传媒控股集团组建。加快国有经营性文化单位转企改制，深化公共文化服务单位内部管理机制改革，完善国有文化企业资产监督管理机制。

（九）保障改善民生，增强人民群众获得感。以实施重点民生工程为抓手，加快健全基本公共服务，维护社会和谐稳定。

打好脱贫攻坚战。贯彻精准扶贫、精准脱贫基本方略，坚持"五条途径"，落实"五项举措"，强化"五个保障"，健全脱贫攻坚联动机制，完善定点扶贫机制和选派第一书记驻村帮扶机制，强化易地扶贫搬迁顶层设计和模式创新，推进扶贫搬迁后土地复垦及地票省内交易，引导资金、土地、人才、技术等要素向贫困地区集聚，实现兰考、滑县率先摘帽，全省100万农村贫困人口稳定脱贫，确保脱贫攻坚首战必胜！

促进就业和居民增收。支持高校毕业生就业创业，做好退役军人安置工作，强化困难人员就业援助，妥善解决化解过剩产能中下岗分流职工再就业问题，实施新生代农民工职业技能提升计划，支持农村劳动力转移就业和农民工返乡创业，稳定扩大就业。健全企业工资集体协商、正常增长和支付保障机制，适当提高机关事业单位人员基本工资，落实县以下机关公务员职务与职级并行制度和乡镇工作补贴，持续增加城镇中低收入者收入。多渠道增加农民经营性、工资性和财产性收入，依法治理拖欠农民工工资问题，坚决维护农民工合法权益！

织密社会保障安全网。全面实施全民参保登记计划。深化机关事业单位养老保险制度改革，继续提高企业退休人员基本养老金。探索建立全省统一的城镇职工基本医疗保险政策，将职工医保、城镇居民医保政策范围内住院费用支付比例分别提高到 80%、75% 左右，适当提高大病保险人均筹资水平和支付比例，加快推进省内异地就医即时结算。做好整合城乡居民医保制度的规划和部署，新农合和城镇居民医保年人均补助标准再提高 30 元，探索建立城乡大病保险对贫困对象、高额医疗费用患者倾斜机制。开展困难群众大病补充医疗保险试点。提高城乡低保、医疗救助、临时救助保障水平，城乡低保财政补差水平月人均分别提高 15 元和 12 元，农村五保对象年集中供养、分散供养标准分别提高到人均 4000 元和 3000 元。棚户区改造开工 36 万套。发展红十字事业，鼓励慈善捐赠和志愿服务。全部建成县级社会福利中心，健全农村留守儿童、妇女、老人关爱服务体系，建立经济困难高龄失能老人补贴制度，全面建立困难残疾人生活补贴和重度残疾人护理补贴制度，维护社会公平正义！

提高教育发展水平。以办好人民满意的教育为目标，以优化布局、提高质量、解决教育突出问题为重点，加快实施第二期学前教育三年行动计划，深入推进全面改善贫困地区义务教育薄弱学校基本办学条件和扩充城镇义务教育资源工作，启动新一轮农村义务教育学校布局调整，加强农村寄宿制学校建设，实施乡村教师支持计划。加快推进普及高中阶段教育，免除建档立卡家庭经济困难普通高中学生学杂费，推进品牌示范和特色职业院校及公共实训基地建设，调整中职学校布局，省属高职高专生均拨款标准再提高800元。加强高水平大学、特色骨干高校和优势特色学科建设，支持郑州大学、河南大学等高校创建一流大学，推进一批普通本科高校向应用型转型，省属本科院校生均拨款标准再提高400元。支持和规范民办教育发展。办好特殊教育。深化教育综合改革，稳步推进考试招生制度改革。加快教育信息化步伐。完善助学体系，对城乡家庭经济困难学生实现资助全覆盖。努力让河南学子接受优质教育！

推进健康中原建设。着力解决医疗机构布局不均衡、优质医疗卫生资源不足问题。深化医药卫生体制改革，抓好县级公立医院综合改革和城市公立医院改革试点，加快构建定位明确、分工协作的县域医疗服务体系，有序扩大县域医疗联合试点，深入开展居民健康签约服务试点，继续推进基层卫生人才工程，促进分级诊疗。建成国家心血管病中心华中分中心主体工程、阜外华中心血管病医院，加快中美（河南）荷美尔肿瘤研究院建设，打造服务河南、惠及周边的区域性医疗中心。开展"平安医院"创建。推进基本公共卫生服务均等化，加强重大传染病、慢性病、地方病、职业病防治，增加艾滋病防治等特殊药物免费供给。人均基本公共卫生服务经费补助标准提高到45元。改革完善计划生育服务管理，落实全面两孩政策，加大出生缺陷干预力度，综合治理出生人口性别比失衡问题。提高竞技体育水平，广泛开展全民健身活动，加强心理健康服务，让广大人民群众身心更健康！

创新社会治理。加强立体化社会治安防控体系建设，完善反恐怖工作和打击犯罪机制，强化流动人口服务管理，做好特殊人群的教育、管理、服务、帮扶等工作。做好信访维稳工作，注重依法化解社会矛盾。改进公共法律服务。加强社区建设，推行政府购买社区社会服务试点。做好社区矫正工作。加强多种形式的宣传教育，让人们远离非法集资，落实属地管理责任和监管部门责任，分类处置和依法解决重点地区、重点行业非法集资问题。严格落实安全生产责任制，深化重点行业、重点领域专项整治，强化食品药品安全日常检查和监督抽检责任，坚决遏制安全生产和食品药品安全重特大事故发生！

加强国防教育和国防后备力量建设，支持国防和军队改革，支持驻豫解放军、武警部队、预备役部队、民兵和人民防空建设，持续开展双拥工作，推进军民融合深度发展，巩固和发展军政军民团结。支持工会、共青团、妇联等人民团体更好发挥桥梁纽带作用。做好外事、侨务、港澳、对台工作。加强民族宗教、统计、参事、史志、文史、档案、地震、测绘、对口援疆等工作。

四、建设廉洁高效政府

贯彻法治政府建设实施纲要，统筹推进法治政府、创新政府、廉洁政府和服务型政府建设，不断提升政府治理能力和水平。

加快转变政府职能。深化放、管、服改革，继续精简行政审批事项，清理规范行政审批中介服务事项，全面建立权责清单制度并实行动态管理，坚决把该放的彻底放开、该减的彻底减掉、该清的彻底清除；加强和改善事中事后监管，推开"两随机、一公开"检查，切实把该管的管好；推行行政审批标准化，推广"互联网＋政务服务"，推进政务公开，让企业和群众办事更便捷！

大力推进依法行政。改进政府立法，健全依法决策机制，认真履行公众参与、专家论证、风险评估、合法性审查等重大决策法定程序。推进服务型行政执法，全面落实行政执法责任制，加强行政执法监督，促进严格规范公正文明执法，启动"七五"普法。依法接受人大及其常委会法律和工作监督，主动接受政协民主监督，严格执行人大及其常委会决定，认真办理人大代表建议和政协提案，拓宽参政议政渠道，广泛听取民主党派、工商联、无党派人士、人民团体意见，自觉接受社会监督和舆论监督，让人民群众更有效地监督政府，让行政权力始终在法治轨道和阳光下运行！

持续转变工作作风。践行"三严三实"要求，深入开展"双学一做"学习教育，持续落实中央八项规定精神，全面加强政府作风建设，开展懒政怠政为官不为问责年活动，聚焦监督执纪问责，整治顶风违纪行为，决不让"四风"反弹回潮。深入基层调查研究，听实话、察实情、出实招。强化教育培训和实践锻炼，提升公务人员素质能力。健全岗位履职责任制和激励机制，督促引导各级公务人员履职尽责、勤政有为、真抓实干。完善纠错问责机制，健全全面覆盖的督查机制，坚决遏制"门好进、脸好看、事不办"现象，下决心打通政策落实中的"中梗阻"和"最先最后一公里"！

切实加强廉政建设。坚持纪严于法、纪在法前，严明政治纪律和政治规矩，履行主体责任和"一岗双责"，落实党风廉政建设责任制。加强党规政纪教育，严格执行廉洁自律准则和各项规定，推动监察和审计全覆盖，强化巡视巡察监督，着力解决群众身边的不正之风和腐败问题。坚持无禁区、全覆盖、零容忍，以坚如磐石的意志和决心反腐惩恶，以反腐倡廉实效保障发展、取信于民！

　　各位代表！

　　实干托起梦想，奋斗铸就辉煌。让我们紧密团结在以习近平同志为总书记的党中央周围，在省委坚强领导下，凝神聚力抓落实，在中原崛起河南振兴富民强省征程中砥砺前行，努力实现"十三五"顺利开局，让中原在实现中国梦进程中更加出彩！

湖 北 省

政府工作报告

——2016 年 1 月 26 日在湖北省第十二届
人民代表大会第四次会议上

省长 王国生

各位代表：

现在，我代表省人民政府向大会报告工作，请予审议，并请省政协各位委员和其他列席人员提出意见。

一、"十二五"时期经济社会发展回顾

过去的五年很不平凡。回首共同走过的历程，脚步中留下许多难忘的印记。党的十八大召开不久，习近平总书记视察湖北，开启湖北"建成支点、走在前列"新征程；省第十次党代会作出"五个湖北"建设战略部署，把跨越式发展写在"十二五"发展的旗帜上。在党中央、国务院和省委坚强领导下，全省人民以党的十八大精神为指引，深入贯彻习近平总书记系列重要讲话精神，积极适应经济发展新常态，在应对国际金融危机持续影响和经济下行压力中，克

难奋进，稳步前行，经济社会发展呈现"总量跨越、质效提升、位次前移"的竞进态势，胜利完成"十二五"主要目标任务，为"十三五"发展打下了坚实基础。

——综合实力大跨越。地区生产总值先后跨上 2 万亿、逼近 3 万亿，年均增长 10.7%，在全国的位次由第 11 位上升到第 8 位，实现 5 年前进 3 位的重大突破；人均 GDP 达 8000 美元，进入中等偏上收入地区行列；地方一般公共财政预算收入先后迈过 2 千亿、3 千亿两个大台阶，由全国第 20 位上升到第 9 位。

——经济韧性大增强。三次产业结构加快向更优形态演进；千亿元以上产业由 7 个增加到 17 个，五大支柱产业加快向万亿元迈进；武汉进入 GDP 万亿元俱乐部，宜昌、襄阳双双超过 3300 亿元，过千亿元的市由 3 个增加到 10 个；新的增长动力加快孕育生成，新产业、新业态、新模式、新技术蓬勃发展，电子商务交易额突破万亿元，居中部第 1 位。

——发展条件大改善。交通枢纽地位巩固拓展，铁路、高速公路、高等级航道营运里程大幅增加，贯通全国全省的骨干网基本形成，全省两万多个行政村开通客车；大通道、大平台、大通关建设实现突破，"汉新欧""鄂满俄"国际货运班列常态化运营，武汉连接四大洲的国际客运航线达到 39 条，国际交流、交往、交融更加便捷，贸易便利化条件显著改善；城乡面貌焕然一新，对内对外开放的环境日臻完善。

——民生福祉大提升。新增城镇就业五年累计超过 400 万人，农村劳动力转移就业达到 1119.43 万人；353 万农村建档立卡贫困人口实现脱贫；城乡居民人均可支配收入年均分别增长 11.2% 和 13.2%，达到 27051 元和 11844 元，农民人均收入超过全国平均水平。

"四个全面"战略布局深入实施，"五个湖北"建设全面推进，各方面业绩亮点纷呈。如果说，我们曾经为湖北的昨天有过无数次自豪和骄傲，今天，我们更有理由坚信，一个实力更强、结构更优、质量更好、后劲更足、充满生机活力的湖北，正以前所未有的底气和信心，站上了历史的新起点！

五年来，我们主要做了以下工作：

一是以稳增长来稳大局，着力保持经济平稳运行。充分发挥投资的关键作用，抢抓"一带一路"、长江经济带、长江中游城市群等重大战略机遇和政策机遇，一批重大事项和工程纳入国家项目建设，五年共争取中央预算内投资843亿元。全社会固定资产投资五年累计完成10.4万亿元，年均增长21.9%，总量是"十一五"时期的3倍多。南水北调中线一期工程竣工；宜万铁路、汉宜铁路、石武高铁以及武汉至咸宁、黄冈、黄石城际铁路建成运营；神农架机场通航，武当山机场试航，天河机场三期主体工程即将封顶；鄂北水资源配置工程、汉十、蒙华铁路等重点项目开工建设；80万吨乙烯、联想武汉基地、上汽通用武汉基地、东风商用车8万辆重卡等一批重大产业项目陆续投产并形成新的经济增长点。努力提升消费的拉动作用。2015年社会消费品零售总额达到13978亿元，居全国第6位。大力支持实体经济发展。实施"企业直通车"、重点项目"绿色通道""一企一策"等服务制度，加强政银企对接，建立中小企业发展基金、县域经济发展调度资金，缓解企业融资困难。落实企业减税降费政策，减少涉企收费项目145项，"营改增"和小微企业税收优惠减轻企业税收负担84亿元。

二是以结构调整为主线，着力增强发展的内生动力。加快发展现代农业。粮食实现"十二连增"，总产超540亿斤，创历史最高纪录。淡水水产品、油菜籽产量稳居全国第一。主要农作物综合机械化率超过 65%，各类新型农业经营主体达到 16.4 万家。农产品加工业主营业务收入过万亿，居全国第 5 位。农产品质量安全水平保持全国前列。加快推进新型工业化。大力实施"两计划一工程"和"四六十"行动方案，推进制造业迈向中高端。工业总产值先后突破 3 万亿、4 万亿；五年累计完成工业项目及技改投资超过 4.5 万亿元，增速居全国第 6 位；新增规上工业企业 7000 家左右。建筑业总产值突破 1 万亿元，由全国第 9 位进至第 3 位。全面实施质量兴省战略，全省名牌产品产值突破 6000 亿元。加快发展服务业尤其是现代服务业。2015 年服务业增加值达到 1.27 万亿元，年均增长 10.8%，对经济增长的贡献率超过第二产业。旅游总收入达到 4250 亿元，年均增长 13.2%。金融、物流发展有新的突破。节能减排成效显著，提前一年完成淘汰落后产能和"五小"企业关停任务，单位 GDP 能耗五年累计下降 22% 左右，单位生产总值二氧化碳排放量累计下降 20%，四项主要污染物排放量均全面完成国家下达的减排任务。

三是以改革开放释放新红利，着力培育发展新动能。下好简政放权"先手棋"，加快推进重点领域和关键环节改革。五年累计取消、下放和调整行政审批事项 874 项，成为全国行政审批事项最少的省份之一。投资项目联合审批平台建成运行。投资核准目录、政府定价目录分别削减 55% 和 71.7%。推行政府权力清单制度，精简行政职权 1397 项。推进"三证合一""一照一码"登记制度改革，激发创业活力。市场主体总户数达到 412.8 万家，居全国第五、中部第一。省、市、县政府机构改革全面完成。学习上海自贸区经验，分批实施 185 项改革创新事项。投资、财税、价格等领域改革步伐加快，国有企业、农村改革取得新进展。武汉区域金融中心建设加快推进。武汉城市圈成为全国首个科技金融改革创新试验区；多层次资本市场加快发展，境内上市企业 87 家，"新三板"挂牌企业 203 家，"四板"挂牌企业 802 家。创新支持产业发展方式，长江经济带产业基金带来新的发展活力。大力推进创新驱动发展。武汉入列全国综合创新改革试验区，武汉、襄阳、宜昌获批建设国家创新型试点城市。出台"科技十条""黄金十条""创业十条""新九条"等支持创新创业政策。高新技术企业总数达到 3300 家，增加值突破 5000 亿元，占生产总值比重提高 6.3 个百分点。万人发明专利拥有量 4.3 件，比"十一五"末增长近 4 倍。首款自主研发并量产的北斗 40 纳米定位芯片取得技术性突破。国家级开发区由 7 家增加到 14 家，国家级高新区由 3 家增加到 7 家。对外开放取得积极进展。进出口年均总量实现翻番，2015 年出口增速居全国第三、中部第一。"走出去"企业数量增多，来鄂投资的世界 500 强企业由 87 家增加到 241 家。

　　四是以"一元多层次"战略体系为统领，着力形成协调发展多点支撑新格局。加快实施"两圈两带"战略和"一主两副"中心城市带动战略。武汉城市圈圈域一体化加快推进；鄂西生态文化旅游圈十大旅游区、十二大重点工程建设取得重大进展。"一主两副"带动作用增强，各市州竞相发展。县域生产总值占全省比重达到 60%，大冶、宜都跻身"全国百强"。新型城镇化加快推进。城镇化率达到 56.85%，年均提高 1.43 个百分点；城市生活污水、生活垃圾处理率分别达到 90% 和 96%；农村安全饮水人口普及率达 96% 以上。启动实施主体功能区、生态省建设等重大规划，加快推进"绿满荆楚"行动，森林覆盖率达到 41.2%。十堰、宜昌、黄石、荆州先后被列入国家生态文明先行示范区，咸宁成功申报国家生态保护与建设示范区，荆门、潜江、枝江被列入国家循环经济示范城市，神农架纳入国家公园体制试点，黄石、潜江、大冶、钟祥、松滋等资源枯竭城市转型试点加快推进，一批生态工业园区、再生资源基地加快建设，矿山生态环境治理取得明显成效。

五是以改善民生为出发点和落脚点，着力增强人民群众获得感。 不断加大民生投入，增加公共服务和公共产品供给。民生及社会事业支出占一般公共财政支出比重保持在 75% 以上。完善社会保障体系，覆盖城乡的社会保险制度基本建立，城乡居民社会养老保险实现制度全覆盖，社会保障水平稳步提升。五项社会保险参保4954 万人次。新农合参合率达到 99.7%，率先实现全省同步建立居民大病保险制度。企业退休人员养老金实现"十一连增"。全面建立被征地农民养老保险补偿机制。开展水库移民后期扶持，全省300 万移民受益。全面建立城乡社会救助制度，养老事业加快发展。建设保障性安居工程 193 万套、农村危房改造 56.2 万户，实施各类棚户区改造 128 万户。统筹推进各类教育改革发展，城乡免费义务教育全面实现，高中阶段教育毛入学率显著提高。深入推进医药卫生体制改革，医疗卫生事业加快发展，基本医疗保障制度进一步完善，初步建立基本药物制度，县级公立医院综合改革实现全覆盖，人均公共卫生服务经费成倍提高。深化文化体制改革，推动文化事业和文化产业发展。基层公共文化基础设施建设普遍加强。成功举办第十届中国国际园林博览会、第六届中国京剧艺术节和第二届中国歌剧节等大型活动，建成湖北省图书馆等一批标志性文化工程。恩施唐崖土司城成功申遗。我省体育健儿在伦敦奥运会等重大国际比赛上取得优异成绩，湖北省第十四届运动会成果丰硕。WTA 网球公开赛、第七届世界军人运动会落户湖北。

六是以民主法治和精神文明建设为重点，着力推进和谐湖北建设。 认真执行省人大及其常委会决议决定并向其报告工作，主动与省政协协商讨论重大事项，自觉接受监督。五年共办理省人大代表建议、批评和意见3106件，省政协委员提案3728件。制定省政府规章44件，修改省政府规章28件，废止或宣布失效省政府规章32件。健全重大事项集体决策、专家咨询、社会公示和听证制度，规范重大行政决策事项范围、程序以及责任追究办法。密切联系工会、共青团、妇联等群众团体。基层民主政治建设加强，村（居）委会换届平稳推行，村（居）务公开和民主管理制度不断完善。大力弘扬社会主义核心价值观，加强思想道德教育和精神文明建设。多层次精神文明创建取得新成果，宜昌、武汉先后荣获全国文明城市称号。全面实施"六五"普法依法治理规划，深入推进法治湖北建设。创新完善立体化社会治安防控体系，加强社会治安综合治理，积极创建平安湖北，社会治安综合治理2015年考评位居全国第二。在全国率先依法分类处理信访投诉请求，及时就地解决信访问题。加强应急管理、安全生产和食品药品安全监管，保护人民群众生命财产安全。

五年来，我们不断加强政府自身建设，持续改进工作作风，努力提高行政效能和服务水平。开展"三万""治庸问责""三抓一促""电视问政""行风政风评议"等活动，加大履职尽责督查工作力度，扎实推进"党的群众路线教育实践活动"和"三严三实"专题教育，推动作风建设制度化、常态化、长效化。全面落实政府党组党风廉政建设主体责任，旗帜鲜明反腐倡廉。认真贯彻执行中央八项规定精神和省委六条意见，严守党的政治纪律和政治规矩，加强权力运行的监督制约，强化效能监察和审计监督，严肃查处各类违纪违法案件。

国防动员、国防工业、人民防空、民兵预备役、双拥、优抚安置等工作进一步加强。依法加强民族、宗教事务管理。援疆、援藏工作取得积极成效。统计、科协、侨联、保密、档案、气象、地震、参事、国土、文史、方志、新闻出版、广播影视、驻外机构、社会科学事业、慈善事业、政策咨询、残疾人事业、公共资源交易、妇女儿童事业、机关事务管理等各方面工作都取得新的成绩。

刚刚过去的 2015 年，面对少有的复杂严峻形势，我们以积极主动作为适应和引领经济发展新常态，统筹推进"稳促调惠防"各项工作，经济运行呈现"总体平稳、稳中有进、进中向好"的良好态势。全省生产总值达到 29550.19 亿元，增长 8.9%。规模以上工业增加值增长 8.6%，固定资产投资增长 16.2%，社会消费品零售总额增长 12.3%，地方一般公共财政预算收入增长 17.1%，外贸出口增长 11%，实际利用外资增长 12.9%，城镇和农村常住居民人均可支配收入分别增长 8.8%、9.2%。城镇新增就业 86.63 万人。实现 128 万建档立卡贫困人口脱贫。居民消费价格指数上涨 1.5%。成功举办中博会、华创会、楚商大会、央企对接、湖北·武汉台湾周、鄂港澳粤经贸洽谈等重大活动，签约协议金额超 2 万亿元，彰显了湖北发展的强劲气场。"东方之星"号客轮翻沉事件的救援和善后工作，展示了"小城大爱"的时代风貌和湖北的良好形象。

各位代表，过去五年，我们在攻坚克难、砥砺奋进中一步步走来，谱写了湖北实现"弯道超越"、加快振兴崛起的新篇章。这是党中央、国务院和省委正确领导，全省人民团结拼搏、共同努力的结果；是历届省委、省政府打下良好基础和省人大、省政协监督支持，各民主党派、工商联、无党派人士，各人民团体，中国人民解放军驻鄂部队、武警部队，香港、澳门特别行政区同胞，台湾同胞，海外侨胞和国际友人大力支持的结果。这里，我代表省人民政府，向全省广大干部群众，向所有关心和支持我省经济社会发展的海内外人士，向在荆楚大地不懈奋斗的创新创业者，表示衷心的感谢！

五年的艰难历程，我们深刻体会到，推动湖北科学发展、跨越式发展，必须牢牢把握以下原则。一是必须坚持以经济建设为中心，保持战略定力，咬定发展不松劲、不泄气，始终坚持"竞进"作为，用"1.5 系数"的姿态谋划湖北发展，着力推进做大总量与做优质量双提升，在适应、把握、引领新常态中展现湖北新作为。二是必须坚持用先进理念引领发展，结合湖北实际，把"落实科学发展观一步到位""三维纲要""产业第一、企业家老大""精神经济学"等理念贯穿到经济社会发展之中，着力在调结构、转方式上下功夫、出实招，不断增强经济增长的新动能，在区域行业分化中把握发展的主动权。三是必须坚持打基础与管长远相结合，既立足实际抓好当前工作，着力应对经济下行，解决经济发展的突出困难和问题，巩固湖北"高于全国、中部靠前"的势头；又着眼未来，科学谋划事关湖北长远发展的重大战略、重大事项，积蓄发展新动能，不断增强发展后劲。四是必须坚持以改革促创新、促发展，以政府简政放权的有效作为换取市场活力的乘数效应，着力激发市场主体和全社会的创造力。五是必须坚持营造良好的政治生态，把握好经济建设和党风廉政建设"力度统一论"，不断提高政府治理能力和水平；把握好继承和创新的关系，一届接着一届干；把握好既要清廉，又要干事的要求，建设团结战斗的领导班子，为全省跨越式发展提供坚强保障。

同时，我们也清醒地认识到，湖北经济社会发展中仍然存在不少困难和问题。一是经济下行压力较大。需求收缩与产能过剩之间的矛盾依然突出，企业生产经营困难，融资难、融资贵等问题仍较普遍，"三角债"出现抬头现象，部分地区财政收支平衡压力加大。二是新旧增长动力接续不力。亿元以上新开工项目明显减少，投资资金不到位情况时有发生，在汽车、石化、钢铁等传统支柱产业拉动作用减弱的情况下，新兴产业尚未形成足够拉动力。三是经济社会发展仍存在明显的短板。创新能力不强、对外开放度不高、资源和环境约束趋紧、城乡和地区发展不平衡、贫困人口数量多等相互交织。四是政府自身建设仍需进一步加强。少数政府工作人员回避困难和矛盾、不作为懒作为现象和不会作为并存，转变作风、提升能力的任务艰巨。需要特别说明的是，2015 年生产总值、城乡居民可支配收入等指标增速未达到预期目标。我们一定要以对党和人民高度负责的精神，直面问题，承认不足，找准原因，主动改进。

二、"十三五"时期经济社会发展的总体要求

"十三五"时期，是我国全面建成小康社会、实现第一个百年梦想的决胜阶段，也是湖北"建成支点、走在前列"的关键时期。综合研判，我省仍处在大有可为的黄金机遇期，同时也面临诸多矛盾叠加、风险隐患增多的严峻挑战。我们必须准确把握战略机遇期内涵的深刻变化，准确把握湖北所处发展阶段和历史方位，集中智慧、集中精力把湖北的事情办好，以更加积极的作为，赢得新一轮发展的主动。根据党的十八届五中全会和省委十届七次全会精神，省政府组织编制了《湖北省国民经济和社会发展第十三个五年规划

纲要（草案）》，提请大会审议。

"十三五"时期全省经济社会发展的指导思想是：高举中国特色社会主义伟大旗帜，全面贯彻党的十八大和十八届三中、四中、五中全会精神，以马克思列宁主义、毛泽东思想、邓小平理论、"三个代表"重要思想、科学发展观为指导，深入贯彻习近平总书记系列重要讲话精神，围绕"四个全面"战略布局湖北实施，全面落实创新、协调、绿色、开放、共享发展理念，坚持人民主体地位，坚持科学发展，坚持深化改革，坚持依法治省，坚持扩大开放，坚持党的领导，切实遵循适应、把握和引领经济发展新常态的总体要求，牢固确立"三维纲要"，坚持生态优先，深入实施"一元多层次"战略体系，继续秉持竞进提质、升级增效，以质为帅、量质兼取的工作方针，全面推进"五个湖北"建设，加快推动"建成支点、走在前列"进程，在中部地区率先全面建成小康社会，力争在全国发展方阵中总量进位、质量升级，为实现第二个百年奋斗目标奠定坚实基础。

今后五年全省经济社会发展的总体目标是：经济保持平稳较快增效发展，在结构优化、转型提质的基础上，全省生产总值和城乡居民人均可支配收入比2010年提前翻一番；人民生活水平明显提高，省第十次党代会提出的"十个确保"目标如期实现，现行标准下贫困人口全部脱贫，贫困村全部出列，贫困县全部摘帽；社会文明程度显著提高，公民思想道德素质和科学文化素质明显提升，现代公共文化服务体系基本建成；生态环境质量进一步改善，水、大气、土壤污染等环境问题得到有效遏制，主体功能区布局和生态安全屏障基本形成；依法治理水平全面提高，政府治理能力显著增强，社会治理体系更加完善。

实现上述目标任务，关键要牢牢把握以下三个方面：

（一）坚持目标导向，牢牢把握湖北"十三五"时期发展的战略定位。 省委十届七次全会关于"十三五"规划建议，明确提出"率先、进位、升级、奠基"四大发展目标。这是一个相互依存、相互促进的有机整体，是发展目标、发展方式、发展路径、发展担当的集中体现，是湖北"十三五"发展的总基调、总定位，是必须确保实现的总任务。坚持这一目标导向，关键是要把思想和行动高度统一到省委的决策意图上来：一是必须强化责任担当，着眼于在全国经济发展格局中履行重大使命。"建成支点、走在前列"，是习近平总书记赋予湖北的神圣使命，是我们肩负的重大责任。没有总量的提升和进位，成不了支点；没有提质增效升级，转变发展方式不可能走到前列；没有率先全面建成小康的工作成效，下一个百年的发展基础就不牢固。我们必须坚持用做大总量与做优质量的双提升来实现"十三五"的跨越式发展。二是必须强化机遇意识，着眼于激发湖北发展的内生动力和巨大潜力。我省经济发展的韧性好、潜力大、后劲足，正处在工业化、城镇化加速发展的上升期、积蓄能量释放期、综合优势转化期、"四化"同步加速推进期，完全有基础、有条件、有能力开创"十三五"发展的新局面。发展总是在解决困难和矛盾中不断向前的。越是区域分化、重新洗牌的时候，越是争先进位、弯道超越的最佳时间窗口。我们要继续乘势而上，着力挖掘和激活湖北发展的内生潜力和活力，把黄金机遇期变成黄金发展期，推动湖北发展再上新台阶。三是必须顺应民意，着眼于回应群众过上美好生活的热切期盼。加快振兴崛起，是全省人民多年的梦想和夙愿。只有率先全面建成小康、在全国发展格局中进位、实现更高要求和更高标准的升级发展，才能重塑湖北在全国应有的地位，更好地满足人民对生活质量和水平不断提高的新期待。四是必须突破难点，着眼于全省同步实现全面小康、打赢脱贫攻坚战。率先全面建成小康社会，重点在农村，难点在贫困地区和贫困群体。我省贫困人口多，脱贫任务重，必须在工作上体现出更大的力度和作为。既要按照"精准扶贫、不落一人"的要求全面完成任务，又要以强烈的紧迫感提前完成任务，赢得全局工作的主动。五是必须坚持改革创新，着眼于激发全社会的创造活力。实现"四大目标"，根本靠改革创新，必须加大供给侧结构性改革力度，战略上打好持久战，战术上打好歼灭战，加快形成引领经济发展新常态的体制机制和发展方式，充分激发全社会创新创业活力，充分调动方方面面干事创业的积极性，为经济社会发展提供重要制度保障。

（二）坚持先进理念引领，牢牢把握湖北构建发展新优势的着眼点和着力点。党的十八届五中全会提出的"五大发展理念"，既是适应和引领新常态的根本遵循，也是指导"十三五"发展的核心和灵魂。我们必须立足新起点、新目标、新要求，坚持问题导向，着眼扬长补短，更加注重发挥市场在资源配置中的决定性作用和更好发挥政府作用，更大力度推进结构优化升级，加快培育形成新的发展势能和动力，争创践行"五大发展理念"先行区、落实"五大发展理念"示范区，推动实现更高质量、更有效率、更加公平、更可持续的发展。一是厚植创新发展的新优势。经过"十二五"时期的发展，我省 GDP 总量规模和人均 GDP 都达到了新的高度，在新起点上保持中高速发展的难度越来越大，依靠传统优势奋力赶超的空间越来越小，必须更加突出创新这个引领发展的第一动力，强化人才第一支撑，推动发展由"后发赶超"向"先发引领"加快转变。湖北最大的资源是人才资源，最大的潜力是创新潜力，完全有条件实现"先发引领"。我们务必通过加快构建创新驱动的体制机制，推动创新资源转化，激发大众创业、万众创新源泉，使创新创业成为全社会的一种价值追求、一种生活方式、一种时代气息，把创新创业落实到产业发展、结构优化、提挡升级、改善供给上，全面增强湖北科学发展的驱动力。二是厚植协调发展的新优势。多年来，我们深入实施"一元多层次"战略体系，"两圈两带"和"一主两副"等重大战略持续发力，为保持全省经济社会平稳较快发展提供了重要支撑。但发展不平衡、不协调、不可持续的问题仍很突出。我们务必进一步丰富拓展"一元多层次"战略格局，统筹推进"两圈两带一群""一主两副多极"发展，更加注重加快长江中游城市群建设，更加注重四大集中连片贫困地区、革命老区、少数民族地区跨越式发展，更加注重"四化"同步发展，更加注重城乡统筹发展，更加注重物质文明和精神文明协调发展，提升文化软实力，不断增强发展的整体性。三是厚植绿色发展的新优势。湖北作为生态大省，山水资源丰富，是祖国版图上最具绿色发展条件的区域之一，既肩负"一库清水北送"、保护长江中下游生态的历史重任，又面临传统工业比重大、节能减排任务重的压力。我们务必树牢和笃行"绿水青山就是金山银山"的理念，把绿色发展潜力转化为巨大的绿色发展优势，更加注重促进形成绿色生产方式和消费方式，大力培育绿色增长点，更大力度发展绿色、环保、低碳经济，大力推动生态旅游、生态农业、健康养生、节能环保等产业加快发展，努力让人民群众喝上干净水、呼吸上清新空气、吃上放心食品，实现环境与经济和谐共生、发展与转型协调共进。四是厚植开放发展的新优势。湖北作为内陆省份，对外开放一直是块短板。这些年，我省抢抓重大战略机遇，加快对外开放软硬件建设，加快融入经济全球化步伐，国际上一批有实力的战略投资者进驻湖北发展，我省一批有竞争力的企业走向海外，但与沿海相比、与湖北所处的历史方位相比，开放度仍然较低，开放型经济规模较小。我们要深入实施开放先导战略，牢固树立海纳百川的开放理念，更大力度推进高水平双向开放，着力畅通开放大通道，打造开放大平台，推动开放大通关，不断拓展开放的深度和广度，努力把湖北建成内陆开放的新高地，显著提升开放型经济水平。五是厚植共享发展的新优势。近些年，我省坚持财力下移，重点用于发展社会事业和民生保障，有力地促进了民生福祉的改善，但离人民群众过上美好生活的新期待还有较大差距，特别是四大片区等贫困人口生活还很困难，社会事业发展不足，广大农村公共服务水平较低，基础设施建设欠账较多，与人民群众生活息息相关的"衣食住行、业教保医"中的突出问题还需要下大力解决。我们必须按照全民共享、全面共享、共建共享、渐进共享的要求，更加注重社会公平，更加注重对特定人群特殊困难的精准帮扶，促进人的全面发展，不断提高人民群众的获得感。

（三）坚持重大工程和项目硬支撑，牢牢把握规划实施的落脚点。规划的作用不仅仅在引领，还要落到实处。必须围绕增后劲、补短板、促平衡、上水平，强化工程和项目支撑。一是强化科技创新支撑，加快创新湖北建设。充分发挥科技创新的引领作用，大力实施创新能力提升、科技成果转化、创新创业服务、高新技术产业化载体建设等工程，加快构建以企业为主体、市场为主导、政产学研用结合的技术创新体系。深入实施"千名创新人才计划""万名创业人才计划"和引进海外高层次人才"百人计划""金蓝领"及"工匠"型人才开发培养工程，着力夯实培育催生新企业、开发推广新产品、开辟拓展新市场的人才基础，推动大众创业、万众创新蓬勃发展,使我省在创新驱动发展上走在全国前列。二是强化基础设施支撑,打造区位新优势。坚持适度超前、突出优势、优化结构、完善体系的方针,实施一批重大基础设施工程。完善交通运输体系,对外构建以武汉为中心的高铁"米"字形骨干网,对内形成城际铁路区域网络;加快新的"五纵四横"综合运输通道建设,巩固武汉全国性综合交通枢纽地位,提升襄阳、宜昌重要区域性综合交通枢纽及一批地区性综合交通枢纽通达能力,推进基础设施网络化布局、智能化管理、一体化服务,更好地保障经济社会发展。三是强化产业发展支撑,建设制造强省。大力实施工业强基、战略性新兴产业发展、智能制造、制造业国际化、服务型制造、企业家培育等工程,着力推进十大产业重大项目包,加快先进制造业发展,加快形成 2至 3 个产值过万亿的产业。深入推进服务业提速升级行动计划,建设全国重要的现代服务业基地。推进"智慧湖北"和"宽带湖北"建设,实施大数据发展行动计划,构建具有国际竞争力的产业新体系。四是强化空间载体支撑,拓展发展新格局。以"一元多层次"战略体系为引领,在继续发挥"一主两副"带动作用的同时,重点推动 3 至 5 个经济基础较好、带动能力强的地级市,建设区域性中心城市,成为新兴增长极,支持 20 至 30 个发展潜力大、承载能力强的县市建设成为新的增长节点。加快转变城镇化发展方式。大力实施城市基础设施提升、棚户区改造、城乡规划体系与制度创新、城镇基础设施建设投融资模式创新、城市管理体制机制创新等工程,增强城市可持续发展能力。统筹推进农村交通、安全饮水、清洁能源、环境综合整治等美丽乡村建设重大工程,加快缩小城乡差距,推进城乡一体化发展。五是强化民生改善支撑,补齐共享发展短板。坚持普惠性、保基本、均等化、可持续方向,提高公共服务共建能力和共享水平。大力实施劳动者素质提升行动和各类人员就业促进工程，实现更高质量的就业。大力实施基础教育发展、现代职业教育质量提升、教育信息化等工程，加快一流大学和一流学科建设，着力促进教育公平。大力实施公共卫生服务能力、基层医疗卫生服务体系、妇幼健康和计生服务保障等提升工程，不断提高全民健康水平，推进"健康湖北"建设。

各位代表，"十三五"大幕已经拉开。我们肩负新的历史使命重新出发。前进道路可能艰难曲折，但前景十分光明。未来召唤我们坚毅前行，我们更要用踏实的脚步告诉未来，湖北人民无愧于这个伟大的时代！

三、2016 年工作部署

2016 年是全面建成小康社会决胜阶段的首战之年，也是推进结构性改革的攻坚之年。做好今年工作，必须更加主动适应和引领经济发展新常态，自觉践行"五大发展理念"，以推进供给侧结构性改革为主抓手，认真落实宏观政策要稳、产业政策要准、微观政策要活、改革政策要实、社会政策要托底"五大政策支柱"，高度聚焦去产能、去库存、去杠杆、降成本、补短板"五大重点任务"，集中精力打好歼灭战，着力提高全要素生产率，加快培育新的发展动能，确保经济持续健康发展，实现"十三五"良好开局。

今年全省经济社会发展的主要预期目标是：地区生产总值增长9% 左右；居民人均可支配收入与经济增长同步，城镇新增就业70万人，城镇登记失业率控制在 4.5% 以内；全面完成国家下达的节能减排任务。结构性改革取得实质性进展。过剩产能和房地产库存明显减少；企业成本上升和工业品价格下跌势头得到遏制，有效供给能力有所提高，财政金融风险有所释放。

垂手可得不是湖北应有的状态，跳起来摘桃子方显追求。确定 9% 左右的预期目标，是体现中央对湖北的要求、与"十三五"规划有机衔接、争取发展主动的政治担当。尽管我们面临的形势可能会更加严峻复杂，困难和挑战更多，承受的压力更大，但惟其艰难，才更显勇毅，惟其笃行，才弥足珍贵。只要我们敢于迎难而上、竞进不息，我们的目标就一定能够实现！

按照中央和省委关于推进供给侧结构性改革的总体部署，今年重点做好七个方面的工作。

（一）突出供给侧结构性改革，努力保持经济平稳运行

在适度扩大总需求和优化需求结构的同时，重点加强供给侧结构性改革，以创新供给带动需求扩展，以扩大有效需求助推供给升级，促进供给与需求有效对接，提高供给结构对需求变化的适应性和灵活性。

强化创新驱动。以深化改革、完善政策激励机制为重点，加快培育形成新的增长动力。深入实施"科技企业创业与培育工程""科技成果大转化工程"和"知识产权示范企业建设工程"，着力在光电子、3D 打印与新一代信息技术等 15 个重点产业领域，组织实施 100 个左右省级技术创新重大项目，重点推进 1000 项科技成果在省内转化应用，进一步夯实创新驱动的产业基础。着力加强专业技术人才和高技能人才队伍建设，健全"人才 + 项目 + 平台"的创新人才培养开发体系，强化人才第一支撑。推进创客大省建设。完善推动大众创业、万众创新的配套措施，更大力度搭建大中小企业和高校、科研机构"五方协同"的众创平台，打造环大学城创新经济

圈，着力形成各类创新主体互促、民间草根与科技精英并肩、线上与线下互动的生动局面。加强知识产权保护。加快培育尊重知识、崇尚创造、追求卓越的创新文化，营造人人皆可创新、创新惠及人人的社会氛围，让更多有意愿有能力的创新者梦想成真。

优化消费供给。积极开展改善消费品供给专项行动，以服务消费、信息消费、时尚消费、品质消费、绿色消费、农村消费为重点，促进消费结构升级，加快培育形成新供给新动力。落实完善鼓励消费的政策措施，增加有效供给。实施"四大计划"，进一步促进旅游投资和消费。优化休假安排，落实带薪休假制度，激发旅游消费需求。支持可穿戴设备、智能家居、数字媒体等市场前景广阔的新兴消费品加快发展。加大停车场和新能源汽车充电基础设施建设力度，落实新能源汽车税收优惠政策，稳定汽车消费。积极化解房地产库存，发展住房租赁市场，有效释放住房刚性需求和改善性需求，促进房地产市场健康发展。统筹城乡市场建设，推动农村流通网络升级和城市商圈服务功能提升。发展"互联网＋流通"新模式，推进电商平台、跨境电子商务、农村电子商务等建设，打造中部电子商务中心。深入推进黄石等国家内贸流通体制改革发展综合试点。支持发展消费信贷。加强质量监管，规范市场秩序，健全消费者权益保护机制。

扩大有效投资。充分发挥政府投资的杠杆撬动作用，引导和带动社会投资，积极扩大有效供给。启动一批"十三五"规划重大项目。安排重大基础设施建设项目省级资本金50亿元和鄂北水资源配置工程建设资金20亿元。加快建设东风雷诺乘用车、第六代低温多晶硅等重大产业项目，加快推进汉十高铁、郑万高铁、京九客专黄冈段、蒙华铁路、天河机场三期、长江中游"645"深水航道整治、汉江枢纽及航道整治、三峡枢纽综合运输体系、武汉长江中游航运中心等重大交通项目以及武嘉、宜张、宜来、武深等高速公路建设；争取襄荆宜高速铁路早日开工；加快建设宽带普及提速、下一代互联网示范城市、楚天云平台、智能电网等重大信息基础设施。抓好提请国务院支持的 13 个重大项目的工作衔接和推进落实，争取国家存储器基地建设尽快启动、武汉国家航天产业基地、鄂州国际货运机场获批。继续对接好国家"7+4"工程包，编制好政府投资项目三年滚动投资计划。完善支持铁路等基础设施建设政策。运用特许经营、股权合作、财政补助、调整价格等政策，推进政府与社会资本合作。继续推广和应用 PPP 等模式，推进招商引资，千方百计激活社会投资和民间投资。

加大对实体经济支持力度。开展降本增效专项行动，千方百计降低企业制度性、人工、税费、社会保险、财务、电力、物流等方面成本。加大金融对实体经济支持力度，降低企业负债率和融资成本。深化价格改革，完善价格形成机制。进一步清理规范中介服务，落实涉企收费清单制度，加强涉企收费专项督查。认真贯彻落实国家下调全国燃煤发电上网电价等政策，推进输配电价改革，加大电力直接交易试点，力争全省直供电规模达 300 亿千瓦时。完善"企业直通车""绿色通道""一企一策"等服务制度，深入开展"万名干部进万企"活动，帮助企业解决发展中面临的实际困难和问题。加强对重点地区、行业、园区、企业监测调度服务，抓好重大增长点的协调服务。扎实抓好产业链上下游对接、产学研对接以及劳动力培训和用工对接，引导更多生产要素投向实体经济领域。加大中小企业培育力度，全面放宽民间资本市场准入，为企业家创新创业营造稳定可预期的良好环境，促进各类市场主体公平发展。

（二）加快构建产业新体系，推进提质增效升级

深入贯彻落实《湖北产业转型升级发展纲要》和《中国制造2025湖北行动纲要》，精准实施产业政策。

加快推进制造业优化升级。适应产业高端化、服务化、专业化、融合化的趋势，全面落实"两化"融合三年行动方案，开展"两化"融合管理体系贯标试点，促进"互联网＋"在制造业领域的融合发展。实施智能制造等九大工程，促进新一代信息技术等十大产业领域实现突破发展，培育30个新兴领域重点成长型产业集群，打造100家行业骨干企业。加快实施"四六十"行动方案规划的重大产业及项目，重点抓好一批投资过百亿元、过十亿元技术改造项目，推动传统优势产业向中高端跃升。深入实施质量强省战略，推进制造业质量和品牌建设。充分发挥长江经济带产业基金引导作用，推动战略性新兴产业加快发展。支持武汉建设具有全球影响力的产业创新中心。加快推进武汉、襄阳、孝感三个国家级产业示范基地建设，支持随州打造"中国专用汽车之都"。深入推进军民融合产业发展，培育壮大军民融合优势产业和领军企业，实现军工经济与地方经济优势互补、有效融合。

加快推进服务业优质高效发展。坚持生产性服务业和生活性服务业并重，现代服务业与传统服务业并举，推动生产性服务业向专业化和价值链高端延伸，生活性服务业向精细化和高品质转变。实施服务业提速升级行动计划、千亿元培育工程、高技术服务业创新工程和"五个一百"工程。加快发展大数据产业。加快外包、会展、文化、体育、人力资源等产业发展。加快发展大物流产业，着力培育电子商务、物流配送、连锁经营等现代流通方式。支持基于互联网的金融产品、服务、技术和平台创新，大力促进民营银行以及各类金融机构、金融业态的发展和聚集。突破性发展旅游产业，力争年内实现旅游总收入 4500 亿元。

大力化解过剩产能。坚持优化存量、做强增量、调减余量，把资源要素从无效供给中释放出来，向新兴产业转移，全面提高资源要素配置效率。更多利用市场机制化解过剩产能，在钢铁、汽车、水泥、化肥等传统产业广泛开展"互联网＋"行动，引导企业创新品种、提升品质、培育品牌，让"老产业"焕发出"新活力"。积极稳妥推进企业兼并重组，对不符合国家能耗、环保、质量、安全等标准和长期亏损的产能过剩行业企业，实行关停并转或剥离重组，对持续亏损三年以上且不符合结构调整方向的企业，通过资产重组、产权转让、破产清算，实现"腾笼换鸟"。加快推进"僵尸企业"重组整合或退出市场。完善企业破产制度，盘活存量土地，妥善分流下岗职工。扩大国际产能合作，加快实施与国家发改委协同推进的首批 12 个国际产能合作项目。

（三）深入推进改革开放，释放发展新动能

以加强制度性供给为重点，认真落实《湖北省全面深化改革促进条例》，精准务实推进各项改革，激发市场活力和社会创造力。

更大力度推进简政放权。深入转变政府职能，进一步健全完善权力清单、责任清单、负面清单"三个清单"制度，健全行政审批事中事后监管体系。清理和公开地区、部门、承担公共服务职能的事业单位和中介机构公共服务目录，并适时动态调整。继续推进商事制度改革，完善"先照后证"和"三证合一""一照一码"制度，加快注册登记便利化，加快构建以信用监管为核心的新型监管制度，建立跨部门联动响应机制和失信惩戒机制。优化办事流程，提高审批效率，努力为企业提供更便捷的服务。创新服务方式方法，完善

"一站式"服务，推广电子政务和网上办事，探索运用大数据优化政府服务和监管，提高行政效能。

加快推进重点领域供给侧改革。严格按照新预算法，健全政府预算体系。继续推进省级财政部分专项资金竞争性分配改革。完善县级基本财力保障机制。深化国税、地税征管体制改革。推进金融改革创新。继续推进并联核准制度，实行项目核准网上并联办理。认真实施《武汉城市圈科技金融改革创新专项方案》。支持地方法人金融机构做大做强。大力发展天使投资、创业投资等各类风险投资机构，鼓励社会资本发起设立各类股权投资基金，支持股权众筹、互联网金融等健康发展。完善股票、债券等多层次资本要素市场，培育、推动更多优质后备企业在主板、中小板、创业板以及"新三板""四板"上市融资，开展股权众筹融资试点，拓宽直接融资渠道。加快发展现代保险服务业，加强全省担保和再担保体系建设。发展普惠金融和扶贫金融，着力加强对小微企业、"三农"特别是贫困地区的金融服务。加强信用体系建设。强化金融监管和风险防范，确保不发生区域性系统性金融风险。建立规范的地方政府举债融资机制。完善国有资产管理体制，对国有企业实行分类改革和监管。推进国有企业董事会等规范建设和企业负责人薪酬制度改革。加快省级投融资平台公司转型发展，加强国有资本运营平台建设。鼓励民营企业依法进入更多领域，积极参与国企改革，发展混合所有制经济，不断激发民营经济活力。

深化高水平双向开放。深入实施开放先导战略，积极组织企业开拓金砖国家、"一带一路"沿线国家市场及新兴市场。推动建设境外经贸合作区和特色产业园。积极申报中国（湖北）内陆自由贸易试验区，争取国家早日批准设立武汉新港空港综合保税区，加快建设襄阳、宜昌保税物流中心。做大做强海关特殊监管区域，推进汽车整车进口口岸申报工作，加快多式联运海关监管中心建设，推动武汉水运口岸扩大开放。推进武汉和孝感临空产业发展。继续推进外贸主体培育"三项工程"。推动东湖综合保税区等跨境电子商务发展，争取设立跨境电子商务综合试验区。积极培育外贸综合服务企业。继续办好鄂港澳粤经贸洽谈、湖北·武汉台湾周等重大活动，进一步深化与港澳台经贸交流合作。深化与长江经济带沿岸地区交流合作，积极参与区域通关一体化和检验检疫一体化改革。加快建设电子口岸。推动长江中游城市群在基础设施共建、产业发展共融、公共服务共享、生态环境共保取得新突破。加快荆州等国家承接产业转移示范区发展。支持互联网龙头企业和高成长的上市公司在鄂建设生产基地和研发中心。

（四）大力发展现代农业，促进发展方式转变和农民增收

坚持把"三农"工作作为重中之重，着力加强农业供给侧结构性改革，提高农产品有效供给质量和水平。

创新现代农业发展方式。牢固树立大农业、大食物观念，着力构建现代农业产业体系、生产体系、经营体系，推动粮经饲统筹、农科教结合、种养加一体、一二三产业融合发展，推进农业产业链整合和价值链提升，培育农民增收新模式，促进农业增效、农民增收。认真落实藏粮于地、藏粮于技战略，全面落实粮食安全行政首长责任制，全面完成永久基本农田划定工作。发展大田托管、农产品加工、仓储物流等市场化服务，促进农业与旅游、健康养老等深度融合，培育农村电商、农产品定制等"互联网＋"新业态，拓展农业发展新空间。加快发展品牌农业、特色农业、绿色优质农业和休闲农业，做大做强农业产业集群。加快农村社会化服务体系建设，加强农业科技创新。推进农业规模化、标准化、品牌化生产，健全农产品质量全过程监管体系、现代农业推广应用体系和农业服务体系，确保农产品安全，提高农业质量效益。抓好全省第三次农业普查工作。

加强农业基础设施建设。抓好农田水利、国土整治、中低产田改造和高标准基本农田、荆江大堤综合整治等重大工程建设；加快推进碾盘山水利水电枢纽、洪湖东分块蓄滞洪区、汉江堤岸综合整治、荆南四河综合治理等重大项目建设；加强中小型水库除险加固、小流域治理；完善农村公路网，打通断头路，加强循环路建设；进一步提高农业抗灾减灾能力和农业综合生产能力。加快实施农村电网改造升级工程，安排 10 亿元资金支持全省农村电网改造升级。

深化农村改革。深入推进农村产权制度改革，基本完成农村土地承包经营权确权登记颁证工作，初步建成全省统一联网的农村产权交易市场体系，扎实开展农村集体资产股份合作制改革试点。稳步推进农村土地制度改革，重点抓好农村集体经营性建设用地确权登记发证、构建覆盖城乡房地一体的不动产登记体系、省级"四化同步"示范乡镇全域城乡建设用地增减挂钩试点和农村宅基地制度改革试点。壮大多元经营主体，积极培植种养大户、家庭农场、农民专业合作社等新型主体，带动农民发展多种形式的适度规模经营。深入推进国有林场、农场和供销合作社综合改革。

（五）坚持区域协调发展，不断优化发展新格局

抢抓国家新十年深入实施中部地区崛起战略机遇，加快形成区域多极动力、多极支撑新格局。

加快"两圈两带一群""一主两副多极"建设。继续推进武汉城市圈一体化发展和鄂西生态文化旅游圈建设，加强两带融合发展，积极争取汉江生态经济带建设上升为国家战略。按照生态优先、绿色发展要求，加快形成"一带一路"和长江经济带、长江中游城市群建设在湖北贯通融合的新格局，共同把长江经济带建设成为我国生态文明建设的先行示范带、创新驱动带、协调发展带。继续支持武汉加快向国家中心城市和国际化大都市迈进，加快推进三峡城市群、汉江城市群建设，支持襄阳、宜昌建设实力更强的省域副中心城市。支持其他市州加快发展。更大力度实施《大别山革命老区振兴发展规划》和其他"三大片区"扶贫规划，促进区域协调发展。

加快推进以人为核心的新型城镇化。坚持"五个统筹"，全面提升城乡规划、建设、管理水平。推进城乡规划体系与制度创新，推动县（市）多规合一。鼓励支持各城市按照自身定位和"产城融合"的思路，实现错位发展。抓好武汉、孝感、仙桃、宜城、松滋、宜都等新型城镇化试点。支持天门建设四化同步发展示范区。加强城乡基础设施和公共基础设施建设。抓好电力、通信、给排水、供热、煤气等地下综合管网建设和"海绵城市"建设，开工建设城市地下综合管廊150公里、海绵城市示范区120平方公里。加强智慧城市建设。抓好"美丽乡村"和"荆楚派"民居特色建设示范，建设保留历史记忆、传统格局、山水风貌的美丽村镇。推进城镇公共服务向农村延伸，促进城乡公共资源均衡配置。进一步深化户籍制度改革，全面落实居住证制度，实现100万农业转移人口和其他常住人口在城镇落户。

推动县域经济加快发展。继续完善配套支持政策，安排县域经济发展调度资金300亿元。以开发区和工业园区为依托，完善功能布局，搭建服务平台，突出重点项目扶持，提高要素聚集和产业承载能力，打造一批工业强县。引导各地提升主导产业规模和实力，大力扶持重点成长型产业集群发展。继续实施分类指导和考核，促进县域竞相发展、特色发展、错位发展。鼓励支持乡镇经济加快发展。积极推进县域金融工程，继续完善县域金融服务体系。

（六）加强生态文明建设，推动绿色发展

坚持源头严防、过程严管、后果严惩，加快推进生态省建设，走生产发展、生活富裕、生态良好、绿色发展之路。

深入推进"三大计划"实施。强力推进实施"蓝天工程"行动计划。大气污染导致的雾霾，已经深度影响到民众的生活，危及人民群众身体健康。必须采取坚决果断措施，主动作为，综合施策，加强治理，确保城市空气质量优良率稳定提高。认真落实《湖北省环境空气质量生态补偿暂行办法》，加快推进位于城市主城区的重污染企业环保搬迁或改造，严格实施煤炭消费总量控制，逐步提高清洁能源在一次能源消费中的比例。全面加强建筑工地扬尘污染控制、餐饮油烟治理，严格执行《湖北省人民代表大会关于农作物秸秆露天禁烧和综合利用的决定》。更大力度实施"碧水工程"行动计划。狠抓重要水源保护和主要流域污染防治，着力改善水环境质量。实行最严格的饮用水水源地保护制度，安排转移支付资金20亿元，支持南水北调汉江中下游市县生态环境建设和保护。支持梁子湖流域创建全国生态文明先行示范区。加强水功能区和排污口监督管理，全面推进重大饮用水水源地周边农村环境综合整治。继续加强长江、汉江、清江流域污染防治，全面开展湖泊水环境治理工作。抓紧实施"净土工程"行动计划，推进土壤污染防治和修复工作试点示范。全面开展城乡污水和生活垃圾治理。继续开展"绿满荆楚"行动，力争完成三年计划总任务的80%以上。认真办

好省首届园林博览会。

加快推进绿色循环低碳发展。抓紧实施重点行业清洁生产提升计划和循环经济发展行动方案，通过差别地价、能源限额核查等措施，推动工业绿色转型。加快建立碳排放总量控制制度，深入推进碳排放权交易试点。扩大排污权有偿使用和交易试点，建立规范有序的区域排污权交易市场。严格实施污染物总量控制，加强重点减排项目建设。启动国土资源节约集约示范省创建，推进土地综合利用创新试点。深入开展省级循环经济示范创建和绿色生态城区试点，加快中法武汉生态示范城建设。在全社会倡导节电、节水、节能，推动形成全民勤俭节约、绿色低碳、文明健康的消费和生活方式。鼓励绿色出行，加强轨道交通等大运量公共交通设施建设。

强化问责考核。严格落实新环保法，实行最严格的环境保护制度、耕地保护制度和节约用水制度。完善节能减排目标责任考核及问责制度，全面落实生态环境保护"党政同责、一岗双责"。建立领导干部任期生态文明建设责任制。推进省以下环保机构监测监察执法垂直管理。严格环境执法，严厉打击环境违法行为。对环境持续恶化的地方，坚决实行通报、约谈、预警、限批、追责等措施。

（七）切实保障和改善民生，促进社会和谐稳定

坚持民生优先，增加公共服务供给，强化政府兜底责任，推进公共服务均等化，促进共享发展。

打好脱贫攻坚战。认真贯彻《中共中央国务院关于打赢脱贫攻坚战的决定》和《湖北省委省政府关于全力推进精准扶贫精准脱贫的决定》，加大力度精准推进"四个一批"落实，力争全年实现147万建档立卡贫困人口稳定脱贫。尽快出台《湖北省"十三五"精准扶贫精准脱贫规划》和四个片区区域发展与扶贫攻坚实施规划，认真组织实施精准扶贫和"六到农家"工程。完成38万贫困人口易地搬迁任务,提高220万名农村低保和五保对象补助标准。认真做好恩施龙凤镇全国综合扶贫改革试点。健全扶贫投入县级整合机制,提高资金使用效益。建立健全扶贫工作责任考核机制。完善激励机制,加快形成专项扶贫、行业扶贫、社会扶贫等多方力量支撑的"三位一体"大扶贫格局。

积极促进就业。健全促进就业创业的财政、金融、产业等政策,培育新的就业增长点。坚持以创业带就业,强化创业扶持政策落地,搭建更多众创空间、创业服务平台,促进高校毕业生、农村转移劳动力、退役军人等重点人群创业就业,切实做好淘汰落后产能中失业人员再就业工作。加强困难群体就业援助。继续落实好援企稳岗、社保补贴、税费减免等政策。

完善社会保障体系。实施全民参保计划。全面落实机关事业单位养老保险制度改革。全面落实被征地农民养老保险补偿政策。整合城乡居民医疗保险制度和管理体制。全面实施城乡居民大病保险。深化医保支付方式改革。推进中三角、长江经济带异地就医医保即时结算。推进工伤保险省级统筹。加强城乡社会救助体系建设,完善最低生活保障、特困人员供养、残疾人基本生活等兜底性制度。推进城乡养老机构建设,健全居家养老和社区养老服务网络。健全住房保障机制,推进以棚户区改造为重点的保障性安居工程建设,加大公租房、棚户区改造货币化安置力度,开工建设、货币化安置公租房和棚户区改造住房41万套(户),完成农村危房改造10万户。

全面推进社会事业发展。坚持教育优先,推进教育公平和各类教育协调发展。建立城乡统一的义务教育经费保障机制。继续实施"农村义务教育薄弱学校全面改造计划",完善家庭经济困难学生资助政策，率先从建档立卡的家庭经济困难学生实施普通高中免除学杂费。大力发展职业技术教育，加快培养社会需要的"工匠"型人才。推动医药卫生体制改革向纵深发展，加强医疗卫生体系和服务能力建设，尤其是基层医疗卫生队伍建设。加强传染病、血吸虫病等重大疾病综合防治和职业病危害防治。大力实施留守老人、留守儿童关爱工程，全面落实两孩政策。加快推进文化产业和文化事业协调发展。完善公共文化服务体系，加强县级"四馆三场"和基层综合性文化服务中心建设，丰富基层群众文化生活。加强文化遗产保护传承。加强基层公共体育设施建设，广泛开展全民健身运动，促进竞技体育发展。加强"中国梦"和社会主义核心价值观主题创作，推出更多群众喜闻乐见的作品。

加强和创新社会治理。坚持党委领导、政府主导、社会协同、公众参与、法治保障，加快构建共建共享的社会治理体系。抓好"七五"普法，大力培育法治信仰、契约精神、规则意识。强化国家安全意识，完善重大决策社会稳定风险评估机制，完善社会矛盾排查预警机制，增强突发公共事件应急预警处置能力。推动信访工作回归群众工作本源和进入法治轨道。建立法律顾问制度，加强法律公共服务平台建设。依法推进基层民主。加强社会信用体系建设。深化平安湖北建设，健全网格化、精细化、信息化、标准化社会治安防控体系，严厉防范、依法打击暴恐、黄赌毒、邪教等违法犯罪行为。加强网络监管，发展和规范网络空间。牢固树立安全发展的思想，坚持"隐患就是事故"的理念，严格落实安全生产责任制，完善隐患整改机制，坚决遏制重特大事故发生，全面加强食品药品安全监管体系建设，切实保障老百姓的食品安全、用药安全、生命安全。

进一步深化国防教育和民兵预备役体制改革,深入开展双拥共建,巩固军政军民团结,努力为驻鄂部队、武警部队调整改革和现代化建设创造良好条件。认真执行民族政策和宗教法规。进一步做好援疆援藏工作。

四、全面推进法治政府建设

实现"十三五"和今年的奋斗目标,各级政府责任重大。我们要深入贯彻落实国家《法治政府建设实施纲要(2015—2020)》,按照职能科学、权责法定、执法严明、公开公正、廉洁高效、守法诚信的总目标,不断加强政府自身建设,推进治理体系和治理能力现代化,努力打造人民满意的服务型政府。

推进依法行政。牢固树立宪法法律至上、法律面前人人平等、权由法定、权依法使等基本法治理念,恪守合法行政、合理行政、程序正当、高效便民、诚实守信、权责统一等依法行政基本要求,自觉尊法学法守法用法,全面提高依法行政的能力和水平。健全行政权力运行制约和监督体系,自觉接受人大及其常委会的法律监督和工作监督,自觉接受人民政协的民主监督,开展协商民主,广泛听取各民主党派、工商联和无党派人士的意见和建议,认真办理人大代表建议和政协提案。完善政府信息公开制度,重视发挥舆论监督和社会监督的作用。健全依法决策机制,加强合法性审查,推进行政决策科学化、民主化、法治化。完善政府立法体制机制,提高政府立法质量。认真执行《湖北省行政权力清单管理办法》,规范行政权力运行。坚持严格规范公正文明执法,深化行政执法体制改革,健全行政执法人员管理制度,加快建立统一的行政执法信息平台，完善网上执法办案及信息查询系统。加强行政复议工作。落实宪法宣誓制度，完善国家工作人员尊法学法守法用法制度。

强化责任担当。落实发展主体责任，严格绩效管理，健全与"五大发展理念"相一致的目标考核奖惩评价体系。提高运用法治思维、市场思维、互联网思维深化改革、推动发展、化解矛盾、维护稳定的能力。探索建立重大政策落实第三方评估制度。建立合理的"容错"机制，鼓励大胆干事、竞进作为。建立健全正向激励和整改问责的长效机制，认真落实《湖北省行政问责办法》，完善履职尽责管理制度，加大履职尽责监察力度，提高履责效能，坚决纠正行政不作为、乱作为等现象，坚决惩处失职、渎职等行为，着力营造真抓实干、狠抓落实的浓厚氛围，为愿干事、能干事、干成事的人提供更大舞台。

加强廉政建设。严格落实党风廉政建设主体责任和"一岗双责"，深入推进党风廉政建设和反腐败斗争。严格执行中央八项规定精神和省委六条意见，严守政治纪律和政治规矩，巩固深化党的群众路线教育实践活动成果，深入践行"三严三实"，持之以恒纠正"四风"。坚持把纪律挺在前面，认真贯彻执行《中国共产党廉洁自律准则》和《中国共产党纪律处分条例》，抓好对巡视反馈问题的整改落实，自觉养成在监督加强条件下开展工作的良好习惯。严格落实国务院"约法三章"，厉行节约，勤俭办一切事业。加强行政监察和审计监督，推进公共资金、国有资产、国有资源、领导干部履行经济责任情况的审计监督全覆盖。全面完成党政机关公务用车制度改革，推进事业单位、国有企业公务用车制度改革。坚持无禁区全覆盖零容忍，加大惩治腐败力度，严肃查处各类腐败案件。

各位代表！站在新的历史起点上，面对发展的新形势、新任务、新要求、新愿景，我们从来没有像现在这样感到实现全面建成小康社会的目标离我们如此接近，从来没有像现在这样感到全面落实"五大发展理念"、加快推进科学发展如此紧迫，从来没有像现在这样感到担当的份量如此沉甸，从来没有像现在这样感到发展的底气和信心如此强大。让我们紧密团结在以习近平同志为总书记的党中央周围，在省委的坚强领导下，凝神聚力，同心同德，以更加饱满的热情、更加昂扬的斗志、更加务实的作风，锐意进取、扎实工作，为率先在中部地区全面建成小康社会、早日实现"建成支点、走在前列"的宏伟目标而不懈奋斗！

湖 南 省
政府工作报告

——2016 年 1 月 25 日在湖南省第十二届
人民代表大会第五次会议上

省长 杜家毫

各位代表：

现在，我代表省人民政府向大会作政府工作报告，请予审议，并请各位政协委员和其他列席人员提出意见。

一、2015 年及"十二五"时期工作回顾

过去五年，在党中央、国务院的坚强领导下，全省上下全面贯彻落实党的十八大和十八届三中、四中、五中全会精神，按照中共湖南省委决策部署，主动适应经济发展新常态，克服多重困难和挑战，大力推进"四化两型"，着力促进"三量齐升"，努力建设"四个湖南"，总体完成"十二五"目标任务，为全面建成小康社会奠定了坚实基础。

——经济规模持续扩大，步入稳中有进新阶段。经济总量 2012

年迈上 2 万亿台阶，2015 年达到 2.9 万亿元，年均增长 10.5%；非公经济增加值 2011 年突破万亿，2015 年超过 1.7 万亿元。去年，存贷款余额分别达 3.6 万亿元、2.4 万亿元，比"十一五"末分别新增 1.9 万亿元、1.3 万亿元；完成固定资产投资 2.6 万亿元；实现社会消费品零售总额 1.2 万亿元。

——发展水平持续提高，跨入量质齐升新时期。去年，一般公共预算收入比 2010 年翻一番，迈上 4000 亿台阶，达 4008.1 亿元，年均增长 16.4%。城乡居民收入分别达 28838 元、10993 元，年均分别增长 7.9%、10%。工业整体运行质量不断提升，规模工业增加值达 1.1 万亿元；省级以上产业园区规模工业增加值占全省 61.5%，五年提高 23.8 个百分点。

——产业结构持续优化，进入转型发展新轨道。三次产业结构由 2010 年的 14.5：45.8：39.7 调整为去年的 11.5：44.6：43.9，其中服务业年均增长 11.3%，文化和创意产业增加值占 GDP 比重达到 5.9%。六大高耗能行业增加值占规模工业的比重比 2010 年下降 4.6 个百分点；七大战略性新兴产业年均增长 17% 以上，高技术产业年均增长 26.3%。

——基础设施持续夯实，取得全面升级新成效。五年完成基础设施投资 2.2 万亿元。城镇化率提高 7.59 个百分点，达到 50.89%。建成高标准农田 1495 万亩。发电装机容量净增 969.7 万千瓦，达 3889.1 万千瓦；500 千伏主干网基本建成，农村电网改造加快推进。所有乡镇和 99.93% 建制村通水泥（沥青）路。千吨级以上航道达 700 公里。长沙地铁二号线开通运营，国内首条、世界最长的长沙中低速磁浮线成功通车试运行，长株潭三市之间快速干道全部拉通。全省高速铁路、高速公路通车里程分别达 1296 公里、

5653 公里，均位居全国前列。

　　——民生保障持续加强，迈出全面建成小康社会新步伐。累计投入财政民生资金 1.54 万亿元。实施扶贫攻坚项目 5.9 万个，减少贫困人口 541 万。新增城镇就业 385 万人、农村劳动力转移就业 360 万人。建设保障性住房和改造各类棚户区 222.5 万套，改造农村危房 91.6 万户；新增供水能力 2.7 亿立方米，解决农村饮水安全 2480 万人；"气化湖南"管网覆盖 9 个地级城市。全民医保体系、基本养老保险、最低生活保障实现城乡全覆盖。

　　五年来，我们主要做了以下工作：

　　一是努力保持稳中求进的发展态势。出台制造强省五年行动计划和"互联网+"三年行动计划，以及支持移动互联网、住宅产业化、新能源、环保、旅游、健康服务等重点产业发展政策，扶持发展特色县域经济，促进传统优势产业和新兴产业加快发展。装备制造成为首个万亿产业，移动互联网产业总收入连续两年保持 100% 以上的增长，电子信息、医药产业年均增长 18% 以上。推动农业产业化、规模化发展，三个"百千万"工程深入实施，粮食总产稳定在 600 亿斤左右。

　　二是致力构筑科学发展的体制机制。完成省、市两级政府机构改革，县（市、区）政府机构改革基本完成，事业单位分类改革积极稳妥推进，省直管县（市）经济体制改革试点有序进行。党政机关公车改革稳步推进。公布省本级"权力清单、责任清单、负面清单、政府核准投资项目目录"，完成省市县三级行政审批事项清理，省本级行政审批事项减少 47%，向长沙市和其余市州分别下放 190 项、165 项省级经济社会管理权限。商事制度改革和社会信用体系建设积极推进。上一轮国企改革全面完成，组建国有资产经营管理公司。

实行财政预算公开"负面清单",编制省级重大交通基础设施建设项目债务预算。以农信社改制、土地承包经营权确权登记颁证和农村土地经营权、农房抵押贷款等为重点的农村金融改革加快深化。撤乡并村改革有序推进,国有林场和集体林权制度改革完成,农业"三项补贴"改革全面启动,水利综合改革试点、供销合作社综合改革稳妥推进。

三是不断增强经济持续发展的能力。主动参与国家"一带一路"、京津冀协同发展和长江经济带三大战略,湘南承接产业转移示范区、洞庭湖生态经济区、长株潭自主创新示范区、湖南湘江新区获国家批准。着力推进创新型湖南建设,涌现出超级杂交稻、8 英寸 IGBT 芯片生产线、高铁电传动系统、"天河二号"超级计算机等一批世界领先的科技成果。努力促进区域经济协调发展,长株潭、环洞庭湖、大湘南和大湘西地区生产总值年均保持两位数增长。综合保税区、国家级口岸等平台建设取得突破性进展,湘欧国际货运班列常态化运营,全省机场旅客年吞吐量突破 2000万人次,新开通国际航线 40 条,成功架通湖南至欧美的"空中桥梁"。进出口总额年均增长 12.9%,实际利用内资和外资年均分别增长 16.4%、17.4%。

四是积极探索两型社会建设的路子。长株潭两型社会试验区第二阶段改革建设任务全面完成。绿色湖南建设加快,湘江保护与治理省政府"一号重点工程"第一个"三年行动计划"完成,清水塘等五大区域整治效果明显。节能减排目标全面实现,主要江河Ⅲ类以上水质达到 96.9%,县以上城镇污水、垃圾无害化处理率分别达 92.2%、99.2%;全省 37 台 30 万千瓦以上火电机组、66 条新型干法水泥生产线完成脱硝设施建设。开展耕地重金属污染治理试点,石漠化综合治理、地质灾害防治、防护林建设、重要水源地保护取得积极进展。近两年关闭小煤矿 588 座，森林覆盖率稳定在 57% 以上，湿地保护率达 70% 以上。农村环境综合整治覆盖全省，完成 8463 个行政村的人居环境整治，建设 671 个美丽乡村。

五是着力促进民生和社会事业发展。实施全省统一的最低生活保障指导标准，出台武陵山和罗霄山片区教育卫生人才津贴、城镇独生子女父母奖励、原民办代课教师和老年乡村医生生活困难补助、重度残疾人护理补贴等民生政策，提前实现县级公立医院改革全覆盖。全面完成 101 个重点民生实事项目建设。农村义务教育薄弱学校改造和学生营养改善、城市义务教育学校扩容改造等重点工作深入推进，广播电视、新闻出版、体育等事业加快发展，公益性、经营性文化事业单位改革步伐加快，省市县乡村五级公共文化设施更加完善。

六是深入推进精神文明和民主法制建设。大力加强社会主义核心价值观教育，广泛开展爱国主义教育和精神文明创建活动。自觉接受省人大及其常委会的法律监督、工作监督，以及舆论监督和群众监督，支持配合省政协做好"双周协商"等政治协商、民主监督、参政议政工作。认真办理省人大代表建议、省政协委员提案。加快推进法治湖南建设，"六五"普法成效明显，率先实行行政程序、规范行政裁量权、政府服务法治化和规范性文件登记制度。切实加强信访维稳工作，强化安全生产、食品药品质量安全监管，事故总量、重点行业领域事故持续下降，社会大局保持和谐稳定。

七是切实加强政府自身建设。深入开展党的群众路线教育实践活动和"三严三实"专题教育，认真贯彻《中国共产党廉洁自律准则》、《中国共产党纪律处分条例》，严格执行中央八项规定和省委九项规定，坚决反对"四风"，实施优化经济发展环境十条禁止性规定。实现省级行政机关政企、政资分开。建立市（州）长工作调度视频会议和重大决策部署督查制度，实行省政府领导分工联系重点项目、重大产业和重要工作联席会议制度。强化行政监察和审计监督，完善纠错问责机制。网上政务服务、公共资源交易中心和电子监察系统建设加快。廉政建设和反腐败斗争取得积极成效。

支持国防和军队现代化建设。国防动员和后备力量建设质量提高，民兵和预备役抢险救灾等作用充分发挥，优抚安置、人防工作得到加强。国防教育、双拥共建取得新成效，军地融合发展呈现新局面。

2015 年，面对经济下行压力持续加大的严峻形势，我们认真贯彻中央方针政策，按照省委部署，主动认识适应引领经济发展新常态，保持定力，精准发力，群策群力，以改革增强发展动力，以重大项目支撑发展，及时研究经济社会运行中的困难和问题，有针对性地采取系列政策措施，既不放松有市场、有效益的传统产业发展，更加注重新兴产业培育；既不放松投资拉动，更加注重发挥投资的当前和长远效益；既不放松招商引资、承接产业转移，更加注重本地现有龙头和规模企业新一轮发展；既不放松劳动密集型产业稳步发展，更加注重大众创业、万众创新，保持了稳中趋优、稳中向好的发展态势。全年地区生产总值增长 8.6%，固定资产投资增长 18.2%，社会消费品零售总额增长 12.1%，一般公共预算收入增长 10.2%，城乡居民人均可支配收入分别增长 8.5%、9.3%；年初确定的 9 大类、193 项重点改革基本完成；涉及民生的支出占一般公共预算支出的 69.1%，15 个重点民生实事项目顺利完成，减贫110 万人，新增城镇就业 77.3 万人、农村劳动力转移就业 64.3 万人。

各位代表！

"十二五"取得的成就，是党中央、国务院坚强领导和中共湖南省委总揽全局的结果，是全省上下团结拼搏的结果，是社会各界关心支持的结果。在此，我代表省人民政府，向全省各族人民，向各民主党派、人民团体，向驻湘人民解放军和武警部队指战员、政法干警，向中央驻湘单位，向关心支持湖南改革发展的海内外各界人士，表示衷心感谢！

各位代表！

保持湖南经济社会发展的良好势头，必须深入贯彻党的基本理论、基本路线、基本纲领、基本经验，坚持以习近平总书记系列重要讲话精神以及视察湖南时的重要指示为指导，坚定不移地贯彻中央决策部署，立足"一带一部"战略定位，创造性地开展工作；必须坚持发展第一要务，以问题为导向，保持定力、精准发力，以钉钉子精神一抓到底；必须坚持改革开放，认识适应引领经济发展新常态，破除思维定势、工作惯性和路径依赖，实现思想理念的新提升、工作思路的新转变、发展路径的新突破；必须坚持求真务实，转作风、抓政风、带民风，不断优化经济发展环境，充分调动各方面的积极性、创造性；必须坚持以人为本，把保障和改善民生作为一切工作的出发点和落脚点，把人民对美好生活的向往作为我们的奋斗目标。

各位代表！

回顾"十二五"，我们战胜了历史罕见的严重干旱和洪涝灾害，经受了国内外经济形势急剧变化的严峻考验，经历了经济发展进入新常态的转轨阵痛，打下了践行创新、协调、绿色、开放、共享发展新理念的良好基础。三湘大地正勃发出无限生机与活力，湖南人民正展现出无穷力量与豪情。我们坚信，在以习近平同志为总书记的党中央指引下，在中共湖南省委的带领下，拥有光荣传统、敢于变革、勇于创新的湖南人民，一定能创造出更加美好的新生活！

各位代表！

站在新的起点阔步前行的同时，我们必须认真面对存在的问题：一是经济下行压力较大，工业经济发展困难较多，科技创新投入不足，亟需加快培育新的经济增长点。二是全面深化改革进入关键期，深层次矛盾日益显现，啃硬骨头、涉险滩的劲头还需进一步增强。三是开放水平有待提高，外贸规模不大，拉动力不强。四是改善民生任务繁重，脱贫攻坚的难度大、时间紧，群众就医、就学、出行、住房等方面的难题仍然较多。五是发展环境还不优，政府职能还需加快转变，少数地方、少数干部依然有不作为、乱作为的现象，服务企业和群众的主动性仍然不够，廉政建设需进一步加强。六是影响社会和谐稳定的矛盾和问题仍然较多，安全生产基础还不牢固，社会风险防控和应急处置能力需进一步提高，等等。对此，我们要保持清醒头脑，坚持问题导向，以坚韧的毅力、扎实的作风、创新的意识，努力在攻坚克难中取得新的进步。

二、"十三五"时期主要目标和任务

"十三五"时期是实现第一个百年奋斗目标、全面建成小康社会的决胜阶段。

当前，世界经济在深度调整中曲折复苏，新一轮科技革命和产业变革蓄势待发；我国经济发展长期向好的基本面没有变，仍处于可以大有作为的重要战略机遇期；我省经济正处在爬坡过坎的关键时期，发展方式正在加快转变，新的发展动能正在孕育形成。我们要始终保持开拓创新的锐气和奋发向上的士气，努力在新常态中确立新理念、抢抓新机遇、实现新突破。

"十三五"时期，全省经济社会发展总的要求是：高举中国特色社会主义伟大旗帜，全面贯彻党的十八大和十八届三中、四中、五中全会精神，以邓小平理论、"三个代表"重要思想、科学发展观为指导，深入贯彻习近平总书记系列重要讲话精神，以"四个全面"战略布局为统领，坚持发展第一要务，坚持创新、协调、绿色、开放、共享发展理念，以提高发展质量和效益为中心，充分发挥"一带一部"区位优势，加快形成引领经济发展新常态的体制机制和发展方式，促进"三量齐升"，推进"五化"同步发展，统筹推进经济建设、政治建设、文化建设、社会建设、生态文明建设，确保如期全面建成小康社会，建设富饶美丽幸福新湖南。

落实这个要求，我们紧密结合湖南实际，对照全面建成小康社会各项目标任务，编制了《"十三五"规划纲要》（草案），现提请会议审查。"十三五"时期的发展目标是：地区生产总值年均增长 8.5% 左右，2020 年前在中部地区率先实现地区生产总值和城乡居民人均可支配收入比 2010 年翻一番，人均地区生产总值与全国平均水平的差距明显缩小；一般公共预算收入年均增长 8% 左右；固定资产投资年均增长 15%；完成国家下达的节能减排任务。

实现上述目标，必须突出抓好五个重点。

（一）**坚持创新发展，培育经济发展新动力**。努力做大经济总量、提升发展质量、提高人均均量，着力拉长县域经济、开放型经济、非公有制经济和金融服务业等发展短板，协同推进新型工业化、信息化、城镇化、农业现代化和绿色化。大力推进结构性改革，在供给侧和需求侧两端共同发力，挖掘投资、消费、出口潜力，全面释放新需求。实施创新驱动发展战略，发挥科技创新在全面创新中的引领作用，促进大众创业、万众创新。积极对接"中国制造2025"，加快制造强省建设，推进服务业现代化，着力构建现代农业产业体系、生产体系、经营体系，构筑多点支撑的产业发展格局。实施"互联网＋"行动计划，促进互联网和经济社会融合发展。全面深化改革，健全有利于创新发展的体制机制，实现由低水平供需平衡向高水平供需平衡的跃升。

（二）坚持协调发展，构筑平衡发展新格局。以长株潭一体化为抓手，统筹推进环洞庭湖、大湘南、大湘西等区域发展，加快形成"一核三极四带多点"的发展新格局。推进以人为核心的新型城镇化，探索建立城乡发展一体化机制。加快建设文化强省，着力构建现代公共文化服务体系和现代文化市场体系，促进物质文明与精神文明协调发展。积极支持国防建设和军队改革，促进军民融合深度发展。

（三）坚持绿色发展，建设两型生态新家园。落实主体功能区制度，实施山水林田湖生态保护和修复工程，建设"一湖三山四水"生态屏障。全面建设两型社会，实施最严格的水资源管理和节约用地制度，严守资源消耗上限、环境质量底线、生态保护和耕地红线，构建科学合理的城市化格局、农业发展格局、生态安全格局、自然岸线格局。推动低碳循环发展，引导绿色投资、绿色生产、绿色消费，打造循环型工业、农业、服务业体系。深化生态文明体制改革，构建产权清晰、多元参与、激励约束并重、系统完整的生态文明制度。

（四）坚持开放发展，打造内陆开放新高地。全面对接和融入国家区域发展战略，把我省建成国家"一带一路"战略内陆核心腹地、长江经济带交通物流枢纽。坚持内外需协调、进出口平衡、引进来走出去并重、引资引技引智并举，加快对外贸易优化升级，不断提高招商引资水平，吸引更多世界知名企业和海外优秀人才来湘发展。深入实施走出去战略，开展产能出海、境外投资、跨国并购、服务外包等重点行动，推动我省优势产业、优秀企业开拓外部市场。

（五）坚持共享发展，创造幸福美好新生活。坚持普惠性、保基本、均等化、可持续，加强义务教育、就业服务、社会保障、基本医疗和公共卫生、公共文化、环境保护等基本公共服务，建立更加公平更可持续的社会保障制度。大力促进就业创业，持续增加城乡居民收入。推进健康湖南建设，促进人口均衡发展。健全社会治安防控体系，维护和谐稳定，建设平安湖南。特别是，要认真贯彻习近平总书记关于把脱贫攻坚作为头等大事和第一民生工程的要求，实施精准扶贫工程，更加注重对特定人群特殊困难的精准帮扶，确保 2020 年现行标准下农村贫困人口实现脱贫，贫困县全部摘帽。

三、2016 年工作

今年经济社会发展的主要目标是：地区生产总值增长 8.5% 左右，规模工业增加值增长 8%，固定资产投资增长 16%，社会消费品零售总额增长 12%，进出口总额增长 10%，一般公共预算收入增长 8% 以上，全体居民人均可支配收入增长 8.5% 左右，万元 GDP 能耗下降 3%。

实现以上目标，必须坚持稳中求进工作总基调，重点抓好以下七个方面的工作：

（一）努力保持经济平稳健康发展

增强创新驱动发展能力。推进长株潭自主创新示范区建设，健全"省统筹、市建设、区域协同、部门协作"工作推进机制，构建人才引进激励、科技成果转化、资源开放共享、军民协同创新、科技金融结合等政策体系。在高端装备、先进储能材料、"互联网+"、大数据、节能环保、传感技术等领域实施一批关键技术协同攻关项目，实行企业技术需求和科技成果转化清单制度，支持企业技术改造和设备更新。推进企业联合高校、科研院所共建国家级重点实验室、工程实验室、工程中心和企业技术中心，建设工程机械、轨道交通、新材料等国家级创新中心。落实企业研发费用加计扣除、高新技术企业所得税减免政策，建设一批众创空间和农村"星创天地"。推进省级财政科技计划和资金管理改革，深化科技成果处置权、收益权改革，加强知识产权创造、运用、保护和管理。

加快制造强省建设。实施制造强省五年行动计划，抓好电力机车工程实验室及智能制造车间等重点项目建设。推动装备制造、钢铁、有色、石化等传统产业绿色化、品牌化发展，促进新能源、新材料、电子信息、生物医药、通用航空、两型住宅等新兴产业规模化、集约化成长，加快培育新能源汽车、高性能数字芯片、智能电网、3D打印、工业机器人等新增长点。推进浮空器、高效液力变矩器、北斗卫星应用等产业项目建设，加快军民融合产业示范基地建设。

大力发展现代服务业。加快发展金融保险、研发设计、检测检验、信息技术服务、商务咨询等生产性服务业。积极发展教育文化、健康养老、体育休闲、家政服务等生活性服务业。完善现代物流基础设施，加快发展第三方物流，促进物流业与电子商务、现代交通和产业体系的对接与配套。改善商贸基础设施，促进移动互联网、绿色、信息等新兴消费。深化与国内知名电商的战略合作，推动"湘品出湘"和"湘品网上行",促进农村商贸综合服务体电商模式在全省范围落地运营。完善云计算、大数据平台,提升金融、医疗、教育、旅游、交通、物流、邮政、快递、零售等领域的在线化、智能化水平。加快传统媒体和新兴媒体融合发展,以互联网技术促进文化产业内容、形式和业态创新,支持文化产业示范园区(基地)建设。加快发展现代旅游业,打造以张家界为龙头的精品景点景区和旅游线路,加强旅游配套服务,培育新兴旅游业态。

加快转变农业发展方式。稳定粮食、生猪、油料等主要农产品生产,确保粮食总产稳定在600亿斤左右。继续划定永久基本农田,大规模推进土地整治、中低产田改造和高标准农田建设,抓好以水库除险加固、灌区续建配套和节水改造、"五小"水利为重点的农田水利建设。突出农业品牌培育和提升,继续实施"百千万"工程,推进农村一二三产业融合发展,打造粮油、畜禽、水产、果蔬、茶叶、林产等千亿产业,积极发展生态农业、休闲观光农业。大力推广良种良法和先进适用农机,提高主要农作物生产全程机械化水平。依法推进土地经营权有序流转,培育一批农机、农技专业服务合作社和种养结合的家庭农场,推广土地托管、代耕代种、联种联收、统防统治等专业化、规模化服务模式。创建农业标准化示范县、乡和基地,支持益阳等国家现代农业示范区建设。防控重大动物疫情,建设农产品质量安全追溯和信用体系。认真做好第三次全国农业普查。

(二)全面深化改革开放

加大供给侧结构性改革力度。认真落实"去产能、去库存、去杠杆、降成本、补短板"五大重点任务,在适度扩大总需求和调整需求结构的同时,扩大有效供给,提高供给结构适应性和灵活性。

采取技术改造、兼并重组、债务重组和破产清算等方式，积极稳妥化解过剩产能。深化户籍和居住证制度改革，实施以满足新市民住房需求、购租并举为方向的住房制度改革，加大棚改货币化安置力度，大力发展住房租赁市场，积极化解房地产库存。把降低实体经济企业成本、减轻企业负担作为供给侧结构性改革的突破口，积极推进"营改增"，精简归并"五险一金"，清理规范中介服务，尽力降低企业电力价格、物流费用。推进要素市场改革，实施煤电价格联动；深化低丘缓坡开发利用和城乡建设用地增减挂钩试点；完善人才评价、引进、培养、使用、激励机制，建设科技成果转化和技术交易网络平台。放宽市场准入，鼓励社会资本参与国企改革重组和公共领域建设，引导支持非公企业转型创新发展。优化经济发展环境，强力推进社会信用体系建设，依法保护各类市场主体及企业家的合法权益。

加快行政管理体制改革。深入推进简政放权和行政审批制度改革，加快行业协会商会与行政机关脱钩，积极推动事业单位分类改革。全面完成党政机关公车改革，启动事业单位公车改革。进一步深化商事制度改革。加快公共资源交易管理体制改革。

推动投融资体制改革和金融创新。发展政府性基础设施基金，设立新兴产业投资基金，探索建立省级股权投资基金、风险补偿基金，支持地方金融类企业做大做强。支持申报组建地方法人财产保险公司和民营银行；推进国家农村金融服务体系改革试点，加快农信社改革，支持设立村镇银行，推动小额贷款公司和融资性担保机构持续健康发展；扩大股票、债券等多层次资本市场融资，推动险资入湘。积极稳妥扩大企业债券发行，规范各类融资行为，加强风险监测预警和处置，坚决守住不发生系统性和区域性金融风险的底线。

推进财政体制和国企国资改革。完善全口径预算分配、财政管理综合绩效考评、债务预算管理与风险防控机制，编制省级重大基础设施项目债务预算中期规划，做好政府存量债务置换工作，探索建立水利、交通领域事权与支出责任相匹配机制。推进省属监管国有资本布局调整与国有企业重组整合，规范省属监管企业董事会建设和企业负责人薪酬管理。加快推进省属国有企业和中央在湘企业"三供一业"分离移交。

深化农业农村改革。加快推进农村土地承包经营权确权登记颁证，整合各项涉农资金，推进农业"三项补贴"改革，深化国有林场、国有农场和供销合作社综合改革。加强乡（镇）、村区划调整后的管理和服务。稳步推进农业水价、输配电和天然气价格改革。

提升开放型经济发展水平。实施对接"一带一路"战略三年行动方案，大力开拓南美、东盟、非洲、中东等新兴市场，拓展国际交流合作渠道，完善企业"抱团出海""借船出海"和风险预警机制，支持省内优势企业在境外建立生产研发基地、承包国际工程项目、实施跨国兼并收购。加强与周边省区的区域合作，推动"湘赣""湘粤"等开放合作试验区建设。促进外贸转型升级，扩大传统优势产品和具有自主知识产权的高新技术产品出口，发展旅游、运输、软件、外包、技术、文化、中医药等领域服务贸易，支持建设中国（长沙）跨境贸易电子商务综合试验区。放大进口指定口岸功能，扩大先进技术设备、关键零部件、能源资源和重点消费品进口。提升招商引资实效，吸引跨国公司区域总部、营运中心和研发中心落户湖南，做好专业化、产业链、点对点和网络招商；积极发挥境外湘籍商协会和异地商会作用，支持邵阳湘商产业园建设；鼓励、引导和支持广大湘商回故乡、建家乡。加快建设高铁经济带，发展临港、临空经济，加强航空、水运、陆运以及电子口岸建设，充分发挥衡阳、湘潭、岳阳综合保税区政策功能优势、产业集聚效应和示范引领作用，推动郴州出口加工区转型整合为综合保税区；推进国际贸易单一窗口建设，深化通关作业无纸化、区域通关一体化、关检合作"三个一"、集中汇总纳税等改革；提升湘欧快线、"五定班列"、多式联运效益，拓展国际国内航班航线。

（三）积极扩大有效投资

启动 30 大工程，推进 1000 个重大项目，完成固定资产投资 3 万亿元左右。交通网，力争建成高速公路 300 公里以上、干线公路 1000 公里；加快湘江、沅水等高等级航道和一江一湖四水相关港口建设；推进怀邵衡、黔张常、蒙华湖南段等铁路建设，新开工张吉怀、湘桂扩能改造等铁路项目；推进长沙航空枢纽和其他市州支线机场建设。能源网，稳步推进电源点项目，推进五强溪水电站扩机项目前期，加快实施酒泉 – 湖南特高压直流输电工程，开工建设 7 条 500 千伏省内特高压配套线路、长沙艾家冲变电站扩建等主电网项目；开工建设中石化新疆煤制气外输管道工程湖南段，建成投产 7 条省内支干线；积极发展风电和光伏发电等清洁能源。水利网，继续推进涔天河水库枢纽和灌区工程、莽山水库等项目，争取启动毛俊水库建设。信息网，加快光纤高速宽带和第四代移动通信网络建设，实施"宽带乡村"工程。城建，建成长株潭城际铁路，加快长株潭城市轨道交通建设，完善停车场、新能源充电桩等设施，推进长沙地下综合管廊、常德海绵城市建设试点及城市黑臭水体整治。园区，推进创新创业园区"135"工程建设，完善配套服务，推动扩权强园。

（四）不断拓展区域城乡协调发展新空间

促进区域协调发展。以规划、交通、产业、科技创新、生态环境治理、公共服务为重点，以 17 个特色产业园区为载体，推进长株潭一体化发展。高起点建设湖南湘江新区，努力打造高端制造研发转化基地和创新创意产业集聚区、产城融合城乡一体的新型城镇化示范区、全国两型社会建设引领区、长江经济带内陆开放高地。推动环洞庭湖区全面融入长江经济带，发挥岳阳城陵矶"一区一港四口岸"优势，大力发展临江临港产业，加快环湖公路和特色城镇建设。完善湘南承接产业转移示范区的园区、口岸、会展平台功能。促进大湘西地区加快发展，推动特色产业、基础设施、生态保护、城镇建设和公共服务等项目建设。推动娄底等资源型城市转型发展。

加强城市规划、建设和管理。转变城市发展方式，发挥中心城市作用，走集约化城市发展道路。依法制定和执行城市规划，推进城市总体规划与主体功能区、经济社会发展等规划的衔接，编制城乡一体的城镇发展规划。塑造城市特色风貌，提高城市设计和建筑水平，保护城市历史文化。完善城市公共服务，抓紧实施棚改三年计划，推进供水、供气和污水、垃圾处理设施建设，加快城乡公交一体化，推行"以公共交通为导向"的开发模式。落实城市管理主体责任，加强城镇地下管线普查及市政公用设施安全监管。推进有能力在城镇稳定就业和生活的农业转移人口进城落户，提高户籍人口城镇化率；抓好长沙、株洲以及资兴、津市－澧县、芷江等国家新型城镇化综合试点；加强农村饮水、电力、道路、通信等基础设施建设，整治 4000 个以上行政村的人居环境。

推进县域经济发展。深化省直管县（市）经济体制改革试点。提高省对市县一般性转移支付比重，扩大市县政府对上级专项转移支付统筹安排的自主权，逐步降低县级财政配套标准，切实增强县级财政保障能力。推进特色县域经济重点县建设，深入开展扩权强县、强镇试点，推动产业项目、信贷资金、生产要素向县域倾斜。完善县域差别化绩效考核指标体系。

（五）着力加快绿色发展步伐

深入推进两型社会建设。启动长株潭两型社会试验区第三阶段改革建设，基本完成湖南湘江新区综合生态补偿、株洲综合执法体制、湘潭绿色 GDP 评价等改革试点，实施昭山等生态绿心地区示范片发展工程。积极推进石门县、江华县全国重点生态主体功能区试点示范，抓好武陵山片区、湘江源头区域、衡阳、宁乡等 4 个国家生态文明先行示范区建设，支持开展城步国家公园体制试点。实施森林禁伐减伐三年行动和湘江流域退耕还林、还湿试点，重视蓝山等湘江源头地区和东江湖水土保护，以及衡邵干旱走廊综合治理，推进裸露山体和矿山复绿行动。深入开展两型示范创建活动，扩大政府两型采购范围。推进不动产统一登记和自然资源生态空间统一确权登记，制定公益林分类分区域生态补偿办法。探索建立和完善生态红线保护、生态补偿、责任追究、环境保护督查和环境监督执法等制度。

加大环境治理力度。启动湘江保护与治理省政府"一号重点工程"第二个"三年行动计划"，深入推进株洲清水塘、湘潭竹埠港、衡阳水口山、郴州三十六湾、娄底锡矿山，以及邵阳龙须塘等重点区域的整治和建设；启动实施洞庭湖水环境综合整治"五大专项行动"，加快推进"十大重点工程"前期工作；抓好四水流域整治与河道保洁；实施工业污染源全面达标排放。下大力气治理雾霾，加强道路和建筑工地扬尘、燃煤和餐饮油烟、机动车尾气等污染防治，推广新能源汽车。稳步推进湘江流域重金属污染土壤治理试点，抓好常德国家土壤污染防治示范区试点以及重金属污染治理项目。以县（市、区）为单位推进城乡环境同治，分步实现省域全覆盖；开展农村垃圾治理专项行动，加强农业面源污染防治。推广环境污染第三方治理与合同环境服务。

全面节约和高效利用资源。推行能源消费总量和强度双控，加强合同能源管理；建立高耗能项目能评验收制度。健全传统行业能耗限额指导目录和新兴产业领域能效标准。强化用地标准管控和供地率考核，加大闲置土地清理与处置，盘活存量低效用地。强化用水总量、用水效率、水功能区限制纳污"三条红线"控制。加快低碳循环发展，推进国家循环经济、园区循环化改造试点，以及省级循环经济和低碳经济试点；实施电力、钢铁、水泥、有色、平板玻璃等行业脱硫、脱硝、除尘和清洁生产技术改造；大力推进大宗固废和秸秆综合利用；推广绿色建筑和建材。规范环保市场准入，支持环保产业集聚区建设。我们要像保护眼睛一样保护生态环境，像对待生命一样对待生态环境，以不懈的努力，让青山永驻、绿水长流！

（六）坚决打好脱贫攻坚战

按照"四个切实""五个一批""六个精准"的要求，坚持以武陵山、罗霄山集中连片特困地区为重点，以湘西自治州为主战场，着力解决"扶持谁、谁来扶、怎么扶、如何退"等问题。加大扶贫资金投入和监管，今年投入扶贫资金65亿元，带动社会和金融资金380亿元，实施群众增收、易地搬迁、素质提升、兜底保障、基础扶贫等"五大工程"，健全金融服务、社会参与、责任考核、建档立卡、贫困对象退出等精准扶贫机制。创新产业扶贫机制和模式，发展贫困地区特色农业，建设大湘西地区 12 条旅游精品线路，因村因户、分类指导实施产业扶贫项目。加快实施水、电、路、气、房、环境治理"六到农家"，扎实抓好就医、就学、养老、低保、五保、村级集体经济发展"六个落实"，完成 20 万人易地扶贫搬迁。实施雨露计划和"一家一"工程，落实连片特困地区"两免一补"、学生营养计划、贫困地区专项招生计划、助学专项补助基金等政策。构建专项扶贫、行业扶贫、社会扶贫"三位一体"工作格局，抓好驻村帮扶，鼓励支持各类企业、社会组织、个人参与脱贫攻坚。开展"万企帮万村"活动，实施万名贫困学生助学就业、万例贫困信息发布与对接、万名贫困眼疾患者光明工程。

（七）大力推进民生事业发展和社会建设

抓好 16 项 24 个重点民生实事项目。1、实现 110 万贫困人口脱贫；2、提质改造农村公路 1 万公里，完成 7000 公里农村公路安保设施建设；3、农村自来水普及率达到 65%；4、新增城镇就业 70 万人；5、建设义务教育合格学校 500 所、农村公办幼儿园 200 所；6、改造农村危房 12 万户、城市棚户区 35 万套和国有工矿棚户区 8000 套；7、新增管输天然气用户 36 万户，确保县以上城镇市政管网水的水质达到国家生活饮用水卫生标准；8、帮助 5000 名残疾儿童实施抢救性康复，救治救助贫困重性精神疾病患者 1.1 万人，改扩建精神卫生服务机构 20 家；9、免费为 100 万 35—64 岁的农村妇女实施乳腺癌和宫颈癌检查；10、新增社会治安视频监控摄像头 3 万个；11、建设社区矫正中心 73 个；12、新增养老服务床位 2 万张；13、完成 500 个行政村通宽带和 100 万农户直播卫星户户通；14、改造 1000 个行政村的配电网；15、建设美丽乡村示范村 155 个；16、建设基层综合文化服务中心 400 个。

积极扩大就业和提高居民收入。增加对创业就业的财政专项补助，支持劳动密集型产业企业发展，加大对创业人员小额担保贷款个人微利项目贴息的支持力度，开展农民工等人员返乡创业试点，做好高校毕业生和农村劳动力转移就业工作。完善劳动关系协调机制，维护职工合法权益。健全艰苦边远地区津贴调整机制和事业单位高层次人才激励机制。逐步提高最低工资标准，保障农民工同工同酬，探索农民增加财产性收入渠道。

加快完善社会保障体系。研究实施医疗保险、生育保险合并；整合城乡医保制度，城乡居民医保财政补助标准提高到 420 元 / 人。全面实施城乡居民大病保险。推进机关事业单位养老保险制度改革，按政策提高企业和机关事业单位退休人员养老金。提高城乡低保指导标准，逐步实现农村低保标准与贫困标准融合；提高农村五保户、优抚对象补助水平，按照最低每人每月 50 元的标准为低保家庭残疾人发放生活补贴。

大力发展教育、卫生、文化等社会事业。全面推进教育强省建设。确保各类教育阶段的生均经费达到或超过中部平均水平，两年内高职生均拨款水平提高到 1.2 万元；全省高中生均经费提高部分，以及沿西部边境贫困县农村义务教育营养改善计划所需资金，全部由省财政承担。教育卫生人才津贴政策覆盖全部贫困县，对高校毕业生到贫困地区基层单位就业给予学费补偿；实施乡村教师支持计划。继续深化教育综合改革，稳步推进考试招生制度改革，努力化解城市"大班额"问题。提高医疗卫生和计划生育服务水平。深化医药卫生体制改革，建立分级诊疗制度体系，支持城市公立医院取消药品加成、降低大型设备检查价格和高值耗材费用，提升中心卫生院和社区卫生服务中心服务能力，加强传染病等重大疾病和公共卫生监测预警与防控，高度重视农村卫生工作。基本公共卫生服务人均补助标准提高到45元。稳妥有序实施全面两孩政策，开展出生缺陷干预工作，独生子女伤残、死亡家庭月补助标准分别提高到320元、390元。加快发展文化体育事业。推进省博物馆改扩建，启动省图书馆新馆建设，实施县级未达标公共图书馆、文化馆提质改造，完成农村广播村村响工程，支持艺术创作、演艺惠民、非遗和文物保护；完善国有文化资产监管和考评机制。发展群众体育，积极备战里约奥运会。健全食品药品质量安全治理、保障体系，让人民群众吃得放心、喝得安全。我们要以真心实意保民生，以真金白银兴民生，以真抓实干惠民生，让人民群众有更多获得感！

推进社会治理精细化、信息化、法治化。加强社会治理基础制度建设，改进信访工作，完善社会矛盾排查预警和调处化解综合机制，加快建设覆盖城乡的公共法律服务体系。落实党的民族、宗教、侨务政策。发挥工、青、妇、红十字会等群团组织作用，保障妇女儿童权益，关爱农村留守儿童、妇女、老人，发展社区和居家养老。促进残疾人事业发展。牢固树立安全发展理念，健全公共安全体系，落实安全生产责任和管理制度。完善防灾减灾救灾体系。推进平安湖南建设，健全立体化社会治安防控体系，精准打击暴力恐怖分子，深入开展三年禁毒大行动，依法严厉打击各类违法犯罪行为。加强网络内容建设，强化网络信息安全管理，净化网络环境。依法加强统计工作。做好地震、气象、档案、测绘、地质等工作，加强地方外事工作和国际友城建设。

提高精神文明和民主法制建设水平。全面实施公民道德建设工程，深化各类群众性精神文明创建活动。启动"七五"普法，增强全社会尊法学法守法用法观念。自觉接受人大法律监督和工作监督、政协民主监督，以及舆论监督、群众监督，认真办理人大代表建议和政协委员提案。创新村（居）民依法自治工作。

推进国防建设。深入贯彻中央军委改革工作会议精神，坚决支持国防和军队改革，扎实开展新时期拥军优属工作，深化"双带双促"活动，认真做好退役士兵教育培训和就业指导，进一步加强人防工作，推动经济建设和国防建设融合发展。

各位代表！

如期全面建成小康社会，必须坚持以人为本、执政为民，忠实践行"三严三实"，严守党的政治纪律和政治规矩，加快建设服务政府、责任政府、法治政府、廉洁政府。

坚持主动作为。全面正确履行政府职能，增强政府执行力、公信力，强化政府绩效评估和行政问责，坚决纠正不作为、乱作为，坚决克服懒政、怠政，坚决惩处失职、渎职，着力解决缺位、越位、不到位的问题。保持积极进取的精神状态，不懈怠，不松劲，不回避矛盾，不推卸责任，营造肯干事、能干事、干成事的浓厚氛围。

坚持创新作为。坚决破除思维定势，适应把握引领新常态，克服主观主义、经验主义，努力变中求新、新中求进、进中突破。坚决破除工作惯性，从墨守成规中走出来，从按部就班中走出来，从司空见惯中走出来，提高深化改革、推动发展、化解矛盾、维护稳定的能力和水平，努力摆脱路径依赖、速度情结和换挡焦虑。

坚持依法作为。完善政府立法体制机制，全面推进依法行政，继续简政放权、放管结合、优化服务，完善权力清单制度，深化综合行政执法体制改革，加强基层执法力量。坚持科学民主依法决策，建立重大决策终身责任追究制度及责任倒查机制，发挥省政府院士专家咨询委员会和参事室等决策咨询机构的作用，加强新型智库建设。深入推进政务公开，推广电子政务和网上办事。加强对行政权力的监督制约，支持监察、审计、财政、法制等部门开展监督。

坚持廉洁作为。把党的纪律和规矩作为从政用权、修身律己的底线，贯彻落实《中国共产党廉洁自律准则》、《中国共产党纪律处分条例》，严格执行中央八项规定和省委九项规定。认真落实党风廉政建设主体责任和监督责任，重点查处官商勾结、权钱交易等腐败问题。以永远在路上的劲头加强作风建设，以过硬的作风调动干事创业积极性。认真做好政府换届工作，更加关心爱护广大基层干部，鼓励他们扎根基层、安心工作。

各位代表！展望"十三五"，我们将开创风雷激荡、风生水起的发展局面，我们要同舟共济、同心同德，焕发砥砺奋进的昂扬斗志。让我们紧密团结在以习近平同志为总书记的党中央周围，在中共湖南省委的领导下，团结全省各族人民，以更振奋的精神、更争先的勇气、更务实的作风，锐意进取，开拓创新，为夺取全面建成小康社会的伟大胜利而努力奋斗！

广 东 省

政府工作报告

——2016 年 1 月 25 日在广东省第十二届
人民代表大会第四次会议上

省长 朱小丹

各位代表:

我代表省人民政府向大会作政府工作报告,请予审议,并请政协各位委员和其他列席人员提出意见。

一、"十二五"时期工作回顾

"十二五"时期是我省改革发展进程中极不平凡的五年。面对复杂多变的国内外经济形势和艰巨繁重的改革发展稳定任务,省政府在党中央、国务院和省委的正确领导下,在省人大及其常委会和省政协的监督支持下,全面贯彻落实党的十八大、十八届三中、四中、五中全会和习近平总书记系列重要讲话精神,紧紧围绕"三个定位、两个率先"目标,坚持稳中求进工作总基调,主动适应经济发展新常态,积极有效应对各种困难和挑战,统筹推进稳增长、促改革、调结构、惠民生、防风险各项工作，推动我省改革开放和现代化建设取得新的重大成就。

五年来，全省经济综合实力迈上新台阶，地区生产总值从2010年的4.60万亿元增加到2015年的7.28万亿元、年均增长8.5%，人均生产总值从4.48万元增加到6.75万元、年均增长7.5%，来源于广东的财政总收入达20934亿元、年均增长12.1%，地方一般公共预算收入达9364.8亿元、年均增长14.9%。区域创新能力居全国第二，研究与试验发展经费支出占地区生产总值比重从1.76%提高到2.50%，高新技术产品产值占工业总产值比重从34.2%提高到39.0%。结构调整持续深化，三次产业比重由5.0：49.6：45.4调整为4.6：44.6：50.8，先进制造业、现代服务业、战略性新兴产业比重明显提升，农业增加值年均增长3.4%。重点领域和关键环节改革实现新突破，开放型经济水平稳步提升，进出口总额达6.36万亿元，一般贸易出口占比提高到42.9%。内源型经济发展加快，民营经济占比达53.4%，外贸依存度从115.4%降至87.3%。城乡区域发展协调性增强，区域发展差异系数由0.680调整为0.660，常住人口城镇化率提高到68.7%。绿色低碳发展取得重要进展，单位地区生产总值能耗和二氧化碳排放、主要污染物排放总量预计均超额完成国家下达的"十二五"约束性指标。各项社会事业全面进步，人民生活显著改善，城镇和农村常住居民人均可支配收入分别达34757元和13360元、年均实际增长7.2%和9.0%，城乡居民收入比由2.85：1缩小为2.6：1，人均预期寿命达77.1岁，城镇累计新增就业824.2万人，城镇登记失业率每年均控制在3.5%以内，居民消费价格指数年均涨幅为2.9%。"十二五"规划主要目标任务圆满完成。

五年来，我们主要做了以下工作：

（一）**积极应对持续贯穿的经济下行压力，促进经济增长稳中有进、稳中提质。**我们认真贯彻落实党中央、国务院各项调控政策措施，在稳增长和调结构的平衡点上精准发力，制定和实施一系列稳增长政策措施，增强消费投资出口拉动经济增长的协调性，全力促进经济在合理区间运行。充分发挥投资的关键作用，优化投资结构，着力推进重大基础设施、重大产业项目和重大民生工程建设，积极拓宽民间投资领域，固定资产投资年均增长 16.6%，民间投资占比达 60.1%。推动基础设施建设取得重大进展，高速公路通车总里程突破 7000 公里、跃居全国首位，出省通道达 20 条，实现县县通高速，新增铁路通车里程 1430 公里，新建成一批机场、港口、能源、环保、水利等项目。充分发挥消费的基础作用，持续推进广货全国行、广货网上行，大力培育拓展电子商务、信息消费、旅游休闲等消费新增长点，社会消费品零售总额年均增长 12.5%，最终消费对经济增长的年均贡献率达 49.5%。充分发挥出口的支撑作用，着力巩固传统市场、开拓新兴市场，大力培育外贸综合服务企业、跨境电商、旅游购物出口等外贸新业态，全面促进通关便利化，出口总额达 4 万亿元、年均增长 7.3%。坚持稳增长重在稳实体经济，完善中小微企业综合服务体系，强化融资增信担保、技术创新等政策支持，推动大型骨干企业壮大规模增强实力，通过清理规范行政事业性收费，五年减轻企业和社会负担 250 多亿元，促进各类企业稳定发展。规模以上工业企业利润总额年均增长 9.4%，年主营业务收入超千亿元、百亿元的企业分别达 22 家和 221 家。

（二）**坚定不移深化改革、扩大开放，增强发展动力和活力。**我们认真落实中央关于全面深化改革的决策部署，牵牢行政体制改革这一全面深化改革的"牛鼻子",加快转变职能、简政放权。率先深化行政审批制度改革,省市县三级行政审批事项均比2011年压减40%以上,省级全面取消非行政许可审批事项,省直51个部门公布9类权责事项6971项。在全国率先推进商事制度改革,前置改后置审批事项超过90%,市场主体五年净增300多万户、增幅超过68%。建成省网上办事大厅,省直部门全部行政审批事项和99%的社会服务事项可实现网上办理。开通运行"信用广东网",初步建成省公共信用信息管理系统平台。探索率先基本建立现代财政制度,推进预算管理制度改革,开展省与市县之间事权和支出责任置换改革,扩大一般性转移支付,完善专项资金管理,清理财政存量资金。率先建立包括准入负面清单、行政审批清单和政府监管清单在内的企业投资项目清单管理制度,实施备案的项目占企业全部投资项目的比例达90%。推进珠三角金融改革创新综合试验区建设,拓宽金融服务实体经济渠道,培育发展新型金融机构和金融组织,加快发展互联网金融、普惠金融,民间金融稳步发展,自贸试验区金融改革纵深推进。推动国有资本布局结构调整优化,加快国有企业现代企业制度建设,有序推进混合所有制改革,增强国资监管效能。价格改革、公共资源交易体制改革等扎实推进。分类推进农村综合改革,稳步开展农村土地承包经营权确权登记颁证,集体林权制度改革基本完成。

着力优化对外开放格局。深入实施市场多元化战略,率先基本实现粤港澳服务贸易自由化,加强与欧美发达国家和世界500强企业的经贸合作,累计引进外商直接投资项目3.2万个,实际利用外资1240亿美元、年均增长5.8%,服务业利用外资年均增长13.9%。启动广东自贸试验区建设,下放第一批60项省级管理权限,在对接国际投资贸易规则体系上先行先试，首批 27 项改革经验在全省推广，广州南沙、深圳前海蛇口、珠海横琴三大片区新入驻企业 5.6 万家。积极参与"一带一路"建设，强化基础设施互联互通，着力推进经贸投资合作，与海上丝绸之路沿线重点 14 国进出口额达 8504 亿元。支持企业"走出去"，累计协议投资设立境外企业约 5600 家，中方实际投资 350 亿美元、年均增长 45.9%。务实推进泛珠三角区域合作，累计签约产业经贸合作项目 4508 个。

（三）坚定不移推进经济结构调整，着力构建现代产业体系。我们始终把产业转型升级和中高端发展作为转方式调结构主攻方向，紧紧抓住"两个支撑"结合点，加快培育以先进制造业、现代服务业、战略性新兴产业为主体的现代产业体系，打造广东经济升级版。落实《中国制造 2025》，实施工业转型升级攻坚战三年行动计划，建设珠江西岸先进装备制造产业带，大力推进智能制造，实施新一轮技术改造，先进制造业增加值、高技术制造业增加值占规模以上工业比重分别提高到 48.5% 和 27.0%，工业技改投资年均增长 19.0%。围绕提升发展先进制造业推动研发设计、科技服务等生产性服务业发展，积极发展电子商务、物流快递等新业态，现代服务业增加值占服务业比重提高到 60.4%。重点培育发展新一代移动通信设备、新型平板显示、半导体照明等战略性新兴产业，打造 7 个产值超千亿元的战略性新兴产业集群，战略性新兴产业增加值占规模以上工业比重达 16.8%。坚持信息化先导战略，加快新一代信息基础设施建设，实施"互联网 +"行动计划，云计算、大数据、物联网等新业态加快发展。推进现代农业示范园区等载体建设，农业生产保持平稳发展，农业现代化水平稳步提升。大力发展海洋经济，海洋生产总值达 1.52 万亿元，年均增长 10.7%。

（四）坚持实施创新驱动发展战略，提升自主创新能力和产业核心竞争力。我们坚持把创新驱动发展作为经济结构战略性调整的核心战略和总抓手，使创新成为引领发展的第一动力。启动珠三角国家自主创新示范区和全面创新改革试验试点省建设，务实推进开放型区域创新体系建设。狠抓高新技术企业和新型研发机构培育，筹建广东国家大科学中心，组建新的广东省科学院，启动高水平大学、高水平理工科大学和重点学科建设。深化省部院产学研合作，多层次开展协同创新。积极培育孵化育成体系，发展众创空间等新型平台，推动金融科技产业加速融合。组织实施一批重大科技专项。有效发明专利量和 PCT 国际专利申请量保持全国首位，高新技术企业总量超过 1.1 万家、五年翻了一番，技术自给率、科技进步贡献率分别提高到 71% 和 57%。加快打造创新创业人才高地，引进五批 117 个高水平创新创业团队和 89 名领军人才。深入实施质量强省战略，开展质量提升行动。知识产权创造、运用和保护进一步加强。

（五）坚持统筹发展和分类指导，增强城乡区域发展协调性。我们深入实施珠三角地区改革发展规划纲要，在实现"四年大发展"目标基础上，抓好科技创新、项目建设、技术改造、重大平台建设和骨干企业培育等重点工作，着力推进"九年大跨越"。珠三角地区人均生产总值突破 10 万元，现代服务业增加值占服务业比重达62.9%，先进制造业增加值占规模以上工业比重达 53.6%，创新型经济蓬勃发展。我们瞄准区域发展短板，深入实施粤东西北地区振兴发展战略，狠抓交通基础设施建设、产业园区扩能增效、中心城区扩容提质和全面对口帮扶。开展高速公路建设大会战，改善粤东西北内联外通条件。省产业转移园区规模以上工业增加值年均增长

26%，占粤东西北地区比重上升到 25.8%。设立粤东西北振兴发展股权基金。珠三角 6 个帮扶市累计投入财政资金约 95 亿元，引进项目 692 个，已完成投资约 600 亿元。粤东西北地区主要经济指标年均增幅高于全省。

有序推进新型城镇化和城乡一体化。编制新型城镇化规划和珠三角全域空间规划，率先推进"多规合一"，开展省新型城镇化"2511"试点，扩大常住人口基本公共服务覆盖面。加快城乡一体化步伐，推动基础设施城乡联网，扩大城乡基本公共服务均等化综合改革试点。实施农村环境连片综合整治，初步建立"村收集、镇转运、县处理"的农村生活垃圾收运处理体系。约 3 万公里新农村公路实现路面硬化。完成 3765 公里山区中小河流治理。解决 755 万农村居民饮水安全问题。全面完成两轮"规划到户、责任到人"扶贫开发任务，帮扶 249.2 万相对贫困人口实现脱贫，完成农村危房改造 56.82 万户和"两不具备"村庄 6 万余户搬迁安置。我省原中央苏区县、革命老区和少数民族地区发展步伐加快。扎实开展援藏援疆等工作。

（六）切实加强生态环境保护，促进绿色低碳循环发展。我们坚持绿色化永续发展战略，实施主体功能区规划，开展生态控制线划定工作，基本划定林业生态红线。严格落实节能减排目标责任制，推进电机能效提升、燃煤电厂脱硫脱硝、工业锅炉更新改造等工程，超额完成国家下达的"黄标车"和老旧车淘汰任务。碳强度指标保持全国先进水平，碳排放权交易试点稳步开展。推进节约集约用地示范省建设，累计完成"三旧"改造面积 13.33 万亩。开展练江、淡水河、石马河、广佛跨界河流及一批城市内河涌污染综合整治，主要江河水质总体稳定，城市集中式饮用水源水质全部达标。开展大气污染联防联治，2015 年 $PM_{2.5}$、PM_{10} 平均浓度分别比上年下降 17.1% 和 15.0%，城市空气质量明显改善。实施重金属污染综合防治行动计划，强力推进汕头贵屿等地电子废弃物污染综合整治。城镇生活污水集中处理率、生活垃圾无害化处理率分别达 85.5% 和 90.1%。全面开展新一轮绿化广东大行动，建成生态公益林 7214 万亩、碳汇林 1503 万亩，森林覆盖率达 58.8%。启动珠三角绿色生态水系建设。建成一批国家级自然保护区、森林公园、湿地公园，建成绿道 1.2 万公里。海洋生态文明示范区和美丽海湾建设取得新成效。

（七）加快发展社会事业，切实增进民生福祉。我们始终坚持把保障和改善民生作为一切工作的出发点和落脚点，着力建机制、补短板、兜底线，持续加大财政民生投入，加快推进基本公共服务均等化。坚持每年办好十件民生实事，省级财政和各级财政累计分别投入 3072 亿元和 8479 亿元，在底线民生保障、困难群体帮扶等方面，解决了一批关系群众切身利益的突出问题。实施更加积极的就业政策，基本实现充分就业。稳步提高社会保障水平，推进各类社会保险扩面征缴，基本实现人人享有社会保障的目标。企业职工基本养老金、城乡居保基础养老金标准、城乡居民医疗保险补助标准逐步调整提高，职工养老保险和居民养老保险实现制度衔接，城乡居民大病保险全面实施，省内异地就医实现即时结算。城乡低保、农村五保、残疾人保障、孤儿保障等底线民生保障水平进入全国前列。超额完成国家下达的保障性住房建设和棚户区改造任务，累计开工建设保障性住房（含租赁补贴）66.1 万套（户），基本建成 59.4 万套（户），改造棚户区 20 万套（户）。

全面推进教育"创强争先建高地"，教育强县、强镇覆盖率分别达 88.7% 和 94.2%。学前教育毛入园率提高 18.4 个百分点，义务教育均衡优质标准化发展加快推进，高中阶段教育普及水平巩固提升，高等教育毛入学率提高到 33.0%。民办教育、特殊教育快速发展，现代职业教育综合改革试点省建设扎实开展，高等教育中外合作办学和交流项目顺利推进。深化医药卫生体制改革，逐步完善基层医疗卫生机构运行机制，健全基本公共卫生服务体系，巩固基本药物制度，县级公立医院改革覆盖所有县（市）。中医药强省建设取得新成果。调整完善生育政策，出生人口素质不断提高。加快完善覆盖城乡的公共文化设施，广泛开展各类文化惠民活动。文艺创作涌现出一批精品，文化遗产保护得到加强，新闻出版、广播影视、文化创意等文化产业加快发展。全民健身和青少年体育蓬勃开展，竞技体育取得突出成绩。妇女儿童、民族宗教工作得到加强。创新社会治理，加强基层组织和村民自治建设。坚持专项打击整治和源头治理相结合，全面推进平安广东建设。圆满完成"六五"普法。劳动关系总体和谐稳定。安全生产、食品药品监管、信访、司法行政、海防打私、应急管理等工作取得新成绩。国防动员体系不断完善，双拥共建、优抚安置深入推进，军政军民更加团结。妥善应对强台风、洪涝等自然灾害和登革热、H7N9 流感、中东呼吸综合征等疫情，防灾减灾和救灾复产工作有力有效。

各位代表！五年来，我们始终把建设人民满意政府作为努力方向，不断加强法治政府、廉洁政府和服务型政府建设。坚持向人大及其常委会报告工作，向人民政协通报情况，主动自觉接受监督。共办理省人大代表建议 3621 件、省政协提案 3162 件。提请省人大常委会审议地方性法规草案 47 项、制定修改政府规章 65 项。坚持依法行政，完善政府决策规则和程序，深入推进政务公开。全面推行行政执法责任制，改进和加强行政复议，完善政府法律顾问制度。认真落实中央八项规定精神和国务院"约法三章"要求，扎实开展党的群众路线教育实践活动和"三严三实"专题教育，从严从实整治"四风"和庸懒散奢、不作为、乱作为等突出问题。清理规范省级议事协调机构。省直党政机关和参公单位"三公"经费财政拨款总支出连续5年"零增长"。公务用车制度改革基本完成。监察工作扎实有效，审计全覆盖和职业化建设有力推进，廉政建设进一步加强。

各位代表！过去五年，是我省经济发展较早进入新常态，速度变化、结构优化、动力转换等发展阶段性特征日益显现的五年；是我们充分利用国际国内市场倒逼机制，坚定不移转方式调结构的五年；是我们向着"三个定位、两个率先"目标，不断开创转型升级发展新境界的五年。这五年转型发展的探索十分艰辛，经验弥足珍贵，从实践上有力佐证了党中央提出的创新、协调、绿色、开放、共享发展新理念的科学性、系统性和前瞻性。回顾五年来的实践，我们深刻体会到，向着"三个定位、两个率先"的目标迈进，必须坚持"四个全面"战略布局，厚植发展新优势；必须坚持转方式调结构，引领发展新常态；必须坚持深化改革、扩大开放，构建发展新体制；必须坚持创新驱动发展，增强发展原动力；必须坚持富民优先、民生为重，提升发展共享度，坚定不移迈上创新、协调、绿色、开放、共享的发展道路，努力当好建设中国特色社会主义排头兵。

各位代表！我省"十二五"时期改革发展成就来之不易，这是党中央、国务院和省委正确领导的结果，是全省广大干部群众攻坚克难、开拓奋进的结果。在此，我代表省人民政府，向全省广大工人、农民、知识分子、干部职工，向驻粤人民解放军、武警官兵、人民警察和各民主党派、人民团体、社会各界人士致以崇高敬意!向长期关心支持我省改革发展的港澳同胞、台湾同胞、海外侨胞及国际友人表示衷心感谢!

但我们也清醒地认识到,我省经济社会发展中仍然存在不少困难和问题:内外需求不足,经济面临较大下行压力,财政收支矛盾更加突出;经济发展方式总体粗放,资源环境约束趋紧,企业生产要素成本上升与自主创新能力不足的矛盾更加凸显,推动经济转型升级任务艰巨;区域发展不平衡、城乡发展不协调问题仍然突出,民生社会事业还存在薄弱环节,全面建成小康社会还存在短板指标;协调各方利益、维护社会稳定压力加大,公共安全隐患不容忽视,污染治理、食品安全、安全生产形势依然严峻,特别是发生深圳光明新区"12·20"特别重大滑坡事故,教训极其深刻;政府职能转变亟待深化,作风建设任重道远。我们将本着对人民高度负责的精神,坚持目标导向与问题导向相统一,发扬"三严三实"作风,采取更加有力的措施,加快解决这些问题。

二、"十三五"时期的奋斗目标和主要任务

"十三五"时期,是全面建成小康社会的决胜阶段。做好"十三五"时期各项工作,对于确保我省率先全面建成小康社会,迈上率先基本实现社会主义现代化新征程,实现"两个率先"的紧密衔接、整体推进,意义重大、影响深远。综观国内外形势,我省发展仍处于可以大有作为的重要战略机遇期,同时也面临诸多矛盾叠加、风险隐患增多的严峻挑战。面对新形势、新任务,我们必须牢牢把握认识新常态、适应新常态、引领新常态的大逻辑,主动适

应重要战略机遇期内涵的深刻变化，增强战略自信、保持战略定力，有效应对各种风险和挑战，继续集中力量把自己的事情办好，开创创新、协调、绿色、开放、共享发展新局面。

"十三五"时期政府工作指导思想是：全面贯彻党的十八大、十八届三中、四中、五中全会精神，深入贯彻习近平总书记系列重要讲话精神，贯彻落实省委十一届五次、六次全会部署，按照"五位一体"总体布局和"四个全面"战略布局，牢固树立创新、协调、绿色、开放、共享发展理念，适应和引领经济发展新常态，围绕"三个定位、两个率先"目标，以提高发展质量和效益为中心，以全面深化改革为根本动力，以创新驱动发展为核心战略，着力加强供给侧结构性改革，着力推动城乡区域协调发展，着力构建高水平开放型经济新格局，着力建设绿色生态美丽家园，着力增进民生福祉，确保率先全面建成小康社会，迈上率先基本实现社会主义现代化新征程。

"十三五"时期我省经济社会发展主要目标是"一个率先、四个基本"。"一个率先"就是率先全面建成小康社会。确立 2018年为我省率先全面建成小康社会的目标年，力争提前实现地区生产总值和城乡居民人均收入比 2010 年翻一番。突出经济保持中高速增长、转方式与调结构取得重大进展、工业化和信息化深度融合、消费对经济增长贡献明显加大、户籍人口城镇化率加快提高、迈进创新型省份行列等目标要求，把人民生活水平和质量普遍提高，就业、教育、文化、社保、医疗卫生等公共服务体系更加健全，率先实现基本公共服务均等化和社会保障城乡一体化，全面完成脱贫攻坚任务等摆在重要位置，作为全面建成小康社会的重要标志。"四个基本"就是基本建立比较完善的社会主义市场经济体制、基本建立开放型区域创新体系、基本建立具有全球竞争力的产业新体系、基本形成绿色低碳发展新格局,力求在率先全面建成小康社会的基础上,从体制创新、动力转换、结构优化和可持续发展能力增强等方面为率先基本实现社会主义现代化夯实基础。

实现"十三五"时期发展目标,必须牢固树立创新、协调、绿色、开放、共享发展理念,坚持创新发展,推进以科技创新为核心的全面创新;坚持协调发展,增强发展协调性和整体性;坚持绿色发展,促进人与自然和谐共生,增强永续发展能力;坚持开放发展,提高对外开放质量和发展内外联动性;坚持共享发展,使全体人民在共建共享发展中有更多获得感,朝着共同富裕方向稳步前进。

——我们要保持中高速增长、迈向中高端水平,促进经济发展再上新台阶。今后五年,我省经济增长预期目标是,在明显提高质量效益的基础上实现年均增长 7%,到 2020 年全省地区生产总值将达到 11 万亿元,确保提前实现比 2010 年翻一番。坚持稳增长与调结构相互协调,优化存量、引导增量、主动减量紧密结合,推进经济结构深度调整和实体经济转型升级,构建具有全球竞争力的产业新体系。在有效扩大内需的同时,以攻坚姿态推进供给侧结构性改革,着力提高全要素生产率和中高端产品、技术比重,扩大高质量、高水平有效供给,形成需求侧与供给侧相互平衡、消费投资出口协调拉动的经济增长新局面,为率先全面建成小康社会提供强大经济支撑。

——我们要全面深化改革,基本建立比较完善的社会主义市场经济体制。紧紧围绕充分发挥市场对资源配置的决定性作用和更好发挥政府作用,深化行政体制改革,加快转变政府职能,全面推进依法治省,加快建设法治政府和法治社会,打造市场化国际化法治化发展环境。深化经济领域重点改革，完善基本经济制度，健全现代市场体系，建立现代财税制度，深化投融资体制改革，构建现代高效金融体系。以完善市场经济体制为重点，统筹推进立足"五位一体"总体布局的各领域改革，形成系统完备、科学规范、运行有效的制度体系。

——我们要加快发展动力转换，建设创新驱动发展先行省。以珠三角国家自主创新示范区和全面创新改革试验试点省建设为引领，加快基本建立开放型区域创新体系步伐，提升企业技术创新主体地位，以大规模协同创新推进重大科学技术突破，持续推进高水平信息化强省建设，建设面向全球的人才高地，形成大众创业、万众创新的宏大局面。到 2020 年，研究与试验发展经费支出占地区生产总值比重达到 2.8%，技术自给率和科技进步贡献率分别达到 75% 和 60%，促进科技成果更快更好转化为现实生产力，创新驱动发展先行省建设取得重大进展，迈进创新型省份行列。

——我们要破解发展不平衡难题，形成城乡区域一体化发展新格局。深入实施珠三角地区优化发展和粤东西北地区振兴发展战略，优化区域生产力布局和产业链对接，促进经济跨区域融合发展，提升珠三角城市群作为引领全国发展主要空间载体的集聚辐射功能和国际竞争力，推动粤东西北地区经济振兴发展、社会全面进步、生态持续优化、民生明显改善，稳步迈向全面小康。继续加强以交通为重点的基础设施建设，加快完善省内外互联互通的现代化基础设施体系，进一步夯实区域协调发展基础。加快以人为核心的新型城镇化，有序推进农业转移人口市民化，提高户籍人口城镇化率。夯实"三农"基础，深化农村综合改革，推进农业现代化，建设幸福美丽乡村，多渠道促进农民增收。完善城乡一体化机制，推动城镇化与新农村建设互促共进，加快形成以工促农、以城带乡、工农互惠、城乡一体的新型工农城乡关系。

——我们要坚持内外联动，全面提高对外开放的质量和水平。适应国际经济合作和竞争局面的深刻变化，率先推进国际贸易投资规则创新，着力优化对外开放区域布局、贸易布局和投资布局，构建开放型经济新体制和宽领域、多层次、高水平对外开放新格局，推动对内对外开放相互促进、"引进来"和"走出去"更好结合，加快培育参与国际经济竞争合作新优势。高标准建设广东自贸试验区，着力构建"一带一路"战略枢纽和经贸合作中心，形成粤港澳台经济深度合作新局面，全面深化泛珠三角区域合作，以扩大开放带动创新、推动改革、促进发展。

——我们要坚持绿色低碳循环发展，加快建设美丽广东。立足资源节约型、环境友好型社会建设，提高资源保障能力，加强资源节约管理，调整能源结构，发展循环经济，实行最严格的水资源管理制度和最严格的节约用地制度，力争在能源和水资源消耗、建设用地等总量和强度双控行动中走在全国前列。坚持不懈推进以大气和水污染治理为重点的环境综合整治，统筹解决跨区域、跨流域环境问题，落实省以下环保机构监测监察执法垂直管理制度。务实推进新一轮绿化广东大行动、珠三角绿色生态水系、海洋生态文明示范区等重点生态工程建设，建成珠三角国家森林城市群。加快生态文明制度建设，划定生态保护红线，完善生态补偿机制，不断增强可持续发展能力。到 2020 年，非化石能源消费比重提高到 25%，单位地区生产总值能耗和二氧化碳排放、主要污染物排放总量完成国家下达任务，森林覆盖率达到 60.5%，空气质量和水环境质量进一步改善，整体提升全省绿色发展水平。

——我们要着力增进民生福祉，让全省人民群众共享全面小康成果。不断拓宽共享发展道路，整体提高人民生活质量和水平，促进社会公平正义。坚持把增加就业作为经济社会发展的优先目标，为全体劳动者创造充分而公平的就业机会，五年城镇新增就业550万人。努力实现劳动报酬增长和劳动生产率提高同步，居民人均可支配收入年均实际增长高于7%。促进各项社会事业均衡发展，建立更加公平更可持续的社会保障制度，率先实现基本公共服务均等化和社会保障城乡一体化，坚决打赢精准扶贫、精准脱贫攻坚战，使率先全面建成小康社会成果经得起人民和历史的检验。

三、2016年工作安排

2016年是"十三五"开局之年，是我省率先全面建成小康社会决胜阶段的第一年，也是推进结构性改革的攻坚之年，做好今年的政府工作意义重大。今年经济社会发展的主要预期目标是：地区生产总值增长7%—7.5%，固定资产投资增长15%以上，社会消费品零售总额增长9.5%以上，出口总额增长1%以上；地方一般公共预算收入增长9%以上；居民消费价格涨幅预期3%左右；居民人均可支配收入增长高于经济增长，城镇登记失业率控制在3.5%以内；节能减排降碳约束性指标完成国家下达年度任务。

为实现上述目标，重点抓好以下工作：

（一）为"十三五"经济中高速增长开好局、起好步

提高供给体系质量和效率。加快形成高质量、多层次供给体系，开展改善消费品供给专项行动。推进质量强省建设，走以质取胜和品牌发展道路，提升产品、服务、工程质量。创新服务业态和商业

模式。降低产品库存，减少无效和低端供给。推动供给体系更好适应需求结构变化，加快向高水平供需平衡跃升。

多渠道扩大消费。继续办好广货全国行、广货网上行和各类促销活动，支持广货众筹、消费金融公司等消费新模式。稳定住房、汽车等大宗消费，取消过时的限制性措施，有效释放住房刚性需求和改善性需求；落实小排量汽车、新能源汽车税收优惠政策，实施轻型货车下乡政策。

促进信息消费，发展智能终端产品及增值服务。推动电子商务向农村、境外和服务领域延伸，发展网络经济和分享经济。发展教育、文化、体育等服务，壮大养老健康消费。实施快递下乡工程，扩大农村消费。落实带薪休假制度，促进旅游消费。开展国内贸易流通体制改革发展综合试点。完善质量监控体系和消费者权益保护机制。

扩大有效投资。坚持立足稳增长和调结构的平衡点，提高投资有效性和精准性。全年安排省重点项目投资 5000 亿元。开工建设深中通道主体工程、罗定至信宜等 15 个高速公路项目，新增通车里程 716 公里。推进赣深客专、广汕铁路、深茂铁路等一批铁路项目建设，加快地铁和城际轨道交通建设，加快推进湛江机场、梅县机场迁建和韶关机场改扩建前期工作，抓好港口、航道及配套产业园区等项目建设。加快建设韩江高陂水利枢纽等重大水利工程，推进珠三角水资源配置工程前期工作。抓好重大产业项目建设，实施新兴产业重大工程包，推进与央企签约项目落地。开工建设一批重大环保项目和民生工程。建立健全政府和社会资本合作机制，完善PPP 项目库，鼓励社会资本参与和扩大重点领域投资，用好省铁路发展基金等。加强项目储备，编制实施政府三年滚动投资计划。

力促出口平稳增长。强化对外贸稳增长的政策支持，支持企业深耕传统市场，拓展新兴市场，巩固出口市场份额。扩大出口信用保险规模和覆盖面，落实大型成套设备出口融资保险政策，进一步清理规范进出口环节收费，全面推广出口退税网上申报和限时办结等制度。完善进口贴息政策，发挥进口商品交易中心、跨境电商直销中心等作用，扩大先进技术装备、资源性产品和优质消费品进口。加快推行国际贸易单一窗口、"互联网＋"易通关和"三互"通关合作。建立完善对技术性贸易壁垒的防范和应对体系。

促进各类企业健康发展。制定实施促进民营经济大发展政策措施，解决准入限制、项目审批等制度性障碍，落实相关扶持政策，培育一批民营骨干企业。加快完善中小微企业公共服务平台，建设小微企业创业创新示范基地和示范城市，带动创新型小微企业集群发展。落实信贷风险补偿金、融资政策性担保等中小微企业支持政策，降低实体经济融资成本。继续培育超百亿、超千亿大型骨干企业，支持其并购重组和转型发展。

加强经济运行调节。强化经济运行分析监测，加强区间调控、定向调控和相机调控。加大价格监管和反垄断力度。加强重点领域风险防控，守住不发生系统性区域性风险底线。适应经济结构重大变化，加强和改进统计工作。

（二）深入推进重点领域改革攻坚

深化行政体制改革。推进行政审批制度改革，实施省市县三级政府部门权责清单管理，进一步精简行政许可事项，清理规范行政许可中介服务，加快实施行政许可标准化。深化商事制度改革，健全事中事后监管体系，探索实行多证合一。开展市场准入负面清单制度改革试点，加快推进负面清单全覆盖。整合完善公共资源交易管理体制。加快食品药品、环境保护等重点领域监管制度建设。推进事业单位法人治理和信用体系建设。全面实施不动产统一登记制度。推广"一门式""一网式"政府服务管理模式，着力改进直接面向企业和群众的公共服务。拓展完善省网上办事大厅，提高行政审批事项网上全流程办理率和网上办结率。推动省以下地方审计机关人财物管理改革。支持司法等领域体制机制改革。

深化财税和投资体制改革。完善省对市县财政体制，启动建立事权和支出责任相适应的制度改革试点。扩大预算绩效管理范围。清理整合财政专项资金，实行一个部门原则上一个专项。加大盘活财政存量资金力度，优化财政支出结构。完善地方政府债务限额管理、风险预警和监督考核制度。落实"营改增"扩围等税改政策，完善地方税体系，推进国地税征管体制改革。深化企业投资管理体制改革，认真落实企业投资项目准入负面清单、行政审批清单和政府监管清单管理，进一步优化网上备案管理以及并联审批。

打好国有企业改革攻坚战。分类推进国有企业改革，坚持有进有退、突出主业，调整优化国有资本布局结构，盘活国有资产。加快建立现代企业制度，完善企业法人治理结构，加强企业内部管理，促进降成本增效益。规范有序发展混合所有制经济。加快国有资本投资、运营公司改组组建试点。推动国有企业改制上市，支持开展资本运营。建立出资人管理事项清单制度，健全国有资产管理体制，防止国有资产流失。

加快金融改革创新。推进珠三角金融改革创新综合试验区建设，打造广州、深圳区域金融中心。加快区域性股权交易中心、新三板区域中心、"青创板"等建设，完善多层次资本市场，鼓励企业上市，发展直接融资。建设创新型期货交易所、大宗商品交易清算中心等金融创新平台。发展各类投资基金和股权众筹融资，扩大"险资入粤"规模。培育新型金融机构和地方金融组织，发展普惠金融和绿色金融，深化地方金融机构和监管体制改革。加大清理打击非法集资力度，防范化解金融风险。加快综合信用体系建设，优化金融生态环境。

（三）大力实施创新驱动发展战略

加快完善开放型区域创新体系。统筹推进珠三角国家自主创新示范区和全面创新改革试验试点省建设。强化以企业为主体的自主研发体系建设，重点培育高新技术企业和引领型创新企业，支持大中型企业建设研发机构，完善中小微企业创新服务体系。依托国家重大科技基础设施，建设广东国家大科学中心。实施国家重点实验室倍增计划，争取建立国家实验室。加强省科学院创新能力建设，培育新型研发机构，推进高水平大学、高水平理工科大学和重点学科建设。实施高新区创新发展提升行动。全面推进产学研合作和协同创新，支持发展重点行业产业技术创新联盟，加快建设专业镇产学研协同创新中心。加强国际创新合作，积极融入全球创新网络。

强化重点领域关键环节科技攻关。实施重大科技专项，在计算与通信集成芯片、智能机器人、干细胞与组织工程等九大领域突破一批核心技术和共性技术，研发推广一批重大战略产品。加快省市共建重大科技专项产业集群和产业基地。注重原始创新，支持开展基础性科学研究和颠覆性技术创新。运用财政后补助、间接投入等方式，支持企业开展重大产业关键共性技术、装备和标准研发攻关。加快应用型科技研发及成果转化项目库建设。实施军民融合科技创新项目，推进军地两用技术研发及成果转化应用。

推进科技体制改革。深化省级财政科技计划（专项、基金等）

管理改革和高校科研体制机制改革。落实研发费用加计扣除等优惠政策，激发企业创新潜力。改革科技成果产权制度，赋予高校、科研院所科技成果使用权、处置权和收益权。开展经营性领域技术入股改革试点，完善科技成果转化个人奖励约定政策。推进科技金融深度融合，省市联动加快建立政府科技贷款风险补偿和风险分担机制，发展科技保险。加快知识产权交易和运营市场建设，完善知识产权行政和司法保护协同机制。创新人才培养、引进和使用制度，赋予创新领军人才更大的人财物支配权、技术路线决策权，继续实施珠江人才计划等重点人才工程，引进第六批创新创业团队和领军人才。

大力促进大众创业、万众创新。完善科技企业孵化育成体系，实施孵化器倍增计划。推广创客空间等新型孵化模式，打造众创、众包、众扶、众筹支撑平台。推进"互联网+"众创金融示范区建设，扩大创新创业金融街试点。建设一批新兴产业"双创"示范基地、创业孵化（实训）基地，强化创新创业公共服务。推进科技基础设施、大型科研仪器和专利信息资源开放共享。支持举办各类创新创业大赛，形成良好的"双创"文化和氛围。

（四）加快推进供给侧结构性改革攻坚

着力促进去产能、去库存、去杠杆、降成本、补短板。制定实施"去、降、补"行动方案。把处置"僵尸企业"作为化解产能过剩的"牛鼻子"，通过兼并重组、债务重组、破产清算等方式分类处置，逐步实现市场出清。扩大国际产能合作，推动富余产能和生产环节向外转移。促进加工贸易、传统优势产能向粤东西北地区梯度转移。加快淘汰水泥、造纸等落后和过剩产能。开展降本增效专项行动，打好降低企业交易、人工、社会保险、财务、物流等成本的"组合拳"。重点以减税降费减轻企业负担，抓好国家各项减税降费政策落实，加快免除省定涉企行政事业性收费，推进电力、流通等领域市场化改革。通过加快农民工市民化、发展住房租赁市场等，化解房地产库存。创新补短板投入机制，加快补齐软硬基础设施短板。通过技术改造等激活存量资产，修复现有产业和企业发展动力，提高全要素生产率。

加快构建产业新体系。实施加快发展现代服务业行动计划，围绕先进制造业重点发展研发设计、信息服务、供应链服务、产权股权交易等生产性服务业，推动生产性服务业向专业化和价值链高端延伸。推进制造业升级专项行动，贯彻落实《中国制造2025》，深入实施工业转型升级攻坚战三年行动计划，加快建设珠江西岸先进装备制造产业带，发展"工作母机"类装备制造业。加快高档数控机床和机器人等智能装备的研发和产业化，打造一批智能制造示范基地。培育壮大一批工业机器人制造企业，实施机器人示范应用计划。大力发展工业互联网，促进生产型制造向服务型制造转变。做大做强战略性新兴产业，推进新一代显示技术等6个产业区域集聚发展试点，培育3D打印、可穿戴设备等新兴产业。实施传统支柱型产业转型升级技术路线和行动计划，深入推进新一轮技术改造，加快扩产增效、设备更新和智能化、绿色化改造，全面提高产品技术、工艺装备、能效环保等水平，全年完成工业技改投资3100亿元。推进广东海洋经济综合试验区建设，发展海洋经济。

打造全国信息化先导区。实施信息基础设施建设三年行动计划。推进"一网三环"光缆骨干网扩容，打好城市光纤改造攻坚战，加快农村光纤网络建设。推动4G基站规模化建设和通信网络城乡全覆盖。加快公共区域WLAN覆盖建设，推进超高速无线局域网专业化应用和在农村地区的试点应用。支持 5G 等新技术研发。实施"互联网 +"、大数据战略发展行动计划，推动大数据、云计算、物联网、车联网等新业态快速发展。深入推进"两化融合"贯标试点。推进智慧城市建设。加快信息惠民国家试点城市建设。强化信息安全保障。

（五）扎实做好农业农村工作

强化农业产能建设。稳定农业生产，保障农产品有效供给。建设产粮大县和现代粮食产业功能区。划定永久基本农田，推进高标准基本农田和农田水利建设。落实粮食安全责任制，加快粮食储备体系和仓储设施建设。打造粤西"北运"蔬菜优势产区，优化省级"菜篮子"基地。发展岭南特色经济作物产业，建设岭南特色优质水果产业带和雷州半岛热带水果产业示范区。建设省重点畜禽规模养殖场，开展畜禽养殖标准化示范创建活动。

大力推进农业现代化。加快农业装备设施建设，完善农产品冷链仓储配送系统。建设省级现代农业科技创新联盟、农业科研项目储备库。扶持"育繁推"一体化骨干种子企业做大做强。壮大新型农业经营主体，发展多种形式适度规模经营。发展农产品加工业和农业服务业，建设一批农业公园和农业综合体，发展农村电商，培育上市农业龙头企业，在推动农村一二三产业融合发展中促进农民增收。大力发展林下经济。推进渔船更新改造，发展远洋渔业和深水网箱养殖。推进农业标准化生产，加强农业环境监测和农产品质量安全监管，加强重大动植物疫病防控。

加快发展农村公共事业。加强农村交通、水利等基础设施建设，推进新一轮农村电网升级改造。完成山区 2400 公里中小河流治理，加快海堤达标加固建设。巩固提升农村饮水安全水平。加快建设美丽乡村，开展新一轮省级新农村连片示范建设，推进农村人居环境综合治理，促进农村生活垃圾收运处理体系常态化运营。开展农药、化肥使用量零增长行动，实施农业面源污染治理项目。完善农村留守人员关爱服务体系，推进农村社区法治建设，强化农村基层治理。

深化农村综合改革。稳步推进农村土地承包经营权确权登记颁证工作，规范引导农村土地承包经营权有序流转。深化农村集体产权制度改革，加强农村集体资产规范化管理。稳妥推进集体经营性建设用地入市、农村土地承包经营权和农民住房财产权抵押贷款试点。发展农业保险，开展农业补贴"三补合一"改革，组建省级政策性农业担保公司和现代农业发展基金。完善省市县三级农业执法体系。推进供销社、农垦、基层水管体制和国有林场改革。培育和规范发展自然村（村民小组）村民理事会，探索开展以农村社区、村民小组为单位的村民自治试点。

（六）统筹推进城乡区域协调发展

提升珠三角城市群核心竞争力。深入推进珠三角"九年大跨越"，突出抓好国家自主创新示范区建设、先进装备制造业发展、"互联网+"行动和加工贸易转型升级等重点工作，加快开放合作、产业集聚和产城融合重大平台建设，构建珠三角现代产业新体系，打造国际一流的创新创业中心。统筹实施珠三角全域空间规划和一体化专项规划，推进广佛同城和区域一体化。开展珠三角城市升级行动，联手港澳打造粤港澳大湾区。推进珠三角生态环保一体化，建设珠三角国家森林城市群和低碳城市群。

促进粤东西北地区振兴发展。加快构建互联互通的综合交通运输体系，推进高速公路、铁路、机场等项目建设和西江、北江航道扩能升级，统筹推动粤东、粤西港口建设和一体化发展。加快改造传统产业，提升存量经济。加大力度推动珠三角产业和劳动力"双转移"，提升粤东西北地区产业转移承接力，推进产业园区扩能增效、做强做大。科学有序推进中心城区扩容提质，更加注重产业集聚、补齐公共服务和公用设施短板、加快棚户区和"城中村"改造等。支持湛江建设环北部湾中心城市，推进湛茂阳沿海经济带、汕潮揭城市群等建设。支持广清一体化，推动环珠三角市融入珠三角发展。促进县域经济社会发展，构建县域产业新体系。深化珠三角和粤东西北地区全面对口帮扶。支持我省原中央苏区县、海陆丰等革命老区和少数民族地区振兴发展。

推进以人为核心的新型城镇化。把促进有能力在城镇稳定就业和生活的常住人口有序实现市民化作为首要任务，加快户籍制度改革和居住证制度双落地，有序推进户籍人口城镇化，逐步实现基本公共服务常住人口全覆盖。推进以满足新市民住房需求为出发点的住房制度改革，逐步建立购租并举的住房制度。建设海绵城市，推进地下综合管廊等基础设施建设，完善城镇公共服务功能，提高综合承载能力和宜居宜业水平。深化国家新型城镇化综合试点和省新型城镇化"2511"试点工作，全面推进城乡规划建设体制改革试点省建设。加强城市工作，提高城市治理能力和水平。推进"多规合一"，加强城市设计，强化城市特色风貌，完善历史建筑保护制度。尊重城市发展规律，有效防治"城市病"。

推动城乡一体化发展。促进城乡公共资源均衡配置，健全农村基础设施投入长效机制，提高水电路气讯等城乡联网和通达水平，把社会事业发展重点放在农村和接纳农业转移人口较多的城镇，推动城镇公共服务向农村延伸。推广基本公共服务均等化综合改革试点经验，健全优质文化、教育、医疗等资源城乡共享机制。提升村镇规划建设水平，提高村庄规划覆盖率，建立城乡一体化地籍管理体系。建设一批农村社区示范点。修复南粤古驿道，提升绿道网管理和利用水平。

（七）大力推进绿色低碳循环发展

狠抓节能减排降碳。强化约束性指标管理，确保完成国家下达的节能减排降碳年度目标任务。加强高能耗行业管控，抓好电机能效提升和注塑机改造，强化锅炉污染治理和节能监管，推进煤电超低排放。在珠三角地区实施近零碳排放区示范工程。加强机动车减排，完成"黄标车"淘汰任务，推进新能源汽车在公共服务领域应用。推广绿色建筑和建材，支持既有建筑节能改造。加快国家低碳试点省建设，完善碳排放权交易试点，发展碳汇交易，推进"碳规"编制。

推动资源节约高效循环利用。实行能源和水资源消耗、建设用地等总量和强度双控行动，力争走在全国前列。提高节能、节水、节地、节材、节矿标准，开展能效、水效领跑者引领行动。推进节约集约用地示范省建设，落实最严格的耕地保护制度，实行新增建设用地与闲置用地处置挂钩制度，加大"三旧"改造力度。加快能源技术创新，发展风能、核能、太阳能等绿色清洁能源，提高非化石能源消费比重。发展循环经济和清洁生产，推行企业循环式生产、产业循环式组合、园区循环式改造。加快发展节能环保产业。

大力推进污染治理。开展城市空气质量达标管理，有效压减$PM_{2.5}$和PM_{10}浓度，全面开展挥发性有机物污染治理。实施水污染防治行动计划，狠抓练江、广佛跨界河流、茅洲河、小东江等跨市域河流和城市内河涌污染整治。加快粤东西北地区新一轮污水处理和生活垃圾处理设施建设，重点建设乡（镇）村污水处理设施，全面建成"一县一场",推进城乡生活垃圾资源化利用和分类减量处理。强化重金属污染治理,抓好土壤分类管理和污染修复试点示范。加强环境执法,推进与司法衔接,严厉打击偷排污水、废气等环境违法行为。

加强生态环境保护和建设。强化主体功能区分区管控,加强生态控制线、林业生态红线划定管理。推进新一轮绿化广东大行动,实施森林碳汇等重点生态工程,打造绿色生态屏障。建设珠三角绿色生态水系。开展雷州半岛生态修复。加强海域海岸使用管理,开展海岸带、海岛综合整治修复,推进海洋生态文明示范区和美丽海湾建设。严格保护饮用水源和江河湖泊水质。推进排污权和水权交易试点。加强地质灾害监测与防治。健全生态文明制度,重点生态功能区实行产业准入负面清单,完善生态保护补偿和生态环境损害赔偿制度。

(八)着力提升对外开放水平

高标准建设广东自贸试验区。在对接国际高标准投资贸易规则体系上加大改革创新力度,加快建设市场化国际化法治化发展环境,形成更多改革创新经验并加快推广。深化粤港澳合作,建设港澳优势产业集聚区和粤港澳青年创新创业基地。培育高端产业集群,吸引跨国企业区域总部和国内大型企业国际总部入驻。开展扩大人民币跨境使用、资本项目可兑换等试点。建立国际化法律服务体系,打造智慧自贸试验区和国际人才港。推进"走出去"综合服务平台、葡/西语系经贸合作平台、国际邮轮母港等建设,加快推动粤港澳游艇自由行。

建设"一带一路"战略枢纽和经贸合作中心。加强与沿线国家和地区海陆空基础设施互联互通,参与境外港口等建设,建立沿线港口城市联盟。加快广东（石龙）铁路国际物流中心和中俄贸易产业园建设，拓展粤新欧、粤满俄国际货运班列。用好广东丝路基金。推进中马广东－马六甲海洋工业园等境外产业园建设，抓好重大标志性工程和项目落地。深化与沿线国家农业、海洋渔业、资源能源、文化、旅游等合作。优化驻境外经贸代表处布局。

加快外经贸转型升级。促进外贸向优质优价、优进优出转变。大力发展一般贸易，抓好科技兴贸创新基地等建设，培育新型出口主导产业，扩大中高端产品出口。深入推动加工贸易转型升级，支持引导加工贸易企业加强技术改造、研发创新和自主品牌培育。开展服务贸易创新发展试点，加快发展服务外包，扩大技术、文化等服务出口。完善跨境电商政策扶持体系，打造跨境电商产业功能区，支持有条件的城市申报跨境电商综合试验区。推动内外贸结合商品市场建设，争取国家市场采购贸易试点，支持开展旅游购物出口。发展外贸综合服务平台企业。推动开发区二次创业。加快广东电子口岸建设应用。

推动更高水平"引进来"和更大步伐"走出去"。以欧美发达国家为重点，建立招商引资重点项目库，加强对先进装备制造业、现代高端服务业的招商引资。加快培育本土跨国公司，支持企业建设境外加工基地和营销网络，开展跨国并购。健全境外投资公共服务及政策支持体系。深度推进粤港澳服务贸易自由化，加快港珠澳大桥、粤澳新通道等跨境基础设施建设，深化粤台交流合作，推动汕头华侨经济文化合作试验区建设，提升以侨引资引智水平。用好国际友城等外事资源，扩大国际交流合作。提升对内对外开放联动性，务实推进泛珠三角区域合作，加快珠江－西江经济带、粤桂黔高铁经济带和我省与周边省区经济合作区等建设发展。继续抓好援藏援疆等工作。

（九）加快社会事业补短板上水平

促进教育公平协调发展。建设以公办园和普惠性民办园为主体的学前教育服务网络，推进义务教育均衡优质标准化发展，推动高水平高质量普及高中阶段教育，实现教育强市和珠三角推进教育现代化先进县市覆盖率均达 85% 以上。深化现代职业教育综合改革试点省建设，推进产教融合、校企合作。发展民办教育。建设一批标准化特殊教育学校。实施高等教育"创新强校工程"，培育建设国家级协同创新中心。加快广东以色列理工学院、深圳北理莫斯科大学等中外合作办学项目建设。深化考试招生制度改革，做好进城务工人员随迁子女在粤参加高考工作。完善各学阶各类型的学生资助政策体系，逐步提高覆盖面和资助标准。把山区和农村边远地区学校教师补贴政策实施对象扩大到公办普通高中和公办幼儿园，统筹县域内义务教育阶段教师资源配置。

扎实推进文化建设。加强基层公共文化产品和服务供给，提高人均公共文化财政支出水平，加快形成覆盖城乡、保基本、促公平的现代公共文化服务体系。实施基层公共文化场馆提升工程，以总分馆形式加快县乡图书馆、文化馆改造建设，推进基层综合性文化服务中心建设，办好文化惠民品牌活动，强化公共文化流动服务。加快建设"广东公共文化云"。繁荣哲学社会科学，加强文化遗产保护传承，打造一批具有岭南风格的精品力作。加强版权保护，规范文化市场秩序，推进国家版权贸易基地建设。发展影视传媒、动漫游戏、广告创意等文化产业集群，培育一批外向型文化企业和产业基地。支持传统媒体数字化转型，促进传统媒体和新兴媒体融合发展。推进社区体育公园建设和体育场地设施开放，支持开展群众体育运动，大力发展校园足球。加快发展体育产业。提升竞技体育水平，做好奥运会等备战工作。

提高医疗卫生服务水平。深化医药卫生体制改革，完善多层次医疗卫生服务体系，着力建设卫生强省，打造健康广东。启动实施强基创优行动计划，引导优质医疗资源下沉，支持县级医院关键医疗设备配置、专科特设岗位和住院医师规范化培训，支持乡镇卫生院业务用房改扩建，推进村卫生站"公建民营"规范化建设，改善县域医疗卫生服务。加快完善分级诊疗制度，提高县域内住院率。提升重大疾病防控能力，促进基本公共卫生服务均等化。巩固县级公立医院改革成果，扩大城市公立医院改革试点覆盖面，推进现代医院管理制度建设。推动医疗、医药、医保"三医联动"。鼓励发展民营医疗和健康服务机构。加强中医药强省建设，发展"南药"，提升中医、中西医交融与"治未病"服务能力。提升计划生育管理服务水平，落实一对夫妇可生育两个孩子政策。做好妇女儿童工作，保障妇女和未成年人权益。

创新社会治理。深化平安广东建设，创新完善立体化社会治安防控体系，持续开展社会治安集中整治和打击突出违法犯罪专项行动，严厉打击境内外敌对势力渗透破坏和各类暴恐极端活动。强化反走私综合治理。加大依法管理互联网力度。实施"七五"普法，做好司法行政工作。抓好综治信访维稳，加强社会矛盾排查化解。加强城市安全和公共安全工作，提高突发事件预防预警和应急处置能力。实行安全生产党政同责、一岗双责、失职追责，抓好重点领域事故隐患排查整治，坚决预防和遏制重特大事故发生。加强职业病防控。强化食品药品安全智慧监管和网格化监管，推进食品安全城市和农产品质量安全县创建试点。促进社会治理精细化，加强社区管理服务，激发社会组织活力，充分发挥工青妇等在社会治理中的作用。加快民族地区发展，做好城市民族工作，依法管理宗教事务。做好人防、气象、地震、档案、方志、参事、文史等工作。推动军民融合深度发展，支持国防和军队改革，做好国防动员、海防空防、民兵预备役、双拥共建、优抚安置工作，巩固军政军民团结。

（十）着力保障和改善民生

启动实施 2016—2018 年脱贫攻坚工程。坚持精准扶贫、精准脱贫，规划到户、责任到人，对全省相对贫困人口、相对贫困村情况开展全面摸查核准，开展建档立卡、动态管理，采取产业扶持、技能培训、转移就业、生态补偿、易地搬迁、低保兜底等方式，扎实推进扶贫开发，不让一村一户一人掉队。严格落实"一把手"扶贫责任制，继续实施驻镇、驻村扶贫，调整珠三角和粤东西北扶贫结对关系，加快形成全社会参与的扶贫大格局。

推动实现更高质量的就业。实施更加积极的就业政策，实现城镇新增就业 110 万人。发挥公共就业服务平台作用，加大对灵活就业、新就业形态的支持，加强农村劳动力转移就业培训，支持技能晋升培训，促进劳动者自主就业。实施城乡一体化就业援助，帮扶就业困难人员实现就业。落实高校毕业生就业促进和创业引领计划，带动青年就业创业。积极创建和谐劳动关系。

推进社会保障城乡一体化。实施全民参保计划，扩大社保覆盖面。完善城乡居民养老保险、医疗保险待遇动态调整机制。落实社会保险扩面征缴责任，推动企业全员足额参保。引导灵活就业人员等群体参加城镇职工基本养老保险，稳妥推进职工基本养老保险省级统筹和机关事业单位养老保险制度改革。深化医保复合式付费方式改革，优化大病保险制度。降低失业保险费率，完善工伤保险费率政策。启动养老、医疗保险制度城乡一体化试点。完善社会救助标准自然增长机制，加大临时救助力度，发展社会福利、社会慈善事业。建设以居家为基础、社区为依托、机构为补充的多层次养老服务体系。棚户区改造新开工7.85万套（户）。建立实物保障与货币补贴并举的模式，开工建设保障性住房（含租赁补贴）2.18万套（户）。完成12万户农村危房改造，做好"两不具备"村庄易地搬迁安置工作。

继续办好十件民生实事。今年全省将投入2100亿元，其中省级投入872亿元，集中力量办好十件民生实事。一是巩固提升底线民生保障水平，二是加大对困难弱势群体帮扶力度，三是强化低收入住房困难群体住房保障，四是改善农村生产生活条件，五是改善基层医疗卫生服务，六是促进教育资源公平均衡配置，七是促进创业就业，八是加强污染治理和生态建设，九是强化公共安全保障，十是抓好防灾减灾。

各位代表！做好今年经济社会发展各项工作，必须加强政府自身建设，更好发挥政府作用。一是切实加强民主法治建设。自觉接受人大及其常委会的监督，认真落实其各项决议、决定并定期报告工作。积极支持人民政协履行政治协商、民主监督、参政议政职能，认真听取各民主党派、工商联、无党派人士和各人民团体的意见建议。办理好人大代表建议和政协提案。二是全面加强依法行政。坚持"法无授权不可为、法定职责必须为"，推进政府及其部门职责法定化。推进重大行政决策程序立法和合法性审查，建立重大决策终身责任追究制度及责任倒查机制。完善政府立法程序和公众参与政府立法机制，探索引入政府立法第三方评估。全面推行政府法律顾问制度。深化行政执法体制改革，推进综合执法，落实行政执法责任制。加强行政复议和行政应诉工作。三是坚持不懈抓好作风建设。严格落实中央八项规定精神、国务院"约法三章"要求，巩固拓展党的群众路线教育实践活动和"三严三实"专题教育成果，完善作风建设长效机制。坚持厉行节约、倡俭治奢，全面整治庸政懒政怠政，强化督促检查和督查问责。加强政府效能建设，建设服务型政府。四是坚定不移推进廉政建设。严格落实党风廉政建设责任制，完善监察、司法、审计等联动的行政权力监督机制，推进廉洁政府建设。深入实施"阳光政务"，全面深化政务公开。抓好政府系统党风廉政教育和公务员队伍建设，促进干部清正、政府清廉、政治清明。

各位代表！"十三五"时期的发展蓝图已经绘就，关键在于真抓实干、狠抓落实。让我们紧密团结在以习近平同志为总书记的党中央周围，在省委的坚强领导下，高举中国特色社会主义伟大旗帜，解放思想、锐意创新、攻坚克难、埋头苦干，努力开创我省改革开放和现代化建设新局面，共同创造全省人民更加幸福美好的未来，为实现"三个定位、两个率先"目标和中华民族伟大复兴的中国梦作出新的更大贡献！

广西壮族自治区
政府工作报告

——2016年1月24日在自治区十二届
人民代表大会第五次会议上

主席 陈 武

各位代表:

现在,我代表自治区人民政府,向大会作政府工作报告,请予审议,并请自治区各位政协委员和列席会议的同志提出意见。

一、2015年和"十二五"工作回顾

2015年是宏观经济形势极为严峻的一年。面对前所未有的困难挑战,我们坚决贯彻落实中央稳增长、促改革、调结构、惠民生、防风险各项决策部署,努力化解下行压力,保持了经济社会持续健康发展。经济运行总体平稳、稳中有进、稳中有好。

经济基本面保持稳定。把稳增长摆在重中之重,精准发力,及时出台"48条"举措,实现了经济平稳较快增长,就业、物价保持稳定。初步统计,地区生产总值增长8.1%,固定资产投资增长

17.8%，进出口增长 15%，财政收入增长 7.9%，居民人均可支配收入增长 8.5%，其中城镇和农村居民收入分别增长 7.1% 和 9%，城镇新增就业 44.62 万人，城镇登记失业率 2.92%，居民消费价格指数涨幅 1.5%。

经济社会发展呈现积极变化。准确把握国家政策导向，着力推进"两路、两水、两电、两保"等重大基础设施建设；以糖、铝"二次创业"为重点推动传统产业改造升级，加快培育新兴产业，着力抓好现代服务业、生态经济发展和民生建设，经济社会发展呈现不少好趋势、新亮点。质量效益趋好。一般公共预算收入中非税收入占比同口径下降 3.2 个百分点。工业税收增长 13.7%，工业利润增长 15%。产业结构趋优。第三产业增长 9.7%，自 2003 年以来首次快于第二产业增速。万元工业增加值能耗下降 11%，高耗能行业比重下降 1.9 个百分点，高技术产业增长 16.9%，高于规模以上工业增速 9 个百分点。每万人口发明专利拥有量增长 65.4%。农业生产稳定增长，现代农业发展步伐加快，30 个现代特色农业（核心）示范区建设成效显著。基础设施更为完善。通高铁设区市增至 11 个，新增高铁里程 220 公里；新增 7 个县通高速公路，新增里程 567 公里；大藤峡水利枢纽主体工程、落久水利枢纽、桂中治旱二期工程开工；北部湾港一批码头项目建成；红沙核电 1 号机组并网发电。新增长点不断涌现。旅游、电子商务、快递、动漫、信息等新兴消费增长较快，旅游总收入增长 25%，电子商务交易额增长 1.2 倍，电信主营业务收入增速排全国前列。加工贸易增长 27.8%。南宁、梧州、贺州等生态产业园区开园建设，中关村、珠三角一批企业入园落地。发展活力进一步增强。深化重点领域改革，年内出台 19 项重大改革方案。取消、下放、调整行政审批事项（含非行政许可）

735项。在全国率先全面实施"三证合一、一照一码"登记制度改革，有效激活大众创业、万众创新，新登记企业增长26.6%，非公有制经济占规模以上工业比重超过70%。公共服务和人民生活更好。居民收入增长与地区生产总值基本同步，农民收入增速快于城镇居民收入，城乡差距缩小。推进精准扶贫，实现脱贫85万人。保障性住房开工23.9万套，基本建成11.5万套。教育、社保、卫生、文化、体育等社会事业取得新进步，环境质量保持良好，10项为民办实事工程全面完成。

随着2015年主要目标任务的完成，我区"十二五"胜利收官，为"十三五"发展奠定了坚实基础。

经济综合实力迈上新台阶。"十二五"末，地区生产总值达到1.68万亿元，年均增长10.1%。财政收入达2333亿元，是2010年的1.9倍。固定资产投资完成1.57万亿元，规模以上工业总产值、金融机构存款余额突破2万亿元。人均地区生产总值3.5万元，经济发展总体进入中等收入阶段。

产业结构调整取得新突破。三次产业结构由2010年的17.5：47.1：35.4调整为15.3：45.8：38.9。千亿元产业增至10个，其中两千亿元产业增至7个，百亿元企业增至26家。高技术产业增加值增长3倍。现代服务业发展加快，电子商务交易额井喷式增长，接待游客总人数和旅游收入分别年均增长18.2%和27.8%。粮食产量稳定增长，糖料蔗、特色水果、桑蚕茧等农林产品产量保持全国前列。产业脊梁更为坚挺，工业化进程加速推进。

基础设施建设实现新跨越。铁路总里程达5086公里，其中高铁突破1700公里，昂首迈入高铁时代。高速公路新增1700公里，总里程达到4289公里，县（市、区）通达率80%。沿海和内河港口综合通过能力分别突破 2.3 亿吨和 1 亿吨，西江水运主通道 9 座船闸等级达到 1000 吨级以上。机场旅客年吞吐量 1885 万人次。西部首座核电站并网发电，全区电源装机容量达 3400 万千瓦。随着基础设施建设大提速，我区已由全国交通末梢变为重要区域性交通枢纽。

开放合作拓展新空间。中央明确赋予我区国际通道、战略支点、重要门户"三大定位"新使命。中国－东盟博览会和中国－东盟商务与投资峰会国际影响力持续扩大，"南宁渠道"作用进一步发挥，有 6 个东盟国家在南宁设立总领事馆，为服务国家周边外交作出贡献。建成西部最完备的保税物流体系，开创中马"两国双园"合作新模式，建立东兴国家重点开发开放试验区、中国·印尼经贸合作区等一批国家级开放合作平台。与港澳台合作不断深化，泛珠三角合作持续拓展，粤桂合作特别试验区成为两广合作新亮点，与周边省份合作日益紧密。广西已由昔日的西南边陲变成了我国面向东盟开放合作的前沿和窗口。

区域发展形成新格局。北部湾经济区、珠江－西江经济带、左右江革命老区和桂林国际旅游胜地全部上升为国家战略。北部湾经济区经济总量占全区比重提高到 35% 左右。西江经济带基础设施建设大会战和左右江革命老区振兴三年行动计划全面实施，桂林国际旅游胜地加快建设。新型城镇化和城乡统筹取得新进展，城镇化率达到 47.06%。"双核驱动、三区统筹"新格局初步形成。

全面深化改革迈出新步伐。十八届三中全会以来，我区共出台 32 项重大改革方案。累计取消、下放和调整行政审批事项（含非行政许可）1283 项。自治区本级政府部门权力事项精简 60%，109 个自治区本级部门公开部门预算和"三公"经费预算。沿边金融综合改革试验区建设全面启动，跨境人民币结算量保持全国边境 8 省（区）第一位。北部湾经济区通信、金融、社保、户籍、交通、口岸通关等同城化取得实质性进展。口岸"三互"合作、通关便利化取得积极进展。各项改革的全面深化，为经济社会发展释放了强大的动力活力。

生态文明建设赢得新成效。全面完成国家下达的节能减排目标任务。全部县城建成污水垃圾处理设施，城镇生活垃圾无害化处理率超过 92%、污水处理率突破 85%。设区城市空气质量优良天数比例 88.5%，主要河流监测断面水质达标率 93.1%，城市集中式饮用水水源地水质达标率 97.2%，近岸海域水质总体良好，森林覆盖率达 62.2%。美丽广西乡村建设成效显著，农村人居环境极大改善。生态环境质量保持全国前列，美丽广西焕发新光彩。

民生事业发展有了新提升。财政民生支出占比达 79.6%。城镇、农村居民人均可支配收入分别年均增长 9.7% 和 12.7%。累计城镇就业、农村劳动力转移就业分别新增 250.7 万人次和 402 万人次。学前教育三年毛入园率 74.7%、义务教育巩固率 93%、高中阶段教育毛入学率 87.3%、高等教育毛入学率 30.8%，分别比 2010 年提高 20.7、8、17.3、11.8 个百分点。全面实现城乡免费义务教育、中等职业教育学生免学费。基本形成覆盖城乡的社会保障体系、城乡医疗服务体系和公共文化服务网络。成功举办广西第十三届运动会。职工、城镇居民和新农合三项基本医保参保率均在 97% 以上。保障性住房和棚户区改造超额完成任务，农村危房改造 81.4 万户。累计脱贫 559 万人。社会救助制度日趋完善。社会治理创新、信访、人民调解和行政调解、治安管控、平安创建、安全生产、食品药品监管不断得到强化，防灾减灾、气象服务、人防建设继续得到加强，妇女儿童、老年人和残疾人权益得到有效保障，民族、宗教、侨务和对台工作取得新成效，档案、史志、哲学社会科学等事业取得新成绩，双拥共建、军民融合工作迈出新步伐，各项社会事业都取得新进步，社会和谐稳定，人民生活水平实现总体小康并加快向全面小康迈进。

五年来，我们全面推进依法行政，努力建设法治政府。认真执行自治区人大及其常委会的决议和决定，自觉接受人大、政协和社会监督，人大代表建议和政协提案办结率100%。自治区本级共完成立法项目76件。自治区人民政府建立法律顾问制度。严格贯彻执行中央"八项规定"和国务院"约法三章"，深入开展党的群众路线教育实践活动和"三严三实"专题教育，廉政建设和反腐败斗争取得新成效。

各位代表！"十二五"时期是我区克难攻坚、奋发有为的五年，是富民强桂、腾跃发展的五年，是内聚实力、外塑形象的五年。"十二五"的发展证明，必须坚持改革开放带动，以改革促开放，以开放倒逼改革，抓机遇、增动力、添活力；必须坚持贯彻落实中央决策部署，紧密结合我区实际，转方式、调结构、扶实体；必须坚持主动适应和引领新常态，创新工作方法，不断增强工作的预见性、主动性、实效性；必须坚持问题导向，集中力量，抓关键、破瓶颈、补短板；必须坚持稳增长强生态惠民生，统筹区域城乡协调发展，缩差距、优布局、推共享，奋力前行迈上新高度，行稳致远实现新目标。

各位代表！五年的成就来之不易。这是党中央、国务院和自治区党委正确领导的结果，是各级各部门和全区各族人民团结奋斗、顽强拼搏的结果，是历届党委、人大、政府、政协打下良好基础和区内外朋友大力支持帮助的结果。在此，我谨代表自治区人民政府，向全区各族人民，向人大代表、政协委员，向各民主党派、工商联、无党派人士、各人民团体和各界人士，向驻桂人民解放军、武警部队官兵，向所有关心支持广西发展的港澳台同胞、海外侨胞和海内外朋友，表示崇高的敬意和衷心的感谢！

我们也清醒地认识到，受宏观环境、发展阶段、经济结构等多重因素影响，我区发展存在的问题不容忽视。主要是经济总量小，人均水平低，城乡区域发展不均衡，开放型经济发展水平不高，与全国同步全面建成小康社会任务艰巨；在工业化中期进入新常态，转方式调结构难度大，传统增长动力减弱，新的增长动力不足，各类人才仍较缺乏，创新能力不强，经济下行压力大，实现经济持续稳定增长任务艰巨；基本公共服务发展滞后，社会保障体系仍不完善，贫困人口多，补齐民生短板和脱贫攻坚任务艰巨；要素供需矛盾突出，资源环境约束趋紧，推进经济社会绿色低碳循环发展任务艰巨；影响社会和谐稳定的因素还不少，等等。我们要不断改进和提升政府工作水平，用新理念、新办法不断解决前进中的各种矛盾和问题。

二、"十三五"的奋斗目标和主要任务

"十三五"时期，是我区与全国同步全面建成小康社会的决胜期，是基本建成国际通道、战略支点、重要门户的关键期，正处于新型工业化城镇化加速发展和经济转型升级、爬坡过坎的重要关口。我们要抓住重要战略机遇期，紧紧把握国家赋予的"三大定位"和国家建设"一带一路"、推进结构性改革、打造中国－东盟自贸区升级版、支持西部地区发展、加快脱贫攻坚等重大机遇，进一步增强机遇意识、忧患意识、责任意识和担当精神，有效应对各种风险挑战，努力走出新常态下具有广西特色的发展之路。

根据《中共广西壮族自治区委员会关于制定国民经济和社会发展第十三个五年规划的建议》，自治区人民政府在广泛征求人大代表和政协委员、各地各部门、专家学者以及社会各界意见的基础上，制定了《广西壮族自治区国民经济和社会发展第十三个五年规划纲要草案》（以下简称"《纲要草案》"），整个起草过程充分体现了科学决策和民主决策的要求，是集体智慧的结晶。《纲要草案》共分 3 大板块 14 篇 60 章。第一篇构成第一板块，分析"十三五"发展环境，明确指导思想、基本原则和主要目标。第二篇至第十三篇构成第二板块，提出经济社会发展各领域的重点任务。第十四篇为第三板块，提出保障措施。在这里向各位代表着重报告三个方面内容：

（一）关于"十三五"发展的总体要求和目标

我区"十三五"发展的总体要求是：高举中国特色社会主义伟大旗帜，全面贯彻党的十八大和十八届三中、四中、五中全会精神，以马克思列宁主义、毛泽东思想、邓小平理论、"三个代表"重要思想、科学发展观为指导，深入贯彻习近平总书记系列重要讲话精神，按照"五位一体"总体布局和"四个全面"战略布局，坚持发展第一要务，以提高发展质量和效益为中心，牢固树立和贯彻落实创新、协调、绿色、开放、共享发展理念，紧紧围绕"三大定位"，深入实施创新驱动、开放带动、双核驱动、绿色发展四大战略，强力推进基础设施建设、产业转型升级、农村全面脱贫三大攻坚战，全力推动结构性改革，加快发展、赶超跨越，形成引领经济发展新常态的体制机制和发展方式，构建面向国内国际开放合作新格局，推动沿海沿江沿边地区协调发展，确保如期实现"两个建成"目标。

根据上述总体要求，《纲要草案》提出了经济发展、创新驱动、民生福祉、生态文明四大类 34 项发展目标，其中最主要的综合性指标是地区生产总值和城乡居民人均收入年均增长 7.5% 以上。提出这一目标，主要基于以下考虑：一是既要确保翻番的要求，更要缩小与全国平均水平的差距。根据测算，到 2020 年我区地区生产总值和居民收入实现比 2010 年翻一番，"十三五"需年均分别增长 4.3% 和 6.2%。从发展的环境和条件看，实现这个速度问题不大。但更为重要的是，我区作为后发展欠发达地区，仍需要进一步缩小与全国平均水平的差距，需要积极进取谋求更好更快的发展，为此提出年均增长 7.5% 以上，争取高于全国 1 个百分点左右的目标。二是既要考虑必要性，也要考虑可能性。实现 7.5% 以上的年均增长目标，从供给方面的支撑条件看，第一产业年均增长 3%，第二产业年均增长 7.5%，第三产业年均增长 9%；从需求方面的支撑条件看，固定资产投资年均增长 12%，社会消费品零售总额年均增长 9%，进出口总额年均增长 12%，都是有条件、有基础的，经过努力是可以实现的。三是既要稳定增长，又要加快结构调整。"十三五"是经济发展在新常态下运行的重要时期，按照创新、协调、绿色、开放、共享的发展理念，对经济增长要求更高，要改变过去长期主要依靠生产要素大规模、高强度、低水平投入，主要依靠拼资源、拼环境、扩规模、铺摊子的粗放型增长方式，更加注重创新驱动，更加注重结构调整，更加注重提高发展质量和效益。因此，要统筹稳增长与调结构的关系，追求经济增长要为调结构、促转型、推进结构性改革留出一定空间，以行稳致远，实现更有质量、更高效益和更可持续的发展。综合分析，7.5% 以上的增长目标以及其他发展目标要求，总体上是科学合理、切实可行的。

各位代表，实现上述目标，到 2020 年，我区将与全国同步全面建成小康社会，基本建成面向东盟的国际大通道、西南中南地区开放发展新的战略支点、21 世纪海上丝绸之路与丝绸之路经济带有机衔接的重要门户，经济发展将总体迈进中高收入阶段，新型工业化、信息化、城镇化、农业现代化和绿色化水平进一步提升，产业向中高端发展，现行标准下农村贫困人口全部脱贫，人民生活更加富足安康，与全国平均发展水平差距进一步缩小，生态环境保持全国一流，中国梦的宏伟事业将在八桂大地绘就出一幅更加绚丽多彩的画卷！

（二）关于深入实施四大战略

《纲要草案》结合我区优势和特色，针对发展中的突出矛盾和问题，提出创新驱动、开放带动、双核驱动、绿色发展四大战略，重在培育发展新动力，拓展发展新空间，形成发展新格局，增创发展新优势。

创新驱动战略。创新是引领发展的第一动力，必须把创新摆在经济社会发展全局的核心位置，增强科技创新引领作用。推动重点领域创新突破，大力实施一批重大科技专项和重大科技工程，突破一批核心关键技术，研发一批重大科技产品；实施高新园区和农业科技园区提升发展工程，创建南宁、柳州、桂林国家自主创新示范区，打造创新型城市和区域性创新中心；突出企业技术创新主体地位，培育一批具有核心竞争力的创新型领军企业和科技型中小企业群。加快建设创新平台，建设 86 个自治区级、若干个国家级重点实验室和一批技术转移服务机构，推进北海国家第四海洋研究所、中国－

东盟技术转移中心、中国－东盟质量检验检测认证中心、中国－东盟环保技术和产业交流合作示范基地等建设。建立健全技术创新、知识创新、科技服务创新、普惠性创新政策支持等体系。推动大众创业、万众创新，打造一批"双创"示范基地，建设一批创业孵化基地和创业园区，积极发展众创、众包、众扶、众筹，培育一批众创空间。加强创新人才队伍建设，实施院士后备人选培养、人才小高地建设提升工程，抓好100个高水平科研创新团队建设，加快建设人才强区。培育创新文化，提高全民科学素质。通过五年努力，大幅度提高科技成果转化率，实施2000项以上科技成果转化应用，引进转化重大科技成果100项以上，全社会研发经费支出占地区生产总值比重提高到2%。

开放带动战略。开放蕴含着广西最大的发展红利，开放活了广西的发展就能活起来。要以"三大定位"为统领，以开放为先导，构建面向东盟、衔接欧美日韩、对接港澳台、服务西南中南全方位开放合作新格局。围绕建设重要门户，构建衔接"一带一路"的重要枢纽、产业合作基地、开放合作平台、人文交流纽带和区域金融中心，加快建设中国（北部湾）自由贸易试验区，推进泛北部湾经济合作机制、中国－中南半岛国际经济合作走廊、重点开发开放试验区、跨境（边境）经济合作区、国际合作园区等建设。围绕建设战略支点，完善交通、产业、开放、金融、城镇、生态等支撑体系，深度融入泛珠三角经济圈，建设高铁经济带，增强服务西南中南开放发展的能力。围绕建设国际通道，抓住关键通道、关键节点和重点工程，促进互联互通，形成内畅外通、便捷高效的"一中心一枢纽五通道五网络"综合交通运输体系。围绕全面提升开放型经济水平，转变对外经济发展方式，大力发展一般贸易和服务贸易，加快发展加工贸易，推动边境贸易转型升级，促进新型贸易方式发展，提升利用外资水平，加快实施"走出去"，打造开放型经济发展高地。改革是最强大的发展动力，要全面深化改革，以改革促开放，以开放倒逼改革，构建发展新体制，推出具有重大牵引作用的改革举措，激发市场活力和社会创造力。着力加强结构性改革，在适度扩大总需求的同时，注重推进供给侧结构性改革。突出抓好行政体制、财税体制、金融体制、投融资体制、国资国企、农村、教育、科技、卫生、社会保障等重点领域和关键环节改革，统筹推进其他领域改革。

双核驱动战略。抓住国家战略全覆盖的重大机遇，倾力打造北部湾经济区、西江经济带两大核心增长极，带动左右江革命老区加快振兴，促进桂林国际旅游胜地全面升级，形成沿海沿江沿边三区统筹发展新格局。打造北部湾经济区升级版，提升港口现代化发展水平，扩展临港产业集群，加快同城化，探索开放合作新模式，打造服务"一带一路"发展的国际区域合作新高地，发挥沿海优势，推动海洋经济强区建设。加快发展珠江 – 西江经济带，推进西江经济带基础设施建设大会战，强化沿江重点城市产业分工合作，推动跨省区产业合作发展，支持梧州、贺州等桂东地区融入珠三角经济圈，构建沿江城镇体系，以西江水系沿岸生态农业带为重点，建设千里绿色走廊，培育形成新的经济增长带。加快振兴左右江革命老区，发挥资源优势和沿边区位优势，大力发展生态经济，消除区域性整体贫困，加快建成山清水秀、安居乐业的幸福老区。提升桂林国际旅游胜地影响力，打造国际文化旅游交流合作平台。加快沿边地区开发开放，建设经济繁荣、生活富裕、设施完善、边防巩固的新边疆。发展壮大特色县域经济，依托优势，因地制宜，探索县域经济发展新路子。推动形成主体功能区布局，完善空间开发体制机制，扎实推进全国"多规合一"省级试点。

绿色发展战略。优美的自然生态环境是我区的突出优势、亮丽名片、宝贵财富。必须以生态经济为抓手，坚持产业生态化、生态产业化、生活低碳化，推动绿色、低碳、循环发展，构建生态经济发达、资源高效利用、环境舒适宜居、制度健全完善的生态文明体系。大力实施生态经济十大重点工程，抓好新兴生态产业发展、资源型产业生态化改造、产业园区生态化建设、生态种养发展、生态旅游发展、水环境改善建设、大气环境治理建设、土壤修复与改善建设、固体废弃物处置、生态城镇建设等。节约集约利用资源，实施资源利用总量和强度"双控"行动，强化主体功能定位和国土开发强度"双约束"，加快发展循环经济，提高资源综合利用水平，能源消费总量控制在1.3亿吨标煤左右。提升环境质量，实施大气、水、土壤污染防治行动计划，实现全部县城和建制镇污水垃圾处理设施全覆盖、稳定达标运行，推进城市生活垃圾分类试点，中心城市基本实现污水垃圾全收集全处理，县城生活污水集中处理率达到85%。建立生态补偿机制，划定生态红线，实行最严格的源头保护制度和环境保护责任追究、环境损害赔偿、自然资源资产离任审计制度。

（三）关于"十三五"重点任务

针对我区经济社会发展的瓶颈和薄弱环节，突出抓好现代产业、基础设施、脱贫攻坚、新型城镇化、公共服务和改善民生等重点任务。

构建竞争力强的现代产业体系。产业转型升级是我区发展必须迈过的一道坎，必须全面推进产业转型升级攻坚战，积极推进"互联网+"行动，让传统产业迸发新活力，让新兴产业形成新动能，打造广西产业升级版。

——加快提升传统优势产业。推进糖、铝"二次创业"。糖业方面，以保稳定、促发展、强产业为目标，以建成 500 万亩"双高"糖料蔗基地为重点，努力降低生产成本，推动企业战略重组，加快发展非糖产品，拉长糖业产业链，提升企业竞争力，力争在糖料蔗种植、工业生产、市场调控等方面取得重大突破。铝业方面，积极推进煤电铝一体化建设，增强技术创新能力，大力发展精深加工，完善产业链，通过优化布局联合重组推动铝产业集群发展，力争氧化铝 80% 在区内电解、电解铝 80% 在区内深加工，铝精深加工产品占一半以上。实施食品、汽车、机械、有色金属、冶金、石化、建材、轻纺、造纸与木材加工、医药等传统优势产业改造提升工程。推进"互联网＋工业"行动，加快移动互联网、云计算、大数据、物联网等信息技术与传统工业深度融合。

——加快发展先进制造业。深入落实《中国制造 2025》，推动广西制造向广西智造、广西创造迈进。重点发展轨道交通装备、海洋工程装备及高技术船舶、高端数控机床与机器人、农机装备、通用航空等先进制造业，建设北部湾经济区和柳州、桂林、梧州、玉林等先进制造业基地。

——加快培育战略性新兴产业。做大做强高技术产业，重点发展新一代信息技术、北斗导航、地理信息、智能装备制造、节能环保、新材料、新能源汽车、新能源、生物医药、大健康等新兴产业，在人工智能、高效储能、生命科学等前沿领域培育新兴产业，力争新兴产业增加值占地区生产总值比重达到 15% 以上。

——加快推动服务业增速提质。现代服务业既是我区发展短板，也是我区发展潜力所在。要提质发展现代物流、电子商务、商务会展以及信息、金融、科技、公共资源交易、人力资源、节能环保、海洋服务等生产性服务业，升级发展旅游休闲、商贸流通、健康养生、家政服务、文化体育、教育培训、创意产业、房地产等生活性服务业，建成100个自治区级现代服务业集聚区，让现代服务业成为经济社会发展的新引擎。

——加快推进农业现代化。加快转变农业发展方式，着力构建现代农业产业体系、生产体系、经营体系，推动粮经饲统筹、农林牧渔结合、种养加一体、一二三产业融合发展，不断提升农业质量效益和竞争力。实施粮食产能提升工程，建成高标准农田2725万亩，主要农作物耕种收综合机械化水平达到65%以上，粮食综合生产能力稳定在1500万吨左右。开展特色农业产业提升行动，大力发展肉蛋奶鱼、果菜菌茶等优势农产品，建成100万亩"南菜北运"蔬菜基地，继续创建一批现代特色农业（核心）示范区。大力发展富硒农业，培育休闲、生态、电商、创意、都市观光等农业新业态。建立健全现代农业经营体系，力争家庭农场突破1万家，农民合作社5万家，自治区级以上农业产业化龙头企业260家。推进农业产品深加工。加快培育新型职业农民。

构建比较完善的现代基础设施体系。基础设施建设既有利于扩投资、稳增长、强基础，又能增收入、补短板、惠民生，必须全面推进基础设施建设攻坚战，促进成网成型成体系，增强发展支撑能力。

——完善等级高覆盖广的公路网络。构建"六横七纵八支线"高速公路网络，重点建设灌阳至平乐、柳州经合山至南宁、崇左至水口等项目，建设一批二级以上公路，推进老龄油路改造和县与县、乡与乡之间道路联通，建设屯级硬化路，大幅提升农村公路通达深度，公路总里程达到 13 万公里，其中二级以上普通公路 1.7 万公里、高速公路 7000 公里，基本实现县县通高速、乡乡通油路，具备条件建制村通硬化路。

——建成"一环四纵四横"快速大能力铁路网络。重点建设南宁至贵阳高速铁路、柳州经梧州至广州、柳州经贺州至韶关和南宁至凭祥扩能改造等铁路项目，推动规划建设南宁至西安、兰州等重点城市的南北陆路国际新通道和南宁至呼和浩特高铁"北上第二通道"。加快规划建设城际铁路，完善连通北部湾港口、西江黄金水道和重点产业园区的支线铁路。铁路营业里程达 6000 公里左右，其中高铁突破 2000 公里，实现市市通高铁。

——建设北部湾区域性国际航运中心。实施港口能力提升、货运畅通、港口服务重大工程，完善集疏运体系，促进海铁等多式联运，重点建设防城港企沙南港区 40 万吨级码头及航道、钦州港 20 万吨级集装箱码头及航道、北海铁山港 7 至 10 号泊位等项目，港口吞吐能力达到 4.5 亿吨，不断提升港口综合竞争力，加快建设千万标箱现代化大港。

——建设高效畅通的内河水运网络。加快西江"一干七支"航道扩能改造，打造"三主四辅"现代化港口群，重点建设贵港经梧州至广州一级航道、柳州至石龙三江口和来宾至桂平二级航道、西津和红花枢纽二线船闸、龙滩和百色升船机等项目，推动绣江、贺江复航，实现西江全线规划河段通航，千吨级以上高等级航道突破 1500 公里，港口综合吞吐能力 1.5 亿吨。

——建设便捷高效的航空网络。提升南宁、桂林机场运输保障能力，优化支线机场布局，积极发展通用航空，重点建设桂林机场新航站楼、南宁机场第二跑道，迁建梧州、柳州机场，新建玉林、贺州等机场，民用机场达到9个，旅客吞吐能力3500万人次，实现片片通民航。

——优先发展公共交通。推进有条件的城市建设轨道交通，基本建成南宁轨道交通1至4号线，加快5号线建设，推动6号线前期工作，积极发展快速公交、智能公交、新能源公交，提升城市公交出行分担比例。推进城乡客运一体化，具备条件的建制村100%通客车。加强公共停车场、加油站、电动汽车充电桩等建设。推进高铁站、客运枢纽与其他交通方式有效衔接。

——推进能源多元清洁发展。重点建设红沙核电二期和神华北海电厂一期、防城港电厂二期等工程，推进风能资源富集地区的风电项目建设，发展分布式光伏发电。加强城乡配电网改造，建设智能电网和分布式能源。2020年电源装机容量4700万千瓦，非水可再生能源装机500万千瓦左右。推进沿海LNG、西气东输二线等工程，建成覆盖城乡的天然气输送网络，实现县县通天然气。推进北部湾大型原油储备库、煤炭储配基地和防城港、北海、钦州煤炭物流园区建设。

——加强水利设施建设。加快推进西江等干支流及中小河流治理，建设大藤峡、落久等枢纽工程。大规模推进农田水利建设，加快推进桂中、桂西重点旱片和大藤峡等灌区工程，完善小型农田水利设施。大力开展区域规模增效节水灌溉行动，新增有效灌溉面积300万亩。

——提升信息化水平。深入实施"宽带广西"战略。加快建设中国－东盟信息港，争取设立国家级互联网骨干互联节点，推进广西云计算中心、智慧城市、地理信息等工程建设，打造云上广西。建设泛在普惠的信息网络，实现绝大部分城镇地区光网覆盖、光纤到学校到农户，重点中心城区实现免费高速 WIFI 全覆盖，光纤接入能力城镇家庭达到 100 兆、98% 的建制村达到 100 兆。

大力推进精准扶贫精准脱贫。这是我区"十三五"时期最大的政治责任、最大的民生工程、最大的发展机遇，必须全面推进脱贫攻坚战，前三年每年平均脱贫 120 万人，第四年脱贫 93 万人，第五年巩固脱贫成果，确保现行标准下 453 万农村贫困人口全部脱贫。

——精准实施"八个一批"脱贫攻坚。产业扶贫一批，帮扶就地转移就业或外出务工一批，易地搬迁一批，生态补偿一批，医疗救助一批，教育扶贫一批，政策性保障兜底一批，边贸扶贫一批。

——全面推进脱贫攻坚"十大行动"。即基础设施建设、特色产业富民、扶贫移民搬迁、农村电商扶贫、农民工培训创业、贫困户产权收益、科技文化扶贫、金融扶贫、社会扶贫、农村"三留守"人员和残疾人关爱服务等"十大行动"。

——完善脱贫工作机制。完善精准识别机制，建立扶贫大数据管理平台，实现精准帮扶。完善扶贫财政投入稳定增长机制，加大对贫困地区转移支付力度，设立扶贫产业投资基金。统筹扶贫标准和低保标准有效衔接。健全贫困县扶贫考核机制，建立贫困县、贫困村退出机制和脱贫摘帽激励机制。

我们一定要咬定目标、苦干实干，全力以赴打赢脱贫攻坚战，确保到 2020 年所有贫困地区和贫困人口一道迈入全面小康社会。

积极稳妥推进新型城镇化。坚持以人为本、集约高效、绿色发展、四化同步、城乡一体、多元特色方针，提高新型城镇化水平，推动城乡一体化发展。有序推进农民工市民化，深入实施国家"三个 1 亿人"方案，实现城镇新增人口 700 万、农民工和其他常住人口在城镇落户 600 万，全区常住人口城镇化率达到 54%，户籍人口城镇化率达到40%。推动形成城镇群和各类城镇协调发展，加快发展北部湾城市群和桂中、桂北、桂东南城镇群，实施中心城市提升工程、大县城战略和百镇建设示范工程。抓好贺州"多规合一"试点并逐步推广，统筹城镇规划、建设和管理，以新理念建设新型城镇，提升城镇品质和形象。构建设施配套、功能完备的城镇基础设施网络，加强城市地下综合管廊建设，基本完成现有棚户区、城中村和危房改造，棚户区改造政策覆盖全部重点镇；加强城市生态设施、防灾减灾设施建设，打造海绵城市。推动城镇市政设施向农村延伸、公共服务向农村覆盖，促进城乡基础设施互联互通、共建共享。

加强公共服务能力建设。我区公共服务短板明显，必须坚持保基本、兜底线、促公平，建立健全基本均等的公共服务体系。

——推进教育现代化。全面解决学前教育入园难问题，消除义务教育大班额、大通铺现象，实现县域义务教育均衡发展，加快普及15年基本教育，办好特殊教育，在民族地区率先建成现代职业教育体系，加强高校基础能力建设，支持一批院校升格，引导部分普通本科高校向应用型转变，加大城乡教师交流和校长轮岗力度，促进教师资源均衡配置，建设一支高素质专业化的教师队伍。到2020年，力争学前教育三年毛入园率达到90%，九年义务教育巩固率95%，高中阶段教育毛入学率90%，实现劳动年龄人口平均受教育年限达到10年，基本接近全国平均水平。

——推进健康广西建设。实施医疗机构、公共卫生机构、中医药民族医药等重点工程，加强设区市及以上医院、县级医院、乡镇卫生院、城镇社区卫生服务机构等建设，健全医疗服务体系，推广县乡医疗服务一体化，普及健康知识，加强公共卫生和疾病防控，强化食品药品安全监管，开展全民健身行动，实施重振体育雄风计划，促进人口均衡发展，发展多层次养老服务，实现人人享有基本医疗卫生服务，主要健康指标高于全国平均水平。

——完善覆盖城乡的公共文化服务体系。培育和践行社会主义核心价值观，实施文化惠民和公共文化工程，深入开展送文化下基层活动，推动公益性文化设施免费开放，扩大广播、电视、互联网有效覆盖，支持各类市场主体和社会组织参与提供公共文化体育产品和服务，切实保障人民基本文化权益。推动文化产业跨越发展，扶持文化精品创作生产，加强文化和自然遗产传承保护与利用，推动广西优秀文化走出去。

持续改善民生福祉。保障和改善民生是我们工作的出发点和落脚点，必须切实解决人民群众关心的就业、收入、社保等切身利益问题，在更高水平上实现发展成果共享。

——实现更加充分、质量更高的就业。建设公共就业创业服务设施、大学生实训基地、农民工创业园和培训实训基地、南宁和柳州公共实训基地、中国－东盟国际技师学院、中国－东盟（凭祥）技工学校、贵港西江职教园区等创业就业工程，城镇调查失业率控制在 6% 以内。

——深化收入分配改革。坚持城乡居民收入增长与经济增长同步，劳动报酬提高和劳动生产率提高同步，实施城乡居民收入倍增计划，多渠道增加居民财产性收入，健全劳动、资本、知识、技术、管理等要素报酬由市场决定机制，增加低收入者收入，扩大中等收入者比重，逐步缩小城乡区域和行业收入差距。

——建立健全更加公平更可持续的社会保障制度。实施全民参保计划，基本实现法定人群全覆盖，建立全区统一的居民基本医疗保险制度，健全重特大疾病救助和疾病应急救助制度，完善失业、工伤、生育保险制度。完善困难群体的医疗救助和临时救助制度。提高住房保障水平，以解决城镇新居民住房问题为重点，建立健全购租并举的住房供应体系，将居住证持有人纳入城镇住房保障范围。

各位代表！我区"十三五"发展的宏伟蓝图已经绘就，跨越发展的新航程已经开启。全区各族人民万众一心、顽强拼搏，一定能在"两个建成"的道路上阔步前进，开创更加美好的明天！

三、2016 年的主要目标与重点工作

今年是"十三五"的开局之年，也是推进结构性改革的攻坚之年。我区经济社会发展的主要预期目标是：地区生产总值增长 7.5%—8%，财政收入增长 6% 左右，固定资产投资增长 14%，社会消费品零售总额增长 9.5%，进出口总额增长 12%，居民人均可支配收入实际增长 7.5%，居民消费价格涨幅控制在 3% 左右，城镇登记失业率控制在 4.5% 以内，城镇新增就业 35 万人。以上目标，主要是从积极进取、统筹兼顾、留有余地、与"十三五"发展目标相衔接等方面考虑的。在实际工作中，我们将全面贯彻落实五大发展理念，奋发有为，力争取得更好的结果，努力实现"十三五"开好局、起好步。重点抓好以下工作：

（一）大力提升实体经济发展水平

促进工业稳增长调结构增效益。重点实施三大专项行动：一是质量品牌提升专项行动。引导、支持企业加强质量管理和品牌建设，提升产品附加值和知名度，增强企业核心竞争力。启动新一轮

技术改造升级工程，自治区技术改造专项资金重点支持企业瞄准国际国内技术标杆升级改造，推动糖、铝、食品、汽车、机械、冶金、有色金属、碳酸钙等产业全面提升产品技术、工艺装备、能效环保等水平。二是降成本增效益专项行动。逐一研究制定降低企业税费、财务、用电、物流、人工和制度性交易成本等具体工作方案，确保企业降本增效。三是产业转型升级专项行动。制定《中国制造2025》广西实施意见和两化深度融合、工业强基、绿色制造、服务型制造等专项计划。抓好糖、铝"二次创业"方案落实。开展糖料蔗价格指数保险试点，加快建立糖料蔗产业风险保障机制。围绕先进制造业和战略性新兴产业发展，开展精准招商，引进一批领军企业、领军人物和领先技术。加快实施装备制造、新能源汽车、新材料等一批科技重大专项，建立南宁·中关村等一批创新中心，推动创新成果产业化。加快实施生态经济十大重点工程，发展节能环保等绿色产业，抓好122项绿色产业发展合作项目落地，推进园区循环化改造。

推进农业转方式提质量强基础。强化粮食安全责任落实，确保粮食产量稳定在1500万吨左右。实施现代特色农业产业"10+3"提升行动，建成100万亩"双高"糖料蔗基地，推进现代特色农业示范区建设。全面铺开农村土地承包经营权确权和流转工作。培育壮大土地股份合作社、农民合作社等新型农业经营主体，每个市培育20—30个农民合作社示范社，每个涉农县培育5—10个农民合作社示范社。加快农业标准化进程，实现全区"三品一标"产品达到1100个。推进畜禽水产标准化规模化养殖基地建设。深化市县农科院所改革，建设19个国家现代农业产业技术体系广西创新团队。支持特色作物试验站建设。大力发展农业保险，建立全区农业信贷担保体系，开展重要农产品目标价格保险以及收入保险、天气指数保险试点。

加快服务业优质高效发展。大力推进现代服务业集聚区和服务业百项重点工程建设。围绕消费结构升级，推动生活性服务业向精细化和高品质提升，重点推进信息、绿色、住房、旅游休闲、教育文体、养老健康家政等领域消费，开展广西消费名优特产品培育升级专项行动和放心消费创建活动。促进房地产业健康稳定发展。大力发展旅游业，继续抓好特色旅游名县名镇名村创建，加大旅游宣传推广，积极发展乡村旅游，完善旅游公共服务体系，加强旅游公共基础设施建设，提升旅游行业服务档次和质量。全面推进养老服务业综合改革试验区建设。实施电子商务进农村综合示范工程。围绕产业结构升级，推动物流、科技服务、工业设计等生产性服务业向专业化转变和价值链高端延伸。

（二）努力扩大有效投资

发挥政府投资的杠杆撬动作用，积极争取中央各项投资支持，发挥民间投资的主力军作用。今年自治区财政各项资金安排要更加精准有效，围绕稳增长、调结构，调整优化资金使用方向和重点，统筹用好各类专项资金，采取直接贴息、增加股权投资引导基金等多种扶持方式，支持重点产业、重大基础设施和重点区域、重点领域发展。自治区财政一般公共预算支持各项建设资金安排330亿元，比去年增加30亿元。继续推出和落实一批新的PPP项目，大力发展各类投资公司和产业投资基金，力争募集政府投资引导基金200亿元（其中北部湾经济区产业投资基金规模40亿元以上）、铁路投资基金二期75亿元、交通创投基金20亿元。支持社会资本设立股权投资基金。着力推进一批基础设施重大项目建设。公路方面，新开工荔浦至玉林、贺州至巴马（昭平至蒙山段）、南宁经钦州至防城港改扩建等高速公路，续建永贺高速（麦岭至贺州段）、乐业至百色、贵港至合浦、梧州至柳州等高速公路，争取岑溪至水汶、崇左至靖西、南宁吴圩机场第二高速等建成通车。铁路方面，开工建设南宁至贵阳客运专线广西段、防城至东兴铁路、桂林动车所等项目，全面开工合浦至湛江铁路、黎湛铁路电气化改造等项目，力争竣工投产云桂铁路百色至昆明段，实现玉林通动车，推进湘桂、焦柳、南昆等既有线扩能改造及百色至威舍铁路等项目前期工作。航空方面，开工建设玉林民用机场、南宁伶俐通用机场。水运方面，力争开工建设西津和红花枢纽二线船闸、防城港 401 号泊位、北海铁山港航道三期等项目，建成郁江老口航运枢纽。水利方面，重点推进大藤峡水利枢纽、落久水利枢纽、桂中治旱二期等工程建设，建成鹿寨古偿河水库工程。开工建设驮英水库及灌区工程，加快推进洋溪水利枢纽项目前期工作。加强海河堤及护岸工程、小型水库和农田水利灌溉、水土流失综合治理等建设。能源方面，开工建设中马钦州产业园天然气分布式能源等项目，竣工防城港红沙核电一期 2 号机组、钦州电厂二期、鹿寨热电等项目，加快建设防城港红沙核电二期、神华国华广投北海电厂、华能桂林世界旅游城分布式能源等项目。城镇建设方面，推进新型城镇化建设，在北部湾经济区四市和柳州、桂林、梧州等地开展城市地下综合管廊建设试点，推进城市电网、通信网架空线入地改造工程。建设南宁等海绵城市。加快实施县县通天然气工程。开工建设保障性住房 18.3 万套（户），其中棚户区改造 16 万套。加强城市规划、建设和管理工作。

以 2018 年自治区成立 60 周年为契机，抓紧推进广西文化艺术中心、广西国际壮医医院、北部湾大学、河池至百色高速公路、桂林机场新航站楼、南宁会展中心升级改造工程等重大公益性项目和服务基层的城镇基础设施、扶贫、教育、卫生、健康养老等十类民生项目，让各族人民群众共享发展成果。

（三）积极推动结构性改革

推进供给侧结构性改革。按照优化存量、引导增量、有效减量的要求，加快去产能、去库存、去杠杆、降成本、补短板，推进结构性改革，努力增加有效供给。制定实施企业重组、"僵尸企业"处置方案，加大力度淘汰落后产能，严格控制增量，防止新的产能过剩。着力解决部分城市商品房库存偏高问题，按照加快提高户籍人口城镇化率和深化住房制度改革的要求，加快农民工市民化，打通供需通道，出台农民工购房鼓励政策，建立购租并举的住房制度，推进棚户区改造货币化安置和保障性住房"以租代建""以购代建"模式相结合，加快消化库存，稳定房地产市场。通过减税降费让利等措施，降低企业生产经营成本。

深化重点领域改革。进一步取消、下放和调整审批事项，加强事中事后监管和服务，推行政府部门权力清单、责任清单制度。推动投资项目审批权限和核准备案权限同步下放。开展负面清单制度改革试点。公布行政审批中介服务事项目录清单。全面落实"先照后证"，巩固和扩大"三证合一、一照一码"改革成果，在全区推进电子营业执照和全程电子化登记管理。加快推进科研院所、科技人才激励、重大科技专项、科技资金使用、科研项目管理、科技成果产权和转化应用等科技体制机制改革，大力推动大众创业、万众创新。加快国有企业改制重组，积极稳妥发展混合所有制经济，推进国有企业股权多元化、资产证券化，开展国有资本投资运营公司试点，制定国有资本投资负面清单，加快处置低效无效资产，健全现代企业制度，完善国有企业法人治理结构。鼓励企业上市融资。进一步加大预决算公开力度，完善政府预算体系，深入推进"营改增"改革，持续推进消费税、个人所得税、资源税改革和征管体制改革，继续完善县级基本财力保障机制。推进沿边金融综合改革试验区建设，落实并利用好人民币投贷基金，探索建立沿边金融服务中心，推进两广金融改革创新综合试验区建设，深化地方金融改革，促进地方金融机构和业态发展，进一步深化农村信用社改革，加强社会信用体系建设。扩大农村集体土地所有权确权登记试点，推进集体经营性建设用地入市、农村产权交易等改革试点。深化电力体制改革。推进供销合作社、国有林场、农垦改革。统筹推进教育、文化、卫生、社保等其他领域改革。

（四）进一步增强开放带动作用

促进外贸稳增长，实施外贸跨越发展工程，继续推进加工贸易倍增计划，做实边境贸易，依托口岸发展边境加工业，建设沿边经济贸易高地，发展一般贸易，扩大机电和高新技术产品进出口，支持大宗商品进口业务。推动增设口岸进境免税店，发展跨境电子商务和外贸综合服务企业。加快建立口岸管理部门执法的权力清单和责任清单制度，推动广西电子口岸公共信息服务平台和国际贸易"单一窗口"建设，提升贸易便利化水平。加快建设中国－东盟港口城市合作网络，提高与东盟、日韩等周边国家和地区的空中航线航班密度。加快筹建中国（北部湾）自由贸易试验区，修改完善总体方案，完成总体规划，编制建设实施方案，加快基础设施建设，推动重点领域先行先试。落实 CEPA 先行先试政策，推动一批与港澳合作的服务业项目落地见效。推进国家构建开放型经济新体制综合试点试验工作，争取跨境电商、跨境劳务、跨境产业等沿边开放开发政策在防城港实施。推进中马"两国双园"、中越跨境经济合作区、中国·印尼经贸合作区、东兴国家重点开发开放试验区、中越德天－板约瀑布跨国旅游合作区等开放平台建设。办好第13届中国－东盟博览会和中国－东盟商务与投资峰会。进一步提高海关特殊监管区、国家级经济技术开发区和自治区级开发区的开放功能作用。加快国际产能合作，推动我区企业"走出去"。以更大力度加快建设中国－东盟信息港。推动亚洲基础设施投资银行面向东盟的分支机构等重要合作机制落地。继续深化国内区域合作，加快粤桂合作特别试验区建设，推进粤桂黔高铁经济带合作试验区（广西园）规划建设。做好侨务、对台工作。

（五）打好脱贫攻坚战

全面完成精准识别建档立卡，加快建立扶贫大数据管理平台。组织实施脱贫攻坚"八个一批""十大行动"，确保全年减少贫困人口122万人，实现1000个贫困村、8个贫困县脱贫"摘帽"。大力推进扶贫移民搬迁，完成搬迁30万人。深入推进贫困地区路、水、电、网络等基础设施建设。加大扶贫资金整合，自治区本级财政安排专项扶贫资金22亿元，统筹整合各级各类涉农资金350亿元，以贫困县为重点，由各县统筹安排使用。推广"田东农金村办模式"，加快推动金融扶贫改革。

（六）着力改善民生和公共服务

坚持发展为民，多办顺应民意、化解民忧、为民谋利的实事好事，让人民群众有更多获得感。

大力推进就业。实施更加积极的就业政策，统筹做好高校毕业生、城镇就业困难人员、农村转移劳动力、残疾人等各类群体就业工作。做好退役军人转业安置。落实好援企稳岗、社保补贴、税费减免等政策，力争失业人员实现再就业 8 万人，就业困难人员实现就业 2 万人。

加强社会保障和增加居民收入。大力推进全民参保。加快异地就医、大病保险、付费方式改革。完善企业职工基本养老保险政策。加强社会保险扩面征缴工作。完善城乡社会救助体系，提高低保标准和补助水平。深化收入分配制度改革，实施城乡居民收入倍增计划，深化机关事业单位工资和津补贴制度改革。

加快教育振兴发展。继续实施教育"双千计划"，新建幼儿园125 所、义务教育学校 41 所、普通高中 8 所，改扩建一批学校。实施二期学前教育三年行动计划、义务教育"全面改薄"和学校标准化建设工程、高中阶段教育突破发展工程、高等教育"强基创优"计划，加快建设南宁教育园区和北部湾大学，建设 40 个职业教育示范特色专业及实训基地。实施乡村教师支持计划。

推进卫生文化体育等社会事业发展。加快医药卫生体制改革，推进公立医院综合改革和分级诊疗，继续巩固和完善新农合制度，实现新农合基金市级统筹全覆盖，加强基层医疗卫生基础设施建设。实施全面两孩政策，加强生育公共服务供给。推进广西博物馆改扩建等文化项目建设，支持创作一批文化艺术、影视艺术精品，做好左江花山岩画文化景观申报世界文化遗产工作，培育发展文化创意、动漫游戏等新兴业态。加强新闻出版、档案、方志、文史等工作。建设特色新型智库。完善公共体育服务体系。同时，切实做好救灾救济、优抚安置、社会福利和慈善等工作。落实安全生产属地责任和行业监管责任，加强隐患排查，坚决遏制重特大安全事故发生。强化食品药品安全监管。完善灾害事故预防预警和应急处置体系。

深入开展社会治安综合治理，做好信访、人民调解和行政调解工作，有效预防和化解矛盾纠纷，维护社会安全稳定。

继续集中力量实施为民办实事工程。筹措资金 525 亿元，抓好社保、健康、教育、水利、扶贫、安居、农补、生态、文化、交通等一批惠民项目。

（七）加强生态环境建设

分解落实国家下达我区的"十三五"节能降碳和污染减排目标任务，全面加强生态环境建设，年内实现万元生产总值能耗下降 2.5%，万元生产总值二氧化碳排放量降低 2.7%，主要污染物排放量控制在国家下达目标内。实施水污染防治行动计划。启动建设 300 个镇级污水处理厂及管网。开展各设区市城市黑臭水体整治，加快实现设区市建成区污水直排口全部截污。推进农村厕所改造建设。加强西江、九洲江等重点流域水环境保护和综合治理，抓好饮用水水源地、湖泊环境保护，实施陆域入海污染源和海域污染源整治工程。推广生态养殖等清洁生产技术，加强农业面源和养殖业污染治理。实施燃煤锅炉烟气脱硫改造和车用油品提质工程，对设区市改善空气质量实施"PM_{10}+$PM_{2.5}$联合控制"。加快燃煤电厂超低排放和节能改造。加强新能源汽车推广应用，完成国家下达的黄标车和老旧车淘汰任务。充分发挥公共机构节能示范作用。强化扬尘面源污染整治。加强重金属污染防治。严格危险化学品环境管理。加强企业污染物排放监控，依法依规治理污染，严厉处罚偷排超排行为。深入推进美丽广西生态乡村建设，启动建设宜居乡村，争取全区列入国家农村环境连片整治示范试点。实施农村垃圾治理两年攻坚行动，建成 520 个乡镇垃圾片区处理中心，力争 90% 以上的村庄垃圾实现有效处理，实施一般村屯绿化 6.92 万个，建设自治区级绿化示范村屯 5000 个。深入实施石漠化治理、新一轮退耕还林等重点工程，全面停止国有林场天然林商业采伐，完成植树造林 300 万亩。继续做好广西园林园艺博览会及创建国家园林城市工作。

各位代表！民族团结是各族人民的生命线，要全面贯彻落实党的民族政策，坚持和完善民族区域自治制度，促进各民族交往交流交融，大力推进民族团结进步模范区建设。全面贯彻党的宗教工作基本方针，发挥宗教界人士和信教群众在促进经济社会发展中的积极作用。推进军民融合深度发展，做好国防教育、民兵预备役、双拥优抚安置工作，加强边海防建设，积极支持国防和军队深化改革，巩固军政军民团结。发展老龄事业，依法保障妇女儿童和残疾人的合法权益，支持工会、共青团、妇联等群团组织开展工作。

各位代表！做好今年和"十三五"经济社会发展各项工作，必须进一步加强政府自身建设，尽快提高新常态下推动发展的能力和水平。深入推进依法行政，全面履行政府职能，规范行政权力，强化严格执法，加快建设法治政府，开展"七五"普法。自觉接受人大及其常委会的监督，定期向人大及其常委会报告工作，积极支持人民政协履行政治协商、民主监督、参政议政职能，切实做好人大代表建议和政协提案办理工作。认真听取各民主党派、工商联、无党派人士和各人民团体的意见建议。健全依法决策机制，推进责任政府建设。全面推行政务公开，加强电子政务平台建设，提高政府公信力和执行力。巩固"三严三实"专题教育成果，进一步改进作风，形成长效机制。严格落实党风廉政建设主体责任，履行"一岗双责"，持之以恒纠正"四风"，坚持不懈推进政府系统党风廉政建设和反腐败工作。

各位代表!

"十三五"和今年经济社会发展任务十分繁重,责任十分重大。让我们紧密团结在以习近平同志为总书记的党中央周围,开拓创新,真抓实干,为实现"两个建成"的宏伟目标而努力奋斗!

海 南 省
政府工作报告

——2016 年 1 月 26 日在海南省第五届
人民代表大会第四次会议上

省长 刘赐贵

各位代表：

现在，我代表省人民政府向大会作工作报告，请连同《海南省国民经济和社会发展第十三个五年规划纲要（草案）》一并审议，并请省政协委员和其他列席人员提出意见。

一、2015 年及"十二五"工作回顾

2015 年，是我省经济社会发展经受严峻考验、取得丰硕成果的一年。面对经济下行、电力短缺和持续高温、干旱、台风等自然灾害的不利影响，在党中央、国务院和中共海南省委的坚强领导下，我们坚持稳中求进工作总基调，统筹抓好稳增长、促改革、调结构、惠民生、防风险各项工作，经济运行整体呈现"稳中有进、稳中向好"态势，各项事业取得新进展。全省实现地区生产总值 3702.8 亿元，

增长 7.8%；地方一般公共预算收入 627.7 亿元，增长 8.7%；固定资产投资 3355.4 亿元，增长 10.4%；社会消费品零售总额 1325.1 亿元，增长 8.2%；城镇常住居民人均可支配收入 26356 元，农村常住居民人均可支配收入 10858 元，分别增长 7.6% 和 9.5%；居民消费价格涨幅 1.0%；城镇登记失业率 2.3%。

（一）强力推动"多规合一"等重点改革，积极扩大对外开放，不断增强发展的内生动力与活力

坚持整体推进、重点突破、蹄疾步稳、务求实效，完成年初确立的 80 项重点改革事项。

率先在全国开展省域"多规合一"改革。为解决各类规划重叠、资源配置低效、区域功能雷同、重复建设、行政分割等突出问题，从去年年初即开始探索推进"多规合一"。6 月 5 日，习近平总书记亲自主持召开中央全面深化改革领导小组第十三次会议，赋予这项改革要为全国提供可复制、可推广经验的重大使命，作为经济特区的海南再一次站到了全国改革前沿。在省委领导下，政府主导编制完成了《海南省总体规划》，我们坚持边编制总规、边谋划发展、边开展工作：确立重点发展十二个产业，制定各产业发展扶持政策；从空间上划定各类生态红线；规划布局六类产业园区和基础设施"五网"；制定百个特色产业小镇建设方案；在部分园区实行简化行政审批制度改革试点。启动新一轮农垦改革，坚持市场导向，推进垦区集团化、农场企业化，建立去行政化的国有企业管理体制和运行机制。推进司法体制改革，全面实行司法人员分类管理制度，建立省以下法院、检察院由省级财政统一管理的机制。进一步理顺国际旅游岛先行试验区和博鳌乐城国际医疗旅游先行区管理体制，消除了困扰多年的体制性障碍。完成第十轮省级行政审批事项清理，推动 32 个中介机构与省级主管部门脱钩。财税、户籍、国企国资、事业单位分类等牵动全局、影响深远的重点改革都取得重要突破。

对外开放深入拓展。博鳌亚洲论坛 2015 年年会规格、规模均创历史之最，利用年会平台有效策划组织 13 场海南主题活动，植入海南元素，发出海南声音。成功举办 2015 年中韩人文交流主题省道活动、"中国 – 东盟海洋合作年"启动仪式、环海南岛国际大帆船赛等重大活动。抢抓国家"一带一路"战略机遇，加强与沿线有关国家、地区合作交流，全年实际利用外资 24.7 亿美元，增长28.7%。海口海关、海南出入境检验检疫全面融入"泛珠"四省海关、检验检疫区域通关一体化，海口港区汽车整车进口口岸建成运营，海航首次进入世界 500 强，完成瑞士机场服务公司、英国伦敦路透社总部大楼等海外收购，海胶集团、海马汽车、洲际油气等企业全球布局步伐加快，立昇公司技术入股俄罗斯企业，海南经济外向度进一步提升。

（二）始终坚持发展第一要务，抓项目、促投资，推动经济平稳较快增长

把抓项目、促投资作为全年经济工作的重点，建立目标管理责任制，实行月度、季度考核检查，开展"投资项目百日大会战"。393 个省级重点项目完成投资 1915 亿元，超出年度计划 194 亿元。仅大会战 100 天内新开工项目就 1043 个，2014 年以前应开工而未开工的 358 个、2015 年应开工的 530 个中央投资项目全部开工，西线高铁十三个车站、站前广场道路的征地拆迁和施工工程、博鳌乐城医疗健康项目及配套设施建设等，在百日大会战中得到了超常规快速推进。西线高铁建成通车，海南进入环岛高铁时代；"田"字型高速公路建设取得突破性进展，屯昌至琼中高速公路建成通车，琼中至五指山至乐东、文昌至博鳌、万宁至儋州至洋浦三条高速公路、铺前大桥、美兰机场二期扩建、博鳌机场等一批重大项目开工建设，快于预期进度。昌江核电1号机组投产发电，西南部电厂并网运营，困扰海南多年的电力瓶颈得到有效解决。红岭灌区加快建设，南渡江引水工程开工建设。组织多场招商活动，签约项目280个，协议投资额5513亿元。谋划储备新项目723个，形成了建设一批、开工一批、谋划储备一批、项目滚动推进的好局面。这些重大项目，不仅为当前稳增长发挥了关键作用，也为未来发展增强了后劲。

（三）积极推进调结构、转方式，重点发展十二个产业，夯实海南长远发展基础

在抓当前、稳增长的同时，努力解决我省产业结构单一、增长质量效益不高的问题，积极谋划海南长远健康发展。在开展一系列调查、研究、论证基础上，确定做优做强和重点培育旅游、热带特色高效农业、互联网等十二个产业，已初显成效，全年旅游业增加值同比增长8.1%，农业增长5.5%，互联网产业增长14.8%，医疗健康产业增长11.1%，金融业增长19.6%，会展业增长9.9%，医药产业增长16.8%。

旅游业提档升级，邮轮游艇游、乡村游、健康旅游等旅游新业态加快发展，西沙旅游常态化运营，新开辟、恢复国际航线19条，新建、改建旅游厕所420个，旅游环境得到改善；农业结构调整加快，调减甘蔗等传统低效作物13万亩，首批14家省级现代农业示范基地挂牌，生态循环农业和品牌农业取得新进展，《国家南繁科研育种基地（海南）建设规划（2015—2025）》实施，海南农业在维护国家粮食安全中的战略地位进一步显现；腾讯、阿里巴巴、金山云、新浪等一批互联网领军企业加快布局海南，一批互联网小镇启动建设，"光网智能岛"建设加快推进，通信网络清网排障、提速降费成效明显；海南银行挂牌营业，填补我省无独立省级地方法人商业银行的空白，飞机融资租赁等金融新业态不断涌现，金融机构本外币各项贷款余额同比增长 23.4%，金融业对 GDP 的贡献率达到 15.6%；博鳌乐城国际医疗旅游先行区建设取得实质性突破，恒大健康产业集团等 7 家医疗企业进驻；房地产业结构逐步优化，非住宅类投资占比提高 5.2 个百分点；会展业发展势头良好，全年 100 人以上会议超过 1.3 万个，参会人数 280 万人次、同比增长 13.0%，各类展览 102 个、增长 11.0%，成功举办海南国际旅游岛欢乐节、冬交会、国际海洋旅游博览会、国际旅游岛邮轮游艇产业发展大会；进一步放宽离岛免税政策，免税品销售额 55.4 亿元，增幅高达 28.3%；海洋渔业、海洋旅游、海洋交通运输、海洋油气与加工等海洋产业发展势头良好，海洋生产总值 1050 亿元，同比增长 11.0%，占全省生产总值 28.4%。

（四）严守生态底线，开展"六项整治"，进一步彰显海南生态环境优势

坚持以问题为导向，下大气力开展环境整治六大专项行动。一是开展整治违法建筑三年攻坚专项行动，拆除违法建筑约 870 万平方米，其中海口、三亚分别拆除 366 万平方米、388 万平方米；二是开展全岛 1823 公里海岸带专项检查和整改行动，对 805 宗违法违规问题全面整改，拆除违法违规建筑 25.7 万平方米，收回岸线土地 8765 亩；三是开展城乡环境综合治理，"脏乱差"现象得到有效遏制，海口"双创"效果显著，三亚"双修""双城"综合试点实现良好开端，儋州、文昌、琼海、海口演丰镇被列为国家新型城镇化综合试点，琼海"不砍树、不占田、不拆房，就地城镇化"

经验成为全国示范；四是开展城镇内河（湖）水污染治理三年专项行动，三亚河、陵水河整治取得明显成效；五是开展林区生态修复和湿地保护，"绿化宝岛大行动"完成造林 20.1 万亩；六是开展大气污染专项治理行动，建成环境空气质量预警预报系统。始终坚持生态底线思维，坚决不上污染环境、破坏生态的项目，否决 29个不符合生态的项目。狠抓节能降耗，实现单位 GDP 能耗和工业增加值能耗双下降。

（五）着力保障和改善民生，抓好十件民生实事，让人民群众共享发展成果

坚持把保障改善民生作为政府工作的出发点和落脚点，在财力并不宽裕的情况下，继续加大民生投入，全年民生支出 939.3 亿元，同比增长 13.9%，快于全部财政支出约 3.3 个百分点，民生支出占地方一般公共预算支出 75.7%，同比提高 2.2 个百分点。

年初确定的十件民生实事全面完成。改造农村危房 4.4 万户，超过年初目标 3.4 倍，开工改造棚户区 3.58 万户。实施精准扶贫，8.6 万人脱贫。新增城镇就业人口 10.1 万人。实现全省农村居民与城镇居民养老保险同制度、同待遇，补助标准分别从 2014 年的 120 元、130 元统一提高到每人每月 145 元，居全国前列。建立覆盖城乡居民的大病保险制度，实现职工医保、城镇居民医保、生育保险等三项医疗保险制度省级统筹。建设完善食品检验检测体系。扩大中职免学费范围，公办高职院校生均拨款标准提高到每人每年 1.2 万元，为全省近万名艰苦边远地区教师发放生活补贴 3092 万元。解决 15 万农村居民安全饮水问题，全面完成民族地区农村道路建设，对全省农民小额贷款实施财政贴息 1.1 亿元。省肿瘤医院建成开业，开展国家免费孕前优生健康检查和地中海贫血基因筛查诊断服务。为困难群众和农民工办理法律援助案件 2 万余件。

社会事业加快发展。基本实现公办幼儿园乡镇全覆盖，启动中小学好校长好教师引进和培养工程，新增普通高中学位 4000 个。海南热带海洋学院挂牌成立，海南师范大学实现省部共建，海南健康管理职业技术学院筹建工作有序推进。县级公立医院综合改革全面推开，基层医疗机构综合改革试点扎实推进，"单独两孩"政策稳步实施。国家南海博物馆启动建设，省博物馆二期和民族博物馆改扩建一期主体工程完工，"三网融合"加快，广播电视节目无线数字化基本实现全覆盖。成功举办"三月三"等群众性文化活动，琼中女足代表国家出战 2015 年"哥德堡杯"世界青少年足球锦标赛荣获冠军。

社会治理不断加强。依法严厉打击各类违法犯罪活动，禁毒成效显著，海岛型立体化治安防控体系不断完善，社会治安综合治理全面加强。加大食品药品监管力度，质量强省工作成效显著。严格落实安全生产责任制，全面开展安全生产大检查，安全生产形势总体保持稳定。深入践行社会主义核心价值观，大力弘扬自强不息、见义勇为等美德义行。法治宣传教育、人民调解、安置帮教和社区矫正力度加大。突发事件应急处置机制和防灾减灾体系不断完善，全省上下紧急动员，万众一心，有力、有序、有效地抗击台风"彩虹"的侵袭和持续干旱的影响。

全力支持国防建设，军地融合发展成效显著。民族宗教、人民防空、优抚安置工作扎实推进，外事侨务、对台、科协、妇女、儿童、青少年、老龄、残疾人等事业取得新的进步，邮政、通信、地质、地震、气象、统计、档案、史志等各项工作都取得了新的成绩。

一年来，我们认真贯彻中央要求和省委部署，切实加强政府自身建设。深入开展"三严三实"专题教育，认真执行中央八项规定、国务院"约法三章"和省委省政府二十条规定，加强督促检查，启动行政问责。完善作风建设常态化机制，弘扬"马上就办"的作风，开展党风政风行风建设社会评价，深入开展"学乐东、见行动"活动，各级各部门行政效能进一步提高，作风进一步转变，担当意识和主动服务观念明显增强，抓发展、抓经济的能力显著提升，全省上下形成了争先创优、干事创业的浓厚氛围。

一年来，我们自觉接受人大监督，坚决执行人大决议决定，认真办理人大代表建议271件，主动向人大报送政府规范性文件备案审查56件，积极配合人大开展专项执法检查、人大代表视察及专项调研，对发现的问题及时整改。主动接受政协民主监督，办理政协提案449件，广泛听取各民主党派、工商联、无党派人士的意见建议。切实加强政府立法工作，提请省人大常委会审议地方性法规草案18件，制定和修订政府规章5件。加强重大决策合法性审查和风险评估，对66件规范性文件进行法核，办理行政复议案件194件。加强政务公开，规范完善重大决策、重大项目安排、大额度资金使用决策议事规则。严肃财经纪律，切实加强审计监督，加大案件查办力度，政府执行力和公信力进一步提升。

各位代表，2015年各项目标任务的顺利完成，标志着"十二五"规划圆满收官。刚刚过去的五年是海南发展史上很不平凡的五年。这五年间，在省委的坚强领导下，我们有效应对了世界金融危机持续影响、我国经济下行压力加大、外部环境十分复杂等各种挑战，主动认识、适应经济新常态，坚持科学发展、绿色崛起，充分发挥生态环境、经济特区、国际旅游岛三大优势，顽强拼搏，开拓进取，经济社会发展取得了新的成就，国际旅游岛建设迈出坚实步伐。

过去的五年是综合经济实力显著提升、质量效益稳步改善的五年。全省地区生产总值、人均地区生产总值年均增长 9.5%、8.4%，地方一般公共预算收入年均增长 18.3%，固定资产投资年均增长 22.8%，社会消费品零售总额年均增长 13.6%，城镇常住居民和农村常住居民人均可支配收入分别年均增长 11.6%、14.3%。三次产业结构由 2010 年的 26.1：27.7：46.2 调整为 23.1：23.6：53.3。服务业增加值年均增长 10.6%，占 GDP 比重比 2010 年提高 7.1 个百分点，接待游客总人数、旅游总收入分别比 2010 年增长 73.6%、110.9%，海洋生产总值比 2010 年增长 87.5%。

过去的五年是改革开放纵深推进、体制机制不断创新的五年。完善省直管市县体制。实施 4 轮省级行政审批事项清理，精简行政审批事项 1191 项，降幅达 79.4%。建立省级权力、责任清单和公共资源交易平台，实现网上审批和"阳光"审批。完成新一轮省级机构改革，设立地级三沙市，三亚撤镇设区，儋州升格为地级市。农垦、国资国企、医药卫生、教育文化、林业、事业单位、供销社、农信社等重点领域改革都取得了新进展。主动融入"一带一路"战略、中国－东盟自由贸易区、泛珠区域合作，博鳌亚洲论坛影响力持续扩大，博鳌乐城国际医疗旅游先行区获批，海南的国际知名度和影响力进一步提升。

过去的五年是基础设施建设取得重大突破、城乡面貌明显改善的五年。完成基础设施投资 2824.7 亿元，是"十一五"时期的 2.4 倍。"田"字型高速主框架、"四方五港"格局基本形成，环岛高铁全线贯通，"南北东西、两干两支"机场布局加快推进。核电、火电、抽水蓄能等电力建设取得重要进展，电网主网架建设基本完成，扭转了电力长期短缺的局面。红岭水利枢纽工程基本建成，红岭灌区、南渡江引水等大型水利工程建设步伐加快，农业生产基础条件逐步改善。城市和行政村光纤宽带网络覆盖率分别达到89.2%、71.0%，4G覆盖率分别达到99.1%、84.7%，信息基础设施建设水平进一步提高。

过去的五年是生态文明建设取得重大进展、环境质量保持优良的五年。持续开展"绿化宝岛大行动"，累计完成造林159万亩，森林覆盖率提高到62%。依法依规强力清理闲置土地，处置闲置土地13.26万亩。健全完善生态补偿机制，重点生态区域内的市县不再考核GDP，中部生态核心区得到有效保护。加强污染治理，城市生活垃圾无害化处理率和城镇污水集中处理率分别达到94%和80%，近岸清洁海水水质面积保持在90%以上，空气质量优良天数比例达到97.9%。在我省节能空间小、减排压力大的情况下，全面完成了国家下达的"十二五"节能减排指标。

过去的五年是社会事业快速发展、人民群众生活水平大幅提高的五年。坚持"小财政办大民生"，每年财政支出70%以上用于改善民生。全省财政民生支出五年累计3663.8亿元，是"十一五"时期的2.9倍。减少农村贫困人口35.2万人。新增就业人数46.9万人，农村劳动力转移就业45.8万人。保障性住房覆盖面全国第一。基本解决农村安全饮水问题。坚持教育优先发展，全面完成国家教育中长期规划纲要目标，各级各类教育加快发展，教育质量不断提高。初步建成海口、三亚、儋州、琼海、五指山5个区域医疗中心。在全国率先全面实现城镇从业人员五项社会保险省级统筹，织就了一张人人有社保、城乡全覆盖的社保安全网。

过去的五年是依法治省深入推进、社会治理能力不断提高的五年。积极推进法治政府建设，提高依法行政水平。认真执行人大及其常委会各项决议，主动接受政协民主监督。完善行政决策规则和程序。加强和改进行政执法，积极推行政务公开。深入开展群众路线教育实践活动、"三严三实"专题教育，政府机关作风明显改善，服务意识和服务能力进一步增强，社会治理能力进一步提高。强化审计、监察、行政复议工作，廉政建设有力推进。构建大防控体系，落实社会管理综合治理措施，依法打击各类违法犯罪活动，战胜"威马逊"超强台风等自然灾害，有效防范和应对各类突发公共事件，安全生产形势稳步好转，社会大局保持和谐稳定。

各位代表，我们深切地感到，这些成绩来之不易，得益于党中央、国务院的正确领导，得益于中共海南省委的科学决策，是全省上下和社会各界同心协力、共同奋斗的结果。在此，我谨代表省人民政府，向辛勤劳动的各族人民，向给予政府工作大力支持的人大代表、政协委员，向各民主党派、工商联和社会各界人士，向中央驻琼单位、驻琼部队、武警官兵和公安干警，向所有关心支持海南发展的港澳同胞、台湾同胞、广大侨胞和海内外的朋友们，表示衷心的感谢和崇高的敬意！

"十二五"发展成就令人鼓舞。同时，我们也清醒地看到，当前全省经济社会发展中还存在不少问题：产业结构不尽合理，城乡之间、区域之间尚未形成协调发展的格局；生产要素成本高、人才不足等瓶颈制约日益凸显；一些民生问题还没有根本解决，物价水平较高、城乡居民收入较低；民族地区、中部生态区保护与发展的关系有待进一步统筹；有些干部思想还不够解放，开放意识、担当意识、责任意识不强，不作为、乱作为、不善为、"庸懒散奢贪"等现象仍不同程度存在。整体上来讲，无论是发展水平、开放水平，还是社会文明程度、政府治理能力，都与中央对海南的发展要求，与全省人民对美好生活的期待有不少差距。我们一定高度重视、认真解决好这些问题，努力把海南的事情办好，让老百姓更有获得感、更有幸福感。

二、"十三五"奋斗目标和主要任务

各位代表，"十三五"时期是海南全面建成小康社会的决胜阶段，是实现国际旅游岛建设发展目标的冲刺阶段，是全面开启"一张蓝图干到底"的崭新阶段！

当前，世界经济增长继续放缓，仍处于深度调整期；我国经济增速换挡、结构调整阵痛、动能转换困难相互交织，经济面临较大下行压力，我省受外部宏观环境困难影响不容低估。同时，我们更应该看到，我国经济长期向好的基本面没有改变，"一带一路""互联网+""创新驱动发展""海洋强国""军民融合发展"等战略全面实施，为我省带来新的发展机遇。经过建省办特区，特别是"十二五"时期的发展，我省生态环境、经济特区、国际旅游岛等比较优势进一步彰显，经济实力明显增强，基础设施日臻完善，发展的基础更为坚实。未来五年，我们仍处于大有作为的战略机遇期，完全有条件、有能力推动全省经济社会发展得更好一些、更快一些。

"十三五"时期全省经济社会发展的指导思想是：高举中国特色社会主义伟大旗帜，全面贯彻党的十八大和十八届三中、四中、五中全会精神，以马克思列宁主义、毛泽东思想、邓小平理论、"三个代表"重要思想、科学发展观为指导，深入贯彻习近平总书记系列重要讲话精神，坚持"四个全面"战略布局，牢固树立创新、协调、绿色、开放、共享的发展理念，以全面建设国际旅游岛为总抓手，抢抓国家实施"一带一路"战略重大机遇，加快形成引领经济新常态的体制机制和发展方式，做优做强特色实体经济，坚定不移走科学发展、绿色崛起之路，统筹推进经济建设、政治建设、文化建设、社会建设、生态文明建设和党的建设，确保如期全面建成小康社会。

今后五年经济社会发展总的奋斗目标是，与全国同步全面建成小康社会，基本建成国际旅游岛，努力将海南建设成为全省人民的幸福家园、中华民族的四季花园、中外游客的度假天堂，谱写美丽中国海南篇章！

主要目标是：经济增长质量和效益显著提高，经济保持平稳较快增长，全省生产总值年均增长 7%，到 2020 年实现地区生产总值和城乡居民人均可支配收入比 2010 年翻一番以上；地方一般公共预算收入突破 900 亿元，年均增长 8%。结构调整取得积极进展，传统产业优化升级，新兴产业加快发展；三次产业比重趋近 20：20：60；户籍人口城镇化率提高到 47%，城乡区域发展的协调性进一步增强。民生保障水平稳步提高，实现居民收入增长和经济发展同步，就业、教育、文化、社保、医疗、住房等公共服务体系更加健全。全省农村现行标准下的贫困人口全部脱贫，贫困县全部摘帽。生态环境质量巩固提高，森林覆盖率不低于 62%，大气、水体和近海海域等环境质量保持全国一流。能源和水资源消耗、建设用地、碳排放总量得到有效控制，主要污染物排放总量严格控制在国家下达的计划目标内。主体功能区布局和生态安全屏障基本形成。社会治理能力大幅提高，重点领域和关键环节改革取得决定性突破，法治政府基本建成，开放型经济新体制基本形成，基本建立与海南国际旅游岛相适应、与"多规合一"改革相配套的体制机制。国民素质和社会文明程度普遍提高，中国梦和社会主义核心价值观更加深入人心，爱国主义、集体主义、社会主义思想广泛弘扬，向上向善、诚信互助的社会风尚更加浓厚，人民思想道德素质、科学文化素质、健康素质明显提高，全社会法治意识不断增强。

今后五年，我们将重点把握好以下几个方面：

（一）坚持创新发展：推进重点领域改革，培育发展新动力取得新突破。全面实施《海南省总体规划》，深入推进农垦、司法体制、行政审批、国有企业等改革，打造更具活力的体制机制。坚持以经济建设为中心，适应我国供给侧结构性改革趋势，谋求海南新的经济增长动力。在注重结构、质量、效益的基础上扩大投资规模，积极引进和扩大消费，促进外贸出口，努力保持经济平稳较快增长。实施创新驱动发展战略，大力推进大众创业、万众创新，加快形成鼓励创业创新的市场环境、产权制度、投融资体制。实施人才强省战略，构建充满活力、富有效率、更加开放的人才制度环境。

（二）坚持协调发展：统筹城乡和区域发展，推进新型城镇化取得新突破。坚持陆海统筹、区域协同、城乡一体、物质文明精神文明并重、经济建设国防建设融合，在协调发展中拓宽发展空间，在加强薄弱领域中增强发展后劲。优化全省城镇空间格局和功能定位，打造"海澄文"一体化综合经济圈、"大三亚"旅游经济圈，实现南北两极带动、东西两翼并进、中部保育发展。实施"美丽海南百千工程"，重点打造100个特色产业小镇，建设1000个宜业宜居宜游的美丽乡村。推进基础设施"五网"建设。充分发挥环岛高铁、环岛高速公路、环岛旅游公路的辐射带动作用和中西部生态、民族文化特色优势，积极打造新的经济增长极，构筑城乡一体化的新型城镇布局。实施海洋强省战略，培育壮大海洋旅游、海洋渔业、海洋油气等海洋产业，提高海洋资源管控和南海权益维护能力，力争 2020 年全省海洋生产总值达到 1800亿元。推动物质文明和精神文明协调发展，继续深入开展海南文明大行动，深化各类群众性精神文明创建活动，实施重大文化体育工程，促进各项文体事业繁荣发展。

（三）坚持绿色发展：**培育壮大特色优势产业，推进生态文明建设取得新突破**。发展壮大十二个重点产业，推动传统产业向高端发展，积极培育新产业、新业态，建立跨区域、跨市县投资机制，推动城镇间生产分工、产业整合、园区共建。落实"互联网＋"战略，实施"国际旅游岛＋"计划，促进各次产业深度融合、跨界发展。大力发展循环经济，全面推进重点领域节能减排，淘汰小火电等落后产能。强力开展城乡环境治理行动，实施生态保护和建设重点工程，完善生态补偿机制，实施最严格的生态环境保护制度，加强海洋生态环境保护，进一步巩固大气、水体等质量，全面提升森林质量，把海南建设成为绿意盎然、更加令人向往的生态岛。

（四）坚持开放发展：**深化对外交流合作，加快发展开放型经济取得新突破**。全面融入国家"一带一路"战略，推动海南与沿线有关国家和地区港口、航空交通基础设施互联互通，推进临港经济区、临空经济区建设，致力将海南打造成"一带一路"国际交流合作大平台、海洋发展合作示范区、中国（海南）－东盟优势产业合作示范区。扩大对外经贸合作，发展边贸经济，实施"走出去、引进来"战略，推进优势企业开展跨境经济技术合作，拓展与泛珠三角、长三角、环渤海、京津冀和港澳台等区域合作。依托博鳌亚洲论坛、中非合作圆桌会议等国际交流合作平台，全方位开展对外经贸文化交流及高层次外交外事活动。发挥侨务资源优势，密切与友城交往，提高公共外交和民间外交对全省发展的服务能力。积极争取设立国家级新区、自由贸易试验区，打造海南对外开放新高地。

（五）**坚持共享发展：不断增进人民福祉，实现全省人民与全国人民一道迈入全面小康社会**。坚持普惠性、保基本、均等化、可持续方向，从解决人民最关心最直接最现实的利益问题入手，增强政府职责，提高公共服务共建能力和共享水平。坚持精准扶贫、精准脱贫，实施"五个一批"工程，打赢脱贫攻坚战。完善社会保险制度，逐步建立城乡统一的社会保障体系。全面推进各级各类教育协调发展，提高教育质量，基本实现教育现代化。健全现代公共文化服务体系，推进公共文化服务标准化、均等化。实施"健康海南"工程，深化医药卫生体制改革，巩固提升全省"一小时三级医院服务圈"。促进人口均衡发展，提高出生人口素质。实施积极就业政策，保障有就业能力的人实现充分就业。加大物价调控力度，标本兼治，综合施策，力争扭转长期以来低收入、高物价的局面！

三、2016 年工作安排

2016 年是"十三五"开局之年，是全面建成小康社会进入决胜阶段的第一年，开好局、起好步，至关重要。

今年主要预期目标是：地区生产总值增长 7.0%—7.5%，地方一般公共预算收入增长 8.0%，固定资产投资增长 10.0%，社会消费品零售总额增长 8.5%，城镇常住居民人均可支配收入增长 7.0%，农村常住居民人均可支配收入增长 8.5%，居民消费价格涨幅 3.5%左右，城镇新增就业 9 万人，城镇登记失业率控制在 4.0%以内，全面完成国家下达的节能减排降碳控制目标，实现 18 万农村贫困人口脱贫与巩固提升。

实现上述目标，我们将重点做好以下十个方面工作：

（一）加大生态环境保护力度，积极推进生态文明建设

坚持"生态立省"战略不动摇，注重源头防范，强化综合治理，推进生态修复，促进经济社会发展与人口、资源、环境相协调，实现人与自然和谐共生。

持续开展生态环境专项整治。一是继续开展整治违法建筑三年攻坚专项行动，今年要拆除违法建筑 500 万平方米左右，在此基础上建立和完善长效管控机制，坚决杜绝新的违法建筑。二是全面治理城乡环境"脏乱差"，重点解决城市交通拥堵、垃圾围城、乱摆摊点等城市病，推进城乡绿化、美化、净化、亮化、彩化。三是继续推进城镇内河（湖）水污染专项治理，重点整治城镇黑臭水体、农业面源污染、工业污染、水土流失、违规采砂、无序养殖等突出问题。四是开展大气污染防治专项行动，重点整治建筑施工扬尘、工业粉尘、机动车尾气，加大非煤矿山专项治理和燃煤锅炉淘汰力度，确保空气质量总体不下降。五是开展土壤环境综合治理专项行动，重拳打击违法排污、超标排污等环境违法行为，实施化肥农药减量行动和测土配方施肥，加强耕地修复与治理，保持土壤环境质量总体稳定。六是开展林区生态修复和湿地保护。继续实施"绿化宝岛大行动"，加强自然保护区管理，严厉打击各类破坏森林、湿地、野生动植物资源行为。加大对珊瑚礁、红树林等重点物种种群保护。划定专门区域对入境生物进行隔离检疫，严格防范外来物种侵入。

推进节能减排。大力发展循环经济，加快建立循环型工业、循环型农业、循环型服务业体系，实现各类资源节约高效利用。鼓励企业进行技术装备更新改造，全面推行清洁生产，加强造纸、石化、

建材、水泥等重点领域节能减排。发展绿色节能建筑，倡导绿色出行，优先发展城市公共交通，支持海口、三亚率先在公务用车、公交客车、出租用车等领域普及新能源汽车。全面完成国家下达的年度节能减排降碳目标。

建立健全环境保护体制机制。开展生态环保宣传教育，增强全民生态环保意识。推进生态环境监测网络建设，加强重点近岸海域污染总量控制和动态监测，实施最严格的生态环境保护制度。加强中部生态区保护，加大生态补偿力度，探索建立跨区域生态补偿、环保联防联控机制，建立环保督察工作机制，严格落实领导干部自然资源资产离任审计制和党政领导干部生态环境损害责任追究办法。积极推行环境污染第三方治理，建立多元化资金投入机制。

（二）坚持不懈抓好"三农"工作，全力实施脱贫攻坚工程

把"三农"工作作为重中之重，加大强农惠农富农力度，破解"三农"难题，积极推进农业现代化，扎实做好脱贫开发工作，提高社会主义新农村建设水平。

大力发展热带特色高效农业。围绕"种、养、加、销、保，土、肥、水、种、管"等关键环节，促进农业适度规模经营，推动农业供给侧结构性改革，加快农业转型升级。进一步调整优化种养结构，大幅调减甘蔗等低效作物种植面积，推进种养殖标准化、品牌化、产业化、信息化。实施畜禽废弃物综合利用、地力改良提升、农业废弃物回收利用、重大病虫害防治、秸秆综合利用等五大生态循环农业示范工程。加快发展品牌农业，促进品牌产品生产基地规模化发展和生产能力提升。推进农业"五基地一区"建设，创建一批现代农业示范基地，扶持一批农业龙头企业。大力发展种苗种业，落实国家南繁科研育种基地（海南）建设规划，启动建设 5.3 万亩育种核心区。加强农业基础设施等农业供给薄弱环节，推动粮经饲统筹、农林牧渔结合、种养加一体、一二三产业融合发展。强化农产品流通设施建设，推进订单生产、农超对接和农产品电子商务建设。

打响脱贫攻坚战。实施精准扶贫、精准脱贫，因人因地施策，提高扶贫实效。重点实施特色产业脱贫、乡村旅游脱贫、电子商务脱贫、劳务输出脱贫、教育和文化建设脱贫、卫生健康脱贫、科技和人才引领脱贫、基础设施建设脱贫、生态移民和生态补偿脱贫、社会保障兜底脱贫等十大精准脱贫举措。加大各级财政、金融扶贫投入力度，捆绑集中使用各类专项扶贫资金、相关涉农资金和社会帮扶资金，鼓励涉农金融机构在贫困地区、广大乡村设立便民服务网点。加强和改进机关定点扶贫工作，鼓励国有企业、有实力的民营企业、社会组织、个人通过多种形式参与扶贫开发，实施扶贫志愿者行动计划，加快构建大扶贫新格局。加强新型职业农民培训，结合"村两委"换届工作选准配强农村脱贫致富带头人、引路人。建立扶贫工作责任清单，健全考核评价机制，严格考核督查问责。

加快推进农村改革发展。全面完成农村土地承包经营权确权登记到户工作，深化供销合作社综合改革，开展耕地、林地占补平衡改革试点，支持文昌开展农村集体经营建设用地入市试点。注重引导农民依法、自愿、有偿将土地向专业大户、家庭农场、农民合作社、农业企业流转，提高生产集约化程度。加快完善农村小微型水利、农村公路、电力、通信等配套基础设施。以建设百个特色产业小镇为抓手，积极发展农村特色经济。继续推进文明生态村建设。

（三）加快新型城镇化步伐，推进城乡一体化发展

加强顶层设计，转变发展方式，塑造特色风貌，创新管理服务，实施城市修补，提升城镇环境质量，探索具有海南特色的新型城镇化路径。

统筹区域协调发展。实质性推进"海澄文"一体化综合经济圈、"大三亚"旅游经济圈发展，按照"资源共享、互利共赢，分工协作、优势互补，统一规划、统筹推进，生态优先、绿色发展"原则，启动建设一批重点合作项目，率先在产业布局、资源配置、交通基础设施、生态环保、公共服务一体化上实现突破。儋州、琼海要发挥区域中心城市辐射带动作用，其它市县要结合资源禀赋和比较优势，找准发展定位，主动接受辐射，逐步形成横向错位发展、纵向分工协作、活力竞相迸发的新态势、新格局。

打造海南特色的新型城镇体系。坚持以人为本，统筹规划、建设、管理三大环节，统筹生产、生活、生态三大布局，努力打造独具海南特色的新型城镇。在省总体规划的指导约束下，审定各市县总规。注重城市功能定位、空间组合、建筑风格、绿化景观的设计，加强对城市的空间立体性、平面协调性、风貌整体性、文脉延续性等方面的规划和管控，留住城市特有的地域环境、文化特色、建筑风格等"基因"。合理限制高层建筑，加大对海边、河边、铁路边、高速公路边等关键区域高层建筑和民居民宅的管控力度。落实传统村落和民居保护规划，加强城乡历史文化遗存的保护和文化特色的塑造。大力开展城市修补、生态修复工作，结合棚户区和城中村改造，改善城区面貌，优化人居环境。加强中心城市市政基础设施建设，完善城市功能，提高城市管理精细化水平，提升城市品位。围绕"美丽海南百千工程"，培育一批经济强镇、区域重镇、文化名镇和美丽宜居乡村。

（四）扩大和优化投资，抓好重点项目建设

充分发挥投资的关键作用，优化投资结构，重点实施一批生产

性项目、重大基础设施项目。全年安排省、市县重点项目 1000 个以上，年度计划投资约 2400 亿元，其中生产性项目占 50% 以上。

开工新建一批。尽快开工三亚新机场及临空产业园，努力将其整体打造成一个新的经济增长点。推动迈湾、天角潭水利枢纽工程、国家现代农业南田示范区、南繁基地建设、航天科普中心等重点项目按时开工建设。加快推进一批。提高项目建设速度，确保腾讯创业基地、复兴城互联网创新创业园、陵水现代农业示范基地、五源河文体中心、三亚亚特兰蒂斯等产业项目，及文昌至博鳌、万宁至儋州至洋浦、琼中至五指山至乐东高速公路、铺前大桥、美兰机场二期扩建、凤凰机场三期改扩建、三亚邮轮母港二期、国际旅游岛先行试验区基础设施建设等项目完成年度投资计划。全面启动光网智能岛建设项目。竣工投产一批。确保博鳌机场在今年博鳌亚洲论坛年会前投入使用，海秀快速干道国庆节前全线通车。建成运营昌江核电 2 号机组、京东（海南）运营中心、定海大桥配套路网等项目。储备生成一批。重点做好海南岛水系连通、热带现代农业水利工程、昌江核电二期、儋州机场、旅游大学等一批重大项目前期工作。改进重点项目考核奖惩办法，建立新常态下推进重点项目建设的正向激励和问责机制。

做好项目招商工作。创新招商方式，把定向招商、网上招商和参展招商结合起来，建立招商常态机制。提高招商质量，由"招商引资"向"招商选资"转变，用真情感动人，用环境感召人，重点引进高端制造、科技型、创意型、服务型、研发型等产业项目。

（五）下气力调整产业结构，促进产业转型升级

充分发挥市场机制作用，实施更加精准的产业政策，以"十二大产业"为主攻方向，改造提升传统产业，培育壮大新兴产业，加快我省产业结构转型升级，创新和扩大消费需求，增强经济发展后劲。

培育壮大新兴产业。推进网络强省建设，落实"互联网＋"行动计划，推动互联网与其它产业深度融合发展，引进一批互联网龙头企业和电子商务平台运营商，培育壮大软件业、电商业、服务外包等产业，建立和运用大数据、云计算，提高互联网产业规模化水平。做优做强医疗健康产业，用足用好博鳌乐城国际医疗旅游先行区的特殊政策，确保年内新开工一批高端医疗、健康服务类大项目；引进一批高端医疗人才和学科带头人，大力发展健康服务职业教育，鼓励社会资本和国内外医疗康复养生机构举办职业院校，规范并加快培养护士、养老护理员等从业人员；推进医疗健康产业与互联网、旅游、房地产等产业互动发展。加快推进金融服务业发展，推动设立三沙银行、财险寿险地方法人机构、金融控股公司，鼓励海南银行做精做优，推动农信社改制农商行，扶持村镇银行等新型农村金融机构发展，大力发展普惠金融，发挥发控、交控等融资平台作用，积极发展多层次资本市场。推进会展、现代物流、影视制作、动漫游戏、体育等新型服务业发展壮大。积极培育网络制造、旅游装备制造等新型制造业，依托文昌航天发射中心发展航天航空装备制造配套产业。以加快新一代信息技术与制造业深度融合为主线，以推进智能制造为主攻方向，积极促进我省制造业转型升级。

推进供给侧结构性改革，积极扩大消费需求。坚持供给侧、需求侧两端发力，以供给侧结构性改革为重点，培育新型消费，扩大传统消费，创新消费模式，重点实施休闲度假旅游、养生养老、医疗健康、住房消费、汽车消费、信息消费、绿色和教育文化体育八大消费工程。一是重点促进旅游消费。制定实施"国际旅游岛＋"

计划。重点发展海洋旅游、乡村旅游、森林生态旅游、航天主题文化旅游、民族风情旅游等，大力发展中西部旅游，打造一批精品线路、景区。精准开展国内外市场营销，积极开辟、加密国际新航线，大力发展入境旅游。规范旅游市场秩序，改善旅游软硬件设施，提升旅游管理、营销、服务国际化水平。力争接待游客总人数和旅游总收入分别增长 10.0% 和 13.5%，入境游客数量实现止跌回升。二是扩大免税品消费。充分利用购物金额提高、受益对象扩大、增加网购方式等有利条件，推动免税品消费继续高速增长。三是推动住房消费。加快房地产业转型升级，积极发展旅游地产、商业地产、高端住宅地产。通过棚改安置、转换功能、精准促销等方式，消化库存、优化结构，扩大住房有效需求。四是激活教育文化消费。积极引进国际国内优质教育资源，鼓励社会办学，引入国际名校，扩大教育消费；整合海南地域文化资源，挖掘文化消费潜力，引导文化消费行为，拓展文化消费空间。同时，积极顺应市场个性化、多样化的消费需求，扩大健康、信息等服务消费，推动新能源汽车等大宗消费。加快推进电子商务进农村工作，打通"工业品下乡、农产品进城"双向快捷通道。通过增加收入、完善政策、改善环境，让群众能消费、敢消费、愿消费。

（六）大力发展海洋经济，加快海洋强省建设步伐

抓住国家实施"一带一路"战略机遇，发挥比较优势，突出发展重点，向海洋要质量、要效益、要增长，着力培育"蓝色引擎"新动力，加快推进海洋大省向海洋强省转变。

大力发展海洋经济。加快海洋渔业转型升级，推广深海网箱养殖，发展外海捕捞，打造热带苗种产业带，促进水产品精深加工。统筹发展海洋旅游，深入开发休闲渔业、滨海度假等旅游新业态，

加快构建多元化海洋旅游产品体系。有序推进三沙旅游，保持西沙邮轮旅游常态化，积极推进开通环南海邮轮旅游航线。有序发展海洋油气产业。扶持发展海洋运输、海洋装备制造、海洋生物医药、海水淡化等海洋新兴产业，促进临港产业加速发展。集聚发展港口运输、海洋文化等海洋服务业态，建设崖州、铺前、白马井等一批渔业风情小镇和美丽渔村。

推进海洋基础设施建设。加强港区建设，进一步整合港口资源，提高吞吐能力。积极推进亚龙湾、海棠湾、清水湾、香水湾、神州半岛等旅游度假区和游艇码头建设，加快三亚、三沙国家海洋公园和岛礁基础设施建设步伐，加快推进一批中心渔港和一级渔港建设，把木兰湾三沙服务保障基地建设成区域发展的新引擎。推进南沙交通、通讯、水电、后勤保障、污水处理等基础设施建设，加快西沙、南沙补给中转枢纽等建设。加快海洋防灾减灾、救助救捞体系建设，实施海洋防灾减灾工程，提高海洋公共服务保障能力。

加快科技兴海步伐。加强海洋科技研发及能力建设，积极引进国际海洋组织和国内海洋研究机构落户入驻，争创全国海洋科技合作区。依托热带海洋学院、中科院三亚深海所等高校科研院所，加大海洋科技人才培养和引进力度，支持海洋产业重大关键共性技术开发与成果转化应用，增强科技进步对海洋经济发展的促进作用。

（七）深入推进改革开放，激发内生动力与活力

围绕争创中国特色社会主义实践范例，以更加自觉、更加坚定的决心，向改革要动力，向开放要活力，努力破解发展中的体制机制障碍。

全面实施《海南省总体规划》。设立省、市县规划委员会，实现对规划的最严格管控。发挥省总体规划对市县规划的引领、指导、

管控作用。整合市县相关执法力量，实施综合执法。在园区行政审批制度改革试点基础上，适时推广园区规划代立项、区域评估评审代单个项目评估评审。

深化行政体制改革。继续精简行政审批事项，实现最大限度简化行政审批，最大限度便民服务。清理和规范涉企收费，建立省级监管清单、市县权力清单和责任清单。引进第三方评估，促进政府管理方式改革创新。探索"多证合一"改革，建立电子证照库，探索推进异地受理、全省通办。深化户籍制度改革，实行居住证制度，全面解决无户口人员登记入户问题。

推进新一轮农垦改革。加快推进农垦体制创新、资源资产整合、产业优化升级。清理调整不合理土地承包关系，规范农场"基本田"和"经营田"分配管理制度，构建权利义务关系清晰的国有土地经营制度，完善优化农垦土地政策。积极实施农垦"八八"战略，逐步把农垦打造成海南经济新的增长极和国家热带特色农业示范区。

统筹推进国企、财税等重点改革。分类推进国有企业改革，完善各类国有资产管理体制，改进国有资产监管方式和手段。推进国有资本结构调整和优化重组，放大国有资本功能。深化财税体制改革，精心组织好"营改增"，完善省以下财政体制，加强财源税源工程建设，推动财政资金投入方式转变，有效防控地方债务风险，提高资金使用效益，建立规范的地方政府举债融资机制。推进不动产统一登记制度改革。继续深化司法、公安、国有林场、审计、投融资等领域改革。

积极扩大对外合作交流。制定落实我省参与国家"一带一路"战略实施方案。加快发展加工贸易、服务贸易、保税贸易、跨境电子商务，推进海口服务外包示范城市建设。推动进口橡胶交易市场、洋浦国际能源交易中心建设。增强出口的促进作用，扩大对外贸易，拓展"一带一路"新兴国际市场，增加天然橡胶、胡椒、水产品、果蔬、花卉等特色产品出口，做大转口贸易、大宗商品交易和展示。服务和利用好博鳌亚洲论坛年会，扎实推进"三个基地一个示范区"外交平台建设。积极引进世界 500 强和行业百强企业在琼设立地区总部、研发中心、采购中心、结算中心，提高利用外资质量。推进大通关、电子口岸、"单一窗口"建设，提升贸易便利化水平。

（八）发挥创新引领作用，着力提高发展质量和效益

把推动发展的立足点转到提高质量和效益上来，把经济增长的动力转到依靠科技进步和提高劳动者素质上来，努力在转型升级中实现速度、质量、效益同步提升，推动实现更高质量、更有效率、更加公平、更可持续的发展。

坚持"以亩产效益论英雄"。从规划编制、招商引资、项目建设、企业监管等环节，严控用地、用海、用林等指标，优化资源配置，形成"以亩产效益论英雄"的引导、约束机制，努力实现"投资有回报、产品有市场、企业有利润、员工有收入、政府有税收、环境有改善"。

提高重点产业园区效益。科学规划、明确定位、高效运营六类、24 个产业园区，发挥产业园区发展资金杠杆作用，推动生产要素、重大项目、骨干企业向园区集聚，提高单位面积投资强度、产值和税收。实行"飞地经济"政策，促进各园区优化资源配置、项目合理布局。完善园区管理体制和考评机制，激发园区活力。鼓励洋浦开发区、东方工业园积极发展绿色化工、循环经济，支持老城开发区申报国家级开发区，加快海南生态软件园、海口美安科技新城、清水湾国际信息产业园等重点园区建设步伐。

增强科技创新能力。以财政投入为引导，建立科技创新投入稳定增长机制，推动形成以企业为主体、市场为导向、产学研紧密结合的技术创新体系。鼓励企业在南繁育种、生物制药、节能环保、信息技术、医疗健康等领域建立产业技术联盟，聚焦重大科技需求，开展关键核心技术联合攻关，促进产学研一体化发展。实施省级重大科技项目，引进集成高新技术和产品。在重要创新领域组建重点实验室、工程技术研究中心，引进国内外高水平科研机构在海南建设研发基地。加强知识产权工作，提升核心竞争力。

推动大众创业、万众创新。加强创新创业公共服务等载体建设，推广创客空间、创新工场等新型孵化模式。举办各类创新、创业大赛和技能竞赛，鼓励科技人才、高校毕业生、返乡农民工、退役士兵等开展创业创新，提供创业培训和师资培训，掀起创业创新热潮。落实创业担保贷款、税费减免、财政贴息、资金补贴等扶持政策，鼓励天使、风投、创投基金入驻海南，推动设立新兴产业投资基金，扶持创业创新活动和高新技术产业发展。

（九）持续保障和改善民生，不断增进人民福祉

按照保基本、兜底线、促公平、可持续原则，安排好民生支出，调整财政支出结构，加大民生投入，让全省人民共享发展成果。

保持物价稳定。完善和落实低收入群体价格补贴与物价上涨联动机制，全面加强价格调控监管工作。抓好"菜篮子"基地建设，新建、改造大型农副产品综合批发市场，建设区域性农副产品交易市场和配送中心，全面升级改造农贸市场，稳定主要农产品生产与供应。强化农产品运销衔接，扶持冷藏设施建设。严厉打击农产品流通环节中垄断经营、价格操纵等不法现象。严格落实"菜篮子"市县长负责制，采取综合措施，稳定和降低菜价。

提高社会保障水平。巩固健全城乡居民基本养老、医疗保险制度，开展医疗、医保、医药"三医联动"综合改革试点，完善居民大病保险政策。继续提高企业退休人员基本养老金待遇水平。健全住房保障机制，加快构建由公共租赁住房、政策性住房和商品住房组成的多层次住房供应体系。加强社会救助体系建设，提高优抚保障水平。加强社会养老服务体系建设，扩大城市社区居家养老服务中心和农村社区综合服务站点覆盖范围。完善和落实促进就业政策，实施就业技能提升计划，新增城镇就业9万人，失业人员再就业3.4万人，加大对城乡就业困难人员帮扶力度，确保零就业家庭和失地农户至少有一名适龄劳动力实现就业。

办好十件民生实事。一是确保18万人脱贫与巩固提升。二是为2万精神残疾人提供免费常规服药，为4万名低保残疾对象发放生活补贴，为8万名重度残疾人发放护理补贴。三是改造农村危房3.5万户，改造城市棚户区2.45万户，改造垦区危旧房0.95万户。四是续建公办幼儿园30所，建设4所特殊教育学校，继续引进中小学优秀校长和学科骨干教师，对边远乡村教学点教师进行培训，对中职学校毕业且升入高职就读的学生给予学费补助。五是实现重点公共场所免费Wi-Fi网络全覆盖。六是完成通往300个自然村农村公路建设。七是建设一批农村敬老院、农村社区服务中心、文体活动场所。八是推进旅游厕所建设与管理提升工程、污水处理设施建设。九是为困难群众和农民工提供法律援助。十是实施农民小额贷款贴息。

（十）加快发展社会事业，提高社会治理水平

坚持"民有所呼、我有所应"，优化政策设计，扩大基本公共服务供给，推动各项社会事业加快发展，构建全民共建共享的社会

治理新格局。

优先发展教育。继续实施"全面改薄工程"，完成第四批县域义务教育均衡发展国家评估认定。优先在重点产业园区建设高质量的小学、幼儿园，加快县域义务教育基本均衡发展步伐。改善高中办学条件，提高高中优质教育资源的覆盖面。优化发展现代职业教育，深化产教融合、校企合作。加快发展高等教育，突出办学特色，引导高校更好服务地方建设。落实乡村教师支持计划。大力提升教育信息化水平。实施人才强省战略，推动培养和引进"双管齐下"，创新人才户籍迁移、家属就业、子女入学等政策，切实解除人才后顾之忧，打造梯次分明、结构合理、覆盖面广的人才队伍。

实施"健康海南"工程。建立健全省、市（县、区）、乡镇（街道）、村（社区）四级医疗卫生机构组成的医疗卫生服务体系。建设和完善疾病预防控制体系、妇幼保健体系、城乡卫生监督体系、突发公共事件卫生应急体系、药品供应保障体系。加快构建分级诊疗新模式。积极稳妥推进公立医院改革，鼓励社会资本办医。引进优质医疗资源，提升医疗服务质量。实施一对夫妇可生育两个孩子政策，提高优孕优生优育服务水平。

繁荣文体事业。深入实施文化惠民工程，推动省美术馆、图书馆二期等公共文化项目建设，博物馆、图书馆、文化馆（站）免费开放。建设国家南海博物馆、南海佛学院，重视修史修志。落实党的民族宗教政策，深入开展民族团结进步创建活动，促进宗教关系和谐。加强文物、非物质文化遗产保护、管理和利用，推动海上丝绸之路南海段申报世界文化遗产。推动传统媒体和新兴媒体融合发展，精心打造一批有广泛影响力的精品力作。加强公共体育设施建设，广泛开展全民健身运动。

构建文明守信、安定有序的社会环境。大力弘扬社会主义核心价值观。加强"诚信海南"建设，整合、共享各部门、各行业信用信息资源，整顿信用秩序，构建政府信用、企业信用、社会信用体系。加强网络文明建设，净化社会环境，加大普法宣传教育，加强未成年人思想道德建设和大学生思想政治教育。在全社会深入开展海南文明大行动，倡导崇德向善、文明守法的社会风尚。进一步加强和改进信访工作，切实解决群众合理合法诉求，有效预防和化解社会矛盾。推进人民调解、社区矫正和法律服务工作，深入推进"平安海南""法治海南"创建活动，继续开展打黑除恶、禁赌禁毒等专项行动，严密防范、严厉打击各类违法犯罪活动，维护社会大局稳定。提高政府应急能力，有效应对各类突发事件。推进质量强省工作，抓好食品药品安全监管，确保群众饮食、用药安全。狠抓安全生产责任制落实，强化"党政同责、一岗双责、失职追责"，加强安全生产监管执法，预防和遏制重特大安全事故。

加强国防教育、国防动员和国防后备力量建设，推进"双拥"共建，巩固军政军民团结。继续做好外事、侨务和对台等工作，进一步发展妇女、儿童、青少年、老龄、残疾人、慈善等事业。

四、加强政府自身建设

完成今年的目标任务，实现"十三五"的宏伟蓝图，对政府工作提出了更高的要求。我们必须进一步加强自身建设，切实履职尽责，真正做到为人民服务，对人民负责，受人民监督，让人民满意。

一是深入推进依法行政。全面贯彻落实党中央、国务院《法治政府建设实施纲要（2015—2020）》。严格按照法定权限和程序履行政府职能，大力推行权力清单、责任清单、负面清单制度。认真落实省人大及其常委会各项决议决定，自觉接受人大法律监督、工作监督，积极支持人民政协履行政治协商、民主监督、参政议政职能，认真办理人大代表议案建议和政协提案。广泛听取民主党派、人民团体和各界人士的意见建议，主动接受司法监督和社会公众监督。重大决策、重大项目安排、大额度资金使用等重大事项，严格执行公众参与、专家论证、风险评估、合法性审查、集体讨论决定、责任追究等程序、制度，使政府决策更科学、更透明、更有效，对重点项目建设、重大资金安排，实行监察、审计全程监督。全面落实行政执法责任制，完善行政执法体制、程序和方式，推进综合执法。大力推进阳光施政，加强对公共资源交易行为的监督管理，实现市县公共资源交易中心平台全覆盖，让阳光普照在权力运行的每个角落。

二是着力提高行政效能。加快电子政务建设，深入实施网上审批，优化审批流程，坚决打通简政放权、放管结合、优化服务政策落实的"最先和最后一公里"。全面实施政府服务承诺、首问负责、限时办结制度，健全工作责任机制、激励机制、督查问责机制。优化政府绩效评估考核体系，全面客观公正评价领导班子和领导干部履职实绩。实施公务员综合素质和行政效能提升工程，全面提高公务员队伍的履职能力和水平。

三是持续改进工作作风。严守政治纪律和政治规矩，严格执行中央八项规定和省委省政府二十条规定。时时铭记、事事坚持、处处上心，以严和实的精神做好各项工作，坚决反对"四风"，坚决整肃庸政、懒政、怠政，坚决纠正不愿为、不作为、乱作为。进一步强化宗旨意识，坚持问需于民、问计于民、问效于民，千方百计为人民群众办好事、办实事、解难事，让人民群众共享改革发展成果。加强政府诚信建设，做到言必信、行必果。大力弘扬"马上就办"的工作作风，以"踏石留印、抓铁有痕"的劲头和"钉钉子"的精神狠抓落实，确保各项工作高标准推进、高质量完成。

四是切实加强廉政建设。严格落实党风廉政建设责任制，履行好政府系统各级党组织党风廉政建设主体责任，自觉遵守廉洁自律准则。大力推进预算决算公开，严格控制一般性支出，降低"三公"经费支出，切实降低行政成本。强化对行政审批、招投标、土地出让、政府采购、国有资产产权交易等重点领域和关键环节的监管，严肃查处各类违法违纪案件，使广大公务人员干干净净做事、清清白白做人，做到干部清正、政府清廉、政治清明，保障各项事业顺顺利利发展。

各位代表，海南已经站在了一个新的历史起点上。让我们更加紧密地团结在以习近平同志为总书记的党中央周围，在中共海南省委的坚强领导下，紧紧依靠全省各族人民，改革创新、真抓实干，团结拼搏、锐意进取，为加快建设海南国际旅游岛，全面建成小康社会，为实现"两个一百年"的宏伟目标和中华民族伟大复兴的中国梦而不懈奋斗！

主要名词解释

1. 海南省总体规划：这是"多规合一"改革试点的主要内容，即将主体功能区规划、城镇体系规划、土地利用规划、海洋功能区划、林地保护规划、生态保护红线规划等六大类空间规划统一到一个空间规划体系，统筹优化了生态空间、生产空间、生活空间，为实现"一张蓝图干到底"奠定了关键基础。

2.部分园区简化行政审批制度改革试点：即先行在海南生态软件园、海口美安科技新城和博鳌乐城国际医疗旅游先行区开展行政审批制度改革试点，实行"六个试行、一个授权"改革，让入园项目落得快、管得好、留得住。

"六个试行"：试行"以规划代立项、以区域评估评审代单个项目评估评审"，试行以企业"承诺公示制"简化审批，试行多部门"联合验收机制"，试行项目退出机制，试行园区项目"非禁即入"，试行"一个窗口"。

"一个授权"：授权博鳌乐城国际医疗旅游先行区管委会代表省政府对先行区开发建设实施统一管理，行使省级有关部门的审批和管理权限。授权海口美安科技新城管委会、海南老城经济开发区管委会分别代表所在地市县政府对产业园区开发建设实施统一管理。所在地市县政府及所属部门可以根据国家和本省有关规定将其行使的行政许可、行政处罚委托给管委会行使。

3.十二个重点产业：旅游产业，热带特色高效农业，互联网产业，医疗健康产业，金融保险业，会展业，现代物流业，油气产业，医药产业，低碳制造业，房地产业，高新技术、教育、文化体育产业。

4.六类产业园区：旅游园区、高新技术及信息产业园区、物流园区、临空产业园区、工业园区、健康教育园区。

5."五网"：路网、光网、电网、气网、水网。

6.百个特色产业小镇：省政府按照明确主导产业、坚持产城融合、落实项目、集约节约用地的原则，确定了包括演丰红树林国家湿地公园风情小镇、亚龙湾玫瑰风情小镇等在内的全省首批100个特色产业小镇，涵盖互联网和旅游、工贸服务、热带特色农业、旅游、黎苗文化、商贸物流等类型。

7.“双修”：城市修补、生态修复。“双城”：海绵城市、综合管廊建设综合试点城市。

8.“双创”：创建全国文明城市、国家卫生城市。

9.“三创”：创建全国文明城市、国家卫生城市、国家园林城市。

10.“四方五港”：北部海口港、南部三亚港、东部清澜港、西部八所港和洋浦港。

11.“南北东西、两干两支”机场布局：“南北”“两干”是指三亚凤凰国际机场、海口美兰国际机场等2个主干机场，“东西”“两支”是指琼海博鳌机场（2016年通航）、儋州机场（正在筹建）等2个支线机场。

12.“海澄文”一体化综合经济圈：海口、澄迈、文昌一体化，实现联动有序发展，进而推动琼北综合经济圈建设。

13.“大三亚”旅游经济圈：三亚、陵水、保亭、乐东等市县实现联动有序发展，进而推动琼南旅游经济圈建设。

14.“种、养、加、销、保，土、肥、水、种、管”：泛指农业生产中的种植、养殖、加工、销售、保险，以及土壤、肥料、水源、种子、管理等关键环节。

15. 农垦“八八”战略：省委、省政府《关于推进新一轮海南农垦改革发展的实施意见》提出，重点发展天然橡胶、热带水果、热带作物、草畜养殖、南繁育制种、旅游健康地产、商贸物流、金融服务等八大产业，以桂林洋国家热带农业公园、万宁槟榔生态科技产业园、五指山金江茶文化产业园、红光草畜产业园、南田国家现代农业示范区、三亚凤凰谷乡村文化旅游区、南滨国家南繁种业园区、南平医疗养生产业园区等为载体，依托农场和市县共同建设八大产业园区。

16."飞地经济"：省政府《关于在省级园区实行飞地经济政策的实施意见（试行）》提出，鼓励各市县、各开发区因功能区位不同、资源环境制约、规划或产业配套限制等原因不能在本区域实施的项目到其他省级园区落户建设，促进全省各园区优化资源配置和项目合理布局，推动产业集聚，形成全省一盘棋的整体产业分工格局。

17."五个一批"：发展生产脱贫一批、易地搬迁脱贫一批，生态补偿脱贫一批、发展教育脱贫一批，社会保障兜底一批。

18.农业"五基地一区"：国家冬季瓜菜基地、南繁育种基地、热带水果基地、热带作物基地、海洋渔业基地和无规定动物疫病区。

19."三个基地一个示范区"外交平台：三亚首脑外交和休闲外交基地、博鳌公共外交基地、万宁中非合作交流促进基地、海口侨务交流示范区。

重庆市
政府工作报告

—— 2016 年 1 月 24 日在重庆市第四届
人民代表大会第四次会议上

市长 黄奇帆

各位代表：

我代表市人民政府，向大会报告工作，请连同《重庆市国民经济和社会发展第十三个五年规划纲要（草案）》一并审议，并请各位政协委员提出意见。

一、"十二五"时期的工作回顾

"十二五"时期是不平凡的五年，是重庆发展势头好、城乡面貌变化大、人民群众实惠多的五年。五年来特别是党的十八大以来，面对错综复杂的宏观环境和艰巨繁重的改革发展任务，我们按照党中央、国务院的决策部署，在市委的坚强领导下，紧紧围绕"科学发展、富民兴渝"总任务，有效应对国际金融危机持续影响和各种风险挑战，主动适应经济发展新常态，深入实施五大功能区域发展战略，全面推进经济建设、政治建设、文化建设、社会建设、生态文明建设和党的建设，圆满完成了"十二五"规划确定的主要目标任务，为全面建成小康社会奠定了坚实基础。

"十二五"末，全市生产总值达到 15720 亿元，五年年均增长 12.8%；人均生产总值突破 8000 美元，年均增长 11.8%。固定资产投资从 6935 亿元增至 15480 亿元，增长 1.2 倍。社会消费品零售总额达到 6424 亿元，年均增长 16.1%。进出口总额达到 750 亿美元，增长 5 倍多。全市规模以上工业总产值达到 21405 亿元，实现利润 1394 亿元，分别增长 1.3 倍和 1.7 倍。一般公共预算收入完成 2155 亿元，增长 1.3 倍。城乡常住居民人均可支配收入分别达到 27239 元和 10505 元，年均增长 11.2% 和 14.3%。全市发展稳定性、协调性、可持续性显著增强，综合经济实力上了一个大台阶。

——谋划实施五大功能区域发展战略，全市一体化发展效能显著提升。我们按照国家区域发展战略、新型城镇化和生态文明建设等新要求，立足重庆实际，综合考虑人口、资源、环境、经济、社会、文化等因素，将全市划分为都市功能核心区、都市功能拓展区、城市发展新区、渝东北生态涵养发展区和渝东南生态保护发展区。围绕功能定位出台规划引导、财政扶持、资源配置、考核评价等配套措施，发挥区域比较优势，推动区域互联互通，坚持产业跟着功能走、人口跟着产业走、建设用地跟着产业和人口走，促进了资源优化配置和高效利用。都市功能核心区金融、商贸等服务业中的高端要素加快集聚；都市功能拓展区城市空间延展，成为先进制造业和战略性新兴产业发展的"火车头"；城市发展新区全市新型工业化、城镇化主战场地位进一步凸显；渝东北和渝东南"面上保护、点上开发"取得积极进展，生态功能不断恢复和加强。当前的重庆，五大功能区域发展战略已成为落实"四个全面"战略布局、"五位一体"现代化建设的载体和平台，正呈现出区域发展差异化、资源利用最优化、整体功能最大化、统筹兼顾均衡化的良好态势。

——推动经济结构战略性调整，转型发展取得明显成效。电子信息、汽车等支柱产业和战略性新兴产业增长快于一般工业，金融和服务贸易等现代服务业增长快于传统服务业，三次产业结构由 2010 年的 8.6：44.6：46.8 调整为 7.3：45：47.7。制造业发展突出高端化、配套化、集聚化，形成了"6 1"支柱产业集群。电子信息产业迅速发展壮大，各类智能终端产品达到 2.7 亿台件，产值突破 5000 亿元。汽车产业形成多品牌集聚，产量突破 300 万辆，实现产值 4700 亿元。装备、化医、材料、能源和消费品工业均发展为千亿级产业。前瞻性布局十大战略性新兴产业，实现产值 1664 亿元，努力培育新的工业增长极。金融业增加值占比增至9%，金融资产和银行存贷款余额均翻了一番多。传统服务业繁荣活跃，新兴服务业加速发展，高端业态不断丰富，电子商务快速增量，专业市场转型发展，农村商贸持续活跃，全市商品销售总额达到 19813 亿元。旅游总收入年均增长 19.7%，入境游累计达到 1199 万人次。

——着力破解体制机制障碍，全面深化改革呈现良好态势。认真落实中央改革决策部署，聚焦突破若干重点领域，形成了一批有分量、有力度的改革成果。改革投融资体制，转变财政资金使用方式，创设一批股权投资基金，滚动实施 2600 亿元 PPP 项目，激活了民间投资。商事制度改革促进了小微企业蓬勃发展，市场主体由92 万户增至 194 万户，非公经济占比超过 60%。市属国有企业资产达到 2.5 万亿元、翻了一番多，国有经济布局持续优化，在全市重大建设中发挥了骨干作用。国资国企混合所有制改革取得初步成效，一批国有集团实现整体上市。全国保险资产交易平台落户重庆，获得 38 个创新型金融机构牌照。通过国家验收的要素交易市场达到 11 家，交易大幅放量。推进农村集体资产量化确权，以农民工为主体实现转户 429 万人，交易地票 17.3 万亩，农村产权抵押贷款达到 800 亿元，城乡资源要素流动更为顺畅。科技、教育、医疗、文化及社会治理等领域改革都取得新进展。

——构建大通道大通关大平台体系，内陆开放高地基本成型。抓住经济全球化机遇，主动融入"一带一路"建设和长江经济带发展，推动形成航空、铁路、内河港三个交通枢纽、三个国家开放口岸、三个保税监管区"三个三合一"的开放要件。渝新欧铁路累计开行 490 班，货物种类和辐射范围持续拓展，成为中欧陆上贸易主通道。主动融入全国通关一体化，与沿海沿边口岸实现了信息互换、监管互认、执法互助，建立起多国海关"一卡通"协调机制。创新"整机＋零部件"垂直整合一体化的加工贸易格局，构建起符合内陆特点的外向型产业集群。顺应国际产业升级，推动服务贸易快速发展，服务贸易额达到 170 亿美元。全方位、多渠道、宽领域招商引资，实际利用外资连续五年保持在 100 亿美元以上。两江新区开发开放取得重大进展，高端要素集聚和示范引领作用不断发挥。高新区、经开区和各特色工业园区开放支撑作用日益显现。首批澳洲进口活牛运抵重庆。中新第三个政府间合作项目落户重庆，为内陆开放高地建设注入了新的动力。

——推进基础设施互联互通，中心城市枢纽功能加速形成。建成"一枢纽八干线二支线"铁路网、运营里程达到 1929 公里，高速公路通车里程突破 2500 公里、对外出口通道增至 13 个，"4 小时重庆"全面实现。江北国际机场枢纽功能明显增强,年旅客吞吐量达到 3239 万人次、货邮量增至 32 万吨。长江上游航运中心地位进一步巩固,集装箱吞吐量突破百万标箱,外埠中转货物占比达到 43%。国家级互联网骨干直联点开通运行。绕城高速内一批大型人口聚居区和商务集聚区加快成型,城市道路和市政设施不断完善,轨道交通通车里程增至 202 公里。建成一大批水利工程,新增水源供应能力 11 亿立方米。区县城和小城镇面貌显著改观。城市智慧化运营和管理取得进步。常住人口和户籍人口城镇化率分别达到 60.9%、47%。

——加大城乡统筹发展力度,"三农"和库区工作取得新成效。努力推进资源要素、基础设施和公共服务均衡配置,农村生产生活条件显著改善。粮食、生猪、蔬菜等基础产业稳定发展,特色效益农业全产业链产值年均增长 10%。规模经营集中度达到 32.9%。农村电子商务蓬勃发展。所有乡镇通油路、水泥路,行政村和撤并村全部实现公路通达。防洪抗旱能力明显提升,解决了 1080 万人饮水安全问题。2000 多个行政村开展环境连片整治,美丽乡村建设扎实推进。扶贫开发成效明显,完成高山生态扶贫搬迁 54.2 万人。三峡移民工程通过国家验收。三峡后续工作顺利推进,基础设施、产业园区、商贸服务、生态旅游等一大批项目有序实施,库区特色产业发展、移民安稳致富、生态环境安全呈现出新景象。

——扎实推进生态文明建设,城乡环境质量大幅改善。累计完成生态环保投入 1411 亿元,扎实推进蓝天、碧水、宁静、绿地、田园环保行动,生态保护和环境治理不断加强,节能减排降碳目标任务超额完成。优化能源结构、搬迁污染企业、控制各类扬尘和汽车尾气,都市区空气质量优良天数达到 292 天。开展重点流域水污染防治，城市生活污水集中处理率、垃圾无害化处理率分别达到 91% 和 99%，长江、嘉陵江、乌江干流水质总体保持 II 类。排污权有偿使用和交易改革有序开展。退耕还林还草、植被恢复、天然林保护、水土保持、石漠化治理扎实推进，全市森林覆盖率、建成区绿化覆盖率分别达到 45% 和 42%。

——持续改善社会民生，市民获得感幸福感明显增强。立足"五个坚持"，构建起民生实事滚动实施机制，解决了一大批群众最关切的利益问题。五年新增城镇就业 330 万人。社保制度体系覆盖城乡，保障水平逐年提高。基本建成社会救助体系，困难群众生活得到更好保障。建立以公租房为主体的住房保障制度，累计建成投用公租房 1488 万平方米、配租 21.4 万套，惠及 58 万人，累计改造城市棚户区 1332 万平方米、农村危房 64 万户，房地产市场供需基本平衡、价格基本稳定。教育普及水平全面提高，义务教育就近入学率达到 97.2%，高中阶段教育、高等教育毛入学率分别达到 93% 和 40.5%，职业教育和民办教育加快发展。三甲医院达到 30 个，基层医疗卫生机构标准化和人才队伍建设不断推进，食品药品监管得到强化。一批公共文化设施建成投用，城乡公共文化服务体系基本形成，历史文化遗产得到有效保护和利用。全民健身、竞技体育取得新进步。深化重点领域整治和打非治违，安全生产事故持续下降。应急管理体系基本建成。服务群众工作信息系统受理解决了群众提出的大量问题。社会矛盾纠纷联动排查化解卓有成效，信访总量逐年下降。立体化社会治安防控体系不断完善，社区网格化管理实现全覆盖。依法打击违法犯罪，人民群众安全感明显提升。

过去五年，我们坚持以政府职能转变为核心，不断推进依法行政、简政放权和作风建设，深入开展党的群众路线教育实践活动和

"三严三实"专题教育,政府执行力公信力明显增强。双拥共建活动深入开展,军政军民团结不断巩固。人口计生、民族宗教、外事侨务、对台、司法、审计、监察、统计、消防、民防、保密等工作取得新成效,青年、妇女儿童、老龄、残疾人、科普、气象、地震、地勘、参事、档案、史志等事业取得新进步。

刚刚过去的 2015 年,全市努力克服下行压力,经济运行稳中有进、稳中向好,完成了年度目标任务,为"十二五"收官划上了圆满句号。一是经济平稳较快增长。全年经济增长 11%。规模以上工业增加值增长 10.8%,工业利润增长 16%。固定资产投资增长 17.1%,社会消费品零售总额增长 12.5%。第三产业增加值增长 11.5%。一般公共预算收入增长 12.1%。发展的质量效益不断提升。二是扎实有效做好融资降本和债务管控。推出 1300 亿元 PPP 项目,既带动基础设施投资增长 25%,又确保了政府性债务不增;争取 800 多亿元地方政府置换债券,将区县部分高息、短期债务转换为低息、长期债务,降低年利息 40 多亿元;发行企业债券和中期票据 1796 亿元,争取国开行棚改贷款 126 亿元,增加了企业和社会低利率流动性;创设 200 亿元产业引导股权投资基金和 800 亿元战略性新兴产业股权投资基金,加速了战略性新兴产业、创新型企业和小微企业发展。为部分困难行业、企业减轻社保缴费负担 68 亿元。三是一批重点改革专项持续实施。启动五大功能区域发展 11 个重点专项,出台 10 多项配套政策。取消和下放一批行政审批事项,深入推行"先照后证",新增小微企业 10.4 万户。推动国有企业混合所有制改革,国有企业面向社会增资扩股和转让股权 689 亿元。新增上市公司 40 家。完成中新大东方人寿重组。实施机关事业单位养老保险制度改革。推进文化市场公平准入,构建文化产业投融资体制。调整规范高考加分政策，推进高等职业教育人才一体化培养改革试点。推进公立医院改革区县试点，探索"互联网＋医疗"服务模式。推进事业单位法人治理试点。规范中介组织发展，行业协会与党政机构彻底脱钩。四是开放发展再添新优势。渝新欧铁路开行班列翻番，达到 257 班。跨境电子商务、口岸贸易、保税贸易、云计算大数据、新型金融服务等快速发展，带动服务贸易额增长 30%。机电产品出口占比超过 75%，手机出口增长 3 倍多，出口结构持续优化。五是民生持续改善。完成 25 件重点民生实事年度任务。打响限时脱贫攻坚战，构建起完备的政策支撑体系，808 个贫困村、95.3 万贫困人口越线脱贫。城乡常住居民人均可支配收入分别增长 8.3% 和 10.7%。六是社会保持和谐稳定。平安重庆建设持续推进，刑事和治安案件稳定可控，保持了社会政治大局稳定。重大安全事故和重特大食品药品安全事故"零发生"，防火防灾形势平稳。重点领域风险得到有效防范。

　　各位代表! 过去五年，成绩来之不易。这些成绩的取得，是党中央、国务院坚强领导和深切关怀的结果，是全市广大干部群众在市委带领下共同努力、砥砺奋进的结果。在此，我代表市人民政府，向全市各族人民，向人大代表和政协委员，向各民主党派、工商联、人民团体和社会各界人士，向驻渝部队和武警官兵，致以崇高敬意!向关心和支持重庆发展的中央各部门、各兄弟省区市以及港澳台同胞、海外侨胞和国际友人，表示衷心感谢!

　　我们也清醒认识到，重庆总体仍处于"双欠"阶段，发展不平衡不协调不可持续问题依然突出，政府工作还存在诸多困难和不足。主要是：大城市、大农村、大山区、大库区并存，城乡区域发展差距依然较大；经济总量不够大、结构不够优，主导产业单一，产业接续和提档升级刻不容缓；创新要素集聚不足，创新驱动能力较弱；资源环境约束趋紧，人口、资源、环境矛盾日益突出；社会事业发展相对滞后，农村贫困人口脱贫任务艰巨，保障和改善民生压力较大；社会矛盾和各类风险交织，社会治理创新还需加强；部分政府工作人员素质能力与发展需要、群众期待还有差距。对此，我们将高度重视，努力解决化解，决不辜负全市人民的重托和期待！

二、"十三五"发展的目标任务

各位代表！在"十三五"开局起步的重要时刻，习近平总书记亲临重庆视察指导工作，充分肯定了党的十八大以来重庆各项工作成就，站在全局和战略的高度为重庆把脉定向，提出了"四个扎实"的要求，为我们做好各项工作、推动重庆实现新的发展指明了方向。习总书记明确指出，重庆作为我国中西部地区唯一的直辖市，区位优势突出，战略地位重要，是西部大开发的重要战略支点，处在"一带一路"和长江经济带的联结点上，在国家区域发展和对外开放格局中具有独特而重要的作用，"十三五"时期发展潜力巨大、前景光明。习总书记殷切寄望我们在全面建成小康社会、加快推进社会主义现代化中再创新的辉煌。这是对全市广大干部群众的极大鼓舞和鞭策！我们要深刻领会习近平总书记重要讲话精神，以高度的政治责任感和使命担当，扎实贯彻新的发展理念，崇尚创新、注重协调、倡导绿色、厚植开放、推进共享，不断提高统筹贯彻五大发展理念的能力和水平；扎实做好保障和改善民生工作，做好普惠性、基础性、兜底性民生建设，使人民群众在共建共享发展中有更多获得感；扎实做好深化改革工作，确定好改革重点、路径、次序、方法，创造性落实好中央精神，使改革更加精准地对接发展所需、基层所盼、民心所向；扎实落实"三严三实"要求，坚定理想信念，严格纪律规矩，干出经得起历史和人民检验的实绩！

"十三五"工作的指导思想是：高举中国特色社会主义伟大旗帜，全面贯彻党的十八大和十八届三中、四中、五中全会精神，以马克思列宁主义、毛泽东思想、邓小平理论、"三个代表"重要思想、科学发展观为指导，深入贯彻习近平总书记系列重要讲话精神和视察重庆重要讲话精神，坚持以人民为中心的发展思想，全面落实"四个全面"战略布局，坚持发展是第一要务，顺应发展大势、遵循发展规律、创新发展理念，围绕"科学发展、富民兴渝"总任务，大力实施五大功能区域发展战略，加快转换发展动力，进一步提高发展质量和效益，进一步促进社会公平正义，进一步创新社会治理体系，统筹推进创新发展、协调发展、绿色发展、开放发展、共享发展，全面加强经济建设、政治建设、文化建设、社会建设、生态文明建设和党的建设，确保如期全面建成小康社会、开启社会主义现代化建设新征程。

贯彻上述指导思想，必须坚持人民主体地位，保障和改善民生，促进人的全面发展；坚持发展是第一要务，保持经济平稳较快增长，实现更高质量、更有效率、更加公平、更可持续的发展；坚持全面深化改革，破解制约发展的体制机制障碍，提高地方国家治理体系和治理能力现代化水平；坚持扩大开放，促进形成内外合力，构建开放型经济新体制；坚持全面依法治市，更好发挥法治的引领、规范和保障作用；坚持党的领导，为经济社会持续健康发展提供根本政治保证。必须牢牢把握五大功能区域发展战略这一重要部署，抓住发展动力转换这个关键，强化完善社会治理体系这个基本保障，紧扣让城乡居民生活得更加美好这个目的，扎实推进全市经济社会持续协调均衡发展。

"十三五"发展的目标是：保持经济社会平稳较快发展，提高发展质量和效益，建设城乡统筹发展的国家中心城市，如期全面建成小康社会，开启社会主义现代化建设新征程。

——经济发展实现新跨越。经济保持年均增长9%左右，发展平衡性、包容性、可持续性不断增强。到2017年，全市生产总值和城乡居民人均收入比2010年翻一番。到2020年，全市生产总值迈上2.5万亿元新台阶，人均生产总值达到7.5万元左右，城乡居民人均收入力争赶上全国平均水平。转变经济发展方式和经济结构战略性调整取得重要进展，加快建设国家重要现代制造业基地、国内重要功能性金融中心、西部创新中心和内陆开放高地，充分发挥西部开发开放战略支撑功能和长江经济带西部中心枢纽功能，基本建成长江上游地区经济中心。

——民主法治建设迈出新步伐。民主制度更加健全，民主形式更加丰富，人民群众权益得到充分尊重和切实保障，积极性、主动性、创造性进一步发挥。科学民主决策制度更加健全。全面依法治市深入推进，政府职能转变取得显著进展，基本建成法治政府和服务型政府，政府公信力明显提高。

——文化进一步繁荣发展。中国梦和社会主义核心价值观深入人心，城乡居民科学文化素养和健康文明素质普遍增强，社会公德、职业道德、家庭美德、个人品德水平显著提高，城市整体文明程度明显提升。文化事业和文化产业快速发展，文化软实力显著提升，文化强市建设深入推进。

——生态文明建设全面加强。生产方式和生活方式绿色、低碳水平明显提升。能源利用效率不断提高，单位地区生产总值能耗和二氧化碳排放进一步降低，主要污染物排放总量持续减少。长江干流和主要支流水质保持总体稳定，都市区空气质量优良天数达到300天以上，森林覆盖率稳步提高到46%。生态环境质量明显改善，建成生态文明城市。

——社会治理创新取得新成效。完善社会管理体制，优化社会治理格局，充分释放社会组织活力，构建起高效便捷的网格化管理和社会化服务体系、畅通有序的社会矛盾调处和权益保障工作体系、全方位立体化的公共安全体系，推进社会治理精细化、科学化和法治化，人民群众安全感、满意度显著提升。

——人民生活水平迈上新台阶。就业比较充分，累计新增就业300万人左右。就业、教育、文化、社保、医疗、住房等公共服务体系更加健全，建成更加公平可持续的社会保障制度，初步实现城乡基本公共服务均等化，不断提高人民生活质量和健康水平，人民群众的获得感、幸福感显著增强。到2017年，按国家现行标准，基本完成农村脱贫攻坚任务。

实现上述奋斗目标，我们必须牢固树立创新、协调、绿色、开放、共享的发展理念，深入实施五大功能区域发展战略，用新的理念引领和推动新的实践，破解发展难题，积蓄发展优势，不断开拓发展新境界。

（一）坚持创新发展，提高发展质量和效益。创新是引领发展的第一动力。要深入实施创新驱动发展战略，培育发展新动力，拓展发展新空间，构建产业新体系，完善发展新机制，推动全方位创新，让创新在全社会蔚然成风。

推动制造业向中高端迈进。深入落实《中国制造2025》，打造十大战略性新兴产业，力争形成万亿元产值。延伸汽车产业链，推进品牌集聚和附加值提升，年产销量力争达到 400 万辆。大力发展新能源汽车和智能汽车，加强电池、电机、电控等核心部件创新研发和项目引进，构建完整的生产体系。壮大笔电、手机、打印机等优势产品，发展穿戴式、虚拟现实等智能终端新产品，提高电子信息产业研发制造能力和市场占有率。抓住芯片制造、封装测试、研发设计等关键环节，推动集成电路产业重点突破和整体提升，构建芯片、软件、整机、系统、信息服务全产业链。提升液晶面板设计制造能力，带动触控屏、模组、智能显示终端等下游产品同步发展，做大液晶显示产业规模。加快培育机器人及智能装备产业，发展基于 3D 打印技术等新型制造方式。突破传感器、感知材料、通讯模组等关键技术，推动物联网硬件制造、系统集成和服务应用一体化。推进石墨烯在工业和消费领域的产业化应用，开发高端金属和纤维复合材料，打造新材料基地。瞄准通用航空器、轨道交通装备、高技术船舶主机与关键零部件，提升高端交通装备产业优势。加强页岩气开发央地合作和各类市场主体培育，构建勘探开发、加工应用、装备制造全产业链。拓展天然气化工上下游产业链，壮大精细化工产业集群。推进医药企业兼并重组和新药开发引进，发挥生物医药产业后发优势。提升环保技术装备水平和总包能力，形成对接市场、配套完备的环保产业集群。持续壮大"6+1"支柱产业，优化企业组织体系，加强创新驱动和技术改造，努力降本增效，促进产品升级换代和市场开拓，坚决淘汰落后产能，提升产业竞争力。

加快发展现代服务业。顺应国际贸易转型升级趋势，大力发展各类新兴服务业，促进国内外人流、物流、资金流、信息流深度融合。充分利用渝新欧铁路和水陆空口岸优势，深化国际产业合作和贸易互通，做大做强口岸贸易。推动保税物流、保税加工、保税服务融合发展，拓展保税展销、集散分拨、维修检测、委内加工等业务，打造连接全球、辐射内陆的保税贸易中心。依托云计算数据中心优势，引进和培育数据储存、加工、增值应用企业，形成服务国内外的大数据产业链。创新发展电子商务，促进线上线下互动，完善跨境电商口岸通关、国际配送和结算服务体系，促进电子商务与其他产业融合发展。推进国内重要功能性金融中心建设，强化金融结算、资金融通、保险保障、金融普惠等功能。做强做优银行、证券和保险业，完善"全牌照"金融体系。大力发展离岸金融结算、跨境人民币结算、第三方支付结算等业务，建设跨境金融结算高地。创新要素市场交易方式，拓展业务功能，增强辐射能力。提升研发设计、信息服务、法律会计、商业咨询、检验检测、节能环保、品牌营销等专业服务水平，促进生产性服务业加快发展。建设全程配送网络体系，发展第三方物流。依托中央商务区和商务集聚区，提升批发、零售、会展、餐饮、住宿、交通等生活性服务业，扩大信息消费和网络购物规模，引导房地产、文化体育、健康养老、教育医疗等产业融合发展。依托特有的城乡和山水资源禀赋，提档升级观光旅游，丰富休闲度假产品，把旅游业培育成为支柱产业，建成国际知名旅游目的地。

建设西部创新中心。紧扣优势产业和战略性新兴产业，引进国内外高水平研发机构，鼓励企业增加研发费用，推进研发和技术服务机构法人化，建设由大型企业领军的行业创新中心、企业研发中心和技术中心，完善以企业为主体的技术创新体系。健全产学研协同创新机制，搭建产业技术创新联盟，推广网络众包和用户参与设计等创新服务方式，提高科技成果转化能力。大力发展各类众创空间，完善项目甄别、培训指导、风险投资、收购转化、哺育上市等全程孵化服务，形成完备的创新创业生态链。引导优质创新要素更多向两江新区集聚，提升创新资源配置效率。支持高新区、经开区和特色产业园区构建多层次、多门类创新基地。推行基于绩效评估的后补助方式，加强知识产权保护和科技成果股权激励，健全科研奖励报酬制度，完善知识产权质押融资体系，促进科技成果资本化、产业化。实施更有效的人才引进、培养、使用、激励机制，激发全社会创新活力和创造潜能。

建设互联网经济高地。务实推动"互联网+"和"+互联网"行动，以"互联网+"带动新兴产业发展，通过"+互联网"为传统产业插上互联网的翅膀。完善国家级互联网骨干直联点网络架构，实施"光网·无线重庆"和宽带乡村工程，推进网络覆盖城乡，降低网络使用成本，为各行各业"+互联网"创造良好条件。大力发展智能制造，加快基于互联网的产业组织、商业模式、供应链、物流链等创新，培育一批示范性平台和项目，把重庆建设成为全国重要的电子商务、物联网、云计算大数据、智慧物流和数字内容产业中心，促进互联网与经济社会深度融合。

大力推进农业现代化。推动粮经饲旅统筹、农林牧渔结合、种养加销一体、一二三产融合，构建良种繁育、标准种养、加工储藏、冷链物流、品牌增值等农业全产业链。发展多种形式适度规模经营，培育专业大户、家庭农场和农民专业合作社，培养新型职业农民。以更大的力度发展特色效益农业，壮大柑橘、生态渔业、草食牲畜、茶叶、榨菜、中药材、调味品等优势特色产业。支持农业龙头企业发展，引导规范城市工商资本下乡。推进土地整治和农田水利建设，建设保供商品基地。推进供销社综合改革，加快农业科技进步，扩大农业社会化服务。大力发展农业保险，提高农业抗风险能力。强化农产品质量安全全程监管，健全质量追溯体系。开发农业生态休闲体验功能，拓展农民增收空间。

构建有利于创新发展的体制机制。完善国资国企综合监管和授权经营体系，以管资本为主强化国有资产监管，推动国有资本向国计民生重点领域、战略性新兴产业和有核心竞争力的优势企业集中，增强国有企业活力、控制力、影响力和抗风险能力。分类推进国有企业改革，组建一批资本投资公司和运营公司。稳妥推进国企管理人员薪酬制度和员工持股改革。坚持权利平等、机会平等、规则平等，废除对非公有制经济各种形式的不合理规定，消除各种隐性壁垒，依法保护企业家财产权和创新收益。鼓励民营企业依法进入特许经营领域，广泛参与国有企业改革，更好激发非公有制经济的活力和创造力。建立公平开放透明的市场规则，实施市场准入负面清单制度。推进各类企业大力发展混合所有制经济，加快上市步伐，完善现代企业制度，提高国民经济证券化水平。深化要素配置市场化改革，整合规范公共资源交易平台，促进人才、资金、科研成果有序流动。适时推动资源要素价格改革。深化财政体制改革，实施跨年度预算平衡机制和中期财政规划管理，完善财政转移支付制度。减少财政对基础设施和产业项目的直接投资，增加公共服务投资比重。深化投融资改革，扩大基础设施建设和公共服务 PPP 运用范围，壮大产业引导股权投资基金规模，充分发挥战略性新兴产业股权投资基金作用。加强市场体系和社会信用体系建设，建立风险识别和预警机制，实施全方位有效监管，切实防范和化解各类风险。

（二）坚持协调发展，增强发展均衡性。协调是持续健康发展的内在要求。要协调兼顾各方面利益关系，促进区域协调、城乡一体、军民融合、物质文明与精神文明协调发展，在加强薄弱领域中增强发展后劲，着力形成平衡发展结构。

推动区域协调发展。统筹国土空间、产业布局、基础设施建设、人口规模和环境容量，构建城乡区域平衡发展新格局。加快解放碑、江北嘴、弹子石中央商务区核心功能开发，推动十大商务集聚区提档升级，促进二环大型人口聚居区产城融合，创造优良人居环境，不断提升都市区融合发展水平和辐射带动功能。发挥城市发展新区新型工业化、城镇化主战场作用，培育支柱性产业集群，加快建设功能组团，一体融入现代化大都市区。支持大生态区"面上保护、点上开发"，推进以"万开云"等板块为重点的沿江特色经济带、以民族文化和生态旅游为重点的渝东南生态经济走廊建设。实施好三峡后续工作规划，建成一批基础设施和产业发展重大项目，加强生态环境保护和地质灾害防治，基本实现移民安稳致富目标。

以交通大格局支撑协调发展，建成功能性枢纽型基础设施体系。机场、铁路、港口等枢纽性交通方式影响着经济发展方式的转变，催生出新业态和新商业模式。要抓住江北国际机场新航站楼建成投用机遇，提升航空枢纽功能，推动与空港周边城区联动开发，建设国家临空经济示范区，争取旅客吞吐能力达到5000万人次，货邮吞吐能力达到110万吨。发展通用航空。建设"米字型"高铁网和"三主两辅"铁路枢纽站，推进都市区环形铁路和各园区支线铁路项目，新增铁路1000公里，提高铁路货运分担率。构建"三环十二射多联线"高速公路网，畅通对外出口，完善内部连接，新建成高速公路1000公里。提升长江上游航运中心能级，形成"一干两支四枢纽九重点"内河航运体系，发展航运集散分拨集聚区。建成"一环八线"415公里城市轨道交通网和200公里市郊轨道线。调整优化能源结构，新增电力装机容量 900 万千瓦，积极与周边省市开展高效能源合作。实施大中小型水库及引提水、水系连通工程，加强防洪能力建设，构建水资源区域配置新格局，基本解决工程性缺水问题。

促进城乡一体化发展。推进"多规合一"，建立城乡统一的规划体系，实施城乡统一的基本公共服务设施配置和建设标准。统筹城镇旧城改造和新区开发，优化公共服务设施布局，构建市民生活服务圈。加强城市立体综合开发，打造海绵城市。推进城市精细化管理，建设智慧城市。加强城市公共安全管理，完善城市运行安全保障体系。支持区县城结合资源禀赋和区位优势错位发展，培育壮大主导产业和特色产业，塑造特色风貌，打造宜居环境，实现人口和用地相匹配、城市规模同资源环境相适应。加强小城镇建设，提高发展质量，增强物资集散、公共服务和居住功能，体现巴渝特色，更好地服务农村、带动周边，发挥出连接城乡的纽带作用。加强社会主义新农村建设，完善农村公路、电力、水利、邮政、信息网络等基础设施，加快农村危房改造，改善农村人居环境。健全农民工转户进城常态化机制，深化地票、农村产权交易及抵押贷款、农村集体经营性建设用地入市等改革，建立人口转移与财政转移支付、建设用地挂钩机制，推进城乡要素平等交换、合理配置，构建城乡统筹发展新格局。

促进物质文明与精神文明协调发展。弘扬中国梦和社会主义核心价值观，开展群众性精神文明创建活动，加强社会诚信体系建设，提升城市品位和市民文明素质。扶持优秀文化产品创作生产，繁荣发展文学艺术、新闻出版、广播影视、档案史志事业。倡导全民阅读。实施哲学社会科学创新工程。加强文化遗产保护和开发利用。

深化文化体制改革，优化文化资源配置，完善公共文化服务体系、文化产业体系和文化市场体系，满足群众多层次文化需求。健全社会舆论引导机制，实施网络内容建设工程，加快传统媒体和新兴媒体融合，打造新型主流媒体。加强对外文化交流和文化贸易，扩大重庆文化影响力。

推进军民深度融合发展。支持军工企业参与全市重点产业发展，鼓励地方企业承接国防装备制造和技术研发，建设一批军民结合的科研、设计、测试、营销共享平台，构建军民融合产业体系。推进军民共享基础设施和物资储备体系建设，支持军队后勤保障社会化。健全国防动员体系，加强国防教育，做好拥军优属和拥政爱民工作。

（三）坚持绿色发展，促进生态文明。绿色是永续发展的必要条件和人民对美好生活追求的重要体现。要牢牢把握"五个决不能"底线，保障生态安全，改善环境质量，建成生态文明城市，形成人与自然和谐发展的现代化建设新格局。

推动绿色低碳循环发展。加快生产方式绿色化，构建科技含量高、资源消耗低、环境污染少的产业体系。因地制宜发展可再生能源，积极开发清洁能源，提高非化石能源消费比重。开展低碳城市试点，推广新能源汽车和船舶，发展绿色建筑，加强钢结构建筑推广应用。减少温室气体排放，加强重点行业能耗和重点单位排放管控，增加森林、湿地和草坡碳汇。实施能源、水资源、建设用地消耗总量和强度双控行动，推进矿产资源节约利用和再生资源综合利用。倡导全民勤俭节约、绿色低碳、文明健康的生活方式。

强化环境治理和生态保护。深入实施蓝天、碧水、宁静、绿地、田园环保行动。增强大气污染监管和防治能力，控制粉尘扬尘，整治机动车尾气，深度治理工业废气。强化饮用水源保护，加大流域和湖库污染整治力度，治理农村面源污染，推进乡镇污水垃圾处理设施全覆盖和持续运行。综合整治各类噪声污染。加强固体废物、危险废物、危险化学品、放射源、电磁辐射环境监管和污染防控，整治重金属污染重点地区。保护长江母亲河，实施新一轮退耕还林工程和天然林保护工程，加大森林、林地、湿地等生态系统保护，推进土壤及生态系统修复，建设长江上游重要生态屏障。

健全生态文明制度体系。科学划分生产空间、生活空间和生态空间，划定基本农田红线和生态保护红线，严格实施分级分类管控。对自然生态空间进行确权登记，探索自然资源所有权实现形式，推动城乡自然资本加快增值。健全资源总量管理、有偿使用和生态补偿制度，推进用水权、排污权、碳排放权交易，建立生态保护成效与生态补偿挂钩分配机制。实施合同能源管理，推进环境污染第三方治理。设立绿色发展基金，推广绿色信贷。建立生态环保项目担保制度和风险补偿机制，探索环境保护强制责任险。推行环保监测执法市级垂直管理，强化生态环保考核和生态环境侵害责任追究。

（四）坚持开放发展，拓展内陆开放新空间。开放是一个国家和地区繁荣发展的必由之路。要顺应新型国际关系，在融入国家对外开放战略中谋划自身发展，引进利用国际优质资源，不断形成对外开放新优势，建设内陆开放高地。

在国家开放大格局中有更大的担当。全面融入国家"一带一路"建设和长江经济带发展，发挥战略枢纽功能的辐射带动作用，加强国际产能合作，服务西部开发开放。依托渝新欧铁路、长江黄金水道、渝昆泛亚铁路和江北国际机场，构建多式联运跨境走廊，建设国际物流枢纽。中新战略性互联互通示范项目在重庆落地，我们一定要高标准实施好，打造高起点、高水平、创新型的示范性重点项目。我们将紧扣现代互联互通和现代服务经济，聚焦金融服务、航空、交通物流、信息通信技术等重点领域，发展各种新技术、新产业、新业务、新业态、新模式，构建以重庆为运营中心、辐射内陆、联通欧亚的国际贸易辐射圈。

提升内陆开放平台和口岸功能。充分发挥两江新区的开放引领、创新示范、技术集成和带动辐射作用，努力建成国际贸易、国际物流、先进制造、研发转化、资本运作高地和高端人才集聚区。深入推进高新区、经开区以及特色工业园区建设，加快战略性新兴产业发展和高端要素集聚，完善功能性要件，服务全市开放发展。完善机场、港口、铁路等口岸配套功能，推动海关特殊监管区拓展保税贸易业务，建设临空和临港产业带。争取新设立一批综合保税区和保税物流中心，推动口岸监管服务全覆盖，增强口岸集聚辐射能力。探索具有内陆开放特点的投资贸易新举措。

加快对外贸易优化升级。推动加工贸易向产业链、价值链和创新链等高端延伸，提升一般贸易中优质产品出口比重。引进培育一批大型国际物流和贸易集成商，发展内陆在岸转口和过境贸易，开拓国际贸易分拨、中转、销售、结算业务，建成西部总部贸易基地。培育发展通信、金融、信息、文化创意、研发设计等新兴服务贸易。推进澳洲肉牛进口项目，构建50万头肉牛产业链，形成"总部在重庆、销售在全国"的格局。全方位、宽领域、多渠道利用外资，吸引先进技术、管理和高端人才集聚，深度融入国际市场。健全"走出去"支撑体系，鼓励企业开展海外投资和跨国并购。深化长江经济带沿线地区、周边省区合作交流，推动生态、交通、产业、市场等一体化发展。加快建设成渝经济区和成渝城市群。加强与港澳台地区、国际友城经济文化互动。加强涉外人才培养，争取设立更多外国领事机构和国际组织办事处，提升城市国际化水平。

（五）坚持共享发展，让城乡居民生活更美好。共享是中国特色社会主义的本质要求。要按照人人参与、人人尽力、人人享有的要求，大力发展社会事业，扩大公共服务供给，创新公共服务供给方式，确保城乡居民共享改革发展成果。

打赢限时脱贫攻坚战。坚持精准扶贫、精准脱贫，找准"穷根"、明确靶向，扎实推进生产发展、易地搬迁、生态补偿、医疗救助、教育资助、低保兜底等扶贫工程，提高扶贫工作的精准性和有效性。加大转移支付力度，创新融资机制，着力补齐贫困地区在基础设施、特色产业、生态环保、基本公共服务等方面的突出短板。建立专项、行业、社会"三位一体"帮扶机制，合力推动贫困地区发展。

促进教育公平和质量提升。坚持教育优先发展，深化教育改革，努力建设教育强市。优化教育资源布局，加大农村、边远、贫困和民族地区教育投入，实现公办义务教育学校标准化。发展普惠性学前教育。普及提升高中阶段教育。探索中职高职纵向衔接、职教普教横向贯通的培育机制，推动产教融合、校企合作，构建现代职业教育体系。推进高等教育内涵发展，争创全国一流大学和一流学科，推进部分本科高校向应用型转变。发展继续教育，办好特殊教育。鼓励并规范社会办学。深化招生考试制度和人才培养模式改革。加强教师队伍建设，推进校长和教师轮岗交流，提高教师尤其是农村教师待遇。完善贫困学生资助政策，确保教育公平。

以促进就业创业增加城乡居民收入。支持就业吸纳能力强的中小微企业、服务业和劳动密集型产业发展，多渠道多形式增加就业，确保零就业家庭动态清零。加强职业技能培训，发挥好人力资源市场作用。深化收入分配制度改革，提高劳动报酬在初次分配中的比重，完善再分配调节机制，健全市场化报酬决定机制，推行企业工资集体协商，实现城乡居民收入与经济同步增长、劳动报酬与劳动生产率同步提高。健全最低工资和工资支付保障机制。深化农村产权制度改革，多渠道增加农民收入。

推动社会保障更加公平更可持续。实施全民参保计划，完善筹资机制，完善个人账户制度，稳步提高待遇标准。拓宽社会保险基金保值增值渠道，划转部分国有资本充实社保基金。落实基础养老金全国统筹和渐进式延迟退休政策，建立基本养老金合理调整机制。发展职业年金、企业年金和商业养老保险。健全城乡居民医疗保险筹资机制、重特大疾病保障机制，扩大医保跨省异地结算。完善社会救助体系，发展社会福利和慈善事业。

提高城乡居民健康水平。增加基本医疗卫生资源供给，推动医疗资源向基层、农村流动。深化医药卫生体制改革，建立分级诊疗制度，落实医师多点执业，完善基本药物制度。鼓励社会资本办医，发展特色专科和高端医疗服务。支持中医药事业和产业发展。强化公共卫生服务和健康教育。大力培养医疗专业人才，严格医疗执业标准，加强医疗质量安全监管。严守食品药品安全底线，严防食品药品安全事故发生。倡导全民健身，发展体育事业和产业，提高竞技体育水平。

创新和加强社会治理。坚持党委领导、政府主导、社会协同、公众参与、法治保障，推进社会治理体系法治化、精细化。构建社会治理信息网络平台，提升城乡社区便民化服务和网格化管理水平。健全群众诉求表达、利益协调和权益保护机制，按照法定途径分类处置信访问题，及时排查预警和调处化解社会矛盾。增强干部群众国家安全意识，严防暴力恐怖案件、极端恶性事件和重大政治事件发生。推进社会治安综合治理，完善立体化社会治安防控体系，严密防范、依法惩治违法犯罪活动。健全公共安全体系，持续开展打非治违和重点专项整治，遏制各类安全事故。加强应急管理体系建设，有效组织联动响应，开展防灾救灾减灾。促进人口均衡发展，完善计划生育服务管理。依法保障妇女、未成年人和残疾人权益，加强特殊人群管理和服务。更好发挥人民团体作用。认真落实民族宗教政策，做好对台、侨务和外事工作。

各位代表！实现"十三五"发展目标，前景光明，任务繁重。只要我们认真贯彻落实中央的决策部署和新的发展理念，在市委坚强领导下不懈努力，全市各族人民就一定能把"十三五"宏伟蓝图变为现实，人民生活将更加美好！

三、2016 年的重点工作

今年是实施"十三五"规划的第一年。我们要认真落实"四个全面"战略布局，认真落实习近平总书记视察重庆重要讲话精神，牢固树立和践行创新、协调、绿色、开放、共享的发展理念，适应经济发展新常态，深入实施五大功能区域发展战略，坚持改革开放，坚持稳中求进工作总基调，坚持稳增长、调结构、惠民生、防风险，坚持发展实体经济不动摇，着力加强供给侧结构性改革，增有效供给、去无效供给、降企业成本，提高供给体系的质量和效率，加快培育发展新动力，全面推进经济建设、政治建设、文化建设、社会建设、生态文明建设和党的建设，努力实现"十三五"发展良好开局。

今年，全市经济社会发展的主要目标是：生产总值增长 10% 左右，规模以上工业增加值增长 10.5% 左右，固定资产投资、社会消费品零售总额、进出口总额分别增长 12.5%、11% 和 10% 左右，一般公共预算收入增长 10.5% 左右，城镇登记失业率稳定在 4% 以内，居民消费价格涨幅控制在 3% 以内，城乡居民收入增长与经济发展同步，单位生产总值能耗、二氧化碳减排等约束性指标完成国家下达任务。要重点抓好以下几方面工作：

（一）加快发展战略性新兴产业。实施一批"6+1"支柱产业和战略性新兴制造业项目，带动工业投资增长 15% 左右。推动长安福特三工厂、上汽通用五菱和福特发动机二期等项目达产，加快北京现代重庆基地等项目建设，推进长安、力帆、小康、众泰等新能源汽车项目，加大整车新产品投放力度，提升车载电子在整车中的价值比重，力争汽车产销 320 万辆。发展乐视电视、维沃智能手机等新品种，提高智能终端产品附加值。抓好奥特斯集成电路板、超硅等芯片项目，推动京东方、惠科液晶面板达产上量，促进面板深加工，为笔电、手机、彩电显示模组等智能终端产品提供配套。加快建设川崎、埃马克等机器人和智能装备项目。加大涪陵、彭水、黔江等页岩气重点区块开发和配套建设，力争年产气 50 亿立方米。通过集群招商、产业链招商、资源要素招商等方式，引进和实施一批石墨烯、轨道交通装备、精细化工、生物医药、环保技术等重大项目，带动关联产业发展。

下大力气抓好新兴服务业发展。依托渝新欧铁路，建设国际邮件交换中心，拓展汽车、电子产品及零部件区域分拨，提升口岸贸易辐射带动力。建好跨境电商示范园区和第三方综合服务平台，争取更多企业"海外仓"建到重庆保税区。加快建设进口水果肉类及西部工程机械展示交易中心，新设孟加拉国、阿塞拜疆等境外展销中心。加快建设电信、移动、腾讯等数据中心，两江国际云计算产业园达到 10 万台服务器运营支撑能力。争取跨境人民币贷款、外债宏观审慎管理等金融开放试点，引导更多市场主体开展跨境结算业务。大力发展金融业，争取民营银行、银行卡清算、中邮租赁及第三方支付等机构和牌照，落实人民银行信贷资产质押再贷款试点，强化对小微企业、"三农"等薄弱环节金融服务。推进全国保险资产交易平台运营，发挥保险资产登记、发行、交易、结算等功能，为全国保险业发展提供综合性服务。完成金交所重组，开展机构间债权交易，逐步发展成为国内金融资产交易平台。加快中央商务区、智慧商圈和社区便民网点建设，发展服务消费、绿色消费、时尚消费、品质消费和农村消费，促进消费稳定增长。

（二）高水平推进城市建设和管理。增强城市互联互通功能，开工渝昆高铁，建成渝万铁路，推进郑万、渝黔、枢纽东环线等铁路和客运西站、北站、沙坪坝站建设，开工西永综保区等支线铁路。启动开县至城口高速公路，尽快实现高速路网区县全覆盖。建成江北国际机场东航站区和第三跑道，增辟国际客货运航线，开工建设武隆支线机场。加快果园港铁水联运接驳改造，推进万州新田、涪陵龙头、江津珞璜等枢纽港建设，加大航道整治力度。开工轨道交通九号线、六号线支线二期、十号线南段，启动内环高架及"十字型"快速通道项目，推进内外环之间跨江大桥、穿山隧道建设，促进各板块快速通联。加快金佛山、观景口等大型水库建设，实施一批水源和城市防洪护岸综合整治工程。

务实抓好规划、建设、管理各环节工作。推进城乡规划和管理全覆盖，完善市域各层级规划，加强配套政策设计，着力增强规划的科学性和权威性。深入开展国家新型城镇化综合试点。完善公交线网、停车楼场、人行过街系统、景观照明、垃圾处理、应急避险等设施，加强市容市貌管理。强化城市公共管理，保障供水、供电、供气、交通救援等系统有序运行。完成 26 家挥发性有机物排放企业治理，划定高污染燃料禁燃区。开展污染场地排查，加强污染地块整治修复。继续推进流域和湖库环境整治项目，建设城区备用水源。

（三）着力推动供给侧结构性改革。统筹做好去产能、去库存、去杠杆、降成本、补短板工作，努力提高供给的有效性。运用市场机制、经济手段和法治办法，积极稳妥处置僵尸企业和空壳公司，严格执行能耗、环保、安全和质量技术标准，疏堵结合，严控过剩产能。适应消费分层、分化的趋势，引导企业针对不同消费群体满足多元化、个性化需求，提高有效供给能力。妥善处理市场出清中的各方利益诉求，做好企业兼并重组、依法破产和职工安置工作。科学调控土地供给量和房地产开发量，建立购租并举的住房制度，加快城镇棚户区和老旧小区改造，发展旅游、休闲、养老等跨界地产，推动符合条件的开发项目向众创空间和楼宇产业转型。加强去产能、去库存过程中的风险排查、预警和处置，妥善处置信用违约，规范各类融资行为，严厉打击非法集资、金融诈骗等违法行为，坚决守住不发生系统性、区域性金融风险的底线。

切实减轻企业负担。落实好"营改增"扩围、资源税从价计征、调整消费税、出口退税等政策。探索建立低费基、全覆盖的参保缴费机制，降低企业社会保险费和住房公积金缴存比例，切实减轻企业社保负担。加强用工和能源调度，将劳动报酬与劳动生产率挂钩，落实国家降低电价方案。引导金融机构降低贷款利率和担保费率，规范服务收费，建立中小微企业转贷应急机制，帮助企业降低财务成本。平衡各种运输方式，健全集疏运体系，减少环节，提高物流效率，降低物流成本。继续取消和下放一批行政权限，清理行政审批中介服务收费，坚决遏制各种乱收费行为，降低制度性交易成本。深化商事制度改革，推进企业注册登记全程电子化，分类下放外资登记权，推行个体工商户简易注册和强制注销制度，营造活力迸发、规范透明的营商环境。

（四）推进一批重大改革事项。贯彻落实中央重大改革部署，以更大的责任担当落实落细改革举措。推进国企集团层面股权多元化，将部分国有企业改组为国有资本投资公司和运营公司。实施转移支付名录管理，提高一般性转移支付占比，分地区、分项目公开市对区县的转移支付。深化重点领域价格改革，放开一批竞争性领域和环节价格，有序推进资源性产品阶梯价格改革。做好农村集体经营性建设用地入市改革试点，建成城乡统一的建设用地市场。按照中央统一要求，确保环境保护督察、国税地税征管、机关事业单位养老保险、公务用车等改革落到实处。

在持续推进过去两年 49 项重点改革任务的同时，强力推进今年市委确定的 15 项重点改革任务。完善战略性新兴产业投融资体制机制，推动政府引导类股权投资基金与其他直接融资模式有序衔接。滚动推出一批 PPP 项目，形成区县 PPP 项目指导、储备、审批、实施的良性运行机制。推进城市规划建设管理体制改革，试点建立一体化行政管理和综合执法体制。深入实施科技体制改革，创新财政性科研经费投入使用方式，建立以市场为导向、企业为主体的配置研发资源机制。推动城乡教育公共服务供给改革试点，构建城乡一体、区域协调的教育公共服务供给体系。开展深化医药卫生体制综合改革试点，接续推进公立医院综合改革，深化分级诊疗制度改革，实施医保药品支付标准改革。支持司法体制改革和群团改革试点。

（五）**运作好战略性开放项目**。以中新（重庆）战略性互联互通示范项目为牵引，完善大通道、大通关、大平台体系，更好融入国家对外开放新格局。加快落实"11+7"创新举措，组建并运营好中新（重庆）互联互通基金，深化重庆与新加坡机场合作，增开重庆至世界各主要城市的航线，发展物流配送、分拨、转口等临空服务业。发挥内陆口岸优势，建设亚欧货物互通的转口分拨中心，加密渝新欧铁路班列，力争全年双向开行 360 列。支持在渝注册、报关、结算、纳税和退税的贸易集成商设立区域总部，提高转口贸易份额。争取设立中国（重庆）自由贸易试验区。加大招商引资力度，落实好准入前国民待遇加负面清单管理制度，确保利用外资稳定在 100 亿美元以上。

（六）**扎实推进"双创"**。发挥企业主体作用，着力弥补创新短板，推动以科技创新为核心的全面创新。围绕先进制造业、现代服务业、战略性新兴产业和社会民生需求，滚动实施一批重大科技专项。鼓励企业加大研发投入，落实企业研发费用加计扣除、购置研发设备加速折旧等优惠政策，建立财政扶持资金、国有工业企业绩效考核、质量品牌创建与企业研发活动挂钩机制。实施科技创新领军人才计划，加强企业、高校和科研院所研发团队建设，争取更多国家和市外创新要素。将财政扶持类科技成果的使用权、处置权和收益权下放至项目承担单位，畅通科技成果交易和股权化渠道。完善创新创业生态链，设立创新型中小微企业融资风险补偿资金池，培育一批示范性众创空间和创新型中小微企业，促进大众创业、万众创新。

（七）**切实强化"三农"和库区工作**。统筹做好农业农村、扶贫开发、库区建设等各项工作，持续增加农民收入，让农民和库区群众安居乐业。在保障口粮安全基础上，按效益优先原则，加大种植结构调整力度，大力发展经济作物，培育一批有市场竞争优势的特色产业链。推进农业标准化生产和绿色产品认证，打造一批知名品牌。加快农村电商发展，培育电商市场主体，改造升级农村仓储集货和物流配送体系。实施 500 个行政村环境连片整治，启动农村饮水安全巩固提升工程，建设一批农村公路及村社便道，改善农村人居环境。扶持一批贫困人口参与度高的特色农业基地，积极探索易地扶贫搬迁"统承统贷"投融资模式，加快高山地区农村贫困人口搬迁进度。完善扶贫工作推进机制，确保 7 个贫困区县、885 个贫困村、59.3 万人整体脱贫。继续实施一批关系三峡库区安全、稳定、民生、环保的重大项目，加快库区基础设施建设、重点集镇避险搬迁和特色产业发展，抓好消落区和岩溶地区水土流失监测治理，把三峡后续工作落到实处。

（八）办好一批民生实事。按照"五个坚持"原则，从解决群众最关心最直接最现实的利益问题入手，织就密实的民生保障网。滚动实施 25 件民生实事，切实解决城乡交通、水利、住房、生态、教育、卫生、文化、扶贫、社会保障和救助等领域突出民生问题，让人民群众有更多获得感。着力解决高校毕业生、农村转移劳动力和其他重点人群就业问题，全年新增城镇就业 60 万人。扩大参保缴费覆盖面，完成全民参保登记。推进区县义务教育均衡化发展，确保 11 个区县达标。稳妥实施普通高考使用全国试卷。加快村卫生室标准化建设，实施孕妇产前出生缺陷筛查和"两癌"筛查。依法实施全面两孩政策。实施一批文化惠民和全民健身工程。严厉打击诈骗、涉众型经济犯罪，深入整治安全生产突出问题，加强食品药品监管，完善防灾减灾救灾体系，做好隐患排查、监测预警、应急处置等工作，切实保障人民群众生命财产安全。

四、加强政府自身建设

进入发展新阶段，全力做好"十三五"开局工作，对政府自身建设提出了更高要求。我们必须进一步转变政府职能，深入推进法治政府、创新政府、廉洁政府和服务型政府建设，不断提高政府治理现代化水平。

（一）**依法全面履行政府职能**。坚持法无授权不可为、法定职责必须为，严格按照法定权限和程序履行职责，严禁法外设权、扩权。提高政府规章质量，推行政府立法精细化，增强立法工作的及时性、有效性和公平性。严格规范性文件备案审查，做到有件必备、有错必纠。完善并发布权力清单和责任清单，确保政府管理严格依法用权、依法履责，严禁擅权乱为。深化行政审批制度改革，推进项目投资、创业创新、生产经营、公共服务等领域简政放权，激发经济和社会活力。放管治结合，创新事中事后监管，全面推行"双随机、一公开"抽查机制，为市场和社会活动留足空间，为正常经营活动保驾护航。持续推进行政执法体制改革，推动综合执法，落实行政执法责任制，确保严格、规范、公正、文明执法。健全行政执法与刑事司法衔接机制，避免以罚代刑。加强公务员法制教育和业务培训，不断提高履职能力。

（二）**创新政府服务管理方式**。运用市场化、社会化、信息化等手段，不断提升政府管理服务效能。全面清理公共服务事项，简化公共服务流程，方便群众办事。扩大政府购买公共服务的领域和范围，凡适合由社会组织提供的公共服务和解决的事项，以政府采购方式向社会组织购买；凡属事务性公共服务，原则上都必须引入市场竞争机制；探索目标人群自主选择公共服务提供者。推进各领域决策、执行、管理、服务、结果等环节政务公开，支持公众全程参与和监督。落实政府新闻发言人和突发事件信息发布制度，及时回应社会关切。建设全市统一规范的电子政务平台，实现市和区县政务服务系统互联互通，促进信息资源共享和业务协同办理，确保行政权力在网上公开透明运行。引入第三方评估，促进政府管理创新，确保各项政策措施落实到位。

（三）**强化行政权力制约和监督。**依法接受人大及其常委会的法律监督和工作监督，自觉接受人民政协的民主监督，认真听取人大代表、政协委员、民主党派、工商联、无党派人士和各人民团体的意见，扎实推进政府协商。健全依法决策机制，充分发挥政府决策咨询专家委员会、政府法律顾问和社会智库辅助决策作用。健全重大决策失误责任倒查机制和追责制度。对行权部门和岗位实行分事行权、分岗设权、分级授权、定期轮岗，强化内部流程控制，防止权力滥用。强化行政监察，充分发挥审计监督作用，严格监管公共资金、公共资源、国有资产的使用和效益。健全行政复议案件审理机制，加大公开听证力度，纠正违法或不当行政行为。重视舆论和社会监督，增强监督合力和实效。

（四）**推动政风改进常态化。**认真履行"一岗双责"，切实加强政府系统党的建设，打造信念坚定、为民服务、勤政务实、敢于担当、清正廉洁的公务员队伍。加强党风廉政教育，认真执行《中国共产党廉洁自律准则》《中国共产党纪律处分条例》和市委相关要求，始终把纪律和规矩挺在前面，树立道德高线，严守纪律底线，营造守纪律、讲规矩的浓厚氛围。建立廉政建设与业务工作融合机制，坚持用制度管权管事管人，坚持零容忍惩治腐败，保持反腐败的高压态势。完善政绩考核评价机制，狠抓目标任务落实。厉行勤俭节约，反对奢侈浪费，建设节俭政府。拓展党的群众路线教育实践活动和"三严三实"专题教育成果，使政府工作人员不断强化宗旨意识，密切联系群众，立足本职岗位，求真知、说真话、办实事、求实效，履行好为人民服务的光荣职责。

各位代表！坚持创新发展、协调发展、绿色发展、开放发展、共享发展，是关系我国发展全局的一场深刻变革。事业在新的理念指引下发展，梦想在不懈奋斗中绽放。我们要紧密团结在以习近平同志为总书记的党中央周围，在中共重庆市委坚强领导下，认真落实"四个全面"战略布局，牢固树立五大发展理念，凝神聚力，奋发有为，夺取全面建成小康社会新胜利，为实现"两个一百年"目标和中华民族伟大复兴中国梦作出新的贡献！

四川省
政府工作报告

——2016年1月25日在四川省第十二届
人民代表大会第四次会议上

代省长 尹 力

各位代表：

我代表省人民政府，向大会作政府工作报告，请各位代表审查，并请省政协委员提出意见。

一、"十二五"发展主要成就和2015年工作回顾

"十二五"时期，是我省战胜特殊困难和严峻挑战、奋力推进"两个跨越"很不平凡的五年。这期间，世界经济持续深度调整，国内"三期叠加"影响不断加深，我省接连遭受重大自然灾害。在党中央、国务院和省委的坚强领导下，在省人大、省政协的监督支持下，我们紧紧依靠全省各族人民，全面履行政府职责，攻坚克难，砥砺奋进，完成了"十二五"规划确定的主要目标任务，经济社会发展取得了新的历史性成就。

　　这五年，我省稳中求进追赶跨越，经济实力明显增强。地区生产总值连续迈过两个万亿元台阶，在全国位次上升。人均地区生产总值从 2010 年的 21182 元增加到 36836 元，全社会固定资产投资、社会消费品零售总额年均增长分别为 13.8%、15%，地方一般公共预算收入年均增长 16.3%，粮食总产量持续增长。基础设施水平全面提升。高速公路、铁路通车里程分别达 6000 公里、4600 公里，成渝高铁建成通车。支线机场达 12 个，成都天府国际机场项目进展顺利。"四江六港"建设加快，港口吞吐能力突破 1 亿吨。亭子口水利枢纽等 20 处大中型水利工程基本建成，新增有效灌溉面积 44 万公顷。电力总装机容量达 8673 万千瓦，其中水电装机占 80%，全国最大清洁能源基地地位更加巩固。

　　这五年，我省坚定推进转型发展，经济结构逐步优化。多点多极支撑格局加快形成，成都地区生产总值过万亿，过千亿市（州）、过百亿县（市、区）分别新增 13 个、46 个，天府新区获批国家级新区，攀西获批首个国家级战略资源创新开发试验区。"两化"互动、城乡统筹发展战略深入实施，三次产业结构从 14.4：50.5：35.1 调整为 12.2：47.5：40.3，城乡居民收入比从 2.8：1 缩小为 2.6：1，城镇化率从 40.2% 提高到 47.7%，19.4% 的村达标幸福美丽新村基本要求。创新驱动发展取得新进展，科技创新对经济增长贡献率达 50%，高新技术产业产值增长 1.7 倍，军民融合发展势头良好。万人发明专利拥有量增长 3.3 倍。非公有制经济占地区生产总值比重达 60.7%。长江上游生态屏障基本建成，森林覆盖率从 34.8% 提高到 36%，国家下达的节能减排和环保指标全面完成。

　　这五年，我省社会事业发展加快，人民生活明显改善。一般公共预算民生投入达 2 万亿元，是"十一五"时期的 2.3 倍。城镇新增就业累计 457.3 万人，城乡居民人均可支配收入年均增长分别为 11.3%、13.7%。城乡居民基本养老保险、医疗保险等社会保障逐步健全。减少贫困人口 976 万人以上，农村贫困发生率从 20.4% 下降到 5.8%。2498 万农村居民、学校师生饮水安全问题和 35.8 万户无电问题得到解决，县乡公路危险路段全部安装上安全防护栏。改造旧城危房和各类棚户区、农村危房 307 万套，在全国率先开展农民工住房保障行动，向农民工提供公共租赁住房 6 万套。义务教育全面实行"三免一补"，学前三年、高中阶段教育毛入学率年均分别增长 2.9%、2.6%。文化事业得到加强，文化产业健康发展。卫生计生、残疾人事业稳步发展。全民健身和竞技体育迈上新台阶。民族地区民生改善成效明显。

这五年，我省积极融入国家战略，改革开放成效显著。全面深化改革攻坚突破，取消调整 398 项行政审批事项，完成新一轮机构改革，130 万事业人员实行聘用制管理。农村、国企、财税、科技、价格等重点领域改革取得新进展，大众创业万众创新蓬勃兴起。A股上市公司超过 100 家，居中西部第一。抢抓"一带一路"和长江经济带建设机遇，开放合作全方位拓展。驻蓉领事机构达 15 个、居内地第三，国际友城增至 78 对，国际（地区）航线达 85 条。累计到位国内省外资金 4.1 万亿元，实际利用外资 532.5 亿美元，对外投资突破 70 亿美元，进出口总额 2933 亿美元。在川落户世界 500 强企业新增 79 家、达 299 家。西博会、科博会等国际性展会和开放平台功能更加凸显。

这五年，我省防灾减灾取得重大成效，地震灾区重建走出新路。全面推进汶川特大地震灾区振兴发展，灾区群众生产生活水平大幅提高。芦山强烈地震发生后，我们认真落实中央确立的应急救灾新机制，科学高效组织抢险救援，夺取了抗震救灾的重大胜利。有力有序推进灾后重建，城乡住房重建任务全部完成，学校、医院等公共服务设施重建基本完成，产业重建和生态环境修复高水平推进，由地方承担的总体规划项目完工率和投资完成率均超过90%，走出了一条"中央统筹指导、地方作为主体、灾区群众广泛参与"的恢复重建新路。康定、得荣地震抗震救灾和恢复重建取得明显成效。有效应对暴雨洪涝、泥石流等自然灾害，防灾减灾救灾体系进一步完善。

这五年，我省依法治省开启新征程，法治政府建设取得新进展。依法治省纲要深入实施，民主政治和基层民主建设有序推进。着力依法行政，坚持在法治下推进改革。简政放权、行政审批制度改革工作取得新成效，在全国率先建立完整的省市县乡村五级政务服务体系和省市县三级公共资源交易服务体系。新型社会治理机制建设取得进展。开展道路交通安全综合整治攻坚，强化煤矿安全监管，依法关闭不具备生产条件的小煤矿，安全生产形势持续好转。社会治安形势总体平稳。民族更加团结，宗教关系更加和谐。

各位代表！刚刚过去的2015年，我们统筹稳增长、促改革、调结构、惠民生、防风险，较好完成了省人代会确定的目标任务。全年实现地区生产总值30103.1亿元、增长7.9%，地方一般公共预算收入增长7.9%，城镇居民人均可支配收入增长8.1%，农村居民人均可支配收入增长9.6%，城镇登记失业率4.1%，居民消费价格上涨1.5%。一年来，主要做了以下工作：

一是全力稳定经济增长。去年宏观经济环境严峻复杂、经济下行压力持续加大。我们深入研判经济走势，开展两次大规模督查调研，打出"4+1"政策组合拳，破解企业、行业和实体经济发展难题。

降低工商业用电用气成本约 61.5 亿元，落实降税清费政策减轻企业和社会负担 600 亿元左右，有序推进房地产去库存。综合施策稳投资。争取到 653 个国家专项建设基金项目，启动一批重大项目建设。制定铁路投融资体制改革实施意见，铁路投资突破 400 亿元。加强银政企合作，社会融资新增近 6000 亿元。推广政府与社会资本合作模式，签约项目总投资近 1600 亿元。全社会固定资产投资完成 2.6 万亿元、增长 10.2%。大力拓市场促消费。组织 9 万户企业参与市场拓展"三大活动"，扩大健康、养老、电商等新兴消费和服务供给，社会消费品零售总额增长 12%。

二是大力促进转型升级。出台新型城镇化、中国制造 2025 四川行动、"互联网+"等实施意见。深入推进现代农业产业基地建设、粮食生产能力提升工程，建成高标准基本农田 45 万公顷，培育各类新型农业经营主体 20.1 万个。启动"工业转型升级三年行动计划"，推动白酒等传统优势产业改造升级，完成技改投资 5318 亿元，关停淘汰煤炭等落后产能企业 436 户；狠抓"7+7+5"产业培育发展，设立产业引导基金，组织实施一批重点产业项目。推进服务业综合改革试点，强化五大新兴先导型服务业引领示范，服务业增加值增长 9.4%。举办首届国际旅游投资大会、第二届旅博会，全年旅游总收入突破 6000 亿元。

成功争取我省列入国家系统推进全面创新改革试验区域，成都高新区获批国家自主创新示范区，天府新区、绵阳科技城创新创业工作扎实推进。安排 30 亿元专项资金支持创新驱动和五大高端成长型产业发展，新增省级以上企业研发机构 141 家、科技型中小微企业 1.3 万家。专利申请首破 10 万件。有力促进大众创业万众创新，一大批科技人员、大学生、海外人才和草根能人迈入创业创新主战场，农民工和川商返乡创业成效初显。

三是着力深化改革开放。扎实推进简政放权，全面取消非行政许可审批，深化商事制度改革，全面实施"三证合一"登记制度，新登记企业 17.7 万户、增长 23.5%。积极稳妥推进农村产权制度、国资国企、财税体制和公务用车制度改革。推进地方金融改革，筹建首家民营银行、省级寿险公司、资产管理公司和农业信贷担保公司，实施"创业板行动计划"，开展巨灾保险试点。出台参与建设"一带一路"实施方案，启动"251 三年行动计划"，推动"蓉欧快铁"双向开行。积极融入长江经济带建设，深化与泛珠三角省区的战略合作。成功举办中外知名企业四川行等投资促进活动，成功承办中俄"两河流域"地方领导人第四次座谈会。到位国内省外资金 9116 亿元，实际利用外资 104.4 亿美元，实现进出口总额 515.9 亿美元。我省医疗队代表国家参与尼泊尔"4·25"地震救灾。

四是加快发展民生社会事业。全面完成"十项民生工程"和 20 件民生大事。推进精准扶贫，117 万人摆脱贫困。加快危旧房改造和保障房建设，棚改货币化安置比例达 49.5%。将农民工全面纳入城镇就业登记，促进城镇新增就业 101.9 万人。实施机关事业单位养老保险制度改革，打通城乡居民与企业职工养老保险转移衔接通道。实施第二期学前教育三年行动计划，推进义务教育均衡发展，开展职业学校首批现代学徒制试点，高等教育健康发展。率先建立全域分级诊疗制度，全面实施城乡居民大病保险，搭建异地就医结算省级平台。深化国有文艺院团改革，开展文化惠民活动，成功举办第五届国际非遗节、首届四川艺术节和全国第九届残运会暨第六届特奥会。科普、哲学社会科学、档案和地方志工作取得新成果，妇女儿童、老龄、参事文史等工作得到加强。

五是加强城乡环境保护。认真实施新环保法，惩治环境违法犯罪行为。推进盆地雾霾污染联防联控，可吸入颗粒物平均浓度比考核基准年（2013年）降低10%。单位地区生产总值能耗下降7%左右，超额完成国家下达的节能减排任务。出台差别化排污收费政策，推动土壤污染风险调查评估，加强农村面源污染防治，率先通过国家农村生活垃圾治理验收。出台生态补偿等20项改革措施，启动生态保护红线划定工作。实施生态保护治理重点工程，地质灾害防治成效明显。大力营林造林，开展市、县全域湿地保护试点。实施饮用水水源保护和重点流域水环境综合治理，出川断面水质全部达标。

六是全面推进依法行政。认真落实依法治省纲要，公布推行政府权力清单和责任清单，规范行政执法裁量权，推进全省三级行政权力事项联网运行。完善行政决策机制，出台《四川省重大行政决策程序规定》。高度重视行政复议、行政应诉工作。开展重点行业安全生产大检查大整治，查处食品药品违法违规案2万余件，全年没有发生重特大安全生产事故和重大食品安全事件。加强社会治安工作。积极稳妥应对地方金融风险。按照"三严三实"要求，切实转变作风，狠抓省委确定的重大决策部署落实。加强监察、审计工作，严格规范权力行使。深入推进"法律七进"，开展社区建设"三项试点"。

各位代表，过去五年我们按照中央和省委的决策部署，朝着"两个跨越"目标奋勇前行，主要经验和体会是：必须坚持以人民为中心的发展思想。始终牢记发展为了人民、发展依靠人民，以新理念引领新实践，不断增进民生福祉。必须保持专注发展转型发展的战略定力。紧紧抓住经济建设这个兴省之要，持续做大经济总量，大力提高发展质量效益，积聚跨越发展能量。必须更加主动顺应我国经济深度融入全球的发展大势。充分考虑国际国内联动效应，全面融入国家发展大局，抓住一切可能的发展机遇，不断开拓四川发展新境界。必须充分释放改革开放创新的强大动能。进一步破除妨碍发展的体制机制，争创开放发展新优势，激发创新创造潜能，以新引擎驱动新发展。必须切实筑牢发展跨越的法治基石。以法治思维和法治方式推动发展，创造良好的法治环境。必须充分调动一切积极因素。让劳动、知识、技术、管理、资本的活力竞相迸发，汇聚攻坚决胜的强大合力，不断创造发展新成就。

各位代表，过去五年里，全省干部群众努力奋进，各方面给予政府工作大力支持。在此，我代表省人民政府，向全省各族人民，向人大代表、政协委员、各民主党派、工商联、无党派人士、各人民团体，向所有关心支持四川改革发展的同志们及各界人士，表示衷心的感谢！向人民解放军指战员、武警官兵、政法干警和民兵预备役人员，表示崇高的敬意！向港澳台同胞、广大侨胞和海内外朋友们，表示诚挚的谢意！

我们也清醒地认识到，我省欠发达、不平衡的基本省情还没有根本改变，发展还面临不少问题。与全国的发展差距仍然较大，我省人均生产总值只相当于全国的75%，城乡居民收入分别为全国的84%、89.7%，还有380多万人没有脱贫，开放型经济发展水平还需提升。发展质量和效益还不够高，长期积累的结构性矛盾比较突出，服务业发展总体滞后，投资结构仍不合理，资源利用率较低，全要素生产率有待提高，新的增长动力尚处于培育阶段，财政收入、居民收入增长放缓。部分企业生产经营困难，一些行业产能过剩，融资难融资贵问题仍然突出，企业盈利水平下降、亏损面扩大，工业投资增长乏力，民间投资增幅下降。社会事业与民生领域欠账较多，基本公共服务均等化水平有待提高，环境问题比较突出，安全生产隐患在一些行业依然存在，社会生活中还有一些不和谐的因素，部分领域潜在风险有所显现。在政府工作方面，对经济发展形势的复杂性、规律性认识还有待深化，少数政府机关和公务人员存在"懒政""怠政"等现象，依法行政的素质和能力尚需提高。对于这些问题，我们要以对人民高度负责的态度，妥善采取措施，争取加快解决，决不辜负人民群众的期望和重托。

二、"十三五"发展的主要考虑

"十三五"时期是全面建成小康社会的决胜阶段，也是我省适应经济发展新常态、加快转型发展的关键时期。根据党的十八届五中全会精神、省委十届七次全会精神和省委关于"十三五"规划编制的建议，省政府组织编制了《四川省国民经济和社会发展第十三个五年规划纲要（草案）》，已印发大会审议。这里，我着重从五个方面简要说明。

关于发展形势。规划纲要的编制，深刻把握了发展形势和我省的阶段特征。今后五年，我们面临的国内外发展形势依然错综复杂。从国际看，国际金融危机的深层次影响还在持续显现，世界经济在深度调整中曲折复苏，国际关系复杂程度前所未有，不稳定不确定因素增多。从国内看，我国仍处于可以大有作为的重要战略机遇期，经济长期向好基本面没有改变，战略机遇期内涵已发生深刻变化。经济增速、工业品价格、实体企业盈利、财政收入增幅下降，经济风险发生概率上升，发展面临诸多严峻挑战。

经过多年的艰苦努力，我省经济发展进入新阶段，呈现出以下主要特征：经济发展进入规模质量同步提升期，到了由量变到质变转折、大省向强省转变的平台积累阶段，稳步扩大经济总量、显著提升质量效益成为主要任务。工业化城镇化仍然处于加速期，一二三产业仍有较大的发展空间，投资、消费领域还可以释放出相当规模的需求。多点多极发展进入整体跃升期，正在加快构建功能互补、错位竞争、合作共赢的区域发展格局。发展动力转换到了关键期，正由主要依靠投资向依靠投资和消费转变，主要依靠工业增长向依靠工业和服务业增长转变，主要依靠要素驱动向依靠创新驱动转变。产业转型升级进入接续期，产业层次将显著提升，高端切入全国乃至全球产业链、价值链，新的竞争优势正在形成。全面建成小康社会进入决胜期，到了需要一鼓作气向终点线冲刺的历史时刻，特别是要坚决打赢脱贫攻坚战，加快补齐全面小康短板。这些特征表明，我省发展既具有较大的潜力，正在积蓄新的发展动能，同时又将经历转型阵痛，面临严峻挑战。在"十三五"时期，我省务必把机遇和潜力变为现实，更多更深地融入"一带一路"和长江经济带等战略，努力在新一轮科技革命和产业变革中抢占先机、赢得主动；务必把困难和挑战化为动力，积极稳妥应对各种风险和考验，闯过转型发展的重要历史关口。

关于奋斗目标。着眼对标实现"两个跨越"的宏伟蓝图，"十三五"时期我省将加快推动经济综合实力和竞争力由量到质的提升，建成经济总量大、经济结构优、创新能力强、质量效益好的经济强省，实现从总体小康向全面小康的跨越。我们提出的具体目标建议是：保持高于全国的经济增长速度；人民生活水平和质量全面提高；公民素质和社会文明程度普遍提升；生态建设和环境治理取得显著成效；重要领域和关键环节改革实现重大突破。按照规划，到"十三五"

末，我省地区生产总值将再上一个万亿台阶、达到 4.2 万亿元；产业结构、区域结构、动力结构实现优化升级，产业迈向中高端水平；经济迈入创新驱动、内生增长轨道，经济发展动力活力强劲；绝对贫困消除，贫困县全部摘帽，城乡居民收入保持较快增长，收入差距明显缩小，基本公共服务均等化水平稳步提高，公共文化服务体系基本建成；各项环保指标完成国家下达任务，美丽四川建设取得新成效；市场在资源配置中的决定性作用得到充分发挥，开放型经济新体制基本形成，法治政府基本建成，治蜀兴川各项事业全面纳入法治化轨道。

上述目标，是对未来五年我省推进"五位一体"建设和改革开放的系统性定位，既充分尊重全省人民的发展愿望，也充分考虑了宏观环境和支撑条件，通过我们的共同努力是能够实现的。

关于主攻方向。 "十三五"时期，必须以创新、协调、绿色、开放、共享五大发展理念为引领，下大力气破解制约如期全面建成小康社会的重点难点问题，找准主攻方向。规划纲要体现了从三个方面攻坚突破的战略考量：加快转变发展方式。这是宏观大势所趋、发展现实所逼。在"十三五"这个转型升级的重要窗口期，我们务必以壮士断腕的决心，奋力促进我省发展方式从规模速度型向质量效益型转变，结构调整从增量扩能为主转向调整存量、优化增量并举，发展动力从主要依靠资源和低成本劳动力等要素投入转向创新驱动，加快形成适应经济发展新常态的体制机制和发展方式。加快弥补发展短板。这是突破最大难点、确保决战决胜的关键之举。在"十三五"时期，我们务必弥补民生事业短板，打赢脱贫攻坚战；弥补区域城乡短板，促进多点多极支撑、城乡协调发展格局加快形成；弥补生态环境短板，确保大气等环境质量改善，筑牢生态安全屏障。有效防控各种风险。今后五年，各方面风险因素累积甚至可能集中显露。务必建立多元化防范处置风险体系，加强研判预警，有效化解各类矛盾，坚决守住安全稳定底线，确保我省发展行稳致远。

推动三大主攻方向实现突破，必须落实好中央提出的供给侧结构性改革要求。一方面，我们多年强调的需求侧管理出现了一些新情况，外需持续减弱，过度依赖扩大投资规模，作用有限且边际效用递减。另一方面，供给侧也存在一些突出问题，主要是产能总体过剩，有效供给又不足，特别是高水平、高质量的供给不足，满足多样化、个性化消费的能力相对较差。这就要求我们必须在供给侧结构性改革上下大功夫，抓住提升供给质量和效率的"牛鼻子"，大力推进全面创新改革，强化制度、管理、技术、产品创新，着力去产能、去库存、去杠杆、降成本、补短板。同时，我们仍然不能忽视需求侧管理，还必须做好适度扩大总需求这篇文章。规划纲要在突出供给侧结构性改革的同时，体现了供需两侧协同发力的要求。

关于发展战略。 省委提出的"三大发展战略"符合国家"四个全面"战略布局，符合"五大发展理念"内涵要求，也符合四川发展实际，实践证明是正确的，必须坚定不移地加以贯彻。规划纲要全面落实"三大发展战略"，在总体要求和重大举措中都有充分体现。深入实施多点多极支撑发展战略，关键是统筹好竞相跨越与协同发展的关系，增强区域发展协调性，构建功能互补、错位竞争、合作共赢的区域发展新格局。深入实施"两化"互动、城乡统筹发展战略，核心是顺应"四化同步"深入发展的趋势，以新型城镇化为载体和支撑，推进信息化与工业化深度融合，构筑更有竞争力的现代产业体系，提高城乡规划建设管理水平，推动实现城乡要素平等交换、合理配置和基本公共服务均等化。深入实施创新驱动发展战略，重要的是抓住我省被列入系统推进全面创新改革试验区域这一关键机遇，更加自觉地把发展的基点放在创新上，形成促进创新的体制机制，不断激发创新创造活力，促进全面深化改革红利的持续释放。"三大发展战略"是有机整体，必须统筹实施、协同推进。"十三五"时期，我们将加快建成国家创新驱动发展先行省，务求"四化同步"新突破，推动成都领先发展，做大市（州）经济梯队，夯实县域经济底部基础，培育天府新区等新兴增长极，形成首位一马当先、梯次竞相跨越的良好态势。以推动五大经济区发展为重要抓手，编制和实施好五大经济区区域发展规划，健全区域合作发展利益分享机制。引导支持成都平原经济区在科学发展、转型升级、全面小康、城镇化建设、改革开放等方面继续走在全省前列，更好发挥对全省发展的带动作用；引导支持川南经济区加快老工业基地转型升级，加快建设长江上游重要城市群，成为重要的新兴增长极；引导支持川东北经济区主动融入成渝城市群发展，加快川陕革命老区发展振兴步伐，打造川渝陕甘结合部的区域经济中心；引导支持攀西经济区加快建设战略资源创新开发试验区，建设世界级钒钛产业基地、全国重要的稀土研发制造中心，发展现代农业和健康养老旅游业；引导支持川西北生态经济区大力发展全域旅游，有序发展特色农牧业，构建长江上游生态屏障，建设川藏世界旅游目的地。

关于发展路径。坚定走好符合四川实际的创新、协调、绿色、开放、共享发展之路，是"十三五"发展的根本遵循，也是贯穿规划纲要的主线。坚持创新发展，围绕解决发展动力问题，根据省委《关于全面创新改革驱动转型发展的决定》精神，对系统推进全面创新改革试验、提高自主创新能力、促进军民深度融合发展、构建西部人才高地、加快产业结构转型升级等方面提出了方向和要求，以加快培育经济发展新动力。坚持协调发展，围绕解决不平衡问题，特别强调处理好我省发展的一系列重大关系，就推动多点多极支撑发展、城乡统筹发展、物质文明和精神文明协调发展等方面提出了方向和要求，以加快形成平衡发展新格局。坚持绿色发展，围绕解决人与自然和谐问题，就促进人与自然和谐共生、建设主体功能区、发展绿色低碳循环经济、加强资源节约和循环高效利用、大力改善环境质量等方面提出了方向和要求，以加快构建生态文明新家园。坚持开放发展，围绕解决我省发展与外部发展联动问题，突出构建开放型经济新体制，就加快深化全方位开放合作、提升开放型经济水平、推进开放合作载体建设等方面提出了方向和要求，以加快形成合作共赢新局面。坚持共享发展，围绕解决社会公平正义问题，分别就坚决打赢脱贫攻坚战、增加公共服务供给、推进教育现代化、促进就业创业、缩小收入差距、完善社会保障制度、促进人口均衡发展、推进"健康四川"建设等方面提出了方向和要求，以顺应人民美好生活新期待。

各位代表！我们坚信，在省委领导下，全省上下攻坚克难、奋勇争先，"十三五"规划纲要确定的各项部署一定能够顺利落实，各项任务一定能够如期完成，与全国同步全面建成小康社会的目标一定能够实现。

三、关于 2016 年工作

2016 年是"十三五"决胜全面小康、建设经济强省的开局之年，做好政府工作的基本思路是，全面落实党的十八大和十八届三中、四中、五中全会精神，以邓小平理论、"三个代表"重要思想、科学发展观为指导，深入贯彻习近平总书记系列重要讲话精神，按照"五位一体"总体布局和"四个全面"战略布局，牢固树立和贯彻落实"五大发展理念"，主动适应把握引领经济发展新常态，按照省委十届六次、七次全会部署，坚持稳中求进工作总基调，坚持改革开放，坚持稳增长、调结构、惠民生、防风险，大力实施"三大发展战略"，突出全面创新改革牵引，着力加强供给侧结构性改革，提高供给体系质量和效率，加快培育发展新动能，构建发展成果共享新格局，努力实现"十三五"发展良好开局。

综合考虑，今年全省经济社会发展主要预期目标是：地区生产总值增长 7% 以上，全社会固定资产投资增长 10% 左右，社会消费品零售总额增长 10% 左右，进出口增速高于全国平均水平，地方一般公共预算收入增长 7% 左右，城乡居民收入分别增长 8% 左右、9% 左右，城镇登记失业率控制在 4.5% 以内，居民消费价格指数调控目标控制在 103 左右，完成国家下达的节能减排和环保目标任务。

为实现上述目标，今年重点抓好以下工作：

第一，千方百计稳定经济增长。

从多方面分析，今年经济发展仍然比较困难，我们必须把稳增长放在更加突出的位置。稳增长最重要的是稳定企业运行，促进实体经济健康发展。做好为企业服务工作，在制度上、政策上营造宽松的市场环境和投资环境，鼓励和支持各种所有制企业创新发展，保护各种所有制企业产权和合法权益，提高企业投资信心，改善企业市场预期。着力抓好国家出台的有关政策措施的落地生根。着力实施我省财金互动22条等政策措施，充分发挥财政、金融和产业政策协同支持效应，加大金融支持实体经济力度。着力因企施策，加大对有市场、暂时遇到困难企业的支持力度。

稳定和扩大有效投资。以"项目年"为契机，抓好631个全省重点项目、100个省级重点推进项目建设，抓紧启动实施好一批"十三五"重大标志性工程，谋划储备一批战略性、基础性重大项目。突出抓好工业投资，充分发挥产业引导基金和财政资金作用，推动2017个竣工项目投产达产，力争全年工业投资7500亿元以上、技改投资5500亿元以上。激发民间投资活力，推动项目审批便利化，再推出一批政府与社会资本合作项目，并用好引导基金，严守合同承诺，吸引更多民间资本参与重点项目建设。

扩大有效消费需求。以新消费引领新供给、培育新动力，引导企业适应消费需求调整产品结构，增加中高端、多元化的服务供给，拓展信息、绿色、时尚和农村等消费。落实带薪休假制度，鼓励错峰休假、弹性作息，促进旅游消费。进一步推动发展消费金融公司，提高居民现期消费能力。继续组织好市场拓展"三大活动"，提升"四川造"产品市场份额。

努力扭转进出口下滑势头。实施"优进优出"战略和"自主品牌出口增长"计划，优化外贸产品结构、产业结构、区域结构，加强外贸产品、产区品牌建设，扩大机电、高新技术产品和农产品出口。推动跨境电子商务综合试验区、进口商品交易中心建设，培育市场采购贸易、外贸综合服务等新型外贸业态，加快发展服务贸易和服务外包，探索建立国际贸易"单一窗口"制度。

第二，系统推进全面创新改革。

全面创新改革是"十三五"发展的"一号工程"，今年要起好步，着力形成一批可复制、可推广的改革经验和重大政策。加快推动成德绵协同创新，打破行政区划壁垒，促进创新平台共建、资源共享、政策共用。加快推进成都国家自主创新示范区、德阳国家重大装备研制基地、绵阳科技城、国家和省级高新区等创新发展载体建设，探索设立知识产权交易平台和创意项目交易平台。推动军民深度融合发展，着力体制机制创新，加大"军转民""民参军"推进力度，设立军民融合产业发展基金，启动 200 项军工技术成果再研发转民用，推动 150 项重点军民融合技改项目，力争培育 50 户军民融合型大企业大集团，支持符合条件的民营企业进入军工领域。加大科技投入，充分发挥企业创新主体作用，加快科技成果转化，完善政产学研用协同创新体系，更好发挥技术创新联盟作用，支持轨道交通国家实验室和一批国家重点实验室、工程技术研究中心建设。强化人才发展体制机制改革和政策创新，加大人才培养引进力度。深化科研院所分类改革，加快推进科技成果使用权、处置权、收益权改革，打通科技成果转化通道。大力推进知识产权保护。

全面推进大众创业万众创新。实施创业四川行动，办好"双创周"和"创青春"全国大学生创业大赛等活动，加快国家新兴产业"双创"示范基地建设。积极发展众创、众包、众扶、众筹，支持建设一批"孵化＋创投""互联网＋"等新型孵化器、加速器，争取全省各类孵化器达 600 家。细化落实鼓励创新创业的政策措施，落实大学生就业促进和创业引领计划。抓好农民工、川商返乡创业活动，完善信息沟通和项目对接机制，发挥好川商返乡兴业投资基金作用，办好首届川商返乡发展大会。

继续推进农村产权制度改革，按期完成土地承包经营权确权颁证，深化国有林场林区改革，有序推进供销社改革。深化国资国企改革，加快完善现代企业制度，调整国有资本布局结构，推进产权多元化，完善国有资产管理体制。深化财税体制改革，转变财政支持产业发展方式，完善产业发展投资引导基金体系和财金互动政策体系。推进地方金融改革，开展国家移动金融城市、农村金融服务综合改革试点，推动城商行、农信社改革，规范发展互联网金融。

第三，加快构建现代产业体系。

推进先进制造强省建设。深入实施《中国制造 2025 四川行动计划》，启动实施制造业创新中心建设、高端装备创新研制及智能制造等一批重大工程，加快推进五大高端成长型产业发展。实施"互联网＋制造"试点示范，大力发展云计算、大数据产业。培育石墨烯、北斗卫星导航、机器人、生物医药等新兴产业，着力提高电子信息、汽车制造产业本地配套率。支持川酒、川茶、川菜、川药等特色优势产业产品结构调整，推动钢铁、建材、化工等传统产业改造升级，淘汰 100 户以上企业落后产能。实施高新技术企业倍增行动，力争产值达 1.5 万亿元。实施大企业大集团培育计划，支持中小微企业"专精特新"发展。推进园区特色化、专业化发展。培育知识产权密集型产业。

加快发展现代服务业。大力实施"三百示范工程"，加快推进服务业核心城市、6 个区域性中心城市和服务业强县建设，新建 20 个省级服务业集聚区，加快西部金融中心建设。积极培育五大新兴先导型服务业，提升生产性服务业高端化、专业化发展水平，推动文化、体育、养老等 10 个重点领域生活性服务业发展。实施"全企入网、全民触网、电商示范"三大工程，推进知名电子商务企业在川设立交易结算中心或区域性总部。加快培育阳光度假、健康养老、乡村休闲等旅游业态，精心推出一批精品旅游线路，规划和启动四川藏区、彝区全域旅游建设。深入实施"大熊猫"国际品牌战略，大力发展入境游，办好国际旅游投资大会、旅博会等活动。力争旅游总收入达到 7200 亿元。

积极推进现代农业发展。加强农田水利基础设施建设，提升农业综合生产能力，确保粮食、油料、肉类、蛋奶等主要农产品有效供给。启动第三轮现代农业（林业、畜牧业）重点县建设，突出抓好 20 个现代农业示范县建设，推进现代农业千亿示范工程和生物种业工程。抓好农村一二三产业融合发展，积极发展特色种养业、农产品加工业，推进电子商务进农村综合示范，支持发展生态休闲等新产业新业态。支持发展新型农业经营主体，增强利益联结，增加农民收入。加强农业科技创新，健全农业社会化服务体系。做好第三次全国农业普查。

第四，扎实抓好结构性改革重点任务。

开展降成本增效益专项行动。落实好国家降低实体经济企业成本的政策，出台相关措施，清理垄断性中介服务收费，降低政府性收费标准。继续扩大直购电试点范围，用好留存电政策，推动富余电消纳，扩大直供气规模。采取租赁、租让结合等多种供地方式，降低企业用地成本。支持建立物流公共信息平台，发展多式联运、农产品冷链物流，切实降低物流成本。以清理银行业金融机构不合理收费为抓手，不断提升金融服务水平。提高企业直接融资比重，降低企业融资成本。

积极稳妥化解过剩产能。摸清底数，科学确定化解过剩产能目标任务和实现路径，制定具体实施方案和配套措施，积极争取国家支持。分业施策，采取兼并重组、消化淘汰、对外转移、管控增量等方式，化解钢铁、煤炭、平板玻璃等行业过剩产能。

积极稳妥、分类有序处置"僵尸企业",尽可能多兼并重组、少破产清算,同步做好职工安置工作。

着力化解房地产库存。以满足新市民住房需求为主要出发点,以建立购租并举的住房制度为主要方向,深化城镇住房制度改革。进一步落实房地产新政,推动棚改安置房、公租房和租赁市场与存量商品房市场有效衔接。进一步"去行政化",清理各类不合理收费,引导企业适当降低商品住房价格,促进房地产市场良性发展。

切实提高"四川造"产品质量。以国家标准、国际标准和国外先进标准等为参照,在我省10大类产业的重点产品中开展质量对标提升行动。大力建设国家技术标准创新基地、国家和省级检验检测中心。制定品牌发展政策措施,推动企业开发适销对路产品,鼓励企业改进产品质量、开展技术创新,培育一批具有核心竞争力的本土品牌。严厉打击制假售假、侵犯知识产权等违法行为,加强市场主体诚信建设和信用监管。

第五,深化对外开放合作。

主动融入"一带一路"和长江经济带战略。落实好"一带一路"建设33项重点工作,推进"251三年行动计划",精心组织"千企行丝路"活动,全面拓展与沿线国家经贸、文化、旅游等合作,鼓励企业参与境外铁路、水电、港口等开发建设。启动实施国际产能合作"111"工程,组建省属国有海外投资公司,推动优势产业、富余产能向境外转移。坚持生态优先,推进与沿江省市联动,共同加强长江沿线生态建设和环境保护。以贯通长江干、支线航道为重点,共建长江经济带综合立体交通走廊。加强省内沿江产业统筹规划,逐步形成集聚度高、竞争力强、布局合理的现代产业走廊。

推进出川大通道建设。围绕国家"六廊六路多国多港"建设布局，加快构建现代综合交通运输体系。突出抓好"十大铁路大通道"规划建设，提升"蓉欧快铁""中亚班列"国际通道运营水平。加快成都天府国际机场和支线机场建设，打造"空中丝绸之路"。加快发展航空、铁路、水运口岸，加强与沿海港口城市和陆路边境口岸的通道对接。

打造开放合作平台。加快推进中韩创新创业产业园、中德创新产业合作平台和中法成都生态园等建设。精心办好中外知名企业四川行、西博会、科博会、海科会、酒博会、农博会等重大投资促进活动，开展电子信息、汽车制造等重点产业专题招商，针对性开展境外招商活动，力争引进到位国内省外资金 9500 亿元，实际利用外资保持中西部前列。办好二十国集团财长和央行行长会议、第四届中美省州长论坛、第五届中法地方政府合作高层论坛，加快推进中美"2+2"合作。务实推进与港澳台地区和珠三角、长三角、京津冀等合作，深化与重庆、云南、贵州等周边省份合作发展。

第六，全力推进脱贫攻坚。

打好精准扶贫、精准脱贫"3+10"组合拳，实施 10 个专项方案年度工作计划，切实把"六个精准"总体要求、"五个一批"扶贫攻坚行动计划落实到村到户到人。抓好基础设施、医疗卫生、易地搬迁等十大扶贫工程，扎实推进旅游扶贫、电商扶贫、科技扶贫。注重因地制宜推动产业扶贫，解决好贫困群众增产不增收的问题。全年实现 105 万以上贫困人口脱贫、2500 个以上贫困村退出和 5个贫困县"摘帽"。

突出脱贫攻坚重点区域。坚持把"四大片区"作为主战场，继续实施藏区"六项民生工程计划"和彝区"十项扶贫工程"，抓好大小凉山农村"一村一幼"工作，实施藏区千人支教十年计划。大力推进秦巴山区、乌蒙山区连片扶贫攻坚，推动川陕革命老区振兴发展。同时，统筹解决好插花式贫困问题。

创新机制推进脱贫攻坚。创新推进中央和国家机关、中央企业在川定点扶贫、外省对口扶贫协作，抓好省内新一轮对口定点扶贫。引导更多金融资金和社会资本参与扶贫开发，加大县级政府统筹整合扶贫资金资源力度，保障扶贫重点项目投入。强化脱贫攻坚责任机制，加强扶贫资金管理，落实扶贫目标、任务、资金、权责"四到县"制度。

第七，强化生态环境保护。

持续推进长江上游生态屏障建设。严格划定和控制生态保护红线，加强天保工程二期、退耕还林还草建设，开展大规模绿化全川行动，营林造林 40 万公顷，森林覆盖率提高到 36.2%。加强自然保护区建设，实施濒危野生动植物抢救性保护工程，推动建设大熊猫国家公园。探索建设国家生态文明试验区，健全生态补偿机制，加强江河流域源头生态保护，推进湿地公园建设，实施防沙治沙与环境保护重点工程。

以最严厉的措施治理环境污染。以"减排、压煤、抑尘、治车、控秸"为重点，实行重点区域联防联控，推动大气质量改善。加大重点流域水污染防治力度，强化饮用水水源和良好水体保护，推进城市黑臭水体整治。实施工业污染物全面达标排放计划，落实国家总量减排任务。实施城乡环境综合整治"五大工程"，改善人居环境。加强环境监测、执法监管及其能力建设，加大执法惩戒力度。

促进绿色低碳循环发展。推进传统制造业企业绿色改造，推动节能环保装备产业发展，加快新能源汽车和新型建筑工业化产品的推广应用，加快创建国家清洁能源示范省。推进工业废气、废水、废物的综合治理和回收再利用。实施能源和水资源消耗、建设用地等总量和强度双控行动，探索建立西部碳排放权交易中心。

第八，提升区域和城乡发展水平。

推动区域协调发展。分类指导和支持五大经济区建设，完善区域协同和联动机制。制定实施经济区、城市群等规划，加强基础设施、产业布局、公共服务、生态环境等重大事项的统筹协调。围绕天府新区"一城六区"功能布局，加快集聚先进制造业和高端服务业，抓好成都科学城、空港经济区和西部国际博览城建设。完善县域经济发展考核办法，开展县域经济50强创建活动，建设一批现代农业、工业、服务业、旅游和生态经济强县。深化扩权强县改革，支持符合条件的县撤县设市。

加强城乡规划建设。推进县（市）域"多规合一"，建立规划违法违纪约谈制度，把城乡规划实施纳入地方政府主要领导经济责任审计内容，确保一张蓝图绘到底。全面开展"城市基础设施建设年行动"，加快城市新区功能完善和地下综合管廊等建设，抓好海绵城市建设试点。继续推进"百万安居工程建设行动"，改造危旧房棚户区和建设保障性住房30万套，力争棚改货币化安置比例超过50%。开展宜居宜业县城建设试点，提升300个省级试点镇建设水平。启动幸福美丽新村示范县建设，加快推进藏区新居、彝家新寨、巴山新居、乌蒙新村建设。

健全城市管理体制机制。落实城市管理主体责任，推进市、县两级政府城市管理领域大部门制改革，统筹整合涉及城市管理的执法队伍。推进城市管理重心下移、职能下沉，强化街道城市管理职责，充分发挥社区基础作用，广泛发动市民共同参与城市管理。推进智慧城市建设，推广网格化管理服务。

提高户籍人口城镇化率。深化户籍制度改革，全面实施居住证制度，加快推进农业转移人口市民化，为进城农民工提供更多公共服务。加快完善转移人口与建设用地、建设资金、转移支付"三挂钩"机制。力争户籍人口城镇化率达31.5%、常住人口城镇化率达48.9%。

第九，切实保障和改善民生。

集中财力办好民生实事。全省一般公共预算民生支出占比保持在65%左右，继续实施好"十项民生工程"，办好20件民生大事。坚持以创业带动就业，突出抓好高校毕业生、农民工、化解过剩产能中失业人员等重点人群就业和再就业，力争城镇新增就业80万人。实施全民参保计划，推进机关事业单位养老保险制度改革。加快城乡居民医保整合，实现大病保险全覆盖。统筹推进社会救助，提高城乡低保水平，发展慈善事业，深化"量体裁衣"式残疾人服务。

大力发展社会事业。推进县域内义务教育均衡发展，新增普惠性幼儿园，逐步提高高中阶段教育普及水平，落实中等职业教育全面免学费政策，全面推行民族地区15年免费教育，启动一流大学、一流学科建设，引导部分地方本科院校向应用型转变。推进"健康四川"建设，深入开展分级诊疗等三项医改试点，引导优质医疗资源下沉；抓好重大疾病、地方病、职业病综合防治，促进中医药发展。落实全面两孩政策。推进现代公共文化服务体系示范县（市、区）建设，加强文化遗产保护和传承，实施"巴蜀文化品牌工程"，开展"书香天府·全民阅读"活动，发展区域特色和创意文化产业。落实全民健身国家战略，发展竞技体育，培育体育产业。

切实抓好地震灾区恢复重建。全面完成芦山地震灾后恢复重建总体规划任务，继续扎实推进基础设施、城镇、公共服务等重建项目建设，大力发展旅游、生态农业等特色产业，加快工业集中区和飞地园区建设。同时抓好康定、得荣地震灾区恢复重建。

第十，加强和创新社会治理。

创新社会治理方式。坚持预防为主，注重源头治理，强化应急防范与处置，有效化解各类矛盾和问题。开展信访"三无"创建活动，实行网上受理信访制度，推动信访积案化解。加强人民调解组织建设。健全基层依法治理体系，加强社区、社会组织、社会工作者"三社联动"，支持工会、共青团、妇联等群团组织参与社会治理，积极开展政府向社会组织购买服务。稳妥推进撤乡设镇及撤镇设街道办事处。启动"七五"普法，深化"法律七进"。大力开展社会主义核心价值观教育。

深入推进"平安四川"建设。健全立体化社会治安防控体系，强化反恐防暴和反分裂斗争，依法严厉打击各类犯罪活动。切实抓好危爆物品、道路交通、消防火灾等公共安全监管，加大"禁毒防艾"工作力度。持续深入推进"打非治违"和安全专项整治，坚决遏制重特大事故发生。实施最严格的食品药品安全监管，从严查处各种违法违规行为。做好地震、气象、水文监测预报和地质灾害预警防治等工作，有效防范和应对重大自然灾害。

贯彻党的民族政策，推进宗教事务依法管理。强化国防动员和后备力量建设，支持国防和军队改革，做好双拥共建、人民防空等工作。积极发展妇女儿童、老龄事业，继续做好外事侨务、新闻出版广播影视、统计、档案、地方志、参事文史等工作。

各位代表，我们深深知道，人民对政府工作寄予厚望。今年，我们将聚焦依法行政、转变职能、提高效能，切实加强法治政府和服务型政府建设。严格依法行政。把政府工作全面纳入法治轨道，依法全面履行职责。认真执行人大及其常委会的决议、决定，主动接受人大工作监督、法律监督和政协民主监督。加强行政复议和行政应诉工作。健全政府立法协商机制，确保立法决策和改革决策相衔接。加强新型智库建设，完善决策咨询制度和政府法律顾问制度，建立健全重大行政决策终身责任追究制度及责任倒查机制，推进依法科学民主决策。加强和改进执法监督，严格规范公正文明执法。切实抓好政务公开和政府信息公开，让人民更好地监督政府。把"放、管、服"改革引向深入。继续清理行政审批事项，巩固扩大"五个再砍掉一批"成果，进一步优化完善省市县三级权责清单，全面实施"先照后证"，切实加强事中事后监管。大力推广"互联网＋政务服务"，做好省级政务云平台建设管理，基本建成统一规范的公共资源交易市场体系。强化行政执行力。加强政务督查和效能监察，引入第三方评估机制，坚决纠正不作为、乱作为，坚决克服"懒政""怠政"，坚决惩处失职、渎职，确保中央和省委决策部署全面落实、政策措施全面落地。加强作风建设。践行"三严三实"，驰而不息纠正"四风"，切实解决群众身边的不正之风和腐败问题。严格落实党风廉政建设责任制，把廉洁从政贯彻到政府工作各个环节，努力使廉洁自律成为每一个政府工作人员的自觉行为。严格依法规范行使权力，突出重点领域、关键环节和重要岗位权力运行的监督管理，发挥行政监察、审计监督和社会监督的作用，努力让人民群众从政府建设和工作中感受到清风正气。

各位代表！四川发展已经站在新的历史起点上，让我们紧密团结在以习近平同志为总书记的党中央周围，在省委坚强领导下，紧紧依靠全省各族人民，开拓创新，拼搏实干，为实现四川"两个跨越"而努力奋斗！

名词解释和说明

1. 三期叠加：经济增长速度换挡期、结构调整阵痛期、前期刺激政策消化期。

2. 四江六港：长江、岷江、嘉陵江、渠江和泸州港、宜宾港、乐山港、广安港、南充港、广元港。

3. "4+1" 政策：加强资源要素价格管理、加强和改进投资促进、进一步缓解企业融资难融资贵、大力开拓市场扩大四川产品销售和全面落实房地产市场新政等政策。

4. "7+7+5" 产业：七大优势产业、七大战略性新兴产业和五大高端成长型产业。

5. 251 三年行动计划：围绕"一带一路"建设，锁定 20 个国家进行重点开拓、深度开拓；优选 50 个重大项目开展重点跟踪、强力促进；精选 100 家优势企业实施重点引导、形成示范，全面提升四川与沿线国家经贸合作水平。

6. 中俄"两河流域"：俄罗斯伏尔加河沿岸联邦区和中国长江中上游地区。

7. 十项民生工程：就业促进、扶贫解困、民族地区帮扶、教育助学、社会保障、医疗卫生、百姓安居、民生基础设施、生态环境和文化体育工程。

8. 法律七进：法律进机关、进学校、进乡村、进社区、进寺庙、进企业、进单位。

9. 社区建设"三项试点"：社区公共服务综合信息平台建设试点、城乡社区协商试点和农村社区建设试点。

10. 四个全面：全面建成小康社会、全面深化改革、全面依法治国、全面从严治党。

11. 国际贸易"单一窗口"：参与国际贸易和运输的各方，通过单一的平台提交标准化信息和单证，以满足相关法律法规及管理的要求。

12. 千企行丝路：每年组织1000家左右的企业到东南亚、南亚、中亚、中东欧等"一带一路"重点区域开展贸易投资促进活动。

13."111"工程："十三五"时期，实施100个重点国际产能合作项目，打造10个国际产能合作示范基地，到2020年带动四川装备和其他商品出口100亿美元。

14. 六廊六路多国多港：打通新亚欧大陆桥、中蒙俄、中国-中亚-西亚、中国-中南半岛、中巴、孟中印缅经济走廊等"六大走廊"，推动铁路、公路、水路、空路、管路、信息高速路互联互通，在"一带一路"沿线国家中培育若干支点国家，构造若干支点港口。

15. 十大铁路大通道：向北成都经达州、经西安至京津冀，向西成都经西宁、经兰州至中西亚、经格尔木至西亚和经拉萨至南亚，向南成都经宜宾、经攀枝花至东南亚、经贵阳至珠三角，向东成都经重庆至长三角等十条铁路大通道。

16. 中美"2+2"合作：在气候智慧型和低碳城市建设等领域，创新开展"华盛顿州+华盛顿大学"和"四川省+清华大学"的"2+2"合作模式。

17."3+10"组合拳：1个新十年扶贫开发《纲要》、1个扶贫开发《条例》、1个扶贫攻坚《决定》和基础、新村、产业、能力、生态、医疗卫生、文化惠民、社会保障、社会扶贫和财政金融10个扶贫攻坚《专项方案》。

18. 六个精准：扶贫对象精准、项目安排精准、资金使用精准、措施到户精准、因村派人精准、脱贫成效精准。

19. 五个一批：扶持生产和就业发展一批、移民搬迁安置一批、低保政策兜底一批、医疗救助扶持一批、灾后重建帮扶一批。

20. 藏区"六项民生工程计划"：藏区新居建设计划、教育发展振兴计划、医疗卫生提升计划、社会保障促进计划、文化发展繁荣计划、扶贫解困行动计划。

21. 彝区"十项扶贫工程"：在大小凉山彝区 13 个县（区）强化彝家新寨建设、乡村道路畅通、农田水利建设、教育扶贫提升、职业技术培训、特色产业培育、农业新型经营主体构建、产业发展服务、卫生健康改善和现代文明普及等"十项扶贫工程"。

22. 城乡环境综合整治"五大工程"：农村生活垃圾长效治理工程、农村污水处理专项整治工程、农房建设管理提升工程、农村环境连片整治工程、农村面源污染治理工程。

23. 天府新区"一城六区"：天府新城和成眉战略新兴产业功能区、双流高技术产业功能区、龙泉高端制造产业功能区、成都科学城、南部特色优势产业功能区、"两湖一山"国际旅游文化功能区。

24. 信访"三无"：无进京非正常上访、无进京越级上访、无到省集访。

25. "放、管、服"：简政放权、放管结合、优化服务。

贵州省
政府工作报告

——2016年1月26日在贵州省第十二届
人民代表大会第四次会议上

代省长 孙志刚

各位代表：

现在，我代表省人民政府向大会作工作报告，请予审议，并请省政协委员和其他列席人员提出意见。

一、"十二五"时期工作回顾

"十二五"是我省发展极不平凡的五年。在中共贵州省委的领导下，在省人大、省政协的监督和支持下，我们全面贯彻习近平总书记系列重要讲话精神特别是对贵州工作的重要指示要求，认真落实党中央、国务院和省委各项决策部署，坚持主基调主战略，坚持发展为要、民生为本、企业为基、环境为重，牢牢守住发展和生态两条底线，紧紧抓住改革开放关键一招，积极主动适应新常态，统筹做好稳增长、调结构、惠民生、防风险各项工作，改革发展的势头持续向好、开放创新的态势持续向好、和谐稳定的局面持续向好、干事创业的氛围持续向好，圆满完成"十二五"规划目标任务，进入后发赶超、加快全面小康建设的重要阶段。

过去五年，是我省综合实力提升最快、基础设施变化最大、发展动力活力最足、生态建设成效最好、人民得到实惠最多的时期，经济增速连续五年居全国前 3 位，主要经济指标翻了一番以上，经济总量和人均生产总值实现赶超进位的历史性突破，在西部地区率先实现县县通高速公路，进入高铁时代，开启大数据时代，正在走向生态文明新时代。2015 年，地区生产总值突破 1 万亿元、达到 1.05 万亿元，年均增长 12.5%。固定资产投资达到 1.07 万亿元，年均增长 29.5%。金融机构存款、贷款余额分别达到 1.9 万亿元和 1.5 万亿元，年均增长 21.4% 和 21.2%。市场主体注册资本达到 2.59 万亿元，年均增长 41.2%。社会消费品零售总额达到 3283 亿元，年均增长 17.2%。一般公共预算收入达到 1503.4 亿元，年均增长 23%。城镇、农村居民人均可支配收入分别达到 24580 元和 7387 元，年均增长 11.8% 和 14.4%。城镇化率提高到 42%，民营经济比重提高到 50%，森林覆盖率超过 50%。五年减少贫困人口 656 万人，全面建成小康社会指数提高到 82% 左右。

过去五年，我们迎难而上，克难奋进，重点抓了以下工作：

（一）抢抓机遇主动作为，中央对我省支持力度空前加大。国家出台国发〔2012〕2 号文件，批准设立贵安新区、贵阳综合保税区、贵安综合保税区、生态文明先行示范区、大数据综合试验区、山地特色新型城镇化示范区，将生态文明贵阳会议上升为国家级国际性论坛。批准实施水利建设生态建设石漠化治理综合规划、黔中经济区发展规划，把我省纳入"一带一路"、长江经济带、珠江－西江经济带。将贵州作为全国扶贫开发攻坚示范区，实现中直机关、东部城市对我省定点帮扶和对口帮扶全覆盖。累计安排我省转移支付9540多亿元。

（二）强力破解瓶颈制约，基础设施建设取得历史性突破。铁路里程达到3037公里，其中高速铁路701公里；公路里程达到18.4万公里，其中高速公路5128公里，实现乡乡通油路、村村通公路。通航机场实现市州全覆盖，机场旅客吞吐量达到1563万人次。高等级航道达到690公里，乌江基本实现通航。开工建设夹岩等一批大中型水利工程，建成黔中水利枢纽一期和滋黔一期工程，供水能力达到110亿立方米，解决1300万农村人口饮水安全问题。通信光缆60万公里，出省带宽3000Gbps，100%的建制村通宽带。电力装机容量5065万千瓦，建成500千伏"日"字形环网及中缅、中贵天然气管道和贵渝成品油管道。

（三）坚持把脱贫攻坚作为重中之重，精准扶贫取得重大成效。聚焦"两有户、两因户、两无户、两缺户"，坚持"六个精准""六个到村到户""四到县"，制定实施"33668"脱贫攻坚行动计划，出台落实大扶贫战略行动意见和"1+10"等政策文件，实施"两线合一、减量提标"和精准扶贫"特惠贷"。取消重点生态功能区10个贫困县GDP考核。投入财政扶贫资金305亿元。易地扶贫搬迁66万人。35个贫困县、744个贫困乡镇摘帽，贫困发生率下降到14.3%。

（四）狠抓重点发展平台建设和结构优化，转型升级迈出坚实步伐。"5个100工程"完成投资1.4万亿元。实施工业"百千万"工程，新增规模以上企业1889户，规模以上工业增加值年均增长14.3%，形成6个千亿级产业。"五大新兴产业"发展迅猛，大数据信息产业年均增长 37.7%，电子商务交易额年均增长 64%；医药产业年均增长 14.2%，建筑建材业年均增长 21.6%；现代山地特色高效农业蓬勃发展，粮经作物面积比调整为 40∶60；旅游总收入年均增长 27%，服务业增加值年均增长 12.5%。装备制造业年均增长 25.5%。特色轻工业年均增长 15.6%。民营经济年均增长 23.7%。

（五）统筹城乡区域民族地区协调发展，城乡面貌焕然一新。大力推进山地特色新型城镇化，新增城镇人口 306.5 万人、建成区面积 461 平方公里。"四在农家·美丽乡村"六个小康行动计划完成投资 1100 亿元，"三农"面貌发生巨大变化。黔中经济区、黔北经济协作区、毕水兴经济带发展步伐加快。县域经济总量增长 1.5 倍。3 个自治州、11 个自治县生产总值占全省比重提高到 23.7% 和 8.2%。

（六）全面推进生态文明建设和绿色发展，生态环境优势得到巩固加强。加快生态文明先行示范区和绿色贵州建设，发挥生态环保"两把利剑""两个问责"作用，发出"多彩贵州拒绝污染"强音。完成营造林 2161 万亩，治理石漠化 8270 平方公里、水土流失 1.1 万平方公里。淘汰落后产能 3080 万吨，单位生产总值能耗下降 19%，市州中心城市集中式饮用水源水质达标率 100%、空气质量指数优良率高于 90%。县级以上城市污水处理率、生活垃圾无害化处理率达到 89.3% 和 82.7%。草海生态保护和综合治理规划获国家批复。八大河流实行"河长制"。赤水河、乌江、清水江流域生态文明制度改革取得实质性突破。

（七）全力推动改革开放创新，后发赶超优势叠加释放。全面深化改革。完成改革任务 385 项，争取国家级改革试点 175 个。全部取消非行政许可审批事项，省级行政许可事项减少到 321 项，省级设立的行政事业性收费项目减少到 7 项。全面推行矿业权招拍挂制度，实施煤炭资源税从价计征改革。深化国有企业产权制度和商事制度改革，新增市场主体 113.7 万户。推进户籍制度、农村产权制度和毕节试验区改革，毕节、铜仁撤地设市。财税金融、社会事业、司法行政等领域改革不断深化。全方位扩大开放。"1+7"开放创新平台加快建设，贵安新区高端化绿色化集约化强势推进。黔深欧国际海铁联运班列和黔渝新欧货运班列开通运营。与长江经济带各省市实现通关一体化。成功举办生态文明贵阳国际论坛、中国 – 东盟教育交流周、酒博会、数博会、茶博会、民博会、国际山地旅游大会、旅发大会等重大开放活动。招引落地 500 强企业 134 家，引进省外到位资金 2.5 万亿元，实际利用外资年均增长 49.3%，进出口总额年均增长 31.3%。全力推进科技创新。新建 5 家国家级科技创新平台和 59 个院士工作站，建成贵州科学城。高新技术产业产值超过 2500 亿元，科技进步贡献率提高到 45%，人才总量超过 360 万人。

（八）千方百计保障改善民生，社会事业全面发展。民生实事完成投资 2897.7 亿元。城镇新增就业 267 万人，"3 个 15 万元"政策带动就业 45.2 万人。完成教育"9+3"计划，启动基本普及 15 年教育，19 个县市区实现义务教育发展基本均衡，中职"百校大战"基本完成，花溪大学城、清镇职教城和贵州大学新校区一、二期工程基本建成，走出穷省办大教育的图强之路。新增三甲医院 22 所，医疗卫生服务体系逐步完善，基层群众就医条件不断改善。文化事业蓬勃发展，海龙屯土司遗址列入世界文化遗产目录，建成省博物馆新馆和贵阳孔学堂，实现县城数字影院全覆盖。全民健身和竞技体育协调发展，恢复举办省运会。城乡低保、基本医疗、基本养老等保障水平不断提高。加强农村留守儿童、困境儿童和留守老人精准关爱救助保障。实施城镇保障性安居工程 154 万套（户），改造农村危房 192 万户。完成受地质灾害威胁的 238 所学校治理。安全生产事故起数、死亡人数年均下降 13.2% 和 14.7%，刑事案件年均下降 3.3%，人民群众安全感持续提升。信访维稳工作不断加强。国防建设和经济建设协调发展。各项事业取得新进步。

（九）大力加强法治政府建设，执行力公信力不断提高。提请省人大常委会审议地方性法规草案 48 件，制定省政府规章 28 件。扎实开展党的群众路线教育实践活动和"三严三实"专题教育。公布省市县三级政府部门权力清单、责任清单。从 2013 年起压缩行政经费 5% 用于实施教育"9+3"计划。省级部门行政审批事项全部集中在省政务服务中心办理，公共资源交易项目全部集中在公共平台交易。办好省长 – 群众直通交流台，设立省政府开放日，政府透明度位居全国前列。全面推进民生监督工作，强化行政监察和审计监督，勤政廉政建设取得新成效。

2015 年，是我省发展具有特殊意义的一年。习近平总书记亲临我省视察指导，要求我们守住发展和生态两条底线，培植后发优势，奋力后发赶超，走出一条有别于东部、不同于西部其他省份的发展新路。李克强总理在我省视察指导时，要求我们鼓起劲来在赶超中实现科学发展，弯下腰来坚决拔掉穷根，携起手来唱响民族团结的绚歌。按照总书记、总理的重要指示，全省上下以"守底线、走新路、奔小康"为总要求，坚持改革开放创新，坚持弯道取直、后发赶超，经济社会发展稳中有进、稳中有新、稳中向好，多项经济指标增速位居全国前列，多项工作取得重大突破，实现"十二五"

圆满收官。地区生产总值增长 10.7%，固定资产投资增长 21.6%，社会消费品零售总额增长 11.8%，进出口总额增长 15.6%，一般公共预算收入、支出增长 10% 和 10.9%。

过去一年，我们狠抓脱贫攻坚和民生保障，启动实施新一轮易地扶贫搬迁工程，组建贵州扶贫开发投融资平台，设立省政府"扶贫专线"，建成"扶贫云"。减少贫困人口 130 万人，易地扶贫搬迁 20 万人。"十件民生实事"完成投资 963 亿元，城镇新增就业 72.7 万人，城镇、农村居民人均可支配收入增长 9% 和 10.7%。我们强化运行调度和要素供给，出台稳工业 23 条、扩投资 23 条、促消费 29 条等具体政策措施，新增建设用地 20.9 万亩，减少企业用电成本 11 亿元，争取中央各项补助 2346 亿元，金融机构新增贷款余额 2683.4 亿元，发行政府债券 2350 亿元。我们加快结构调整和产业培育，大力发展大数据和大健康、山地农业和山地旅游、现代制造业和现代服务业，改造提升传统特色优势产业，新增规模以上企业 432 户，规模以上工业增加值增长 9.9%，服务业增加值增长 11.1%，农业增加值增长 6.5%。我们全力推进改革开放和科技创新，完成 95 项改革任务，平均每天新增市场主体 900 多户。25 家 500 强企业新落户贵州，引进省外到位资金 7213 亿元，实际利用外资增长 22.2%。高新技术产业产值增长 13%。我们着力扩大投资和消费需求，集中开工重大项目 1518 个、建成 263 个，实施 PPP 项目带动社会资本投资 431 亿元。实施信息、住房等消费工程，农村电商网点超过 1000 家，商品房销售面积增长 12%，快递业务量增长 50.7%。我们切实加强生态建设和环境保护，完成营造林 420 万亩，治理石漠化 1083 平方公里、水土流失 2300 平方公里，森林覆盖率提高 1 个百分点。集中整治赤水河、乌江、清水江等流域污染，建成 30 个示范小城镇污水处理设施。我们大力提高社会事业和社会治理水平，义务教育巩固率和高中阶段、高等教育毛入学率不断提升，启动实施健康贵州和多彩贵州民族特色文化强省建设工程，加强"平安贵州"建设，社会和谐稳定。

　　各位代表！五年来取得的历史性成就，为全面建成小康社会打下了坚实基础。实践充分证明，省委、省政府坚定不移高举"发展、团结、奋斗"的旗帜，坚定不移构筑"精神高地"、冲出"经济洼地"，是完全正确、十分有效的。五年来的历史性变化告诉我们，贵州是一片充满希望和活力的热土，贵州的干部群众想干事、能干事、干得成事，只要我们坚持艰苦奋斗、长期奋斗、不懈奋斗，完全可以改变贫困落后面貌，实现后发赶超，创造美好未来。五年来的发展启示我们，在新的起点上推进全面小康社会建设，必须牢牢守住发展和生态两条底线，做到既要绿水青山也要金山银山、绿水青山就是金山银山，推动两条底线一起守、两个成果一起收；必须深入实施主基调主战略，既要"赶"又要"转"，在全力赶超中加快转型、在转型升级中跨越发展；必须全面推进改革开放，以改革促进开放、以开放倒逼改革，充分激发经济社会发展动力活力；必须把改善民生作为根本出发点落脚点，坚持发展为了人民、发展依靠人民、发展成果由人民共享，大力实施脱贫攻坚第一民生工程，不断提高人民生活水平；必须坚持依法行政从严治政，全面推进法治政府建设，严守政治纪律和政治规矩，严肃政风政纪，严查腐败案件，以务实举措创造经得起历史检验的业绩，以实际成效赢得人民群众的信赖。

　　各位代表！过去五年的成就来之不易。这是党中央、国务院和省委坚强领导的结果，是省人大、省政协监督支持的结果，是全省各族干部群众团结奋斗的结果。我代表省人民政府，向全省各族人民、各级干部表示崇高的敬意！向人大代表、政协委员，向各民主党派、各人民团体和各界人士，向驻黔人民解放军、武警官兵和人民警察，向中央各部门各单位和兄弟省区市，向关心贵州建设的港澳台同胞、海外侨胞和国际友人，表示衷心的感谢！

在充分肯定成绩的同时，我们也清醒地认识到存在的问题和面临的挑战。主要是：经济总量小，人均水平低，贫困人口多，城乡差距大，社会事业发展滞后，脱贫攻坚、同步小康任务艰巨；工业化、城镇化水平不高，传统产业转型升级慢，新兴产业规模还比较小，体制机制不够活，创新能力还不足，生态环境保护压力大，转方式、调结构任务艰巨；固定资产投资增幅回落，工业经济增速放缓，农业基础比较薄弱，服务业整体水平较低，部分行业企业生产经营困难，稳增长、扩总量任务艰巨；社会治理能力还不强，安全生产事故时有发生，部分市县政府债务风险较高，社会矛盾日益复杂，防风险、促和谐任务艰巨；少数干部不作为、慢作为、乱作为的现象依然存在，一些政策措施不落实，转职能、提效能任务艰巨。我们要正视问题，直面挑战，采取有效措施，切实加以解决，决不辜负全省人民的厚望。

二、"十三五"时期的主要目标任务

"十三五"时期是我省可以大有作为、必须奋发有为的重要战略机遇期，是实现弯道取直、后发赶超的最关键时期，是脱贫攻坚、同步小康的决战决胜时期。我们既要看到，贫困落后是主要矛盾、加快发展是根本任务的基本省情没有变，既要"赶"又要"转"的双重任务没有变；更要看到，我国经济发展已进入速度变化、结构优化、动力转换的新常态，中央提出"五大发展理念"，把脱贫攻坚作为头等大事和第一民生工程，对我省做好经济社会发展工作提出了新的更高要求。我们要紧紧抓住国家转方式调结构重要窗口期、决战脱贫攻坚、深入推进西部大开发等重大机遇，坚持用"五大发展理念"引领发展行动，坚定战略部署不动摇，坚定目标任务不懈怠，与时俱进创新方式方法，以更快的节奏、更实的作风，坚决打赢脱贫攻坚战，谱写五大发展理念贵州新篇章！

"十三五"时期政府工作的总体要求是：高举中国特色社会主义伟大旗帜，全面贯彻党的十八大和十八届三中、四中、五中全会精神，以邓小平理论、"三个代表"重要思想、科学发展观为指导，深入贯彻习近平总书记系列重要讲话精神，按照中央和省委的决策部署，统筹推进"五位一体"总体布局，协调推进"四个全面"战略布局，贯彻创新、协调、绿色、开放、共享五大发展理念，守住发展和生态两条底线，坚持以脱贫攻坚统揽经济社会发展全局，坚持加速发展、加快转型、推动新跨越主基调，深入推进工业强省和城镇化带动主战略，突出抓好大扶贫、大数据两大战略行动，培植后发优势，奋力后发赶超，走出一条有别于东部、不同于西部其他省份的发展新路，确保与全国同步全面建成小康社会。

"十三五"时期，我省经济社会发展主要预期目标是：地区生产总值年均增长 10% 左右；现行标准下农村贫困人口全部脱贫，贫困县乡全部摘帽，贫困村全部退出；规模以上工业增加值年均增长 10.5% 左右，固定资产投资年均增长 15% 以上，社会消费品零售总额年均增长 11.5% 以上，进出口总额年均增长 20%；一般公共预算收入年均增长 10% 左右，城镇、农村居民人均可支配收入年均分别增长 10% 左右和 12% 左右，城镇新增就业 350 万人、城镇登记失业率控制在 4.2% 以内；城镇化率提高到 50%，新兴产业占生产总值的比重提高到 20%、服务业比重提高到 45.8%、民营经济比重提高到 60%；平均受教育年限、平均预期寿命达到全面小康目标；森林覆盖率达到 60%，节能减排降碳指标控制在国家下达计划范围内。经过五年努力，实现脱贫攻坚和民生改善新跨越、经济发展和结构调整新跨越、生态建设和环境保护新跨越、深化改革和扩大开放新跨越、社会建设和法治保障新跨越。

今后五年，重点实施两大战略行动，构建七大体系，实现七大突破。

——实施大扶贫战略行动，坚决打赢脱贫攻坚战。深入贯彻精准扶贫、精准脱贫基本方略，把脱贫攻坚作为头等大事和第一民生工程，抓住用好国家"补短板"的重大历史机遇，坚持"六个精准"，实施"五个一批"，举全省之力，集全省之智，彻底解决现行标准下 493 万农村贫困人口脱贫问题，使贫困群众生产生活条件明显改善，促进自我发展能力显著提升。通过大扶贫推动基础设施跃上新台阶。提高贫困地区铁路、高速公路覆盖率，加快普通国省道、农村公路建设，实现以村为单位油路（水泥路）、110 千伏以上线路和变电站、通信光纤和 4G 网络、生活垃圾收集处理设施全覆盖，全面解决农村人口饮水安全问题。通过大扶贫推动产业发展跃上新台阶。加快贫困地区特色优势产业发展，实现村村有特色主导产品、乡乡有产业扶贫基地、县县有高标准农业示范园区和大型农产品加工龙头企业。通过大扶贫推动城镇化水平跃上新台阶。重点依托城镇、产业园区和旅游景区，完成 130 万建档立卡贫困人口易地扶贫搬迁，吸纳更多贫困人口就业创业，带动城镇化率提高 3 个百分点以上。通过大扶贫推动生态环境质量跃上新台阶。贫困地区 25 度以上坡耕地和 15 度至 25 度重要水源地的坡耕地全部退耕还林还草，带动全省森林覆盖率提高 7 个百分点。通过大扶贫推动公共服务均等化跃上新台阶。实现"两线合一、减量提标"。完成贫困地区县乡村医疗卫生服务网络标准化建设，提高医疗保障水平，让农民群众不再因病致贫返贫。完成农村幼儿园、寄宿制学校标准化建设，全部免除（补助）农村贫困家庭学生就读高中、大学的学杂费，让寒门学子求学无忧。

　　——实施大数据战略行动，全力打赢抢先机突围战。坚持把大数据作为我省弯道取直、后发赶超的战略引擎，大力推进国家大数据综合试验区建设，统筹建好用好"云上贵州"及其应用平台，充分挖掘利用大数据商业价值、管理价值、社会价值，抢占大数据发展制高点。运用大数据推动经济发展加快转型。以数据流引领技术流、物质流、资金流、人才流，运用大数据、"互联网 +"的思维和技术，全力推动高端企业、先进技术与我省产业企业有机嫁接，促进信息化与工业化、农业现代化深度融合，加快传统产业和服务业信息化改造，推进生产技术、商业模式创新和产品升级换代。大力实施"互联网 +"行动计划，形成一批满足大数据应用需求的产品和系统，培育一批大数据企业。大数据产业规模总量年均增长 20% 以上、超过 5000 亿元，成为新的支柱产业。运用大数据推动社会治理能力快速提升。完善电子政务云，实施"数据铁笼"行动计划，建立"用数据说话、用数据决策、用数据管理、用数据创新"机制，推动政府数据开放共享，推动社会事业数据资源整合，推动政府监管和社会监督有机结合，提升政府决策和风险防范水平，提高社会治理精准性和有效性。运用大数据推动公共服务水平全面提高。坚持民生导向，在公用事业、医疗卫生、减灾救灾、社会保障、教育文化、交通旅游、消费维权等领域全面推广大数据应用，拓展服务渠道，提高服务质量，缩小城乡、区域公共服务差距，形成公平普惠、便捷高效的民生服务体系。

——大力构建新型产业体系，在转型升级上实现重大突破。推动"5个100工程"有机更新、完善功能，加快打造产业转型发展的主阵地主平台。高端定位、优先突破新兴产业。加快建成大数据产业聚集区、大健康医药养生基地、无公害绿色有机农产品供应基地，建设一批新型材料产业基地。改造提升、做强做大特色产业。推动煤炭、电力、化工、冶金等资源型产业转型发展，促进航空航天、智能终端、高端数控机床、新能源汽车等装备制造业和军民融合产业发展壮大，推进酒、烟、茶、药、食品等产业上规模、上档次。广泛培育、快速提升服务业。以大交通带动大旅游、以大生态提升大旅游、以大数据助推大旅游，促进文化与旅游深度融合，全力打造世界知名山地旅游目的地，让多彩贵州风行天下。实施现代服务业"十百千"工程，推动生产性服务业向专业化和价值链高端延伸、生活性服务业向精细化和高品质转变。大力实施"百企引进""千企改造"工程和"双培育""双退出"行动计划。围绕推进产业转型升级，高端引进落地100户以上500强企业，对1000户以上规模以上传统产业企业实施改造升级，培育生成一大批小微企业、培育孵化一大批科技创新型企业，让"僵尸企业"和落后产能有序退出。到2020年，新增2个千亿级产业园区、5个千亿级产业，新增5万户以上企业市场主体，其中规模以上企业3000户以上。

——大力构建山地特色新型城镇体系，在统筹城乡区域民族地区协调发展上实现重大突破。统筹空间规模产业三大结构、规划建设管理三大环节、改革科技文化三大动力、生产生活生态三大布局、政府社会市民三大主体，全面提高城市工作水平。培育黔中城市群，支持贵阳市建设创新型中心城市，支持贵安新区建设践行五大发展理念先行示范区，加快把花溪大学城建成现代化新兴城市。做大做强区域中心城市，提升区域次中心城市功能，建设特色小城镇。加强海绵城市、智慧城市建设。坚持"适用、经济、绿色、美观"的建筑方针，创造更多无愧于历史和时代的建筑精品。推进户籍人口城镇化，促进进城农民安居乐业。深入实施"四在农家·美丽乡村"六个小康行动计划，改善农村生产生活生态环境。加强黔中经济区、黔北经济协作区、毕水兴经济带建设，支持 3 个自治州等民族地区跨越发展，大力发展县域经济。到 2020 年，农业转移人口落户城市 300 万人以上，新增城镇人口 500 万人以上，黔中城市群城镇人口达到 1000 万人。

　　——大力构建现代生态文明体系，在推动生产生活方式绿色化上实现重大突破。加快生态文明先行示范区建设，落实主体功能区规划，创建一批国家环保模范城市。实施退耕还林还草、石漠化治理等生态建设工程，提高森林覆盖率。强化环保基础设施建设，推进工业废水和城乡生活污水治理、垃圾无害化处理。加强大气、土壤污染防治。加大农村环境集中连片治理力度。实施循环发展引领和新能源汽车推广计划。实行最严格的环境保护制度，落实能源和水资源消耗、建设用地等总量和强度双控行动。到 2020 年，力争 25 度以上坡耕地和 15 度至 25 度重要水源地的坡耕地全部退耕还林还草，主要河流水质优良率超过 90%，县级以上城市 PM_{10} 和 $PM_{2.5}$ 浓度稳定在二级以上标准、集中式饮用水源水质达标率 100%。

——大力构建现代山地特色高效农业体系，在推进农业现代化上实现重大突破。以农业示范园区为抓手，加快农业结构调整，提高经济作物占种植业、畜牧业产值占农业总产值、二三产业占农村经济的比重，建设无公害绿色有机农产品大省。实施耕地质量保护提升行动计划，划定永久基本农田。培育壮大农民专业合作社、专业大户、家庭农场等新型农业经营主体，培养新型职业农民，加快发展农村电子商务。培育壮大村级集体经济。推进农业标准化建设，完善农业科技和社会化服务体系。到 2020 年，农业综合机械化水平超过 40%，农产品产地认定面积超过 60%，农产品加工率达到 50%，农村电子商务交易额超过 300 亿元。

——大力构建现代基础设施体系，在增强发展支撑能力上实现重大突破。建成贵阳至昆明、重庆、成都等高速铁路，铁路营业里程达到 4000 公里以上，其中高速铁路超过 1500 公里。公路里程达到 20 万公里，其中普通国省道超过 2.6 万公里、高速公路突破 7000 公里，建成"六横七纵八联线"高速公路网络。加快乡村公路建设，形成外通内联、通村畅乡、班车到村、安全便捷的公路运输网络。加快形成"一枢纽十六支"机场布局和通江达海水运出省大通道。建成一批多式零距离换乘交通枢纽。实现县县有中型水库、乡乡有稳定水源，水利工程供水能力超过 150 亿立方米，有效灌溉面积达到 2600 万亩，基本解决工程性缺水问题。构建"出省宽、省内联、覆盖广、资费低"的信息基础设施网络，出省带宽突破 1 万 Gbps。建成"三横一中心"500 千伏网架，力争 220 千伏电网县域全覆盖。建成西南地区成品油战略储备基地，县县通天然气管道，乡镇供气全覆盖。

——大力构建民生保障体系，在提高公共服务能力上实现重大突破。优先发展教育。基本普及 15 年教育，实现县域义务教育发展基本均衡，优化职业教育结构，提高高校办学质量，积极发展特殊教育、民族教育和继续教育。促进大众创业就业。深入实施全民创业行动计划，完善终身职业技能培训制度，健全就业服务体系，构建和谐劳动关系。大力建设健康贵州。实施"百院大战"等五大建设工程，加强医疗卫生人才队伍建设，大力发展智慧医疗，提高基层医疗服务能力。实行最严格的全过程食品安全监管制度。建成 100 个生态体育公园。提高社会保障水平。推进全民参保计划，实施社会保障兜底工程。加强城乡居民基本养老保险制度建设，健全重特大疾病保障机制，完善医疗救助体系。积极应对人口老龄化。提高防灾减灾救灾能力。健全公共法律服务体系。建设多彩贵州民族特色文化强省。均衡配置公共文化资源，实施文艺精品创作工程，加强文化遗产和档案文献保护利用，发展文化创意产业，建设一批特色文化产业基地。

　　——大力构建动力支撑体系，在建设创新型省份上实现重大突破。深化重点领域和关键环节改革。深入推进行政审批、商事制度、国有企业、资源配置、财税金融等体制机制改革，完善落实破解民营经济发展难题的政策措施。建立严格的生态保护红线制度，健全自然资源资产产权制度和用途管制制度，推动水务一体化改革。推进农村综合改革和扶贫开发体制机制改革。全面深化公立医院综合改革，坚持公益属性，破除逐利机制。加快整合城乡居民基本医保制度，大力发展商业健康保险。深化教科文体等社会事业和司法、社会治理体制改革。加快内陆开放型经济试验区建设。深度融入"一带一路"、长江经济带和珠江－西江经济带，加快"两高"经济带建设。全面提升"1+7"开放创新平台，办好用好生态文明贵阳国际论坛、中国－东盟教育交流周、酒博会、数博会、茶博会、民博会、国际山地旅游大会、旅发大会等重大活动平台。培育壮大开放经营主体，扩大对外开放领域，加快推进与各省区市通关一体化。坚持创新驱动发展。建好各类开发区，增加创新资源供给。新建一批国家重点实验室、工程技术研究中心，力争创建国家级自主创新示范区，加强众创、众包、众扶、众筹支撑平台建设。建成500米口径大射电望远镜。实施人才引领工程，推进创新企业梯次培育计划，建立产业技术创新联盟，推动产学研协同创新，实施一批国家重大科技专项。提高全社会研发经费占生产总值的比重。加强知识产权保护。到2020年，高新技术产业产值达到5000亿元，科技进步贡献率提高到50%，人才总量达到530万人。

各位代表！五年美好蓝图，我们已共同绘就；同步全面小康，是全省人民的共同梦想。我们要满怀激情、勇于担当，协力攻坚、善作善成，在我们党实现第一个百年奋斗目标的伟大历史时刻，努力建成一个经济发展更加繁荣、生态环境更加优美、就业收入更加稳定、民生保障更加牢靠、社会秩序更加和谐、人民生活更加幸福的新贵州！

三、2016年的重点工作

今年是全面建成小康社会决胜阶段的开局之年，是推进结构性改革的攻坚之年。我们要按照中央和省委的要求，围绕"去产能、去库存、去杠杆、降成本、补短板"，在扩大投资消费需求的同时，加强供给侧结构性改革，千方百计做强大数据、大旅游、大生态"三块长板"，全力以赴补齐脱贫攻坚、基础设施、教育医疗事业"三块短板"，培育新的发展动能，改造提升传统比较优势，增强持续增长动力，努力实现"十三五"良好开局。

今年经济社会发展的主要预期目标是：地区生产总值增长10%，农业增加值增长6%、规模以上工业增加值增长10%、服务业增加值增长11%；减少农村贫困人口100万人，8个贫困县、120个贫困乡镇摘帽，2000个贫困村退出；固定资产投资增长18%、社会消费品零售总额增长11.5%、进出口总额增长20%；一般公共预算收入增长8%，城镇、农村居民人均可支配收入分别增长9.5%和11.5%；城镇新增就业75万人；居民消费价格指数控制在国家调控目标范围内；城镇化率提高到44%，森林覆盖率提高到52%，节能减排降碳指标控制在国家下达计划范围内。

围绕实现上述目标，重点抓好以下工作：

（一）强力推进大扶贫战略行动，确保脱贫攻坚首战告捷。坚决打好易地扶贫搬迁关键一仗。坚持以自然村寨整体搬迁为重点，坚持贫困程度最深的村寨优先搬迁，投资180亿元，搬迁30万人，整体搬迁3200个贫困自然村寨。建好用好扶贫开发投融资平台，支持银行成立扶贫营业部，制定城乡建设用地增减挂钩土地收益用于易地扶贫搬迁的实施办法。统筹打好脱贫攻坚战。打好产业脱贫攻坚战，为10万就地脱贫人口每人整治1亩优质农田，实施贫困村"一村一品"产业推进行动和乡村旅游、电商扶贫等工程，让贫困户更多分享农业全产业链和价值链增值收益。打好绿色贵州建设脱贫攻坚战，实施退耕还林还草等生态工程，增加重点生态功能区贫困县转移支付，让一批贫困人口就地转成生态保护人员。打好基础设施建设攻坚战，在贫困乡村优先实施"四在农家·美丽乡村"六个小康行动计划项目，加快打通基础设施"最后一公里"。打好

教育医疗脱贫攻坚战，加强乡村教师队伍建设，新建、改扩建 200
所贫困地区村级幼儿园、200 所标准化农村寄宿制学校，落实贫困
家庭学生资助政策，把贫困人口全部纳入重特大疾病救助范围。打
好社会保障兜底攻坚战，加强最低生活保障与社会救助制度的衔接，
兜住民生网底。强化各类扶贫资源整合。争取国家扶贫资金支持，
加大省财政扶贫资金投入。出台扶贫资金和涉农资金整合管理办法。
整合培训资源，对贫困地区农村青壮年劳动力进行规范化技能培训
30 万人以上。实施文化传承脱贫工程，培训多层次手工技艺传承
人 1 万名。用好定点帮扶、对口帮扶、结对帮扶力量，实施民营企
业"千企帮千村"精准扶贫行动，开展万名专家服务脱贫攻坚专项
行动。强化脱贫攻坚考核问责，建好用好"扶贫云"和"扶贫专线"。

（二）强力推进大数据战略行动，确保国家大数据综合试验区
建设取得突破性进展。培育壮大大数据产业。办好云上贵州·大数
据招商引智（北京）推介会和数博会、电子商务峰会，引进落地一
批大数据优强企业。积极发展大数据核心业态、关联业态和衍生业
态，推进"互联网+"专项行动，实施一批智能制造试点示范项目，
培育 50 家"互联网+"示范企业，互联网服务收入达到 260 亿元，
呼叫服务超过 12 万席，电子商务交易额达到 1400 亿元，大数据电
子信息产业规模总量达到 2500 亿元。加快打造大数据应用平台。
逐步把分散在各级政府各部门各单位的信息平台整合接入电子政务
云，推动企业、行业协会、科研机构、社会组织主动开放数据并迁
入"云上贵州"。积极申建公共大数据国家重点实验室，加快贵阳
大数据交易市场建设。打造全省统一的应急管理平台。加强大数据
基础设施建设。加快"宽带贵州"建设，实施光网工程和宽带乡
村工程，完成信息基础设施建设投资 150 亿元以上，通信光缆达到

77 万公里，出省带宽超过 4000Gbps。争取建设贵阳·贵安国家级互联网骨干直联点。数据中心承载服务器能力达到 40 万台。推动大数据政策法规体系建设。贯彻执行《贵州省大数据发展应用促进条例》，出台政府数据资源管理办法和信息数据采集应用办法。

（三）强力推进供给侧结构性改革，确保产业转型升级取得重大进展。从三次产业全面发力，加强供给侧结构性改革，提高经济运行质量和效益。大力推进工业转型升级。统一建立产业转型升级项目库，制定"百企引进""千企改造"工程和"双培育""双退出"行动计划及年度实施方案，确保引进 500 强企业 20 家以上，完成技改投资 680 亿元，新增 1 万户以上企业市场主体，力争新增规模以上企业 600 户。规模以上工业增加值达到 3800 亿元。严格执行国家产业政策和能耗、环保、质量、安全等标准，淘汰一批落后产能，清理处置一批"僵尸企业"。出台进一步支持产业转型升级的激励政策，落实结构性减税等政策，工业类财政专项资金主要采取基金投入使用方式，引导企业、社会资本和金融资本加大技改投入。深入实施工业"百千万"工程，制定降低企业成本实施方案，实行涉企收费目录清单管理。大力发展现代山地特色高效农业。下大力气扩大经济作物种植和草地畜牧业养殖规模，下大力气引进一批农业产业化龙头企业，下大力气加强品种品质品牌建设，省级以上龙头企业超过 600 家，"三品一标"认证面积超过 500 万亩，省级农业示范园区发展到 400 个。加快西南粮食城等粮食物流园区建设，完善粮食流通体系，保障粮食供给，粮食产量 1100 万吨以上。推广"三变"改革经验，大力发展农民专业合作社、专业大户、家庭农场和村级集体经济，培育新型职业农民。加强农业技术推广和农机服务，加快农业现代担保体系建设，扩大农业保险覆盖面，建成一批农产品大型交易市场和冷链物流仓库。依托综合交通运输网和互联网，拓展优质农产品销售渠道，提高知名度和市场占有率。加强贵农网电商平台建设。农村电商交易额增长 30% 以上。大力发展以山地旅游业为重点的服务业。加快山地公园省建设，制定实施山地旅游示范区发展规划，深入挖掘山地旅游业态，大力引进培育旅游文化龙头企业，加强重点旅游景区和精品旅游线路建设，加强旅游商品设计、生产和营销，旅游接待人次、旅游总收入分别增长 20% 和 22%。加快物流园区建设，培育引进一批现代物流企业，打造西南重要物流枢纽。加快发展现代金融、研发设计、商贸会展等生产性服务业和动漫、家政、养老、康体、社区服务等生活性服务业。

（四）千方百计深挖内需潜力，确保经济稳定快速增长。多措并举扩大有效投资。完成固定资产投资 1.26 万亿元。强化基础设施投资，完成交通投资 1800 亿元、水利投资 240 亿元、城建投资 1600 亿元、电网投资 94 亿元。建成沪昆客专贵阳至昆明段，开工贵阳至南宁客专、贵阳至兴义等铁路；开工建设高速公路 618 公里，改造普通国省道 828 公里；新增高等级航道 50 公里以上；仁怀机场和兴义机场改扩建工程竣工。开工黄家湾等 50 个骨干水源工程，中型水库建成投运的县达到 63 个，新增解决 249 万农村人口饮水安全问题，新增有效灌溉面积 30 万亩。加快城乡配电网改造，30 个县建成天然气支线管网。加大产业投资，加强"5 个 100 工程"内容建设，推动产业园区提质升级，设立一批政府性产业投资基金，完成工业投资 3000 亿元以上，房地产开发投资 2000 亿元左右。扩大民生工程投资，"四在农家·美丽乡村"六个小康行动计划完成投资 300 亿元以上，保障性安居工程投资 500 亿元以上，农村危房改造投资 66 亿元。创新拓宽投融资渠道，争取中央新增各项补助 150 亿元左右；争取国家引导基金支持，实施一批 PPP 项目；鼓励银行设立县级分支机构，村镇银行覆盖 76 个县；金融机构贷款余额达到 1.77 万亿元。进一步提高直接融资比重。多策并施促进居民消费。重点扩大旅游、住房、汽车、养老、用电等消费。大力发展全域旅游，构建"快旅慢游"体系，迎接大众旅游时代的到来。打通保障性住房、易地扶贫搬迁安置住房、农业转移人口落户住房之间的政策性通道，有序化解房地产库存。研究启动轻型货车下乡政策，落实小排量汽车、新能源汽车税收优惠政策。鼓励民间资本、外商投资进入养老健康领域，推动医养结合，大力发展"银发经济"。完善居民阶梯电价政策，刺激居民用电消费，带动煤炭电力行业发展。多方聚力培育壮大县域经济。坚持"抓两头、带中间"，加强分类指导，精准搞好服务，支持城区和经济强县率先发展，帮扶重点生态功能区贫困县加快发展，带动发展潜力县竞相发展。

（五）加快山地新型城镇化建设，确保城镇化水平快速提升。
坚持以人为本、道法自然，山为景、桥隧连、组团式，走具有贵州特色的山地新型城镇化道路。推进农民工市民化。抓好国家新型城镇化试点，制定实施非城镇户籍人口在城市落户方案和住房制度改革方案，加快户籍制度改革和居住证制度双落地，建立健全"人地钱"三挂钩机制。城镇公租房扩大到非户籍人口。农业转移人口落户城市 60 万人以上，新增城镇人口 70 万人以上。加强城镇地上地下硬件建设。实施城镇棚户区和危旧房改造工程，改造城中村、城镇棚户区 43 万户。实施城镇便民设施专项提升行动。新增城镇绿地面积 50 平方公里。推进城市地下综合管廊建设，新建城镇地下给排水管网 900 公里、供气管网 200 公里。加强城际铁路、城市轨道交通建设，推进海绵城市建设。提高城镇管理水平。改革城市管理体制，推进城市综合执法。加快建设智慧城市。加大城市交通拥堵治理力度，完善城市应急体系。

（六）大力推进科技创新和改革开放，确保发展动力活力持续释放。坚持以创新激发社会创造力。实施一批重大科技项目，建设一批重大科技基础设施、重点实验室、产业技术创新中心、工程技术研究中心和院士工作站，打造一批"双创"示范基地和创客空间，培育一批创新型领军企业、科技小巨人企业和科技种子企业。加强人才培养引进，加快中国贵阳留学人员创业园建设。完善落实科技创新优惠激励政策，激发企业、科研机构、高校创新潜力。高新技术产业产值达到 2900 亿元。坚持以改革激活内生源动力。全面推行清单管理制度，推进事业单位、国有企业公务用车制度改革，开展省以下审计机关人财物管理等改革试点。深化商事制度改革，出台深化国有企业改革实施意见，推进供销合作社综合改革。鼓励民营企业依法进入更多领域，全力支持民营经济加快发展。开展电力体制改革综合试点，出台矿产资源市场化配置交易规则。制定自然资源统一确权登记实施方案，划定耕地保护红线，实行全民所有自然资源资产有偿出让制度，争取国家公园建设试点，开展省以下环保机构监测监察执法垂直管理试点。推进农村承包土地确权登记颁证、集体建设用地交易、土地增减挂钩改革，制定"多规融合"管理实施办法，把计划生育等政策与户口登记脱钩，解决无户口人员登记户口问题。加快机关事业单位养老保险制度改革，深化县级公立医院综合改革，推进公立医疗机构药物采购方式改革，实施全面两孩政策，改革完善计划生育服务管理，深化教育领域综合改革。坚持以开放引进先进生产力。争取国家批准设立内陆开放型经济试验区，强力推进"1+7"开放创新平台建设。加快出口食品农产品示范区建设，新增一批外贸基地和保税物流中心，积极发展跨境电子商务。力争与泛珠三角各省区实现通关一体化。实施融入"一带一路"和长江经济带、珠江－西江经济带方案，加快粤桂黔、黔湘滇高铁经济带合作试验区建设。办好用好生态文明贵阳国际论坛、中国－东盟教育交流周、酒博会、国际山地旅游大会等开放活动，精准招引落地一批大企业、好项目，满腔热情为落地企业搞好服务。引进省外到位资金 8000 亿元，实际利用外资增长 20%。

（七）加强生态文明先行示范区建设，确保生态环境质量不断改善。加强重点生态工程建设。深入实施绿色贵州建设行动计划，完成退耕还林 130 万亩、荒山造林 398 万亩，治理石漠化 1000 平方公里、水土流失 2000 平方公里。加大环境污染治理力度。深入实施环境污染治理设施建设和大气、水污染治理行动计划，建成 18 个示范小城镇污水处理设施，加强重金属和农业面源污染治理，开工和建成一批生产生活垃圾、医疗废物集中无害化处置项目。县级以上城市污水处理率、生活垃圾无害化处理率达到 90% 和 84%。实施草海生态保护和综合治理规划。强化生态环保监管。对重点生态功能区实行产业准入负面清单，编制自然资源资产负债表，扩大领导干部自然资源资产离任审计和环境污染第三方治理试点。用好"两把利剑"，强化"两个问责"，做到铁腕治污、不欠新账。加快发展节能环保绿色产业。坚持生态产业化、产业生态化，深入实施林业产业倍增计划。开展传统制造业绿色改造，扩大绿色环保标准覆盖面，实施一批节能环保、园区循环化改造工程。创建赤水河流域生态经济示范区。

（八）全力保障改善民生，确保社会和谐稳定。坚持在发展中持续改善民生，让人民群众不断过上好日子。把稳定就业作为经济发展优先目标。实施就业创业促进工程，支持高校毕业生、农民工、复退军人、妇女创业就业，帮助就业困难群体和特殊群体就业。把教育摆在更加突出位置。新建、改扩建30所城镇义务教育学校，新增13个县实现义务教育发展基本均衡、26个县基本普及15年教育。加快推进高校建设。完善提升清镇职教城。狠抓医疗卫生事业发展。实现乡镇卫生院标准化建设全覆盖、县级以上公立医院远程医疗全覆盖、城乡居民大病保险全覆盖。加快实施医疗卫生五大建设工程，积极推进分级诊疗和优质医疗资源下沉，加强全科医生队伍建设。加强重大疾病和地方病防控。积极发展中医药、民族医药，推动苗药进药典。筑牢社会保障网底。完善最低工资标准调整机制，降低工伤保险等缴费率。统筹推进城乡社会救助体系建设，落实农村"三留守"人员关爱救助保障政策，让困难群众求助有门、受助及时、急难有救。织牢公共安全网。严格落实安全生产责任制，加强应急应对能力建设，完善食品药品安全治理体系，实施社会治安防控体系建设工程，做好信访维稳工作，严防各类重特大事故事件发生，坚决防止冲击社会道德底线的事情发生。加快发展文化体育事业。推进基本公共文化服务标准化均等化，加强历史文化名城名镇名村保护。打造提升多彩贵州文化品牌。实施哲学社会科学创新工程。建成一批生态体育公园。大力发展民族等各项事业。加强民族团结进步繁荣发展示范区建设，深入实施人口较少民族建制村率先全面小康行动计划。重视国防动员和后备力量建设，支持军队、武警部队建设和法院、检察院工作。加强国家安全、司法行政和宗教、外事、侨务、对台、人防、方志、参事等工作。

围绕实施"1+7"民生工程，办好"十件民生实事"。（1）压缩 6% 的行政经费用于教育精准扶贫，对 16.65 万建档立卡农村贫困家庭学生上高中、大学免除（补助）学杂费。（2）扶持微型企业 2 万户，带动就业 10 万人。公益性岗位安排就业困难人员 8 万人。（3）建设 300 个农村幼儿园、300 个标准化农村寄宿制学校和 1000 个农村留守儿童之家。（4）对所有农村中小学校配置校医。提高城镇居民基本医疗保险和新农合补助标准。（5）农村、城市低保标准平均提高 18% 和 10%。提高困难残疾人生活补贴和重度残疾人护理补贴标准。（6）实施城镇保障性安居工程 48.65 万套、建成 22.21 万套，改造农村危房 30 万户。（7）新建、改建农村公路 2 万公里，其中通组路和串户路 6500 公里。新建公共停车位 1.6 万个。（8）县级以上城市建成区、高速公路、高速铁路沿线移动网络有效信号实现全覆盖，多彩贵州"广电云"实现村村通。（9）完成 100 个传统村落消防安全改造。（10）建设 500 个村级综合文化服务中心示范点，新建 12 个县级老年体育活动中心，新建和改造 320 个全民健身路径工程、500 个村级农民体育健身工程。

各位代表！财政是政府治理的基础和重要支柱，金融是现代经济的核心。我们将更加注重管好用好财政资金。严格执行预算法，硬化预算约束，集中力量办市场办不了的事，厉行勤俭节约，反对铺张浪费，严禁搞"形象工程""政绩工程"。完善预算绩效管理和省对下转移支付正向激励机制，盘活财政存量资金，优化财政支出结构，将无效低效的支出调整下来，将重复错位的支出整合修正过来。既要加强债务风险管控，又要支持各地加快发展。坚持依法征税、应收尽收，不收过头税，控制非税收入不合理增长，提高税收收入、可用财力占财政收入的比重。将清理保留的竞争性领域财政专项资金转变为基金，支持传统产业转型升级，促进新兴产业发展，培育壮大税源。更加注重发挥金融服务实体经济县域经济的作用。完善地方金融体系，深入实施"引金入黔"工程，优化金融机构网点布局，扩大金融机构贷款和社会融资规模。优化信贷结构，推动金融创新，加大对脱贫攻坚、新兴产业、"三农"等领域和企业技改、兼并重组的支持，保障重点企业合理融资需求，小微企业贷款增速高于各项贷款平均增速。

四、加强政府自身建设

各位代表！打赢脱贫攻坚战，全面建成小康社会，对政府工作提出了新的更高要求。我们要加快建设法治政府、创新政府、廉洁政府和服务型政府，不断增强执行力和公信力。

（一）**坚持从严治政，清正廉洁。**认真践行"三严三实"，始终把纪律和规矩挺在前面，坚决在思想上政治上行动上与以习近平同志为总书记的党中央保持高度一致，与省委保持高度一致。自觉向中央和省委看齐，向党的理论路线方针政策和省委各项决策部署看齐，坚决维护中央和省委权威。抓好政府系统党风廉政建设，认真贯彻执行廉洁自律准则和纪律处分条例，严格遵守中央八项规定和省委十项规定，严格执行"约法三章"，坚持不懈纠正"四风"。加强行政监察和审计监督，深化拓展民生监督工作，保持反腐败高压态势。

（二）**坚持依法行政，接受监督。**把政府工作全面纳入法治轨道，政府公职人员都要自觉尊法学法守法用法，厉行法治、依法办事；所有行政行为都要于法有据，任何部门都不得法外设权。建立政府决策执行纠偏机制，健全重大决策责任终身追究及倒查机制。

自觉接受省人大的法律和工作监督、省政协的民主监督、新闻舆论和社会公众监督，高度重视民主党派、工商联和无党派人士的意见建议，充分发挥工青妇等人民团体的桥梁纽带作用。政府所有工作都要全面接受人民监督，充分体现人民意愿。

（三）坚持简政放权，规范运行。以行政权力瘦身为市场主体强身，清理取消一批行政审批事项，大力推行权力清单、责任清单。全力打造"数据铁笼"，建立扶贫资金使用、财政收支、国有资产经营、政府采购、公共资源转让、公共工程建设等大数据监管体系，实现对权力集中部门和重点岗位全流程规范管理，让权力运行处处留痕，防止权力失控、决策失误、行为失范，真正做到"人在干、云在算、天在看"。

（四）坚持优化服务，便民利民。优化政务服务流程，推动公共服务事项全部进驻政务大厅，将部门分设的办事窗口整合为综合窗口，推行一站式办理、上门办理、自助办理、同城通办、网上办理等服务，坚决砍掉各类无谓的证明和繁琐的手续。实现省市县乡政府行政事务"一张网"，构建全覆盖、全联通、全方位、全天候、全过程的政务服务体系，打通群众办事"最后一公里"，让"信息多跑路""群众少跑腿"，变"群众来回跑"为"部门协同办"。

（五）坚持担当作为，狠抓落实。把脱贫攻坚、同步小康使命扛在肩上，把为人民谋福祉作为最大责任，把群众冷暖忧乐放在心头，多做雪中送炭的工作，多办扶危济困的实事，多谋精准脱贫的良策，不断增强群众的获得感和幸福感。高度重视政府特别是基层政府能力建设，加强对新知识、新经验的学习运用，不断提高发展经济能力、改革创新能力、决策执行能力，以"钉钉子"的精神和"马上就办"的作风狠抓各项部署落细落小、落地落实。加大督查督办力度，增加暗访暗查频次，强化正向激励，严肃行政问责，让"实干家"有为有位，让"太平官"无处可混。

各位代表！决战脱贫攻坚的号角已经吹响，决胜同步小康的大幕已经拉开。让我们紧密团结在以习近平同志为总书记的党中央周围，在中共贵州省委的坚强领导下，万众一心，苦干实干，为夺取全面建成小康社会伟大胜利、创造更加幸福美好未来而努力奋斗！

云 南 省
政府工作报告
——2016 年 1 月 24 日在云南省第十二届
人民代表大会第四次会议上

省长 陈 豪

各位代表：

现在，我代表省人民政府，向大会报告工作，请各位代表连同《云南省国民经济和社会发展第十三个五年规划纲要（草案）》一并审议，并请省政协委员和列席人员提出意见。

一、2015 年和"十二五"时期经济社会发展回顾

2015 年，面对错综复杂的国际形势和艰巨繁重的改革发展稳定任务，省人民政府在中共云南省委领导下，深入贯彻落实习近平总书记系列重要讲话和对云南工作重要指示精神，全面贯彻落实党的十八大和十八届三中、四中、五中全会精神以及党中央、国务院的各项决策部署，贯彻落实省委九届十次、十一次、十二次全会精神，主动服务和融入国家发展战略，努力适应经济发展新常态，坚

持稳中求进工作总基调，攻坚克难、保持定力，统筹推进改革开放、经济发展、社会稳定各方面工作，完成了省人代会确定的主要目标任务。

（一）稳增长促发展取得新成绩

强化经济形势研判，及时出台稳增长27条政策措施，召开季度经济形势分析会，持续加强稳增长督查。全力实施"四个一百"重点建设项目，加快预算内基本建设投资进度，盘活财政存量资金，不断创新投融资体制机制，积极推进政府与社会资本合作，多渠道筹措建设资金，加大金融服务实体经济力度，推动投资持续回升。发行地方政府债券1567亿元，有效置换存量债务，减轻各级政府偿债负担。认真实施六大领域消费工程，现代服务业发展加快。加强市场调控，房地产市场保持平稳。经国家统计局审定，全省生产总值增长8.7%，固定资产投资增长18%，地方一般公共预算收入增长6.5%，城乡常住居民人均可支配收入分别增长8.5%和10.5%，城镇登记失业率控制在4%以内。

（二）转方式调结构取得新成效

推动产业结构向开放型、创新型和高端化、信息化、绿色化转变，聚焦主导产业发展，推进重大项目建设，巩固提升烟草、电力等优势产业，大力培育新兴产业。启动"云上云"行动计划，积极推进"互联网+"、云计算、大数据、信息消费等为主的信息化和信息产业发展。加强产业园区建设，促进产业集聚发展。全部工业增加值3925亿元，增长6.7%。单位GDP能耗下降7.8%左右。加快发展生活性、生产性服务业。大力整治旅游市场秩序，提升旅游服务质量。第三产业增加值6169亿元，增长9.6%。着力推进众创空间、孵化基地建设，大众创业、万众创新呈现新气象。

（三）基础设施建设取得新突破

基础设施建设取得重大进展，综合交通三年攻坚战圆满收官，"五网"建设五年大会战全面启动。玉磨、大临、弥蒙铁路开工建设。保泸、玉临等高速公路开工建设，富宁至水富南北大通道全线通车，新改建农村公路 2.19 万公里，181 座"溜索改桥"项目基本完成。泸沽湖机场建成通航，沧源、澜沧机场等在建项目快速推进。澜沧江－湄公河国际四级航道二期工程、金沙江中游库区航运设施等项目进展顺利。加强省内骨干电网、石油天然气管道和城市燃气管网建设。滇中引水工程获批，勘察试验性工程开工。新开工建设43 件重点水源工程，建成 50 万件"五小水利"工程。推进昆明区域性国际通信出入口、呈贡信息产业园等项目建设，保山市、大理市成为国家第二批促进信息消费试点城市。开展城市地下综合管廊和建制镇"一水两污"项目建设。

（四）农业农村面貌发生新变化

惠农政策落实力度加大，高原特色现代农业加快发展，高原粮仓、特色经作、山地牧业等稳步发展，粮食产量达 1876.4 万吨。农产品品牌创建与市场开拓步伐加快，电商与实体流通有效结合，质量安全水平不断提高。农村土地承包经营权确权登记颁证工作稳步推进。新型农业经营主体快速发展，促进农村一二三产业融合发展，加快培育涉农企业"小巨人"，实施新型职业农民培育工程。农田水利改革发展走在全国前列，新增有效灌溉面积 80 万亩，改造中低产田地 345 万亩。高效林业发展迅速，完成营造林 665 万亩，实施新一轮退耕还林还草 160 万亩。农业增加值 2098 亿元，增长 6%。

（五）城乡区域协调发展呈现新态势

成立省城乡规划委员会，加强对城乡规划、建设和管理的指导，促进城乡统筹发展。调整户籍政策，切实保障农业转移人口合法权益，户籍人口城镇化率达31%。推进曲靖市、大理市等国家新型城镇化综合试点和玉溪市、五华区等智慧城市试点。滇中城市经济圈一体化迈出实质步伐，滇中新区获国务院批复，管理体制机制得到理顺。腾冲、江川分别获准设市、改区。建成城镇保障性安居工程28.69万套，建设农村危房改造和抗震安居工程51.43万户，鲁甸地震灾区7.78万户灾民搬进新居，景谷地震灾区民房重建和加固全面完成。推进"新房新村、生态文化、宜居宜业"美丽乡村建设。深入实施兴边富民工程，启动改善沿边群众生产生活条件三年行动计划。开展全省生态保护红线划定，优化国土开发空间格局，加快低碳试点省建设。

（六）民生保障事业得到新改善

坚持把脱贫攻坚作为最大的民生工程，以4个片区区域扶贫攻坚为重点，实施精准扶贫，开展"挂包帮""转走访"，加快民族、边疆、革命老区脱贫、小康步伐。大力实施就业优先战略，全力解决好高校毕业生、农村转移劳动力等就业问题，城镇新增就业40.9万人。城乡居民大病保险制度全覆盖，最低工资标准、企业退休人员基本养老金、城乡居民基本养老金水平逐步提高，落实社会救助兜底保障。学前教育稳步推进，中小学校舍安全工程年度任务全部完成，加快现代职业教育发展，滇西应用技术大学获批筹建。城乡基层医疗卫生基础条件有效改善，基本药物制度不断健全。公共文化服务体系不断完善，文化遗产保护有力实施，开展全民健身和文化惠民，加快建设城乡养老服务机构、残疾人康复中心。信访工作、法律服务和法律保障得到加强，移民工作有效开展。10件惠民实事全部办结。

（七）改革开放取得新进展

推进国资国企改革，省属企业负责人薪酬制度改革顺利推进，混合所有制经济有序发展。全面实施"三证合一、一照一码"，新登记企业数量增速居全国前列。公务用车制度改革全面实施，电力体制和输配电价改革试点取得进展，机关事业单位养老保险制度改革稳步推进，建立乡镇机关事业单位岗位补贴制度，完成政府定价目录修订，启动不动产统一登记。财税、投融资、科技教育、医药卫生等各项改革步伐加快。勐腊（磨憨）重点开发开放试验区获批，红河综合保税区封关运行。开通云南中欧集装箱货运班列。成功举办第 3 届南博会暨第 23 届昆交会、中国国际旅交会。出台参与建设"一带一路"、加快建设我国面向南亚东南亚辐射中心等指导文件。开展多种形式招商活动，加大央企以及长三角、珠三角等地区知名企业引进力度。引进省外到位资金 6488 亿元，直接利用外资 29.9 亿美元。与国家部委、央企、金融机构、院校签订了 109 项合作协议。

（八）政府自身建设迈出新步伐

及时传达学习、贯彻落实中央和省委各项决策部署，扎实开展"三严三实"和"忠诚干净担当"专题教育。切实加强服务政府、责任政府、法治政府、廉洁政府建设。深入推进政务公开，向社会公布 60 家省级单位权力清单和责任清单。取消和下放投资核准事项 31 项，全面清理非行政许可审批和前置审批，建设完善网上审批服务平台。清理整顿红顶中介，创设投资审批中介超市。主动接受人大及其常委会法律监督和政协民主监督，认真办理人大代表建议和政协提案，积极听取工会、共青团、妇联等人民团体意见。加强行政监察和审计监督，严肃查处违纪违法案件，干事创业环境得到改善。

各位代表，去年工作取得的成绩，保证了"十二五"圆满收官。"十二五"时期是我省发展最快的时期之一，各方面工作取得显著成就，为"十三五"顺利开局和实现第一个百年奋斗目标奠定了坚实基础。

——综合实力持续增强。全省生产总值、固定资产投资跨上万亿元新台阶，年均增长11.1%和24.7%。地方一般公共预算收入由871亿元增加到1808亿元、地方一般公共预算支出由2285亿元增加到4713亿元，社会消费品零售总额由2556亿元增加到5103亿元。结构调整取得新成效，非公经济增加值占GDP比重提高6个百分点，第三产业比重上升为45%。全省铁路营运里程2980公里，高速公路通车里程4005公里，电力装机达到8000万千瓦，新增航道通航里程1090公里、蓄水库容21.7亿立方米，中缅油气管道建成，民用航空能力大为增强。固定互联网宽带接入用户456万户、移动互联网用户2728万户、手机用户3778万户。建立院士专家工作站164个，引进一大批高层次科技创新创业人才。

——人民生活水平显著提高。城乡居民收入增速高于经济增速，物价保持基本稳定。城镇新增就业累计达165.9万人，转移农村劳动力1000万人次以上。城乡居民基本养老保险制度全面覆盖，三项医疗保险参保率达到98%。建设城镇保障性安居工程128.84万套，实施农村危房改造和抗震安居工程198万户。九年义务教育巩固率、高中阶段教育毛入学率、高等教育毛入学率分别提高3.3、15.1和10.18个百分点。覆盖城乡的公共卫生、医疗服务体系不断健全，食品药品安全监管持续加强。改扩建一批图书馆、文化馆、博物馆，组织开展文化下乡和进社区活动，民族文化保护利用成效显著。妇女儿童发展规划实施成效突出。

——城乡面貌发生深刻变化。区域城镇体系规划不断健全，"多规合一"试点有序推进。山地城镇建设稳步推进，累计开发低丘缓坡土地11万亩，耕地得到有效保护。农民进城工作有序开展，601万农业人口转变为城镇居民。积极改善农村生产生活条件，新建改建农村公路9.15万公里，新增农田有效灌溉面积435万亩，完成中低产田地改造1745万亩，解决1369万农村人口饮水安全问题。构建扶贫攻坚体制机制，走出了整村、整乡、整县、整州和整族扶贫的新路子，年均减少贫困人口100万人以上。历史文化名城、名镇、名村、名街保护得到加强。

——生态文明建设扎实有效。深入推进七彩云南保护行动、生物多样性保护行动计划和森林云南建设，森林覆盖率达到55.7%，提高2.8个百分点。九大高原湖泊保护治理得到加强，水质稳定好转。城乡人居环境质量不断提高，县城及以上城市污水集中处理率和生活垃圾无害化处理率达到85%，农业农村面源污染治理力度加大。单位GDP能耗累计下降19.8%，超额完成国家下达的节能减排任务。退耕还林还草、生态修复、水土保持、地质灾害防治持续加强。土地、矿产资源节约利用水平明显提高。

——各领域改革全面推进。政府职能转变取得重要进展，行政审批项目大幅精简，非行政许可审批项目全面取消，商事制度改革全面推开，公共资源交易平台全面建立。国资监管水平不断提高，国有企业战略重组和合作不断深化。预算制度改革、"营改增"等财税改革全面推进。农村土地、集体林权、水利、农垦、供销社、粮食流通等改革不断深化。沿边金融综合改革取得有效进展，跨境贸易人民币结算累计突破2500亿元。国有经营性文化单位转企改制有序推进，县级公立医院改革全面推开，教育领域综合改革不断深化。生态文明、户籍制度、资源性产品价格等改革稳步推进。

——对内对外开放不断扩大。主动服务和融入国家"一带一路"、长江经济带等重大发展战略，积极建设孟中印缅、中国－中南半岛经济走廊，开展了多层次多边、双边对外交流合作。各类重点开发开放试验区、经济合作区、综合保税区建设不断推进。区域通关一体化改革不断深化。构建与长三角、泛珠三角、京津冀及周边省区市的常态化合作交流机制。积极承接东部产业转移，大力培育外向型企业，累计完成外贸进出口总额1170亿美元。成功举办3届南博会，为推进我国与南亚东南亚国家的合作交流搭建了战略性平台。

——民族团结社会和谐更加巩固。持续开展"十县百乡千村万户示范点创建工程"，民族地区主要经济指标和城乡居民收入增速高于全省平均水平，生产生活条件持续改善，民族团结进步边疆繁荣稳定良好局面进一步巩固。加强社会治安综合治理，严厉打击各类违法犯罪活动，反恐和边境维稳处突能力不断加强，平安云南建设向纵深推进。第三轮禁毒防艾人民战争成效显著。公共法律保障水平不断提升，"六五"普法效果明显。安全生产责任进一步落实。积极预防和有效应对各类重特大自然灾害，全力保障人民群众生命财产安全，灾区恢复重建工作扎实有效。

"十二五"期间，我们攻坚克难、砥砺奋进，走过了不平凡的历程。五年的实践使我们深刻认识到，要实现云南边疆繁荣稳定、民族团结进步、经济社会跨越发展，必须坚持科学发展，以提高发展质量和效益为中心，努力保持经济较快发展。必须坚持改革开放，打破制约发展的体制机制障碍，正确处理好政府和市场关系，使发展更有效率、更加公平、更可持续。必须坚持以人为本，把维护好、发展好最广大人民根本利益作为工作的出发点和落脚点，努力让人民过上更加美好幸福的生活。必须坚持生态文明建设，尊重自然、顺应自然、保护自然，推进绿色发展、循环发展、低碳发展，保持和扩大云南的生态优势。必须坚持民族团结进步，坚定不移坚持民族区域自治制度和党的民族政策，加快少数民族地区发展，推动各民族和睦相处、和衷共济、和谐发展。必须坚持依法治省，全面推进法治云南建设，建设职能科学、权责法定、执法严明、公开公正、廉洁高效、守法诚信的法治政府。

各位代表，"十二五"我省经济社会发展取得的成绩和进步，靠的是以习近平同志为总书记的党中央和国务院的坚强领导，靠的是中国特色社会主义制度的优越性，靠的是在中共云南省委领导下，广大干部和全省各族人民的团结奋斗。在此，我代表省人民政府，向全省各族人民，向人大代表、政协委员，向各民主党派、工商联、无党派人士和人民团体，向中央各部门各单位、兄弟省区市和驻滇部队、武警官兵，向关心支持云南发展的港澳同胞、台湾同胞、海外侨胞和国内外朋友，表示衷心的感谢！

在看到成绩的同时，我们也清醒认识到发展还面临不少困难，工作中也存在不少问题。在经济社会发展方面，长期困扰我们的深层次体制机制和结构性矛盾没有根本解决，发展不充分、不平衡、不协调、不可持续等问题仍然存在，发展方式粗放，质量效益不高，产能过剩，部分企业生产经营困难，创新能力不足，新兴产业支撑力薄弱，财政收支矛盾突出，经济领域潜在风险不容忽视；促进民族团结进步、增进民生福祉任务繁重，脱贫攻坚任务艰巨，就业总量压力和结构性矛盾并存，安全生产和社会治安形势严峻，基本公共服务供给不足，城市基础设施、环境、农村教育、医疗等方面尚有不少薄弱环节；生态环境保护还需不断加强，湖泊河流治理任重道远，农业农村面源污染问题尚未得到有效解决，环境资源约束与加快发展矛盾突出；部分领域改革开放滞后，国企改革和市场化改革进展缓慢，一些地区和行业市场秩序失范，一些开发开放平台作用发挥不够，内外贸体制机制创新不足，对外贸易规模偏小，去年外贸进出口总额未完成年度目标。在政府自身建设方面，各级政府和部门运用改革创新思维、法治思维破解发展难题的能力亟待增强，政府执行力、服务意识和工作效率有待提高；部分干部对改革举措和政策研究贯彻不够主动，乱作为、不作为、不会为的问题在一些地方和部门仍然存在，政风行风建设亟待加强，政府机关和国有企业一些领导干部腐败堕落、顶风违纪，严重影响了党和政府的形象。对此，我们一定要高度重视，下大力气解决好这些困难和问题，努力改进工作，让人民满意。

二、"十三五"时期的目标任务

"十三五"时期是我省与全国同步全面建成小康社会的决胜阶段，我们面临难得的发展机遇；是深入贯彻落实习近平总书记对云南的新定位、加快发展的关键时期，我们要闯出一条跨越式发展的路子来。省人民政府要认真贯彻省委《关于制定国民经济和社会发展第十三个五年规划的建议》提出的指导思想：高举中国特色社会主义伟大旗帜，全面贯彻党的十八大和十八届三中、四中、五中全会精神，以马克思列宁主义、毛泽东思想、邓小平理论、"三个代表"重要思想、科学发展观为指导，深入贯彻习近平总书记系列重要讲话和考察云南重要讲话精神，坚持全面建成小康社会、全面深化改革、全面依法治国、全面从严治党的战略布局，贯彻创新、协调、绿色、开放、共享五大发展理念，坚持发展是第一要务，以提高发展质量和效益为中心，把增进人民福祉、促进人的全面发展作为发展的出发点和落脚点，加快形成引领经济发展新常态的体制机制和发展方式，抢抓发展机遇，主动服务和融入国家发展战略，统筹推进经济建设、政治建设、文化建设、社会建设、生态文明建设和党的建设，闯出一条跨越式发展的路子来，努力推动民族团结进步示范区、生态文明建设排头兵、面向南亚东南亚辐射中心建设取得重大突破，确保与全国同步全面建成小康社会，为谱写好中国梦的云南篇章奠定更加坚实的基础。

"十三五"时期云南经济社会发展，要把适应新常态、把握新常态、引领新常态作为贯穿发展全局和全过程的大逻辑。我们要贯彻发展新理念，更加注重创新驱动调整产业结构，提高发展的质量和效益；更加注重供给侧结构性改革，增强供给能力，引导市场行为和社会预期；更加注重协调人口经济和资源环境空间均衡，促进绿色发展；更加注重以人为本，共建共享，不断增进民生福祉；更加注重市场在资源配置中起决定性作用和更好发挥政府作用，推进高水平开放发展。努力实现以下目标：

经济发展质量和效益全面提升，经济保持 8.5% 左右的中高速增长，人均 GDP 从全国平均水平的 58% 提升到 68% 左右；基础设施五年大会战任务全面完成，对经济社会发展支撑保障作用持续增强；研发投入占 GDP 比重达到 1.5% 以上，力争不低于全国平均水平；产业结构迈向中高端，转型升级取得新成效，战略性新兴产业占 GDP 比重不断提高。"四化"水平全面提升，工业化和信息化深度融合，三次产业发展全面加强，高原特色农业现代化取得明显进展，户籍人口城镇化率达到40%以上。改革开放水平全面提升，各项改革深入推进，各方面制度更加成熟定型，人民民主更加健全，法治政府基本建成；加快建设面向南亚东南亚辐射中心，双向开放、辐射带动能力进一步增强，开放型、创新型经济新格局基本形成。民生保障水平全面提升，现行标准下农村贫困人口全部脱贫，贫困县全部摘帽；城乡居民收入增幅高于经济增幅，基本公共服务均等化稳步推进，公民素质和社会文明程度显著提高。生态文明建设水平全面提升，森林覆盖率达到60%，主要污染物排放总量达标，生态文明建设、绿色化发展走在全国前列。民族团结进步事业发展水平全面提升，努力实现各民族建设小康同步、公共服务同质、法治保障同权、民族团结同心、社会和谐同创。

为实现"十三五"规划目标，政府工作将牢牢把握以下10个重点：

（一）贯彻发展新理念，努力实现新发展。创新是引领发展的第一动力，要推动科技创新、文化创新和开放创新有机统一和协同发展，将创新贯穿于经济社会发展的全过程。把协调作为发展的内在要求，统筹沿边与滇中、农村与城市、民族地区与其他地区协调发展，坚持物质文明与精神文明并重，不断增强发展的整体性。把绿色作为发展的必要条件，坚持节约优先、保护优先，坚定走生产发展、生态良好、生活富裕、文明发展道路，加快建设资源节约型、环境友好型社会，筑牢我国西南生态安全屏障。把开放作为发展的必由之路，统筹利用国际国内两个市场、两种资源，大力发展开放型经济，形成高水平开放新格局，打造我国对外开放新高地。把共享作为发展的本质要求，坚持人人参与、人人尽力、人人享有，努力让各族人民有更好的教育、更稳定的工作、更满意的收入、更可靠的社会保障、更高水平的医疗卫生服务、更舒适的居住条件，使各族人民在共建共享中有更多的现实获得感。

（二）全面消除贫困，全面建成小康。全力以赴打赢脱贫攻坚战。坚持精准扶贫、精准脱贫，因乡因族制宜、因村因户施策，聚焦4个集中连片特困地区，全面实施"五个一批"脱贫计划，加大资金整合和投入力度，实行更严格的脱贫攻坚责任制，广泛动员社会参与，确保全面小康路上一个贫困地区都不掉队、一个兄弟民族都不落伍、一个贫困群众都不落下。全力以赴奔小康。主动适应新常态，加强供给侧结构性改革，坚持追求质量效益与追求较快发展速度相统一，加快培育经济增长新动力，实现新老动能转换，创造跨越式发展的云南速度，全面提升经济总量和质量效益，持续增强民生保障，努力实现所有人群的全面小康、不分地域的全面小康、所有领域的全面小康、共同富裕的全面小康。

（三）加快"五网"建设，强化基础设施。建设互联互通的交通网。加快建设出省出境的高速公路网、铁路骨架网和水运通道，加快国省干线公路和农村公路建设，实现滇中城市群市市通高铁、县县通高速，力争到2020年，铁路营运里程超过5000公里，高速公路通车里程超过6000公里。建设广覆盖的航空网。优化和完善机场网络，加密拓展国际国内航线航班，力争到2020年，投入运营和在建民用机场20个。建设区域性国际化的能源保障网。构建云电云用、西电东送和云电外送协调体系，加快省内天然气网络及场站建设，建成国家重要的跨区域能源枢纽，力争到2020年，220千伏及以上输电线路达到3.7万公里，油气管道长度达8200公里以上。建设安全可靠的水利网。加快滇中引水等重大水源工程建设，提升城乡供水保障能力，推进城镇污水处理设施建设，力争到2020年，新增蓄水库容 20 亿立方米以上，县城和县城以上城市污水集中处理率达到 87%。建设共享高效的互联网。构建覆盖城乡、服务便捷、高速畅通、安全可控的新一代互联网，建成面向南亚东南亚的区域性国际信息交汇中心，力争到 2020 年，实现所有行政村通光纤，城镇、重要场所和行政村 4G 网络全覆盖，实现光缆全省覆盖。

（四）着力转型升级，构建产业发展新体系。坚持走开放型、创新型和高端化、信息化、绿色化发展的新路子，构建现代产业新体系。推进高原特色农业现代化，促进一二三产业融合发展，提高质量效益和竞争力。大力实施"中国制造 2025"云南行动计划，有选择地加快承接东部地区出口加工业转移，探索"共建园区"或"飞地经济"，实行引进产业与本地特色优势产业有机融合、联动发展。引进先进技术和自主创新并举改造提升传统产业，有效化解过剩产能，加快传统产业与信息产业融合步伐，巩固提升烟草、能源等支柱产业，加快推进清洁能源利用和石化产业基地建设。大力培育新兴产业，深入实施"云上云"行动计划，加快"互联网+"步伐，实施军民融合发展，集中力量培育现代生物、新能源、新材料、先进装备制造、电子信息等重点产业，大力培育云计算、大数据、物联网、移动互联网应用产业，发展智能制造和服务制造。推动传统服务业向现代服务业转变，实现优质高效发展，大力发展现代金融、大健康、文化创意和高端旅游业、民族文化生态旅游，积极发展分享经济，加快发展新产业、新业态、新技术、新模式，推动发展方式转变，促进经济行稳致远。

（五）加强城市工作，促进城乡一体化发展。提高新型城镇化水平，坚持以人为中心的发展思想，尊重城市发展规律。统筹空间、规模、产业三大结构，规划、建设、管理三大环节，改革、科技、文化三大动力，生产、生活、生态三大布局，政府、社会、市民三大主体，加快农业转移人口市民化，转变发展方式，完善治理体系，提高治理能力，着力解决城市病等突出问题。不断提升城市环境质量、人民生活质量和城市竞争力，建设和谐宜居、富有活力、各具特色的现代化城市，走出一条中国特色、云南特点的城市发展道路。健全体制机制，促进城乡公共资源均衡配置，推动基础设施向农村延伸、公共服务向农村拓展、资源要素向农村倾斜、现代文明向农村辐射，推动城乡要素平等交换、合理配置。深入实施城乡环境提升行动，提高社会主义新农村建设水平。

（六）**优化生产力布局，打造经济新增长极。**统筹实施区域发展总体战略，坚持"做强滇中、搞活沿边、联动廊带、多点支撑、双向开放"的发展布局，着力构建"一核一圈两廊三带六群"区域发展新空间。推进昆明市与滇中新区融合发展，加快滇中城市群和经济圈一体化步伐，更好地服务和融入"一带一路"、长江经济带战略以及孟中印缅经济走廊、中国－中南半岛经济走廊建设，加快培育沿边开放、澜沧江开发开放、金沙江对内开放合作经济带，促进城镇群有序发展。进一步优化产业布局，打造一批产业大市、大县、大集团、大园区、大产业基地。推动园区特色化、集群化发展，聚焦重点园区，明确特色功能定位，做强主导产业，推动优势企业、优势产业和生产要素向重点区域、特色园区集聚，增强产业竞争力。力争到 2020 年，主营业务收入超千亿元园区达到 10 个、超百亿元园区达到 50 个。

（七）**大力推动开放，拓展发展空间。**把扩大开放摆在更加突出的位置。坚持内外需协调、引进来走出去并重、引资引技引智并举，加强国际国内区域合作，推动双向开放，促进要素有序流动、资源高效配置、市场深度融合。加强开放载体建设，发挥国家重点开发开放试验区、边（跨）境经济合作区、综合保税区的功能作用，建设沿边自由贸易试验区。加强开放平台建设，办好各类会展交流载体，鼓励和吸引各种国际经济合作组织和机构来滇设立代表处或办事机构，务实拓展经贸人文交流合作。加强开放型经济建设，加大招商引资力度，建设一批外向型产业基地和进出口商品加工基地。推动企业"走出去"，推进国际产能和装备制造合作。创新外商投资管理体制和模式，形成内外联动、互为支撑的开放合作新格局，加快对外贸易优化升级，发展转口贸易。努力打造区域性国际经济贸易中心、科技创新中心、金融服务中心和人文交流中心。

（八）突出改革创新，增强发展新动力。深化以关键领域和环节为重点的经济体制改革，在适度扩大总需求和调整需求结构的同时，着力加强供给侧结构性改革，解放和发展社会生产力。用改革的办法推进结构调整，减少无效和低端供给，扩大有效和中高端供给，增强供给结构对需求变化的适应性和灵活性，提高全要素生产率。持续推进简政放权、放管结合、优化服务，着力营造干事创业的政务环境和法治化营商环境。深化国有企业改革，大力发展民营经济和工商实体经济，推动财税金融、投融资体制、产品价格、农业农村、教育、生态文明和医药卫生体制等改革取得突破性进展。发挥科技创新引领作用，推动政府管理向创新服务转变，强化企业创新主体地位，积极引进科研机构，着力激发企业、科研院所、高校创新潜力，以及市场转化科技成果潜力。完善创新创业孵化服务体系和政策支撑体系，推动大众创业、万众创新。突出"高精尖缺"导向，加大人力资本投资，大力培养和引进各类人才。完善人才激励和服务保障体系，激发人才活力，促进人才向基层、边远、贫困地区流动。建立终身职业技能培训制度。力争到 2020 年，劳动年龄人口平均受教育年限达到10.2年,农村进城劳动力普遍得到培训，推动发展从过度依赖自然资源转向更多依靠人力资源和科技创新。

（九）强化生态文明建设，推动绿色发展。坚持绿水青山就是金山银山，着力营造绿色山川、发展绿色经济、建设绿色城镇、倡导绿色生活，建设绿色云南、七彩云南。有度有序利用自然，划定并严守生态保护红线，构建科学合理的城市化格局、农业发展格局和生态安全格局，推进国家生态文明先行示范区和普洱国家绿色经济试验示范区建设。加快建设主体功能区，完善开发政策，控制开发强度，规范开发秩序，逐步形成人口、经济、资源环境相协调的国土空间开发保护新格局。全面节约和高效利用资源，推进全社会节能减排，大力发展循环经济。加大环境治理力度，实行最严格的环境保护制度，推进多污染物综合防治和环境治理，实现联防联控和区域、流域共治，形成政府、企业、公众共治的环境治理体系。推行领导干部自然资源资产离任审计。强化生态安全屏障建设，实施山水林田湖生态系统保护和修复工程，构建生态廊道和生物多样性保护网络，全面提升自然生态系统稳定性和生态服务功能。力争到 2020 年，以九湖为重点的水环境质量持续好转，大气环境质量保持稳定，全面完成国家下达的节能减排约束性指标和环境质量目标，实现经济发展和生态建设双赢、人与自然和谐共生。

（十）促进民族团结进步，建设幸福云南。切实加强和改进新形势下的民族工作，坚持和完善民族区域自治制度，全面贯彻落实党的民族政策，继续实施兴边富民、扶持人口较少民族发展和示范创建等工程，加大少数民族和贫困地区扶持力度，保护发展繁荣民族文化，依法管理宗教事务，实现各族人民共同团结进步、共同繁荣发展。实施就业引领战略，力争五年城镇新增就业 220 万人。着力提高基本公共服务均等化水平，加快社保扩面提标，完善职工养老保险个人账户制度，推进城乡医保统筹，健全社会保险和社会救助体系，大力发展社会福利事业，加快完善覆盖城乡的社会保障和公共法律服务体系。大力发展各级各类教育，着力提高教育质量，促进教育公平。完善医疗卫生服务和保障体系，促进人口均衡发展。大力发展文化、体育事业，丰富各族群众文化生活，提高全民健康水平。加强防灾减灾能力建设，强化食品药品安全监管，完善社会治安综合治理体制机制，健全公共安全体系，保障人民生命财产安全，不断加强和改善民生，使各族群众都过上好日子。

三、2016 年的工作安排

今年是我省与全国同步全面建成小康社会决胜阶段的开局之年，也是推进结构性改革的攻坚之年，政府工作使命光荣、责任重大。省人民政府要认真贯彻落实中央和省委的决策部署，坚决按照"五位一体"总体布局和"四个全面"战略布局，牢固树立和贯彻落实创新、协调、绿色、开放、共享的发展理念，积极适应经济发展新常态，坚持改革开放，坚持稳中求进工作总基调，坚持稳增长、调结构、惠民生、防风险，坚持宏观政策要稳、产业政策要准、微观政策要活、改革政策要实、社会政策要托底的总体思路，着力推进结构性改革，在适度扩大总需求的同时，去产能、去库存、去杠杆、降成本、补短板，提高供给体系质量和效率，提高投资有效性，加快培育新的发展动能，改造提升传统比较优势，增强持续增长动力，推动我省社会生产力水平整体改善，努力实现"十三五"时期经济社会发展的良好开局。

今年经济社会发展的主要目标建议为：国内生产总值增长 8.5% 左右，地方一般公共预算收入增长 5% 以上，城镇常住居民人均可支配收入增长 8.5%，农村常住居民人均可支配收入增长 10%，居民消费价格涨幅控制在 3% 左右，城镇登记失业率控制在 4.5% 以内，完成国家下达的节能减排指标。实现上述目标，今年要重点做好 9 个方面的工作。

（一）着力推进结构性改革，保持经济平稳较快增长

扩大有效供给。加强制度和政策创新，转变供给模式，提高供给质量，支持企业技术创新和技术改造，推进传统产业改造升级。实施质量强省战略，着力打造品牌，增加高端产品供给。推动产业重组，有效化解过剩产能，加快培育新兴产业，补齐软硬基础设施短板。促进新动能成长和传统动能提升。开展降低实体经济企业成本行动，实施涉企收费目录清单管理，坚决遏制各种乱收费行为，切实降低企业制度性交易成本、人工成本、税费负担、社会保险费、财务成本、电力价格和物流成本，减轻企业负担，提高企业盈利能力。加强职业教育和培训，加大人力资源投入。

增加有效投资。优化调整投资结构，挖掘投资新需求，提高产业投资比重，增强投资有效性和精准性。强化进度和质量管理，抓好 20 个重大项目建设，扎实推进"四个一百"重点建设项目。抓紧项目前期准备、申报、储备及建设落地，争取国家相关部门及国开行和农发行更大支持，更多获取国家专项建设基金等政策性资金。落实投资项目网上并联审批核准制和协同监管制，加快预算拨付进度，盘活存量资金，调整分配办法，使投资向想干事、能干事、干得成事的地区倾斜和集聚。继续放宽准入条件，鼓励省内外社会资

本参与 PPP 模式建设项目。支持有条件企业上市，扩大资本市场直接融资。做好地方政府债券发行，有效控制债务风险。积极争取金融机构支持，实现货币信贷和社会融资规模稳步增长。力争固定资产投资增长 18%。

释放消费新需求。继续实施重点领域消费工程，落实鼓励消费政策和带薪休假制度，挖掘需求潜力，优化消费环境，发展信用消费，促进消费升级。加快培育商业新业态和消费新热点，大力发展电子商务和跨境电子商务，开展丰富多样的线上线下促销活动，提高本地产品最终消费比重。升级改造大型专业批发市场，扶持发展商贸流通龙头企业。创新农村商业模式，完善农村线上线下商业网点布局，刺激和引导农村消费。完善旅游业发展政策，大力整治市场秩序，提高服务质量，扩大旅游消费。加快农民工市民化进程，发展住房租赁市场，盘活库存商品房，满足新市民住房需求，稳定房地产市场。力争社会消费品零售总额增长 11%。

扩大进出口贸易。落实好出口促进政策，培育壮大进出口主体，扩大机电、农产品等传统优势产品出口，创新发展加工贸易，大力发展服务贸易和服务外包，积极扩大先进技术装备、关键零部件和能源原材料进口，推进外贸向优进优出转变。提高贸易便利化水平，大力发展转口贸易和跨境物流业。力争进出口总额增长 12%。

加强经济运行调节。加强宏观经济形势分析研判，及时研究推出更具针对性、灵活性、有效性的政策措施。继续开展稳增长督查。强化煤电油气运供应保障，加强云电外送，有序发展清洁能源利用产业，有效化解水电弃水问题。

（二）全力推进基础设施建设，不断破解发展瓶颈

加快综合交通建设。确保沪昆客专、云桂铁路建成通车，实现云南通高铁。加快成昆、广大等铁路扩能改造和玉磨、大临、大瑞、丽香等在建铁路建设，力争新开工南昆铁路扩能、渝昆铁路。确保平远街至文山、黄土坡至马金铺、上关至鹤庆 3 条高速公路建成通车，加快在建高速公路建设进度，争取昆楚大高速扩容改建、滇中高速及红河南部高速公路项目开工。确保沧源机场通航，加快澜沧机场建设和昆明等机场扩建，推动怒江机场选址立项并早日开工建设，规划建设通用机场。推进金沙江航道和水富港扩能工程。完成综合交通投资 1300 亿元以上。

加快新一代信息化基础设施建设。启动宽带接入网和骨干网、城域网能力提升工程，加快实施下一代广播电视接入网络、移动宽带网覆盖等重大项目，新建光缆 1.8 万公里，实现 100% 行政村通光缆、100% 行政村通宽带互联网。抓好面向南亚东南亚的国际通信枢纽中心建设，扩展昆明区域性国际通信出入口业务，加快呈贡等信息产业园建设。抓好政务云、工业云、农业云、商务云等信息平台建设，加强数据整合、开放，破解信息孤岛。力争完成网络通信基础设施投资 170 亿元。

加快能源保障网建设。确保梨园、观音岩等电站投产发电，推进乌东德等一批大型水电站项目建设。加大电网续建和新建力度，抓紧农村电网改造升级，加快西电东送、云电外送通道和售配电网建设。科学有序开发风能、太阳能、生物质能。全力保障中缅油气管道安全运营，确保中石油炼油项目投产。推进天然气支线管网建设，提高天然气使用量。

加快水利工程建设。争取滇中引水工程年中正式开工，抓好主体和配套工程规划建设。加快堰塞湖治理和德厚水库建设，力争阿岗和车马碧水库开工，加快大型灌区续建改造。加强大中型水电站水资源综合利用，新开工建设 40 件骨干水源工程，完成 50 万件"五小水利"。力争完成水利投资 350 亿元。

（三）大力优化产业结构，加快产业转型升级

促进产业提质增效。推进信息化与工业化深度融合发展，启动"中国制造 2025"云南行动计划。加快烟草产业优化结构，提高效益。从实际出发，制定生物医药、新材料、新能源、先进装备制造、信息技术、节能环保等战略性新兴产业发展专项规划，加大推进力度。扶持发展中医药和民族医药。力争工业增加值增长 7.5% 左右。加快旅游业转型升级，增强其对全省经济带动作用。大力发展生产性和生活性服务业，积极构建高端服务业核心区，促进服务业提质增效。力争第三产业增加值增长 9.5% 左右。

推动产业集聚发展。集中力量推动重点产业园区发展，明确主导产业定位，发挥园区对各类经济要素的集聚作用，打造一批具有云南特色和竞争优势的产业集群，解决企业分散和土地无序开发等问题，提高园区投入产出效率。加强与长三角、珠三角和京津冀等沿海发达地区合作，创建一批承接产业转移示范园区。加快发展沿边出口加工经济、临空经济、总部经济，推动中国铜业、中铁建等一批央企和民企总部及研发机构、投融资平台落户云南。大胆创新园区开发、建设和管理模式，强化产城融合，促进产业全要素全产业链集聚发展。

推动产业创新发展。认真落实全省信息化、信息产业发展部署，加快推进"云上云"行动计划，落实大数据行动纲要，大力实施"互联网+"行动，重点发展数字技术、智能制造等新一代信息技术产业、电子信息产品制造业和信息服务产业。加快培育生态文化、养生休闲、大健康、文化创意、民族时尚创意等服务业。发挥军工企业优

势，推进军民融合发展。创新产业推进机制，强力推动重点产业发展。加快科技、品牌、组织和商业模式创新，推动创新成果转化为新产品、新项目、新产业，增强发展新动能。

推动企业转型发展。加快培育和引进一批大企业大集团，着力提高企业核心竞争力。通过兼并重组、债务重组等方式，积极稳妥处置"僵尸企业"，激发传统优势企业活力。深入推进"两个10万元"微型企业培育工程，实施中小企业成长工程和行业"小巨人"培育工程。落实民营经济扶持政策，破解民营企业发展难题，促进民营经济加快发展，培育和激励全省百强民营企业和百强科技创新企业。

（四）全面实施创新驱动，加快改革开放

强化科技创新。加快实施创新驱动发展战略，推进新一轮"建设创新型云南行动计划"。加强与省内外高校、科研机构合作，促进产学研一体化发展。支持企业建设技术创新战略联盟，引进一批科研机构和科技型企业，实施生物医药与大健康产业、新能源产业与新能源汽车等科技重大专项，开发生物疫苗，有色金属新材料，风光电、工程装备制造和农业机械等重大新产品。落实研发费用加计扣除及后补助政策，加强现代科研院所和重大科研平台建设，进一步向社会开放重大科研设施和大型科研仪器。完善激励机制，加大人才培养和引进力度。加快众创空间孵化基地等服务载体建设，建设一批集生态、文化、旅游、创新为一体的特色小镇，着力营造大众创业、万众创新的环境。加强知识产权保护，加强原产地商标注册，保护和有序开发生物资源。

深化重点领域改革。加速国资国企改革，分类推进省属国企改革试点，加快实施一批重大改革重组项目，改组和组建国有资本投资运营公司，实行经营性国资集中统一监管。完善省对下转移支付制度和县级基本财力保障机制，提高一般性转移支付比重。推进国地税征管体制改革，全面完成"营改增"扩围。深化农信社改革，发展壮大红塔银行。推动县域三级金融改革创新试点与服务便利化，稳妥开展"两权"抵押贷款试点。落实地方融资平台过渡期政策，实施政府融资平台专项改制。推进教育、医疗卫生等领域综合改革。分类实施科研院所、国有文艺院团和机关行政事业单位后勤体制改革。对社会组织实行直接登记，加快行业协会商会与行政机关脱钩。有序放开教育、医疗等服务价格，稳步推进水、成品油、天然气等领域价格改革。加强公共资源交易平台体系建设，建立省级土地储备制度，做好不动产统一登记。深入推进农村土地、农田水利、国有林场、农垦、供销社等综合改革，深化生态文明、司法、电力、流通、商事、住房等领域改革。加强统计调查制度改革，加快新型智库建设，促进科学决策。

扩大对内对外开放。办好第 4 届南博会暨第 24 届昆交会、第 14 届中国国际农产品交易会等各类展会。推动瑞丽重点开发开放试验区、临沧边境经济合作区和红河综合保税区加快发展，促进勐腊（磨憨）重点开发开放试验区与中老经济合作区协同发展，务实推进中越、中缅经济合作区建设，争取昆明综合保税区获批。规划建设好重点口岸和边境城市。支持企业"走出去"参与中老泰铁路等境外项目建设。加快推进"一口岸、多通道"模式创新，加密中欧货运班列，积极开辟跨境多式联运交通走廊。规范和活跃边境贸易和边民互市。拓展跨境人民币结算业务，推进跨境人民币业务创新、人民币跨境融资和跨境使用，加快沿边金融综合改革试验区、昆明区域性国际金融中心、中国－东盟金融信息平台建设。重点争取南亚东南亚国家使领馆和区域性国际组织代表处或办事机构落户云南。进一步加强与长三角、泛珠三角、港澳台等区域合作交流，提升滇沪等省际合作水平，加快文山 – 百色跨省经济合作园区建设。创新招商引资机制，聚焦产业园区招商、主导产业招商、全产业链招商，继续深入推进"科技入滇、央企入滇、民企入滇"，着力引进对全省经济发展有示范带动作用的大企业、大项目。力争全年引进省外到位资金增长 11% 以上，利用外资增长 5% 以上，稳步提高招商合同履约率、项目开工率和资金到位率。

（五）扎实推进脱贫攻坚，切实抓好"三农"工作

全面落实脱贫攻坚任务。年内实现 12 个贫困县摘帽、120 万贫困人口脱贫。以集中连片特困地区和特困群体为重点，继续推进整村、整乡、整县、整州、整族脱贫，确保"五个一批"脱贫攻坚计划落到实处。扎实推进易地扶贫搬迁工程，抓好水利水电移民搬迁安置和后续产业发展。继续推进兴边富民工程，加快镇彝威等革命老区精准脱贫。加大扶贫资金投入和整合力度，提高资金使用效率。全面创新电商、旅游、技能、资产收益等扶贫方式。扎实做好"挂包帮""转走访"，层层落实脱贫攻坚责任，加大考核监督力度。广泛动员和凝聚全社会力量参与扶贫。完成鲁甸、景谷地震灾区恢复重建年度任务。

加快高原特色农业现代化建设。落实藏粮于地、藏粮于技战略，保障粮食生产、收储、供应安全。切实加强农业生态治理。抓好农田水利改革发展经验推广，新改造中低产田地 300 万亩以上。抓好粮经饲统筹、农林牧渔结合、种养加一体、产供销衔接，加快农村一二三产业融合发展。建设一批高原特色现代农业重点县，积极发展多样性农业，拓展生态涵养、观光休闲、文化传承等功能，提高农业附加值和综合效益。扶持发展涉农企业"小巨人"，大力培育农民合作社、家庭农场和新型职业农民。实现农村土地确权登记颁证全覆盖，推进土地有序流转和适度规模经营。加快农村信息化建设，启动建设一批"互联网＋农业"示范基地。开展好第三次全国农业普查。

加强美丽乡村建设。整合各类资源，全面推进美丽宜居乡村建设，加快改善农村人居环境。抓好以污水、垃圾处理为重点的农村环境综合整治，开展清洁家园、田园、水源等活动，促进农村绿化美化净化。启动农村饮水安全巩固提升工程，统筹实施农村危房改造和抗震安居工程50万户，新建改建农村公路1.6万公里。推进传统村落保护与发展，打造一批"新房新村、生态文化、宜居宜业"的新型村庄、特色村寨和边境村寨。

（六）突出规划引领，加快新型城镇化建设

推进以人为核心的新型城镇化。发挥昆明辐射作用，加快滇中新区和滇中城市群建设，推进滇中城市经济圈一体化发展，积极培育发展区域中心，加快一批中小城市发展。推动县城提质扩容，培育一批特色城镇，建设若干示范性智慧小镇、互联网小镇。落实户籍制度和居住证制度，逐步建立城乡统一的户口登记制度，力争户籍人口城镇化率提高2个百分点。建立省以下转移支付同农业转移人口市民化挂钩机制，促进农业人口就近就地城镇化。维护好进城落户农民各项权益。继续实施新型城镇化综合试点和低丘缓坡土地综合开发利用试点，加强坝区农田保护，因地制宜推进城镇上山。强化城市建设用地集约节约利用，做好批而未用和闲置土地清理处置工作。积极发展绿色节能建筑，增强城市宜居性。

科学编制城乡规划。全面提高城乡规划质量和水平，增强规划的科学性、前瞻性、综合性，强化规划的引领与协同促进作用，维

护规划的严肃性。抓好省域空间规划编制，加快编制城市地下空间开发利用综合规划及地下管廊专项规划，扎实推进"多规合一"，促进城乡规划改革创新成果转化应用。实现乡镇总体规划修编全覆盖，抓好村庄规划和示范点建设。坚持开放做规划，发动群众参与编制规划、参与监督规划。

提高城镇建设和管理水平。强化城镇公共设施建设，加快地下综合管廊建设，加强地下空间开发。开展国家水生态文明城市、海绵城市、智慧城市等创建工作。传承城市历史文化遗产，加强古城古镇和文物遗址、名人故居的保护和利用。注重建筑设计，提升城市文化品位。加快建制镇"一水两污"设施建设，提高运营水平，加强城市和公路环卫保洁和公厕管理。优先发展城乡公共交通和城市停车场，推进城市轨道交通建设，多措并举缓解拥堵。加快推进城镇天然气管网、液化气站等设施建设。推进城市执法体制改革，改进城市管理工作。把住安全关、质量关，将安全工作落实到城市管理各个环节各个领域。

（七）创新公共服务，增进民生保障

全力促进就业创业。继续实施"贷免扶补"，完善创业扶持政策，促进大众创业、万众创新。加强职业技能培训，鼓励专业技术人员创业。推进公共创业实训基地、职工培训中心、创业孵化基地和小企业创业基地等服务平台建设，着力打造"双创"示范基地。实施家庭服务企业"千户百强"工程、高校毕业生就业促进计划和云岭大学生创业引领计划。加强劳动力转移就业和农民工返乡创业工作，做好退役军人安置工作。鼓励支持失业人员再就业，托底帮扶失去就业能力的困难人员。全年城镇新增就业 40 万人以上。

提高城乡居民收入。加强收入分配调节，完善城乡居民收入稳定增长机制，稳步提高机关事业单位人员收入水平，提高企业退休人员基本养老金。增加农民财产性收入，提高农民工工资性收入和转移性收入，维护好农民工合法劳动、依法取酬权益。

完善社会保障体系。全面实施"全民参保登记计划"，加快构建适应人口老龄化的养老保险政策体系，继续推进机关事业单位养老保险制度改革，逐步建立职业年金制度。整合城乡基本医疗保险制度，实现大病保险全覆盖。推动落实医养结合，规范养老机构管理，加强养老服务设施建设，新建养老机构床位1.6万张。关注城市贫困群体，完善最低生活保障，扩大社会救助覆盖面，做好优抚对象和残疾人解困帮扶工作。加快棚户区改造建设进度，提高货币化安置比例。

全面发展社会事业。促进教育公平，加快发展学前教育，均衡发展义务教育，扩大高中阶段教育，实施乡村教师支持计划，加快发展现代职业教育特别是民族贫困地区职业教育，提升高等教育水平。加快发展创新创业教育，提高劳动者素质和创新能力。办好特殊教育，支持民办教育。扩大城市公立医院综合改革试点，全面推进县级公立医院改革，推动医疗资源下沉，提升基层医疗保障和服务水平，加强乡村医生队伍建设，稳步建立分级诊疗制度，解决群众看病难看病贵问题。加快发展远程教育和远程医疗，以"互联网＋"提升农村教育医疗水平。实施全面两孩政策，分类实施无户口人员登记。继续实施文化惠民工程，确保第二批国家公共文化服务体系示范区通过验收。深入开展全民阅读活动。大力开展全民健身活动，发展高原体育产业。支持工会、共青团、妇联等群团组织改革发展，关爱妇女儿童，做好哲学社会科学、科普、文史、方志、档案等工作。

创新社会治理方式。加强社会管理综合治理，推进社会治理信息化、法制化、精细化建设，完善公共安全和社会治安防控体系。推进智慧边境建设，加大边境管控、反恐维稳力度。扎实做好公共卫生防控，强化食品药品安全监管，严格落实安全生产责任，坚决遏制重特大事故发生。打好第四轮禁毒防艾人民战争。做好公共法律服务和法律援助。加强防灾减灾体系建设。做好国家安全、国防动员、拥军优属、民兵预备役和消防、人民防空等工作。继续加强信访工作。认真实施 10 件惠民实事。

（八）加强环境保护治理，构建绿色生态屏障

推进资源节约循环高效利用。深化国家低碳试点省和循环经济示范试点建设，推进碳排放权交易市场建设，推动全社会节能减排和循环经济发展。实行能源和水资源消耗、建设用地总量和强度双控行动。以城市和园区循环化改造为重点，全面推进再生资源和弃水重复利用。实施工业污染源全面达标排放计划，推进燃煤电厂超低排放和节能改造，加大黄标车和老旧车淘汰力度。

加强生态治理修复。深入实施水、大气、土壤污染防治行动计划，继续推进以滇池、洱海、抚仙湖等为重点的高原湖泊水环境保护与治理，加强重点流域、区域防护林体系建设、水土流失及岩溶地区石漠化治理、湿地保护等生态系统修复工程。科学划定生态保护红线，制定重点生态功能区产业准入负面清单，深入推进国家主体功能区建设试点示范。

加强生态安全屏障建设。加强生物多样性保护，加快"森林云南"建设，抓好天然林保护和城乡绿化造林重大工程建设，完成退耕还林和陡坡地生态治理 165 万亩。积极推进国家生态保护与建设示范区和国家公园建设。加强生态环境监测，推动环保机构监测监察执法垂直管理。多种形式开展生态文明创建活动，加大生态转移支付和生态补偿力度。加强昆明市等重点城市绿化和生态建设。

（九）推进民族团结进步，弘扬发展民族文化

加快民族地区发展。继续抓好改善沿边群众生产生活条件三年行动计划，逐步提高边境沿线建制村群众守土固边专项补助标准，完成西盟、孟连等边境民族特困地区农村安居工程。继续抓好怒江州脱贫攻坚整州推进，重点加快贫困民族乡整乡推进、人口较少民族和直过民族聚居区整族、整村推进。支持民族贫困地区乡村建设幼儿园，提高民族学校、民族班生均公用经费和贫困生生活补助标准。在迪庆、怒江率先实施 14 年免费教育。

保护和传承民族文化。实施民族文化"双百"工程，加快建设少数民族文化资源数据库。支持有条件的地区积极申报世界文化遗产，加强历史文化名城、名镇、名村、名街保护，启动地名保护工作。加强民族民俗文化艺术之乡、少数民族传统体育基地、展示中心和传习场所的建设和管理。抓好少数民族典籍整理和翻译出版工作。

加强民族团结进步示范创建。实施第二轮"十县百乡千村万户"示范创建三年行动计划，创建一批民族团结进步示范村、示范乡（镇）和示范社区，加强城市民族工作，大力推进少数民族聚居社区网格化服务管理模式。全面贯彻落实党的宗教方针，依法管理宗教事务，巩固发展宗教和顺的良好局面。

各位代表！"十三五"的光荣使命和新一年的艰巨任务，考验着政府的作风和能力；光荣与梦想、使命和责任，激励着我们奋勇前行。我们要以对党和人民的忠诚，对理想和信念的执着，对"三严三实"和谋事创业的担当，严格要求、锤炼作风，提升能力、认真履职，向党和人民交上一份满意的答卷。

——加强依法行政。坚持法治原则，严格依法行政。全面推进

政府职能法定化和事权规范化。加强重点领域政府立法。健全重大行政决策程序，确保科学决策、民主决策、依法决策。全面梳理行政执法职权职责，严格控制新设行政许可。加强权责清单运行督查，加快制定和实施市场准入负面清单制度，加大简政放权力度。严格行政审批项目的管理和监督，加强事中事后监管。加强对政府规章和规范性文件的调整和清理，及时提出制定或修改地方性法规的议案。加快政务信息平台建设，加大政务公开力度，注重舆论引导，使政务服务更加公平透明、规范高效。

——加强服务职能。强化服务意识，转变政府职能，提高政府效率，确保政府高效运转，把政府职能从过多强调管理转化到提供更多服务上来。拓宽服务领域，创新服务方法，积极回应群众期盼，始终把为人民谋发展增福祉作为最大责任，把群众冷暖忧乐放在心头。主动帮助企业和基层解决困难，为企业减负，支持实体经济发展。鼓励政府购买或者政府与社会资本合作提供公共服务和公共产品，促进社会公平正义。

——加强作风建设。进一步巩固"三严三实"专题教育成果，推进落实反"四风"常态化和长效化。加强行政人员培训，提升各级政府和干部队伍深化改革、推动发展、化解矛盾、维护稳定的能力，全面提高驾驭市场经济、领导经济工作和现代化建设的水平。增强各级政府执行力，健全工作责任制度和激励机制，增强责任意识、担当意识、务实意识、创新意识和风险意识，克服畏难情绪和"等、靠、要"思想，坚决杜绝乱作为、懒作为、不作为行为，下决心整治不用心、不专注、做"太平官"等不良作风，以更好发挥主观能动性，更有创造精神地推动发展。

——加强监督问责。自觉接受党纪监督，严格执行政治纪律等党的纪律，加强纪律检查和政府行政监察。完善重大事项向人大报告制度，自觉接受人大、政协、司法、社会和舆论监督。保障审计机关依法独立行使审计监督权，对公共资金、国有资产、国有资源和领导干部履行经济责任情况实行审计全覆盖。健全督查问责机制，加大效能问责力度，推进问责制度化、程序化、规范化。对抓工作不力、落实中央和省委省政府工作部署不力的，要严格问责。保持清正廉洁的政治本色，旗帜鲜明地惩治腐败，科学有效地防治腐败，努力做到干部清正、政府清廉、政治清明，营造风清气正、干事创业的从政环境。

各位代表！新目标赋予新任务，新起点开启新航程。让我们更加紧密地团结在以习近平同志为总书记的党中央周围，在中共云南省委的坚强领导下，振奋精神、奋力拼搏，开拓创新、真抓实干，在主动服务和融入国家发展战略中实现云南跨越发展，谱写好中国梦的云南篇章！

西藏自治区

政府工作报告

——2016年1月27日在西藏自治区第十届 人民代表大会第四次会议上

主席 洛桑江村

各位代表：

现在，我代表自治区人民政府，向大会报告工作，请各位代表连同《西藏自治区"十三五"时期国民经济和社会发展规划纲要（草案）》一并审议，并请各位政协委员和列席人员提出意见。

一、"十二五"时期国民经济和社会发展回顾

过去的五年，是西藏历史上极不平凡的五年。在以习近平同志为总书记的党中央亲切关怀和全国人民大力支援下，在自治区党委的坚强领导下，我们高举中国特色社会主义伟大旗帜，全面贯彻党的十八大和十八届三中、四中、五中全会和中央第五次、第六次西藏工作座谈会精神，以邓小平理论、"三个代表"重要思想、科学发展观为指导，深入学习贯彻习近平总书记系列重要讲话精神、特

别是"治国必治边、治边先稳藏"的重要战略思想和"加强民族团结、建设美丽西藏"的重要指示，贯彻落实依法治藏、富民兴藏、长期建藏、凝聚人心、夯实基础的重要原则，按照自治区第八次党代会的决策部署，坚持党的治藏方略，坚持走有中国特色、西藏特点的发展路子，大力实施"一产上水平、二产抓重点、三产大发展"的经济发展战略，坚持"六对"抓手，强化"六动"措施，坚守"三条"底线，全区各族人民团结一心，艰苦奋斗，开拓创新，经济健康快速发展，社会事业全面进步，人民生活显著改善，生态环境保持良好，社会大局持续稳定，全面完成了"十二五"目标任务。

2015 年，全区生产总值达到 1026.39 亿元、增长 11%，经济增速位居全国前列，全社会固定资产投资完成 1342.16 亿元、社会消费品零售总额 408.08 亿元、地方财政收入 176 亿元、城镇居民人均可支配收入 25457 元、农村居民人均可支配收入 8244 元，分别比"十一五"末增长 73.7%、1.9 倍、1.2 倍、3.1 倍、66.8%、1 倍，城镇登记失业率控制在 2.5% 以内，为全面建成小康社会奠定了坚实基础。

——五年来，基础设施迈入互联互通新阶段。超前谋划、主动作为，积极争取国家投资，创新投融资模式，"十二五"累计完成全社会固定资产投资 4642 亿元、比"十一五"增长 1.8 倍，其中规划投资超额完成 152 亿元。公路总里程达 7.8 万公里，比"十一五"末增加 33.7%。川藏公路西藏段、新藏公路全线黑色化。拉林高等级公路开工路段、林芝米林机场快速通道、嘎拉山隧道和雅江特大桥建成通车，高等级公路实现零的突破、达到 300 公里。墨脱公路全线通车，结束了全国唯一一个县不通公路的历史。拉日铁路建成运营，拉林铁路全面开工建设。贡嘎、米林、邦达机场改扩建工程进展顺利，国内外航线增至 63 条，通航城市 40 个。立体化交通体系互联互通水平和综合保障能力大幅提升。金沙江上游、澜沧江上游和雅江中游水电规划获得国家批复，青藏、川藏电网实现联网，主电网覆盖 58 个县。老虎嘴、藏木、果多、多布水电站建成投运，加查水电站开工建设，电力装机容量达 230 万千瓦、比"十一五"末增长 1.4 倍，藏中电网结束拉闸限电的历史。旁多水利枢纽建成使用，拉洛水利枢纽、恰央水库、澎波和江北灌区建设进展顺利。行政村移动信号全覆盖，通宽带率达 80%。完成 54 个县城供排水工程。新型城镇化扎实推进，城镇化率达到 26%。昌都旧城改造、那曲"三项工程"基本完成，拉萨城市供暖工程建成，惠及千家万户。

　　——五年来，农牧业发展打下提质增效新基础。强农惠农政策全面落实，财政支农资金累计投入 787.2 亿元，农牧业基础地位显著加强。建成高标准农田 137 万亩，新增高寒牧区牲畜棚圈 15.2 万座，乡镇农牧综合服务中心 353 个。改良黄牛 60 万头，推广"藏青 2000"等新品种 191.7 万亩，粮食产量突破 100 万吨，创历史新高。设施农牧业、生态林果业蓬勃兴起，青稞、牦牛、藏香猪等高原种养加发展加快。娘亚牦牛、岗巴羊、林芝松茸等 24 个特色产品获得国家地理标志产品保护，20 多个特色农产品荣获国家奖项。农牧民专业合作经济组织达到 4624 个、比"十一五"末增长 11 倍。自治区级农牧业产业化龙头企业总产值增长 43.7%，农牧业产业化经营率达到 40%。"八到农家"工程深入推进，完成 4898 个行政村人居环境建设和综合整治，基本解决了农牧区安全饮水、无电地区用电问题，乡镇通光缆率、通邮率和行政村通电话率均达到 100%。农村综合信息服务站覆盖所有行政村。乡镇、行政村公路通达率分别达到 99.7% 和 99.2%。累计投入扶贫资金 91.9 亿元，发放扶贫贴息贷款 417.4 亿元，减少贫困人口 58 万人。连续 8 年、累计投入 278 亿元，全面完成农牧民安居工程，46 万户、230 万农牧民住上安全适用的房屋，生产生活条件得到历史性改善。

——五年来，特色产业实现重点发展新突破。积极打造旅游升级版，布达拉宫、大昭寺晋升 5A 级景区，札达土林——古格成为国家级风景名胜区，实景剧《文成公主》实现常态化商业演出，2015 年接待游客突破 2000 万人次、总收入达到 280 亿元，分别比"十一五"末增长 1.9 倍、2.9 倍；文化产业产值突破 30 亿元，世界旅游目的地建设和特色文化产业发展迈出坚实步伐。大力培育天然饮用水产业，产能突破 300 万吨，发展态势强劲。"西藏好水"品牌知名度迅速提升，多个品牌矿泉水荣获国际大奖。以水电为主的清洁能源业发展潜力巨大，首次实现藏电外送。藏医药业、民族手工业、食饮品业、建筑建材业加快发展。拉萨国家级经济技术开发区实现税收 179.2 亿元。创建藏青工业园，完成固定资产投资 35.7 亿元，入园企业 174 家。

——五年来，生态环境保护与建设取得新进展。全面实施西藏生态安全屏障保护与建设规划，投入 71 亿元，"十大工程"扎实推进。加强资源开发和生态环境保护监督管理，严格实行矿产资源勘查开发自治区政府"一支笔"审批和环境保护"一票否决"制，严把准入关，实现"三高"企业和项目零审批、零引进。环境执法监管能力明显提高。建立环境保护与财政转移支付挂钩的奖惩机制。累计兑现草原生态保护补助奖励、森林和湿地生态效益补偿资金 147 亿元。在全国率先建设江河源生态功能保护区。纳木错和羊卓雍错纳入国家良好湖泊保护试点。拉萨市成为国家环境保护模范城市，山南、林芝列入国家首批生态文明先行示范区。自治区危废处置中心、七地市医废处置中心和 56 个县城垃圾填埋场建成使用，8 个污水处理厂建设扎实推进。公益林、自然保护区管护体制改革初见成效。"两江四河"流域造林绿化工程全面推进，植树造林 516.6 万亩，林业带动群众增收 42.8 亿元。全区水、大气、土壤质量优良。

——五年来，改革开放构建合作共赢新格局。大力推进简政放权，公布政府权力清单，行政审批事项从 3396 项减至 2761 项。区管国企的改制目标全面完成。电价、燃气价格和资源税从价计征改革不断深化。商事制度改革成效显著，市场主体达 15.4 万户、增长 87.4%。农村土地承包经营权确权登记颁证试点进展顺利，草场承包经营责任制全面落实。道路交通运输体制改革全面启动。社会领域改革稳步推进。招商引资到位资金 1037 亿元。全面落实"五放六支持"政策，非公经济发展加快、活力增强，吸纳社会就业 86.2 万人，成为解决就业、促进发展的生力军。金融撬动战略深入实施，西藏银行、西藏金融租赁有限公司、林芝民生村镇银行组建运营，农发行、民生银行、银河证券、太平洋保险等 9 家金融机构在藏设立分支机构，3 家公司首发上市，企业直接融资 209.7 亿元。各项贷款余额突破 2100 亿元、比"十一五"末增长 6 倍，金融支持经济社会发展作用强劲。启动通关一体化改革，边境贸易稳步增长，进出口总值比"十一五"末增长 3.6 倍。西藏航空顺利开航运营，并与尼泊尔合作成功组建喜马拉雅航空公司，吉隆口岸实现中尼双边开放。成功举办两届中国西藏旅游文化国际博览会。援藏力度不断加大，投资 156.3 亿元、实施项目 2902 个。精心打造鲁朗国际旅游小镇。建立央企援藏考核激励机制。启动实施教育、医疗人才"组团式"援藏。五年来共有 2000 多名援藏干部和专业技术人员进藏工作，为全区改革发展稳定作出了重大贡献。

——五年来，科技人才注入经济发展新活力。实施 8 大重大科技专项，青稞育种、牦牛改良取得重大成果，青稞牧草害虫绿色防控技术获国家科技进步二等奖。建成 2 个国家级科研平台和 33 个自治区级重点实验室、工程技术研究中心。自治区自然科学博物馆建成使用。颁布 102 种地方藏药材质量标准。农牧民科技特派员覆盖所有行政村。科技进步贡献率达到 40%。中央支持西藏的 12 项重点人才工程扎实推进。实施"西藏特培"计划，出台高层次人才引进办法。选拔认定自治区学术技术带头人 100 名，引进急需紧缺人才 3182 名。全区专业技术人才达到 7.3 万人，高技能人才达到 2.3 万人。

——五年来，民生事业取得全面改善新成果。坚持把 70% 以上的财力投向民生领域，着力办好民生"十件实事"，连续五年提标扩面。率先实现 15 年免费教育，率先实现五保集中供养和孤儿集中收养，率先实现城乡居民基本养老保险均等化。城镇新增就业 16.9 万人。农牧民转移就业 467 万人次。社会保险制度实现全覆盖，参保人数达到 278 万人次。新建改造城镇保障性安居住房 21.5 万套。实现医疗救助城乡一体化全覆盖，城乡生活困难群众临时救助制度全面实施。7.2 万重度残疾人纳入生活困难补助范围。狠抓中小学校舍安全等九大工程，新建改扩建校舍 394.5 万平方米。学前儿童入园率达到 61.5%。"两基"攻坚任务全面完成，义务教育巩固率达到 90%。职业教育在校生规模达到 2 万人。西藏大学成为博士学位授予单位。劳动年龄人口平均受教育年限提高到 8.8 年。自治区人民医院、藏医院改扩建完成，第三人民医院建成使用。实现县级卫生服务中心达标、疾控中心全覆盖、乡乡有卫生院、村村有卫生室。城乡居民、在编僧尼免费体检全面实施，先心病儿童全部得到免费救治。孕产妇住院分娩率提高到 90.5%。人均预期寿命达到 68.2 岁。公共文化设施免费开放，实现地市有图书馆群艺馆、县区有民间艺术团和综合文化活动中心、乡村有综合文化活动场所。藏戏和"格萨尔"入选联合国人类非物质文化遗产代表名录。广播电视人口覆盖率分别达 94.83% 和 95.96%。全民健身运动蓬勃发展。竞技体育累计获得世界和亚洲冠军 7 项、全国冠军 58 项，取得历史最好成绩。

——五年来，社会局势开创持续和谐稳定新局面。全面加强和创新社会治理，全面落实十项维稳措施，建立健全党政军警民协调联动的维稳工作新机制，确保了社会局势持续和谐稳定。全面贯彻党的民族政策，深入开展爱国主义和民族团结宣传教育，大力表彰民族团结进步模范，有力促进各民族交往交流交融，中华民族共同体意识深入人心，谱写民族团结的时代新篇章。创新寺庙管理，开展干部驻寺，深入实施"六建""九有"等一系列利寺惠僧政策，宗教和睦、佛事和顺、寺庙和谐。城镇网格化管理、先进双联户创建深得人心。选派 10 万余名优秀干部，累计投入 72 亿元开展强基惠民活动，进一步夯实了基层基础。严厉打击十四世达赖集团分裂渗透破坏活动，牢牢掌握主动权，反分裂斗争取得了重大胜利。安全生产形势持续向好，全区事故起数和死亡人数"双下降"。综治考评首次进入全国优秀行列，各族群众的安全感位居全国前列。

第六次人口普查、第三次经济普查取得重大成果。监察、审计、地勘、气象、人防、防灾减灾等工作取得新进展。日喀则、昌都、林芝撤地设市，双湖撤区设县。国防动员工作得到加强，军政军民团结，军民共建共创共保活动扎实推进。

各位代表：

过去的五年，我们在团结奋斗中阔步前进，迎来了一系列大事喜事。中央第六次西藏工作座谈会的胜利召开，铸就了西藏发展进步史上的新丰碑。西藏和平解放 60 周年、自治区成立 50 周年大庆的成功举办，更加坚定了全区各族干部群众一心一意跟党走、聚精会神建设社会主义新西藏的信心和决心。

过去的五年，我们在攻坚克难中砥砺前行，经受住了一系列重大自然灾害的严峻考验。特别是面对震级高、范围广、损失重、救援难的"4·25"地震，在以习近平同志为总书记的党中央亲切关怀下，自治区党委、政府果断决策、迅速行动，带领党政军警民，万众一心、众志成城，聚全区之力、汇八方支援，最大限度地保障了受灾群众的生命财产安全，最大限度地降低了灾害造成的损失，夺取了抗震救灾的决定性胜利！

过去的五年，我区各项事业取得了举世瞩目的辉煌成就。这是以习近平同志为总书记的党中央英明领导的结果，是新时期党的治藏方略成功实践的结果，是全国各族人民大力支持、无私援助的结果，是自治区党委坚强领导、科学施策的结果，是全区各族人民同心协力、团结奋斗的结果。在此，我代表自治区人民政府，向全区各族人民，向全国人民特别是承担对口支援的省市、中央国家机关和中央骨干企业，表示诚挚的感谢！向给予政府工作大力支持的人大代表和政协委员，向驻藏人民解放军、武警官兵、政法干警，表示诚挚的感谢！向关心支持我区改革开放和现代化建设的各界人士，表示诚挚的感谢！

在充分肯定成绩的同时，我们也清醒地看到，我区改革发展稳定仍然存在一些突出困难和问题：经济社会发展整体水平较低，自我发展能力不足；产业规模小，初级性、粗放型特征明显；贫困发生率高，脱贫攻坚任务艰巨；基础设施瓶颈制约有待进一步突破；

基本公共服务质量和均等化水平有待进一步提升；反分裂斗争形势依然严峻复杂，维护稳定任务繁重。政府工作还存在一些不足，政府职能和行政效能还不能完全适应改革发展的需要。针对这些困难和问题，我们必须采取有力措施切实加以解决，尽心竭力做好政府工作，不辜负全区各族人民的重托。

各位代表，经过长期奋斗的厚实积累，西藏已经站在新的历史起点上，发展理念更加科学，发展基础更加坚实，发展前景更加广阔。我们深切体会到：坚持党的领导，全面贯彻党的治藏方略，是西藏经济社会发展的根本遵循；坚决维护稳定，保持社会和谐，是西藏经济社会发展的基本前提；中央关心、全国支持与自力更生、艰苦奋斗有机结合，是西藏经济社会发展的强大动力；维护祖国统一，加强民族团结，是西藏工作的着眼点和着力点；改善民生，凝聚人心，是西藏经济社会发展的出发点和落脚点；把中央精神与西藏实际紧密结合，创造性开展工作，全面落实十项维稳措施，创新深化"663"工作思路，是推动西藏长足发展和长治久安的生动实践。我们一定要倍加珍惜、一以贯之、长期坚持。

二、"十三五"时期的指导思想、奋斗目标和主要任务

"十三五"时期是我区与全国一道全面建成小康社会的决胜阶段，是我区加快发展的重要战略机遇期。以习近平同志为总书记的党中央丰富发展了党的治藏方略，明确了西藏发展的战略定位，为西藏长足发展和长治久安指明了方向。社会和谐稳定，各民族团结友爱，宗教和睦和顺，为西藏经济社会发展创造了良好环境。特别

是后发优势、人均优势、政策优势突出，改革开放潜力巨大，这些都为西藏经济社会加快发展提供了强大的内生动力。我们要坚定信心、抢抓机遇，乘势而上、奋发有为，全力推进全面建成小康社会进程。

"十三五"时期国民经济和社会发展指导思想是：高举中国特色社会主义伟大旗帜，深入贯彻落实党的十八大、十八届三中、四中、五中全会和中央第六次西藏工作座谈会精神，以马克思列宁主义、毛泽东思想、邓小平理论、"三个代表"重要思想、科学发展观为指导，深入贯彻落实习近平总书记系列重要讲话精神、特别是"治国必治边、治边先稳藏"的重要战略思想和"加强民族团结、建设美丽西藏"的重要指示，坚持以"四个全面"战略布局为统领，坚持党的治藏方略，坚持依法治藏、富民兴藏、长期建藏、凝聚人心、夯实基础的重要原则，把维护祖国统一、加强民族团结作为西藏工作的着眼点和着力点，把改善民生、凝聚人心作为经济社会发展的出发点和落脚点，坚定不移开展反分裂斗争，坚定不移促进经济社会发展，坚定不移保障和改善民生，坚定不移促进各民族交往交流交融，确保国家安全和西藏长治久安，确保经济社会持续健康发展，确保各族人民物质文化生活水平不断提高，确保生态环境良好，如期实现与全国一道全面建成小康社会奋斗目标，谱写好中华民族伟大复兴中国梦的西藏篇章。

"十三五"时期国民经济和社会发展主要目标是：地区生产总值年均保持两位数增长，全社会固定资产投资年均增长 20% 左右，公共财政预算收入年均增长 12.5%，社会消费品零售总额年均增长 12% 以上；农村居民人均可支配收入年均增长 13% 以上，城镇居民人均可支配收入年均增长 10% 以上；城镇登记失业率控制在 3% 以内；国家现行标准下 59 万农牧区贫困人口如期全部脱贫。到 2020 年，人民生活水平全面提升，城乡居民人均可支配收入比 2010 年翻一番以上、接近全国平均水平，基本公共服务主要指标接近或达到西部地区平均水平，基础设施条件全面改善，生态文明建设取得明显成效，自我发展能力显著增强，社会大局持续长期全面稳定，建成安居乐业、保障有力、家园秀美、民族团结、文明和谐的小康社会。

实现上述奋斗目标，我们要牢固树立和贯彻落实创新、协调、绿色、开放、共享的五大发展理念，坚持和谐发展，坚决维护社会稳定，深入落实十项维稳措施，深化实施"663"工作思路，保持定力，开足马力，精准发力，着力完成以下主要任务：

（一）坚持创新发展，增强内生动力

适应经济发展新常态，加快建设重要的世界旅游目的地、"西电东送"接续基地、战略资源储备基地和高原特色农产品基地。

强化项目带动。全面提速基础设施建设，全社会固定资产投资保持快速增长，力争"十三五"期间达到 1 万亿元以上。围绕城镇化空间布局，加快推进拉萨至林芝、日喀则、山南、那曲国省道高等级化，实现口岸公路黑色化，实现所有县和主要乡镇通油路，所有行政村通公路，力争"十三五"末全区公路通车里程达到 11 万公里。加快建设拉林铁路，全力推动建设川藏铁路，规划建设口岸铁路，提高新建铁路设计标准，力争铁路运营里程达到 1300 公里以上。加快推进拉萨新机场和普兰机场选址等前期工作，加快发展通用航空，民航旅客吞吐量突破 700 万人次。建成加查、大古水电站，苏洼龙、叶巴滩等水电站力争投产发电，电力装机容量达到 460 万千瓦以上，建成全区统一电网，主电网覆盖所有县城和主要乡镇。推进格尔木至拉萨输气管线建设，改扩建格尔木至拉萨输油管线。完成拉洛水利枢纽工程，加快建设湘河、宗通卡、札达等水利重点工程。建设重点城镇防洪体系。实施安全饮水巩固提升工程，实现县城自来水供应全覆盖。

强化市场推动。大力发展特色优势产业，推动三次产业联动融合发展。加快旅游产业大发展，突出"特色、高端、精品"，实施旅游转型升级工程，加大配套设施建设，基本实现3A级以上景区通油路，打造旅游精品线路和无障碍旅游区，走质量效益型集约化发展道路，力争"十三五"末接待游客突破3000万人次，旅游总收入突破550亿元。全面建设中华民族特色文化保护地，大力传承发展优秀非物质文化遗产，加快发展唐卡、藏毯、演艺等特色文化产业，推动国家级文化产业示范区、藏羌彝文化产业走廊建设。大力发展天然饮用水产业，打造"西藏好水"国际品牌，推进要素整合，天然饮用水产量达到500万吨以上、产值达到400亿元以上。重点开发藏东南"三江"流域、雅江流域水电资源，集中建设光伏发电产业区，实现清洁能源规模外送。提升发展拉萨国家级经济技术开发区、藏青工业园区。有序开发利用盐湖资源。打造拉萨物流中枢和日喀则、那曲、昌都区域性物流中心。加快发展保健食饮品、休闲健身、康复疗养等健康产业，完善藏药标准体系和检测检验体系，藏医药产值实现20亿元以上。实施质量商标品牌提升工程。构建新型农牧业经营体系，提升农牧民专业合作社。做强农牧业产业化龙头企业。加快现代农牧业示范区和高原特色农牧产业带建设，新建高标准农田200万亩，推广良种200万亩，畜种改良500万头只，建成优质人工牧草基地100万亩，围栏天然草原5000万亩，粮食、蔬菜和肉奶产量均达到100万吨以上。

强化创新驱动。全面实施"重大科技创新行动计划",建成国家重点实验室、科技企业孵化器等10个重大科技平台,建成10个农牧业科技成果转化示范基地。加强知识产权保护,加快推进科技成果资本化、产业化。鼓励发展创客空间,推动大众创业、万众创新。加强科普基地建设。力争科技进步贡献率达到45%,科技普及率达到95%。加快建设自治区数据中心。实施"宽带西藏"工程,互联网普及率达85%以上。落实"互联网+"行动计划,推动信息化与产业深度融合。构建信息惠农体系,拓宽畅通西藏特色优势产品"网上天路"。推动智慧城市建设。全面实施"百千万"人才工程,多渠道引进急需紧缺、高层次和高技能人才,加快培养农牧区实用技术人才。改进专业技术人员职称评定办法,加快人才激励与保障制度建设。加强新型智库建设。

强化金融撬动。用足用好用活中央赋予西藏的特殊优惠金融政策,引导更多金融资本、社会资本投向基础设施、"三农"和实体经济。健全多元化的金融业态,多渠道扩大金融资源投入。创新金融产品和服务,推进现代保险服务业发展,设立西藏发展基金。加强信用体系、普惠金融和多层次资本市场建设,加大辖区信贷投放力度,确保金融有效供给。

强化环境促动。加快推进简政放权,不断优化发展软环境。进一步落实"五放六支持"政策,全面改善投资环境,大力发展非公有制经济。尽快出台非公企业进入特许经营领域具体办法。力争民间投资年均增长15%、非公经济市场主体年均增长15%以上。积极推进行政、司法、商事、生态体制以及社会领域各项改革。建立跨年度预算平衡机制,加强财政支出绩效管理,健全事权与支出责任相适应的转移支付制度。全面推进营改增,深化国税地税征管体制改革。建立以管资本为主的国有资产监管体制，推动国有资本授权经营，规范国有资本运作。大力推进区管国有企业混合所有制改革。

（二）坚持协调发展，优化结构布局

全面统筹基本公共服务均衡发展，推进优势区域率先发展，加大力度扶持薄弱区域，进一步提高投资效益，不断提升发展质量。

统筹推进区域发展。努力打造以拉萨为核心，辐射日喀则、山南、林芝、那曲的 3 小时经济圈。拉萨建设国际旅游文化城市和面向南亚开放的中心城市。日喀则建设面向南亚开放的前沿区和重要的商贸物流中心。山南建设藏中清洁能源基地。林芝建设国际生态旅游区。昌都建设藏川滇青四省区交界区域经济中心和"西电东送"接续基地。那曲建设高原生态畜牧业基地和羌塘野生动物国家公园。阿里建设冈底斯国际旅游合作区，打造朝圣之旅黄金线路。加大对边境地区、高寒地区扶持力度。深入实施兴边富民行动，扶持人口较少民族发展。

统筹推进新型城镇化和新农村建设。坚持以人为本，着力提高城市发展持续性、宜居性，实现生产空间集约高效、生活空间宜居适度、生态空间山清水秀。坚持规划先行，注重民族风情、彰显地域特色，着力推进地县行政中心、特色小镇、骨干公路节点小镇和边境小镇建设，增强城镇综合承载和区域辐射能力。加强城镇市政基础设施和公共服务设施建设，主要县城建成供排水和污水处理设施，所有县城、主要乡镇和重点旅游景区建成垃圾填埋场，加大旧城区、棚户区改造。全面实施居住证制度，积极稳妥推进农牧区人口向城镇适度聚集，城镇化率达到 30% 以上。推进"多规合一"，促进发展规划、基础设施、基本公共服务向农牧区延伸，逐步缩小城乡差距。继续深入实施"八到农家"工程，不断改善农村人居环境，加大传统村落民居和历史文化名镇名村保护力度，建设美丽宜居乡村。

统筹推进经济建设和国防建设。全面落实军民融合发展战略，坚持发展和安全兼顾，把国防建设纳入经济社会发展体系，在交通、能源、通信等重大基础设施中落实国防需求，筑牢国家安全屏障。广泛开展全民国防教育，健全国防动员体系。加强人民防空工作，推进预备役部队建设。深入开展军民共建和"双拥"活动，巩固发展军政军民团结。

（三）坚持绿色发展，建设美丽西藏

坚持生态兴藏、生态富民，保护与发展并重、污染防治与生态修复并举，着力建设重要的生态安全屏障，形成绿色发展方式和生活方式，促进人与自然和谐发展。

实施主体功能区战略。严守生态保护底线，不越红线，不触高压线，优化国土空间开发，构建科学合理的生产生活生态空间布局。全面落实主体功能区规划，加强重点生态功能区建设，规范各类自然保护区管护，加大国家重点生态功能区转移支付力度。完善森林生态效益补偿、草原生态保护补助奖励机制，加快建立湿地、水生态保护补助奖励机制。推进生态文明先行示范区和国家公园建设。

加强生态保护与建设。大力实施西藏生态安全屏障保护和建设规划。扎实推进"两江四河"造林绿化工程，加强天然林、重点公益林保护，开展退耕还林、退牧还草、人工种草。加强江河源头区、生态脆弱区、重要高原湖泊和水源涵养区生态保护。加强土地、草原、森林征用监督管理。加大废弃矿区和湿地生态环境修复力度。推进雅江中游土地沙化、藏西北荒漠化、藏东南水土流失和小流域综合治理。

加大环境综合治理力度。全面实行生态环境保护目标管理。严格实行矿产资源勘查开发自治区政府"一支笔"审批和环境保护"一票否决"制，严禁"三高"项目。建立领导干部自然资源资产管理离任审计制度。推进全区环境监测监察执法垂直管理和地市环保机构改革，建立生态环境保护和建设的绩效考核与动态监测机制。深入实施大气、水、土壤污染防治行动计划和工业污染源全面达标排放计划。推进林政管理规范化、法治化，不断提高林地保有率。加强生物多样性保护。推进交通干线、旅游景区景点、村镇周边环境综合治理。科学利用自然资源，大力发展生态经济，推进绿色低碳循环发展。主要污染物和碳排放总量、单位生产总值能源和水资源消耗量控制在国家核定范围内，城镇环境空气质量优良率保持在95%以上。

（四）坚持开放发展，深化互利合作

紧紧围绕"一带一路"战略，以构建包容开放合作的政策体系为突破口，以对内开放为重点，加快建设面向南亚开放的重要通道，大力发展开放型经济。

扩大对内对外开放。把中国西藏旅游文化国际博览会培育成我区开放发展新引擎，打造具有国际影响力、全国辐射力、区域带动力的交流合作高端平台。推进基础设施互联互通，促进周边省区一体化。积极参与孟中印缅经济走廊建设。积极推进环喜马拉雅经济合作带、吉隆跨境经济合作区建设。优化对外开放口岸布局，重点建设吉隆口岸，加快发展普兰口岸，恢复开放亚东口岸，推动建设陈塘、日屋口岸。支持喜马拉雅航空公司拓展国际航线。制定优惠政策，积极引进大企业、大集团进藏兴办实体、投资创业。

做好受援工作。用好对口支援优惠政策，做好经济、教育、卫生、科技、就业、干部人才援藏受援工作。坚持精准援藏，统筹援藏资金和项目重点向脱贫攻坚倾斜。鼓励中央援藏企业和对口援藏省市大型企业与区内企业开展合资合作。与对口支援省市共同建设产业合作示范园区。鼓励优秀援藏干部和技术人员长期留藏工作。

（五）坚持共享发展，全面改善民生

强化民生先动，用真心、动真情、出真招，每年坚持办好惠民利民"十件实事"，让各族群众更好共享改革发展成果。

坚决打赢脱贫攻坚战。实施好全区脱贫攻坚规划，完善专项、行业、社会、金融、援藏"五位一体"大扶贫格局。推行精准扶贫，强化精准扶贫信息化平台建设和动态管理，完善扶贫对象瞄准识别机制，做到扶持对象精准、项目安排精准、资金使用精准、措施到户精准、因村派人精准、脱贫成效精准。通过发展生产脱贫一批，易地搬迁脱贫一批，生态补偿脱贫一批，发展教育脱贫一批，社会保障兜底一批。实行严格的扶贫脱贫目标管理责任制，完善自治区负总责、地市直管、县抓落实、乡镇专干的体制和"工作到村、扶贫到户"的工作机制。

努力扩大社会就业。实行更加积极的就业政策，以市场为导向，实施高校毕业生就业促进计划和大学生创业引领计划，鼓励到企业、到内地就业和自主创业，确保五年城镇新增就业 18 万人。完善就业援助制度，规范公益性岗位开发，着力解决就业困难人员就业。实施农牧民工职业技能提升计划，加强国家通用语言文字培训，有条件的家庭至少一人掌握一门实用技术，不断提高农牧民市场化就业能力。政府投资项目、国有企业、对口援建项目优先吸纳当地劳动力就业，每年转移农牧区富余劳动力 96 万人次。支持农牧民到内地务工经商。

着力提升教育质量。加强社会主义核心价值观和爱国主义、民族团结进步教育。加大城乡学前教育投入，学前教育毛入园率达到80%以上。大力推行国家通用语言文字教育，推进各民族学生混班教学，双语教育覆盖面达100%。加快义务教育学校标准化建设，基本实现县域均衡发展，义务教育巩固率达到95%。高中阶段毛入学率达到90%。确保新增劳动力平均受教育年限13年以上。各地市和有条件的县至少重点办好1所中职学校，促进中等职业教育与普通高中比例大体相当、协调发展。以就业为导向，调整优化高校学科专业结构，努力办好工农医等紧缺学科专业。稳步扩大内地西藏班办学规模。加大双语教师培训力度。发展远程教育，加强城乡、校际教师交流，推进优质教育资源向农牧区、边远和贫困地区倾斜。

大力推进健康西藏建设。加快县乡医疗卫生服务体系一体化建设。实现区域中心医院标准化、规范化，加强区、地市两级医院临床重点专科建设。逐步推进分级诊疗，加大巡回医疗服务力度，发展远程医疗。健全人口健康信息系统。提高重大突发公共卫生事件应急处置能力。大力发展藏医药事业，实现县级藏医院单设。提升基层藏西医结合医疗服务能力。每千人拥有执业医师2.2人。对高原多发疾病发生的医疗费用，通过医保支付和商业保险赔付后仍有困难的，财政予以补助。推动实施妇女儿童发展规划。健全妇幼保健和基层优生优育服务体系。孕产妇住院分娩率95%以上，孕产妇和婴儿死亡率分别降至80/10万、12‰。力争平均预期寿命逐步达到70岁以上。

加强公共文化建设。全力推进公共文化基础设施建设，图书馆、群艺馆、博物馆、文化站"三馆一站"覆盖率达到85%。建设自治区青少年活动中心、广电中心、大剧院、藏医药博物馆，改扩建自治区博物馆。全面提升广播电视节目覆盖、译制和民族文字出版能力，广播电视人口综合覆盖率达到99%。大力实施文化艺术精品创作工程，加大以藏语言文字为主的舞台艺术、出版物、广播影视节目和数字文化资源的创作生产力度。实施文化和自然遗产保护工程，加强特色文化和重点文物保护。繁荣发展哲学社会科学和藏学。广泛开展全民健身运动，积极发展竞技体育。

筑牢社会保障安全网。实施全民参保登记计划，完善覆盖城乡居民的社会保险体系和社会救助体系。扎实推进机关事业单位养老保险制度改革，完善城乡居民基本养老保险制度，基本社会保险覆盖率巩固在95%以上。完成"金保工程"建设。推进整合农牧区医疗制度和城镇居民基本医疗保险制度，提高农牧区医疗制度统筹层级。支持发展商业医疗保险。完善城乡居民最低生活保障、农牧区五保供养制度，逐步提高政府补助标准。加强社会养老、社区服务、残疾人服务体系和儿童服务设施建设。对被征地农牧民安置小区实行税费减免，提高城镇居民租赁住房补贴。加强公共租赁住房、干部职工周转房新建和维修。实施农村危旧房改造工程。提高气象、地质、地震灾害监测预警和防御能力，加强航空应急救援能力建设，健全完善防灾减灾体系。

（六）坚持和谐发展，实现持续长期全面稳定

紧紧围绕西藏工作的着眼点和着力点，准确把握西藏的主要矛盾和特殊矛盾，深化十项维稳措施，创新社会治理，坚决维护祖国统一、民族团结和社会稳定，推动长足发展和长治久安。

巩固发展民族团结。全面贯彻党的民族政策，坚定不移走中国特色解决民族问题正确道路，促进各族人民交往交流交融，创建民族团结模范区。广泛开展民族团结进步宣传教育和创建活动，推动"五个认同"和"三个离不开"进学校、进寺庙、进乡村、进社区、进企业、进机关、进军营，不断强化中华民族共同体意识。

积极引导宗教与社会主义社会相适应。全面贯彻党的宗教工作基本方针，依法管理宗教事务，巩固寺庙管理创新成果，进一步推动宗教和睦、佛事和顺、寺庙和谐。落实利寺惠僧政策，完善寺庙公共服务。以社会主义核心价值观引领藏传佛教教规教义阐释，发挥藏传佛教在和谐社会建设中的积极作用。依法打击利用宗教从事分裂破坏活动。加强教育引导，切实增强广大僧尼的中华民族意识、国家意识、法治意识和公民意识。

提升社会治理能力和水平。坚持依法治理、主动治理、综合治理，健全政策法规体系，完善党政军警民联防联控工作机制。坚持对十四世达赖集团斗争方针不动摇，严密防范、严厉打击各类分裂破坏活动。继续深化干部驻村驻寺、城镇网格化管理、先进双联户创建等十项维稳措施。建立健全多元矛盾化解机制，加强流动人口服务和管理。创新完善立体化社会治安防控体系，强化公共安全管理。实行党政同责、一岗双责、失职追责，落实安全生产责任制。加强食品药品监管，强化道路交通、消防安全、森林防火、特种设备等重点领域的监督检查，维护人民生命财产安全。

三、2016 年重点工作

2016 年是"十三五"开局之年，起好步、开好局，对全面完成"十三五"各项目标任务、全面建成小康社会意义重大。

经济社会发展主要预期目标是：地区生产总值增长 10% 以上，

全社会固定资产投资增长 20%，社会消费品零售总额增长 13% 以上，公共财政预算收入增长 15%，城镇居民人均可支配收入增长 10%，农村居民人均可支配收入增长 13%，城镇登记失业率控制在 3% 以内。

（一）狠抓基础设施建设

落实中央投资 500 亿元以上，大力激活社会投资，完成全社会固定资产投资 1600 亿元以上。实施 12 项重大公路建设项目，开工建设山南贡嘎至泽当、日喀则桑珠孜区至和平机场、昌都卡若区至加卡段高等级公路，加快拉林高等级公路建设，建成拉萨环城公路，开展拉萨至那曲高等级公路前期工作。推进拉林铁路建设，实施青藏铁路格尔木至拉萨段扩能工程，启动川藏铁路康定至林芝段、青藏铁路日喀则至吉隆段、滇藏铁路香格里拉至波密段和黑昌铁路那曲至昌都段前期研究工作。加快推进贡嘎、米林、邦达机场改扩建。果多水电站全部机组建成投产，开工建设苏洼龙水电站和藏中电网、昌都电网联网工程，加快怒江上游和雅江下游水电规划。启动建设湘河水利枢纽工程。建设七地市邮政快递物流枢纽中心。建成那曲镇和狮泉河镇供暖工程。扎实推进"4·25"地震灾后恢复重建。

（二）狠抓脱贫攻坚工作

制定出台精准扶贫、精准脱贫攻坚实施方案，明确目标，明确责任，明确任务，层层签订责任状，实行严格的考核奖惩制度。投入 85 亿元资金，其中专项资金 24 亿元，完成 12.97 万人精准脱贫，易地扶贫搬迁 2.5 万人。组建扶贫开发公司，推进贫困地区公共公益设施建设，大力发展带动贫困农牧民增收致富的高原特色产业项目，加大贫困农牧民培训转移力度，将符合条件的贫困对象全部纳入社会保障范围，深化乡科级以上党员干部每人联系一至两户困难群众活动，促进联户脱贫、联户致富，鼓励社会力量以帮村帮户等方式参与扶贫开发，将60%以上的援藏资金用于扶贫开发。

（三）狠抓保障改善民生

投入167亿元，着力办好民生"十件实事"，提高10个方面29项惠民政策标准。其中教育"三包"经费年生均标准提高240元，乡镇教师和医护人员生活补助月人均提高200元，村医、兽医待遇标准月人均提高100元，农村五保户供养标准提高到年人均4740元，乡镇干部生活补助月人均提高100元，村干部基本报酬及业绩考核奖励补助标准比2014年翻一番，城镇居民基本医疗保险补助标准提高到年人均420元，农牧区医疗制度补助标准提高到年人均435元，城镇居民最低生活保障标准提高到月人均640元，农村最低生活保障标准提高到年人均2550元。

完善支持高校毕业生、农牧民工等重点群体就业创业的优惠政策。完善城乡贫困家庭子女教育资助机制，加大高等教育阶段资助力度。建成250所乡村双语幼儿园，完成14个县义务教育均衡发展评估验收。定向培养培训双语教师和紧缺学科教师1000名，开展800名教师"组团式"援藏工作。扎实推进公立医院改革。改扩建西藏成办医院，床位增加到800张以上。完成41个县区医用高压氧舱建设。加大订单式定向培养力度，为县乡定向培养医务人才。调整企业和机关事业单位退休人员基本养老金，制定出台被征地农牧民社会保障政策。完善城镇职工和城乡居民大病保险制度。推进职工医保跨省异地就医结算。全面建成县城数字影院。加快推进江孜、丁青、江达县改市工作。

（四）狠抓特色产业发展

整合自治区各类产业扶持资金，设立自治区产业发展基金。大力发展特色农牧业，新建高标准农田 39 万亩，推广"藏青 2000"等新品种 170 万亩。新建人工牧草基地 15 万亩，改良黄牛 23.5 万头，积极开展标准化规模养殖示范创建活动。加快发展天然饮用水产业，销售达到 100 万吨以上。强化旅游市场监管，提高旅游管理服务水平，全年接待游客突破 2300 万人次、增长 15%，旅游总收入达到 330 亿元、增长 17%。大力发展园区经济，把藏青工业园区、拉萨高新技术开发区、日喀则和那曲物流园区建设成为我区经济发展的新引擎。藏青工业园区产值增长 1 倍以上。

（五）狠抓深化改革开放

加大供给侧结构性改革力度，增强经济持续增长动力。加快耕地草场承包经营权确权登记颁证，稳步推进土地流转。建立产权交易、公共资源交易平台。推行项目在线审批和项目建设总承包制、代建制。推行政府购买公共服务，推动公益性项目市场化运作。完善政府融资体制，加强地方政府债务管理。优化财政支出结构，提高一般性转移支付比重，提高财政资金使用效率和效益。强化全面审计。加快推进农电管理体制改革。增加金融有效供给，确保信贷增长 20% 以上。鼓励设立村镇银行，抓紧组建地方性保险法人机构。加快建立巨灾保险制度，完善农业保险大灾风险分散机制。推进央企属地化，鼓励在藏设立子公司。精心组织，高标准办好第三届中国西藏旅游文化国际博览会。招大引强，大力提升招商引资规模和水平，进一步加大非公经济支持力度。做好第七批与第八批干部援藏轮换工作。

（六）狠抓坚守"三条底线"

坚守和谐稳定底线，加强社会治安综合治理，深入落实十项维稳措施，确保社会大局稳定。开展民族团结宣传月活动，落实利寺惠僧政策，开展民族团结进步表彰活动与和谐模范寺庙暨爱国守法先进僧尼创建评选活动。坚守生态保护底线，编制生态功能区划，划定生态保护红线，出台加快推进生态文明建设意见，继续推进水生态补偿试点，完成造林绿化 100 万亩。加大环境保护与监管力度，确保生态环境持续良好。坚守安全生产底线，着力实施公路安全生命防护工程，抓好重点领域隐患排查，严防重特大安全事故发生。

各位代表：

新形势、新任务对政府工作提出了新的更高要求。各级政府要切实加强自身建设，必须始终坚持党的领导，始终向以习近平同志为总书记的党中央看齐，始终向党的理论和路线方针政策看齐，始终在思想上政治上行动上与以习近平同志为总书记的党中央保持高度一致，对以习近平同志为总书记的党中央绝对忠诚。必须切实转变政府职能，做到强管理、优服务，坚决清理一切束缚经济社会发展的行政审批事项，坚决向不作为、乱作为行为亮剑。必须全面建设法治政府，依法履行政府职能，坚持依法行政、依法治藏，真正做到重法治、严规范，努力打造法治化、便利化的营商环境，最大化方便群众、方便企业、方便基层。推进决策科学化、民主化、法治化。依法接受人大法律监督和工作监督，自觉接受政协民主监督，主动接受社会监督和舆论监督。必须加强学习型政府建设，认真学习新理论、新知识、新方法，不断提高推动发展、服务人民、维护稳定的能力和水平。必须转变作风，牢固树立改革意识和创新意识，勇于探索改革新思路、发展新办法、工作新举措，狠抓各项经济社会发展目标任务的督促落实。必须巩固拓展"三严三实"专题教育成果，坚决贯彻中央八项规定和区党委"约法十章""九项要求"，坚持把纪律和规矩挺在前面，严格政治纪律、组织纪律、廉洁纪律、群众纪律、工作纪律和生活纪律，以零容忍的态度惩治腐败，厉行节约，反对浪费，以清正廉洁的形象取信于民。

各位代表：

蓝图已经绘就，号角已经吹响。让我们紧密团结在以习近平同志为总书记的党中央周围，在自治区党委的坚强领导下，按照区党委八届七次、八次全委会的决策部署，解放思想，开拓创新，敢于担当，主动作为，为圆满完成"十三五"时期各项目标任务，确保到 2020 年与全国一道全面建成小康社会而努力奋斗！

陕 西 省
政府工作报告

——2016 年 1 月 24 日在陕西省第十二届人民代表大会第四次会议上

省长 娄勤俭

各位代表：

现在，我代表省人民政府向大会作工作报告，请予审议，并请省政协委员及列席人员提出意见。

一、十二届人大三次会议确定任务和"十二五"规划完成情况

2015 年是陕西发展史上极不平凡的一年。面对年初国际油价断崖式下跌、经济下行压力前所未有的严峻形势，全省上下以习近平总书记系列重要讲话精神和来陕视察重要指示为指导，万众一心，埋头苦干，在追赶超越的征途上奋进，经济增速逐季回升，全年实现生产总值 18171.86 亿元，增长 8%，地方财政收入 2059.87 亿元，增长 12.1%，城乡居民收入达到 26420 元和 8689 元，分别增长 8.4%

和 9.5%，基本完成十二届人大三次会议确定的各项任务。

（一）针对下行压力精准施策，努力保持经济运行在合理区间。一是适时出台多项措施支持企业稳产促销，在开局不利情况下，规上工业增速逐步回升，全年增长 7%，在能源大省中实属不易。二是力促投资稳定增长，积极争取国家对水利、交通等重大项目的支持，开展央企进陕、民企进陕、京企进陕活动，与各大金融机构签订战略合作协议，去年争取中央资金 2096 亿元，发行政府债券 1260 亿元、企业债券 64 亿元，全年完成固定资产投资 1.98 万亿元，增长 8%。三是多措并举释放消费需求，网上消费等消费热点已成为广大消费者的重要选择，各大电商纷纷与我省进行战略合作，去年社会消费品零售总额增长 11.1%，物价指数上涨 1%。四是依托园区发展现代农业，现代农业园区增加到 2350 个，粮食生产"十二连丰"，苹果产量稳居全国第一，农业规模经营和效益加快提升。经济的稳定增长，既保证了就业和群众增收，又拓展了调结构的空间。

（二）全面加快结构调整步伐，新支柱产业加速成长并在应对经济下行中发挥重要作用。以重大项目为牵引扶持电子信息、新能源汽车、航空航天、现代服务业做大做强，具有世界领先水平的闪存芯片、汽车电池项目和年产 1500 万部手机生产线相继投产，天然气重卡和混合动力轿车销量位居全国第一，国产大运和新一代新舟支线飞机研制取得重大突破，一批国家级大数据中心正式运行，非能源产业增长 13%，高新技术产业增长 25.9%，文化产业增加值占比达到 3.7%，旅游总收入达到 3005.8 亿元。坚持"三个转化"思路推进能源化工产业高端化，陕西煤化继延长集团之后跻身世界500 强，能源化工产业经受严峻考验继续发挥支柱作用。通过政策引导鼓励轻工、纺织、建材等传统产业转型升级，食品工业快速发展，客货运输量成倍增长，建筑业增加值达到全省 GDP 的 9.8%。多点支撑、多元带动的产业格局正在形成，经济加快向中高端水平迈进。

（三）"四化同步"统筹推进区域城乡协调互动，发展空间得到进一步拓展。一是按照"建设大西安、做美城市、做强县城、做大集镇、做好社区"思路，推动全省城镇化水平迈上新台阶。省市共建大西安工作持续推进，西安、宝鸡被命名为全国文明城市，西咸新区固定资产投资增长 33%。统筹加强小城镇、美丽乡村和新型农村社区建设，35 个省级重点示范镇和 31 个文化旅游名镇完成投资 145.7 亿元，撤并行政村 4830 个，建成新型农村社区 1002 个，97 万农村居民成为新市民，全省城镇化率提高 1.35 个百分点。二是坚持一市一策分类指导，各地竞相发展的局面进一步形成。继续推进计划单列市和省直管县试点，启动 4 个镇级市试点，依托工业集中区壮大县域经济，鼓励各地发挥优势错位发展。撤乡并镇 207 个，128 个镇进入全国重点镇，3 个镇列入全国建制镇试点，3 个县撤县设区，陕南经济增速连年超过全省。三是全面加强城乡基础设施建设，综合承载功能不断增强。新增保障性安居工程 48.5 万套，基本建成 53.4 万套，新增发放租赁补贴 2.1 万户，均继续保持全国领先。沿黄河公路建设顺利推进，改造县城过境公路 29 条，新改造农村公路 1 万公里，解决了 253 万人的饮水安全问题。"气化陕西"二期工程惠及群众 1500 万，横贯关中、连接陕北的 750 千伏电力骨干网架全面建成。全省区域协同、城乡一体发展的协调性进一步增强。

（四）坚持山水林田湖一体化治理，生态建设正在向系统化迈进。大力实施"治污降霾·保卫蓝天"行动计划,拆改燃煤锅炉3867 台,淘汰黄标车 7.8 万辆,关中削减燃煤 300 万吨,西安收获了 251 个蓝天,较上年新增 40 天。全面启动新一轮渭河综合治理,累计投资 245.5 亿元,安澜河、生态河、景观河目标正在变为现实。强化秦岭保护和汉丹江综合治理,有效遏制了秦岭北麓违法乱建现象,确保了南水北调中线水质安全。统筹推进退耕还林还草、天然林保护、湿地恢复保护、小流域综合治理,造林绿化 490.7 万亩,建成"百万亩湿地"和"百万亩森林"。积极开展农村生态环境连片综合整治,改水改厕,治理面源污染,受到群众普遍欢迎。强力推进节能减排,健全高污染、高排放企业退出机制,加强污水处理厂及配套管网建设,实行垃圾集中处理,城镇污水处理率达 83.2%,垃圾无害化处理率达 85.4%,单位 GDP 能耗下降 3.3%,四项主要污染物减排任务超额完成。生态文明建设虽然取得较大成绩,但与人民群众期待还有差距,尚需锲而不舍、铁腕治理、久久为功。

（五）积极融入"一带一路"战略,陕西已站在对外开放的前沿位置。围绕国家论坛和品牌展会精心搭建高端合作平台,参加欧亚经济论坛的国家、地区和国际组织从首届的 13 个增加到 53 个,丝绸之路经济带城市圆桌会议机制正式建立,西洽会和农高会向丝绸之路经济带国际展会转型。依托海关特殊监管区积极创建陕西自由贸易试验区,围绕大通关加快推进贸易便利化,与国内 13 个口岸城市建立合作关系,铁路航空物流集散中心初具规模,全省海关增加到 6 个,"长安号"纳入国家"中欧快线"年发送 138 列。发挥在国家外交大局中地位提升的优势,巩固发展与国外的省州友好关系,深化与中亚国家的合作办学机制,积极推进丝绸之路国际电影节、艺术节和旅游博览会常态化。坚持高水平引进来、高标准走出去参与国际产业分工，全年实际利用外资 46.21 亿美元，引进内资 5658.63 亿元，分别增长 10.7% 和 13.7%，境外实际投资 6.66 亿美元，增长 47%，进出口总额突破 300 亿美元，增长 12.8%，增速位居全国第 5 位。

（六）**以全面深化改革破解发展难题，追赶超越的内生动力进一步增强**。以简政放权为重点推进行政体制改革，取消下放省级审批 94 项，全面取消非行政许可审批，全部公开 52 个省级部门的 4394 项权责清单，修订发布政府核准投资项目目录 2015 年本。以激发市场主体活力为目标深化经济体制改革，全面推行"三证合一"制度，有序推进"营改增"试点和价格、投融资改革，政府定价目录缩减 55%，清理取消行政事业收费 40 项，通过优化国有资产配置组建企业集团 2 家，去年新增市场主体 32.1 万户，非公有制经济占比达到 53.3%。以土地产权制度为核心深化农村改革，土地承包确权颁证加快推进，有力促进了党的各项农村政策全面落实。以服务实体经济为重点加快金融改革步伐，重组设立了秦农银行，村镇银行和小额贷款公司分别发展到 13 家和 286 家，发起设立政府产业基金 5 支，政府债务纳入预算管理，省政府与 5 家银行签署了战略合作协议，上市公司发展到 43 家，新增新三板挂牌企业 36 家，全省金融机构人民币各项存款余额突破 3 万亿元。以更加注重社会公平为目标实施分配制度改革，完善了体现正常增长机制的企业工资指导线制度和农民工工资支付保障机制，进一步提高了最低工资标准，规范省属国有企业负责人薪酬标准，实施机关事业单位工资和养老保险改革，实行县以下职务与职级并行和乡镇工作补贴制度。全面深化改革是激发活力、提升生产力的关键举措，仍需加大力度、持续推动。

（七）千方百计办好民生实事，全省人民的获得感不断提升。

虽然去年财政增收压力明显加大，但"两个 80%"仍然得到全面落实，全省民生支出 3582 亿元，保障能力持续提高，覆盖面进一步扩大。坚持就业优先与鼓励创业创新相结合，重点群体就业得到充分保障，高校毕业生初次就业率达到 88.5%，新增城镇就业 44.37 万人，农村劳动力转移就业 693.8 万人。扩面提标不断完善社会保障和社会救助体系，企业退休人员基本养老金标准居全国第 12 位，城乡居民基本养老保险政府最高补助额达到 200 元，城乡低保标准分别达到月 460 元和年 2500 元，城镇居民医保和新农合人均财政补助分别高出国家标准 20 元，居民医疗救助和临时救助水平分别达到人均 2344 元和户均 1407 元，乡村教师、精简下放人员等二十多个特殊群体的利益保障机制不断完善。保障性住房顺利实现三年 23% 的保障面，移民搬迁步入常态化轨道并在全国推广，年内又有 45.1 万户城镇居民迁入新居，129 万人实现脱贫，其中搬迁 21.9 万人。加快实施二期学前教育三年行动计划，积极推进义务教育薄弱学校改造和城区中小学校建设，狠抓普通高中办学质量和中职教育规模发展，促进高等教育内涵式发展。学前一年生均补助标准达到 1300 元，新增公办幼儿园 839 所，建成国家义务教育发展基本均衡县区 29 个，高中阶段毛入学率达到 96.4%，高考录取比例达到 80.6%，家庭困难学生救助体系进一步完善，群众关心的热点问题都在积极解决中。深化医药卫生体制改革，全面启动分级诊疗制度，组建各类医疗集团和联合体 37 个，城市公立医院改革全面铺开，完善城镇居民大病保险体系，全省新农合参合率达到 99.97%，为基层招录医学本科生 1803 人、培养全科医生 1520 人。以 30 个重大文化项目为统领健全公共文化服务体系，农村广播电视户户通全面实现，采取购买公共服务形式开展各类演出 3000 余场次，配备全民健身器材 4.7 万余件，一批文化精品力作亮相央视或全国舞台。民生改善是不断满足人民日益增长的物质文化需要的过程，我们要顺应人民群众对美好生活的向往，努力实现好、维护好、发展好最广大人民的根本利益。

（八）强力推进政府职能转变，法治型、服务型、阳光型政府建设步伐加快。严格落实全面从严治党各项部署，扎实开展"三严三实"专题教育，持续贯彻八项规定精神，切实加强审计监督和效能监察，全面实施财政预决算和"三公"经费公开，率先推行公车改革，省级"三公"经费支出下降 18%。深入推进政府系统党风廉政建设和反腐败工作，坚决纠正"四风"突出问题，坚决查处群众身边的腐败问题，坚决严惩不作为、乱作为行为，查处政府系统违纪工作人员 3278 人。始终坚持依法行政，主动接受省人大依法监督，自觉接受省政协民主监督，提交地方性法规草案 4 件，办理人大代表建议 724 件、政协提案 747 件，向省人大报告专项工作 13 项，接受省人大秦岭保护条例等执法检查 4 次，接受公共文化服务等专题询问 2 次，参与省政协常委议政协商 2 次、月度协商 10 次。进一步健全依法决策机制，严格规范行政执法行为，全面实行政务公开。围绕平安陕西建设狠抓政府社会治理能力提升，全面落实安全生产监管责任，全过程强化食品药品安全监管，健全突发事件应急管理机制，扎实做好新形势下的信访和社会矛盾化解工作，有效维护了国家安全和社会稳定，民族、宗教、地震、气象、测绘、人防、邮政、档案、地方志等领域工作都得到全面加强。

各位代表,2015年各项任务的完成,标志着"十二五"圆满收官。"十二五"确定的 12 项约束性指标全部完成, 15 项预期性指标基本完成,实现了由欠发达省份向中等发达省份的历史性跨越!一是综合实力大幅跃升,生产总值年均增长 11.1%,总量列全国第 15 位,财政收入翻一番,站在了新的历史起点上。二是干成了一批打基础、利长远的大事实事,固定资产投资是上个五年的 3 倍,新增高速公路 1700 公里,西安咸阳国际机场旅客吞吐量突破 3300 万人次,国际航线由 8 条增加到 36 条,高铁从通达一个省会拓展为"一日交通圈",西安开启地铁时代,渭河三年变清目标如期实现,引汉济渭和东庄水库工程加快推进,发展支撑能力显著增强。三是创新潜能有效释放,相继被国家列为创新型省份、全面创新改革试验区和自主创新示范区,五年获国家科学技术奖 163 项,主导制定国际标准 17 项,去年技术交易额 721.7 亿元、专利授权量 3.34 万件,分别是五年前的 7 倍和 2.9 倍。四是对外开放短板加速弥补,实际利用内外资年均分别增长 18.6% 和 20.5%,对外直接投资是"十一五"的 3.6 倍,进出口增长率连续位居全国前列,世界 500 强落户总数达 112 家,经济外向度从 7.9% 提升到 10.4%,陕西的知名度和影响力明显提升。五是一系列重大改革走在全国前列,社保、医疗、商事和新型城镇化等领域的探索被国家推广,社会普遍关注的避灾扶贫生态移民搬迁开创了全国脱贫攻坚的新路径,有效激发了经济社会发展活力。六是"两个 80%"全面落实,城乡居民收入增速跑赢生产总值,就业水平稳中有升,社会保障惠及城乡各个群体,230 多万户居民通过安居工程迁入新居,170 多万人依靠移民搬迁告别深山,三秦百姓分享到更多发展成果,生活得更有尊严、更加自豪。

各位代表，回首过去的五年，奋斗的历程充满艰辛，取得的成就令人欣喜，积累的经验值得铭记，这就是：不管面临多大的挑战，都必须牢牢扭住科学发展这个第一要务不动摇；不管遇到多么大的困难，都必须巩固和保持心齐气顺劲足的良好政治生态；不管处理多么复杂的问题，都必须把全省人民的福祉放在第一位；不管取得多么好的成绩，都必须低调务实不张扬，埋头苦干！

各位代表，过去五年的成绩，是全省上下勇于创新、知难而进、共同努力的结果。在此，我谨代表省人民政府，向全省人民、驻陕部队指战员、武警官兵和公安民警致以崇高敬意！向大力支持政府工作的各位代表、各位委员和社会各界人士，向所有关心和支持陕西建设的海内外朋友表示衷心感谢！

二、"十三五"发展的基本思路和目标任务

"十三五"是全面建成小康社会的决胜阶段。根据省委关于制定"十三五"规划的建议，省政府编制了"十三五"规划纲要草案，提出了未来五年的发展目标、主要任务和重大举措，本次大会审议批准后，我们将认真组织实施。

"十三五"的主要发展目标是，在提高质量与效益基础上，经济增长高于全国平均水平。2020年，生产总值达到3万亿元、人均超过1万美元，城乡居民收入赶超全国平均水平，现行标准下农村贫困人口全部脱贫，基本公共服务实现均等化，人民生活水平和质量进一步提高，同步够格全面建成小康社会，"三个陕西"建设迈上更高水平。

实现这一宏伟目标，我们面临着严峻挑战：经济的不确定性、

不稳定性较大，尤其是国际能源价格持续下滑，致使经济下行压力还在加大；受资源环境约束和市场波动双重影响，产业结构的深层次矛盾更加显现，增长动力不足问题十分突出；群众收入、脱贫攻坚、生态建设、对外开放等短板虽有重大突破，但与群众的期待相比仍有不小差距；认识、把握、引领新常态的能力有待进一步提高，实现速度换挡、结构调整、动力转换面临着新的巨大挑战；在政府自身建设方面，不仅廉洁从政需要持续强化，解决不敢担当、为官不为问题更为迫切。但是，我们更应该看到陕西发展的重大机遇：在于科技、人才优势凸显和不断增长的标准、专利、技术交易成果，为创新驱动发展奠定了坚实基础；在于国家赋予我省建设内陆改革开放新高地先行先试的使命和诸多规划上升到国家战略，可获得更多的支持；在于现代产业体系加速构建，将在日趋激烈的个性化市场竞争中赢得先机；在于连续的高增速积累和基础设施的完善，为更好更快发展提供了有力支撑；在于民生和生态环境持续改善，极大保护和发展了生产力；在于"一带一路"建设的大格局拓展了我省发展的空间；在于全面深化改革和 3700 万三秦儿女人心思进、万众追梦焕发出的强大动力。我们一定要按照习近平总书记追赶超越和"五个扎实"的要求，聚焦"四个全面"战略布局，紧扣五大发展理念，积极推进供给侧结构性改革，实现新常态下新跨越，夺取全面建成小康社会决战的伟大胜利！

把创新作为第一动力，在全国率先建成创新型省份。以实施创新型省份、西安全面创新改革试验区、西安高新区自主创新示范区建设三大国家战略任务为契机，发挥科技创新引领作用，加快政府职能从研发管理向创新服务转变步伐，强化企业创新主体地位，支持创建国家实验室，加强知识产权保护和应用，推动企业、高校、科研院所协同创新，实施"中国制造 2025"和"互联网 +"行动计划，促进科技成果尽快转化，构建具有陕西特色、体现创新引领的现代产业体系。2020 年科技进步贡献率提高到 60%，进入中国著名品牌的数量大幅提升。

把协调作为内在要求，着力构建可持续的发展结构。实施关中协同创新、陕北转型持续、陕南绿色循环区域发展总体战略，把关中打造成全国知识创新、技术创新和成果转化的重要策源地，把陕北打造成全球一流高端能源化工基地和全国革命老区城乡发展一体化先行区，把陕南打造成环境保护、产业发展和新型城镇化同步推进的国家生态文明综合改革示范区。抓住国家支持关中城市群建设和西咸新区先行先试机遇，积极推进大西安建设，着力提升中小城市承载能力，创新重点镇发展模式，狠抓新型农村社区、传统村落保护和美丽乡村建设，户籍人口城镇化率达到 45% 以上，农村社区服务中心建设覆盖率达到 60%。围绕平衡发展强化以综合立体交通为重点的基础设施保障能力，启动西安咸阳国际机场三期工程，西安地铁运营里程达到 200 公里，建设铁路 3500 公里、高速公路 1500 公里，新建改建农村公路 6 万公里，实现市市通高铁、县县通高速、村村通油路。

把绿色作为必要条件，让生态文明融入发展全过程。加快建设主体功能区，统筹安排生产、生活、生态用地，控制建设用地总规模，严格划定并执行各类生态红线，认真落实自然资源、环境保护督察和终身追责制度，持续铁腕治污降霾，实施城市疏解疏通增绿工程，大力开展绿色矿山建设，深入推进农村环境连片整治和水源地保护，启动山水林田湖生态保护和修复工程，积极争取建设秦岭、桥山和黄河国家公园，围绕"关中留水、陕南防水、陕北引水"系统规划建设全省水系，积极支持绿色清洁生产和消费，大力发展循环经济，全省森林覆盖率超过 45%，主要污染物排放总量明显下降，单位生产总值能耗降低 15%，力争西安每年增加 10 个蓝天，关中农村环境实现根本性变化。

把开放作为必由之路，建设内陆改革开放的新高地。积极建设"一带一路"，构建丝绸之路经济带国际交通商贸中心、科技创新中心、产业合作中心、文化旅游中心和区域金融中心，加快建设西安领事馆区，积极申报陕西自由贸易试验区，与丝路沿线国家共建经济合作园区，继续办好欧亚经济论坛、西洽会暨丝博会、杨凌农高会和丝绸之路系列节会，努力吸引跨国公司及全球行业领先企业进行战略投资或建立地区总部和分支机构，支持有条件的企业参与国际产能合作，畅通政府对话、企业合作、民间互动渠道，促进全方位对外开放。

把共享作为本质要求，不断为三秦百姓创造新福祉。新增就业220 万人。普及学前 3 年教育，全面实施 13 年免费教育，推进中等职业教育免费，5 所高校和 50 个学科进入全国一流行列。社会保障实现基本制度定型完备、法定人群全面覆盖、保障标准合理调整，社会救助体系更加完善，形成适应多层次需求的住房供应体系。围绕健康陕西行动计划，加强公共卫生服务，加快公立医院综合改革，健全中医药服务体系，完善分级诊疗制度，2017 年县域就诊率达到 90%，2020 年人均预期寿命达 76.7 岁。基本建成覆盖城乡、便捷高效、保基本、促公平的现代公共文化服务体系，文化产业年均增长 15% 以上，群众精神生活更加丰富，陕西文化软实力全面提升。脱贫攻坚战取得全面胜利，重点县和片区县全部脱贫摘帽，331 万贫困人口全部脱贫。

三、2016 年的主要工作

今年，我们要积极适应经济发展新常态，坚持稳中求进工作总基调，精心谋划供给侧结构性改革，统筹推进稳增长、调结构、惠民生、防风险各项工作，切实抓好去产能、去库存、去杠杆、降成本、补短板五大任务，增强经济持续增长动力，实现"十三五"开好头、起好步。主要预期目标为：经济增长 8% 左右，地方财政收入增长 10% 左右，城镇登记失业率控制在 4% 以内，城乡居民收入分别增长 9% 和 10% 左右，社会消费品零售总额增长 10% 左右，物价涨幅控制在 3% 左右。

（一）积极推进供给侧结构性改革

统筹推进"去产能"和"三个专项行动"。今年规模以上工业计划增长 9% 左右。为遏制生产和利润下滑势头，要全力打好"去产能"歼灭战。精准研判国际市场价格变化，向管理和技改要效益，寻找新的石油产销平衡点。重点开发陕北和彬长煤矿，逐步关停渭北老矿区。分类推进国企改革，优化国有资本配置，积极发展混合所有制企业。争取中央专项奖补资金，坚决淘汰"僵尸企业"、高污染企业和产能过剩领域无竞争力企业，妥善安置分流人员。在此基础上，实施改善消费品供给、降本增效和制造业升级三个专项行动。分类施策支持有市场有效益企业扩大销售，积极扶持中小微企业健康发展，鼓励首台首套优势装备推广应用，完善新能源汽车购买使用扶持政策。实施质量强省战略，推动企业开发适销对路新产品。从降低交易、人工、物流、财务成本和税费、五险一金、电力价格等方面发力，清理规范中介服务，实施涉企收费目录清单管理，完善煤电价格联动机制，进行直供电和低电价区改革，打好降本增效"组合拳"。全面评估技改资金使用情况，发布指导目录，实施150个重点技改项目。

按照补短板要求强化重大基础设施建设。紧扣国家政策取向，进一步提高投资的有效性和精准性。继续加强"米字型"高铁网建设，全力加快包西、西成高铁等项目进度，努力推进陇海铁路功能北移。以加密高速路网、增强等级公路联通能力和建制村通油路为重点加快公路建设，切实抓好黄陵至延安、宝鸡至坪坎、平利至镇坪高速和沿黄公路、搬迁集中安置点连接线建设。统筹规划建设大西安轨道交通和关中城际铁路，支持西安加快地铁建设，启动机场三期扩建项目。加快建设引汉济渭、东庄水库、斗门水库、亭口水库、延安黄河引水等项目，掀起新一轮水利建设高潮。依托神府、榆横、延安、彬长四大煤电基地，尽快建成至河北、山东、江西"两交一直"特高压输电通道，加快建设镇安抽水蓄能电站。积极推进光纤到楼到户，普及城区公共无线网络，不断扩充出省带宽，督促运营商落实降费提速政策，建设"宽带陕西"。以我为主精心谋划后续重大项目和滚动投资计划，保持固定资产投资稳定增长，今年增长 10% 左右。

围绕市场化目标健全要素配置体系。改革科技成果使用、处置、收益管理办法，积极培育综合性专利运营企业，探索科技贷款风险补偿和知识产权质押融资模式，发挥省科技资源统筹中心平台作用，充分释放创新要素活力。加强政府债务管理，整合财政专项资金，创新投入方式，通过设立产业发展基金、推行股权投资、搞好以奖代补、开展风险补偿、完善财政贴息和政府购买服务，吸引更多社会资本投向产业。支持各类金融机构在陕发展，健全地方金融体系，争取两家民营银行获批，探索建立政府、银行和担保机构合作机制，积极发展金融租赁和消费金融，支持企业上市融资或发行债券，提升金融服务实体经济能力。继续加大闲置土地处置力度，依法收回违规用地，盘活存量，提高效率，确保稀缺资源优先用于重大基础设施、战略性新兴产业和民生项目。加快形成供水、供气、供热、环保等方面的价格市场化决定机制，对高耗能行业实施差别惩罚性和阶梯电价，全面实行居民用电、用水、用气阶梯价格。

聚焦突出问题深化"放、管、服"改革。全面公布市县两级部门权力清单和责任清单，继续减少和规范行政许可事项，全面实行投资项目审批监管线上运行，加快推进"证照分离"，完成行业协会商会行政脱钩试点，争取列入国家市场准入负面清单管理制度改革试点。推进工商、质监、食品药品和城市管理等监督执法重心下移，落实政府属地监管职责，切实解决市场秩序、安全生产、食品药品安全、市容市貌、社会诚信领域的管理缺位问题，把该放的全部下放，该管的坚决管好。继续改进直接面向企业和群众的公共服务，坚持县乡村三级群众办事干部代办制度，推广"互联网＋政务服务"，将实体政务大厅向网上办事大厅延伸。

（二）努力重塑体现创新引领与适应消费需求的产业体系

按照中高端要求优化工业结构。一是选择30家科研院所复制推广西安光机所、西北有色院模式，支持企业采用延长模式兼并重组科研院所，完善工研院运行体制，支持所有在陕院士与高校共建实验室或研究室，加快建设西安交大中国西部科技创新港，资助高校实现众创空间全覆盖，加快培育产学研一体化创新主体。二是通过创新链与产业链双向互动促进优势产业提质增效。支持能源化工企业利用技术储备，加快建设神华榆林循环经济煤炭综合利用、延长石油延安煤油气综合利用等转化项目，并继续向产业链下游研发，打牢高端能源化工发展基础。启动中国制造 2025 陕西行动计划，依托电子信息、航空航天、新能源汽车、3D 打印、机器人等领域的龙头企业，建设世界一流高端芯片制造、封装测试一体化产业基地和千亿规模智能终端产业集群，全国自主品牌汽车基地和新能源汽车研发生产基地，国内领先的航空及航空服务业和卫星应用产业聚集区，加快培育壮大新支柱产业。三是根据国家战略创新体制机制、策划重点项目，积极争取列入国家航空发动机专项和集成电路产业基金支持，带动相关产业规模化、集群化发展。四是围绕更多军工科技成果就地转化和民用企业深度参与军工生产两大目标，积极探索军民融合有效途径，争取国家重大项目布局，吸引配套企业聚集。五是超前部署石墨烯、量子通信、第五代移动通信、自旋磁存储等前沿技术研发平台和研究项目，抢占新一轮科技革命和产业变革制高点。

充分发挥现代服务业带动产业和拉动消费的作用。一是促进文化旅游产业融合发展。创新体制机制，着力改善供给侧结构，深入发掘历史人文资源，系统打造红色文化、历史文化和大遗址保护、自然山水、丝路文化、文艺陕军等文化品牌。发挥 30 个重大文化产业项目引领作用，推动国有单位和社会资本联手开发多元化文化产品、打造旅游精品景区与线路，启动实施优秀中青年作家"百优计划"，推广《长恨歌》演艺模式，鼓励文艺团体固定景点开发精品剧目，结合文化旅游名镇和美丽乡村建设发展乡村游和城郊休闲游，让中外游客在休闲娱乐中留下对陕西的美好记忆。二是引领生产性服务业向专业化和价值链高端延伸，生活性服务业向精细和高品质转变。健全以航空、铁路、信息"三网"和西安国际港务区国际陆港、西咸新区空港新城国际航空物流港"两港"为核心的骨干物流体系，建设一批国家级省级物流园区，发展航空物流、保税物流和大宗商品物流。积极推广陕鼓服务模式，发展研发设计、融资租赁、信息技术服务等生产性服务业。支持服务主体围绕消费新需求增加有效供给，加大地产品牌推广力度，建设城市商业聚集区和"15分钟"社区便民生活服务圈，培育发展文化休闲、体育健身、医养结合等消费业态。三是围绕"互联网+"发展新型业态。以同国家通讯基础运营商和电商龙头企业签订战略合作协议为契机，推动互联网与制造、能源、农业、商贸、物流、金融等产业深度融合，开展众包设计研发与网络化协同制造，建设智慧矿区，发展精准农业和农村电商，设立跨境电子商务服务中心，推动互联网金融规范发展，打造新的增长点，使转型升级跟上时代步伐。

扎实推进特色现代农业建设。坚决落实粮食安全省长责任制，全面划定永久基本农田，新增基本农田50万亩，治沟造地8万亩，发展节水灌溉耕地80万亩，全年粮食播种面积4500万亩，总产超过1100万吨，从今年起就粮食安全对市县政府"一把手"实行年度考核。推进果业提质增效，壮大优势畜牧业，实施菜茶品牌化生产，发展农产品加工业，培育生态休闲观光农业，实现一二三产业融合和县域经济加快发展，让农户分享全产业链价值收益。农业支持政策向规模经营主体和产业融合项目倾斜，大力发展产业化龙头企业、农民合作社、家庭农场、专业大户等新型农业经营主体，发展农村产权交易市场，积极促进土地流转，带动农民发展适度规模经营。加快粮食加工转化，大力推广耕地质量建档立卡、测土配方施肥技术，减少化肥农药不合理使用，实行耕地休耕轮作，健全现代种业、果蔬苗木、畜禽良种和蔬菜育苗繁育体系，发展农产品销售、仓储、物流等市场化服务，提高农业综合生产能力和效益。全面落实党的各项强农惠农富农政策，进一步深化农村改革，确保财政投入力度不减弱、总量有增加，农民收入持续较快增长。

优化产业聚集承载空间。以现代农业园区条例颁布为契机，着力完善产业体系和配套设施，促进园区提质增效。继续支持各县工业集中区建设，为县域经济发展创造良好环境。推动国家级高新区和省级开发区进行体制创新、管理创新、服务创新、模式创新，更加主动地承接国内外产业转移。建立地方与央企合作新机制，进一步搞好航空、航天、兵器等产业基地建设，加快建设西咸新区国家航空城实验区和汉中航空智慧城。支持杨凌建设世界知名农科城，在更高层面上发挥示范效应。支持西安高新区托管省内其他开发区，争取在更大范围内享受国家自主创新示范区政策，让创新要素渗透到全省各个领域。

（三）进一步加强新型城镇化建设

加强城乡发展规划管控。加快形成总规、详规、专项规划相结合的规划体系，全面推行"多规合一"，确保城乡建设健康有序发展。编制关中－天水城市群规划、沿黄城镇带规划、省域空间布局规划，科学定位城市功能和人口规模。编制关中城市群核心区总体规划，加强西安、咸阳、西咸新区规划对接，建设现代化大西安新中心。按照生产空间集约高效、生活空间宜居舒适、生态空间山清水秀的要求，全面开展城市设计，将风道建设纳入城市规划和管理，统筹规划建设城市绿化带，使全省城市绿地率达到35%以上，新建居住区绿地率不低于30%，使每个城市的水系增量扩容、科学合理，每个城市都有独特的历史文化符号。

以城镇群为主要形态推进大中小城市协调发展。按照大西安为核心、宝鸡为副中心定位，促进西铜、西渭、西商一体化发展，打造丝绸之路经济带最具核心竞争力的关中城镇群。支持延安、榆林、汉中、安康建设区域性中心城市，引领陕北、陕南城镇群发展。切实抓好县城建设，继续开展蔡家坡、庄里、大柳塔和恒口4个镇级市培育试点，持续推进省级重点示范镇和文化旅游名镇建设，加强对市级重点镇建设的指导，围绕改善人居环境推进美丽乡村建设，强化城镇群发展根基。

全面提升城镇综合承载能力。狠抓保障性安居工程配套设施建设，实施棚户区改造28万户，确保项目竣工前六个月编制完成配租配售方案、验收后三个月分配入住。搞好大城市停车场、充电桩建设，实施城市生态修复工程，全面推进海绵城市和地下综合管廊建设，省上抓好2—3个市作为试点。加快城镇生活垃圾资源化利用和无害化处理进程，完善县城和重点镇污水垃圾处理设施并配套发展人工湿地，对20个县城过境公路实施改建。推进城镇基本公共服务和便利向常住人口全覆盖，年内户籍城镇化率达到40.8%。以满足新市民住房需求为主要出发点，以建立购租并举住房制度为主要方向，积极推进房地产"去库存"，稳定房地产市场，支持建筑业提质增效。深化城市管理和执法体制改革，加强城市精细化管理和服务，开展提升城市形象和改善环境的创建活动，推行一网通、一站通、一卡通等民生服务智慧应用，彻底改变粗放型管理方式。

（四）更加主动参与"一带一路"建设

加快创建自由贸易试验区。积极复制上海自贸区经验，建立准入前国民待遇加负面清单外资管理模式，抓紧提升海关特殊监管区品质，争取获批陕西自由贸易试验区。继续加强大通关建设，优化整合口岸监管服务功能，推动航空港和陆港联动发展，推进丝路沿线省市区通关一体化，实现国际贸易"单一窗口"受理，争取设立丝绸之路经济带离岸人民币结算中心。完善国际航线补贴政策，新开通 9 条国际航线，积极组织回程货源，着力提升"长安号"货运班列运行效益。

下大气力优化投资环境。建立健全投资环境评价机制和社会监督体系，对重大招商引资项目实行定向跟踪服务，推行来陕投资企业定期回访制度，开展优化市场秩序专项行动，强化涉外投诉协调督办工作，严肃查处吃拿卡要现象，坚决整治各种推诿扯皮行为，切实保护客商合法权益，及时解决影响陕西投资形象的突出问题。进一步增强招商引资的针对性，毫不动摇支持非公有制经济发展，积极申请设立国家级产业转移示范区，狠抓央企进陕、西洽会、农高会、陕粤港招商签约项目的落实，全年实际利用外资 50 亿美元、引进内资 5900 亿元。

积极推进对外经济合作。继续搞好半导体国际合作产业园、中俄丝路创新园、陕韩中小企业园、中哈苹果友谊园、中哈现代农业示范园建设，支持能源化工、装备制造、有色冶金、建材水泥、纺织服装、现代农业、清真产品等领域优势企业开展国际产能合作，统筹布局建设境外陕西产业园区和投资贸易促进中心，带动产品、技术、标准、服务出口，培育外贸竞争新优势，拓展"海外陕西"发展空间，全年进出口总额 350 亿美元。

（五）系统抓好环境保护和生态建设

继续开展重点领域综合整治。实行治污降霾分季对标考核，强化特定时段重点防治，确保全省空气质量持续好转。理顺秦岭保护体制，退耕北麓全部坡耕地，从严控制矿山开采，坚决遏制违规采石和乱批乱建现象。结合天然林保护、退耕还林、小流域治理，统筹实施桥山保护工程。开展矿区保发展治粗放、保环境治污染、保安全治隐患专项行动，改造提升陕北输油管道。以垃圾污水处理和面源、土壤重金属污染为重点强化农村环境综合整治。出台关中水系规划，实施水污染防治计划。加大斗门水库、渼陂湖、卤阳湖恢复建设力度，合理调配渭河生态基流，继续提升沿河林带、湿地、蓄滞洪区生态功能，切实解决重点支流和少数排污口超标排放问题。实施南水北调水源地保护行动计划，加大汉丹江综合整治力度。继续实施延河、无定河治理工程。

全面落实节能减排各项要求。实施工业污染全面达标排放计划、燃煤电厂超低排放改造工程，扩大全省天然气消费总量，提高风能、太阳能、地热能应用比重。推广绿色建筑，坚持公交优先发展，支持煤矸石、粉煤灰、建筑垃圾综合利用。化学需氧量、氨氮、二氧化硫、氮氧化物总量分别削减 1.5%、1.5%、1.5% 和 2%。

建立健全生态保护体制机制。编制全省自然资源资产负债表，实行能源、水资源、建设用地总量和强度双控制度，进行自然资源资产离任审计试点，全面落实生态环境损害责任追究办法，从源头上防止浪费资源、污染环境、破坏生态。推行排污权、碳排放量配额和市场交易，实施环境污染第三方治理，争取将南水北调水源涵养地列入国家自然资源管理改革试点范围。

生态文明建设利在当代、功在千秋，我们不但要只争朝夕治理当前突出问题，还要有通过几代人努力偿还千年旧账的魄力，保护好家乡的山山水水，为国家和子孙后代负责！

（六）以更大力度保障和改善民生

坚决打好"五个一批"精准脱贫攻坚战。按照与城镇、园区、中心村"三靠近"原则推进易地搬迁,今年搬迁 8 万户、28 万人。完善路、电、水、网等基础设施,培育壮大"一村一品"和县域经济,产业脱贫一批。增加转移支付数额,让有劳动能力的贫困人口通过生态补偿就地脱贫。对贫困家庭子女,从学前到小学、中学、大学直至就业"一条龙"帮扶,实现教育脱贫。实行农村低保与扶贫两线合一,全面开展重特大疾病救助,实施社保兜底。从今年起,省财政扶贫资金年均增长不低于 20%,年内确保 130 万人脱贫。

进一步加强就业和社会保障工作。新增城镇就业 36 万人,农村劳动力转移就业 560 万人,重点做好引导高校毕业生到基层就业和自主创业以及"去产能"分流人员就业工作。完善被征地农民、个体从业人员和农民工等群体参保政策,逐步实现失业、工伤保险省级统筹。推进城乡居民基本医疗保险制度整合,落实城乡居民大病保险制度。完善城乡特困人员供养制度,落实困难残疾人生活补贴和重度残疾人护理补贴制度,实现县城公益性公墓全覆盖,发展多种形式的养老服务机构,鼓励社会各界开展慈善活动和志愿服务。

更加注重教育、卫生、文化等公共资源的均衡配置。加快 450 所公办幼儿园建设,全面完成二期学前教育三年行动计划。加快改变农村薄弱学校基本办学条件,今年新改扩建 100 所城区中小学,继续进行城市大学区制改革。优化整合高中和职业教育资源,加强特殊教育学校建设。改革财政投入方式,支持一流大学、一流学科、一流学院、一流专业建设。全面推进健康陕西建设,启动全国综合医改试点,加快建立现代医院制度,积极组建医疗集团和医疗联合体,继续为基层培养全科医生和招收医学本科生,推动优质医疗资源下沉。加快筹建西北医科大学，支持陕西中医药大学创建全国一流中医高校，支持铜川与北京中医药大学联合办学。全面实施一对夫妇可生育两个孩子政策，切实落实失独家庭补助救助政策。精心办好第十一届中国艺术节，健全五级公共文化服务体系，设立公共文化服务政府采购和资助目录，实施移民搬迁有线电视户户通工程，全面启动承办第十四届全国运动会的筹备工作，加快建设县区标准足球场，保障好群众基本文化需求。

着力加强和创新社会治理。在15个县区开展社区治理新模式试点，完善公共法律服务体系和人民调解机制，继续深化信访制度改革，有效预防和化解社会矛盾。做好新形势下的民族工作，依法管理宗教事务。全面落实政府安全生产监管责任和企业主体责任，强化食品药品安全监管，加强危化品应急处置能力建设，新建10个县级救灾物资储备库，完善各类应急机制，切实维护人民生命财产安全。完善立体化社会治安防控体系，严厉打击暴力恐怖、涉黑涉恶犯罪，强化特殊人群管理，确保网络和信息安全，坚决维护国家安全，扎实推进平安陕西建设。

四、全面加强政府自身建设

全面提升依法履职能力，积极创新服务管理方式，持续改进工作作风，加快推进政府治理体系和治理能力现代化，以更好地适应中央要求、人民期待和新形势需要。

以推行权力清单为契机，将政府工作全面纳入法治轨道。不断健全依法决策机制，坚持重大决策合法性审查制度，强化政府规章公开征求意见和听证工作，实行规范性文件"三统一"，推进全省行政机关法律顾问全覆盖，加快特色新型智库体系建设。深化执法体制改革，推进执法重心和执法力量向市县下移，细化量化行政裁量基准，建立行政执法全过程记录制度，切实做到严格、规范、公正、文明执法。进一步强化对权力的制约监督，依法接受省人大及其常委会监督，积极贯彻落实省人大各项决议决定，认真办理审议意见和代表意见建议；大力支持省政协更好履行民主监督职能，继续落实好省政府省政协联席会议制度，主动参与省政协各类协商，扎实办好政协提案；全面丰富细化政务公开方式和内容，建立上级对下级常态化监督机制，真正做到行政行为在阳光下运行。

按照"三严三实"要求，持之以恒推进作风建设。认真落实中央八项规定精神，继续严格执行国务院"约法三章"，坚持不懈纠正"四风"。按照守纪律、讲规矩要求，切实落实"一岗双责"主体责任，进一步加强党风廉政建设，严肃查处各种违纪违法行为。建立健全厉行节约反对浪费长效机制，从严控制行政成本，继续推进财政预算、公共资源配置、重大建设项目批准和实施的公开，确保"三公"经费只减不增。不断强化行政效能监察，加快推进审计监督全覆盖，重点抓好财政资金分配使用、国有资产监管、政府投资、政府采购、公共资源转让、公共工程建设等领域的监督检查。政府领导干部要带头强化党性修养和规矩意识，自觉执行廉洁自律准则和纪律处分条例，努力维护良好政治生态。

切实强化责任担当和执纪问责，努力提高各级政府的执行力。从制度层面强化决策落实，完善绩效管理和考核评价体系，跟踪督办重大决策执行情况，严格按照党的原则纪律规矩办事。切实解决能力不足而"不能为"、动力不足而"不想为"、担当不足而"不敢为"等"为官不为"问题，推进实施"能上能下"。创新激励机制，对干部政治上激励、工作上支持、待遇上保障、心理上关怀，让广大干部安心、安身、安业，推动广大干部心情舒畅、充满信心，积极作为、敢于担当。建立合理容错机制，把干部在推进改革中缺乏经验、先行先试出现的失误和错误，同明知故犯的违纪违法行为区分开来；把上级尚无明确限制的探索性试验中的失误和错误，同上级明令禁止后依然我行我素的违纪违法行为区分开来；把为推动发展的无意过失，同为谋取私利的违纪违法行为区分开来，保护那些作风正派又敢作为、锐意进取的干部，最大限度调动广大干部的积极性、主动性、创造性，激励他们更好地带领群众干事创业，不断开创建设富裕陕西、和谐陕西、美丽陕西的新局面。

各位代表，军政军民团结是我们的光荣传统和政治优势，陕西的发展离不开驻陕部队和武警官兵的巨大支持与无私奉献。我们要按照党中央关于深化国防和军队改革的总体部署，坚决支持部队走中国特色的强军之路，更加扎实地做好国防动员、兵员征集、民兵预备役和人民防空工作，更加主动地解决军转干部、复员退伍军人和优抚对象的实际困难，不断巩固和发展军政军民团结的大好局面。

各位代表，宏伟蓝图鼓舞人心，发展目标催人奋进。让我们紧密团结在以习近平同志为总书记的党中央周围，高举中国特色社会主义伟大旗帜，在省委的坚强领导下，低调务实不张扬，埋头苦干，努力实现"十三五"良好开局，为同步够格进入全面小康社会奠定坚实基础！

名词解释

百优计划：由知名作家集体推荐 100 名左右有创作热情和发展潜力的年轻作家，省政府连续 3 年、每年提供 4 万元经费，资助其安心创作文学精品。

甘 肃 省

政府工作报告

—— 2016 年 1 月 16 日在甘肃省第十二届
人民代表大会第四次会议上

省长 刘伟平

各位代表:

现在,我代表省人民政府,向大会作政府工作报告,请予审议,并请政协委员和列席人员提出意见。

一、"十二五"工作回顾

"十二五"是我省发展进程中极不平凡的五年。面对国内外形势的深刻变化和繁重的改革发展稳定任务,在党中央国务院的坚强领导下,省委省政府团结带领全省各族人民,以邓小平理论、"三个代表"重要思想和科学发展观为指导,全面贯彻党的十八大和十八届三中、四中、五中全会精神,深入学习贯彻习近平总书记系列重要讲话和视察甘肃时的重要指示精神,协调推进"五位一体"总体布局和"四个全面"战略布局,按照省第十二次党代会的决策部署，牢牢把握建设幸福美好新甘肃这一重大使命，始终坚持八个发展取向，积极开展十大重点行动，深入实施"3341"项目工程、联村联户为民富民行动、"1236"扶贫攻坚行动和"1+17"精准扶贫精准脱贫的意见及政策措施、"13685"丝绸之路经济带甘肃段发展战略，主动适应经济发展新常态，有效应对各种风险和挑战，全面完成"十二五"规划各项约束性指标，基本实现预期性目标，经济社会发展取得重大成就。

这五年，我们始终坚持发展第一要务，实施创新驱动发展战略，把转方式调结构放在更加重要位置，不断提高发展质量和效益，综合经济实力大幅提升。全省生产总值连续跨越两个千亿元台阶，预计年均增长 10.5%，达到 6790 亿元。三次产业结构由 2010 年的 14.5：46.8：38.7 调整到 14.4：36.8：48.8，实现由"二三一"向"三二一"的转变。粮食生产实现"十二连丰"，总产量稳定在 1000 万吨以上。城镇化率达到 43%，比 2010 年提高 6.9 个百分点。万人发明专利拥有量达到 1.59 件，是 2010 年的 3.53 倍；技术合同交易额达到 130.3 亿元，是 2010 年的 3.02 倍；科技进步贡献率由 2010 年的 43% 提高到 50.3%，科技进步综合指数从全国的 25 位提升到 19 位。战略性新兴产业占生产总值的比重达到 12.1%。以文化旅游为龙头的第三产业发展迅速，旅游综合收入达到 975 亿元，是 2010 年的 4.1 倍。兰州新区生产总值达到 125 亿元，是 2012 年国家批复建区时的 2.23 倍。非公经济占生产总值的比重由 2010 年的 38.2% 提高到 45.8%。一般公共预算收入达到 743.9 亿元，比 2010 年增长 110.4%；一般公共预算支出达到 2964.6 亿元，比 2010 年增长 101.9%。城乡居民人均收入分别达到 23000 元和 6900 元，年均增长 11.4% 和 13.2%。

这五年，我们始终坚持把扶贫攻坚作为最大任务，增加投入，加大力度，贫困地区面貌发生巨大变化。五年来，投入财政专项扶贫资金 243.8 亿元，是"十一五"的 3.05 倍；金融机构对贫困地区贷款余额 3310 亿元，是"十一五"末的 3.29 倍。建制村道路通畅率由 40% 提高到 82%。政策性融资担保机构在 58 个贫困县实现全覆盖，金融服务网点在贫困乡镇实现全覆盖。农村自来水普及率由 51% 提高到 80%。贫困村动力电覆盖率达到 94%。农村贫困户危房改造 102.8 万户，完成易地扶贫搬迁 12.72 万户 63.48 万人。建成贫困村卫生室 5600 个。一、二类低保对象保障水平超过现行贫困线标准，实现政策性脱贫。出台支持革命老区、民族地区加快发展的特殊政策，统筹整合省级涉农扶贫资金增加革命老区扶贫投入，省级财政对民族地区州县均衡转移性支付补助系数高于其他地区平均水平 3 个百分点以上。扶贫对象人均收入年均增长 14.8%，高于全省农民人均收入增幅 2 个百分点；贫困人口减少到 317 万人，贫困发生率由 40.5% 下降到 15%。

这五年，我们始终抓住政策叠加机遇，保持固定资产投资较快增长，加快了基础设施建设，支撑发展的条件明显改善。充分发挥国家确定的兰州新区、华夏文明传承创新区、生态安全屏障综合试验区等政策性战略平台作用，全省固定资产投资年均增长 23.9%，累计完成投资 3.2 万亿元。公路网总里程 14.01 万公里，比 2010 年增加 2.12 万公里，实现省际主要通道和市州所在地通高速公路、县城通二级以上公路、所有乡镇和 82% 的建制村通沥青（水泥）路。新增铁路运营里程 1334 公里，总运营里程达到 4245 公里，兰新高铁等铁路开通运营，兰州至中川城际铁路建成投运。通航机场达到 8 个，年客运量突破 900 万人次，其中中川机场客运量超过 800 万人次。全省人民期盼半个多世纪的引洮供水一期工程建成通水、二期工程开工建设。电力装机容量达到 4643 万千瓦，煤炭生产能力达到 6700 万吨，建成酒泉千万千瓦级风电基地，全省风光电装机容量分别达到 1252 万千瓦和 610 万千瓦，居全国第 2 位和第 1 位。华夏文明传承创新区招商引资到位资金 596 亿元，建成兰州创意文化产业园等一批国家级文化产业示范基地，文化产业增加值年均增长 25.9%；农家书屋、广播电视、农村电影放映、文化信息资源共享工程、县级城市数字影院建设实现全覆盖；建成符合国家标准的各级各类博物馆 385 个；建成集宣传教育、科教普及、文体娱乐等为一体的村综合性文化服务中心（乡村舞台）11559 个，占全省行政村的 72%。农村 4M 宽带覆盖率达到 65%，行政村通宽带率达到 80% 以上。

这五年，我们始终坚持问题导向，以经济体制改革为重点，着力破解制约发展的体制机制性障碍，发展活力不断增强。完成新一轮地方政府机构改革。省政府先后 11 批取消、调整和下放行政审批事项 1042 项，削减幅度达到 90% 以上，全部取消非行政许可审批事项。省市县三级政府部门权力清单、责任清单、财政专项资金管理清单全部上网公布。整合建立省市两级公共资源交易平台，工程建设、政府采购、土地和矿业权出让、国有产权交易、医药和医用耗材集中采购等全部进场交易。加强政府性债务管理，新增政府债务全部纳入预算实行限额管理。落实"营改增"试点政策，涉及的服务业领域减税面达 97% 以上。实行注册资本认缴登记制和企业年报公示制，推行"三证合一""一照一码"登记制度，市场主体和注册资金分别增长 99.92% 和 344.4%。省属监管企业集团层面完成公司制改革，5 户省属企业的分类改革试点顺利推进，其他省属企业"一企一策"改革全面推开。创新投融资机制,新设立产业投资基金 11 亿元和产业引导基金 4 亿元,省级两批推出 220 个政府和社会资本合作项目,签约项目 70 个、总投资 1795 亿元。新设立甘肃银行、兰州农商银行,金融机构存款余额 1.63 万亿元,贷款余额 1.37 万亿元,存贷比由 64% 提高到 84.2%。新增读者出版传媒股份有限公司、兰州庄园牧场股份有限公司等 6 家上市公司,完成直接融资 2773 亿元,比"十一五"增长 4.83 倍。兰白科技创新改革试验区获科技部批复并启动建设,新设立 20 亿元技术创新驱动基金。农村集体土地所有权、集体建设用地使用权、农村宅基地使用权确权登记颁证工作基本结束,农村土地承包经营权确权登记颁证全面推开,土地流转率达到 23.5%。完成集体林权制度主体改革任务。完成整合不动产统一登记机构和职责改革任务。划定林地和森林、湿地、沙区植被、物种等 4 条林业生态红线。机关事业单位养老保险制度、工资制度和公务用车制度等改革顺利实施。省直文化事业单位转企改制基本完成。县级公立医院综合改革全面开展,分级诊疗和医师多点执业,以及中医药工作和健康促进模式改革全面推进。就业、教育等民生事业领域的改革稳步推进。

这五年,我们始终坚持开放带动,推进丝绸之路经济带甘肃段建设,着力开拓国内外市场,以开放促发展取得新进展。加大招商引资力度,引进世界 500 强企业 35 家、中国 500 强企业 63 家、民营 500 强企业 74 家,招商引资实际到位资金 21332.65 亿元,是"十一五"的 3 倍以上。制定并实施丝绸之路经济带甘肃段建设总体方案,出台参与丝绸之路经济带和 21 世纪海上丝绸之路实施方案,丝绸之路(敦煌)国际文化博览会获国家批复。"天马号""兰州号"国际货运班列实现常态化运营，兰州中川机场和敦煌机场对外开放，结束了没有国际航空口岸的历史。开通兰州至迪拜、圣彼得堡、香港等16条国际和地区航线，武威保税物流中心和兰州新区综合保税区相继封关运营，实现海关特殊监管区零的突破。兰州海关实现与丝绸之路经济带沿线省区海关区域通关一体化。"兰洽会"设置丝绸之路国际展区并建立主宾国参展机制，与丝绸之路沿线国家的国际产能合作项目达到34项。连续5年成功举办敦煌行·丝绸之路国际旅游节，举办"亚洲合作对话丝绸之路务实合作论坛"和"中国–中亚合作对话会"。在乌克兰等国成立岐黄中医学院和中医中心。成立"丝绸之路"旅游推广联盟。《丝路花雨》、《大梦敦煌》等优秀剧目在丝绸之路沿线国家成功商业演出。与丝绸之路沿线国家缔结友好省州和城市11对，开展人文交流互访500多次，1184名中西亚国家学生来甘留学。

这五年，我们始终坚持绿色发展，以循环经济发展和生态环境保护建设为重点，坚持资源循环利用，可持续发展能力不断提升。基本完成国家循环经济示范区建设任务，建设7大循环经济基地，构建16条循环经济产业链，实施35个省级以上园区循环化改造，培育循环经济示范企业110户。累计淘汰落后产能1327万吨，减少能源消费量838万吨，工业固废综合利用率达到75%。城市生活污水和垃圾无害化处理率分别达到85%和63%，14个市州政府所在城市空气质量优良天数率平均为80%，兰州市荣获联合国应对气候变化巴黎大会"今日变革进步奖"。主要污染物排放完成国家下达的控制指标，单位生产总值能耗和化学需氧量、二氧化硫、氨氮排放量提前一年完成国家下达的任务，圆满完成国家下达的黄标车和老旧车淘汰任务。争取国家生态建设投资 72.5 亿元，提前完成石羊河流域重点治理项目，甘南黄河重要水源补给生态功能区生态保护与建设、敦煌水资源合理利用与生态保护等重大生态工程积极推进，张掖黑河湿地列入国际重要湿地名录。实施天然林保护二期、三北防护林等工程，完成造林面积 1305 万亩，新一轮退耕还林 185 万亩，治理水土流失面积 1 万平方公里，森林覆盖率提高到 11.86%。在 1752 个行政村实施综合整治项目，创建国家级生态乡镇 71 个、省级生态乡镇 397 个、生态村 462 个。

这五年，我们始终坚持保障和改善民生，大力实施十大惠民工程，加快发展各项社会事业，人民群众的获得感显著提升。坚持每年都办成一批惠民实事，财政用于民生的投入占财政支出的 77% 以上。累计新增城镇就业 196.7 万人，城镇登记失业率控制在 4% 以内。建立城乡居民养老保险制度并实现全覆盖，退休职工养老金、新农合补助、城镇居民医保、城市低保、农村低保、五保户供养标准分别比 2010 年提高 51.6%、217%，217%、86.3%、186.4%、157.1%。城乡居民大病保险全面实施。率先在全国实施困难残疾人生活补贴与重度残疾人护理补贴制度。累计为 2 万多名孤儿发放基本生活费 6.02 亿元。新建保障性住房和实施棚户区改造 81.87 万套，发放低收入家庭住房租赁补贴 13.66 亿元，解决近 70 万户低收入家庭住房困难问题。教育事业全面发展，学前教育三年毛入园率由 39.68% 提高到 75%，九年义务教育巩固率达到 93%，高中阶段毛入学率达到 92%，高等教育毛入学率达到 32%。农村义务教育营养改善计划惠及学生 884.1 万人次，家庭经济困难学生资助体系惠及 454 万名学生，中等职业教育在全国率先实现全部免除学费。公共卫生服务、城乡医疗服务、药品安全供应体系基本建立。计划生育基本国策全面落实，近千万人次计生群众共得到 50 亿元奖励扶助和关怀救助。在全国率先完成省市县三级食品药品监管体制改革。博物馆、公共图书馆、美术馆、文化馆（站）免费开放。其他社会事业健康发展。舟曲泥石流、岷县"5·10"特大冰雹山洪泥石流、东乡县城滑坡等灾后恢复重建任务全面完成，岷漳地震灾后恢复重建任务基本完成。落实主体责任制，安全生产形势总体稳定。加强灾害预警和应急调查，健全专兼结合的应急救援队伍，防灾减灾能力显著提升。完善立体化社会治安防控体系，平安甘肃建设深入推进。全面贯彻落实党的民族政策和宗教工作方针，深入开展"两个共同"示范区建设，民族地区经济社会发展取得新成绩。

2015 年，我们认真落实党中央国务院的一系列政策措施，按照省委的部署，积极适应经济发展新常态，克服外部需求收缩、经济下行压力持续加大等不利因素，全力以赴推动全省经济社会持续健康发展，基本完成了省十二届人大三次会议确定的主要目标任务。预计生产总值增长 8.1%，固定资产投资增长 11.2%，社会消费品零售总额增长 9%，一般公共预算收入增长 10.6%，城镇居民人均可支配收入增长 9%，农民人均可支配收入增长 11%，城镇登记失业率控制在 3% 以内，居民消费价格总水平涨幅 1.6%，单位生产总值能耗和主要污染物排放完成国家下达的控制指标。在经济下行压力不断加大的情况下，取得这些成果实属不易，为加快推进全面建成小康社会进程奠定了更加扎实的基础。

各位代表！

过去五年，是我省经济总量提升最快、城乡面貌变化最大、人民群众得到实惠最多的时期之一。这些来之不易的成绩，是党中央、国务院关心支持的结果，是省委科学决策和坚强领导的结果，是全省各族人民艰苦奋斗的结果，是省人大、省政协和社会各界支持监督的结果。我代表省人民政府，向全省各行各业的建设者，向各民主党派、工商联、无党派人士和人民团体，向驻甘人民解放军、武警部队官兵和中央驻甘单位，向所有关心支持甘肃发展的海内外人士，表示衷心的感谢！

各位代表！

回顾过去五年的工作，我们深切地感到，要实现甘肃经济社会平稳健康发展，必须与以习近平同志为总书记的党中央保持高度一致，紧密结合省情实际创造性地开展工作；必须用足用好国家扶持政策，把政策机遇转化为现实发展能力；必须坚持科学发展，不断提高发展质量和效益；必须不断深化改革扩大开放，努力增强发展动力和活力；必须以人民群众的期盼为奋斗目标，让人民群众共享改革发展成果。

回顾过去五年的工作，我们也清醒地认识到，面对我省经济速度换挡、结构优化、方式转变、动力转换的态势，我们在认识适应引领经济发展新常态、推动经济社会持续健康发展上还存在一些突出矛盾和问题。一是经济欠发达仍然是基本省情，发展动力不足、不平衡的问题突出，加快发展的任务依然艰巨；二是产业和产品结构不尽合理，非公经济比重低，科技创新能力不强，加快供给侧改革、转方式调结构的任务依然艰巨；三是基础设施建设滞后，生态环境约束趋紧，实现可持续发展的任务依然艰巨；四是城乡居民特别是农民收入低，公共服务水平不高，脱贫攻坚和保障改善民生的任务依然艰巨；五是经济的外向度低，新型城镇化发展的差距大，创新创业内生动力不足，创新型人才缺乏，改革开放和创新发展的任务依然艰巨；六是政府效能、依法行政的能力有待提高，加强法治建设、提高履职能力、优化发展环境的任务依然艰巨。我们将进一步增强使命感、责任感和紧迫感，坚持问题导向，以更加科学的谋划、更加有效的措施、更加扎实的工作，努力把政府各项工作做得更好，不辜负全省人民的期望和重托。

二、"十三五"经济社会发展的主要目标任务

"十三五"时期是我省全面建成小康社会的决胜阶段，是深化改革、扩大开放的重要阶段，是经济社会发展转型升级的关键阶段。为确保到 2020 年与全国一道全面建成小康社会，我们紧扣"四个全面"战略布局和"五位一体"总体布局，认真贯彻创新、协调、绿色、开放、共享的发展理念，根据《中共甘肃省委关于制定国民经济和社会发展第十三个五年规划的建议》，紧密结合我省实际，在广泛征求意见、集中各方面智慧、充分论证的基础上，编制了《甘肃省国民经济和社会发展第十三个五年规划纲要（草案）》，分析了"十三五"时期的发展基础和发展环境，提出了经济社会发展的指导思想、主要目标、重大支撑、重大工程及保障措施。今后五年主要目标任务的基本考虑是：

（一）**经济增长预期目标。**确定"十三五"时期经济增长年均 7.5% 的预期，总体考虑是，实现这一预期目标，可确保 2020 年国内生产总值比 2010 年翻一番、超过万亿元，人均 GDP 达到 5700 美元左右，逐步缩小与全国的经济发展差距、促进经济发展再上新台阶、实现比较充分的就业。从支撑条件看，"十二五"期间我省经济年均增长 10.5%，2015 年在经济下行压力持续加大的情况下实

现了 8% 的增速；"十二五"期间的投资效应将在"十三五"时期得到释放，会形成新的经济增长点；加之"十二五"期间我省打造的经济、文化、生态三大政策性战略平台，仍然是国家支持的重点；同时，随着国家"一带一路"、新一轮西部大开发、脱贫攻坚战略的深入实施，新型城镇化的进程进一步加快，我省将有一大批基础设施、产业、民生等项目落地，对经济增长将发挥重要的拉动作用。综合考虑，我省"十三五"时期经济年均增速保持在 7.5% 是可行的。

（二）城乡居民收入目标。确定"十三五"时期城乡居民人均可支配收入年均分别增长 7% 和 9% 的预期。从必要性考虑，一是符合居民收入增长与经济增长同步的要求。二是目前我省城乡居民收入水平处在全国后位，要缩小与全国平均水平的差距，城乡居民收入增速高于全国平均水平 1—2 个百分点是必要的。三是居民收入是体现小康质量的重要指标，只有保持较高的增长速度，才能顺应人民群众对幸福美好生活的期盼，让人民群众有更多的获得感。从可能性考虑，我省"十二五"期间城乡居民可支配收入保持了两位数增长，"十三五"时期，随着脱贫攻坚力度的加大和共享发展理念的落实，以及社会保障体系的不断完善，将有利于促进城乡居民收入较快增长。基于以上考虑，"十三五"时期实现城乡居民人均可支配收入 7% 和 9% 的增长预期，不仅是必要的，也是可能的。

（三）脱贫攻坚目标。农村贫困人口脱贫是"十三五"时期的"一号"工程，到 2020 年实现现行标准下农村贫困人口脱贫、贫困县全部摘帽、解决区域性整体贫困，是全面建成小康社会最艰巨的任务。2015 年末我省有贫困人口 317 万。在工作部署上，"十三五"前两年争取每年脱贫 100 万人以上，后三年抓好巩固提高和冲刺扫尾工作，稳定实现农村贫困人口不愁吃、不愁穿，义务教育、基本医疗和住房安全有保障。只要我们坚持城乡统筹协调发展，落实好省委省政府出台的"1236"扶贫攻坚行动和"1+17"精准扶贫精准脱贫意见及政策措施，运用扶贫大数据管理平台，因村因户因人精准施策，促进脱贫攻坚与"联村联户、为民富民"融合联动，是可以实现脱贫攻坚目标的。

（四）**基础设施建设**。为破解基础设施整体滞后这一制约我省发展的重大瓶颈，"十三五"时期将继续全面实施"6873"交通突破行动、"6363"水利保障行动。这不仅是促投资、稳增长的需要，也是支撑产业发展、增强发展后劲和改善生产生活条件的需要。加快基础设施建设，关键是解决好资金来源问题。"十二五"期间，我省投融资体制改革取得积极进展，全面加强与全国性金融机构的战略合作，特别是在基础设施建设领域建立项目资本金制度，建立健全政府和社会资本合作机制，推动直接融资，为解决基础设施建设投融资问题拓宽了渠道。"十三五"时期，国家将加大对中西部地区交通、水利、信息等基础设施建设投入力度，只要我们抓住政策机遇、调动好市场主体的积极性，就一定能够更好地改善全省基础设施条件。

（五）**创新驱动发展**。实施创新驱动发展战略，发挥科技创新在全面创新中的引领作用。提出到2020年科技对经济增长的贡献率达到55%、战略性新兴产业增加值占地区生产总值的比重达到16%，分别比"十二五"末提升5个百分点和4个百分点的预期目标，既是在资源环境约束趋紧情况下保持经济中高速增长的现实需要，也是推进经济转型升级、持续提升发展质量效益的必然选择。我省高校和科研单位相对较多，具备一定的科技资源和人才优势。

"十二五"期间，我省科技进步贡献率提高了 7.8 个百分点，战略性新兴产业增加值占地区生产总值比重提高了 5.5 个百分点。随着一系列科技创新政策的落地实施，兰白科技创新改革试验区建设步伐加快，兰州科技大市场的建成运行，上海张江、北京大学、中国科技大学技术转移甘肃中心的建立，以企业为主体的科技创新机制不断完善，科技支撑引领经济社会发展能力会持续增强。只要我们把发展的基点放在创新上，继续发挥科技创新的引领作用，不断提升政府服务创新能力，强化企业创新主体地位和主导作用，推进人才发展的体制机制改革和政策创新，培养集聚一批科技创新人才、企业家人才、金融人才和高技能人才，推动大众创业、万众创新，实现上述预期目标是有把握的。

（六）**统筹协调发展**。区域发展不平衡、城乡发展不协调是我省长期存在的突出问题。"十三五"时期我们将坚持区域和城乡统筹，在推动协调发展中拓展发展空间、增强发展后劲，不断提升发展的整体性。推进区域协调发展，关键是按照要素自由流动、主体功能约束有效、基本公共服务均等、资源环境可承载的要求，创新区域合作体制机制，推动兰州新区和大兰州经济区率先突破发展，加快河西走廊经济区组团联盟发展，促进陇东南经济区整合协同发展，加快关中－天水经济区建设，扶持贫困地区、民族地区和革命老区加快发展，逐步缩小区域发展差距。推进城乡协调发展，关键是统筹推进工业化、信息化、农业现代化与新型城镇化深度融合，把促进有能力在城镇就业和生活的常住人口有序实现市民化作为首要任务，推动教育、卫生、文化、养老等公共资源配置向农村延伸，建立城乡基础设施、公共服务设施互联互通和共建共享机制，形成以工促农、以城带乡、工农互惠、城乡一体融合发展新格局，常住人口城镇化率达到 50% 以上。

（七）**生态保护与环境建设**。提出"十三五"时期单位地区生产总值能耗、主要污染物排放总量和单位地区生产总值二氧化碳排放量控制在国家下达的指标内，到 2020 年森林覆盖率达到 12.58%、森林蓄积量达到 2.62 亿立方米以上的目标，不仅是实现可持续发展的需要，也是我省在保障国家生态安全方面的重大责任。对我省来说，建设国家生态安全屏障综合试验区，可以争取到包括生态补偿等在内的一系列政策支持；国家批准的甘南黄河重要水源补给生态功能区生态保护与建设、敦煌水资源合理利用与生态保护及祁连山、"两江一水"、渭河源区生态保护与综合治理等规划的实施，有望获批建设一批生态工程项目；国家继续实施天然林保护、退耕还林、三北防护林等林业重点工程，有利于我省自然生态系统的修复。同时，最严格环境保护制度的实行，政府、企业、公众共治的环境治理体系的构建，全社会环境意识和公众参与度的提高，都为加强生态环境保护和建设提供了保障。只要我们坚持绿色发展的理念，加大生态环境保护与建设力度，就能够实现生态文明建设的各项目标。

（八）**文化产业发展**。到 2020 年文化产业增加值占全省地区生产总值的比重达到 5%，这是不断满足人民群众日益增长的精神文化需求的需要，也是培育新的经济增长点的重要举措。我省是中华民族重要文化资源宝库，具有悠久厚重的历史文化资源和丰富多彩的自然人文资源。2013 年华夏文明传承创新区获批建设以来，建成了 1 个国家级文化产业示范园、9 个国家级文化产业示范基地、3 个省级文化产业示范园、25 个省级文化产业示范基地，组建了一批骨干企业，文化产业呈现出良好的发展势头。只要我们发挥好华夏文明传承创新区平台的作用，加快实施"1313"工程，就能够把文化产业培育成为我省的支柱产业。

（九）开放带动发展。构建我国向西开放的重要门户和次区域合作战略基地，是国家赋予我省的战略任务。始终不渝地坚持开放发展，是抢抓"一带一路"重大战略机遇、拓展发展空间的现实需要和必然选择。近年来，我们围绕丝绸之路经济带甘肃段建设，大力实施"13685"战略，在互联互通、国际产能合作、开放平台建设、经贸技术交流、人文交流合作等方面取得显著成效。"十三五"时期，我们将通过优化开放型经济发展环境、发挥兰州新区等平台作用、举办好丝绸之路（敦煌）国际文化博览会、提升对外航空和铁路口岸的功能、加强企业"走出去"步伐、推进多层次多领域的合作交流等一系列措施，推动我省开放型经济发展迈上新的台阶。

（十）基本公共服务。到2020年城镇新增就业140万人以上、平均受教育年限达到9.2年、人均预期寿命提高到74岁，这几项指标都与人民群众的幸福感直接相关。从就业看，"十三五"时期安排新增城镇就业140万人以上，高于"十二五"期间130万人的预期目标，既考虑了经济下行给就业带来的巨大压力，又考虑了随着城镇化建设步伐加快，新产业、新业态、新的经济增长点会产生新的就业需求，同时也考虑了就业对提高居民收入的支撑作用。从教育看，"十三五"时期将继续落实教育优先发展战略，提高学前教育入园率、巩固义务教育成果、提升高中阶段和高等教育毛入学率，以及加大职业教育、继续教育、终身教育的力度，实现人均受教育年限9.2年的预期目标是有保证的。从社会保障看，提出"十三五"时期每千人拥有医疗卫生机构床位数达到5.5张，每千人拥有卫生技术人员数达到 6.1 人，基本养老保险参保率达到 97%，养老服务设施覆盖所有城市社区、90% 以上乡镇和 60% 以上农村社区，每千名老年人拥有养老机构床位数达到 35 张，特别是改善农村公共卫生服务和基本医疗条件，提高人民的健康素养水平。同时，我们将通过实现文化服务体系全覆盖，不断丰富人民群众的精神文化生活。通过建立严格的责任体系和监管体系，加强食品药品安全、生产安全、生态环境安全和社会安全各项工作，不断提高公众对公共安全的满意度。

《甘肃省国民经济和社会发展第十三个五年规划纲要（草案）》经大会审议通过后，省政府将组织有关部门以《纲要》为依据，编制若干专项规划，具体分解和落实《纲要》提出的各项任务。

三、2016 年主要任务

今年是实施"十三五"规划的开局之年，也是全面建成小康社会决胜阶段的开局之年，做好今年经济社会发展工作意义重大。今年政府工作的总体思路是：全面贯彻党的十八大和十八届三中、四中、五中全会及中央经济工作会议精神，以邓小平理论、"三个代表"重要思想、科学发展观为指导，深入贯彻落实习近平总书记系列重要讲话和视察甘肃时的重要指示精神，按照省委的部署，协调推进"五位一体"总体布局和"四个全面"战略布局，牢固树立创新、协调、绿色、开放、共享的发展理念，适应、把握和引领经济发展新常态，坚持稳中求进工作总基调，坚持稳增长、促改革、调结构、惠民生、防风险，坚持以提高经济发展质量和效益为中心，坚持安全发展，突出去产能、去库存、去杠杆、降成本、补短板，聚焦精准脱贫、结构性改革，加快新型城镇化进程，推动经济持续健康发展，着力保持合理增长，着力培育发展动能，着力全面深化改革，着力强化开放支撑，着力加强风险防控，着力保障人民生活，推动我省生产力水平整体改善和社会事业发展水平整体提升，努力实现"十三五"时期经济社会发展的良好开局。

经济社会发展主要预期目标是：生产总值增长 7.5%，固定资产投资增长 10%，社会消费品零售总额增长 9%，一般公共预算收入增长 8%，城乡居民人均可支配收入分别增长 8% 和 10%，实现农村贫困人口脱贫 100 万人以上，科技对经济增长的贡献率提高 1 个百分点，战略性新兴产业占生产总值的比重提高 1 个百分点，单位生产总值能耗和主要污染物排放完成国家下达的控制指标。

为实现上述目标，在继续用好国家适度扩大总需求政策的同时，必须紧紧抓住影响全省经济社会发展的关键点，对接用好中央确定的宏观政策要稳、产业政策要准、微观政策要活、改革政策要实、社会政策要托底的五大政策支柱，着力抓好六个方面的重点工作。

（一）全力打好脱贫攻坚战

认真贯彻中央扶贫开发工作会议精神，完善落实"1+17"精准扶贫精准脱贫意见和政策措施，以增加农民收入为核心，着力在补齐全面建成小康社会突出短板上下功夫。

加大扶贫投入力度。整合省级涉农资金 568 亿元，切块到县统筹用于脱贫攻坚。省级和 58 个贫困县按当年一般公共预算收入增量的 20% 以上、市级按 10% 以上、17 个插花县按 15% 以上增列专项扶贫预算。继续实施产业"精准扶贫专项贷款"工程，为贫困户提供 5 万元以内 3 年以下银行免抵押免担保小额信贷支持，由省级财政按基准利率全额贴息。鼓励各类金融机构在贫困村增设便民服务网点。实现村级互助资金对建档立卡贫困村和有贫困人口的非贫困村全覆盖。政策性农业保险优先在贫困村试点推广，对贫困户保险保费予以补助。继续加大对革命老区和民族地区的投入倾斜力度。加强扶贫资金监管，发挥扶贫资金效益。

实施易地扶贫搬迁。完善易地扶贫搬迁规划，把扶贫搬迁同新型城镇化、新农村建设结合起来，新的安置区在县城、乡镇、中心村、旅游区、产业园区等有创业就业机会的区域布局，并按照社区的标准规划建设，健全完善基础设施和公共服务功能，做到有商场、有学校、有卫生室、有文化体育场所。加快富民产业培育，切实做到搬得出、稳得住、能致富。全年实施建档立卡贫困户易地搬迁 4 万户 18 万人。

改善生产生活条件。继续实施建制村通畅工程，建成通村公路1.5 万公里，基本实现建制村通沥青（水泥）路。解决 26 万户 118万人饮水安全不稳定问题，贫困地区自来水入户率达到 85%。加快农网升级改造，实现贫困村全部通动力电。继续推进光伏扶贫试点。改造贫困户危房 14 万户。加快贫困乡村宽带网络建设。

培育壮大富民产业。因地制宜扶持发展特色优势产业，加强农产品品牌建设。在 50 个贫困村开展旅游扶贫试点。实施精准扶贫电商支持计划。建立新型经营主体、龙头企业、致富能人与贫困户利益联结机制，支持贫困户以土地承包经营权、生产工具等资源资产参股，或财政扶贫资金、社会帮扶资金等折股量化投入专业合作社和龙头企业，获得稳定的分红收益。加强职业技能培训，促进劳务输转。

提升公共服务水平。落实教育扶贫各项政策措施，在 58 个贫困县 1500 人以上的贫困村和 17 个插花县有实际需求的行政村建设幼儿园，完成"全面改薄"项目 3500 个。继续实施面向贫困地区、革命老区、民族地区、精准扶贫户和农村学生的专项招生计划。实现贫困村标准化卫生室全覆盖，提高符合条件的贫困村村医定额补助标准，选派 9000 名省市县医院医生到基层医疗机构多点执业。加大乡村医生培训力度。扩大重特大疾病医疗救助病种，将贫困人口全部纳入重特大疾病救助范围，降低贫困人口大病保险起付线，提高大病保险报销比例。贫困村综合性文化服务中心覆盖率达到 90%。

（二）加大结构调整力度

贯彻创新发展理念，加快推进供给侧结构性改革，在转方式、调结构上取得突破，不断提升发展质量和效益。

加快现代农业发展。加强农业综合生产能力建设，建设高标准农田 186 万亩，发展高效节水灌溉面积 100 万亩以上，粮食总产量稳定在 1000 万吨以上。加大农业结构调整力度，推进粮经饲统筹、农林牧结合、种养加一体、农村一二三产业融合发展。积极推广良种良法，提高甘南等牧区畜牧良种化水平，提升名优特农产品供给质量和效益。有效整合涉农科技资源，加大先进实用技术推广力度。积极培育新型农业经营主体，鼓励和引导各类企业参与农村特色优势产业开发，壮大农业产业化龙头企业，农产品加工转化率提高到 51.5%。

培育壮大战略性新兴产业。深入实施创新驱动发展战略，加快兰白科技创新改革试验区建设，发挥好国家级科技企业孵化器、生产力促进中心的示范带动作用；依托张江技术转移中心等载体，加快科技成果转化，打造一批标志性、引领性科技示范项目和示范企业。继续打好战略性新兴产业总体攻坚战，通过政府资金参股投资，加大对中高端产业、产品和技术研发的扶持力度，支持战略性新兴骨干企业加快发展。落实"中国制造 2025"甘肃行动纲要和"互联网 +"行动计划，推进质量强省与标准化建设，实施制造业创新中心建设工程，加快重点行业和优势企业智能化改造，成立甘肃大数据公司，组建大数据研究院，推动北大"中国芯"、中核甘肃核技术产业园、兰石集团高端装备智能制造产业园、中车集团电动公交大巴生产线、稀土公司轻稀土高纯化技术改造、陇神戎发年产 200 亿粒（片）现代中药生产基地、民海生物 30 万升牛血清产业化等重点项目建设。加快构建新能源产业体系，促进风光电等新能源就地消纳。引导创新要素进入新材料、生物制药及中藏药、先进装备制造、节能环保等产业，催生一批富有活力的创新型中小企业。力争战略性新兴产业增加值增长 12% 以上。

推进传统优势产业改造升级。制定去产能实施方案，因企制宜推动产能过剩行业产业重组，对不符合国家能耗、环保、质量、安全等标准和长期亏损的产能过剩行业企业，支持其技改或实行并转重组；对持续亏损三年以上且不符合结构调整方向的企业，采取资产重组、产权转让、关闭破产等方式予以"出清"，清理处置"僵尸企业"。以市场需求为导向，推进信息技术在传统优势产业领域的应用，启动实施新一轮重大技术改造升级工程，支持企业技术升级和设备更新，推动产业链延伸和产品结构优化。研究制定有针对性地降成本政策措施，促进企业内部降低运营成本，清理规范各类中介服务，降低各类企业制度性交易成本，正税清费，扩大直接融资比重，减轻企业融资成本和财务负担。

大力发展现代服务业。借助举办丝绸之路（敦煌）国际文化博览会契机，加大文化和旅游的深度融合，把文化旅游产业作为各级政府抓现代服务业的首位工程，努力实现文化产业增加值增长 25%，旅游综合收入增长 22%。着力加强科学规划，加大政策、金融扶持力度，提高招商引资市场化运作程度，加快培育文化产业龙头企业、产业园区、品牌产品、人才队伍。加大基层文化集市建设力度，大力促进县域文化产业发展。抓好大景区基础设施配套建设，大力支持乡村旅游，推动河西、陇东南和沿黄市州三个片区旅游联动发展。加快建设兰州中川航空物流园、兰州（东川）国际港务区、中欧货运班列编组枢纽和物流集散中心，抓好国家公益性大型农产品批发市场试点，加快大型商品交易市场建设，支持大型"物联网"企业在甘落户。推进宽带网络建设，落实网络提速降费政策，支持"互联网＋服务业"的经营模式，推动面向生产、生活和管理的信息消费快速健康增长。大力发展电子商务，积极推广苏宁云商本地发展模式，扶持具有甘肃地方特色、服务地方经济社会发展的电商品牌，引导商贸流通企业线上线下融合发展，力争电子商务交易规模增长 30% 以上。实施养老和健康服务产业行动计划，推动养老服务与医疗、健身、家政、保险等互动发展，抓好兰州全国养老服务业综合改革等试点，推进服务业转型升级和模式创新。

大力促进创业创新。全面落实大众创业万众创新的系列政策措施，以及对创业创新企业的税收优惠和财政补贴等扶持政策，营造宽松的创业创新政策环境。组织实施创业创新平台、创业创新示范园、科技创新园建设及农村创业富民和信息惠民新业态培育发展等 5 大工程，打造大众创业、万众创新载体。鼓励大中型企业建立专业化孵化器，带动产业链上的小微企业抱团发展，实现企业集聚发展格局。推进张掖市全国小微企业创业创新基地示范城市、兰州市城关区省级"双创"示范区建设。

支持非公经济加快发展。认真落实促进非公经济发展的各项政策措施，营造有利于非公经济发展的政策、法治和市场环境。鼓励非公经济进入能源资源开发、社会事业、现代服务业、战略性新兴产业、文化旅游和全民健身产业等领域，参与基础设施、市政公用设施建设和运营。支持非公经济参与扶贫项目建设。实施普惠化扶持政策，完善贷款、担保和风险投资体系，拓宽非公经济融资渠道。开展面向科技型企业的专项服务行动，为其提供设计、信息、试验、检测、新技术推广、技术转让等服务。继续推进"民企陇上行"等大型招商活动，吸引非公有制企业入甘兴业，引导非公有制企业开展国际合作。力争非公经济占生产总值的比重提高 1.2 个百分点。

推进重大基础设施项目建设。继续实施"3341"项目工程、"6873"交通突破行动、"6363"水利保障行动，积极争取国家资金建立省级专项基金，吸引更多社会资本投入。建成高速公路及一级公路600 公里、二级公路 2000 公里、农村公路 2.1 万公里。力争建成干武二线、兰州铁路综合货场项目，争取新开工建设兰州至张掖三四线、中卫至兰州客运专线等铁路项目，加快环县至褚家湾、庆阳至平凉铁路前期工作并争取早日开工建设。完成陇南成州民用机场建设、敦煌机场改扩建，加快兰州中川国际机场三期扩建工程、平凉军民合用机场前期工作。加快引洮供水二期、黄河甘肃段防洪、兰州市水源地等工程建设，新开工建设民勤红崖山水库加高扩建等项目。加快实施陇东能源基地开发规划，推进正宁电厂、马福川煤矿建设。推进宽带网络升级改造和宽带进村工程。尽力补齐基础设施建设短板。

（三）加快改革开放步伐

按照中央和省委的统一部署，认真落实各项改革举措，加大向西开放力度，激发市场活力和发展动力。

加快转变政府职能。持续推进简政放权、放管结合、优化服务工作，建立行政审批中介服务收费目录清单管理制度。完善"三张清单一张网"，加快推进"网上行权"，规范行政行为。继续推进商事制度改革，加快建设企业信用信息共享平台，加强事中事后监管。落实中央关于价格改革的系列部署，推进政府定价项目清单化和公开透明。推进行政综合执法体制改革，重点在与群众生产生活密切相关、执法频率高、多头执法问题突出、专业技术要求适宜、与城市管理密切相关且需要集中行使行政处罚权的领域推行综合执法。完善政府购买服务制度和服务平台机制，扩大政府购买公共服务范围。创新行业协会商会管理体制和管理方式，实现行业协会商会与行政机关脱钩。

加快农村综合改革。建立和完善有利于脱贫攻坚的体制机制。基本完成农村土地承包经营权确权登记颁证工作，推进农村土地经营权规范有序流转，加强对工商资本租赁农地监管和风险防范。启动农村产权交易市场建设试点，稳步推进陇西县农村集体经营性建设用地入市改革试点。开展农村土地承包经营权和农民住房财产权抵押贷款试点。加快国有林场改革。推进农垦改革和供销社综合改革，促进农工商融合发展，增强服务农业和农村发展的能力。

深化投资体制改革。发挥财政资金撬动功能，带动更多社会资本参与投资。对社会资本投资的经营收费不足以弥补投资成本的公共服务项目给予资金支持；推进政府和社会资本合作，通过共同发起设立、入股参与各类投资基金和产业基金，放大财政资金杠杆效应和引导作用。积极引进创业投资基金、产业投资基金和私募股权投资基金，鼓励上市公司、大型企业、融资平台公司设立各类投资基金。完善投资监管方式，建立健全投资项目在线审批监管平台、项目统一代码制度、部门间监管联动机制和投资项目信息在线备案制度。深化公共资源交易体制机制改革。加快投资中介机构市场化改革，搭建良好的投资项目服务平台。

深化国有企业改革。贯彻落实中央深化国有企业改革的指导意见和我省的实施意见，围绕去过剩产能加大国有企业重组。完善困难企业下岗分流人员安置政策，做好化解过剩产能过程中的职工安置工作。继续推进 5 户省属企业分类改革试点和其他省属企业"一企一策"改革。加快省属企业公司制、股份制改革和省直部门管理企业改制脱钩。制定省属企业规范董事会实施方案及配套制度。探索职业经理人市场化选聘管理办法。深化企业内部薪酬分配制度改革，开展企业员工持股改革试点。

推进财税金融改革。开展财政政策、制度、支出结构绩效评价试点。积极推进"营改增"改革试点，落实各项税收优惠政策。进一步减轻中小微企业负担。引进中国进出口银行等国内外大型金融机构在我省设立分支机构。加快地方金融机构改革发展，支持组建民营银行、保险公司等地方金融机构。做好省内企业上市培育工作，实施甘肃"新三板"和战略新兴板百家工程，加快发展多层次资本市场，完善省股权交易中心功能，支持企业发行债券，扩大直接融资规模。

扩大对内对外开放。认真落实我省参与丝绸之路经济带和21 世纪海上丝绸之路实施方案。举全省之力，努力将首届丝绸之路（敦煌）国际文化博览会办成国家层面最有影响力的一流文化盛会，使其成为拉动我省现代服务业加速发展的新引擎。推进兰州、武威铁路口岸对外开放，加快嘉峪关机场口岸开放，争取马鬃山口岸早日复关。争取获准兰州中川国际机场开展口岸签证业务。提升兰州新区综合保税区运营服务水平，推动武威保税物流中心升格为综合保税区，争取我省申报的自由贸易区试点早日获批。加强与丝绸之路沿线国家产业对接，推动装备制造、工程承包、轻工建材、民族用品、清真食品、农业科技、医药卫生等领域企业走出去开展合作。深化人文交流，加强友城建设。办好第二十二届兰洽会、第六届敦煌行·丝绸之路国际旅游节、国际新能源博览会等节会，扩大宽领域多层次合作交流。积极承接产业转移，加大产业链招商力度，力争招商引资到位资金增长10%以上。

（四）统筹做好城市工作和新型城镇化

认真贯彻中央城市工作会议精神，加大城市工作力度，推进以人为核心的新型城镇化。

发挥规划引领作用。统筹空间、规模、产业三大结构，完善全省新型城镇化规划和城镇体系规划，指导市州做好城市总体规划和基础设施专项规划。加强与国家有关部门的衔接，争取将兰州和天水纳入国家城市群名单，争取更多的城市进入国家支持发展的范围。总结推广"多规合一"国家和省级试点经验，完善规划编制技术标准体系，在17个县市开展"多规合一"编制工作，有效衔接经济社会发展、城乡建设、土地利用和生态环境保护等规划。依据法定规划推进城市建设，严格执行规划确定的强制性内容，坚持"一张蓝图干到底"，提高规划的权威性和约束力。推进金昌市、敦煌市、高台县、陇西县国家新型城镇化综合试点和临洮县、肃州区国家中小城市综合改革试点工作，完成 17 个县 30 个建制镇省级新型城镇化试点任务。

提升城市建设水平。以科学规划为指导、创造良好宜居环境为中心目标，推进新型城镇化建设，把投入重点放在基础设施、公共服务、生态环境等公益性和基础性领域。创新城市基础设施投资、建设模式，用足用好国家棚户区改造、城市地下综合管廊、污水垃圾处理、海绵城市、智慧城市等政策，完善城市道路、公共交通、通信电力、供水排污、供气供热、垃圾处理、停车库场等城市基础设施建设。结合人防工程开发和利用地下空间。放开城市市政设施投资建设运营市场，吸引社会资本直接投资建设。推进国家确定的白银市城市地下综合管廊建设试点。

推进农业转移人口市民化。指导市州构建现代工业、现代服务业、文化旅游等各具特色的城镇产业体系，加快推进产城融合，提高产业支撑能力，为农业转移人口创造就业条件。加快落实户籍制度改革方案，全面实行居住证制度，鼓励有能力在城镇稳定就业和生活的农业转移人口举家进城落户。统筹推进教育、就业、社保、医疗、住房等领域配套改革，努力实现基本公共服务对城镇常住人口全覆盖。对接国家房地产去库存政策，制定我省实施方案，棚户区改造货币化补偿安置率提高到 50% 以上。制定落户城市农民工纳入住房公积金保障范围的政策。

提升城市管理能力。深化城市管理体制改革，明确城市管理部门的管理范围、权力清单和主体责任，实现城市分级分层管理和重心下移。运用大数据促进城市服务管理，推广兰州市三维数字社会服务管理和嘉峪关市、定西市城市管理综合执法经验，强化城市违章建筑的处罚和拆除，为群众提供精细的城市管理和良好的公共服务。加快兰州等 7 个"智慧城市"建设试点，推进城市管理现代化和智能化。加强交通、环境等重点领域安全监管和城市流动人口管理，提高市政公共用品和服务供给能力。推进政府、社会、市民同心同向行动，实现共建共管共享。

（五）大力保障和改善民生

加大公共财政用于民生的支出力度，着力补齐民生改善和社会事业发展的短板，提高人民群众的获得感。

加强就业和社会保障。落实更加积极的创业就业政策，完善创业就业服务体系，深入实施大学生就业促进计划和创业引领计划，帮助失业人员和就业困难人员实现就业。应届高校毕业生就业率达到 85% 以上，新增城镇就业 40 万人，输转城乡劳动力 500 万人。推进全民参保登记试点，稳步扩大社会保障覆盖面，提高各项社保标准。提高农村低保标准，把所有符合条件的贫困家庭纳入低保范围。实现社会保险"五险合一"信息系统和城乡居民养老保险"一卡通"全覆盖。全面落实临时救助制度，继续做好救急难工作。巩固完善机关事业单位养老保险制度改革。全面完成岷漳地震灾后重建任务。

精心实施惠民工程。坚持普惠性、保基本、均等化、可持续方向，围绕解决群众最关心最直接最现实的利益问题，全力办好十件为民实事：（1）扶持 1 万名普通高校毕业生到企业、基层一线就业；（2）提高城市低保标准 10%；（3）提高农村一、二类低保标准，实现与扶贫脱贫线"两线合一"；（4）提高农村五保供养省级补助标准 15%；（5）实现城乡孤儿基本生活补助统一标准；（6）新建、回购、长期租赁公租房 4.62 万套；（7）对 58 个集中连片贫困县和17个插花型贫困县乡村中小学、幼儿园教师发放生活补助；（8）对全省学前教育幼儿免保教费；（9）对建档立卡贫困家庭普通高中学生免学杂费和书本费；（10）对建档立卡贫困家庭省内高职院校学生免学杂费和书本费。

统筹社会事业发展。以提高教育质量和促进教育公平为目标，继续实施第二期学前教育三年行动计划，大力促进城乡义务教育均衡发展，推进普通高中教育特色发展，加强高等教育对应用型人才的培养，推进继续教育和特殊教育，支持民族地区提高双语教育水平，加快建设兰州新区职教园区，将其建成国家职业教育助推城镇化改革的试验区。推进健康甘肃建设。深化公立医院综合改革，实施分级诊疗、医师多点执业和县级医院重点专科、薄弱学科建设及区域医学中心建设。深入推进健康促进模式改革，着力强化疾病预防控制。全面实施居民健康卡工作，启动省级区域卫生信息平台建设。整合城乡居民医疗保险制度，完善城乡居民大病保险制度，改革医保支付方式，推进异地就医结算。完善基层医疗卫生机构运行机制和激励机制，稳定和优化乡村医生队伍。争取获批建设国家中医药产业发展综合试验区。落实一对夫妇生育两个孩子政策。持续推进华夏文明传承创新区建设，大力发展以公共文化服务体系建设为核心的文化事业。积极推进张掖、白银国家公共文化服务体系示范区建设，探索总结可复制可推广的经验做法。继续推进乡村舞台建设，加快农村和社区体育健身工程进度。大力发展以居家为基础、社区为依托、机构为补充的养老服务业。积极促进慈善事业和残疾人康复工作。继续推进"双拥"共建，加强国防动员和后备力量建设，促进军民融合深度发展。落实党的民族政策和宗教工作基本方针，深入开展民族团结进步创建活动，引导宗教与社会主义社会相适应，促进民族团结、宗教和顺。支持工会、共青团、妇联、科协、残联等群团组织工作。加强广播电视、新闻出版、外事、侨务、港澳台、测绘、参事、文史、地方志、红十字会、档案等工作。

加强生态保护和环境治理。推进祁连山生态补偿示范区建设，探索建立生态补偿机制。推进国家生态文明先行示范区建设，在甘南探索生态环境损害赔偿责任追究制度，在定西探索自然资源资产产权制度和用途管制制度、领导干部自然资源资产离任审计制度、水权交易和污染第三方治理制度。建立用能权、用水权、排污权、碳排放权初始分配制度。推进兰州市排污权交易试点。推进国家生态安全屏障综合试验区建设，争取国家支持实施祁连山、渭河源、两江一水等生态保护和综合治理规划，协调推进退耕还林、天然林保护、三北防护林等重点生态工程，加快沙化土地封禁保护和黄土高原生态治理、固沟保塬综合治理，完成营造林300万亩以上，治理水土流失面积2000平方公里。深入实施大气污染防治计划和水污染防治工作方案，推广兰州等城市治理大气污染的成功经验。加强水源地保护、重点流域水污染治理、地下水污染防治和农业废弃物资源化利用，强化农村面源污染治理、土壤环境保护和综合治理、重点防控区域重金属污染防控。实施危险化学品和化工企业生产、仓储安全搬迁工程。实行能源和水资源消耗、建设用地等总量和强度"双控"行动，实施节能减排重点工程，强化节能监察，推进兰州市节能减排财政政策综合示范城市建设，巩固提升循环经济示范区建设成果，完成国家下达的节能减排年度目标任务。

（六）加强各类风险防控

　　牢固树立安全发展观念，并贯彻到经济社会发展的方方面面，着力提高风险防控能力，营造生产安全、生活安稳、社会安定的公共安全环境。

　　加强和创新社会治理。坚持系统治理、依法治理、综合治理、源头治理，推进政府治理和社会自我调节、居民自治良性互动。坚持维权与维稳相统一，注重源头预防和末端治理相结合，引导群众依法行使权利、表达诉求、解决纠纷。落实重大事项社会稳定风险评估制度，完善社会矛盾排查预警和调处化解综合机制，有效预防和化解社会矛盾。

　　加强金融风险防范。落实国家去杠杆政策并制定实施方案，完善信息共享和风险协同处置机制。开展金融风险专项整治，规范各类融资行为。严查带有高杠杆属性的金融衍生品，打击非法集资和信用违约行为，坚决守住不发生区域性金融风险的底线。

　　强化公共安全管理。完善落实安全生产责任和管理制度，推进安全生产监管信息化和应急救援能力建设，加大安全生产监管执法力度，提高监管的专业化水平，及时排查整治安全隐患，确保安全生产形势稳定好转，坚决遏制重特大事故。用最严谨的标准、最严格的监管、最严厉的处罚、最严肃的问责，全面加强食品、药品、农产品监管，推行网格化痕迹化监管，确保人民群众舌尖上的安全。加强生态环境执法监管和环境隐患排查治理，对各类生态环境违法违规行为实行零容忍，严肃问责追责。完善综合防灾减灾体系，提高灾害预防和应急救助能力。深入推进平安甘肃建设，不断提升人民群众安全感。

　　各位代表！

　　全面完成今年的各项目标和任务，对各级政府提出了新的更高的要求。我们将切实加强政府自身建设，自觉践行"三严三实"要求，认真履职尽责，对人民负责，受人民监督，让人民满意。

一是坚持理论武装，在建设学习型政府上见实效。深刻领会党中央关于治国理政的新理念、新思想、新战略，深入学习习近平总书记系列重要讲话精神，学以立德，不断增强贯彻落实党的路线方针政策的自觉性和坚定性。把学习作为一种工作责任和精神追求，进一步健全完善政府系统公务员学法用法制度，提高政府系统公务员法治素养和依法行政能力。围绕解决实际问题加强公务员教育培训，重点学习经济、文化、科技、金融、城市治理等各方面的知识，学以致用，切实解决"知识恐慌""本领恐慌"的问题，提升做好各项工作的能力。

二是坚持解放思想，在建设创新型政府上见实效。围绕实现与全国一道全面建成小康社会的目标，把中央的政策吃透、本省的矛盾问题搞清、各项工作举措做实，增强推动创新、协调、绿色、开放、共享发展的能力和自觉性，不断总结稳增长、促改革、调结构、惠民生、防风险的实践经验，使各项工作更好地体现科学性、针对性和创造性。

三是坚持依法行政，在建设法治型政府上见实效。落实中央《法治政府建设实施纲要（2015—2020年）》，严格按照法定权限和程序履行职责，切实做到法定职责必须为、法无授权不可为。严格执行重大行政决策制度，加强和改进政府立法，深化行政执法体制改革，把政府活动全面纳入法治化轨道。把政务公开作为建设法治政府的一项重要制度，创新公开方式，扩大政务公开参与，注重公开实效，把政务公开贯穿政务运行全过程。自觉接受人大的法律监督、工作监督和政协的民主监督，认真听取民主党派、工商联、无党派人士和人民团体的意见建议，及时办理人大代表建议和政协委员提案，提高政府的执行力和公信力。

四是坚持勤政廉政，在建设廉洁型政府上见实效。认真贯彻《中国共产党廉洁自律准则》和《中国共产党纪律处分条例》，严格落实中央八项规定和省委"双十条"规定，坚决反对形式主义、官僚主义、享乐主义、奢靡之风，切实改进作风。全面落实省委党风廉政建设"3783"主体责任体系，加强对权力运行的制约和监督，强化行政监察和审计监督工作，坚决纠正损害群众利益的不正之风，严肃查处"四风"和腐败问题，树立清正廉洁的良好形象。

五是坚持求真务实，在建设责任型政府上见实效。把督促检查贯穿于政府工作的全过程，完善常态化督查工作机制，注意督查实效。整治重布置、轻落实，有令不行、有禁不止，推诿扯皮、敷衍塞责等问题，树立言必行、行必果和定了就干、干就干成、干就干好的施政新风，确保各项工作高标准推进和高质量完成。

六是坚持履职为民，在建设服务型政府上见实效。始终把人民的期盼作为奋斗目标，树立群众观点、坚持群众路线，关心群众疾苦、倾听群众呼声、了解群众意愿，使政府做出的工作部署、出台的政策措施更加符合人民群众的意愿，把更多的公共资源向民生倾斜，更好地为基层、为企业、为群众服务，认真解决群众关切的利益问题，真心实意为群众办实事、做好事、解难事，让人民群众共享改革发展的成果，过上更加幸福美好的生活！

各位代表！

实现"十三五"经济社会发展的宏伟蓝图，建设幸福美好新甘肃，责任重大、使命光荣。让我们紧密团结在以习近平同志为总书记的党中央周围，在省委的坚强领导下，团结和带领全省各族人民，解放思想、攻坚克难、开拓创新，努力实现"十三五"的良好开局，为与全国一道全面建成小康社会而努力奋斗！

青海省
政府工作报告

——2016 年 1 月 25 日在青海省第十二届
人民代表大会第五次会议上

省长 郝 鹏

各位代表：

现在，我代表省人民政府，向大会报告政府工作，请予审议，并请各位政协委员提出意见。

一、"十二五"圆满收官，青海发展站
上了新的历史起点

2015 年，是我省发展历程中极不平凡的一年。经济下行压力持续加大，面临挑战明显增多。我们深入学习贯彻习近平总书记系列重要讲话精神，坚决落实党中央国务院的决策部署，在省委的坚强领导下，紧紧依靠全省各族人民，主动适应经济发展新常态，迎难而上，苦干实干，总体上完成了省十二届人大四次会议确定的目标任务，全省经济社会发展稳中有进、稳中向好。经济保持中

高速增长，全省生产总值达到 2417 亿元，增长 8.2%，居全国中上水平；地方公共财政预算收入 267 亿元，增长 6.1%，总财力达到 1665 亿元，增长 8.7%；居民消费价格涨幅 2.6%，处于近年来较低水平。产业结构加快升级，农牧业产业化持续壮大，省级以上农牧业龙头企业销售额增长 25%。战略性新兴产业增长 20% 以上，装备制造业增长 22%，轻工业占比提高 2.6 个百分点，规上工业增加值增长 7.6%。存贷款余额双双突破 5000 亿元，信息产业投资与消费分别突破百亿元和两百亿元，旅游人次和总收入分别增长 15.5% 和 22.8%，服务业占比提高 4.4 个百分点。发展动力不断增强，完成固定资产投资 3267 亿元，增长 12.3%，一批大项目、新项目相继建成和开工。全社会消费品零售总额增长 11.3%，增速居西部前列。进出口总额达到 19.3 亿美元，增长 12.6%。招商引资到位资金 680 亿元，增长 11.8%。生态环保成效显著，经中央全面深化改革领导小组批准，中国三江源国家公园体制试点启动，标志着青海生态文明建设迈向了新阶段。重点生态工程稳步推进，单位 GDP 和工业增加值能耗实现"双下降"，西宁市空气优良率达到 77.6%，是"十二五"最好水平。民生福祉持续改善，新增城镇就业 6.2 万人，机关事业单位考录过万人，新增生态管护公益岗位 5369 个，转移农牧区劳动力 118 万人次。城乡居民人均可支配收入分别达到 24542 元和 7933 元，分别增长 10% 和 8.9%。大力推进精准脱贫，实现年度 20.1 万贫困人口脱贫目标。去年初确定的"民生十件实事"全面完成。

各位代表，经过 2015 年的艰辛努力，我们取得了好于预期的新成绩，实现了"十二五"规划的圆满收官。过去五年，是我省改革发展史上艰难辉煌、具有里程碑意义的五年。五年来，宏观环境错综复杂，改革发展稳定任务艰巨繁重，我们牢牢把握"奋力打造三区、全面建成小康"的战略任务，紧紧抓住有利机遇，积极应对风险挑战，攻坚克难，砥砺前行，开创了全省经济平稳较快发展与社会和谐稳定的新局面。集中体现在跃上了"四个新台阶"，实现了"三个新突破"。

综合经济实力跃上新台阶。全省主要发展指标实现大幅增长。生产总值实现第二个千亿跨越，是"十一五"末的 1.67 倍，年均增长 10.8%；人均生产总值超过 6600 美元，与全国相对差距缩小 4.7 个百分点。地方公共财政预算收入增长 1.4 倍，公共财政支出翻了一番。固定资产投资相继跨越两个千亿元大关，累计达到 1.2 万亿元，是"十一五"的 3.6 倍。农牧业增加值连续 7 年增长 5% 以上，综合生产能力明显提高。工业增加值年均增长 11.9%，对经济增长贡献率为 43.5%。人均社会消费品零售额突破一万元，服务业增加值超过千亿元。技术创新能力较大提升，盐湖提锂、电子级多晶硅、光伏逆变器等多项技术达到国内领先水平，建成一批国家级科技创新服务平台。采取大规模投入、大兵团作战，地质找矿实现重大突破。全省综合实力显著增强，开启了加快迈向富民强省的新征程。

基础设施建设跃上新台阶。五年来，全省建成了一批填空白蓄势能的重大项目。公路建设日新月异，高速化公路突破 3000 公里，二级及以上公路突破 1 万公里，总里程达到 7.56 万公里，基本实现市州通高速、区县通二级路、乡镇和村通硬化路。铁路建设再创佳绩，兰新二线和西宁火车新站建成投运，我省进入全国高铁网，青藏线实现大提速，格敦铁路青海段基本建成，格库铁路开工建设，锡铁山至北霍布逊地方铁路建成运营，铁路运营里程达到 2386 公里。空中走廊加速扩容，西宁机场二期、德令哈、花土沟机场建成，果洛机场校飞，初步形成"一主六辅"民用机场格局。水利建设纵深推进，全省人民翘首以盼的引大济湟工程实现跨流域调水，蓄集峡水利枢纽等工程开工建设，四大灌区改造加快推进，新增供水能力6亿立方米，东西部开源节流、南北部保护修复的治水格局初步形成。能源建设阔步前行，新增发电装机872万千瓦，总规模达到2165万千瓦，清洁能源比重达到79%，特别是太阳能、风能发电快速崛起，装机容量突破600万千瓦，成为全国最大的光伏发电基地。青藏、青新联网、西格输变电相继建成，青南网外六县联网工程开工建设。信息建设提速发展，宽带青海、4G网络全面推进，宽带网络实现乡镇全覆盖，高原云计算大数据中心建成。基础设施重大突破，大大提升了青海发展的支撑保障能力。

生态文明建设跃上新台阶。生态文明先行区建设全面推进，主体功能、空间布局不断优化，生态战略地位日益凸显。生态保护工程建设扎实推进，三江源一期工程圆满完成、二期工程全面实施，增草增绿增水成效显著，三江源头重现千湖美景。祁连山生态保护、三北防护林等重点生态工程有序推进，青海湖水域面积为15年来最大，全省森林覆盖率提高1.07个百分点，湿地面积跃居全国首位。节能环保成效显著，"十二五"节能减排目标任务全面完成，大气、水、土壤污染防治行动和"家园美化"行动扎实推进，基本实现县县有污水处理厂，主要江河湖泊水质持续改善，湟水河出境断面水质达标率达到83%，还全省人民一条清澈母亲河的承诺取得重大进展。生态文明先行示范区深入实施，生态文明制度改革整体推进，生态环境保护、生态资产价值核算等取得显著进展，生态补偿、草原保护补奖等政策有效落实。我们在巩固国家生态安全屏障，打造坚固而丰沛的"中华水塔"上迈出了坚实步伐。

人民生活水平跃上新台阶。财政累计投入民生资金由"十一五"的 1493 亿元增加到 4649 亿元，增长 2.1 倍，民生保障水平显著提升。就业增收同步提高，新增城镇就业 29 万人，是前五年的 1.6 倍，高校毕业生年均就业率达到 87.4%，城镇登记失业率平均控制在 3.4% 以内，累计转移农牧区劳动力 563 万人次，实现了更充分就业。城镇居民人均可支配收入年均增长 11.2%，是增长较快的时期，农牧民人均可支配收入年均增长 14.5%，接近翻番。贫困人口大幅减少，投入财政专项扶贫资金 95 亿元，是上个五年的 3.3 倍，贫困发生率由 33.6% 下降到 13.2%。全省百万人口实现"两不愁、三保障"的脱贫目标。社保体系不断健全，五大保险参保率均达 98% 以上，在全国率先实现城乡居民养老保险制度统一和全覆盖。企业退休人员养老金连续 11 年增长，达到 2910 元，城乡居民基础养老金、医保筹资标准分别统筹提高到 125 元和 550 元，均居全国前列。全省每千名老年人拥有养老床位数提高到 30 张。教育事业长足发展，1+9+3 教育经费保障和异地办学奖补机制不断完善，中小学校安工程和标准化建设全面完成，办学条件显著改善，学前三年毛入园率达到 80.7%，九年义务教育巩固率达到国家"十二五"规划纲要提出的 93% 目标。异地办学规模扩大，新建三所高等职业技术学院，填补了我省综合性高职院校的空白，中职教育就业率达到 95% 以上。青海大学重点学科建设取得重大进展，青海师大新校区建设全面实施，青海民族大学博士生培养实现零的突破，高等教育进入提升发展新阶段。文化事业蓬勃发展，文化建设"八大工程"全面推进，青海大剧院和省体育中心建成使用，省级三馆基本建成，公共文化设施免费开放，省到村五级公共文化服务网络覆盖率提高到 95%，广播电视综合人口覆盖率达到 98%，群众文化体育生活日益丰富。

医疗保障能力显著提高，新增医疗卫生机构 457 家、卫生技术人员 1 万多人、床位数 1.2 万张，县乡村三级医疗卫生机构标准化建设有力推进，基本公共卫生服务人均费用由 10 元增加到 45 元，医疗卫生服务功能进一步增强。城乡居民住房全面改善，建设城镇各类保障性住房 44.4 万户，人均住房面积 33 平方米，达到全国平均水平，百万人口圆了安居梦。50.2 万户农牧民住房得到改善，人均住房面积扩大到 29.2 平方米，房屋质量和抗震性能大幅提升。11.3 万户游牧民实现定居，藏区县城全部实现供暖。农牧区生活条件不断改善，饮水安全、生活用电、客运班车、普惠金融、邮政服务等实现全覆盖，162.4 万群众喝上洁净水，65 万无电人口用上可靠电，群众生产生活更加方便。民生保障正在向普惠型、质量型转变，各族群众获得感明显增强。

结构调整取得新突破。产业结构不断优化，呈现一产稳、二产优、三产增的新态势。高原现代生态农牧业加快发展，十大特色农牧业产业带基本形成，河湟流域特色农牧业百里长廊形成规模，粮食产量连续八年稳定在百万吨，特色作物种植比重达到 85%，全膜覆盖等新技术广泛运用，"菜篮子"工程成效显著，蔬菜生产自给率提高到 73.5%，牧区畜棚入户覆盖率达到 51.3%。草地生态畜牧业试验区建设取得新进展，建成全国重要的有机畜产品生产基地和最大的冷水鱼网箱养殖基地。新型经营主体发展壮大，农牧业特色化、规模化、产业化、品牌化水平明显提高。工业转型升级迈出实质性步伐，十大特色工业建设成效显著，高新技术产业占规上工业比重由 3.4% 提高到 6.2%，轻、重工业比由 7.9：92.1 调整为 16.4：83.6。新增油气储量 2.8 亿吨，千万吨级油田建设力度加大。淘汰落后产能 208 万吨，电解铝产能就地转化率达到 80%。三大园区要素集聚、规模生产和支撑作用显著增强，15 个重大产业集群正在形成，循环工业增加值占工业比重达到 60% 以上，资源转换取得重大进展。服务业发展水平明显提高，旅游业实现跨越发展，旅游人数和总收入累计达到 9095 万人次、824.5 亿元，分别是上个五年的 1.8 倍和 3.15 倍。金融业增加值占生产总值比重达到 9%，成为支柱产业。城乡市场体系不断完善，青藏高原农副产品集散中心建成运营，新型商业模式和交易手段快速兴起，健康养老、信息消费发展迅速，新的增长动能加快形成。

区域城乡协调发展取得新突破。"四区两带一线"战略深入实施，主体功能区制度加快建立。区域发展更加协调，东部城市群加速崛起，"一核一带一圈"空间布局加快形成，成为兰西经济区的重要增长极和引领全省发展的先导区。西宁城市现代化进程加快，百公里绕城高速环线建成并免费通行，"外环内网"交通格局基本形成，城市功能更加完善，辐射带动作用持续增强。海东核心片区建设全面推进，产业园区发展取得明显突破。柴达木循环经济试验区建设初具规模，资源综合开发、产业耦合发展步伐加快。环湖地区生态旅游、现代生态畜牧业成效显著，青南地区生态保护与发展和谐共进。全省形成了各具特色、优势互补、竞相发展的生动格局。城乡统筹加快推进，海东撤地建市，玉树撤县设市，城市建设进入布局优化、多点支撑的新阶段。推进户籍制度改革，五年新增城镇户籍人口超百万，城镇化率达到 50.3%，全省一半人口过上城镇生活。启动实施"美丽城镇"和"美丽乡村"建设，全省 32 个城镇、近 1500 个村庄面貌焕然一新。藏区发展步入快车道，累计完成投资 4380 亿元，是"十一五"的 3.8 倍，一批重大基础设施、公共服务项目相继建成。支持果洛加快发展，实施青甘川交界地区平安与振兴工程，玉树灾后重建目标全面实现，成为全国藏区的标志性新城。五年来，青海藏区面貌发生了历史性变化。

改革开放取得新突破。坚持统筹谋划，协调推进，全面深化改革。三大"国字号"改革破冰前行，加强生态文明制度改革顶层设计，具有青海特点的"四梁八柱"生态文明制度体系率先建立。司法体制改革试点任务基本完成，取得阶段性成效。医药卫生体制改革走在前列，市州县公立医院综合改革全面推进，分级诊疗、大病保险、先住院后结算等服务覆盖全省。简政放权与职能转变大力推进，政府机构改革顺利进行，累计取消和调整下放行政审批事项496项，全面取消非行政许可审批事项，取消和停征省级各类行政事业性收费，省和市州"两个清单"全面建立，成为保留行政审批事项最少的省份之一。大力推进"先照后证"，提前实现"三证合一、一照一码"，极大激发了创新创业活力，全省登记各类市场主体28.9万户，增加近1倍。农牧区综合改革稳步推进，集体林权改革全面完成，农村土地承包经营权确权登记、土地草场规范流转有序推进，农村集体产权制度、供销社综合改革、农牧民专业合作社创新等试点深入开展。财税改革纵深推进，出台深化财税体制改革总体方案，建立全口径政府预算管理体系，加大政府基金调入公共预算力度，盘活财政存量资金，加强政府债务管理。"营改增"改革积极推进，企业减负面达到90%以上。投融资改革不断深化，完善金融组织体系和服务体系，发展新型金融业态，引进7家股份制银行，金融支撑发展的作用显著增强。修订政府核准投资项目目录，建立PPP项目库。同时，国资国企、价格改革和教育、文化、社会治理等领域改革同步跟进，改革红利不断释放。开放带动战略成效显著，与丝路沿线国家建立经贸文化交流合作新机制，"朋友圈"

不断扩大。加快推进大通关建设，西宁国际航空口岸投入运营，开辟 4 条国际和地区航线，西宁机场旅客吞吐量突破 400 万人次，曹家堡保税物流中心全面建成。环湖赛、青洽会、清食展、藏毯展等重大经贸文化活动国际化、专业化水平明显提升。招商引资到位资金 2433 亿元，进出口总额年均增长 19.9%，均比"十一五"翻一番。对口援青全面推进，经济、技术、智力等援助与合作成效显著。

五年来，我们坚决落实全面从严治党和全面依法治省新要求，大力加强政府自身建设，深入开展党的群众路线教育实践活动和"三严三实"专题教育，加大反腐倡廉力度，建设廉洁政府，切实加强"三基"建设，全省崇尚实干、自我加压、争先进位的氛围更加浓厚。我们大力加强法治政府建设，提请省人大审议地方性法规 19 件，制订和修改政府规章 31 件。严格规范权力运行和行政执法，扩大政务公开，自觉接受监督，共办理省人大代表建议 2274 件，省政协委员提案 1892 件。建立健全分地区考核指标体系和分类别部门绩效考核评价体系，行政效能明显提升。我们深入开展民族团结进步先进区创建活动，推进"平安青海""法治青海"建设，依法推进社会治理，健全完善信访、矛盾纠纷化解机制，公共安全、食品药品安全和安全生产形势稳定，社会和谐局面不断巩固，民族团结进步事业进入先进行列。国防动员、民兵预备役、妇女儿童、残疾人、老龄等事业有了新发展，全省各行各业都取得新成绩。

过去的五年，是我省经济总量增长最快、城乡面貌变化最大、群众得实惠最多的五年，人均生产总值、基本公共服务、城乡居民收入增幅等走在西部前列，极大增强了全省各族干部群众的自信心和自豪感，谱写了青海发展史上新的辉煌篇章。这些成绩的取得，是党中央国务院坚强领导、特殊关怀的结果，是省委领导和团结带领全省各族人民艰苦奋斗、顽强拼搏的结果，是省人大、省政协有效监督、鼎力支持的结果，也是国家部委、各援青省市和各方面情系高原、真情帮扶的结果。在此，我代表省人民政府，向全省各族干部群众和社会各阶层建设者，向人大代表、政协委员，向各民主党派、工商联、无党派人士和人民团体，向驻青人民解放军和武警官兵，向中央机关驻青各单位，向支持青海发展的海内外朋友们，表示衷心的感谢并致以崇高的敬意！

各位代表，过去五年的奋斗历程使我们深切体会到，做好青海工作，推动青海发展，必须坚持发展第一要务不动摇，努力实现后发赶超。发展滞后是青海最大的省情。我们始终坚持把推动科学发展作为解决一切问题的关键，创新完善发展思路，着力创建国家循环经济发展先行区，出台一系列重大政策举措，谋划实施一大批重大项目，不仅确保了经济平稳健康发展，缩小了与全国的相对差距，更为长远发展奠定了坚实基础。必须坚持保护生态责任不懈怠，不断筑牢生态安全屏障。保护好生态环境，是大美青海的基石，是党和国家对我们的重托。我们确立生态保护优先的战略抉择，勇于担当，统筹推进生态工程、节能减排、环境整治、绿色发展和制度改革，全力创建国家生态文明先行区，使"青海蓝、高原绿、江河清"成为青海人民的绿色福利，成为美丽中国的靓丽品牌。必须坚持深化改革开放不停步，着力激发内生动力和活力。我省市场主体量少质弱等问题突出。我们坚持以创新驱动、开放带动弥补劣势，积极承接国家重大改革政策，大力推进具有青海特色的改革举措，加快构建"东出西进、内外联动"的开放格局，显著提升了青海发展的内生动力和区域竞争力。必须坚持保障民生力度不减弱，全力增进各族群众福祉。我省底子薄、欠账多，改善民生尤为紧迫。我们始终坚持小财政办大民生，坚持经济换挡调速改善民生不减速，持续实施惠民富民工程，着力推进基本公共服务均等化，合理调整不同群体利益关系，积极缩小差距，使改革发展成果更多更公平地惠及全省各族人民群众。必须坚持维护团结稳定不松劲，加快促进共同繁荣发展。民族团结是青海各族人民的生命线。我们坚持以创建国家民族团结进步先进区为引领，统筹推进民族团结、社会和谐、宗教和顺各项工作，加大对藏区和人口较少民族的支持力度，促进各民族交流交往交融，在共建共享中凝聚了推动发展的强大合力，形成了具有时代特征的青海精神。我们坚信，只要我们牢牢把握和顺应全省各族人民的新期盼，深入学习贯彻习近平总书记系列重要讲话精神，坚定不移地把中国特色社会主义在青海坚持好拓展好，就一定能够在新的发展起点上夺取全面建成小康社会的新胜利！

各位代表，回顾五年来的工作，我们还清醒地看到存在的差距和不足。在完成预期目标方面，"十二五"规划的28项指标体系中，非公有制经济、科技投入占生产总值比重两项指标尚有差距，反映出我省市场活力不足、创新能力不强的问题依然突出。在破解发展难题方面，产业结构层次不高、竞争力不强；要素市场有待完善，开放发展的基础和能力需要加强；实现生态环境根本好转任重道远。在民生改善方面，区域发展还不平衡，基本公共服务供给不足，城乡居民收入还不高，脱贫攻坚任务繁重。在工作层面，一些干部适应新常态的能力不强，干事创业激情不足，懒政庸政现象不同程度存在，违规违纪和腐败问题时有发生。我们将直面问题，正视挑战，改进工作，不断化解前进道路上的矛盾和困难。

二、科学规划"十三五"，
确保如期全面建成小康社会

"十三五"时期，是我省全面建成小康社会的决胜阶段，是全面深化改革的攻坚时期，是全面推进依法治青的关键时期，在青海现代化建设进程中具有特殊重要性。根据省委《关于制定国民经济和社会发展第十三个五年规划的建议》，省政府制定了《青海省国民经济和社会发展第十三个五年规划纲要（草案）》，现已提请大会审议。下面，我就一些主要问题作简要说明。

（一）《纲要（草案）》编制的主要考虑

科学制定好"十三五"规划，需要全面贯彻党的十八大和十八届五中全会精神，以习近平总书记系列重要讲话特别是对青海工作重要指示批示为指导，坚持"四个全面"战略布局，贯彻"五位一体"总体布局，适应和引领经济发展新常态，着力推进结构性改革，精心设计好未来五年发展的路线图、时间表、任务书。为此，我们在编制《纲要（草案）》时，充分考虑"十三五"时期我省经济社会发展的趋势、目标和任务，重点把握了以下几个方面：一是聚焦全面建成小康社会战略目标。到2020年全面建成小康社会，是"十三五"时期的战略目标，必须坚决实现。《纲要（草案）》顺应人民群众期盼，从发展环境到指导思想，从指标设定到工作部署，都充分体现了目标导向，做到定性与定量相统一。同时，坚持远近结合，既注重2020年全面建成小康社会各项目标，又注重更长时期的远景发展，突出规划目标的战略性、指导性和引领性。二是贯彻五大发展理念。坚持创新、协调、绿色、开放、共享发展理念，是关系我国发展全局的一场深刻变革。《纲要（草案）》把"五大发展"理念作为贯穿我省发展思路、发展方向、发展着力点的主线，融会到经济社会发展的各方面，更加注重生态保护、更加注重转变方式、更加注重和谐稳定、更加注重民生福祉、更加注重改革开放、更加注重夯实基础，力争用新的发展理念引领新的发展实践，推动实现更有质量、更高水平、更可持续的发展。三是把握青海发展阶段性特征。《纲要（草案）》准确把握发展现状、趋势和机遇，突出目标导向和问题导向，全面部署发展动力转换、发展空间优化、发展要素保障、发展成果共享等重大任务，强化重大举措和项目支撑，着力提高发展的协调性、平衡性，使之更加符合青海阶段性发展特征。四是突出生态保护优先要求。《纲要（草案）》立足特殊省情和责任，准确定位我省在全国所处的战略地位，突出以生态保护优先理念协调推进经济社会发展，构建相适应的体制机制，制定相适宜的目标、政策和举措，不断筑牢国家生态安全屏障，服务中华民族长远利益，把青海建设得更加和谐美丽。

（二）《纲要（草案）》规划的主要目标

目标引领方向，目标凝聚力量。省委《建议》提出了今后五年发展的"131"总体要求，即实现"一个同步"、奋力建设"三区"、打造"一个高地"。具体就是，把握中央提出的标准与要求，确保到2020年与全国同步全面建成小康社会；构筑国家生态安全屏障，建设生态文明先行区；加快转变发展方式，建设循环经济发展先行区；突出改善民生凝聚人心，建设民族团结进步先进区；弘扬党的优良传统，铸就青海精神高地；努力实现生态文明建设迈上新台阶、经济保持中高速增长、人民生活水平和质量明显提升、公民素质和社会文明程度显著提高、社会治理水平进一步提升、各方面制度更加成熟更加定型的新目标。《纲要（草案）》据此明确了经济发展、生态文明、民生福祉、创新驱动4大类28项指标，其中预期性指标14项，约束性指标14项。这里主要对生产总值和城乡居民收入两项预期性指标，脱贫攻坚、水体水质和空气质量三项约束性指标，加以简要说明：

一是生产总值和城乡居民收入。党的十八大提出，到2020年实现国内生产总值和城乡居民人均收入比2010年翻一番。根据这一目标要求，经测算，未来五年我省生产总值只要年均增长3.7%、城乡居民人均收入年均增长1.7%，就可以实现"两个翻番"。为进一步缩小与全国发展差距，我们自我加压，综合分析"十三五"外部需求和省内资源环境约束加剧等因素影响，以及潜在增长率，把翻番基准时间延后一年，提出到2020年实现生产总值和城乡居民人均收入比2011年翻一番，生产总值按年均增长7.5%、城乡居民人均收入按年均增长8%安排。把增速调整到合适"挡位"，既可保证我省经济增长的稳定性和连续性，释放积极的目标信号，又有利于给保护生态、优化结构、转型升级预留空间，同时人均生产总值、城乡居民人均收入与全国水平的相对差距也有望分别缩小3.2和5.2个百分点。

二是农牧区贫困人口脱贫。打赢脱贫攻坚战是"十三五"的头等大事和第一民生工程。通过精准识别，我们确定了52万建档立卡贫困人口，在客观分析艰巨性和可行性的基础上，作出了"四年集中攻坚，一年巩固提升"的总体部署，即到2019年，确保现行标准下的52万贫困人口如期脱贫，确保42个贫困县（市、区、行委）全部摘帽、1622个贫困村全部退出，实现区域性整体脱贫。

再经过一年努力，使脱贫成效更加巩固，群众生活更加殷实，实现与全国同步全面建成小康社会目标。

三是水体水质和空气质量。保护好"中华水塔"，确保"一江清水向东流"，是我们担当的历史责任，《纲要（草案）》提出，确保三大河流出省断面水质稳步提升。湟水河流经省内主要城镇和人口聚居区，还青海人民一条清澈的母亲河，是政府的庄严承诺，《纲要（草案）》提出，湟水河出省断面水质达标率要由现在的四类 83% 提高到三类 50%。我省主要城市人口聚集度高，人民群众十分关注空气质量，《纲要（草案）》提出，主要城市 PM$_{2.5}$ 浓度要控制在国家下达目标以内，空气质量优良率达到 80%。

（三）"十三五"经济社会发展的重点任务

奋斗目标要靠重大政策举措和重大项目来保障。《纲要（草案）》围绕经济建设、社会发展、生态文明、改革开放等领域，从 13 个方面明确了"十三五"时期的重大战略、重大项目、重点举措。一是筑牢国家生态安全屏障。把生态文明建设放在突出位置，建设全国生态文明先行区。以"五大生态板块"为重点，完善"一屏两带"生态安全格局，力争到 2020 年实现重点生态治理区全覆盖。深入推进大气、水、土壤污染防治计划，深入实施资源节约和循环利用，健全生态文明制度体系。二是创新创业驱动发展。围绕形成促进创新的体制构架，加快推动大众创业万众创新，培育更多依靠创新驱动的引领型企业。着力实施科技型、高新技术企业"两个倍增"工程和科技"小巨人"计划，实施"高端创新人才千人计划"，建设和完善 100 个企业工程技术中心和重点实验室，建成 5 个国家级科技创新平台，努力培育发展新动能。三是深入推进区域协调发展。坚持从更高层次、更宽视野推进"四区两带一线"战略，实现西宁海东一体发展，推动海西加快转型发展，推进环湖地区特色发展，促进青南地区保护与发展和谐共进，发展壮大县域经济，进一步打造区域协调发展新格局。加快推进新型城镇化，积极培育8个新兴城市，建设48个美丽城镇和1500个高原美丽乡村。四是构建绿色循环产业体系。深入推进国家循环经济发展先行区建设，构筑绿色循环、创新驱动、特色鲜明、效益显著的产业体系，不断增强产业综合竞争力。实施"三区一带"农牧业发展战略，着力打造"四个百亿元"产业。实施传统工业"百项改造提升工程"，滚动实施"百项创新攻坚工程"，着力构建"四个千亿"产业集群。持续打造"大美青海"，努力建成高原旅游名省。巩固提升金融、商贸、物流等产业，促进服务业大发展。五是加快构建全方位开放新格局。抓住国家实施"一带一路"战略的重大机遇，构建全方位、多层次、高水平对外开放新格局。培育对外贸易新优势，实施千万美元潜力企业培育计划和出口自主品牌培育计划。提高对外合作水平，构建对口援青合作长效机制，建设开放型经济新体制。六是提升全社会信息化水平。把握互联网、大数据应用发展趋势，构建高速、移动、安全的信息网络。加强信息化基础设施建设，实现绝大部分城镇光网覆盖。以信息化助推产业现代化，信息化与工业化融合达到全国水平。大力推进"互联网+"行动，构建活力青海产业云、大美青海生态云、幸福青海民生云、和谐青海政务云，全面提升各领域信息化水平。七是打赢脱贫攻坚战。坚持精准扶贫，大力实施"八个一批"脱贫攻坚行动计划，通过发展特色产业、引导劳务输出、推进易地搬迁、实施生态保护、探索资产收益、着力加强教育、开展医疗保险和救助、实施社会保障兜底，实现精准脱贫。同时，通过补齐短板，夯实发展基础，强化科技、金融支撑，全面实现脱贫攻坚目标。八是共享全面发展成果。围绕就业、教育等民生关切，推进基本公共服务均等化，使各族人民有更多的获得感。逐步实施十五年免费教育，进一步优化学校布局和资源配置，改善农牧区薄弱学校基本办学条件，健全民族地区双语教学体系，努力办好特殊教育。加快推进3所高职院校建设，提升高等教育综合实力和创新能力。鼓励大众创业万众创新，实现更加充分的就业，多措并举增加城乡居民收入，统筹推进城乡社会保障体系建设，健全完善养老保险制度，稳步提高城乡居民医保筹资标准，加大住房保障建设力度，健全医疗卫生服务和社会救助体系。九是提高基础设施保障水平。实施一批重大基础设施和资源能源项目，加快构建整体提升、功能配套、持续有力的要素保障体系，增强对经济社会发展的综合支撑能力。新增铁路运营里程1100公里，新增高速化公路2000公里，全面形成"一主八辅"民用机场运营格局，建成西宁和格尔木两个综合交通枢纽。全面推动绿色地勘，深入实施引大济湟后续工程，提升资源能源和水利保障能力。十是打造青海精神高地。积极培育和践行社会主义核心价值观，显著提高国民素质和社会文明程度，夯实全省各族人民共同团结奋斗的思想基础。深入开展"五星级"文明户创建活动，建成五级现代公共文化服务体系，加快发展文化体育产业，打造具有青海特色的优秀文化品牌。《纲要（草案）》还就推进法治青海建设、开创民族团结进步新局面、健全社会主义市场经济制度做出系统谋划和部署。

总之，《纲要（草案）》规划部署五大建设的方方面面，统筹衔接行业规划和地区规划，积极回应社会关切和民生期盼，科学描绘了未来五年发展的宏伟蓝图。经过本次人代会审议批准，必将成为全省各族人民为之奋斗的行动纲领。

三、着力抓好今年工作，
实现"十三五"良好开局

今年是"十三五"开局之年，主要任务就是狠抓规划纲要落实，把战略部署转变为实际行动，把规划蓝图转化为发展现实。做好今年政府工作的总体要求是：全面贯彻落实党的十八大、十八届三中、四中、五中全会和中央经济工作会议精神，深入学习贯彻习近平总书记系列重要讲话精神，围绕"四个全面"战略布局，牢固树立五大发展理念，按照省委十一次全会决策部署，适应经济发展新常态，坚持稳中求进工作总基调，坚持生态保护优先理念协调推进经济社会发展，坚持稳增长调结构促改革惠民生，在继续扩大有效需求的同时，着力加强供给侧结构性改革，强创新、去产能、去库存、降成本、防风险，切实增强发展动能，全面深化改革开放，着力保障改善民生，确保社会和谐稳定，努力实现"十三五"经济社会发展的良好开局。

今年经济社会发展主要预期目标是：在优化结构、提高质量效益的基础上，生产总值增长 7.5% 左右，新增城镇就业 6 万人，农牧民转移就业 105 万人次，城乡居民人均可支配收入增长 9% 左右，居民消费价格涨幅控制在 3% 左右，主要城市空气质量优良率保持在 75% 以上，湟水河出境断面水质达标率达到 83% 以上，节能减排目标控制在国家规定目标以内。在完成上述目标基础上，结构性改革取得实质性进展，过剩产能和商品住房库存减少，企业成本上涨和工业品价格下跌势头得到遏制，有效供给能力不断提高，地方财政收入保持协调增长，财政支出结构更加合理，金融风险有效释放。

围绕上述目标，重点做好六个方面的工作。

（一）**以供给侧改革推动经济转型升级**。推进结构性改革是适应引领经济发展新常态的重大创新。必须抓住关键环节，综合施策，着力提高供给体系质量和效率。

全面增强科技创新能力。强化企业科技创新的主体作用，全面启动"两个倍增"工程，支持企业与高校、科研院所组建战略联盟，加强"产学研用"联动，着力攻克盐湖锂盐高纯化、锂离子动力电池及关键材料产业化提升、铝镁合金深加工、光热储能等一批关键技术，推动创新集群发展。启动实施"高端创新人才千人计划"，引进和培养一批创新团队、领军人物、高端技术人才和高层次创业人才，带动全省产业创新发展。实施大数据发展战略，推进云计算公共平台建设和数据资源开放共享。

加快工业结构转型升级。启动"百项改造提升工程"和"百项创新攻坚工程"，构建特色明显、优势突出、竞争力强的新型工业体系，确保工业增长 7% 左右。运用新技术、新工艺、新装备，改造提升盐湖化工、有色冶金等传统产业，延伸补强下游精深加工产业链，力促传统行业在节能降耗、资源综合利用和产品结构调整等方面有较大提升，打造市场竞争新优势。大力发展新能源汽车动力及零部件、风电机组、光伏组件等先进制造业，使新兴产业成为工业转型升级的重要支撑。乘势发展轻工纺织、饮用水、中藏药加工、民族用品等消费品工业，构建具有高原特色优势的轻工产业体系。

多措并举化解过剩产能。完善债务处置、不良资产核销政策，妥善解决人员安置问题，对主动退出产能的企业给予支持，对"僵尸企业"停止财政补贴和贷款供给。鼓励企业兼并重组，引导优势企业兼并困难企业，推动关联产业、上下游企业联合，提高规模效益和抗风险能力。严格环保、能耗、技术标准，继续开展专项对标行动，对技改后不达标企业或设备依法关停，大力淘汰落后产能，为先进产能腾出能耗、资源、资本和市场空间。

降低实体经济成本负担。坚持内外统筹、创新突破，开展企业降成本增效益专项行动。认真落实降低税负、融资、物流等普遍性减税降费政策，坚决清理各种不合理收费特别是垄断性中介服务收费，全部取消省定涉企行政事业性收费。全面实施营改增，落实资源税从价计征政策。推动发电企业和用电企业直接交易，降低过网费用，努力保持相对低电价优势。加大票据贴现力度，设立企业"过桥"融资转贷资金，帮助企业降低信贷成本。支持铁路运输实行"一揽子"价格，减少高速公路收费，促进制造业与物流业联动，降低运输成本。引导企业强化综合成本控制，提高盈利水平。

推进农牧业供给侧结构性改革。大力发展特色、高效、有机和品牌农牧业，形成结构更加合理、保障更加有力的农畜产品供给体系，确保一产增长 5% 左右。加快建设现代农业示范区和全国草地生态畜牧业试验区，积极推进适度规模经营，做好原产地和绿色有机、无公害产品认证，打响高原、有机、绿色、富硒等品牌。持续深化农村牧区改革，依靠科技支撑和新型经营主体培育，着力推动粮油经饲统筹、农林牧渔结合、种养加服一体、一二三产业融合发展，让农牧业成为充满希望的朝阳产业。

（二）以扩大有效需求支撑经济稳定增长。推动消费、投资、出口协同发力，持续释放需求潜力和市场活力，促进经济平稳较快增长。

优化投资结构，强化基础支撑。抢抓机遇、弥补短板，突出重点、优化投向，确保全社会固定资产投资增长 10% 左右。交通方面，加快格库铁路建设，推进青藏铁路格拉段扩能改造、格尔木综合交通枢纽工程建设，力争开工西成铁路。推进以高速公路网和国省干线为重点的公路建设，完成牙什尕至同仁、花石峡至久治等高速公路控制性工程，加快扎麻隆至倒淌河、大通至小沙河高速公路和大武经达日至班玛公路建设。确保果洛机场通航，推进祁连机场建设、格尔木机场改扩建等工程，力争开工青海湖机场。能源方面，加快黄河龙羊峡以上河段水电站建设，推进海南、西宁北 750 千伏输变电建设和农网升级改造工程，扩大光伏电站建设规模。水利方面，推进黄河干流防洪、蓄集峡水利枢纽、黄河谷地水库灌区建设，力争开工湟水北干二期、引大济湟西干渠、那棱格勒河水利枢纽和一批中小水库灌区配套工程，持续提升水资源保障能力。

挖掘消费潜力，扩大消费需求。提升传统消费，发展新型和中高端消费，确保社会消费品零售总额增长 11% 左右。着力发展以旅游休闲、教育培训、信息服务、健康养老、文化体育为重点的服务型消费，以消费者体验、个性化设计、柔性制造为特色的时尚消费，培育新能源汽车、节能产品等绿色消费，启动皮卡等轻型货车下乡政策。增强朝阳国家电子商务示范基地带动作用，加快线上线下互动融合。推进以新市民为出发点的住房供给制度改革，支持进城农牧民在城镇购房，打通商品房和保障房政策通道，发展住房租赁市场，释放住房刚性和改善性需求，有效化解房地产库存。加快城市特色商贸街区、大型综合体建设，加强农村牧区商贸体系建设，满足群众消费升级需求，推动服务业快速发展。

加强对外贸易，增创发展优势。启动实施"出口自主品牌培育计划"和"千万美元潜力企业培育计划",力争进出口总额增长10%左右。稳步扩大新能源、新材料、特色和文化产品出口规模,加快外贸出口基地、国际营销网络等建设,鼓励企业向丝路沿线国家和地区拓展市场,参与国际产能合作。积极落实贸易便利化改革措施,全面运营曹家堡保税物流中心,开通国际货运航线,加快进口商品直销中心、电子口岸建设,推行"联合查验、一次放行"通关新模式。

（三）以生态文明建设为引领打造大美青海新优势。牢固树立生态保护优先理念,驰而不息推进全国生态文明先行区建设,努力走向生态文明建设新时代。

强化生态系统保护和修复。坚持保护优先、自然恢复为主,纵深推进三江源二期、祁连山生态保护建设、环青海湖综合治理、湟水河流域南北山绿化等重大生态工程,继续实施天然林保护、防护林体系建设、湿地保护、退耕还林、退牧还草等专项工程,促进生态系统良性循环。强化市州县政府主体责任,推进管护队伍、科研基地建设,巩固和扩大生态保护建设成果,确保青山常在、绿水长流、空气常新。

持续推进环境综合治理。实施"碧水蓝天行动",抓好湟水河等重点流域和水域生态综合整治,确保湟水河水质持续向好,重要河流及湖库水质保持优良。完善东部城市群及格尔木等重点区域大气污染联防联控,加强城市扬尘、燃煤污染及工业污染治理,完成剩余黄标车总量70%的淘汰任务。深入开展"家园美化行动",对重点景区、重点交通沿线、城镇周边环境问题进行再整治,加强县城周边、环湖地区等垃圾污水处理设施建设,推进农村环境整治全覆盖。继续建设一批美丽城镇,再建设300个高原美丽乡村,打造我省清新洁净、宜居宜游的人居环境。

着力发展生态经济。因地制宜发展生态农牧业、生态旅游业和生态文化产业，积极发展资源环境可承载的种养、加工、商贸、光伏等产业，努力拓宽"产业生态化、生态产业化"的发展之路。推广节水灌溉，发展林下经济，强化农业面源污染防治。培育发展节能环保产业，攻克电机能效提升、清洁能源替代、绿色节能建筑等关键技术。大力发展对生态环境最具"亲和力"的旅游产业，围绕打造"一圈三线三廊道三板块"格局，加强旅游基础设施建设，增强综合服务能力，推动旅游业态和产品多元化，力争互助故土园成功创建 5A 级景区，不断提升"大美青海"美誉度和影响力，努力把旅游业打造成为支柱产业。

加快生态文明体制改革。加快推进中国三江源国家公园体制试点。优化国土空间开发格局，科学划定生态保护红线。强化生态补偿制度，完善资源有偿使用制度，健全排污权、用水权、碳排放权初始分配制度和交易市场。完善生态文明评价考核制度，实行领导干部自然资源资产离任审计，健全生态环境保护责任追究机制，做好省以下环保机构监测监察执法垂直管理体制改革工作。

（四）以新型城镇化为牵引促进协调发展。全面准确把握新型城镇化内涵，坚持以人为本、科学发展、改革创新、依法治市，加快构建符合青海实际的现代城镇体系。

推进以人为核心的新型城镇化。把促进有能力在城镇稳定就业和生活的农牧民有序实现市民化作为首要任务，力争常住人口城镇化率达到 52% 左右。加快户籍制度改革和居住证制度"双落地"，进一步放宽西宁市落户限制，建立农牧民进城购房和租房财政补贴政策。建立健全"人地钱"三挂钩机制，实现基本公共服务常住人口全覆盖。完善城镇体系布局，推进海西三行委行政区划管理体制改革。

做好城镇规划建设管理工作。树立"精明增长""宜居城市"理念，综合考虑功能定位、文化特色和环境承载能力，科学制定、严格落实规划，增强规划前瞻性、连续性和权威性。坚持先地下后地上，加强城镇基础设施建设，重点抓好海绵城市、地下综合管廊、街区路网、停车场、垃圾处理设施和自行车"绿道"建设。开工西宁轨道交通1号线，加快西宁大外环公路、海东核心片区建设。开展新型智慧城市试点，提高城市管理信息化、智能化和精细化水平。推行城市管理综合执法，形成规范有序、文明和谐的管理秩序。

创新区域发展模式。既整体谋划、城乡统筹，又错位发展、区域联动，加快实现各区域产业发展链接互补、基础设施互联互通、生态保护联防联治、公共服务共建共享。东部城市群着力打造区域性高新技术产业、金融、商贸、信息、物流中心，增强综合承载力和龙头带动作用。柴达木地区加快实施一批循环产业和补链项目，提升资源综合利用水平和产业竞争优势。环湖地区积极发展种养、加工、旅游等特色产业，努力建设全省生态旅游、现代生态畜牧业发展示范区。三江源地区加大生态保护力度，努力建设国家重要的生态产品供给地、生态安全屏障和特色文化旅游目的地。

（五）以经济领域改革为重点拓展发展空间。跟进落实中央出台的改革举措，在继续抓好生态、司法、医药卫生三大"国字号"改革的基础上，进一步深化经济领域改革，协同推进其他各领域改革，力争取得更大成效。

着力增强市场主体活力。打好国有企业改革攻坚战，优化国有企业产业结构布局，加快省属国有企业从非主业、缺乏竞争优势的领域退出，剥离严重亏损资产板块，减少"出血点"，增强市场竞争优势。发展混合所有制企业，促进国有资本、集体资本、非公有资产等交叉持股、相互融合。以管资本为主加强国有资产监管，加快推进法人治理结构、职业经理人选聘、国有资产证券化等改革。促进非公有制经济加快发展，建立负面清单，放开市场准入，支持民营企业参与国企重组整合，同等享受结构性改革的各项税费减免政策，加大对民营企业家财产权和创新收益的保护力度，有效激发非公有制经济活力和创造力。

深化财税和投融资体制改革。优化财政支出结构，坚持以支促收，加大对供给侧改革、生态建设、基础设施、公共服务的投入，深化绩效管理，提高财政资金使用效率。创新财政投入方式，建立政府投资引导基金，与地方债、金融资本相结合，加大对实体经济支持力度。盘活存量资金，加大资金整合力度，统筹用于关键环节和重点项目。落实零基预算改革措施，实施中期财政规划管理，建立跨年度预算平衡机制。做好地方政府债券额度争取、发行和存量债务置换工作。跟进资源税、消费税、环境保护税等改革，培育地方主体税种，提供稳定的税收来源。大幅放宽交通、市政等领域市场准入，加强政策配套，推动更多 PPP 项目形成有效投资。

加快金融业创新发展。创新金融产品和服务，确保社会融资规模持续增长。探索政银企与担保机构合作机制，引导银行开展不良资产处置，通过金融产品和期限组合等方式，有效降低融资成本。加快建设现代金融体系，力促民生银行、光大银行西宁分行正式开业，组建省资产管理公司，推进省农信社系统改革，加快发展普惠金融、绿色金融。发展多层次资本市场，培育 1—2 户企业上市融资，支持企业依法开展各类股权、债券融资，扩大直接融资。坚决打击非法集资和高利贷的行为，果断处置可能出现的局部风险。

构建对外开放新格局。深度融入"一带一路"，力争在基础设施互联互通、商品贸易、人文交流、合作平台打造等方面取得突破性进展。加大招商引资力度，推行精准招商、以商招商、中介招商、集群招商，吸引更多高端制造业和先进服务业项目落地我省，力争招商引资到位资金增长 10% 以上。支持企业广泛参与国际国内经贸合作交流，创新思路，再接再厉，增强青洽会、藏毯会、清食展等招商活动的针对性和实效性，重点办好第十五届环湖赛，抓好对口援青工作，全方位提升我省开放型经济发展水平。

（六）以"民生十件实事"为抓手推进共享发展。继续集中 75% 左右的财力，办实事求实效，解决人民群众最关心最直接最现实的利益问题。一是全力推进脱贫攻坚。省财政统筹安排 44 亿元扶贫资金，整合引导各类资金不少于 100 亿元，启动实施"八个一批"行动计划，确保 6 个贫困县摘帽、400 个贫困村退出、11 万名建档立卡贫困人口精准脱贫。二是继续实施教育惠民项目。统一城乡义务教育经费保障机制，对六州所有学生和西宁、海东两市贫困家庭学生实行 15 年免费教育，继续实施义务教育全面改薄工程，加强职业院校专业和内涵建设，积极推进青海大学科技园建设，加快青海师范大学新校区建设，支持青海民族大学建设民族预科教育基地。三是大力推进就业创业。落实创业促就业各项扶持政策，实施新型产业"双创"三年行动计划、高校毕业生就业促进和创业引领计划，安排机关事业单位考录招聘 5000 人左右，新增一批生态管护公益性岗位，有效增加就业容量。实施新生代农民工职业技能提升计划，完善劳务对接机制，提高农牧区劳动力转移就业水平，支持农民工返乡创业。四是有效增加城乡居民收入。深化企业工资分配制度和机关事业单位工资制度改革，实施国家调整艰苦边远地区津贴和地区附加津贴等政策，落实援企稳岗、社保补贴政策。加大财政对农牧民的直接投入或股权投入，提高草原生态保护补奖标准，对农村牧区贫困户开设农家乐和网店给予补助。鼓励城乡居民依法合理增加财产性和经营性收入。五是不断完善社会保障制度。调整提高企业退休人员基本养老金、城乡居民基础养老金等标准，将城市、农村低保人均标准分别提高到每年4800元和2970元，同时，重视解决城市生活困难人口解困问题。在对困难残疾人给予生活补贴的基础上，对重度残疾人再给予每人每月100元护理补贴。六是着力提升全民健康水平。深化公立医院改革，推进医疗联合体和县乡村一体化建设，继续提高城乡居民医疗保险人均筹资标准，加快医保复合型付费方式改革。实施全面两孩政策，促进人口均衡发展。加强地方病和传染病防治，实施包虫病防治行动计划。七是努力改善居民住房条件。城镇棚户区改造及公租房建设8.6万套，推进棚户区改造货币化安置，加快老旧住宅小区综合整治。鼓励进城农牧民购房定居，制定农牧民同等享受住房保障和棚改政策。改造农牧民危旧房6.5万户。八是持续提升公共文化服务能力。继续实施"文化进村入户"、广播电视无线数字覆盖等工程，在50个行政村建设综合性文化服务中心，加快构建现代公共文化体系。九是积极推进老年人关爱工程。全面推广政府购买养老服务，探索医养融合和农牧区孤寡老人代养服务试点。将高龄老人生活月人均补贴标准提高20元。新增机构养老床位1000张。十是着力改善人居环境。继续实施"畅通西宁"三年攻坚行动计划，实施农牧区饮水安全巩固提升工程，加快果洛三县联网、全省农网升级改造，让各族群众用电更有保障。同时，针对人民群众关注的物价问题，我们将继续强化举措、综合施策，着力保持物价基本稳定。民之所望、施政所向，我们将始终把人民对美好生活的向往放在工作首位，让群众有更多的获得感、更强的幸福感！

各位代表，新形势对政府建设提出了新的更高要求。我们将紧紧围绕法治政府建设目标，加快建设职能科学、权责法定、执法严明、公开公正、廉洁高效、守法诚信的人民政府，不断推进治理体系和治理能力现代化。提高依法行政水平。全面落实法治政府建设实施纲要，依法履行政府职能，健全依法决策机制，提高政府立法质量，深化行政执法体制改革，自觉接受各方面监督，做到规范公正文明执法，不断提高政府工作人员法治思维和依法行政能力。推进政府职能转变，继续取消和下放行政审批事项，做好"接、放、管"三篇文章，简化项目审批程序，全面开展网上并联审批，建立州县两级公共服务中心，推动不动产统一登记机构和职能整合。提升社会治理能力，深化社会领域改革，推进系统治理、依法治理、综合治理、源头治理，完善矛盾纠纷排查化解机制，健全社会治安防控体系，加强食品药品和农产品质量安全监管，提高抵御自然灾害综合防范能力。坚持以人为本、生命至上，严格落实安全生产责任制，深入开展专项整治，切实消除隐患。坚持国防建设和经济建设协调发展，促进军政军民团结。持续加强作风建设，巩固扩大"三严三实"专题教育成果，持续正风肃纪，以"零容忍"态度惩治腐败，坚决遏制不作为现象，着力营造风清气正的政治生态。坚持激励约束并举，完善容错纠错机制，鼓励广大干部振奋精神、勇于担当、奋发有为，为经济社会发展提供坚强保证。

各位代表！蓝图已经绘就，号角已经吹响！让我们更加紧密地团结在以习近平同志为总书记的党中央周围，在省委的坚强领导下，开拓创新，真抓实干，为夺取全面建成小康社会伟大胜利，把青海建设得更加和谐美丽而努力奋斗！

宁夏回族自治区

政府工作报告

——2016 年 1 月 11 日在自治区第十一届 人民代表大会第五次会议上

主席 刘 慧

各位代表：

现在，我代表自治区人民政府，向大会作政府工作报告，请各位代表连同《宁夏回族自治区国民经济和社会发展第十三个五年规划纲要（草案）》一并审议，并请自治区政协委员和其他列席人员提出意见。

一、积极应对，攻坚克难，
经济社会发展取得新成就

2015 年，面对复杂多变的发展环境和经济下行压力持续加大的严峻形势，在党中央、国务院和自治区党委的坚强领导下，全区各族人民迎难而上，勇闯难关，以实打实的作风干工作，以钉钉子的精神抓落实，统筹稳增长、推改革、调结构、惠民生、防风险各项工作，保持了经济社会持续健康发展的好势头。预计实现地区生产总值 2900 亿元，增长 8% 左右，高于全国平均水平，其中一、二、三产分别增长 4.5%、8.6%、7.5%；全社会固定资产投资 3530 亿元，增长 10.3%；地方一般公共预算收入 373.7 亿元，增长 10%；一般公共预算支出 1188.8 亿元，增长 18.8%；社会消费品零售总额 788 亿元，增长 7%；城镇和农村常住居民人均可支配收入分别达 25148 元和 9167 元，增长 8% 和 9%。这是在工业品价格和实体企业盈利下降、资源环境约束上升、经济总量基数增大的情况下取得的，确实来之不易。

一年来，我们主要做了以下工作：

（一）**精准施策，经济运行企稳回升。**针对年初经济低迷、投资乏力、增速下滑的困局，我们及时出台"工业 18 条""财税 20 条""小微企业 23 条"等政策，设立产业引导基金、工业风险补偿基金，撬动社会资本和银行授信 130 亿元支持特色产业和重点企业，降低企业生产成本 27 亿元，减免各类税费近 30 亿元。积极拓宽资金渠道，争取中央转移支付 690 亿元，盘活存量资金 312 亿元，争取国家专项建设基金 146.6 亿元，发行债券融资 638 亿元，新增人民币贷款 539.3 亿元。完善金融支撑功能，成立自治区金融工作局，制定"金融 18 条"，挂牌宁夏股权托管交易中心，新引进金融机构 38 家，新三板挂牌企业 36 家，成功重组银广夏，多层次资本市场加快形成。自治区确定的 40 个重点项目全部开工，宁东至浙江输电、神华宁煤 400 万吨煤制油等超百亿元项目加快推进，中南部城乡饮水安全主体工程基本完工，大地轮胎、轨道交通轴承等建成投产，沿山公路拓宽改造竣工，银西高铁、宁夏石嘴山至固原城际铁路（吴忠至中卫段）开工建设，企盼多年的"高铁梦"正在变为现实。

（二）转型升级，结构调整取得实效。坚持在发展中转型，在优化中升级。农业上，推进"五百三千"计划，粮食生产获"十二连丰"，总产达372.6万吨；建成规模养殖场237家、永久性蔬菜基地10万亩，新建枸杞基地5.4万亩，新增和改造提升葡萄种植7万亩、新建酒庄14家，特色优势农业量效齐增，占比达85.7%；完善加工仓储、冷链物流等设施，培育农民合作社365家，新增销售过亿元的龙头企业15家，农产品加工转化率达60%。工业上，实施"1561"工程，建成了全球最大单晶硅棒加工项目、西部最大工业蓝宝石生产基地，新增风电405万千瓦、光伏91万千瓦，新能源占到电力总装机的36%，成为全国新能源外送基地；现代纺织、清真食品等发展强劲，轻工业增速17%，比重工业快11.8个百分点，与16个国家和地区的20家机构实现清真标准互认；淘汰落后产能139.8万吨，高耗能工业比重下降1.9个百分点。服务业上，启动全域旅游试点，组建宁夏旅游集团，新增5A景区1家、4A景区2家，开通"丝路驿站-宁夏号"等4对旅游品牌列车，接待游客1860万人次，旅游收入168亿元，增长15%；搭建物流信息服务网络，围绕交通节点的各类物流园加快推进；保持房地产市场基本稳定，取消限购性措施；实施"互联网+"行动计划，"一网一库一平台"加快建设，智慧宁夏"政务云"等上线运行；银川IBI育成中心跻身中国产业园创新力百强，网上交易额突破4000亿元。坚持创新驱动，科技对经济增长的贡献率达49%。

（三）锐意改革，发展动力不断增强。全面推进222项改革任务，聚焦突破32项重点。制定并公布自治区级权力清单和责任清单，行政职权事项由6264项清理调整为1941项，精简近70%；非行政许可全部清零；取消一批行政事业性收费，减费让利2亿元。建成与国家贯通的投资项目在线审批监管平台，推行"三证合一""一照一码"，186 项前置审批改为后置，新登记企业 2.67 万户。改革财政专项资金和预算管理制度，规范政府债务，置换旧债 207 亿元。完善国企负责人薪酬制度和履职待遇管理办法，完成农垦企业化改革，25 家区直机关与所属企业脱钩，并将其移交国资委监管。启动机关事业单位养老保险制度改革，建立县以下机关公务员职务与职级并行、乡镇机关事业单位工作补贴制度。完成区直机关公务用车改革。深化考试招生、户籍制度等改革。推进县级公立医院综合改革。基本完成农村土地承包经营权确权登记，累计确权 1607 万亩，集体林权确权率 98%，农村宅基地和集体建设用地全部确权，平罗农村改革试点经验全国推广。

（四）落实规划，城乡面貌显著变化。实施空间发展战略规划，完成全区城镇体系规划修编，制定银川都市区、清水河城镇产业带等区域规划，评估 18 个市县总体规划。基础设施和重大产业项目向"一主三副""两带两轴"集中。实施旧城改造项目 298 个，建设美丽小城镇 22 个、美丽村庄 123 个、市民休闲森林公园 26 个。植树造林 120.7 万亩，治理荒漠化 50 万亩，移民迁出区生态修复 88 万亩。持续开展主干道路大绿化大整治，提升了宁夏的美誉度。重拳治理入黄排污，关闭取缔非法采矿点 103 处，关停燃煤茶浴炉 861 台，淘汰黄标车 3.8 万辆。全国城市环卫保洁现场会在我区召开，住建部在全国开展学习中卫城市保洁经验的活动。

（五）铸好平台，内陆开放扎实推进。出台了"开放宁夏 20 条"，高水平举办第二届中阿博览会，中阿技术转移、商事调解和农业技术转移中心等 5 个双边合作机构落户宁夏，签约项目 241 个、投资额 1830 亿元。银川综合保税区加入世界自由区组织，入驻企业 190 家。加强与深圳、天津、青岛等跨区域通关协作，新开直飞迪拜、吉隆坡等 5 条国际航线，河东国际机场往来旅客突破 500 万人次，跻身大中型机场行列。丝路通等电商平台上线经营，宁夏保税国际商品展销中心建成营业，跨境人民币结算超百亿元。建工集团等 24 家企业走出国门，海外投资增长 3.4 倍，利用外资增长 1 倍。全年招商引资到位资金 1800 亿元，增长 12.5%。

（六）**协调推动，社会事业全面进步。**新改建幼儿园 69 所，改造 1086 所学校供暖设施，农村学校结束了火炉取暖。建成 9 个职业教育公共实训中心。学生资助工程受益 31.3 万人次，营养改善计划惠及 28 万学生。城乡居民大病保险实现全覆盖，"先诊疗后付费"全面推开，31 万人享受免费健康体检。建成自治区儿童医院，迁建固原、吴忠市医院。新建乡镇文化站 8 个，扶持农村示范文化室和文化大院 150 个，送戏下乡和广场文艺演出 3400 多场，《神秘的西夏》入选中国电视纪录片"十优"。成功举办第八届全区少数民族传统体育运动会。深化民族团结进步创建，加强平安宁夏建设，生产安全事故起数和死亡人数"双下降"，各类矛盾纠纷化解率 96% 以上，信访总量、重大刑事案件分别下降 15.4% 和 19.1%。

（七）**加大投入，群众生活持续改善。**在财政收入增速放缓、支出压力加大的情况下，安排 74.7% 的财力改善民生。狠抓扶贫攻坚，生态移民搬迁 5 万人、累计达 32.9 万人，脱贫销号 200 个村，减贫 12.1 万人，为 20 万农户安装太阳能热水器，有 45.7 万人喝上安全水。推进大众创业、万众创新，发放创业担保贷款 13.7 亿元，支持创办小企业 3600 个，城镇新增就业 7.7 万人，农村劳动力转移就业 71.3 万人。建设保障性住房 9.48 万套，改造危窑危房 8.02

万户，60 多万困难群众喜迁新居。新改建社区服务站 170 个，开建老年活动中心和敬老院 50 所，建成农村老饭桌 420 个，4.05 万被征地农民参加养老保险。推行食品安全网格化监管，建成自治区食品药品检验检测中心。统一城乡医疗救助标准，提高了最低工资、城乡低保、农村五保供养补助、高龄津贴和社会抚恤标准。

（八）勤政务实，政府效能明显提升。在深入调研的基础上，政府常务会决定重大事项 90 个，主席办公会、政府专题会解决突出问题 220 个。

在全国率先出台法治政府建设指标体系、行政程序规定、重大行政决策规则三部规章。提请自治区人大常委会审议通过地方性法规 21 件，制定、修订、废止政府规章 11 件。207 件人大代表建议、599 件政协提案全部办结。推行"电视问政""政务微博"，开展行政审批和处罚双公示。开展"从严从实抓落实、大干实干 100 天"活动，实行最严督查问责，重点项目公开公示，省级领导带队督查，推动工作落实。加强行政监察和审计监督，开展政府项目资金管理、红顶中介等专项整治，查处违反中央"八项规定"精神问题 72 个，问责处理 172 人，勤政自律意识不断增强，不敢腐的态势初步形成。

一年来，我们扎实推进国防动员、双拥优抚等工作，促进军民融合深度发展。外事、侨务、统计、新闻、出版、慈善、老龄、妇女儿童、残疾人等事业取得新进步，地震、地质、人防、气象、档案、文史、社科等工作实现新发展。

总结 2015 年，困难比预料的多，结果比预想的好；回顾整个"十二五"的发展变化，我们经受住了考验，付出了艰辛，创造了辉煌。

五年来，我们把宁夏放在全国大局中谋划，深入实施沿黄经济区发展和百万贫困人口扶贫攻坚战略，自加压力，敢为人先，沿黄经济区进入国家 18 个重点开发区域，内陆开放型经济试验区上升为国家战略，中阿博览会成为国家对外开放的平台，银川综合保税区封关运行，宁东能源化工基地重大项目建设世人瞩目，贺兰山东麓葡萄文化长廊名扬海外，国家各部委也给予了极大支持，我区发展登上了新的台阶。

五年来，我们直面前所未有的经济下行压力，坚决贯彻中央一揽子应对措施，一切从实际出发，倡导"深、实、诚、细、严"作风，落实省级领导项目推进责任制，突出"三重一改"，狠抓工作落实。地区生产总值从 2010 年的 1690 亿元增加到 2900 亿元，年均增长 9.9%；地方一般公共预算收入从 154 亿元增加到 373.7 亿元，年均增长 19.4%；一般公共预算支出从 557.5 亿元增加到 1188.8 亿元，年均增长 16.3%；累计完成全社会固定资产投资 1.3 万亿元，是"十一五"的 2.9 倍；进出口总额、招商引资、贷款余额等均比 2010 年翻了一番。

五年来，我们针对结构性矛盾日益突出的现实，实施"1+3"产业调整方案，新型煤化工、新能源等优势产业提质增效，现代纺织、大数据等新兴产业快速崛起，旅游、金融等现代服务业占比提高，三次产业结构进一步优化。在银川区域中心城市的辐射带动下，沿黄城市带、山区大县城建设成效明显，"一主三副""两带两轴"发展格局初步形成，城镇化率提高 7 个百分点。

五年来，我们在新一轮改革开放的大潮中，向改革要活力，向创新要动力，向开放要空间。推行机构改革，加快职能转变，整合了有关厅局，归并了市场监管部门，精减了行政审批，自治区本级行政审批事项由 812 项调整为 304 项，在农村、财税、金融、教育、社保、商事等领域推出了一系列重大改革举措，改革红利持续释放，大众创业、万众创新蓬勃兴起。

五年来，我们在政策性减税、行政事业性收费大幅压缩的情况下，民生投入逐年递增，累计达 3504 亿元，是"十一五"的 2.8 倍。城镇和农村常住居民人均可支配收入年均分别增长 10.8% 和 12.3%，农民收入增幅连年高于城镇居民。实施 35 万生态移民和 65 万人就地扶贫，建设慈善园区，打造黄河善谷，累计减贫 43 万人；一批事关群众切身利益的就学、看病、饮水、居住、出行等难题得到有效解决。民族团结进步创建经验在中央民族工作会上交流。

各位代表，五年来，全区各族人民为建设开放富裕和谐美丽宁夏，贡献了聪明才智，洒下了辛勤汗水，各项事业正在全面建成小康社会的征程上阔步前进。成绩难能宝贵，这是党中央、国务院亲切关怀的结果，是自治区党委坚强领导和自治区人大、政协关心支持的结果，是全区上下同心同德、奋力拼搏的结果。在此，我代表自治区人民政府，向奋战在各条战线的广大干部群众，向给予政府工作大力支持的人大代表、政协委员、各民主党派、工商联和各界人士，向中央驻宁单位、驻宁部队和武警官兵致以崇高的敬意！向关心支持宁夏改革发展的国家部委、兄弟省市区，港澳台同胞、海外侨胞和国际友人表示衷心的感谢！

在看到成绩的同时，我们也清醒地认识到，我区发展还存在一些深层次问题：一是发展不足仍是最大区情，经济下行压力较大，结构调整任重道远，资源环境约束加大，全面小康的短板问题突出；二是创新驱动发展能力不强，创新人才短缺，改革的"硬骨头"较多，创新创造的体制机制还不完善；三是山川城乡发展不平衡，基本公共服务供给不够，精准脱贫任务艰巨，改善民生还有不少薄弱环节；四是依法行政意识和能力有待增强，政府效能还需进一步提高。对存在的问题，我们必须认真对待，仔细分析，切实解决。

二、科学谋划，决战决胜，全面建成小康社会

"十三五"时期，是全面建成小康社会的决胜期，是全面深化改革的攻坚期，更是我区创新发展、转型追赶的关键期。

今后 5 年，我们工作的总体要求是：高举中国特色社会主义伟大旗帜，全面贯彻党的十八大和十八届三中、四中、五中全会精神，以马克思列宁主义、毛泽东思想、邓小平理论、"三个代表"重要思想、科学发展观为指导，深入贯彻习近平总书记系列重要讲话精神，认真落实"四个全面"战略布局，按照自治区党委十一届七次全会部署，以五大发展理念统领开放富裕和谐美丽宁夏建设，大力实施创新驱动、开放引领、空间规划、生态优先、富民共享战略，加快形成适应经济发展新常态的体制机制和发展方式，统筹推进经济建设、政治建设、文化建设、社会建设和生态文明建设，确保与全国同步全面建成小康社会，谱写好伟大复兴中国梦的宁夏篇章。

主要预期目标是：到 2020 年，地区生产总值在 2010 年的基础上翻一番，年均增长 7.5% 以上，地方一般公共预算收入增长与经济增长同步，全社会固定资产投资年均增长 10% 以上，城镇和农村常住居民人均可支配收入年均分别增长 8% 和 9%。创新驱动能力显著增强，转型升级迈出坚实步伐，生态环境质量持续改善，改革开放取得重大突破，人民生活水平再上台阶，社会文明程度全面提高。

各位代表，确定这样一个目标，是全面建成小康社会的需要，是全区人民的期盼和愿景，是我们每个人应该扛起的光荣责任和庄严使命。当前，国际金融危机深层次影响还将持续，世界经济在深度调整中复苏缓慢，但新产业、新业态、新模式正在兴起；我国经济长期向好的基本面没有变，呈现速度变化、结构优化、动力转换的新常态；我区加快发展的新动能正在形成，深化改革的红利正在释放，开放开发的空间正在拓展，全区上下思富求进的氛围更加浓厚。我们必须认清形势，坚定信心，顽强奋斗，全力以赴，实现更高质量、更有效率、更可持续的发展。

实现上述目标，必须转变发展方式，立足"四个全面"战略布局，加快创新驱动，推进转型升级，发展与民生并重，产业与生态共举，不断提高发展质量和效益。必须转变治理手段，该管的管住管好，该放的放开放活，让政府、市场和社会各归其位、各尽其责。必须转变工作作风，把依法行政作为硬约束，治贪治腐不手软，治慵治懒不松劲，杜绝不作为、乱作为，以良好的状态和作风，投身全区改革发展的伟大事业！

今后 5 年，要在以下五个方面实现战略性突破：

（一）实施创新驱动战略，着力推进转型发展。加快转型追赶，创新是第一动力，产业升级是主攻方向。以市场需求和创新创造引领转型升级，以供给侧结构性改革释放发展活力，着力去产能、去库存、去杠杆、降成本、补短板，推动三次产业融合发展，全力打造宁夏经济升级版。强化科技和智力支撑，实施重大人才工程，活跃大众创业、万众创新，推进体制机制创新，加快培育发展新引擎。到 2020 年，科技进步贡献率达到 55%。以"一特三高"为引领，坚守基本农田红线，确保粮食安全，重点抓好"1+4"特色优势产业，走产出高效、产品安全、资源节约、环境友好的农业现代化之路。到 2020 年，农作物、畜禽良种率分别达到 95% 和 90%，农业机械化综合水平、农产品加工转化率分别达到 80% 和 70%。落实中国制造 2025 宁夏行动纲要，实施支柱产业做优做强、新兴产业培育壮大、传统产业改造提升、过剩和落后产能化解淘汰"四项计划"，培育一批千亿元产业集群、产业园区和企业集团，加快构建结构优化、技术先进、绿色安全、优质高效的现代工业体系。到 2020 年，战略性新兴产业占比提高 5 个百分点。顺应消费升级、需求多元的大趋势，加快旅游与文化体育等融合，加快现代金融、商贸物流、健康养老、社区服务等发展，推动生产性服务业向专业化和价值链高端延伸、生活性服务业向精细化和高品质提升。到 2020 年，服务业增加值比重提高到 50% 左右。加快"四化"同步，推进现代信息技术与产业深度融合，完善"一网一库一平台"等基础设施，突出政务民生的宁夏特色，打造物联网、大数据、云计算等产业链，全面提升信息化水平。

（二）实施开放引领战略，着力推进共赢发展。宁夏是内陆欠发达省区，实现大发展、快发展，必须加快开放、扩大开放。深度融入国家"一带一路"建设，将向西开放优势转化为新的动力，努力把我区建成辐射西部、面向全国、融入全球的内陆开放示范区、中阿合作先行区和丝绸之路经济带战略支点。发挥中阿博览会的平台功能，打造以中阿合作为特色的国际会展经济高地。依托银川综合保税区和中阿产业园、商贸园、科技园、文化园等，推进基础设施、产业发展、跨境贸易等合作，加快打造陆上、空中和网上丝绸之路。以丝路沿线国家为重点，深化科技人才、教育卫生和文化旅游等交流，建设中阿人文交流合作示范区。坚持引进来与走出去相结合，积极承接产业转移，开展国际产能合作，主动对接国际贸易规则，先行先试国家改革开放的相关政策措施，推动投资、贸易、金融等服务便利化，营造在西部最优、比东部更优的开放环境。

（三）**实施空间规划战略，着力推进协调发展**。以空间发展战略规划为抓手，推进城乡、山川协调发展，提升区域竞争力。尊重城市化规律，推进"多规合一"，优化"一主三副"格局，统筹中心城市、大县城、小城镇和中心村布局，银川建成丝绸之路经济带的一个区域中心城市，吴忠建成清真食品和穆斯林用品产业中心，石嘴山建成宁北及蒙西地区重点城市和物流中心，固原建成宁南山区中心城市，中卫建成丝绸之路经济带交通物流枢纽城市。完善沿黄城市带承载吸纳功能，建设太中银和银宁盐发展轴，加快基础设施、生态环保、公共服务和产业发展一体化。推进清水河城镇产业带建设，打造中南部地区脱贫致富带和经济增长极。健全城乡一体发展机制，推进要素平等交换、合理配置和基本公共服务均等化，加快农民市民化步伐，到 2020 年，城镇化率达到 60%。

（四）**实施生态优先战略，着力推进可持续发展**。优美环境是宁夏最大优势，我们一定要保护好、利用好这一靓丽名片。牢固树立绿水青山就是金山银山的理念，把生态文明建设融入经济社会发展全过程，坚持土地、资源和环境底线，建设全国生态文明示范区，走生产发展、生活富裕、生态良好的发展之路。健全科学合理的生态保护与补偿机制，综合治理重点流域、重点领域和生态脆弱区，加快移民迁出区生态修复，巩固禁牧封育成果，实施天然林保护、三北防护林和新一轮退耕还林还草，构建祖国西部生态安全屏障。到 2020 年，全区森林覆盖率提高到 15.8%。深入开展节水型社会建设，以水定产，以水定城。健全资源利用回收体系，构建循环型产业链条，倡导绿色消费，推动低碳发展。建立健全生态文明考核评价、生态环境损害责任追究和排污权交易等制度，切实做到源头严防、过程严管、后果严惩，保持好天蓝、地绿、水净、空气清新的人居环境。

（五）实施富民共享战略，着力推进和谐发展。小康不小康，关键看老乡。要把和谐共享作为全面小康的本质要求，注重机会公平，保障基本民生，让发展成果更多更好地惠及各族群众。坚持精准扶贫、精准脱贫，举全区之力打赢脱贫攻坚战，提前2年实现确保贫困人口全部脱贫、确保贫困县全部摘帽的目标。扎实推动创业就业和居民增收，让人民群众产生更多的获得感。坚持教育优先发展，落实立德树人根本任务，深化教育改革，促进教育公平和质量提升，做好关心下一代工作，让所有孩子接受良好教育。强化医疗、医保、医药联动，实现人人拥有基本医疗保障、享有基本公共卫生服务。全面抓好精神文明建设，大力发展文化事业和文化产业，用中国梦和社会主义核心价值观凝聚共识、汇聚力量。全力维护广大人民群众的根本利益，努力增加和谐因素，构建全面共建共享的社会治理体系。深入开展民族团结进步创建和宣传教育活动，依法加强宗教事务管理，巩固和发展已有的民族和睦、宗教和顺、社会和谐的大好局面。

各位代表，展望"十三五"，我区创新发展的前景十分广阔，转型追赶的目标催人奋进。我们坚信，在党中央、国务院和自治区党委的正确领导下，通过全区上下的不懈努力，我们的宏伟蓝图一定能实现，宁夏的明天一定更美好！

三、踏石留印，抓铁有痕，奋力实现
"十三五"发展良好开局

2016 年是"十三五"开局之年，是全面建成小康社会进入决胜阶段的第一年，做好今年工作至关重要。

今年的主要预期目标是：地区生产总值增长 7.5% 以上，全社会固定资产投资增长 10% 以上，地方一般公共预算收入增长 7.5% 以上，一般公共预算支出增长 10%，社会消费品零售总额增长 8%，城镇和农村常住居民人均可支配收入分别增长 8.5% 左右和 9.5% 左右，居民消费价格总水平涨幅控制在 3% 左右，城镇登记失业率控制在 4.5% 以内，节能减排降碳完成国家下达任务。

要切实抓好以下八项重点工作：

（一）**扩大有效投资，增强经济发展后劲**。实施一批大项目、好项目，既要注重投速、投量，更要注重投向、投效，形成有效投资，推动经济平稳较快增长。

抓好 50 个重点项目。实施 14 个基础设施项目，完成投资 200 亿元。重点是建成河东国际机场三期、固原至西吉高速、永宁黄河大桥等，加快建设银西高铁、宁夏石嘴山至固原城际铁路（吴忠至中卫段）、京藏高速改扩建、黄河宁夏段防洪二期、移民迁出区生态修复等。实施 23 个产业项目，完成投资 500 亿元。特别要建成宁东至浙江输电、神华宁煤煤制油、如意高档服装等，推进宁夏中关村产业园数据中心、西夏公铁物流园、三沙源旅游度假区等项目。实施 13 个社会民生项目，完成投资 150 亿元。着力抓好中南部城乡饮水安全、基本养老服务体系、宁夏美术馆和残疾人康复中心等工程建设。对于这些项目，要建立台账，倒排工期，督查考核，确保进度和质量，从而带动全社会完成投资3880亿元以上。

拓宽项目融资渠道。转变融资观念，打好"财政·银行·证券·保险·担保"组合拳，提高资金使用效益。发布政府与社会资本合作（PPP）项目清单，完善风险共担、利益分配等机制，每个县（市、区）实施1-2个示范项目，引导社会资本投向市政、交通、生态等领域。增加政府产业引导基金规模至20亿元，吸纳更多社会资本，争取母子基金总规模达到80亿元以上，发挥好对产业发展的引导作用。完善担保体系，提高增信能力，重组宁夏再担保集团，建立专项担保资金，用足用好国家专项建设基金。深化与金融机构合作，发行各类债券200亿元。

梯次推进项目建设。围绕自治区成立60大庆和全面建成小康社会等，不断筛选充实项目储备库。紧扣国家政策走向，谋划一批符合国家产业政策、支撑我区长远发展的重大项目，争取更多进入国家重大工程项目包。着眼提高投资效益，谋划实施一批科技含量高、市场前景好、产业链条长、基本无污染的产业项目，引进有税项目，培植有根企业。狠抓项目前期工作，用好审批监管网络平台，联审联批，提高效率，力争20个重点预备项目一半开工、30个重点前期项目取得实质性进展，确保项目前后接续、梯次跟进。

（二）突出集聚创新，力促工业转型升级。用好市场导航灯、资源定位器，抓好供给侧改革，推动新型工业加快发展。

促使工业向中高端迈进。启动中国制造2025宁夏行动纲要，瞄准新材料、智能制造、生物制药、节能环保等中高端产业，抓好3D打印、数控机床、高端轴承、碳基材料等项目。加快煤电化一体化步伐，新增煤化工产能 300 万吨，着力开发工程塑料、通用树脂、专用化学品等精细化工产品。出台光伏产业发展配套政策，建设新能源综合示范区，新增风电 100 万千瓦、光伏 140 万千瓦，带动光伏发电装备、风机制造等上下游产业协同发展。推动羊绒、纺纱等初级原料向中高端产品迈进，加快清真标准国际互认，打造清真食品、穆斯林用品特色品牌，轻工业占比再提高 1 个百分点。支持煤炭、电力、冶金、化工等传统产业实施新一轮技术改造，实现转型升级；严格环保、能耗、技术标准，引导资不抵债、扭亏无望的"僵尸企业"兼并重组、破产清算，淘汰落后产能 120 万吨。

引领园区集约发展。各园区都要突出特色，准确定位，差异化招商，完善生产、集散、研发、认证等功能，分类吸纳对路企业进区入园。实施基础设施建设、资源能源保障、土地集约利用、上下游产业衔接四项行动，降低企业生产要素成本，提升园区竞争力。改造宁东等 6 个工业园区，推进企业内部小循环、企业间中循环、园区内大循环。创新管理体制机制，建立综合服务体系，探索政企合作、多元开发、专业运营等模式，打造服务优、成本低、产出高、税收多的园区。

推动企业创新发展。完善科技创新后补助、高新技术和科技创新企业税收优惠政策，强化企业主体地位，鼓励企业加大投入，建设研发机构，全社会研发投入占到 GDP 的 1% 以上。实施"八大科技专项"，建成国家、自治区重点实验室和工程技术研究中心 3 家。设立科技成果转化投资引导基金，鼓励企业与科研机构、高校开展产学研合作，组建技术转化机构，促进科技成果资本化、产业化。以降成本、提效益为重点，引导 60 户龙头企业对标一流、挖潜改造，做强做大；鼓励、支持非公经济发展，培育专精特新中小企业 200 家，争创中国驰名商标4个、宁夏名牌产品20个。实施"三项人才工程"，培养专业人才1.2万名，出台科研人员留职创业、职务发明等激励办法，让各类人才在创新中实现价值、创业中成就梦想。

（三）**聚焦特色精品，推动农业提质增效**。围绕"一特三高"，完善强农惠农富农政策，瞄准市场需求，精耕细作，精深加工，精准扶持，促进农业增效、农民增收。

实施精品农业发展计划。聚焦"1+4"特色优势产业，支持壮大"一县一业""一乡一品"，使其在农业产值中占比超86%。贯彻藏粮于地、藏粮于技战略，建设优质粮生产基地，粮食生产稳定在1200万亩、370万吨。狠抓优质奶源和清真牛羊肉基地，新增肉牛10万头、肉羊60万只，更新种植优质饲草100万亩。推动蔬菜产业往精品方向发展，新建永久性蔬菜基地10万亩。实施提升枸杞产业"六大工程"，新增基地5.8万。坚持"小酒庄、大产区"模式，新建改造标准化葡萄园5万亩，开建酒庄20家，加快向酒庄酒和中高端迈进。发挥国家农业科技园示范效应，每个县（市、区）建设1—2个精品农业示范基地或加工园区，引领特色产业多出精品。

提升综合生产能力。坚持耕地保护与质量提升并重，划定永久性基本农田，加快大型灌区续建配套、盐碱地改良等农田水利工程，建设高标准农田50万亩，新增高效节水灌溉30万亩，改造中低产田35万亩，确保耕地面积不减少、质量有提升。加快育繁推一体化，推进优势品种提纯复壮，确保品质品牌优势。启动特色农产品原产地保护工程，严格产地准出，强化"三品一标"认证，完善追溯监管。推广覆膜保墒、复种两熟等先进适用技术，农业机械化综合水平、科技贡献率分别达到71%和58%。

完善农业经营体系。加快培育新的经营主体，培训新型职业农民 2 万人，新增家庭农场和农民合作社各 300 个，发展多种形式的适度规模经营。完善社会化服务体系，坚持科技特派员制度，培育农机作业、粮食银行等服务组织 30 个，国家和自治区农业产业化龙头企业 40 家。扩大网上营销规模，引导进入国内外知名企业营销网络，发展农超对接、连锁配送等，让更多特色农产品占领国内外市场。

（四）挖掘发展潜力，创造服务业新优势。紧盯消费热点，突出适销对路，抓住基础好、需求旺、优势大的重点行业，创造新供给，开发新需求，实现新增长。

发展全域旅游。按照"全景、全业、全时、全民"模式，创建全域旅游示范省（区），依托宁夏旅游集团建立旅游发展联盟，整合旅游资源，把全区作为一个旅游目的地打造。加快旅游与文化、工业、农业以及体育、商贸等融合，开发一批全天候、全方位、体验型旅游产品，推出更多独特旅游商品，拉长产业链。办好中美旅游高峰论坛、"驾越丝路"等活动，实施"十百千万"工程，培育一批优秀景区、旅行社和旅游从业人员，重拳整治价格欺诈、强制购物等乱象，把"塞上江南·神奇宁夏"品牌打得更响。全年接待游客突破 2000 万人次，旅游总收入达到 185 亿元，增长 10% 以上。

壮大现代金融。鼓励私募机构、种子基金和风险投资发展，组建宁夏法人证券、财产保险等机构，支持设立民营银行、金融租赁公司。发展普惠金融和绿色金融，开展投贷联动试点，鼓励开发更多扶贫、助农、帮微、促创等金融产品，提高服务实体经济效率。建设阅海湾金融创新中心，发挥宁夏股权托管交易中心作用，争取主板新上市企业 1 家，新增"新三板"挂牌 20 家。防范化解行业性、区域性风险，营造良好金融生态。

培育信息经济。推动中卫西部云基地、银川大数据中心建设，运行服务器5万台，开展数据收集、开发、利用和交易。加快建设并应用好"八朵云"，实现4G网络城乡全覆盖，推进宽带提速降费。支持软件、游戏等产业发展，引进智能终端、可佩戴设备等信息装备企业。深化"互联网+"行动计划，培育发展电子商务进农村综合示范县和国家示范基地，形成经济增长新热点。

激活消费市场。落实加快服务业发展的政策措施，放宽准入条件，重点开拓养老、健康、家政、健身等消费新领域，丰富订制化供给，满足多样化需求。抓好现代流通综合改革试点，推进"万村千乡"市场工程，改造提升银川、固原公益性农产品批发市场，建设特色商业街区9个，构建便民消费网络。想方设法去库存、防风险，实行保障性住房货币化，提高公租房入住率，发展住房租赁市场，保持房地产市场健康发展，商品房销售800万平方米以上。落实带薪休假，鼓励错峰休假、弹性作息，激活假日消费。试点组建消费金融公司，扩大消费信贷，提高现期购买能力。改善消费环境，维护消费者合法权益。

（五）强化统筹协调，推进城乡一体建设。以空间发展战略规划为引领，坚定不移地把宁夏作为一个城市来布局、来建设。

城乡融合发展。按照"优布局、补功能、促融合、提品位"的思路，深化"多规合一"工作，开展一个市县一个规划试点，加强城市设计，体现紧凑集约、高效绿色。统筹沿黄城市带和清水河城镇产业带建设，实施"一主三副"项目400个，提升承载能力。推进银吴等区域同城化，新建改造银川至宁东等快速通道，实现所有县城通高速。抓好固原、平罗、宁东新型城镇化和中小城市试点，推动城市设施服务向城边村、小城镇延伸，打造旅游、枸杞、葡萄、回族文化等特色小镇，建立"人地钱"三挂钩机制，提高就近城镇化水平。全面落实户籍改革政策和居住证制度，配套完善教育、卫生、就业等基本公共服务，逐步实现转移人口享受同城同等待遇，城镇化率提高 1 个百分点以上。

城市宜居宜业。聚焦"城市病"防治，推进地下综合管廊试点和海绵城市建设，探索系统治理城市内涝、管线交织等突出问题。强化交通组织管理，优化城区大中小路网和公交线设置，配建更多停车场、充电桩，新增泊车位 5 万个。统筹城市建筑布局，支持旧城、工矿区改造搬迁，完成老旧小区改造 500 万平方米。推动智慧城市、数字化城管、标准化物业提质扩面，改革城管综合执法，推广"以克论净、深度保洁"模式，建成市民休闲森林公园 6 个。新建（或购买）各类保障性住房 7 万套，让 19 万群众圆上安居梦。

乡村美丽整洁。加快农村改房、改水、改厕、改能、改路，高标准建设 20 个美丽小城镇、100 个美丽村庄，改造危窑危房 3 万户，启动农村污水处理试点 22 个，改厕 2000 户，新增"阳光沐浴"20 万户，新改建农村公路 1000 公里。启动城乡环境综合整治三年行动计划，完善长效机制，实现 80% 行政村垃圾有效处理，全面提升农村人居环境。

生态环境良好。建立环保督察制度，严格项目环境准入和排污许可管理，加大环保执法问责。深入开展废气、城市扬尘等专项整治，推动燃煤锅炉淘汰和改造升级，全面禁止黄标车上路，着力消除重污染天气。加强饮用水源地和地下水保护，推进黄河干支流、重点湖泊等水环境综合治理，新建城市污水处理厂 8 座，提标改造 12 座，加快工业园区污水处理厂建设，依法取缔直接入黄排污口，确保主要水体水质稳定改善。加大农作物秸秆、畜禽粪便、农用残膜等回收利用力度，整治农业面源污染，工业危险废物安全处置率达到100%。落实新一轮草原生态保护奖补政策，治理荒漠化土地50万亩、水土流失800平方公里，生态修复76万亩，植树造林100万亩。

（六）狠抓重点改革，释放发展动力活力。坚持问题导向，从重要领域、重点环节入手，抓好68项改革任务，破除障碍，激发活力。

深化行政管理改革。继续简政放权，落实自治区政府部门权力清单和责任清单。各市、县（区）上半年公布"两个清单"。推进投资审批、审计体制、商事制度、事业单位分类等改革，加快相对集中行政审批权和处罚权改革，加强事中事后监管，用政府权力减法换来市场活力乘法。

深化财税体制改革。研究制定市县财政收入激励办法，合理划分区、市、县事权与支出责任，推进预决算公开、预算绩效管理。加强市县政府债务管理，规范举债，有借有还。今后，已达警界线的市县不准举新债。启动国税、地税征管体制专项改革试点，加快营改增、消费税、所得税、资源税和车购税等改革步伐。清理规范涉企收费基金，促进实体经济发展。

深化国资国企改革。稳妥推进自治区参股中央企业、区属国有独资企业混合所有制改革。开展区属国有企业董事会选聘职业经理试点，建立和完善现代企业制度。理顺国有资产出资人职责和监管体制，实施以管资本为主的经营性国有资产分类分层监管。强化企业经营业绩考核，提高国有资本收益上缴财政比例，加大违规经营责任追究力度，确保国有资产保值增值。

深化农业农村改革。加快农村土地股份合作改革，开展土地经营权抵押贷款试点。实行宅基地、农宅"两证合一"，探索农民住房财产权抵押贷款，建立自愿永久退出宅基地使用权补偿机制。推进供销社综合改革，加快国有林场改革。完善农业保险政策，建立农地租赁风险防范机制，激发农业农村发展活力。

深化要素市场改革。落实国家电力体制改革意见，完善煤电价格联动机制，扩大直接交易规模，稳妥推进中宁工业园区电力市场改革试点。发挥市场化价格形成机制的作用，严管自治区定价目录项目，完善供水、供热、污水处理等价格体系，继续清理经营性收费和中介收费，促进市场要素合理配置。

（七）融入"一带一路"，提升内陆开放水平。全面落实"开放宁夏20条"，加快内陆开放型经济试验区建设。

构筑三个平台。依托中阿博览会，深化中阿共办机制，办好埃及活动周、沙特中阿高新技术及装备展等系列活动。启动建设中阿产业园、文化园等开放园区，加快中阿技术转移中心建设，推进皓月清真产业园、国际健康医疗城等项目，建成中阿进出口商品贸易中心。完善银川综合保税区功能，建成指定商品进境口岸，带动全区进出口总额增长10%。

打造三条通道。陆上丝路通道，开工中卫至兰州、银川至呼和浩特高铁，与全国高铁网连通；建设银川至百色、乌海至玛沁宁夏段等高速公路，深化与天津港、乌力吉、霍尔果斯等口岸合作，拓展多式联运。空中丝路通道，开通更多到丝路沿线国家的航线航班，与80%以上的省会城市实现直飞，力争民航旅客吞吐量突破600万人次。网上丝路通道，启动网上丝路宁夏枢纽工程，建成宁夏邮翔国际物流快递中心，建设中阿航空邮件分拨中心、跨境电商交易服务平台，支持建立"海外仓"和展示中心。

实现三项便利。借鉴上海自由贸易试验区经验，放宽外商投资准入，扩大备案管理，让投资服务更便利。建成宁夏电子口岸，加快建设国际贸易"单一窗口"，实现涉外审批"一站式"办理，推进与丝路沿线省区通关一体化，让贸易服务更便利。开展对阿金融合作，支持金融机构围绕企业走出去和资金引进来创新服务，鼓励企业开展跨境人民币结算和应用内保外贷、并购贷款、境外发债等多种方式融资，让金融服务更便利。

深化三大合作。巩固提升欧美日韩和港澳台等传统市场，积极拓展与丝路沿线国家经贸合作和人文交流，主动服务中海自贸区谈判。紧盯长三角、珠三角、京津冀等地域，推动东部园区在我区开展共建、托管等连锁经营，建好国家级产业转移示范区。深化与陕甘蒙新等周边省区合作，促进区域设施联通、产业互补。鼓励宝塔、农垦、电建等企业走出国门，在沙特、哈萨克斯坦、毛里塔尼亚等投资置业。坚持引资、引技、引智并重，组织"央企进宁、外企进宁、民企进宁"行动，全面落实已签订的合作协议，提高项目履约率、资金到位率和投产达效率。全年招商引资到位资金 2000 亿元以上。

（八）保障改善民生，增进人民群众福祉。全力办好民生实事，使老百姓的生活年年都有新提高。

打赢脱贫攻坚这场硬仗。实施好"五个一批"工程和"13 项行动计划"，免除农村贫困家庭高中生学杂费，提高贫困地区中职学生生活费补助标准，推行扶贫开发政策与农村低保制度有效衔接，易地搬迁 3 万人，产业扶持 5 万户。办好闽宁协作 20 周年活动，做好定点帮扶、社会帮扶，确保 200 个重点贫困村、19 万人脱贫。

让每个有劳动意愿的人有活干、有钱赚。改善创业环境，加强小微企业创业基地建设，引导高校毕业生、退役军人等群体自主择业创业，鼓励农民工返乡创业；开展订单、定岗、定向培训，培训城乡劳动力 6 万人，城镇新增就业 7.3 万人，农村劳动力转移就业 70 万人；拓宽居民租金、股息、红利等增收渠道，增加财产性和经营性收入。

提升教育公平度和满意率。新改建乡镇幼儿园 20 所，进一步扩大普惠性幼儿园覆盖面，学前 3 年毛入学率达到 73%。改善农村贫困地区薄弱学校基本办学条件，拓展普通优质高中覆盖半径。实施乡村教师支持计划，建立中小学校长教师交流轮岗与绩效工资、职称评定、评先选优挂钩机制。加快职业学校和公共实训中心建设，推进产教融合、工学结合、校企联合。深化考试招生制度改革。推动高等教育内涵发展。办好民族教育和特殊教育。支持和鼓励发展民办教育。

充分发挥社会保障的兜底作用。开展医养结合试点，建设敬老院、老年活动中心、农村互助养老院 84 个。推进全民参保，职工"五险"、城乡居民养老、医疗保险参保人数每年都有新的增加。提高基本医疗保险补助标准，提高大病统筹救助标准，提高城乡居民最低生活保障标准，提高企业退休人员养老金标准，给重度残疾人发护理补贴，给困难残疾人发生活补贴。

努力使老百姓看得上病、看得起病。开展省级综合医改试点工作，完善分级诊疗体系，优化新一轮药品招标采购，降低就医成本。定向培训住院医师 300 名，落实到岗大专以上学历村医 1000 名，创建群众满意的基层医疗卫生机构 400 所。加大传染病、地方病、职业病综合防治。落实一对夫妇可生育两个孩子政策。强化食药监管，保障舌尖上的安全。

让群众的文化生活更丰富、更精彩。新改建 5 个市县级文化馆、图书馆，扶持一批文化室、文化大院，开展送戏下乡、公益放映、全民阅读等活动，丰富城乡群众文化生活。培育壮大创意、动漫、影视等文化产业，鼓励骨干企业走出去。加强文化遗产保护，推进西夏陵和丝绸之路宁夏段申遗。号召全民健身，办好体育赛事，逐步免费或低收费开放公共体育设施，更好满足群众健身需求。进一步做好外事侨务、档案气象、防震减灾等工作。

各位代表，我区发展正处于关键时期，今年经济下行的压力可能更大，面临的困难可能更多。各级政府及广大公职人员面对严峻的形势、繁重的任务和发展的新常态，怎么看、怎么干是一个必须回答的问题。我们一定要调适发展理念，调适思维方式，调适职能定位，调适工作方法，调适作风状态，始终把推动发展的责任扛在肩上，始终把广大群众的冷暖放在心头，用自己勤奋敬业的工作、满腔热情的服务、廉洁奉公的品德和务实苦干的实际行动，树立政府的威信，赢得人民的信任。

坚持依法行政。严格依法决策，实行重大决策终身责任追究及倒查机制。全面推行综合执法，开展"两随机、一公开"。自觉接受人大及其常委会的法律监督、工作监督和政协的民主监督，认真听取人大代表、政协委员和各民主党派、工商联、无党派人士的意见建议。主动接受媒体监督和社会监督，完善新闻发言人制度，及时回应社会关切。充分发挥工会、共青团、妇联等群团组织的作用。支持国防和军队建设，促进军民融合深度发展。深化平安宁夏创建，启动"七五"普法，加强和改进信访工作，完善矛盾排查调处机制，切实抓好安全生产，依法管理宗教事务。银川"1·05"纵火案，影响十分恶劣，教训极其惨痛！我们一定要采取一切必要措施，有效预防和坚决打击各类违法犯罪活动，确保群众生命财产安全，确保社会安定有序，确保人民安居乐业。

办事快捷高效。坚持"深、实、诚、细、严"要求，强化抓重点、抓关键的工作机制，重大事项层层签订责任书，确保工作部署落地生根。完善各项指标体系和政府绩效考核办法，强化政务公开和督查问责，表彰奖励实绩突出的，约谈诫勉工作不力的，曝光追责不为乱为的，真正做到政令畅通，马上就办，办就办好。

严守廉洁底线。践行"三严三实"，优化政风行风，加强公务员队伍建设，所有公职人员都要以人民利益为重，勤恳务实，履职尽责，全心全意当好人民公仆。认真贯彻中央"八项规定"精神和自治区"若干规定"，强化过"紧日子"的意识，从严控制机构编制和财政供养人员。加强行政监察和审计监督，严格执行廉洁自律各项规定，扎紧制度围栏，打掉寻租空间，铲除腐败土壤，营造风清气正的干事创业环境。

各位代表，目标蓝图催人奋进，面对挑战更要提高勇气、发奋图强。让我们紧密团结在以习近平同志为总书记的党中央周围，在自治区党委的领导下，牢记责任使命，增强忧患意识，勇于担当，狠抓落实，久久为功，加快建设开放富裕和谐美丽宁夏，为全面建成小康社会而努力奋斗！

新疆维吾尔自治区

政府工作报告

——2016 年 1 月 11 日在自治区十二届
人民代表大会第四次会议上

主席 雪克来提·扎克尔

各位代表：

现在，我代表自治区人民政府向大会报告工作，请予审议，并请自治区政协各位委员和其他列席人员提出意见。

一、"十二五"时期及 2015 年工作回顾

"十二五"时期是新疆发展史上具有里程碑意义的五年。党中央对新疆工作给予特殊重视和支持，召开第二次中央新疆工作座谈会，出台《中共中央关于进一步维护新疆社会稳定和实现长治久安的意见》；习近平总书记亲自来疆视察指导工作，多次对新疆工作作出重要批示指示，丰富、发展、升华了党的治疆方略，为新疆工作指明了方向。我们坚决贯彻中央关于新疆工作的大政方针，全面落实两次中央新疆工作座谈会精神和自治区党委各项决策部署，坚

持"四个全面"战略布局，围绕社会稳定和长治久安总目标，推动经济社会发展实现了历史性跨越，"十二五"规划目标任务全面完成，主要指标任务超额完成。

——这五年，经济保持高速增长，综合实力显著增强。我们坚持稳中求进、改革创新总基调，保持了经济高速增长。预计地区生产总值由 5437 亿元增加到 9400 亿元左右，年均增长 10.7%，增速由全国第 29 位跃升至前列；人均生产总值由 25034 元增加到 41063 元；一般公共预算收入由 500 亿元增加到 1331 亿元，年均增长 21.6%。

——这五年，发展方式加快转变，产业结构不断优化。我们着力推进经济转型升级，现代农业生产、经营、产业体系基本形成，新型工业化逐步向中高端迈进，以信息、金融、电商为代表的现代服务业快速成长。非石油工业比重超过 60%，彻底扭转了石油工业"一业独大"格局。第三产业比重十几年来首次超过第二产业，对经济增长贡献率超过 55%。

——这五年，基础设施日趋完善，支撑能力显著增强。我们累计完成全社会固定资产投资 3.96 万亿元，是"十一五"时期的 3.3 倍，一大批交通、水利、能源、通信等项目开工建设或建成投产，基础设施、城乡面貌、人民群众生产生活条件发生了历史性巨变！

——这五年，人民生活大幅改善，群众得到更多实惠。我们创造性开展民生建设年活动，自治区财政民生支出占到一般公共预算支出的 70% 以上；城镇新增就业 244 万人，登记失业率始终控制在 4% 的预期目标之内；城镇居民人均可支配收入年均增长 12.7%，农民人均纯收入年均增长 13.6%，连续五年增速居全国前列；每年向社会庄严承诺的重点民生工程项目全部如期完成，受到各族群众的真情赞誉！

——这五年，社会事业蓬勃发展，公共服务全面提升。我们大力发展教育、科技、文化、卫生、体育等社会事业，建立了统筹城乡、覆盖全民的基本养老保险和基本医疗保险制度，社会保险比全国提前一年实现全覆盖，各项保险参保人数达到2236万人次，216万城乡生活困难群众享受到低保政策，补助水平连年提高，临时救助制度全面建立，不断编实织牢民生保障网，有力促进了社会和谐稳定！

五年来，面对国际金融危机的复杂影响、经济与稳定两个"三期叠加"的严峻形势，我们敢于担当、锐意进取，破解改革发展稳定的一系列难题，各项工作取得重大进展。

（一）维护稳定能力得到新提高

我们始终坚持依法治疆，坚持反暴力、讲法治、讲秩序，不断提升社会治理和维护稳定能力。按照"围绕总目标、查找薄弱点、案件汲教训、工作抓落实"的要求，完善社会要素管控机制，实现了维稳工作常态化。依法开展了严厉打击暴力恐怖活动专项行动，保持全疆社会大局稳定。"六五"普法工作取得显著成效，增强了各族群众法律意识和法治观念。从2014年起在全疆范围内开展"访民情、惠民生、聚民心"活动，每年7万多名机关干部入住1万多个村庄和社区，围绕"六项任务"、突出"三项重点"开展工作，各族群众得到了实惠，各级干部得到了锻炼，声势浩大的"访惠聚"活动得到了人民群众的支持和拥护。五年的实践证明，坚持党的领导，全心全意依靠各族人民群众，新疆社会稳定和长治久安的基础一定能够不断巩固！

（二）民族团结进步事业迈出新步伐

我们始终高举各民族大团结旗帜，牢牢把握各民族共同团结奋斗、共同繁荣发展的主题，平等团结互助和谐的新型社会主义民族关系不断巩固和发展。出台了加强和改进新形势下民族工作的意见和《新疆维吾尔自治区民族团结进步工作条例》。深入开展"热爱伟大祖国、建设美好家园"主题教育活动，开展马克思主义"五观"和新疆"三史"教育，加强"三个离不开"和"五个认同"教育，夯实了民族团结的思想基础。稳步推动建立各民族相互嵌入式的社会结构和社区环境，推动各族干部群众走动互动、交往交流交融。不断把民族团结进步创建活动引向深入，涌现出一大批民族团结先进模范典型，四个地州被评为全国民族团结进步创建活动示范自治州（地区）。

认真贯彻党的宗教工作基本方针，依法促进宗教和谐。坚持按照宗教规律做好宗教工作，充分尊重公民的宗教信仰自由权利。对信教群众做到政治上团结、信仰上尊重、风俗上理解。积极引导宗教与社会主义社会相适应。把"去极端化"作为宗教工作最突出最紧迫的任务之一，坚持用好"五把钥匙"，坚持"三管齐下"，深化"三非"整治，强化"四项管理"，深入开展"去极端化"宣传教育，有效遏制了宗教极端思想蔓延势头。

（三）综合经济实力跃上新台阶

我们始终坚持发展是解决一切问题的基础和总钥匙，高起点、高水平、高效益推进"五化"进程，具有新疆特色的现代产业体系初步形成。加快新型工业化发展，工业增加值预计达到 2804 亿元，年均增长 10.3%。传统优势产业发展步伐加快；现代化煤矿建设取得成效，电力装机和发电量分别增长 3.5 倍和 3.1 倍。新能源、新材料等战略性新兴产业迅速成长；云计算产业以及"数字城市""两化"融合试验区、软件园加快发展。农业现代化建设取得新进展。粮食产量增加到 1560 万吨，实现"八连增"，有效保障了粮食安全；棉花产业优势继续巩固；特色林果业成为农民增收的重要产业；现代畜牧业加快发展。新增高效节水灌溉面积 1670 万亩。农业产业化经营、农产品市场开拓取得新成效。现代服务业加速推进，商贸物流业迅猛发展，社会消费品零售总额预计达到 2602 亿元。5A 级旅游景区增加到 9 家，居全国前列；共接待国内外游客 2.5 亿人次，是"十一五"时期的 2.2 倍，新疆成为国际旅游重要目的地。经济快速增长为我区与全国同步全面建成小康社会奠定了坚实基础！

（四）深化改革开放实现新突破

我们坚持把改革作为促进发展的强大动力，陆续推出一批具有关键性、引领性的改革举措，取得决定性成果。以"审批事项最少、效率最高、服务最优"为目标，取消调整自治区本级审批事项 791 项。探索创新资源有偿使用新路子，挂牌出让三塘湖煤田等区块探矿权。深入推进商事制度改革，"三证合一、一照一码"全面实施，新登记市场主体 24.1 万户。社会诚信体系建设加快推进，市场主体信用监管格局初步建立。自治区所属国有企业及下属公司 60% 以上实现了混合所有制经营。棉花目标价格改革试点顺利推进。供销合作社综合改革不断深化。非公有制经济快速发展，为经济繁荣、民生改善、就业扩大、社会稳定作出了重要贡献。

围绕国家"一带一路"重大战略部署，超前谋划，及早安排，制定了丝绸之路经济带核心区建设实施意见和行动计划，一批标志性工程开工建设。成功举办了四届中国－亚欧博览会和首届亚欧商品贸易博览会，喀什和霍尔果斯经济开发区建设初具规模，阿拉山口、喀什综合保税区封关运营，中哈霍尔果斯国际边境合作中心配套区正式验收。采取有效措施积极应对国际贸易新变化，累计实现进出口额 1237 亿美元，是"十一五"时期的 1.6 倍；对外投资额年均增长 21.2%。新疆西行国际货运班列开行 135 列，实现了多点多线、常态化运营。在全国率先开展了跨境直接投资人民币结算试点。深化了与周边国家的科技、教育、文化、卫生、经贸合作和人文交流。新疆成为丝绸之路经济带上举世瞩目、最具潜力的地区！

（五）保障改善民生取得新进展

我们践行"民生优先、群众第一、基层重要"理念，始终把保障和改善民生作为工作出发点和落脚点，解决了各族群众关注的诸多突出问题。累计建成安居富民、定居兴牧、城镇保障性住房 300 多万套，全疆 1000 多万人口告别了危旧土坯房和棚户区，搬进宽敞明亮的新居；于田、皮山等地安居富民房经受了强震考验，无一倒塌，有效保障了群众生命财产安全。南疆天然气主干管网建成投产，44 个县市 400 多万各族群众用上了天然气。实施农村饮水安全工程，解决了 360 万农牧民群众的饮水安全问题。社会救助体系日趋完善。不断增强综合防灾减灾救灾能力，提升应急保障水平，高效应对各类自然灾害，1435 万人次受灾群众基本生活得到保障。各族群众由衷地感激党的关怀和国家的支持。

积极推进扶贫机制创新，加大财政扶贫投入力度，强化精准扶贫措施，重点支持贫困地区发展产业和改善基础条件，帮助贫困人口增强发展和脱贫能力。累计安排财政专项扶贫资金 122 亿元，实施扶贫发展资金项目 1.6 万个，减少贫困人口 174 万人，贫困发生率由 32% 下降到 15%。累计投入移民资金 38.5 亿元，扶持水库移民 14.8 万人，惠及 35 万农牧民群众。

多措并举促进和扩大就业，保持城镇零就业家庭 24 小时动态清零，城镇新增就业、农村富余劳动力转移就业、应届高校毕业生就业全面超额完成预期目标，多年积累的突出问题得到有效解决。大力发展劳动密集型产业、中小微企业和"短平快"项目；制定实施发展纺织服装产业促进百万人就业规划纲要，出台运费补贴、低电价、社保补贴等"一揽子"支持企业发展的政策，棉纺产能达到1000万锭以上，新增就业近15万人。在国家大力支持下，我区纺织服装产业逆势而上，在扩大就业方面发挥了重要作用，成为经济增长的新亮点。

始终坚持教育优先，财政性教育经费支出占生产总值的比例连续多年高于4%的国家规定目标。学前两年双语教育普及率达到76.7%，高中阶段毛入学率和高等教育毛入学率分别提高到88.6%和33.6%，内高班、内初班在校生分别增加到3.4万人和2.7万人。实施了多项提高教师待遇、增加教师收入的政策。喀什大学、中国石油大学（北京）克拉玛依校区揭牌成立。构建了从学前教育到高等教育较为完善的资助体系。南疆四地州在全国率先实现了14年免费教育。

坚持创新驱动发展，全面推进创新型新疆建设，强化实施科教兴新和知识产权战略，国家重点实验室实现零的突破。培养了一批高层次创新人才、创新团队和少数民族科技骨干；公民科学素质显著提高。专利申请量突破万件大关，授权量翻了一番。高新技术企业达到424家，国家和自治区工程技术研究中心达到129个。特色优势产业技术水平和竞争力大幅提升，太阳能、风能、特高压输变电等重点领域核心关键技术取得重大突破，达到国内领先水平！

医药卫生体制改革取得阶段性成果，县级公立医院综合改革扩大到所有县市，国家基本药物制度实现了全覆盖，看病贵、看病难问题初步得到缓解。现代公共文化服务体系日趋完善，"四馆一站"免费开放和文化惠民演出深受各族群众好评。成功举办了三届中国新疆国际民族舞蹈节和五届天山读书节。东风工程、农家书屋、广播电视"户户通"、农村电影放映、"万村千乡文化产品惠民行动"等工程进展顺利，各族群众精神文化需求得到有效保障。新疆天山列入世界遗产名录。体育场馆、健身广场等公共体育设施覆盖城乡。新疆体育代表团在第十二届全运会上获得6枚金牌、8枚银牌，取得历史上最好成绩。精心筹办第十三届全国冬季运动会，建成了国际先进水准的冰上运动中心以及一批冬季体育运动设施。新疆的冰雪"冷资源"正逐步转化为经济"热资源"。

（六）基础设施建设取得新成就

我们大力推进基础设施和重大项目建设。吐库二线等一批铁路项目建成投产，铁路营运里程由4393公里增加到6152公里；兰新铁路第二双线开通运行，新疆进入了高铁时代。建成库尔勒－阿克苏－喀什等18条国家和地方高速公路，总里程达到4316公里，是2010年的5倍多。新、改、续建"畅通富民"农村公路3.8万公里，改善了175个乡镇2920个建制村的通行条件。完成喀什机场改扩建、富蕴机场迁建等工程，民用机场增加到18个。克孜加尔等一批重点水利枢纽工程相继完工。西气东输二线、三线投入运营。建成与西北联网750千伏双线通道工程、哈密－郑州±800千伏特高压直流输电工程，全面开工准东－华东±1100千伏特高压直流输电工程及配套电源项目；疆内750千伏电网覆盖主要经济区域。地质勘探取得丰硕成果。大规模的基础设施建设，很大程度上破解了长期制约新疆发展的瓶颈，为经济发展、社会进步提供了有效支撑。

（七）生态文明建设开创新局面

我们坚持规划先行，全面实施主体功能区战略，加大了资源节约、环境保护、生态效益指标在经济社会发展评价中的权重，落实限制开发和生态修复的综合措施。加快推进天然林、塔里木盆地和准噶尔盆地周边沙漠化治理，实施博斯腾湖、乌伦古湖生态环境治理工程。切实抓好卡拉麦里山自然保护区生态恢复工作。落实草原生态保护补助奖励机制，实施草原禁牧 1.5 亿亩，落实草畜平衡 5.4 亿亩。新增天然林 1 亿亩、造林 1182 万亩，森林覆盖率由 4.04% 提高到 4.7%。基本完成了塔里木河流域近期综合治理项目，成功实施了 16 次向下游生态输水。

积极调整优化能源结构，加快发展可再生能源，风电、光伏发电投产规模分别达到 1300 万千瓦和 550 万千瓦，居全国第 3 位和第 2 位。加大环境监督和执法力度，落实了节能减排目标责任制。坚决整治违法排污企业，推进排污权有偿使用和交易工作。采取强有力措施压减了一批能耗高、污染重的炼铁、炼钢产能。加快推进建筑节能改造，所有县市新建居住建筑全面执行了节能强制性标准。完成了 9 个煤田火区治理任务，减排二氧化碳 700 多万吨。持续推进乌鲁木齐区域、奎－独－乌区域、克拉玛依、石河子和库尔勒等城市大气污染联防联控以及和田、喀什等城市沙尘污染综合治理。乌鲁木齐大气污染治理取得历史性突破。

（八）对口援疆工作结出新硕果

党中央把长期援疆作为一项重大战略，集全国之智、举全国之力支持新疆发展。我们加强对口援疆工作统筹指导和服务管理，坚持向民生倾斜、向基层倾斜，累计实施援疆项目 5150 个、到位资金 580 亿元，实施了一大批安居富民、定居兴牧、教育、卫生、就业等民生项目。把产业援疆和加快劳动密集型产业转移作为重要任务，落实执行经济合作项目 6003 个、到位资金 8809 亿元，一批投资规模大、带动能力强的项目密集开工，有效促进了各族群众稳定就业。广大援疆干部在新疆这片土地上奉献了汗水和智慧，他们的贡献与付出，我们永远不会忘记！

（九）勤政廉政建设展现新面貌

我们坚持依法行政，加快建设法治政府，创新管理方式，全面落实了行政执法责任制。积极推进政务公开，丰富公开内容，完善公开形式，提高了政府公信力。五年来，提请自治区人大常委会审议地方性法规草案 29 件，颁布政府规章 33 件；办理全国人大建议 60 件、政协提案 102 件，自治区人大议案建议 4607 件、政协提案 5172 件。不断健全财政收入稳定增长机制，优化财政支出结构，完善重大支出评估论证机制和重大工程项目审计制度，提高了财政资金的使用效益。重视发挥工会、共青团、妇联等人民团体及工商联、商会等组织的桥梁纽带作用。积极推进应急平台建设，应对突发事件能力全面提升。持续开展安全生产大检查，深化安全隐患排查治理，确保了安全生产形势持续好转。食品药品安全监管进一步加强。坚决贯彻落实中央八项规定和自治区党委十条规定，刹住了"四风"蔓延势头，以"零容忍"态度坚决惩治腐败。

我们高度重视和支持兵团工作，积极促进兵地融合发展，支持兵团履行屯垦、戍边、维稳的特殊历史使命，充分发挥安边固疆稳定器、凝聚各族群众大熔炉、先进生产力和先进文化示范区作用。支持兵团加快新型工业化、城镇化、农业现代化进程，加强水利、交通、能源等基础设施建设，兵团综合实力显著增强，生产总值达到 1960 亿元，年均增长 16.1%。始终关心支持国防和驻疆部队建设，推动军民融合深度发展，谱写了新时期军政军民团结的新篇章！

各位代表，刚刚过去的 2015 年，在国内经济下行压力大、区内反恐维稳任务重、遇到的困难超出预期的严峻形势下，我们认真贯彻自治区党委八届八次、九次、十次全委（扩大）会议和自治区十二届人大三次会议精神，努力践行"善学习、讲法治、比团结、抓落实、重效果"的要求，深入开展"适应发展稳定新常态，筑牢长治久安好基础"系列活动，攻坚克难，奋力拼搏，基本实现了经济社会发展主要预期目标，确保了"十二五"规划胜利收官。着力做好维护稳定工作。继续开展严厉打击暴力恐怖活动专项行动，确保了敏感节点和重大活动期间社会安全稳定；有效处置了拜城"9·18"等暴力恐怖犯罪案件，取得一次次重大胜利；全面推进干部、教师、爱国宗教人士"三支队伍"建设，在影响和引领各族群众、促进长治久安方面发挥了十分重要的作用。着力应对经济下行压力。及时果断出台 20 个方面 50 条措施，保持经济运行总体平稳、稳中有进、稳中有好，预计地区生产总值增长 8.6% 以上；城镇和农村居民人均可支配收入分别增长 13.5% 和 8%；接待国内外游客 6097 万人次，增长 23.1%；银行业金融机构本外币各项存、贷款余额分别增加到 1.78 万亿元和 1.37 万亿元。着力加强基础设施建设。全年完成社会固定资产投资 10728 亿元，增长 10%；实施自治区重点项目 430 个；吐鲁番－小草湖、喀什－疏勒高速公路全面开工，国道 216 线乌鲁木齐过境段改造工程加快推进，乌鲁木齐绕城高速（东线）主线试通行；临哈铁路哈密－额济纳段开通运营，新增一条出疆铁路大通道；乌鲁木齐高铁新客站具备运营条件；若羌、莎车等机场开工，石河子花园机场正式通航。着力推进丝绸之路经济带核心区建设。编制"五大中心""十大进出口产业集聚区"建设专项规划，发布了一批优先推进项目清单；阿拉山口、霍尔果斯整车进口口岸通过国家验收并已开展进口业务，乌鲁木齐综合保税区获得国家批准设立并奠基建设；输变电、新能源等一批境外项目建设取得成效；首次代表国家与格鲁吉亚在境外成功举办以丝绸之路经济带为主题的国际论坛，进一步增强了我国特别是新疆与周边国家的经贸往来。着力加快体制机制改革。集中出台了一大批关键性改革措施；央企属地法人注册、油气资源自主勘探开发取得突破性进展，与中石油、中石化合资的克拉玛依石化公司、新春公司挂牌运营；创新投融资机制，大力推行政府和社会资本合作模式，推出涉及投资4045亿元的445个项目；全面实施普通护照签发管理改革，受到各族群众拥护。着力保障改善民生。深入开展第六个民生建设年活动，25类100项重点民生工程项目如期完成；城乡低保补助标准分别提高到每人每月356元和199元；落实纺织服装产业、民族手工业、"短平快"项目等带动就业的政策措施，预计全年实现城镇新增就业43万人，农村富余劳动力转移就业250万人次；于田、皮山抗震救灾工作科学高效有序，灾后重建进展顺利，受灾群众住房问题入冬前全部得到妥善解决；叶尔羌河防洪治理工程全面开工建设，将根治千年水患，彻底结束沿线各族人民群众年复一年义务投劳抢险抗洪的历史，深得民心，意义深远。着力开展"三严三实"专题教育。突出问题导向、贯彻从严要求、坚持以上率下、精心组织实施，各级机关党员领导干部聚焦严守党的政治纪律和政治规矩，认真查找"不严不实"问题，采取有效措施进行整改，成效不断显现。隆重举行了自治区成立60周年庆祝活动，实现了"隆重、热烈、安全、和谐、圆满"的目标，体现了团结、奋斗、爱国、感恩、特色的主线，展示了形象、振奋了精神、鼓舞了士气，凝聚了"建设美丽新疆、共圆祖国梦想"的强大力量！

过去五年的成就来之不易，是党中央、国务院和自治区党委坚强领导的结果，是国家各部委大力支持和援疆省市无私援助的结果，是全疆各族人民共同团结奋斗的结果，也凝聚着人大代表、政协委员的辛勤努力。在此，我代表自治区人民政府，向全疆广大工人、农民、干部和知识分子，向各民主党派、工商联、无党派人士，向人民团体和社会各界人士，向驻疆人民解放军和武警部队指战员、公安干警，向中央驻疆单位、援疆省市及所有援疆干部，向人大代表、政协委员表示衷心的感谢！

回顾"十二五"时期的政府工作，我们坚定地贯彻落实党中央、国务院对新疆工作的各项部署，坚持把自治区党委提出的一系列新理念转化为具体工作举措，积累了宝贵经验。一是坚持政治坚强。坚决贯彻党中央的决策和自治区党委的部署，坚持依法治疆、团结稳疆、长期建疆，坚持以社会稳定和长治久安为着眼点着力点，推进治理体系和治理能力现代化，坚决维护祖国统一、维护民族团结、维护社会稳定。二是坚持变化变革。牢固树立"只有努力才能改变、只要努力就能改变"的信念，强化"我能行"意识，充分发挥主体作用，倡导敢于担当、改革创新、先行先试，用创新思维和办法化解矛盾。三是坚持文化引领。坚持尊重差异、包容多样、相互欣赏，大力发展一体多元、融合开放、具有新疆特色的现代文化，弘扬社会主义核心价值观，弘扬新疆精神，增强"五个认同"，倡导做现代新疆人。四是坚持法治秩序。把依法治疆作为基本方略，坚持反暴力、讲法治、讲秩序，依法打击"三股势力"，坚决维护法律尊严和权威；坚持"打击的一手要硬，教育疏导的一手也要硬"，用好"五把钥匙"，坚持"三管齐下"，全力破解"去极端化"难题，最大限度地团结争取绝大多数各族群众，最大限度地孤立打击极少数敌人。五是坚持民生优先。坚持把发展落实到改善民生、惠及当地、增进团结上，让各族群众共享改革发展成果、得到实惠、走向富裕、走向现代文明。六是坚持生态立区。把生态建设当作新疆安身立命的大事来抓，树立环保优先、生态立区理念，走资源开发可持续、生态环境可持续道路，推动绿色、低碳、循环发展。七是坚持基层重要。重视基层、加强基层、服务基层，夯实基层基础；健全人往基层走、钱往基层用、劲往基层使的机制，增强基层组织的凝聚力和战斗力。这些理念和经验弥足珍贵，我们加倍珍惜，在"十三五"时期工作中将继续发扬光大！

我们也清醒地认识到，经济社会发展中还存在一些不平衡、不协调、不可持续的问题，产业结构需要继续调整优化，深化改革任务还很繁重，创新能力不强，就业压力较大，维护稳定任务十分艰巨。政府自身工作也存在很多不足和问题，职能转变没有完全到位；少数干部能力水平有待提高，存在作风飘浮、不严不实的问题；一些领域腐败现象多发，败坏了政府形象。我们将以对国家和人民高度负责的精神，直面问题、解决问题，决不辜负各族人民的期望。

二、"十三五"时期的目标任务

"十三五"时期是我区全面建成小康社会的决胜阶段，是丝绸之路经济带核心区建设的奠基时期，经济社会发展既面临许多有利条件，也面临不少风险挑战。从国际看，和平与发展仍是时代主题，世界多极化、经济全球化、文化多样化、社会信息化深入发展，经济呈现缓慢回升势头，但世界经济仍处于国际金融危机后的深度调整期。从国内看，我国经济发展进入新常态，表现出速度变化、结构优化、动力转换三大特点，改革开放释放新活力，科技创新增添新动力，但经济下行压力依然较大。从区内看，发展面临许多新机遇。中央召开第二次新疆工作座谈会，将新疆工作提升到前所未有的战略高度；国家实施"一带一路"战略，将着力打造新疆丝绸之路经济带核心区；经济综合实力显著提升，基础条件明显改善，为下一步发展奠定了更加坚实的基础。但经济社会发展中还存在脱贫攻坚、农村建设、基础设施、生态环境、民生保障、人才队伍等方面需要补强的短板；还存在社会稳定、意识形态、经济下行、自然灾害等方面需要防范的风险。必须增强责任意识和忧患意识，努力在优化结构、增强动力、补齐短板、防范风险上取得突破性进展。

自治区党委八届十次全委（扩大）会议提出了"十三五"时期自治区经济社会发展的总要求和指导思想：高举中国特色社会主义伟大旗帜，以马克思列宁主义、毛泽东思想、邓小平理论、"三个代表"重要思想、科学发展观为指导，深入贯彻习近平总书记系列重要讲话精神，落实第二次中央新疆工作座谈会精神，坚持"四个全面"战略布局，紧紧围绕社会稳定和长治久安总目标，以推进新疆治理体系和治理能力现代化为引领，以经济发展和民生改善为基础，坚持依法治疆、团结稳疆、长期建疆，坚持创新、协调、绿色、开放、共享发展，统筹推进经济、政治、文化、社会、生态文明建设和党的建设，确保如期全面建成小康社会。

"十三五"时期经济社会发展主要目标是：经济保持中高速增长，产业迈向中高端水平，生产总值年均增长 7% 左右，城乡居民人均收入增幅不低于生产总值增幅；发展空间格局和经济结构进一步优化，户籍人口城镇化率加快提高，农牧业现代化取得明显进展；人民生活水平和质量普遍提高，现行标准下农村贫困人口实现脱贫，贫困县全部摘帽，解决区域性整体贫困问题；社会文明程度显著提高；生态环境质量总体改善；治理体系和治理能力现代化取得重大进展。

实现这一规划目标，必须把思想和行动统一到党中央重大判断和决策部署上来，认识新常态、适应新常态、引领新常态，努力实现多方面工作重点转变。推动经济发展，要更加注重提高发展质量和效益；稳定经济增长，要更加注重供给侧结构性改革；实施宏观调控，要更加注重引导市场行为和社会心理预期；调整产业结构，要更加注重加减乘除并举；推进城镇化，要更加注重以人为核心；促进区域发展，要更加注重人口经济和资源环境空间均衡；保护生态环境，要更加注重促进形成绿色生产方式和消费方式；保障改善民生，要更加注重对特定人群特殊困难的精准帮扶；进行资源配置，要更加注重使市场在资源配置中起决定性作用；扩大对外开放，要更加注重推进高水平双向开放。要坚持创新、协调、绿色、开放、共享发展理念，强化"理念引领、问题引领、实践引领"。坚持近年来自治区党委提出的一系列新理念，以新的发展理念引领发展；强化问题意识，着力解决经济社会发展的重大关键问题、各族群众反映强烈的突出问题、制约经济社会发展的体制机制问题；坚持把实践证明是成功的、各族人民拥护的思路政策举措坚持下去、固定下来，在实践中再丰富再提高再创造，以变化变革的生动实践引领推动全面小康社会建设。

坚持创新发展。把创新作为第一动力，不断推进理论创新、制度创新、科技创新、文化创新等各方面创新，形成促进创新的体制架构，实现更高质量、更有效率、更加公平、更可持续的发展。坚持中国特色社会主义政治经济学的重大原则，坚持解放和发展社会生产力，坚持社会主义市场经济改革方向。加大结构性改革力度，矫正要素配置扭曲，扩大有效供给，提高供给结构适应性和灵活性，提高全要素生产率。把提高实体经济竞争力作为第一任务，以结构深度调整、振兴实体经济为主线，调整完善相关政策，构建产业新体系，确保投资有效益、产品有市场、企业有利润、员工有收入、政府有税收。继续扩大投资不动摇，更加注重投资效益，优化投资结构；同时更加有效地发挥消费对增长的基础作用，打造新疆经济的持久动力。采取差异化战略和非对称措施，实现科技创新"弯道超车"。进一步加快普及科学知识，提高全民科学素质。促进创新资源高效配置和综合集成，把全社会智慧和力量凝聚到创新发展上来。

坚持协调发展。正确处理发展中的重大关系，增强发展整体性，提高发展平衡性、包容性、可持续性，在协调发展中拓宽发展空间、在加强薄弱领域中增强后劲。进一步促进"五化"同步发展和城乡区域协调发展。加快推进新型工业化，促进产业转方式调结构、迈向中高端水平。坚持不懈厚植重农氛围，加大强农惠农富农力度，积极推进农业现代化，突出打好绿色、生态、有机牌，塑造新疆农业新优势。推动生产性服务业向专业化和价值链高端延伸、生活性服务业向精细和高品质转变、制造业由生产型向生产服务型转变。加快推进信息化建设，构建乌鲁木齐连接亚欧非的西向国际通信、传输光缆大通道。加快基础设施现代化，规划建设一批重大水资源配置工程，提高区域水资源调配能力；加快铁路通道建设，营运里程由 6000 公里增加到 1 万公里；建成横贯东西、沟通天山南北的高速公路主骨架，完善普通国省干线和农村公路网，总里程超过 20 万公里；加快乌鲁木齐枢纽机场及支线机场改造建设，民用机场增加到 28 个；建成环东天山、西天山、准噶尔盆地、塔里木盆地、乌昌都市圈的 750 千伏"五环网"，继续推进"疆电外送"工程。推进以人为核心的新型城镇化，健全城乡发展一体化体制机制，均衡配置城乡公共资源。加快天山北坡经济带发展，推进天山南坡石油石化产业带、沿边经济带发展；按照自治区党委南疆工作会议部署，在各类资源配置方面突出向南疆倾斜，确保 2020 年南疆各族人民生活水平全面提升，与全疆的差距大幅缩小，实现全面建成小康社会的目标。

坚持绿色发展。切实把生态文明理念、原则、目标融入经济社会发展各方面，落实到各级各类规划和各项工作中，推动形成绿色发展方式和生活方式。落实主体功能区规划，推动各地依据主体功能定位发展，有度有序利用自然。坚持保护优先、自然恢复为主，实施生态保护和修复工程，提升森林、河流、湖泊、湿地、草原等自然生态系统稳定性和生态功能。全面落实最严格的水资源管理制度，以水定产、以水定地、以水定城，建设节水型社会。严禁非法开荒，坚决推进退地减水，把农业用水比重降到 90% 以下。建设清洁低碳、安全高效的现代能源体系，推动煤炭等化石能源清洁高效利用。以全面实施排污许可证制度为抓手，推进多污染物综合防治和环境治理。深入推进大气、水、土壤污染防治。加大相关区域环境治理联防联控力度。培养公民环境意识，推动全社会形成绿色消费自觉。

坚持开放发展。深度融入国家"一带一路"战略，抓住新亚欧大陆桥经济走廊、中国 – 中亚经济走廊、中巴经济走廊、中蒙俄经济走廊建设机遇，加快丝绸之路经济带核心区"三通道""三基地""五大中心""十大进出口产业集聚区"建设，推进与周边国家多领域互利共赢的务实合作。大力发展外向型产业集群，打造国家向西开放制造业的新高地。加快国际产能和装备制造合作，探索建立涵盖投资、生产、销售、配套服务一条龙的合作模式。推进中亚中欧国际货运班列市场化、常态化运行。推动建立面向中亚的自由贸易园区。加强对外交流高端平台建设，畅通人流、物流、资金流、信息流。广泛开展与周边国家在教育、科技、文化、旅游、卫生、体育、新闻出版、广播影视、环保等领域的合作。力争通过五年努力，使丝绸之路经济带核心区建设有一个坚实的基础。

坚持共享发展。把人民对美好生活的向往作为我们的奋斗目标，按照人人参与、人人尽力、人人享有的要求，努力实现全体人民共同迈入全面小康社会。把脱贫攻坚作为"十三五"时期头等大事和第一民生工程来抓，以更坚强的决心、超常规的力度实现脱贫攻坚目标，确保 3029 个贫困村全部退出、35 个贫困县全部摘掉贫困帽，决不让一个乡村、一个群众在全面建成小康社会中掉队。坚持居民收入增长和经济增长同步、劳动报酬提高和劳动生产率提高同步，持续增加城乡居民收入。把就业作为第一目标，以增加就业为核心任务，形成有利于扩大各民族就业的经济结构和发展方式。坚持教育优先，突出教育的基础作用和民生效应，基本普及 15 年教育，基本实现教育现代化。把文化产业建成国民经济支柱性产业，加快培育新型文化业态。完善人口发展战略，推进健康新疆建设。更好地发挥社会保障的社会稳定器作用，把重点放在兜底上，保障群众基本生活，保障基本公共服务。围绕社会稳定和长治久安总目标，时刻警惕"三股势力"的破坏捣乱，坚决打赢反恐维稳这场硬仗，为经济社会发展创造和谐稳定的环境。

各位代表，《新疆维吾尔自治区国民经济和社会发展第十三个五年规划纲要（草案）》，是指导新疆未来五年发展的行动纲领，请予审议、提出意见。我们坚信，有党中央、国务院和自治区党委的坚强领导，有全区各族人民的奋力拼搏，"十三五"宏伟蓝图一定能够如期实现！

三、2016 年的工作安排

今年是实施"十三五"规划的开局之年。根据自治区党委八届十次全委（扩大）会议和经济工作会议精神，2016 年经济社会发展的主要预期目标是：地区生产总值增长 7% 左右，全社会固定资产投资增长 12%，社会消费品零售总额增长 10%，进出口总额增长 6%，一般公共预算收入增长 5% 左右，居民消费价格总水平涨幅 3% 左右，城镇新增就业 44 万人，城镇登记失业率控制在 4.5% 以内，人口自然增长率控制在 11.6‰以内，城乡居民人均收入增幅不低于生产总值增幅，能源、水、建设用地等资源消耗及二氧化碳等温室气体排放控制在约束指标范围内。综合分析国内外经济形势，今年面临的形势更为严峻，实现我们确定的预期目标需要付出艰辛努力。

必须深入贯彻习近平总书记系列重要讲话精神，全面落实党的十八届五中全会、中央经济工作会议和自治区党委八届十次全委（扩大）会议部署，按照"五位一体"总体布局和"四个全面"战略布局，围绕社会稳定和长治久安总目标，抓住丝绸之路经济带核心区建设机遇，坚持稳中求进、改革创新总基调，坚持创新、协调、绿色、开放、共享发展理念，坚持"理念引领、问题引领、实践引领"，适应经济发展新常态，把加强供给侧结构性改革作为工作重心，把转方式、补短板、防风险、抓改革作为着力破解的重点难点，把去产能、去库存、降成本作为突出任务，提高供给体系质量和效率，提高投资有效性，推动经济持续健康发展和社会和谐稳定，努力实现"十三五"时期经济社会发展的良好开局。

（一）坚决维护社会大局稳定

坚持依法治疆、团结稳疆、长期建疆，牢牢把握社会稳定和长治久安着眼点着力点，扎实做好维护稳定各项工作，不断提升反恐维稳能力。继续深化严厉打击暴力恐怖活动专项行动，最大限度地把暴恐分子的破坏活动遏制在萌芽状态，坚决防止对社会和人民造成任何危害。牢牢掌握意识形态领域反分裂斗争的主动权，做好重大思想理论问题辨析引导，提升网络宣传和管控能力。启动实施"七五"普法工作，着力提升法治宣传教育实效。突出抓好基层基础建设，深化"访惠聚"工作，始终确保中央和自治区的要求"一竿子"贯彻到底、"一揽子"落实到位。加强村级组织活动场所和村民服务中心设施建设。健全群众利益表达、利益协调、利益保护机制。推动信访工作制度改革，有效预防和化解矛盾纠纷。牢固树立安全发展观，严格落实安全生产责任制，健全公共安全体系，坚决履行好保护各族人民生命财产安全的责任。

（二）努力开创民族团结新局面

坚定不移走中国特色解决民族问题的正确道路，准确把握新形势下民族工作的特点和规律，把民族团结进步事业引向深入，着力提高依法管理民族事务能力。坚持以现代文化为引领，大力培育和践行社会主义核心价值观，构筑各民族共有精神家园，牢固树立国家意识、公民意识、中华民族共同体意识。推动建立各民族相互嵌入式的社会结构和社区环境，促进各民族交往交流交融。深入开展第 34 个民族团结教育月活动，广泛宣传民族团结先进典型事迹，促进各族群众在共同生产生活和工作学习中加深了解、增进感情，以一个个"微行动"汇聚起民族团结的正能量，掀起各民族共同团结进步、共同繁荣发展的新高潮！

认真贯彻党的宗教工作基本方针，坚持"保护合法、制止非法、遏制极端、抵御渗透、打击犯罪"基本原则，积极引导宗教与社会主义社会相适应。依法加强宗教事务管理，提高宗教工作法治化水平。发挥爱国宗教人士和信教群众在促进经济社会发展、维护社会稳定方面的积极作用。坚持依法治理，用活用好"五把钥匙"，把"去极端化"作为突出任务，依法打击披着宗教外衣的违法犯罪活动，坚决遏制宗教极端思想渗透蔓延。

（三）提升经济发展质量和效益

加快推进新型工业化，进一步完善促进工业经济稳增长的政策措施和工作方案。高起点、高标准、高水平推进国家综合能源基地建设，打造最具竞争力的能源化工材料产业基地。发挥石油石化、煤炭等产业基础性作用，推进产业链向中下游延伸。大力实施《中国制造 2025 新疆行动方案》。加快钢铁、有色、化工、建材、轻工等传统产业转型升级，发展新能源、新材料、先进装备制造、生物医药等战略性新兴产业，加快把纺织服装、农副产品加工业等打造成重要的支柱产业；促进信息技术与制造业深度融合，提高机电装备、农牧业装备、电子信息等产业制造水平。积极引进一批市场前景广阔、竞争优势突出的高端产业项目，培育一批创新型企业和高新技术企业，壮大一批"专精特新"中小微企业。加强节能环保、资源综合利用、再制造产业化重大示范工程项目建设。实施勘探突破战略行动，为重要矿产品开发和利用提供资源保障。

着力转变农业发展方式，立足农牧林结合，构建现代农业生产体系、经营体系、产业体系，提高农业质量效益和竞争力。以市场需求为导向，按照"稳粮调棉优果兴畜"要求，抓好农业结构调整。稳定粮食生产，突出建设高产稳产良田；引导棉花种植向优势产区集中；支持种草种料，加快形成粮经草三元种植结构。转变畜牧业发展方式，推进规模化标准化养殖。突出林果生产标准化管理，推进产加销一体化经营。因地制宜发展高效设施农业，规划建设区域特色农业生产基地。加快推进农业机械化、农业产业化，提高农产品加工增值率。积极发展外向型优质、高产、高效农业。以创新营销方式为手段深化农产品市场开拓，扩大新疆农产品在内地市场的覆盖面。加快发展农村电子商务。以南疆为重点大力引导农民务工经商和创业就业。发挥多种形式适度规模经营在现代农业建设中的引领作用。继续加强农业高效节水设施和高标准基本农田建设。完善农业防灾减灾体系。做好全国第三次农业普查工作。进一步加大强农惠农富农力度，提高社会主义新农村建设水平，努力让农业农村成为大有作为的广阔天地。

落实新型城镇化行动计划，加快区域中心城市建设，推进天山北坡经济带和天山南坡石油石化产业带以及交通沿线经济带、沿边开放经济带城镇发展。遵循城市发展规律，统筹空间、规模、产业三大结构，统筹规划、建设、管理三大环节，统筹改革、科技、文化三大动力，统筹生产、生活、生态三大布局，不断提升城市环境质量、人民生活质量、城市竞争力。促进产业集聚和产城融合发展，增强吸纳就业能力。深化户籍制度改革，提高户籍人口城镇化率。

建设丝绸之路经济带核心区云计算数据中心，实现基础数据资源的共储共享。推进云计算、大数据应用在电子政务、电子商务、公共安全、健康医疗等领域的应用，促进信息技术向市场、设计、生产服务等环节渗透。实施"互联网+"行动计划，支持基于互联网的各类创新，促进互联网和经济社会融合发展，让更多的人民群众搭上信息时代的快车。

加强流通网络、物流配送设施和城乡便民肉菜直销店、乡镇供销超市、南疆集贸市场建设。引导批发零售等传统业态转型升级，促进流通模式创新，形成线上线下全渠道运营网络。抓好重大旅游项目建设，加大宣传推介力度，开发新产品、推出新线路、培育新业态，进一步提升旅游服务质量。发展集生态农业、医疗保健、体育健身、休闲旅游、养老服务为一体的健康产业。把金融作为第一支撑，更好地发挥金融对结构调整的支撑作用，增强支持实体经济的有效性。围绕解决中小微企业和"三农"融资难问题，开发新的金融产品和金融工具，提升金融服务水平。吸引民营资本和外资来疆设立各类金融机构。积极利用多层次资本市场，大幅提升直接融资比重。

（四）加快基础设施建设

充分发挥有效投资对稳增长调结构的关键作用，提高投资有效性和精准性，探索形成市场化、可持续的投入机制和运营机制。加强交通、水利、能源等基础设施和产业项目建设，安排自治区重点项目440项，其中新开工60项，完成投资3000亿元。开工建设北疆水系二期工程、南疆玉龙喀什河水利枢纽等工程；加快阿尔塔什、卡拉贝利、大石门等一批重大水利工程建设步伐，启动实施萨尔托海、阿克肖等大中型水库工程项目。加快库尔勒－格尔木铁路、阿勒泰－富蕴－准东铁路、墨玉－和田高速公路等项目建设；开工将军庙－哈密－柳沟铁路、小草湖－乌鲁木齐高速公路改扩建等项目；

推进和田－若羌－罗布泊铁路项目前期工作。建立县乡农村道路管护长效机制。全面建成哈密－郑州 ±800 千伏特高压直流输电工程配套电源项目，加快准东－华东 ±1100 千伏特高压直流输电工程进度，确保"风火打捆"外送示范成功。推进大电网向缺电地区延伸，实施新一轮农网改造升级工程。

（五）进一步深化改革扩大开放

落实丝绸之路经济带核心区建设行动计划，抓紧推动重大标志性工程落地。加快北中南三大通道和南北疆大通道建设，尽早实现对外通道与境内路网的互联互通。积极做好中巴、中吉乌铁路前期工作。加大喀什、霍尔果斯经济开发区以及各综合保税区、工业园区基础设施建设力度。完善口岸基础设施，优化通关作业流程，提高整体通关效能。推进外贸转型升级、优进优出，加快发展服务贸易。支持企业扩大对外投资，推动装备、技术、标准、服务走出去。推进人民币跨境业务创新，扩大人民币与周边国家货币挂牌交易。突出南疆地区、重点产业和改善民生，提高招商引资质量和效益。加快对外交流合作步伐，全面提升新疆的国际影响力。办好第五届中国－亚欧博览会、第二届中亚科技创新合作论坛、第二届亚欧出版博览会、第三届亚欧电影展等活动。

坚持社会主义市场经济改革方向，增强推进供给侧结构性改革的自觉性、主动性，抓住关键点，打好歼灭战，全面提高效率，强化体制动力和内生动力。在制度上、政策上营造宽松的市场经营和投资环境，鼓励和支持各种所有制企业创新发展，提高企业投资信心，改善企业市场预期。加大国企、财税、金融、社保、医疗等重要领域和关键环节改革力度，推出一批具有重大牵引作用的改革举措。推进电力等垄断行业改革，鼓励民营企业依法进入更多领域。

加快国有资产管理体制改革，强化国有资产监管。继续推动央企属地法人注册、合资合作。加快油气勘探开发体制改革。建设职责法定、信用约束、协同监管、社会共治的市场监管模式。优化企业发展环境，降低实体经济企业成本，减轻企业负担。进一步清理各种不合理收费。完善中小微企业创业扶持政策。创新公共基础设施投融资体制，推广政府和社会资本合作模式，切实抓好 PPP 项目建设。深化财税体制改革，构建全面规范、公开透明的预算管理制度。积极稳妥推进行业协会商会与行政机关脱钩。稳定农村土地承包关系，抓好农村土地承包经营权确权登记颁证工作，依法有序推进土地经营权流转。加快推进国有农牧场改革发展。我们一定抓好各项改革举措的落地工作，释放更多改革红利，让各族群众有更多的获得感！

加快创新型新疆建设，发挥科技创新在全面创新中的引领作用。加速丝绸之路经济带创新驱动发展试验区建设，推进国家重点实验室、工程技术研究中心等重大平台和基地建设，在大型油气田及煤层气、大型射电望远镜等领域承担和参与一批国家重大科技项目，培育一批重大科技成果和优势创新团队。建立创新、创业、创客、创投"四创联动"机制，拓展众创、众包、众扶、众筹空间。强化企业创新主体地位和主导作用，促进科技成果资本化、产业化。创新科技金融发展模式，加大科技投入力度，撬动金融资本、社会资本多方投入科技创新。大力实施名牌战略和标准化战略，积极推进品牌建设，助推新疆特色产品走向全国和国际市场。实施"质量兴新"战略，全面提高产品质量、工程质量、服务质量、环境质量。着力培养和建设高素质人才队伍，用好现有人才，引进急需人才，留住有贡献人才，营造有利于人才脱颖而出的社会环境，使每一个人才能够充分施展才华、贡献智慧。

（六）加快改善民生打牢脱贫攻坚基础

坚决打赢脱贫攻坚战，制定脱贫攻坚路线图和时间表，建立全面系统的责任落实机制。按照扶贫对象精准、项目安排精准、资金使用精准、措施到户精准、因村派人精准、脱贫成效精准的要求，坚持瞄准贫困村和贫困户，有效衔接脱贫攻坚规划、行业规划、援疆规划，加快贫困地区基础设施建设和产业发展，推进公共服务均等化。全面实施脱贫攻坚"十大专项行动"。深化部门定点帮扶，开展"千企帮千村"活动，聚合社会扶贫资源，形成立体攻坚态势，力争 7 个贫困县率先摘帽、810 个贫困村率先退出、60 余万贫困人口实现脱贫。

就业是最大的民生。坚持以就业为导向，促进经济发展与扩大就业深度融合、良性互动，大力发展劳动密集型产业、现代服务业、中小微企业、非公有制经济和庭院经济，提高新疆经济的就业容量和就业水平。着力解决普通高校毕业生、就业困难人员就业问题，引导农村富余劳动力有序进城就业、就地就近就业、返乡自主创业。实施好发展纺织服装产业带动就业工程，进一步放大"短平快"项目的就业效应。拓展就业渠道和就业空间，努力创造更多低门槛就业岗位。坚持产业带动、创业助推、就地就近、援疆促进，把南疆农村富余劳动力转移作为突出任务，着力提高稳定就业比例。大力推动"大众创业、万众创新"，完善创业扶持政策，为劳动者创业就业"铺路搭桥"。

办好有新疆特色的教育，实施教育质量提升"五大工程"。推进薄弱学校改造、寄宿制学校建设，推动义务教育均衡发展和高中多样化特色发展。巩固和提升双语教育成果。加强现代职业教育，努力提高劳动者技能水平。支持高校拓展发展空间，扩大办学自主权，优化学科专业和学位点布局，深化创新创业教育改革。广泛开展争做新疆特色"四好老师"活动。加快推进教育信息化。完善学生资助方式，实现家庭经济困难学生资助全覆盖。我们将进一步加大教育投入力度，努力提高教育质量，为祖国下一代健康成长创造良好环境！

健全完善社会保障体系，实施全民参保计划。推进机关事业单位养老保险制度改革，进一步完善被征地农民养老保险政策。推动城乡居民医疗保险政策和经办管理整合，全面实施城乡居民大病保险制度。积极应对人口老龄化，建设以居家为基础、社区为依托、机构为补充、医养结合为手段的多层次养老服务体系。加快儿童福利保障制度和服务设施建设。做好低保提升、医疗兜底、救急救难、冬季取暖等工程。提升防灾减灾和综合备灾保障能力。完善临时救助制度，统筹救助体系和政策衔接，确保困难群众基本生活；支持慈善事业发展，健全扶残助残服务体系，建立困难残疾人生活补贴和重度残疾人护理补贴制度。我们要通过坚持不懈的努力，使广大人民群众更多地分享改革发展的成果！

坚持以现代文化为引领，用中华民族伟大复兴的中国梦、社会主义核心价值观和新疆精神凝聚共识、汇聚力量。扶持优秀文化作品创作生产，推出一批真正有影响力、能在全国叫得响的代表性文化精品。全面推进公共文化服务基础设施建设，支持基层开展群众文化活动。举办第二届中国新疆国际艺术双年展，筹备参演第五届全国少数民族文艺会演。继续实施东风工程、农家书屋工程、春雨工程、广播电视户户通工程、农村电影放映工程等。创新发展文化产业，培育新型文化业态，培育骨干文化企业。进一步普及国家通用语言文字，加快少数民族语言文字规范化、标准化、信息化进程。结合新疆经济社会发展的必然需求，使学习双语、掌握双语、应用双语成为各族人民群众的自觉追求，成为各族群众交往交流交融、促进民族团结、维护社会稳定、推动繁荣发展的有效载体。积极开展各类全民健身活动，加快青少年足球等体育项目普及，促进体育产业健康发展。全力备战奥运会和全运会。第十三届全国冬季运动会即将隆重开幕，我们已经做好准备，一定能够办成一届"国内一流、国际水平、和谐安全、精彩难忘、影响世界"的体育盛会！

促进医疗资源向基层、农村流动，逐步建立覆盖城乡的基本医疗卫生制度和现代医院管理制度。全面推进公立医院综合改革，坚持公益属性，破除逐利机制。大力扶持中医药、民族医药发展。以预防为重点，做好传染病、慢性病、地方病、人畜共患病等重大疾病和职业病防治。强化食品药品安全监管。依法坚持计划生育基本国策。加强基层妇幼保健、计划生育技术服务机构建设。大力改善农村基础设施和农牧民生产生活条件，着力解决"最后一公里""最远一户人"问题。加快推进安居富民、定居兴牧、城镇保障性住房工程，注重解决配套设施，让群众搬得进、住得安、用得起。继续做好水利水电工程征地补偿和移民安置工作。加快"畅通富民"农村公路、天然气利民、农村改水等民生工程项目建设。

（七）努力建设洁净美丽新疆

坚定走生产发展、生活富裕、生态良好的文明发展道路，促进人与自然和谐共生。继续推进天然林、平原绿化林和荒漠植被保护工程，加强伊犁河、额尔齐斯河、乌伦古湖、博斯腾湖等生态环境综合整治；新增造林105万亩、封育95万亩，努力扩大天然草原禁牧范围。加强世界自然遗产地、风景名胜区、自然保护区、沙化土地封禁保护区、森林公园、重要水源地、重要湿地等保护建设。实行最严格的水资源管理考核，切实控制用水总量。按照低碳循环发展要求，支持绿色清洁生产，推行企业循环式生产、产业循环式组合、园区循环式改造。加强高能耗行业能耗管控，有效控制重点行业碳排放。积极稳妥化解产能过剩，制定全面配套的政策体系，因地制宜、分类有序处置。加大煤层气等非常规能源矿产勘查开发力度。加强工业废气废水、生活污水等源头防控。抓好农业面源污染治理，加快建设改水改厕、垃圾处理等设施。我们将严格环保执法，强化督察巡视，多管齐下开展污染防治，努力改善环境质量，坚决保护好我们的美丽家园！

（八）扎实做好对口援疆工作

把有利于社会稳定和长治久安作为对口援疆工作的根本目标，坚持凝聚人心、坚持民族团结、坚持夯实基层、坚持久久为功、坚持一切从新疆实际出发；更加注重扩大就业、注重抓好教育、注重人才援疆、注重向基层特别是农牧区倾斜、注重促进各民族交往交流交融、注重支持反恐维稳能力建设。统筹科学推进产业援疆，处理好输血与造血关系，增强自我发展能力。以促进受援地群众就业为重点，有针对性引进符合当地实际、有利于促进经济社会发展、促进劳动就业、有效开发当地资源的劳动密集型产业。有序组织少数民族群众和大中专毕业生赴援疆省市转移就业。

（九）支持兵团事业发展和驻疆部队建设

牢固树立兵地"一盘棋"思想，全力支持兵团维稳成边能力建设，全力支持兵团加快推进新型工业化、城镇化、农业现代化进程，支持参与丝绸之路经济带核心区建设，确保经济平稳健康发展和效益稳步提高。健全兵地融合发展协调机制和战略规划实施协调机制，做好兵地生产力布局统筹规划。支持国防和军队建设与改革，推动军民融合深度发展，为部队建设解决实际困难，提升双拥共建水平。我们将进一步加强兵地、军地合作，促进经济社会科学健康发展，共筑维护新疆社会稳定的铜墙铁壁！

（十）不断加强政府自身建设

坚持党的领导是做好政府工作的根本保证。坚决贯彻中央和自治区党委的决策部署，以"适应新常态、展现新作为"为总引领，全面提高维护稳定能力和社会治理能力，提高领导经济社会发展工作能力，提高适应、把握和引领新常态的能力，提高运用市场经济和法治方式推动发展的能力，提高政府工作人员的理解力、执行力、落实力。坚持依法行政，推进法治政府建设，深化行政管理体制改革，切实转变政府职能。持续推进简政放权、放管结合、优化服务，提高政府效能，激发市场活力和社会创造力。自觉接受人大及其常委会的法律监督，支持人民政协履行政治协商、民主监督、参政议政职能，充分听取各民主党派、工商联、无党派人士以及各群团组织、社会组织的建议。完善绩效考核评价体系，充分发挥审计监督作用。健全督查激励问责机制，加大政府督查工作力度，确保各项工作部署落地生根、见到实效。加强政府各级干部队伍建设，严肃政治纪律和政治规矩，自觉践行政治强、作风强、能力强、心力强的要求，做新疆特色好干部的表率。全面落实党风廉政建设主体责任和监督责任，严肃查处越过"底线""红线"的违纪违法行为，严肃查处损害群众利益的问题，严肃整治"庸懒散拖奢"等作风问题，实现干部清正、政府清廉、政治清明。我们将高悬反腐利剑，加强对权力运行的制约和监督，着力构建不敢腐、不能腐、不想腐的有效机制，让权力在阳光下运行！

各位代表!

我们正站在又一个五年规划衔接交替的节点上。实现"十三五"规划目标、全面建成小康社会,是我们向全疆各族人民作出的庄严承诺。我们要紧密团结在以习近平同志为总书记的党中央周围,在自治区党委的坚强领导下,凝聚全区各族人民的智慧和力量,坚定信心,开拓奋进,努力把中国梦新疆篇章变为美好现实,在"十三五"期间再创新辉煌!

下 篇
计划单列市

大 连 市

政府工作报告

——2016 年 1 月 12 日在大连市第十五届
人民代表大会第四次会议上

市长 肖盛峰

各位代表：

现在，我代表市政府向大会报告工作，请予审议，并请市政协委员提出意见。

一、"十二五"时期和 2015 年政府工作回顾

"十二五"时期是大连发展极不平凡的五年。习近平总书记视察大连提出建设产业结构优化先导区和经济社会发展先行区的目标，为大连科学发展指明了方向；国务院批准设立金普新区，为大连实现更高水平改革开放提供了广阔舞台；国家确立大连新型城镇化综合试点，全域城市化全面推进。"十二五"时期也经受了国际金融危机的严重冲击，经历一系列大事、难事，遇到前所未有的严峻形势和经济下行压力。在省委、省政府和市委的正确领导下，市

政府全面贯彻党的十八大和十八届三中、四中、五中全会精神，团结带领全市人民抢抓机遇、应对挑战、开拓进取、攻坚克难，经济社会发展取得了重大历史成就，谱写了振兴发展的新篇章，为率先全面建成小康社会奠定了坚实基础。

五年来，坚持把发展作为第一要务，综合经济实力显著增强。地区生产总值从 5158 亿元增加到 7700 亿元，年均增长 8.5%。固定资产投资累计实现 2.8 万亿元，年均增长 5.6%。公共财政收入累计达到 3611 亿元，年均增长 2.9%。

五年来，坚持把调结构作为主攻方向，经济发展质量和效益持续提升。服务业增加值占 GDP 比重由 42.7% 提高到 50.8%。金融业增加值占 GDP 比重由 5.1% 上升到 9%，软件和信息服务业销售收入年均增长 10% 以上。传统制造业加快转型升级，战略性新兴产业异军突起，高新技术产品增加值达到 720 亿元，年均增长 16.6%。

五年来，坚持把深化改革开放作为不竭动力，经济发展活力有效释放。行政审批、国资国企、投融资体制等多项改革顺利推进，营商环境进一步改善，民营企业营业收入、纳税总额分别增长 38% 和 66%。五年累计利用外资 536 亿美元，完成出口总额 1560.5 亿美元，分别为"十一五"的 2 倍和 1.5 倍。境外协议投资年均增长 50%。

五年来，坚持把全域城市化作为重大战略，城乡统筹发展协调推进。"四大组团"拓展了全域发展新空间，19 个重点产业园区构建起多点支撑新格局。城市基础设施建设累计投资 1831 亿元，全域路网、电网、水网逐步完善。全市常住人口城镇化率五年提高 10 个百分点。

五年来，坚持把"三个中心"建设作为重要载体，城市功能日益完善。国际航运中心、物流中心和区域性金融中心建设取得新进展。全市港口货物、集装箱、空港旅客吞吐量五年分别增长31%、78.3%、28.5%。新增金融机构235家，新增社会融资超万亿元。

五年来，坚持把生态安全作为发展底线，环境质量不断改善。万元GDP综合能耗累计下降18%，单位工业增加值综合能耗年均降低4.6%。城市生活垃圾无害化处理率、生活污水处理率分别达到100%和95%，林木绿化率达到50%，海洋生态环境与资源保护取得新进展。

五年来，坚持把增进民生福祉作为根本宗旨，人民生活质量稳步提高。财政用于民生支出累计3050亿元，城乡居民收入年均分别增长10.4%和11.3%，人民群众得到了更多实惠。实现城镇实名制就业107万人，城乡社会救助、基本养老保险和医疗保险制度实现全覆盖。各项社会事业全面发展，文明城市建设成果不断巩固。

各位代表，2015年是"十二五"收官之年。在市委的正确领导下，市政府坚持稳中求进的工作总基调，主动适应和引领经济发展新常态，保持定力，沉着应对，认真落实习近平总书记提出的"四个着力"要求，坚持四化统筹、协调推进，全面落实稳增长、调结构、促改革、惠民生、防风险各项任务。预计地区生产总值增长4.2%。一般公共预算收入579.9亿元，下降25.7%。固定资产投资4600亿元，下降32.1%。全社会消费品零售总额3050亿元，增长8.5%。城乡居民收入达到35750元和14650元，分别增长6.5%和8%。城镇登记失业率2.93%。全市呈现经济平稳发展、民生持续改善、社会和谐稳定的良好局面。

各位代表，2015年难事多，大事、喜事也多。全市人民高度关注、对大连未来发展具有深远影响的一批重大政策、重大规划、重大项目，在多年不懈努力的基础上，集中力量，奋力攻坚，取得了重大成果：一是中国（大连）跨境电子商务综合试验区获得国务院批准；二是中日韩（大连）循环经济示范基地获得国务院批准；三是普兰店撤市建区获得国务院批准；四是大连历史上规模最大、投资 740 亿元的长兴岛恒力石化炼化一体化项目开工建设；五是我国利用外资单体规模最大、技术最先进的美国英特尔投资 55 亿美元的存储器项目落户我市；六是金州湾国际机场规划建设方案通过国家有关部门的初审；七是我市辖区渤海临岸国家级斑海豹保护区规划顺利通过国务院专家组的评审；八是开采近百年的后盐石灰石矿和营城子石灰石矿，经过与鞍钢集团多次协商，终于达成闭矿协议；九是投资 270 亿元的丹大快铁正式通车；十是总投资 422 亿元的地铁 1 号和 2 号线、星海湾大桥、莲花山隧道开通运营。这十件大事对进一步完善城市功能、提升城市品质、牵动未来发展、增强综合实力、增进民生福祉具有重大战略意义。

一年来，主要做了以下几个方面的工作：

（一）全力以赴稳增长，保持经济平稳健康运行

多管齐下扩大有效投资。加大政府投资力度，完成公共基础设施投入 119.4 亿元。发挥财政资金杠杆作用，采取 PPP 模式推进 14 个示范项目建设，吸引社会资本参与 202 轨道延伸线、快轨 3 号线建设。全力推进重大产业项目开复工，促进优势产业投资不断增加。

多措并举促进消费增长。出台鼓励消费政策，激发旅游、信息、住房等十大领域消费需求，电商交易额实现 3500 亿元，大商集团销售额突破 2000 亿元大关，消费对经济增长贡献率达 39%。加快房地产业结构调整，规划建设停车场 81 个、停车泊位 2 万个，大力推进老旧城区、棚户区改造，商品房销售面积和销售额逐步回升。接待国内外游客 6200 万人次，实现旅游收入 1115 亿元、增长 12.5%。

多向发力稳定外贸出口。完善外贸鼓励政策，支持企业技术更新、产品翻新、商业模式创新，提升出口竞争力。强化船舶、服装、水产品等 20 个外贸转型示范基地建设，跨境电商交易实现 38.4 亿元。大力拓展外贸业务，出口市场扩展到 196 个国家和地区，对南亚、中东出口分别增长 81.2% 和 37.5%。全市实现出口 257.8 亿美元，占全省的 51%。

多方施策保障企业运行。出台 25 条优惠政策，对企业开拓市场、金融服务、技术改造等给予支持。加强企业运行监测，季分析、月调度，开展"走企业、解难题"活动，帮助企业解决重大问题 75 项。设立 50 亿元育龙基金，破解中小企业资金周转难题。支持企业债券融资 2614 亿元，比上年增长 10.6 倍。新增企业、注册资本分别增长 9.6% 和 51.9%。为 2.13 万户小微企业减半征收所得税 1.19 亿元。

（二）加大力度调结构，不断提高经济质量和效益

传统产业转型升级步伐加快。推动"两化"深度融合，促进传统产业提升竞争力。制定《中国制造 2025》大连行动计划，船舶重工、大连中车、机床集团、华锐重工、光洋科技、瓦轴等一批装备制造业加快向系统集成和制造服务化转型。东风日产、奇瑞、黄海、华晨等生产整车 19 万辆，实现产值 660 亿元，汽车产业集群初步形成。船舶制造加速向高端产品转型，海洋工程产值达到 150 亿元，同比增长 4.9%。

战略性新兴产业支撑能力增强。加大政策支持力度，促进一批特色鲜明的战略性新兴产业蓬勃发展。融科储能、比克电池、比亚

迪新能源汽车等产业达产。中兴、华为等区域性研发中心、创新中心落户大连。战略性新兴产业业务收入达1300亿元,占规模以上工业产值16%。软件和信息技术服务主营业务收入达1630亿元。

现代服务业持续壮大。促进服务业与一二产业协调联动、跨界融合。金融业快速发展,增加值增长14%。采取筑巢引凤、腾笼换鸟等方式,推动PE大厦、信用产业园、忠旺新金融中心、融资租赁产业园等新兴业态加快发展,税收超亿元总部大厦达16座。发展冷链物流等省级服务业集聚区13个,主营业务收入增长8%。恒隆广场、柏威年、凯丹等商业综合体开门纳客。服务业增加值增长7%。我市成为国家电子商务与物流快递协同发展试点城市。

农业现代化稳步推进。战胜多年不遇的严重旱灾,农林牧渔增加值增长4%。落实国家政策,规范土地流转,创建都市型现代农业园区12个,新发展设施农业4万亩。7个投资10亿元以上的重大项目加快推进。旅顺口区成为全国休闲农业和海洋生态文明建设示范区,中国农科院都市农业研究院落户我市。

(三)突出重点抓改革,有效激发市场活力

行政管理体制改革成效明显。创新金普新区行政体制,实现"大部制、扁平化"管理。全市取消、下放政府部门审批事项475项,率先公布市政府部门权责清单,职权项目精简2653项。市公共行政服务中心投入使用,34个政府部门699项行政审批和便民服务项目"三集中一分开",实现一个窗口受理、一个印章审批、一个流程办结。实施"三证合一、一照一码"商事制度改革,推行建设项目"并联审批"。中国《公共服务蓝皮书》对全国各城市的公共服务评价中,我市民众满意度提升到第七位。

国资国企改革加快实施。启动市直党政机关所属企业和经营性事业单位改制，首批 32 户企业完成脱钩。建立健全国有资产管理和资本授权经营体制，组建国有资本投资运营公司，实现由管资产向管资本转变，国有企业净资产增长 8.5%。完成大连金融资产交易所股权多元化改革。大连橡塑机与恒力集团实施资产重组。

医药卫生体制改革持续深化。实行医疗、医保、医药"三医联动"，县级公立医院综合改革深入推进，11 所县级公立医院全部取消药品加价，全市 181 个基层医疗机构 100% 实施基本药物制度。社会资本兴办医疗机构累计达 93 所，城乡医疗卫生格局进一步优化。

（四）精准发力促开放，不断增强竞争优势

开放型经济新体制逐步建立。出台新一轮对外开放若干意见，进一步加快与国际接轨步伐。金普新区在贸易、投资、口岸便利化等方面先行先试。口岸部门"三互"大通关和国际贸易"单一窗口"建设走在全国前列。复制上海自贸区 11 项海关监管制度，实施 5 项检验检疫便利措施。保税区、高新区、长兴岛、花园口等对外开放先导区配置资源要素的能力和效率进一步提升，集聚产业功能明显增强。

招商引资成效显著。把招商引资作为稳增长、调结构的重要抓手，先后组织 18 个团组赴 16 个国家（地区）和北京、上海、深圳等城市，开展登门招商、产业链招商、外商内招，引进内资 1805 亿元、亿元以上项目 86 个。新批外资项目 203 个、利用外商直接投资 27 亿美元，占全省的 53%。引进固特异中国研发中心、IBM 中国创新中心、美国 CDK 软件研发中心、日本 TDK 财务共享中心。实践表明，大连仍然是吸引外资具有竞争力的城市。

"走出去"实现新突破。抢抓"一带一路"战略机遇，企业"走出去"和国际产能合作成效明显。大机床美国研发中心、瓦轴美国检测中心和欧洲研发中心挂牌运营，远东工具项目落户瑞士。万达集团、三寰集团等企业跨国发展势头强劲。全市新批境外投资项目108 个，中方协议投资 33.6 亿元、增长 17.5%。

国际性会展成果丰硕。夏季达沃斯论坛影响力进一步扩大，坚持以会交友、以会招商，促成合作项目 13 个、投资额达 81.4 亿美元。"软交会"溢出效应明显，30 家世界 500 强企业参展，签约信息产业项目 15 个。"服博会"参展国际品牌 454 个，创新"互联网 + 展会"模式，使"服博会"成为网上"永不落幕的服装节"。国际车展吸引 12 个国家 1300 辆新款汽车参展，啤酒节接待中外游客150 万人次。

（五）创新驱动添动能，加速形成发展新引擎

创新体系加快完善。落实国家促进创新创业政策，出台配套措施 27 项。打造 60 个研发与产业化贯通的创新平台，辽宁精细化工共性技术创新平台落户我市。推进区域性科技创新创业中心建设，与中科院 39 家院所和 34 所"985"大学建立成果转化机制，高新区成为全国科技服务创新试点区。

自主创新能力显著提升。发挥科技创新主导作用，构建企业为主体、产业为纽带、金融为支撑的 10 个产业技术创新联盟。新增国家级高新技术企业 119 家，技术先进型服务企业 123 家，并购海外科技型企业 42 家。中小企业开发"专精特新"产品 76 项。每万人发明专利拥有量 11.5 件，技术交易额增长 16%。在刚刚闭幕的国家科技奖励大会上，我市 10 个项目获得奖励。

大众创业、万众创新蓬勃兴起。成立市创业促进委员会，指导、协调和推进创新创业活动开展。探索"泛在式"科技创业模式，科技企业孵化器达到 39 家、众创空间 29 家。高新区创造的"互联网

＋众创"模式，受到李克强总理的称赞。金普新区高技能人才实训基地和创业孵化基地投入使用，北大创业训练营落户大连，全年实现创业就业 3.5 万人。

（六）注重内涵强功能，进一步提升城市品质

"三个中心"建设深入推进。大连港加速向第五代港口转型升级，太平湾港区规划通过省部评审。打造国际陆海联运大通道，港口与"一带一路"重要节点城市实现高效联动，物流业增加值占 GDP 比重达 10.6%。区域性金融中心建设步伐加快，全球金融中心指数位列国内城市第 4 位。新增各类金融机构 47 家，新增上市挂牌企业 39 家。大连银行成功引进战略投资 150 亿元，资产质量明显提升。大连商品交易所交易规模再创新高，成交量、成交额分别占全国商品期货市场的 34% 和 30.6%。

统筹城乡发展力度加大。全域基础设施一体化建设步伐加快，渤海大道、金普城际铁路、河口交通枢纽等建设工程加快推进。高起点实施新型城镇化综合试点，皮杨等 11 个中心镇实施"强镇扩权"。建立农业转移人口成本分担机制，市政府投资 17.8 亿元，支持新型城镇化重点区域基础设施和公共服务项目建设。深化户籍制度改革，实行居住证制度，推进农业转移人口市民化，全市常住人口城镇化率提高到 75%。

智慧城市建设稳步推进。制定并实施智慧城市规划，整合资源，理顺机制，有序推进智慧城市建设。"宽带大连"实现城区光纤化，4G 信号实现城区全覆盖，用户达 287 万个。智慧社区、智慧街道、智慧旅游、智慧交通、智慧卫生等便民工程加快推进。

城市文化内涵不断提升。现代公共文化服务体系和文化创新环境进一步完善，培育形成一批文化品牌。旅顺太阳沟文化产业园区等重点文化产业项目加快推进，促进文化与科技、旅游等产业融合发展。公益演出 400 场，建设农村"文化大院"500 个。我市第四次被评为全国文明城市。

城市环境整治成效显著。深化城市管理体制改革，推动行政执法重心下移。市区联动，综合执法、公安、城建、民政、工商、卫生等部门密切配合，大力整治占道经营、违章建设、无证营运、街巷烧纸等影响市容环境的突出问题，广大市民坚决拥护、主动参与，共同打赢了一场环境综合整治攻坚战。全市共取缔无证营运机动车 8.2 万辆，拆除违章建筑 27 万平方米，清除沿街堆放杂物 6000 多车，香炉礁马路市场等多个群众反映强烈的环境顽疾被清除。全年植树 6100 万株，造林补植 28.2 万亩。我市获得全国生态文明示范区称号。

（七）千方百计惠民生，社会事业全面进步

民生投入不断加大。全年用于民生方面的支出 667.9 亿元，占财政总支出的 73.3%，高质量完成 15 项重点民生工程，实现了政府对人民的庄严承诺。加快保障性安居工程建设，完成棚户区改造 1.24 万套、"暖房子"工程 300.7 万平方米；实施城市建设"五个一"工程 127 项、住房维修"一二三"工程 628 项。新建通屯油路 800 公里，新建农村安全饮水工程 18 项，解决了 1.55 万人饮水安全问题。

社保能力得到增强。持续提高社会保障水平，企业退休人员基本养老金提高到每月 2258 元，城乡居民基础养老金提高到每月 195 元，城镇居民医保、新农合财政补助标准达到 480 元，城乡低保标准每人每月分别达到 610 元和 380 元。启动机关事业单位养老保险制度改革。加大政府促进就业力度，完善就业服务体系，实现城镇实名制就业 22.8 万人。

社会事业全面发展。坚持普惠性、均等化、可持续原则，不断提升社会事业服务能力和共享水平。新开办普惠性幼儿园21所，长兴岛、花园口和长海县通过国家义务教育均衡发展验收。优化职业教育专业设置，对16所院校的36个专业进行整合。高校人才培养、科技创新、文化传播能力不断增强，对城市发展的作用进一步凸显。市规划展示中心等一批重大工程竣工，大连市烈士陵园落成。名医、名科、名院建设稳步推进，中医药事业长足发展，医疗软实力日益增强。全民健身运动广泛开展，完成城市健身场地51处，市民健身中心投入使用。废弃多年的火车头体育场改造工程开工。40所学校成为全国"校园足球"特色校，重组后的大连一方足球俱乐部赛绩明显提升。市第十二届运动会圆满成功。

社会治理不断加强。针对安全生产的严峻形势，制定安全生产攻坚战方案，以强化安全意识、健全安全制度、推行安全标准为重点循序推进安全生产工作，以超常力度、超常举措扭转了安全生产的被动局面。年初分层次召开所有法人单位负责人参加的动员大会，组织7.8万个单位法定代表人约谈对话，增强全社会成员的安全意识。开展隐患排查百日专项治理和"百名记者百日行"活动，全市工矿商贸企业事故起数、死亡人数分别下降51%和49%，较大以上事故发生起数、死亡人数分别下降75%和73%，企业本质安全水平大幅提升。开展食品药品监管"五个一"集中行动，实施16项监管工程，食品药品安全水平进一步提高。社区建设不断加强，社会组织参与社会治理达95%以上，信访总量下降14.3%。社会治安立体化防控体系建设成效显著，工作经验在"大连会议"上向全国推广。

（八）真抓实干转政风，深入推进依法行政

法治政府建设加快推进。全面贯彻党的十八届四中全会精神，

自觉在法治轨道开展工作。创新执法体制，完善执法程序，推进综合执法，严格执法责任，建立了权责统一、权威高效的行政执法体制。依法履行政府职能，坚持法无授权不可为、法定职责必须为，建立起行政机关敢于担当、敢于负责的激励评价机制。

决策程序进一步完善。把公众参与、专家论证、风险评估、合法性审查、集体讨论决定作为重大行政决策的法定程序。坚持重大事项决策前向人大报告、与政协民主协商，认真落实人大执法检查、视察、专题询问和政协协商意见。积极回应人大代表、政协委员对社会热点问题的关切，609 件人大代表建议、707 件政协提案全部办复。自觉接受人大法律监督、工作监督和政协民主监督，认真听取各民主党派、工商联、无党派人士和人民团体意见。全面推行政务公开，让权力在阳光下运行。

行政效能不断提高。扎实开展"三严三实"专题教育，政府各部门和广大公务员主动适应经济发展新常态，以严和实的精神，推动各项工作落实。各级领导干部勇于负责、勤奋敬业，越来越多的部门和工作人员把干事、成事作为一种追求，政府的执行力和工作效率进一步提高。在履行职责、服务群众中，广大干部不辞辛劳、努力工作，有 6 位同志因公殉职，涌现出孙德忠等一批忠于职守、无私奉献的先进典型。

廉洁从政措施全面落实。认真践行政府系统廉洁从政"五项承诺"，加大对不作为、不担当、乱作为和失职、渎职等问题的追究和问责力度，立案调查 145 件，党纪政纪处理 150 人。切实加强政风行风建设，坚决查处发生在群众身边的"四风"和腐败问题，保持了惩治腐败的高压态势。强化行政监察和经济责任审计，严控"三公"经费支出，全年"三公"经费同比下降 15%。

民族宗教、残疾人、外事、侨务、对台、人防、档案、气象、防震减灾、仲裁、双拥共建、民兵预备役、边海防等部门恪尽职守、扎实工作，都取得了新成绩。

各位代表，五年的成绩来之不易！凝结了社会各界的心血、智慧和汗水，全市人民付出了艰辛的努力。在此，向给予政府工作大力支持的人大代表和政协委员，向各民主党派、工商联和无党派人士，向离退休老同志，向中省直各部门和兄弟省市驻连机构，向驻连部队和武警官兵，向关心支持大连发展的海内外朋友们表示衷心的感谢！

在肯定成绩的同时，我们也要清醒地看到存在的问题：一是体制机制依然不活，改革的系统性、整体性、协同性有待加强；二是部分经济指标下降幅度较大，有效投资不足，出口持续下滑；三是工业产能利用率降低，经营成本增加、效益下降；四是经济结构调整任重道远，去产能任务繁重；五是企业创新能力不强，新的增长动能还没有形成支撑力量；六是财政收入下降与民生刚性支出增长矛盾突出；七是城市内涵品质亟待提升，交通拥堵、空气污染较重；八是有的干部缺乏工作激情和改革创新锐气，在困难面前不敢作为、不愿担当，政府自身建设还需进一步加强。这些问题必须引起高度重视，在今后工作中切实加以解决。

二、"十三五"时期发展思路和目标任务

未来五年是我市率先全面建成小康社会的决胜阶段，是推进结构性改革的关键时期。我们要以党的十八大和十八届三中、四中、五中全会精神为指导，深入贯彻习近平总书记系列重要讲话精神，

按照"五位一体"总体布局和"四个全面"战略布局，牢固树立和贯彻落实创新、协调、绿色、开放、共享的发展理念，坚持发展是第一要务，以提高经济质量和效益为中心，加快形成引领经济发展新常态的体制机制和发展方式，抓住机遇、保持定力，着力完善体制机制，着力推进结构调整，着力鼓励创新创业，着力保障和改善民生，坚持稳中求进，四化统筹、协调推进，加快"四个中心、一个聚集区"建设，为实现产业结构优化的先导区和经济社会发展的先行区目标而努力奋斗！

"十三五"时期的主要目标是：经济实力大幅跃升。经济保持中高速增长，在提高发展的平衡性、包容性和可持续性的基础上，地区生产总值比 2010 年翻一番，迈入万亿城市行列。人民生活水平普遍提高。城乡居民人均收入比 2010 年翻一番以上，市民文明素质和社会文明程度显著提高。经济结构持续优化。服务业占比进一步提升，传统产业转型升级步伐加快，战略性新兴产业对经济的支撑作用明显增强。城市功能进一步完善。核心城市地位进一步巩固，对要素的吸纳能力和经济辐射能力明显提升。生态环境质量总体改善。万元 GDP 综合能耗继续降低，污染物排放持续下降，自然生态得到修复，林木覆盖率进一步提高，大气质量明显改善。

"十三五"时期经济社会发展要突出"五个坚持"：

坚持把增进民生福祉作为一切工作的出发点和落脚点。不断实现好、维护好、发展好最广大人民的根本利益。完善收入分配格局和调节机制，千方百计增加城乡居民收入。推进基本公共服务均等化，进一步提高公共服务共建能力和共享水平，使全市人民更广泛参与发展过程、更公平分享发展成果。

坚持把创新驱动作为引领发展的主导战略。把创新摆在发展全局的核心位置，以科技创新引领全面创新。着眼推动产业转型升级、发展动力转换，加快构建创新的体制机制，围绕产业链布局创新链，培植创新创业文化，激发创新创业活力，加快推进科技与经济深度融合。

坚持把深化改革开放作为推动发展的根本动力。发挥对外开放优势，融入全球开放合作，主动对接"一带一路"和京津冀协同发展战略。坚持"引进来"和"走出去"并重，引资、引智和引技并举，用好国际国内两个市场、两种资源，构建开放型经济新体制。全面深化改革，坚持市场驱动，充分发挥市场在资源配置中的决定性作用和更好发挥政府作用。

坚持把绿色发展贯穿于经济社会发展全过程。坚定走生产发展、生活富裕、生态良好的文明之路，建设资源节约型、环境友好型社会，倡导绿色循环低碳生产方式、生活方式，建设山青、水绿、天蓝的美丽大连。

坚持把依法治市作为推进治理体系和治理能力现代化的重要载体。运用法治思维和法治方式推动发展。把政府管理和经济社会发展纳入法治轨道，着力统筹社会力量、平衡社会利益、调节社会关系、规范社会行为，强化法治的引领、规范和保障作用，创新社会治理，以行政权力的"减法"换取市场活力的"乘法"。

各位代表，大连"十三五"规划纲要草案已提请大会审议，历史使命光荣，奋斗目标宏伟，我们必须只争朝夕、奋发有为。

当前，世界经济仍处在深度调整和缓慢复苏之中，不确定、不稳定因素增加，形势不容乐观。国内经济发展进入新常态，经济增速换挡、结构调整阵痛、动能转换困难相互交织，有效需求乏力和有效供给不足并存，下行压力仍然很大。与此同时，我们也应看到重大发展机遇正在转换：由原来加快发展速度的机遇转变为加快发展方式转变的机遇，由原来规模快速扩张的机遇转变为提高发展质量和效益的机遇。综合分析判断：我市经济发展长期向好的基本面没有变，经济持续增长的支撑基础和条件没有变，经济结构调整优化的前进态势没有变。新兴产业迅速发展，新的增长点正加快孕育并不断破茧而出，社会创新能力不断增强，新的增长动力正加快形成并不断积蓄能量。我市拥有雄厚的物质基础和要素资源，改革开放将不断释放巨大红利。面对未来，我们充满信心！

三、2016 年主要工作

2016 年是"十三五"的开局之年，对于高质量完成"十三五"任务至关重要。我们必须认识新常态、适应新常态、引领新常态，牢牢把握经济发展大逻辑，认真落实"十三五"规划的总要求，围绕奋斗目标和重点任务，加强供给侧结构性改革，去产能、去库存、去杠杆、降成本、补短板，努力实现"十三五"良好开局。主要预期目标是：地区生产总值增长 6.5%—7%，固定资产投资增长 6% 左右，社会消费品零售总额增长 10% 左右，外贸出口增长 6% 左右，一般公共预算收入、城乡居民人均收入与经济发展同步。万元 GDP 综合能耗下降 3.5%，CPI 控制在 3% 以内，城镇登记失业率控制在 3% 以内。

实现上述目标，要着力做好以下工作：

（一）着力推动经济平稳增长。把稳增长放在更加突出位置，坚持供给侧与需求侧同时发力,推动经济持续健康发展。

努力保障实体经济健康运行。全力为企业服务,改善企业市场预期,全面落实国家和省市支持企业发展政策,在减少干扰、保障要素供应等方面打出"组合拳"。深入实施"育龙计划",着力化解民营企业融资难、准入难、创新难等突出问题,营造更加公平公正的市场环境,让民营企业成为经济发展生力军。

持续扩大有效投资。突出投资的有效性和精准性,注重强功能、调结构、补短板、惠民生,实施一批新的重点项目建设,增加公共产品有效供给。全年实施亿元以上项目 630 个,总投资 1.5 万亿元。加强基础设施建设,实现渤海大道一期全线贯通,完成地铁 1 号和 2 号线二期、金普城际铁路主体工程建设,加快推进旅顺中部通道、疏港路拓宽改造工程,推进金州湾国际机场、长海机场建设,开工建设地铁 4 号、5 号、7 号线和大连湾跨海交通、大连湾海底隧道等重大工程。完成金普城际铁路延至瓦房店的前期工作。积极化解房地产库存,培育房屋租赁市场,加快旧城区和棚户区改造。大力调整房地产结构,引导房地产业向健康地产、养老地产转型。加快停车场规划和建设,新增停车泊位 30 万个。加快重大产业项目开复工,推动英特尔存储器、中石油炼化、固特异三期等 270 个重大产业项目建设。运用股权、基金、债券等手段拓展融资渠道,采取 PPP 等方式推进项目建设,有效释放社会投资潜力。

积极发挥新消费引领作用。把握消费由传统型向个性化、时尚化发展的新趋势,实施服务、信息、绿色、时尚、品质、农村 6 大领域消费工程,促进旅游消费、健康消费、住房和汽车等大宗消费。扩大信息消费,推进电信普遍服务。大力发展电子商务、智能家居等服务产业。推行使用权短期租赁等分享经济模式，进一步增加中高端消费。办好软交会、服博会、啤酒节等活动，促进节庆会展消费。

加快培育外贸竞争新优势。坚持增加总量与提升质量并重，推动对外贸易优进优出。促进外贸结构调整，鼓励绿色低碳和战略性新兴产业扩大出口。抓好出口基地建设，开展"大连产品"走出去行动，精心培育出口品牌。巩固传统市场，大力开拓新兴市场。发挥外贸专项资金作用，引导出口企业更新产品、抵御风险。创新外贸发展模式，加快发展采购贸易、服务贸易、技术贸易。

（二）着力优化产业结构。做好"加减乘除"大文章，注重培育壮大"六大新的增长点"，走质量型、内涵式发展道路。

促进传统产业转型升级。实施《中国制造2025》大连行动计划，加快推进创新中心建设、质量品牌提升、高端装备创新以及工业强基、智能创造、绿色制造六大工程建设。做大以东风日产、奇瑞、比亚迪和华晨等整车生产企业为牵动的汽车及零部件产业集群，完善产业链。大力发展绿色石油化工，加快恒力石化炼化一体化、催化产业之都等重大项目建设。推动服装、家具、食品等产业技术、品牌、价值升级。加快军民产业融合示范基地建设。推动制造业向智能化、网络化、服务化和价值链高端延伸，为传统产业插上腾飞的"翅膀"。

支持战略性新兴产业快速成长。大力发展集成电路、储能装备产业，推动软件和信息技术服务、新能源、新材料、3D打印、生物医药、海洋新兴产业快速发展，创建国家级新能源汽车产业示范基地。加快发展新一代信息技术，推进移动互联网、大数据、云计算、物联网与制造业融合发展。抓好国家电子商务与物流快递协同发展试点城市和电子商务示范县建设,实施电子商务应用推进工程。

推动服务业向规模化高端化发展。强化国际航运中心功能,提升核心港区服务能力,培育东北亚国际航运交易市场,完善物流中心集疏运体系。提升保税港区功能,扩大保税仓储、国际物流配送等业务,做大做强物流产业集群。全面实施《大连区域性金融中心建设促进条例》,推进金融服务八项重点工程,全年新增金融机构20家、上市挂牌企业30家,支持大商所加快建设多元开放的综合衍生品交易中心,改善金融生态环境。推动国际贸易中心建设,打造具有区域影响力的商品集散、冷链物流、国际采购和展示交易中心。大力发展"平台经济",支持大连再生资源交易所等平台发展。加快东港、梭鱼湾、机场商务区建设。深度开发海岛、温泉、休闲等旅游精品,打造东北亚旅游胜地。

大力发展都市型现代农业。积极推进农业产业化,发展多种形式适度规模经营,促进特色农业向优势区域集聚,新增设施农业5万亩,创建都市型现代农业园区15个,加快建设海洋牧场。大力发展绿色、循环、特色和品牌农业,创新金融支农惠农服务机制,创新农产品流通方式,为农民生产生活提供更加有效的服务。完成土地承包经营权确权登记颁证300万亩。

(三)**着力鼓励创新创业**。把创新作为第一动力,把人才作为第一资源,加快新动能成长和传统动能提升。

完善"产学研用"相结合的创新体系。进一步引导企业加大技术创新投入,设立装备制造业创新引导基金,搭建检验检测公共服务平台。建立技术创新战略联盟,强化高校和科研院所对企业技术创新的源头支持,促进产学研用协同创新,运用市场机制促进科技成果本地转化。支持金普新区、高新区创建国家自主创新示范区,建设区域性创新创业中心。

推进创新链与产业链有机融合。强化企业创新主体地位，开展关键共性技术研发攻关，支持企业在核心技术上实现突破，形成一批具有自主知识产权的技术和产品。围绕产业链部署创新链、完善资金链、整合人才链、提升价值链，加快培育壮大一批创新型龙头企业。

全力支持大众创业、万众创新。发挥创业促进委员会及常设工作机构的作用，指导和推动群众性创业活动深入开展。大力发展众创、众包、众扶、众筹，发挥"双创"集众智汇众力的乘数效应，加快建设综合性创新创业产业园。以创新促进新产品、新技术、新业态、新模式发展，培育新的增长点。创新天使投资、创业投资、风险投资等金融支持模式，引导社会资本积极参与创新创业。实施高层次人才创新支持计划、创业培训"千人计划"、大学生创业引领计划，发挥"海创周"引才纳智平台作用，在全社会营造靠创业自立、凭创新出彩的浓厚氛围。

（四）着力深化各项改革。破解发展难题，必须深化改革，激发市场活力和社会创造力。要围绕解决重点领域的突出矛盾和问题，抓住牵一发而动全身的关键环节推进改革。

深化简政放权、放管结合、优化服务改革。聚焦解决束缚大众创业、万众创新和企业投资经营、便民服务的突出问题，把"放、管、服"引向深入，转变政府职能，提高行政效能，防止权力寻租，铲除滋生腐败的土壤。进一步深化商事制度改革，巩固扩大"三证合一、一照一码"改革成果。进一步增强改革的协同性，防止"中梗阻"，打通"最后一公里"。进一步提高监管的有效性，全面推开"两随机、一公开"，有效解决检查任性、执法不公和执法不严等问题，创新监管方式，推进综合执法和大数据监管，运用市场、信用、法治等手段协同监管。进一步强化行政服务的便利性，推出告知承诺制等服务新举措，加快政府审批标准化建设，切实解决"办证多""办事难"等问题。

深化财税和投融资体制改革。认真贯彻新《预算法》，实行规范透明预算制度，除涉密信息外都要公开预决算。全面实施"营改增"，及时调整财政收入结构安排。创新财政支出方式，发挥政府投资"四两拨千斤"的作用，提高财政资金使用效率和带动效应，在基础设施和公用事业领域引导社会资本参与重点项目建设，增强政府再投资和公共产品供给能力。健全金融为实体经济服务的体制机制，加快发展服务小微企业的中小金融机构。落实地方政府金融监管责任，完善监管体系，防范和化解金融风险。

打好国有企业改革攻坚战。完善国有资产管理体制，从管资产为主转向管资本为主。优化国有企业结构布局，加快从非主业领域、缺乏竞争优势的领域及一般产业的低端环节退出，严控产能过剩行业投资，促进国有资本更多向前瞻性、战略性产业和一般产业的中高端集中，培育市场竞争新优势。赋予国有企业改革自主权，鼓励国有企业混合所有制改革，运用市场机制促进产业兼并重组，完成党政机关所属企业和经营性事业单位脱钩改制任务。

（五）**着力扩大对外开放**。加快实施新一轮对外开放，构建开放型经济发展新体制。

完善对外开放新格局。加快金普新区开发开放，在金融服务、土地管理、开放型经济、商事制度、通关便利化等方面先行先试，打造面向全球开放合作的战略高地。全力申办自由贸易试验区，积极复制上海自贸区的经验，支持口岸部门"大通关"改革，推进投资、贸易便利化。加速金融业开放，扩大人民币跨境使用，开展外汇管理创新试点。积极推进中国（大连）跨境电子商务综合试验区规划建设。加快中日韩（大连）循环经济示范基地建设。鼓励各开放先导区创新体制机制和开发模式，形成新的资本、人才、技术集聚效应。

拓展国际合作新空间。积极对接"一带一路"战略，发挥政府政策支持、项目发布、信息咨询和风险预警平台作用，大力推进国际产能合作，支持企业承揽境外工程项目。鼓励建设"海外仓"和展示中心。引导企业通过资本扩张、海外并购等方式，增强要素融合、市场共享、技术提升和产品创新能力，提升国际竞争力。

掀起招商引资新热潮。强化全员参与，以更大的力度推进招商工作。坚持内外资并重，引资与引智、引技结合，提高引资规模和质量，加快引进和储备一批重大产业项目，充分利用存量资本吸引国内外增量资本，鼓励企业境外上市、融资租赁，吸引跨国公司在连设立区域性总部和研发中心。实现直接利用外资超过 30 亿美元、引进内资超过 2000 亿元。

（六）着力发展民生社会事业。不断加大民生投入，切实保障和改善民生，让人民群众拥有更多获得感。

扎实开展重点民生工程建设。千方百计提高城乡居民收入，改善收入结构，努力提高经营性和财产性收入比重。坚持保基本、补短板、提标准，高质量实施 18 项重点民生工程。加大财政民生支出力度，确保用于民生支出继续增加。

强化就业和社会保障。加大政策扶持力度，重点做好高校毕业生、下岗失业人员、农村转移劳动力和退役军人就业，新增城镇就业 8 万人。进一步完善社保制度，提高城镇职工基本养老金待遇水平和城乡居民医疗保险财政补助标准，实现城乡居民养老保险、医疗保险全覆盖。健全以居家养老为基础、社区养老为依托、机构养老为补充、医养结合的养老服务体系。坚持精准扶贫，大力解决农村贫困群众的生活困难。推进保障性安居工程建设，实施棚户区改造8071套，新增公租房租赁补贴5000户。推进城市建设"五个一"和住房维修"一二三"工程，完成"暖房子"工程300万平方米。

让市民享有更优质的教育。促进义务教育均衡发展，支持普兰店、瓦房店、庄河创建国家义务教育均衡县。推动普通高中多样化发展，加强教师培训，促进民办教育质量提升。加快职教基地及配套设施建设，推动职业教育集团化办学。继续推进公办幼儿园建设，扶持民办幼儿园"降价提质"普惠发展。全面实施乡村教师支持计划，帮助农村青年教师解决生活困难。加大对在连高校创新发展的支持力度。

加快提升医疗卫生服务水平。以建设"健康大连"为目标，深化医药卫生体制改革，继续实施"三医联动""三名工程"，优化医疗机构布局，鼓励发展民营医疗机构，推动中医药事业发展，持续提升医疗技术和服务水平，增强重大疾病预防控制能力。加快人口健康信息化建设，积极落实国家人口政策。

继续做好民族宗教、残疾人、外事、侨务、对台、人防、档案、气象、防震减灾、仲裁、双拥共建、民兵预备役和边海防等各项工作。

（七）着力提升城市功能和品质。坚持品质立市、建管并重，优化城市布局，促进生产空间集约高效、生活空间宜居适度、生态空间山清水秀。

提高城市发展宜居性。尊重、顺应城市发展规律，按照"五个统筹"的要求，加强城市的空间立体性、平面协调性、风貌整体性、文脉延续性的规划和管控。提高城市管理和服务水平，落实城市管理主体责任，实现城管执法重心下移，将城市环境综合整治进行到底，不断巩固和扩大整治成果。坚持"软引导"和"硬约束"并重，采取有力措施治理城区乱停车、乱占道等行为，妥善解决交通拥堵、"马路拉链"等人民群众反映强烈的问题。完善城区地下管网管理制度，大力推进城市地下综合管廊和"海绵城市"建设。深入开展城乡结合部和农村环境连片整治，全面优化城乡环境。

深入推进全域城市化。实施"多规合一"、统筹发展，加快推进全域性重大基础设施建设，提高城乡公共服务均等化水平。坚持产城融合发展，支持园区承接产业转移，实现以"业"兴"城"，稳步推进农业转移人口市民化。建立健全"人、地、钱"三挂钩机制，推动卫星城和中心镇协调发展。深入实施新农村"六化"工程，加快建设美丽乡村。

大力推进智慧城市建设。以国家信息消费示范城市建设为载体，突出"为民惠民"宗旨，在口岸、交通、教育、文化、医疗、旅游、公共管理等领域推出一批"互联网＋城市"示范工程。通过政府引导、社会资本参与，加快"宽带大连""无线城市"建设，实现信息资源共享、城市运转高效、公共服务便捷，打造东北亚重要信息港。

加快建设文化强市。大力弘扬时代精神和城市文化，积极培育和践行社会主义核心价值观，提升市民文明素养。推进历史博物馆、普湾图书馆、科技馆等项目建设，年内要竣工投入使用。加强太阳沟等历史文化资源保护。培养壮大作家、艺术家队伍，鼓励创作更多艺术精品。推动群众性文化活动开展，组织公益演出 400 场。加快文化产业发展，推动文化与科技、旅游等有机结合，促进文化创意、设计服务等业态发展。广泛开展全民健身运动，推动体育产业加快发展，振兴足球事业。

大力实施生态文明建设。着力推进国家生态文明示范区建设，促进绿色低碳循环发展。深入实施大气、水污染防治行动计划，强化总量控制，推进污染减排。实施煤改电、淘汰黄标车、划定高污染燃料禁燃区等十项举措，加强雾霾治理。从今年起，新增公共用车全部实现电动化。强化海洋环境监测，实施海域、海岛、海岸生态整治修复工程。搞好废弃矿区环境治理，高标准建设一批山体公园，让好山好水好风光融入城市。

（八）**着力加强和创新社会治理**。巩固社会治安防控体系建设成果，大力构筑共建共享的社会治理格局。

夯实社会治理基础。完善市民综合服务、矛盾纠纷化解、社会组织孵化和"平安大连"建设四个工作体系，实现上下贯通、全面覆盖和有效运行。强化社区服务功能，引导社会组织参与社会管理和公共服务，建设社区、社工、社会组织联动工作机制，增强基层社会自治能力。

健全公共安全体系。筑牢安全生产防线，全面落实"党政同责、一岗双责、失职追责"制度和企业全员安全生产责任制。开展企业安全生产管理体系认证，建立常态化、规范化隐患排查机制，提升企业本质安全水平。加大监管执法力度，严格事故查处和责任追究。创建国家食品安全示范城市，健全从生产到消费的全过程食品安全追溯体系。加强危机预防和应急管理，提高对自然灾害、事故灾难、公共卫生和社会安全事件的应急处置能力。

做好社会稳定工作。坚持法定途径优先原则，统筹发挥诉讼、仲裁、行政和人民调解作用，健全畅通有序的诉求表达、心理干预、矛盾调处、权益保障机制。强化信访工作责任落实，及时就地解决群众合理诉求。加大投入和创新力度，提升公共安全领域科技水平，增强信息化条件下驾驭社会治安局势的能力。

（九）着力推进政府自身建设。加快建设法治政府、创新政府、服务政府和廉洁政府，不断增强执行力和公信力。

坚持全面依法行政。加快法治政府建设，深入推进依法治市。完善政府依法决策机制，严格履行重大行政决策法定程序。自觉接受人大及其常委会的法律监督和工作监督、政协的民主监督、公众和舆论监督，自觉在法治轨道上开展工作。

持续改进工作作风。牢固树立群众观点，一事当前，都要听一听人民的心声诉求，算一算群众的利益得失，问一问百姓的意见建议，真心实意地为基层办事、为群众服务。认真落实"三严三实"要求，大兴主动作为、勇于担当、勤勉敬业、敢做善成之风，认真解决少数干部不作为、乱作为、不担当等突出问题。以踏石留印、抓铁有痕和"马上就办"的作风，狠抓工作落实。要保持一股"闯劲"、一股"钻劲"、一股"拼劲"，唯"闯"才有新路，唯"钻"才有新招，唯"拼"才有新得。要一项任务一项任务完成，一个项目一个项目落地，一个节点一个节点推进，增强执行力、提高战斗力。全面推进政务公开，建设阳光政府。

强化反腐倡廉建设。严格执行党风廉政建设责任制，自觉遵守廉洁从政各项规定，强化对政府部门履职情况的监督，建立健全行政问责追究机制。严肃查处发生在重点领域、关键环节和群众身边的腐败案件，坚决整治侵害群众利益的不正之风，树立风清气正、勤政为民的良好形象。

各位代表，时代赋予重任，拼搏铸就辉煌。让我们紧密团结在以习近平同志为总书记的党中央周围，在市委的坚强领导下，心系百姓勇于担当、勤勉尽责奋发有为，以更加饱满的激情、更加务实的作风，同心同德，开拓创新，扎实工作，砥砺奋进，为实现全市人民的美好梦想而不懈奋斗！

青岛市
政府工作报告

——2016年2月17日在青岛市第十五届
人民代表大会第五次会议上

市长 张新起

各位代表:

现在,我代表市人民政府向大会报告工作,请予审议,并请各位政协委员和其他列席人员提出意见。

一、"十二五"时期工作回顾

"十二五"时期是青岛发展很不平凡的五年。全球经济低迷,国内经济也处于发展速度换挡期、结构调整阵痛期、前期刺激政策消化期。面对困难和挑战,全市人民团结一心,深入贯彻党的十八大和十八届三中、四中、五中全会精神,全面落实习近平总书记系列重要讲话和视察山东重要讲话、重要批示精神,认真落实市第十一次党代会提出的目标任务,主动适应经济发展新常态,坚持世界眼光、国际标准,发挥本土优势,深入推进蓝色引领、全域统筹、创新驱动发展战略，积极寻标对标达标夺标创标，努力加速提升创新增效落实，在建设宜居幸福的现代化国际城市进程中取得重大成就。

五年来，全市生产总值跨越四个千亿元台阶，从5666亿元增加到9300亿元，年均增长9.7%，人均生产总值超过1.6万美元；一般公共预算收入跨越六个百亿元台阶，从453亿元增加到1006亿元，年均增长17.3%；固定资产投资累计完成2.5万亿元，年均增长19.4%；社会消费品零售总额从1961亿元增加到3714亿元，年均增长13.6%；城乡居民人均可支配收入分别从24380元、9326元提高到40370元、16730元，年均分别增长10.6%、12.4%，城乡收入比从2.61缩小到2.41；城镇登记失业率控制在4%以内。生产总值健康度位居副省级城市第一位，综合竞争力全面提升。

五年来，坚持转型升级、提质增效，产业结构调整迈出新步伐。突出蓝色高端新兴导向，加大腾笼换鸟、凤凰涅槃力度，着力打造经济升级版。实施蓝色跨越三年行动计划，海洋生物医药、海洋新材料、海洋工程等产业蓬勃发展，海洋生产总值达到2093.4亿元，占生产总值的22.5%。十条工业千亿级产业链产值占规模以上工业总产值的75%。十个服务业千万平米工程建成运营6169万平方米。金融业增加值达到588亿元，年均增长16.3%。旅游业总收入达到1199亿元，年均增长15.6%。服务业占生产总值的52.8%，提高6.4个百分点。现代农业十大重点工程加快推进，粮食连年丰收，现代畜牧养殖业健康发展，远洋渔业产量从3000吨增加到14万吨，增幅居全国第一。成为国家现代农业示范区、全国农业农村信息化示范基地。战略性新兴产业占规模以上工业总产值的20%。394个市级重点建设项目竣工，一汽大众华东生产基地、惠普全球大数据中心、万达东方影都、中铁世界博览城等一批大项目加快推进。青钢集团、青岛碱业等老厂区关停，72户企业搬迁改造竣工，老城区企业环保搬迁取得决定性成果。

五年来，坚持创新驱动、人才优先，创新发展取得新突破。把创新摆在发展全局的核心位置，努力建设创新之城、创业之都、创客之岛。全社会研发经费投入占生产总值比重从2.2%上升到2.81%；市级以上重点实验室、企业技术中心、工程技术研究中心达到908家；高新技术企业达到964家，新增675家。海洋科学与技术国家实验室、国家深海基地投入使用，中科院、中船重工、中国电科、中海油、机械总院等17个国字号科研产业基地建成运营，西安交大、哈工程、天津大学、清华大学等10所重点高校先后在青建立研发机构，阿斯图中俄科技园、中乌特种船舶研究设计院等8个国际高端研发平台加快建设，科研实力和创新能力再上新台阶。完善创新服务体系，千万平米孵化器工程累计开工1153万平方米，竣工1001万平方米，入驻企业超过5000家；千万平米软件产业园累计开工475万平方米，竣工380万平方米，软件业务收入年均增长42.7%；千万平米人才公寓开工450万平方米，竣工185万平方米。累计发明专利授权1.26万件，是上个五年的5.5倍。技术合同交易额达到89.5亿元，是2010年的5.5倍。获批建设国家海洋技术转移中心。大力实施百万人才集聚行动，引进、培养各类人才51.5万人。创新科技资金投入机制，组建11只天使投资基金，引导社会资本投入创新创业。获批国家创新型试点城市、科技金融结合试点城市、知识产权示范城市和科技服务业区域试点城市。

五年来，坚持区域协同、城乡一体，全域统筹呈现新格局。深入实施全域统筹、三城联动、轴带展开、生态间隔、组团发展的城市空间发展战略，空间布局趋于科学合理，发展方向和功能定位趋于清晰明确，组团式、生态化的海湾型大都市建设格局全面展开。新一轮城市总体规划获国务院批复，青岛由过去定位的中国东部沿海重要的经济中心城市，提升定位为国家沿海重要中心城市和滨海度假旅游城市、国际性港口城市、国家历史文化名城。依据总体规划，加快审批进度，助推经济社会发展，批复规划许可面积累计1.56亿平方米，是上个五年的1.49倍。"一谷两区"等重点功能区加快建设，引领和带动作用明显增强。蓝谷核心区获批国家科技兴海产业示范基地，12个重大科研平台加快建设，对建设海洋强市产生重大推动作用。西海岸新区获批第九个国家级新区，全面推进改革创新和转型发展，国家政策试点全面实施，产业升级步伐加快，成为带动全市发展的增长极。红岛经济区高新技术主导产业快速发展，科技生态人文新城初具规模。突破发展市北、李沧和平度、莱西，城乡差距、南北差距加快缩小。市南总部经济中心区、市北中央商务区、李沧交通商务区、崂山金家岭财富金融聚集区、城阳轨道交通产业区等加快建设。即墨汽车产业基地、胶州临空经济区、平度南村家电产业园、莱西新能源汽车产业园等区域特色产业不断壮大，四市财政收入实现翻番以上增长。新型城镇化进程加快，小城市培育试点和省级示范镇建设扎实推进。新型农村社区累计开工408个，建成回迁217个，32万农民搬进新居。累计建成新型农村社区服务中心1057个，农村社区化服务覆盖率达到90%以上。常住人口城镇化率达到69.99%，提高4.18个百分点。

基础设施建设实现重大突破。胶州湾隧道、胶州湾大桥、铁路青岛北客站建成使用，龙青高速公路、青荣城际铁路建成通车，济青高铁、青连铁路开工建设。重庆路改造、崂山路改造、金水路拓宽等工程顺利完成。城市道路和排水管网分别增长 27.1%、30%。市区集中供热普及率从 62% 提高到 82%。天然气供应量、电网配电容量均实现翻番。邮轮母港客运中心启用。港口吞吐量和集装箱吞吐量分别增长 39.3%、45.2%。完成机场新一轮布局调整,新机场全面开工建设,空港新增 9 条国际航线,旅客吞吐量增长 64%,青岛与世界的联系更加畅通快捷。城市轨道交通在建 230 公里,3 号线北段开通运营,青岛迈入地铁时代。

五年来,坚持深化改革、扩大开放,经济社会发展焕发新活力。聚焦中央和省委部署,聚焦重点功能区,聚焦瓶颈难题,聚焦民生改善,重要领域和关键环节改革取得突破。完成新一轮政府机构改革,稳妥推进事业单位分类改革,县域行政综合执法改革试点取得明显成效。公布实施市区两级行政权力清单和责任清单,行政审批事项精简 55%,前置审批事项减少 93%。大力推进并联审批、网上审批、一站式办理,群众办事更加便捷。初步建立统一的公共资源交易平台。创新财政专项资金运作方式,释放社会投资活力,民间投资比重达到 75.7%。深化国企改革,市直企业所属企业 80% 以上实现混合所有制,国有资产增长 1.5 倍。推进商事制度改革,加大对中小微企业的政策支持力度,市场主体达到 95.3 万户,增长 1.2 倍。财富管理金融综合改革试验区建设取得实质性进展,首批财富管理创新试点政策顺利实施。法人金融机构和外资金融机构分别达到 22 家、34 家,均实现翻番。境内外上市企业增加 18 家,新三板和蓝海股权交易中心挂牌企业分别达到 57 家、318 家。出台了居民用水、用气阶梯价格制度。推进户籍制度改革,在全省率先实施积分落户政策。加快农村土地"三权"分置改革,基本完成土地确权登记颁证。完成 837 个村集体产权制度改革。推进农村"四权"抵押贷款，金融支农实现新突破。培育新型职业农民 8.5 万人，新型农业经营主体发展到 1.5 万个。

对外开放水平持续提升。积极融入"一带一路"战略，成为新亚欧大陆桥经济走廊主要节点城市和海上合作战略支点，拥有6 个国家级经济园区、4 个海关特殊监管区，在全国开放大局中的地位更加凸显。年实际利用外资跨越四个 10 亿美元台阶，累计达到 265.3 亿美元，是上个五年的 1.8 倍。累计货物进出口 3725 亿美元，是上个五年的 1.6 倍。服务外包离岸执行额实现倍增。对外承包工程营业额增长 3.5 倍。保税港区汽车整车进口口岸建成运营，成为全国第二大平行车进口口岸。电子口岸平台加快建设，口岸通关效率不断提升。东亚海洋合作平台永久性会址落户青岛。中德生态园成为中德经济合作重要平台。我市成为首批中美地方经贸合作试点城市、中英地方投资贸易合作重点城市。成功举办两轮中美投资协定谈判活动、首次中日韩自贸区副部长级谈判活动、亚太经合组织贸易部长会议和第二次高官会、首届国际教育信息化大会。国际海事司法研究基地和国家法官学院青岛海事分院落户。设立 4 处境外青岛工商中心。新增 4 个友好城市、9 个友好合作关系城市、30 个国际经济合作伙伴关系城市。连续四年入选"魅力中国 – 外籍人才眼中最具吸引力的城市"。扩大国内经济合作，累计利用内资 8668 亿元，对口支援工作扎实推进。

五年来，坚持生态环保、绿色发展，美丽青岛建设再上新水平。深入实施生态市创建行动计划，加快城市绿道建设，建成 30 处万亩林场，新增造林 73.2 万亩，林木绿化率达到 40%，获得国家森林城市称号。成功举办世界园艺博览会，并获得鲁班奖和詹天佑奖，成为园林艺术和城市生态建设的优秀范例。严格环保执法，推行清洁生产，加强大气和水污染治理，连续三年获得省污染减排考核一等奖。严格生态保护红线制度，建立完善生态补偿和保护长效机制。全部淘汰高污染黄标车 10.8 万辆，更新节能环保型公交车 2822 辆，全市禁止新上传统燃煤项目，完成 469 个燃煤锅炉废气治理项目，市区空气质量得到改善。加强胶州湾海洋生态综合整治，优良水域面积比例达到 65%，提高 7.8 个百分点。成为国家级海洋生态文明建设示范区。全面实施河流污染整治，省控重点河流水质达到改善标准。新建改建污水处理厂 18 处，市区污水集中处理率达到 98%，提高 11 个百分点。大沽河全线 127 公里综合整治工程全面竣工，展现出洪畅、堤固、水清、岸绿、景美的母亲河新形象，改善了流域生态环境，促进了区域经济文化发展和美丽乡村建设，惠及沿岸 2513 个村庄、240 万人。

五年来，坚持以人为本、保障民生，群众生活得到新改善。全市民生支出累计投入 3315 亿元，年均增长 22%。实施城乡就业一体化政策，建立了劳动力资源管理信息系统，实行重点建设项目与就业培训联动。推进大众创业工程，成为全国创业先进城市。全面实施城乡居民养老保险制度，城镇职工医疗保险、城镇居民医疗保险、新型农村合作医疗实现"三险合一"。企业退休人员基本养老金达到 2914 元，提高 64.9%；城乡低保标准分别达到每人每月 620元、420 元，分别提高 77%、180%；城乡困难居民医疗救助标准实现均等化。实施精准扶贫，10 万贫困人口实现脱贫。千名老人养老床位从 19.8 张增加到 37 张，政府为困难老人购买居家养老服务实现全覆盖。建立以公共租赁住房为主体的住房保障和供应体系，开工建设保障性住房 9.6 万套，基本建成 5.8 万套。改造棚户区 8万户、农村危房 2.8 万户，受益居民 30 多万人。

教育卫生事业实现新发展。新建改建幼儿园 969 所,公办和普惠性民办幼儿园比重达到 73.4%。投资 172 亿元,新建改建中小学 729 所,分别是上个五年的 4 倍和 2.1 倍,87.8% 的普通中小学达到市现代化学校标准。学前教育普及水平、义务教育校际均衡水平在副省级城市中位居第一。义务教育、中职教育和特殊教育实现免费。山东大学青岛校区部分建成,北京外国语大学、上海财经大学、对外经贸大学等院校已来青办学。投资 82 亿元,建设医疗卫生设施 31 处,建筑面积 122 万平方米,是上个五年的 1.5 倍。妇女儿童医院、齐鲁医院青岛院区、市第三人民医院等项目建成使用,新增医疗床位 1.2 万张。深入推进县级公立医院综合改革,全面实施基本药物制度,不断提升基层医疗机构服务水平,居民医保个人负担率明显下降。人均预期寿命提高 0.9 岁,达到 81 岁。

重点领域治理得到加强。严格落实安全生产责任,加强安全隐患排查治理,安全生产基础工作持续加强。优化交通组织,完善交通安全设施,交通智能化管理水平稳步提升。突出公交优先,市区新增公交线路 138 条。加强食品药品安全整治,强化农业面源污染防治,确保人民群众"舌尖上的安全"。实施消费市场秩序专项治理,严厉打击各类违法行为。连续五年开展城乡环境综合整治行动,顺利通过国家卫生城市复审。开展乡村文明行动,实现城乡环卫一体化。城市应急处置能力和应急管理水平进一步提升。深化信访工作制度改革,引导群众依法理性反映诉求。创新立体化社会治安防控体系,社会治安环境持续优化。

五年来,坚持文化强市、文化惠民,城市软实力实现新提升。加强思想道德建设,弘扬中华优秀传统文化,中国梦和社会主义核心价值观深入人心。大力开展群众性精神文明创建活动,涌现出一批先进典型，"微尘"等成为全国知名爱心品牌，蝉联全国文明城市荣誉称号。群众性文化活动蓬勃开展，覆盖城乡的四级公共文化服务网络基本形成，成为首批国家公共文化服务体系示范区。4部作品获得"五个一工程"奖，舞剧《红高粱》获得文华大奖。圆满举办东亚文化之都系列活动。文化体制改革成效显著，城市传媒集团成为全省首家文化上市企业。获批全国版权示范城市。灵山湾文化产业区加快建设。文化创意产业成为支柱产业。连续举办全国青少年小提琴比赛、世界杯帆船赛青岛站等活动，荣获世界帆船运动突出贡献奖。成功举办世界休闲体育大会。青岛籍运动员在国内外大型体育赛事上取得优异成绩。圆满完成 2012 中俄海上联合军演、西太平洋海军论坛等重大军事活动保障工作。拥军优属、军民共建深入开展。人防建设与经济社会融合发展。气象、防震减灾工作有序开展。侨务、对台和民族宗教工作得到加强。仲裁、司法作用进一步发挥。统计、档案、史志工作成效明显。老龄、慈善、残疾人事业不断进步。妇女儿童、青少年事业健康发展。

　　五年来，坚持依法行政、廉洁从政，民主法治建设实现新进步。坚决执行人大及其常委会的决议、决定，坚持重大事项向人大报告、向政协通报制度，自觉接受人大法律监督、工作监督和政协民主监督。提请市人大常委会审议法规草案 25 件，新制定政府规章 33 件，修订、废止政府规章 11 件。认真办复市人大代表建议 2906 件、市政协提案 3480 件，推动了胶州湾保护、农业面源污染等突出问题的有效解决。出台重大行政决策程序规定，科学民主依法决策机制进一步健全。成立行政复议委员会。健全行政裁量权基准制度，建立行政执法全过程记录制度，提高了行政执法规范化水平。推进政务信息全面公开，建成网上便民服务大厅和政府数据开放网站。积极回应群众关切，每年开展"三民"活动，网络在线问政、行风在线、政务服务热线等常态化政民互动渠道更加畅通，青岛政务网在全国政府网站绩效评估中连续三次位居第一。扎实开展党的群众路线教育实践活动和"三严三实"专题教育，制定实施鼓励改革创新治理庸政懒政的意见，服务效能明显提升。严格落实领导干部"一岗双责"，出台进一步加强政府廉政建设的实施意见。严格执行厉行节约规定，市级"三公"经费预算逐年下降。坚决查处"四风"、失职渎职和腐败问题，纪检监察机关累计立查案件4258件，党纪政纪处分4126人。在市委坚决贯彻中央决策部署、坚定有力的落实推进下，反腐力度和法纪规矩全面强化，政治生态明显净化，干部作风明显变化，从政环境明显优化，全市上下凝心聚力、干事创业的正能量彰显。

各位代表，去年，全市稳增长、促改革、调结构、惠民生、防风险也取得较好成效，继续保持了经济稳中有进、民生持续改善的良好态势。全市生产总值增长8.1%，一般公共预算收入增长12.4%，城乡居民人均可支配收入分别增长8.1%、8.4%，城镇登记失业率控制在3%，居民消费价格上涨1.2%，人口自然增长率2‰，全面完成了节能减排各项任务。

经济实现平稳增长。坚持运行要畅、投资要顺、转型要快、调节要灵，持续开展调结构稳增长抓落实现场推进活动，走访千家企业、走进千个项目现场、走谈千个项目，及时出台和落实稳增长政策。减免企业税费，降低工商业电价，减轻企业负担134亿元。200个市级重点建设项目全部开工，完成投资1503亿元。固定资产投资达到6556亿元，增长14.2%。休闲、文体、信息等消费快速增长，社会消费品零售总额增长10.5%。青岛进入中国大陆最佳商业城市前十强。外贸出口实现正增长，对外贸易总额突破 800 亿美元。实际利用外资达到 67 亿美元，居副省级城市前列。

发展动力不断增强。出台创新创业扶持政策，推进大众创业、万众创新，26 家众创空间纳入国家级孵化器体系。科技型中小企业加快发展，"千帆计划"企业达到 1573 家。实施"互联网 +"发展规划，成功举办首届世界互联网工业大会。物联网、机器人、三维（3D）打印、石墨烯材料、新能源汽车等新兴产业呈现良好发展势头。实施"海洋 +"发展规划，海洋生产总值增长 15.1%。驰名商标达到 123 件，成为全国质量强市示范城市。

改革开放纵深推进。各领域改革不断深化，完成 14 项中央、省级改革试点任务。国内首家产融结合消费金融公司、第三只人民币投贷基金落户，青岛国富金融资产交易中心、青岛场外市场清算中心成立。成为国内贸易流通体制改革发展综合试点城市、国家旅游业改革创新先行区。胶州获批全国综合行政执法体制改革试点。平度国家中小城市综合改革试点扎实推进。积极复制推广上海等自贸试验区经验，42 项改革试点成效明显。出台落实"一带一路"战略规划总体实施方案。以青岛为龙头，实施丝绸之路经济带海关、检验检疫区域一体化通关改革。获批国家跨境电子商务综合试验区。服务进出口突破 100 亿美元。对外投资 33 亿美元，增长 124.2%。

民生保障水平持续提升。提高 19 项民生保障标准，扩大 2 项民生保障范围。11 件市办实事全部完成。新增城乡就业 41.4 万人，政策扶持创业 2.3 万人。建设中小学标准化食堂 212 所。建成 189 家医联体，新建 22 家社区卫生服务中心（站），在岗乡村医生待遇提高 30%。新增社区老年人日间照料中心 215 个。长期医疗护理保险制度荣获政府创新最高奖。为 13.6 万名低保对象发放低保金 8.3

亿元，为 3.6 万名困难群众发放医疗救助金 1.7 亿元，为 1.68 万户困难群众发放临时救助金 4542 万元。完成农村规模化供水工程 27处，规模化供水人口覆盖率达到 95%。新疆路高架快速路、福州路打通、株洲路打通等工程主线通车，完成 91 条道路大中修、13处道路微循环改造，完善交通设施 1100 余处，新增公共停车泊位5500 个。市区空气质量优良率达到 80.3%，提高 8.5 个百分点。

各位代表，2015 年主要目标任务的完成标志着"十二五"规划圆满收官。五年的实践使我们深刻认识到，做好政府工作，必须始终坚定不移地贯彻落实党中央国务院、省委省政府的决策部署，在市委的坚强领导下，紧密结合实际，创造性地开展工作；必须始终坚持人民主体地位，尊重基层首创精神，充分发挥社会各界的积极性、主动性和创造性；必须始终保持强烈的危机感和责任感，牢牢把握大局，善于抢抓机遇，勇于攻坚克难，奋力争创一流；必须不断强化法治观念、法律意识，善于运用法治思维和法治方式破解难题,使政府工作始终在法治轨道上运行；必须统筹谋划、协调推进，突出补短板、促均衡、强基础、增后劲，努力实现科学发展、可持续发展和包容性发展。五年来，全市广大干部履职尽责、积极进取，市人大、市政协和社会各界大力支持、加强监督，全市上下、各行各业同心协力、拼搏奉献，每一位建设者都为我们这座城市的发展贡献了智慧与力量。在此，我代表青岛市人民政府，向全体市民和来青建设者，向人大代表和政协委员，向中央、省驻青单位，向驻青部队和武警官兵，向社会各界人士和离退休老同志，向所有关心支持青岛发展的海内外朋友们，表示衷心的感谢和崇高的敬意！

各位代表，青岛的发展还面临着不少困难和挑战，政府自身工作还存在许多不足和差距。稳增长压力较大，新旧动力转换任务艰巨。高层次、高技能人才不足，新产业、新业态发展不快，自主创新能力不强。现代服务业水平不够高，制造业转型升级亟待加速。财政减收增支因素多，金融环境仍需改善。解决城乡、区域发展不协调问题尚需进一步突破。城市卫生管理薄弱环节多，雾霾和交通拥堵治理任务重，城市环境、秩序和服务都有待改善，依法治市需进一步强化。就业、保障、住房、交通、教育、医疗、养老、食品安全、安全生产等民生工作还存在不少短板。有的领导干部担当意识不强，有些工作人员作风不严不实问题仍然存在，法治意识和法治政府建设有待强化，一些领域的消极腐败现象时有发生。对此，我们一定高度重视，接受社会监督，尽心尽力尽责地努力解决。

二、"十三五"时期目标任务

今后五年，是青岛率先全面建成较高水平小康社会的决胜阶段，也是加快建设宜居幸福现代化国际城市的关键时期。十八届五中全会为我们进一步适应、把握、引领新常态提供了行动指南，市委十一届十次全会确定了我市"十三五"发展的目标任务。我们必须准确把握战略机遇期内涵的深刻变化，充分利用"十二五"发展创造的有利条件，更加有效地应对各种风险和挑战，尚实干、勇作为、敢担当，突出新、追求优、敢争先，不断开拓发展新境界，努力实现更高质量和效益、更加公平和可持续的新发展。

"十三五"时期，要高举中国特色社会主义伟大旗帜，全面贯彻党的十八大和十八届三中、四中、五中全会精神，以马克思列宁主义、毛泽东思想、邓小平理论、"三个代表"重要思想、科学发展观为指导，深入贯彻习近平总书记系列重要讲话和视察山东重要讲话、重要批示精神，按照"五位一体"总体布局和"四个全面"战略布局，坚持发展是第一要务，坚持创新、协调、绿色、开放、共享发展理念，按照省委"一个定位、三个提升"要求，坚持世界眼光、国际标准，发挥本土优势，以提高发展质量和效益为中心，加快形成引领经济发展新常态的体制机制和发展方式，破解发展难题、增强发展动力、厚植发展优势，率先全面建成较高水平小康社会，进而向基本实现现代化目标迈进，努力谱写中国梦青岛新篇章。

今后五年发展的主要目标是：

——经济保持中高速增长。在强化平衡性、包容性、可持续性发展的基础上，提前实现经济总量和城乡居民人均可支配收入比2010年翻一番，发展质量和效益明显提升。全市生产总值年均增长7.5%左右，城乡居民人均可支配收入增长7.5%以上。产业迈向中高端水平，信息化和工业化深度融合，服务业比重达到57%，农业现代化水平明显提高。全社会研发经费占比提高到3.2%，创新能力和科技进步贡献率大幅提升。加快打造国内重要的互联网工业强市和智能制造基地，建设国家东部沿海重要的创新中心、国内重要的区域性服务中心、国际先进的海洋发展中心，充分发挥国家"一带一路"战略节点和支点功能、东北亚航运枢纽功能，基本建成具有国际影响力的区域性经济中心城市。

——发展协调性全面增强。区域协调、城乡统筹发展体制机制不断完善，全域空间布局更加优化，三个中心城区、十个次中心城区和镇（街道）村（社区）协同发展，功能互补、特色鲜明、优美宜居的现代城乡形态基本形成。以人为核心的新型城镇化加快推进，常住和户籍人口城镇化率分别提高到72%、60%。全域南北差距、城乡差距大幅缩小。军民深度融合共创共建取得明显成效。

——人民生活品质普遍提高。就业比较充分，创业带动就业取得明显成效。基本公共服务水平和均等化程度稳步提高，劳动年龄人口平均受教育年限明显增加。中等收入人口比重上升，提前完成市定标准贫困人口脱贫攻坚任务，全面完成城区棚户区和危房改造任务。社会保障体系更加健全，市民健康水平明显提升，平安青岛建设取得新进展，群众对改革发展的获得感幸福感明显增强。

——市民素质和社会文明程度实现新提升。中国梦和社会主义核心价值观更加深入人心，爱国主义、集体主义、社会主义思想广泛弘扬。城市精神内涵得到深度挖掘和丰富，凝聚力、创造力和影响力明显提升。文明创建活动向纵深发展，市民思想道德、科学文化和健康素质明显提高，全社会法治意识不断增强。文化事业繁荣发展，公共文化服务体系更加完善。基本公共教育均衡协调发展，终身教育体系更加完善。

——生态环境质量显著改善。低碳绿色生产方式和生活理念不断巩固，生态文明制度基本健全。节能减排降耗的长效机制逐步完善，全面完成国家下达的约束性目标。生态市建设扎实推进，主体功能区布局和生态安全屏障基本形成，人居生态环境建设走在全国前列，建设宜居幸福的美丽城市。

——城市治理体系和治理能力现代化取得重大进展。体制机制创新实现新突破，重要领域和关键环节改革取得决定性成果。城市管理更加科学高效，城市国际品质和宜居水平明显提升。人民民主更加健全，依法治市加快推进，法治政府基本建成，司法公信力明显提高。人民群众权益得到切实保障，产权得到有效保护。开放型经济新体制新格局更加完善。基层社会治理体系更加健全。

我们坚信，有中央和省、市委的坚强领导，有长期发展奠定的坚实基础，有全市人民的不懈奋斗，青岛一定能够在新常态发展中实现超越，全面完成"十三五"奋斗目标，率先走在前列。

三、2016 年主要工作安排

2016 年是实施"十三五"规划开局之年，也是本届政府收官之年。做好今年工作，必须主动适应经济发展新常态，坚持改革开放，坚持稳中求进，坚持稳增长、调结构、惠民生、防风险，加强结构性改革，抓好去产能、去库存、去杠杆、降成本、补短板工作，加快培育新的发展动能，改造提升传统比较优势，增强持续增长动力，推动各项工作实现新提升、迈出新步伐，努力实现"十三五"时期经济社会发展的良好开局。主要预期目标是：全市生产总值增长 7.5% — 8%，一般公共预算收入增长 9% 左右，固定资产投资增长 12% 左右，社会消费品零售总额增长 11% 左右，对外贸易总额增长 2.5% 左右，城乡居民人均可支配收入分别增长 8% 和 8.5% 左右，城镇登记失业率控制在 4% 以内，居民消费价格涨幅控制在 3% 以内，完成年度节能减排任务。重点做好以下工作：

（一）坚持创新发展，着力提高发展质量和效益。始终把发展基点放在创新上，更多依靠创新驱动，更好发挥本土优势，在建设创新型城市上率先走在前列。

推进供给侧结构性改革。抓好经济运行，确保在调整中实现稳增长目标。多措并举化解过剩产能，重点妥善处置工业"僵尸企业"、房地产"僵尸项目"等问题，加大兼并重组力度，规范企业破产，实现市场出清。以满足新市民住房需求为主要出发点，以建立购租并举的住房制度为主要方向，深化住房制度改革，发展住房租赁市场，优化房地产供给结构，积极化解房地产库存。开展降本增效专项行动，降低制度性交易成本、人工成本、财务成本、物流成本，落实国家税费减免政策，清理规范中介服务，清理和废除妨碍公平竞争的各种规定。支持企业技术改造和设备更新，鼓励企业开发适销对路产品，提高产品质量，扩大有效和中高端供给，增强供给结构对需求变化的适应性和灵活性，提高全要素生产率。促进供给与需求有效对接、投资与消费更好结合，培育发展新动力。发挥消费对增长的基础作用。积极培育消费新热点，增加中高端消费。加强城市共同配送体系标准化、信息化建设。新建、改造农贸市场 15 处。完善产销对接公共服务平台，促进城乡消费融合发展。扩大消费信贷，加强市场监管，优化消费环境。发挥投资对增长的关键作用。优化投资结构，增加有效投资，抓好总投资 6500 亿元左右的 190 个市级重点建设项目，完成投资 1500 亿元以上。加快一汽大众华东生产基地、惠普全球大数据中心、万达东方影都、中铁世界博览城等重大项目建设，力争比亚迪新能源汽车、海晶化工等 60 个项目竣工投产。放宽基础设施和公用事业领域市场准入，推广政府与社会资本合作模式，激发社会投资活力。

大力实施创新驱动发展战略。坚持以人才和科技创新为核心，以产业创新为主导，以提质增效和可持续发展为主线，加快建设国家东部沿海重要的创新中心。把人才作为创新的第一资源，深入实施百万人才集聚行动，启动高层次人才支撑计划，组建"一带一路"国际人才智力合作联盟，推进海外高层次人才在青开展离岸创新创业。推进孵化器、软件园、人才公寓三个千万平米工程建设，搭建社会化全媒体创投平台，打造 10 个创业街区、100 家众创空间，鼓励发展众创、众包、众扶、众筹等新模式，完善创新组织体系，营造良好创新生态，建设创新之城、创业之都、创客之岛。瞄准高端前沿，推进海洋科技、高速列车、石墨烯等十大科技创新中心建设，加快中船重工青岛海洋装备研究院、阿斯图中俄科技园等创新平台建设。强化企业创新主体地位和主导作用，深入实施中小企业"千帆计划"，加快培育具有国际竞争力的创新型领军企业。组织实施一批技术创新重点项目，支持企业承担国家重大科技项目，突破关键核心技术。完善科技成果确权、评估、交易和收益分享机制，促进科技成果转化。建立财政科技投入联动机制，支持天使投资、风险投资发展，促进科技与金融深度结合。推进知识产权综合管理改革，强化知识产权运用和保护。坚持蓝色高端新兴导向，以科技创新促进产业创新，推动产业向中高端迈进，加快向创新驱动发展转型。实施"互联网＋"发展规划，推动互联网、大数据、云计算、物联网与三次产业深度融合，促进产业组织、商业模式、供应链创新。发展海尔、红领等互联网工业企业集群，打造国内重要的互联网工业强市和智能制造基地。推动300个工业转型升级项目，做优做强十大新型工业千亿级产业。滚动推进150个新兴产业重点项目，培育壮大机器人、三维（3D）打印、虚拟现实等十大战略性新兴产业，加快提高先进制造业和高技术制造业比重。深化质量强市和品牌建设，实施"标准化＋"战略，打造具有国际水平的"青岛标准"。

促进服务业优质高效发展。坚持以金融、信息服务为核心，以全面提升现代服务业高端化能力建设为主导，以业态模式创新、形成辐射带动竞争优势为主线，加快建设国内重要的区域性服务中心。推进十个服务业千万平米工程，发展十大现代服务业，推动生产性服务业向专业化和价值链高端延伸，推动生活性服务业向高品质转变。发展金融业，加快引进和培育法人金融机构和财富管理机构，发展新型金融业态，健全多层次资本市场体系，加快提升面向国际的财富管理服务能力。发展科技服务业，构建创业孵化、技术转移、知识产权等九大服务体系，建设高水平科技信息公共服务平台，突破发展大数据、云计算、移动互联网等新型信息技术服务，加快提升现代科技服务能力。发展现代物流业，加快建设新机场、邮轮母港、董家口港，建设欧亚大通道多式联运枢纽、中国北方水产品交易和冷链物流基地，增开直达欧美重要门户城市国际航线，加快提升国际国内统筹、海陆统筹的客货运枢纽服务能力。发展现代旅游业，加快旅游基础设施和旅游休闲度假项目建设，丰富旅游产品供给，促进旅游业提质增效、全域发展，打造国际化旅游目的地城市，加快提升旅游服务能力。发展现代商贸业，打造时尚消费聚集区，推进免税购物和品牌购物中心建设，发展连锁经营、电子商务，完善现代商贸流通服务体系，加快提升消费服务能力。发展高端商务服务业，推动广告、咨询、评估、法律、仲裁、会计、审计等服务业聚集发展，提升中介服务专业化国际化水平，加快提升国际性商务服务能力。发展文化创意产业，加快文化产业园区和重点项目建设，做大影视文化、动漫游戏、出版发行、数字传媒等产业，推动文化与相关产业融合发展，促进文化产品数字化、网络化，加快提升文化创意服务能力。规模化引进高端、国际、特色教育优质资源，鼓励发展高水平、多元化技能教育和再教育，支持促进教育产业发展，加快提升教育服务能力。发展体育产业，打响奥帆品牌，加快体育产业结构调整，培育体育健身、赛事开发、体育用品制造、体育培训等产业，扩大体育产品和服务供给，加快提升体育服务能力。发展健康养老服务业，推进疗养康复、养生保健、养老服务、健康管理等产业发展，加快崂山湾国际生态健康城建设，加快提升健康养老服务能力。发展会展业，加快建设西海岸国际会展中心、红岛国际会展中心，发展会展新业态，繁荣会展市场，打造一批知名品牌展会，加快提升会展服务能力。发展总部经济，大力引进知名企业总部，做大做强现有企业总部，培育中小企业总部集群，促进总部经济聚集发展，加快提升全球化总部经济服务能力。

增创海洋经济新优势。坚持以海洋科技创新为制高点，以实施"一带一路"战略为主导，以海洋高端新兴产业发展为主线，加快建设国际先进的海洋发展中心。全面实施"海洋+"发展规划，推进蓝色跨越，建设海洋强市。瞄准海洋科技前沿，发挥海洋科学与技术国家实验室、国家深海基地等高端平台的支撑作用，增强协同创新和集成创新能力，努力在海洋基础研究和关键核心技术领域取得突破，抢占海洋科技制高点。加快海洋特色产业园建设，重点推进总投资1200亿元的140个蓝色经济项目，壮大海洋生物、海洋新材料、海水综合利用等新兴产业，培育海洋信息服务、海洋文化体验、海洋休闲旅游等新兴业态。依托"一区一带一园"，集聚创新要素，整合创新资源，提高海洋科技研发、成果孵化和产业化能力，打造中国蓝谷。西海岸新区培育壮大港口物流、船舶和海工装备等海洋优势产业集群，打造海洋高端产业集聚区。红岛经济区加快建设蓝色生物医药孵化中心、国家海洋技术转移中心和国家大学科技园等创新平台，打造海洋新兴产业孵化区。发展深海探测开发装备产业，建设深远海开发综合保障基地。加快东亚海洋合作平台建设，深化与"一带一路"沿线国家海洋领域的交流合作，提升海洋经济国际化水平。

大力推进农业现代化。以建设国家都市型现代农业示范区为抓手，加快发展十大现代农业，推进农业发展方式转变。实施藏粮于地、藏粮于技战略，启动建设 100 万亩粮食生产功能区、100 万亩高效设施农业生产功能区、100 万亩特色果茶生产基地。加快发展现代种业。推进畜禽、水产规模化健康养殖和集约化经营，发展高端特色现代畜牧业和水产业。加强农田水利设施建设，发展农田节水灌溉。推进农业全面全程机械化。加大农业科技创新和推广力度。培育新型农业经营主体和服务主体，发展多种形式适度规模经营。扶持发展农产品品牌。实施"互联网+"现代农业行动计划，推动农产品加工业转型升级，加快发展休闲农业和乡村旅游业，促进农村一二三产业融合发展。深化农村集体产权制度改革。完善"四权"抵押贷款政策，扩大农业保险覆盖面，推动金融资源更多向农村倾斜。

（二）坚持协调发展，着力形成平衡发展结构。

坚持区域协同、城乡一体、物质文明精神文明并重、经济建设国防建设融合，在协调发展中拓宽发展空间，在加强薄弱领域中增强发展后劲，在补齐短板中促进发展平衡。

推动区域协调发展。深化实施全域统筹、三城联动、轴带展开、生态间隔、组团发展的城市空间发展战略，坚持一张蓝图干到底。推进"多规合一"，全面开展城市设计，科学谋划城市"成长坐标"。全面对接国际城市标准，加快基础设施建设，提升服务功能，建设现代化海湾型都市区。加快老城区改造，重点突破市北、李沧，加快邮轮母港片区建设，集聚邮轮旅游和特色金融等高端服务业，打造邮轮母港国际金贸中心和邮轮经济试验区；推进楼山工业区转型发展，建设世园生态新区。加快市南时尚消费中心和崂山金家岭财富金融聚集区建设，做大做强城阳总部经济和轨道交通产业，彰显区域功能特色。蓝谷核心区加快创新平台建设，完善综合服务功能，打造滨海生态科技新城。西海岸新区加快实施三年行动方案，创新体制机制，促进转型发展，增强综合实力，在带动区域协同发展中发挥更大作用。红岛经济区壮大新一代信息技术、高端智能制造等产业规模，加快建设市民健康中心、残疾人康复中心、科技馆和青岛中学，开工建设市民健身中心，建设科技人文生态新城。加快北部崛起，推动资金、基础设施、高端制造等向北部倾斜。平度重点推进国家中小城市综合改革试点工作，规划建设青岛北部医疗中心、文博中心、体育中心和临空经济北区，打造现代化中等城市；莱西重点推进新能源汽车和石墨烯产业基地建设，加快建设半岛交通物流中心，积极发展休闲特色产业；胶州加快临空经济示范区和国际空港城建设；即墨加快汽车产业基地、商贸名城建设，促进县域经济特色化发展。

推动城乡协调发展。促进基础设施建设城乡一体化。推进新机场和机场综合交通体系建设。开工建设地铁 4 号线、8 号线，加快地铁 2 号线、1 号线和蓝谷、西海岸城际快线建设，地铁 3 号线全线开通运营。推进济青高铁、青连铁路、青平城际、潍莱高铁、平度至新机场快速路建设。落实城市地下空间利用总体规划，加大地下空间资源开发利用力度。统筹规划城镇地下管线，加快建设地下综合管廊。加强信息基础设施建设，构建普惠性信息网络，打造智慧青岛。推进重点输变电工程和充换电网络建设，完成 3000 个村低压电网改造。市区新增集中供热面积 400 万平方米。实施水源、调水、中小河道治理等工程。推进以人为核心的新型城镇化。做好国家新型城镇化试点工作。推进小城市培育试点和省级示范镇建设，打造一批特色小镇。推进新型农村社区和特色产业园区建设，完善提升 200 个社区服务中心。加强传统村落民居和历史文化名村名镇保护。加强农村人居环境整治，改造农村危房 6000 户，改造农村卫生厕所 30 万座，建设美丽宜居乡村。深化户籍制度改革，探索建立居住证与教育、医疗、保障房等基本公共服务供给衔接制度，提高户籍人口城镇化率。

推动物质文明和精神文明协调发展。坚持用中国梦和社会主义核心价值观凝聚共识、汇聚力量。加强思想道德建设，弘扬中华传统美德，倡导志愿服务，发展公益事业，传播正能量，使向上向善、诚信互助的社会风尚更加浓厚。深化新一轮全国文明城市创建，完善群众性精神文明创建活动长效机制，提升城市文明程度。加大文化环保城市建设力度。完善公共文化服务体系，推进市文化中心、市博物馆改造等项目建设，加强基层综合文化服务中心建设，更多向社会力量购买公共文化服务。打造"五王大赛"文化惠民活动品牌。建立完善影视产业发展服务体系，打造影视文化高地。加快国际版权交易中心、国家广告产业园建设。积极申办亚洲艺术节、国际戏剧文化节。加强历史文化名城保护，重视历史优秀建筑开发利用，打造海滨历史文化长廊。搭建国际文化交流平台，推进东亚文化之都城市联盟建设。加强全民健身设施建设。积极发展校园足球、社会足球、职业足球，建设以笼式足球场为主的多功能运动场地 100 处。办好克利伯环球帆船赛、世界杯帆船赛、亚洲大众体操节等赛事。加快建设第 24 届省运会比赛场馆。做好民族宗教、侨务、对台工作，推动统计、档案、史志、仲裁事业发展，提高人防、气象、防震减灾工作水平。

推动军民融合深度发展。积极开展军地共商、产业共融、科技共兴、设施共建、后勤共保，创新军民深度融合体制机制，创建古镇口军民融合创新示范区，探索具有青岛特色的军民融合深度发展新模式。服务国防和军队改革，推进国防教育和民兵预备役建设，做好双拥共建工作，密切军政军民关系。

（三）坚持绿色发展，着力改善生态环境。坚持生态兴市、绿色惠民，加大资源节约和环境保护力度，推行绿色发展方式和生活方式，打造美丽青岛、宜居城市、幸福家园。

促进人与自然和谐共生。严格实施城市规划"七线"管控和生态环境空间规划，促进形成更加合理的城市空间结构。实施山水林田湖生态保护和修复工程，构建多层次、网络化的生态间隔体系。落实主体功能区规划，加强对崂山等风景名胜区、自然保护区、海洋生态保护区，以及湿地、水源地等特殊生态功能区的保护。开展国土绿化和城市绿荫行动，实施生态提升"十大工程"。规划建设青岛北部生态屏障区。推进小麦岛生态修复和浮山综合治理。

加大环境治理力度。编制空气质量达标规划，落实大气污染防治计划。实施多污染物协同控制，抓好燃煤废气、机动车尾气、工业有机废气和扬尘治理，完成10台燃煤机组（锅炉）超低排放改造，力争市区空气细颗粒物（$PM_{2.5}$）年均浓度下降5%。编制胶州湾保护总体规划，开展蓝色海湾治理行动，创建胶州湾国家级海洋公园。推进河流污染整治，墨水河等主要河流水质明显改善。强化土壤污染防治，开展污染场地治理和修复试点示范。加大农业面源污染防治力度，推进种养业废弃物资源化利用、无害化处置。

推动低碳循环发展。开展国家低碳城市试点。支持绿色清洁生产，对传统制造业实施绿色改造，鼓励新能源汽车等节能环保产业加快发展。开展重点用能单位节能低碳行动，实施重点产业能效提升计划。发展循环经济，推进"城市矿产"、建筑废弃物综合利用等试点工作，打造国家循环经济示范城市。加快绿色新城区建设，完成既有建筑节能改造 200 万平方米。因地制宜发展风能、太阳能、海洋能、生物质能等清洁能源。

高效节约利用资源。强化约束性指标管理，开展能源和水资源消耗、建设用地等总量和强度双控行动，实施全民节能行动计划。推广海水淡化，建设节水型社会。规划建设海绵城市。实施耕地质量提升计划，全面划定永久基本农田，提高土地利用效率。开展绿色生活行动，倡导绿色低碳消费。

建立生态文明制度体系。加大对生态保护区和农产品主产区转移支付力度，创新生态补偿机制。建立陆海统筹污染防治机制。落实污染物排放许可制度，开展排污权有偿使用和交易试点。探索建立用水权交易市场。推进碳排放权交易先行先试。完善企业环境行为评价约束制度，严厉查处环境违法违规行为。完善环境监测预警机制，提高环境风险防控和突发环境事件应急能力。

（四）坚持开放发展，着力再造竞争新优势。坚持改革不停顿、开放不止步，打好改革攻坚战，提升城市国际化水平，努力在新一轮改革开放中走在前列。

构建开放型经济新体制。制定国际城市战略实施纲要及年度行动计划。复制推广上海等自贸试验区经验，推行准入前国民待遇加负面清单管理制度。积极申办自由贸易试验区。推进出口加工区转型升级为综合保税区。加快建设跨境电子商务综合试验区，推进青岛邮政跨境电商产业园、胶州湾国际物流园建设，积极申建国家铁路临时开放口岸。推动即墨开发区升级为国家级经济技术开发区。发挥胶州多式联运海关监管中心优势，打造综合贸易枢纽。争取董家口一类口岸开放，力争开通青满欧铁路货运班列，创新多式联运新模式，打造"一带一路"国际大通道。推进公共检测服务平台建设，加快电子口岸平台和国际贸易"单一窗口"建设，打造高效口岸通关模式。

提高开放型经济发展水平。深度融入国家"一带一路"战略，扩大与沿线国家和地区的交流与合作，提升"引进来"和"走出去"的质量效益。创新利用外资方式，鼓励外资以参股、并购等方式参与企业兼并重组。制定实施青岛与世界500强和全球行业领军企业合作行动计划。扩大金融、教育、养老、医疗、文化等服务领域开放。推进货物贸易向优进优出转变，扩大机电产品和高新技术产品出口。促进服务贸易实现跨越发展，创建国家服务外包示范城市。支持外贸综合服务平台建设。培育一批国家、省级外贸生产基地和外贸品牌小镇。优化进口结构，建设进口商品促进中心和分销中心，推动内外贸融合发展。加快中德生态园、欧亚经贸合作产业园和中韩、中日创新产业园建设。推动境外经贸合作园区建设。发挥中美、中英地方经贸合作重点城市双向开放作用，深化与国际友好城市、友好合作关系城市的全方位交流与合作。加大对口帮扶力度，加强区域经济合作。

深化重要领域和关键环节改革。大力推进简政放权、放管结合、优化服务改革，进一步削减、下放行政审批事项，全面清理前置审批事项，优化行政审批流程，强化事中事后监管。加快公共资源交易改革，实现服务、管理与监督相分离，建立健全统一规范的公共资源交易平台。全面开展区市综合行政执法改革。完成国内贸易流通体制改革发展综合试点任务。推进旅游业改革创新先行区建设，完善旅游管理体制，做大做强市场主体。深化财税体制改革，实行跨年度预算平衡和中期财政规划管理。改革财政资金运作方式，壮大股权投资引导基金规模。加强政府性债务管理。加快财富管理金融综合改革试验区建设，积极申请第二批创新试点政策。组建金融衍生品交易中心等要素市场，完善财富管理基础业态。支持地方法人金融机构综合经营试点，鼓励大企业发起设立或参与组建金融机构。发挥蓝海股权交易中心作用，引导企业通过上市、发行债券、私募股权等渠道直接融资。完善金融风险处置应急机制，严厉打击非法集资行为，积极防范和化解金融风险，进一步优化金融生态。

激发各类市场主体活力。深化商事制度改革。鼓励非国有资本参与国有企业改革，稳妥推进国有企业混合所有制改革试点。加大国有企业职业经理人市场化选聘力度。加强国有资产监管，提高国有资本运营效率。支持非公有制经济健康发展，激发非公有制经济活力和创造力。弘扬企业家精神。依法保护公民和各类市场主体财产权和创新收益。加快价格改革步伐，建立大宗商品价格指数体系。

（五）坚持共享发展，着力增进人民福祉。坚持以人民为中心的发展思想，解决好事关群众切身利益的问题，努力提高群众对居住环境、看病就医、文化生活等方面的满意度。重点办好 10 件 36 项市办实事。

提高教育质量。推进教育综合改革，增强学生的社会责任感、创新精神和实践能力。重视学前教育普惠发展，新建改建幼儿园 60 所。推动义务教育均衡发展，鼓励优质中小学跨区域合作办学，改造 100 所农村义务教育薄弱学校。落实乡村教师支持计划。统筹解决城镇普通中小学大班额问题，95% 的中小学达到市现代化学校标准，确保 5 所寄宿制普通高中投入使用。建设中小学标准化食堂 200 所。优化职业院校布局，推动中职、高职、本科一体化人才培养。加快幼儿师专建设和省轻工工程学校扩建。山东大学青岛校区正式招生。加快建设中国科学院科教融合基地、中国科学院大学海洋学院和对外经贸大学青岛研究院，推进青岛农业大学平度创新创业基地建设。健全终身教育体系。提升特殊教育发展水平。支持和规范民办教育发展。建设教育管理公共服务平台，85%的中小学建成智慧校园。加强教育国际交流与合作，积极引进国内外优质高等教育资源。承办全国第五届中小学生艺术展演。

促进就业创业。落实就业优先战略，加强经济政策与就业政策配套衔接，完善重点建设项目与扩大就业联动机制。促进以高校毕业生为重点的青年就业和城镇困难人员、残疾人就业，加强对灵活就业和新就业形态的扶持，城镇新增就业30万人。推进大众创业和返乡创业工程，实施高校毕业生创业引领计划，扶持创业3万人。推行终身职业技能培训制度。完成职业农民技能证书培训1.5万人。

完善社会保障制度。落实全民参保计划，抓好扩面征缴工作。建立完善补充医疗保险制度，完善城乡居民大病保险制度。提高企业退休人员基本养老金标准。提高城乡低保标准，实施新的城乡困难居民医疗救助制度。支持慈善事业发展，完善大救助平台，让困难群众及时得到救助。完善重度残疾人护理补贴和困难残疾人生活补贴制度，加快残疾人小康进程。建设30处社区小型养老机构，支持社会力量提供养老服务。新增养老床位4000张。完善长期护理保险制度，为60周岁以上老年人购买意外伤害保险。实行60—64周岁老年人半价乘坐公共交通工具。发展临终关怀事业。建立健全农村留守儿童和妇女、老人、残疾人关爱服务体系。扩大住房租赁补贴保障范围，完成住房保障8000套（户）。加快城中村改造。启动棚户区改造6万户，其中主城区2.4万户。

提前完成脱贫攻坚任务。健全精准识别机制，全面核查贫困村和贫困人口，做到精准到户、精准到人。落实脱贫工作责任制，坚持专项扶贫、行业扶贫和社会扶贫联动，通过培育特色产业、就业创业、兜底保障、教育保障、医疗保障、交通保障等综合措施，市定标准内 3 万农村贫困人口全部脱贫。

推进健康青岛建设。加快城市公立医院综合改革，巩固县级公立医院改革成果。坚持医药分开，实行分级诊疗，巩固基本药物制度。推进市公共卫生中心、第八人民医院、眼科医院新院区等项目建设。实施"互联网＋"医疗健康行动计划，建设数字化医院。争取建设国家级中医药健康服务业综合示范区。加强全科医生、家庭医生和乡村医生队伍建设，促进医疗资源向基层和农村流动。鼓励社会办医。完善医疗纠纷调解机制，构建和谐医患关系。落实一对夫妇可生育两个孩子政策。探索建立计划生育特殊家庭保障体系。

强化重点领域专项治理。开展消费市场秩序专项整治，加大餐饮、住宿、交通、旅游等服务领域执法力度，以零容忍的态度严厉打击侵害消费者权益行为。落实安全生产"党政同责、一岗双责、失职追责"要求，强化生产经营单位主体责任。实施化工产业安全环保转型升级工程，提升安全生产、环境治理和节能降耗水平。深入实施"食安青岛"行动，抓好食品安全源头治理，开展食品安全定性定量检测 6.5 万批次、农产品质量快速检测 20 万批次，创建国家食品安全城市、农产品质量安全市。深化城市管理执法体制改革，推进管理重心下移，提升智慧化精细化管理水平。下气力治理乱停车、露天烧烤、占路经营、违章建筑等城市顽疾，下决心规范机场、车站周边秩序，巩固卫生城市创建成果。坚持公交优先，实施公共交通换乘优惠。推进公共停车场建设，改造道路交通拥堵节点，新建改造道路交通安全设施 450 处。实施公路安全生命防护工程，完成农村公路隐患整治 1000 公里。加强城乡公共消防设施建设。

建成公共信用信息平台，整合共享公共信用信息，完善社会信用体系。加强信访法治化建设，开展信访积案攻坚化解年活动。加强普法教育。深化平安青岛建设，构建社会治安立体防控体系，健全社会矛盾排查预警和调处化解综合机制，严密防范、依法惩治违法犯罪活动。开展基层应急能力提升年活动，推进应急管理标准化建设，加强市民应急培训和中小学生应急体验教育。

四、加强政府自身建设

深入贯彻落实法治政府建设实施纲要，依法全面履行政府职能，不断提高政府的公信力和执行力，加快建设法治政府、创新政府、廉洁政府和服务型政府。

（一）坚持依法行政。在市委的坚强领导下，自觉接受人大法律监督、工作监督和政协民主监督，坚决执行人大及其常委会的决议、决定，落实重大事项向人大及其常委会报告、向政协通报制度，认真听取各民主党派、工商联、无党派人士和人民团体的意见。扎实做好建议提案办理工作，切实提高办理工作落实率和代表委员满意率。推进行政决策科学化、民主化、法治化，提高决策质量和水平。深入贯彻《立法法》，积极推动重点领域立法，更好发挥法治的引领和规范作用。全面落实行政执法责任制，规范行政执法行为。健全法律顾问制度，依法开展行政调解、行政裁决工作。加强政府工作人员法治教育，自觉做到尊法学法守法用法，自觉运用法治思维和法治方式开展工作，营造良好的法治环境。

（二）深化政务公开。推进政府预算和决算向社会公开，所有财政拨款的"三公"经费逐步公开。推进公共资源配置、重大建设项目批准和实施、社会公益事业建设等重点领域信息公开。推行"互联网+"政务服务，推进行政权力网上规范透明运行。启动政务大数据中心建设，扩大政府数据向社会开放。规范政府新闻发布，加强政策解读，积极及时回应群众关注的热点难点问题。继续开展"三民"活动，整合政务服务热线，发挥网络在线问政、行风在线等互动平台作用，主动自觉地接受舆论监督和公众监督。

（三）**改进政府作风**。巩固扩大"三严三实"专题教育成果，抓好"两学一做"学习教育。加强干部队伍教育培训，提高综合素质和专业素养。持续寻标对标达标夺标创标，不断加速提升创新增效落实。继续开展进现场解难题促转型稳增长抓落实工作推进活动，深入开展走访千家企业、走进千个项目现场、走谈千个项目活动。落实联系服务代表委员、基层单位等制度。建立健全政策落实的责任机制、奖勤罚懒的激励机制和常态化的督查问责机制，把先行先试与明知故犯、探索实践与我行我素、无意过失与违纪违法区分开来，着力解决能力不足而"不能为"、动力不足而"不想为"、担当不足而"不敢为"的问题，推动形成想作为、敢作为、善作为的良好风尚。

（四）**建设廉洁政府**。坚持纪严于法、纪在法前，认真贯彻落实《中国共产党廉洁自律准则》《中国共产党纪律处分条例》。严格按照党的原则、纪律、规矩办事，不滥用权力，不违纪违法。加强对维护党章、执行党的路线方针政策和决议情况的监督检查，确保政令畅通。持之以恒落实中央八项规定精神，紧盯重要节点，畅通监督渠道，创新监督方式，严肃整治顶风违纪行为，严防"四风"现象反弹回潮。坚持"一岗双责"，落实从严治党主体责任，严格责任追究。加强对权力运行的制约监督，建立健全权力清单、责任清单和负面清单制度,扎紧织密制度的笼子。探索推进"互联网+"廉政,深化全程电子监察。加强对重大决策部署落实情况的监督检查和跟踪审计,实现对公共资金、国有资产、国有资源和领导干部经济责任履行情况审计监督的全覆盖。坚决查处违纪违法案件,加大对发生在群众身边腐败问题的查处力度,积极构建不敢腐、不能腐、不想腐的有效机制,进一步营造风清气正、务实为民、干事创业的良好环境。

各位代表,新的一年充满新的希望,新的征程承载新的梦想。我们一定牢固树立政治意识、大局意识、核心意识、看齐意识,更加紧密地团结在以习近平同志为总书记的党中央周围,在中共青岛市委的坚强领导下,凝心聚力,奋力进取,为加快建设宜居幸福的现代化国际城市作出更大贡献!

宁波市
政府工作报告

——2016 年 2 月 22 日在宁波市第十四届
人民代表大会第六次会议上

各位代表：

现在，我代表市人民政府向大会报告工作，请予审议，并请市政协委员和其他列席人员提出意见。

一、2015 年主要工作和"十二五"发展成就

2015 年是不平凡的一年。我们面对错综复杂的宏观环境和繁重艰巨的改革发展稳定任务，在市委的坚强领导下，认真落实党的十八大和十八届三中、四中、五中全会精神，深入贯彻习近平总书记系列重要讲话精神，紧紧围绕省委"八八战略"和"两富""两美"浙江建设，主动适应经济发展新常态，全面实施市委"六个加快"和"双驱动四治理"战略决策，扎实推进经济社会转型发展三年行动计划，较好地完成了市十四届人大五次会议确定的目标任务。实

现地区生产总值 8011.5 亿元, 增长 8%; 完成财政总收入 2072.7 亿元、增长 11.4%, 其中一般公共预算收入 1006.4 亿元、增长 8.2%。

一年来, 我们主要抓了五个方面的工作:

（一）**精准施策, 千方百计稳定增长。**针对内外市场需求疲软、大宗商品价格下降、经济下行压力增大等情况, 加强经济运行监测分析, 强化"双底线"管理, 打好稳增促调组合拳。推动工业和外贸稳定增长, 规上工业增加值增长 3.8%, 工业技改投资增长 35.4%, 外贸进出口连续三年保持 1000 亿美元以上。抢抓国家实施"中国制造 2025""互联网 +"等战略机遇, 培育新产业、新业态、新模式, 装备制造业、医药制造业增加值分别增长 5.9% 和 10.1%, 网络零售额增长 59.7%, 跨境电子商务试点进出口总额达到 81.4 亿元。加快现代服务业发展, 全国首家专业航运保险公司开业运营, 直接融资总额达到 1371.3 亿元, 宁波现代国际物流园区成为全国现代港口物流品牌示范区, 老外滩升级为中国著名商业街。社会消费品零售总额增长 12%, 商品房成交面积增长 38.7%。发展休闲农业、都市农业, 农业生产保持稳定, 成功创建国家现代农业示范区, 渔山列岛海域成为国家级海洋牧场示范区。

（二）**破难攻坚, 扎实推进重点工作。**深入实施经济社会转型发展三年行动计划, 加强协调服务和要素保障, 新开工重大项目 261 个、续建 420 个、建成 155 个。扩大有效投资, 完成固定资产投资 4506.6 亿元, 增长 13%。轨道交通 2 号线一期、铁路宁波站交通枢纽等项目建成投用, 吉利动力总成中国制造中心、大榭东华能源一期、中海油三期等项目基本建成, 宁波新能源汽车、康龙化成生命科技、康达医疗等产业园开工建设, 上海大众宁波基地扩建等项目加快推进。积极参与"一带一路"、长江经济带建设, 港口经济圈建设纳入长三角城市群规划，成功获批中国（宁波）跨境电子商务综合试验区和国际邮件互换局（交换站）。推进现代化枢纽港建设，大宗商品和航运交易发展迅速，"海上丝路宁波出口集装箱运价指数"登陆波罗的海交易所，宁波舟山港集装箱吞吐量达到2063万标箱。成功举办首届中国中东欧国家投资贸易博览会、第十七届浙洽会、中国航海日和中国网博会等重大活动。

（三）**改革创新，切实增强发展活力**。加快国际贸易"单一窗口"和口岸大通关建设，实施区域通关一体化和"区区联动"试点，深化全国保险创新综合示范区建设，获批全国普惠金融综合示范区，推广政府与社会资本合作模式，推进国企"瘦身强体"，实现建设项目排污权交易全覆盖。开展国家新型城镇化综合试点，实施城市总体规划、土地利用总体规划、环境功能区划"三规融合"，推进户籍制度改革试点、不动产登记改革和农村产权制度改革，国有林场改革顺利完成。加快政府职能转变，完善"四张清单一张网"，并向乡镇（街道）全覆盖。深化综合行政执法体制改革，完善社会信用体系，实施政府常务会议集体学法制度，加大正风肃纪力度。加快新材料科技城、国际海洋生态科技城建设，引进国际材料基因工程研究院、海洋研究院等创新机构，培育特色小镇和众创空间，电商经济创新园区开园运营，宁波杭州湾新区、梅山国际物流产业集聚区、中意宁波生态园加快发展。优化创业创新环境，设立"四大产业基金"，出台人才新政，实施"五证合一、一照一码"改革和简易注销改革试点，成为国家知识产权区域布局试点城市。发明专利授权量5412件，新增创新型初创企业1848家。

（四）**统筹协调，加快提升城乡品质**。完善大交通体系，加快三门湾大桥、杭州湾大桥杭甬高速连接线建设，栎社国际机场三期扩建、穿山港铁路支线和宁波至奉化城际铁路开工建设，铁路货运北环线全线通车，宁海通用机场顺利获批。优化城乡基础设施，新江桥、夏禹路建成通车，主干道快速化改造稳步实施，水库群联网联调和"两江同治6+1"工程启动建设，五大应急泵站建成投用。实施"提升城乡品质，建设美丽宁波"行动计划，扎实推进"三治理一提高"行动，开展"海绵城市"、地下综合管廊城市和垃圾分类试点，垃圾焚烧项目建设有序推进，乡镇污水处理设施实现全覆盖，农村生活污水治理覆盖率稳步提高。"三江六岸"品质提升步伐加快，中山路整治提升、"两路两侧"整治和城市门户区、高速出入口升级改造全面推进。大力改善生态环境，支持四明山区域生态发展，整治重污染行业，实施"黄标车"全面禁行，淘汰改造高污染燃料锅炉，镇海电厂搬迁有序推进，渔场修复振兴"一打三整治"行动成效明显。节能减排目标全面完成。

（五）改善民生，保持社会和谐稳定。十方面民生实事圆满完成。城镇新增就业17.8万人，城乡居民收入分别达到4.8万元和2.6万元，分别增长8.4%和9%。推进社保制度统一并轨，提高低保和养老金标准，扩大医疗救助范围，医保参保人员大病保险制度实现全覆盖。实施持证残疾人免费乘坐市区公共汽车、地铁政策。以成片危旧住宅区为重点的棚户区改造有序开展，提供保障性安居工程3.2万套。推进文化繁荣发展，出台历史文化名城保护规划，加快市图书馆新馆建设，组建宁波交响乐团，新闻客户端"甬派"上线运营，它山堰成为世界灌溉工程遗产，文明城市创建深入推进。提升发展社会事业，宁波大学成为省首批重点建设高校，工程学院新校区基本建成，宁波杭州湾汽车学院、李惠利东部医院建成投用，全国首家云医院上线运营，家庭医生制签约服务全面实施，成功举办第十七届市运会和首届宁波国际马拉松赛。创新社会治理，健全立体化社会治安防控体系，严厉打击违法犯罪活动，完善信访维稳和矛盾化解机制，构建食品药品安全"两网五体系"，推进重点领域"打非治违"，安全生产事故和死亡人数继续下降。

各位代表！2015 年是"十二五"规划的收官之年，我们为"十二五"发展划上了圆满的句号。五年来，我们深入贯彻落实省委、省政府和市委的决策部署，认真执行市人大及其常委会的决议决定，全市经济社会发展上了一个新台阶。

五年来，我们坚持扩总量、促增量、提质量，综合实力稳步提高。经济平稳健康发展，地区生产总值年均增长 8.3%，人均地区生产总值超过 1.6 万美元。财政总收入、一般公共预算收入年均分别增长 12.1% 和 13.6%。国际强港建设稳步推进，宁波舟山港集装箱吞吐量全球排名由第六位上升到第四位，集装箱海铁联运量年均增长 44%。人才规模不断扩大，拥有"千人计划"人才 271 名，人才总量达到 187.2 万人。创新能力稳步提高，获批全国首批质量强市示范城市、国家知识产权示范城市，创新能力跃居全国第八位。城市品牌稳步提升，荣获全国文明城市"四连冠"和中国小康社会建设示范奖，成为世界文化遗产城市和"东亚文化之都"，基本公共服务满意度居全国 38 个大中城市第二位，政府透明度连续多年位居副省级城市和计划单列市首位，多次荣获"中国最具投资吸引力城市""中国最具幸福感城市"称号。

五年来，我们坚持强创新、调结构、增后劲，转型发展步伐加快。深化国家创新型城市试点，发明专利授权量年均增长 35%，研究与试验发展经费支出占地区生产总值比重从 1.6% 提高到 2.4%，高新技术企业从 662 家增加到 1519 家。扩大有效投资，完成固定资产投资 1.7 万亿元，建成铁路 158 公里、高速公路 111 公里；轨道交通从无到有，建成运营里程达到 49 公里。建设工业强市，实施"四换三名"工程，规上工业总产值达到 1.4 万亿元，高新技术产业、装备制造业增加值占规上工业增加值比重分别达到 37% 和 45.4%。培育现代服务业，服务业增加值占地区生产总值比重提高到 47.4%，社会消费品零售总额年均增长 14.5%，金融机构本外币存贷款余额年均分别增长 10.6% 和 10.8%，年旅游总收入达到 1233 亿元。发展现代农业，集约化、专业化、组织化和社会化水平稳步提高，建设现代农业园区 231 个、粮食生产功能区 80 万亩。

五年来，我们坚持促改革、扩开放、增合作，发展活力不断增强。全面深化改革，实施重点改革项目 110 个，商事制度、金融保险、新型城市化、社会事业、农业农村等领域改革加快推进，新增上市公司 25 家、"新三板"挂牌企业 65 家，巨灾保险稳步实施，民间投资占比达到 48.1%。加大政府改革力度，推行政府法律顾问制度，支持仲裁机构建设，调整完善大榭开发区管理体制，行政审批事项大幅减少，非行政许可审批事项全面取消。扎实开展党的群众路线教育实践活动和"三严三实"专题教育，认真接受人大依法监督、政协民主监督、司法监督和社会监督、舆论监督，办理代表建议 2951 件、政协提案 2915 件，制定和修改政府规章 43 件。实施城市国际化行动纲要，新增国家级开发区（功能区）3 个、友好城市 26 个，成为"一带一路"战略支点城市。开放型经济提质增效，外贸出口总额位居全国第八位，跨境电子商务进出口总额位居全国试点城市前列，完成境外投资 83 亿美元。以"宁波周"活动为载体，深化与国内外城市合作，实际利用外资 172 亿美元、引进内资 3324 亿元，浙商甬商项目实际到位资金 2165 亿元。对口支援帮扶和"山海协作"取得新成效。

五年来,我们坚持抓统筹、促协调、优环境,城乡面貌加快改善。推进新型城市化,拉开现代都市框架,推动城市基础设施和公共服务向农村延伸,常住人口城市化率从 68.6% 提高到 71.1%,城乡统筹发展水平居全国前列。加快中心城区建设,构筑"两心一轴、三江六岸"核心景观体系,东部新城、南部商务区基本建成,镇海新城、"两江北岸"建设稳步推进,东钱湖成为国家级旅游度假区。加强城市规划建设和精细化管理,打通"断头路"80 条,整治主干道 40 条、背街小巷 274 条。区域统筹力度加大,南北两翼发展焕发新活力,"千人计划"产业园、宁南贸易物流区、南部滨海新区、象保合作区等特色平台加快建设,卫星城市地区生产总值年均增长 12.8%。幸福美丽新家园建设成效明显,建成全面小康村 613 个、中心村 101 个、特色村 85 个,完成农房"两改"3000 万平方米、21.9 万户,农村发展面貌和农民生活水平逐步改善。城乡基础设施建设步伐加快,杭甬客专、绕城高速、穿山疏港高速、象山港大桥建成投用,轨道交通形成"十字型"运营骨架,城乡客运一体化率达到 95%,能源、通信、污水、垃圾处理设施进一步完善。加强生态文明建设,实施循环经济、低碳城市试点,"五水共治""三改一拆""四边三化"稳步推进,消灭垃圾河 282 公里、治理黑臭河 647 公里,"三改"、拆违分别完成 5841 万平方米和 5345 万平方米,淘汰落后产能企业 569 家、黄标车 11 万辆,单位生产总值二氧化碳排放量累计下降 20%,主要污染物减排任务全面完成。

五年来,我们坚持保基本、办实事、防风险,民生福祉全面提升。加大民生支出力度,公共财政用于民生投入年均增长 17.2%。城乡居民收入稳步提高,年均分别增长 10.5% 和 11.7%,收入比缩小到 1.81 ： 1。推进国家级创业型城市建设，培育创业主体 49.3 万家，城镇新增就业 81 万人。社会保障逐步健全，基本养老、基本医疗保险参保人数分别达到 403 万和 382 万，最低工资标准、企业退休人员基本养老金、城乡居民基础养老金标准分别提高 69%、46% 和 162%。养老服务体系基本建成，每千名老人拥有养老床位数达到 36 张。实现扶残助残爱心城区创建全覆盖。城乡居民人均住房面积分别达到 40.3 平方米和 49.3 平方米。打造文化强市，文化广场建成投用，奥体中心加快建设，中国大运河（宁波段）申遗成功，基本形成"城市 15 分钟、农村 30 分钟"文化服务圈。繁荣发展社会事业，改扩建中小学（幼儿园）510 所，教育公平水平居副省级城市首位，每千人医生数达到 3.7 人。深化平安宁波建设，公共安全、应急管理、防灾减灾和"12345 政务热线"整合扎实推进，社会治理法治化进程加快，食品药品安全监管得到加强，安全生产形势持续稳定好转。防范处置企业"两链"风险，加强房地产市场调控，金融生态环境、政府性债务结构持续改善。哲学社会科学、档案史志事业取得新进步。国家安全、国防动员和双拥工作不断深化，老龄、计生、工青妇、关心下一代、慈善、红十字事业稳步发展，民族、宗教、外事、侨务、港澳台等工作进一步加强。

各位代表！在国内外形势严峻复杂、困难挑战增多、自然灾害多发的情况下，过去五年的发展成绩来之不易。这是党中央国务院、省委省政府和市委科学决策、正确领导的结果，是市人大、市政协有效监督、大力支持的结果，也是全市上下团结奋斗、顽强拼搏的结果。在这里，我代表市人民政府，向全市人民，向市人大代表、市政协委员，向离退休老干部，向各民主党派、工商联、人民团体和社会各界人士，向驻甬人民解放军和武警部队官兵，向在甬部省属机构，向"宁波帮"和帮宁波人士，向所有关心支持宁波发展的海内外朋友们，表示衷心的感谢！

各位代表！面对新形势、适应新常态、实现新发展，我们也清醒地看到发展中还存在不少问题。主要有：经济增长动力不够强，新兴产业、现代服务业发展相对滞后，实体经济运行比较困难，创新驱动、改革推动和开放带动需要进一步加强；中心城区集聚辐射能力、城乡融合发展水平有待提高，宁波都市区建设需要进一步加快；资源约束趋紧，环境承载力下降，人口老龄化压力增大，经济社会领域潜在风险较多，基本公共服务、社会治理和民生保障力度需要进一步加大。同时，政府工作水平有待提升，一些工作人员的看齐意识、法治意识、改革意识和担当意识不够强，懒政怠政、消极腐败现象仍然存在，法治政府、创新政府、廉洁政府、服务型政府建设任重道远。对此，我们将坚持目标导向和问题导向，采取更加有力的措施，认真加以解决。

二、"十三五"发展的主要目标和重点任务

"十三五"发展，既面临大有作为的重大战略机遇期，也面临诸多矛盾相互叠加的严峻挑战。根据市委关于制定"十三五"规划的建议，我们制定了"十三五"规划纲要（草案），提请大会审议。

今后五年，我市发展的主要目标是：高水平全面建成小康社会，为全面建成现代化国际港口城市打下坚实基础。地区生产总值年均增长 7.5%，一般公共预算收入年均增长 7.5%，居民收入提高与经济增长同步，力争提前实现"四翻番"，使综合实力更强劲、城乡区域更协调、生态环境更优美、人民生活更幸福、治理体系更完善。

围绕上述目标，我们将坚持以"五大发展理念"为引领，按照跻身全国大城市第一方队和建设中国特色社会主义"四好示范区"的要求，着力建设创新型城市，着力打造港口经济圈，着力构建宁波都市区，着力提升国际化水平，加快构筑"一圈三中心"，加快形成引领经济发展新常态的体制机制，在厚植优势中增强发展动力，在补齐短板中提升发展整体性。

一是打造创新大平台，进入全国创新型城市和人才强市行列。加快新材料科技城、国际海洋生态科技城、宁波杭州湾新区建设，支持中科院宁波材料所、中国兵科院宁波分院等平台做大做强，争创国家自主创新示范区。规划建设一批特色小镇，打造集聚创新要素、发展特色产业、"产城人文"有机融合的功能平台。培育众创、众包、众扶、众筹空间，推动大学生留学生创业园、"千人计划"产业园等平台提升发展。强化企业创新主体地位，推进产学研协同创新，壮大创新型初创企业和高成长企业，形成一批具有国际竞争力的创新型领军企业。到 2020 年，高新技术企业达到 2500 家，众创空间和创客服务中心达到 100 家，高新技术产业增加值占规上工业增加值比重提高到 40%，研究与试验发展经费支出占地区生产总值比重达到 3%。创新财政科技资金分配机制，发展科技服务业，深化科技成果使用处置和收益权管理改革，不断优化创业创新生态体系。加强创业创新人才培养引进，推进国际教育合作，创新职教人才培养模式，完善人才评价激励机制，加快建设人才生态最优市。

二是构建开放大格局，打造港口经济圈、经贸合作交流中心和港航物流服务中心。深度融入"一带一路"、长江经济带战略，加快构建义甬舟开放大通道，规划建设梅山新区，建设跨境电子商务综合试验区，争设综合保税区、自由贸易港区和国家临空经济示范区。打造多式联运国际枢纽，共同建设江海联运服务中心，推进甬金铁路、甬舟铁路、沪嘉甬跨海通道、杭甬高速复线等项目，加快建设"海甬欧"贸易物流通道和宁波华东地区集装箱海铁联运示范通道。到 2020 年，宁波舟山港集装箱吞吐量达到 2600 万标箱以上。完善"海上丝路指数"体系，提升航运金融、航运保险、航运人才、船舶交易的服务水平，打造国际海事服务基地，建成全国有影响力的多商品定价和交易中心。加快浙江海洋经济核心示范区建设，推进海港、海湾、海岛联动发展，打造海洋特色新兴产业基地和科技兴海创新基地。培育国际竞争合作新优势，打造国际贸易总部基地，建设国家进口贸易促进创新示范区，促进利用外资和"走出去"扩量提质。优化开放合作制度环境，扩大国际人文交流合作，提高城市开放度和国际影响力。到 2020 年，外贸进出口总额超过 1200 亿美元。

三是促进产业大转型，建设制造业创新中心和经济强市。推进信息化与工业化、制造业与服务业融合发展，做大做强新材料、高端装备、新一代信息技术、港航物流和生命健康产业，提升发展绿色石化、智能家电、时尚纺织服装等优势制造业，在文化创意、金融、旅游、海洋高技术、新能源汽车、通航产业等领域形成一批新增长点。提升制造业核心竞争力，推进"四换三名"工程，争创"中国制造 2025"试点城市，打造标准强市、质量强市、品牌强市和制造强市，建设一批新型工业化示范基地，促进国际产业合作园、产业集聚区和开发区提质增效发展。深化国家服务业综合改革试点，做精做强贸易物流、现代金融、创意设计、信息服务等生产性服务业，推动旅游休闲、健康养老、教育文化体育等生活性服务业向精细化、品质化转变，建设一批月光经济夜市街区，打造国家电子商务示范城市和国内一流休闲旅游目的地。着力构建金融生态示范区,争创国家级保险创新综合试验区,加快全国普惠金融综合示范区建设。到2020年,服务业增加值比重提高到50%。实施"互联网+"行动计划,构建城市大数据中心,完善信息基础设施,推动信息经济蓬勃发展。建设国家现代农业示范区,推进粮食蔬菜生产功能区、主导产业集聚区和绿色都市农业示范区建设,壮大现代种业、远洋捕捞业、农产品加工业、休闲农业和生态循环农业。

四是推动功能大提升,形成更具集聚辐射能力的宁波都市区。加强与舟山协调发展,扩大与台州、绍兴、嘉兴等城市的合作,推动创业创新互促共进、交通设施互联互通、公共服务共建共享、生态环境协同共保。加快新型城市化,实施主体功能区战略,优化城市功能结构和市域城镇体系,增强中心城区集聚辐射功能,促进北翼地区融合发展,推动南翼地区统筹发展,加快卫星城市和中心镇创新发展,推进四明山区域生态发展。到2020年,常住人口城市化率达到74%。健全现代化基础设施,推进东部新城、姚江新城、空港新区建设,建成栎社国际机场三期扩建工程和轨道交通1号线、2号线、4号线、3号线一期,推进杭甬城际铁路项目和轨道交通5号线一期、6号线,组建运营宁波航空公司,加快中心城区至县(市)城际铁路建设,完善快速路网和跨江通道,创建国家公交都市,基本建成"两江同治6+1"工程。加快城乡统筹发展,深化户籍制度改革和农村产权制度改革,推进城乡基础设施一体化和基本公共服务均等化,加快智慧交通、智慧城管、智慧民生发展,完善综合行政执法体制,争创全国城乡统筹发展示范城市。提升城市文化品位,弘扬"宁波精神",完善公共文化服务体系,创建全域化更高水平的文明之城,基本建成特色鲜明的文化强市。推进国防教育、国防动员、人民防空和双拥优抚安置工作，促进军民融合深度发展，争创全国双拥模范城"七连冠"。

五是抓好环境大优化，创建全国生态文明先行示范区和投资环境最优城市。优化生态功能区布局，强化生态带管理和生态环境治理，培育生态经济和低碳循环产业，倡导绿色生活方式，全面节约高效利用资源，完善生态文明制度体系，创建国家级生态园林城市。深入实施"提升城乡品质，建设美丽宁波"行动计划，加快建设品质城区、美丽县城、特色城镇和富美农村，基本实现县县无违建。到 2020 年，主要污染物排放总量大幅减少，黑臭河和地表劣 V 类水质断面全面消除，$PM_{2.5}$ 浓度明显下降，生态安全屏障基本形成，使宁波的天更蓝、水更清、地更净、景更美。深化以"四张清单一张网"为重点的政府自身改革，以要素配置市场化为重点的经济体制改革，以基本公共服务均等化为重点的社会体制改革，以创新基层社会治理为重点的乡镇（街道）行政体制改革，在全省率先基本建成法治政府，构建法治化、国际化、便利化水平更高的国际营商环境。

六是确保民生大改善，构建品质更高的民生幸福之城。坚持民生优先，创新供给方式，促进基本公共服务总量扩大、质量提高、均衡发展，不断提升人民群众的获得感。深化国家级创业型城市建设，推行终身职业技能培训制度，加强高校毕业生、农业转移人口、就业困难人员等重点人群的创业就业服务。促进城乡居民持续增收，力争农村居民收入增长高于城镇居民收入增长、低收入农户收入增长高于农村居民收入增长。建成覆盖城乡、公平普惠的社会保障体系，加快改善困难群众居住条件，健全以低保为基础、"救急难"为重点的社会救助体系。到 2020 年，户籍人口基本养老保险、基本医疗保险覆盖率达到95%。率先实现教育现代化，构建公益普惠学前教育公共服务体系，促进义务教育优质均衡，推动基础教育水平提升，引进和打造若干所高水平大学和特色学院，建成国家现代职业教育开放示范区。推进健康宁波建设，深化医疗卫生事业改革发展，健全覆盖城乡的基本医疗卫生制度，完善分级诊疗体系，扶持中医药事业发展，提高居民健康水平。强化人口综合服务管理，积极应对人口老龄化。加强和创新社会治理，完善立体化社会治安防控体系，建成公共法律服务体系，实施最严格的食品药品质量追溯制度，不断提升公共安全保障水平。

各位代表，今后五年的目标任务十分繁重。我们坚信，经过全市人民的共同努力，"十三五"发展的宏伟蓝图一定能够实现！

三、2016年主要工作

2016年是"十三五"的开局之年，也是实现市第十二次党代会目标、完成经济社会转型发展三年行动计划的最后一年。当前，国内外经济形势错综复杂，不确定因素很多，下行压力依然较大。综合分析各方面因素，建议2016年经济社会发展的主要预期目标为：地区生产总值增长7.5%，一般公共预算收入增长7.5%，宁波舟山港集装箱吞吐量增长6%；城乡居民人均可支配收入分别增长7.5%左右和7.5%以上，城镇新增就业15万人，居民消费价格指数103%左右；节能减排降碳指标完成省定任务。

2016年工作的总体要求是：全面贯彻党的十八大和十八届三中、四中、五中全会精神，认真落实习近平总书记系列重要讲话精神，按照"五位一体"总体布局和"四个全面"战略布局的要求，以"五大发展理念"为引领，以"八八战略"为总纲，深入实施"六个加快"和"双驱动四治理"战略决策，扎实推进经济社会转型发展三年行动计划，适应和引领经济发展新常态，坚持改革开放，坚持稳中求进，千方百计扬优势，全力以赴补短板，坚持不懈增活力，统筹兼顾促均衡，努力保持经济社会平稳健康发展，实现"十三五"发展良好开局。

做好 2016 年工作，需要我们突出重点、开拓进取，以新作为谋新发展。围绕扬优势，我们将抢抓机遇、深化改革，不断放大港口优势、提升开放优势、增强制造业优势、扩大消费优势，提高发展的质量效益；围绕补短板，我们将找准问题、聚焦难点，着力强化创新驱动、扩大有效投资、壮大服务经济、加强环境治理、防范化解风险，增强发展的整体性；围绕增活力，我们将创新举措、改进服务，大力促进企业降低成本、消化库存和增强实力，提升发展的动能；围绕促均衡，我们将统筹兼顾、注重共享，扎实推进城乡品质、公共服务和民生保障持续优化，增进发展的协调性。

在具体工作中，把加强供给侧结构性改革放在突出位置，着力抓好以下五个方面的工作：

（一）突出发展质量效益，提高创新发展水平

推进"三年行动计划"。全力抓好"五水共治"、现代产业培育、城市功能提升、民生福祉改善、发展基础强化"五大工程"建设，确保"三年行动计划"圆满收官。新开工重大项目 186 个，续建 327 个，建成 153 个，完成投资 2190 亿元。加强重大项目的谋划和储备，优化土地和资金保障，推动 PPP 试点项目落地实施。谋划编制新一轮"三年行动计划"。

强化创新驱动发展。实施"科技领航"和创业引领计划，培育

一批创新型初创企业、高成长企业和领军企业。引导企业加强技术、产品、管理和商业模式创新，推动企业走出去并购技术和品牌，支持企业上市，鼓励企业到"新三板"、股权交易中心挂牌。引导在甬央企、大型民企发展贸易物流等业态。建设产学研战略联盟，加快技术研发与应用产品示范推广，强化关键共性技术、装备和标准的研究攻关。推进新材料科技城和国际海洋生态科技城建设，积极培育特色小镇和众创空间，扶持科研院所和产业技术研究院加快发展，争创国家自主创新示范区。开展国家科技和金融结合试点地区建设，争创国家科技成果转化行动试点城市，培育科技服务业和技术大市场，提高创新成果转化效率。加强知识产权管理服务，推进专利区域布局试点。研究与试验发展经费支出占地区生产总值比重达到 2.45%。

增强产业竞争实力。积极争创"中国制造 2025"试点城市。加快石墨烯、汽车电子、新能源汽车等新兴产业发展，深化"四换三名"工程，实施智能制造、绿色制造、"互联网＋制造"示范工程，推动传统优势产业高端化、品牌化、国际化发展。规上工业增加值增长 5.5% 以上。推进建筑工业化。大力培育服务经济，加快现代金融、跨境电商、文化创意等产业发展，提升生活性服务业品质，推进宁南贸易物流区、电子商务"一城两区一中心"和电商经济创新园区建设。加快国家现代农业示范区和都市农业园区建设，完善现代农业经营和科技金融支撑体系，支持农村青年、高校毕业生、返乡人员领办合作社和家庭农场，培育发展农村电商等新业态，努力提高农业精细度、农村美丽度和农民富裕度。

落实企业减负稳增促调政策。完善企业减负机制，深入实施降低实体经济企业成本行动，切实降低制度性交易成本、税费负担、社保费率、财务成本、要素价格和物流成本，推动企业发展提质增效。积极破解小微企业发展空间、融资渠道、政策支持、公共服务等共性问题，推进小微企业产业园、标准厂房建设，支持小微企业创业创新发展。健全优胜劣汰机制，稳妥处置"僵尸企业"，鼓励企业兼并重组。以满足新落户居民需求和推进棚改货币购房为重点，管控土地供应，打通供需通道，推动房地产业平稳健康发展。

有效扩大"三大需求"。加大有效投资，优化投资结构，突出基础设施、新兴产业、生态环保和民生领域投资，固定资产投资增长 10% 以上。坚持"优出优进"，推动跨境电商、服务外包和名特优产品出口较快增长，积极扩大进口，力争外贸出口增长 2%。培育新的消费热点，促进健康、养老、信息、旅游、文化、体育等新型消费，做大做强月光经济、节庆经济，提升市民"菜篮子"品质。完善商贸流通网络，实施宽带网络提速降费行动，强化消费维权法律保障。优化消费市场环境，加快商品交易市场提升和放心市场建设。社会消费品零售总额增长 10%。

创新发展体制机制。深化"四张清单一张网"建设，加快行政审批制度改革，健全招投标监管协调机制，推进综合行政执法、税收征管和行政复议改革，全面完成新一轮公务用车改革。完善现代市场体系，实行差别化资源要素定价机制，推进公共信用信息平台建设，培育规范中介服务机构，完善政府和社会资本合作模式，健全质量评价指标体系。推进亩产倍增计划和建设用地总量与强度"双控"行动，强化城乡建设用地规模和开发强度的刚性约束。集聚发展总部型、特色型金融机构，启动运营股权交易中心，加快发展产业基金、PPP 投资基金。强化经营性国有资产统一监管，做强做优国资运营平台。完善农村产权流转交易和宅基地有序流转机制。深入实施人才新政，优化人才服务机制，鼓励创办科技型中小企业。

（二）注重统筹协同联动，提高协调发展水平

健全基础设施。加快栎社国际机场三期扩建，组建宁波航空公司，推进甬舟铁路、沪嘉甬跨海通道、杭甬高速复线项目前期，力促甬金铁路开工建设。深化国家公交都市示范城市创建，建成东苑立交一期，推进轨道交通2号线二期、3号线一期和4号线建设，确保1号线二期通车运营。强化地下空间开发利用，推进"海绵城市"、地下综合管廊城市建设试点。建设智慧城市运营中心。

推进区域联动。深化"多规融合"，统筹抓好市区行政区划调整优化，构建统一衔接、功能互补、相互协调的空间规划体系。提升中心城区集聚辐射能力，加快空港新区、大榭穿鼻岛开发建设，完善科技创新、国际贸易、航运服务和总部经济功能，提高人才、科技、资本等要素集聚水平。推动余姚、慈溪和宁波杭州湾新区融合发展，延伸宁波杭州湾新区的产业链、创新链，加快姚北新城、胜陆公路建设，支持慈溪转型发展。促进奉化融入中心城区，推动宁海、象山跨越式发展，加快南部滨海新区开发建设，科学保护利用象山港区域。加强精准帮扶，推进四明山区域生态发展。

提升城乡品质。做精中心城区，实施核心景观、形象品质、文化特色、基础设施、民生服务、生态环境提升"六大行动"，加快中山路整治提升和"三江六岸"品质提升，推进夜景美化和塘河整治。做优美丽县城，抓好核心城区美化提质、县城与新区美丽连线、基础设施品质提升与交通畅行、特色文化传承与民俗文化彰显、公共服务保障与活力城市提升"五大行动"。打造美丽乡村升级版，实施农村环境卫生整治、生态环境建设、安居宜居美居、美丽乡村示范创建"四大行动"，加强村庄规划、农房设计和特色传统村落

保护。推进"三改一拆",深化无违建县(市)区、乡镇(街道)创建,加大城中村改造力度。加强城市精细化管理,完善村民自治,提升城乡治理水平。

协调推进"文化小康"。加强社会主义核心价值观建设,推进全域化更高水平文明之城创建。提升市民素质和社会文明程度,弘扬众创文化、诚信文化和爱心文化,打响"爱心宁波尚德甬城"品牌。推进城市文化公园、农村文化礼堂和社区文化家园建设,抓好历史文化村落保护试点。深化文化体制改革,整合媒体、演艺、出版、影视等行业资源,推动媒体融合发展。培育文化产业,加快象山影视城发展,促进华强非遗博览园开园运营。举办首届宁波特色文化产业博览会,办好"东亚文化之都"系列活动,深化国际文化交流合作。实施全民健身工程,加快奥体中心建设,办好中日韩青少年运动会和宁波(梅山)国际马拉松赛。

(三)狠抓生态环境改善,提高绿色发展水平

加大环境保护治理力度。推进"五水共治",严格落实"河长制",加快"两江同治6+1"工程建设,抓好源头控制、截污纳管、达标排放、生态修复。强化工业废气、粉尘扬尘、建筑渣土和汽车尾气污染治理,加快燃煤电厂超低排放技术改造和高污染燃料锅炉改造淘汰,推进镇海电厂搬迁。深化"四边三化""两路两侧"专项整治,推进矿山复绿和公路两侧青山白化整治。加强土壤污染监测和治理,抓好重金属污染防治。坚持依法治渔,加快渔场修复。加强生态功能区和生态带建设,完善生态环境动态监测网络,依法严惩环境违法行为,努力把绿水青山护得更美。

促进低碳循环发展。深化低碳城市试点,完善市场化碳减排机制,推行碳排放权交易。大力发展循环经济,加强废弃物资源化综合利用，扩大农村生活垃圾分类处理试点，城区生活垃圾无害化处理率达到 100%。择优发展临港产业。大力推广绿色建筑。培育壮大节能环保产业，推进微电网和智能电网发展。

推动资源集约高效利用。探索资源环境要素交易制度。推广先进节能技术，实施节能改造项目 500 项，年节能 50 万吨标煤以上。推广合同能源管理，完善能耗强度总量"双控"责任制。加强用水总量和效率控制，提高工业用水重复使用率和污水处理厂再生水回用率。强化用地节地责任考核，大力清理闲置用地，开发利用低丘缓坡荒滩，复垦利用工矿废弃地，加强城镇低效地再开发，加大永久基本农田保护力度，进一步提高土地集约利用水平。

（四）坚持互利共赢合作，提高开放发展水平

推进港口经济圈建设。加快构建多式联运国际枢纽，完善沿海、长江内支线和近洋支线布局，推进梅山保税港区集装箱码头建设。共同建设义甬舟开放大通道和江海联运服务中心，加快沿海沿江中转网络和铁矿石分拨中心建设。健全宁波华东地区集装箱海铁联运示范通道功能，拓展"海甬欧"货源，力争海铁联运集装箱量较快增长。完善港航服务体系，培育大型港口物流集团，加快临港物流产业发展，建立"海上丝路指数"平台。推进"三互"口岸大通关建设，全面完成国际卫生港创建。办好第二届中国中东欧国家投资贸易博览会、中国航海日活动。

提升发展开放型经济。加强外贸自主品牌建设，培育本土外贸综合服务企业，推进跨境电子商务综合试验区建设，争创全国贸易便利化综合试验区，争取国家市场采购贸易、口岸通关便利化、跨境人民币结算和汽车平行进口试点，鼓励先进技术设备、关键零部件和资源性产品进口。扩大服务贸易规模，推进服务外包园区建设。

优化利用外资环境，引进智能装备、海洋装备等优质大项目，实际利用外资 45 亿美元。积极培育"走出去"主体，加快建设境外投资创业基地，争创国家级境外经贸合作区。

完善国际化合作载体。积极谋划梅山新区建设，推进综合保税区、自由贸易港区申报。整合提升重点开发区域，加快中意宁波生态园、北欧工业园、中东欧工业园和象保合作区建设，促进特色园区国际化、高端化、品牌化发展。深化与中东欧国家城市的合作，支持企业到中东欧国家建设经贸产业合作园区。加强国际人文交流合作，大力引进多边国际会展、活动和赛事。充分发挥"宁波帮"和帮宁波人士作用，进一步密切与国际友好城市的交流合作。

深化区域交流合作。精心办好"宁波周"活动，深度融入长三角一体化发展，加强与国内中心城市和重点区域的交流合作，扩大投资贸易往来，拓展港口腹地。加大内资引进力度，促进浙商甬商回归。推进"活力浙东"建设，共建浙东经济合作区。深化"山海协作"和对口支援帮扶，推进山海协作产业园建设，提高援疆、援藏、援黔、援青等工作成效。

（五）优化公共服务供给，提高共享发展水平

拓宽增收通道。完善收入分配制度和劳动报酬增长机制，多渠道促进居民增收，加大对低收入群体增收的帮扶力度。实施就业优先战略和创业带动就业政策，加强高校毕业生就业服务和创业指导，培养新型职业农民，强化就业困难人员帮扶。完善人才和职业培训体系，实施"技能宁波"行动计划，建设世界技能大赛集训和全国高技能人才培养示范基地。

完善社保体系。深化医保改革，适度降低市区职工医保缴费费率。完善大病保险制度，实现职工和城乡居民大病保险政策体系、

待遇范围、享受办法"三统一"。稳步推进机关事业单位养老保险制度改革。完善社会救助体系,扩大低保救助覆盖面,促进慈善事业发展。加强对特殊人群、特殊困难的精准帮扶。健全养老服务体系,完善医养结合模式,探索长期护理保险制度。推进公租房和廉租房并轨运行,强化房屋使用安全管理。加快以成片危旧住宅区为重点的棚户区改造,提高货币化安置率,新启动项目70个、面积500万平方米。

推进教育现代化。推动学前教育公益普惠、义务教育优质均衡、高中教育特色多样。深化中小学课程改革,加快转变育人模式。建设高水平大学和特色学院,推进与浙江大学的战略合作。加快培养高端技术技能型人才,深化国家职业教育与产业协同创新试验区、国家现代职业教育开放示范区建设。启动宁波供应链创新学院项目,推进教育国际合作与交流综合改革试验区建设。完善全民终身教育体系,提升特殊教育发展水平,支持民办教育发展。

建设健康宁波。深化医药卫生体制改革,推进李惠利东部医院综合改革试点,加快药品耗材采购和定价机制改革。建设区域医联体,加快优质医疗资源"双下沉、两提升",构建分级诊疗体系,推进家庭医生制签约服务,让城乡居民享受更优质、更便捷的医疗服务。实施医教研一体化,推进宁波医学中心建设,启动市第一医院异地建设项目前期和市康复医院扩建项目。推进云医院建设,开展健康大数据应用试点。落实一对夫妇可生育两个孩子政策。做好国家卫生城市复查迎检工作。

提升群众安全感。完善基层社会治理"八大体系",推进"网格化管理、组团式服务",加快公共法律服务体系建设。推进信访制度改革,畅通群众诉求渠道,依法处理和多元化解社会矛盾。健全立体化社会治安防控体系，严密防范和严厉打击违法犯罪活动，深化出租房专项整治。创新流动人口服务管理。推进应急指挥平台和防灾减灾救灾体系建设，完善突发事件应对机制，促进巨灾保险更加惠民。强化安全生产主体责任，夯实安全生产基层基础。加强食品药品安全治理，建设国家食品安全示范城市。依法打击非法金融活动和恶意逃废债行为，推进不良资产化解处置，确保不发生区域性金融风险。全力做好 G20 峰会维稳安保工作。支持国防建设和军队改革，形成军民融合深度发展新格局。

各位代表！ 2016 年我们将继续加大力度，办好一批关注度高、惠及面广、当年见成效的民生实事，让广大人民群众共享更多更好的发展成果。

各位代表！新时期、新目标、新任务，对提高政府执行力和公信力提出了新的要求。我们将扎实推进法治政府建设，增强法治思维，科学民主决策，完善依法行政制度体系，严格规范公正文明执法，自觉接受人大依法监督、政协民主监督和司法监督，主动接受社会监督和舆论监督，切实把行政行为纳入法治的轨道。我们将扎实推进创新政府建设，加快政府职能转变，强化供给侧结构性改革和制度创新，积极运用互联网创新治理方式，完善支持科技创新、产业创新的体制机制，搭建创业创新、便民利民的服务平台，健全减轻企业负担、提高公共财政绩效的政策体系，推出激发市场活力、提升监管效率的工作举措，努力提供高效公共服务和优质公共产品。我们将扎实推进廉洁政府建设，深入践行"三严三实"，坚持不懈纠正"四风"，严格落实全面从严治党主体责任，严格规范"三重一大"集体决策行为，严格加强政府内部层级监督、专门监督和审计监督，以良好的政风谋发展、促改革、保稳定。我们将扎实推进服务型政府建设，深化政务公开，简化办事环节，加强统筹协调，提高服务质量，坚决整肃懒政怠政行为，坚决消除不作为和"中梗阻"现象，打通"最后一公里"，把政策措施落实到底，把公共服务送到基层，切实提高政府服务水平和群众满意度。

各位代表！干在实处永无止境，走在前列要谋新篇。让我们更加紧密地团结在以习近平同志为总书记的党中央周围，在市委的坚强领导下，振奋精神、真抓实干，为实现"十三五"发展良好开局，为高水平全面建成小康社会而努力奋斗！

厦门市
政府工作报告

——2016年1月19日在厦门市第十四届
人民代表大会第五次会议上

市长 裴金佳

各位代表：

现在，我代表市人民政府向大会报告工作，请予审议，并请市政协委员和列席人员提出意见。

一、2015年和"十二五"工作回顾

2015年，我们在市委的正确领导下，深入贯彻党的十八大和十八届三中、四中、五中全会精神，认真落实习近平总书记系列重要讲话和对福建、厦门工作的重要指示精神，全面实施美丽厦门战略规划，深化改革开放，突出创新驱动，加快产业转型、城市转型、社会转型，较好完成全年各项任务。多数经济指标增幅逐月回升，完成地区生产总值3466亿元，增长7.2%。全社会固定资产投资1896.5亿元，增长20.6%；财政总收入1001.7亿元，增长10.2%，

其中，地方级财政收入606.1亿元，增长11.5%，这些指标增幅均位居全省前列。城乡居民人均可支配收入增幅均高于同期经济增速；居民消费价格上涨1.7%；万元生产总值耗电、耗水分别下降4.5%和3.6%，年度节能减排任务全面完成。

一年来主要工作和成效：

（一）加快转变发展方式，经济发展质量效益不断提高

产业转型步伐加快。出台促进工业稳增长11条、加快智能制造发展10条、大众创业万众创新35条、扶持小微企业8条等措施。制造业质量竞争力指数88.99，工业化信息化融合发展指数90.49，居全国前列。联芯、天马微电子二期、三安集成电路、电气硝子等一批龙头项目进展顺利，建成全国最大LED外延芯片制造基地。实施中国制造2025行动计划，启动24个机器换工项目，技改投资占工业投资近70%。软件信息业务收入增长23%，生物与新医药产业链产值增长17.8%，海洋产业增加值增长10.8%，文化产业增长20%，网络零售额增长60%。接待境内外游客6035.8万人次，增长13%；旅游总收入832.3亿元，增长15.2%。国际投资论坛等四项展会获亚洲杰出展会奖。海港货物和集装箱吞吐量分别增长2.5%和7.1%，增幅居沿海主要港口前列。金融机构本外币存、贷款余额分别为8876亿元和7567亿元，增长16%和13.9%。在国家现代服务业综合试点城市复评中名列第一。高标准农田、现代设施农业、菜篮子基地建设加快，41家农业产业化龙头企业实现产值362亿元，销售收入349亿元。

产业平台建设加快。实施主体功能区战略，启动建设46平方公里的同安、翔安两个高新技术产业基地和8平方公里的丙洲、美峰两个现代服务业基地，规划建设环东海域东部新城、翔安南部新城、马銮湾新城，强化产业项目准入遴选。软件园三期、清华紫光集成电路产业园、生物医药港等产业功能区进展顺利，岛内老工业厂房改造提升加快。软件园二期创新社区建设初见成效，实现产值483亿元，增长20.1%。火炬高新区"一区多园"建设加快，规上工业产值占全市41.4%。省内协作经济区有序推进。

大众创业万众创新蓬勃发展。成为小微企业创业创新基地城市示范，获中央财政9亿元专项支持，构建29个双创集聚片区和92个众创空间。获国家科技计划立项420个。新建5个市级公共技术服务平台，新认定重点实验室、工程中心10家。实行"研究院＋企业＋地方"三方共建，设立军民融合协同创新研究院等产学研平台。高新技术企业突破1000家，规上高新技术产业产值3315.9亿元，占规上工业产值65.9%。全市各类专利授权1.1万件，每万人拥有有效发明专利14.13件。落实"互联网＋"行动计划，获批国家信息消费示范城市。加快各类人才培育引进，2300多人入选"海纳百川"人才计划。

（二）加快打造国际一流营商环境，改革开放引向深入

自贸试验区建设取得阶段性成果。全面落实李克强总理考察厦门时所作"先行先试、敢闯敢试，显现特色、活力四射"重要指示，实施52项制度创新，其中全国首创18项。"一照一码"在全国复制推广，率先建设国际贸易单一窗口，创新"三互"口岸监管机制，启用关检一站式查验平台。实施外资"准入前国民待遇＋负面清单＋备案管理"模式，引进企业7584家，注册资本1102亿元。扩大服务业开放，加快金融改革创新，跨境电商、融资租赁、航空维修、文化保税等新兴业态快速发展。成立国际商事仲裁院、国际商事调解中心、两岸知识产权智库，承接253项省级行政许可事项，法治化服务环境加速形成。

重点领域改革实现新突破。深化行政审批制度改革，公布实施权力清单、责任清单和公共服务清单，市级权力事项精简 51.3%。"多规合一"改革成为全国可复制推广样板。成立不动产登记局。基本完成事业单位分类。进一步完善商事登记制度，强化事中事后监管，健全征信体系，商事主体年报公示率 93.3%。推行一系列国资国企改革，19 家市属国企资产增长 13.8%，利润增长 5.3%。设立产业引导基金和城市发展基金。获批国家专项建设基金 86.5 亿元，占全省 31%。发行 90 亿元地方政府债券，启动首批 10 个 PPP 试点项目。300 多个项目纳入政府购买服务范围。获批内贸流通体制改革试点，城市配送网点覆盖率超 60%。

国际化水平持续提升。合同利用外资 41.6 亿美元，增长 45.9%；实际利用外资 20.9 亿美元，增长 6.2%。走出去步伐加快，境外投资成倍增长，突破 20 亿美元。进出口总额 832.9 亿美元，增幅高于全国平均水平。开通厦蓉欧、中亚国际货运班列，时间比海运缩短一半，开辟了台湾及东南亚地区货物经厦门往返欧洲中亚的便捷通道。厦航开通厦门直飞阿姆斯特丹、悉尼洲际航线。实行外国人 72 小时过境免签，空港口岸实行全天候通关。获准实施离境退税政策。中国-东盟海洋合作中心落户厦门。邮轮母港出入境艘次和人次均增长 2 倍。成功举办厦洽会、首届中国-新西兰市长论坛、国际海洋周、国际时尚周、国际纪录片大会、中国-东盟邮轮经济城市合作论坛、第八届世界福建同乡恳亲大会、第十届世界同安联谊大会。

对台交流融合不断深化。海沧青创、一品威客、宸鸿科技被授予海峡两岸青年创业基地。设立台企快车服务中心、两岸企业搭桥中心，为台商投资提供一站式服务。厦台海运快件常态化运作。厦门口岸台湾食品进口批次占大陆三分之一。新设台资项目（含转第三地）增长 1.2 倍，实际利用台资增长 61.2%。率先开展对台跨境人民币贷款，企业提款金额占大陆试点总量 85%。跨海峡人民币代理清算金额累计 537.1 亿元。率先试行卡式台胞证。厦金"小三通"运送旅客 164 万人次，增长 16.2%。成功举办第七届海峡论坛，工博会、文博会、两岸乐活节、民间艺术节等活动影响力增强。

（三）加快推进城乡建设，承载力和宜居度持续提升

城市建设有序推进。加快重大基础设施互联互通，地铁、翔安机场、海沧新港区、城市快速路系统加快建设。建筑业总产值 1106.9 亿元，增长 25.5%。成为全国唯一海绵城市、地下综合管廊双试点城市，获中央财政 20 多亿元专项支持。已建成纳入综合管廊的市政管线 210 公里。规划建设 35 个公共停车场。建成公共自行车道 205 公里、站点 435 个。长泰枋洋水库引水隧道全线贯通，莲花水库主坝顺利完工。基本完成岛内外自来水厂清水互补环状供水体系。完成 37 处城市易涝点改造。生活垃圾分类处理厂、西部垃圾焚烧发电厂一期等投入使用。目前国际上输送容量最大的 100 万千瓦柔性直流变项目投入运营。

城市管理更加精细化。推进城市综合管理试点，完善源头管控，开展占道经营、违章停车、油烟噪音扰民等 12 个专项整治，拆除违建 913.6 万平方米。新增优化公交线路 75 条，增投出租车 600 部。53 家运输企业、879 辆渣土车纳入管控平台实时监控。成为餐厨废弃物资源化利用和无害化处理试点城市，生活垃圾无害化处理率 100%。连续三届入选中国十大智慧城市，统一实名认证服务和预约挂号两个平台获世界互联网大会表彰。鼓浪屿整治提升取得成效，53个申遗核心要素加快修缮，历史文化魅力日益彰显。

美丽乡村建设持续深入。统筹推进新型城镇化，落实支农强农惠农政策，转移农村富余劳动力1.2万人，农村居民可支配收入居全省首位。开展造血式扶贫，老区扶建资金由200万元提高到1000万元。实施新村建设、旧村改造、老区山区村改造项目15个，建设移民美丽家园11个。农村有线电视入户率99.9%。探索生态资源保护、产业形态丰富、百姓增收致富良性循环机制，院前社闽台生态文化村建设取得成效，洪塘村、军营村获评中国最美休闲乡村，14个村庄获评省级美丽乡村建设示范典型村。

城乡生态环境持续优化。通过国家生态市考核验收，14个涉农镇街均获评国家级生态镇，93.6%行政村获评省级生态村。专项整治工业污染，淘汰高排放产业，加大黄标车淘汰力度，加强城市道路、建筑施工、堆场料场扬尘治理，空气质量优良率99.18%，在全国74个重点城市中排名第二。落实水污染防治行动计划，饮用水源水质达标率100%。推广许溪、过芸溪整治经验，全面开展九条小流域综合治理。完成环筼筜湖30个和杏林湾52个排污口截污、环岛路42处排洪沟截流，城镇污水集中处理率93.4%。编制海洋生态红线，完成海域清淤1200万立方米。造林绿化950公顷，新增城市园林绿地414公顷，完成水土保持治理667公顷。

（四）加快完善基本公共服务，民生保障更加有力

社会事业繁荣发展。新改扩建中小学项目25个，开建公办幼儿园19所，分别新增学位2万个和5000个。获批全国三个校园足球改革试验区之一。21所中职学校与185家企业建立校企合作实训平台。第二医院三期投入使用，复旦中山厦门医院、厦大附属翔安医院等启动建设，弘爱医院等社会资本办医项目进展顺利。流动人口计生基本公共服务均等化和社会融合示范试点取得成效。国家海峡版权交易中心挂牌成立。国内规划面积最大的儿童公园一期、二期建成开园。成为全国体育产业联系点城市。厦门国际马拉松连续九年获评国际田联路跑金牌赛事，促进了群众性体育运动蓬勃开展。山海协作、对口帮扶工作扎实推进，老龄、残疾人工作不断加强，妇女儿童合法权益得到保障，民族团结宗教和睦，人防海防、档案方志工作全面进步。

民生改善力度加大。总投资 2.4 亿元的 14 件为民办实事项目全部完成。全年新增就业 18 万人。实施新一轮职业技能培训补贴政策和高校毕业生创业引领计划。企业最低工资标准调高至每人每月 1500 元。设立规范化镇街劳动仲裁派出庭和社区劳资纠纷综合调解室。城乡居民基本医疗保险筹资财政补助标准提高至 470 元，高出国家标准 90 元。调整医疗服务价格 1108 项，全面取消耗材加成，社区诊疗报销比例提高至 93% 以上。在全国率先实现慢性病患者分诊 20% 目标。降低门诊和住院医疗费社会统筹医疗基金起付标准，每年可减轻参保人员负担 1.5 亿元。在北上广三地 24 家医院试点医保就地一站式结算。企业退休人员基本养老金提高至月人均 3118 元，居全国前列。建成 366 个居家养老服务站。完成老旧小区改造 19 个，开工建设保障性安居工程 5107 套，基本建成 7290 套。社会福利和慈善事业持续发展，气象、防震、防灾减灾工作稳步提升。

共同缔造成效显著。全国社区治理创新工作会议在厦举行，民政部等在全国推广共同缔造经验。建成镇街、村居全覆盖网格化信息平台，社区普遍成立社企共建理事会。完成村居换届选举。加快"三社联动"，打造 143 个典范村（社区），持证社会工作者占全省 42%，登记备案社会组织 3675 个。强化危化品、燃气、电梯等重点领域安全监管,安全生产各项指标大幅下降,形势总体平稳向好。深化建设平安厦门,在全国率先实施多元化纠纷解决机制地方性法规。建成"阳光信访"信息平台,来信来访批次、人数分别下降34.8%和23.5%。开展打黑除恶、围点整治等专项行动,八类严重暴力刑事立案数下降20%。顺利通过全国双拥模范城创建工作考评。荣获全国文明城市"四连冠"。

政府自身建设不断加强。深入开展"三严三实"专题教育,严格落实中央八项规定精神和国务院约法三章,强化效能建设、行政监察和审计监督。基本完成各级行政服务中心标准化建设,办事群众满意率99%。清理规范涉企收费,企业减负超120亿元。分类管理退税企业,办理退税412.2亿元,增长17.2%;网上办税占92%。全市"三公"经费支出减少16.9%。全面完成"六五"普法。坚持依法行政,法治政府评估保持全国前列。提请市人大常委会审议法规草案6件,制定规章2件;修改规章17件、废止13件。在全国率先建立规范性文件网上审查系统,全面落实行政自由裁量权基准制度。主动公开政府信息3.5万件。政府与法院、检察院、工会互动机制不断完善。自觉接受人大法律监督、工作监督和政协民主监督,认真办理市人大代表建议337件、市政协提案497件,办复率均为100%,满意率分别为97.9%和95.8%。

各位代表!"十二五"期间,我们牢牢把握中央支持福建加快发展的重大历史机遇,扎实推进产业升级、体制创新等十大行动计划,经济社会发展取得明显进步。一是综合实力得到新提升。地区生产总值年均增长10.6%,人均GDP1.4万美元。规上工业总产值突破5000亿元,年均增长12.7%。财政总收入突破1000亿元,年均增长15%,地方级财政收入年均增长16%。全社会固定资产投资累计 7277.7 亿元。三次产业结构从 1.0 ： 51.1 ： 47.9 调整为 0.7 ： 43.8 ： 55.5。平板显示、金融服务、旅游会展 3 条产业链产值分别突破千亿。二是城乡建设迈出新步伐。厦漳跨海大桥、龙厦铁路、厦深铁路、厦成高速建成通车，全国首个自动化码头正式运营，完成厦漳港口一体化整合。城市建成区绿化覆盖率 41%，人均公园绿地 11 平方米，成为国家森林城市。三是改革开放获得新突破。两岸交流合作综合配套改革先行先试 92 项政策，"一区三中心"建设初显成效。完成新一轮政府机构改革，行政审批事项精简 64.6%，名列中国服务型政府十佳城市前茅。实际利用外资 92.4 亿美元，27 家世界 500 强企业在厦投资或增资扩产。外贸综合竞争力居全国百强城市第五位，进出口额占全省 49%。四是改善民生取得新成效。全市财政一般预算 70% 以上投入民生和社会事业。新增城镇就业 75.2 万人，转移农村劳动力 8.7 万人。实现城乡义务教育完全免费和中等职业教育免学费。率先实现大病医保城乡全覆盖，统一城乡居民基本医疗保险政策和最低生活保障标准。开展养老服务业综合改革试点。建成保障性安居工程 5.5 万套。五是社会治理再上新台阶。全面构建"横向到边、纵向到底、协商共治"社区治理体系，实施"以奖代补"项目 932 个，覆盖全市 269 个社区。成为全国社区治理和服务创新实验区，获评全国和谐社区建设示范城市。连续三届获评全国社会治安综合治理优秀城市。荣获全国双拥模范城"八连冠"。

各位代表！成绩来之不易，这是在市委坚强领导下，在人大代表、政协委员大力支持和有效监督下，全市人民齐心协力、艰苦奋斗的结果。我代表市人民政府，向全市人民，向全体人大代表和政协委员、各民主党派、工商联、各人民团体、无党派人士、离退休老同志和社会各界人士，向中央和省驻厦单位、驻厦部队、武警官兵、公安干警，向来厦投资者和劳动者，向关心支持厦门发展的港澳同胞、台湾同胞、海外侨胞和国际友人，表示衷心感谢！

我们也清醒地看到存在的困难和问题，主要有：地区生产总值、固定资产投资、社会消费品零售总额、外贸进出口总额等 4 项指标未能达到"十二五"预期目标，经济下行压力依然较大；龙头企业不多、带动力不足，发展后劲和创新能力亟待增强；违章停车、流动摊贩等现象仍然存在，部分路段在一些时点存在拥堵，城市综合管理还需加强；基本公共服务均等化水平有待提高，教育、医疗、养老等需进一步改善，群众的一些迫切需求尚未得到有效解决，公共安全仍有隐患；政府职能转变还不到位，有的部门回避矛盾、推诿扯皮，有些人员消极作为、不敢担当，个别人员甚至违纪违法。我们要正视这些问题，采取有力措施，认真加以解决。

二、"十三五"时期展望

按照市委十一届十一次全会的部署，我市"十三五"发展的指导思想是：高举中国特色社会主义伟大旗帜，深入贯彻党的十八大和十八届三中、四中、五中全会精神，以马列主义、毛泽东思想、邓小平理论、"三个代表"重要思想、科学发展观为指导，深入贯彻习近平总书记系列重要讲话及对福建、厦门工作的重要指示精神，坚持"四个全面"战略布局，坚持发展第一要务，全面落实中央支持福建、厦门进一步加快经济社会发展的重大决策部署，统筹推进经济、政治、社会、文化、生态文明建设和党的建设，以加快产业、城市和社会转型为主线，以提高经济发展的质量和效益为中心，着力创新发展、协调发展、绿色发展、开放发展、共享发展，形成适应经济发展新常态的体制机制和发展方式,率先全面建成小康社会，争当"五大发展"示范市，建成美丽中国典范城市，为建设机制活、产业优、百姓富、生态美的新福建作出新的更大贡献。

《厦门市国民经济和社会发展第十三个五年规划纲要（草案）》明确经济发展、发展动力、民生福祉、生态文明四大类 30 项主要目标，提出比全国提前三年实现地区生产总值和城乡居民人均收入比 2010 年翻一番；到 2020 年，人均地区生产总值和人类发展指数（HDI）达到中等发达国家水平。

今后五年，经济社会发展主要战略任务是：

（一）以创新驱动加快产业转型。 围绕提升产业竞争力和带动力，构建"5+3+10"现代产业体系，培育形成半导体和集成电路、软件信息服务等一批千亿产业链(群)。大力实施创新驱动发展战略，建立以企业为主体、市场为导向、产学研用相结合的技术创新体系。大力实施质量强市战略，构建先进制造业、现代服务业、现代农业、节能减排、社会管理和公共服务等领域的厦门标准体系。整合提升现有产业园区，新建成两大高新技术产业基地和两大现代服务业基地。以国有企业、财税体制、投融资体制等为重点，整合要素资源，扶持优势产业。规上工业增加值年均增长 10% 左右，第三产业增加值占 GDP 力争突破 60%。全社会研发投入占 GDP 达 4%，科技进步贡献率达 65%，高新技术产业产值占规上工业产值达 70%。

（二）以统筹协调加快城市转型。 大力实施大海湾、大山海城市发展战略，通过"多规合一"和主体功能区规划，完善一岛一带多中心和山海城相融合的城市空间格局，统筹优化岛内中心城区和岛外新城建设，加快岛内外一体化、厦漳泉同城化，实现一体发展、优势互补、合作共赢。通过完善基础设施，提升城市系统性、协调性和承载力、宜居度。统筹建设大路网、大港口、大物流，建成福厦高铁、厦深高铁和 4 条地铁，形成城市快速路网；港口货物吞吐量达 3.4 亿吨，集装箱吞吐量达 1300 万标箱；空港旅客年吞吐量 2900 万人次，翔安机场投入使用；建立大平台、大数据，初步建成国际知名智慧城市。

（三）以绿色低碳推进可持续发展。大力实施大花园城市发展战略，严守生态控制线，涵养保育山体，综合治理流域，修复近海生态，巩固提升水环境和空气质量。节约集约利用资源，发展循环经济。健全生态文明体制机制，加强环境监管能力建设。节能减排降碳和生态环境质量等主要指标保持全国领先水平，实现百姓富与生态美有机统一，走出一条生产稳健发展、生活富裕安康、生态优美宜人的文明发展成功之路。

（四）以开放合作提高国际化水平。主动融入全球经济体系，实施全方位对外开放战略，全面建设自贸试验区，建立与国际通行规则相衔接的体制机制，投资贸易显著便利化。加快推进"一带一路"战略支点城市建设，打造与沿线国家互联互通枢纽、经贸合作枢纽、海洋合作枢纽、人文合作枢纽。进一步拓展对外经贸，加快引进来与走出去，打造更具竞争力的总部基地。申办和引进一批国际知名、市场运作的高端会展和文体赛事，提升城市国际影响力。

（五）以包容共享加快社会转型。着力保障和改善民生，城乡居民收入稳步提高，基本公共服务均等化程度居东部发达城市前列，基本医疗保险参保人数达 353 万人，基本养老保险参保人数达 254 万人，每千名老人养老床位数 40 张。建设文化强市，文化产业成为支柱产业。共同缔造成为全社会自觉行动，市民文明素质和社会文明程度保持全国领先。人民合法权益得到切实保障，社会更加和谐稳定。

（六）以先行先试构建对台战略支点。深化两岸交流合作综合配套改革，服务两岸关系和平发展大局。创新两岸产业、贸易、金融等合作体制机制，拓展多层次多领域往来合作，厦金融合率先取得突破，成为台湾民众赴大陆就业定居首选。对台进出口贸易额突破 100 亿美元，对台跨境人民币业务量突破 1000 亿元，经厦门口岸赴台旅游人数、台湾经厦门口岸进出人数保持大陆首位。厦门成为两岸经贸合作最紧密区域、两岸文化交流最活跃平台、两岸直接往来最便捷通道、两岸同胞融合最温馨家园。

三、2016 年主要工作

2016 年，我们要牢牢把握当前和今后一个时期经济发展的大逻辑，牢固树立和贯彻落实"五大发展"理念，认识新常态、适应新常态、引领新常态，进一步解放思想、锐意改革、大胆创新，弘扬经济特区先行先试、敢闯敢试精神，推动实现更高质量、更有效率、更加公平、更可持续发展。

今年经济社会发展主要预期目标为：地区生产总值增长 8.5%，力争 9%；全社会固定资产投资增长 18%，力争 20%；财政总收入和地方级收入分别增长 8% 和 6.5%；外贸出口增长 3%；实际利用外资增长 6%；社会消费品零售总额增长 12%；城乡居民人均可支配收入分别增长 8.5% 和 9%；居民消费价格涨幅控制在 3% 左右；城镇登记失业率控制在 4% 以内；完成国家和省下达的节能减排任务。

实现上述目标，必须扎实做好以下工作：

（一）推进供给侧结构性改革，着力增强发展新动能

面对深刻的供给侧、结构性、体制性矛盾，通过供给侧改革拓展空间，提高供给结构适应性灵活性，加快实现发展动力转换。

降低企业经营成本。落实好已出台 20 条降低企业成本措施，在降低社会保险费、财务成本、物流成本、制度性交易成本等方面，再出台一批新措施，使企业经营成本明显下降。支持企业提高市场竞争力，加大一业一策、一企一策精准帮扶，帮助有市场有前景的企业渡过难关、焕发生机。引导有竞争优势的龙头企业通过合资合作、产权流转、股权置换等方式并购重组。继续推进简政放权、放管结合、优化服务，大力推进并联审批、网上审批，进一步缩短时限、提高效率。深化商事登记制度改革，加强事中事后监管，营造公平诚信的市场环境。

切实扩大有效投资。更加注重选准投资方向、提高投资效益，下大力气补齐产业平台、工业技改、基础设施、生态环保、民生改善等领域短板，切实提高投资有效性和精准性。全面加快地铁 1 至 4 号线、翔安机场、新港区和港口集疏运体系建设，完善城市快速路系统。着力解决项目前期滞后和征地拆迁难题，加快一批在建项目进度，新开工一批前期较为成熟项目。进一步拓展融资渠道，扩大政府和社会资本合作力度，争取更多上级专项资金支持。

大力发展新技术、新业态、新模式、新产业。坚持高端引领，聚焦重点产业，主攻核心技术，加快推出一批新项目，培育一批新企业。鼓励和引导企业采用新技术、新工艺进行技术改造和产品升级。大力发展电子商务、教育培训、医疗保健、家政养老、体育健身、休闲娱乐等新业态。加快智慧城市和下一代互联网示范试点城

市建设，发展物联网产业，培育发展个性化定制、众包设计、云制造等新模式。集中力量发展集成电路、LED、生物与新医药等战略性新兴产业，抓紧布局石墨烯、碳化硅等未来产业。

有序推进重点领域改革。加快内贸流通体制改革，推动流通信息化、标准化、集约化。深化国有企业改革，完善现代企业制度，加强国资监管。培育壮大民营经济，发展混合所有制经济。加大政府购买服务力度，提高公共服务供给质量和财政资金使用效率，推动"养人"向"养事"转变。加强资源配置，实施公共产品和服务价格改革，完善市场决定价格机制。全面实施不动产统一登记，推进农村土地承包经营权确权登记颁证。

（二）优化产业结构，着力提升产业竞争力

顺应经济从粗放向集约、从简单分工向复杂分工高级形态演进的趋势，从深层次推进结构调整，加快培育新的增长点。

抓好工业稳增长调结构增效益。培育生根型高新技术企业，加快联芯、三安LED二期等在建项目进度，确保电气硝子、天马微二期、开发晶等重大项目建成投产。引导协助宸鸿、友达等龙头企业配套完善产业集群。加快ABB工业中心、金龙汽车整合提升等项目建设。鼓励大博颖精等企业机器换工，争创国家智能制造试点示范基地。加快小微企业创业创新基地城市示范建设，推进思明龙山、湖里华美等双创集聚片区发展。完善金融保障体系，发挥产业基金放大效应，鼓励风投、创投等基金发展。优化创新创业环境，为企业提供早期办公、商业模式构建、团队融合、媒体资讯、教育培训、中介服务等，形成全方位服务双创生态体系。完善人才市场建设，引进、培养大批人才和研发团队。提升知识产权创造、运用、管理和保护能力。深入实施质量强市战略，推动品牌和标准化建设。

推动现代服务业优质高效发展。促进旅游与会展深度融合，打造国际旅游会展名城，创建国家旅游休闲示范城市。加强海洋研究，发展海洋相关产业。打造中转型港口，重点发展集装箱运输、国际航运服务、保税物流。培育金融租赁、消费金融等新兴业态，推动金融与城市建设、实体经济协同发展。大力发展软件信息、工业设计、服务外包、检验检测等生产性服务业。吸引优质企业来厦设立区域性、职能型总部。

做优做精现代都市农业。重点抓好高科技种苗业、设施农业、休闲农业、农产品精深加工业，促进一二三产联动发展。坚持最严格的耕地保护制度，推进高标准农田建设，加快土地整治。推进农业标准化，完善全过程监管体系，确保农产品从农田到餐桌的质量安全。大力培育专业大户、家庭农场、农民合作社等新型经营主体，支持龙头企业发展，提高农业经营集约化、规模化水平。认真做好农业普查工作。

（三）坚持扩大开放，着力提升对外开放水平

围绕打造国际一流营商环境，对标世界先进，接轨国际规则，以法治化、国际化、便利化营商环境促进开放型经济发展。

全面加快自贸试验区建设。以制度创新为核心，在全市复制推广自贸试验区改革经验。推动投资管理制度创新，完善负面清单管理，推出一批扩大开放新举措。深化贸易便利化改革，加快电子口岸建设，拓展单一窗口功能，完善大通关一体化平台。创新贸易监管制度，全面实施海关特殊监管区货物分类监管，推广内销货物分段担保监管。加快服务贸易开放，试点新型免税购物模式，做大跨境电子商务产业园，打造多样化进口商品展示销售中心。用好央行关于金融支持自贸试验区建设30条政策措施，扩大人民币跨境使

用。打造企业注册、外贸管理、口岸通关、保税监管等公共信息平台，提高政府服务管理透明度。

努力提高招商引资水平。强化招商平台建设，深化项目前期策划，完善招商联动机制。组建高水平专业化招商队伍，大力开展上门招商、以商引商等。围绕产业发展方向，加大对知名外企、大型央企、重点民企和台湾百强企业的招商力度，引进填补产业链缺失项目和关键环节。鼓励支持有市场、有效益的企业增资扩产。实施走出去战略，积极参与国际竞争合作。

主动融入国家"一带一路"战略。推进与沿线国家和地区互联互通、经贸合作、人文交流。拓展海空航运服务功能，增辟航线、加密航班，整合海运快件，发展国际中转集拼业务。充分利用厦蓉欧、中亚班列，建设海陆联运大动脉，完善集疏运体系，使厦门成为"一带"与"一路"联结点。加快建设跨境电商、人民币跨境结算和海外投资贸易服务平台。建好中国－东盟海洋合作中心，建成启用厦门领事馆区。把"9·8"投洽会办出新成效，保障好 G20 央行长财长副手会议，办好 21 世纪海上丝绸之路论坛、第五届南洋文化节。

（四）持续推进跨岛发展，着力提升城市功能品质

统筹生产、生活、生态三大布局，统筹岛内外一体化、差异化发展，增强城市生长性，促进城市布局优化、功能提升。

不断提升岛内。围绕增强承载力、提高宜居度，控制开发强度，降低建设密度，提升环境品质，完善城市功能。推动观音山、五缘湾等连片发展，完善鹭江道、火车站等周边配套，打造金融、商务、旅游会展、消费购物中心。加快老旧小区改造和城中村提升，推进湖边水库、高林等片区改造，建设一批停车场，完善公共配套。保护风景名胜、风貌建筑、历史文化街区，挖掘地域文化特质，强化鼓浪屿保护与管理，争创国家历史文化名城。

大力拓展岛外。全力加快建设同安、翔安两个高新技术产业基地和丙洲、美峰两个现代服务业基地，加快开发环东海域东部新城、翔安南部新城、马銮湾新城，做好规划，加强基础设施和学校、医院、文体等公共设施配套，抓紧引进一批带动力强的产业项目，聚集人气商气。加快海绵城市、地下综合管廊建设，推动海沧隧道、翔安机场快速路、前场铁路大型货场、北动车运用所等项目建设，开建莲花水库至西山水厂等3个水源连通工程。整治"四边三节点"，实施旧村改造、老区山区村建设和移民造福工程，改善农村生产生活环境。推进小城镇建设试点，加快实现农业转移人口市民化。

推动区域协作。加快厦漳泉同城化，推动设施互通、产业互补、资源共享。扎实推进厦门龙岩山海协作经济区、厦门泉州（安溪）经济合作区建设，推动临空临港产业园区规划和建设，完成长泰枋洋水库龙津溪枢纽工程和尚吉电站主体工程。深化与闽西南五市和闽粤赣十三市对接合作，做好对口支援新疆、西藏、宁夏、甘肃等地工作。

（五）扩大交流合作，着力促进两岸深度融合

发挥前沿平台优势，用好用足国家赋予的先行先试政策，推动两岸同胞往来更加便利、交流更加密切、利益更加交融。

增进经贸合作。加强与台湾集成电路、医疗养生、现代农业等产业对接合作。加快两岸新兴产业和现代服务业合作示范区、两岸区域性金融服务中心、东南国际航运中心和大陆对台贸易中心建设，组建两岸知识产权银行。加快海峡旅游服务中心建设，丰富对台双向旅游产品，持续打造海峡旅游品牌。对接高雄港、台中港，发展壮大海峡邮轮产业。率先启动厦台跨境电商监管互认试点。全面实

施台湾输大陆商品快速验放。拓展海峡两岸青创基地内涵，大力引进台湾人才，鼓励台湾青年来厦创业生活。

增进交流交往。创新口岸通关监管，积极争取人员往来便利化等涉台审批权限。深化厦金多领域合作。加快五通客运码头三期建设，推动刘五店航道（金门段）投用。持续办好海峡论坛等涉台活动，扩大对台交流品牌影响力。加快海峡两岸教育交流与合作等基地建设。建立社区共建常态化机制，拓展两岸在文化艺术、宗亲联谊、民间社团等方面交流合作。

（六）坚持绿色发展，着力创建美好家园

提升国家生态文明建设示范市和先行示范区水平，进一步增强绿色发展竞争力。

加大节能减排力度。强化环境准入，高标准严控污染物排放总量。支持绿色清洁生产，推广节能产品和技术，鼓励企业技术装备更新改造。发展节能环保产业，建设充电设施，推广新能源汽车及装备。加强综合交通枢纽建设。实行公交优先，优化自行车专用道，鼓励绿色出行。提高建筑节能标准，推进公共建筑节能改造。

狠抓环境治理。实施清洁空气行动计划，重点整治汽车尾气、工业废气、扬尘污染、餐饮油烟。持续推进九条流域综合治理，强化畜禽养殖、农业面源、工业生产等污染防治。开展土壤污染治理和修复。推进海域清淤、岸线整治，开展湿地、沙滩生态修复，严控陆源污染物入海。治理水土流失，实施山水林田湖生态保护，筑牢生态安全屏障。完善城乡污水处理设施，加快环筼筜湖、五缘湾等片区排污口综合治理。推进东部、西部垃圾焚烧发电厂二期、后坑压缩中转站等垃圾处理基地建设，推行垃圾分类，倡导垃圾不落地。

健全生态文明制度。加快建设主体功能区，严格生态控制线管理，建立健全污染企业停产治理、淘汰退出机制，完善环境风险评估和生态补偿机制。扩大排污权有偿使用和交易，开展环境污染第三方治理。推行环境污染责任保险，加快企业环境信用评价信息平台建设。推广环保网格化监管，严肃生态环保责任追究，严厉打击环境违法行为。

（七）加快发展社会事业，着力推动公共服务公平均衡

从社会关注度高的问题入手，尽力而为、量力而行，增加供给、补齐短板，促进公平、普惠、可持续。

加快教育发展。推进重点教育基建项目建设，新增中小学学位2万个，完善随迁子女积分入学及小学、幼儿园招生政策。支持民办义务教育学校开展标准化建设。加强高中多样化办学改革试点。大力发展职业教育，优化专业设置，推进校企合作，扩大订单式人才培养。鼓励兴办国际学校。支持高校内涵发展，发挥高校人才培养、科技创新、文化传播和产业推动作用。营造尊师重教氛围，加强师德校风建设，完善教育质量评价体系。

提升医疗卫生服务。深化医药卫生体制改革，完善分级诊疗体系，加快公立医院改革，鼓励社会资本办医，不断满足多层次医疗需求。扩大"三师共管"慢性病分级诊疗服务范围，增加诊疗病种。加快已批医院建设，完善社区卫生服务站点，打造15分钟健康圈。推进省全科医生培训分中心建设，壮大全科医生和住院医师队伍。

完善医疗服务绩效第三方考评。加强医德医风建设，构建和谐医患关系。做好传染性疾病防控和应急救治。全面实施一对夫妇可生育两个孩子政策，促进人口长期均衡发展。

让市民共享文化成果。大力践行社会主义核心价值观，加强未成年人思想道德建设。弘扬嘉庚精神，汇聚侨心侨力。实施国有文艺院团及公益文化场馆改革试点。打造艺术精品，办好文博会、中国国际钢琴比赛等重大文化活动。加强文化产业公共服务平台建设，鼓励社会力量参与文化发展。深化文化惠民、文化下基层，推动文体设施向公众开放，广泛开展全民健身活动。

（八）提高民生保障水平，着力增强人民群众获得感

守住底线、突出重点、完善制度，更多改善低收入群众生活，更好维护社会大局稳定，让改革成果惠及全体市民。

积极支持就业创业。做好被征地农民和退养渔民、高校毕业生、城镇困难人员、转业退役军人等群体就业创业服务，推动充分就业。加快技师大师工作室项目建设，加强劳动技能培训，壮大高技能人才队伍。全面推广建筑领域预防劳资纠纷长效机制。推进工资集体协商，健全劳动监察和争议处理机制，深入构建和谐劳动关系。

完善社会保障体系。实行差别化医保支付政策，优化不同等级医疗机构报销比例，完善按病种、按服务单元、按项目等多种付费方式。修订补充工伤保险办法，完善大病补充医疗保险、临时救助和医疗救助等制度。全面实施机关事业单位养老保险制度改革，提高基本养老金。推广医养护结合，推进爱鹭老年养护中心、爱心护理院改扩建等项目，增设居家养老服务站，鼓励民办养老机构发展。开工建设保障性安居工程 8082 套，基本建成 4538 套。推行以公租房为主要方式的新型保障制度，健全准入和退出机制。强化社会保障兜底，城乡低保标准提高到每人每月 610 元，有效帮扶困难家庭。促进社会福利、慈善和妇女儿童、残疾人事业健康发展。

加强和创新社会治理。完善城乡社区网格化管理。推进"三社互动"，推广"社工＋志愿者"服务模式。完善社区社会组织登记备案双轨制，建立区、街、社区三级社会组织孵化与服务体系。推进安全生产标准化建设，争创全国安全发展示范城市。建设救灾物资储备仓库，提升防灾减灾和应急处置能力。抓好食品安全城市创建试点，加强安全监管，打击假冒伪劣，维护市场秩序。推进交通改善工作，新增优化一批公交线路。持续创建平安厦门，积极构建"互联网＋"群防群治新模式，健全公共安全体系。强化施工组织，严惩恶意阻工，保障重点项目。抓好社会矛盾源头治理，完善多元化纠纷解决机制，畅通群众诉求表达渠道。持续推进新一轮文明城市创建，打造全国公共文明行为典范城市。推动军民融合深度发展，探索完善政策拥军和国防动员机制，争创全国双拥模范城"九连冠"。

各位代表！完成今年目标任务、实现"十三五"良好开局，要求我们要切实加强政府自身建设。面对新常态，我们不能坐着等、站着看，必须加强学习、提高驾驭经济工作的能力；必须主动作为、积极为基层为企业提供优质服务，全面营造激发发展活力、再创特区辉煌的良好环境。

我们要持续提升政府公信力和执行力。增强担当意识、责任意识和大局意识，强化对重大决策、重要部署的执行力度，面对矛盾不退缩，直面问题不畏难，以过硬的作风抓落实、促发展，切实做到勤勉敬业、守土尽责。加强电子政务建设，构建综合高效的政务服务平台。坚持阳光用权，深化政务公开，以财政预决算、重大项目建设、社会公益事业等领域为重点，推进行政决策、执行、管理、服务和结果公开，保障广大群众的知情权、参与权、表达权和监督权。

我们要持续加强民主法治建设。进一步强化法治思维，将政府活动全面纳入法治轨道。坚持立改废释并举，制定实施地方性法规法定配套文件。健全综合执法机制，坚持严格规范公正文明执法。

启动"七五"普法。加强新型智库建设，促进依法决策，认真履行重大行政决策公众参与、专家论证、风险评估、合法性审查、集体讨论决定等法定程序。自觉接受人大及其常委会法律监督、工作监督和政协民主监督，认真办理人大代表建议议案和政协提案。广泛听取各民主党派、工商联、无党派人士和各人民团体的意见建议。

我们要持续建设廉洁政府。巩固"三严三实"专题教育成果，严格落实中央八项规定精神和国务院约法三章，坚持不懈纠正"四风"。严格落实"一岗双责"，把纪律和规矩挺在前面，深入推进党风廉政建设和反腐败工作。坚持用制度管权管事管人，减少自由裁量权，做到政策公开、透明、可预期。严控"三公"经费，建设节约型机关。从土地出让、工程招投标、规划管理、财政资金使用等重点领域入手，全面加强财政监督、审计监督和社会公众监督，严厉查处违纪违法案件。

各位代表！新的一年，我们面临的任务艰巨繁重，肩负的责任重大光荣。让我们紧密团结在以习近平同志为总书记的党中央周围，在市委的坚强领导下，凝心聚力、扎实工作，更好发挥经济特区龙头带动作用，为加快建设美丽中国典范城市而努力奋斗！

深 圳 市

政府工作报告

——2016 年 1 月 31 日在深圳市第六届
人民代表大会第二次会议上

市长 许 勤

各位代表：

现在，我代表深圳市人民政府向大会作政府工作报告，请予审议，并请各位政协委员和其他列席人员提出意见。

一、2015 年工作回顾和"十二五"发展成就

2015 年是落实市第六次党代会部署的开局之年，是全面完成"十二五"目标任务的收官之年。我们深入贯彻落实党的十八大和十八届三中、四中、五中全会，习近平总书记系列重要讲话及对深圳工作重要批示精神，在党中央国务院、省委省政府和市委的坚强领导下，按照"五位一体"总体布局和"四个全面"战略布局，围绕建设现代化国际化创新型城市目标，坚持解放思想、真抓实干，突出质量引领、创新驱动、绿色低碳，着力稳增长、优结构、促改

革、惠民生、防风险，较好地完成了市六届人大一次会议确定的目标任务。

初步核算，本市生产总值 1.75 万亿元，增长 8.9%。规模以上工业增加值 6785 亿元，增长 7.7%。固定资产投资 3298 亿元，增长 21.4%。辖区公共财政收入 7238.8 亿元，地方一般公共预算收入 2727.1 亿元，分别增长 30.4% 和 30.9%。进出口总额 2.75 万亿元，其中出口 1.64 万亿元，连续 23 年居国内城市首位。社会消费品零售总额 5017.8 亿元，增长 2%。居民消费价格涨幅 2.2%。

（一）**着力推动经济稳增长**。面对世界经济复苏乏力、外需市场低迷不振、经济下行压力贯穿全年的严峻形势，着力打好政策"组合拳"，盘活财政存量资金，出台促进经济健康发展"18 条"、外贸稳增长"22 条"等系列政策措施，并减免企业税负 698 亿元，实现经济逐季加速。新增有效投资精准发力。

加快重大基础设施、重大民生工程、重点片区，以及阿里国际总部等 262 个重大项目建设，华星光电二期、天安云谷产业园一期等建成投产。固定资产投资增速创十七年来新高，城市更新投资增长 43.1%。新兴消费需求加速释放。实施健康养老、文化体育、旅游休闲等消费培育工程，推进国家信息惠民和信息消费试点城市建设，电子商务交易额超过 1.7 万亿元。外贸结构持续优化。实施"一带一路"市场开拓计划，开展国际贸易"单一窗口"试点，清理规范进出口环节收费，一般贸易、服务贸易分别增长 5% 和 15.3%。新型业态加快形成，外贸综合服务企业进出口额 707 亿美元，增长 21%，跨境电商交易额 320 亿美元，增长 88%。

（二）**持续推进产业转型升级**。全面优化产业结构，制定实施"互联网 +"和"中国制造 2025"深圳行动计划，支持产业升级项目 2350 个，强化梯次型现代产业体系。继续壮大战略性新兴产业。深入推进国家战略性新兴产业发展试点，加快建设产业基地和集聚区，七大产业增加值增长 16.1%，其中新一代信息技术、互联网产业分别增长 19.1% 和 19.3%。加快培育未来产业。落实生命健康、机器人、可穿戴设备和智能装备等五大未来产业规划和政策，加快阿波罗等未来产业园发展，建设全国海洋经济科学发展示范市，成立航空航天、无人机等创新联盟。未来产业规模超 4000 亿元，已成为新增长点。优化发展现代服务业。制定实施金融创新"36 条"、电子商务发展行动计划，新增法人金融机构 20 家，金融业增加值增长 15.9%，占 GDP 比重提高 0.8 个百分点；旅游业总收入突破 1200 亿元，增长 14%。现代服务业占服务业比重 69.3%，提高 1 个百分点。大力提升优势传统产业。支持服装、家具、钟表、眼镜、黄金珠宝等产业时尚化、高端化、品牌化发展。成功举办首届深圳时装周。建成眼镜创意产业园。工业设计产值增长 15%，红点产品设计奖占全国 32%，中芬设计园营业收入超 10 亿元。

（三）加快国家自主创新示范区建设。出台示范区建设实施方案，全社会研发投入占 GDP 比重 4.05%，PCT 国际专利申请 1.33 万件，占全国 46.9%，获国家科学技术奖 14 项，中国专利金奖获奖数占全国 1/5。全省科技创新大会在我市召开。优化科技投入。实施科技创新券制度，新设创新引导基金。市区财政科技类支出 209.3 亿元，重点支持前沿技术、共性技术和核心技术研发，组织重大技术攻关 156 项。提升创新能力。新增国家、省、市级重点实验室、工程实验室、工程中心和企业技术中心等 176 家。组建神经科学、大数据等新型研发机构。入选"千人计划"38 人，引进"珠江人才计划""孔雀计划"创新团队 9 个和 20 个。强化创新创业创投创客"四创联动"。出台促进创客发展政策，建成深圳湾创业广场，举办国际创客周，打造国际创客中心。大力发展创业投资、股权众筹，新注册股权投资企业超 2 万家，达晨、深创投居"中国最佳创业投资机构"前两位。首只国家中小企业发展基金落户深圳。净增商事主体 42.2 万户，增长 24.5%。

（四）全面深化改革开放。完成 44 项年度重点改革任务，36 项国家试点项目取得重要进展。加快政府职能转变。推进简政放权，全面取消非行政许可事项，取消、转移、下放市级行政职权 192 项。公布 32 家市直部门、10 个区权责清单。深化商事制度改革，率先实施"多证合一、一照一码"制度，开展企业名称自主申报登记等三项试点。加速前海蛇口自贸片区建设。推动法治、金融、投资贸易规则等六大领域创新，31 项改革成果纳入广东自贸区 60 条创新经验，14 项在全省复制推广。增加值突破 1000 亿元，税收超过 170 亿元，合同利用外资 217 亿美元。自贸新城大会战"十大战役"成效显著，完成建设投资 308 亿元，相当于前五年总和。积极参与"一带一路"建设。出台实施方案，支持企业参与沿线国家建设，一批项目列入国家重大项目库，完成承包工程 84.9 亿美元，增长 94%，实际对外投资增长 272%。

（五）着力提升城市功能。针对城市建设中的薄弱环节，加大投入力度，推进重大项目建设。加快建设交通基础设施。轨道交通 6、8、10 号线等 7 个项目动工，在建线路总长 211 公里，福田地下轨道交通枢纽建成使用。深圳机场实现 24 小时通关，新开国际航线 5 条。深中通道、坂银通道等开工建设。拆除二线关口，实施 16 个二线关口交通优化和 127 个拥堵道路改善工程。加快推进环境优化工程。完成 26 项环境基础设施提升改造。制定实施总投资 816.5

亿元的治水提质五年计划。新建成污水管网335公里、新开工724公里。完成深圳湾水域14个排污口整治，开工建设6.6公里滨海休闲带西段工程。与东莞市联合启动茅洲河全流域治理。完成妈湾电厂深度脱硫除尘改造。全面推广使用国 V 柴油，推进港口货柜车清洁能源改造和岸电设施建设。推行生活垃圾减量分类管理。东部湾区（盐田区、大鹏新区）列入第二批国家生态文明先行示范区。加快优化发展空间。开展建设用地清退。出台严查严控违法建设决定，拆除违法建筑153.6万平米，下半年违法建筑零增长。深入推进城市更新和土地整备，城市更新供应土地2.6平方公里，整备释放土地15.3平方公里。加快实施智慧城市项目。出台宽带中国示范市实施方案，新建4G基站1.7万个，新增光纤入户67.2万户。建成全市统一电子政务公共平台。

（六）**大力发展民生事业**。九类重点民生领域市区财政支出2373.5亿元，增长63.2%，118项民生实事完成116项，其余2项正在抓紧推进，6700件民生微实事全部完成。进一步提升社会保障水平。出台创业带动就业政策，超额完成就业目标任务。最低工资、最低生活保障标准提高至2030元和800元，均居国内前列。全市实施重特大疾病补充医疗保险，启动社保同城通办试点。新开工保障性住房1.76万套、竣工2.13万套、供应2.14万套。推进市社会福利中心新址项目等19项养老工程建设。优先优质发展教育事业。新改扩建23所中小学校，新增公办学位2.67万个、幼儿园学位2.25万个。实施中小学生综合素养提升计划。重点本科上线率保持全省第一。补助民办教育、学前教育28亿元，惠及44.5万名学生。清华－伯克利深圳学院正式招生，北理莫斯科大学、中山大学深圳校区获批筹建。深圳大学、南方科技大学入选省高水平大学建设计划。新增 28 个职业教育实训基地。大力提高医疗卫生服务能力。实施"三名工程"，引进 49 个国内外高水平医学学科团队，建成 3 家名医诊疗中心。北京肿瘤医院深圳医院、南方医科大学深圳医院建成运营，推进 57 项重大医疗卫生项目建设，新增病床 6400 张。全面提升社康中心设备配置标准，推进三级综合医院专家进社区。积极发展文体事业。当代艺术与规划展览馆主体完工，深圳艺术学校新校区建成使用。两部作品获白玉兰戏剧艺术奖。组织开展深圳读书月、市民长跑日等群众文体活动 3 万场。引进 CBA 马可波罗篮球俱乐部、八一女排等高水平职业球队，获 U15 全国足球锦标赛、U16 与 U18 青运会男篮冠军。深圳运动员夺得竞走、帆板等世界冠军。不断改善社会治理。完成龙华新区街道分设。实施居住证管理条例。"织网工程"并网运行。"一社区一法律顾问"实现全覆盖。国际公益学院落户。开展安全生产整治，关停东角头、清水河油气库。实施食品药品安全工程，加大食品监测、药品抽检力度。完成 219 个内涝点整治。八类严重刑事案件下降 12.1%，社会治安持续向好。

（七）强化政府自身建设。严格践行"三严三实"，加快政府职能和作风"双转变"。自觉接受人大、政协监督。定期向市人大报告工作，向市政协通报情况。认真执行人大决议决定，办理建议 707 件、提案 325 件。加快建设法治政府。提请市人大审议法规议案 6 件，立改废政府规章 15 件。完成"六五"普法任务。获中国法治政府评估第一名。努力转变工作作风。按照马上就办、真抓实干的要求，加强政府工作人员作风建设，认真落实中央"八项规定"精神，厉行节约，严控"三公"经费。进一步加强廉政建设，开展明察暗访，严格监督问责，完善绩效管理和电子监察。

各位代表，过去一年既是本届政府履职第一年，也是完成

"十二五"规划的冲刺之年。在市委坚强领导下，经过全市人民共同努力，"十二五"目标任务圆满完成，重点领域取得突破性进展。

一是主动创新发展理念，经济规模和质量效益实现双提升。五年来，我们牢固树立深圳质量理念，加快转变发展方式，率先进入经济发展新常态，速度稳、结构优、动力强、效益好、消耗少成为深圳发展新特征。获 2014 年度珠三角"九年大跨越"考核全省第一。与 2010 年相比，主要指标实现"八个大幅增长"。地区生产总值由 9581.5 亿元增加到 1.75 万亿元。辖区公共财政收入由 3506.8 亿元增加到 7238.8 亿元，地方一般公共预算收入由 1106.8 亿元增加到 2727.1 亿元。全社会研发投入由 333.3 亿元增加到 709.3 亿元。国家级高新技术企业由 1354 家增加到 5524 家。战略性新兴产业规模由 8750 亿元增加到 2.3 万亿元。商事主体由 78 万户增加到 214 万户。金融业总资产由 4 万亿元增加到 8.6 万亿元。资源能源消耗实现"八个明显下降"。万元 GDP 能耗、水耗、建设用地、二氧化碳排放量分别下降 19.5%、43%、29%、21%。氮氧化物、化学需氧量、氨氮、二氧化硫排放总量，按期完成省"十二五"减排目标要求。

二是坚定不移推进转型升级，经济结构战略性调整取得重大突破。在国际金融危机深度发展，我市经济增速一度下滑的情况下，我们始终保持战略定力，坚持转型升级目标不变、力度不减、步伐不停，大力推动增量优质、存量优化，五年淘汰转型低端企业超 1.7 万家，以转型升级的主动，实现了经济发展质量和可持续发展能力双提升。产业迈向中高端。二三产业结构由 2010 年的 46.2 : 53.7 优化为 2015 年的 41.2 : 58.8。战略性新兴产业成为经济增长主导力量，增加值年均增速 17.4%，占 GDP 比重由 28.2% 提高到

40%。航空航天、生命健康等未来产业加快发展。先进制造业占规模以上工业增加值由 70.8% 提高至 76.1%。金融中心地位更加巩固，金融业增加值、本外币存贷款余额等主要指标居全国大中城市第三位。优势传统产业向价值链高端攀升，行业品牌建设居全国前列，工业设计、平面设计等设计产业全国领先，获 iF 国际设计奖连续 4 年居全国首位。驰名商标 159 个，是"十一五"末的 2.6 倍。领军企业持续增加。世界五百强本土企业由 2 家增加到 4 家，中国五百强企业达 30 家，主营收入超百亿企业 65 家，其中超千亿企业 8 家。新增境内外上市企业 83 家，累计 321 家，本地企业中小板和创业板上市总量连续 9 年居大中城市首位。需求结构更加优化。与 2010 年相比，社会投资占总投资比重超过 80%，提高 15 个百分点。工业产品内销比重占 54.2%，提高 10.4 个百分点。外贸结构持续优化，一般贸易占外贸比重 41.5%，提高 9.9 个百分点，技术贸易增长 241%。新的区域增长极加快崛起。15 个重点区域开发建设启动两年来，完成投资 1100 亿元。23 个基地和集聚区成为战略性新兴产业发展的重要载体。

三是率先建成国家创新型城市，创新成为经济发展主引擎。五年来，我们坚持将创新作为城市发展主导战略，率先提出并积极构建综合创新生态体系，全面激发大众创业、万众创新活力，推动创新从"跟跑"向"并跑""领跑"转变，科技进步贡献率超过 60%，三次位居福布斯中国大陆创新城市榜首。创新成果密集涌现。4G 技术、基因测序、超材料、3D 显示等领域创新能力跻身世界前沿。实现国家技术发明一等奖"零"的突破。获国家科学技术奖励 56 项，获中国专利金奖、优秀奖 130 项，PCT 国际专利申请超 5 万件，分别是"十一五"的 1.8 倍、4.5 倍和 3.2 倍。有效发明专利累计近 8.4 万件，约占全国十分之一。科研成果、科技人员入选《科学》和《自然》杂志年度全球十大科学突破、十大科学界人物。创新人才加速集聚。引进"珠江人才计划""孔雀计划"创新团队 33 个和 63 个，"海归"人才 1.8 万余人。拥有全职在深工作院士 13 名，"千人计划"人才 154 人，政府特殊津贴专家 916 人。2014 年陈嘉庚青年科学奖 5 名得主中，2 人来自深圳。创新载体跨越发展。建设国家超算深圳中心、国家基因库、大亚湾中微子实验室等国家重大科技基础设施。国家、省、市级重点实验室、工程实验室、工程中心和企业技术中心等 1283 家，约为 2010 年的 3 倍。中科院先进院、光启等 45 家新型研发机构异军突起。创新体系更加开放。加快融入全球创新网络，与芬兰等 9 个国家签署科技合作协议，与硅谷、以色列等搭建 8 条"创新创业直通车"，境外投资1000 万元以上研发企业新增 255 家。微软、英特尔、三星等 58 个世界 500 强项目落户深圳。深港创新圈建设稳步推进。创新生态不断优化。制定出台创新驱动发展"1+10"文件等系列政策。建立云计算等 45 个产学研资联盟和 10 个专利联盟。国家技术转移南方中心落户深圳。开展科技金融试点城市建设，VC/PE 机构 4.6 万家，注册资本超 2.7 万亿元。柴火空间等一批众创空间蓬勃发展。高交会、国际人才交流大会、IT 领袖峰会和 BT 领袖峰会等国际影响力进一步扩大。

　　四是深入推进改革开放，特区体制机制优势更加凸显。五年来，我们坚持问题导向、需求导向，主动谋划、积极作为，以改革开放为特区发展提供强大动力。改革取得新突破。围绕市场化、国际化、法治化，扎实推进各项改革，主动承接国家、省 242 项改革任务，重点领域和关键环节改革取得重大进展。率先推进商事制

度改革。深化投融资管理体制改革，社会投资项目核准事项压减
90%。推进行政审批制度改革，行政许可事项从 2011 年的 487 项
减少至 2015 年的 234 项。开展土地管理制度改革试点，敲响"农
地入市"第一拍，存量建设用地占土地供应总量超过 70%。率先开
展地税征管体制改革和巨灾保险试点。公务员分类管理和聘任制、
国资国企、医疗卫生、社会组织、养老服务等改革不断深化。开放
再上新台阶。粤港澳大湾区纳入国家"一带一路"愿景与行动，前
海蛇口自贸片区挂牌成立。全面推进深港合作，加快广深港高铁、
莲塘／香园围口岸等跨境基础设施建设。深莞惠、河源、汕尾"3+2"
经济圈及深汕特别合作区建设加快推进，深河、深汕共建产业园开
工建设项目 640 个。进出口总额从 2010 年的 3467.5 亿美元增加到
4425.5 亿美元，实际利用外资、对外直接投资比"十一五"分别增
长 42% 和 653%。来深投资世界五百强企业 270 家。扎实开展援疆
援藏、对口帮扶贵州四川，完成省内扶贫开发"双到"任务。前海
实现新跨越。前海 22 条先行先试政策基本落地。跨境人民币贷款、
互联网银行、赴港发债等金融创新取得突破。前海法院、国际仲裁
院成立，涉外商事调解、法律查明机制等取得重大进展。5 家深港
合伙联营律师事务所落户，香港税务师等八类专业人士开始在前海
执业。深港青年创新创业基地建成运营，汇丰、恒生等一批重大项
目签约落户。前海累计注册企业 6.15 万家，注册资本 3.25 万亿元，
要素交易平台 19 家，持牌金融机构 98 家。已注册的港资企业对前
海 GDP 贡献率超过 20%。

　　五是着力建设美丽深圳，绿色低碳成为城市新特质。五年来，
我们积极落实建设美丽中国的战略部署，实施了大气环境、水环境、
绿化美化三大提升行动，出台了大气质量提升 40 条、水环境治理

40条等系列措施，资源节约型和环境友好型城市建设取得新进展。节能减排成效显著。率先全面实施绿色建筑标准，绿色建筑总面积3303万平米。公共机构合同能源管理节能改造面积1136万平米。淘汰黄标车及老旧车31.2万辆。推广新能源汽车3.6万辆。率先开展碳排放权交易，2014年621家管控企业碳排放强度较2010年下降34.2%。国际低碳城获"2014可持续发展规划项目奖"。空气质量大幅提升。2015年$PM_{2.5}$年均浓度降至29.8微克/立方米。灰霾天数由112天降至35天，23年来最少。空气质量居国家74个重点监测城市前列。水环境逐步改善。"十二五"政府投资243亿元，是"十一五"3倍以上，新建污水管网1402公里，新改扩建污水处理厂17座，污水日处理能力由266.5万吨提高到479.5万吨。完成238公里河道整治，部分河流水质趋于好转。绿色福利持续增加。建成2400公里绿道，总长和密度居珠三角城市首位。建成生态景观林带8.36万亩，公园总数从689个增至911个，新增公园绿地面积1614万平米。深圳湾公园、盐田海滨栈道等成为市民休闲新胜地。

六是加快推进特区一体化，城市现代化国际化水平迈上新台阶。 五年来，我们认真落实国家新型城镇化战略，出台提升城市发展质量决定和国际化城市建设行动纲要，推动有质量的深度城市化，城市综合服务功能进一步提升。原特区内外发展协调性不断增强。实施两轮特区一体化3年计划，着力推进规划布局、基础设施和基本公共服务等"六个一体化"，过去五年原特区外投资8899亿元，占全市总投资70%以上，原特区外发展水平显著提升。城市承载力稳步提高。深圳机场第二跑道建成使用，T3航站楼建成并实现无差错转场，旅客年吞吐量3972万人次。深圳北站、东站、坪山站建成使用，厦深铁路、广深客运专线开通运营。地铁运营和在建里程 389 公里，公交日均客流量突破千万人次。沿江、博深等高速公路建成通车。梅观高速等 6 条高速路、梧桐山隧道等 11 个收费站取消收费，打通断头路 162 条。西气东输二线正式供气，岭澳核电二期、鲲鹏变电站扩建工程投入运营。实施城市更新项目 330 个，供应用地 10.7 平方公里，整备释放土地 154 平方公里。蝉联国内"最互联网"城市，成为国家首批"宽带中国"示范城市和信息惠民试点城市，互联网普及率、无线宽带覆盖率分别为 86.2%、90.2%，主要公共场所实现 WiFi 上网免费。城市国际影响力进一步扩大。成功举办第 26 届世界大学生夏季运动会，赛会规模和项目数量为历届之最，创造了"不一样的精彩"。成立国际交流合作基金会，新增国际友城和友好交流城市 38 个。联合国教科文组织在我市设立高等教育创新中心。国际班轮航线 255 条，集装箱年吞吐量跃居全球第三。

七是全力实施惠民工程，民生福祉持续提升。五年来，我们加大投入力度，系统推进 12 项重大民生工程，全市九大类重点民生领域财政支出 6734 亿元，年均增长 29.7%。国家确定涉及我市的 65 项基本公共服务全部落实。社会保障能力不断增强。社会保障和就业投入 356 亿元。失业保险、生育保险、地方补充医疗保险扩展到非户籍人员。新增安排保障性住房 24 万套，发放人才住房补贴 19.7 亿元。全面实施住房公积金制度。养老床位从 3597 张增至 8359 张。教育卫生事业发展提质提速。教育投入 1349 亿元，是"十一五"的 2.4 倍。率先成为省教育现代化先进市。高等教育实现跨越发展，南方科技大学、香港中文大学（深圳）建成招生，深圳吉大昆士兰大学等 10 所特色学院加快建设，在校全日制大学生由 7 万人提高到 9.5 万人。基础教育普惠均衡发展，新增中小学学位 13.2 万个、幼儿园学位 14.8 万个，普惠性幼儿园 825 所，2015 年 68.7% 基础教育学位供给非深户学生。医疗卫生投入 599 亿元，是"十一五"的 3 倍。引进 72 个高水平医学学科团队，国家级、省级医学重点学科由 14 个增至 78 个；香港大学深圳医院等建成运营，三级医院从 9 家增至 25 家，三甲医院由 3 家增至 10 家，病床数从 2.3 万张增至 3.7 万张，新增执业医生 6900 名。医院－社康中心双向转诊服务体系基本形成，580 家社康中心开展家庭医生服务。文体旅游事业蓬勃发展。建成龙岗大运中心等 26 个重点文体设施。广泛开展全民健身运动，引进 ATP、WTA 国际网球公开赛等高水平赛事，连续举办中国杯帆船赛、深圳国际马拉松赛。12 部作品获国家"五个一工程"奖，《人文颂》在海内外成功巡演。深圳荣膺"全球全民阅读典范城市"，蝉联"全国文明城市"称号。发起设立中国文化产业投资基金，国家对外文化贸易基地落户，文博会成交额实现翻番。年接待游客超 1.1 亿人次。社会治理水平稳步提高。发布实施城市公共安全白皮书，食品药品抽检总量五年提高一倍，110 刑事治安总警情数下降 47.5%。新建社区服务中心 668 家，实现全覆盖。获"全国和谐社区建设示范市"称号。社会组织超 1 万家、专业社工 8230 人、注册志愿者 120.9 万人。国防动员工作取得新成效，连续荣获"全国双拥模范城市"。创设并成功举办四届中国慈展会。此外，审计、信访、统计、民族、宗教、对台、侨务、口岸、民防、气象、档案工作取得新进展。

各位代表，深圳经济特区"十二五"改革发展成绩来之不易，这是党中央国务院、省委省政府和市委坚强领导的结果，是在历届市领导班子和一代又一代特区建设者打下的坚实基础上，全市人民继往开来、团结拼搏的结果。在此，我代表深圳市人民政府，向为特区建设作出卓越贡献的老领导、老同志致以崇高的敬意！向全市人民，向给予政府工作大力支持的人大代表和政协委员，向各民主党派、工商联、各人民团体和社会各界人士，向中央和省各部门、各驻深单位，向驻深解放军、武警官兵，向关心和支持深圳发展的港澳同胞、台湾同胞、海外侨胞和国际友人，表示衷心的感谢！

各位代表，过去五年，我们主动把握发展规律、创新发展理念、破解发展难题，坚定不移地打造"深圳质量"，在继承中创新、在创新中发展、在发展中突破，实现了总量和质量"双提升"、动力和活力"双增强"、结构和效益"双优化"，为我市未来发展打下了坚实基础。深圳经济特区的丰富实践和全市人民的伟大创造，给予我们宝贵启示：

——必须始终高举中国特色社会主义伟大旗帜。旗帜指引方向，道路决定命运。特区的成功探索，生动诠释了中国特色社会主义的巨大优越性，更加坚定了我们的道路自信、理论自信、制度自信。站在新的历史起点，我们要全面准确贯彻落实习近平总书记系列重要讲话精神，以中国特色社会主义政治经济学重大原则指导深圳实践，以中华民族伟大复兴的中国梦激励特区人民团结奋进，在落实"四个全面"战略布局中创造新业绩。

——必须始终勇担改革开放排头兵的历史使命。改革开放是决定中国命运的关键一招，是特区的根和魂。我们聚焦市场化、国际化、法治化和前海蛇口开发开放，排浪式深化改革，全方位扩大开放，为特区发展提供了强大动力。改革进入攻坚期和深水区，我们要解放思想、牢记使命，发扬敢为天下先的精神，改革不停顿、开放不止步，以更大的勇气与智慧推进治理体系和治理能力现代化，努力为全国改革开放再立新功。

——必须始终发挥创新驱动的引领作用。抓创新就是抓发展，谋创新就是谋未来。我们深入实施创新驱动战略，着力完善综合创新生态体系，全面激发大众创业万众创新的巨大能量，创新成为引领发展的第一动力，率先实现了发展动力转换。面对全球竞争新挑战，我们要抢抓新机遇，着力推进以科技创新为核心的全面创新，新中求进，进中突破，争创一流，加快打造全球领先的创新之城。

——必须始终保持追求卓越的质量自觉。速度终有上限，质量永无止境。我们按照中央把发展立足点转到质量效益上来的要求，推动"深圳速度"向"深圳质量"转变，努力以思想理念的创新、发展方式的转变和转型升级的先行赢得战略主动，实现了有质量的稳定增长、可持续的全面发展。面对经济发展新常态，我们要坚持质量发展不动摇，在中高速增长中迈向中高端水平，增创特区发展新优势。

——必须始终坚持可持续发展的生态文明理念。生态环境是生存之本、发展之基。我们着眼人与自然和谐共生，大力推动绿色发展、循环发展、低碳发展，用更少的资源消耗、更低的环境成本，创造了更多更好的发展成果，走出了一条经济发达地区绿色低碳发展之路。面对资源环境紧约束，我们要像保护眼睛一样保护生态，像对待生命一样对待环境，加快建设资源节约型和环境友好型社会，推动生态文明建设再上新台阶。

——必须始终践行以人民为中心的发展思想。民之所望，政之所向。我们坚持发展为了人民、发展依靠人民，把为民惠民作为工作的出发点和落脚点，不断增加公共产品和服务供给，努力率先全面建成小康社会。面对广大市民对美好生活的新期待，我们要始终把人民放在心中最高位置，盯住短板、精准发力，持续增进市民福祉，促进人的全面发展，加快建设幸福美好家园。

各位代表，我们清醒地认识到，城市快速发展中的短板和软肋不容忽视。去年底发生的光明新区"12·20"特别重大滑坡事故，造成严重的生命财产损失，我们深感痛心和自责。按照党中央国务院、省委省政府的要求，市委市政府全力以赴组织实施抢险救援，开展安抚安置和善后工作，全面排查整治安全生产隐患，积极配合国务院调查组的调查。痛定思痛，我们必须在教训中警醒、在反思中整改，针对城市公共安全的薄弱环节，举一反三，铁腕整治，坚决杜绝重特大事故发生。与此同时，我们必须高度重视发展中的其他突出问题和挑战。一是经济社会发展中的深层次问题和结构性矛盾错综复杂，改革攻坚任务十分繁重。二是土地、水等资源约束趋紧，要素成本上升较快，对特区长远发展构成严重制约。三是人力资源数量不足、结构不合理，创新型领军人才、技能型人才相对短缺，难以适应新时期发展的新需求。四是教育、医疗、住房等供给跟不上人口快速增长的需要，与市民群众的期盼相比还有较大差距。五是原特区内外发展不协调、不平衡问题依然存在，违法建筑量大面广，城市管理精细化水平不高。六是部分河流和海域水质污染还比较严重，污水管网欠账较多，重大环保设施落地难，环境治理任重道远。七是政府职能转变还不到位，行政效率有待提高。一些政府工作人员法律意识、责任意识、服务意识和担当精神不强，思想僵化、不严不实等问题比较突出。腐败案件时有发生，廉政建设和作风建设亟待加强。对此，我们将以"三严三实"的精神采取有效措施，切实加以改进。

二、"十三五"发展的主要思路

各位代表,"十三五"时期,是我国转型升级的关键时期和全面建成小康社会的决胜阶段,世界经济在深度调整中曲折复苏,新一轮科技革命和产业变革蓄势待发。综合研判国内外形势,深圳仍处于可以大有作为的重要战略机遇期,同时也存在一系列矛盾和风险。面对新形势、应对新挑战,我们必须始终把握认识新常态、适应新常态、引领新常态的大逻辑,深入推进供给侧结构性改革,打造深圳经济特区质量型增长内涵式发展的升级版。

我们要高举中国特色社会主义伟大旗帜,全面贯彻党的十八大和十八届三中、四中、五中全会精神,深入落实习近平总书记系列重要讲话和对深圳工作重要批示精神,根据省委省政府和市委六届二次全会部署要求,围绕"三个定位、两个率先"和现代化国际化创新型城市建设目标,按照"五位一体"总体布局和"四个全面"战略布局,牢固树立创新、协调、绿色、开放、共享发展理念,以提高发展质量和效益为中心,依托"创新驱动、质量引领、互联融合、协调均衡、绿色低碳、开放共赢、共建共享、文化强市、依法治市、市场导向"十大战略路径,重点抓好十个方面工作,加快形成引领经济发展新常态的体制机制和发展方式,使"五大发展理念"在深圳经济特区落地生根、开花结果。

——我们要深入实施创新驱动发展战略,加快建设国际领先的创新型城市。把创新摆在发展全局核心位置,加快全面创新改革试验,完善综合创新生态体系,形成以创新为主要引领和支撑的经济体系和发展模式，抢占未来发展制高点。增强自主创新能力，加强源头创新、开放创新、协同创新，加快从跟随式创新向引领式创新转变，提升创新发展能级。强化企业创新主体地位，实行严格的知识产权保护制度，激发全社会创新活力和创造潜能，打造国际创客中心。优化人才发展的生态环境和服务体系，构筑人才高地，建成更高水平的国家自主创新示范区，打造具有世界影响力的一流创新中心。

——我们要更好服务全国全省发展，加快建设更具辐射力带动力的全国经济中心城市。坚持深圳质量，继续推进经济结构战略性调整，强化企业核心竞争力，巩固提升战略性新兴产业，加快未来产业发展，推进现代服务业高端化，促进优势传统产业转型升级，构建更具竞争力的现代产业新体系，打造世界级新兴产业创新发展策源地，建设国际化金融创新中心、物流枢纽和消费中心，在更大范围、更高层级集聚配置资源，不断增强经济特区辐射带动能力。

——我们要努力打造国际一流信息港，加快建设信息经济为先导的智慧城市。深入落实"中国制造 2025"和"互联网＋"深圳行动计划，推进信息产业化、产业智能化、城市智慧化。坚持基础设施、产业发展、应用服务"三位一体"建设，加强新一代信息技术研发和产业化，以跨界融合催生新业态，建立技术水平高、渗透力强的信息技术产业体系，构建发达的信息基础设施，广泛运用互联网、大数据、云计算等先进信息技术，重构产业链、创新链、价值链，全面拓展信息经济空间。

——我们要努力转变城市发展方式，加快建设协调均衡的现代化城市。尊重城市发展规律，提升城市发展质量，促进原特区内外、东西部地区协调发展。优化空间布局，实施东进战略和中轴提升战略，提升西部发展层级，优化"三轴两带多中心"布局，形成东西均衡、南北协调、周边协同的发展格局。推进特区内外一体化，加大对原特区外政策支持力度，加快基础设施建设，推进重点区域开发，打造新的区域增长极。提升综合交通枢纽功能，完善城市交通网、慢行交通系统和对外通道。提高市政设施现代化水平，构建清洁高效的现代能源体系、安全优质的供水保障体系，加快地下综合管廊建设，提高发展的系统性、均衡性、持续性。

——我们要率先形成绿色发展方式和生活方式，加快建设绿色低碳的生态文明城市。大力推进绿色、低碳、循环发展，建立系统完整的生态文明制度体系，争创国家生态文明试验区。发展低碳经济，创建国家低碳发展示范区。强力推进生活垃圾分类减量和无害化处理，加强再生水、各种废弃物再利用。全面促进资源集约节约利用，实施全民节能行动计划，提高能源利用效率。加大自然生态系统和环境保护治理力度，改善水生态环境，提升大气环境质量，加强土壤和噪声污染整治，积极打造"公园之城"，提升城市自然资本价值，促进人与自然的和谐共生。

——我们要不断提高对外开放质量和水平，加快建设更具竞争力影响力的国际化城市。积极推进高水平双向开放，促进要素有序流动、资源高效配置、市场深度融合，建设合作共赢的开放之城。主动落实"一带一路"国家战略，实施"一带一路"市场专项计划。加快与沿线国家产业融合和互补发展，深化人文交流合作。推进粤港澳大湾区建设，加强与港澳的深度合作，促进珠江口两岸协同发展，推进深莞惠及河源、汕尾"3+2"经济圈建设，促进泛珠三角等更广范围区域合作。加快自贸片区建设和前海开发开放，建设国家金融业对外开放试验示范窗口、世界服务贸易重要基地和国际性枢纽港。扩大服务业对外开放，健全境外投资管理服务体系，优化外经贸发展环境，推进外贸发展转型升级，提升对外经济合作水平，构建对外开放新格局。

——我们要始终坚持人民主体地位，加快建设更高质量的民生幸福城市。持续加大民生投入，增加优质公共产品和多元化服务供给，完善公共服务体系，有序推进基本公共服务均等化，率先全面建成更高水平的小康社会。推动教育有质量全面发展，以开放合作提升高等教育，以优质特色强化基础教育，以政策扶持优化民办教育，以国际标准构建现代职业教育体系。促进医疗卫生扩量提质，增加优质医疗卫生服务供给，提升市民健康水平。加强社会保障，提高市民就业和收入水平，完善社会保险、社会福利和住房保障制度。牢固树立安全发展理念，全面实施城市公共安全白皮书，严明责任、堵塞漏洞、加强监管，不断强化公共安全保障能力，全力构筑城市安全屏障。加强社会治安综合治理，完善立体化治安防控体系，提升社会治安共管共治能力。保障食品药品安全，建设国家食品安全城市。增强应急和防灾减灾能力，健全各类突发公共事件的预防预警和应急处置体系，提高城市应急响应和恢复能力，努力实现市民安全、城市安定。

——我们要坚持物质文明和精神文明两手抓，加快建设具有鲜明特色的社会主义文化强市。大力培育和践行社会主义核心价值体系，加强思想道德建设，丰富城市人文精神，争创全国文明城市标兵。推进文化创新，实施"深圳文化创新发展 2020"，打造文化品牌，完善公共文化服务体系，深化文化体制改革，加强文化交流合作，发展现代文化产业，不断壮大创新型、智慧型、力量型、包容型城市主流文化，推动文化大发展大繁荣，彰显特区社会主义文化影响力和软实力。

——我们要全面推进依法治市，加快建设一流法治城市。自觉运用法治思维和法治方式推动改革发展，率先落实依法治国各项任务，全面实现社会主义市场经济法治化，完善立法体制，加强重点领域立法。健全依法行政和决策机制，创新行政执法机制，强化对行政权力制约监督，打造法治政府。建设诚信深圳，推进全民尊法学法守法，深入开展法治创建活动，改进公共法律服务，建设法治社会，加快建设公平公正安定有序的法治环境。

——我们要着力推进治理体系和治理能力现代化，加快建设全面深化改革先锋城市。以经济体制改革为重点，加快完善各方面体制机制，突出供给侧结构性改革，健全使市场在资源配置中起决定性作用和更好发挥政府作用的制度体系，率先在政府职能转变、国资国企改革等重点领域和关键环节实现突破，破除一切不利于科学发展的体制机制障碍，形成一批可复制推广的改革成果，种好改革开放试验田，当好改革开放排头兵，建成更具改革开放引领作用的经济特区。

三、2016 年主要工作

2016 年是"十三五"开局之年，也是深圳"城市管理治理年"。今年经济社会发展的主要预期目标是：本地生产总值增长 8%—8.5%，居民人均收入与经济增长基本同步，城镇居民登记失业率控制在 3% 以内，居民消费价格涨幅 3% 左右。需要说明的是，8%—8.5% 的经济增长区间调控目标，既考虑了深圳质量型增长更具韧性潜力，发挥对全国全省经济增长支撑作用的需要，又考虑了各种风险因素积聚交织的影响和全面深化改革、转方式优结构的需要。要实现上述目标，必须认真落实市委六届二次全会部署，按照"五破五立"要求，增强忧患意识、树立底线思维，坚定信心，扭住关键，狠抓落实。

（一）**更加注重质量和效益，促进经济持续稳定增长**。牢牢把握新常态下经济发展新趋势，以质量引领发展新常态，以质量赢得竞争新优势，适度扩大总需求，推动投资、消费、出口更加协调拉动经济增长。继续扩大有效投资。增加优质供给，加大重大基础设施、重大产业项目投资力度，加快重点区域、新兴产业基地和集聚区开发建设，规划建设国际会展中心等 519 个重大项目，探索政府与社会资本合作模式，全年固定资产投资增长 18% 左右，社会投资占比保持在 80% 以上。着力释放消费潜力。抢抓消费升级机遇，继续实施消费热点培育工程，发展新兴消费，加快国家电子商务示范市建设，电子商务交易额达 2 万亿元。支持企业参加大型展会、建立内销网络，提高国内市场占有率。推进华强北等商圈升级改造，加快建设罗湖国际消费中心，社会消费品零售总额增长 9% 左右。进一步提高外贸质量。实施优进优出战略，推进中国（深圳）跨境电子商务综合试验区建设，支持企业开拓境外市场，扩大自主知识产权和高附加值产品出口，加快发展外贸综合服务平台，服务贸易占对外贸易总额比重 21% 左右。落实进口贴息政策，鼓励进口技术含量高的成套设备，建设跨境电商直销体验中心。加快保税区、出口加工区转型发展。

（二）**更加注重供给侧发力，推动更高层级转型升级**。突出供给侧结构性改革，提高供给体系质量，提升全要素生产率，以供给创新激发新兴需求，以需求升级拉动供给提质。优化政策供给，支持企业发展。出台支持企业发展政策措施，加大正税清费力度，全面落实"营改增"政策，清理行政审批中介收费，多措并举，降低企业成本。释放一批土地空间和产业用房。用好政府投资引导基金。实施大型龙头企业培育引进计划，力争年营业收入超千亿企业达到10家左右。全面落实支持中小微企业健康发展措施。优化产业供给，提升市场竞争能力。加快发展信息、生物、航空航天、海洋经济等战略性新兴产业和未来产业，推进高端医疗装备、北斗卫星应用、石墨烯等重点领域研发和产业化。积极创建国家级制造业创新中心，加快坂雪岗科技城等3个省市共建智能制造示范基地建设。促进现代服务业跨界融合，大力发展会计、设计、咨询等专业服务业。深入推进金融改革综合创新试验区建设，强化区域性股权交易中心功能，组建金融投资控股平台，新增法人金融机构15家以上，健全金融风险防控体系。推进军民融合发展。实施新一轮企业技术改造。优化供给保障，提高产品服务质量。坚持深圳质量深圳标准，着力构建广义质量和标准体系，主动参与国家标准和国际标准制定，建设标准国际化创新型城市，推动深圳成为全球重要的标准高地和认证检测中心。以高标准打造产品服务高质量。

（三）**大力实施创新驱动发展战略，构建创新发展新优势。**推出一批政策措施。制定实施建设国际一流创新型城市的决定及配套政策，推动出台国家自主创新示范区条例。建立创客引导基金，新增50个创客空间、10个创客服务平台。建设一批创新载体。瞄准国际科技前沿，建设国际化新型研发机构。推进未来网络实验室和移动互联网安全技术等国家工程实验室建设，新增和提升创新载体100家以上。实施一批重大科技项目。围绕信息通讯、智能装备、节能环保、生物技术、新材料等重点创新领域，组织实施国家、省、市重大攻关项目 290 项，支持企业创新项目 1000 项以上。鼓励企业、高校、科研机构加强国际科技合作。培育一批高新技术企业。实施国家高新技术企业培育计划，力争国家高新技术企业累计超过 6000 家。引进培养一批高素质人才。推进人才工作立法，制定更具吸引力的人才政策。深入实施"孔雀计划"，引进 20 个以上海内外高层次创新团队、500 名以上海外高层次人才。加大专业型人才和实用型人才培养引进力度，新增 12 万以上技能人才。办好首届中国深圳海外创新人才大赛。

（四）**深化重点领域和关键环节改革，破除体制机制障碍**。加快政府职能转变。简政放权、放管结合、优化服务，开展市场准入负面清单改革试点，全面推行部门权责清单制度。继续清理行政许可和服务事项，创新审批方式，实行跨部门协同和网上并联审批。推进"强区放权"改革，健全城市执法体制。推进经济体制改革。坚持市场导向，探索研发投入、新产品应用等政策创新。深化土地供给制度改革，完善规划用地和土地出让政策。继续深化商事制度、国资国企等改革。积极推进金融改革创新，争取"深港通"尽快实施，进一步完善多层次资本市场。深化社会事业领域改革。完善公共服务多元供给机制，统筹推进户籍、教育、养老等领域改革。积极落实国家精简"五险一金"政策。深化医药卫生体制改革，鼓励社会办医。深化文化体制改革，推动传统媒体和新兴媒体融合发展。健全生态文明制度体系。加快落实大鹏半岛生态文明体制改革总体方案。探索环境执法和监测体制改革。完善碳排放权交易制度。

（五）**落实国家"一带一路"和自贸试验区战略，构建对外开放新格局**。出台并落实服务"一带一路"战略实施方案。推进沿线市场拓展专项计划，争取更多项目纳入国家重大项目库。积极搭建经贸合作平台，举办第九届 APEC 中小企业技术交流暨展览会、中国（深圳）华人华侨产业交易会等展会，推动中国（深圳）-印尼电子产业园等对外合作园区建设，办好巴布亚新几内亚深圳产品展销中心。支持企业参与沿线国家重要港口、信息基础设施等建设。加强与沿线国家在文化、旅游、生命健康等领域的交流，拓展友城网络，深化与喀什等重要节点城市合作。力争与"一带一路"沿线国家年度双边贸易额超 5000 亿元。加快前海蛇口自贸片区建设。探索建立更短的"负面清单"和更高标准的投资贸易规则，加快现代服务业开放创新，出台深港跨境金融创新政策。推进自贸新城大会战，推动桂湾金融先导区建设、前海保税港区扩区，建成蛇口太子湾邮轮母港等项目，完成固定资产投资 360 亿元。扎实推进区域合作。积极推进粤港澳大湾区建设和泛珠三角区域合作。探索深港边境地区开发合作，加快莲塘／香园围口岸建设和深圳河四期治理。深化深莞惠、河源、汕尾"3＋2"经济圈合作和对口帮扶，加快深汕特别合作区建设。继续做好援疆、援藏和帮扶毕节、甘孜工作。

（六）打响城市管理治理攻坚战，促进城市安全发展。立足精细化管理，着力治理"城市病"，提升城市公共安全保障能力。强化安全监管和隐患整治。理顺安全生产监管体制，建立城市公共安全技术研究院，完善公共安全形势分析制度。依法强化企业主体责任，落实政府监管责任，切实做到领导干部"一岗双责"，以最严格的标准、最严密的制度、最严厉的处罚、最严肃的问责加强安全生产管理。加大公共安全投入，新设 150 亿元城市公共安全专项资金，全面提升市公共安全保障能力。彻查安全隐患，强化余泥渣土受纳场、原"二线"插花地、垃圾填埋场、危险边坡、地面坍塌、道路交通、消防火灾、危化品和易燃易爆品、特种设备等重点地域领域安全防范和专项整治。启动 12 个地面坍塌隐患整治项目，完成 102 个内涝点整治。创建国家食品安全城市，强化食品药品生产流通全过程监管。深化城市安全"科技护城墙"建设，加强反恐防暴，完善网络和信息安全保障机制，提升应急救援专业化水平。健全安全隐患和事故举报奖励机制。坚决杜绝重特大安全事故，保障人民群众生命财产安全。坚决控停违建。落实严查严控违法建设"1+2"文件，以拆促停、疏堵结合、分类处理，确保实现"零增量""减存量"。整治交通拥堵。启动沙河西路快速化改造、春风隧道等工程建设，推进侨城东路北延、布罗通道等项目前期，打通科苑大道等 41 条断头路。启动滨海沙河西立交、滨河新秀立交、罗芳立交等交通节点改造，制定北环皇岗立交、北环彩田立交等节点改造方案。开展南山科技园、福田中心区等片区交通整治，全面完成二线关口交通综合改善工程。坚持公交优先，优化公交线路 65 条以上，新增公交专用道 80 公里，加强地铁公交接驳，开展福田罗湖慢行交通系统建设试点。大力开展"治水提质"等攻坚行动。新建成污水管网 1000 公里，建成福田污水处理厂，开工建设沙井污水处理厂二期，完成 62 公里河道整治。进一步提升市容环境。深入实施"蓝天工程"，强化挥发性有机物综合整治，提高靠港船舶低硫油使用比例，加强机动车尾气治理，年内开始永久限行黄标车，公交大巴电动化率提高到 70%，PM$_{2.5}$ 年均浓度继续保持较低水平。

（七）着力提高城市建设质量，增强城市综合服务能力。高标准建设交通基础设施。建成轨道交通 7、9、11 号线，新投入运营 107 公里，地铁总运营里程达到 285 公里，加快 6、8、10 号线和七段延长线建设进度，推动赣深客专开工。加快深中通道、外环高速、坪盐通道等工程建设，续建高速公路 97 公里。做好海滨大道一期、梅观高速市政化等项目工作。推进深圳机场扩建工程，开通 5 条国际航线，打造枢纽机场。统筹推进地下综合管廊规划建设。加强资源能源保障。推进清林径引水调蓄、樟坑径液化石油气等工程建设。新开工 100 个居民小区优质饮用水入户工程。新建改造 310 公里燃气管道，新增 13 万用户。加速打造国际一流信息港。建设国家新型智慧城市标杆市，加快信息开放共享，推进下一代互联网建设和规模商用，全面完成城域网 IPv6 升级改造，进一步提高光纤入户率。持续推进生态环境建设。继续做好国家低碳城市试点，强化公共机构节能工作，新增绿色建筑面积 800 万平米。完善垃圾回收利用体系，推动建筑工业化，提高工业、建筑等废弃物资源化水平。新建改建公园 50 个。做好第 19 届国际植物学大会筹备工作。盘活存量土地资源。完善城市更新政策，扩大整村统筹、片区统筹试点，力争全年更新供应土地 2.2 平方公里、整备释放土地 11 平方公里。强力推进闲置土地处置工作。落实征地返还用地三年实施计划。有序扩大原农村集体建设用地入市范围。

（八）补短板提质量，提升民生保障水平。完成 12 项重大民生工程投资 300 亿元，办好 116 件民生实事，继续实施"民生微实事"。加快教育事业发展。新改扩建中小学校 30 所，新增中小学学位 3.09 万个，新增普惠性幼儿园 60 所。实施高校卓越发展计划，全面推进深圳大学、南方科技大学高水平大学建设，加快中山大学深圳校区、天津大学－佐治亚理工深圳学院、深圳技术大学筹建，力争北理莫斯科大学获批招生。借鉴德国职业教育双元制，大力引进优质资源，推动职业教育高水平国际化发展。新增 10 个职业教育实训基地，减免职业院校全日制学生学费。实施劳动者素质提升计划，加强终身职业教育。支持民办教育发展。继续实施医疗卫生

"三名工程"。启用萨米国际医疗中心（深圳），建成 2 家基因检测技术应用示范中心，加快中山大学深圳医院、平湖医院等 15 个重大项目建设，推进市第二儿童医院等 33 个项目前期工作，新增床位 3000 张。引进 10 个以上高水平医学学科团队，推进与广州中医药大学等合作办医。积极运用大数据技术，发展智慧医疗、精准医疗。完善公共卫生服务体系。推广家庭医生服务。加大社会保障力度。实施高校毕业生就业促进和创业引领计划，新增就业 8 万人。推进社保同城通办。研究完善住房政策体系。加快推进原"二线"插花地、棚户区改造，新开工和筹集保障性住房 6 万套以上、竣工5 万套、供应 4 万套。推进市养老护理院等社会福利项目建设，加大帮扶力度，完善困境儿童基本生活费补贴制度，积极发展妇女、儿童、老龄、残疾人等社会福利事业。

（九）加强社会建设和文化建设，提升城市软实力。提高社会建设水平。加快建设全市统一的公共信用信息管理系统。完善"织网工程"，优化公共法律服务，促进调解、仲裁、行政裁决、行政复议等纠纷解决机制与诉讼有机衔接，加强社会矛盾纠纷风险预警和排查化解。支持工会、共青团、妇联等人民团体发挥枢纽型组织作用。促进和规范社会组织发展。完善居住证制度。落实全面放开二孩政策。开展慈善信托试点。强化基层治理。完善社区治理制度，减轻社区工作站负担。优化社区服务中心综合服务功能。建立市内经济欠发达社区帮扶机制。加快政企、社企分开，推动股份合作公司向现代企业转型。探索业主大会法人登记制度。提升居民参与社区治理和建设积极性。促进文化事业繁荣发展。争创第五届"全国文明城市"。出台基本公共文化服务指导标准，加快美术馆新馆、青少年足球训练基地、中国设计博物馆等文体设施规划建设。建立

"城市文化菜单"，办好读书月、创意十二月等品牌活动。筹办"一带一路"国际音乐节、国际设计周等交流活动。构建现代文化产业体系，培育"文化+"新型业态，加强国际数字出版基地等国家级平台建设。加快旅游产业发展，改善旅游环境，创新旅游产品。推动体育事业发展，办好ATP和WTA网球公开赛、中国杯帆船赛等国际赛事。

（十）从严治政，提高政府服务质量和效率。坚持依法用权、廉洁从政、高效服务，加快建设为民务实清廉政府。推进依法行政。自觉接受市人大工作监督、法律监督和市政协民主监督。坚决执行市人大及其常委会决议决定，密切与市政协沟通协商，切实做好建议提案办理工作。认真听取各民主党派、工商联、无党派人士和人民团体的意见，主动接受群众、媒体和审计监督。落实国家法治政府建设五年实施纲要，开展"七五"普法工作。创新政府服务方式，运用互联网、大数据，提供更加便捷的服务。切实改进作风和加强反腐败工作。我们必须发扬钉钉子精神，锲而不舍、驰而不息，严格践行"三严三实"要求，强化审计监督和绩效管理，以更高标准、更严举措正风肃纪。对群众反映突出的热点难点问题，做到件件有落实、事事有回音；对不作为、乱作为、推诿扯皮的政府工作人员，要严格问责。要进一步加强廉政建设，对腐败零容忍，依法依规依纪严肃查处各类违法乱纪行为。同时要积极探索建立有利于干事创业的激励机制和容错机制，努力打造一支政治坚定、敢于担当、勤政廉洁的干部队伍。

各位代表，新常态蕴含新机遇，新时代开启新征程。让我们更加紧密地团结在以习近平同志为总书记的党中央周围，在省委、省政府和市委的坚强领导下，高举中国特色社会主义伟大旗帜，解放思想，脚踏实地，真抓实干，勇当"四个全面"排头兵，努力建成现代化国际化创新型城市，共同创造全市人民更加幸福美好的未来，为实现"三个定位、两个率先"目标和中华民族伟大复兴中国梦作出新的更大贡献！